2022 世界交通运输大会（WTC2022）论文集

（轨道交通与水上运输篇）

世界交通运输大会执委会　编

人民交通出版社股份有限公司

北京

内 容 提 要

本书为2022世界交通运输大会(WTC2022)论文集　轨道交通与水上运输篇,是由中国公路学会、世界交通运输大会执委会精选的102篇论文汇编而成。此论文集重点收录了轨道交通与水上运输领域的前沿研究及创新成果,可供从事交通运输工程等领域的人员参考,也可供院校相关师生学习。

图书在版编目(CIP)数据

2022世界交通运输大会(WTC2022)论文集：轨道交通与水上运输篇／世界交通运输大会执委会编. —北京：人民交通出版社股份有限公司，2022.8

ISBN 978-7-114-18285-3

Ⅰ.①2…　Ⅱ.①世…　Ⅲ.①轨道交通—文集②水路运输—文集　Ⅳ.①U-53

中国版本图书馆CIP数据核字(2022)第194348号

Shijie Jiaotong Yunshu Dahui(WTC2022)Lunwenji　Guidao Jiaotong yu Shuishang Yunshu Pian

书　　名:2022世界交通运输大会(WTC2022)论文集　轨道交通与水上运输篇
著 作 者:世界交通运输大会执委会
责任编辑:韩亚楠　郭晓旭
责任校对:席少楠　赵媛媛
责任印制:刘高彤
出版发行:人民交通出版社股份有限公司
地　　址:(100011)北京市朝阳区安定门外外馆斜街3号
网　　址:http://www.ccpcl.com.cn
销售电话:(010)59757973
总 经 销:人民交通出版社股份有限公司发行部
经　　销:各地新华书店
印　　刷:北京建宏印刷有限公司
开　　本:889×1194　1/16
印　　张:48.5
字　　数:1468千
版　　次:2022年8月　第1版
印　　次:2022年12月　第2次印刷
书　　号:ISBN 978-7-114-18285-3
定　　价:200.00元

编　委　会

目　录

轨道交通篇

水上运输篇

轨道交通篇

“同城化”背景下列车开行方案优化设计

高 宁[1,2] 付慧伶*[1,2] 张李琦[1]
(1. 北京交通大学交通运输学院;2. 北京交通大学智慧高铁前沿中心)

摘 要 随着我国都市圈一体化发展的新格局逐步呈现,“同城化”对城际铁路列车开行方案提出更高要求。本文以提升同城化列车服务质量为目标,提出列车与车站分级、列车服务与客流需求时空分布相匹配、客流出发地-目的地(OD)服务频率分布均衡化等策略优化列车停站。以长三角地区沪宁城际铁路为例,分析客流结构,探讨既有列车开行方案不足,研究调整措施应用,利用同城化指标进行对比分析,验证优化策略的合理性和可行性。

关键词 列车开行方案 同城化服务 停站优化策略 长三角一体化

0 引言

同城化是指某一地区在经济发展过程中,由一个中心城市带动与之紧密联系的几个周边城市联动发展,并将各区域的有效信息、流动资金、人口资本以及产业布局的优势充分发挥到最大化,以实现总体的统筹高效与多元平衡。目前我国形成了37个以超大城市为核心,周边各城市密切联系、分工互补、层次鲜明的同城化区域[1]。高速城际列车在城市一体化进程中为旅客提供了便捷畅通的同城化列车服务,推动实现都市圈内“1小时通达”目标。

运营实践方面,国外市郊铁路如德国S-bahn线承担了主要的同城化列车服务。国内外学者对于都市圈内的轨道交通的枢纽规划、运营管理等方面已作了大量研究[2-3],在同城化列车服务研究领域,学者们多针对市郊铁路列车,研究其吸引客流的影响因素,结合市郊通勤客流特征,分析比较了多种停站模式[4-6]。在列车开行方案调整方面国内也有学者结合运营实际进行了研究[7]。

目前少有研究考虑城市一体化发展背景下城际高速铁路列车开行方案优化问题。我国城际铁路多与干线高铁路网衔接紧密,本线跨线、直通管内列车开行结构复杂,如何基于“同城化”理念改进并优化高速铁路列车开行方案成为构建都市圈交通体系面临的重要问题。本文综合考虑同城化列车开行方案的影响因素,提出合理有效的列车开行方案优化调整策略,以提高旅客同城出行服务质量。

1 同城化列车开行方案概述

本文将同城化列车开行方案定义为适应同城化需要,主要服务于城市圈内客流、具有公交化和通勤化特征的列车开行方案。

相比于干线高铁,都市圈客流运距较短、时间规律性强、空间向心性明显。由于各城市有自身特色与定位,不同OD的客流量大小与构成均有不同,编制列车开行方案前应在把握其共同特征的基础上考虑各自特点。

调整优化列车开行方案应以提升都市圈客流服务质量与企业效益为目标,结合客流规律,实现列车服务与市场需求的精准匹配,为沿线城市提供频次适度、时段均衡、快速直达的服务,满足同城化客流对快捷性和方便性的需求。

2 优化方法

根据同城化列车开行方案优化要求,可从以下角度针对具体线路制定不同的优化策略:

策略1:区分列车类型调整

按照列车运行区段可以将旅客列车分为本线和跨线列车,按照所属铁路局又可以划分为直通和管内列车,不同列车有各自的服务客流定位。由于经济、社会、路网等制约,本线管内列车调整灵活度更高。为了符合实际运营需求,调整幅度应

1. 基金项目:中国国家铁路集团有限公司科技研究开发计划项目(N2020X023)。

最小化,见式(1)与式(2)。

$$\min \sum_{1}^{N} x_l \tag{1}$$

$$x_l \leqslant n_c \tag{2}$$

式中:x_l——列车 l 的停站调整次数;

n_c——调整次数上限;

N——列车总数。

策略2:区分车站与OD等级设置服务频率

按社会因素、路网条件、客流量大小等因素,采用层次分析、聚类分析等方法,对车站进行分级处理,相应划分OD等级,依据客流量、既有列车服务频次等参数制定服务频率优化策略,需重点关注客流量较大和较小的客流OD,见式(3)。

$$\underline{d_s} \leqslant f \leqslant \overline{d_s} \tag{3}$$

式中:$\underline{d_s}$——服务频率需求下限;

f——车站或OD服务频率;

$\overline{d_s}$——服务频率需求上限。

策略3:按时段均衡分布车站与OD服务频率

城市圈内客流分布具有明显的潮汐特征,同城化列车到发时间应尽可能满足通勤通学客流"早出晚归"需要,平峰时段的列车可以适度提高小站的通达性。尽可能保证一天内各OD均有直达列车服务,并均衡安排车站和OD服务频率,避免中小站某一时段被集中服务或无服务,见式(4)。

$$f_t \geqslant d_t \tag{4}$$

式中:f_t——时段 t 内车站或OD服务频率;

d_t——服务频率需求下限。

策略4:保证"1小时通勤圈"列车服务

以实现都市圈内1小时通达、城市圈之间2小时覆盖为目标,加强列车之间分工与协作,体现列车层次性,控制停站总数、连停次数等,针对重点时段与OD加开高旅速列车,如在早高峰时段增加运距短、停站少的列车,见式(5)。

$$F^{od} \geqslant u^{od} \tag{5}$$

式中:F^{od}——OD快速列车服务频率;

u^{od}——服务频率需求下限。

策略5:提高列车客座率

为了充分利用线路能力、响应市场需求,需基于历史客票数据分析列车客座率过低或较高的原因,采取合并运行区段、停开或加开列车、改变编组等方式进行调整。减少对客座率较好列车的调整。

以上方法主要目标为实现大节点之间客流高频次、高旅速,均衡化服务以及提高中小节点之间客流服务频次及均衡度,当优化目标存在矛盾时则优先满足客流较大OD需求,在保证服务频次的前提下尽量实现均衡。对于全天列车开行方案的调整优化还需考虑多方面因素,使其在不影响现有客流需求的基础上得以改进。图1为同城化列车开行方案调整优化流程。

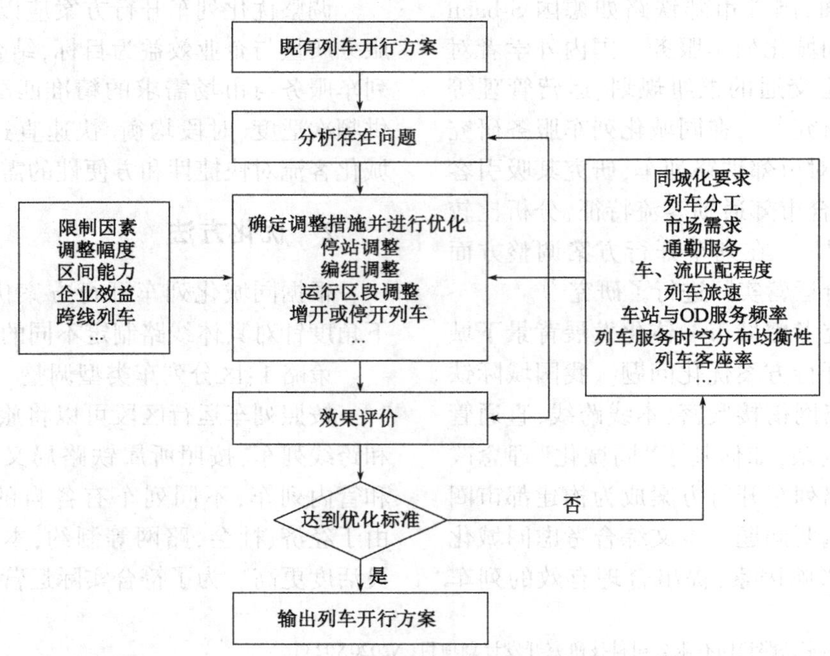

图1　列车开行方案调整优化流程

3 沪宁城际列车开行方案现状分析

3.1 列车开行结构

分析近年7月某一周的客票数据,直通和管内跨线列车占比为20%和36%,本线列车占比44%。跨线列车所承担客流结构见图2,可以看出,本、跨线列车的共线运营以及较高比例的跨线列车,使得沪宁城际的列车开行方案结构较为复杂,列车功能定位具有一定的复合性。

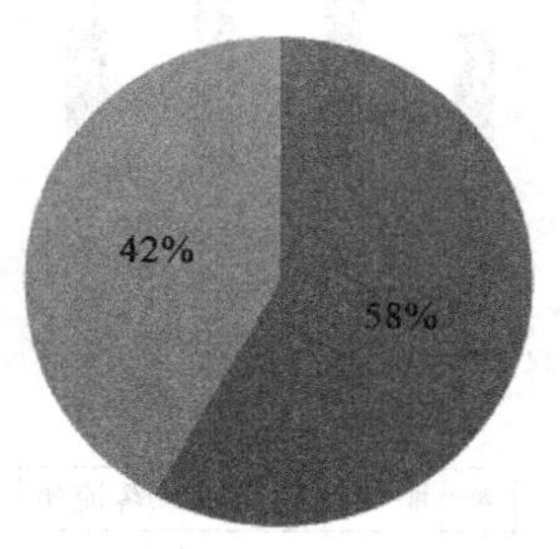

图2 跨线列车客流结构

3.2 列车停站模式

7:00~21:00点间开行大站停模式的整点标杆列车,早晚高峰开行停1~2站的短途通勤列车,如苏州/无锡—上海;而南京—上海区段的列车至少要停3次。本线列车停站数分布见表1,总体上停站少的快速列车占比较低。

本线列车停站次数统计 表1

停站次数(次)	1	2	3	4	5	6	7	合计
上行(列)	2	3	14	7	12	14	3	65
下行(列)	2	5	14	5	12	15	2	65

3.3 车站服务频率

对一天内下行本、跨线列车车站服务的频次进行统计,结果见图3。本、跨线列车对于客流输送的分工并不明显,两者在苏州、无锡、常州、昆山南等中间站都提供了很高的服务频次,而部分车站全天服务频率极低,有不均衡的特点。

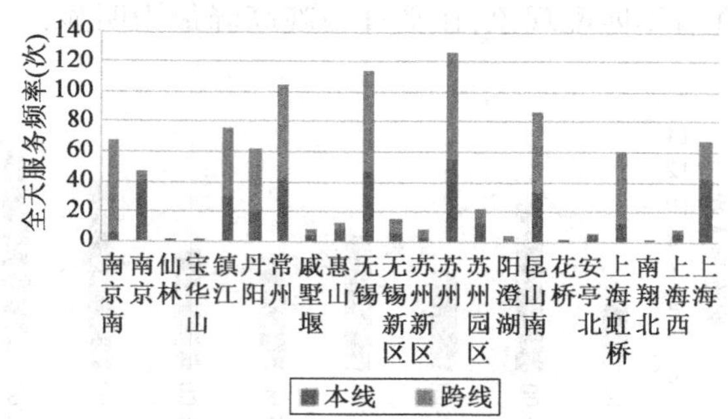

图3 本跨线列车停站对比

3.4 客流与列车服务时空分布

根据时段对下行客流发送量进行统计,可以得到客流折线图4(注:未授权公开客流数据,下同),可见存在明显早晚高峰。

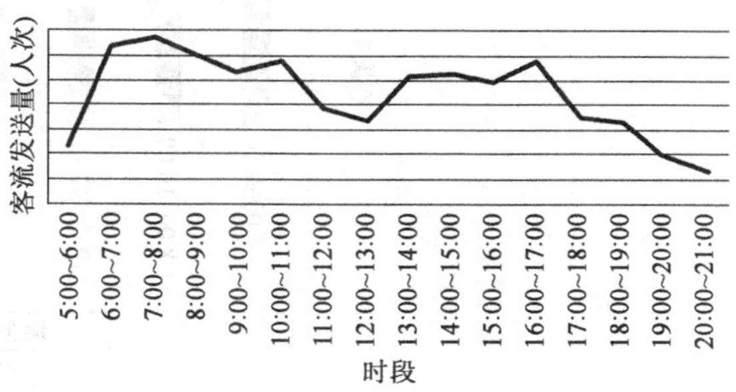

图4 下行客流的时段分布折线图

沪宁城际沿线城市总体可以分为上海城市圈和南京城市圈。表2统计了上海城市圈内主要OD列车服务次数,可见OD服务频率存在冗余,中间停站数增多对列车旅速影响明显。

OD服务频次统计表 表2

OD	列车服务次数	最长时间(min)	最短时间(min)	OD	列车服务次数	最长时间(min)	最短时间(min)
常州-无锡	101	38	16	苏州-虹桥	60	59	25
常州-苏州	105	65	31	苏州-上海	66	48	26
常州-虹桥	56	95	65	常州-昆山	71	65	47
常州-上海	49	80	58	无锡-昆山	79	48	31
无锡-苏州	113	30	15	苏州-昆山	85	26	14
无锡-虹桥	58	79	42	昆山-虹桥	49	25	14
无锡-上海	56	55	43	昆山-上海	37	31	17

以"无锡-上海""苏州-上海""无锡-苏州"三个OD为例,统计分析其分时段客流量与列车服务频次是否匹配,结果见图5。

可以看出,现状列车服务频次与客流OD需求存在着不匹配现象,在平峰与晚高峰最为明显,一些时段里部分OD的列车服务频次过高。另外,有的车站服务频率过度集中于某个时段,如下行列车全天对阳澄湖站和南翔北站提供的运输服务分别只有2次和1次,且均在下午时段。

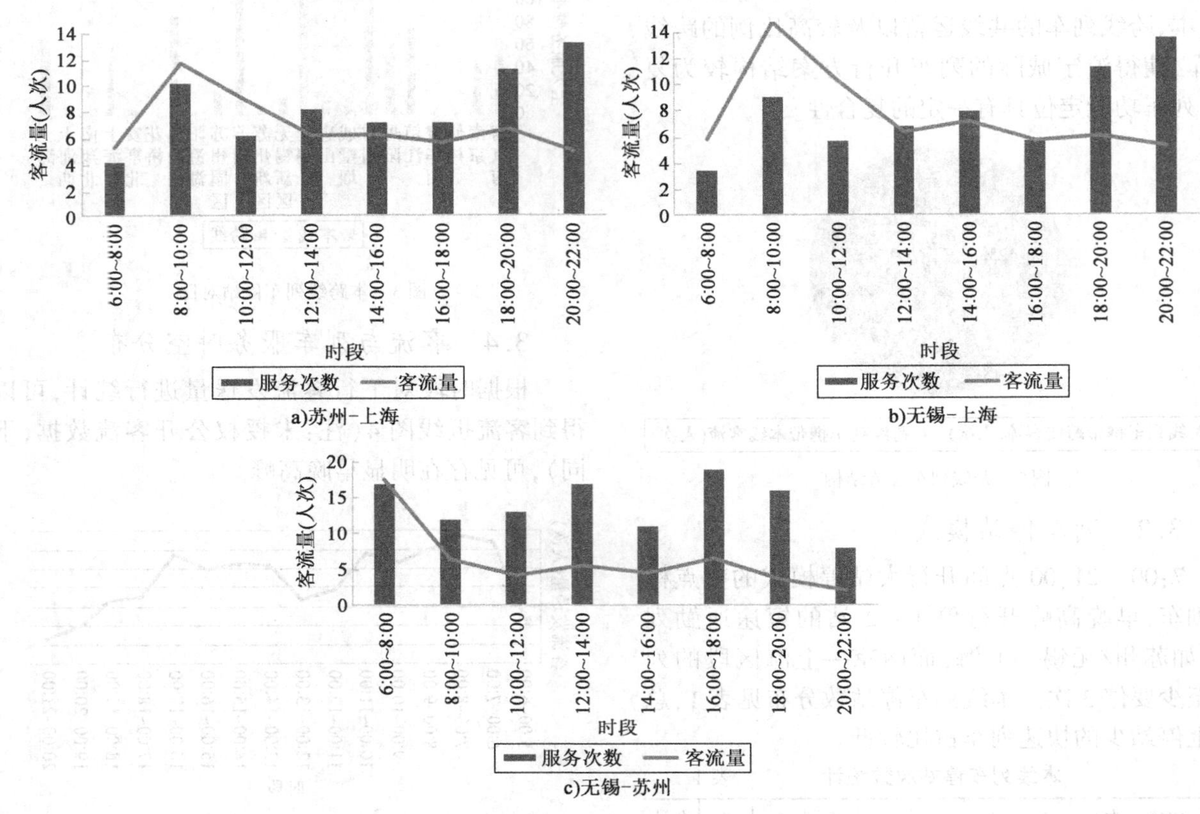

图5　"无锡-上海""苏州-上海""无锡-苏州"客流需求匹配度分析图

4　案例研究

4.1　方案优化

采用聚类分析法对沪宁城际车站进行分级(表6),对应OD层级划分见表3,根据OD层级与客流为各OD设计服务频率上下限。

OD分级表　　表3

OD等级	定　义	包含OD数量(个)
一层级	大站-大站	21
二层级	大/中站-中站	57
三层级	大/中/小站-小站	153

综合考虑沪宁城际跨线列车比例高、本线列车停站次数较多、本跨线列车分工不明确等现状,采用前文优化策略对现行列车开行方案进行优化调整,部分参数见表4。

部分参数　　表4

参　数	设置数值(次)	参　数	设置数值(次)
单列车最大调整次数	4	本线列车最大停站次数	3~8
连停次数	3	跨线列车最大停站次数	3~10

因全天列车较多,图6仅展示早高峰时段列车开行方案优化前后的对比。部分列车调整方法见表5,其中"优化策略"详见第2节。

部分列车停站方案调整表 表5

车次	列车类型	优化措施	优化策略
G7031	本线	取消无锡站	2、4
G7101	本线	取消镇江站	2、4
G7035	本线	取消常州站、昆山南站，增加南翔北站	2、3、4、5
G7037	本线	取消苏州站	2、4
G7313	管内跨线	取消常州站、昆山南站	1、2、3、4
G7043	本线	取消镇江站、苏州站，增加仙林站	2、3、4
G7039	本线	取消无锡站	3、4
G7274	管内跨线	取消镇江站、苏州站	1、2、3、4
G7389	管内跨线	取消惠山站、昆山南站，增加阳澄湖站	1、2、3、4、5

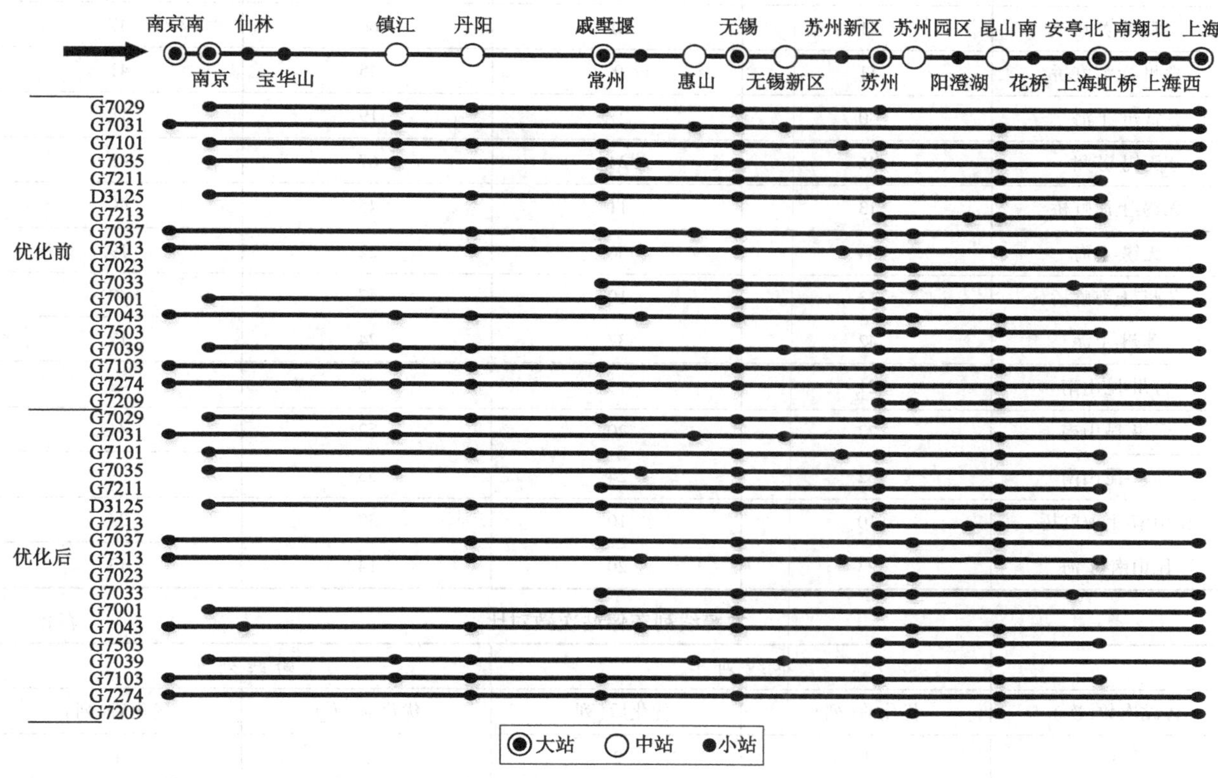

图6 部分列车开行方案优化示意图

4.2 同城化列车服务质量指标分析

从表6可以看出，全天内列车在大站的停站频次适度减少，一些中小站停站频次有所增加并均衡化，如仙林站主要服务前往上海方向的大学生客流，优化后的方案在上下午各增加一次停站。

车站服务次数对比 表6

车站	南京南	南京	仙林	镇江	丹阳	常州	戚墅堰	惠山	无锡	无锡新区
层级	1	1	3	2	2	1	3	2	1	2
优化前(次)	68	47	1	75	62	105	8	13	114	15
优化后(次)	68	47	3	70	60	95	7	10	100	13

续上表

车站	苏州新区	苏州	苏州园区	阳澄湖	昆山南	安亭北	上海虹桥	南翔北	上海西	上海
层级	3	1	2	3	2	3	1	3	3	1
优化前(次)	9	126	22	4	86	6	60	2	9	67
优化后(次)	8	106	20	6	77	6	60	4	6	67

通过优化,上海城市圈内的重点OD减少了过多的服务频次(表7),提高了列车旅速(表8),调整后新增8趟满足上海都市圈一小时通勤的快速列车,通过列车交错、协调的停站模式,全天每小时至少有1列快速列车开行,在高峰时段,平均每30min就会有1列快速列车开行。

重点OD服务频率对比　表7

重点OD	本线列车		跨线列车	
	优化前(次)	优化后(次)	优化前(次)	优化后(次)
常州-无锡	39	31	62	49
常州-苏州	41	31	64	47
常州-上海虹桥	11	9	45	41
常州-上海	30	27	19	18
无锡-苏州	46	34	67	48
无锡-上海虹桥	13	11	45	40
无锡-上海	34	30	22	19
苏州-上海虹桥	13	10	47	42
苏州-上海	42	37	24	17
常州-昆山南	21	15	50	43
无锡-昆山南	27	20	52	41
苏州-昆山南	32	24	53	39
昆山南-上海虹桥	10	10	39	34
昆山南-上海	23	20	14	13

本跨线列车停站次数对比　表8

停站次数(次)	本线列车		跨线列车	
	优化前(列)	优化后(列)	优化前(列)	优化后(列)
3	1	2	1	1
4	4	4	4	5
5	14	16	2	3
6	3	7	9	14
7	11	12	19	22
8	14	16	22	17
9	10	0	10	7
10	0	0	4	3

结合现状列车开行方案中的城市圈内OD服务的时间分布信息,以图5所涉及的三个客流OD为例,优化后的分时段客流量与列车服务频次匹配情况见图7,与图5对比,两者的匹配程度明显提高。

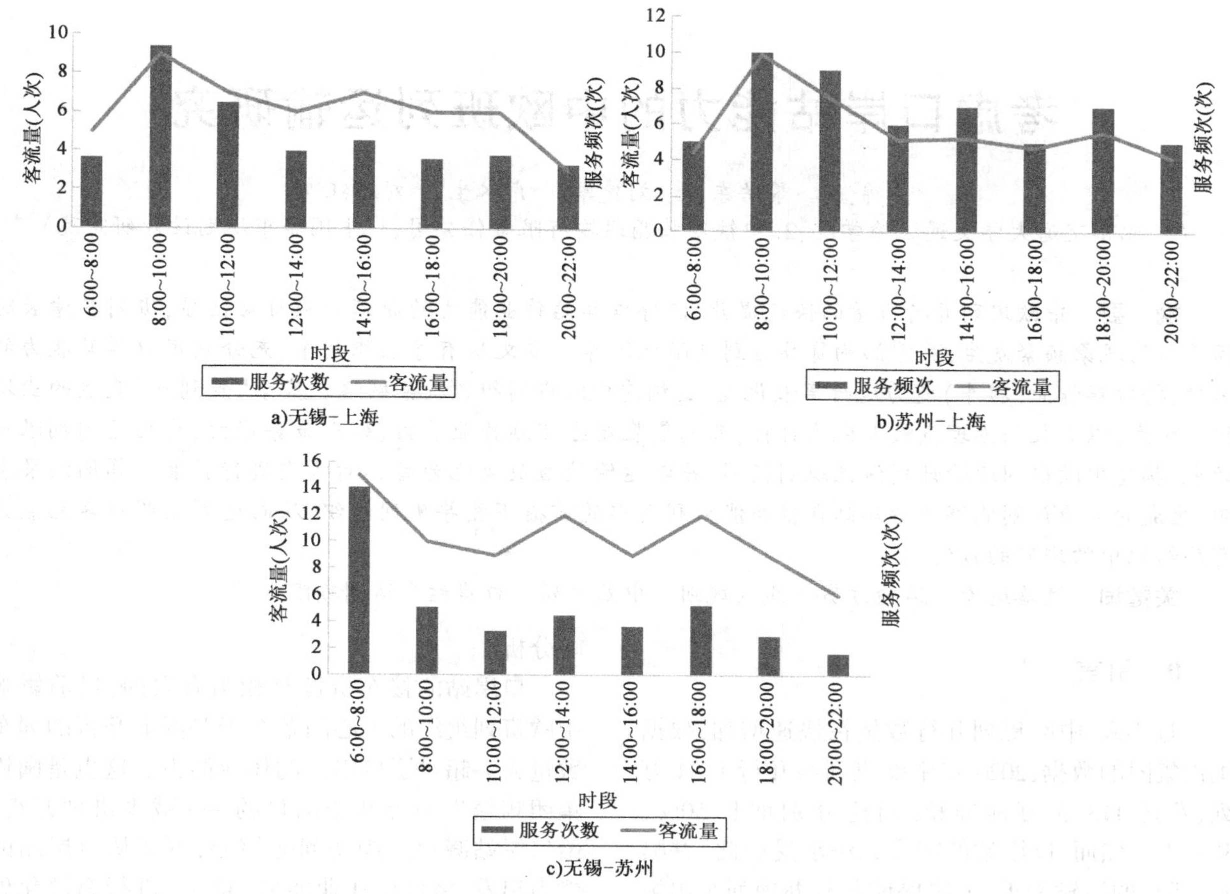

图7　优化后“无锡-上海”“苏州-上海”“无锡-苏州”客流需求匹配度分析图

5　结语

在城市群一体化发展背景下,本文提出了满足旅客“同城化”出行要求的列车开行方案调整策略与流程。利用列车与车站分级、列车服务与客流需求时空分布相匹配、OD 服务频率分布均衡化等措施,以沪宁城际铁路为例调整既有列车开行方案,优化了同城化指标,验证了对于有效构建城市群“一小时交通圈”的作用,为运营实践提供参考。未来可深入挖掘同城化客流规律,结合运行图对列车停站时空结构做更精细的分析。

参考文献

[1] 王嘉熙,龚德坤,许泱. 城铁建设背景下同城化效应研究-以武汉城市圈为例[J]. 价值工程,2020(25):3-5.

[2] 杨珂. 都市圈多层级轨道交通系统规划研究[D]. 北京:北京交通大学,2017.

[3] 徐士伟,陈海伟. 都市圈轨道交通一体化发展战略研究-以广佛都市圈为例[J]. 交通与港航,2017,4(4):45-51.

[4] Debasis Basu, John Douglas Hunt. Valuing of attributes influencing the attractiveness of suburban train service in Mumbai city: A stated preference approach [J]. Transportation Research Part A: Policy and Practice, 2012, 46:1465-1476.

[5] Altazin E, Dauzere-Peres S, Ramond F, et al. Rescheduling through stop-skipping in dense railway systems [J]. Transportation Research Part C Emerging Technologies, 2017, 79 (JUN.):73-84.

[6] S. Sone. Novel. Train Stopping Patterns for High-frequency, High-speed Train Scheduling [J]. Computers in Railways, computational mechanics publications, 1992: 107-118.

[7] 李天琦,聂磊,贺振欢. 高铁新线开通条件下运营线路列车开行方案调整研究[J]. 综合运输,2017,39(11):30-37.

考虑口岸站能力的中欧班列运输研究

史锦堂[1] 黎浩东*[1] 刘建军[2] 卢水生[1] 刘乃钰[3]

(1.北京交通大学交通运输学院;2.中铁集装箱运输有限责任公司;3.中国城市规划设计研究院)

摘 要 中欧班列开行数量的快速提升,使得口岸站作业能力的瓶颈效应日益凸显,班列在途长时间停留的现象频繁发生,严重影响货物运到期限保障率。本文从有序组织列车、充分利用口岸站能力的角度,将口岸作业(接车)能力进行离散化处理,构建中欧班列组织服务网络。基于"点到点"直达的出境组织模式,以集装箱办理量最大化为目标,考虑集装箱办理站作业能力、列车服务能力、货物运到期限等约束,构建中欧班列运输计划线性规划模型,并以运输效益最大化为目标对模型进行扩展。算例结果表明:生成的运输计划能够使口岸站在较高能力利用率的前提下指导班列组织,从而达到按照口岸站能力有序组织中欧班列的目的。

关键词 铁路运输 运输方案 线性规划 中欧班列 口岸站 运到期限

0 引言

近年来,中欧班列开行数量在快速增加,根据国铁集团的数据,2020年中欧班列共开行1.24万列、发送113.5万标准箱,同比分别增长50%、56%[1]。然而,口岸站的能力无法承受如此"井喷式"增长的运输需求,无法保证及时办理列车出境作业,导致部分班列在途长时间停留。分析2020年中欧班列运行数据发现,部分班列在乌局内靠近口岸的区段上长时间停留,停留时间最多超过了4000min。口岸站的拥堵情况还逐渐向内传播:口岸站能力紧缺→列车拥堵在开往口岸站的线路和途经节点上→集装箱积压在办理站→集装箱办理站覆盖的运输需求无法得到满足,严重影响了中欧班列运到期限的兑现率,降低了中欧班列服务水平。

在"国内国际双循环"的重大战略部署[1]和"货运增量"行动的推动下,中国与欧洲、中亚地区间的铁路运输需求还会稳步提升。但口岸站的扩能改造难以在短时间内完成。如果不调整运输组织方式与计划编制理念,那么较长时期内,口岸站拥堵的局面将会是常态。现有研究大都是从需求端[2-6]出发,安排日常组织计划,以满足运输需求目标。关于口岸站作业与能力方面的研究较少,口岸站端的研究主要集中在口岸站的内部作业优化[7-8]上,缺少口岸站对于整体路网运输计划的影响分析。

口岸站的接车资源是相当有限的,目前影响中欧班列组织的核心问题在于路网上开行的列车数量大大超过了口岸站的作业能力。这也是国铁集团频繁发布停装令的目的——减少班列开行,给口岸站减负。围绕问题核心,本文从口岸站的能力出发,将口岸作业能力(接车)进行离散化处理,构建中欧班列组织服务网络优化模型。

1 网络设计

本文以"点到点"直达中欧班列运输为例进行分析。由于中欧班列在境外需求和车站技术作业的数据较难获取,接下来在构建服务网络时,不考虑境外段,只考虑国内段的三级网络(图1)。

在特定计划期内(一般为24h),根据口岸站作业能力与效率,将其总的可作业时间资源进行离散化处理,形成r个时间段。每个时间段的长度可根据口岸站处理一列中欧班列的平均时间确定。每个时间段r对应一个接车作业,其作业时间区间表示为$[t_r, \overline{t_r}]$。为压缩网络规模,将承运站、集装箱办理站等不再进行离散化处理,便可形成如图1右侧所示的时空服务网络。构建时空状态网络的目的就是在运输需求产生后,就将该运输需求和集装箱办理站、口岸站建立联系。接下来将以"点到点"直达列车为例进行分析。

1.基金项目:国家重点研发计划资助(2018YFB1201402);国家自然科学基金资助项目(71701014)。

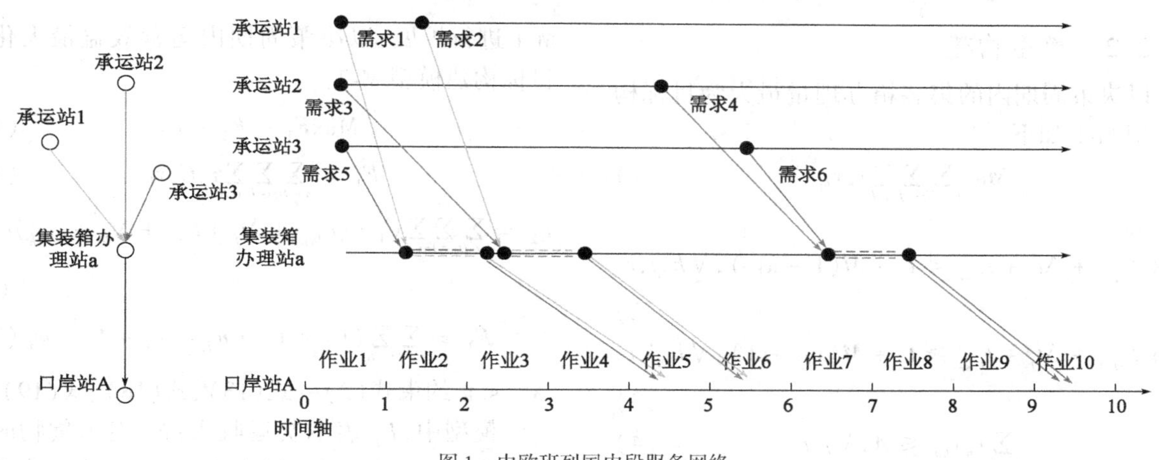

图1 中欧班列国内段服务网络

2 模型建立

中欧班列的开行受多种现实因素影响，为了简化问题，做如下假设：①各站点的技术作业时间和各区段运输时间为考虑一定冗余情况后的平均时间，以指导运输计划的编制；②每个需求的箱数不超过单列中欧班列的最大载运箱数，单个需求遵从不拆分原则。

2.1 符号定义

见表1。

符号定义 表1

集合			
I	承运站集合，i 为索引	R	所有口岸站的所有接车作业集合，r 为索引
H	需求节点集合，h 为索引	K	口岸站集合，k 为索引
J	中欧班列集装箱办理站集合，j 为索引	D	境外目的地站点集合，d 为索引
参数			
O_h	需求 h 的承运站	A	中欧班列最大编组数量，辆
v_h	需求 h 的箱数	$[\underline{t_r},\overline{t_r}]$	接车作业 r 的时间区间
s_h	需求 h 的承运时刻	Δt_j	办理站 j 的平均集结中转时间
d_h	需求 h 的到站(境外)序号	Δt_k	口岸站 k 的平均换装等待时间
c_h	需求 h 的单位集装箱货运收入，元/TEU	t_{ij}	承运站 i 到办理站 j 之间的平均运输时间
d_r	接车作业 r 对应的口岸站	w_{ij}	承运站 i 到办理站 j 之间的距离
C_1	单位集装箱的货物时间成本，元/(TEU·h)	t_{jk}	办理站 j 到口岸站 k 之间的平均运输时间
C_2	班列的开行的固定成本，元/列	w_{jk}	办理站 j 到口岸站 k 之间的距离
C_3	班列的单位距离开行成本，元/(列·km)	t_{kd}	口岸站 k 到境外目的地站 d 之间的平均运输时间
v_j	办理站 j 的能力，箱	T_h^k	需求 h 到口岸站 k 的最大运到时刻
w_{kd}	口岸站 k 到境外目的地站 d 之间的运输距离		
变量			
x_{hjr}	=1 表示需求节点 i 的需求类别 h 被办理站 j 覆盖，并且被经由接车作业 r 对应的口岸站出境，=0 其他		
y_{jr}	=1 表示办理站 j 开行对接接车作业 r 的列车，=0 其他		
t_{jr}	=正整数，表示办理站 j 开行关联接车作业 r 的列车从集装箱办理站出发的时刻		
z_{jr}	=正整数，表示办理站 j 开行关联接车作业 r 的列车的境外目的地序号		
w_{jr}	=正整数，表示办理站 j 开行关联接车作业 r 的列车境外区段距离		

2.2 模型构建

以决策周期内的集装箱办理量最大为目标构建模型 M-1 如下。

$$\text{Max} \sum_{h \in H} \sum_{j \in J} \sum_{r \in R} v_h x_{hjr} \tag{1}$$

s. t.

$$s_h + t_{O_h,j} + \Delta t_j + t_{j,d_r} < \overline{t_r} + M(1 - x_{hjr}), \forall h,j,r \tag{2}$$

$$s_h + t_{O_h,j} + \Delta t_j + t_{j,d_r} \geqslant t_r + M(x_{hjr} - 1), \forall h,j,r \tag{3}$$

$$\sum_{h \in H} v_h x_{hjr} \leqslant A, \forall j,r \tag{4}$$

$$\sum_{h \in H} \sum_{r \in R} v_h x_{hjr} \leqslant v_j, \forall j \tag{5}$$

$$\sum_{j \in J} \sum_{r \in R} v_{hjr} \leqslant 1, \forall h \tag{6}$$

$$\sum_{j \in J} y_{jr} \leqslant 1, \forall r \tag{7}$$

$$\sum_{h \in H} x_{hjr} \leqslant M y_{jr}, \forall j,r \tag{8}$$

$$T^{d_{r_h}} - \overline{t_k} \geqslant M(x_{hjr} - 1), \forall h,j,r \tag{9}$$

$$t_{jr} - (s_h + t_{O_h,j} + \Delta t_j) \geqslant M(x_{hjr} - 1), \forall h,j,r \tag{10}$$

$$t_{jr} - (s_h + t_{O_h,j} + \Delta t_j) \leqslant M(1 - x_{hjr}), \forall h,j,r \tag{11}$$

$$z_{jr} - d_h \geqslant M(x_{hjr} - 1), \forall h,j,r \tag{12}$$

$$z_{jr} - d_h \leqslant M(1 - x_{hjr}), \forall h,j,r \tag{13}$$

$$x_{hjr}, y_{jr} \in \{0,1\}; t_{jr}, z_{jr}, w_{jr} \in \mathbb{Z}^+$$

模型中,目标函数式(1)为最大化决策周期内的集装箱办理量,确保最大限度地利用口岸站作业能力。约束式(2)、式(3)表示需求 h 到达口岸站的时刻必须在接车作业 r 规定的时间窗之内;约束式(4)为列车能力约束,由于每个接车作业只能接收一列中欧班列;约束式(5)表示每个集装箱办理站办理的箱数不能超过当前的最大办理能力;约束式(6)表示车流不可拆分;约束式(7)表示任意一个接车作业(接车时间段)最多只能接收一列列车;约束式(8)表示决策变量映射关系。约束式(9)为运到时限约束;约束式(10) ~式(13)为班列出发时刻与到站约束,其中,约束式(10)、式(11)表示集装箱在办理站技术作业完毕的时刻为列车的出发时刻,并且列车的出发时刻唯一;约束式(12)、式(13)表示箱和列车的到站匹配。

2.3 模型扩展

从运输企业经营角度,做出决策时既要考虑社会责任又要考虑企业运营效益,基于此对模型 M-1 进行扩展,以决策周期内运营效益最大化为目标构建模型 M-2:

$$\text{Max} F_1 - F_2 - F_3 \tag{14}$$

$$F_1 = \sum_{h \in H} \sum_{j \in J} \sum_{r \in R} v_h C_h x_{hjr} \tag{15}$$

$$F_2 = \sum_{h \in H} \sum_{j \in J} \sum_{r \in R} C_1 \cdot (t_{O_h,j} + \Delta t_j + t_{j,d_r} + \Delta t_k + t_{d,d_h}) v_h x_{hjr} \tag{16}$$

$$F_3 = \sum_{j \in J} \sum_{r \in R} (C_2 + C_3 \cdot w_{j,d_r}) y_{jr} + C_3 \cdot w_{jr} \tag{17}$$

s. t. 约束式(2) ~式(13)、式(18)、式(19)

模型中,F_1 表示货运收入;F_2 表示货物时间价值成本,其正比于全程运输时间;F_3 表示班列运输成本,包括固定成本和可变成本。其中,固定成本包括机组设备和人员成本,口岸站换轨成本,集装箱作业成本,可变成本正比于运输距离。约束式(18)、式(19)用来计算开行列车的境外区段距离,用以计算运输成本。

$$w_{jr} - w_{d_r,d_h} \geqslant M(x_{hjr} - 1), \forall h,j,r \tag{18}$$

$$w_{jr} - w_{d_r,d_h} \leqslant M(1 - x_{hjr}), \forall h,j,r \tag{19}$$

3 算例分析

首先设计包含 15 个承运站、3 个集装箱办理站、2 个口岸的小算例路网验证模型的有效性。每列中欧班列的最大编组数为 41 辆,因此每日口岸站理论集装箱最大办理量为 164TEU。每个承运站产生 2 个运输需求,共计 30 个运输需求。集装箱办理站(团结村站、城厢站、新筑站)的办理能力均为 300TEU,平均中转技术作业时间均为 2h。口岸站的平均换装等待时间均设为 2h。限于篇幅,需求数据和区段基础数据不列出。阿拉山口与霍尔果斯到莫斯科、布列斯特、华沙的距离都分别为 5000km、6200km、6500km。

在配置 i7-8550U CPU 和 16GB RAM 的计算机上,通过 C#编程语言调用 CPLEX12.6 求解模型 M-1,程序运行时间小于 1s 即可得到最优解,最大集装箱办理量为 163TEU,共需开行 4 列中欧班列,具体结果见表 2。定义口岸站能力利用率等于集装箱总办理量与每日理论集装箱最大办理量的比值,比值越高,表示更好地发挥出口岸站的接车能力。算例模型 M-1 计算结果的口岸站能力利用率为 99.39%,总集装箱办理量已经非常接近理论最大办理量,充分发挥了口岸站的能力。

模型 M-1 计算结果

表 2

开行列车	始发办理站	开行时刻	途经口岸站	到达口岸站时刻	口岸站接车作业	境外目的地	实际装载	货物组成（来源需求）
1	团结村站	37	阿拉山口	128	1	莫斯科	41	4、7、16、25
2	新筑站	59	阿拉山口	132	2	布列斯特	41	2、5、11、17、23、26
3	城厢站	46	霍尔果斯	127	3	莫斯科	41	22、28
4	新筑站	56	霍尔果斯	132	4	莫斯科	40	10、13

假设单位集装箱的货物时间成本为 10 元/(TEU · h)，班列开行的固定成本为 50000 元/列，班列的单位里程开行成本为 100 元/(列 · km)，模型 M-2 的目标函数值为 350390 元，集装箱办理量为 161TEU，口岸站能力利用率为 98.17%，共需开行 4 列中欧班列，具体结果见表 3。与模型 M-1 的结果相比，模型 M-2 改变了列车 1 与列车 2 的境外到站与货物组成，集装箱办理量较 M-1 方案减少了 1.22%，但是总运营效益比 M-1 方案(170380 元)提升了 105.65%。分析可知，运营效益增加的原因主要是 M-2 方案改变了列车 1 的境外到站，列车 1 开行距离更远，边际成本更低，效益更高。

从计算结果可以看出，所设计的方法能够根据口岸站能力设计班列开行方案。由于口岸站作业的时空离散化处理，即设定了所开行班列到达口岸站的大致时间区间，这能反向约束与推导班列在集装箱办理站的作业与出发时间，有助于后续班列运行线的设计与铺画。需要指出的是，在口岸站作业能力不能满足货运需求时，生成的计划必然会导致计划期内部分集装箱办理站的停限装，将面临企业效益与社会效应之间的矛盾。此时，可在本文模型的基础上，在不同的计划期内为不同的需求动态设置费用系数，实现优先处理前一计划期内未能承运的货运需求，通过多个计划期实现所有货运需求节点、集装箱办理站的全覆盖。

模型 M-2 计算结果

表 3

开行列车	始发办理站	开行时刻	途经口岸站	到达口岸站时刻	口岸站接车作业	境外目的地	实际装载	货物组成（来源需求）
1	团结村站	37	阿拉山口	128	1	华沙	39	12、18、21
2	新筑站	59	阿拉山口	132	2	布列斯特	41	20、23、26、29
3	城厢站	46	霍尔果斯	127	3	莫斯科	41	22、28
4	新筑站	56	霍尔果斯	132	4	莫斯科	40	10、13

本文还设计了包括 300 个承运站、30 个集装箱办理站、4 个口岸的路网，包含 600 个运输需求的大算例进行测试。模型求解时间小于 60s，口岸站能力利用率均大于 95%。与小算例计算结果相似，虽然模型 M-2 生成的方案中办理集装箱数量较 M-1 方案少，但运营效益却能大幅提升。

4 结语

在当前中欧班列需求快速提升，口岸站作业能力紧缺的背景下，需通过组织开行与口岸站能力相匹配的中欧班列数量，有序组织班列，才能更充分利用口岸站能力，避免班列在靠近口岸站区段过长时间停留，提升运到期限保障率与班列服务水平。鉴于此，本文以“点到点”直达的出境中欧班列为例，将口岸作业(接车)进行离散化处理，构建中欧班列组织服务网络，以集装箱办理量最大化为目标构建中欧班列运输计划线性模型，并以运输效益最大化为目标对模型进行扩展。两个规模算例表明，模型能够确保在较高口岸站能力利用率的条件下生成中欧班列运输计划。模型 M-2 生成的运输计划在集装箱办理量略小于模型 M-1 的基础上，获得了两倍多于模型 M-1 生成方案的运输效益。

参考文献

[1] 中国国家铁路集团有限公司. 中国铁路“走出去”助力国内国际双循环[D].

[2] 王迪. 集结中心作用下中欧班列网络化开行方

案设计研究[D]. 北京:北京交通大学,2017.

[3] 韩雪. 中欧班列开行方案研究[D]. 北京:北京交通大学,2017.

[4] 李天昊,魏玉光. 基于节点功能设计的中欧班列网络开行方案模型[J]. 交通运输系统工程与信息,2018. 18(S1):35-43.

[5] 闫伟,朱晓宁,邓宇君,等. 中欧班列去程运输组织优化模型[J]. 铁道学报,2019. 41(2):1-7.

[6] Wen, X., et al., Impacts of the Belt and Road Initiative on the China-Europe trading route selections[J]. Transportation Research Part E: Logistics and Transportation Review, 2019. 122: 581-604.

[7] 赵紧杰. 铁路口岸站换装系统能力计算及优化研究[D]. 北京:北京交通大学,2017.

[8] Liu, W., X. Zhu and L. Wang, Distribution Organization Optimization for Inbound China Railway Express at Alataw Pass Railway Station [J]. Sustainability, 2019. 11(24): 6914.

基于不同运行方案下的地铁站客流实时研究

黄　丹*　马超群

(长安大学运输工程学院)

摘　要　开展地铁列车运行方案研究对科学合理地设计轨道交通系统、优化运营组织设计具有重要意义。以西安市广泰门地铁站为例,运用 Anylogic 仿真软件对地铁车站进行仿真模拟,通过调整列车发车间隔以及下车人数,选取四种不同的列车运行方案,分析不同列车运行方案下车站各设施的客流情况,总结不同运行方案与车站客流的关系,为地铁运营管理部门制定切实合理的列车运行方案提供依据。

关键词　轨道交通　客流分析　Anylogic　运行方案　发车间隔

0　引言

城市轨道交通发展迅速,使得地铁车站承载能力与客流需求量之间不匹配的问题也日益突出,严重影响乘客在车站的运行效率、舒适度和安全性。地铁列车运行方案的不合理是造成上述问题的原因之一,主要体现在列车调度方式单一,缺乏根据客流来制定多样化的列车运行方案,导致目前城市轨道交通系统仍有很大一部分潜力无法发挥出来。

李洪旭[1]用 Anylogic 软件研究北京宣武门地铁站在不同时间段的乘客集散过程,构建乘客集散仿真模型,分析给出车站设施布局整体的评价和优化建议;Hoogendoorn[2]等用仿真软件模拟行人在站台上的分布规律以及车站突发情况下的行人疏散,评价了通道及换乘车站行人的流动特性,提出了站点的优化建议;陈立扬[3]等利用 Anylogic 对设施布置进行仿真研究,优化设施布置方案,提高设施服务水平;薛艳青[4]等利用 Anylogic 建立了客流组织动态仿真环境模型,设计了仿真流程和评价指标体系,通过仿真分析提出了运营优化方案。

上述研究中,不少作者利用 Anylogic 进行车站仿真,但利用 Anylogic 有针对性地对发车间隔和下车人数进行仿真的研究却鲜见刊载。本文以轨道交通车站客流作为切入点,设置不同的列车运行方案,选择 Anylogic 仿真软件模拟车站内复杂的乘客行为,进行车站客流分析。为地铁运营管理部门制定切实合理的列车运行方案提供依据,根据车站实时客流来制定不同列车发车间隔方案,对乘客在车站的延误更少,通行时间更短,解决车站设施的瓶颈问题,从而对获得良好的社会经济、交通与环境效益有积极的意义。

1　概述

1.1　车站客流现存问题分析

随着城市轨道交通的迅速发展,高密度客流使得车站出现承载力不足以及车站相关设施超负荷运行的情况。通道处和扶梯处人流密度大,行走速度缓慢。安检机和闸机前及扶梯处在高峰期常常出现排队的情况,车站服务水平大幅下降,影响乘客的正常出行和舒适性。

出现上述问题的主要原因,除了客流预测值与实际值存在较大的偏差,以及车站设施设备规模和布局不合理之外,还有地铁列车运行方案的不合理,主要体现在列车调度方式单一,没有根据实时客流制定多样化的列车运行方案,使乘客滞留在站台,导致客流出现拥堵现象。

1.2 客流与行车方案制定间的关系分析

一方面,客流量大小决定行车计划的编制。确定行车计划时,不仅要注意通过控制高峰期列车满载率来提高服务水平,而且要注意平峰期时旅客的最大等待时间,一般行车间隔控制在10min以内。根据不同的客流特性,通过调整列车的发车间隔和列车开行对数,使运输能力与客流量最大程度地匹配,既满足客流需求,又不造成运能浪费。

另一方面,行车计划的编制影响客流量大小。若为了节约运营成本,使列车开行间隔过大,开行对数过少,会导致车站服务水平降低,不利于吸引乘客。若为了满足客流需求,缩短列车开行间隔,增加列车开行对数,则可能吸引更多的客流,使得列车不能匹配客流需求。

2 仿真软件选择及运行方案设计

2.1 仿真软件选择

建模方面,Legion 和 STEPS 使用的是细胞自动机模型[5],AnyLogic 和 SimWalk 使用的是社会力学模型。这些仿真软件中,Anylogic 能同时实现人机交互混合仿真,更好地模拟行人行走特性和列车运输线条状态,并可动态映射到3D空间。考虑到地铁车站内乘客数量众多,行为特性复杂,一般通过社会力模型[6-7]来模拟复杂的行人行为,把实际情况最大限度地表现出来,因此本文选取基于社会力模型的 Anylogic 仿真软件进行地铁车站内乘客的仿真。

2.2 运行方案设计

由于此次仿真是以单独的非换乘性质的地铁车站为研究对象,而开行不同列车运行方案带来最直接的影响就是导致发车间隔的改变以及每辆列车下车人数的改变,因此通过调整列车发车间隔和下车人数来模拟列车以不同的运行方案开行,同时还能模拟乘客的乘降。根据地铁站实际情况和仿真模拟,设定四种不同的列车运行方案,并假定站台上的人不会因为列车满载而无法上车。

方案一:列车发车间隔为3min,每辆列车的下车人数为25人;

方案二:列车发车间隔为5min,每辆列车的下车人数为25人;

方案三:列车发车间隔为3min,每辆列车的下车人数为42人;

方案四:列车发车间隔为5min,每辆列车的下车人数为42人。

3 实例研究

3.1 仿真建模

在实例分析中采用 Anylogic 对西安地铁3号线广泰门地铁站进行建模仿真,主要对不同的列车运行方案下车客流实时分析,分析车站设施的能力与客流量是否匹配。广泰门站有A、B、C、D四个进出站口,其中负一层为站厅层,乘客在此完成购票、安检、检票等业务,负二层是站台层,站台结构为岛式站台。

3.1.1 环境建模

西安市广泰门地铁站的负一层站厅层主要设施:墙壁、扶梯、安检台、售票机、闸机等,负二层站台层设施则相对简单:扶梯、立柱、乘客上下车的目标线以及乘客等待列车到达的矩形区域。广泰门地铁站的整体3D效果如图1所示。

图1 广泰门地铁站环境建模

3.1.2　行为建模

环境建模完成后,建立如图2和图3所示的进、出站行为建模流程,并将行为模块与环境模块一一匹配。在图3出站流线中,由于选择A出口和D出口的出站乘客按照最短路径而选择了进站闸机进行出站,此时规定这部分出站乘客的出站路径,因而需额外设置两个PedGoTo来对应相应的路径。

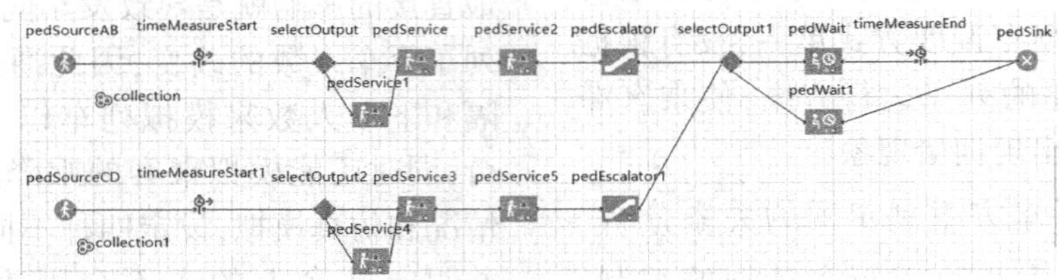

图2　进站行为建模流程图

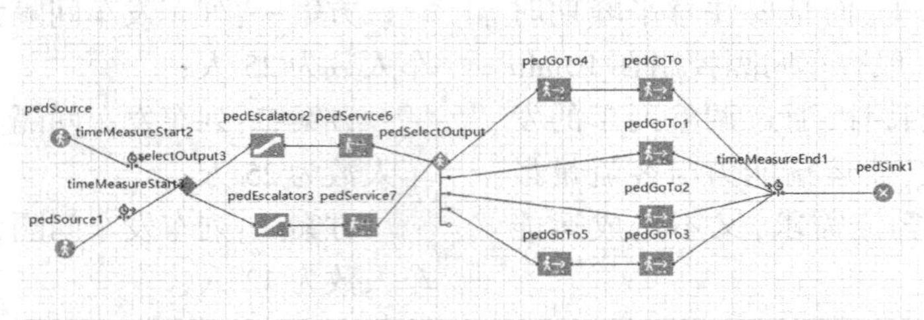

图3　出站行为建模流程图

建模完成后进行行人的输入。根据实测数据资料,令PedSourceAB的行人输入量为556人/h,pedSourceCD的行人输入量为582人/h。

3.2　仿真结果分析

为便于研究广泰门地铁站内行人的移动情况及各区域换乘设备的服务能力是否满足要求,比对不同列车发车间隔的客流实时情况,故采用行人密度图来表示车站内人流密度。仿真的时长设定为60min,采取上述四种运行方案,对基于不同运行方案下的广泰门地铁站客流进行实时分析。

3.2.1　方案一仿真结果分析

如图4所示,乘客在安检机处的排队现象是最严重,服务能力明显不足,同时乘客搭乘扶梯进入站台层时也出现了一定的拥挤,出站流线和进站流线在交叉处人流密度较高。但检票闸机由于数量多,服务速度快,人流密度不高,无排队,显示为能力过剩。由于CD出口客流量较AB出口多,故CD出口安检机和扶梯处的排队人数较AB出口的多。

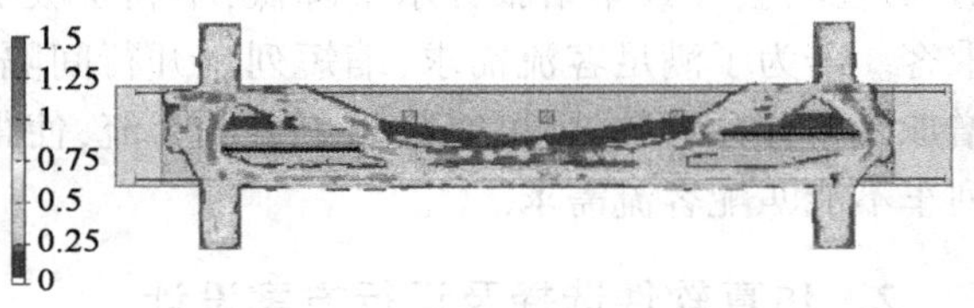

图4　方案一站厅层仿真人流密度图

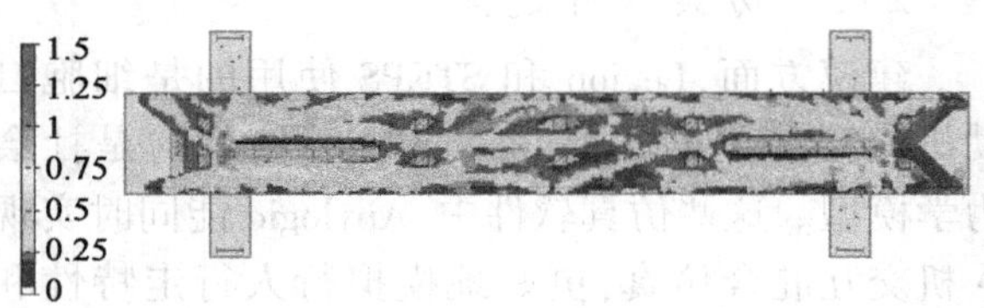

图5　方案一站台层仿真人流密度图

如图5所示,站台层客流在扶梯处存在流线交叉,这说明扶梯是地铁站瓶颈设施之一。此外,乘客多聚集在离扶梯较近区域候车,站台中间处候车的乘客数较少,与实际相符。

根据进出站乘客的时间分布情况,如图6所示,进站时间分布多集中在150~450s,其均值为288.29s;出站时间分布多集中在200~500s,其均值为296.71s。

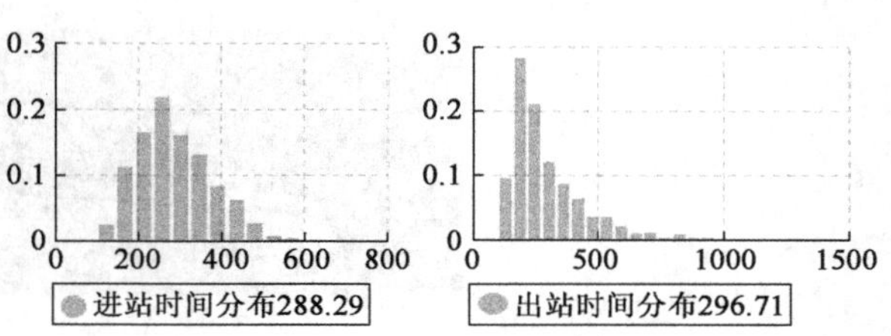

图6　方案一进出站时间分布图

3.2.2 方案二仿真结果分析

如图7所示,与方案一相比,由于发车间隔延长,CD出口侧安检机的排队现象较方案一严重;但AB出口侧安检机的行人密度较方案一有所降低,这是由于出站乘客的总人数减少,与进站乘客产生的冲突也随之减少,且AB出口的进站人数较CD出口的少。

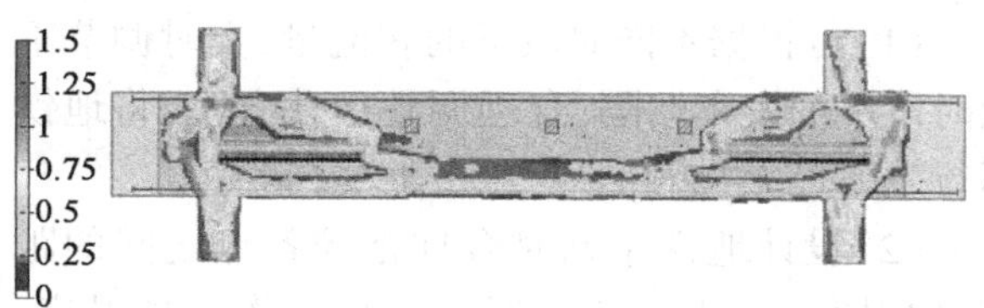

图7 方案二站厅层仿真人流密度图

如图8所示,因每辆列车下车人数相同,方案一、二站台层扶梯入口的人流密度相似,但随着进站乘客在站台前候车时间增加,离扶梯较远的候车区域人数也有所增加,这说明当离扶梯近的候车区域人流密度过大时,人们会选择较远的站台候车。

图8 方案二站台层仿真人流密度图

方案二的进站时间均值比方案一增加了75s,如图9所示,说明发车间隔的增大影响了乘客进站时间;出站时间均值比方案一增加了2s,即基本无变化。

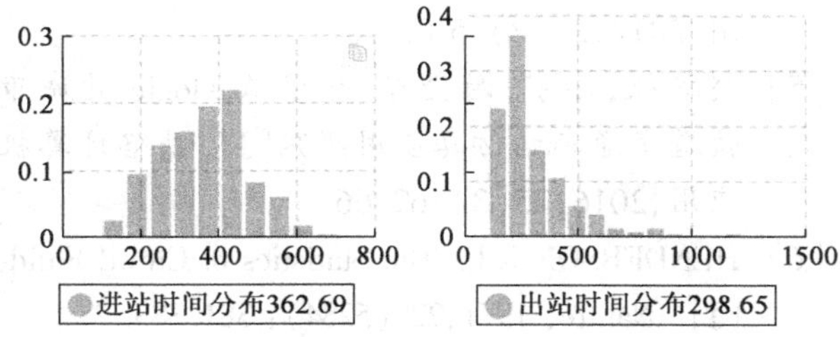

图9 方案二进出站时间分布图

3.2.3 方案三仿真结果分析

如图10所示,由于下车人数增多,进出站乘客有流线交叉,站厅层下侧出站通道以及出口处产生了拥挤,使得乘客有所滞留,故扶梯和站厅层两侧安检机有严重的排队现象。

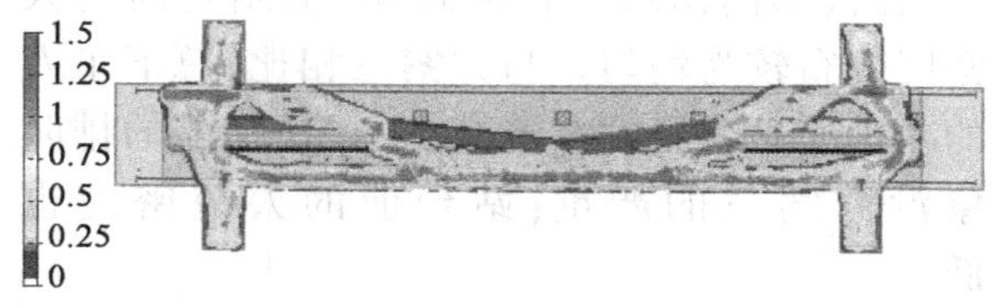

图10 方案三站厅层仿真人流密度图

如图11所示,站台前的人流分布较为均匀,由于出站乘客增多,使得站台层整体的人流密度较方案一的大,特别是在扶梯入口处出现了拥挤情况。

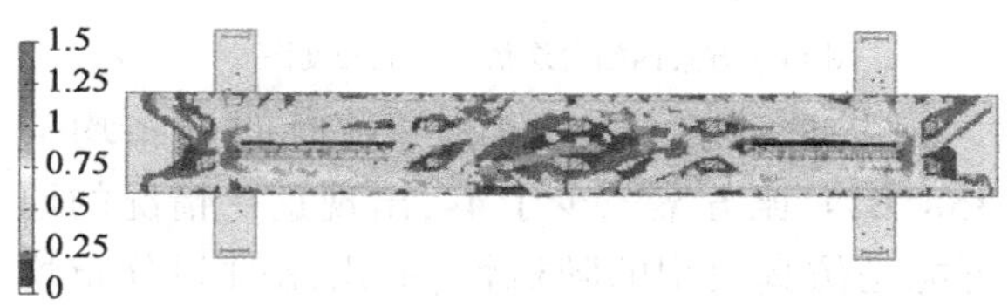

图11 方案三站台层仿真人流密度图

如图12所示,方案一、三的进站时间分布均值相近是因为发车间隔相同,而出站时间均值比方案一多17s,是由于下车人数增多导致人流密度变大。

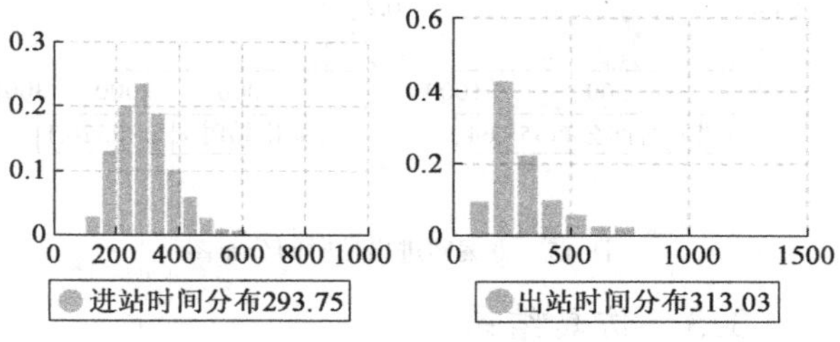

图12 方案三进出站时间分布图

3.2.4 方案四仿真结果分析

如图13所示,方案四人流密度明显比方案二大,总的下车人数增多使乘客在闸机处和出站通道会产生一定的拥挤,这在方案二中是没有出现的。与方案三相比,虽然两者下车人数相等,但由于发车间隔较大,在两侧的安检机处产生了严重的排队现象。

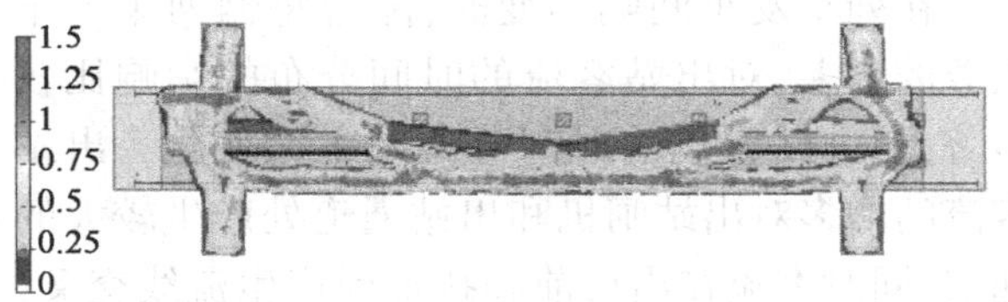

图13 方案四站厅层仿真人流密度图

如图14所示,与方案二相比,站台层的客流变大,在扶梯前出现了排队现象,但站台前的人流密度分布较为均匀。与方案三相比,总下车人数的减少使站台层的客流减少,在扶梯前的排队现象没方案三的严重,站台前的人流密度也较低。

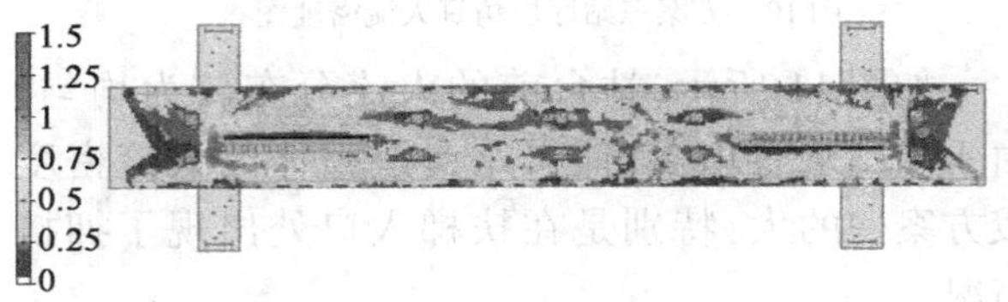

图14　方案四站台层仿真人流密度图

如图15所示,方案四的进站时间分布均值为358.64s,比方案二少了4s,出现这一情况的原因可能是仿真模型的随机性;而出站时间分布均值为313.56s,较方案二多了26s,这说明了每辆列车下车人数是影响出站乘客时间的主要因素。

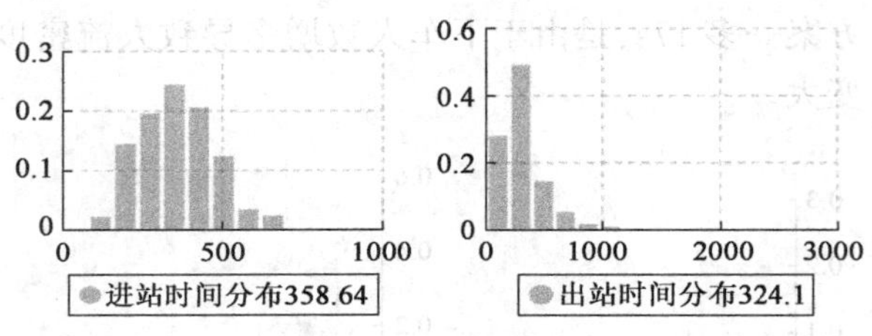

图15　方案四进出站时间分布图

3.3　仿真结果

通过分析上述四个方案仿真结果的异同点,可知开行不同运行方案的列车,在每辆列车下车人数不变时,随着发车间隔的增加,进站客流的时间分布会明显增加,而对出站客流的时间分布的影响较小。对进站客流的影响会导致安检机承载更大的客流压力,但由于总出站人数的减少,站台两侧和扶梯处产生的冲突较小,在出站通道处的拥挤现象有所缓解。

在列车发车间隔不变时,随着每辆列车下车人数的增多,对出站客流的时间分布的影响比较显著,而进站客流的时间分布基本无变化。出站客流的增多对出站闸机和出站通道处产生较大的拥挤,同时客流在出口前和扶梯前产生流线交叉,导致进出站乘客的时间分布增加。

4　结语

本文以广泰门地铁站为研究对象,分析了不同列车运行方案和地铁车站客流的关系,运用Anylogic软件进行仿真实验,采取人流密度图和时间分布图,实时分析不同的运行方案下车站客流情况,找出车站的瓶颈所在,故提出优化措施:

(1)可根据不同时段下的客流量,实时调节不同时段下的发车间隔,合理调整运营方案,将地铁运行效率最大化。

(2)设计地铁车站时合理把控各点之间的距离,加强客流疏导,必要时可安排工作人员引流,使乘客均匀分布,有利于提高乘降效率。

(3)对于出站客流量较大的车站,可适当增加出口、闸机和扶梯三者之间的间距,给予高峰时段进出站客流更多的缓冲时间,减少流线交叉,缓解拥堵冲突。

参考文献

[1] 李洪旭,李海鹰,樊校,等.基于AnyLogic的地铁车站集散能力仿真分析评估[J].铁路计算机应用,2012,21(08).

[2] HoogenDOORN S P, WINNIE D. Microscopic Calibration and Validation of Pedestrian Models: Cross. Comparison of Models Using Experimental Data[M]. 2007.

[3] 陈立扬,宋瑞,李志杰,等.基于Anylogic的地铁站站厅层设施布置仿真研究[J].交通信息与安全,2013,31(5):19-24.

[4] 薛艳青,张喜.基于Anylogic仿真技术的北京南站客流组织优化分析[J].铁路计算机应用,2012,21(2):5-8.

[5] 赵路敏,郑宇,谢金鑫.基于Anylogic的城市轨道交通车站仿真应用研究[J].铁路计算机应用,2016,25(3):62-66.

[6] HENDERSON L F. The Statistics of Crowd Fluids [J]. Nature, 1971,229(5284): 381.383.

[7] HELBING D, MOLNÁR P. Social force model for pedestrian dynamics[J]. Physical review. E, Statistical physics, plasmas, fluids, and related interdisciplinary topics, 1995,51(5): 4282.4286.

基于 NSGA-Ⅱ的高速铁路一体化能力分析方法

魏 远* 马 琳 郑 勇
(北京交通大学电子信息工程学院)

摘 要 随着高速铁路能力需求日益提高、行车密度不断增大,线路设计能力的精准分析与轨道线路资源的合理利用变得尤为重要。而高速铁路开行方案、作业类型复杂,特别是越行方案的决策对能力具有较大影响,因此通过区间-车站一体化的能力分析,实现越行方案对能力影响的量化评估具有重要意义。本文综合考虑区间信号闭塞、车站越行与进路占用等因素,构建基于冲突检测和冲突消解的一体化能力评估与优化模型,并提出基于快速非支配排序遗传算法(Non-dominated sorting genetic algorithm Ⅱ, NSGA-Ⅱ)的模型优化方法,生成饱和且无冲突的列车运行计划以及能力计算结果。最后基于京沪高铁实际数据进行仿真验证,结果表明一体化能力计算结果与实际吻合度较高,且改进的 NSGA-Ⅱ算法获得最优解,相比使用局部最优策略以及随机策略具有较大优势。

关键词 列车运行组织与调度 一体化能力分析 NSGA-Ⅱ 高速铁路 越行方案优化

0 引言

近年来,以高速铁路为主导的中国铁路飞速发展,客货运量大幅增长,对于系统运输能力的需求也随之提高[1]。为了合理利用高铁轨道资源,提高线路基础设施占用率,需要对线路设计能力进行准确分析,从而为进一步制定列车开行方案和计划时刻表提供重要依据。传统能力分析方法将线路划分为区间和车站分别进行计算,而高速铁路开行方案、作业类型复杂[2],特别是越行方案对能力具有较大影响,因此需要将区间与车站作为一个整体、同时考虑越行方案优化进行能力分析。

经过调研,目前国内外学者普遍基于 UIC406 中通过压缩闭塞时间窗获得饱和时刻表的方式展开能力分析方法研究[3]。文献[4-6]从运营角度出发,重点研究时间裕量设置对能力的影响,未涉及基础设施占用计算。文献[7-9]以区间为对象、文献[10]以咽喉区域为对象研究能力计算方法,但未进行一体化能力分析。在区间-车站一体化分析方面,文献[11]基于列车实际运行数据和动态闭塞时间理论建立了无侧线车站条件下的闭塞时间阶梯进行能力分析,文献[12-13]提出了一体化冲突检测方法,并基于 Max-plus 计算区间基础设施占用率,但以上研究均未结合越行方案对能力的影响建立多侧线车站一体化能力计算模型,也未考虑列车超速防护系统(Automatic Train Protection, ATP)模型展开研究。

本文在对线路基础设施、高速铁路列车动力学特征以及 ATP 建模的基础上,结合区间信号闭塞、车站越行与进路占用,构建不同类型分区的闭塞时间模型,瓶颈环节能力计算模型以及基于冲突检测及冲突消解的一体化能力计算模型;提出一种基于改进 NSGA-Ⅱ的冲突消解策略优化算法,以发车间隔和等待时间为目标优化得到 Pareto 最优解集,进而考虑等待时间相对敏感度结合 Pareto 解的质量建立综合评价指标实现能力优化;通过案例仿真将能力计算结果与实际对比验证方法可行性,并将优化结果与另外两种策略对比验证优化效果。

1 一体化能力分析模型

设计能力(以下简称能力)指不考虑时间裕量下,所定义时间窗内可以计划的最大列车数[14]。作为能力的衡量指标,基础设施占用时间指闭塞时间窗压缩后,线路第一个分区内第一列车到最后一列车之间的时间[3]。平均最小发车间隔指基础设施占用时间与列车路径数的比值[14],计算公式如式(1)所示。

$$\bar{h} = \frac{\sum_{i=2}^{n} h'_i}{n-1} \tag{1}$$

式中:$\bar{h}$——平均最小发车间隔;

n——列车数;

h_i'——第 i 列车与前车压缩后的发车间隔。

本文以平均最小发车间隔作为能力计算指标,提出区间-车站一体化能力计算模型。在对线路基础设施、列车动力学模型、信号系统 ATP 控车模型及运营组织相关数据建模的基础上,首先基于分区划分原则建立不同类型分区的闭塞时间模型,然后进行瓶颈环节能力分析,在此基础上生成初始列车运行计划,建立一体化能力计算模型,具体如图 1 所示。

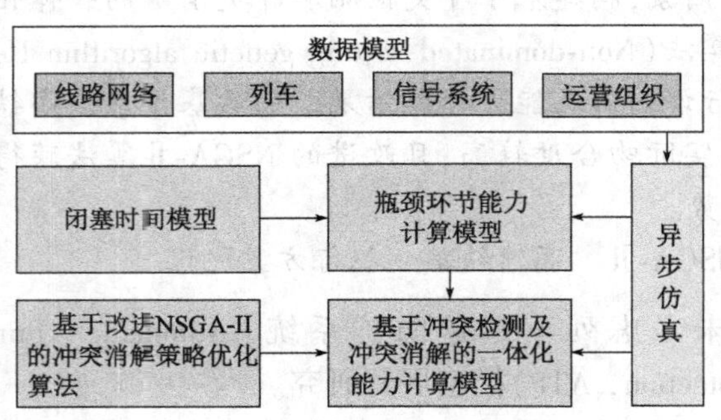

图 1　区间-车站一体化能力分析模型流程图

1.1　闭塞时间模型

分区是指列车运行时,同一时刻仅允许一列列车占用,具有独占性的区段,如区间的一个闭塞分区、车站的一个道岔区段或一个停车股道[15]。根据文献[15]提出的分区划分原则,建立各类型分区闭塞时间模型,如图 2 所示。

闭塞时间模型中各时间参数定义如下:

(1)进路建立时间 T^s:进路锁闭、进路信息传送并计算、车载设备接收信息并处理的时间。

(2)反应时间 T^r:在区间/接车/股道分区为人工驾驶反应时间;发车分区为发车准备时间。

(3)接近时间 T^a:列车从移动授权(Movement Authority, MA)首次延伸到分区入口点时所在位置运行到分区入口点所需时间。

(4)占用时间 T^o:列车车头在分区内的运行时间。

(5)出清时间 T^c:列车车头从分区终点运行一个车长的时间。

(6)解锁时间 T^u:联锁采集轨道电路出清状态并解锁进路时间。

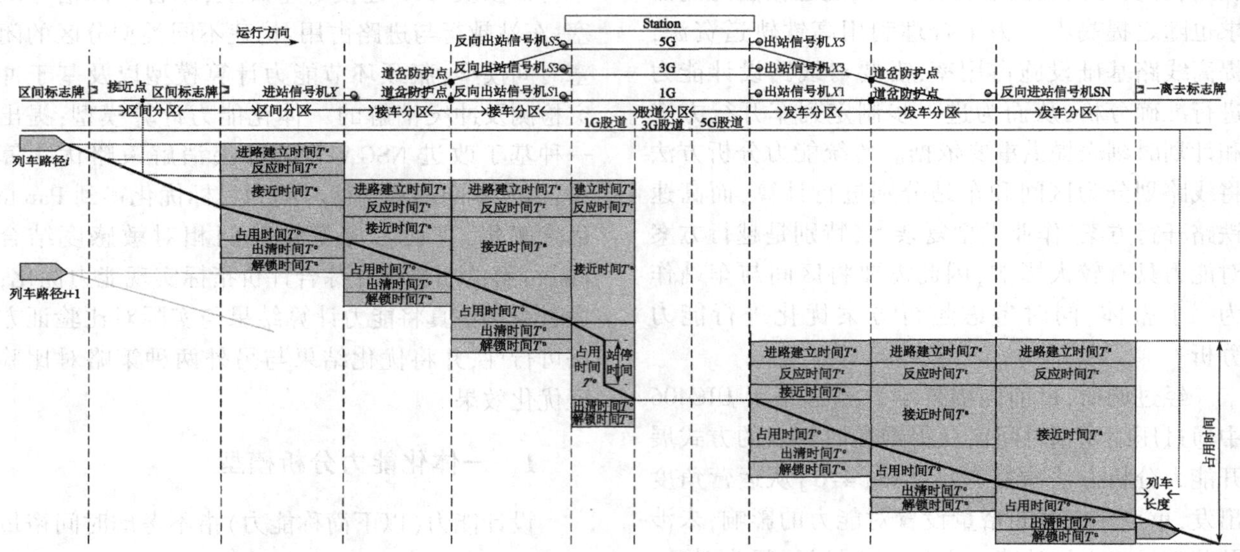

图 2　闭塞时间模型

1.2　瓶颈环节能力计算模型

高铁线路上的车站存在多个到发线,造成咽喉区进路重叠或交叉,联锁关系复杂,使得车站的接发车区域成为高速铁路瓶颈环节[16]。本节通过分别分析各车站接发车咽喉区,生成最不利进路占用方案,作为一体化能力计算的基础。其计算模型包括以下步骤。

首先根据联锁逻辑/实际联锁系统确定车站所有可能接/发车进路,生成进路占用方案周期。

之后进行异步仿真。设仿真步长为 k,步数为 l,输出仿真时间集合 $K=\{0,k,2k,\cdots,lk\}$,对应时刻列车车头位置公里标集合 $S^{\text{head}}=\{s_0^{\text{head}},s_1^{\text{head}},s_2^{\text{head}},\cdots,s_l^{\text{head}}\}$,对应时刻 MA 延伸终点公里标集合

$S^{MA}=\{s_0^{MA},s_1^{MA},s_2^{MA},\cdots,s_l^{MA}\}$，定义映射关系 f^{head}：$S^{head}\to K$ 和 $f^{MA}:S^{MA}\to K$。

而后进行闭塞时间赋值，以分区 b 为例，定义其入/出口点公里标为 s_b^{start}、s_b^{end}，其进路建立时间 T_b^s、反应时间 T_b^r 以及解锁时间 T_b^u 直接根据分区类型从数据库调取；接近时间 T_b^a、占用时间 T_b^o、出清时间 T_b^c 需根据异步仿真输出数据计算，公式如式(2)～式(4)所示，其中 t^{dwell} 为列车在车站计划站停时间，s^{train} 为列车车长。

最后基于 UIC406 压缩法[3]计算得到各进路占用方案周期下的平均接/发车间隔，获得最大值对应的最不利接/发车进路占用方案。

$$T_b^a=\begin{cases}f^{head}(s_b^{start})-f^{MA}(s_b^{start}), & \text{若分区 } b \text{ 为首个接车分区或区间分区}\\ T_{b-1}^a+T_{b-1}^o, & \text{若分区 } b \text{ 为非首个接/发车分区或股道分区}\\ 0, & \text{若分区 } b \text{ 为首个发车分区}\end{cases}\tag{2}$$

$$T_b^o=\begin{cases}f^{head}(s_b^{end})-f^{head}(s_b^{start})+t^{dwell} & \text{若 } b \text{ 为站停作业的股道分区}\\ f^{head}(s_b^{end})-f^{head}(s_b^{start}) & \text{其他}\end{cases}\tag{3}$$

$$T_b^c=f^{head}(s_b^{end}+s^{train})-f^{head}(s_b^{end})\tag{4}$$

1.3 基于冲突检测及冲突消解的一体化能力计算模型

假设列车数为 n，车站数为 m，定义始发站初始发车间隔集合为 $H=\{h_i|1\leqslant i\leqslant n,i\text{ 为整数}\}$，压缩后为 $H'=\{h_i'|1\leqslant i\leqslant n,i\text{ 为整数}\}$，压缩后计划等待时间集合为 $Tw=\{tw_i^j|1\leqslant i\leqslant n,1\leqslant j\leqslant m,i,j\text{ 为整数}\}$。根据始发站初始发车间隔、开行计划和各车站最不利进路占用方案进行仿真和闭塞时间赋值，形成初始运行计划；建立压缩、冲突检测及冲突消解，生成饱和且无冲突运行计划，流程图如图3所示。

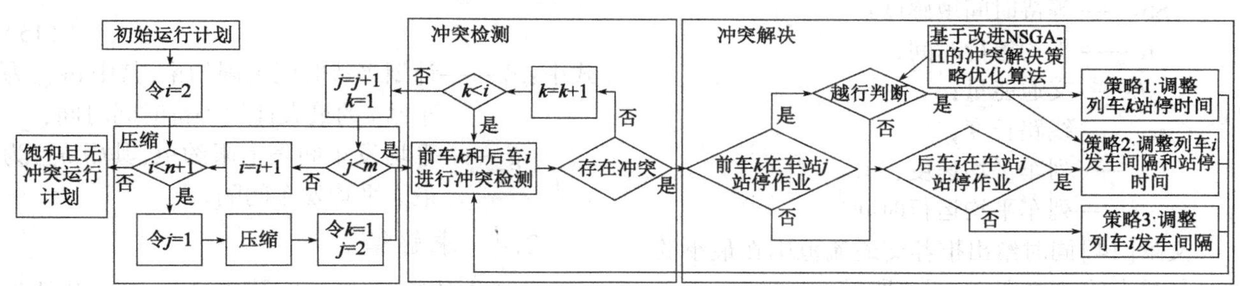

图3 冲突检测及消解流程图

1.3.1 压缩

定义 $B_{j,j+1}$ 表示从车站 j 第一个发车分区到车站 $j+1$ 最后一个接车分区之间的分区集合，$t_{i,b}^{start}$ 和 $t_{i,b}^{end}$ 分别为列车 i 在分区 $b\in B_{j,j+1}$ 的闭塞时间窗上沿和下沿。列车 i 的压缩后发车间隔计算公式如式(5)所示。

$$h_i'=h_i-\min_{b\in B_{1,2}}(t_{i,b}^{start}-t_{i-1,b}^{end})\ (2\leqslant i\leqslant n,i\text{ 为整数})\tag{5}$$

1.3.2 冲突检测

冲突检测时通过计算列车 i 和 k 在非越行下的冲突量 $z1_{k,i}^j$ 和越行下的冲突量 $z2_{k,i}^j$ 判断两站一区间内是否存在冲突，计算公式如式(6)～式(7)所示。

$$z1_{k,i}^j=\max_{b\in B_{j,j+1}}(t_{k,b}^{end}-t_{i,b}^{start})\tag{6}$$

$$z2_{k,i}^j=\max_{b\in B_{j,j+1}}(t_{i,b}^{end}-t_{k,b}^{start})\tag{7}$$

若 $z1_{k,i}^j>0$ 且 $z2_{k,i}^j>0$，则表示存在冲突。

1.3.3 冲突消解

如图3中步骤划分冲突，使用以下三种策略进行消解。

策略1：调整前车 k 在车站 j 的站停时间，计算公式如式(8)所示。

$$tw_k^j=z2_{k,i}^j\tag{8}$$

策略2:调整后车 i 在车站 j 的站停时间和在始发站的发车间隔,计算公式如式(9)所示。

$$\begin{cases} tw_i^j = w^j \cdot z1_{k,i}^j \\ h'_i = h_i + (1 - w^j) \cdot z1_{k,i}^j \end{cases} \tag{9}$$

式中:w^j——车站 j 的冲突调整比例,$w^j \in [0,1]$。

策略3:调整后车 i 在始发站的发车间隔,计算公式如式(10)所示。

$$h'_i = h_i + z1_{k,i}^j \tag{10}$$

图3中,一体化冲突检测及消解模型调用基于改进NSGA-Ⅱ的冲突消解策略优化算法提供越行方案以及冲突调整比例,具体实现在第2节中介绍。

2　基于改进NSGA-Ⅱ的冲突消解策略优化算法

文献[14]提出等待时间相对敏感度以及交通能量是运行计划质量的衡量指标,计算公式如式(11)、式(12)所示:

$$\mathrm{SEN} = \frac{S_{\mathrm{tw}}}{\overline{t_{\mathrm{w}}}} \tag{11}$$

$$E = \frac{n}{s_{\mathrm{line}}} \cdot v^2 = \frac{n}{t} \cdot v \tag{12}$$

式中:SEN——等待时间相对敏感度;

Stw——等待时间敏感度;

$\overline{\mathrm{tw}}$——平均等待时间;

E——交通能量;

s_{line}——线路长度;

v——列车平均速度;

t——列车平均运行时间。

文献[14]同时给出推荐交通流范围在最小的SEN与最大的 E 之间,如图4所示。

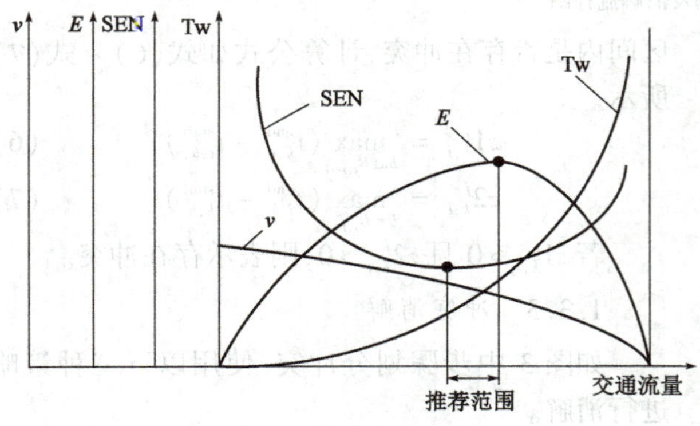

图4　交通流推荐范围

由此,本节基于NSGA-Ⅱ提出一种改进的多目标优化方法,首先以平均发车间隔最小(E 最大)和平均等待时间最小为目标优化求解得到一组Pareto最优解集,进而考虑SEN指标并结合Pareto解的质量指标建立综合评价指标遍历计算获取最优解。

2.1　优化变量

模型待优化变量有两组。其一为越行方案变量 $o_{i,k}^j$,$o_{i,k}^j = 0$ 表示列车 i 和 k 在车站 j 发生冲突且符合越行许可条件下不越行,$o_{i,k}^j = 1$ 则表示越行;其二为各车站的冲突调整比例变量 w^j,取值范围 $0 \leqslant w^j \leqslant 1$。

2.2　目标函数

模型目标函数为平均发车间隔 $\overline{h}$ 和平均等待时间 $\overline{\mathrm{tw}}$,如式(13)~式(14)所示。

$$f_1 = \min \overline{h} \tag{13}$$

$$f_2 = \min \overline{\mathrm{tw}} = \min \frac{\sum_{i=1}^{n}\sum_{j=2}^{m-1} \mathrm{tw}_i^j}{n} \tag{14}$$

2.3　约束条件

考虑到模型构建及实际线路运营情况,本模型存在两类不等式约束,如式(15)所示。

$$\begin{cases} g_{1i}^j = \mathrm{tw}_{\max}^j - \mathrm{tw}_i^j \geqslant 0 (1 \leqslant i \leqslant n, 1 \leqslant j \leqslant m) \\ g_2 = h_{\max} - \overline{h} \geqslant 0 \end{cases} \tag{15}$$

式中:g_{1i}^j——计划等待时间上限约束,其中 $\mathrm{tw}_{\max}^j$ 为车站 j 的最大计划等待时间时间;

g_2——平均发车间隔上限约束,其中 $h_{\max}$ 为最大平均发车间隔。

2.4　求解算法

本文在传统NSGA-Ⅱ[17]基础上,对染色体编码、进化算子、适应度函数进行了改进,并加入了局部搜索和综合评价,改进后的算法流程图如图5所示。

2.4.1　染色体编码

算法中的个体 $x \in X_a$,X_a 为第 a 代种群,$|X|$ 为种群规模,A 为迭代次数。对于越行判断变量,采用二进制编码,将一列车在所有车站的越行判断作为一条染色体,个体 x 共有 $n-1$ 条二进制染色体,表示为 $xo = (xo_2, xo_3, \cdots, xo_n)$;对于冲突调整比例,算法采用实数编码,将每一车站的冲突量分配比例作为一条染色体,每个个体 x 共有 $m-2$ 条实数染色体,表示为 $xw = (xw_2, xw_3, \cdots, xw_{m-1})$。

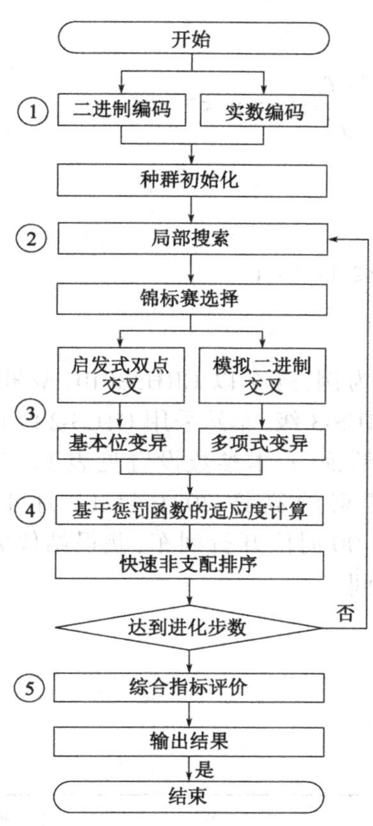

图5 改进 NSGA-Ⅱ算法流程图

2.4.2 局部搜索

为提高算法优化效果及速度，本文使用多项式变异算子[18]对种群 X_a 中非支配解集中部分个体的实数染色体进行局部搜索，形成局部新种群 X_a^{local}，种群中个体实数染色体计算公式如式(16)～式(19)所示。

$$xw' = (xw'_2, \cdots, xw'_j, \cdots, xw'_{m-1}) \tag{16}$$

$$xw'_j = xw_j + \alpha \cdot \beta_{\max}(xw_j) \tag{17}$$

$$\alpha = \begin{cases} (2r)^{\frac{1}{q-1}} - 1 (r \leqslant 0.5) \\ 1 - [2(1-r)]^{\frac{1}{q-1}} (r > 0.5) \end{cases} \tag{18}$$

$$\beta_{\max}(xw_j) = \max(xw_j - xw_j^{\min}, xw_j^{\max} - xw_j) \tag{19}$$

式中：xw'——局部搜索染色体；

α——搜索系数，与随机数 $r \in [0,1]$ 以及形状参数 q 相关；q 取值越大结果变异幅度越小；

$\beta_{\max}(xw_j)$——变量 xw_j 可变化最大值；

$xw_j^{\max}, xw_j^{\min}$——变量 xw_j 的上下限。

2.4.3 进化算子

首先采用二元锦标赛选择 X_a 中较优个体，之后进行交叉和变异。对于二进制染色体，由于越行变量只在一定条件下有效，故本研究在调用能力计算模型计算个体适应度时，记录个体二进制染色体有效基因位。交叉时在随机选取交叉点位后，检测交叉的染色体片段之中是否包括有效基因位，若不包括，则重新截取；变异时在一定概率下直接选取有效基因位进行变异。对于实数染色体，本文采用模拟二进制交叉法和多项式变异法实现种群进化[17]。进化后形成新种群 X_a^{evo}。

2.4.4 适应度计算

将 X_a、X_a^{local}、X_a^{evo} 组合后计算个体适应度，考虑到模型存在两类不等式约束，为了提高算法的效率，在适应度函数中引入外点惩罚因子，计算公式如式(20)所示。

$$F_y(x) = f_y(x) + r_1 \cdot \sum_{i=2}^{n}\sum_{j=2}^{m-1} [\min(0, g_{1\,i}^{\ j})]^2 + r_2 \cdot [\min(0, g_2)]^2, y = 1,2 \tag{20}$$

式中：F_y——两个目标对应的适应度函数，$y=1,2$；

r_1, r_2——外点惩罚函数的罚因子。

根据适应度计算结果对所有解进行快速非支配排序，选取最优的 $|X|$ 个解形成下一代种群 X_{a+1}。

2.4.5 综合指标评价

若迭代次数达到 A，算法使用由 SEN 和领先距离构成的综合评价指标进一步获得确定且最优的越行方案及冲突调整比例。其中领先距离定义为当前解和左右两个相邻解的中间点坐标差累加和[19]，是衡量解优劣的指标，该值越大，解的质量越高，如图6所示。

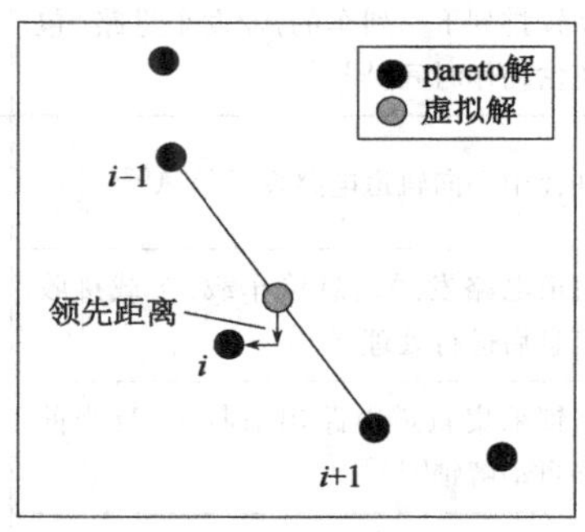

图6 领先距离示意图

对种群 X_A 中的 Pareto 解集进行排序，设排序后解集为 U，大小为 $|U|$，第 u 个解的 SEN 值 f_s^u 和领先距离 f_l^u 的计算公式如式(21)、式(22)所示。

$$f_s^u=\begin{cases}\dfrac{(f_2^{u+1}-f_2^u)\cdot f_1^{u+1}\cdot f_1^u}{(f_1^u-f_1^{u+1})\cdot f_2^u}, u=1\\ \dfrac{(f_2^{u+1}-f_2^u)\cdot f_1^{u+1}\cdot f_1^u}{2\cdot(f_1^u-f_1^{u+1})\cdot f_2^u}+\dfrac{(f_2^u-f_2^{u-1})\cdot f_1^{u-1}\cdot f_1^u}{2\cdot(f_1^{u-1}-f_1^u)\cdot f_2^u}, 1<u<|U|\\ \dfrac{(f_2^u-f_2^{u-1})\cdot f_1^{u-1}\cdot f_1^u}{(f_1^{u-1}-f_1^u)\cdot f_2^u}, u=|U|\end{cases} \tag{21}$$

$$f_l^u=\begin{cases}\sum_{y=1}^{2}\dfrac{f_y^{u+1}+f_y^{u-1}-2\cdot f_y^u}{f_y^{|U|}-f_y^1}, 2\leqslant u\leqslant |U|-1\\ 0, u=1 \text{ 或 } u=|U|\end{cases} \tag{22}$$

采用线性归一化后将领先距离与SEN作差形成第u个解的综合评价指标F_C^u，该值越大表明指标越优，计算公式如式(23)所示。

$$F_C^u=\frac{f_l^u-\min_{u\in U}f_l^u}{\max_{u\in U}f_l^u-\min_{u\in U}f_l^u}-\frac{f_s^u-\min_{u\in U}f_s^u}{\max_{u\in U}f_s^u-\min_{u\in U}f_s^u} \tag{23}$$

3　仿真验证

3.1　参数设置

本节以京沪高铁北京南站至济南西站区段下行线路为例，列车以CRH380BL型号为例，区间采用CTCS-3级、车站采用CTCS-2级信号系统进行仿真验证，基本参数设置见表1。列车开行计划参考京沪高铁2021年12月4日高峰8:00—11:00时段开行列车，获得站停方案及计划站停时间。

仿真参数设置　表1

模型库	参　数	取　值	模型库	参　数	取　值
线路	区间分区数量	220个	线路	车站分区数量	99个
	静态限速	160～350km/h		道岔限速	45/80km/h
	坡度	−1.79%～1.28%		曲率半径	>7000m
列车	长度	399.27m	列车	最高速度下最大常用制动减速度	0.35m/s^2
	编组数	16节		最高速度下紧急制动减速度	0.51m/s^2
	营运最高速度	300km/h		列车冲击率	0.06m/s^3
	最高速度下设计牵引力	121.60kN		回转质量系数	0.06
信号系统	调度系统进路轮询时间$^{C2/C3}$	30s	信号系统	联锁采集轨道电路出清状态并解锁进路$^{C2/C3}$	0.5s
	联锁排列下一列车的接/发车进路(包含道岔动作时间)$^{C2/C3}$	15.6s		联锁向列控中心/RBC发送进路状态$^{C2/C3}$	1s
	列控中心向轨道电路发送信息^{C2}	1s		无线闭塞中心RBC计算行车许可MA发送给列车^{C3}	1s
	轨道电路发送信息给车载，车载接收到信息后进行处理^{C2}	4s		车载设备接收到MA进行处理^{C3}	4s
	联锁采集轨道电路出清状态，且当前进路自动解锁$^{C2/C3}$	2.5s		进路自动变为“锁闭”状态$^{C2/C3}$	0.5s
	联锁向列控中心/RBC发送进路信息$^{C2/C3}$	1s		列控中心向轨道电路发送信息，轨道电路发送信息给车载^{C2}	1s
	RBC计算行车许可MA发送给列车^{C3}	1s		车载设备接收到轨道电路信息/MA进行处理$^{C2/C3}$	4s

续上表

模型库	参　　数	取值	参　　数	取值
人工操作参数	驾驶员反应时间	2.5s	关门操作完成	2s
	驾驶员通过电话与调度确认发车	11.3s	驾驶员提手柄	1s
	驾驶员进行缓解列车操作	2s	列车起动	1.7s

注：*[C2/C3]表示该参数在 CTCS-2 或 CTCS-3 中使用。

研究中使用 NSGA-Ⅱ参数设置如表 2 所示。

NSGA-Ⅱ参数设置 表 2

参　　数	取值	参　　数	取值
交叉初始概率	90%	局部搜索规模	10 个
变异初始概率	10%	形状参数 q	11
交叉分布参数	20	外点惩罚函数罚因子 r_1, r_2	1
变异分布参数	20	迭代次数	100 次
初始种群规模	30 个		

3.2 结果分析

使用本文提出的高速铁路一体化能力分析方法得到计算结果如表 3 所示，表中使用 t^j_{dep}、t^j_{arr} 表示车站 j 的仿真发车/接车时刻，使用 $P^j=\{\rho^j_d \mid d\in D^j, D^j$ 为车站 j 的进路编号集合$\}$表示车站 j 的进路占用计划，获得的饱和且无冲突列车运行计划如图 7 所示。

能力计算结果 表 3

车次	北京南		廊坊		天津南		沧州西		德州东		济南西	
	t^1_{dep}	P^1	t^2_{dep}	t^{dwell}(s)	t^3_{dep}	t^{dwell}(s)	t^4_{dep}	t^{dwell}(s)	t^5_{dep}	t^{dwell}(s)	t^6_{arr}	P^6
1	6:00	ρ^1_8	6:17	0	6:30	0	6:49	0	7:14	120	7:38	ρ^6_1
2	6:04	ρ^1_9	6:20	0	6:33	0	6:52	0	7:18	120	7:42	ρ^6_2
3	6:07	ρ^1_{10}	6:28	120	6:43	0	7:06	120	7:29	0	7:51	ρ^6_3
4	6:17	ρ^1_{11}	6:34	0	6:47	0	7:09	120	7:36	120	7:59	ρ^6_4
5	6:24	ρ^1_{12}	6:41	0	6:54	0	7:16	120	7:45	203	8:08	ρ^6_7
6	6:28	ρ^1_{13}	6:45	0	7:01	232	7:27	120	7:50	0	8:12	ρ^6_6
7	6:32	ρ^1_{14}	6:48	0	6:58	0	7:21	0	7:41	0	8:05	ρ^6_5
8	6:38	ρ^1_{15}	6:55	0	7:08	0	7:31	120	7:54	0	8:16	ρ^6_1
9	6:43	ρ^1_{16}	7:00	0	7:17	180	7:38	0	8:04	203	8:27	ρ^6_2
10	6:48	ρ^1_{17}	7:05	0	7:21	226	7:47	120	8:10	0	8:32	ρ^6_3
11	6:52	ρ^1_{18}	7:09	0	7:25	0	7:41	0	8:01	0	8:24	ρ^6_4
12	6:56	ρ^1_{19}	7:16	120	7:31	0	7:51	0	8:16	120	8:39	ρ^6_7
13	7:05	ρ^1_8	7:21	0	7:34	0	7:57	120	8:20	0	8:42	ρ^6_6
14	7:08	ρ^1_9	7:30	240	7:46	0	8:05	0	8:32	180	8:54	ρ^6_5
15	7:12	ρ^1_{10}	7:27	0	7:41	0	8:01	0	8:26	120	8:50	ρ^6_1
16	7:17	ρ^1_{11}	7:38	225	7:58	120	8:19	0	8:46	240	9:10	ρ^6_2
17	7:21	ρ^1_{12}	7:35	0	7:51	0	8:13	120	8:37	0	8:57	ρ^6_3

3.2.1 能力计算结果分析

通过对仿真计算得到列车区间运行时分、无越行作业影响下能力输出值以及考虑越行方案形成的平均发车间隔，与实际运营数据进行比较结果如下：

(1)列车仿真区间运行时分平均值为 100min，实际区间运行时分平均值 102.1min，表明仿真条件与实际较为接近。

(2)无越行作业影响下能力输出值为 270.4s，与北京南站实际运营参数调研计算得到的瓶颈发车能力 270s 吻合。

(3)考虑越行方案形成的平均发车间隔为 303.7s，与时刻表高峰时段 5min 的平均发车间隔较为接近。

上述分析表明仿真结果可信,能力分析建模与方法和实际数据吻合度较高。

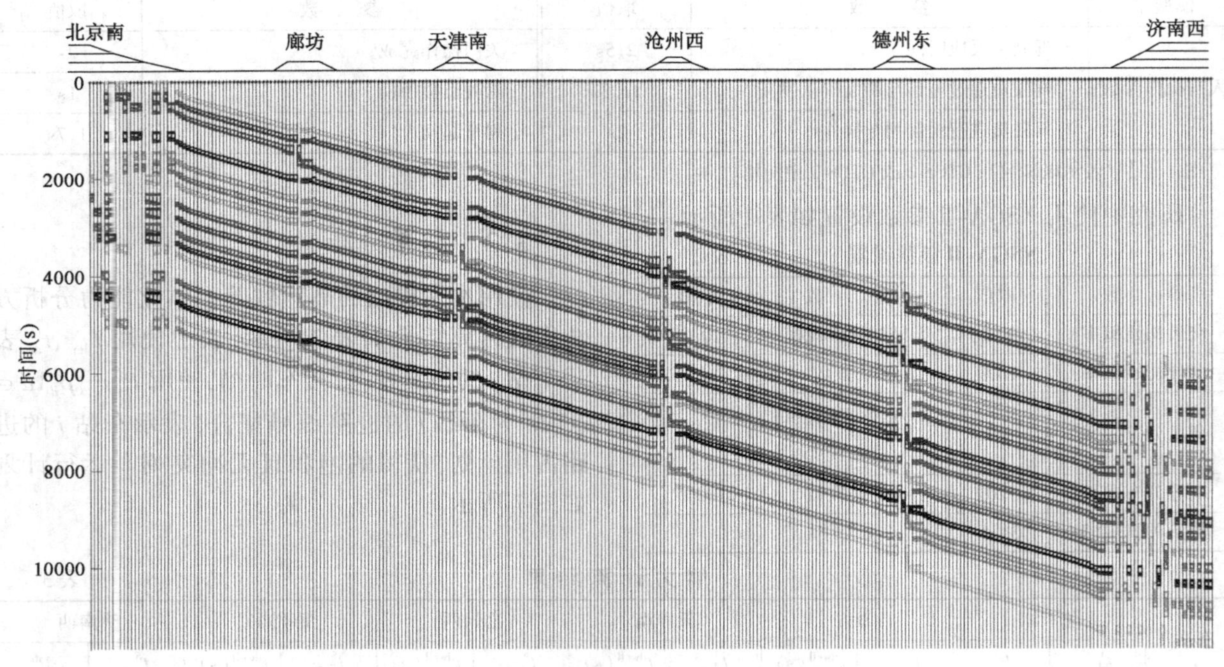

图7　饱和且无冲突的列车运行计划

3.2.2　NSGA-Ⅱ优化效果分析

进一步将本文提出改进的NSGA-Ⅱ算法与局部最优策略、随机策略下的目标值计算结果对比,分析本文采用算法的合理性与优势。

使用NSGA-Ⅱ算法求解后得到双目标均值以及最小值的进化曲线如图8所示。

由图8可知,计划等待时间和发车间隔的平均值和最小值进化曲线在开始时快速下降,表明改进后的算法优化效率较高。随后平均值曲线在小范围内波动,且两个目标存在一定的相关性,表明两个目标在进化过程中不断地相互均衡取舍,且种群中所有个体均已处于同一Pareto解集中。进一步遍历Pareto解集,使用式(21)~式(23)计算等待时间相对敏感度、领先距离以及综合评价指标,得到最优解,如图9所示。

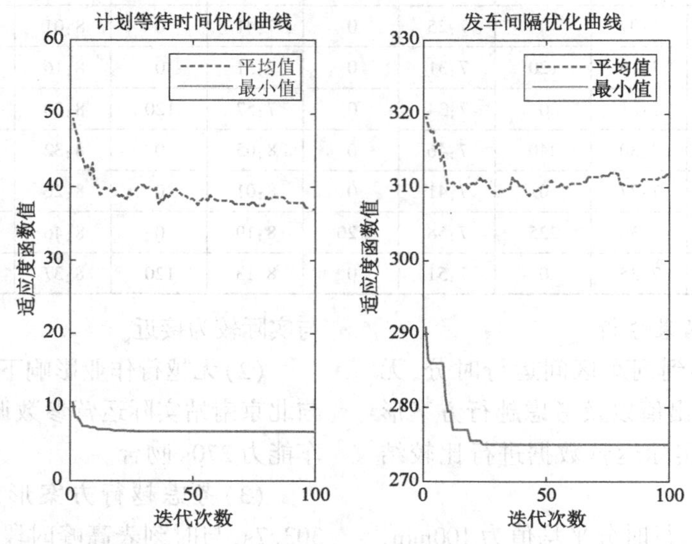

图8　NSGA-Ⅱ算法目标优化曲线图

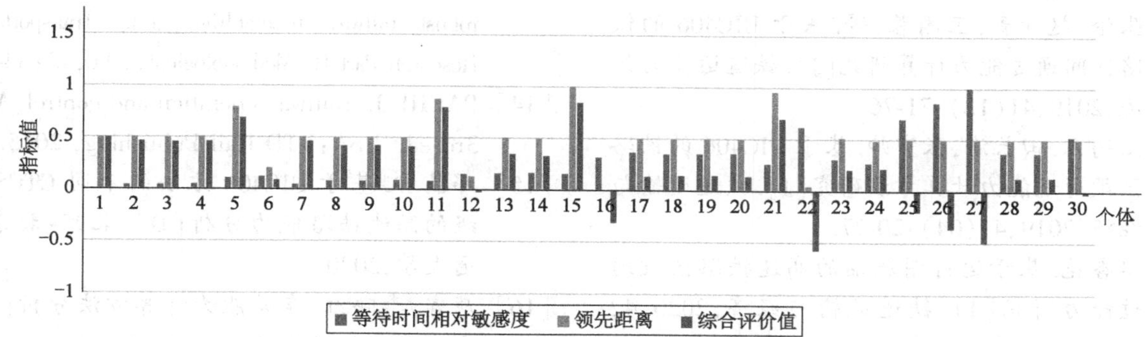

图9 综合评价结果

局部最优策略：越行方案根据存在冲突两列车不越行和越行需要调整冲突量最小原则选取，公式如式(24)所示。

$$o_{i,k}^{j}=\begin{cases}1, z2_{k,i}^{j}<z1_{k,i}^{j}\\0,\text{其他}\end{cases}\tag{24}$$

冲突调整比例根据发车间隔最优确定，令 $w^j=1(2\leqslant j\leqslant m-1)$。

随机策略：对改进的 NSGA-Ⅱ算法初始化后的种群计算两个目标的平均值。

三种方案计算结果如表4所示。

优化结果对比 表4

越行及冲突调整分配方案	平均发车间隔(s)	平均计划等待时间(s)
改进的 NSGA-Ⅱ算法	303.7	36.6
局部最优策略	285.6	70.4
随机策略	319.7	49.4

对比发现，优化后平均发车间隔相较于局部最优策略增大了6%，但平均计划等待时间降低了48%，牺牲一定能力下大幅提升了运营质量；优化后平均发车间隔相较于随机初始化种群平均值下降了5%，且平均计划等待时间降低了25.9%，表明优化后线路能力及运营质量得到了提升。由此可见，本算法优化效果显著。

4 结语

本文在线路基础设施、列车动力学模型、信号系统 ATP 控车模型及运营组织相关数据建模基础上，结合区间信号和车站联锁构建了高速铁路区间-车站一体化能力计算模型，并考虑越行对能力的影响提出基于改进 NSGA-Ⅱ的冲突消解策略优化方法，获得饱和且无冲突的列车运行计划以及能力计算结果。以京沪高铁为例进行仿真验证，结果表明仿真数据和能力计算结果与实际吻合度较高，改进的 NSGA-Ⅱ算法获得最优解对比另外两种策略具有较大优势，该方法将为线路能力的量化分析及优化提供有效指导。后续研究可以对当前闭塞时间组成中增加时间裕量，研究运营能力层面的计划运行图编制及优化。

参考文献

[1] 谢毅，寇峻瑜，姜梅，等. 中国铁路发展概况与技术展望[J]. 高速铁路技术，2020，11(01)：11-16.

[2] 王宇强，方波，魏玉光，等. 基于点线一体化的高速铁路通过能力计算研究[J]. 铁道学报，2020，42(09)：1-9.

[3] UIC. UIC Code 406：Capacity[M]. France：UIC，2013.

[4] JENSEN L W，LANDEX A，NIELSEN O A，et al. Strategic assessment of capacity consumption in railway networks：Framework and model[J]. Transportation Research Part C：Emerging Technologies，2017，74：126-149.

[5] JAMILI，A. Computation of practical capacity in single-track railway lines based on computing the minimum buffer times[J]. Journal of Rail Transport Planning & Management，2018，8：91-102.

[6] WEIK N，WARG J，JOHANSSON I，et al. Extending UIC 406-based capacity analysis-New approaches for railway nodes and network effects[J]. Journal of Rail Transport Planning

& Management, 2020, 15.

[7] 张伦,赵汗青,王闻蓉,等.基于UIC406的铁路区间通过能力计算研究[J].铁道运输与经济,2019,41(12):71-76.

[8] 王高磊,田长海,张守帅.基于UIC406的铁路区段通过能力计算方法研究[J].铁道运输与经济,2019,41(04):20-27.

[9] 单杏花.基于运行图压缩的高速铁路区段通过能力研究[J].铁道运输与经济,2020,42(S1):15-20.

[10] 赵建勋,田长海,张守帅.基于闭塞时间的高速铁路列车间隔时间研究[J].铁道运输与经济,2020,42(S1):37-46+59.

[11] WANG R, NIE L, TAN Y. Evaluating Line Capacity with an Analytical UIC Code 406 Compression Method and Blocking Time Stairway[J]. Energies, 2020, 13(7): 1853.

[12] BEŠINOVIĆ N, GOVERDE R M P, QUAGLIETTA E. Microscopic models and network transformations for automated railway traffic planning[J]. Computer-Aided Civil and Infrastructure Engineering, 2017, 32(2): 89-106.

[13] BEŠINOVIĆ N, GOVERDE R M P, QUAGLIETTA E, et al. An integrated micro-macro approach to robust railway timetabling [J]. Transportation Research Part B: Methodological, 2016, 87: 14-32.

[14] PACHL J. Railway operation and control[M]. 3rd ed. USA: VTD Rail Publishing, 2015.

[15] 邓晶雪.基于UIC406方法的不同CTCS等级的高速铁路能力分析[D].北京:北京交通大学,2020.

[16] 唐睿,李映红.车站能力计算方法分析[J].交通科技与经济,2008(04):116-118.

[17] DEB K, PRATAP A, AGRAWAL S, et al. A fast and elitist multi-objective genetic algorithm: NSGA-Ⅱ[J]. IEEE Transactions on Evolutionary Computation, 2002, 6(2): 182-197.

[18] ZENG G, CHEN J, LI L, et al. An improved multi-objective population-based extremal optimization algorithm with polynomial mutation [J]. Information Sciences, 2016, 330, 49-73.

[19] HAN Z, HAN B, LI D, et al. Train timetabling in rail transit network under uncertain and dynamic demand using Advanced and Adaptive NSGA-Ⅱ[J]. Transportation Research Part B: Methodological, 2021, 154: 65-99.

成都北编组站折角车流优化方法

宋文波*[1] 何川宁[1] 韩 锋[2]

(1.中国铁路成都局集团有限公司成都北车站;2.中国铁路成都局集团有限公司调度所)

摘 要 在分析成都北编组站站型布置及作业组织的基础上,通过挖掘现有生产数据,得出编组站折角车流产生原因及其对运输组织影响。以成都北编组站现有站型布置及运输组织模式为对象,提出"逆向消除法""场间联络法""虚拟环线法""客站通道法"四种处理折角车流的优化方法,并以2021年上半年生产数据为例进行分析,结果表明:本文提出的优化方法能使折角车流比例得到大幅下降,驼峰解体能力释放32.9%,其中客站通道法效果尤为明显。所提出的优化方法能够为车站处理折角车流提供决策支持。

关键词 铁路运输 折角车流 编组站 作业效率

0 引言

折角车流是指从车站一端到达,经过站内改编作业后,仍从车站同一端出发的车流。在双向编组站系统中,两个调车场按上下行方向分别设置,到达车站的折角车流要重复解体和集结,导致车站能力浪费和效率降低,因此研究编组站折角车流优化方法对于提高车站技术作业效率、加速车辆周转具有重要意义。

对于折角车流优化问题,许多学者已经进行

了深入研究[1-5]。文献[1]从理论角度分析了折角车流优化问题。文献[2]从不同角度探讨了提升襄阳北站运输效率的方法。文献[3]对铁路枢纽折角车流动态变化进行了数值模拟。文献[4]构建了双向编组站折角车流优化的模型和算法。文献[5]探讨了阜阳北站能力提升的方法。既有对折角车流的研究主要集中在理论建模和定性分析,很少基于生产数据提出折角车流的优化方法,缺乏对实践的指导意义。

本文以成都北编组站实际生产数据为依据,在分析折角车流产生原因及其对运输组织影响的基础上,基于站场布置图形提出了解决折角车流问题的优化方法,最后以实际生产数据验证了方法的有效性。

1 成都北编组站折角车流分析

1.1 成都北编组站概况

成都北编组站作为路网型编组站,衔接宝成、达成、成渝、成昆、成都 5 个方向,主要担当宝成、达成、成渝、成昆上下行直达、直通、区段、摘挂列车及成都枢纽小运转列车的解体、编组任务,其站型布置为双向纵列式三级六场,如图 1 所示。上下行方向分别设置一套调车系统,下行系统包含到达场(Ⅰ场)、调车场(Ⅱ场)、出发场(Ⅲ场),主要承担宝成、达成车流到达及成渝、成昆车流的出发;上行系统包含到达场(Ⅳ场)、调车场(Ⅴ场)、出发场(Ⅵ场),主要承担成渝、成昆车流到达及宝成、达成车流的出发。由于各衔接方向分别固定使用两个调车系统,因此必然会产生折角车流。

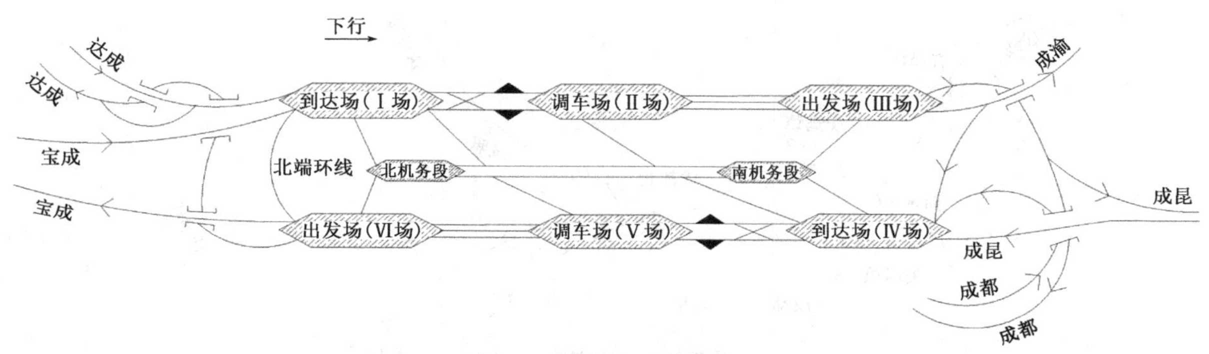

图 1 成都北编组站示意图

1.2 成都北编组站折角车流产生原因

折角车流分为折角直通车流和折角改编车流,而折角直通车流主要随无改编列车运行,仅在到发线进行换挂机车、列检等作业,对驼峰、调车机、分类线能力影响不大,并且占比较小,因此本文主要探讨折角改编车流影响。折角改编车流主要产生的原因如下:

(1)成都北编组站为衔接 5 个方向的双向纵列式编组站,存在不同线路间车流的交换,因此不可避免地存在折角车流。例如宝成线与达成、宝成线间车流的交换;成渝线与成昆、成渝线间车流的交换。表 1 为 2021 年 1—6 月日均折角车流及折角比情况,图 2 为不同线路间日均折角车流交换情况。结合表 1 和图 2 可以看出,成都北编组站日均折角比平均为 26.15%,并且折角车流以下行折角车流为主,主要集中在宝成、达成方向,从图 3 中可以看出,下行日均折角车流平均占比为 72.2%,成渝、成昆到达的折角车流仅占 27.8%。

日均折角车流统计表 表 1

月份	上行日均折角车流(辆)	下行日均折角车流(辆)	全站日均折角车流(辆)	全站折角比
1	394.9	1164.2	1559.1	25.9%
2	395.9	1111.3	1507.2	26.9%
3	392	1154.5	1546.5	27.3%
4	463.9	1075.6	1539.5	26.5%
5	506.2	980.5	1486.7	25.3%
6	381.7	1044.2	1425.9	25.0%

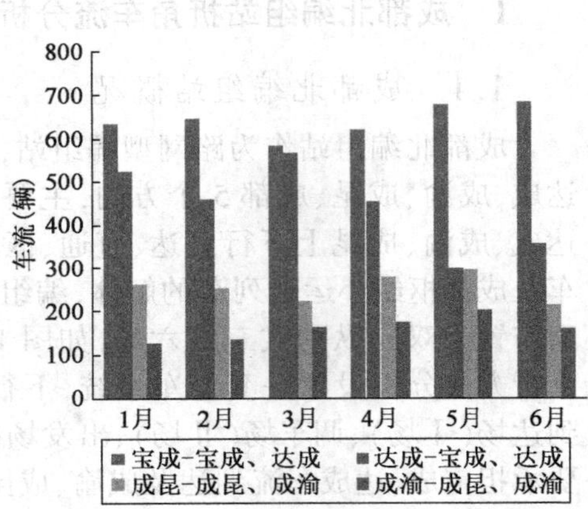

图2 日均各线交换车流情况

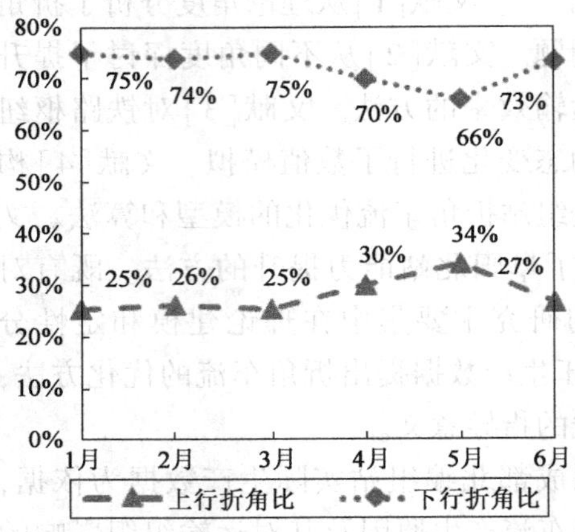

图3 上下行折角车流占比

(2)货场、工业企业线衔接位置的原因以及枢纽地区车流输送径路的不合理,会产生相应的折角车流。如图4所示,成都枢纽范围内的装卸站主要集中在宝成(青白江、大弯镇、新都、天回)、达成(城厢)方向,因此大部分枢纽车流需要在上行出发场输送。

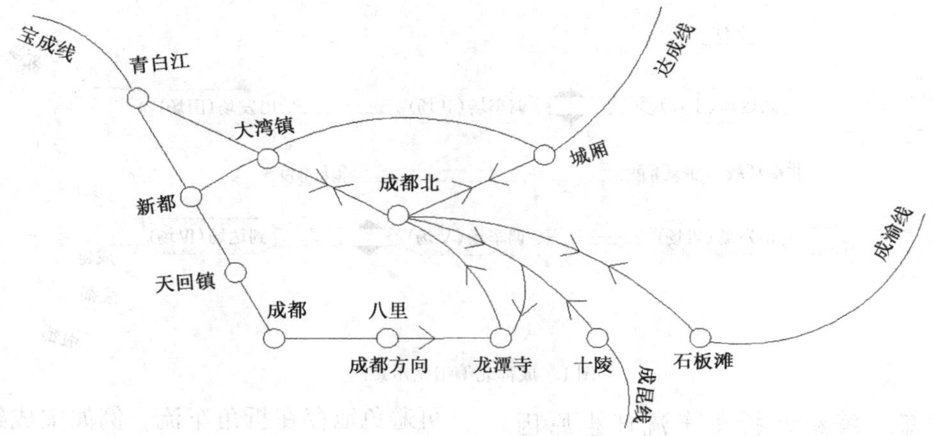

图4 成都枢纽示意图

表2为上、下行折角车流中正线、枢纽车流情况,图5为枢纽折角车流占比情况。从表2和图5中可以看出,全站折角车流中,日均折角车流枢纽占比平均为66.6%,并且枢纽折角车流主要集中在下行折角车流中,下行折角车流中枢纽车流占比87.95%,即从宝成、达成到达的枢纽卸车,需要从上行系统输送的车流。

日均枢纽折角车流统计表 表2

月份	上行日均折角车流(辆)		下行日均折角车流(辆)		上行折角车流枢纽占比	下行折角车流枢纽占比	全站折角车流枢纽占比
	正线	枢纽	正线	枢纽			
1	352.3	42.6	139.6	1024.6	10.8%	88.0%	68.4%
2	347.1	48.8	147.2	964.1	12.3%	86.8%	67.2%
3	325.1	66.9	97	1057.5	17.1%	91.6%	72.7%
4	408.3	55.6	137.3	938.3	12.0%	87.2%	64.6%
5	467.3	38.9	127.8	852.7	7.7%	87.0%	60.0%
6	342	39.7	134.7	909.5	10.4%	87.1%	66.6%

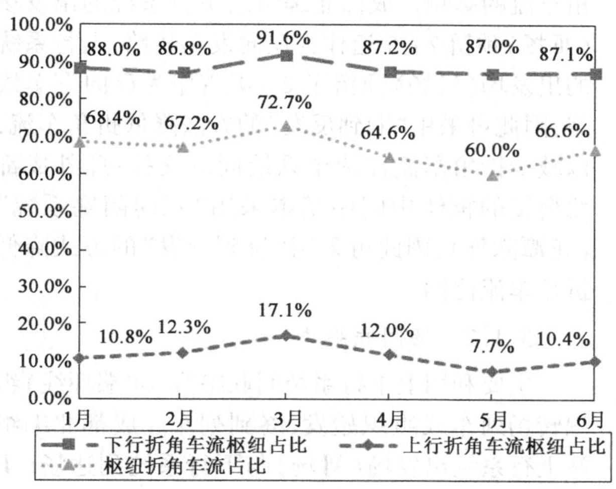

图 5 枢组折角车流占比

综上所述,成都北编组站日均折角比平均为26.15%,并且以下行折角车流为主,占比为72.2%。当折角车流占有调车流的比例小于15%时,它对编组站能力的影响较小[1],而成都北编组站折角车流比例远超这一数值,大大影响了车站设备的能力。

2 折角车流对运输组织影响

在双向编组站中,由于折角车流的到达与出发不在同一系统,需要在两个系统进行重复解编作业,其作业除了完成到—解—集—编—发外,要额外增加转场前的集结—转场—转场后的解体等作业。而成都北编组站上下行两个调车场分别仅有2条交换线用于集结折角车流,交换线能力紧张,折角车流将严重影响整个系统能力的发挥。

假设成都北编组站宝成、达成、成渝、成昆方向到达列车中折角车流量分别为 $n_{宝}$,$n_{达}$、$n_{渝}$、$n_{昆}$,则下行折角车流 $n_{下}=n_{宝}+n_{达}$,上行折角车流 $n_{上}=n_{昆}+n_{渝}$,全站折角车流 $n_{全}=n_{上}+n_{下}$;设全站折角车流比例为 $r_{全}$,上下行折角车流占全站折角车流比例分别为 $r_{上}$ 和 $r_{下}$,则 $r_{上}=\frac{n_{上}}{n_{全}}=\frac{n_{昆}+n_{渝}}{n_{宝}+n_{达}+n_{昆}+n_{渝}}$,$r_{下}=\frac{n_{下}}{n_{全}}=\frac{n_{宝}+n_{达}}{n_{宝}+n_{达}+n_{昆}+n_{渝}}$;设 $n_{折}$ 为折角车流日均折合列数,交换线容车数为 $C_{交换}$,则 $n_{折}=\frac{n_{全}}{C_{交换}}=\frac{n_{宝}+n_{达}+n_{昆}+n_{渝}}{C_{交换}}$。

2.1 编组站解编能力影响

由于折角车流要在双向编组站中重复作业,需要额外占用驼峰、驼峰调车机、分类线、机车走行线等调车设备,其产生的额外占用时间为:

$$T_{占}=n_{折}\cdot t_{占}=\frac{n_{宝}+n_{达}+n_{昆}+n_{渝}}{C_{交换}}\cdot t_{占} \quad (1)$$

式中:$t_{占}$——平均每列占用某调车设备的时间。

假设折角车流重复解体相当于两次改编作业,分类线容车数均为 $C_{交换}$,则车站改编能力负荷增加为 $T=\frac{n_{全}}{r_{全}C_{交换}}\cdot t_{占}+n_{折}\cdot t_{占}$,相当于改编负荷增加了 r 倍,则 $r=\frac{T-\frac{n_{全}\cdot t_{占}}{r_{全}C_{交换}}}{\frac{n_{全}\cdot t_{占}}{r_{全}C_{交换}}}=\frac{n_{折}\cdot t_{占}}{\frac{n_{全}\cdot t_{占}}{r_{全}C_{交换}}}=\frac{\frac{n_{全}\cdot t_{占}}{C_{交换}}}{\frac{n_{全}\cdot t_{占}}{r_{全}C_{交换}}}=r_{全}$,从上文数据可以得出 $r_{全}=26.15\%$,因此折角车流使得编组站能力负荷近似提高约26.15%,即为了处理折角车流,车站的改编能力下降约26.15%。

2.2 驼峰调车机能力影响

在成都北编组站作业过程中,折角车流在上下行系统间的转场作业主要由相对应系统的驼峰调车机取送完成,额外增加了相应系统驼峰调车机作业负担,降低了上下行系统驼峰解体能力。上行驼峰调车机到下行编组场取送交换流耗费的时间及其对驼峰解体能力降低分别为:

$$T_{取送}^{上下}=t_{取送}\cdot\frac{n_{下}}{C_{交换}}=t_{取送}\cdot\frac{n_{宝}+n_{达}}{C_{交换}} \quad (2)$$

$$\Delta N_{上驼}=\frac{T_{取送}^{上下}\cdot(1-\alpha_{空费})}{t_{解占}^{双单}} \quad (3)$$

下行驼峰调车机到上行编组场取送交换流耗费的时间及其对驼峰解体能力降低分别为:

$$T_{取送}^{下上}=t_{取送}\cdot\frac{n_{上}}{C_{交换}}=t_{取送}\cdot\frac{n_{昆}+n_{渝}}{C_{交换}} \quad (4)$$

$$\Delta N_{下驼}=\frac{T_{取送}^{下上}\cdot(1-\alpha_{空费})}{t_{解占}^{双单}} \quad (5)$$

式中:$t_{取送}$——驼峰调车机取送一次交换流平均耗费时间;

$\alpha_{空费}$——驼峰作业空费系数,取0.03~0.05[1];

$t_{解占}^{双单}$——成都北编组站在双推单溜作业方式下,解体一个车列平均占用驼峰时间。

由成都北编组站实际生产数据可知，$n_{下}$ = 1088.4 辆，$n_{上}$ = 422.4 辆，$C_{交换}$平均为 40 辆，$t_{取送}$ = 60min，$t_{解占}^{双单}$ = 36min，$\alpha_{空费}$取 0.03，则 $T_{取送}^{上下} = t_{取送} \cdot \frac{n_{下}}{C_{交换}} = 60 \times \frac{1088.4}{40} = 1632.6\text{min}$，$\Delta N_{上驼} = \frac{T_{取送}^{下上} \cdot (1-\alpha_{空费})}{t_{解占}^{双单}} = 44.0$ 列。因此上行驼峰日均少解体 44.0 趟车，而上行驼峰机车有 2 台，一天可利用时间 2880min，相当于 56.7% 的时间都在用于取送交换流；$T_{取送}^{下上} = t_{取送} \cdot \frac{n_{上}}{C_{交换}} = 60 \times \frac{422.4}{40} = 633.6\text{min}$，$\Delta N_{下驼} = \frac{T_{取送}^{上下} \cdot (1-\alpha_{空费})}{t_{解占}^{双单}} = 17.1$ 列，因此下行驼峰日均少解体 17.1 趟车。

2.3 车站中时影响

折角车流除有调中转车的“到达、解体、集结、编组、出发”作业外，还额外增加了转场前的集结时间 $t_{集}^{转}$、转场时间 $t_{转}$ 及转场后的解体 $t_{解}^{转}$，因此每车额外增加的中转时间 $t_{额}$为：

$$t_{额} = t_{集}^{转} + t_{转} + t_{解}^{转} \tag{6}$$

则车站有调中转车平均每车在站停留时间将延长 Δt：

$$\begin{aligned}\Delta t &= (t_{折} \cdot r_{全} + (1 - r_{全}) \cdot t_{有}) - t_{有} \\ &= (t_{折} - t_{有}) \cdot r_{全} = t_{额} \cdot r_{全}\end{aligned} \tag{7}$$

因此折角车流的存在将会增加车站中时指标，影响车站作业质量考核。

2.4 作业安全影响

折角车流在转场时要占用机走线，与其他调车作业存在交叉干扰，既降低了调车机的作业效率，又增加了作业安全隐患。因此减少车站折角车流是提升车站能力及作业效率、减少安全风险的重要途径之一。

3 折角车流优化组织方法

3.1 成都北编组站折角车流优化方法

综上所示，折角车流影响了车站作业能力及效率的提升，并且对安全生产也会带来一定风险，因此本文基于车站实际站场布置图形，提出以下处理折角车流的优化方法：

3.1.1 逆向消除法

主要依据车场线路布置，在接发列车作业时采用“顺到反发”或“反到顺发”的方式来消除折角车流的影响。成都北编组站下行系统的出发场(Ⅲ场)预留 2～5 道作为反向发车线路，上行系统的出发场(Ⅵ场)预留了 2～4 道作为反向发车线路，因此可采用“顺到反发”的方法降低折角车流，以减少折角车流在两个系统间的交换；此外成都北衔接的枢纽中间站基本采用“双向闭塞系统”(龙潭除外)，因此可采用“反到顺发”的方式降低折角车流比例。

3.1.2 场间联络法

主要利用上下行系统间联络线(北端环线)组织转场列车或组织始发、终到列车。成都北编组站上行系统出发场(Ⅵ场)与下行系统到达场(Ⅰ场)间设置了场间联络线(北端环线)，可将上行折角车流直接在上行系统解体、集结、编组后，组织场间转场列车进入下行系统，以释放下行驼峰的解体能力，或者直接组织在下行到达场(Ⅰ场)终到，降低折角车流比例。此外也可直接组织始发下行列车发车，即列车从上行系统的Ⅵ场通过下行系统的到达场(Ⅰ场 2～3 道)、出发场(Ⅲ场 1 道)直接开往下行方向。

3.1.3 虚拟环线法

主要利用虚拟南端环线组织“调头”转场车或组织“调头”始发车。成都北编组站下行系统出发场(Ⅲ场)与上行系统到达场(Ⅳ场)间未设置场间联络线，因此下行折角车流在下行系统解体、集结、编组后，可以组织“调头”列车，在枢纽南端的中间站(龙潭、十陵等)经过调头作业后进入上行系统；或者直接组织“调头”始发上行列车，即列车从下行系统的出发场(Ⅲ场)出发，在枢纽中间站进行“调头”作业后，从上行系统的到达场(Ⅳ场)、出发场(Ⅵ场)通过，开往上行方向。

3.1.4 客站通道法

主要利用“客站通道”降低下行折角车流比例。如图 4 所示，宝成方向到达的下行列车可以经成都客站方向进入上行系统，因此宝成方向到达的折角车流可直接经成都客站方向进入上行系统的到达场(Ⅳ场)，进行解体、集结、编组、出发作业，从而降低下行折角车流的比例，释放车站调车设备的能力。另外，也可以使宝成方向到达的折角车流终到下行系统到达场(Ⅰ场)，经过解体、集结、编组后，从下行出发场(Ⅲ场)经客站通道开往上行方向。

3.2 折角车流优化组织效果

采取上述措施后,成都北编组站折角车流得到明显下降,客站通道法效果尤其明显,大大降低了车站折角车流比例,释放了车站调车设备能力。以2021年1—6月实际生产数据为例,在采取上述四种折角车流优化措施后,上下行日均交换流情况如图6所示。

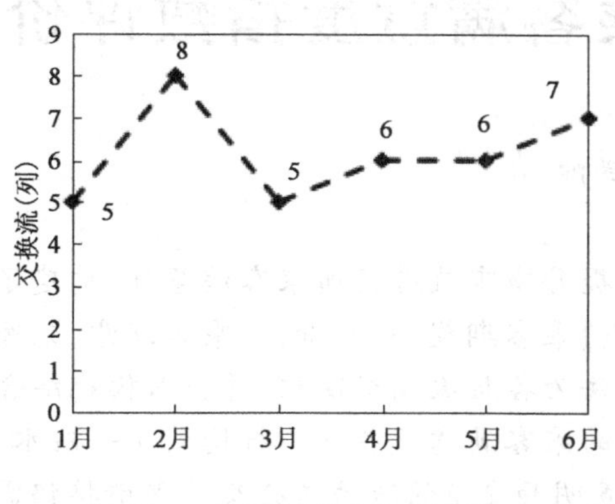

图6 上下行日均交换流情况

从图6中可以看出,车站采取折角车流优化方法后,$n_{折}$平均保持在6.2列,上下行共4台驼峰调车机可用于取送交换流,一天总的可利用时间为5760min,$t_{取送}$ = 60min,$\alpha_{空费}$取0.03,$t_{解占}^{双单}$ = 36min,日均用于取送交换流的时间仅占驼峰机车作业时间的6.7%,驼峰调车机能力释放32.9%,日均可多解体51.0列,大大释放了驼峰解体能力,效果显著。

保持"逆向消除法""场间联络法""虚拟环线法"优化方法不变,客站通道法使用前后下行折角车流及车站折角车流变化情况分别如图7、图8所示。从图7和图8中可以看出,客站通道法使用后,日均下行折角车流比例平均下降41.2%,基本维持在30.9%;日均全站折角车流比例平均下降10.8%,基本维持在15.4%。可见客站通道法在降低车站折角车流方面具有显著效果,仅客站通道法就使得全站折角比保持在15%左右的水平,此水平下折角车流对编组站能力影响相对较小。

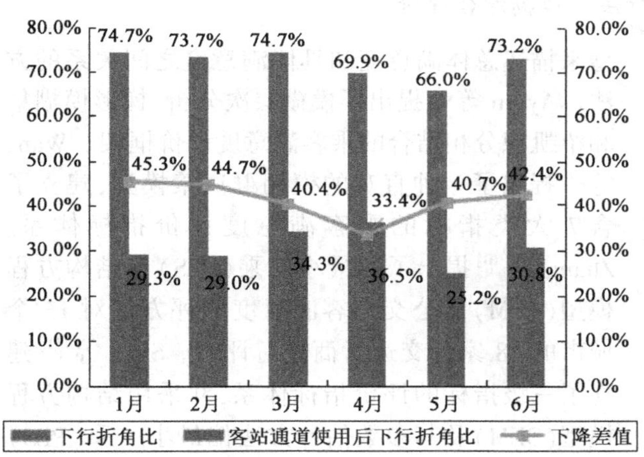

图7 客站通道使用前后下行折角比变化情况

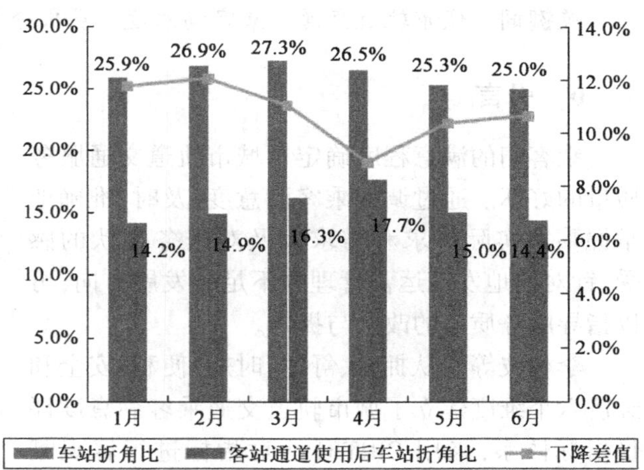

图8 客站通道使用前后车站折角比变化情况

4 结语

(1)针对折角车流产生的原因及其对运输组织的影响,基于站场布置图形提出"逆向消除法""场间联络法""虚拟环线法"和"客站通道法"四种处理折角车流的优化方法,并以实际生产数据为例进行分析,结果表明采取以上措施后,驼峰调车机能力释放32.9%,大大释放了驼峰解体能力,并且客站通道法在降低全站折角车流方面效果显著。

(2)成都北编组站下行折角车流占全站折角车流比例较大,基本保持在72.2%水平,并且下行折角车流中枢纽车流占比87.95%,因此未来可以从装卸站生产力布局角度来思考折角车流处理问题。

参考文献

[1] 徐行方,李令.编组站折角车流组织的优化[J].上海铁道大学学报,1999,20(12):32-35.

[2] 祝峻峰,李庚.襄阳北站提高运输效率的实践[J].铁路技术创新,2020(2):11-16.

[3] 牛惠民,胡安洲.铁路枢纽折角车流数值变化的动态模拟[J].中国铁道科学,2003,24(2):115-120.

[4] 牛惠民,胡安洲.双向编组站折角车流优化的模型和算法[J].北方交通大学学报,1998,22(2):38-42.

[5] 赵刚,陈志亮,边贵清,等.阜阳北站作业能力提升对策探讨[J].铁道货运,2020,38(10):29-33.

基于模糊理论的轨道交通乘客满意度指数评价

梁铭真 陈 红*

(长安大学运输工程学院)

摘 要 为吸引更多的城市轨道交通客流,有针对性地提升城市轨道交通乘客满意度,构建了五级城市轨道交通乘客满意度评价体系。评价体系包括感知质量、乘客期望、感知价值、乘客满意、乘客抱怨和乘客忠诚六个方面。采用AHP-因子分析法的综合赋权方法为各层次指标赋权,并引入模糊综合理论以及四分图法对各项指标进行评价。结果显示,西安市地铁的乘客满意度各项指标均处于一般水平,其总分为73.861,最低分的指标是"地铁与公交间换乘时间",表明西安市的地铁与公交换乘衔接仍需进一步提高,为服务质量提升提供了方向。

关键词 城市轨道交通 乘客满意度 层次分析法 模糊综合评价

0 引言

乘客们的满意程度确定了城市轨道交通服务质量的好坏。通过调查乘客满意度,及时、准确地掌握乘客实际诉求和需求以及对服务现状的感受,针对性地发现运营管理的不足和发展方向,可以指导服务质量的改进与提升。

李林波等[1]从拥挤、舒适、时效、便利、安全和经济六个维度建立了城市轨道交通乘客满意度评价指标体系,采用CRITIC法对指标进行客观赋权,建立了云评价模型。吴俣等[2]利用贝叶斯网研究12个感知质量指标与总体满意度之间的关系。陈坚等[3]基于结构方程理论研究现有城市轨道交通乘客满意度模型中变量间的相互关系。沈玮薇等[4]采用结构方程模型(SEM)对城市轨道交通乘客满意度评价的因果关系进行建模,比较了传统的协方差拟合算法和偏最小二乘法(PLS)对SEM参数估计的效率,结果表明PLS参数估计方法效率更高。彭金栓等[5]采用AHP-熵权法确定指标的权重,以避免传统权重确定过于主观的弊端。李世伟等[6]采用模糊综合评价对青岛地铁的乘客满意度进行评价。Castillo等[7]提出了一种使用加权平均值、多变量离散分布和广义线性的模型来描述总体满意度和具体满意度之间关系的方法。Aydin等[8]提出了模糊层次分析、梯形模糊集和绍凯积分相结合的乘客满意度评价框架。Wang等[9]提出了一种直观的模糊群决策模型,建立了含7大类指标的乘客满意度评价指标体系。Zhang等[10]提出了偏最小二乘(PLS)和结构方程模型(SEM)的公交乘客满意度测评方法对13个城市的58家公交运营商进行评价。Shen等[11]建立了三级指标的评价指标体系,并采用结构方程模型(SEM)及其参数估计方法偏最小二乘(PLS)对模型进行估计。

从现有的研究来看,对于城市轨道交通乘客满意度的评价指标多样但还不够全面,同时评价方法主要集中在层次分析法、多级模糊评价、灰色系统理论、贝叶斯网络模型、结构方程模型(SEM)、偏最小二乘法(PLS)等单一方法,对主客观相结合的方法研究较少,存在只进行主观评价或客观评价的弊端。因此,建立更加全面的城市轨道交通乘客满意度评价指标体系,使用主、客观评价方法相结合的评价方法仍需进一步研究。

本文在总结了前人的研究,建立了较为完善的城市轨道交通乘客满意度的评价指标体系,采用AHP-因子分析法的组合方法,从主、客观相结合的角度对各项指标进行赋权，最后采用模糊综合评价方法和四分图法相结合的综合评价方法对乘客满意度指数进行评价。

1 城市轨道交通乘客满意度评价指标体系

城市轨道交通是一种公共出行服务，乘客搭乘城市轨道交通本质是一个顾客向服务运营商购买服务的过程。本文在参考了美国顾客满意度指数(ACSI)模型的基础上，结合城市轨道交通特征，构建了以感知质量、乘客期望、感知价值、乘客满意、乘客抱怨和乘客忠诚为变量的城市轨道交通乘客满意度指数模型，如图1所示。

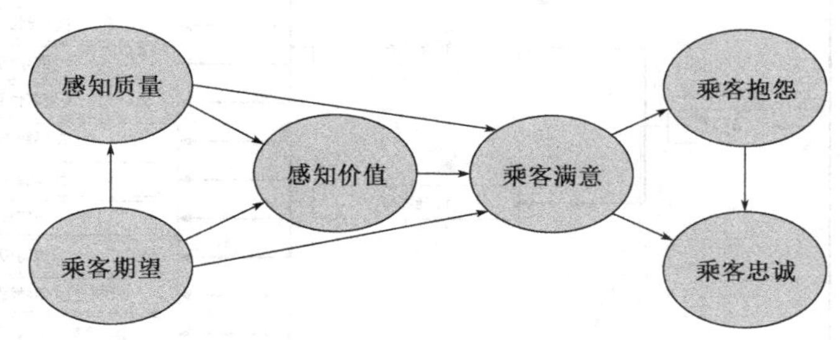

图1 城市轨道交通乘客满意度指数模型

以城市轨道交通乘客满意度指数模型为基础，参考了相关文献和资料中出现频率较高的评价指标，建立了较为完善的城市轨道交通乘客满意度评价指标体系，如图2所示。该评价指标体系根据每一级对上一级指标的影响作用层层递进，划分为五级指标。城市轨道交通乘客满意度指数设定为一级指标，感知质量、乘客期望、感知价值、乘客满意、乘客抱怨和乘客忠诚设定为二级指标，安全性、可靠性、便捷性、舒适性和经济性设置为感知质量的三级指标。三级指标继续细分为四级指标和五级指标。

2 基于改进层次分析法的评价指标赋权

目前满意度评价中确定指标权重的方法主要可以分为两类：一类是主观赋权法，如Delphi法、层次分析法(AHP)和专家评分法；二是客观赋权法，如标准离差法、熵权法、因子分析法、CRITIC法等。由于乘客满意度评价指标体系中具有大量指标，相比于只用主观评价法或客观评价法，两者结合使用既可以保证专家经验的重要作用，又可以避免评价组织者过多的主观因素影响。因此将改进的层次分析法引入城市轨道交通乘客满意度评价过程中为指标赋权。

2.1 层次分析法

层次分析法，是将对最高级指标有影响的因素按照一定的层次层层分类后进行评价的方法。第一步需要构造判断矩阵，如公式(1)所示。

$$A = \begin{bmatrix} a_{11} & a_{12} & \cdots\cdots & a_{1n} \\ a_{21} & a_{22} & \cdots\cdots & a_{2n} \\ \cdots\cdots & \cdots\cdots & & \cdots\cdots \\ a_{n1} & a_{n2} & \cdots\cdots & a_{nn} \end{bmatrix} \tag{1}$$

式中：a_{ij}——要素 i 对要素 j 重要度的比较结果。层次分析法使用了1～9级的9级比例相对标度评价重要度。

第二步计算权重，计算公式(2)～公式(4)如下：

$$W_i = \sqrt[n]{\prod_{j=1}^{n} a_{ij}} \tag{2}$$

$$w_i = \frac{W_i}{\sum_{i=1}^{n} W_i} \tag{3}$$

$$W = (w_1, w_2, \cdots, w_n)^{\mathrm{T}} \tag{4}$$

式中：W——权重向量；

w_i——每一行的 W_i 占 W 的比例，即每一行的评价指标权重。

2.2 因子分析法

因子分析法是解决多指标问题的一种常见的统计学分析方法，其原理是把若干指标根据其内部的关联程度进行降维。在进行因子分析法之前一般采用KMO检验和Bartlett球形检验进行效度检验以观察未降维前的因素之间的关联程度。KMO值大于0.6时适合进行因子分析，KMO值越接近1，表明这些观测变量越适合进行因子分析。Bartlett球形检验是判断所有观测变量相关系数矩阵是否显著于零。当概率 p 小于或等于显著性水平 a(一般选用0.05)时，说明适合进行因子分析。

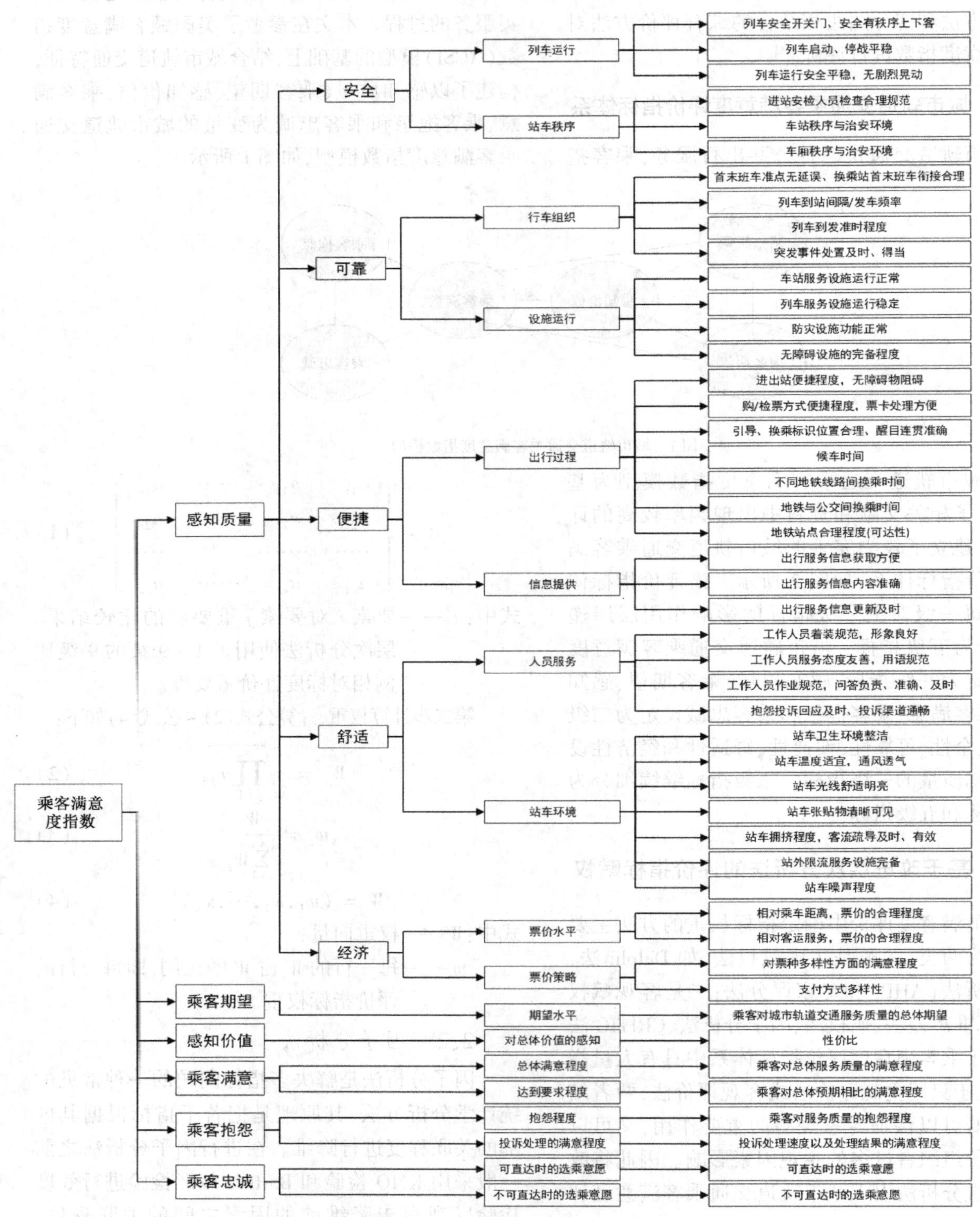

图 2　城市轨道交通乘客满意度评价指标体系

3　基于模糊理论的满意度评价方法

满意度测评方法主要有 P-E(认知-预期)模型、卡诺(Kano)模型、模糊综合评价法、四分图法等方法。通过比较前面四种方法,模糊综合评价法的优势在于定性和定量相结合的特点,因而本文决定采用模糊综合评价法与四分图法(重要性-满意度分析法)相结合的方法。由模糊综合评价法计算出满意度指数，将模糊的自然语言用数学语言加以度量，并用四分图法对感知质量的各项指标进行分析评价，提出改进建议。

3.1 模糊综合评价法

顾客的满意程度是一种顾客主观的心理状态和自我感受，每个人的满意标准不同，难以用具体的数字进行衡量，具有一定的模糊性。而模糊综合评价法可以有效地解决这些难题，将无法量化的指标量化。

第一步先建立评价指标集合 $U=\{U_1,U_2,\cdots,U_n\}$、评价集 $V=\{V_1,V_2,\cdots,V_S\}$ 和权重集 $A=\{a_1,a_2,\cdots,a_n\}$，其中 U 是评价指标体系的上级指标，U_i是评价指标体系上级指标的第 i 个下级指标，a_i是 U_i对 U 的权重，a_i之和为 1。第二步建立模糊矩阵，如公式(5)，按照评价体系的等级，得到对评价集 V 的隶属向量 $r_i=(r_{i1},r_{i2},\cdots,r_{is})$，其中 $r_{ih}=V_{ih}/n$，V_{ih}是把评价指标 U_i评价为 V_h 的乘客数量，n 是受调查乘客数量。

$$R_i=\begin{bmatrix} r_{i1} \\ r_{i2} \\ \cdots \\ r_{iL} \end{bmatrix}=\begin{bmatrix} r_{i11} & r_{i12} & \cdots & r_{i1s} \\ r_{i21} & r_{i22} & \cdots & r_{i2s} \\ \cdots & \cdots & & \cdots \\ r_{iL1} & r_{iL2} & \cdots & r_{iLs} \end{bmatrix} \tag{5}$$

第三步进行模糊综合评价，从最低级指标开始，逐级向高级指标进行，直到二级指标为止，如式(6)、式(7)所示。

$$B_i=A_i\times R_i=[a_{i1},a_{i2},\cdots,a_{iL}]\times\begin{bmatrix} r_{i11} & r_{i12} & \cdots & r_{i1s} \\ r_{i21} & r_{i22} & \cdots & r_{i2s} \\ \cdots & \cdots & & \cdots \\ r_{iL1} & r_{iL2} & \cdots & r_{iLs} \end{bmatrix}=[b_{i1},b_{i2},\cdots,b_{is}] \tag{6}$$

$$B=A\times R=[a_{i1},a_{i2},\cdots,a_{iL}]\times\begin{bmatrix} B_1 \\ B_2 \\ \cdots \\ B_n \end{bmatrix}=[b_1,b_2,\cdots,b_s] \tag{7}$$

式中：b_{ih}——第 i 个指标对评价集 V_h的隶属度；

b_h——顾客满意度对评价集 V_h的隶属度。

最大隶属度所对应的评价表明了大部分顾客的满意度评价。根据公式得到二级指标的隶属向量，B 是 U 的隶属向量。

3.2 四分图法

四分图法也叫作重要性-满意度分析法，通过综合分析所有评价指标的重要性(权重)和满意度，以坐标图的方式直观地反映出企业今后运营管理过程中的发展方向，该模型的横轴表示乘客满意度得分，纵轴表示重要性(即权重)得分。将二维坐标空间划分成了四个不同部分：A-优势区、B-修补区、C-机会区、D-维持区，如图 3 所示。

A-优势区具有高重要度、高满意度的特征，是企业处于优势的因素。B-修补区具有高重要度、低满意度的特征，需要企业重点改进提升。C-机会区具有低重要度、低满意度的特征，这些指标相对不重要且满意度不高。D-维持区具有低重要性、高满意度的特征，属于次要优势。

图 3 四分图法

4 实证分析

西安市城市轨道交通是我国西北地区第一个开通了城市轨道交通的城市，其第一条线路于 2011 年 9 月 16 日正式开通试运营，使西安市成为全国第十个拥有地铁运营线路的城市。截至 2021

年6月,西安市地铁线路长度达到了258km。

4.1 调查问卷设计

调查问卷设计分为两个部分。第一部分是乘客基本信息调查,包括性别、年龄、职业和月收入;第二部分是对各个指标的满意度进行调查,了解乘客们对五级指标的满意程度,从而间接了解乘客们对一、二、三、四级指标的满意程度,共计包含48个五级指标。设计问题时采用五级李克特量表法,设计为"不满意""较不满意""一般""较满意"和"满意",相对应的赋值为1、2、3、4、5。

4.2 问卷调查和检验

问卷调查采用网上调查的方式,在问卷星平台制作在线调查问卷,发布到网络各个平台上,由浏览的用户填写。通过设置前提要求,规定填写者必须是乘坐过西安地铁的乘客。本次调查共回收了242份调查问卷,剔除掉答题时间较长和较短的问卷后,剩余204份有效问卷,有效率为84%,满足在乘客整体满意度的置信水平为95%,绝对误差不超过1、总体标准差为7时的最小样本量的要求。

对有效问卷利用Cronbach's Alpha系数进行信度检验,各维度的结果均高于0.7,处于可接受的范围;对所有指标进行效度检验,得到KMO值为0.932,显著度小于0.01,可以认为该调查问卷的数据效度非常适合。

综上所示,调查问卷的信度和效度检验表明该数据集适合进行因子分析。

4.3 基于模糊理论的评价

根据前述章节的理论,采用层次分析法和因子分析法相结合的方法进行赋权,在对评价指标赋权完,进行模糊综合评价后,依据计算式(8)、式(9)计算各级指标乘客满意度指数,结果如表1、表2所示。

$$E(B) = B \times V \tag{8}$$

$$\mathrm{CSI} = \frac{E[\eta] - \mathrm{Min}[\eta]}{\mathrm{Max}[\eta] - \mathrm{Min}[\eta]} \times 100 \tag{9}$$

一、二、三级指标的权重及乘客满意度指数表 表1

一级指标	CSI	二级指标	权重	CSI	三级指标	权重	CSI
乘客满意度指数	73.861	感知质量	0.392	74.222	安全	0.289	74.129
					可靠	0.191	74.834
					便捷	0.110	72.640
					舒适	0.191	74.209
					经济	0.219	74.617
		乘客期望	0.044	74.387	期望水平	1.000	74.387
		感知价值	0.143	74.142	对总体价值的感知	1.000	74.142
		乘客满意	0.253	72.549	总体满意程度	0.500	74.877
					达到要求程度	0.500	70.221
		乘客抱怨	0.078	72.059	有无抱怨	0.500	71.201
					投诉处理的满意程度	0.500	72.917
		乘客忠诚	0.090	76.838	可直达时的选乘意愿	0.500	81.373
					不可直达时的选乘意愿	0.500	72.304

感知质量五级指标的权重及乘客满意度指数 表2

三级指标	四级指标	编号	五级指标	权重	CSI
安全	列车运行	A1	列车安全开关门、安全有秩序上下客	0.170	72.917
		A2	列车启动、停站平稳	0.182	75.123
		A3	列车运行安全平稳,无剧烈晃动	0.160	75.123
	站车秩序	A4	进站安检人员检查合理规范	0.158	74.142
		A5	车站秩序与治安环境	0.176	74.632
		A6	车厢秩序与治安环境	0.154	72.672

续上表

三级指标	四级指标	编　号	五级指标	权　重	CSI
可靠	行车组织	B1	首末班车准点无延误、换乘站首末班车衔接合理	0.119	75.980
		B2	列车到站间隔/发车频率	0.130	73.039
		B3	列车到发准时程度	0.126	76.225
		B4	突发事件处置及时、得当	0.118	74.265
	设施运行	B5	车站服务设施运行正常(闸机、电梯、扶梯、屏蔽门等)	0.127	76.961
		B6	列车服务设施运行稳定	0.151	75.000
		B7	防灾设施(含消防、防汛等基础设施)功能正常	0.120	75.123
		B8	无障碍设施的完备程度	0.108	71.691
便捷	出行过程	C1	进出站便捷程度,无障碍物阻碍	0.102	74.142
		C2	购/检票方式便捷程度(操作、位置和数量),票卡处理方便	0.101	73.897
		C3	引导、换乘标识位置合理、醒目连贯准确	0.095	72.917
		C4	候车时间	0.080	72.426
		C5	不同地铁线路间换乘时间	0.114	71.814
		C6	地铁与公交间换乘时间	0.069	66.422
		C7	地铁站点合理程度(可达性)	0.091	71.446
	信息提供	C8	出行服务信息获取方便	0.128	76.471
		C9	出行服务信息内容准确	0.113	73.162
		C10	出行服务信息更新及时(含延误信息)	0.106	70.711
舒适	人员服务	D1	工作人员着装规范,形象良好	0.089	76.593
		D2	工作人员服务态度友善,用语规范	0.091	74.632
		D3	工作人员作业规范,问答负责、准确、及时	0.101	75.000
		D4	抱怨投诉回应及时、投诉渠道通畅	0.094	74.142
	站车环境	D5	站车卫生环境整洁	0.076	77.451
		D6	站车温度适宜,通风透气	0.075	76.103
		D7	站车光线舒适明亮	0.098	74.877
		D8	站车张贴物清晰可见(含运营服务、公益服务、警示禁止标识)	0.090	75.613
		D9	站车拥挤程度,客流疏导及时、有效	0.115	71.201
		D10	站外限流服务设施完备	0.095	71.446
		D11	站车噪声程度	0.077	70.343
经济	票价水平	E1	相对乘车距离,票价的合理程度	0.275	74.510
		E2	相对客运服务,票价的合理程度	0.259	73.284
	票务策略	E3	对票种多样性方面的满意程度	0.257	74.265
		E4	支付方式多样性	0.209	76.838

以满意度为横坐标,重要度为纵坐标建立四分图,将“感知质量”的39个五级指标的乘客满意度指数CSI和以及对应的重要度(权重)填入二维坐标空间中,并以它们的平均值为原点将二维坐标空间划分成四个部分,分别为优势区、修补区、机会区及维持区,如图4所示。

有8项指标处在优势区,这是西安市地铁的优势所在,可以继续保持并发扬光大。有三项指标处在修补区,分别是“列车安全开关门、安全有秩序上下客”“车厢秩序与治安环境”和“相对客运服务,票价的合理程度”,这是西安市地铁需要高度重视的部分,急需公司改进和提升这些服务。西安市地铁应该分析这些指标乘客满意度低的原因,找出提升服务质量的解决方案,并积极投入资源进行改进和提升,尽可能使这些指标往优势区转移。有12项指标处在机会区,西安市地铁对这些指标可以维持现状。有16项指标处在维持区,从资源有效分配的角度来考虑的话,在资源不足的情况下可以适当减少对这些指标的投入,将有限的资源投入到更加急需提升服务品质的指标中。

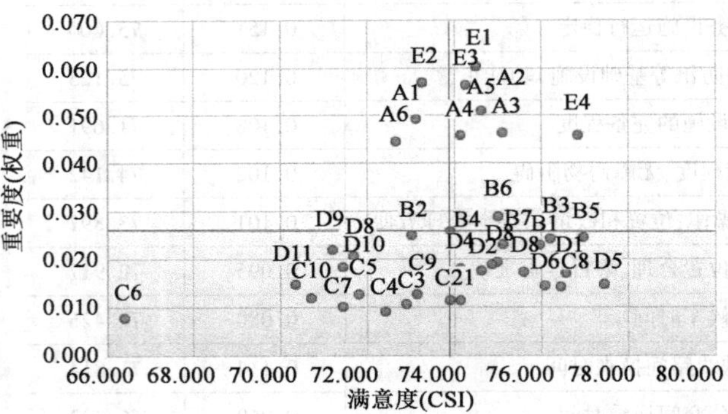

图4　四分图分析结果

5　结语

(1)本文建立了城市轨道交通乘客满意度评价体系,包括了五级指标,采用李克特量表法来对指标进行量化,采用层次分析法和因子分析法相结合的主客观方法对各项指标进行赋权,最后用模糊综合评价法和四分图法对满意度进行综合测评。

(2)对西安市地铁的乘客满意度进行调查和评价分析,调查结果表明西安市地铁的乘客满意度指数是73.861分,处于一般水平。3个指标处于B区-修补区,表明西安市地铁的乘客上下客的秩序、车厢秩序与治安环境和票价合理程度仍需得到进一步提升,为提升西安市地铁服务质量提供理论指导。

(3)本文仍存在一定的局限性,即只研究了单个城市的乘客满意度,无法对各城市的乘客满意度进行横向对比,下一步工作是能够进行多城市的比较。

参考文献

[1] 李林波,郭晓凡,傅佳楠,等.基于云模型的城市轨道交通乘客满意度评价[J].同济大学学报(自然科学版),2019,47(03):378-385.

[2] 吴俣,朱顺应.城市轨道交通乘客感知质量指标研究[J].交通信息与安全,2018,36(04):74-80.

[3] 陈坚,唐炜,蔡晓禹,段力伟.城市轨道交通乘客满意度多群组结构方程模型[J].交通运输系统工程与信息,2018,18(01):173-178+244.

[4] 沈玮薇,肖为周.基于SEM的轨道交通乘客满意度测评模型[J].武汉理工大学学报,2015,37(05):48-56.

[5] 彭金栓,贺建炜,邵毅明,陈坚.考虑复合权重的城轨乘客满意度测评[J].重庆交通大学学报(自然科学版),2016,35(02):131-136+178.

[6] 李世伟,辛晓敏,潘福全.基于模糊综合评价方法的青岛地铁乘客满意度分析[J].城市轨道交通研究,2020,23(08):117-119+124.

[7] J. M. del Castillo, F. G. Benitez. Determining a public transport satisfaction index from user surveys [J]. Transportmetrica A-Science, 2013, 9(8):713-741.

[8] Aydin N, Celik E, Gumus A T. A hierarchical customer satisfaction framework for evaluating rail transit systems of Istanbul [J]. Transportation Research Part A Policy and Practice, 2015, 77:61-81.

[9] Wang Y, Zhang Z, Sun H. Assessing Customer Satisfaction of Urban Rail Transit Network in Tianjin Based on Intuitionistic Fuzzy Group Decision Model [J]. Discrete Dynamics in Nature and Society, 2018, 2018:1-11.

[10] Zhang C, Liu Y, Lu W, et al. Evaluating passenger satisfaction index based on PLS-SEM model: Evidence from Chinese public transport service[J]. Transportation Research Part A: Policy and Practice, 2019, 120(FEB.):149-164.

[11] Shen W, Xiao W, Xin W. Passenger satisfaction evaluation model for Urban rail transit: A structural equation modeling based on partial least squares[J]. Transport Policy, 2016, 46:20-31.

钢轨预打磨在普速铁路大修换轨中的应用及效果分析

钟 浩*
(中铁物总运维科技有限公司)

摘 要 钢轨预打磨是指对新铺设上道的钢轨进行的打磨作业,可以去除钢轨表面脱碳层和改善不平顺。现有研究并未对大修焊轨后上道钢轨的预打磨进行系统研究,因此本文针对大修焊轨并进行预打磨后的钢轨,分析了轮轨几何接触性能、动力学性能及现场服役性能等。结果表明,预打磨能够使大修焊轨后的新铺设钢轨有效保持钢轨廓形,并具有更好的轮轨接触几何关系、曲线通过性能及更优的动力学性能。经过跟踪观测,钢轨表面没有明显的病害产生,整体保持效果良好,能进一步延长钢轨使用寿命,并减少工务的养修工作量。

关键词 普速铁路 钢轨预打磨 轮轨关系 疲劳损伤 肥边

0 引言

随着铁路运输速度的提高、运量和轴重的增加以及运行列车的多样化[1-3],轮轨间的动作用关系逐渐加剧,其中主要包括钢轨剥离、疲劳裂纹、塑性流变、波状磨损等,严重影响着行车的安全和稳定。目前,打磨作为钢轨病害预防和修理的有效手段之一,已广泛应用于铁路线路的养护维修工作中。钢轨打磨可以有效地优化钢轨廓形,改善轮轨接触关系,延长钢轨使用寿命[4],提高列车运行品质。普速铁路钢轨打磨可分为预打磨、预防性打磨以及修理性打磨[5]。其中,预打磨是对铺设上道的新钢轨进行打磨,目的是去除表面脱碳层,消除钢轨在轧制过程中形成的轨面斑点、锈蚀以及微小不平顺,优化钢轨廓形[6],钢轨预打磨对线路运行品质至关重要。

李克飞等[7]基于钢轨预打磨关键技术,建立了地铁钢轨预打磨技术要求和验标准。张聪聪等[8]研究了预打磨对高速铁路线路的作用,并给出了预防性打磨的周期。毛晓君[9]对高速铁路钢轨预打磨进行研究,研究表明预打磨能有效降低30~100mm范围内的均方根滑动平均值和峰-峰值滑动平均值,不过对8~25mm波长范围的不平顺改善不明显。以上主要是对高速铁路和地铁线路进行预打磨研究,未对普速线路大维修换轨预打磨进行分析。本文依据成都铁路局管内线路大维修换轨进行钢轨预打磨,对比分析钢轨预打磨对轮轨几何特性和动力学线性能。

1 轮轨几何接触特性分析

1.1 钢轨廓形

图1为成都局管内某线路500m半径曲线新上道的钢轨与设计廓形之间的对比,红色为新轨廓形,绿色为设计廓形。从图中可以看出,在工作边这一侧(右侧),新轨廓形明显高于设计廓形。图2为钢轨预打磨各角度的径向打磨量。由图2可知,上下股的打磨量有所不同,根据轮轨关系,采用的是非对称打磨,上股内侧的打磨量相比下股更大,这是为了能与车轮轮缘更加贴合。

1.2 轮轨几何特性

图3是LM与60新轨和设计廓形轮轨接触点分布图。图中数字表示轮对的不同横移量,两条曲线分别代表车轮与钢轨外形曲线,轮轨间的连线表示不同横移量下轮轨接触点的位置[10-11]。从轮轨接触点分布图可直观地看到打磨前后轮轨的接触点位置和布置情况。从图3中可以看出,LM与设计廓形钢轨配合时,接触光带更加集中在轨面,能有效控制轮轨间的接触光带,分布更加合理。

图4为LM与60廓形和设计廓形间的轮径差分布图。可以看出,LM与设计廓形接触时,有更大的轮径差曲线,这有利于车辆通过曲线,避免轮缘与钢轨接触,加快轮轨间的相互磨耗。

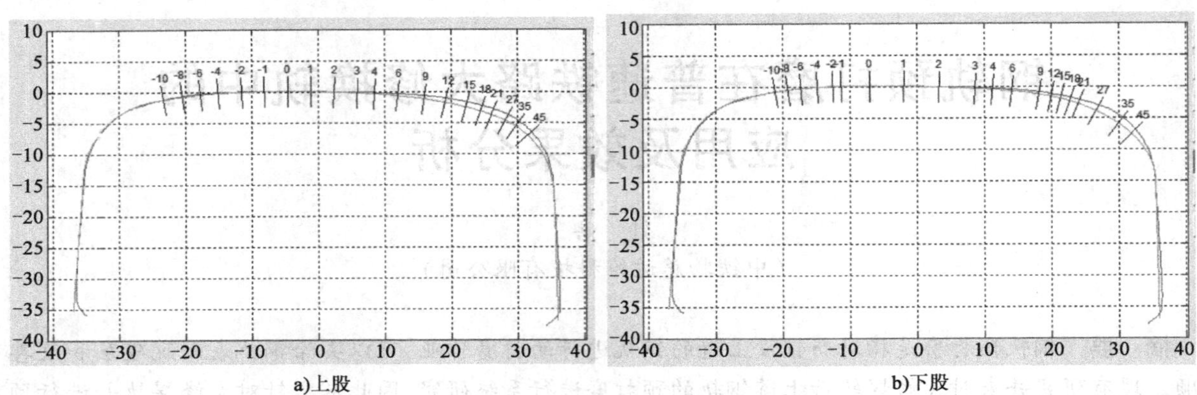

图 1 新轨廓形与设计廓形之间的对比

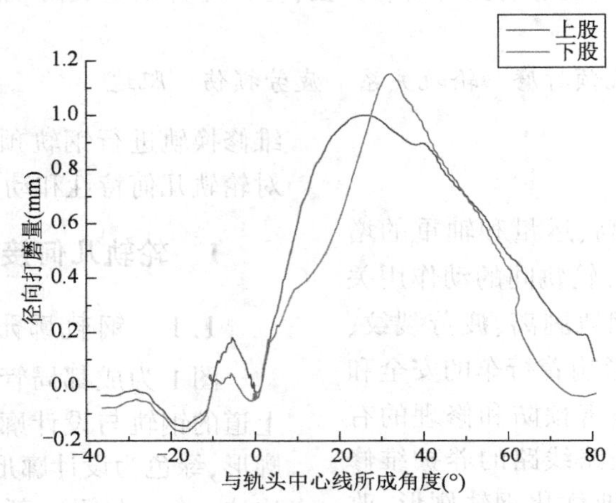

图 2 钢轨预打磨各角度的径向打磨量

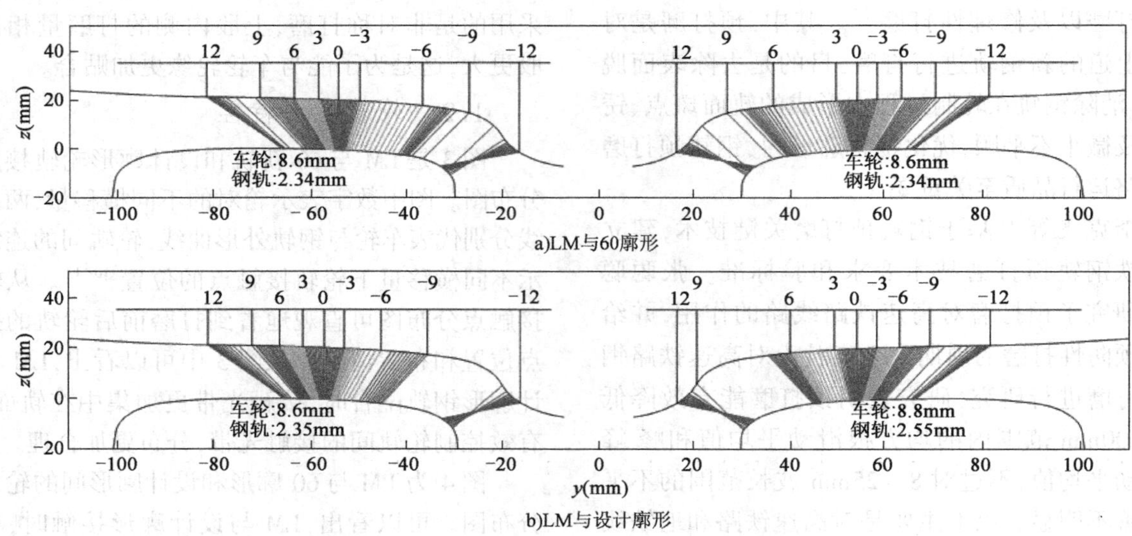

图 3 LM 与两种廓形间的轮轨接触点分布图

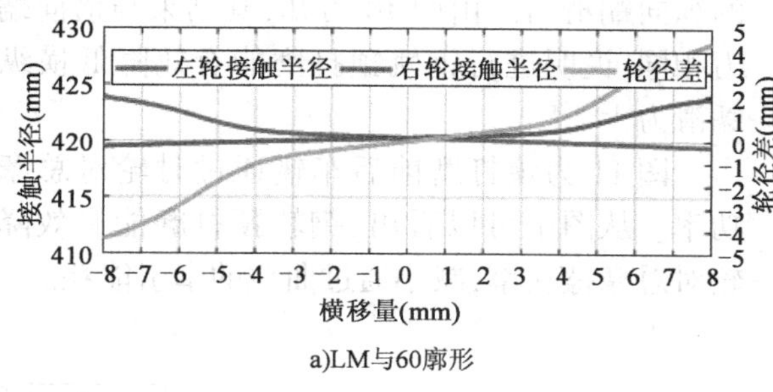

a)LM与60廓形

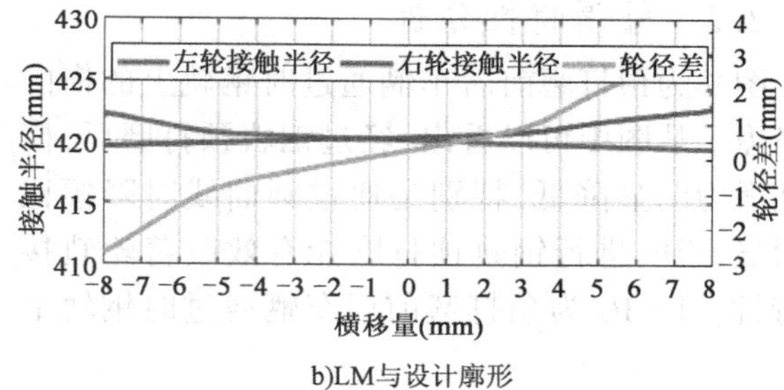

b)LM与设计廓形

图4　LM与两种廓形间的半径差分布图

2　多体动力学模型建立

使用SIMPACK中的Wheel/Rail模块建立了货车模型(图5),采用C80运煤敞车和K6三大件转向架进行建模。模型充分考虑了货车的非线性轮轨接触几何关系系统。列车运行速度设为70km/h,曲线半径为500m,全长500m,曲线超高为75mm,对比分析LM车轮踏面与60廓形和设计廓形间的动力学特性。

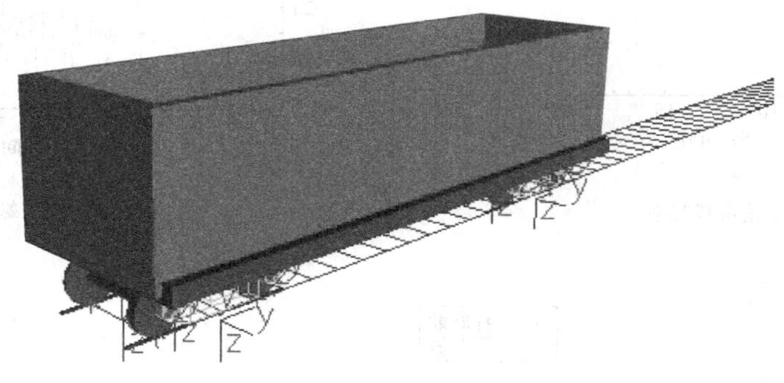

图5　三维货车动力学模型

2.1　轮轨滚动接触特性分析

图6为进行预打磨前后通过曲线时轮对横移量。从图中可以看出,进行预打磨后,轮对横移量明显减小,更有利于通过曲线。图7为预打磨前后的脱轨系数,由图7可知,进行预打磨后轮对脱轨系数明显降低,脱轨系数的减小有利于车辆通过时的安全性和平稳性。图8为预打磨前后车辆的轮重减载率。由图8可知,经过钢轨预打磨后,车辆的轮重减载率明显减小,具有更好的安全性能。

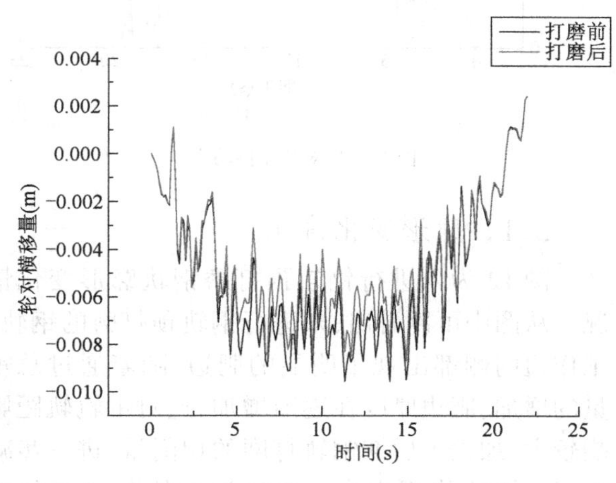

图6　通过曲线时轮对横移量

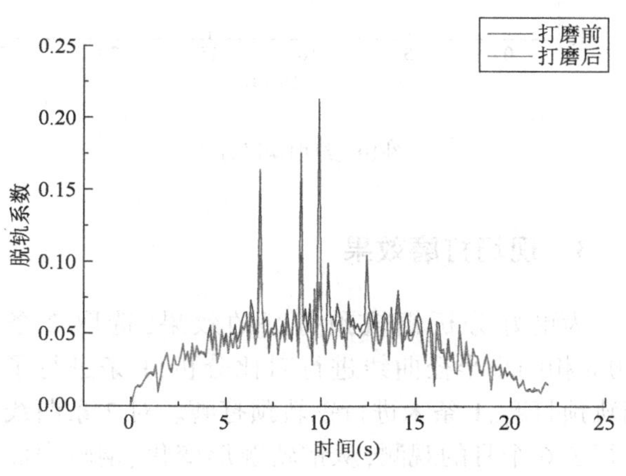

图7　脱轨系数

2.2　蠕滑特性分析

图9为预打磨前后车辆通过时钢轨上的横向蠕滑力。从图中可以看出,经过钢轨预打磨后,横向蠕滑力明显降低,特别是通过圆曲线时降幅比较明显,说明进行钢轨预打磨能有效改善轮轨接触特性。图10为预打磨前后车辆通过时钢轨上的纵向蠕滑力。由图10可知,其结果与横向蠕向力相同,说明进行钢轨预打磨能有效降低横纵向蠕滑力[12-14]。

图11为预打磨前后车辆通过时轮对总摩擦功率。从图中可以看出,钢轨预打磨能有效降低轮对总摩擦功率,减小通过曲线的牵引能耗。

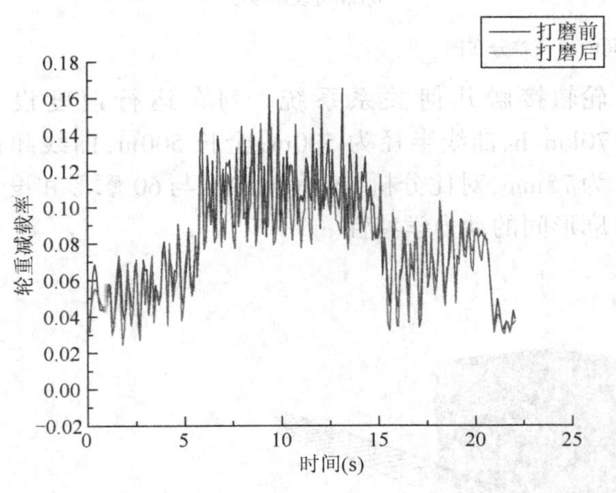

图8　轮重减载率

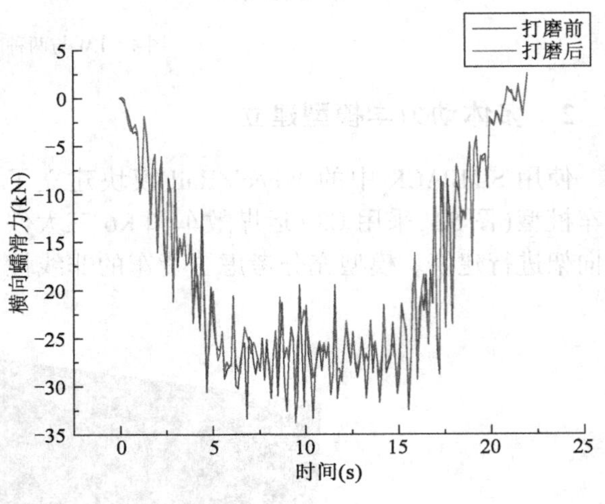

图9　横向蠕滑力

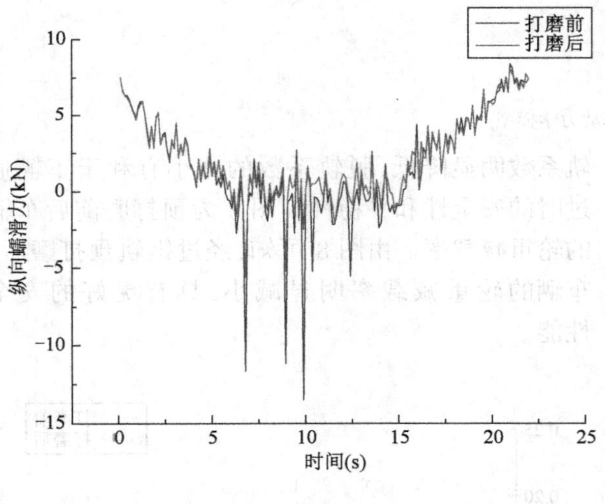

图10　纵向蠕滑力

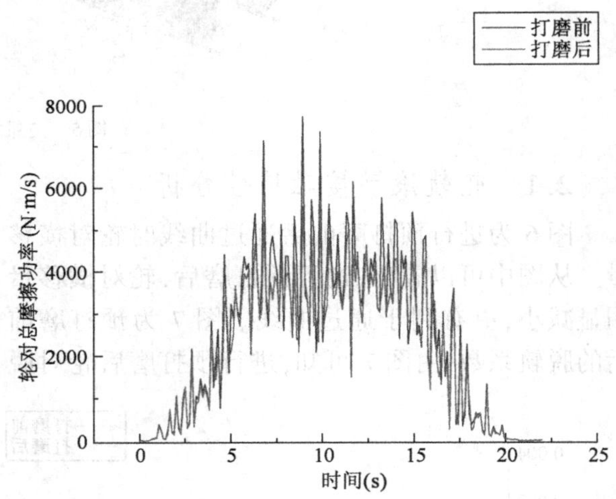

图11　轮对总摩擦功率

3　现场打磨效果

为更好分析钢轨预打磨的效果,选取2条500m相同小半径曲线进行对比分析,1条进行了钢轨预打磨,1条未进行钢轨预打磨。对2条曲线进行了6个月的观测,从钢轨廓形变化、钢轨表面状态以及粗糙度进行对比分析。

3.1　廓形变化情况

图12为未进行钢轨预打磨钢轨廓形变化情况。从图中可以看出,未进行钢轨预打磨的钢轨,工作边内侧都出现了明显的肥边,随着通过总重量的增加,肥边厚度在逐渐增加,这对钢轨轨距影响较大,加大了后期钢轨打磨的切削量,进一步减少了钢轨的使用寿命。而经过钢轨预打磨的钢

轨,钢轨廓形并没有钢轨肥边产生,并且整体保持良好,具体如图 13 所示。

3.2 钢轨表面变化情况

图 14 为未进行钢轨预打磨 6 个月后钢轨表面状态。从图中可以看出,未进行钢轨预打磨的钢轨,上股工作边内侧有明显剥离掉块,下股轨顶有明显斜裂纹产生并伴有掉块。钢轨病害的产生,会影响线路的运行品质,加大工务的养护工作量。而经过钢轨预打磨的钢轨,钢轨表面并没有明显的病害产生,并且整体保持良好,具体如图 15 所示。

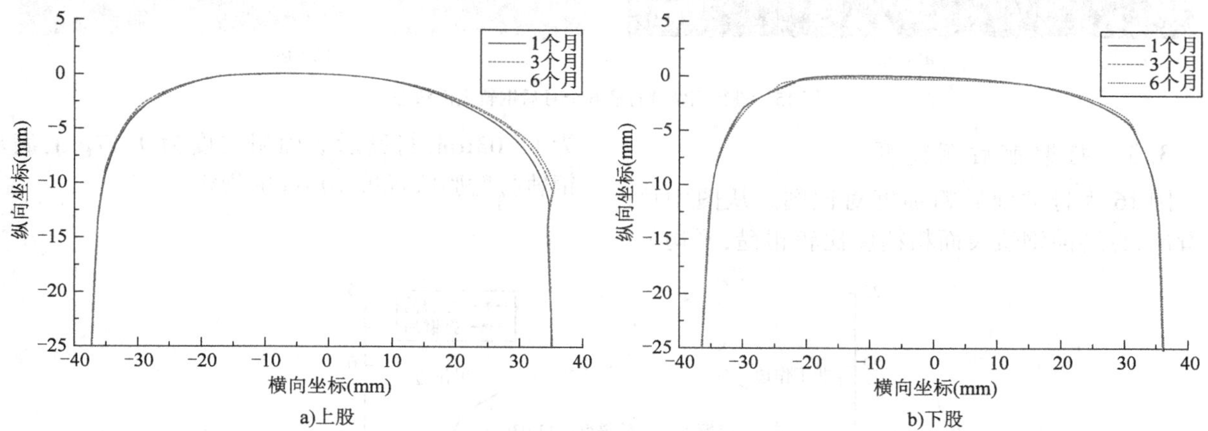

图 12　未进行钢轨预打磨钢轨廓形变化情况

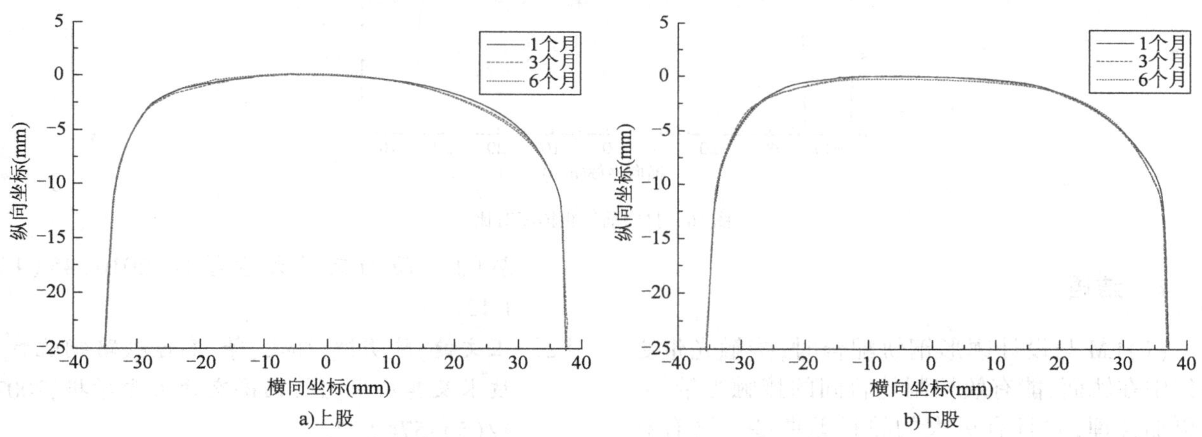

图 13　进行钢轨预打磨钢轨廓形变化情况

a)上股　　b)下股

图 14　未进行钢轨预打磨 6 个月后钢轨表面状态

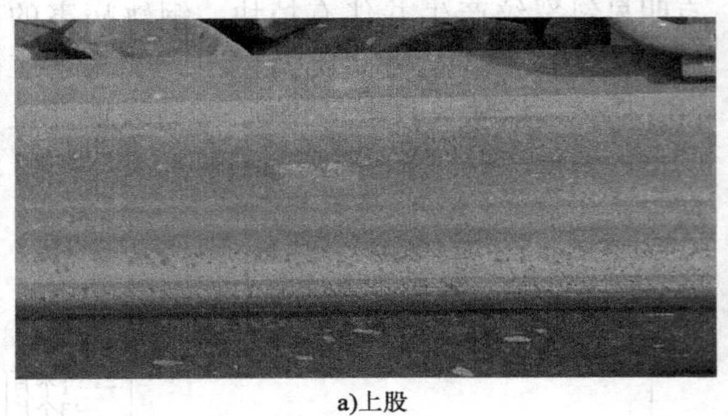
a)上股

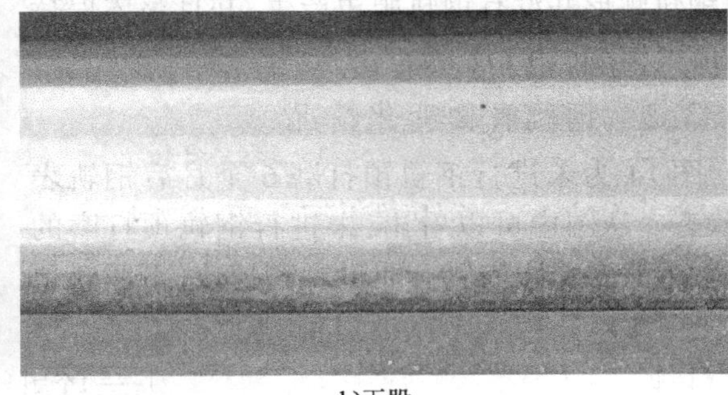
b)下股

图 15　进行钢轨预打磨 6 个月后钢轨表面状态

3.3　打磨前后粗糙度

图 16 为打磨前后粗糙度对比图。从图中可以看出,打磨前钢轨表面粗糙度比较粗糙,平均值为 11.03μm,打磨后表面粗糙度为 9.17μm,满足钢轨打磨验收标准 10μm 的规定。

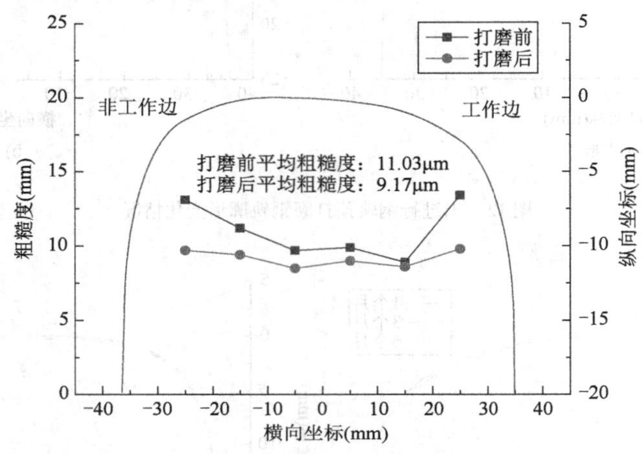

图 16　打磨前后粗糙度对比

4　结语

(1)LM 与设计廓形钢轨配合时,接触光带更加集中在轨面,能有效控制轮轨间的接触光带,分布更加合理,并且有更大的轮径差曲线。这有利于车辆通过曲线,避免轮缘与钢轨接触,加快轮轨间的相互磨耗。

(2)进行钢轨预打磨后,轮对横移量明显减小,更有利于通过曲线。轮对总摩擦功率、车辆脱轨系数、横纵向蠕滑力都有明显降低,有利于增加车辆通过时的安全性和平稳性。

(3)经过钢轨预打磨的钢轨,钢轨廓形并没有钢轨肥边产生,表面没有明显的病害产生,整体保持良好,能进一步延长钢轨使用寿命和减少工务的养修工作量。

参考文献

[1] 金学松,杜星,郭俊,等.钢轨打磨技术研究进展[J].西南交通大学学报,2010,45(1):1-12.

[2] 王文健,陈明韬,郭俊,等.高速铁路钢轨打磨技术及其应用[J].西南交通大学学报,2007,42(5):574-577.

[3] 马良民.高速铁路钢轨打磨技术研究与应用[J].铁道建筑,2011,51(5):114-116.

[4] 郭俊,刘启跃,王文健,等.钢轨打磨对轮轨滚动接触斑行为影响研究[J].铁道建筑,2009(12):92-94.

[5] 刘月明,李建勇,蔡永林,等.钢轨打磨技术现状和发展趋势[J].中国铁道科学,2014,35(4):29-37.

[6] 汪奕.钢轨打磨列车[M].北京:中国铁道出版社,2008.

[7] 李克飞,王进,黑勇进,等.城市轨道交通钢轨预打磨技术要求及验收标准[J].铁道建筑,

2019,59(12):147-150.

[8] 张聪聪,周宇,黄旭炜,等.高速铁路钢轨预打磨策略及伤损发展特性[J].华东交通大学学报,2019,36(2):33-40.

[9] 毛晓君.杭长高速铁路钢轨预打磨对短波不平顺的影响[J].华东交通大学学报,2015,32(4):18-24.

[10] 钟浩,王文健,刘启跃.钢轨型面对重载轮轨匹配关系影响[J].机械设计与制造,2014(4):61-64.

[11] 钟浩,王文健,刘启跃.改善轮轨接触状态的重载车轮型面优化研究.铁道学报,2015,37(3):23-28.

[12] 杨亮亮,罗世辉,傅茂海.基于轮轨磨耗对30t轴重货车车轮踏面优化研究[J].铁道学报,2014,36(8):12-18.

[13] 张剑,孙丽萍.车轮型面动态高速曲线通过性比较[J].交通运输工程学报,2007,7(6):6-11.

[14] REZVANI M A, OWHADI A, NIKSAI F. The effect of worm profile on wear progress of rail vehicle steel wheels over curved tracks[J]. Vehicle System Dynamics, 2009, 7(3): 325-342.

城市轨道交通车站限流研究

——以西安北大街站为例

王曲顺* 邱星浩 陈 龙

(长安大学运输工程学院)

摘 要 随着城市轨道交通出行占公共交通出行方式的比重逐年增加,大客流给城市轨道交通车站运营造成了不可轻视的压力。本论文的研究以西安北大街地铁站为例,综合考虑站内现有设施和往年客流量交通特性分析,为该地铁站提供可行的限流措施,并通过仿真软件,直观地展示车站限流的过程和意义。首先,本文以西安北大街地铁站为例,对城市轨道交通车站大客流交通特性进行综合分析,对均衡站内客流分布、提高空间利用率和减少瓶颈点的产生都有极大帮助。其次,计算西安北大街地铁站各设施通过能力与饱和度,进一步分析客流分布情况和需要限流的设施部位。最后,为该地铁站设计具体的限流方案,并通过 VISSIM 软件进行仿真分析,有针对性地进行完善改进。

关键词 轨道交通车站限流 大客流 服务能力 VISSIM 仿真 客流组织

0 引言

从1971年北京市开通第一条地铁以来,我国城市轨道交通事业迅速发展。截至2021年12月,我国拥有地铁的城市已超过43个。城市轨道交通出行方式占公共交通出行方式的比重逐年增加,但较大的客流量给城市轨道交通车站运营造成了不可轻视的压力,特别是春节大型活动散场后、假期高校放假、学生周末出行、春运客流等。2020年的大年初一,西安大雁塔地铁站日客流量高达16.7万人次,而在2020年,大雁塔地铁站日客流量突破22万人次。

国内许多学者在城市轨道交通车站限流方面做出了研究。研究方向主要集中在对地铁大客流的集散控制限流优化和限流措施研究,客流控制模型和不同车站线路间的协同控制方法。例如,张正等人根据客流平衡原理提出轨道交通高峰时段站点、线路和路网协同限流的方法[1];肖慧亚、姚丽亚[2]等人以北京市西直门地铁站为主要研究对象对限流设施不足之处进行分析并提出相应的改进措施,为轨道交通站点设计与客流组织管理提供依据[2]。刘莲花将广州地铁作为研究对象,对于地铁站的车站客流激增问题和站内客流关系相对复杂等问题计算相应的限流数值,并提出车站的限流方案[3]。

国外关于城市轨道交通限流的研究主要体现

在行人的行为特性分析和交通车站的客流集散研究。对于客流集散，国外的研究主要集中于交通车站的现有设施和集散客流的关系。例如Harris对伦敦地铁车站乘客的行为模拟，提出了SCM(Station Congestion Model)模型模拟各种车站设施的乘客延误状态，以提出最好的管理措施[4]。Van Vliet等根据SCM模型的优缺点，开发了PedRoute软件，对行人的路径活动进行仿真，用来实现客流组织等功能[5]。英国Legion公司开发了一款行人模拟软件，专注于解决公共场合紧急疏散评价。

针对我国目前城市轨道交通车站的限流研究中存在的不足，本文将以西安市北大街地铁站为研究对象，以该站可能遇到的进站大客流和站内的大量换乘客流为背景，分别从城市轨道交通车站大客流交通特性分析、轨道交通车站服务能力计算、车站大客流限流措施设计三个方面进行深入研究。

1　城市轨道交通车站大客流交通特性分析

从广义上来看，大客流一般是由日常居民出行、大型活动散场以及极端意外情况形成的大客流三部分组成，也可根据大客流直接来源分为站内换乘大客流和站外涌入大客流。本文将大客流分为常态大客流和非常态大客流来具体研究大客流的交通特性。

1.1　大客流的空间特性

通过研究站内乘客空间分布特性，人工诱导设置辅助设施对均衡站内客流分布、充分发挥站内的空间利用率和减少瓶颈点的产生都有极大的帮助。由于每一位乘客的年龄、性别不同、行为偏好程度不同以及各自的出行起讫点均不相同，导致站内乘客的分布也不相同。从总体来看，客流分布不均主要对站内换乘设施、站台、站厅、闸机及其他辅助设施等有较大影响。

西安北大街站是地铁1号线和2号线的换乘站，其中负三层为2号线的站台层，负二层为1号线的站台层和换乘层。对于2号线的站台层的客流按照行进方向可以分为上车客流和下车客流。通过调查计算发现2号线的站台层两个楼梯的全日通过客流为52358人次和52311人次。上车客流在进入站台后，若乘客数量较少，乘客一般会选择最近的候车区等候乘车。而接入负三层的楼梯位于整个站台层的两侧，因此乘客数量从两边向中间逐渐减少。下车客流在进入站台后，由于楼梯位置的限制，其只能向两侧楼梯扶梯聚集，且由于其明确的目的性，可选路径较为固定。对于1号线的站台层的客流，按照行进方向可以分为上车客流和下车客流。上车客流一部分来自站厅层的进站客流，一部分来自2号线的换乘客流。根据调查资料，负二层的换乘客流和进出站客流比例为0.66/0.34。因此负二层的客流主要分布在站台层中间的换乘出入口附近。

1.2　大客流的时间特性

北大街地铁站站内客流的时间具有很强的不均衡性见表1，主要受通勤需求、大型活动散场以及节假日客流三个方面的影响。

北大街一天的客流数据　　表1

一天内时段	工作日客流均值(人次)	周末客流均值(人次)
6:00—7:00	1278	1098
7:00—8:00	7519	4517
8:00—9:00	9677	6087
9:00—10:00	5036	4582
10:00—11:00	4292	4812
11:00—12:00	4186	5213
12:00—13:00	4420	5733
13:00—14:00	5201	6444
14:00—15:00	5441	6778
15:00—16:00	5335	7104
16:00—17:00	6207	8045
17:00—18:00	8020	8939
18:00—19:00	9122	9264
19:00—20:00	6473	7732
20:00—21:00	4289	5877
21:00—22:00	4012	5280
22:00—23:00	3321	4411

通过对历史数据的分析，地铁3号线一期工程开通运营后，进出站客流增长趋于平缓，根据西安北大街站数据，再结合最新客流预测报告的数据进行分析得出了西安北大街站不同时期的工作日进出站客流量与换乘量的分时段比例图，如图1所示。

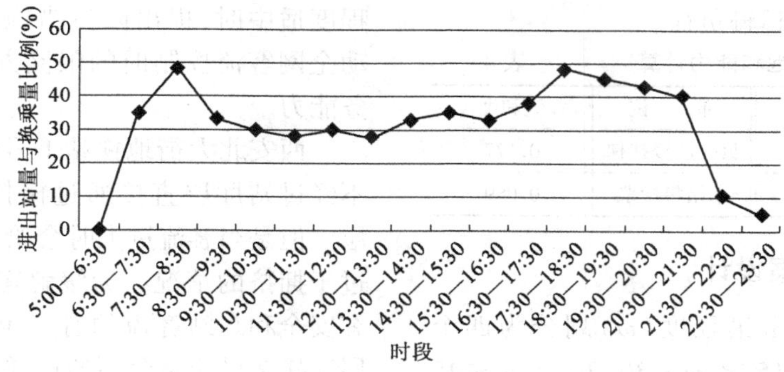

图1　进出站量与换乘量比例图

由图1可以看出，西安北大街车站早高峰时间主要集中在上午7:30—8:30之间。晚高峰的持续时间相比早高峰要更长一些，从17:00持续到19:00。在早高峰和晚高峰之间车站客流随着列车的到达和离去呈现规律性的波动。

西安北大街地铁站位于北大街与莲湖路—西五路十字附近，车站周围多为商场和医院，没有大型旅游景点，通过比对数据可以看出，进出站客流量受节假日的影响较小。

同时，西安北大街地铁站是地铁1号线和2号线的换乘站，会承受大量换乘客流。从图1中可以看出北大街换乘站的换乘客流受节假日的影响较为明显，节假日带来的额外客流比当月周末正常换乘量多35714人次。

2　车站服务能力计算

西安北大街车站设备数量及分布情况见表2。

西安北大街车站设备情况(单位:个)　表2

序号	设备名称	南端	北端	东端	西端	合计
1	进站闸机	4	4	4	4	16
2	出站闸机	7	7	10	10	34
3	TVM(自动售票机)	7	7	7	7	28
4	票亭	1	1	1	1	4
5	安检机	1	1	1	1	4
6	网络购票机	0	0	1	0	1

车站各部位楼扶梯设计通过能力见表3。

西安北大街地铁站检票有16组进站闸机，34组出站闸机。由《地铁设计规范》(GB 50157—2013)可知，单台检票机的通过能力为1800人/h。因此西安北大街地铁站检票设计通过能力为90000人/h。

各楼扶梯通过能力　表3

楼扶梯编号	楼梯尺寸宽度(m)	楼梯布置形式	楼梯通行能力(人/h)	扶梯通行能力(人/h)
A	1.6	双向混行	5120	6000
B	1.6	双向混行	5120	6000
C	1.6	双向混行	5120	6000
D	1.6	双向混行	5120	6000
E	2.35	双向混行	7520	6000×2
F	2.55	双向混行	8160	6000×2
G	1.75	双向混行	5600	5000×2
H	1.75	双向混行	5600	5000×2

早高峰时段，1号线列车的发车间隔为4min，车站每一个入口进站客流选择1号线的概率全部相等，选择概率为0.54。换乘到1号线的换乘客流为8669人/h。在1号线上行方向的乘客下车率为0.13，1号线下行方向的下车率是0.16。1号线的站台为侧式站台，其两侧的承载能力相当，为1420人[6]。

早高峰时段，2号线列车的发车间隔为189s，车站每一个入口进站客流选择2号线的概率均为0.54。换乘到2号线的换乘客流量是13425人/h。在2号线上行方向的乘客下车率为0.11，2号线下行方向的下车率是0.08。2号线站台的容纳能力是1620人。

根据表4的饱和度计算可以看出，负三层楼扶梯的饱和度最高，即西安北大街地铁站2号线站台层的楼扶梯在大客流时间段会最拥挤。因此后文的限流研究应着重在负三层楼扶梯周围展开,以降低该楼扶梯的运输负荷。

各部位饱和能力计算　表4

部　位	饱和度	部　位	饱和度
负三层楼扶梯	0.204	负一层楼扶梯	0.177
负二层楼扶梯	0.134	车站售检票	0.089

3　车站限流方案设计

将车站内的客流密集程度(ω)划分为四个等级,分别是 $\omega \leqslant 15$、$15 < \omega \leqslant 30$、$30 < \omega \leqslant 45$ 和 $\omega > 45$[7]。因此将客流密集程度与车站限流等级对应起来,当客流密集程度满足一定的条件时则采取对应的车站限流措施。当客流密集等级较低时,一般的限流措施方案均可满足要求。当客流过于密集时,应采取封站或与线网协同控制。这两种均有成熟的研究,本文针对客流密集程度适中时,提出限流措施方案,以及不足以启动全网客流控制时的限流方法,从而优化车站服务能力。

西安北大街地铁站 1 号线换乘 2 号线的客流不经过站厅层直接通过楼扶梯进入 2 号线站台层。但是当客流过大时会给 2 号线站台造成客流过于拥挤的情况。为缓解客流拥挤程度,确保乘客安全和车站客流的有序组织,可在 1 号线站台层连接 2 号线站台层的楼梯口处设置组合型隔离围栏,从而增加乘客换乘的绕行距离,减缓站台层的拥挤程度。限流方案如图 2 所示。设置隔离围栏,其中客流量大的一方为绕行距离长的。其中,涂色部分为可拆卸的围栏,当站内客流量不大时,可拆卸该涂色部分以提高站内运行效率。

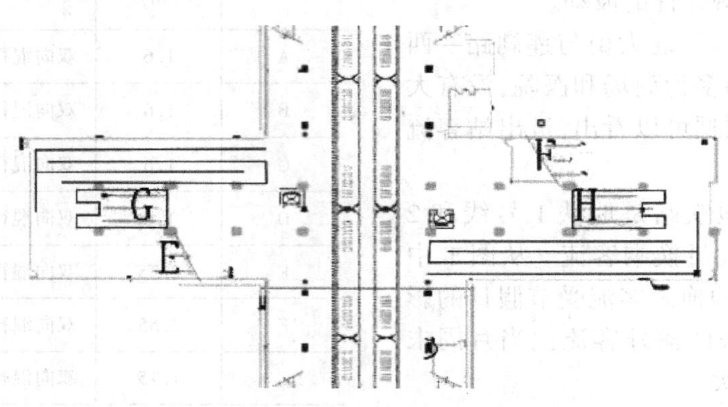

图2　隔离围栏设置方案

西安北大街地铁站的楼扶梯配置均为两侧供上下行的扶梯,中间为双向混行的楼梯。当站台的客流拥挤程度超过正常阈值时,应该优先考虑疏散站台内的出站客流,限制进站客流,如图 3 所示。此时,将中间的双向混行楼梯改为单方向的出站台楼梯,该方案既可以在快速疏散站台内大量乘客的同时限制进入站台的乘客数量,又可同时将双向混行楼梯改为单向楼梯,提高楼梯的小时通过能力。

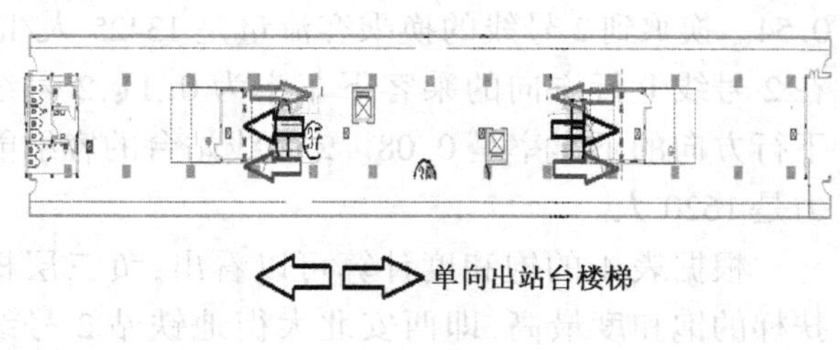

图3　单向楼梯设置

4　车站限流方案仿真分析

本文通过 VISSIM 仿真软件对西安北大街地铁站两种不同的情况进行仿真分析,分别是北大街地铁站无限流措施下的仿真分析和西安北大街地铁站在加入限流措施后的仿真分析。行人仿真是 VISSIM 的一个单独模块,该模块在城市道路的规划与设计中起着关键作用。行人出行具有各种各样的变化,该软件与其他的行人仿真软件比较,其不仅能够单独模拟行人出行行为,更能够模拟行人与周围车辆的交互情况,因此 VISSIM 行人仿真能够提高仿真模拟的准确性。本次限流方案仿真研究主要采用基于社会力模型(Helbing 和 Molnar,1995)的行人仿真研究[8]。具体的限流仿真过程如图 4、图 5 所示。

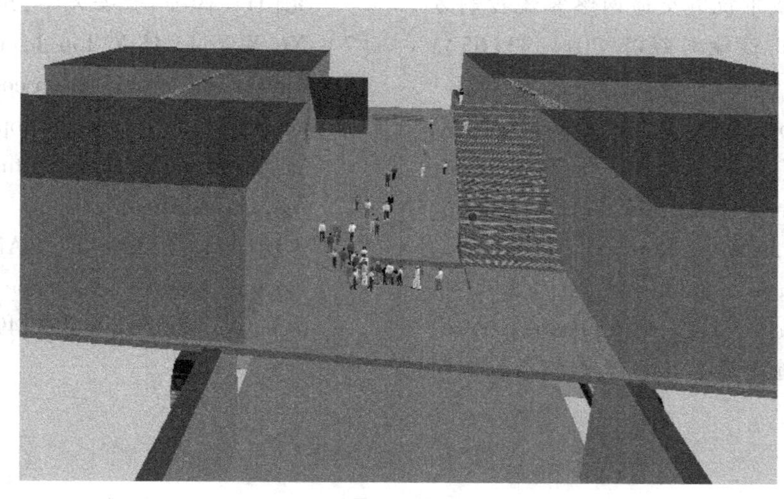

图4 不加限流措施下的换乘层

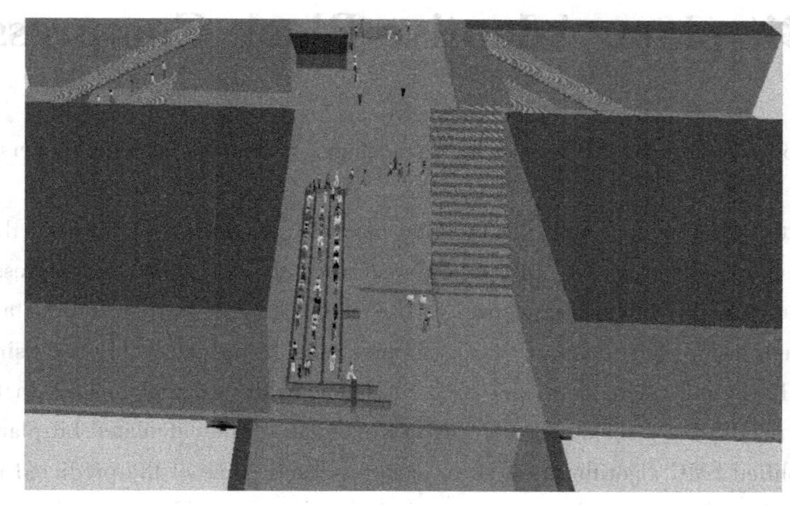

图5 限流仿真过程

由仿真过程可以明显看出，在该限流措施下，大部分乘客秩序通过限流栏杆进入1号线站台乘车。同时部分乘客处于限流栏杆中，对直接进入1号线站台起到缓冲作用。和无限流措施下的仿真情况比较，加入限流栏杆后的站内客流具有秩序性，短时间站台内涌入的客流减少，提高了车站运营的安全性与稳定性。

5 结语

本文以西安北大街地铁站为例，研究了西安北大街车站的大客流特性、车站服务能力以及限流措施，最后给出限流方案的仿真。论文主要研究结论如下：

(1)根据地铁车站的大客流交通特性分析，西安北大街换乘站的换乘客流受节假日的影响较为明显。

(2)根据计算各部位饱和度得知，西安北大街地铁站2号线站台层的楼扶梯在大客流时间段会最拥挤。

(3)本文限流方案对西安北大街地铁站具有良好效果，可有效提高突发大客流时站内稳定性。

(4)通过VISSIM软件进行仿真分析，验证了限流方案的可行性。

参考文献

[1] 张正，蒋熙，贺英松. 城市轨道交通高峰时段车站协同限流安全控制研究[J]. 中国安全生产科学技术，2013，9(10)：5-9.

[2] 肖慧雅，姚丽亚，曾伟，等. 城市轨道交通站点限流设施优化方法研究[J]. 道路交通与安全，2016，16(06)：46-50.

[3] 刘莲花,蒋亮.城市轨道交通网络客流控制方法研究[J].铁道运输与经济,2011,33(05):51-55.

[4] HARIS N G. Modeling walk link congestion and prioritization of congestionrelief [J]. Traffic Engineering and Control. 1991,32(2):78-80.

[5] VAN V D. HALL M. SATURN documentation: version 7.1-A user's guide manual[EB/OL]. University of Leeds,Leeds,U.K,1986.

[6] 潘杰.城市轨道交通车站客流预警与控制研究[D].西安:长安大学,2019.

[7] Xu X Y,Li H Y,Liu J,et al. Passenger flow control with multi-station coordination in subway networks: algorithm development and real-world case study[J]. Transportmetrica B: Transport Dynamics,2019,7(1).

[8] DIRK H, LLLES F, TAMAS V. Simulating dynamic features of escape panic [J]. Letters to nature,2000,July 487-490.

Reversible Data Hiding in Encrypted Images Based on Bit-plane Adaptive Block Compression

Wang Nijuan*

(School of information Science and Technology, Southwest Jiaotong University)

Abstract　For the existing reversible data hiding algorithm in encrypted images, the difference of 0/1 distribution of different bit planes is not fully considered when the bit plane is compressed. To reduce the number of flags and improve the embedding capacity, this study proposes a reversible data hiding algorithm in encrypted images based on bit-plane adaptive block compression. In the image preprocessing stage, combining MED prediction and IMIP prediction to predict each bit plane of the original image. In the data embedding stage, the block size is adaptively selected according to the length of the calculated bit-plane compression code stream, and the simplified SMC algorithm is used to compress each plane of the predicted image to make room for embedding information. In order to improve transmission and storage efficiency, while ensuring the security of encrypted images, the M&E algorithm is used to compress and encrypt images. The proportion of 0 in the predicted bit plane is higher, which is more conducive to compressing the image with the SMC algorithm; The bit-plane adaptive blocking ensures the maximum embedding capacity of the bit-plane under the SMC algorithm. Experimental results show that the maximum embedding rate of the algorithm is between 1.13bpp and 5.33bpp, and the additional data can be extracted without loss to restore the original image.

Keywords　reversible data hiding　Multi-MSB prediction　bit plane compression　adaptive blocking　high embedding rate

0　Introduction

In recent years, with the growth of cloud computing, more and more users are uploading their personal data to remote or cloud servers. However, this process can lead to serious security breaches, with confidentiality, authentication, and integrity under constant threat (Pauline P et al. 2011). Data security as well as personal privacy protection in cloud storage has raised concerns (Shi et al. 2016-W. Puech et al. 2008), and reversible data hiding in encrypted image (RDHEI) can provide technical support for the security of image data in cloud storage (Yan et al. 2018). In addition, in many applications, such as transportation and military, where high data integrity is required, distortion is not allowed. In the traffic image, the violation information needs to upload the image at the time of the incident and upload it to the violation processing center. These images may need to be embedded with the incident time and road section information to achieve the purpose of identification verification and secure communication. Therefore, the research on reversible data hiding is necessary.

Depending on whether the image owner needs to preprocess the image before encryption, existing RDHEI algorithms can be divided into two categories: vacated space after encryption (VRAE) and vacated space before encryption (VRBE). VRAE algorithms exploit the local space of the original image while encrypting the image correlation, but these algorithms do not achieve satisfactory embedding capacity, and some algorithms are not fully reversible or separable. The VRBE algorithm reserves space before image encryption based on pixel correlation, and has a higher embedding capacity compared to the VRAE method, which makes full use of the pixel correlation of the original image.

Ma et al. 2013 first proposed the VRBE scheme. After vacating the space using conventional RDH before encryption, the data is reversibly embedded into the encrypted image with an embedding rate of up to 0.5bpp. To further improve the embedding capacity, researchers proposed the compression-based RDHEI scheme. Yi et al. 2017 proposed a binary block embedding (BBE) method, which has a high embedding rate with an average embedding rate of 1.596bpp in the UCID data base. Qin et al. 2019 improved the algorithm based on redundancy transfer, the algorithm for compressing bit planes is similar to the BBE algorithm proposed by Yi et al. in 2017, but their proposed block encoding algorithm further compresses the encoding length of type 4 and type 5 blocks in [8], thus the algorithm ensures security while its average embedding rate is higher than that of [8], and the average embedding rate in the UCID database reaches up to 1.613bpp. However, the block encoding algorithms proposed by Qin et al. in 2019 and Yi et al. in 2017 do not consider the 0/1 distribution of different predicted bit planes differences, and the chunk sizes selected when compressing different bit planes are all the same, which leads to a low embedding capacity in some bit planes. To reduce the time complexity, researchers have proposed several methods for vacating space based on predictions. Puyang et al. proposed a 2-MSB prediction-based RDHEI method in 2018. They used 2MSB to label the pixels of the original image so that the embedding rate can exceed 1bpp. Recent studies have shown that combining predictive and compressive coding together can further improve the embedding capacity of RDHEI. To further improve the embedding capacity of RDHEI and to improve the transmission and storage efficiency, Chen et al. proposed an RDHEI algorithm based on multi-MSB prediction and bit-plane compression in 2020. The algorithm proposes a combination of stream cipher encryption and bit-by-bit chaotic encryption, which effectively improves the security of their encryption algorithm. To improve the transmission and storage efficiency, the algorithm uses the reduction of encrypted image pixels to reduce the size of the encrypted image while ensuring reversibility. Although the security and embedding capacity of this algorithm are greatly improved, its prediction method does not compare the correlation of its neighboring pixels, but directly calculates the average value of neighboring pixels, which leads to a larger prediction error in the more textured region, which in turn leads to its lower embedding capacity. Meanwhile, as in [8] and [10], the difference of 0/1 distribution is not considered when compressing bit planes, and the selected chunk sizes are the same when compressing different bit planes, which still leaves room for further improvement of embedding capacity.

In summary, the chunk sizes in the existing coding methods used in RDHEI, Chen et al. (2020) are predetermined and do not incorporate the characteristics of the images themselves, so adaptively selecting a suitable chunk size for coding based on the relevance of each image plane is an effective solution to improve the embedding capacity.

To further improve the embedding capacity of RDHEI, based on Chen et al. (2020), an image encryption reversible information hiding based on bit-plane adaptive chunking compression is proposed. The main contributions of this paper include the following two aspects.

(1) Combining Median Edge Detection (MED) and Iterative MSB-Inversion Prediction (IMIP) to predict each bit plane of the original image, making the predicted bit planes more favorable for compression.

(2) Based on the pre-calculated maximum length of the bit-plane compressed coding stream, the bit-plane adaptive chunking compression method and its compression performance are investigated, and the effect of chunk size on the embedding capacity is analyzed.

1 Related work

1.1 Introduction and analysis of BBE

In 2017, Yi et al. proposed a BBE based compressed block reversible information hiding algorithm with high embedding capacity. It divides a binary image of size $M \times N$ into K non-overlapping blocks of size $s \times s$, where $K = \lfloor M/s \rfloor \times \lfloor N/s \rfloor$. The blocks are classified and labeled according to the threshold n_a [For details, see Yi et al. (2017) Eq. (1)], and the block classification method is detailed in Table 1 of Yi et al. (2017). This section focuses on analyzing the encoding length l_B of its Good-Ⅲ and Good-Ⅳ blocks (most pixels are 0 or 1). It uses variable-length coding, and the range of encoding length is related to the chunk size and the number of few pixels n_m in the chunk.

$$l_B \leqslant \lceil \log_2 n_a \rceil + \lceil \log_2 (s^2) \rceil \times n_m \tag{1}$$

where $\lceil \log_2 n_a \rceil$ indicates the length of the number of minority pixels in the recording block, and $\lceil \log_2 (s^2) \rceil$ indicates the maximum length of recording the minority pixel position information.

1.2 Introduction and analysis of SMC

In 2019, Qin et al. proposed a sparse matrix compression (Sparse matrix compression, SMC) algorithm, which is similar to the BBE algorithm. The difference is that for encoding blocks where most pixels are 0 or 1, the block of size $s \times s$ is divided equally into two parts of size $s/2 \times s$, which reduces the number of bits required to record its position information, and the maximum length required to record the number of few pixels is reduced to $\lceil \log 2(s^2/2) \rceil$. The encoding length can be expressed as follows

$$l_S \leqslant \lceil \log_2 (n_T) \rceil + \lceil \log_2 (n_m) \rceil + \lceil \log_2 (s^2/2) \rceil \times n_m \tag{2}$$

where $\lceil \log_2 (n_T) \rceil$ denotes the length required to record a small number of pixels, and $\lceil \log_2 (n_m) \rceil$ denotes the length required to record a small number of pixels in the front $s/2 \times s$.

Taking $s = 4$ as an example, for blocks belonging to Good-Ⅲ and Good-Ⅳ, $n_m \in [1, 3]$, for the BBE, the average value of the block coding length is

$$\widehat{l_B} \leqslant \frac{1}{3} \sum_{n_m=1}^{3} (2 + 4 \times n_m) \approx \frac{6 + 10 + 14}{3} = 10 \tag{3}$$

For the SMC, the average value of the block coding length is

$$\widehat{l_S} \leqslant \frac{1}{3} \sum_{n_m=1}^{3} (2 + \lceil \log_2 (n_m) \rceil + 3n_m) \tag{4}$$

$$\approx \frac{5 + 9 + 13}{3} = 9$$

That is, for Good-Ⅲ or Good-Ⅳ blocks of 4×4 size, the average encoding length of the SMC is shorter than that of BBE, and each block can free up 1 bit more space for embedding data on average. Therefore, the SMC algorithm is chosen to compress the bit plane in this paper.

In this paper, the block classification method in SMC is simplified and modified so that the bit plane can be compressed more effectively.

First, the binary image of size is $M \times N$ divided into non-overlapping blocks of K size $s \times s$ pixels, where $K = \lfloor M/s \rfloor \times \lfloor N/s \rfloor$. The blocks are classified according to the threshold n_T value.

$$n_T = \underset{x}{\operatorname{argmax}}\left\{\begin{array}{l}2 + 2 \times \lceil \log_2(x) \rceil + \\ x \times \left\lceil \log_2\left(\frac{s^2}{2}\right)\right\rceil\end{array}\right\} \leqslant s^2 \qquad (5)$$

According to the threshold n_T and the number of 1 in the block n_1, the classification is briefly described as follows.

Type 1: $n_1 = 0$, all pixels in the block are 0, and only the marker value "1" needs to be saved when encoding. The encoding length can be expressed as $l_1 = 1$.

Type 2: $n_1 > n_T$, can't embed data, and all original values in the block need to be recorded when encoding, except for saving the marker value "01". The encoding length can be expressed as $l_2(s) = s^2 + 2$.

Type 3: $1 \leqslant n_1 \leqslant n_T$, most of the pixels are 0, in addition to recording the marker value "00", need to record the position information of 1 in the block. The encoding length can be expressed as $l_3(s) = 2 + l_S(s)$.

where the maximum value of the result of equation (2) is $l_S(s)$ taken.

Then K the total encoding length of a binary block can be expressed by Eq. (6)

$$\ell_K(s) = k1 + (s^2 + 2) \times k2 + (l_S(s) + 2) \times k3 \qquad (6)$$

where is the number of blocks of $k1$, $k2$, $k3$ each of the three types in the bit plane A_k, and $k1 + k2 + k3 = K$.

2 Rdhei Based on Bit-plane Adaptive Chunking Compression

The algorithms in this paper are divided 3 into several parts: image preprocessing based on multi-MSB prediction; SMC-based bit-plane adaptive chunking coding; data extraction and image recovery.

2.1 Image pre-processing based on multi-MSB prediction

The preprocessing process starts with prediction of the image, and a number of prediction methods have been proposed, in this paper, we combine MED and IMIP to predict each plane of the original image.

For a grayscale image of size, consisting of 8 bit-planes, In the prediction phase, iterative processing of individual bit planes from to. In the prediction, only the first pixel of the image is kept as the reference pixel. The predicted value of the kth bit plane can be expressed as

$$p_k(i,j) = \begin{cases} |I_k(i,j) - I_k(i,j-1)| & \text{if } (i = 1, j > 1) \\ |I_k(i,j) - I_k(i-1,j)| & \text{if } (j = 1, i > 1) \\ I_k(i,j) & \text{if } \tau_k(i,j) = 0 \text{ or } (i = 1, j = 1) \\ 0 & \text{if } \tau_k(i,j) < 0 \\ 1 & \text{if } \tau_k(i,j) > 0 \end{cases} \qquad (7)$$

$$\tau_k(i,j) = |o_k(i,j) - o''_k(i,j)| - |o'_k(i,j) - o''_k(i,j)| \qquad (8)$$

Where $o_k(i,j)$, $o'_k(i,j)$ denotes the pixel value consisting of the $I(i,j)$ lower $(8-k+1)$ bit plane of the pixel and its corresponding flipped pixel value, which can be calculated from Eq. (3) and (4) in [16], respectively.

$o''_k(i,j)$ is the predicted value of $o_k(i,j)$. In order to make full use of the correlation of adjacent pixels of the original image, so that a small prediction error can be obtained in both the smoothed and textured regions, the MED prediction is used to calculate this prediction. The calculation formula is.

$$o''_k(i,j) = \begin{cases} \min[o_k(i-1,j), o_k(i,j-1)] & \text{if } o_k(i-1,j-1) \geqslant \max[o_k(i-1,j), o_k(i,j-1)] \\ \max[o_k(i-1,j), o_k(i,j-1)] & \text{if } o_k(i-1,j-1) \leqslant \min[o_k(i-1,j), o_k(i,j-1)] \\ o_k(i-1,j) + o_k(i,j-1) - o_k(i-1,j-1) & \text{otherwise} \end{cases} \qquad (9)$$

Where $2 \leqslant i \leqslant M, 2 \leqslant j \leqslant N$.

Since the bit planes p_k after multi-MSB prediction show a certain degree of similarity in adjacent bit planes except MSB, to further reduce the redundancy of these bit planes, the XOR between adjacent bit planes is adopted to reduce the redundancy of these bit-planes. The bit plane after the operation is denoted as A_k (for details, see Chen et. al. (2020)).

2.2 SMC-based bit-plane adaptive chunking coding

This section mainly includes two parts: bit-plane adaptive chunking, image compression and encryption. The specific operations are described as follows.

1) Bit-plane adaptive chunking

Due to the different pixel correlations in different bit planes of the image, the number of 1s in bit plane A_k generated after prediction and neighbor aliasing varies greatly. Taking Lena as an example, the figure1 shows the binary image of the most significant bit plane A_1 and the third most significant bit plane A_3 generated after prediction, and the gray part of the figure indicates the pixel value is 0, and the red part indicates the pixel value is 1. From Fig. 1a), we can see that the number of 1s in A_1 is very small. If a smaller chunk size is chosen, the marker bits of each block will waste a lot of embedding space during encoding, while if a larger chunk size is chosen, the space occupied by its marker bits will be greatly reduced. From Fig. 1b), we can see that the number of 1′s in A is high and the distribution is more dispersed. If a larger chunk size is chosen, the proportion of all-0 blocks will be greatly reduced, and accordingly, the proportion of Type2 blocks will be increased, making its embedding capacity greatly reduced.

a) A_1

b) A_3

Fig. 1 Position Plan Analysis

To better illustrate the necessity of adaptive selection of chunk size, different chunk sizes are selected to encode the bit plane A_1 and A_3, the encoding length can be calculated according to Eq. (9), and the results are shown in Tab. 1

Encoding length/bit Tab. 1

Fig. 2	$s=4$	$s=8$	$s=16$	$s=32$	$s=64$
(a)	17259	5293	2530	1991	2034
(b)	78495	81801	94134	111806	132473

From the Tab. 1, it can be seen that for the bit plane A, the shortest encoding length when $s = 32$ and for the bit plane A_3, the coding length is shortest when $s = 4$. After observing and analyzing different bit planes, it can be seen that there is a great difference in the coding length under different chunks. Thus, higher embedding capacity can be obtained by adaptively selecting the chunk size encoding for different bit planes.

According to the analysis of the section 2.2, the encoding length of the bit plane A_k can be expressed as

$$\mathcal{L}_k(s) = \begin{cases} \ell_K(s) \\ \text{if } \bmod(M,s) = 0, \bmod(N,s) = 0 \\ \ell_K(s) + (MN - s^2 \times \lfloor M/s \rfloor \times \lfloor N/s \rfloor) \\ \text{if } \bmod(M,s) \neq 0 \text{ or } \bmod(N,s) \neq 0 \end{cases} \tag{10}$$

where is calculated $\ell_K(s)$ from Eq. (6). When the bit plane cannot be blocked exactly, the values of the redundant rows and columns need to be saved. In this paper, the values of redundant rows and columns are saved after the encoding stream of *K*a binary block in a top-to-bottom, left-to-right scanning manner. where $MN - s^2 \times \lfloor M/s \rfloor \times \lfloor N/s \rfloor$ indicates the number of redundant rows and redundant columns.

According to Eq. (11), the optimal chunk size s_o^k of the bit plane A_k that makes the shortest encoding length when encoding is obtained.

$$s_o^k = \underset{s}{\operatorname{argmin}}\{\mathcal{L}_k(s) < (M \times N), s = 4, 6, \cdots, m\} \tag{11}$$

where $m = \min\{M, N\}$. The bit-plane adaptive chunking steps are shown in Algorithm 1.

Algorithm 1 Bit-plane adaptive chunking algorithm

Input: An image of size $M \times N$ of image A, block sizes $\times s$
Output: Optimal chunk size s_o^k

1: Extract the 8individual planes of image A $A_k(k = 1, 2, \cdots, 8)$
2: For each bit plane $A_k(k = 1, 2, \cdots, 8)$ do
For $s = 4 : 2 : m$ do
Initialization $k_1 = k_2 = k_3 = 0$;
Calculate the threshold value according to equation (5) n_T;
will A_k divided into non-overlapping blocks of sizes $\times s$ K non-overlapping blocks;
Count the number of pieces in1 each block n_1;
According to n_1 and n_T Determine the number of type1, type2, type 3three type blocks k_1, k_2, k_3;
Calculate the bit plane according to equation (10) A_k of the encoding length $\mathscr{L}_k(s)$; the
End For
$s_o^k = \operatorname{argmin}(\mathscr{L}_k(s))$;
End For
3: return s_o^k;

The chunk size s_o^k determined by Algorithm 1 ensures the maximum embedding capacity of the bit plane. After determining the optimal chunk size s_o^k for bit plane A_k, the bit plane can be compressed using the simplified SMC algorithm to obtain the bit plane compression stream C_k. The predicted compressed stream $C = \{C_k \mid k = 1, 2, \cdots 8\}$ of the original image I is obtained by concatenating the compressed streams of all bitplanes.

Since some LSBs are noise-like and have poor compression performance, the number of compressible bit planes needs to be determined adaptively, and the number of compressible bit planes λ can be expressed as

$$\lambda = \underset{t}{\operatorname{argmax}}\{\sum_{i=1}^{t}[MN - \mathcal{L}_i(s_o^i)], t = 1, \cdots, 8\} \tag{12}$$

Then the length of the predicted compressed

stream C of the original image I can be expressed as

$$\mathcal{L}_C = \sum_{t=1}^{\lambda} \mathcal{L}_t(s_o^t) + (8-\lambda) \times (M \times N) \quad (13)$$

2) Image encryption and compression

After obtaining the predicted compressed stream C of the original image, it is necessary to encrypt it to protect the information of the original image.

$$E = F(C) \quad (14)$$

where E denotes the encrypted compressed coding stream, $F(\cdot)$ denotes the encryption function, and its encryption process directly adopts Minimization and Encryption (M&E) (Chen et al. 2020), which yields an encrypted image I_{ME} with a smaller size of the token $w \times N$ (w is calculated from Eq. (14) in [16]).

To achieve reversible image recovery, parameters need to be recorded in the encrypted image

$$\Phi = \lambda \times s_o^k \times M \times l_{Pm} (k = 1,2\cdots,\lambda) \quad (15)$$

where λ is the number of compressible bit planes, which requires 3bits representation. s_o^k is the optimal chunk size of the first k compressible bit plane, and the optimal chunk size of each compressible bit plane requires $\lceil \log_2 m \rceil$ a bit representation, so the optimal chunk size for λ compressible bit planes requires $\lambda \times \lceil \log_2 m \rceil$ bits in total. M is the number of rows of the original image, which needs to $\lceil \log_2 M \rceil$ be expressed in bits. l_{Pm} is the length of the maximum payload, which needs $\lceil \log_2(M \times N) \rceil$ bits. The length l_Φ of Φ can be calculated from Eq. (16).

$$l_\Phi = 3 + \lambda \times \lceil \log_2 m \rceil + \lceil \log_2 M \rceil + \lceil \log_2(M \times N) \rceil \quad (16)$$

2.3 Data Extraction and Image Recovery

For a user who obtains a marked encrypted image I_{ME} and has an encryption key, that user can obtain a decrypted image. The image decryption process consists of three steps: image compression bit extraction, bit-plane adaptive chunking decoding, XOR recovery, and prediction recovery.

1) Image compression bit extraction

If the user has the data hiding key k_{hd}, extract the first l_Φ bits of the most significant bit plane of I_{ME} and decrypt it according k_{hd} to get the parameters Φ.

If the user has the encryption key k_e, the marked encrypted image I_{ME} is expanded into 8 bit planes. Sequential scan to generate binary sequence According to parameter Φ, the structure information C of the original image after compression in each bit plane is obtained.

2) Bit-plane adaptive chunking decoding

According to the decrypted structure information C and the chunk size s_o^k of each plane, the bit plane Λ_k can be reconstructed by the inverse process of bit plane adaptive chunk encoding.

3) XOR recovery and predictive recovery

For XOR recovery see [16] in Eq. (21). For prediction recovery, the values of the first row and the first column of the higher λ bit plane are first recovered according to Eq. (17).

$$R_k(i,j) = \begin{cases} \Lambda_k(i,j) & \text{if } (i=1, j=1) \\ |R_k(i,j-1) - \Lambda_k(i,j)| & \text{if } (i=1, j>1) \\ |R_k(i-1,j) - \Lambda_k(i,j)| & \text{if } (j=1, i>1) \end{cases} \quad (17)$$

Then the predicted pixel values p_k are calculated according to Eq. (7), and the recovered values R_k can be obtained according to Eq. (22) and Eq. (23) in [16], and then the recovered image R can be expressed as

$$R = \sum_{t=1}^{8} (R_k \times 2^{8-t+1}) \quad (18)$$

3 Experimental Results and Analysis

In this section, the performance of the algorithm in this paper is analyzed experimentally in the following four aspects: ①security analysis; ②performance of multi-MSB prediction; ③performance of bit-plane adaptive coding; ④maximum embedding rate. In the experimental process, the 6 test images of size 512 × 512 shown in Fig. 2. are selected as Lena, Airplane, Peppers, Man, Camera, and Baboon. The UCID (Schaefer G et al. 2004) image library containing 1338 images and the BOWS-2 (P. Bas et al. 2017) image library containing 10000 images were also used for experimental analysis.

a)Lena b)Airplane c)Peppers

d)Man e)Camera f)Baboon

Fig. 2 Test images

3.1 Security Analysis

In the encryption stage, the M&E encryption algorithm is used, which compresses the original image encoding into a bit stream and encrypts it using stream cipher and position permutation, and the length of the compressed code stream varies for different images, so the encryption key varies for different images, approximating the effect of one-at-a-time one-key encryption. Meanwhile, Chen et al. proved that the encryption algorithm can resist ciphertext-only attack (COA) in 2020. Fig. 3 shows the results of the Lena image in this algorithm. It can be seen that the encrypted image is random noise, which does not reveal the original image information, and the size is smaller than the original image, which ensures security and also reduces the cost of encrypted images in transmission.

a)Original image

b)Encrypted image

c)Marked encrypted image

d)Recovered image

Fig. 3 Simulation Results of Lena

3.2 Performance of multi-MSB prediction

In this paper, MED prediction is used to calculate the predicted values of the original image pixels, and the predicted bit planes are more favorable for bit plane compression. Taking the predicted bit plane p_3 of Lena image as an example, the Fig. 4 shows the distribution of the bit plane after IMIP prediction and the bit plane after the prediction algorithm in this paper for three types of blocks under the 4 × 4 chunk size, where blue, red, and green denote Type1, Type2, and Type3 blocks, respectively.

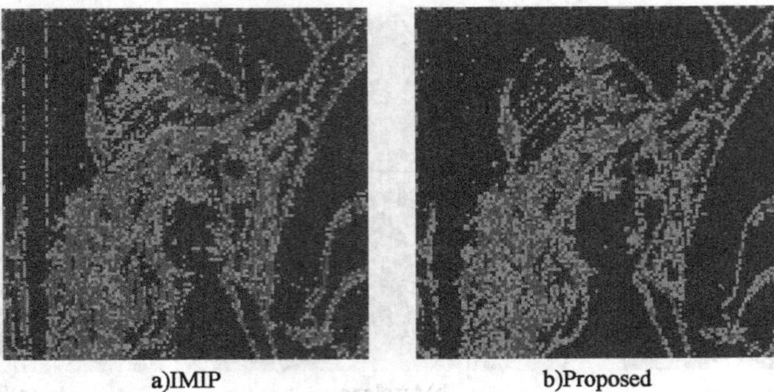

Fig. 4　Comparison of predicted bit planes p_3 of Lena images

Comparing Fig. 4a) and Fig. 4b), there is a significant decrease in Type2 blocks in the bit plane predicted by this paper, while there is an increase in both Type1 and Type3. This is since a more accurate predicted value of a few pixels in a binary block may directly change the type to which the binary block belongs. Statistically, 309 Type2 blocks in the predicted bit plane after IMIP prediction are transformed into Type1 blocks after the prediction algorithm in this paper, of which 194 blocks are transformed due to more accurate prediction of 4 pixel values in the block and 40 blocks are transformed due to more accurate prediction of 5 pixel values in the block.

To visualize the effect of multi-MSB prediction on the bit-plane compression performance, the embedding rate of each bit-plane of the above six images was tested, and the results are shown in Fig. 5. Compared with the IMIP(Chen et al. 2020), the embedding rate of the bit planes predicted using the prediction algorithm in this paper is higher, indicating that the bit planes predicted by the prediction algorithm in this paper are more conducive to compression.

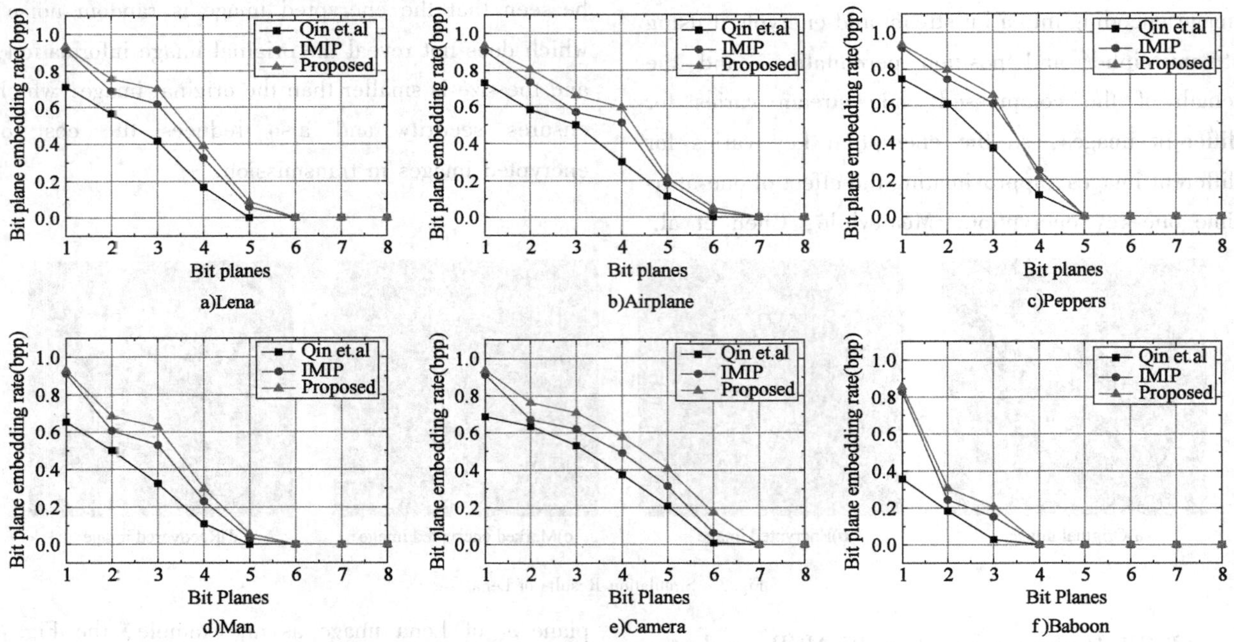

Fig. 5　The embedding rate of each plane under different condition

3.3　Performance of bit-plane adaptive coding

From the analysis of 2.2, The number of 1's in the predicted bit plane p_k varies greatly, and the bit plane coding length varies greatly under different chunk sizes, so this paper proposes bit plane adaptive coding. To prove the effectiveness of bit-plane adaptive coding, this section tests the embedding capacity of each bit plane and the relative embedding capacity under adaptive chunking for the above six images with chunk sizes 4 ×4, 8 ×8 and 16 ×16. The results are shown in Fig. 6. The relative embedding capacity is defined as follows.

Relative embedding capacity (R_{Ec}) = Ec (adaptive chunking) − Ec(fixed chunking)

The relative embedding capacity of each bit plane is greater than or equal to 0. That is, the embedding capacity of each bit plane under adaptive block selection is higher than or equal to the embedding capacity of each bit plane under fixed chunking.

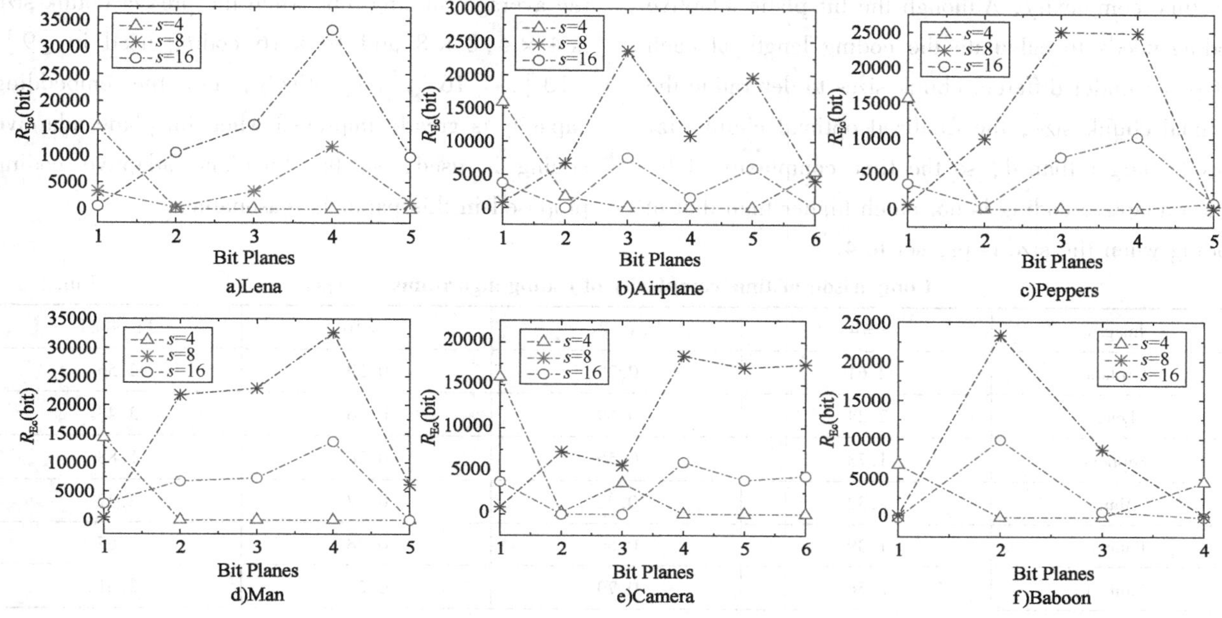

Fig. 6 Relative embedded capacity

To visualize the effect of adaptive chunking on the embedding capacity, a comparison of the total embedding capacity of the above six images with different chunk sizes is given in Fig. 7. The embedding capacity under bit-plane adaptive chunking proposed in this paper is higher than the embedding capacity under fixed chunk size. Analyzing the test data of Airplane images, the embedding capacity under adaptive chunking increases by 23021bits, 18773bits and 65668bits respectively compared with the embedding capacity under pre-set chunk size 4 × 4, 8 ×8 and 16 ×16 chunk size.

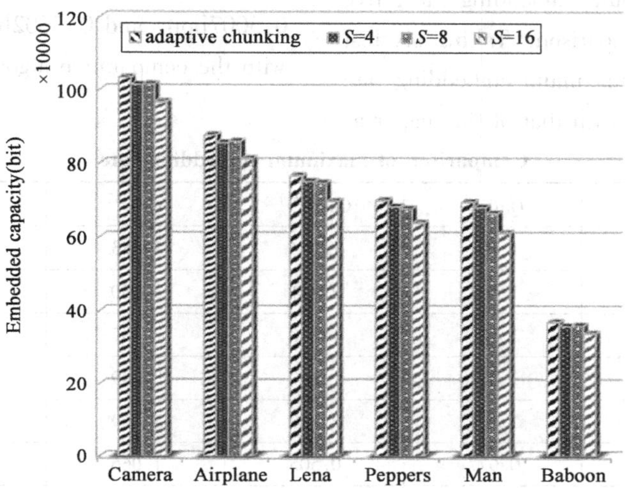

Fig. 7 Embedding rate of images under different conditions

To justify the bit-plane adaptive chunking coding, the time complexity of the bit-plane adaptive chunking coding algorithm in this paper is analyzed.

The analysis on time complexity illustrates that when the image size is $M \times N$ and the chunk size is $s \times s$, compressing the bit plane in chunks, the time complexity is $O(M \times N/s^2)$, The larger the s lower the time complexity, Although the bit plane adaptive coding needs to calculate the coding length of each bit plane under different chunk sizes to determine the optimal chunk size, the finalized optimal chunk size may be larger than 4, so the time complexity of bit plane adaptive coding is not much higher than that of coding when the size is pre-set to 4.

In this paper, the running time of the bit-plane adaptive coding of the 6 images are tested, and the running time statistics 10 times to get the average value, and the results are shown in Tab. 2. The average running time of the bit-plane adaptive chunking coding proposed in this paper is 2.27s, which is only 0.13s, 1.59s, and 2.00s higher than the average running time when the pre-set chunk size is 4 × 4, 8 × 8 and 16 × 16 coding used in [9]-[10], [16], respectively, but the embedding capacity is greatly improved when bit-plane adaptive coding is used, so the bit-plane adaptive coding proposed in this paper is reasonable.

Comparison of time complexity of coding algorithms(Unit:s) Tab. 2

Images	$s=4$	$s=8$	$s=16$	Proposed
Airplane	2.61	0.79	0.29	2.56
Lena	2.24	0.69	0.26	2.43
Peppers	1.73	0.56	0.26	1.88
Man	2.32	0.72	0.27	2.47
Baboon	1.39	0.56	0.28	1.67
Camera	2.56	0.79	0.29	2.61
Average	2.14	0.68	0.27	2.27

3.4 Maximum embedding rate

The compressive coding method proposed in this paper effectively combines multi-MSB prediction and bit-plane adaptive coding to achieve a high maximum embedding rate. To demonstrate the advantage of the algorithm in terms of maximum embedding rate, five papers were selected for comparison. Taking six test images as an example, the maximum embedding rate of the algorithm is compared with that of this paper as Tab. 3 shown. Analysis of the data in Tab. 3 shows that the maximum embedding rates in this paper are all higher than the existing algorithm. The average of the embedding rate calculated for the six images shows that the average embedding rate of this paper is improved by 1.1059bpp, 1.2937bpp, 0.995bpp, 0.3007bpp, and 0.3602bpp, respectively, compared with the comparative algorithm.

Comparison of maximum embedding rate Tab. 3

Images	Yi[8]	Qin[10]	Chen[11]	Yin[15]	Chen[16]	Proposed
Lena	1.820	1.677	1.944	2.583	2.586	2.926
Airplane	2.204	1.794	2.341	3.030	2.906	3.345
Peppers	1.821	1.706	1.880	2.187	2.513	2.666
Man	1.607	1.471	1.679	2.349	2.284	2.651
Camera	2.367	1.851	2.619	3.919	3.278	3.941
Baboon	0.484	0.677	0.505	1.066	1.210	1.409
Average	1.7171	1.5293	1.828	2.5223	2.4628	2.8230

To visualize how this paper compares with the comparative algorithm in terms of the maximum embedding rate, the first 1000 images from smooth to textured in UCID are tested and the results are shown in Fig. 8. The test results show that for the smoothest image in the test image, the algorithm in this paper can achieve an embedding rate of 5.3253bpp.

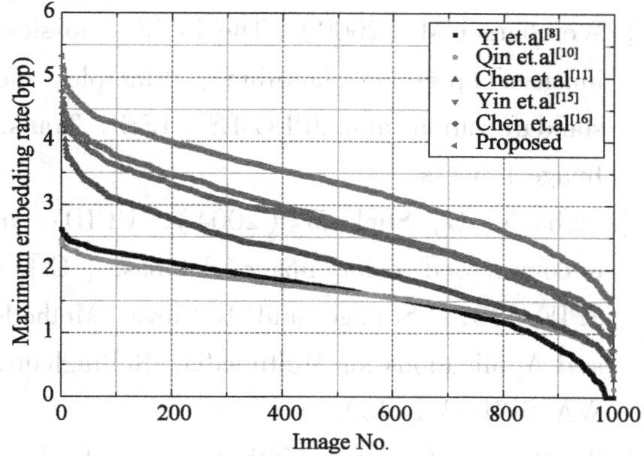

Fig. 8 1000 Maximum embedding rate for different RDHEI algorithms of the images

4 Conclusion

In this paper, we propose an image encryption reversible information hiding based on bit-plane adaptive coding, and the main contribution is to improve the [16] based on the improved iterative MSB flip prediction improves the prediction accuracy, which is more conducive to the compression of bit planes with the SMC algorithm. Also, due to the different distribution of 0/1 in different prediction planes, a bit plane adaptive coding scheme is proposed to select the best chunk size for coding according to the coding length of the bit plane, thus enabling the carrier image to vacate space more to embed additional information than [10] and [15] and achieve higher embedding capacity. Taking the UCID image library as an example, the average embedding rate can reach 3.2792bpp. The subsequent work will be carried out in terms of image encryption algorithm security analysis and algorithm time complexity optimization.

References

[1] Pauline P. and William P. (2011). An efficient MSB prediction-based method for high-capacity reversible data hiding in encrypted images. IEEE Transactions on Information Forensics and Security, vol. 13, no. 7, pp. 1-6.

[2] Shi Y Q, Li X, Zhang X, et al. (2016). Reversible data hiding: Advances in the past two decades. IEEE Access, vol. 4, pp: 3210-3237.

[3] W. Puech, M. Chaumont, and O. Strauss. (2008). A reversible data hiding method for encrypted images, in Proc. SPIE, vol. 6819, 2008.

[4] Yan Shu, Chen Fan, He Hongjie. (2018) Reversible data hiding in encrypted image based on neighborhood prediction using XOR-permutation encryption. Journal of Computer Research and Development, 55(6): 1211-1221.

[5] X. Zhang. (2011). Separable reversible data hiding in encrypted image. IEEE transactions on information forensics and security, vol. 7, no. 2, pp. 826-832.

[6] Z. Qian and X. Zhang. (2016). Reversible data hiding in encrypted image with distributed source encoding. IEEE Transactions on Circuits and Systems for Video Technology, vol. 26, no. 4, pp. 636-646.

[7] K. Ma, W. Zhang, X. Zhao, et al. (2013) Reversible data hiding in encrypted images by reserving room before encryption. IEEE Transactions on Information Forensics and Security, vol. 8, no. 3, pp. 553-562.

[8] Yi S and Zhou Y. (2017). Binary-block embedding for reversible data hiding in encrypted images. Signal Processing, vol. 133, pp. 40-51.

[9] Zi-Long L and Chi-Man P. (2017). Reversible Data-hiding in Encrypted Images by Redundant Space Transfer. Information Sciences, s 433-434: 188-203.

[10] Qin C , Qian X , Hong W , et al. (2019). An Efficient Coding Scheme for Reversible Data Hiding in Encrypted Image with Redundancy Transfer. Information Sciences.

[11] K. Chen and C.-C. Chang. (2019). High-capacity reversible data hiding in encrypted

images based on extended run-length coding and block-based msb plane rearrangement. Journal of Visual Communication and Image Representation, vol. 58, pp. 334-344.

[12] P . Puteaux and W. Puech. (2018). An efficient msb prediction-based method for high-capacity reversible data hiding in encrypted images. IEEE Transactions on Information Forensics and Security, vol. PP, no. 99, pp. 1-1.

[13] Guo J, He HJ, Chen F. (2019). Reversible information hiding in image encryption domain based on partial high level plane prediction. Optoelectronics-Laser.

[14] Y . Puyang, Z. Yin, and Z. Qian. (2018). Reversible data hiding in encrypted images with two-msb prediction, IEEE International Workshop on Information Forensics and Security (WIFS). IEEE, pp. 1-7.

[15] Yin Z, Xiang Y, Zhang X. (2020). Reversible Data Hiding in Encrypted Images Based on Multi-MSB Prediction and Huffman Coding. IEEE Transactions on Multimedia.

[16] Chen F, Yuan Y, He H, et al. (2020). Multi-MSB Compression Based Reversible Data Hiding Scheme in Encrypted Images. IEEE Transactions on Circuits and Systems for Video Technology, PP(99):1-1.

[17] Weinberger M. (2000). The LOCO-I lossless image compression algorithm : Principles and standardization into JPEG-LS. IEEE Trans. Image Process.

[18] Schaefer G, Stich M. (2004). UCID: An uncompressed color image database [C]// SPIE 5307: Storage and Retrieval Methods and Applications for Multimedia. Bellingham, WA:SPIE:472-480.

[19] P . Bas and T. Furon. (2017). Image database of bows-2. Accessed: Jun, vol. 20.

基于属性加密的智慧铁路访问策略更新云审计方案

苏泽林 张文芳* 王小敏

(西南交通大学信息科学与技术学院)

摘 要 近年来,云计算技术在智慧铁路系统得到了广泛应用。在云环境下,安全问题是云计算在智慧铁路应用中面临的首要问题,保障云上数据的完整性、对数据实施访问管理、实现可信云计算是技术应用的关键。基于云计算的属性基加密提供了全新的访问控制方案,适用于智慧铁路系统中的访问控制场景。本文提出了支持密文审计的策略更新属性基加密方案,能够随时监控云上密文数据的完整性和有效性,使智慧铁路系统具备安全审计和数据监控能力。方案在标准模型下被证明满足选择明文攻击安全性。性能和效率对比表明,本文方案的加密和审计过程计算开销更低,方案整体更加轻量化,适合应用于具有访问控制需求和较高安全需求的智慧铁路系统中。

关键词 轨道交通通信与信号 属性基加密 密文审计 云审计 访问策略更新

0 引言

云计算技术以其方便、经济和高可扩展性等优点,在各领域有着越来越广泛的应用。近年来,随着轨道交通技术的发展,铁路系统的各类数据也同步大规模增长。云计算技术整合了分布式计

1. 基金项目:国家自然科学基金(61872302);四川省科技计划项目(2019YFH0097)。

算、数据共享和处理等功能，适合作为轨道交通信息处理的关键技术手段。中国铁路主数据中心已经采用了云计算技术，给铁路系统提供了智能且灵活统一的数据处理服务，促进了智慧铁路的发展。随着智慧铁路系统数据量的不断增长，挖掘数据价值的重要性也逐渐凸显。基于云平台的智慧铁路运维系统能够通过智能传感网络将检测数据发送到运维分析中心，利用大数据和云计算进行对比、关联分析，为铁路运维决策提供支持。云计算在给智慧铁路系统带来便利的同时，也带来了新的安全风险。在应用云计算技术时，需要对信息安全模型进行深入研究，构建符合铁路实际情况的云安全体系结构。海量的检测数据在具备高分析价值的同时也容易受到安全威胁，因此需要对检测数据进行完整性保护和访问控制。实现可信云计算是智慧铁路系统走向实用化的前提条件，其中的关键是云上数据监控和安全审计[1]。基于云计算的身份管理和访问控制功能可以对云上传感监测数据进行细粒度的访问管理，进一步保障数据的安全性，而基于属性的加密体制（Attribute-based Encryption, ABE）模糊身份保护用户隐私，其访问策略由数据拥有者制定，可以实现灵活细粒度的访问控制和一对多加解密，在智慧铁路云计算中发挥重要作用。

属性基加密体制于2005年由Sahai等[2]提出，并使用一组描述性的属性代替数据使用者的身份信息，在加密时制定的访问策略决定了只有属性集合和访问结构相匹配的用户才能解密得到明文。属性基方案可分为密钥策略属性基加密（KP-ABE）和密文策略属性基加密（CP-ABE），分别由Goyal等[3]和Bethencourt等[4]提出。2008年，Waters[5]将线性秘密共享方案（LSSS）引入了属性基中，提出了更加灵活的访问结构表达方式，并使系统计算运行效率有所提高。Tan等[1]提出在铁路领域的云计算安全应确保铁道系统具有数据监控和审计的能力，并且保障云上数据的完整性，其中的身份管理和访问控制技术可以采用KP-ABE方案。2018年，Dong等[6]将分层属性基加密机制应用于智慧铁路的安全云计算系统，提出了适用于高速列车频繁切换和海量数据传输场景的高效方案。2019年，Xu等[7]将具备密文搜索功能的CP-ABE方案应用于铁路应急平台数据系统，通过对云上密文的并行搜索，可以检索出具有事故特征的应急预案，具备一定的算法可行性。文献[7-8]方案将基于云计算的属性加密方案应用到智慧铁路系统中，但没有设计相应的云上审计机制，导致云上数据时刻面临安全威胁。

在属性基系统模型中，云服务器被视为“诚实且好奇”的实体用于存储密文数据。数据拥有者在将密文数据存储到云端后，出于对数据安全和隐私保护的考虑，存在频繁动态地更改密文中的访问策略的需求。如果由用户直接修改访问策略，则意味着用户需要重新加密消息，给用户带来了更多的计算负担。为了解决计算效率问题，可以借助云服务器的计算资源并利用初始加密时生成的信息来更新访问策略[8-13]。Yang等[8]于2015年首次提出了支持密文访问策略更新的属性基加密方案，云服务器根据数据拥有者生成的更新密钥和新的访问结构，对旧密文进行重新计算从而完成访问策略更新。由于新密文不是由数据拥有者直接生成，文献[8]方案还提出了更新后密文的正确性检测算法，但该算法需要一定的交互过程且计算效率较低。文献[9]将半策略隐藏与策略更新方案相结合，避免了在策略更新时泄露策略中的敏感信息。Sethi等[11]引入了密钥可追踪的机制，能够检测到参与泄露解密密钥的恶意用户。文献[13]引入匿名密钥分发协议，提出了一种支持策略更新的多机构方案。在文献[8]的基础上，后续的改进研究[9-13]方案在不同方面扩展了策略更新属性基方案的功能，但没有提出更加高效的密文正确性检测方法。

由于属性基方案与云计算技术的深度结合，基于属性基的云上审计方案也受到更多研究者的关注。文献[14-16]提出了高效的云上审计方案，针对数据使用者可能存在的恶意密钥泄露行为进行审计，从用户和密钥管理方面入手保障云上数据安全。Ning等[17]提出了针对云服务器外包解密行为的审计方案，由数据拥有者发起，权威中心执行审计过程，用于验证云服务器外包解密计算得出的中间结果的正确性。文献[18-19]提出了针对云上数据完整性的审计方案，可以高效检查云服务器上的数据是否发送数据泄露或数据不完整。执行策略更新的云服务器处于不可信的云环境中，可能存在“懒惰”的情况，即云服务器可能为了节省计算资源而不严格执行算法，只执行部分计算或者故意保留错误的计算结果。云服务器也可能由于程序漏洞、遭受网络入侵等原因,没有计算得到正确的结果。如果不能及时发现云上密文的错误,会对数据的共享带来严重影响。针对以上问题,本文提出了支持密文审计的策略更新属性基加密方案,将云服务器的安全模型由“诚实且好奇”弱化为“不诚实”实体,方案中将策略更新与云审计相结合,系统模型中引入审计中心实体用于执行审计算法,使得云服务器的“不诚实”行为会被及时发现,从而降低云服务器的内外部出错的风险。数据拥有者能以少量计算代价实现访问策略更新,通过高效的密文正确性检测算法,能够快速检测密文并将可能的错误提交到审计中心,由审计中心和权威中心得出审计结果。本文提出的云上审计机制可以符合云计算技术应用于轨道交通领域的安全需求,能够同时满足对云上数据的监控、审计和完整性保障能力。

1 相关知识

1.1 双线性对

令 G 和 G_T 为2个阶为素数 p 的乘法循环群,g 为群 G 的生成元,双线性映射 $e: G\times G\rightarrow G_T$。双线性映射 e 存在以下属性。

双线性:对于任意元素 $u,v\in G$ 和 $a,b\in Z_p$,有 $e(u^a,v^b)=e(u,v)^{ab}$。

非退化性:$e(g,g)\neq 1$。

可计算性:对于任意元素 $u,v\in G$,存在有效算法计算 $e(u,v)$。

1.2 访问结构

令 $\{P,P_2,\cdots,P_n\}$ 为参与方集合。令集合 $A\subseteq 2^{\{P_1,P_2,\cdots,P_n}$ 是单调的,即满足对于任意集合 B,C,若 $B\in A$ 并且 $B\subseteq C$,那么 $C\in A$。若访问结构(集合)A 是 $P_1,P_2,\cdots,P_n\}$ 的非空子集,即 $A\subseteq 2^{\{P_1,P_2,\cdots,P_n}$, $\{\varnothing\}$,则集合 A 是授权集合,而不包含 A 的集合是非授权集合。

1.3 线性秘密共享

若一个在集合 P 上的秘密共享方案是线性的,则需要满足以下条件:

(1)集合中的每个元素的共享份额可以形成一个 Z_p 上的向量。

(2)存在一个 $l\times n$ 的份额生成矩阵 M,对于所有的 $i=1,\cdots,l$,矩阵 M 的第 i 行表示集合中的一个元素。定义一个映射函数 $\rho(i)$,可以将矩阵 M 的任意一行映射为集合中的一个元素。选择一个向量 $v=(s,r_2,\cdots,r_n)$,其中 $s\in Z_p$ 表示被共享的秘密,随机选取 $r_2,\cdots,r_n\in Z_p$,则 $M_i v$ 为秘密份额,其中 M_i 为矩阵 M 的第 i 行。

线性秘密共享(LSSS)方案具有秘密线性重构功能。假设访问结构为 A,令任意属性集合 $S\in A$,定义集合 $I=\{i:\rho(i)\in S\}$ 且 $I\subset\{1,2,\cdots,l\}$,若 $\{\lambda_i\}$ 是共享秘密值 s 的有效份额,那么存在常数 $\{\omega_i\in Z_{\rm p}\}_{i\in I}$,满足 $\sum_{i\in I}\omega_i\lambda_i=s$。

1.4 q-parallel BDHE 假设(Decisional q-parallel Diffie-Hellman Exponent Assumption)

根据安全参数,选择阶为素数 p 的群 G,g 为群 G 的生成元,存在双线性映射 $e: G\times G\rightarrow G_T$。选择随机数 $a,s,b_1,\cdots,b_q\in Z_p$,随机选择 $T\in G_T$。若敌手给定

$$\vec{y}=\begin{pmatrix} g,g^s,g^a,\cdots,g^{a^q},,g^{a^{q+2}},\cdots,g^{a^{2q}} \\ \forall_{1\leqslant j\leqslant q} g^{s\cdot b_j},g^{\frac{a}{b_j}},\cdots,g^{\frac{a^q}{b_j}},g^{\frac{a^{q+2}}{b_j}},\cdots,g^{\frac{a^{2q}}{b_j}} \\ \forall_{1\leqslant j,k\leqslant q,k\neq j} g^{a\cdot s\cdot b_k/b_j},\cdots,g^{a^q\cdot s\cdot b_k/b_j} \end{pmatrix}$$

使敌手判断 $e(g,g)^{a^{q+1}s}=T$ 是否成立。

如果对于任何多项式时间的敌手算法B区分 $(\vec{y},e(g,g)^{a^{q+1}s})$ 和 $(\vec{y},T)$,所具备的优势 $Adv_{\rm B}=|Pr[B(\vec{y},e(g,g)^{a^{q+1}s})=1]-Pr[B(\vec{y},T)=1]|\geqslant\grave{o}$ 是可忽略的,则解决群 G 上的 q-parallel BDHE 问题是困难的。

2 系统定义与安全模型

2.1 系统模型

支持密文审计的策略更新属性基加密方案共包括5个主要实体,分别为权威中心、审计中心、云服务器、数据拥有者和数据使用者。其中,权威中心负责系统初始化、审计验证、生成属性密钥和审计密钥;审计中心负责响应数据拥有者和数据使用者的审计请求,进行审计解密并处理审计结果;云服务器负责存储密文和对密文进行策略更新;数据拥有者可以加密数据上传至云服务器,还可以对密文进行策略更新;数据使用者可以从云服务器下载并解密密文,也可以发起对密文的审计。云审计架构如图1所示。

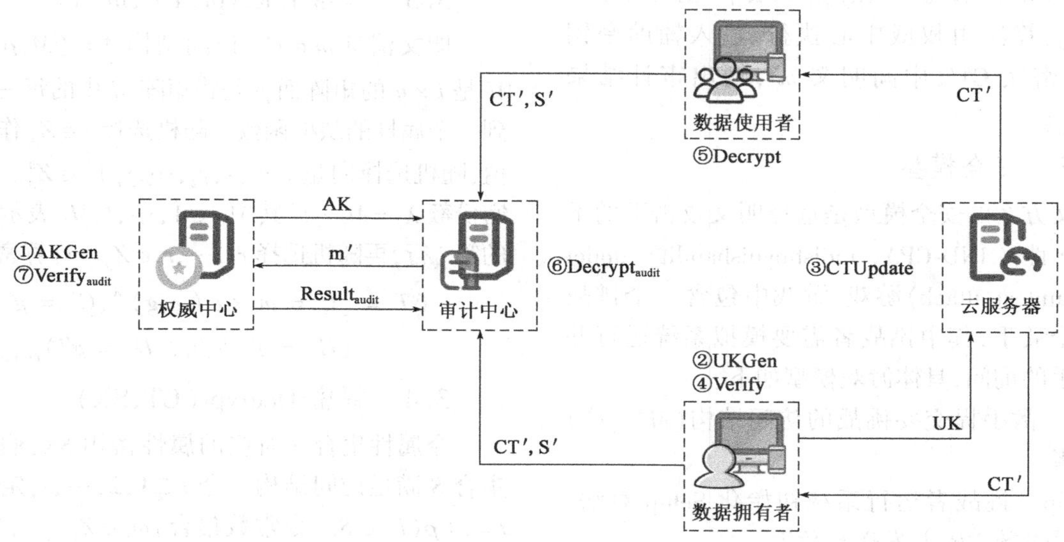

图1 云审计架构图

首先由权威中心运行 AKGen 算法生成审计密钥 AK 并发送给审计中心，同时保留辅助密钥 SK_{AC}。数据拥有者进行策略更新时，需要先运行 UKGen 算法生成更新密钥 UK 发送给云服务器，再由云服务器运行 CTUpdate 算法对密文进行策略更新。数据拥有者可以从云服务器上下载新密文 CT′，并运行 Verify 算法对密文进行验证，如果密文验证不通过，则数据拥有者可以将密文和满足访问结构但由于密文有误不能解密的属性集合 S' 提交到审计中心。审计中心运行 $Decrypt_{audit}$ 算法将可疑密文解密为中间明文发送给权威中心，最终由权威中心运行 $Verify_{audit}$ 算法判定密文是否错误。数据使用者在解密时发现密文有误，也可以提交审计中心。

2.2 算法定义

本文方案包括 11 个算法，具体算法定义如下。

(1) 系统初始化 Setup(k,U)→(PP,MSK)：算法由权威中心执行，输入安全参数 k 和全体属性集合 U，输出系统公共参数 PP，系统主密钥 MSK。

(2) 属性密钥生成 KeyGen(PP，MSK，S)→SK：算法由权威中心执行，输入公共参数 PP、系统主密钥 MSK、用户属性集合 S，输出用户属性密钥 SK。

(3) 加密 Encrypt(PP，m，A)→(CT，EnInfo(m))：算法由数据拥有者执行，输入公共参数 PP、明文 m、访问结构 A，输出密文 CT、加密信息 EnInfo(m) 用于计算策略更新密钥。

(4) 解密 Decrypt(CT，SK)→m：算法由数据使用者执行，输入密文 CT、属性密钥 SK，输出明文 m。

(5) 更新密钥生成 UKGen(PP，A，A'，EnInfo(m))→UK：算法由数据拥有者执行，输入公共参数 PP、旧的访问结构为 A、新的访问结构 A'、加密信息 EnInfo(m)，输出更新密钥 UK。

(6) 密文更新 CTUpdate(PP，A，A'，UK，CT)→CT′：算法由负责策略更新的云服务器执行，输入公共参数 PP、旧的访问结构为 A，新的访问结构 A'、更新密钥 UK、旧密文 CT，输出新密文 CT′。

(7) 验证密钥生成 VKGen(PP，U)→VK：算法由数据拥有者执行，输入公共参数 PP、全体属性集合 U，输出验证密钥 VK。

(8) 密文验证 Verify(PP，CT，EnInfo(m)，VK)→Result：算法由数据拥有者执行，输入公共参数 PP、密文 CT、加密信息 EnInfo(m)、验证密钥 VK，输出验证结果 Result。

(9) 审计密钥生成 AKGen(PP，U，MSK)→AK，SK_{AC}：算法由权威中心执行，输入公共参数 PP、全体属性集合 U、系统主密钥 MSK，输出辅助密钥 SK_{AC} 由密钥生成中心持有、输出审计密钥 AK。

(10) 审计解密 $Decrypt_{audit}$(PP，A'，CT′，AK，S')→m'：算法由审计中心执行，输入公共参数 PP、新的访问结构 A'、新密文 CT′、审计密钥 AK、检测属性集合 S'，输出中间明文 m'。

(11)审计验证 $\text{Verify}_{\text{audit}}(\text{SK}_{\text{AC}},\text{CT}',m')\to\text{Result}_{\text{audit}}$:算法由权威中心执行,输入辅助密钥 SK_{AC}、新密文 CT′、中间明文 m',输出审计结果 $\text{Result}_{\text{audit}}$。

2.3　安全模型

本文方案的安全模型是选择明文攻击下的不可区分性(IND-CPA, indistinguishability under chose-plaintext-attack)游戏,游戏中包含一个挑战者和一个敌手,其中挑战者需要模拟系统运行并回答敌手的询问,具体游戏模型如下。

Init　敌手提交要挑战的访问结构(M^*,ρ^*)给挑战者。

Setup　挑战者运行系统初始化 Setup 算法,生成公共参数 PP,并发送给敌手。

Phase 1　敌手向挑战者发起私钥请求,但要求私钥对应的属性集合 S 不能满足访问结构(M^*,ρ^*)。

Challenge　敌手发送两个等长的明文消息 M_0,M_1 给挑战者,挑战者随机选择 $\beta\in\{0,1\}$,并使用访问结构(M^*,ρ^*)对明文消息 M_β 运行 *Encrypt* 算法进行加密,得到加密后的密文 CT^* 发送给敌手。

Phase 2　重复 Phase 1。

Guess　敌手输出对 β 的猜测 $\beta'\in\{0,1\}$。

如果存在任意多项式时间的攻击者攻击 IND-CPA 游戏的优势 $\partial=\left|Pr[\beta=\beta']-\frac{1}{2}\right|$ 是可忽略的,则本文方案应对选择明文攻击是安全的。

3　方案构造

3.1　系统初始化 Setup(k,U)

输入安全参数 k 和全体属性集合 $U=1,2,\cdots,u$。生成阶为素数 p 的乘法循环群 G_1,满足双线性映射 $e:G_1\times G_1\to G_2$。G_1 的生成元为 g。随机选择 $\alpha,a\in Z_p^*$,$h_1,h_2\cdots,h_u\in G_1$。输出系统公共参数 $PP=(G_1,G_2,g,e(g,g)^\alpha,g^a,h_1,h_2,\cdots,h_u)$,系统主密钥 $MSK=(\alpha,a,g^\alpha)$。

3.2　属性密钥生成 KeyGen(PP,MSK,S)

定义 S 为用户属性集合,且满足 $S\subseteq U$。随机选择 $t\in Z_p$,对于所有属性 $x\in S$,计算属性密钥 $SK=\{K=g^\alpha g^{at},K_0=g^t,K_x=h_x^t\}$。

3.3　加密 Encrypt(PP,m,A)

明文消息 $m\in G_2$,访问结构 $A=(M,\rho)$,其中 M 是 $l\times n$ 的矩阵而 ρ 是将矩阵 M 中的每一行映射到一个属性的映射函数。随机选择 $s\in Z_p$ 作为秘密值,随机选择向量 $v=(s,y_2,\cdots,y_n)^T\in Z_p^n$。计算秘密份额 $\lambda_i=M_i\cdot v$,其中 $i\in 1,\cdots,l$,M_i 表示矩阵 M 的第 i 行,再随机选择 $r_1,\cdots,r_l\in Z_p$。计算密文:

$$CT=[C=m\times e(g,g)^{\alpha s},C'=g^s,\\(C_i=g^{a\lambda_i}h_{\rho(i)}^{-r_i},\ D_i=g^{r_i})_{i\in 1,\cdots,l}]$$

3.4　解密 Decrypt(CT,SK)

令属性集合 S 对应的属性密钥 SK,假设属性集合 S 满足访问结构。令 $I\subset 1,2,\cdots,l$,定义集合 $I=i:\rho(i)\in S$。令常数集合 $\{\omega_i\in Z_p\}_{i\in I}$,当 λ_i 是矩阵 M 的有效份额时,满足 $\sum_{i\in I}\omega_i\lambda_i=s$。计算 $\dfrac{e(C',K)}{\prod_{i\in I}(e(C_i,K_0)e(D_i,K_x))^{\omega_i}}=e(g,g)^{\alpha s}$,得到明文 $m=\dfrac{C}{e(g,g)^{\alpha s}}$。

3.5　更新密钥生成 UKGen[PP,A,A',EnInfo(m)]

新的访问结构 $A'=(M',\rho')$,其中 M' 是 $l'\times n'$ 的矩阵。首先根据策略对比算法将矩阵 M' 的每行分为三种类型。记 $I_{1,M'}$ 为类型 1 集合,表示属性已经存在于旧的访问策略 A 中;记 $I_{2,M'}$ 为类型 2 集合,表示属性在旧的访问策略 A 中出现两次及以上;记 $I_{3,M'}$ 为类型 3 集合,表示没有在旧的访问策略 A 中出现的属性。旧的随机向量为 $v=(s,y_2,\cdots,y_n)^T\in Z_p^n$,随机选择新向量 $v'=(s,y_2',\cdots,y_n')^T\in Z_p^n$,其中第一项仍为旧的秘密值 s。计算新的秘密份额 $\lambda_j'=M_j'\cdot v'$,其中 $j\in 1,\cdots,l'$,M_j' 表示矩阵 M' 的第 j 行。对于 $j\in 1,\cdots,l'$,计算更新密钥 UK。对于类型 1,即 $(j,i)\in I_{1,M'}$,计算 $UK_{j,i,m}=a(\lambda_j'-\lambda_i)$;对于类型 2,即 $(j,i)\in I_{2,M'}$,随机选择 $a_j\in Z_p$,计算 $UK_{j,i,m}=(a_j,UK_{j,i,m}^{(1)}=a(\lambda_j'-a_j\lambda_i))$;对于类型 3,即 $(j,i)\in I_{3,M'}$,随机选择 $r_j'\in Z_p$,计算 $UK_{j,i,m}=(UK_{j,i,m}^{(1)}=g^{a\lambda_j'}h_{\rho(j)}^{-r_j'},\ UK_{j,i,m}^{(2)}=g^{r_j'})$。最后得到更新密钥:

$$UK_m=[(\text{Type1},\{UK_{j,i,m}\}_{(j,i)\in I_{1,M'}}),\\(\text{Type2},\{UK_{j,i,m}\}_{(j,i)\in I_{2,M'}}),\\(\text{Type3},\{UK_{j,i,m}\}_{(j,i)\in I_{3,M'}})]$$

3.6 密文更新 CTUpdate(PP,A,A',UK,CT)

对于$j \in 1,\cdots,l'$,计算新密文 CT′。对于$j \in I_{1,M'}$(类型1),计算 $C_j' = C_i \cdot g^{UK_{j,i,m}} = g^{a\lambda_j'} h_{\rho(i)}^{-r_j'}$,其中$r_j' = r_i$;对于$j \in I_{2,M'}$(类型2),计算 $C_j' = C_i^{a_j} \cdot g^{UK_{j,i,m}^{(1)}} = g^{a\lambda_j'} h_{\rho(i)}^{-r_j'}$,$D_j' = D_i^{a_j} = g^{r_j'}$,其中 $r_j' = a_j r_i$;对于 $j \in I_{3,M'}$(类型3),计算 $C_j' = UK_{j,i,m}^{(1)} = g^{a\lambda_j'} h_{\rho(j)}^{-r_j'}$,$D_j' = UK_{j,i,m}^{(2)} = g^{r_j}$。最后得到更新后的密文:

$$CT' = (C, C', (C_j', D_j')_{i \in 1,\cdots,l'})$$

3.7 验证密钥生成 VKGen(PP,U)

选择安全参数θ,对于所有的$x \in U$,选择随机数 $b_x \in \{0,1\}^{\theta}$,计算验证转换密钥 $VK = (b_x, VK_x^{(1)} = g^{b_x}, VK_x^{(2)} = h_x^{b_x})$。

3.8 密文验证 Verify(PP,CT′,EnInfo(m),VK)

根据公共参数PP、更新密文CT'和验证密钥VK,计算验证信息:

$$P = \prod_{j \in I_{1,M'}, I_{2,M'}} e(C_j' D_j', VK_{\rho(j)}^{(1)}) e(D_j', VK_{\rho(j)}^{(2)})$$
$$= e(g,g)^{a \sum_{j \in I_{1,M'}, I_{2,M'}} b_{\rho(j)} (\lambda_j + r_j)}$$

若 $e(g^a, g)^{\sum_{j \in I_{1,M'}, I_{2,M'}} b_{\rho(j)} (\lambda_j + r_j)} = P$,则表示验证通过。

3.9 审计密钥生成 AKGen(PP,U,MSK)

随机选择 $z \in Z_p$,计算辅助密钥 $SK_{AC} = e(g,g)^{1/z}$。对于所有的$x \in U$,随机选择 $t' \in Z_p$,计算审计密钥:

$$AK = (AK^{(1)} = g^{\alpha/z} g^{at'/z}, AK^{(2)} = g^{t'/z}, \{AK_x^{(3)} = h_x^{t'/z}\}_{x \in U})$$

3.10 审计解密 $Decrypt_{audit}$(PP,A',CT′,AK,S')

检查属性集合S'是否满足访问结构A'。令$I' \subset 1,2,\cdots,l'$,定义集合$I' = j : \rho(j) \in S'$。令常数集合$\{\omega_j \in Z_p\}_{j \in I'}$。当$\lambda_j$是矩阵$M'$的有效份额时,满足$\sum_{j \in I'} \omega_j \lambda_j = s$。计算:

$$\frac{e(C', AK^{(1)})}{\prod_{j \in I'} \{e[C_j', AK^{(2)}] e[D'_j, AK_{\rho(j)}^{(3)}]\}^{\omega_j}} = e(g,g)^{\alpha s/z}$$

得到中间明文:

$$m' = \frac{C}{e(g,g)^{\alpha s/z}} = \frac{m}{e(g,g)^{1/z}}$$

3.11 审计验证 $Verify_{audit}$(SK_{AC},CT′,m')

验证等式 $m' \cdot SK_{AC} = m$ 是否成立,若等式成立则表示新密文CT′准确无误,否则表示CT′不能被正确解密。

4 方案分析

4.1 安全性分析

定理1 若q-parallel BDHE假设成立,不存在多项式时间的敌手可以选择访问结构为(M^*,ρ^*),在安全游戏中对支持密文审计的动态策略更新属性基加密方案存在不可忽略的优势δ,那么该方案是IND-CPA安全的。

Init 敌手发送要挑战的访问结构(M^*,ρ^*)给挑战者,其中矩阵M^*大小为$l^* \times n^*$,且$n^* \leqslant q$。

Setup 挑战者随机选择$\alpha' \in Z_p$,并且设置$\alpha = \alpha' + a^{q+1}$,使得$e(g,g)^{\alpha} = e(g^a, g^{a^q}) e(g,g)^{\alpha'}$。对于每个属性$x$从1到$U$,随机选择$z_x \in Z_p$。如果$i$满足$\rho^*(i) = x$,即$x$出现在访问结构($M^*$,$\rho^*$)中,那么令 $h_x = g^{z_x} g^{aM_{i,1}^*} g^{a^2 M_{i,2}^*} \cdots g^{a^{n^*} M_{i,n^*}^*}$,否则令$h_x = g^{z_x}$。由于$h_x$中存在$g^{z_x}$项,所以$h_x$参数是随机分布的。且由于$\rho^*$是一个单射函数,每个$i$只有一个对应的$x$,所以$h_x$参数的值是明确的。在此阶段,挑战者可以对挑战访问结构的每个属性x设置对应的h_x参数。

Phase 1 在此阶段,挑战者需要响应敌手的私钥查询请求。假设挑战者收到的私钥请求对应的属性集合是S,且集合S不满足挑战访问结构(M^*,ρ^*)。挑战者首先随机选择$r \in Z_p$。找到一个向量$\vec{w} = (w_1, \cdots, w_{n^*}) \in Z_p^{n^*}$,满足$w_1 = -1$且对于所有的$\rho^*(i) \in S$,满足$\vec{w} \cdot M_i^* = 0$。根据线性秘密共享方案的定义,由于集合$S$不满足访问结构($M^*$,$\rho^*$),这样的向量$\vec{w}$一定存在。挑战者设置$t = r + w_1 a^q + w_2 a^{q-1} + \cdots + w_{n^*} a^{q-n^*+1}$,得到:

$$K_0 = g^t = g^r \prod_{i=1,\cdots,n^*} (g^{a^{q+1-i}})^{w_i}$$

计算:

$$K = g^{\alpha} g^{at} = g^{\alpha' + a^{q+1}} g^{ar} \prod_{i=1,\cdots,n^*} (g^{a^{q+2-i}})^{w_i}$$

其中连乘的第一项与$g^{a^{q+1}}$相抵消,得到:

$$K = g^{\alpha'} g^{ar} \prod_{i=2,\cdots,n^*} (g^{a^{q+2-i}})^{w_i}$$

接下来对任意$x \in S$,计算K_x。若x出现在挑战访问结构(M^*,ρ^*)中,考虑在 *Setup* 阶段设置的 h_x 参数的值,再令集合 X 表示所有满足 $\rho^*(i)=x$ 的 i,计算:

$$K_x = K_0^{z_x}\prod_{i\in X}\prod_{j=1,\cdots,n^*}\left(g^{(a^j/b_j)r}\prod_{\substack{k=1,\cdots,n^*\\k\neq j}}\left(g^{a^{(q+1+j-k)}/b_k}\right)^{w_k}\right)^{M^*_{i,j}}$$

否则设 $K_x = K_0^{z_x}$。

Challenge　敌手选择两个等长的明文消息 M_0,M_1 发送给挑战者。挑战者随机选择 $\beta\in\{0,1\}$。计算密文 $C=M_\beta T\cdot e(g^s,g^{\alpha'})$,$C'=g^s$。挑战者考虑访问结构($M^*,\rho^*$),随机选择 $y_2^*,\cdots,y_{n^*}^*\in Z_p$,构造共享秘密值为 s 的向量 $v^*=(s,sa+y_2^*,sa^2+y_3^*,\cdots,sa^{n^*-1}+y_{n^*}^*)\in Z_p^{n^*}$。挑战者随机选择 $r_1^*,r_2^*,\cdots,r_{l^*}^*\in Z_p$,对于 $i=1,\cdots,l^*$,计算

$$C_i^* = h_{\rho^*(i)}^{r_i^*}\left(\prod_{j=2,\cdots,n^*}(g^a)^{M^*_{i,j}y_j^*}\right)\cdot g^{-b_i s z_{\rho^*(i)}}\cdot\left(\prod_{k\in R_i}\prod_{j=1,\cdots,n^*}\left(g^{a^j\cdot s\cdot(b_i/b_k)}\right)^{M^*_{k,j}}\right),D_i^* = g^{-r_i^*}g^{-b_i s}$$

得到密文 $CT^*=[C,C',(C_i^*,D_i^*)_{i\in 1,\cdots,l^*}]$。挑战者将密文 CT^* 发送给敌手。

Phase 2　重复 Phase 1。

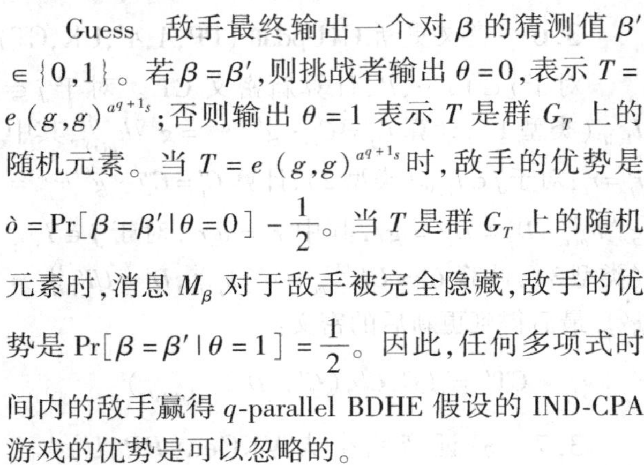

Guess　敌手最终输出一个对 β 的猜测值 $\beta'\in\{0,1\}$。若 $\beta=\beta'$,则挑战者输出 $\theta=0$,表示 $T=e(g,g)^{a^{q+1}s}$;否则输出 $\theta=1$ 表示 T 是群 G_T 上的随机元素。当 $T=e(g,g)^{a^{q+1}s}$ 时,敌手的优势是 $\delta=\Pr[\beta=\beta'\mid\theta=0]-\frac{1}{2}$。当 T 是群 G_T 上的随机元素时,消息 M_β 对于敌手被完全隐藏,敌手的优势是 $\Pr[\beta=\beta'\mid\theta=1]=\frac{1}{2}$。因此,任何多项式时间内的敌手赢得 q-parallel BDHE 假设的 IND-CPA 游戏的优势是可以忽略的。

4.2　性能分析

本文通过仿真试验来分析对比属性基方案的实际性能表现,使用 Charm 密码学框架对本文方案和其他相关方案进行仿真实现。实验中使用 512 比特椭圆曲线,运行环境为 Ubuntu 16.04 和 Python 3.5。在实验中分别实现了不同方案的加密部分、更新密钥生成部分和密文更新部分,记录不同属性个数情况下各方案的 CPU 运行时间,具体结果如图 2 所示。

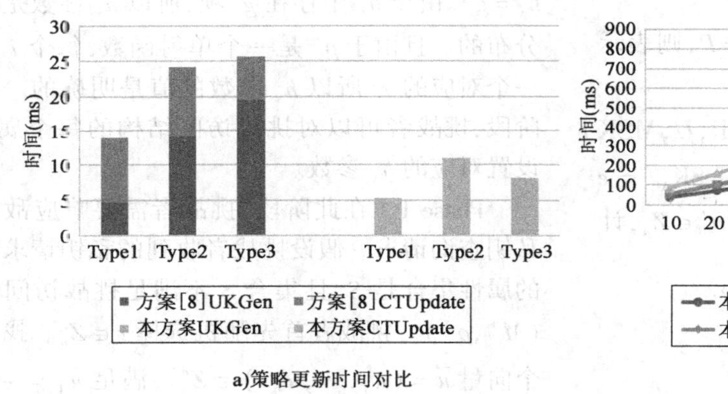

a)策略更新时间对比

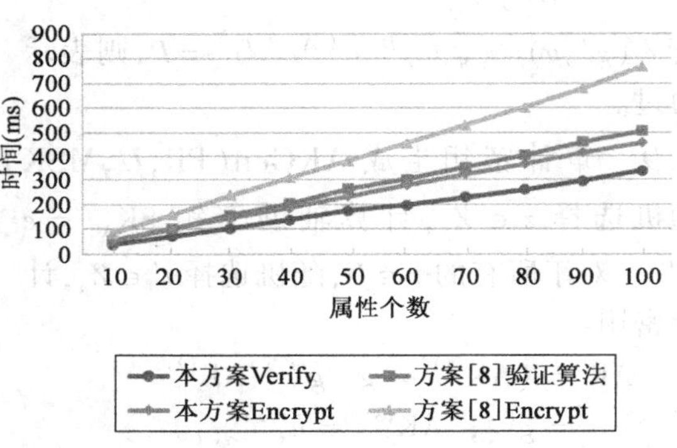

b)加密、密文验证时间对比

图 2　相关方案仿真对比

在策略更新阶段,UKGen 算法的计算开销由数据拥有者承担,CTUpdate 算法的计算开销由云服务器承担。由图 2a)可以看出,本文方案的策略更新阶段的整体时间消耗对比文献[8]方案有所降低。尤其当策略更新类型为 Type1 和 Type2 的情况下,本文方案的计算开销相比文献[8]方案大幅降低。由图 2b)可以得出,在加密阶段和密文验证阶段,本文方案的计算效率对比文献[8]方案分别提升了 68.1% 和 49.9%。本文方案的密文验证算法计算量为加密算法计算量的 73.8%。

5　结语

综上所述,本文通过研究智慧铁路系统应用云计算技术时面临的安全风险,提出一种支持密文审计的动态策略更新属性基加密方案,还提出了验证密文正确性的高效算法,能够有效避免云计算环境下策略更新过程中的安全隐患。性能分析表明,本文方案在密文长度、策略更新计算量、密文验证计算量上具有一定优势,适合应用于具有访问控制需求和较高安全需求的铁路信息系统中。下一步工作应继续深入研究云安全,并结合

工程深入实践，应对云计算带来的新风险，确保智慧铁路业务安全稳定运行。

参考文献

[1] Tan X, Ai B. The issues of cloud computing security in high-speed railway[C]//Proceedings of 2011 International Conference on Electronic & Mechanical Engineering and Information Technology. IEEE, 2011, 8: 4358-4363.

[2] Sahai A, Waters B. Fuzzy identity-based encryption [C]//Annual international conference on the theory and applications of cryptographic techniques. Springer, Berlin, Heidelberg, 2005: 457-473.

[3] Goyal V, Pandey O, Sahai A, et al. Attribute-based encryption for fine-grained access control of encrypted data[C]//Proceedings of the 13th ACM conference on Computer and communications security. 2006: 89-98.

[4] Bethencourt J, Sahai A, Waters B. Ciphertext-policy attribute-based encryption [C]//2007 IEEE symposium on security and privacy (SP′07). IEEE, 2007: 321-334.

[5] Waters B. Ciphertext-Policy Attribute-Based Encryption: An Expressive, Efficient, and Provably Secure Realization[C]// International Workshop on Public Key Cryptography. Springer Berlin Heidelberg, 2008.

[6] Dong P, Zheng T, Du X, et al. SVCC-HSR: Providing secure vehicular cloud computing for intelligent high-speed rail[J]. IEEE Network, 2018, 32(3): 64-71.

[7] Xu W, Li J. Research on Parallel Encryption Technology in the Emergency Platform of High Speed Railway in China[C]//2018 IEEE 4th International Conference on Computer and Communications (ICCC). IEEE, 2018: 488-493.

[8] Yang K, Jia X, Ren K. Secure and verifiable policy update outsourcing for big data access control in the cloud[J]. IEEE Transactions on Parallel and Distributed Systems, 2014, 26(12): 3461-3470.

[9] 应作斌，马建峰，崔江涛. 支持动态策略更新的半策略隐藏属性加密方案[J]. 通信学报，2015，36(12)：178-189.

[10] Ying Z, Li H, Ma J, et al. Adaptively secure ciphertext-policy attribute-based encryption with dynamic policy updating [J]. Science China Information Sciences, 2016, 59(4): 1-16.

[11] Sethi K, Pradhan A, Bera P. Practical traceable multi-authority CP-ABE with outsourcing decryption and access policy updation [J]. Journal of Information Security and Applications, 2020, 51: 102435.

[12] Li J, Wang S, Li Y, et al. An efficient attribute-based encryption scheme with policy update and file update in cloud computing[J]. IEEE Transactions on Industrial Informatics, 2019, 15(12): 6500-6509.

[13] 闫玺玺，刘媛，李子臣，等. 支持策略动态更新的多机构属性基加密方案[J]. 通信学报，2017，38(10)：8.

[14] Ning J, Dong X, Cao Z, et al. Accountable authority ciphertext-policy attribute-based encryption with white-box traceability and public auditing in the cloud[C]//European Symposium on Research in Computer Security. Springer, Cham, 2015: 270-289.

[15] Wu A, Zhang Y, Zheng X, et al. Efficient and privacy-preserving traceable attribute-based encryption in blockchain[J]. Annals of Telecommunications, 2019, 74(7): 401-411.

[16] Song Y, Wang H, Wei X, et al. Efficient attribute-based encryption with privacy-preserving key generation and its application in industrial cloud[J]. Security and communication networks, 2019, 2019.

[17] Ning J, Cao Z, Dong X, et al. Auditable $ \sigma $-time outsourced attribute-based encryption for access control in cloud computing [J]. IEEE Transactions on Information Forensics and Security, 2017, 13(1): 94-105.

[18] Gudeme J R, Pasupuleti S K, Kandukuri R. Attribute-based public integrity auditing for shared data with efficient user revocation in

cloud storage [J]. Journal of Ambient Intelligence and Humanized Computing, 2021, 12(2): 2019-2032.

[19] Yu Y, Li Y, Yang B, et al. Attribute-based cloud data integrity auditing for secure outsourced storage[J]. IEEE Transactions on Emerging Topics in Computing, 2017, 8(2): 377-390.

基于ElGamal同态加密的最大(小)值保密计算方案

张湾湾　张文芳*　王小敏

(西南交通大学信息科学与技术学院)

摘　要　安全多方计算是密码学领域的研究热点,具有去中心化、协议类型丰富、应用前景广泛等特点,对于数据隐私保密问题研究具有重要的价值。其中,保密科学计算是安全多方计算的一个重要研究方向,而在保密的科学计算方面,最大值最小值的求解是一个基础的数学问题,可适用于多种应用场景,在智慧铁路信息安全实践中具有重要的实际意义。本文针对现有的安全多方计算协议存在的不能一次性保密计算出最大值和最小值、效率低下、需要可信第三方等问题,提出一种新的隐私数据编码方法,在此基础上结合ElGamal同态加密算法构造了一种由n个参与者参与且无须可信第三方的可一次性保密计算出最大(小)值的安全多方计算协议,并基于理想-现实模拟范例证明所提方案在半诚实模型下是安全的。

关键词　安全多方计算　最大值最小值　ElGamal同态加密　模拟范例

0　引言

云计算是继互联网、计算机后在信息时代又一种新的革新,为智慧铁路带来效率、数据保护、信息共享等诸多好处,使得不同车辆之间不但可以合作共享各自的信息,实现交流互通,还可以方便地利用其他车辆的数据进行联合计算,实现交通智能化。由于不同车辆在云计算的虚拟环境下进行联合计算,需要在网络平台上进行信息之间的沟通与交流,如果各个车辆未对私有数据进行处理的情况下就进行联合计算,势必会存在着很大的安全隐患,比如不法分子可以通过云计算对车辆位置信息进行窃取。因此在云场景下解决联合计算中的隐私泄露问题,对实现智慧铁路的信息网络化,提升铁路运营效率具有重要的意义。

许多隐私保护问题都能利用安全多方计算这一技术解决,因此安全多方计算是解决隐私泄露的关键技术。安全多方计算(Secure Multiparty Computation,SMC)是指有n位参与者,$P_i(i=1,\cdots,n)$拥有保密信息$x_i(i=1,\cdots,n)$,在不泄露自己保密信息的前提下,合作计算某个多项式函数$f(x_1,x_2,\cdots,x_n)=\{y_1,\cdots,y_n\}$,其中$y_i=f_i(x_1,x_2,\cdots,x_n)$为参与者$P_i$获得的保密输出数据。参与者$P_i$只知道自己的保密数据$x_i$和得到的输出数据$y_i$,不能得到其他参与者的任何信息。

安全多方计算最早是在20世纪80年代由图灵奖获得者Yao[1]以百万富翁问题提出的,即在不泄露双方参与者具体财富值的情况下对财富大小进行比较,该问题是安全多方计算的一个应用实例,随后,文中指出如果陷门置换存在,任何两方函数都可以安全地被计算,这标志着安全多方计算的诞生。随着隐私保护的发展,安全多方计算研究硕果累累,已有的研究主要分为保密的科学计算[2]、保密的区间计算[3]、保密的几何计算[4]、保密的集合运算[5]、保密的数据挖掘[6-7]以及其他应用问题[8-10]。

最大值最小值的求解属于保密的科学计算领域中一个基础的数学问题,可适用于多种应用场景,

1.基金项目:国家自然科学基金(61872302),四川省科技计划项目(2017SZYZF0002)。

在智慧铁路信息安全实践中具有需要的实际意义。一般要计算最大值和最小值,需要对多个数据进行两两比较或者将该问题转化为排序问题,但这种做法会大大增加计算复杂度,甚至会泄露除最大值和最小值以外的其他隐私信息。如果不对数据进行两两比较而进行最大值最小值的保密计算,是非常困难的。

保密计算一组数据的最大值最小值是保密的科学计算面临的一个难点,已有的解决方案也非常有限。2017 年,DOU 等人[11]的解决思路是先对多个数据进行编码而后通过结合 ElGamal 乘法同态加密算法保密计算出这组数据,但是这种编码方式并不能适用于多数据最大值的保密计算,需要将编码原理进行变换后重新编码,存在不能同时计算出各参与者的私有数据的最大值和最小值这一缺陷。同年,ZHANG 等人[12]针对不同用户智能手机感知到的数据进行数据收集,而后在保证数据机密性的条件下计算该组数据的最小值,该方案需要可信第三方进行用户加密密钥的生成,不能抵抗用户和第三方合谋的攻击。2018 年,Yang 等人[13]提出了一种新思想,将最小值保密计算问题转换为保密替换问题,降低了协议的计算复杂性,但是该方案与方案[11]一样需要通过两种编码方法来分别计算出最大值和最小值,存在复杂度高、安全性低等缺陷。2019 年,LI 等人[14]利用 0-1 编码原理以及 NTRU 加密算法构造了一个适用于云环境下的最小值保密计算协议,通过编码方式以及全集排列顺序的改变可以保密地进行最大值的计算,但是同样不能一次性计算出最大值和最小值。

上述的解决方案都是通过编码方法解决最大值和最小值问题,但是这些方法都不能一次性保密计算出最大值和最小值。文献[15]基于加法同态加密算法以及基于 HMAC 的密钥管理技术提出了一个时间序列数据的保密求和协议,协议可以用于保密计算时间序列数据的最大值,但是该文提出的协议需要一个可信的权威服务器和一个不可信的数据聚合者,方案只适用于时间序列数据的聚合。文献[16]利用分片混合和二分查找技术构造了一个可保密计算最大值的保密查询协议,该协议需要一个不可信的数据聚合服务器为每个参与者分配一个基于身份信息的密钥,并负责收集数据,不能抵抗数据聚合服务器和参与者的合谋攻击。

综上,现有的大部分安全多方计算协议存在以下问题:效率低下、需要可信或者不可信的第三方、不能一次性保密计算出最大值和最小值等。为解决上述问题,本文提出一种新的隐私数据编码方法,在此基础上结合 ElGamal 同态加密算法构造了一个由 n 个参与者参与且无须可信第三方的可一次性保密计算出最大值和最小值的安全多方计算协议。本文主要贡献如下:

(1)设计了一种全新的编码方式,可以对保密数据一次编码后同时保密计算出最大值和最小值,避免了对同一组数据多次编码以及多次执行协议等问题。然后,基于该编码原理设计了最大(小)值保密计算协议,不需要两两比较数据,也无须调用排序协议,可作为基础模块用于设计各种更加安全高效的保密招投标、保密数据挖掘、保密选拔推荐、保密优化、多方参与的秘密区间与阈值的保密计算等安全多方计算协议。

(2)基于 ElGamal 同态加密算法构造了一个在半诚实模型下可同时求解最大值和最小值的方案,且该方案无须可信第三方参与,并基于理想-现实模拟范例证明所提方案,在半诚实模型下能够抵抗解密密钥持有者不参与的合谋攻击。

1 预备知识

本节给出用于构造基于 ElGama 同态加密算法的最大(小)值保密计算方案的同态加密技术、ElGama 同态加密算法、安全多方计算的理想模型和半诚实模型及理想-现实模拟范例。

1.1 同态加密技术

同态加密允许在密文状态下对明文进行运算,大大减少了合作计算中传输明文的安全风险,有效地保护了明文的隐私性,因此在很多安全领域起着重要的作用。在基于同态的安全多方计算协议中,用户在执行相应协议时只需要用同态加密算法加密自己的秘密信息,然后在密文的状态下完成功能函数的计算,解密得到最后的计算结果,解密后得到的结果与直接对明文进行计算得到的结果是一样的。同态加密算法最早是由 Rivest 等人[16]在 1978 年提出,目前已经成为密码学中的研究热点。

具体地,我们可以用以下四个算法来描述一个同态加密方案:

(1) KeyGen(λ):该算法中 λ 为安全参数,由此安全参数算法生成方案的公私钥对,记为(pk,sk);

(2) Enc(pk,m):该算法的输入为公钥 pk,秘密信息 m,输出密文 $c=\mathrm{Enc}_{pk}(m)$;

(3) Eval(pk,c_1,c_2):输入为公钥 pk,以及两个密文 $c_1=\mathrm{Enc}_{pk}(m_1)$,$c_2=\mathrm{Enc}_{pk}(m_2)$;输出为 c,满足 $c=c_1\odot c_2=\mathrm{Enc}_{pk}(m_1\oplus m_2)$,其中$\odot$和$\oplus$分别表示密文空间和明文空间上定义的运算;

(4) Dec(sk,c):该算法的输入为密钥 sk,密文 c,返回解密结果,即明文 m。

对于 $\forall m_1,m_2\in P$,其中 P 表示明文集合,与其他加密算法相比,同态加密算法具有以下性质:

$$\mathrm{Enc}_{pk}(m_1\oplus m_2)=\mathrm{Enc}_{pk}(m_1)\odot\mathrm{Enc}_{pk}(m_2)$$

在同态加密中,如果仅对加法运算具有同态性,那么同态加密方案被称作是加同态的,如 Paillier 加密;如果仅对乘法运算具有同态性,那么同态加密方案被称作是乘同态的,如 ElGamal 加密。我们称仅具备加同态性质或者乘同态性质的加密算法是类同态的;同时具备加同态性质和乘同态性质的加密算法是全同态的,如多密钥 NTRU 加密。

1.2　ELGamal 同态加密算法

ElGamal 加密方案[17]是由 ElGamal 在 1985 年基于求解离散对数问题的困难性构造的一种公钥密码体制加密方案,具有加解密速度快的特点,满足乘同态性,其具体描述如下:

(1)密钥生成算法:选择一个大素数 p,满足 Z_p 中离散对数问题是难解的,g 是乘法群 Z_P^* 上的生成元;明文集 $M=Z_P^*$,密文集 $C=Z_P^*\times Z_P^*$;随机选取整数 α,$\alpha\in Z_{p-1}$,计算公钥 $\beta=g^{\alpha}(\mathrm{mod}p)$;公开公钥($\beta$,$g$,$p$),保存私钥 α。

(2)加密算法:设明文消息 $m\in Z_P^*$,随机选取 k,$k\in Z_{p-1}$,且 $\gcd(k,p-1)=1$,则加密后的密文:

$$E(m)=(c_1,c_2)=(g^k\mathrm{mod}p,m\cdot\beta^k\mathrm{mod}p)$$

(3)解密算法:给定密文 $E(m)=(c_1,c_2)$,解密输出明文 $m=\frac{c_2}{(c_1)^{\alpha}}(\mathrm{mod}p)$,ElGamal 加密方案具有乘同态性,对于明文 m_1、m_2,加密后得到的密文分别为:

$$E(m_1)=(g^{k_1}\mathrm{mod}p,m_1\cdot\beta^{k_1}\mathrm{mod}p)$$

$$E(m_2)=(g^{k_2}\mathrm{mod}p,m_2\cdot\beta^{k_2}\mathrm{mod}p)$$

满足:

$$E(m_1)\cdot E(m_2)=(g^{(k_1+k_2)}\mathrm{mod}p,m_1m_2\cdot\beta^{(k_1+k_2)}\mathrm{mod}p)$$

$$=E(m_1\cdot m_2)$$

1.3　安全多方计算的理想模型和半诚实模型

理想模型指的是假定存在一个不可攻破的可信第三方 TTP,TTP 会忠实地执行协议,并且不会透露任何隐私信息。各个参与者 P_i 分别通过安全信道将自己的隐私数据 x_i 告诉 TTP,由 TTP 在本地帮助参与方执行计算函数,得出计算结果 $f_i(x_1,\cdots,x_n)$,再通过安全信道将结果分发给对应的参与者。协议执行过程中,TTP 不会透露除结果外的任何信息,参与者 P_i 也无法获取额外信息。

半诚实模型又称被动攻击模型,是一种重要的安全多方计算模型,在这种模型下,参与者 $P_1,\cdots,P_n$ 诚实地按照协议规则和步骤执行,但 P_i 有可能会记录计算过程中 $P_j(i\neq j)$ 传送的中间结果和协议的最终输出结果,并在协议执行后试图根据记录的这些秘密信息推导出 P_j 的秘密输入,也可能将自己的秘密数据泄露给攻击者,这种攻击称为被动攻击,它只发生在协议执行之后。

1.4　理想-现实模拟范例

安全多方计算的安全性证明主要是通过计算复杂性进行一种抽象的仿真,即构造式证明。理想安全多方计算协议被认为是安全性最高的,然而现实生活中很难找到一个可以被所有参与者信任的 TTP,因此实际中设计的安全多方计算协议是无可信第三方的。现实的安全多方计算协议,通过参与方之间的交互协同计算功能函数 $f(x_1,\cdots,x_n)$。在证明现实模型下安全多方计算协议安全性过程中,我们认为,假设协议 A 和协议 B 完成同样的功能,如果攻击者攻击协议 A 不能比攻击协议 B 获得更多的信息,那么协议 A 至少和协议 B 一样安全[18]。同理,如果攻击者攻击现实模型下的一个协议 π,不比攻击理想模型下的一个协议 F 获得更多的信息,那么 π 至少和 F 一样安全。该说法可以形式化地表述为:如果任何现实模型攻击者都存在一个理想模型攻击者 S(模拟器),对于任何输入,在现实模型下运行包含攻击者的协议 π 的全局输出,它和在理想模型下运行包含攻击者的协议 F 的全局输出是计算不可区分的,那么 π 至少和 F 一样安全。

理想-现实模拟范例是利用仿真建立现实模

型和理想模型之间的联系,将现实模型的安全规约到理想模型的安全上。其一般框架是,在模拟器 S 中分别构造理想模型和现实模型,现实模型中,模拟器内部调用敌手,以诚实参与方的身份与敌手共同执行一个真实的两方协议,在理想模型中,模拟器以敌手的身份与可信第三方 TTP 一起计算功能函数 $f(x_1,\cdots,x_n)$。现实模型中,敌手在协议执行过程中所实施的攻击,在理想模型中 都存在一个敌手实施相同效果的攻击。模拟器成功完成模拟后,将现实模型中的联合输出与理想模型中的联合输出进行对比,如果二者是计算不可区分的,则说明在理想模型中可以模拟敌手的可能的实际执行,敌手无法区分现实协议与理想协议,现实协议是安全的。

2 基于 ElGamal 同态加密算法的最大(小)值保密计算协议

本节首先给出一种可对保密数据一次编码后同时保密计算出最大(小)值的全新编码方法,然后基于编码方法,结合 ElGamal 同态加密算法设计一个可一次性保密计算出最大值和最小值的安全多方计算协议。

2.1 基本原理

问题描述:基于 ElGamal 同态加密算法的最大(小)值保密计算。

假设有 n 个参与者 $P_i(i=1,\cdots,n)$ 分别拥有保密数据 $x_i(i=1,\cdots,n)$,他们希望合作进行保密计算,计算结束后他们可以知道这组保密数据的最大值和最小值,同时不泄露其他任何信息。

编码原理:假设有 n 个保密数据 $x_i \in \{z_1, z_2,\cdots,z_l\} = U$,它们分别由 n 个参与者 $P_i(i=1,\cdots,n)$ 持有,其中 $z_1<z_2<\cdots<z_l$ 且 $|U|=l$。每个参与者 P_i 首先将数据 x_i 按照以下方法表示为对应的数组 $X_i=(x_{i1},\cdots,x_{il})$,其中:

$$x_{ij} = \begin{cases} 0 & x_i = z_j \\ r_{ij} & x_i \neq z_j \end{cases} \tag{1}$$

$r_{ij} \in Z_N$ 为不等于 0 的随机数。所有参与者按照该方法得到与自己持有的秘密数据 x_i 一一对应的数组 X_i,对得到的 n 个数组 $X_1,\cdots,X_n$ 求积,即将这些数组对应元素相乘,得到一个新数组:

$$Y = (y_1,\cdots,y_l) = \left(\prod_{i=1}^{n} x_{i1},\cdots,\prod_{i=l}^{n} x_{il}\right)$$

对于新数组 $Y=(y_1,\cdots,y_l)$,按照从左到右的方向,当首次出现 $y_i=0$ 时,$\min\{x_1,\cdots,x_n\} = z_i$;按照从右到左的方向,当首次出现 $y_j=0$ 时,$\max\{x_1,\cdots,x_n\} = z_j$。该定理是实现秘密数据的最大值最小值保密计算的依据,但是直接对明文进行运算不能保证数据的隐私性,要实现 n 个参与者保密计算最大(小)值需要在密文状态下对明文进行运算。同态加密方案满足这一要求,用户只需要用同态加密算法加密自己的秘密信息,然后在密文的状态下完成功能函数的计算,解密得到最后的计算结果,该结果与对明文直接进行运算后获取的结果是相同的,而 ElGamal 算法的乘法同态的性质可实现保密求积运算。

2.2 协议设计

协议:基于 ElGamal 同态加密的最大(小)值保密计算协议。

输入:n 个参与者 $P_i(i=1,\cdots,n)$ 各自拥有的保密数据 $x_1,\cdots,x_n$。

输出:$a=\min\{x_1,\cdots,x_n\}$;$b=\max\{x_1,\cdots,x_n\}$。

(1)参与者 P_1 基于 ElGamal 同态加密算法随机选取整数 α 生成公私钥公并布公钥。

(2)n 个参与者 $P_i(i=1,\cdots,n)$ 按照方式(1)将各自拥有的保密数据 x_i 编码为对应数组 X_i,其中 $X_i=(x_{i1},\cdots,x_{il})$。

(3)每个参与者 $P_i(i=1,\cdots,n)$ 使用公钥对编码后的数组 $X_i=(x_{i1},\cdots,x_{il})$ 进行加密,得到密文 $C_i=E(X_i)=(C_{i1},\cdots,C_{il})$,其中 $C_{ij}=E(x_{ij})$,并公布密文 C_i。

(4)所有参与者由公布的密文可获取矩阵 C:

$$C = \begin{pmatrix} C_{11} & \cdots & C_{1l} \\ \vdots & \ddots & \vdots \\ C_{n1} & \cdots & C_{nl} \end{pmatrix} \tag{2}$$

(5)参与者 P_1 对密文矩阵 C 的每一列元素进行相乘,得到密文:

$$H = (H_1,\cdots,H_l) = \left(\prod_{i=1}^{n} C_{i1},\cdots,\prod_{i=1}^{n} C_{il}\right)$$

(6)参与者 P_1 解密密文 H。按从左到右的方向进行联合解密,当得到第一个等于 0 的元素 y_i 时终止解密,全集中对应位置的元素即最小值,并令 $a=\min\{x_1,\cdots,x_n\}=z_i$;随后按从右到左的方向解密,得到第一个等于 0 的元素 y_j 时终止解密,全集中对应位置的元素即最大值,并令 $b=\max\{x_1,\cdots,x_n\}=z_j$。

(7)参与者 P_1 解密公布 a,b。

3 协议分析

本节我们对上一节所提基于ElGamal同态加密的最大(小)值保密计算协议进行正确性及安全性分析。

3.1 正确性分析

定理1:对于 n 个参与者拥有的数据 $x_1,\cdots,x_n$,均按照方式(1)构造数组 X_i,将数组对应位置的元素相乘,得到一个新数组:$Y=(y_1,\cdots,y_l)$,按照从左到右的方向,当首次出现 $y_i=0$ 时,全集 U 中对应位置的元素即最小值,即 $\min\{x_1,\cdots,x_n\}=z_i$;按照从右到左的方向,当首次出现 $y_j=0$ 时,全集 U 中对应位置的元素即最大值,即 $\max\{x_1,\cdots,x_n\}=z_j$。

证明:因为对于每个参与者按照方式(1)编码后获得的数组 $X_i(i=1,\cdots,n)$ 来说,x_i 在全集 U 中所在的位置对应的元素为0,其余位置对应元素为随机数 r_{ij},将每个参与者编码后得到的数组 $X_i(i=1,\cdots,n)$ 对应位置的元素进行相乘得到数组 Y,相当于在全集 U 中对这 n 个参与者私有数据的最大值和最小值位置进行标记,数组 Y 从左到右的方向第一个等于0的元素 y_i 和从右到左的方向第一个等于0的元素 y_j 的位置则分别为所有参与者私有数据最小值和最大值在全集 U 中所处的位置。

定理2:在半诚实模型下,基于ElGamal同态加密的最大(小)值保密计算协议是正确的。

证明:协议第5步中,参与者 P_1 对密文矩阵 C 的每一列元素进行相乘,由ElGamal加密算法的乘同态性质,可得:

$$\prod_{i=1}^{n} C_{ij} = \prod_{i=1}^{n} E(x_{ij}) = (\prod_{i=1}^{n} g^{k_i}[\bmod p),\ \prod_{i=1}^{n} x_{ij}\cdot\beta^{k_i}(\bmod p)]$$

其中 $\beta=g^{\alpha}(\bmod p)$。

协议第6步中,参与者 P_1 利用私钥 α 进行解密:

$$\frac{\prod_{i=1}^{n} x_{ij}\cdot\beta^{k_i}}{(\prod_{i=1}^{n} g^{k_i})^{\alpha}}(\bmod p) = \frac{\prod_{i=1}^{n} x_{ij}\cdot\beta^{\sum_{i=1}^{n} k_i}}{(g^{\sum_{i=1}^{n} k_i})^{\alpha}}(\bmod p) = \frac{\prod_{i=1}^{n} x_{ij}\cdot g^{\alpha\sum_{i=1}^{n} k_i}}{(g^{\sum_{i=1}^{n} k_i})^{\alpha}}(\bmod p) = \prod_{i=1}^{n} x_{ij} \tag{3}$$

根据定理1,按照从左到右的方向解密当首次出现 $y_i=0$ 时,全集 U 中对应位置的元素为最小值,即 $\min\{x_1,\cdots,x_n\}=z_i$;按照从右到左的方向解密当首次出现 $y_j=0$ 时,全集 U 中对应位置的元素为最大值,即 $\max\{x_1,\cdots,x_n\}=z_j$。

3.2 安全性证明

在安全性定义中,计算不可区分通常被作为衡量安全多方计算协议是否安全的依据。

定义1:(可忽略函数)如果对于任意多项式 $P(\cdot)$ 和所有足够大的 n,都有 $\mu(n)<1/p(n)$,则称函数 $\mu(n):N\to[0,1]$ 是可以被忽略的。

定义2:(计算不可区分)假设两个分布总体:

$$X=\{X(a,n)\}_{a\in\{0,1\}^*;n\in N}$$

$$Y=\{Y(a,n)\}_{a\in\{0,1\}^*;n\in N}$$

其中 a 表示参与方的输入,n 代表安全参数。如果对于任意概率多项式时间算法 D,总存在一个可忽略函数 $\mu(n)$,对于任意 $a\in\{0,1\}^*$ 和 $n\in N$,满足:

$$|Pr[D(X(a,n))=1]-Pr[D(Y(a,n))=1]|\leq\mu(n)$$

则称 X 和 Y 是计算不可区分的,表示为 $X\overset{c}{\equiv}Y$。

在安全多方计算中,半诚实协议的安全性定义如下[18]:

(1)x_i:各个参与者的私密数据,其中 $X=(x_1,x_2,\cdots,x_n)$;

(2)$f(x)$:表示参与者们的计算函数,其中 $f(x)=f[f(x_1),f(x_2),\cdots,f(x_n)]$;

(3)π:表示保密计算 f 的协议;

(4)$\mathrm{view}_i^{\pi}(X)$:协议 π 执行过程中的消息序列,其中 $\mathrm{view}_i^{\pi}(X)=(x_i,r_i,m_i^1,m_i^2,\cdots,m_i^t)$,$r_i$ 代表第 i 个参与者产生的随机数,m_i^j 代表第 i 个参与者收到的第 j 个消息;

(5)$f_i(x_1,x_2,\cdots,x_n)$:$f(x_1,x_2,\cdots,x_n)$ 中的第 i 个元素;

(6)P_i:第 i 个半诚实参与者;

(7)$I=\{P_{i1},P_{i2},\cdots,P_{is}\}$:任意参与者的子集,即 $I\subseteq\{P_1,P_2,\cdots,P_n\}$;

(8)$f_I(x_1,x_2,\cdots,x_n)$:表示任意参与者的序列,$f_{i1}(x_1,x_2,\cdots,x_n)$,$f_{i2}(x_1,x_2,\cdots,x_n)$,$\cdots$,$f_{is}(x_1,x_2,\cdots,x_n)$;

(9)$\mathrm{output}^{\pi}(x)$:协议 π 执行后的结果。

设 $f=f(\{0,1\}^*)^n\to(\{0,1\}^*)^n$ 是概率多项式函数,如果存在概率多项式时间算法 S 满足:

$$\{S(I,(x_{i1},x_{i2},\cdots,x_{is}),f_I(X))\}_{X\in(\{0,1\}^*)^n} \overset{c}{\equiv} \{\text{view}_I^{\pi}(X)\}_{X\in(\{0,1\}^*)^n} \quad (4)$$

则称 π 保密计算 f,其中,$\overset{c}{\equiv}$ 代表计算上不可区分。

定理3:基于 ElGamal 同态加密的最大(小)值保密计算协议在半诚实模型下是安全的。

证明:根据式(1)构造模拟器 S,分为以下三种情况:

(1)在半诚实模型下,考虑解密密钥持有者不参与的最多合谋者的情况,证明协议的安全性,该结构为最大攻击者结构,如果可以证明基于 ElGamal 同态加密算法的最大(小)值保密计算协议对于该最大攻击者结构是安全的,那么该协议对于解密密钥持有者不参与合谋的其他任意非最大攻击者结构都是安全的。各参与者都是在密文的形式下进行计算,所以,攻击者只能获取其他参与者保密信息的密文形式。由于协议采用的是基于难解的离散对数困难性问题的 ElGamal 同态加密算法,因此攻击者不能解密获取其他参与者的保密信息。P_1 不参与合谋,$I=\{P_2,\cdots,P_{i-1},P_{i+1},\cdots P_n\}$ 想知道有关 P_i 保密数据的信息。S 的模拟过程如下:

(a)给定输入 $(I,X_I,f_I(X))=(I,(x_2,\cdots,x_{i-1},x_{i+1},\cdots,x_n),f_I(X))$,从全集 $U=\{z_1,z_2,\cdots,z_l\}$ 中随机选取 x_1' 和 x_i' 使得 $f_I(X)=f_I(X')$,其中 $X=(x_1,x_2,\cdots,x_n)$,$X'=(x_1',x_2,\cdots,x_{i-1},x_i',x_{i+1},\cdots,x_n)$。

(b)模拟器 S 根据 X' 构造数组 $X_1^*,X_2,\cdots,X_{i-1},X_i^*,X_{i+1},\cdots,X_n$,利用 ElGamal 算法加密得到 $E(X_1^*),E(X_2),\cdots,E(X_{i-1}),E(X_i^*),E(X_{i+1}),\cdots,E(X_n)$。

(c)S 根据协议对密文矩阵的每一列元素进行相乘,得到数组 H^*,最后解密得到 $f_I(X')$。

模拟过程得到的视图信息如下:

$$\begin{aligned}\text{view}_I^{\pi}(X) &= \{\text{view}_2^{\pi}(X),\cdots,\text{view}_{i-1}^{\pi}(X),\\&\quad \text{view}_{i+1}^{\pi}(X),\cdots,\text{view}_n^{\pi}(X)\}\\&=\{(x_2,\cdots,x_{i-1},x_{i+1},\cdots,x_n),(E(X_2),\cdots,\\&\quad E(X_{i-1}),E(X_{i+1}),\cdots,E(X_n)),C,f_I(X)\}\end{aligned}$$

令 $S(I,X_I,f_I(X))=\{I,(x_2,\cdots,x_{i-1},x_{i+1},\cdots,x_n),(E(X_2),\cdots,E(X_{i-1}),E(X_{i+1}),\cdots,E(X_n)),C^*,f_I(X')\}$,由于 ElGamal 加密方案具有语义安全[19],因此 C 和 C^* 是计算不可区分的,即 $C \overset{c}{\equiv} C^*$,同时 $f_I(X)=f_I(X')$,因此:

$$\{S(I,X_I,f_I(X))\}_{X\in(\{0,1\}^*)^n} \overset{c}{\equiv} \{\text{view}_I^{\pi}(X)\}_{X\in(\{0,1\}^*)^n}$$

由此可知,协议在半诚实模型下是安全的。

(2)P_1 不参与合谋,$I\subset\{P_2,\cdots,P_{i-1},P_{i+1},\cdots P_n\}$,想知道关于 P_i 保密数据的信息。

由情况(1)可知,当 $I=\{P_2,\cdots,P_{i-1},P_{i+1},\cdots P_n\}$ 时,由于只有 P_1 知道私有密钥,所以关于保密数据 x_1 和 x_i 的信息这 $n-2$ 个合谋者是无法知道的。那么同理,当合谋者 $I\subset\{P_2,\cdots,P_{i-1},P_{i+1},\cdots P_n\}$ 时,关于保密数据 x_1 和 x_i 的信息所有合谋者也是无法知道的。即当最多合谋者参与合谋时协议是安全的,那么合谋者是其子集时同样也是安全的。

(3)P_i 参与合谋,$I=\{P_1,\cdots,P_{i-1},P_{i+1},\cdots P_n\}$,想知道关于 P_i 保密数据的信息。

由于只有 P_i 知道私有密钥,且有 $n-1$ 个参与者参与合谋,所以所有合谋者能获取关于保密数据 x_i 的有关信息。如果所有合谋者通过可信第三方来进行最大值和最小值的保密计算,当 x_i 是最小值或者最大值时会泄露 x_i 的大小;当 x_i 不是最小值或者最大值时,所有合谋者不能获取 x_i 的信息,只能确定它处于某个区间。所以这两种方法的安全性几乎没有区别。

由此可知,如果解密密钥持有者 P_i 不参与合谋,那么协议可以抵抗所有其他的合谋攻击。

3.3 应用实例

铁路系统包含车务、机务、工务、电务以及车辆等五大段,其中车辆段是铁路行车系统的重要单位之一,主要负责列车车辆的运营、整备、检修等工作,而提升铁路车辆段运营效率对于节约乘客时间具有重要的实际意义。根据乘客电子客票购票记录能够确定各个站点线路运营情况,不同铁路公司之间可以利用基于 ElGamal 同态加密的最大(小)值保密计算协议实现各个站点乘客人数的保密比较,乘客人数较少的站点可以考虑取消或者减少停靠时间,而乘客人数较多的站点可以增加发车的车辆数或者根据实际情况进行线路的优化。

4　结语

本文设计了一种全新的隐私数据编码方式,在此基础上结合 ElGamal 同态加密算法提出了一个在半诚实模型下安全的可同时求解最大值、最小值的安全高效保密协议,本协议无需可信第三方参与,可应用于铁路系统、企业内部以及合作伙伴之间保密数据联合计算、保密数据挖掘等实际场景中。

参考文献

[1] Yao A C. Protocols for secure computations[C]// Proc. of the 23rd Annual IEEE Symposium on Foundations of Computer Science, 1982. 1982.

[2] Kim E Y, Lee H S, Park J. Towards round-optimal secure multiparty computations: multikey FHE without a CRS. International Journal of Foundations of Computer Science, 2020, 31(2): 157-174.

[3] Guo Y M, Zhou S F, Dou J W, et al. Efficient privacy-preserving interval computation and its applications [J]. Chinese Journal of Computers, 2017 (39): 1-17.

[4] Chen Z H, Li S D, Chen L C, et al. Fully privacy-preserving determination of point-range relationship. Scientia Sinica Informationis, 2018, 48(02): 187-204.

[5] Li S, Wang D, Dai Y, et al. Symmetric cryptographic solution to Yao's millionaires' problem and an evaluation of secure multiparty computations[J]. Information Sciences, 2008, 178(1):244-255.

[6] Sin G T, Cao J N, Lee C S. DAG: A General Model for Privacy-Preserving Data Mining. IEEE Transactions on Knowledge and Data Engineering, 2020, 32(1): 40-53.

[7] Liu J Tian Y, Zhou Y, et al. Privacy preserving distributed data mining based on secure multi-party computation. Computer Communications, 2020, 153: 208-216.

[8] Xu C, Xie X, Zhu L H, et al. PPLS: a privacy-preserving location-sharing scheme in mobile online social networks. Science China: Information Sciences. 2020, 63(3): 132105:1-132105:11.

[9] Zhao C, Zhao S N, Zhao M H, et al. Secure multi-party computation: theory, practice and applications. Information Sciences, 2019, 476(5): 357-372.

[10] Xu J, Wang A D, Wu J, et al. SPCSS: social network based privacy-preserving criminal suspects sensing. IEEE Transactions on Computational Social Systems, 2020, 7(1): 261-274.

[11] DOU J, MA L, LI S. Secure multi-party computation for minimum and its applications [J]. ACTA ELECTONICA SINICA, 2017, 45(7): 1715.

[12] ZHANG Y, CHEN Q J, ZHONG S. Efficient and Privacy-Preserving min and kth min computations in mobile sensing systems[J]. IEEE Transactions on Dependable and Secure Computing, 2017, 14(1):9-12. [DOI: 10.1109/TDSC.2015.2432814].

[13] Yang X Y, Li S D, Kang J. Private replacement and its applications in scientific computation [J]. Chinese Journal of Computers, 2018, 41(5): 1132-1142.

[14] LI Z L, CHEN L C, CHEN Z H, et al. Secure multiparty computation of the maximum and the minimum in cloud environment and its statistics application [J]. Journal of Cryptologic Research, 2019, 6(2): 219-233. [DOI:10.13868/j.cnki.jcr.000297]

[15] Li Q H, Cao G H, Porta T F. Efficient and privacy-preserving data aggregation in mobile sensing. IEEE Transactions on Dependable Secure Computing, 2014, 11(2): 115-129.

[16] Shi J, Zhang R, Liu Y, et al. PriSense: privacy-preserving data aggregation in people-centric urban sensing system// Proceedings of the IEEE INFOCOM, San Diego, USA, 2010. 758-766.

[17] Gamal T E. A public key cryptosystem and a signature scheme based on discrete logarithms [J]. IEEE Trans. Inf. Theory, 1985, 31(4):469-472.

[18] Goldreich O. Foundations of cryptography: volume 2, basic applications[M]. New York: Cambridge University Press, 2009.

[19] Gamal T E. A public key cryptosystem and a signature scheme based on discrete logarithms [J]. IEEE Trans. Inf. Theory, 1985, 31 (4):469-472.

铁路计算机联锁测试案例自动生成

曹阿俊* 杨 扬
(西南交通大学信息科学与技术学院)

摘 要 针对目前计算机联锁软件测试过程中人工编制测试案例导致的效率低下、准确性差等问题,提出了一种计算机联锁软件测试案例自动生成方法,为实验室研发计算机联锁软件自动测试系统提供测试案例。通过设计通用测试进路模板,依照计算机联锁软件测试规范,编写涵盖进路控制过程中各个阶段的测试逻辑,以车站联锁表数据作为基本输入,数据提取后实例化联锁表中所有进路,自动生成车站计算机联锁测试案例。采用上述方法开发实际软件,自动生成计算机联锁测试案例,结合计算机联锁自动测试执行模块实现自动测试。结果表明,所提方法可快速准确地生成计算机联锁测试案例,测试案例完备,结合计算机联锁软件执行模块,高效、完备地实现计算机联锁自动测试,提高了联锁软件的测试效率和自动化程度。

关键词 计算机联锁 自动测试 通用测试进路 测试案例 自动生成

0 引言

随着我国铁路的快速发展,计算机联锁(CBI, Computer Based Interlocking)系统逐渐应用于各铁路站场中。为了保证CBI系统在实际应用过程中的安全性,在软件系统投入运营之前要对系统的逻辑功能进行测试[1-2]。为实现计算机联锁软件测试的自动化程度,文献[3]采用了UML建模方法对SWJTU-II型计算机联锁系统进行自动测试,但是采用人为编制测试案例,并且针对特定的计算机联锁系统,没有实现通用。文献[4]采用Petri网对实际信号设备进行建模,包括信号机、道岔和轨道区段,通过GA算法实现了一条进路测试案例的自动生成。文献[5]完成了基于UPPAAL软件的测试案例自动生成。从进路控制的各个过程,对联锁软件测试案例的自动生成进行了研究,包括进路建立、进路解锁过程,对各个过程进行建模,主要考虑进路控制过程中的状态变迁,未能按照实际的软件测试规范对计算机联锁系统进行完备的功能性测试。

因此,本文提出一种计算机联锁测试案例的自动生成方法,以站场联锁表数据作为基础输入,设计通用测试进路,根据联锁功能测试逻辑,依照测试规范对通用测试进路测试案例进行研究,进而泛化到联锁表中的每条进路,实现相应站场测试案例的自动生成。相比于人工编写测试案例,此方法在计算机联锁软件的功能测试中,依照联锁功能测试规范,涵盖进路控制过程整个周期,对联锁功能测试的覆盖率有了较大提升。同时,测试案例自动生成方法因在数据处理方面的优势,对于某一特定的测试内容,可针对不同进路完成相应功能测试,提高测试的完备性。采用上述方法,可对不同类型计算机联锁系统进行统一范式的测试案例生成,在执行过程中,依照相应的格式解码执行即可实现联锁系统的自动测试,极大提高了计算机联锁系统的测试通用性和自适应性。

1 研究基础

1.1 联锁测试项目

CBI是典型的安全苛求信号系统,在投入实际

1. 基金项目:中国铁路总公司科技研究开发计划重点课题(2017X011-A)。

站场运营之前,对系统进行完备的测试才能防止系统产生各种软、硬件故障,进而在实际站场中安全运转。联锁测试项目主要包含以下4个部分[8]。

(1)联锁功能测试:对进路控制过程的各个阶段中联锁系统逻辑功能处理结果测试,判断是否满足联锁系统功能需求,包含信号机、道岔、轨道区段等信号设备状态和进路状态的测试。

(2)系统功能测试:在默认联锁功能测试无误的情况下,测试内容包含:与其他设备的通信接口测试,系统故障测试,主、备系切换测试。

(3)电磁兼容及雷电防护测试:包含静电放电、射频电磁场辐射干扰等对应测试条件下各CBI设备性能指标测试。

(4)环境适应性及绝缘性能测试:在不同环境中,如温度、湿度、气压异常情况下CBI设备的性能指标测试。

1.2　联锁功能测试

联锁功能测试是对联锁软件的逻辑运算正确性检验,涵盖从进路建立到进路解锁的进路控制全过程,测试内容包含基本联锁功能、特殊联锁功能以及区域控制结合。本文针对站内计算机联锁的自动测试,所以测试项目分为以下四个部分:

(1)信号:信号开放条件检查测试,检查信号能否开放、信号开放显示类型,信号自动关闭、信号手动关闭、信号重复开放条件检查测试,引导信号开放条件检查测试。

(2)进路:进路建立的条件检查测试,进路接近锁闭、预先锁闭条件检查测试,引导进路和引导总锁闭条件检查测试,进路解锁条件检查测试。

(3)道岔:道岔状态检查测试,道岔单独操纵检查测试,带动道岔和防护道岔状态检查测试,超限绝缘条件检查测试。

(4)下坡道接车条件检查测试,上电锁闭条件检查测试等特殊联锁功能测试。

2　联锁测试案例自动生成方法

2.1　方法框架

联锁测试案例自动生成方法整体框架如图1所示。①以车站联锁表数据作为基础输入;②以进路为基本单位对联锁表数据进行提取;③构建通用测试进路测试逻辑;④实例化到联锁表中的每一条进路;⑤生成车站联锁表对应的联锁测试案例。

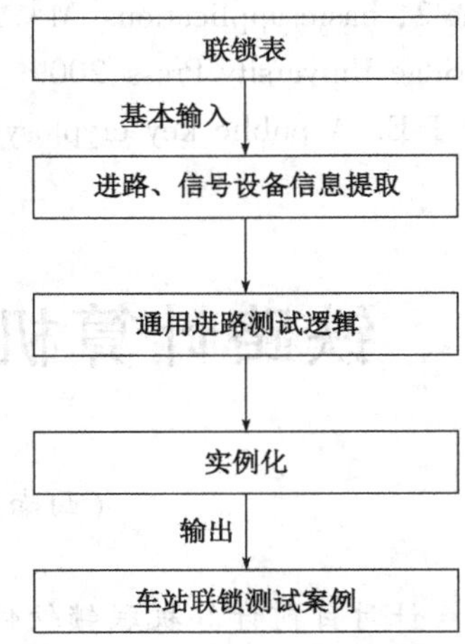

图1　测试案例自动生成方法框架

联锁测试案例自动生成方法根据站场联锁表及其附加信息数据作为输入,采集进路方向、操作按钮、信号机名称及显示、进路内方包含道岔及区段、敌对信号以及迎面列、调车等进路基本信息,综合进路附加信息如接近区段信息,设计通用测试进路逻辑。在进路建立、进路锁闭、信号开放、进路解锁各阶段中,依据联锁功能测试规范,逐条验证联锁逻辑处理的准确性。设计测试案例基本格式,对每条测试生成标准化的测试案例。实例化联锁表中每一条进路,自动生成站场联锁测试案例。

2.2　数据模型

在实现测试案例的自动生成过程中,以进路为基本单位对联锁表基本输入数据分析,提取到进路的基本信息,包括进路类型、信号显示、进路操作按钮、进路方向进路所含区段、道岔、敌对信号、进路ID。为方便后续实际站场数据实例化,对数据模型进行定义如下。

(1)定义1:进路数据模型DRoute由一个14元组<ID, RouteType, Dir, RouteRailway, RouteStartBtn, RouteEndBtn, RouteFlexBtn, SignalName, SignalDisplay, ConflictingSig, Switches, Tracks, RouteStatus, TrainFace, ShoutFace>表示,其中:

①ID表示进路编号;

②RouteType表示进路类型,分为列车进路、调车进路等;

③Dir表示进路方向;

④RouteRailway表示进路所含区段,数据类型为轨道区段数据的集合;

⑤RouteStartBtn 表示进路始端按钮;

⑥RouteEndBtn 表示进路终端按钮;

⑦RouteFlexBtn 表示进路变通按钮,如果没有则此项置 null;

⑧SignalName 表示进路始端信号机名称;

⑨SignalDisplay 表示始端信号机显示,数据类型为信号显示类型集合;

⑩ConflictingSig 表示敌对信号集合,数据类型为信号机数据类型集合;

⑪Switches 表示进路中所含道岔,数据类型为道岔数据的集合;

⑫RouteStatus 表示进路状态;

⑬TrainFace 表示迎面列车;

⑭ShoutFace 表示迎面调车。

(2)定义 2:信号机数据模型 DSignal 由一个 4 元组 < SignalName, SignalType, SignalDisplay, isOpen >表示,其中:

①SignalName 表示信号机名称;

②SignalType 表示信号机类型,分为进站信号机、出站信号机、调车信号机等;

③SignalDisplay 表示信号机显示,数据类型为信号显示类型集合;

④isOpen 表示信号机是否开放。

(3)定义 3:轨道区段数据模型 DTrack 由一个 6 元组 < TrackName, TrackType, isClear, isLocked, isTransInsulation, TransInsuSwitchName >表示,其中:

①TrackName 表示区段名称;

②TrackType 表示区段类型,分为道岔区段、无岔区段、股道;

③isClear 表示区段是否空闲,默认为 True;

④isLocked 表示区段是否锁闭,默认为 True;

⑤isTransInsulation 表示所在区段是否是超限绝缘区段;

⑥TransInsuSwitchName 表示当 isTransInsulation 为 True 时,区段是超限绝缘所在区段所对应的道岔名称。

(4)定义 4:道岔数据模型 DSwitch 由一个 6 元组 < SwitchName, SwitchType, SwitchPosition, DestPosition, atTrack, isLocked >表示,其中:

①SwitchName 表示道岔名称;

②SwitchType 表示道岔类型,用于后续道岔在作为带动道岔和防护道岔时的标识;

③SwitchPosition 表示道岔的实际位置,分为定、反位以及四开状态;

④DestPosition 表示道岔的目标位置;

⑤atTrack 表示道岔所对应的区段;

⑥isLocked 表示道岔是否锁闭,默认为 True。

(5)定义 5:测试案例数据模型 DTestCase 由一个 3 元组 < Condition, Operation, ExpectResult >表示,其中:

①Condition 表示测试前提类,用于定义在测试之前进路、信号设备的状态;

②Operation 表示测试内容对应操作类,主要分为进路操作和信号设备操作;

③ExpectResult 表示测试预期结果类,根据测试前提、测试操作给出测试的预期结果,为后续测试结果判别提供依据。

2.3 通用进路测试

通用进路测试通过设计通用测试进路,根据联锁功能测试规范,从进路建立、进路锁闭、信号开放和进路解锁全过程进行测试,同时对信号设备如道岔单独操纵操作进行规范性测试。

2.3.1 信号开放

信号开放测试为验证站内进路能否建立成功并开放允许信号,在正常办理进路或者重复开放手续时,根据所办理的进路是否开放引导信号,联锁对防护进路信号机开放进行条件检查。对于正常进路,必须检查进路空闲、超限绝缘相邻区段空闲、进路内方道岔位置正确、进路处于锁闭状态、敌对进路未建立且照查条件满足;对于引导进路,检查照查条件、道岔位置,根据进路内方区段占用情况确定引导信号开放之后 15s 是否关闭,具体流程如图 2 所示。

2.3.2 进路状态

进路状态涵盖从进路建立到进路解锁各个过程,根据《铁路计算机联锁软件功能测试大纲 V1.1》,在进路控制过程中对进路状态进行功能测试,主要分为:进路基本特征测试;进路锁闭状态测试;进路解锁状态测试。

进路基本特征:

(1)敌对进路:根据 DRoute 数据中 TrainFace、ShoutFace 遍历实例化联锁表,查找对应进路满足与被测进路构成到达同一到发线上列车进路、调车进路条件,根据被测进路类型逐条验证两条进路是否构成敌对,从而验证敌对进路功能完备性。

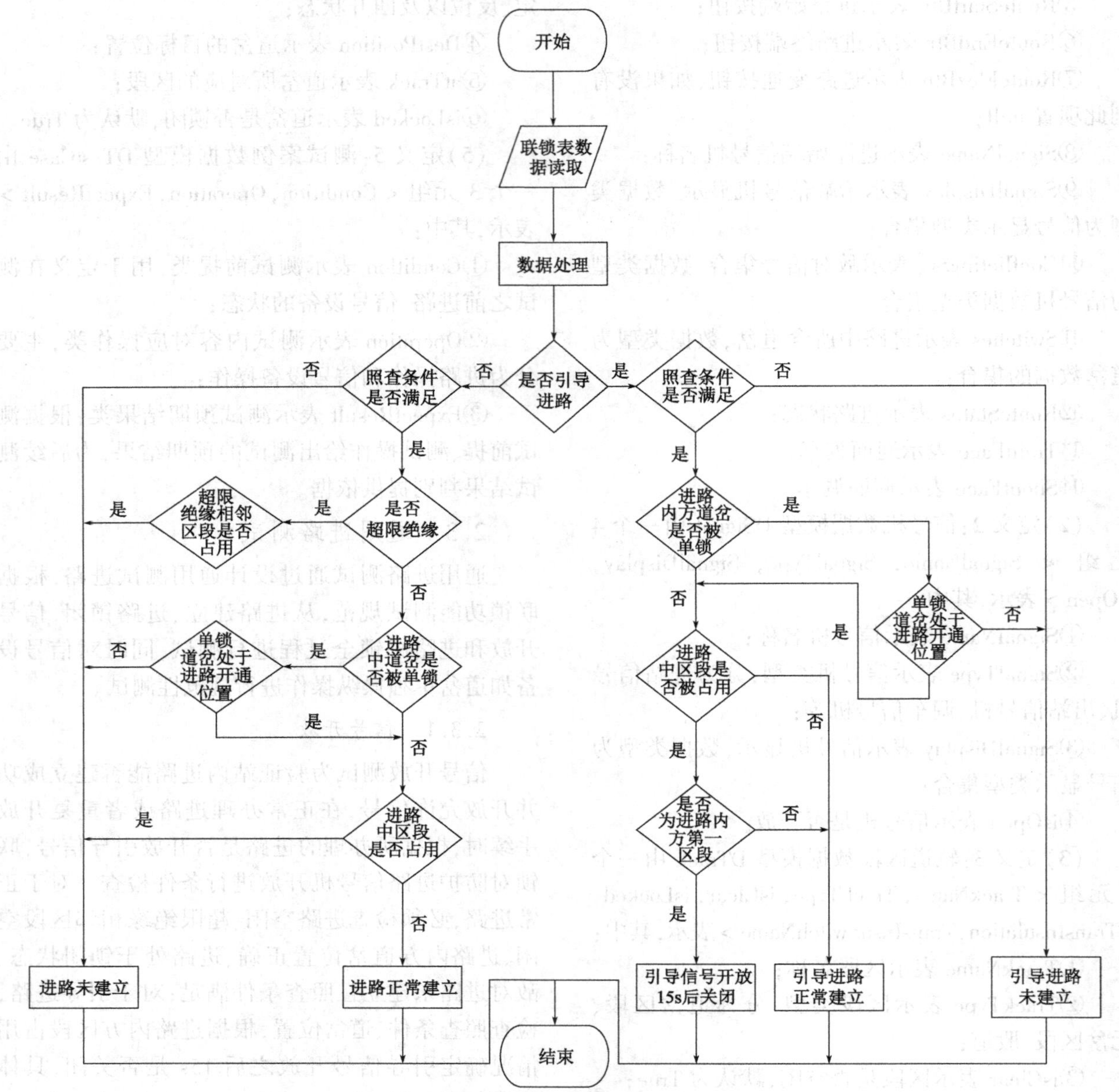

图2　信号开放测试条件逻辑流程图

(2)长调车进路:根据 DRoute 数据中 RouteRailway 中 Track 类型标记为无岔区段的调车进路测试办理经由该区段的长调车进路测试。

(3)联锁表中未包含的进路:遍历既有联锁表验证办理联锁表中未包含的进路测试。

进路锁闭:

进路的锁闭测试包含进路预先锁闭状态测试、进路接近锁闭状态测试、引导进路锁闭测试以及引导总锁闭状态测试。

通过实例化输入联锁表数据附加信息,获取进路接近区段信息。根据接近区段轨道电路是否设置和设置长度,以及接近区段占用情况,判别构成接近锁闭还是预先锁闭,办理对应进路解锁操作,结合进路性质测试进路立即解锁、延时解锁以及解锁延时时间。引导进路锁闭对道岔位置、道岔是否处于锁闭状态以及敌对信号状态进行测试。

进路解锁:

在进路控制过程中,进路解锁在信号开放后列车在进路运行结束后为释放当前占用区段所执行的操作。解锁过程中对联锁功能进行测试包含以下几个方面:

(1)当前占用区段解锁条件测试:当区段属性 isClear 为 false 时不得解锁该区段。

(2)列车运行前方区段解锁条件测试:从 DRoute

中 RouteRailway 数据中获取进路所包含区段,通过模拟列车运行对列车运行前方区段进行解锁测试,验证测试结果。

(3)进路随行车解锁条件测试:根据输入联锁表数据附加信息中接近区段开始,模拟走车,逐步占用出清进路各个区段,测试锁闭进路随着列车运行而自动解锁功能。

(4)调车中途折返解锁条件测试:遍历输入联锁表查找一条具有反向调车信号的进路,从接近区段逐步占用进路内方区段,直到越过反向调车信号机,根据是否办理反向调车进路作为折返进路验证牵出进路解锁功能完备性。

(5)引导进路解锁条件测试:根据不同情况下建立的引导进路,验证不同条件下的引导进路解锁的功能完备性。

2.3.3 道岔

道岔在进路过程中的转换有两种方式,一种是随着进路的排列而自动选动,同时也需要满足道岔设备的单独操纵功能,在实际过程中单独操纵应优先于自动选动。

在对道岔进行单独操纵时,当道岔处于单独锁闭时,单独操纵道岔,验证道岔单操测试。通过遍历联锁表找到经由该道岔相反位置的进路,排列进路测试。通过遍历联锁表找到经由该道岔与单锁位置一致的进路,排列进路测试。当道岔处于人工封锁状态时,单独操纵道岔测试,同时验证遍历寻找得到的经由该道岔或被带动时进路建立情况,验证道岔联锁功能测试完备性。

3 软件实现

根据上述联锁测试案例自动生成方法,结合实际需求,在 Visual Studio 2017 环境下,采用 C 语言开发了联锁测试案例自动生成软件,用于自动生成联锁软件测试案例。软件系统流程如图 3 所示。

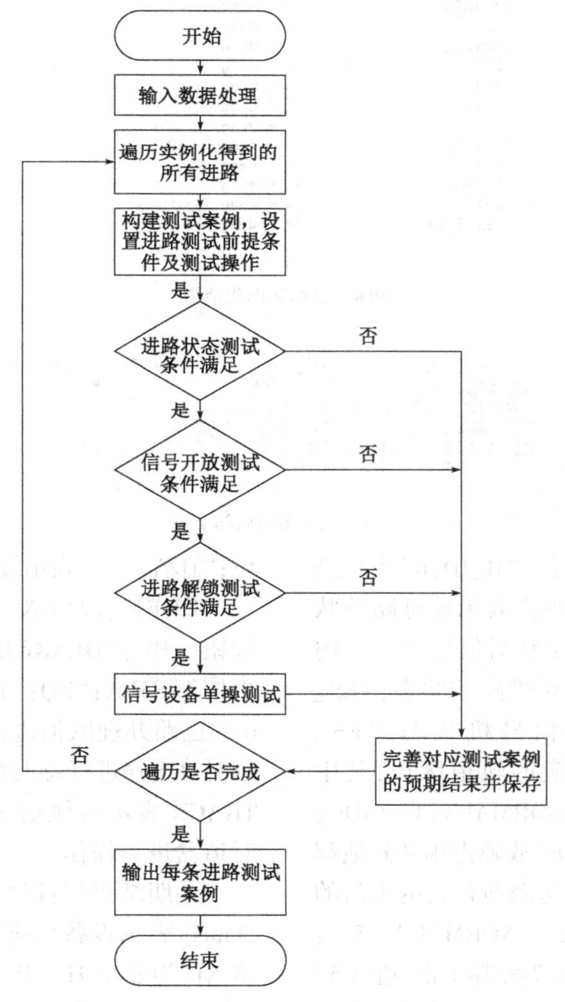

图 3 软件流程图

(1)软件以联锁表作为基本输入,在基本输入基础上获取附加信息,如接近区段信息。

(2)输入数据处理,从读取到的联锁表数据中筛选出后续通用进路实例化所需的信息,按照一定的格式进行整合、拆分、存储。

(3)遍历实例化得到的所有进路,根据通用进路测试逻辑对所有进路进行功能测试。

(4)构建测试案例,根据测试逻辑结果,按照预定格式填充测试案例并存储。

(5)遍历完所有进路输出整体测试案例数据。

以联锁标准站XD－＞S5的侧线接车进路为例,进路实例化数据结果如图4所示。其中返回值routes中包含71条数据为实例化联锁表成功后的所有进路数据,routes[0]为XD－＞S5实例化数据,包含按钮、方向、敌对信号、进路类型、进路包含区段、进路内道岔等信息。图5为软件运行结束测试案例生成结果部分图。

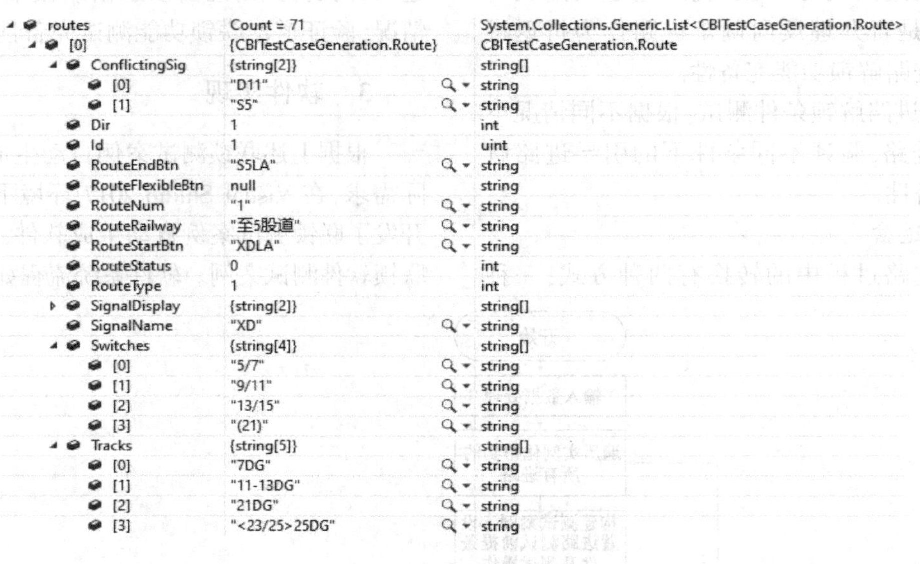

图4　进路实例化结果

	A	B	C
1	前提	操作	预期结果
2	R_ID:1&&R_STATUS:0&&R_CONFLICTSIG:{D11:F、S5:T}&&ES_SIG:{NORMAL}&&ES_TRACK:{NORMAL}&&ES_SWITCH:{NORMAL}&&JJZY:{F}	BU:XDLA&&BU:S5LA	ES_SIG:{XD:H}&&R_STATUS:{ID_1:0}
3	R_ID:1&&R_STATUS:2&&R_CONFLICTSIG:{D11:F、S5:F}&&ES_SIG:{NORMAL}&&ES_TRACK:{NORMAL}&&ES_SWITCH:{NORMAL}&&JJZY:{T}	ZQ:{R_ID:1}	ES_SIG:{XD:H}&&R_STATUS:{ID_1:1}
4	R_ID:1&&R_STATUS:2&&R_CONFLICTSIG:{D11:F、S5:F}&&ES_SIG:{NORMAL}&&ES_TRACK:{NORMAL}&&ES_SWITCH:{NORMAL}&&JJZY:{T}	ZRJ:{R_ID:1}	ES_SIG:{XD:H}&&R_STATUS:{ID_1:0<180s>}
5	R_ID:43&&R_STATUS:0&&R_CONFLICTSIG:{D5:F、<19>SII:T、S4:F}&&ES_SIG:{NORMAL}&&ES_TRACK:{NORMAL}&&ES_SWITCH:{NORMAL}	BU:D1A&&BU:D5A	ES_SIG:{D1:A}&&R_STATUS:{ID_43:0}
6	R_ID:1&&R_STATUS:0&&R_CONFLICTSIG:{D11:F、S5:F}&&ES_SIG:{NORMAL}&&ES_TRACK:{NORMAL\{11-13DG:OCCUPIED}}&&ES_SWITCH:{NORMAL}&&JJZY:{F}	BU:XDLA&&BU:S5LA	ES_SIG:{XD:H}&&R_STATUS:{ID_1:0}
7	R_ID:1&&R_STATUS:0&&R_CONFLICTSIG:{D11:F、S5:F}&&ES_SIG:{NORMAL}&&ES_TRACK:{NORMAL}&&ES_SWITCH:{NORMAL\{5/7:LOCK(5/7)}}&&JJZY:{F}	BU:XDLA&&BU:S5LA	ES_SIG:{XD:H}&&R_STATUS:{ID_1:0}
8	R_ID:1&&R_STATUS:0&&R_CONFLICTSIG:{D11:F、S5:F}&&ES_SIG:{NORMAL}&&ES_TRACK:{NORMAL}&&ES_SWITCH:{NORMAL\{5/7:LOCK5/7}}&&JJZY:{F}	BU:XDLA&&BU:S5LA	ES_SIG:{XD:UU}&&R_STATUS:{ID_1:2}
9	R_ID:1&&R_STATUS:2&&R_CONFLICTSIG:{D11:F、S5:F}&&ES_SIG:{NORMAL}&&ES_TRACK:{NORMAL}&&ES_SWITCH:{NORMAL}&&JJZY:{F}	EO_SWITCH:{5/7:DC}	ES_SIG:{XD:UU}&&R_STATUS:{ID_1:0}
10	R_ID:1&&R_STATUS:2&&R_CONFLICTSIG:{D11:F、S5:F}&&ES_SIG:{NORMAL}&&ES_TRACK:{NORMAL}&&ES_SWITCH:{NORMAL}&&JJZY:{F}	EO_TRACK:{7DG:OCCUPIED}	ES_SIG:{XD:H}&&R_STATUS:{ID_1:0}

图5　测试案例局部结果

前提栏:以"&&"为分界线。"R_ID:n"表示进路ID为n的进路;"R_STATUS:"表示该进路的状态;"R_CONFLICTSIG:{}"表示敌对信号,"{ }"内部以"、"分隔,对应到每条敌对进路的状态;"ES_SIG:{ }"表示进路对应的信号机状态;"ES_TRACK:{ }"表示进路所对应的轨道区段,其中"NORMAL"表示正常状态,"NORMAL\{11-13DG:OCCUPIED}"表示除了11-13DG故障占用外其他都正常;"ES_SWITCH:{ }"表示进路所包含的道岔的状态,"NORMAL"表示正常,"NORMAL\{5/7:LOCK(5/7)}"表示除了道岔5/7外都正常,道岔5/7被单锁,单锁的状态为(5/7),"( )"表示单锁在反位;"JJZY:{ }"表示接近占用状态。

操作栏:以"&&"为分界线。BU:为按下对应按钮,"BU:XDLA&&BU:S5LA"表示先按下XDLA再按下S5LA;"ZQ:{R_ID:n}"表示对进路ID为n的进路办理取消进路操作,"ZRJ:{R_ID:n}"表示对该进路进行总人解;EO(Equipment Operation),TRACK表示对轨道区段进行操作,SWITCH表示对道岔进行操作。

预期结果栏:以"&&"为分界线;ES(Equipment Status)表示设备状态:ES_SIG:{XD:H}表示信号机XD为显示H;"R_STATUS:{ID_n:}"表示的是ID为n的进路的状态。

4 结语

本文提出了一种计算机联锁软件测试案例自动生成方法,结合实际需求,该方法可以运用于实际工程中,实现了测试案例的自动生成,综合实验室研发的自动测试系统,通过数据交互实现了联锁软件测试自动化的极大提高,同时在测试的准确性和效率上也有了很大提升。在后续研究过程中,将继续完善对特殊联锁功能测试案例的自动生成效率,提高方法的适用度。

参考文献

[1] 石艳敏. 一种高效的计算机联锁软件测试方法[J]. 铁路计算机应用,2013,22(12):50-54.

[2] 薛丰. 计算机联锁自动测试系统研究与设计[D]. 成都:西南交通大学,2017.

[3] 韦启盟. 计算机联锁软件仿真测试系统的研究与实现[D]. 成都:西南交通大学,2008.

[4] 巴宝莲. 车站计算机联锁软件自动测试技术设计研究[D]. 兰州:兰州交通大学,2017.

[5] 谢林. 基于 UPPAAL 的计算机联锁进路控制过程测试用例自动生成[D]. 成都:西南交通大学,2017.

[6] 杨扬. 车站信号控制系统[M]. 成都:西南交通大学出版社,2012.

[7] 国家铁路局. 铁路车站计算机联锁技术条件:TB/T 3027—2015[S]. 北京:中国铁道出版社,2016.

[8] 国家铁路局. 铁路车站计算机联锁测试规范:TB/T 3537—2018[S]. 北京:中国铁道出版社,2019.

An Enhanced Location-Based Routing Protocol for Vehicular Ad hoc Networks

Hang Chen[1] Lin Liu[*1,2]

(1. Key Laboratory of Information Coding and Transmission, Southwest Jiaotong University;
2. State Key Laboratory of Rail Transit Engineering Informatization(FSDI))

Abstract Vehicular Adhoc Network (VANET) has broad application prospects in maintaining road safety and improving vehicle to vehicle (V2V) communication efficiency. It also plays an important role in intelligent transportation system (ITS). As the key technology of the Internet of Vehicle (IoV), VANET is facing many challenges such as high mobility, unstable communication links, changeable road conditions and so on. In order to solve these problems, we propose an enhanced-location-based VANET routing protocol named ELRP. The proposed ELRP defines a reasonable forwarding strategy to increase the success rate of forwarding, adopts adaptive hello interval to keep the communication links more stable and considers the vehicle speed and distance to choose the next hop. By applying these methods end-to-end delay is reduced, the packet deliver radio (PDR) is increased, and the communication ability and transmission reliability are improved. The performance of the proposed ELRP is evaluated in NS-3 and the simulation results show that the performance of ELRP is significantly improved compared with other existing protocols.

Keywords internet of vehicle (IoV) VANET routing protocol ELRP

0 Introduction

As a wildly used technology of Mobile Adhoc Network (MANET), Vehicular Adhoc Network (VANET) had been a key part of Intelligent Transport System (ITS) and Internet of Vehicle (IoV). VANET is designed to reduce traffic crash, improve traffic safety and make the driving more comfortable.

High mobility is the most typical challenge of

VANET. It will lead to frequent topology changes, disconnect communication links, increase end to end delay and damage the robustness of the whole system. Due to the high mobility of VANET, the traditional routing protocols for MANET are not suitable for VANET. It is a great challenge to design a persistent, efficient and reliable routing protocol to overcome these difficulties. A good protocol can save communication resources, improve transmit efficiency and reduce end to end delay.

In this article, we propose an enhance-location-based routing protocol (ELRP) for VANET. ELRP can adapt changeable, high-mobility VANET environment and improve protocol performance in many ways. The main idea of ELRP are as follows.

(1) Forwarding strategy: Compared with other typical location-based routing protocol like GPSR, ELRP firstly redefine a new forwarding strategy which considering not only the distance between the forward node and the destination, but also the relative velocity and the moving direction. Only nodes that moves in the same direction as the target node and is close to the current node will be selected to the next hop. In this way ELRP can reduce unnecessary forwarding and improve forwarding success rate.

(2) Adaptive hello interval: By using a novel adaptive hello interval in the process of routing requests, ELRP can well adapt both high mobility environment and low speed environment. When a node moves at high speed, the probability of link disconnection increases, so more broadcasts are needed to discover a new path and maintain a high forwarding success rate. In contrast, low mobility nodes can lighten system burden by reducing the broadcast frequency because it has high link connectivity. This can reduce redundant forwarding and save communication resources.

(3) Position prediction: Due to the high mobility in VANET environment, the node location will change greatly in a short time. Therefore, location prediction is necessary for high speed nodes. ELRP predicts the next position of the node participating in the forwarding process to increase link connectivity and enhance protocol robustness.

The follow-up of this article is organized as follows. Section 2 is the related works. The main idea and details of ELRP are shown in section 3. The simulation of ELRP and result analysis are arranged at section 4. Section 5 summarizes this article.

1 Related Works

Routing protocol plays a fundamental role in VANET, it is a bridge between source node and destination node to exchange information. Therefore, efficient routing protocol can greatly improve road safety and reduce traffic accidents. Now many routing protocols have been proposed. In typical classifications, routing protocol can be divided into three types: cluster-based, position-based and topology-based. Many studies show that traditional routing protocol have poor performance compared with location-based routing (LBR) in the VANET scenario. The location-based routing protocol does not needed to establish and maintain the global routing table. The global routing table will increases the end to end delay and the network burden. It makes full use of geographic information such as the distance between source node and destination node to select the next hop. Therefore, according to the characteristics of VANET, the location-based routing is regarded as the best approach to solve the problems caused by high mobility and dynamic topology change.

Greedy Perimeter Stateless Routing (GPSR) is a typical location-based routing protocol for VANETS (B. Karp and H.-T. Kung, 2000). It will select the neighbour nearest to the destination node as the next hop. When there are no neighbours has shorter path to the destination than the forward node itself. GPSR enters recovery mode, which uses right-hand rules to solve this problem.

Greedy Perimeter Coordinator Routing (GPCR) is to improve the performance at the crossroads (C. Lochert et al., 2005). It uses urban street map to calculate the shortest path along the street rather than the simple Euclidean distance, which is more suitable for highway and urban scenes.

To further improve its performance in urban environment. Improved Greedy Traffic Aware Routing (GyTAR) further optimize the junction selection (M. Jerbi et al., 2007). It considers the road density and distance between two junctions and select the largest traffic density and the nearest junction as the next hop.

In Maxduration-Minangle GPSR (MM-GPSR), the distance from the relay node to the current node and the distance from the relay node to the destination node are taken into account (X. Yang et al., 2018). To solve the path redundancy problem caused by recovery mode, it limits the forwarding angle to an acute angle to reduce path length. However, this approach can only be applied to part of road situations.

To further maximize the performance of the recovery mode, Path-Aware GPSR (PA-GPSR) decided to use both the left-hand rule and the right-hand rule in recovery mode to adapt to various road conditions (A. Silva et al., 2019). But this approach causes unnecessary forwarding. Although it can improve the packet delivery ratio, but it also increases the network burden and end to end delay.

Enhanced Geographic Source Routing Protocol (EGSR) is an improvement of the conventional geographical source routing (GSR) (Goudarzi et al., 2019). It uses ant colony algorithm to optimize protocol performance.

Connectivity-aware Intersection-based Shortest Path Routing Protocol (CISRP) tries to predict the road connectivity by calculating the nodes density in the forwarding area (D. N. Venkatramana et al., 2018). It chooses the areas with the best connectivity and select the vehicle with the smallest distance from the destination node as next hop.

Bus Trajectory-based Street-centric Routing (BTSC) is intended for urban environments (G. Sun et al., 2018). It considers bus as the primary forwarder because buses are the most common means of transportation in cities. It will choose the path with the highest bus density as the main forwarding path.

Hybrid opportunistic and position-based routing protocol (HOPR) uses several factors such as distance from the destination node, node density and link quality to select the best next hop (A. Ghaffari, 2020). And it will remove the expired path to reduce routing overhead.

The above protocols improve the performance in VANET in many ways. But they did not fully consider VANET's high mobility feature. Therefore, we pro pose ELRP to solve this problem and improve the forwarding efficiency.

2 Proposed Approach

The main idea and details of the proposed protocol are described as follows. Firstly we explain how to define the forwarding area and select the next hop. Secondly we illustrate how to calculate the adaptive hello interval. Finally we show how to predict the next position.

2.1 Forwarding Strategy of ELRP

The basic idea of how to restrict the forwarding area and the terms is illustrated in Fig. 1.

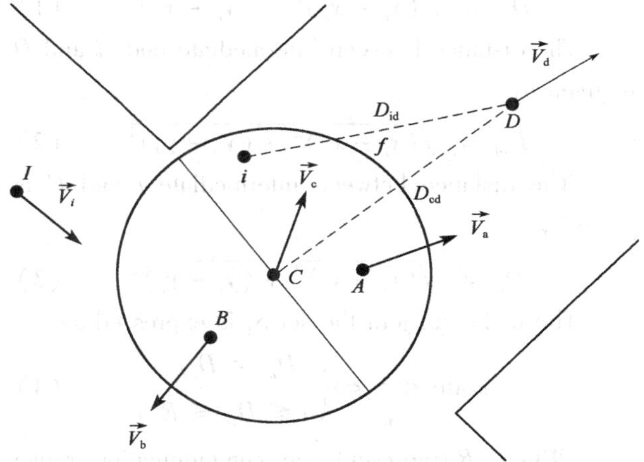

Fig. 1 Forwarding area of ELRP

Where the black dots represent the vehicle nodes. and the black circular is the communication range of the node. C represents the current node and its location is (x_c, y_c), D is the destination node represented by (x_D, y_D). (x_i, y_i) is the position of the intermediate node. To explain the forwarding strategy, we chose two intermediate nodes called A and B, whose position are (x_A, y_A) and (x_B, y_B).

Firstly we define the semicircle area f above the current node as the preliminary redefine forwarding area. Then we take the velocity factor into account to eventually decide which node is the next hop. $\overrightarrow{V_C}$ is the current velocity of node C, similarly, $\overrightarrow{V_d}$, $\overrightarrow{V_i}$, $\overrightarrow{V_a}$, $\overrightarrow{V_b}$ represent the velocity of node D, intermediate node i, A, B. D_{cd} is the distance between C and D, D_{id} is the distance between intermediate node i and D.

Firstly, the forwarding area is limited to the upper semicircle to reduce unnecessary forwarding, Only nodes "closer" to the destination node than current node will participate in forwarding because if we chose the node that is "behind" the number of hops and end-to-end delay will be increased, and even the "behind" node will transmit packet to the "closer" node so it is unwise to chose "behind" node. We notice that the distance between "closer" node and destination node is less than the current node. So in the first step we create a new set called S_1 and add the "closer" node to the set.

The distance between C and D is given by

$$D_{cd} = \sqrt{(x_c - x_d)^2 + (y_c - y_d)^2} \quad (1)$$

The distance between intermediate node i and D is given by

$$D_{id} = \sqrt{(x_i - x_d)^2 + (y_i - y_d)^2} \quad (2)$$

The distance between intermediate i and C is given by

$$D_{ic} = \sqrt{(x_i - x_c)^2 + (y_i - y_c)^2} \quad (3)$$

The node can join the set S_1 is expressed as

$$\text{node} \in S_1 \Leftrightarrow \begin{cases} D_{id} < D_{cd} \\ 0 \leq D_{ic} \leq R \end{cases} \quad (4)$$

Where R represent the communication range between two nodes.

Secondly the node velocity direction information is considered in the selection of next hop. Obviously the node whose velocity direction is opposite to the destination node should not be the next hop because it will make the communication link unstable and easy to be interrupted. In Fig. 1 A is moving with the same direction with D and B is moving opposite to D, selecting A is much better than selecting B. Therefore the next step is to select the nodes in set S_1 which move in the same direction as the destination node and put them into a new set called S_2. We noticed that the dot product between $\overrightarrow{V_d}$ and $\overrightarrow{V_i}$ is given by

$$\overrightarrow{V_i} \cdot \overrightarrow{V_d} = |\overrightarrow{V_i}| \cdot |\overrightarrow{V_d}| \cdot \cos\theta \quad (5)$$

Where θ is the angle between $\overrightarrow{V_d}$ and $\overrightarrow{V_i}$, two nodes move in the same direction means $\theta \in [0, \frac{\pi}{2})$ and $\cos\theta > 0$. So we calculate the dot product between $\overrightarrow{V_d}$ and $\overrightarrow{V_i}$ and let the node join the set S_2 when the dot product is positive.

Noticed the dot product can also be represented as

$$\overrightarrow{V_i} \cdot \overrightarrow{V_d} = \overrightarrow{V_{ix}} \cdot \overrightarrow{V_{dx}} + \overrightarrow{V_{iy}} \cdot \overrightarrow{V_{dy}} \quad (6)$$

Where $\overrightarrow{V_{ix}}$, $\overrightarrow{V_{dx}}$ are the projection in X direction of $\overrightarrow{V_i}$, $\overrightarrow{V_d}$, and $\overrightarrow{V_{iy}}$, $\overrightarrow{V_{dy}}$ are the projection in Y direction of $\overrightarrow{V_i}$, $\overrightarrow{V_d}$.

Eventually the set S_2 is

$$\text{node} \in S_2 \Leftrightarrow \begin{cases} \text{node} \in S_1 \\ \overrightarrow{V_i} \cdot \overrightarrow{V_d} > 0 \end{cases} \quad (7)$$

Through the method mentioned above, we choose the nodes in set S_2 that is "closer" to the destination node and moving towards the destination node. Finally the next hop is select in set S_2 according to the weight factor F considering the distance and velocity. The weight function F is expressed as

$$F = \left(1 - \frac{V_{id}}{2V_{\max}}\right) \cdot \left(1 - \frac{d_{id}}{d_{cd}}\right) \quad (8)$$

Where V_{id} is the relative velocity between intermediate node and destination node given by

$$V_{id} = |\overrightarrow{V_i} - \overrightarrow{V_d}| = \sqrt{(V_{ix} - V_{dx})^2 + (V_{iy} - V_{dy})^2} \quad (9)$$

$V_{\max}$ is a pre-defined value, it is the maximum value of nodes velocity. In our simulation, $V_{\max}$ is 15m/s. d_{id} is the distance between the intermediate node and the destination node and d_{cd} is the distance between the current node and the destination node. Noticed $d_{id} < d_{cd}$ and $V_{id} < V_{\max}$. When the intermediate node is at the destination, d_{id} is 0 and when V_i is same as V_d, V_{id} is 0. F is 1. When intermediate node is infinity close to C, $d_{id} = d_{cd}$ or the two nodes move to opposite direction and there velocity are infinity close to V_{max}, it means V_{id} is to $2V_{max}$, the minimum F is 0. Therefore, $F \in [0,1]$, we chose the node with the largest F value as the next hop. It can maintain the stability of commutation link and improve forwarding success rate.

2.2 Adaptive Hello Interval of ELRP

Traditional location-based routing protocol obtain the location of neighbour nodes by broadcasting position information packet through hello message, and the broadcasting period called hello interval is fixed. When nodes move at high speed, their existing communication links are often interrupted, so it is necessary to constantly update the position of neighbours. On the contrary, low mobility nodes do not need continuous broadcasting because their links are more stable. Therefore, fixed hello interval has obvious shortcomings. On the one hand, it makes the forwarding of high mobility nodes easier to fail. On the other hand, it increases unnecessary broadcast overhead for low mobility nodes. We solve these shortcomings by proposing an adaptive hello interval which fully considers the effects of speed and node density. The improved hello interval H is expressed as

$$H = H_{\text{fixed}} \times \left(1 - \frac{0.5\, V_C}{V_{\max}}\right) \times W_{\text{density}} \tag{10}$$

Where H_{fixed} is predefined hello interval. In our simulation, H_{fixed} is 1ms which is widely used in other location-based protocol. W_{density} is the weight factor to measure the node density and can be represented as

$$W_{\text{density}} = \begin{cases} 0.7 \text{ if } N = 0 \\ 0.9 \text{ if } N < N_{\text{nei}} \\ 1.2 \text{ if } N \geq N_{\text{nei}} \end{cases} \tag{11}$$

N indicates the number of neighbour nodes of the current node. N_{nei} represents the average neighbour node-density factor. We decide this value by several simulations. We randomly change the initial locations of all nodes and calculate the average number of neighbour nodes of each node. Different number of nodes will lead to different average neighbour node-density. After 30 runs N_{nei} can be represented as

$$N_{\text{nei}} = \begin{cases} 5 \text{ if } N_{\text{node}} \in (0,50] \\ 15 \text{ if } N_{\text{node}} \in (50,100] \\ 25 \text{ if } N_{\text{node}} \in (100,150] \\ 35 \text{ if } N_{\text{node}} \in (150,200] \end{cases} \tag{12}$$

Where N_{node} represent the number of vehicle nodes.

When the current node has no neighbours, it should broadcast hello message as fast as possible so the weight factor is minimum with a value of 0.7, if $N \geq N_{\text{nei}}$ we define the current node as high neighbour node-density, and gives the maximum weight factor to reduce the broadcast, if $N < N_{\text{nei}}$, we treat it as low neighbour node-density and use the he medium weight factor to increase the broadcast. For the speed factor, equation 10 ensures that the greater the speed, the smaller the hello interval. When the node velocity V_c is infinity close to the V_{max} and there are no neighbours, the minimum H is 0.35ms. When $V_c = 0$ and the node density is high density, maximum H is 1.2ms, so $H \in [0.35, 1.2]$.

2.3 Location Prediction of ELRP

In VANET, high mobility leads to very fast topology changes. Using hello message alone can not update location information in time. It is necessary to introduce location prediction into the next hop selection, the prediction procedure is expressed as

$$\begin{cases} L_{px} = L_{ox} + V_{ix} \times t \\ L_{py} = L_{oy} + V_{iy} \times t \end{cases} \tag{13}$$

Where L_{px} is the predicted location projection in the X direction, L_{py} is the predicted location projection in the Y direction. L_{ox} is the original location projection in the X direction, L_{oy} is the original location projection in the Y direction. Similarly, V_{ix}, V_{iy} are the intermediate nodes velocity projection in the X and Y directions. t is a predefined prediction time. We set $t = 3$ms in our simulation.

2.4 Forwarding Process of ELRP

In ELRP, each node knows the location of one hop neighbour and destination nodes by broadcasting hello packets, and the broadcast interval is calculated by (10)-(12). When a node want to forwarding a packet, it first predicts the location of neighbour nodes by (13). Then the candidate set S_1 is created through (1)-(4), and then the nodes in S_1 are selected into the finally set S_2 through (5)-(7). Finally the node with minimum weight function is selected as the next hop through (8)-(9). If set S_2 is empty, it will select the node with the minimum distance between the destination node and node in set S_1 calculate by (2) to forward the packet. If both set S_1 and S_2 are empty, node will discard the packet. The algorithm of ELRP forwarding is shown in Fig. 2.

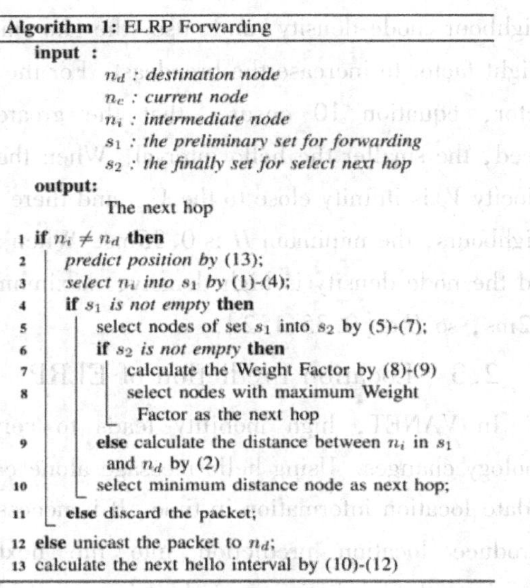

Algorithm 1: ELRP Forwarding

input :
- n_d : *destination node*
- n_c : *current node*
- n_i : *intermediate node*
- s_1 : *the preliminary set for forwarding*
- s_2 : *the finally set for select next hop*

output:
The next hop

```
if n_i ≠ n_d then
    predict position by (13);
    select n_i into s_1 by (1)-(4);
    if s_1 is not empty then
        select nodes of set s_1 into s_2 by (5)-(7);
        if s_2 is not empty then
            calculate the Weight Factor by (8)-(9)
            select nodes with maximum Weight
            Factor as the next hop
        else calculate the distance between n_i in s_1
            and n_d by (2)
            select minimum distance node as next hop;
    else discard the packet;
else unicast the packet to n_d;
calculate the next hello interval by (10)-(12)
```

Fig. 2 ELRP Forwarding process

3 Performance Evaluation

3.1 Simulation Environment Setup

We evaluate the performance of ELRP with GPSR, MMGPSR and PAGPSR using network simulator NS-3. In addition, we also use Simulation of Urban Mobility (SUMO) to generate the trace file reflecting vehicle mobility. The simulation environment is an area of 1200m × 1800m with 12 injections and 17 two-way streets. The vehicles are random distribute in the street and move along the street. The simulation scenario is shown in Fig. 3.

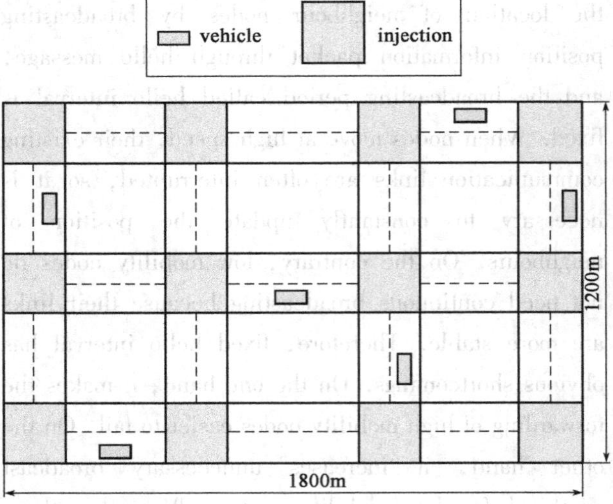

Fig. 3 Simulation scenario

To evaluate the performance between sparse and dense environment, we set the number of vehicles to 30 to 210. The simulation time is 200s and the maximum speed rangess from 8m/s to 22m/s The total simulation parameters are summarized in Tab. 1.

Simulation Parameters Tab. 1

Name	Value	Name	Value
Routing protocols	GPSR, MMGPSR, ELRP, PAGPSR	initial hello interval	1ms
Simulation time	200s	Propagation model	Two-ray ground
Number of nodes	30 ~ 210	Antenna	OmniAntenna
Max speed	8 ~ 22m/s	Transport Protocol	UDP
Channel data rate	5Mbps	Simulation area	1800m × 1200m
Traffic type	Constant bit rate	Simulator	NS-3/SUMO
Transmit range	250m	Total of simulation runs	30
MAC protocol	802.11p		

3.2 Performance Metrics

To illustrate ELRP performance against other protocols, the metrics we used are defined as follows.

Packet delivery radio (PDR): It represents the radio between the total packet received by destination node to the total packet sent by source node. It can express by

$$\mathrm{PDR} = \frac{P_r}{P_t} \times 100\% \tag{14}$$

Where P_r is the total received packets, P_t is the total transmit packets.

End to end delay: the average value of all successfully received packet delays. It can be represented by

$$\mathrm{Delay} = \frac{\sum_{i=1}^{N} D_i}{N} \tag{15}$$

Where N is the number of total received packets, D_i is the delay of the ith packet.

Mac overhead: The number of control bytes in the mac layer divided by the number of received data bytes. It can be expressed by

$$\mathrm{Overhead} = \frac{B_M}{B_D} \tag{16}$$

Where B_M is the total number of control bytes in mac layer, B_D is the total number of data bytes received by the destination node.

Throughput: the average rate of successful data delivery per unit time. It can be represented by

$$Th = \frac{1}{T_{end} - T_{start}} \times \sum_{i=0}^{N} R_i \times 8 \tag{17}$$

Where T_{end} is the time of the last packet received, T_{start} is the time of the first packet received, N is the number of total received packets, R_i is the number of bytes of the i-th packet.

3.3 Effect of the vehicle density

The purpose of this section is to explore the impact of vehicle density on the protocol performance. To simulate the scenario with sparse and dense vehicle density, we let the number of nodes changes from 30 to 210 in 20 steps. The maximum speed is set to 15m/s.

Fig. 4 illustrate the effect of nodes density on the packet delivery ratio (PDR). Overall, with the increase of the number of nodes, the packet delivery ratio will increase. This trend is especially evident for ELRP. In high node-density scenes ELRP performs better than other 3 protocols obviously. In the case of medium node-density, the gap of PDR between GPSR, MMGPSR, PAGPSR and ELRP will become smaller. The simulation results prove that ELRP is a robust and efficient protocol. Anyway, the performance of ELRP on this metric is better than that of GPSR, MMGPSR and PAGPSR. It is due to the fact that ELRP measures a combination of the speed factor and distance factor rather than just distance compared to these protocols. Adaptive hello interval and location prediction also helps ELRP to perform well in both low-node-density and high-node-density environment.

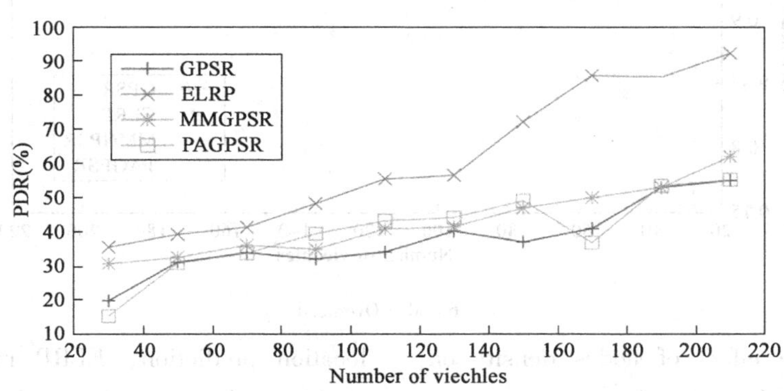

Fig. 4 Packet Delivery Ratio

Fig. 5 represents the effect of nodes density on the end to end delay. As the number of nodes increases, the end to end delay decreases for GPSR and MMGPSR, PAGPSR, and their delay is much higher than ELRP because these protocols use recovery mode which uses right rules to select a overlong path, it leads to high end to end delay, MMGPSR uses both right and left hand rules that increase packet delivery ratio but also makes the end to end delay is highest among four protocols. For ELRP, owing to the well-designed forward strategy and discard the recovery mode, ELRP shows the best end to end delay performance against other protocols. It means that ELRP can well adapt the scenario both low-node-density and high-node-density and deliver messages accurately and quickly which is essential for VANET.

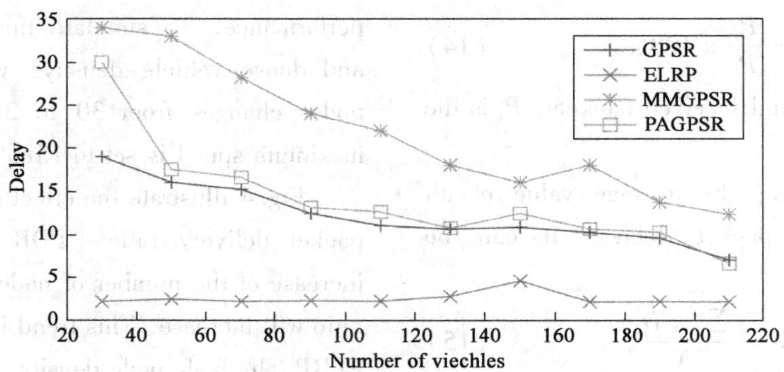

Fig. 5 End to end delay

Fig. 6 shows how routing overhead performance varies with network density. It illustrates the network burden of different vehicle number. As shown in the picture, in general, as the number of vehicle nodes increases, the network overhead also increases. This is because nodes need to broadcast hello messages periodically which increasing the mac overhead. But for ELRP, using adaptive hello interval can dynamically adjust the number of packets in the network, and restricts the forwarding area, so that only a small percentage of nodes can participate in forwarding. Therefore, ELRP has the slowest growth trend on this metric. At some points the overhead has even gone down. This picture shows that ELRP has the best performance among these 4 protocols. It can reduce the network burden and improve transmission efficiency.

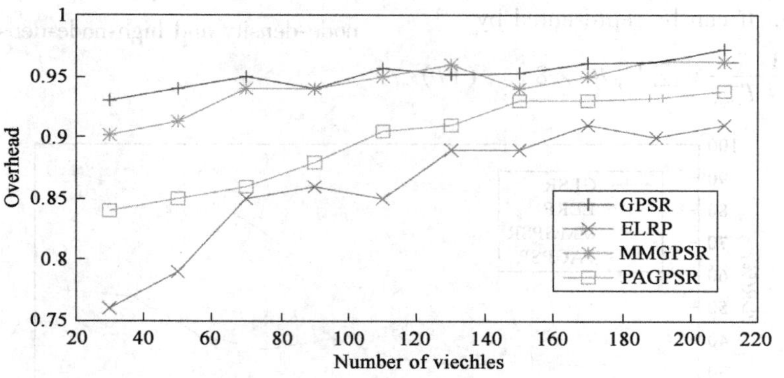

Fig. 6 Mac Overhead

Fig. 7 shows the effect of nodes density on throughput. As the number of nodes increases, the throughput also increases. ELRP performs best among the four protocols. Owing to the novel forwarcing strategy, adaptive hello interval and location prediction, ELRP maintains an excellent packet delivery ratio and end to end delay performance in all kinds of scenarios. Thus, the throughput performance of ELRP shows superiority. This shows that ELRP not only has a high package delivery ratio and low end to end delay, but also delivers quickly and accurately. ELRP has high reliability and practical value in VANET.

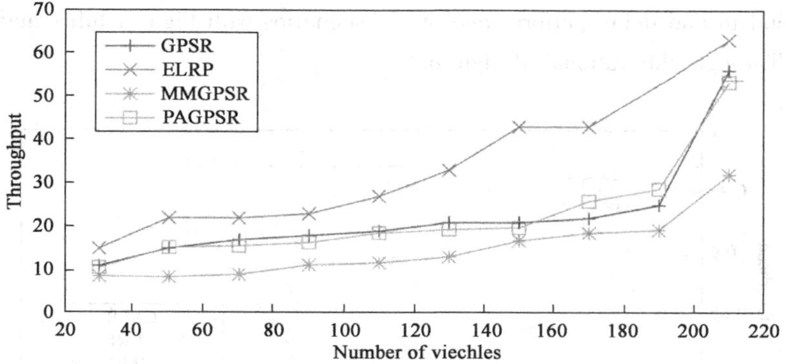

Fig. 7 Throughput

3.4 Effect of the Maximum Speed of nodes

In order to study the impact of vehicle mobility on protocol performance, we use the maximum vehicles speed as an independent variable which changes from 8m/s to 22m/s. This is a comprehensive comparison of protocol performance in low-mobility scenes and high-mobility scenes. The number of nodes is 110. The rest of the simulation conditions remain unchanged.

Fig. 8 shows the effect of mobility on the packet delivery ratio. Generally speaking, with the increase of node speed, the package delivery ratio shows a downward trend. As shown in the figure, ELRP performs best against other protocols. This is because ELRP takes full account of the effect of speed compared to other protocols. Since PAGPSR and MMGPSR are only optimized the greedy froward and recovery mode by considering the distance factor, their performance in rapidly-speed-changes scenarios is not much different from the GPSR protocol. The simulation result shows that ELRP is more reliable to delivery packet in both low speed and high speed environment. Thus, it is adaptable for VANET compared to other previous routing protocols.

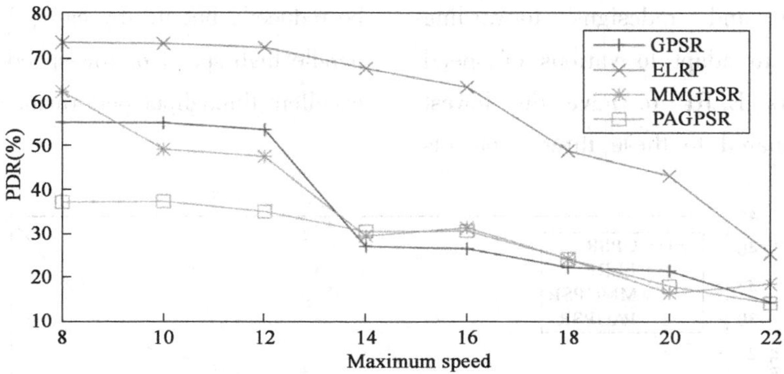

Fig. 8 Packet Delivery Ratio

Fig. 9 depicts the end to end delay performance of each routing protocol under different speed scenarios. In fact, with the increase of node speed, the end to end delay increases. For GPSR, MMGPSR and PAGPSR, the end to end delay is higher than ELRP because GPSR and other improved GPSR-based routing protocol both use recovery mode and carry-n-forward strategy which will choose an overlong path and increase the end to end delay. The performance of these protocols varies dramatically with different simulation scenarios. On the contrary. ELRP discards the recovery mode which wildly used in traditional location-based routing protocol. This approach makes the end to end delay performance of ELRP more stable. Through the rational design of greedy mode, ELRP maintains the lowest end to end delay at different speed scenarios. It can keep high-level and more stable performance in various scenarios with high mobility and low mobility.

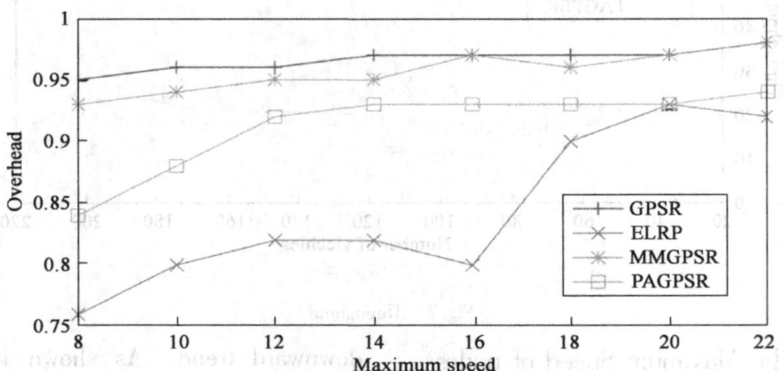

Fig. 9 End to end delay

Fig. 10 shows how the speed change affects the routing overhead. As shown in the picture, the routing overhead increases when the nodes become faster. This is due to the frequent topology changes caused by high mobility, which will destroy the network connectivity and make nodes need more broadcasts to find routes. We can see that GPSR, MMGPSR and PAGPSR all have huge routing overhead. But ELRP is an exception because ELRP takes full account of the impact of speed factors on protocol performance and redesigns forwarding strategy allows ELRP to adapt to various of speed scenarics. This allows ELRP to have the lowest routing overhead compared to these three protocols and the overhead does not increase significantly with the increase of speed.

Fig. 11 shows the effect of nodes speed on throughput. In general, the throughput tends to decrease with the increase of node speed. ELRP performs best compared to these three protocols. All of these four protocols are somewhat jittery on this metric. When the vehicle speed is moderate, ELRP performs significantly better than other protocols. When the nodes speed is too low or too high, this advantage will be reduced, but in any case, ELRP shows that it can handle high-speed or low-speed scenarios and achieve excellent throughput performance.

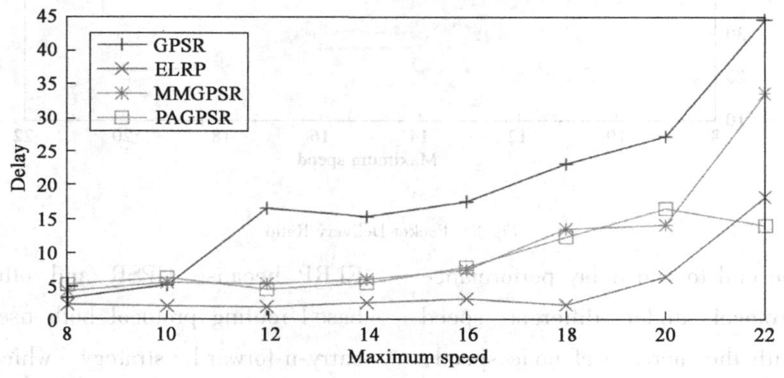

Fig. 10 Mac Overhead

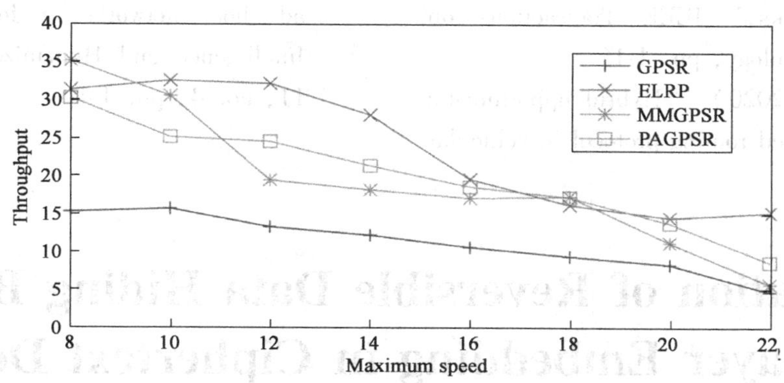

Fig. 11 Throughput

4 Conclusions

In this paper, we introduce the ELRP, an improved location-based routing protocol for VANET. It improves the success rate of forwarding by restricting the forwarding area, redefineing the forwarding function, introduceing adaptive hello intervals and predicting the location of nodes at the next moment. The performance of ELRP is verified by simulation using performance indicators such as packet delivery rate, end-to-end delay, MAC overhead and throughput. ELRP achieves the highest packet delivery rate, the lowest end-to-end delay, the smallest routing overhead and the largest throughput. ELRP performs well in environments with different node densities and different node speeds, which makes it better for high mobility VANET. It also have some disadvantages. In VANET, it needs an computer brain to make decisions and then transfer to vehicle. It will increase the burden on the network. Sharing information to surrounding vehicles also increases end to end delay. In the future, the impact of link quality and node connectivity on the protocol will be considered to solve these problems and further improve the performance of the protocol.

References

[1] B. Karp and H.-T. Kung. (2000). "Gpsr: Greedy perimeter stateless routing for wireless networks," in Proceedings of the 6th annual international conference on Mobile computing and networking, 2000, pp. 243-254.

[2] C. Lochert, M. Mauve, H. Fußler, and H. Hartenstein. (2005). "Geographic routing in city scenarios," ACM SIGMOBILE mobile computing and communications review, vol. 9, no. 1, pp. 69-72.

[3] M. Jerbi, S.-M. Senouci, R. Meraihi, and Y. Ghamri-Doudane. (2007). " An improved vehicular ad hoc routing protocol for city environments," in *2007 IEEE International Conference on Communications*. IEEE, 2007, pp. 3972-3979.

[4] X. Yang, M. Li, Z. Qian, and T. Di. (2018). "Improvement of gpsr protocol in vehicular ad hoc network," IEEE Access, vol. 6, pp. 1-1.

[5] A. Silva, N. Reza, and A. Oliveira. (2018). "Improvement and performance eval10 uation of gpsr-based routing techniques for vehicular ad hoc networks," IEEE Access, vol. 7, pp. 21722-21733.

[6] Goudarzi, Forough, Asgari, Hamid, Al-Raweshidy, Hamed, and S. (2019). "Traffic-aware vanet routing for city environments-a protocol based on ant colony optimization, " IEEE Systems Journal, vol. 13, no. 1, pp. 571-581.

[7] D. N. Venkatramana, S. B. Srikantaiah, and J. Moodabidri. (2018). "Cisrp: Connectivity-aware intersection-based shortest path routing protocol forvanets in urban environment, " Iet Networks, vol. 7, no. 3, pp. 152-161.

[8] G. Sun, Y. Zhang, D. Liao, H. Yu, et. al. (2018). "Bus trajectory-based street-centric routing for message delivery in urban vehicular

ad hoc networks," IEEE Transactions on Vehicular Technology, pp. 1-1.

[9] A. Ghaffari. (2020). "Hybrid opportunistic and position-based routing protocol in vehicular ad hoc networks," Journal of Ambient Intelligence and Humanized Computing, vol. 11, no. 4, pp. 1-1.

Optimization of Reversible Data Hiding Based on Multilayer Embedding in Ciphertext Domain

Li Xuewen*

(Department of Information and Communication Engineering, School of information science and technology, Southwest Jiaotong University)

Abstract In order to improve the data embedding capacity of the Ge algorithm and the image quality of the directly decrypted image, this paper proposes an improved reversible information hiding scheme in ciphertext domain based on histogram multi-layer embedding load. In the image encryption stage, the content owner performs intra-block pixel modulation encryption and scrambling for the 4 ×4 block size image, which avoids the "carry" pixels caused by encryption, so that the directly decrypted image has better visual quality. In the data embedding stage, the peak value of the histogram is obtained through the prediction error, which can retain the correlation between pixels in the shifting process, so that the single-layer embedding can be further extended to multi-layer embedding, so as to achieve higher embedding capacity. The experimental results show that the algorithm can ensure the high visual quality of the directly decrypted image while improving the embedding rate, and the carrier image can be completely restored, and the experimental performance is better than some existing methods.

Keywords reversible information hiding ciphertext domain multi-layer embedding histogram shift

0 Introduction

Traditional information hiding technology plays an important role in the field of information security, which is usually irreversible information hiding, and the original carrier will be permanently distorted after the information is embedded[1]. In order to take into account the information hiding and the original carrier without distortion Recovery, reversible data hiding (RDH) technology is proposed. It is a technique to embed information into digital media (usually an image) without leaving significant distortion, the embedded information can be extracted without error, and the original overlay media can be recovered losslessly[2]. In recent years, with the increasing demand for privacy protection, the reversible data hiding in encrypted image (RDH-EI)[3] emerged as the times require, and is suitable for various fields, such as telemedicine Diagnosis[4], multimedia file management[5] and so on.

Generally speaking, RDH-EI is mainly divided into two frameworks: reserving room before encryption (RRBE) and vacating room after encryption (VRAE). In the RRBE framework, the original image before encryption is preprocessed to embed more information. Ma et al.[6] first proposed to perform a preprocessing operation on the original image before encryption to make room for embedding data, which not only separates data extraction and image decryption, but also improves the embedding rate. [7] divided half of the pixels into smooth and textured regions, further providing space for data hiding. In 2015, Li et al.

[8] first proposed a multi-histogram modification RDH technique based on prediction error expansion. The computational complexity is to obtain a histogram sequence, and each histogram selects two peaks for data embedding. However, the RRBE method is not very feasible in practical applications, because it has certain technical requirements for content owners.

In the VRAE framework, since the redundancy of the encrypted image is very low, only a small amount of information can be embedded in the encrypted image. Wang et al. [9] arranged and encrypted the pixels through the prediction error, and embedded the data of multiple most significant bits of the embedded pixels , and the original data could be recovered losslessly by using the correlation of adjacent pixels. Malik et al. [10] first encrypted the image, and then used parity embedding technology for data embedding. After the embedding was completed, the encrypted images were arranged to prevent perceptual information leakage. Yi et al. [11] proposed to use block-level prediction for adaptive pixel selection, and use iterative embedding to obtain larger embedding capacity.

In the development of reversible information hiding, different methods have been proposed to realize the transmission of secret information. For example, early RDH methods are mainly based on lossless compression [12], but this method can only provide limited embedding capacity, and will significantly reduce Image Quality. Later Tian [13] proposed a high-capacity RDH method based on difference expansion (DE), which achieved high embedding capacity but low visual quality[14]. On the basis of DE method, some improved reversible information hiding methods are proposed. Another classic algorithm is histogram shifting (HS)[15-18]. Data embedding is performed on peaks and reversibility is achieved by shifting other pixels. In 2006, Ni et al. [15] used the peaks and zeros to shift the histogram, so as to achieve the purpose of transmitting secret data and restoring the original image. Most of the existing HS-based RDH schemes generate a single histogram, and usually use smooth regions in the image to hide the data at one time, so the embedding capacity is limited. [16] proposed a multi-layer reversible information hiding scheme based on differential image histogram (DHS) modification, using the multi-layer hiding strategy to achieve large hiding capacity and low distortion. But this method sometimes cannot accurately restore the original image, and needs to store a lot of extra information. Li et al. [17] proposed a multi-histogram based RDH scheme, which calculates the prediction error at different complexity levels for each pixel, generates multiple histograms, and performs the multi-histogram modification based on the proposed embedding strategy. Data embedding. This method improves the visual quality of labeled images, but has limited embedding capacity. In 2019, Ge et al. [18] proposed a multi-layer embedding method based on histogram shift in encrypted images, scrambling and encrypting the original image in blocks, using the pixel redundancy within the block and the characteristics of the histogram, operate on the block histogram, and perform data embedding on the peaks selected by the user during the embedding process, effectively preserving the correlation between pixels, realizing the expansion of data from one-layer embedding to multi-layer embedding, and obtaining a higher embedding rate.

Since the literature [18] uses 8-bit binary pixel value and stream cipher to encrypt the image in a bitwise XOR manner, and uses histogram shift for data embedding (may add or subtract one to the pixel value), This means that when the directly decrypted image is obtained, the pixel value containing the secret information may not only change the least significant bit (LSB), so that this part of the embedded pixels may be very different from the original pixel value. The peak signal to noise ratio (PSNR) of the obtained directly decrypted image will be very low. Besides, the embedding capacity of each layer will be greatly improved. Based on the literature[18], this paper proposes an improved multi-layer embedding RDH-EI method. Compared with the scheme in[18], the PSNR of the directly decrypted image and the embedding rate of the data are improved. The main contributions of this paper are as follows:

(1) Block the original image, and each block of pixels is connected with the same random number to perform modulation encryption and scrambling operations. In the histogram multi-layer embedding framework, the pixel error of the secret image can be reduced, and the PSNR of the directly decrypted image can be effectively improved.

(2) Calculate the prediction error, and do data embedding for the peak value of the prediction error histogram, which greatly reduces the amount of auxiliary information, increase data embedding capacity, and preserves the correlation between pixels, making it easy to embed data in a single layer. Extend to multi-layer embeddings to obtain higher embedding rates than existing methods.

The rest of the paper is structured as follows. Section 2 details our algorithm and single-layer and multi-layer embedding structures. Section 3 analyzes the experimental results. Section 4 concludes (Fig. 1).

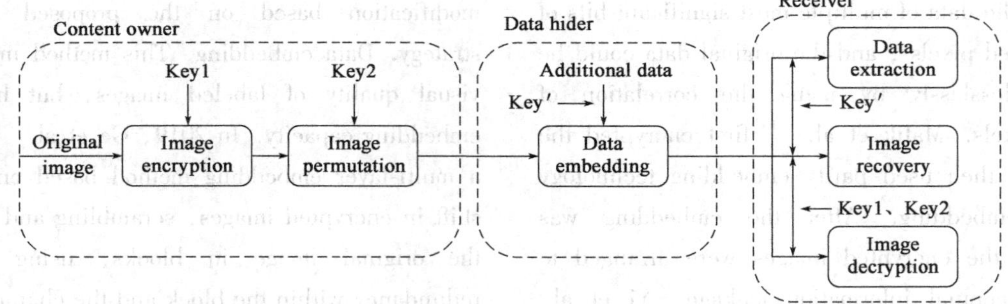

Fig. 1　Frame structure of single-layer embedding

1　Proposed Scheme

The proposed method consists of three stages: ①An encrypted image is generated by encrypting the original image with a secret key by the content owner. ②The data hider performs data embedding to generate a marked encrypted image. ③The receiver performs data extraction and image restoration. Figure 1 shows the frame structure of single-layer embedding.

1.1　Image encryption

In [18], the stream cipher generated by the encryption key is XORed with the original pixel, resulting in a large visual distortion of the directly decrypted image (see Section 3 for a detailed analysis). Make improvements. The proposed encryption algorithm consists of two steps. First, the content owner divides the original image into blocks, encrypts the pixels in the block with the encryption key, and then uses the scrambling key to perform block scrambling, scrambling the pixels in the block, and generate encryption. image and upload to the cloud.

Assuming that the size of the original grayscale image is $M \times N$, the pixel $x(m,n) \in [0,255], 1 \leq m \leq M, 1 \leq n \leq N$, the relationship between adjacent pixels is generally close according to the consistency of the pixels in the local area. In order to exploit the correlation of RDH, the original image is first divided into non-overlapping blocks by the content owner, i.e. $\{B_1, B_2, \cdots, B_i, \cdots, B_K\}$, blocks of size is $s \times s$, scanned from left to right, top to bottom. Therefore, the total number of blocks is $K = \left\lfloor \frac{M}{s} \right\rfloor \times \left\lfloor \frac{N}{s} \right\rfloor$, where $\lfloor \cdot \rfloor$ is a function that rounds x tothe largest integer not exceeding the real number.

In order to maintain the correlation of pixels within a block, the pixels within the same block are encrypted with the same random number, which facilitates subsequent data embedding. First, use the encryption key Key_1 to generate a pseudo-random matrix $C = \{c(a,b) \mid c(a,b) \in [0,255], 1 \leq a \leq$

$\lceil \frac{M}{s} \rceil, 1 \leqslant b \leqslant \lceil \frac{N}{s} \rceil \}$, assumed $p(i,j) = \{p(i,j) \mid i = 1,2,\cdots,K, j = 1,2,\cdots,s \times s\}$ to be a pixel in the block, i represents the index of the block, and j represents the pixel index within the block. Encryption is obtained by performing the following modulo operation on each block in turn using a pseudo-random matrix

$$E(p(i,j),c(a,b)) = (p(i,j) + c(a,b)) \bmod 256 = s(i,j)$$
$$\forall i = 1,2,\cdots,K, j = 1,2,\cdots,s \times s, \quad 1 \leqslant a \leqslant \left[\frac{M}{s}\right], 1 \leqslant b \leqslant \left[\frac{N}{s}\right] \tag{1}$$

Where $s(i,j)$ represents the encrypted pixel value at the (i,j) position in the pixel block, and mod represents the modulo operation.

After all pixel blocks are processed, the pixel blocks are scrambled using the scramble key Key_2, and the pixels in each block are further scrambled using the scramble key. The encrypted image is obtained after encrypting all pixel values.

1.2 Data Embedding

Since the pixel value of the same block is encrypted with the same random number in the encryption stage, the pixel correlation between local pixels still exists. Therefore, the encrypted image is divided into blocks, and the histogram shift is used to embed the data in each block. , thecorrelation between pixels can still be preserved, which is beneficial to extend the method from single-layer embedding to multi-layer embedding, thereby further improving the embedding capacity.

In grayscale images, the range of pixel values is [0, 255]. When the data embedding histogram is shifted, the pixel value may become −1 or 256, which will cause overflow. To solve the overflow problem, the image needs to be preprocessed , which modifies pixels with values {0,1,254,255}.

The edge pixel values of each histogram are modified and recorded in the bitmap LM. Initialize the bitmap LM to be empty, scan all pixels $s(i,j)$ and modify, as shown in (2) (3),

$$LM = \begin{cases} 1 & \text{if } s(i,j) \in \{1,254\} \\ 0 & \text{if } s(i,j) \in \{0,255\} \end{cases} \tag{2}$$

$$s'(i,j) = \begin{cases} 1 & \text{if } s(i,j) = 0 \\ 254 & \text{if } s(i,j) = 255 \\ s(i,j) & \text{otherwise} \end{cases} \tag{3}$$

Add the bit "1" to the bitmap LM with the pixel value of {1,254}, add the bit "0" to the bitmap LM with the pixel value of {0,255}, and modify the pixel value of {0,255} to {1,254}, the rest of the pixel values remain unchanged, forming a modified encrypted pixel value, the range of the modified encrypted image pixel value is [1,254]. The bitmap LM′ embedded with additional bits is then compressed using arithmetic coding and embedded into the encrypted image to generate a modified encrypted image.

To improve the overall performance of the scheme, a histogram multi-layer embedding RDH-EI algorithm using prediction errors is proposed. The specific embedding steps are as follows:

1) Single layer embedding

The prediction error value is calculated for all the pixels of the encrypted image using the checkerboard prediction technique, and then the prediction error histogram is generated, and the peak value is embedded by the histogram shift. The prediction process adopts the chessboard prediction technology, and the specific process is illustrated by taking the 4 × 4 pixel chessboard in Fig. 2 as an example.

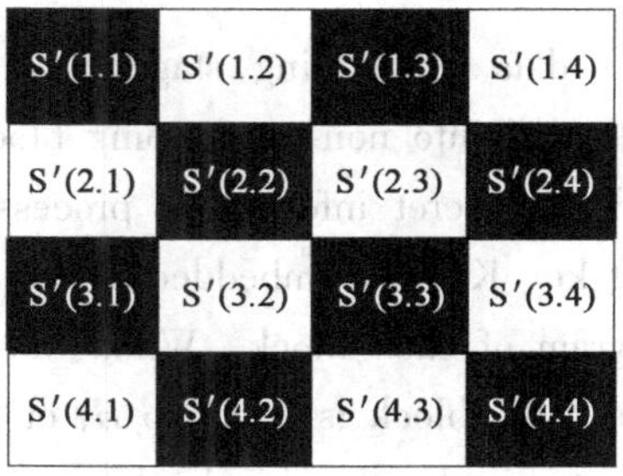

S′(1.1)	S′(1.2)	S′(1.3)	S′(1.4)
S′(2.1)	S′(2.2)	S′(2.3)	S′(2.4)
S′(3.1)	S′(3.2)	S′(3.3)	S′(3.4)
S′(4.1)	S′(4.2)	S′(4.3)	S′(4.4)

Fig. 2 4 ×4Checkerboard

All the pixels of the encrypted image are divided into two groups of white and black according to the method of Fig. 2, the white locus is predicted and data embedded, and then the modified white locus is used to perform the same operation on the black locus. Take loxels as an example. First, the prediction error of the white locus is calculated. The pixel error is calculated from the mean of the surrounding black loci. All pixels are divided into three categories.

$$M_1(1,2) = \left\lfloor \frac{s'(1,1) + s'(1,3) + s'(2,2)}{3} \right\rfloor \tag{4}$$

$$M_1(1,4) = \left\lfloor \frac{s'(1,3) + s'(2,4)}{2} \right\rfloor \tag{5}$$

$$M_1(2,3) = \left\lfloor \frac{s'(1,3) + s'(2,2) + s'(2,4) + s'(3,3)}{4} \right\rfloor \tag{6}$$

$$d_e(1,2) = s'(1,2) - M(1,2) \tag{7}$$

Where $M_1(1, 2)$ represents the predicted value of the pixel at the white position (1, 2). d_e represents the prediction error, which is obtained by the difference between the encrypted pixel and the predicted value.

By calculating the prediction error, the prediction error histogram of all pixels in the white position is obtained, the values corresponding to the highest peak and the second highest peak in the histogram are selected as the peaks of the data embedding stage, and these two peaks are embedded into the LSB bits of the last two block pixels, and the original LSB bit data is embedded together with the secret information. Compared to selecting the peak embedding data for each block, the space required to store additional information is extremely small by using the unified peak method here.

In the data embedding stage, the encrypted image is divided into non-overlapping blocks of size 4×4, and the secret information processed by the data hiding key Key′ is embedded in the prediction error histogram of each block. When the prediction error value in the block is equal to H_1 or H_2, When they are not equal, the block does not do data embedding. In addition, the data embedding process is divided into three cases:

(a) If $H_1 = H_2$, scanning all the prediction errors in the block, and modifying the rest of the pixel values,

$$d'_e = \begin{cases} d_e - 1 & \text{if } d_e < H_1 \\ d_e - b & \text{if } d_e = H_1 \\ d_e & \text{otherwise} \end{cases} \tag{8}$$

b is the embedded secret information, the value is {0,1}. d_e is the scanned prediction error value, and d'_e is the modified prediction error value.

(b) If $H_1 < H_2$, perform data embedding for the remaining pixels.

$$d'_e = \begin{cases} d_e - 1 & \text{if } d_e < H_1 \\ d_e - b & \text{if } d_e = H_1 \\ d_e + b & \text{if } d_e = H_2 \\ d_e + 1 & \text{if } d_e > H_2 \\ d_e & \text{otherwise} \end{cases} \tag{9}$$

(c) If $H_1 > H_2$, perform data embedding for the remaining pixels.

$$d'_e = \begin{cases} d_e - 1 & \text{if } d_e < H_2 \\ d_e - b & \text{if } d_e = H_2 \\ d_e + b & \text{if } d_e = H_1 \\ d_e + 1 & \text{if } d_e > H_1 \\ d_e & \text{otherwise} \end{cases} \tag{10}$$

After scanning all the pixels in the block, the modified prediction error value d'_e is obtained, and all the modified white position pixels are obtained by (11).

$$s''(m,n) = d'_e(m,n) + M_1(m,n)$$
$$\forall m = 1,2,\cdots,M, n = 1,2,\cdots,N \tag{11}$$

Afterwards, do the same for the black loxels with the modified white loxels. After the data is all embedded, a marked encrypted image I_{ew} is generated. This image can be decrypted by a legitimate recipient who holds the data hiding key.

In single-layer embedding, a uniform histogram peak is used for each block. Although some blocks may not be embedded, due to the characteristics of the prediction error histogram, the embeddable capacity of the data can still be guaranteed.

After completing the data embedding of the previous layer, if there is still data to be embedded and the current marked encrypted image still has enough space, in order to obtain a higher embedding capacity, continue the embedding of the next layer. The embedding process is similar to the single-layer embedding, the multi-layer embedding process framework is shown in Fig. 3.

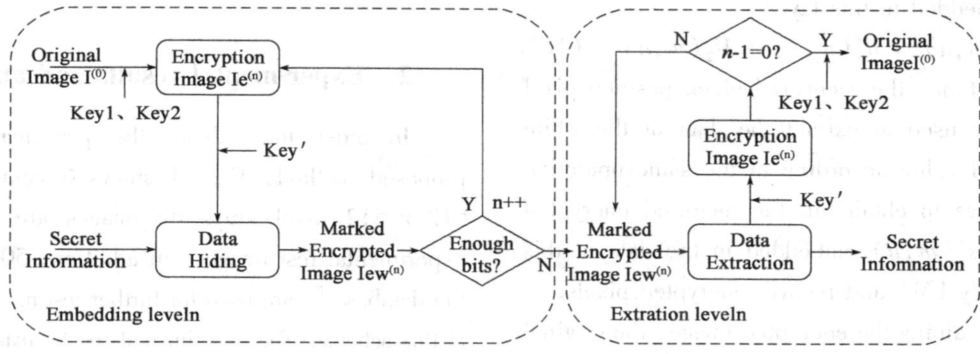

Fig. 3 Multi-layer embedding process framework

The original image $I^{(0)}$ is encrypted with the secret key to obtain the encrypted image, and then the histogram shift is used to embed the secret information through the prediction error to complete the single-layer data embedding, and the marked encrypted image $I_{ew}^{(1)}$ is formed as the cover image embedded in the next layer. Before the next layer is embedded, the pixels are grouped again, and the prediction error is calculated to obtain the histogram peak. In the data embedding stage, if the two peaks are equal, the histogram is shifted according to (8-10). After all pixels are processed, a new marked encrypted image is generated again. The two peaks are embedded with the secret information, and the embedding process is repeated. The embedding terminates when the total number of embeddable data bits is less than the length of bitmap LM.

Since the bitmap LM is equal to the sum of the number of encrypted image pixels {0, 1, 254, 255}, the bitmap lengths of different block sizes in the same image are not much different [18]. Therefore, the main factor affecting the total embedding capacity is the number of pixels in which data can be embedded.

1.3 Data Extraction & Image Recovery

In the data extraction stage, the order of data extraction and data embedding is reversed. First, the information hidden by the pixels in the black position is extracted, and then the same operation is performed on the pixels in the white position. Here, the pixels in the black position are taken as an example. The receiver divides the marked encrypted image into blocks of size 4 × 4, divides the pixels into two groups as shown in Fig. 2, obtains the predicted value M_2 of the black position pixel, and obtains the modified prediction error value,

$$d'_e = (m,n) = s''(m,n) - M_2(m,n)$$
$$\forall m = 1,2,\cdots,M, n = 1,2,\cdots,N \quad (12)$$

The prediction error can be obtained by the histogram shift, and the hidden secret information can be obtained ,

(a) If $H_1 = H_2$,

$$d_e = \begin{cases} d'_e + 1 & \text{if } d'_e < H_1 - 1 \\ d'_e + b & \text{if } d'_e = H - 1 \text{ or } d'_e = H_1 \\ d'_e & \text{otherwise} \end{cases} \quad (13)$$

(b) If $H_1 < H_2$,

$$d_e = \begin{cases} d'_e + 1 & \text{if } d'_e < H_1 - 1 \\ d'_e + b & \text{if } d'_e = H_1 - 1 \text{ or } d'_e = H_1 \\ d'_e - b & \text{if } d'_e = H_2 \text{ or } d'_e = H_2 + 1 \\ d'_e - 1 & \text{if } d'_e > H_2 + 1 \\ d'_e & \text{otherwise} \end{cases} \quad (14)$$

(c) If $H_1 > H_2$,

$$d_e = \begin{cases} d'_e + 1 & \text{if } d'_e < H_2 - 1 \\ d'_e + b & \text{if } d'_e = H_2 - 1 \text{ or } d'_e = H_2 \\ d'_e - b & \text{if } d'_e = H_1 \text{ or } d'_e = H_1 + 1 \\ d'_e - 1 & \text{if } d'_e > H_1 + 1 \\ d'_e & \text{otherwise} \end{cases} \quad (15)$$

Further calculation can obtain the original pixel value s″ embedded in this layer,

$$s''(m,n) = d'_e(m,n) + M_2(m,n) \quad (16)$$

At this time, the recovered black position pixel value can be used to extract the data of the white position pixel value according to the same operation process, so as to obtain all the modified encrypted pixel values $s'(m,n)$ embedded in the data of this layer. Identify LM' and recover encrypted pixels.

After obtaining the encrypted image, the original image can be recovered using the scrambled key and the encryption key.

$$I_0 = [s(i,j) - c(a,b)] \bmod 256$$
$$= p(i,j) = D[s(i,j), c(a,b)]$$
$$\forall i = 1,2,\cdots,K, j = 1,2,\cdots,s \times s,$$
$$1 \leqslant a \leqslant \left[\frac{M}{s}\right], 1 \leqslant b \leqslant \left[\frac{N}{s}\right] \quad (17)$$

2 Experimental results and analysis

In order to evaluate the performance of the proposed method, Fig. 4 shows 6 commonly used 512 × 512 pixel grayscale images are selected as experimental test images, in addition, 500 images in the database[19] are used for further testing Applicability of this scheme. The experimental results make a detailed analysis of the rationality of the encryption algorithm of the framework in this paper, and carry out a comparative analysis of the performance advantages from the aspects of embedding capacity and image quality.

Fig. 4 512 × 512standard grayscale test image

In the framework of this paper, the scrambling-modulo modulation encryption algorithm is used, which is more versatile than the scrambling-XOR encryption algorithm in [18]. For example, as shown in Fig. 5, XOR is the process of stream cipher XOR encryption. Suppose the original pixel value is "37", its binary form is "00100101", and the stream cipher "10101010" is used for XOR encryption, and the encrypted pixel "10001111" is obtained. Assuming that the data "m = 1" needs to be embedded, the histogram is added by one, and the marked pixel value is "10010000", and the low-order consecutive "1" produces a carry. In the direct decryption, the same stream cipher is used to perform XOR decryption again, and the directly decrypted pixel value is "58", and its binary form is "00111010", which is quite different from the original pixel value. This kind of error does not occur in the scheme of this paper, as shown in the MOD algorithm in Fig. 5.

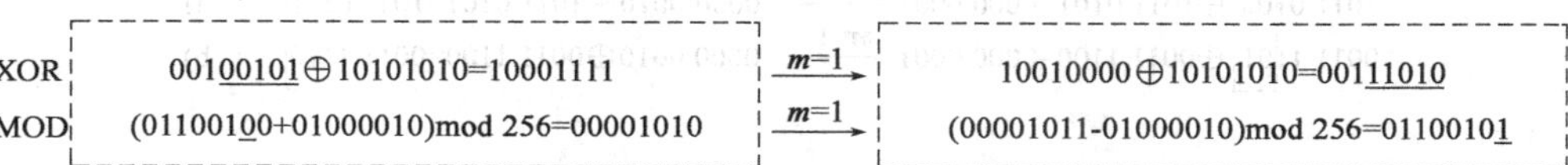

Fig. 5 XOR and MOD encryption algorithm flow

From a statistical point of view, in the framework of this paper, the directly decrypted pixels generated by the XOR encryption algorithm have a higher error rate. For the XOR encryption algorithm in Fig. 5, the least significant bit of the encrypted pixel is a continuous "1". When the embedded data "m = 1", the low bit of the encrypted pixel carrying the encryption will produce a "carry" phenomenon, that is, multiple low-level bit planes Inversion occurs, which results in multiple bit planes that are different when XOR decrypting the encrypted pixel with the same stream cipher.

For the special case of "carry", the special case of pixels is represented by a set S. S includes the case where the LSB of the encrypted pixel is continuous "1" and not all "1" (that is, except for the case of "11111111"), which is divided into 7 groups. The situation is shown in Tab. 1.

All cases of set S Tab. 1

The number of digits n whose LSB is consecutively "1"	Special case of encrypted pixel E	quantity
1	10000 0001 ~ 1111 110	64
2	0000 0011 ~ 1111 1011	32
3	0000 0111 ~ 1111 0111	16
4	0000 1111 ~ 1110 1111	8
5	0001 1111 ~ 1101 1111	4
6	0011 1111 ~ 1011 1111	2
7	0111 1111	1

According to the difference of the secret key, when $n = 1$, as shown in Fig. 6a), the pixel value changes by "3", although the change of the pixel value is small, it is still classified into the S set here, as shown in Fig. 6 (As shown in b), after information hiding, the pixel value changes normally. About half of the encrypted pixels will have large errors, and half of the pixels are normal "carries". Therefore, when $n = 1$, there may be an average of $64/2 = 32$ cases that may produce larger errors.

There are a total of 127 kinds of special case pixels in the S set, about 37.5% of the directly decrypted pixels will generate a large error, which directly leads to a lower decryption image. quality. In scrambling-modulation, there is a phenomenon that a small number of decrypted pixels and original pixels have large errors. This is because the encrypted pixels obtained after modulation may be equal to "0", which is a normal calculation result. So using scrambling-modulation encryption can avoid the above situation. Tab. 2 shows the ratio of encrypted pixels that may produce errors in different images.

In order to achieve better embedding performance, the embedding capacity of each layer should be maximized as much as possible. Tab. 2 shows the embedding capacity of each layer of an image with a block size of 4 × 4. Negative embedding capacity indicates the current or higher layer. Levels can no longer embed data, use " – " to indicate higher level data. From the data in Tab. 3, it can be found that for all test images, as the number of embedding layers increases, the embedding level keeps decreasing. And due to the different degrees of texture of the images, the number of layers that can be embedded in the data is also different. Comparing the schemes in this paper with those in the literature[18], all of them meet the above characteristics, and the scheme in this paper shows better embedding performance in the embedding capacity of each layer.

1011 0100 ⊕1011 0101=0000 0001 $\xrightarrow{m=1}$ 0000 0010⊕1011 0101=1011 0111　　a)

0011 1101 ⊕0011 1100=0000 0001 $\xrightarrow{m=1}$ 0000 0010⊕0011 1100=0011 1110　　b)

Fig. 6　Changes of encrypted pixeis when $n=1$

The proportion of S pixels in different image sets　　Tab. 2

Image	Scramble-XOR		Scrambling-MOD	
	Quantity	Proportion	Quantity	Proportion
Airplane	99329	37.89%	52	—
Baboon	101024	38.54%	18	—
Lena	99904	38.11%	11	—
Peppers	100412	38.30%	9	—
Boats	100963	38.51%	15	—
Barbara	100857	38.47%	11	—

Comparison of the embedding capacity of the literature[18] and the algorithm in this paper in different embedding layers bpp　　Tab. 3

Images	Method	layer 1	layer 2	layer 3	layerl 4	layer 5	layer 6	layer 7
		layer 8	layer 9	layer 10	layer 11	layer 12	layer 13	layer 14
Airplane	Ge et al. [18]	0.1708	0.1228	0.0937	0.0714	0.0531	0.0387	0.0269
		0.0186	0.0104	0.0026	-0.0034	—	—	—
	Proposed	0.3085	0.1824	0.1277	0.1193	0.0931	0.0713	0.0554
		0.0515	0.0444	0.0358	0.0434	0.0332	0.0297	0.0217
Baboon	Ge et al. [18]	0.0251	0.0140	0.0050	-0.0031	—	—	—
		—	—	—	—	—	—	—
	Proposed	0.0562	0.0484	0.0373	0.0311	0.0253	0.0175	0.0148
		0.0110	0.0065	0.0027	0.0016	-0.0083	—	—
Lena	Ge et al. [18]	0.1084	0.0819	0.0633	0.0461	0.0337	0.0230	0.0135
		0.0065	0.0005	-0.0060	—	—	—	—
	Proposed	0.2073	0.1483	0.1232	0.0869	0.0799	0.0667	0.0485
		0.0423	0.0321	0.0297	0.0224	0.0206	0.0212	0.015
Peppers	Ge et al. [18]	0.0884	0.0675	0.0515	0.0371	0.0268	0.0169	0.0105
		0.0029	-0.0041	—	—	—	—	—
	Proposed	0.1280	0.1026	0.0858	0.0678	0.0497	0.0465	0.0345
		0.0232	0.0329	0.0381	0.0264	0.0311	0.0185	0.0262
Barbara	Ge et al. [18]	0.0750	0.0541	0.0382	0.0258	0.0158	0.0066	-0.0007
		—	—	—	—	—	—	—
	Proposed	0.1502	0.1122	0.0818	0.0625	0.0608	0.0438	0.0439
		0.0335	0.0275	0.02	0.0192	0.0087	0.0074	0.0033
Boats	Ge et al. [18]	0.0688	0.0515	0.0367	0.0247	0.0150	0.0071	-0.0003
		—	—	—	—	—	—	—
	Proposed	0.1184	0.0926	0.0795	0.0665	0.0456	0.0414	0.0387
		0.0330	0.0290	0.0216	0.0167	0.0134	0.0058	0.0045

In order to better illustrate the generality of the algorithm in this paper, the experiments are tested on 500 images of the UCID dataset[19]. The total embedding capacity of the schemes in this paper and in [18] is compared. From the results in Fig. 7, it can be seen that for the UCID dataset, the average data embedding capacity of the proposed scheme is increased by nearly 0. 4307bpp, which has a more obvious embedding advantage.

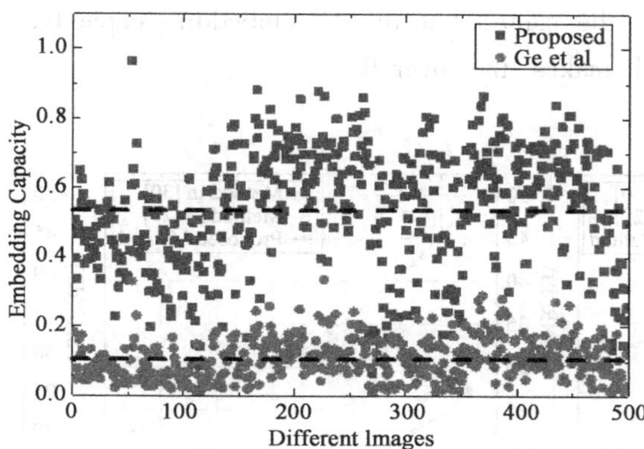

Fig. 7 The algorithm in this paper and the reference[18] test the embedding capacity of the images in the UCID dataset

In addition to the advantages of the proposed scheme in terms of embedding capacity, it also has better performance in terms of visual quality. Fig. 8 shows the direct decryption images of the [18] and the proposed scheme. The smaller the difference from the original image, the better the quality of the image. It can be intuitively seen from Fig. 8 that the visual quality of the scheme in this paper is higher.

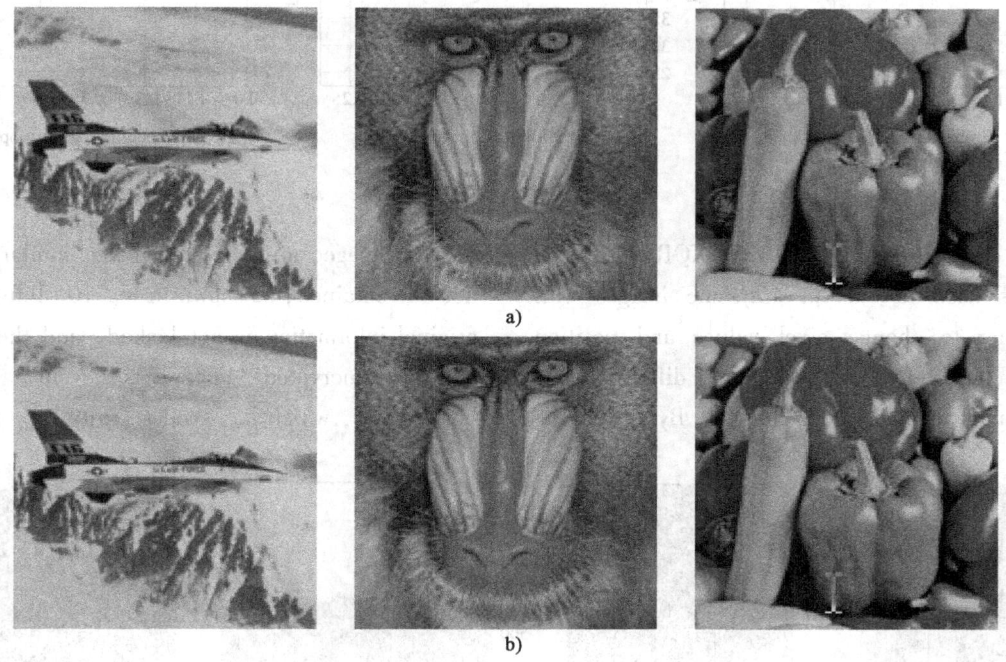

Fig. 8 Direct decryption of the image a) the document[18] scheme b) the scheme

In order to show the PSNR characteristics of different schemes more specifically, under the same test conditions, the PSNRs of different images under the same embedding rate are compared. It can be seen from the data results in Fig. 9 that with the continuous increase of the number of embedding layers, the total embedding amount of the data must also increase, and the visual quality of the image will inevitably decline. When comparing the images with the same embedding capacity, the encryption methods of [7] and [18] are the same, but the single-layer embedding method makes the overall embedding performance average. At the same embedding rate, the PSNR of most images is 15dB higher than that of the literature[18], and the PSNR of single-layer embedding is about 1.7 times that of the literature[18]. And it can be seen from the test results that the scheme in this paper can achieve larger embedding capacity.

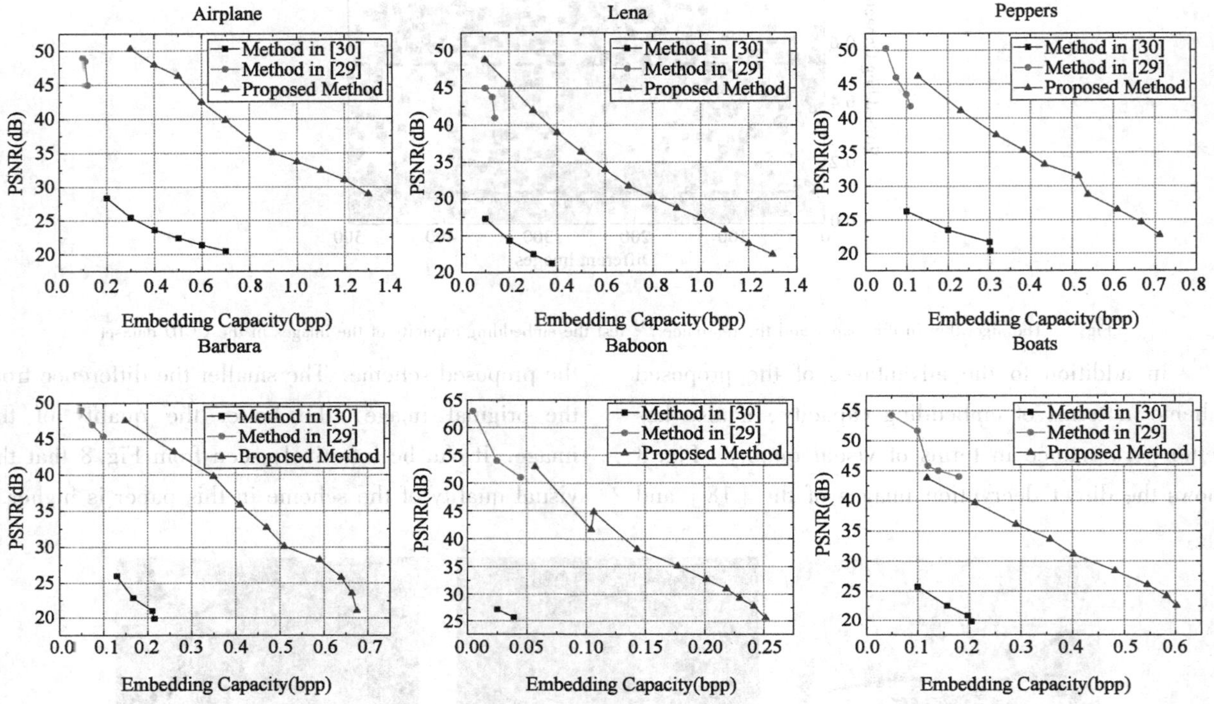

Fig. 9 comparison of PSNR

In the encryption stage, MOD256-XOR encryption algorithm is used to encrypt grayscale images with stream cipher to change pixel values and position sequences. Different images adopt different key streams to achieve more secure effects. By encrypting the test image, an encrypted image similar to random noise is obtained, as shown in Fig. 10. Intuitively, the original information is not leaked, and the histogram of the encrypted image is evenly distributed horizontally, which has good security.

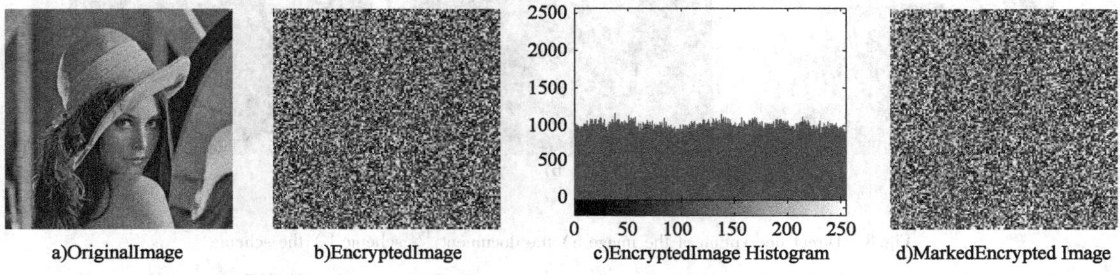

Fig. 10 Simulation results of Lena

3 Conclusions

In this paper, a reversible information hiding algorithm in ciphertext domain based on histogram-shifted multilayer embedding is proposed to improve the embedding performance of RDH-EI algorithm and the visual quality of directly decrypted images. The algorithm is based on the histogram shift, and utilizes the feature that the correlation between pixels can still be preserved after the histogram shift, so as to realize the multi-layer data embedding of the image, thereby improving the embedding rate of the image. The experimental results show that the proposed method has a larger embedding space, and the directly decrypted images generated have higher visual quality.

References

[1] S. Li, L. Hu, C. Sun, et al. (2021). Comparative assessment of PEE methods and new performance measurement for RDH. Multimed Tools Appl 80, 23541-23560.

[2] Z. Yin, Y. Xiang and X. Zhang. (2020). Reversible Data Hiding in Encrypted Images Based on Multi-MSB Prediction and Huffman Coding. IEEE Transactions on Multimedia, vol. 22, no. 4, pp. 874-884.

[3] X. Zhang. (2011). Reversible Data Hiding in Encrypted Image. IEEE Signal Processing Letters, vol. 18, no. 4, pp. 255-258.

[4] G. Coatrieux, C. Le Guillou, J.-M. Cauvin, C. Roux. (2009). Reversible watermarking for knowledge digest embedding and reliability control in medical images. IEEE Trans. Inf. Technol. Biomed., vol. 13, no. 2, pp. 158-165.

[5] S. Lee, C. D. Yoo, T. Kalker. (2007). Reversible image watermarking based on integer-to-integer wavelet transform. IEEE Trans. Inf. Forensics Security, vol. 2, no. 3, pp. 321-330.

[6] K. Ma, W. Zhang, X. Zhao, N. Yu, F. Li. (2013). Reversible data hiding in encrypted images by reserving room before encryption. IEEE Trans. Inf. Forensics Secur. 8 (2) 553-562.

[7] T. Nguyen, C. Chang, W. Chang. (2016). High capacity reversible data hiding scheme for encrypted images. Signal Process. Image Commun. 44, 84-91.

[8] X. Li, W. Zhang, X. Gui, B. Yang. (2015). Efficient reversible data hiding based on multiple histograms modification. IEEE Trans. Inf. Forensics Security, vol. 10, no. 9, pp. 2016-2027.

[9] D. Wang, X. Zhang, C. Yu, Z. Tang. (2020). Reversible Data Hiding in Encrypted Image Based on Multi-MSB Embedding Strategy. Applied Sciences, 10(6), 2058-. doi:10.3390/app10062058

[10] A. Malik, P. He, H. Wang, et al. (2020). High-Capacity Reversible Data Hiding in Encrypted Images Using Multi-layer Embedding. IEEE Access, , PP(99):1-1.

[11] S. Yi, Y. Zhou, Z. Hua. (2018). Reversible data hiding in encrypted images using adaptive block-level prediction-error expansion. Signal Process. Image Commun. 64, 78-88.

[12] M. U. Celik, G. Sharma, A. M. Tekalp. (2006). Lossless watermarking for image authentication: A new framework and an implementation. IEEE Trans. Image Process., vol. 15, no. 4, pp. 1042-1049.

[13] J. Tian. (2003). Reversible data embedding using a difference expansion. IEEE Trans. Circuits Syst. Video Technol., vol. 13, no. 8, pp. 890-896.

[14] D. Coltuc. (2011). Improved embedding for prediction-based reversible watermarking. IEEE Trans. Inf. Forensics Security, vol. 6, no. 3, pp. 873-882.

[15] Z. Ni, Y.-Q. Shi, N. Ansari, W. Su. (2006). Reversible data hiding. IEEE Trans. Circuits Syst. Video Technol., vol. 16, no. 3, pp. 354-362 .

[16] C. Lin, W. Tai, C. Chang. (2008). Multilevel reversible data hiding based on histogram

modification of difference images. Pattern Recogn 41:3582-3591.

[17] X. Li, W. Zhang, X. Gui, B. Yang. (2015). Efficient reversible data hiding based on multiple histograms modification. IEEE Trans. Inf. F orensics Security, vol. 10, no. 9, pp. 2016-2027.

[18] H. Ge, Y. Chen, Z. Qian, J. Wang. (2019). A High Capacity Multi-Level Approach for Reversible Data Hiding in Encrypted Images. IEEE Transactions on Circuits and Systems for Video Technology, vol. 29, no. 8, pp. 2285-2295.

[19] G. Schaefer and M. Stich. (2003). UCID: An uncompressed color image data-base. Proc. SPIE, Storage Retr. Methods Appl. Multimedia, vol. 5307, doi: 10.1117/12.525375.

基于区块链的电子客票交易隐私保护方案

万乐乐[1] 张文芳*[2] 王小敏[2]

(1.西南交通大学计算机与人工智能学院;2.西南交通大学信息科学与技术学院)

摘 要 为了解决传统电子客票交易泄露旅客隐私的问题,在保护旅客隐私的同时保证电子客票的可验证性,本文提出一种基于区块链的电子客票交易隐私保护方案。利用区块链记录电子客票信息,旅客通过向智能合约支付获得匿名票据,售票方通过验证票据确保电子客票的真实性;利用同态加密隐藏旅客的账户余额和交易金额,并用零知识证明保证密文金额的有效性,实现了对旅客身份及行程信息的全面保护。通过与已有方案的对比分析,方案能够实现匿名性、机密性和余额平衡,且计算开销和存储开销较小。

关键词 电子客票 隐私保护 区块链 同态加密 零知识证明

0 引言

随着铁路电子客票业务的全面推广,车票进入无纸化时代,为旅客出行带来极大便利,但是同时也给旅客的个人隐私安全带来风险与挑战。目前全路的客票系统已经累积了大量旅客交易数据,其中包含了丰富的、有价值的个人信息,如旅客身份、位置和行程等隐私信息,这些数据从交易终端层开始逐层传输和存放,由于电子客票系统的开放性和不完善性,旅客的隐私信息容易被不法分子窃取并利用。除了隐私泄露,传统的电子客票系统还存在以下问题[1]:①旅客交易单点故障风险大,中心数据库出现故障会影响业务办理,存在数据丢失和业务中断风险;②数据存在人为篡改的风险,对旅客隐私数据的真实性、抗抵赖性缺乏有效审计。

区块链构建了一种价值互联的去中心化网络,是继互联网之后最具革命性和颠覆性的创新技术。区块链作为一种分布式账本技术,具有去中心化、公开透明、防篡改等特点,是解决社会信用问题的不二选择。区块链的应用发展经历了以下3个阶段[2]:区块链1.0为可编程货币,以比特币为代表的数字货币时代;区块链2.0为可编程金融,以以太坊为代表的智能合约时代;区块链3.0为可编程社会,区块链的应用场景推进到金融行业之外的各行各业中。区块链技术可以有效解决传统电子客票系统面临的诸多问题,其分布式存储可以提高客票交易的安全性和容错性;签名算法和时间戳可以实现数据的不可篡改、不可伪造性;加密算法可以实现在数据可验证的前提下保护旅客隐私;智能合约的应用可以提升客票交易的自动化和智能化水平[3]。

目前基于区块链的交易隐私保护技术主要可分为混币技术和加密技术。达世币(Dash)[4]采用混币技术,将不同用户的输入地址和输出地址送到主节点进行混合之后乱序输出,从而混淆输入输

1.基金项目:国家自然科学基金(61872302),四川省科技计划项目(2017SZYZF0002)。

出之间的对应关系。但是混币技术只能保护交易双方身份,不能保护交易金额。门罗币(Monero)[5]结合环签名[6]、隐地址[7]和机密交易技术[8],可以同时保护交易双方身份和交易金额。但是环签名大小与匿名集大小呈线性关系,为了保证一定的匿名性会使交易的存储开销过大。零钞(ZeroCash)[9]采用简明非交互式零知识证明(Zero-Knowledge Succinct Non-interactive Arguments of Knowledge, zk-SNARK)[10]技术保护交易双方身份和交易金额,是目前匿名性最好的加密货币。但是zk-SNARK需要依赖可信第三方在系统初始化阶段生成公共参数和秘密参数,存在安全风险,并且方案效率较低。Möbius[11]利用智能合约实现自动化混币,保证了混币的可用性,结合隐地址和环签名实现了交易双方身份的匿名性,但是没有保护账户余额和交易金额。Wang 等[12]基于混币和加密交易的思想提出了一种全匿名区块链,可以同时实现交易双方身份和交易金额的隐私保护。但是该方案由矿工进行混币,矿工可能会泄露交易者的身份隐私。Ma 等[13]构造了一种有效的非交互式零知识证明(Non-Interactive Zero-Knowledge proof, NIZK)方案,利用同态加密保护账户余额和交易金额,并用零知识证明保证交易的有效性,但是并未保护交易双方身份。综上,目前基于区块链的交易隐私保护方案存在的问题主要有无法同时实现对交易双方身份、账户余额及交易金额的全面保护,或者方案总体计算开销和存储开销较大,效率较低,不便于用户使用。

本文提出了一种基于区块链的电子客票交易隐私保护方案,利用区块链实现电子客票交易,旅客通过向智能合约支付获得匿名票据,售票方通过验证票据确保电子客票的真实性,从而实现旅客的匿名性;通过同态加密保证账户余额和交易金额的机密性,并用零知识证明保证密文金额的有效性。在全面保护旅客身份隐私和行程隐私的同时具有较小的计算开销与存储开销,效率较高,便于用户使用。

1 预备知识

1.1 BGN 同态加密[14]

BGN 同态加密支持多次加法同态运算和一次乘法同态运算,由于本方案不需要用到乘法同态特性,故舍弃乘法同态相关参数。

(1)密钥生成:随机选取大素数 q_1, q_2,令 $n = q_1 \cdot q_2$,生成 n 阶双线性群 G,$e: G \times G \to G_T$ 为双线性映射,随机选取 $u, g \in G$,令 $h = u^{q_2}$,h 为 G 的 q_1 阶子群的生成元。公钥 $pk = (n, g, h)$,私钥 $sk = q_1$。

(2)加密:设要加密的明文为 $m \in (0, q_2)$,随机选取 $r \in (0, n)$,计算密文:$E(m) = C = g^m h^r \in G$。

(3)解密:对于一个密文 $C = g^m h^r$,计算明文:$C^{q_1} = (g^m h^r)^{q_1} = (g^{q_1})^m \ (h^{q_1})^r = (g^{q_1})^m 1^r = (g^{q_1})^m$,$m = \log_{g^{q_1}}^{C^{q_1}}$。

(4)加法同态性:$E(m_1) \cdot E(m_2) = g^{m_1} h^{r_1} \cdot g^{m_2} h^{r_2} = g^{m_1+m_2} h^{r_1+r_2} = E(m_1 + m_2)$。

1.2 零知识证明

1.2.1 证明密文金额在有效范围内[15]

对于一个同态密文 $C = g^m h^r$,证明 $m \in [0, u^l)$。G_1 为素数 p 阶双线性群,$e: G_1 \times G_1 \to G_2$ 为双线性映射,证明者 P 向验证者 V 证明过程如下:

(1)V 随机选取 $x \in z_p$,计算 $y = g^x$,对每个 $i \in z_u$,计算 $A_i = g^{\frac{1}{x+i}}$,发送 y, A_i 给 P。由于所有交易金额的范围要求一致,因此第一步验证者的消息可预先公布在链上。

(2)对每个 $j \in z_l$,P 随机选取 $v_j \in z_p$,计算 $V_j = {A_{m_j}}^{v_j}$,使得 $m = \sum_j (m_j u^j)$,发送 V_j 给 V。

(3)对每个 $j \in z_l$,P 随机选取 $s_j, t_j, w \in z_p$,计算 $a_j = e(V_j, g)^{-s_j} e(g, g)^{t_j}$,$D = \prod_j (g^{s_j u^j}) h^w$,发送 a_j,D 给 V。

(4)V 随机选取 $c \in z_p$,发送 c 给 P。

(5)对每个 $j \in z_l$,P 计算 $z_{m_j} = s_j - c m_j$,$z_{v_j} = t_j - c v_j$,$z_r = w - c r$,发送 z_{m_j}, z_{v_j}, z_r 给 V。

(6)对每个 $j \in z_l$,V 验证等式是否成立:$D = C^c h^{z_r} \prod_j (g^{z_{m_j} u^j})$,$a_j = \mathrm{e}(V_j, y)^c e(V_j, g)^{-z_{m_j}} e(g, g)^{z_{v_j}}$,若等式成立,则验证成功。

1.2.2 证明两个密文金额相等[16]

对于两个密文金额 $E = g_1^m h_1^{r_1} \bmod n_1$,$F = g_2^m h_2^{r_2} \bmod n_2$,证明 E 和 F 是对同一明文 m 的加密。证明者 P 向验证者 V 证明过程如下:

(1)P 随机选取 α, β_1, β_2,计算 $W_1 = g_1^{\alpha} h_1^{\beta_1} \bmod n_1$,$W_2 = g_2^{\alpha} h_2^{\beta_2} \bmod n_2$,计算 $c = H(W_1 \parallel$

W_2)，$D=\alpha+cm$，$D_1=\beta_1+cr_1$，$D_2=\beta_2+cr_2$ 发送 c，D，D_1，D_2 给 V。

(2) V 验证 $c=H(g_1^D h_1^{D_1} E^{-c} \bmod n_1 \parallel g_2{}^D h_2^{D_2} F^{-c} \bmod n_2)$ 等式是否成立，若等式成立，则验证成功。

2 方案设计

本方案基于盲签名[17]和 BGN 同态加密进行设计，实现交易双方身份的匿名性和账户余额及交易金额的机密性，同时采用零知识证明保证密文金额的有效性。其基本思想如下：

(1) 为了实现交易双方身份的匿名性，采用盲签名技术，旅客将售票方公钥、客票信息和密文金额盲化后发送给智能合约，智能合约对其进行盲签名，旅客解盲后得到原始签名发送给售票方，售票方验证成功后利用该签名向智能合约兑换资金，由于盲签名和原始签名不可链接，因此其他任何人无法将旅客和售票方联系起来。

(2) 为了实现账户余额和交易金额的机密性，采用 BGN 同态加密技术加密账户余额和交易金额，保证可以对密文金额进行计算。由于矿工需要对交易进行验证，为了保证密文金额的有效性，采用零知识证明技术证明交易金额大于0，旅客账户余额大于交易金额，且旅客支付的金额和售票方兑换的金额一致。

2.1 系统模型

本文设计的基于区块链的电子客票交易隐私保护方案包含四个参与方，分别是旅客、售票方、矿工、智能合约，方案模型如图1所示。

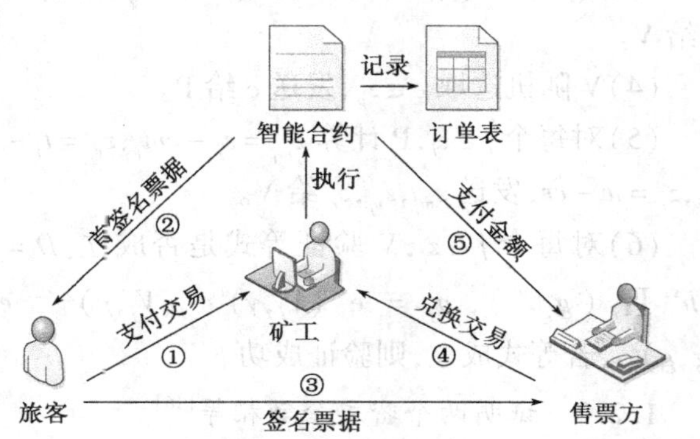

图1 基于区块链的电子客票交易隐私保护模型

区块链账户分为外部账户和合约账户。外部账户由四元组{$Addr$，(SK，PK)，(q，(n，g，h))，$E(b)$}表示。其中 $Addr$ 为账户地址，(SK，PK)为签名密钥，(q，(n，g，h))为同态加密密钥，$E(b)$为余额密文。私钥仅账户本身可见。合约账户具有账户地址、公钥，没有私钥，本身没有余额，只是暂存用户的支付金额。合约账户还包含合约代码。旅客、售票方、矿工是外部账户，智能合约是合约账户。旅客通过支付交易将资金暂存到智能合约，售票方通过兑换交易从智能合约获得资金。矿工验证交易的合法性，当交易验证通过后系统自动执行智能合约。智能合约保存旅客的资金并颁发匿名票据，通过验证票据将相应资金转发给售票方。

当旅客向售票方购票时，首先生成支付交易，将售票方公钥、客票信息和密文金额进行盲化后发送给智能合约，同时将资金转给智能合约。矿工验证交易是否合法，若合法则系统执行智能合约。智能合约生成一次性私钥，为旅客盲化的消息进行盲签名，将盲签名和一次性公钥返回给旅客，并将一次性公钥和重加密金额放入订单表。然后旅客解盲得到原始签名发送给售票方，售票方验证签名是否正确，若正确则利用原始签名生成兑换交易，向智能合约兑换资金。矿工验证交易是否合法，若合法则系统执行智能合约。智能合约查找订单表中是否有相应的支付记录，若找到则将资金发给售票方，并将支付记录删除。

2.2 交易流程

首先初始化合约：合约地址 $Addr_C$，同态加密公钥 n_C，g_C，h_C，余额 $E_C(b_C)$ 初始为0，订单表 *Table* 用于记录所有用户支付。初始化账户：Alice 账户地址 $Addr_A$，签名密钥(SK_A，PK_A)，同态加密密钥(q_A，(n_A，g_A，h_A))，账户余额 $E_A(b_A)=g_A^{b_A}h_A^{r_A}$。Bob 账户地址 $Addr_B$，签名密钥(SK_B，PK_B)，同态加密密钥(q_B，(n_B，g_B，h_B))，账户余额 $E_B(b_B)=g_B{}^{b_B}h_B{}^{r_B}$。

假设 Alice 需要向 Bob 购买一张车票，首先通过秘密信道与 Bob 协商此次购买的车票信息 *Ticket*、票价 v 和加密随机数 r。然后交易流程如下：

(1) Alice 生成支付交易 $TX_{pay}=\{Addr_C, \overline{M}, E_A(v), E_C(v), Zkproof, \sigma\}$。其中 $\overline{M}$ 是对消息 M (Bob 签名公钥、交易金额和车票信息)盲化的结果，$E_B(v)$ 是用 Bob 同态公钥加密的交易金额，$E_A(v)$ 是用 Alice 同态公钥加密的交易金额，$E_C(v)$ 是用合约同态公钥加密的交易金额，*Zkproof* 是交易

金额 v 和 Alice 新余额 $b_A - v$ 在有效范围内以及 $E_A(v)$ 和 $E_C(v)$ 加密金额相等的证明，σ 是对整笔交易的签名。

$$\overline{M} = H(PK_B \parallel E_B(v) \parallel Ticket)g^k,$$

$$E_B(v) = g_B^v h_B^r, E_A(v) = g_A^v h_A^r, E_C(v) = g_C^v h_C^r$$

(2)矿工检查交易的合法性，验证 $Zkproof, \sigma$ 是否正确，验证通过后执行合约代码。合约接收 Alice 支付交易的参数 $\{\overline{M}, E_C(v)\}$，选择随机数 sk 作为私钥，计算 $pk = g^{sk}$ 作为公钥，利用 sk 对 $\overline{M}$ 签名，将盲签名 $\overline{\theta}$ 和 pk 返回给 Alice，重新加密 $E_C(v)$ 得到密文 $E'_C(v)$，将 pk 和 $E'_C(v)$ 放入订单表。

$$\overline{\theta} = \overline{M}^{sk} = (H(PK_B \parallel E_B(v) \parallel Ticket)g^k)^{sk},$$

$$E'_C(v) = E_C(v)h_c^{r'} = g_C^v h_C^{r+r'}$$

若合约成功执行，则交易验证成功，矿工将交易打包成区块上链。最终 Alice 账户余额减少 $E_A(v)$，合约账户余额增加 $E'_C(v)$。

$$E_A(b_A - v) = E_A(b_A) \div E_A(v) = g_A^{b_A - v} h_A^{r_A - r}$$

(3) Alice 解盲 $\overline{\theta}$ 得到签名 θ，验证 θ 是否正确，若 $e(pk, H(PK_B \parallel E_B(v) \parallel Ticket)) = e(g, \theta)$ 等式成立，则签名正确，Alice 确认合约收到付款 v，将 θ 和 pk 发送给 Bob。

$$\theta = \overline{\theta} pk^{-k} = (H(PK_B \parallel E_B(v) \parallel Ticket))^{sk}$$

(4) Bob 计算 $H(PK_B \parallel E_B(v) \parallel Ticket)$，验证签名 θ 是否正确，若正确则确认 Alice 在合约上支付了 v。从订单表中找到 pk 对应的 $E'_C(v)$，生成兑换交易 $TX_{Red} = \{Addr_C, PK_B, E_B(v), Ticket, \theta, pk, ZKproof, \sigma\}$。其中 $Zkproof$ 是 $E_B(v)$ 和 $E'_C(v)$ 加密金额相等的证明，由于支付交易已证明了 v 在有效范围内，故兑换交易不需要再次证明。σ 是对整笔交易的签名。

(5)矿工检查交易的合法性，从订单表中找到 pk 对应的 $E'_C(v)$，验证 $\theta, Zkproof, \sigma$，验证通过后执行合约代码。合约接收 Bob 兑换交易的参数 pk，在订单表中查找 pk，将 pk 和 $E'_C(v)$ 从订单表中删除；若未找到，说明没有相应的订单，返回失败。若合约成功执行，则交易验证成功，矿工将交易打包成区块上链。最终 Bob 账户余额增加 $E_B(v)$，合约账户余额减少 $E'_C(v)$。

$$E_B(b_B + v) = E_B(b_B) \cdot E_B(v) = g_B^{b_B + v} h_B^{r_B + r}$$

3 方案分析

3.1 安全性分析

(1)匿名性：保证除了交易双方之外，任何人无法知道购票的旅客和对应的售票方。

匿名性由盲签名的安全性保证。盲签名基于计算 Diffie-Hellman 困难问题，满足盲性和不可伪造性。如果攻击者想要破坏匿名性，需要链接支付交易对应的兑换交易，则必须链接盲化消息 $\overline{M}$ 和原始消息 M，或者链接盲签名 $\overline{\theta}$ 和原始签名 θ，由于盲因子 k 的存在，两者均是不可链接的，其他人可以验证盲签名和原始签名的正确性，却无法知道购票旅客对应的售票方。因此，匿名性的大小取决于同一时期内发起支付交易的旅客数量。如果在一个时期内成功完成了 n 笔支付，则匿名集的大小为 n，找到售票方对应的旅客的概率为 $1/n$。

(2)机密性：保证除了交易双方之外，任何人无法知道交易的具体金额，且任何人无法知道他人的账户余额。

机密性由 BGN 同态加密算法的安全性保证。BGN 同态加密基于子群决策困难问题，在选择明文攻击下是安全的，因此在没有同态私钥的情况下，将无法从密文中得到明文金额。账户余额用账户所有者的同态公钥加密，同态私钥仅账户所有者知道。交易金额用旅客、售票方以及智能合约的同态公钥加密，由于智能合约的同态私钥在系统初始化之后立即销毁，任何人无法得知，因此交易金额只有旅客和售票方能解密。并且零知识证明的安全性也保证了在证明密文金额有效性的同时不会泄露明文金额。

(3)余额平衡：保证只有旅客账户余额大于交易金额才能进行支付，售票方兑换的金额与旅客支付的金额相等，且售票方对同一笔资金只能兑换一次。

余额平衡由零知识证明的安全性保证。零知识证明基于强 Diffie-Hellman 假设和强 RSA 假设，满足零知识性。支付交易中零知识证明保证交易金额大于 0 且账户余额大于交易金额才能进行支付交易，并且保证旅客同态公钥加密的金额与合约同态公钥加密的金额相等。兑换交易中零知识证明保证售票方同态公钥加密的金额与合约同态公钥加密的金额相等，因此最终的支付金额和兑换金额相等。智能合约为每次支付用不同私钥进行盲签名，每次兑换后将相应公钥和支付金额从订单表中删除，防止双重兑换。

3.2　对比分析

本方案主要与区块链交易隐私保护相关文献[12,13]进行比较,包括交易的计算开销、存储开销以及安全性。规定交易金额范围为[0,2^{32})。计算开销用各种运算次数表示,T_E 表示模指数运算,T_M 表示模乘运算,T_H 表示哈希运算,T_B 表示双线性对运算。存储开销用交易大小表示,B 表示字节数。对比结果如表1所示。

计算开销、存储开销与安全性对比　　表1

方案	交易生成开销	交易验证开销	交易大小	匿名性	机密性	余额平衡
文献[12]	$256T_E+24T_M+4T_H$	$128T_E+16T_M+4T_H$	3424B	√	√	√
文献[13]	$40T_E+40T_M+T_H$	$39T_E+29T_M+T_H+12T_B$	3680B	×	√	√
本方案	$38T_E+36T_M+3T_H+4T_B$	$32T_E+20T_M+2T_H+10T_B$	3776B	√	√	√

由表1可以看出,文献[12]的计算开销明显大于本方案,因为文献[12]采用子弹证明 Bulletproof 来证明密文金额在[0,2^n)内,证明者和验证者的计算开销分别为 $8nT_E$ 和 $4nT_E$,其中 $n=32$。本方案采用文献[15]中的方法来证明密文金额在有效范围内,证明者和验证者的计算开销分别为 $5lT_E+5lT_M+lT_B$ 和 $5lT_E+3lT_M+2lT_B$,设置 $u=2^8$,$l=4$,可大大减小计算开销。文献[13]与本方案采用的范围证明方法类似,计算开销相差不大,但是文献[13]只保护了账户余额和交易金额,并未提供对交易双方身份的保护。本方案实现了对交易双方身份和账户余额及交易金额的全面保护,并且计算开销相对较小。

对于存储开销,由于文献[12]采用聚合签名,矿工在将交易打包成区块时,将所有交易的签名聚合在一起,只保留聚合签名,缩小了区块内交易的大小,但是由于矿工进行混币操作,矿工知道每笔交易的发送者和接收者,因此矿工仍然存在隐私泄露的风险。文献[13]并未实现交易双方身份的匿名性,因此交易大小略小于本方案。本方案利用智能合约对发起者盲化后的接收者公钥和交易金额进行盲签名,接收者用原始签名进行兑换,即使是矿工也无法知道发起者对应的接收者,同时保证矿工可验证交易的合法性,由此产生的存储开销是合理的。

综上,相比文献[12]、[13],本方案实现了交易双方身份的匿名性和账户余额及交易金额的机密性,同时在不泄露任何隐私的情况下保证了交易的可验证性,并且总体的计算开销与存储开销相对较小。因此,在同等的计算开销和存储开销下,本方案可以提供更佳的交易隐私保护,对用户来说更具实用性。

4　结语

本文利用区块链分布式存储和安全可靠的特点,设计了基于区块链的电子客票交易隐私保护方案。通过区块链和智能合约进行电子客票交易并记录交易信息,利用盲签名、同态加密、零知识证明技术在保护旅客隐私信息的同时保证交易的可验证性,实现了对旅客身份和行程信息的全面保护,并且具有较高的效率。由于区块链的共识机制,目前以太坊的处理速度仅为每秒10~15笔交易,因此基于区块链的电子客票交易具有一定的时延,但是随着区块链共识算法的升级和分片技术的应用,未来交易吞吐量将得到显著提升。

参考文献

[1] 王红爱,朱建生,吕晓艳,等.铁路客运电子票据数据共享安全性研究[J].铁道运输与经济,2021,43(1):65-70,76.

[2] 贺海武,延安,陈泽华.基于区块链的智能合约技术与应用综述[J].计算机研究与发展,2018,55(11):2452-2466.

[3] 王成,史天运.区块链技术综述及铁路应用展望[J].中国铁路,2017(9):91-97.

[4] Duffield E, Diaz D. Dash: A Payments-Focused Cryptocurrency [EB/OL]. https://github.com/dashpay/dash/wiki/Whitepaper, 2015.

[5] Noether S. Monero is Not That Mysterious[EB/OL]. https://web.getmonero.org/resources/research-lab/pubs/MRL-0003.pdf, 2014.

[6] Noether S, Mackenzie A. Ring Confidential Transactions[J]. Ledger, 2016, 21(1): 1-8.

[7] Saberhagen N V. Cryptonote v 2.0[EB/OL].

https://cryptonote.org/whitepaper.pdf, 2013.

[8] Maxwell G. Confidential Transactions[EB/OL]. https://people.xiph.org/~greg/confidential_values.txt, 2015.

[9] Ben-Sasson E, Chiesa A, Garman C, et al. Zerocash: Decentralized Anonymous Payments from Bitcoin [C]//IEEE Symposium on Security and Privacy. Piscataway, NJ: IEEE, 2014: 459-474.

[10] Ben-Sasson E, Chiesa A, Genkin D, et al. SNARKs for C: Verifying Program Executions Succinctly and in Zero Knowledge [C]//Canetti R, Garay J A. Advances in Cryptology-CRYPTO 2013. Berlin: Springer, 2013: 90-108.

[11] Meiklejohn S, Mercer R. Möbius: Trustless Tumbling for Transaction Privacy [C]//Greenstadt R, McCoy D, Troncoso C. Proceedings on Privacy Enhancing Technologies. Warsaw: De Gruyter, 2018(2): 105-121.

[12] 王子钰,刘建伟,张宗洋,等. 基于聚合签名与加密交易的全匿名区块链[J]. 计算机研究与发展, 2018, 55(10): 2185-2198.

[13] Ma S, Deng Y, He D, et al. An Efficient NIZK Scheme for Privacy-Preserving Transactions over Account-Model Blockchain[J]. IEEE Transactions on Dependable and Secure Computing, 2021, 18(2): 641-651.

[14] Boneh D, Goh E J, Nissim K. Evaluating 2-DNF Formulas on Ciphertexts[C]//Kilian J. Theory of Cryptography. Berlin: Springer, 2005: 325-341.

[15] Camenisch J, Chaabouni R, Shelat A. Efficient Protocols for Set Membership and Range Proofs [C]//Pieprzyk J. Advances in Cryptology-ASIACRYPT 2008. Berlin: Springer, 2008: 234-252.

[16] Boudot F. Efficient Proofs that a Committed Number Lies in an Interval[C]//Preneel B. Advances in Cryptology-EUROCRYPT 2000. Berlin: Springer, 2000: 431-444.

[17] Boldyreva A. Threshold Signatures, Multisignatures and Blind Signatures Based on the Gap-Diffie-Hellman-Group Signature Scheme [C]//Desmedt Y G. Public Key Cryptography-PKC 2003. Berlin: Springer, 2003: 31-46.

面向 IEEE 802.11be 基于码字块的混合自动请求重传方法设计

侯鸿飞[1] 李 里[1] 张 颉*[2] 徐厚东[2] 傅 宁[3] 杨慧乔[3]

(1. 西南交通大学信息科学与技术学院通信与信息工程系;2. 国网四川省电力公司;3. 国网思极神往位置服务(北京)有限公司)

摘 要 本文研究了在新一代 WIFI 标准 IEEE 802.11be 中引入 HARQ 机制以提高系统通信吞吐量的实现方法,在 IEEE 802.11be 的 ARQ 机制上,提出了一种基于码字块重传的 HARQ 策略。该策略将重传单元确定为由码字组成的码字块,收发双方按照所设计的规则分解和构成码字块,无需额外信令指示重传信息量及其起始位置。此外,基于码字块重传,信息检验粒度更小,能减少信息重传量。仿真结果表明,得益于以上优点,在大部分信噪比区域内,本文所提 HARQ 策略较现有主流标准提案有 1.5~2dB 的能量增益。

关键词 混合自动请求重传 吞吐量 码字块 802.11be

1. 基金项目:国网四川电科院基于电力北斗的无人区通信接入技术研究与设备研制(No. 52199720002G)。

0 引言

随着4k和8k视频的出现,其未压缩数据速率可达20Gbps,家庭、企业和热点等多种业务对无线局域网(Wireless Local Area Network, WLAN)的带宽需求不断增加。与此同时,新的超高吞吐量、超低延迟应用也在激增,如虚拟现实(Virtual Reality, VR)和增强现实(Augmented Reality, AR)、在线游戏(延迟低于5ms)、远程办公、在线视频会议和云计算等。为满足以上新需求,IEEE 802.11标准组织在IEEE 802.11 ax基础上制订新的无线保真(Wireless Fidelity, WIFI)标准IEEE 802.11be EHT,即WIFI-7。从2019年5月成立以来,WIFI-7工作组指定了新一代WLAN的研究目标,即新的物理层(Physical Layer, PHY)和媒体接入控制层(Medium Access Control, MAC)模式支持至少30 Gbps的最大吞吐量,并使用1～7.250/GHz频段,确保向后兼容并与2.4GHz、5GHz和6/GHz频段的WIFI设备共存[1]。为实现这些目标,行业内已探索了一系列增强PHY层和MAC层的技术。

混合自动请求重传(Hybrid Automatic Repeat Request, HARQ)是一种有效提高链路自适应性和系统频谱效率的技术,至提出以来已有大量文献对其进行了深入研究。文献[2]针对5G系统提出了一种将前后两个数据包进行交叉编码的HARQ策略,且在接收端使用一种双层联合译码结构,相较于目前5G Release-16中的HARQ策略,能带来10%的吞吐量提高;文献[3]指出将软合并HARQ(Chase Combine HARQ, CC-HARQ)、增量冗余HARQ(Incremental Redundancy HARQ, IR-HARQ)和低密度奇偶校验码(Low Density Parity Check, LDPC)分层译码算法相结合,能够有效恢复被打孔比特并降低译码迭代次数,再通过低行重比特优先重传准则,进一步降低了译码迭代次数和译码时延;文献[4]针对LDPC-HARQ在低信噪比下吞吐量较低问题,通过扩展校验矩阵,码字分块重传以及提出的对数似然比可靠度标准,增加译码成功概率,改进了低信噪比下的吞吐量;文献[5]将相邻的LDPC码块依次进行耦合后传输,同时在接收端采用前向反馈迭代译码器,降低传输块错误概率,适用于以整个传输块作为重传单元的通信系统。

得益于上述优点HARQ成为WIFI-7候选特性之一,但如何将HARQ技术高效融入WIFI,并使其增益足以补偿带来的新增信令开销,仍需进一步研究。文献[6]针对HARQ机制会造成码字与WIFI中MAC协议数据单元(MAC Protocol Data Unit, MPDU)不对齐问题,提出在发送端保留所有码字,需要重传时则重传错误MPDU所涵盖的所有码字。此方法不会改变现有ARQ机制,但当只有个别码字错误时,会重传相关联MPDU中译码正确的其他码字,导致重传资源的浪费;在文献[7]中提出以码字作为重传单元,根据LDPC和积译码的固有特性[8],重传时只重传错误码字。此方法能避免不必要的重传开销,但当数据包过大时,反馈帧中用于标注码字位的字段也会过长,而且还需改变现有ARQ机制。

本文针对WIFI-7现有HARQ提案不足之处,结合WIFI-7 MAC层和PHY层架构,设计了一种基于码字块重传的HARQ策略,能使收发双方无需信令指示就可以分解和构成码字块,且码字块粒度较MPDU更小,也能节省重传开销。同时,码字块个数固定,也减少了反馈开销。仿真结果表明,基于码字块的HARQ策略能有效提高吞吐量。

1 WIFI-7中组帧与解帧流程

如图1所示为WIFI从发送端的MAC层组帧到接收端的MAC层解帧流程示意图。在发送端,首先将多个MAC层服务数据单元(MAC Service Data unit, MSDU)聚合生成MPDU,共用一个MPDU报头和循环冗余校验(Cyclic Redundancy Check, CRC),再将多个MPDU聚合在一起构成一个物理层会聚过程服务数据单元(PLCP Service Data Unit, PSDU)。该聚合方式可减少报头和帧间距(Inter-Frame Space, IFS)开销。然后,将PSDU传递到物理层,根据PSDU长度和调制编码策略(Modulation and Coding Scheme, MCS)等信息得到前导码,随后对PSDU进行扰码和LDPC编码,编码后为了匹配OFDM符号数需要对编码后的码字进行打孔或复制操作,接着进行星座图调制,插入导频,最后将数据经过OFDM调制并添加循环前缀后由天线端口发送。在接收端,对接收信号进行处理,利用接收信号的前导码进行信道估计,估计信道方差,再进行OFDM解调,相位误差估计,信道均衡,星座解调,LDPC译码,解扰码等步骤后解出 PSDU，最后通过各个 MPDU 头部添加的分隔符从 PSDU 中解出 MPDU，并分析系统吞吐量。同时接收端将 MPDU 接收情况、码字块接收情况等信息，经过块响应（Block Acknowledgement, BA）帧反馈给发送端，发送端根据反馈信息将重传码字和新码字组包后再次发送。

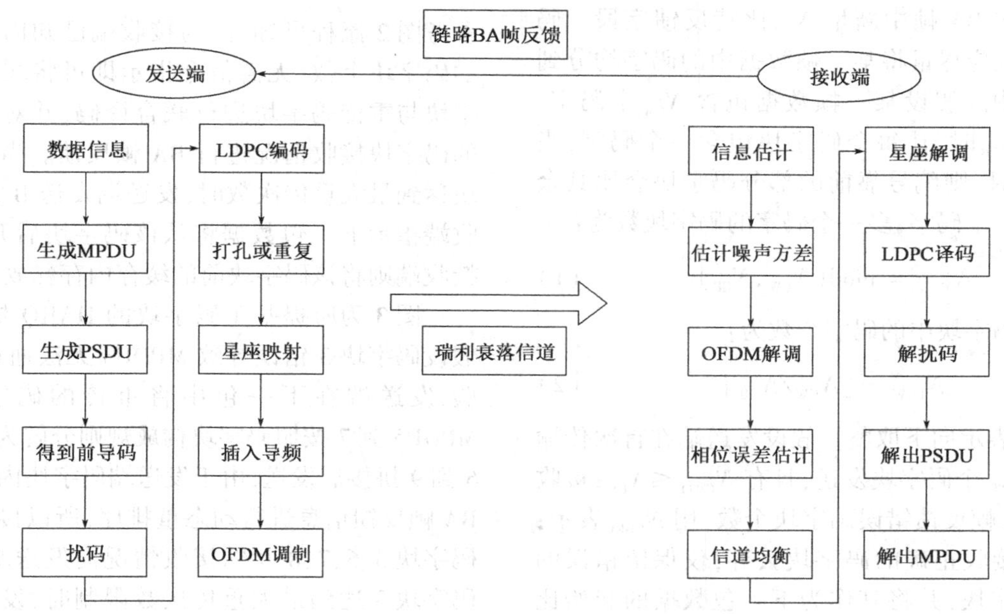

图 1　WIFI-7 组帧与解帧流程

2　基于码字块重传的 HARQ 方案设计

2.1　块响应机制

图 2 为当前 WIFI-7 中已采纳的反馈流程。发送端对 MPDU 编号后进行发送，当出现错误 MPDU 时（如图 2 中 MPDU3），MPDU3 及编号在其后的 MPDU4 会被保留储存器中，而编号在 MPDU3 之前的 MPDU1 和 2 被转发到上层。接收端通过 BA 帧告知发送端上述接收情况。发送端在下一包数据中，将错误 MPDU 与新 MPDU 聚合后发送，若错误 MPDU 接收正确，则按编号将内存中缓存的正确 MPDU 转发到上层，若仍接收错误，则继续重传。当达到重传次数限制后，发送端向接收端发送块响应请求（Block Acknowledgement Request, BAR）帧，BAR 帧会向接收端指示发送端在下一包数据中发送的 MPDU 起始编号，接收端则将该起始编号之前缓存的 MPDU 全部释放，接收错误的 MPDU 被丢弃，接收正确但被保留的 MPDU 被转发到上层。

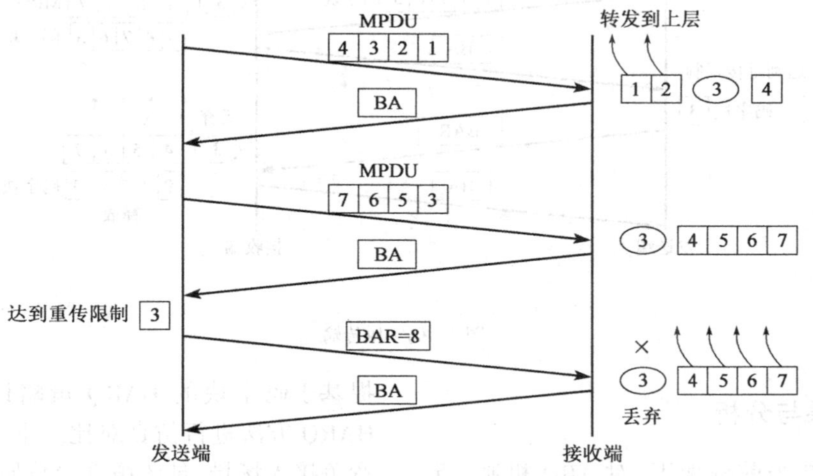

图 2　WIFI 中的 BA 反馈

2.2　码字块构成规则

本节将由一个或多个连续码字拼接成的传输单元定义为码字块。首先将码字块个数固定为 N_{CB}，相应在 BA 帧中新增 N_{CB} 比特反馈字段。码字块的构成应尽量将某一帧数据中的码字均分到各码字块中。假设某一帧数据包含 N_{CW} 个码字，当 $N_{CW} \leqslant N_{CB}$ 时，让每个码字块包含一个码字，当 $N_{CW} > N_{CB}$ 时，则编号靠前的部分码字块会比其余码字块多一个码字，多一个码字的码字块数为：

$$N_{MCB} = \mathrm{mod}(N_{CW}, N_{CB}) \tag{1}$$

其余码字块中的码字个数为：

$$N_{LCW} = \lfloor N_{CW}/N_{CB} \rfloor \tag{2}$$

其中$\lfloor \cdot \rfloor$表示向下取整。假设发送端在首次传输时构成 N_{CBT1} 个码字块发送，且有 $N_{CBT1} \leqslant N_{CB}$；接收端通过 BA 帧反馈错误码字块个数，用 N_{CBE1} 表示；发送端将接收正确的码字块丢弃，仅保留错误的 N_{CBE1} 个码字块，并将其作为下一包数据的起始比特串，而新的数据重新构成码字块，此时可用码字块数为

$$N_{CBU} = N_{CB} - N_{CBE1} \tag{3}$$

假设新码字的个数为 N_{CWN}。与公式(2)类似，在 N_{CBU} 个重传码字块中，前 $\mathrm{mod}(N_{CWN}, N_{CBU})$ 个码字块比其余码字块多一个码字，而其余码字块包含码字数为：

$$N_{LCWN} = \lfloor N_{CWN}/N_{CBU} \rfloor \tag{4}$$

参考图 2 流程可知，因为接收端已知内存中错误的码字块个数，无需信令指示即可将缓存错误码字块与重传码字块进行联合译码，并对重传包中的码字块接收情况进行 BA 帧反馈。当某个码字块达到最大重传次数时，发送端发送 BAR 帧向接收端指示下一包数据将从该码字块后开始发送，接收端则将该码字块前的缓存内存释放。

图 3 为所提基于码字块的 HARQ 机制举例。假设码字块 3 错误导致 MPDU3 无法通过 CRC 校验，发送端在下一包中将重传的码字块 3 与 MPDU5 到 7 按照码字块构成规则分解为的码字块 6 到 9 拼接后发送，由于发送端码字块内存会根据 BA 帧反馈信息进行动态重排序，所以接收端仅对码字块 3、6、7、8、9 的接收情况向发送端反馈，当码字块 3 达到最大重传次数限制时，发送端发送 BAR 帧告知接收端在下一包中，将从 MPDU8 和码字块 1 开始发送，接收端将内存中的码字块与 MPDU 丢弃或转发到上层，因为收发两端的码字块内存中均将之前的码字块释放，在下一包数据中，将发送新的码字块。

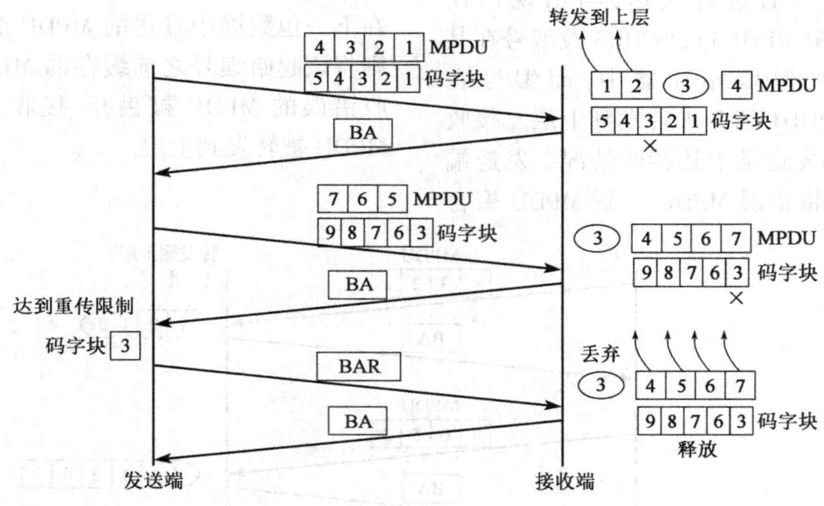

图 3　码字块传输

3　仿真结果与分析

本节在 WIFI-7 当前框架下，对 ARQ 机制，所提基于码字块的 HARQ 策略以及文献[6]中的 HARQ 方法进行仿真对比。本文仅考虑单基站无竞争接入场景，具体仿真参数如表 1 所示。

WIFI 仿真参数设置 表 1

参数	值	参数	值
前导码持续时间	36(us)	PSDU 长度	1536(Byte)
MPDU 聚合级别	6	空间流	1
最大重传次数	2	数据速率	由 MCS 和带宽决定
短帧间间隔 SIFS	16(us)	带宽	20(MHz)
MCS 策略	0-4	瑞利信道	慢衰落

吞吐量 T 计算公式为：

$$T = L/t \tag{5}$$

式中：L——正确接收到的 MPDU 比特数；

t——总传输时长。

$$L = N_{\mathrm{MPDU}} \cdot L_{\mathrm{MPDU}} \tag{6}$$

$$t = N_{\mathrm{P}} \cdot (t_{\mathrm{Data}} + t_{\mathrm{BA}}) + \sum_{p=1}^{R_{\mathrm{P}}} \left(\sum_{i=1}^{RN(p)} t_{\mathrm{reData}(i)} + RN_{(\mathrm{p})} \cdot t_{\mathrm{BA}} \right) + E_{\mathrm{P}} \cdot (t_{\mathrm{BAR}} + t_{\mathrm{BA}}) \tag{7}$$

式中：N_{MPDU}——正确接收的 MPDU 数；

L_{MPDU}——MPDU 比特数；

N_{P}——数据包数；

t_{Data}——数据包传输时间；

t_{BA}——BA 帧时间(以 MPDU 作为重传单元时长度为 32 字节，以码字块作为重传单元时长度为 40 字节)；

R_{P}——重传数据包数；

$RN_{(\mathrm{p})}$——重传包 P 的重传次数；

t_{reData}——重传数据包第 i 次重传的传输时间；

E_{P}——错误数据包数；

t_{BAR}——BAR 帧时间。

t_{Data}、t_{BA}、t_{BAR}、t_{reData} 中均包含 16/us 的短帧间间隔(Short Inter-Frame Space, SIFS)，数据帧中均包含 36/us 的前导码。码字块数 N_{CB} 固定为 64，与最大 MPDU 聚合级别相等，当且仅当聚合 64 个 MPDU 进行传输时，单个码字块和单个 MPDU 所涵盖的码字数基本相同，此时本方案相较文献[6]中策略吞吐量性能相似，但在大部分情况下，本方案均能减少重传码字数，且节省的重传比特数大于 BA 帧新增 64 比特带来的开销。

图 4 展示了 WIFI-7 中以 MPDU 作为重传单元的 ARQ 机制、本文提出的基于码字块重传的 HARQ 机制和文献[6]中的 HARQ 机制的吞吐量仿真结果。图中不同线形的线条表示不同 MCS 策略，从 MCS0 到 MCS4 依次采用更高的调制阶次和编码码率。每张子图中吞吐量最高的黑线通过在每一个信噪比点，从各 MCS 策略中选取最大化吞吐量的 MCS 策略来得到。图 5 对比了本文所提 HARQ 策略与文献[6]在只采用 MCS 0 到 MCS 2，经历快衰落瑞利信道时的最大可达吞吐量，本文所提方案相较于文献[6]，在大部分信噪比区间内，均能获得 1.5～2/dB 的能量增益。这是因为：以码字块作为重传单元的重传码字数总会低于文案[6]所需重传码字，节省了重传开销，故在中等大小信噪比区间内，基于码字块的重传策略吞吐量优于文案[6]。在低信噪比时，LDPC 译码错误概率较大，需要重传的码字数较多，故吞吐量增益不明显。在高信噪比时，两种方案基本实现正确传输，无须重传，故两种方案吞吐量相同。

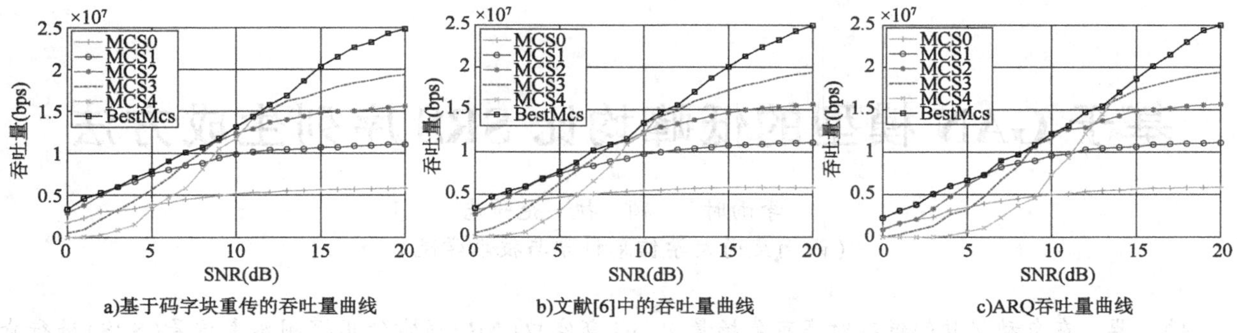

图 4 三种重传机制吞吐量仿真图

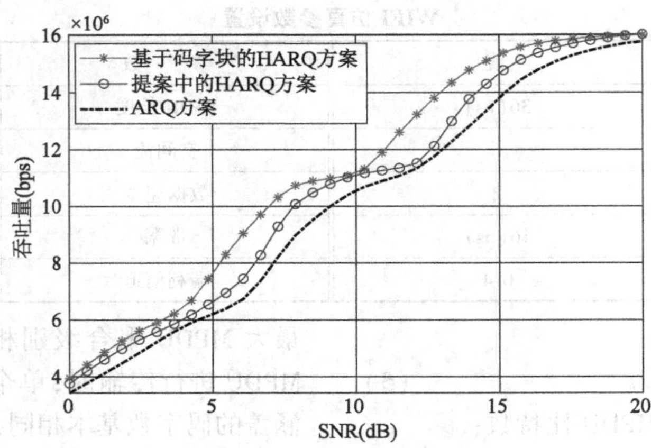

图5　各重传方案最大吞吐量对比

4　结语

本文分析了在WIF-7标准中引入HARQ机制所带来的问题以及解决方案,同时以最大化吞吐量为目标,利用WIFI组帧和编码的固有特性,在充分权衡已有方案的优缺点后,提出了一种基于码字块重传的HARQ方案。所提方案对协议改动少,吞吐量高,码字块构成方法复杂度低,无须额外信令开销来指示重传码字块编号信息。

参考文献

[1] DENG Cai-lian, FANG Xu-ming, HAN Xiao, et al. IEEE 802.11 be Wi-Fi 7: New Challenges and Opportunities [J]. IEEE Communications Surveys & Tutorials, 2020, 22(4): 2136-2166.

[2] WANG Qian-fan, CAI Sui-hua, CHEN Li, et al. A Throughput-enhanced HARQ Scheme for 5G System via Partial Superposition[J]. IEEE Communications Letters, 2020, 24(10): 2162-2166.

[3] LIANG C Y, LI M R, LEE H C, et al. Hardware-friendly LDPC Decoding Scheduling for 5G HARQ Applications[C]//ICASSP 2019-2019 IEEE International Conference on Acoustics, Speech and Signal Processing (ICASSP). Brighton: IEEE, 2019: 1418-1422.

[4] SABER H, MARSLAND I. A New Reliability-based Incremental Redundancy Hybrid ARQ Scheme using LDPC Codes[C]//2015 IEEE 14th Canadian Workshop on Information Theory (CWIT). St. John's: IEEE, 2015: 135-138.

[5] YANG Lei, XIE Yi-xuan, YUAN Jin-hong, et al. Chained LDPC Codes for Future Communication Systems [J]. IEEE Communications Letters, 2018, 22(5): 898-901.

[6] IEEE 802.11-19-1578, An HARQ Transmission Scheme for 11be[S].

[7] IEEE 802.11-19-0873, HARQ Framing[S].

[8] JOHNSON Sarah. Introducing Low-density Parity-check Codes[J]. University of Newcastle, 2006, 1: 2006.

基于GAN模型的低峰均比SRS序列生成方法

李雨时*　顾　执　范平志

(西南交通大学信息科学与技术学院)

摘　要　在自动驾驶的低延时高可靠场景中,5G新空口(NR)通常使用探测参考信号(SRS)进行资源调度、链路自适应和波束管理,而具有低PAPR特性的SRS序列可以提升终端(UE)发送SRS的功率,增强 UE 的边缘信道探测质量。为此,本文提出了一种基于生成对抗网络(GAN)模型的低 PAPR 序列生成方法,该方法利用不同长度格雷序列的低 PAPR 特征,对序列的峰均比特性及时域互相关峰值特性进行联合处理,优化了 SRS 序列集的性能。结果表明,与 3GPP 标准中的序列方案相比,在时域互相关峰值略有损失的情况下,本文方法得到的 SRS 序列具有更低的 PAPR。

关键词 无线通信 低峰均比序列 生成对抗网络 探测参考信号

0 引言

在 5G 通信协议中,物理层主要负责编码、调制、解调以及信号映射等[1-3]。探测参考信号(SRS)是 5G 新空口(NR)的上行(UL)信号,由终端(UE)发送,以帮助基站(gNB)获得每个用户的信道状态信息(CSI)。信道状态信息描述了 NR 信号如何从 UE 传播到 gNB,并反映散射、衰落和功率衰减随距离的综合影响。NR 系统可使用 SRS 进行资源调度、链路自适应、大规模 MIMO 和波束管理。一般而言,具有低 PAPR 特性的 SRS 序列可以实现高功率放大器的高效运行,提升 UE 发送 SRS 的功率。gNB 根据收到的上行导频序列进行信道估计,再由信道的互易性得到下行信道状态信息,进而增强 UE 下行边缘的信道探测质量和增大下行边缘速率。

近年来,随着机器学习算法的发展和普及,运用生成对抗网络的特性成为新的改进思路。生成对抗网络[4-7]是一种无监督学习的优良方案,判别器对真实数据和生成器所生成的虚假数据进行甄别,两者交替调整更新,反复博弈,最终达到生成数据基本上具有真实数据的分布和性质。对于机器学习方案而言,训练集的存在规模是至关重要的,文献[8-9]中的四元序列生成方案正好可以用于生成数据训练集,有效地解决了训练集存在性问题。

本文提出了一种基于 GAN 模型的低峰均比序列生成方法。该方法采用 GAN 模型,结合不同长度下的 Golay 序列的特征,对序列的峰均比特性及时域互相关性进行联合分析,提高了 SRS 序列集的性能。通过将该方法与 3GPP 标准中的方案进行对比,结果表明本文方法可以有效地实现具有低时域互相关的低峰均比序列。

1 峰均功率比与时域互相关

1.1 峰均功率比

对于波形信号来说,峰均功率比被定义为一段时间内的信号功率峰值与信号功率有效值之比。如果 OFDM 信号的载波相位接近,就会导致调制已调子信号功率叠加,瞬时功率增大。而功率放大器的线性放大范围是有限的,当信号的峰值功率超过了放大器的线性范围,将导致信号的非线性失真和系统性能下降,因此,在 OFDM 系统中,必须考虑降低信号的 PAPR。

连续信号 $s(t)$ 的 PAPR 可以表示为:

$$PAPR(\mathrm{dB}) = 10\log_{10}\frac{\max\{|s(t)|^2\}}{E\{|s(t)|^2\}} \tag{1}$$

式中:$E(\cdot)$——期望值。

在序列设计中,具有 N 个子载波的 OFDM 信号可被表示为:

$$x(n) = \frac{1}{\sqrt{N}}\sum_{k=0}^{N-1}X_k e^{j2\pi kn/N} \tag{2}$$

式中:N——子载波的数量;

X_k——第 k 个调制子载波符号。

设 X 为 N 长的频域序列,其 PAPR 为:

$$\mathrm{PAPR}(X) = 10log_{10}\frac{\max\{|\mathrm{IFFT}(X,\mathrm{IFFTSize})|^2\}}{\|X\|_2^2/\mathrm{IFFTSize}} \tag{3}$$

式中:$\mathrm{IFFT}(\cdot)$——离散傅里叶逆变换,且假定其能量已被单位化;

IFFTSize——离散傅里叶逆变换的点数,通常是序列长度的 8~10 倍。

1.2 时域互相关

在通信中,互相关函数可以描述两个不同时刻的随机信号之间的相关程度。它作为频域内两个信号是否相关的判断指标,能够决定信号的干扰程度大小。对于长度为 N 的序列对 (a,b),其循环移位 τ 处的非周期性互相关由下式给出:

$$p_{(}a,b)(\tau) = \sum_{n=0}^{N-1-\tau}a_n b_{n+\tau 2}^*, 0 \leqslant \tau \leqslant N-1 \tag{4}$$

这里用 $(\cdot)^*$ 表示复共轭。

自相关是互相关的一种特殊情况,主要用来衡量同一序列在不同时刻取值的相似程度。当 $a=b$ 时,称 $\rho_{a,b}\tau$ 为序列 a 的非周期性自相关,

简写为$\rho_e(\tau)$。若有一对长度为N的序列对(a,b),使得:

$$\rho_a(\tau)+\rho_b(\tau)=0, \text{for } \tau=0,1,\cdots,N-1 \tag{5}$$

那么我们称(a,b)为Golay互补对,其中任意一条称之为Golay序列。

在本文中,一组序列的k倍采样下的峰值互相关$\beta(\cdot)$被作为时域互相关评估指标,S_1、S_2为序列集中的任意两条,其时域互相关被定义为:

$$\beta(\{S_1,S_2\},k)=\max |IFFT(s_1\odot s_2^*,kN)|\sqrt{k/N} \tag{6}$$

2　生成对抗网络模型

2.1　生成对抗网络概述

GAN模型通过框架中两个模块,生成器(Generator)和判别器(Discriminator)的互相博弈学习产生相对较好的输出。其工作原理可简单描述为,生成器模仿真实数据x来生成虚假数据$G(z)$,而后判别器对这一数据进行判别,并给出这一数据的真伪概率,即损失函数值。而后,生成器根据判别器的反馈,调整自己的生成方式,再次生成新的数据以供判别器判决,其损失函数可以描述为:

$$\min_G\max_D V(D,G)=E_{x\sim pdata(x)}[\log(D(x))]+E_{z\sim pz(z)}[\log(1-D(G(z)))] \tag{7}$$

判别器D的训练目标是要尽量最大化自己的判别准确率,而生成器G的训练目标则与之相反,因此GAN采用了一种交替优化方式,第一个阶段是固定判别模型D,然后优化生成模型G,使得判别模型的准确率尽量降低。而另一个阶段是固定生成模型G,来提高判别模型的准确率。二者反复博弈,以达到最终生成的数据基本上具有真实数据的性质。GAN模型的基本处理过程如图1所示。

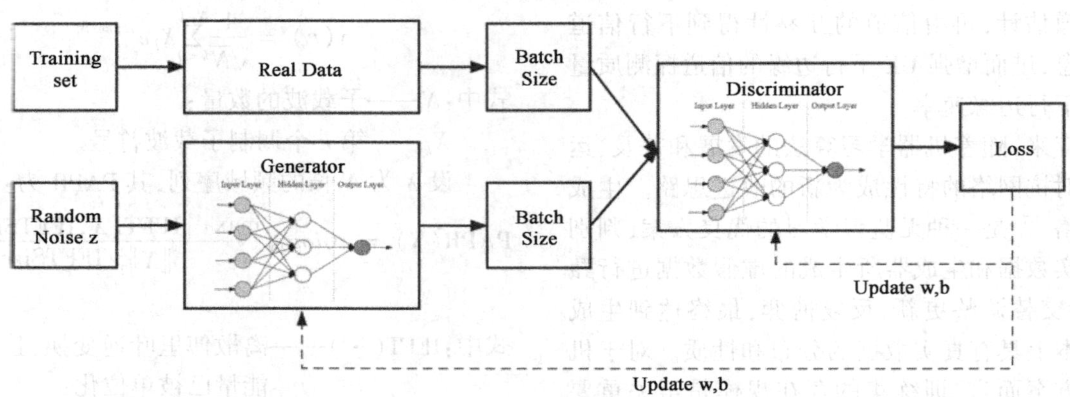

图1　GAN模型处理过程

2.2　基于WGAN的序列搜索模型

在传统的GAN网络中,判别器可以很容易地从生成器中识别出虚假数据,使得判别器的训练几乎没有损失,导致没有有效的梯度信息被传回生成器,进而导致原始的GAN模型产生了梯度消失问题。基于该事实,Arjovsky等人提出了WGAN模型[5]。该模型使用Wasserstein距离替代JS散度,当真实数据与虚假数据差异很大,即两个分布不重叠时,它仍然可以给出有效的度量,有效地改善了传统GAN网络中的梯度消失的问题。

算法1给出了本文所采用的WGAN基本算法流程。

算法1 基于WGAN模型的序列搜索

要求:学习率$alpha=0.0002$,批尺寸$m=288$,裁剪参数$c=0.01$。

1. 输入:Golay序列集作为训练数据
2. 定义和初始化
3. 循环:

for *iter* doL　　for k in range(3)

　for *i_step* do

　　生成来自先验噪声$p_g(z)$的m个小批量噪声样本$\{z^{(1)},\cdots,z^{(m)}\}$;

　　生成来自真实数据$p_{data}(x)$的m个样本$\{x^{(1)},\cdots,x^{(m)}\}$;

　　更新判决器:

$$\nabla\left[\frac{1}{m}\sum_{i=1}^{m}f(x^{(i)})-\frac{1}{m}\sum_{i=1}^{m}f(g(z^{(i)}))\right]$$

续上表

梯度裁剪： $\mathrm{clip}(w,-c,c)$ end for 更新生成器： $-\nabla \frac{1}{m}\sum_{i=1}^{m} f(g(z^{(i)}))$ end for 计算 PAPR 并更新集合 end for
4. 输出：更新后的低 PAPR 训练集

3 试验数据与处理

本文使用 Golay 序列集作为 WGAN 模型的真实数据。结合 SRS 序列的长度，本文采用 Turyn 构造[8]，由本原 Golay 序列构造出其他长度的 Golay 序列。

构造 1（Turyn 构造）设(a,b),(c,d)为两对长度分别为 N、M 的 Golay 互补序列，那么(e,f)也是 Golay 互补序列且长度为 NM，其中(e,f)由式(8)或式(9)给出，$(\cdot)^*$表示复共轭，$\overleftarrow{(\cdot)}$表示向量倒置。

$$\begin{cases} e = a \otimes \dfrac{c+d}{2} + \overleftarrow{b}^{*} \otimes \dfrac{c-d}{2} \\ f = b \otimes \dfrac{c+d}{2} + \overleftarrow{a}^{*} \otimes \dfrac{c-d}{2} \end{cases} \tag{8}$$

$$\begin{cases} e = a \otimes \dfrac{c+d}{2} + b \otimes \dfrac{c-d}{2} \\ f = a \otimes \dfrac{\overleftarrow{c}^{*}-\overleftarrow{d}^{*}}{2} - b \otimes \dfrac{\overleftarrow{c}^{*}+\overleftarrow{d}^{*}}{2} \end{cases} \tag{9}$$

在 WGAN 模型中，设置不同的 PAPR 门限值以更新数据集，随后将 WGAN 模型生成的序列与通过 Turyn 构造所得到的 Golay 序列一起作为备选序列集S_{Big}，从中选取 30 条具有低时域互相关的序列作为 SRS 序列集 S，S 集合即目标序列集。对于极少不存在四元 Golay 序列的长度，例如 84 长，则采用低峰均比筛选后的随机四元序列作为真实数据输入。

本文所使用的对比序列为 3GPP 标准所采用的序列，即较短的序列长度下使用通过计算机搜索找到具有良好时域包络特性的特殊频谱序列，36 长度及以上使用扩展 ZC 序列。

$$r_{u,v}^{a,\delta}(n) = \bar{r}_{u,v}(n), 0 \leq n < M \tag{10}$$

式中：M——序列长度；

u,v——SRS 的组号及组内序列号；

a,δ——由基序列衍生大量序列的参数。

对于 36 长度及以上的序列，基序列由式(11)给出：

$$\bar{r}_{u,v(n)} = x_q(n \bmod N_{ZC}) \tag{11}$$

$$x_q(m) = e^{-j\frac{\pi q m(m+1)}{N_{ZC}}} \tag{12}$$

N_{ZC}是小于序列长度 M 的最大质数，

$$q = \lfloor \bar{q} + 1/2 \rfloor + v \cdot (-1)^{\lfloor 2\bar{q} \rfloor}, \quad \bar{q} = N_{ZC} \cdot (u+1)/31 \tag{13}$$

4 模型训练与结果分析

4.1 模型训练

本文使用基于 tensorflow - gpu 的 keras 深度学习开发平台，以 24 长度的序列为例，其中的关键部件的具体参数如下：

（1）基于 24 长 Golay 序列生成 2304 条序列，作为训练数据中的真实数据使用。

（2）样本大小 Batch_size 为 288，即对整个真实数据集分 8 批进行训练。

（3）生成器输入随机噪声为 100 个[-1,1]的均匀分布随机数。

（4）生成器输入层大小为 100，隐藏层大小为 1024，激活函数为 ReLU，如图 2a）所示。

（5）生成器输出层大小为 24，激活函数为 tanh，如图 2b）所示。

（6）判别器输入层大小为 24，隐藏层大小为 1024，激活函数为 ReLU，输出层大小为 1。最终判别器输出假数据对应的概率为 disc_fake 和真实数据对应的概率为 disc_real.

（7）定义生成器及判别器损失函数，两者基于损失函数的优化算法均采用 RMSProp 算法，学习率为 0.0002，判别器权重裁剪范围[-0.01, 0.01]。

（8）WGAN 模型整体迭代次数为 100001，每次迭代完成后，将新得到的 PAPR 小于 3dB 的数据添加到训练集。

4.2 结果分析

以 24 长为例，我们使用的 GAN 模型共生成了 735 条 PAPR 小于 3.01dB 的序列，筛去训练集中存在的序列，剩余的 619 条序列是全新的低 PAPR 序列，这些序列的 PAPR 最大值为 3.0100dB，最小值为 2.8406dB，其 CDF 如图 3 所示。

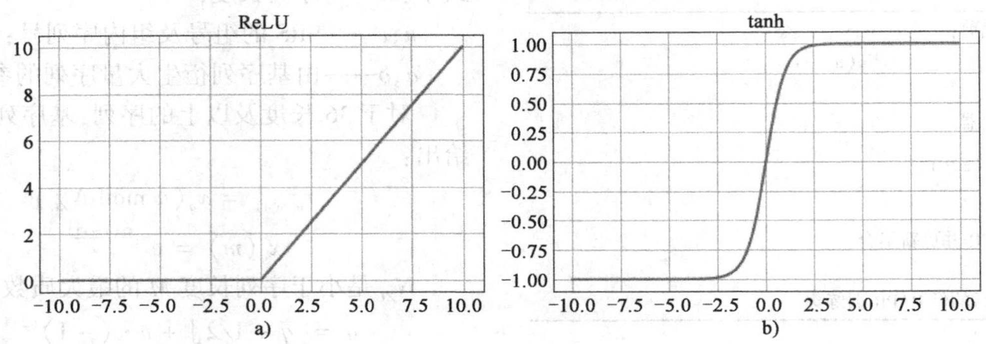

图 2　激活函数

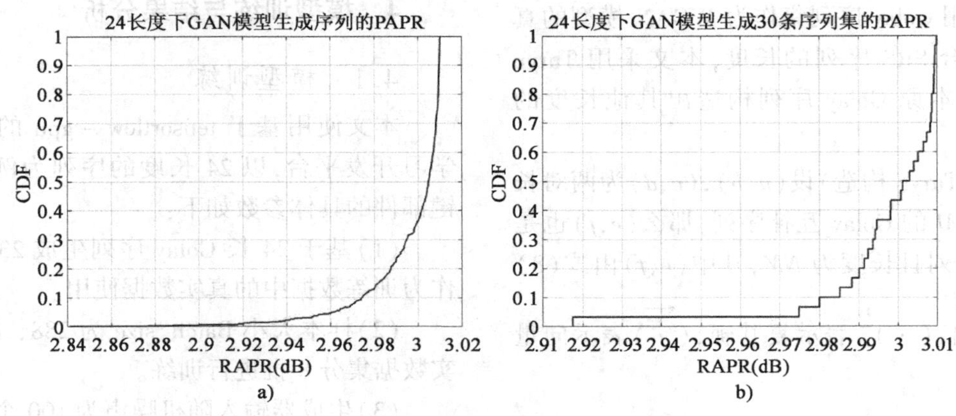

图 3　GAN 模型生成 24 长序列 PAPR 的 CDF

不同长度下 SRS 序列性能比较如表 1 所示，表中列出了部分本文所述方案在相同长度下和 3GPP 标准中所使用序列的指标数值，包括最大 PAPR、平均 PAPR、峰值互相关的值。从 PAPR 上来看，3GPP 中所使用 30 长以下的短序列为计算机搜索得到，其 PAPR 略低于该方案中的序列，但我们所得到的序列集也能够保证其 PAPR 均在 3.01dB以下。从时域互相关上看，我们的方案能够降低序列集的时域互相关，长度为 24 的 3GPP 标准中的序列，其时域互相关最大值为 0.8855，而我们将该长度的时域互相关降低了 0.3 以上。

不同长度下 SRS 序列性能比较　　表 1

序列长度	方案	$PAPR_{max}$	$PAPR_{mean}$	β_{peak}	调制阶数
12	WGAN	3.0088	2.8988	0.6922	QPSK
	3gpp 标准使用的序列	2.7959	2.6128	0.7992	QPSK
24	WGAN	3.0099	2.9972	0.5698	QPSK
	3gpp 标准使用的序列	2.7543	2.6349	0.8855	QPSK
30	WGAN	3.9945	3.2580	0.6158	QPSK
	3gpp 标准使用的序列	5.8282	4.0280	0.3570	—
36	WGAN	3.0103	3.0074	0.6407	QPSK
	3gpp 标准使用的序列	4.4604	3.7813	0.2785	—
42	WGAN	4.9856	4.7720	0.4620	QPSK
	3gpp 标准使用的序列	5.8064	4.0283	0.3011	—
48	WGAN	4.9935	4.4979	0.4778	QPSK
	3gpp 标准使用的序列	5.2246	4.0270	0.2874	—

续上表

序列长度	方案	$PAPR_{max}$	$PAPR_{mean}$	β_{peak}	调制阶数
54	WGAN	3.0226	3.0082	0.4400	QPSK
	3gpp 标准使用的序列	5.9501	4.2542	0.2700	—
66	WGAN	4.9687	3.7916	0.5597	QPSK
	3gpp 标准使用的序列	5.2227	3.9142	0.2246	—
72	WGAN	3.0144	3.0072	0.3994	QPSK
	3gpp 标准使用的序列	6.1085	4.3432	0.2381	—
78	WGAN	5.0486	4.9071	0.3561	QPSK
	3gpp 标准使用的序列	5.2987	4.1013	0.2084	—
84	WGAN	5.0005	4.9318	0.3599	QPSK
	3gpp 标准使用的序列	5.9801	4.7075	0.2172	—
90	WGAN	3.0138	3.0086	0.3590	QPSK
	3gpp 标准使用的序列	6.4567	4.4359	0.2217	—
96	WGAN	3.0103	3.0087	0.6613	QPSK
	3gpp 标准使用的序列	4.6555	3.8530	0.1893	—

对于 30 长及以上的序列，3GPP 中采用 ZC 序列作为基序列。ZC 序列具有恒幅值、相关性好的优点，但 PAPR 很高，且由于其相位不定的特点，导致调制解调的过程复杂度增加。对于表中所列长度，所采取的方案大部分能够在峰值互相关略微提升的条件下，使得 PAPR 优于 ZC 序列，且只需实现 QPSK 调制。故我们设计的 GAN 模型的序列互相关性优于 3GPP 标准中的序列。

如图 4 所示，对比 WGAN 模型生成的序列和 3GPP 标准中长度为 30 的序列的性能，从 PAPR 上来看，同样采用 4096 点高倍采样的条件下，WGAN 中所使用长度为 30 的序列的 PAPR 介于 3 ~ 4dB 之间，ZC 序列的 PAPR 最高可达 5.8282dB。我们也可以通过调整 WGAN 模型中的 PAPR 阈值，改变对 PAPR 的限制条件，减小搜索新增序列的 PAPR 或扩充更大的数据集，可以进一步实现序列 PAPR 与互相关性的优化。

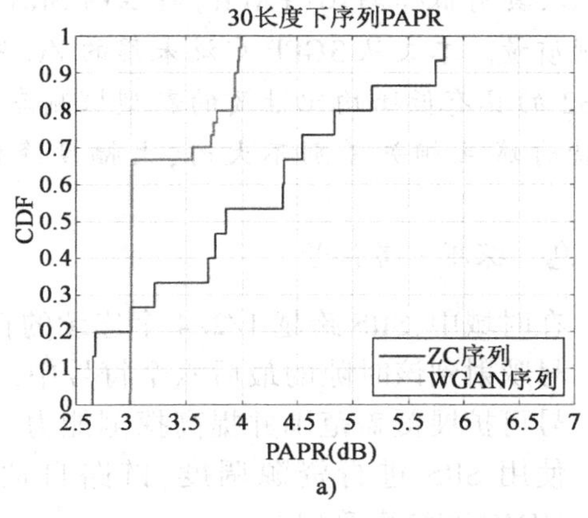

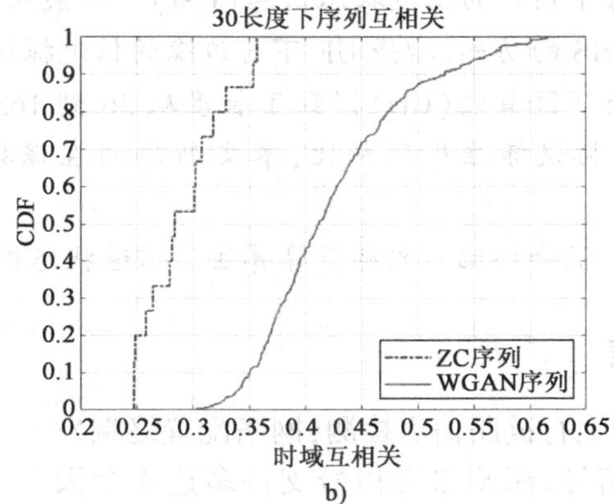

图 4 30 长度下序列 PAPR 和互相关的 CDF 图

5 结语

本文对 5G NR 中 SRS 的低 PAPR 序列集进行了研究，提出了一种基于生成对抗网络(GAN)的方法，避免了由于序列 PAPR 过大而引起的下行边缘信道探测质量、下行边缘速率不高的问题。在时域互相关略有损失的情况下，本文方案获得的 SRS 序列具有更低的 PAPR，提升了用户发送 SRS 的速率，提高了下行边缘信道探测质量。此外，与 ZC 序列相比，本文生成的是四元序列，可有效降低系统的实现复杂性。

参考文献

[1] 3GPP TS 38.211, NR: Physical channels and modulation[S].

[2] 3GPP TS 38.213, NR: Physical layer procedures for control[S].

[3] 3GPP TR 38.913, Study on Scenarios and Requirements for Next Generation Access Technologies[S].

[4] Goodfellow I J, Pouget-Abadie J, Mirza M, et al. Generative adversarial networks[J]. arXiv preprint arXiv:1406.2661, 2014.

[5] Arjovsky M, Chintala S, Bottou L. Wasserstein generative adversarial networks [C]// International conference on machine learning. PMLR, 2017: 214-223.

[6] Jabbar A, Li X, Omar B. A survey on generative adversarial networks: Variants, applications, and training[J]. ACM Computing Surveys (CSUR), 2021, 54(8): 1-49.

[7] Salimans T, Goodfellow I, Zaremba W, et al. Improved techniques for training gans [J]. Advances in neural information processing systems, 2016, 29: 2234-2242.

[8] Turyn R J. Hadamard matrices, Baumert-Hall units, four-symbol sequences, pulse compression, and surface wave encodings [J]. Journal of Combinatorial Theory, Series A, 1974, 16(3): 313-333.

[9] Luke H D. Sets of one and higher dimensional Welti codes and complementary codes [J]. IEEE Transactions on Aerospace and Electronic Systems, 1985 (2): 170-179.

基于坐标下降法的低峰均比探测参考信号序列

李小虎* 范平志

(西南交通大学信息科学与技术学院)

摘 要 探测参考信号(SRS)是5G新空口(NR)的上行(UL)信号,由终端(UE)发送,以帮助基站(gNB)获得每个用户的信道状态信息(CSI)。一般而言,具有低峰均比(PAPR)特性的SRS序列可以提升UE发送SRS的功率,增强UE下行边缘的信道探测质量。本文从3GPP广泛采用的ZC序列出发,采用改进的坐标下降算法(CD)得到了长度从36到1632的具有低峰均比性质的新型探测参考信号序列集。与3GPP协议标准序列相比,本文新序列在保持时域互相关差别不大时,大幅度降低了信号的PAPR。

关键词 低峰均比 坐标下降算法 信道状态信息 探测参考信号

0 引言

对于5G上行链路信道检测,网络配置终端发送探测参考信号,探测参考信号支持多达4个天线端口[1-2]。在频域中,探测参考信号(SRS)被定位在一个梳状结构中,通常是梳状-2和梳状-4。根据[3-4],探测参考信号的长度最多支持1632,并且每种长度下具有30组低时域互相关的序列集,使用协议给定的低峰均比序列。探测参考信号获取的CSI描述了NR信号如何从UE传播到gNB,并反映散射、衰落和功率衰减随距离的综合影响。在时域中,SRS跨越1/2/4个连续的符号,这些符号映射到该时隙的最后六个符号中,多个SRS符号可扩展覆盖范围并提高探测能力。NR系统可使用SRS进行资源调度、链路自适应、大规模MIMO和波束管理。

上述获得的68种低PAPR序列同样也可用于基于正交频分复用(OFDM)的车联网系统中,在车联网系统中,子载波分别传输各自分配的数据信息,由于待传输数据的随机性,形成时域OFDM信号时,会造成整个周期内信号PAPR过高。在信号远距离传输中,由于存在功率损耗,需要利用功率放大器对传输信号进行功率放大,但功率放大器有一定的线性范围,待传输信号的高 PAPR 值会使功率放大器工作于非线性区,给系统带来较大的非线性失真,影响系统的传输性能[5]。

常规的优化算法主要有进化算法[6]、坐标下降算法[7]以及交替方向乘子法等。本文采用坐标下降算法来得到大量的低峰均比序列集,通过改进优化算法的迭代停止阈值,在原有算法基础上快速得到低峰均比序列集,并保证峰均比在原先大量迭代下差异不大。通过优选出 30 组具有最低峰均比和时域互相关的序列集,给出了一个快速筛选算法。

1 基于坐标下降算法的探测参考信号序列

坐标下降算法是一个简单但却高效的非梯度优化算法。与梯度优化算法沿着梯度最速下降的方向寻找函数最小值不同,坐标下降算法在每次迭代中,在当前点处沿一个坐标方向进行一维搜索以求得一个函数的局部极小值。在整个过程中循环使用不同的坐标方向。该算法可以获得大量低 PAPR 序列集,保持了与协议 ZC 序列的相位保持一致。

1.1 坐标下降算法

对于目标函数

$$\min_{x=(x_0,\cdots,x_n)} f(x)$$

假设 $x^{(k)}$ 表示第 k 次迭代,那么从初始值开始循环 $k=1,2,3,\cdots$

$$x_0^{(k)} = \underset{x_0}{\operatorname{argmin}} f(x_0,x_1^{(k-1)},x_2^{(k-1)},\cdots,x_n^{(k-1)})$$

$$x_1^{(k)} = \underset{x_1}{\operatorname{argmin}} f(x_0^{(k)},x_1,x_2^{(k-1)},\cdots,x_n^{(k-1)})$$

$$x_n^{(k)} = \underset{x_n}{\operatorname{argmin}} f(x_0^{(k)},x_1^{(k)},x_2^{(k)},\cdots,x_n)$$

直至 $|f(x^k)-f(x^{k-1})|<\varepsilon$ 停止迭代。因而从一个初始的猜想值 x_0 以求的函数 $f(x)$ 的局部最优值,可以迭代获得 $x_0,x_1,x_2,\cdots$序列。

通过在每一次的迭代中采用一维搜索,可以获得如下不等式:

$$f(x_0)\geqslant f(x_1)\geqslant f(x_2)\geqslant\cdots$$

这一序列与最速下降类似的收敛性质,如果在某次迭代中,函数得不到优化,说明一个驻点以及达到。

1.2 坐标下降算法下的多元序列集

对于多元 SRS 序列集,在每个维度进行线性搜索复杂度较高,因此考虑构造低积分旁瓣电平 ISL 序列来得到低 PAPR 序列[7]。

频域恒模序列:

$$x = [x_1,x_2,\cdots,x_N]^{\mathrm{T}} \in \mathbb{C}^N$$

$$\text{s.t. } |x_n| = 1, n = 1,2,\cdots N$$

自相关函数:

$$r_k = \sum_{i=1}^{N-k} x_i^* x_{i+k}, k = 0,\cdots N-1$$

ISL 函数:

$$\mathrm{ISL} = \sum_{k=1}^{N-1} |r_k|^2$$

该优化问题可以写为:

$$P^M\begin{cases}\min\limits_x f(x)\\ \text{s.t. } x\in\Omega_M\end{cases}$$

其中:

$$f(x) = \sum_{k=1}^{K=N-1} | r_k |^2,$$

$$\Omega_M = \{x \mid x_i \in \Psi_M, i = 1,\cdots,N\}$$

M 为字母集大小:

$$\psi_M = \{1,\bar{\omega},\cdots,\bar{\omega}^{M-1}\},\omega = e^{j\frac{2\pi}{M}}$$

对上式采用 CD 算法,则在 $n+1$ 次迭代如下:

$$P_{d,x^{(n)}}^M\begin{cases}\min\limits_{x_d} f(x_d;x_{-d}^{(n)})\\ \text{s.t. } x_d\in\Psi_M\end{cases}$$

进一步改写上式 $f(x_d;x_{-d}^{(n)})$ 对于优化变量 x_d:

$$r_k(x_d) = x_d(x_{d+k}^{(n)})^* I_A(d+k) + (x_{d-k}^{(n)})x_d^* I_A(d-k) + \sum_{i=1,i\neq\{d,d-k\}}^{N-k} x_i^{(n)}(x_{i+k}^{(n)})^*, k = 1,\cdots,N-1$$

其中 $I_A(.)$ 为指示函数(indicator function),定义在集合:

$$A = \{1,2,\cdots,N\}, \text{i.e.}, I_A(x) = 1 \quad \text{if } x\in A$$

定义:

$$a_{dk} \triangleq (x_{d+k}^{(n)}) * I_A(d-k)$$

$$b_{dk} \triangleq x_{d-k}^{(n)} I_A(d-k)$$

$$c_{dk} \triangleq \sum_{i=1,i\neq\{d,d-k\}}^{N-k} x_i^{(n)}(x_{i+k}^{(n)})^*$$

令 $\varphi_d = \arg(x_d)\in[0,2\pi]$。

因此:

$$\tilde{P}_{d,\varphi_d}^M\begin{cases}\min\limits_{\varphi_d}\sum\limits_{k=1}^{N-1} | a_{dk}e^{j\varphi_d} + b_{dk}e_d^{-j\varphi_d} + c_{dk} |^2\\ \text{s.t. } \varphi_d\in\varphi_M\end{cases}$$

其中:$\phi_M \triangleq \left\{0,\frac{2\pi}{M},\frac{4\pi}{M},\cdots,\frac{2\pi(M-1)}{M}\right\}$。

上式求解相位变量对应的自相关函数的平

方模：

$$|\bar{r}(\phi_d)|^2 = |r_k(e^{j\phi_d})|^2 = |a_{dk}e^{j\phi_d} + b_{dk}e_d^{-j\phi_d} + c_{dk}|^2$$

令：

$$\nu_{dk} = [|\bar{r}_k(\bar{\phi}_1)|^2, |\bar{r}_k(\bar{\phi}_2)|^2, \cdots, |\bar{r}_k(\bar{\phi}_M)|^2]^{\mathrm{T}} \in \mathrm{R}^M$$

其中 $\bar{\phi}_i = \dfrac{2\pi(i-1)}{M}, i = 1, \cdots, M$，并且 $\zeta_{dk} = [a_{dk}, c_{dk}, b_{dk}, 0_{1\times(M-3)}]^{\mathrm{T}} \in R^M$。

当 $M \geqslant 3$ 时，

$$\nu_{dk} = |\mathrm{DFT}(\zeta_{dk})|^2$$

其中，$\mathrm{DFT}(\zeta_{dk})$为 M 点的 DFT，按元素取模。

因此：

$$u = \sum_{k=1}^{N-1} \nu_{dk}^T \in \mathrm{R}^M, k = 1, \cdots, N-1$$

因此可以得到问题 $\tilde{P}_{d,\phi_d}^M$ 的最优解：

$$\phi_d^{\hat{a}} = \frac{2\pi(i^{\hat{a}} - 1)}{M}$$

其中：

$$i^{\hat{a}} = \arg \min_{i=1,\cdots,M} \{u_i\}$$

算法 1 基于 CD 的多元序列集[7]

1：初始化 $x^{(n)}, d = 1, n = 0, M$

2：循环 $k = 1 : N-1$

3：求解 a_{dk}, b_{dk}, c_{dk}

4：求解 $\zeta_{dk} = [a_{dk}, c_{dk}, b_{dk}, 0_{1\times(M-3)}]^{\mathrm{T}}$ 以及 $\nu_{dk} = |\mathrm{DFT}(\zeta_{ck})|^2$

5：计算

$$u = \sum_{k=1}^{N-1} \nu_{dk}^{\mathrm{T}} \in \mathscr{R}^M, k = 1, \cdots, N-1$$

6：得到 $x_d^g = e^{j\varphi_d}$ 其中 $\varphi_d = \dfrac{2\pi(i^{\hat{a}} - 1)}{M}, i^? = \arg \min\limits_{i=1,\cdots,M} \{u_i\}$

2　坐标下降算法改进

2.1　快速停止准则

定义 x 的 PAPR 如下：

$$F(x) = \frac{\|\mathrm{A}x\|_\infty^2}{\dfrac{1}{N}\|\mathrm{A}x\|_2^2}$$

然而，对于 68 个不同长度的 SRS 序列，在需要快速获得低 PAPR 序列集的情况下，每个长度的快速停止-迭代阈值是必要的。由于每个长度的协议都给出了一组 30 个低 PAPR 和非常低的互相关的序列，对于每个长度，至少需要给出一组几百个低 PAPR 的序列，然后进行选择。更详细地说，根据我们的模拟，经过一定次数的迭代，算法中的 $F^{(t)}$ 变得越来越稳定。这意味着目标函数将不会被明确地改变。也就是说，该算法存在一个快速迭代优化边界 τ。

受这种现象的启发，我们采用了两步比较法来停止迭代。我们记录 $F^{(t)}$ 和 $F^{(t-1)}$ 的两个连续迭代的值。如果 $|F^{(t)} - F^{(t-1)}| > \varepsilon$，继续迭代，否则进入下一步骤。如果 $|F^{(t)} - \tau| < \beta$，停止迭代。

2.2　序列筛选

算法 2 快速筛选

```
输入：序列集 S^{M×N}，设置门限值 H，参考阈值 h^{32×1}
  for k_1 = 1:M-29
      x_1 = S(k_1)
    for k_2 = k_1 + 1:M-28
      x_2 = S(k_2)
      h_2 = max(f(x_1, x_2))
      if h_2 > H - h_1 continue
      end
        …
      for k_29 = k_28 + 1:M-1
        x_29 = S(k_29)
        h_29 = max(h_28, f((x_1, x_2, …, x_28), x_29))
        if h_29 > H - h_28 continue
        end
        for k_30 = k_29 + 1:M
          x_30 = S(k_1, k_2, …, k_30)
          h_30 = max(h_29, f(x_30, S(k_30)))
        if h_30 < H - h_29
          H = h_30, index = [k_1, k_2, …, k_30]
        end
        end for
      end for
    end for
  end for
输出 S = S(index)
```

在算法 2 中，$S(^*)$ 和 h_* 中 * 是行数索引。H 保持在 0.9 左右，h 每次从 0.02 开始减少。f 是一个计算序列间最大互相关的函数。

3　性能仿真与结果分析

对于 PAPR 和时域互相关值，使用了 $8 \cdot L_{SRS}$ 点的过采样。总共模拟了 68 个长度的 SRS 序列。在图 1 和图 2 中可以看到，对于多个长度，每个长度 30 个，通过 CD 算法获得的低 PAPR 序列降低了 2.02～4.52dB 的 PAPR，而时域互相关的损失很小（0.05～0.15）。

具体在算法 2 中,固定 $H=0.9$,对于参考阈值 h 在 624 长度下的仿真设置如下:"$h=[0.02*ones(1,4)0.015*ones(1,3)0.15*ones(1,5)0.01*ones(1,10)0.005*ones(1,10)]$"。

其中,$[0.02*ones(1,4)]=[0.02\ 0.02\ 0.02\ 0.02]$,其他同理。对于快速停止准则中,设置 $\varepsilon=0.2,\tau=2.5,\beta=0.1$。结果如图 1 ~ 图 3 所示。

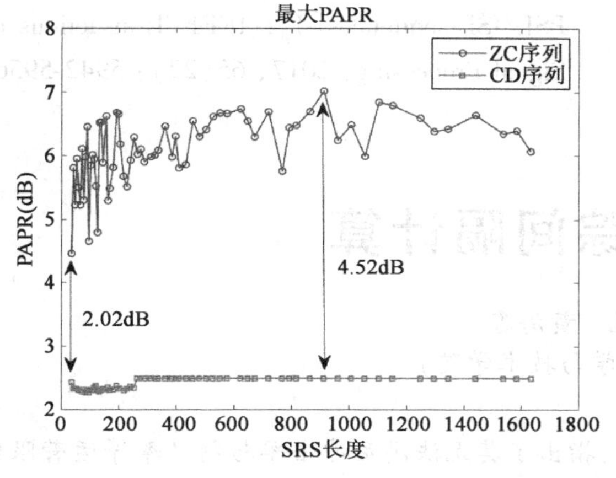

图 1　不同 SRS 长度下 CD 算法得到的序列与 ZC 序列 PAPR 比较

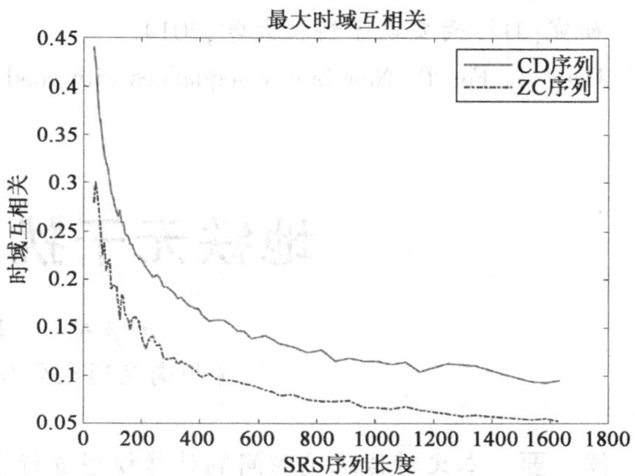

图 2　不同 SRS 长度下 CD 算法得到的序列与 ZC 序列时域互相关比较

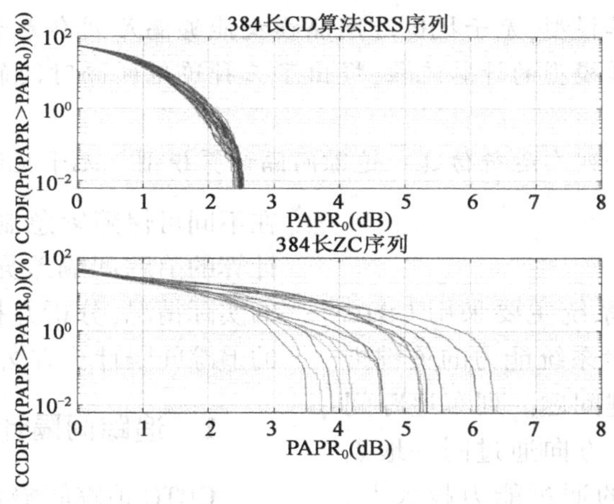

图 3　CD 序列与 ZC 序列 PAPR 性能曲线(384 长)

4　结语

为了增强 UE 下行边缘的信道探测质量和增大下行边缘速率,本文采用了改进的坐标下降算法,根据快速迭代准则得到了大量具有低峰均比性质的序列集,运用算法 2 得到的每种长度下满足要求的 30 组序列。仿真结果表明,在时域互相关特性略有损失的代价下,新序列集的 PAPR 显著低于 ZC 序列,从而达到了提升 SRS 信道探测质量的需求,同时也可以应用于基于 OFDM 的车联网系统中。

参考文献

[1] Andrews J G, Buzzi S, Choi W, et al. What will 5G be? [J]. IEEE Journal on selected areas in communications, 2014, 32(6): 1065-1082.

[2] Shafi M, Molisch A F, Smith P J, et al. 5G: A tutorial overview of standards, trials, challenges, deployment, and practice[J]. IEEE journal on selected areas in communications, 2017, 35(6): 1201-1221.

[3] 3GPP, NR; Physical channels and modulation,

3GPP TS 38.211, Rev. V16.4.0, Dec. 2020[S].

[4] 3GPP, NR; Physical layer procedures for control, 3GPPTS38.213, Rev. V16.4.0, Dec. 2020[S].

[5] 胡梅霞. 正交频分复用系统峰均比抑制问题研究[D].西安电子科技大学,2014.

[6] Deng X, Fan P. New binary sequences with good aperiodic autocorrelations obtained by evolutionary algorithm[J]. IEEE communications letters, 1999, 3(10): 288-290.

[7] Kerahroodi M A, Aubry A, De Maio A, et al. A coordinate-descent framework to design low PSL/ISL sequences[J]. IEEE Transactions on Signal Processing, 2017, 65(22): 5942-5956.

地铁无干扰追踪间隔计算

刘嘉诚*　赖敏锐　黄海鑫

(西南交通大学信息科学与技术学院)

摘　要　本文对传统追踪间隔计算模型进行了分析,指出了其无法满足冲击率与制动率等运营限制的问题。结合运营要求,本文提出了在列车冲击率与制动率约束下的列车无干扰运行的追踪间隔计算方法,并选用天津某实际线路数据,对不同模型下追踪间隔的数据进行了对比与分析。结果表明,传统模型计算的追踪间隔会使得后车受到前车干扰而提前降速,而采用无干扰计算模型,后车则可以不受前车干扰。相较于传统追踪间隔计算模型,无干扰追踪间隔模型能够满足列车无干扰运营的实际要求。同时,本文根据无干扰追踪间隔计算模型的计算流程,提出了三种追踪间隔时间的优化方向,为进一步研究追踪间隔打下了基础。

关键词　城市轨道交通　列车运行仿真　追踪间隔计算模型　无干扰运行

0　引言

城市轨道交通列车控制系统主要采用CBTC系统。列车追踪间隔作为衡量系统能力的关键指标,是列控系统研究中的关键问题。列车追踪间隔指前后车沿同一轨道、同一方向通过同一地点的时间差,该值越小则系统的通过能力越大[1]。目前对于追踪间隔的研究主要集中在追踪间隔的优化领域,刘莉等分析了追踪间隔的计算方法,提出了基于站台限速的追踪间隔优化方案[2]。闫丽霞等研究了移动闭塞下追踪间隔的计算方式,提出了"相对追踪间隔(撞软墙)"和"绝对追踪间隔(撞硬墙)"两种追踪间隔计算方法[3]。梁宇等提出了基于能量监控的追踪间隔计算模型,从多个角度分析了追踪间隔的优化方法[4]。大多数学者在研究追踪间隔时,主要以列车紧急制动距离作为追踪间隔距离进行计算,没有考虑到列车的实际驾驶情况,导致列车往往在实际运行时会难以达到计算的指标,从而导致运行受到干扰。本文基于IEEE1474.1推荐的安全制动模型[5],分析了在不同可保障紧急制动率下,基于紧急制动距离计算的追踪间隔差异。同时,结合实际列车运行的实际情况,分析并提出了一种列车无干扰运行的追踪间隔计算方法。

1　追踪间隔计算基本模型

CBTC追踪间隔计算主要分为区间追踪间隔计算与站台追踪间隔计算两种场景。

1.1　区间追踪间隔计算

图1描述了区间追踪间隔计算的基本模型[6]。

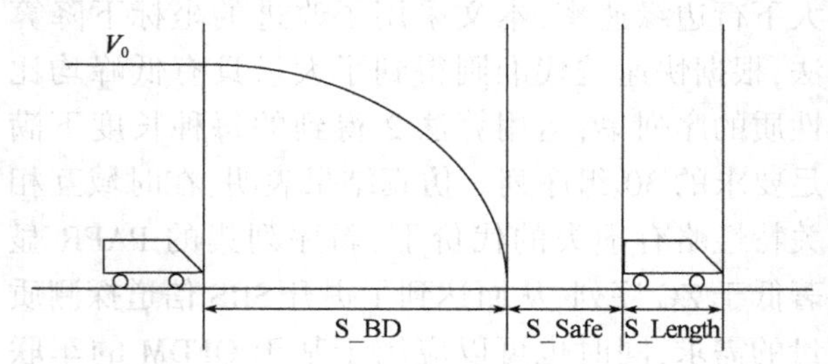

图1　区间追踪间隔示意

其中,S_BD 为列车制动距离(m);S_safe 为列车位置不确定性(m);S_Length 为列车防护包络(m);V0 为后车追踪速度(km/h);

通过式(1)可以计算区间追踪间隔:

$$T = \int_{x_0}^{x_t} \frac{1}{v(x)} \mathrm{d}x \qquad (1)$$

式中:x_0——列车当前位置;

x_t——列车目标位置。

1.2 站台追踪间隔计算

当列车追踪过程中经过站台时,列车需要额外计算站台的停站时间,部分 CBTC 线路中站台配置了保护区段,则还需要考虑列车出清保护区段时间。图 2 描述了站台追踪间隔计算的基本模型。

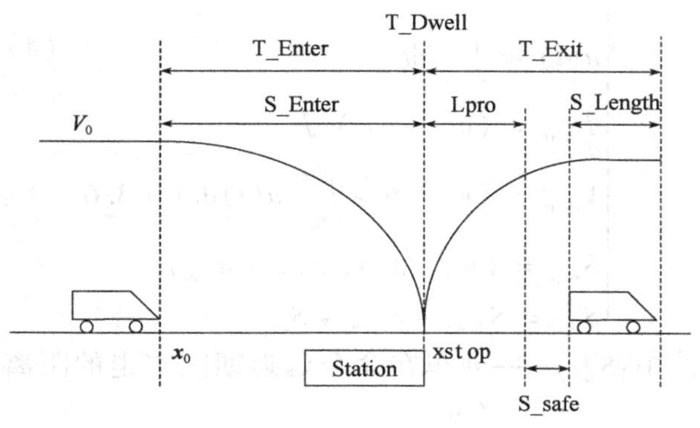

图 2 站台追踪间隔示意图

其中,S_Enter 为列车进站距离(m);T_Enter 为列车进站时间(s);T_Dwell 为列车停站时间(s);T_Exit 为列车离站时间(s);S_safe 为考虑列车位置不确定性等在内的安全余量(m);S_Length 为列车防护包络(m);V_0 为后车追踪速度(km/h);Lpro 为保护区段长度(m);

则列车站台追踪间隔可以通过式(2)进行计算:

$$\begin{cases} T = T_{\text{enter}} + T_{\text{Dwell}} + T_{\text{exit}} \\ T_{\text{enter}} = \int_{x_0}^{x_{\text{stop}}} \frac{1}{v(x)} \mathrm{d}x \\ T_{\text{exit}} = \int_{x_{\text{stop}}}^{l_{\text{pro}}+S_{\text{safe}}+S_{\text{length}}} \frac{1}{v(x)} \mathrm{d}x \end{cases} \qquad (2)$$

式中:x_{stop}——列车在站台停车位置;

x_0——列车进站位置;

l_{pro}——保护区段长度(m);

S_{length}——列车长度(m);

S_{safe}——安全余量(m)。

2 无干扰追踪间隔计算

2.1 传统计算模型及问题

传统意义的追踪间隔计算是以 IEEE1474.1 所提出的安全制动模型来进行计算,如图 3 所示,列车经过失控加速-牵引切除-制动施加-紧急制动 4 个阶段最终停车,即由列车当前位置到列车实际停车位置,即图 1 中所示的 S_BD 距离。

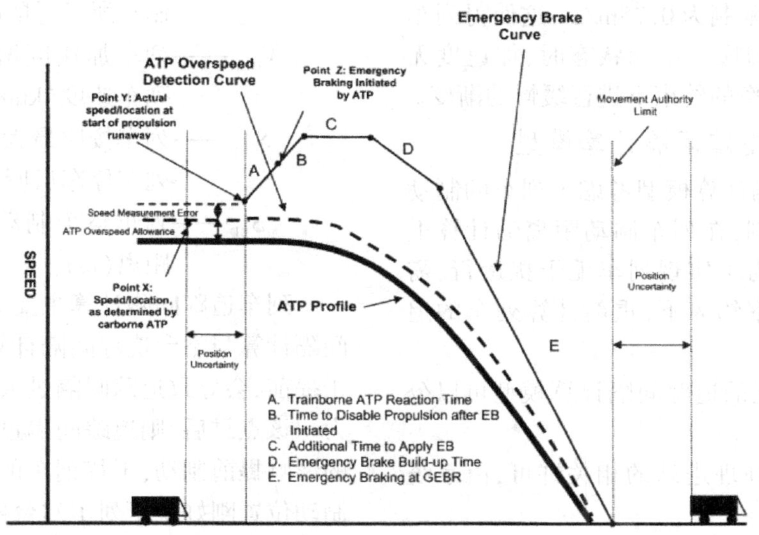

图 3 IEEE1474.1 安全制动模型[5]

设列车某时刻的速度为 v_0,安全制动模型中的失控牵引加速度为 a_1,失控加速时间为 t_1,制动下发时间为 t_2,该过程列车受到的阻力加速度为 a_2,可保障紧急制动加速度为 a_{gebr},列车牵引施加时间为 t_3,则列车的 SBD 可由式(3)计算得出:

$$\begin{cases} S_1 = (v_1^2 - v_0^2)/(2a_1) \\ v_1 = v_0 + a_1 \cdot t_1 \\ S_2 = (v_2^2 - v_1^2)/(2 \cdot a_2) \\ v_2 = v_1 + a_2 \cdot t_2 \\ S_3 = 2 \times (v_3^2 - v_2^2)/a_{gebr} \\ v_3 = v_2 + 0.5 \times a_{gebr} \times t_3 \\ S_4 = (v_4^2 - v_3^2)/a_{gebr} \\ \mathrm{SBD} = S_1 + S_2 + S_3 + S_4 \end{cases} \tag{3}$$

当 SBD 恰好越过站台停车点时,意味着列车在追踪过程中需要停站。此时,列车所处的位置便作为列车区间追踪间隔计算与站台追踪间隔计算的分界点。但在实际运行中,基于该分界点计算的追踪间隔,很难实现前后车的无干扰运行。

根据 GB/T 13441.1 的定义,乘客在公共交通中不同加速度下所感受到的舒适程度是不同的[7]。为了考虑乘客的乘坐体验,实际运行中一般会限制列车的制动加速度,即列车实际运行的制动能力难以达到安全制动模型的制动要求。这会导致列车需要更长的制动距离用于进站时的减速制动。

此外,GB/T 7928 限制了列车的纵向冲击率,要求最大冲击率不得超过 $1\mathrm{m/s^3}$[8],在实际项目中,则多采用冲击率限制为 $0.75\mathrm{m/s^3}$,这使得列车从牵引或惰性状态切换至制动状态时,加速度无法突变,而是在冲击率的约束下进行缓慢的渐变。

2.2　无干扰追踪间隔计算模型

无干扰追踪间隔计算模型考虑了列车的制动率限制与冲击率限制,在列车制动距离的计算上与传统模型不同。为了实现列车无干扰运行,需要在制动率与冲击率约束下,重新计算列车的追踪间隔。

保证列车无干扰的追踪间隔计算模型可以分成三个部分:

(1)首先,列车办理进站的相关许可,由系统下达进站降速命令。

(2)收到命令后,进站列车以当前速度、加速度开始实施制动,根据冲击率限制渐变至约束下的最大加速度。

(3)到达最大加速度后,由 ATO 系统保证列车以加速度约束恒定降速,直到列车停止。从列车开始下达相关命令开始,到列车完全停稳所走过的路程视为列车的制动距离。

设某时刻列车的速度为 v_0,加速度为 a_0,冲击率限制为 J,进站列车制动的最大加速度限制为 a_{max},列车下达制动命令到实际开始执行制动的时间间隔为 t_{delay},则列车的制动距离可以由式(4)计算得出。

$$\begin{cases} S_{delay} = (t_{delay} \cdot v_0)/3.6 \\ S_{exert} = \int_0^{T_{exert}} v(t)\,\mathrm{d}t \\ v(t) = v_0/3.6 + \int_0^t a(t)\,\mathrm{d}t \\ a(t) = \int_0^t J\mathrm{d}t \\ T_{exert} = (a_{max} - a_0)/J \\ V_{exert} = (v_0/3.6 + \int_0^{T_{exert}} a(t)\,\mathrm{d}t) \times 3.6 \\ S_{stop} = (V_{exert}/3.6)^2/(2 \times a_{max}) \\ S_{BD} = S_{delay} + S_{exert} + S_{stop} \end{cases} \tag{4}$$

式中:S_{delay}——列车在命令延迟期间空走的距离(m);

S_{exert}——列车从施加制动开始,到最大制动加速度所走行的距离(m);

T_{exert}——列车按照冲击率限制,增加至最大制动所经过的时间;

V_{exert}——列车加速度增加至最大制动时的列车速度(km/h);

S_{stop}——列车按照最大制动加速度制动,至列车停车后所走行的距离(m);

S_{BD}——列车整个制动过程所走行的制动距离(m)。

列车追踪间隔计算主要约束位置为区间追踪间隔计算与站台追踪间隔计算的分界点。该点过于提前,会导致追踪间隔过大,浪费线路的运营能力。该点靠后,则追踪间隔过小,列车会因为前车的影响提前制动,干扰列车的运行。因此,以列车制动位置刚好位于列车站台停车标位置作为分界点,不仅能够最大限度地利用线路的运营能力,也使得列车在运行时不存在前后车的相互干扰。

3 数据分析对比

以实际线路数据为例，对两种计算方式的计算结果进行了仿真对比。表1展示了仿真时使用的关键参数。

仿真系统参数设置 表1

参数	值
冲击率	$0.75m/s^3$
最大制动能力	$0.63m/s^2$
系统延迟响应时间	4 s
列车长度	79.08 m
停站时间	35 s
系统周期	500 ms

工况来描述某个时刻列车的牵引制动情况，其中1~7是牵引挡位，挡位越大，输出的牵引能力越高；0是惰行挡位，代表列车匀速运行；-1~-7位制动挡位，挡位绝对值越大，输出的制动能力越强。图4展示了该线路中相邻两站列车的运行情况，包括挡位切换情况、列车运行曲线以及列车时分线。

结合式(2)可以看出，影响追踪间隔的主要因素为进站时间、停站时间与出站时间。其中进站时间主要取决于区间追踪间隔与站台追踪间隔的分界点。由上文的分析可以看出，该点的确定主要依赖于列车的制动距离。

根据式(3)和式(4)可以计算列车在图4中任意一个点的制动距离，如图5所示。

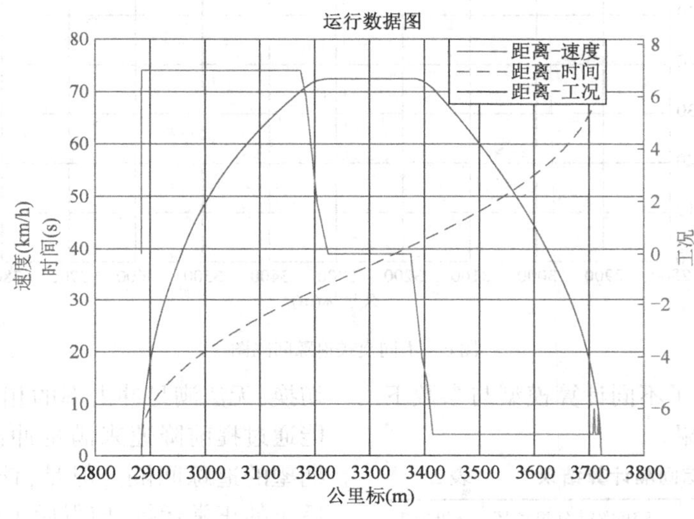

图4 列车运行数据图

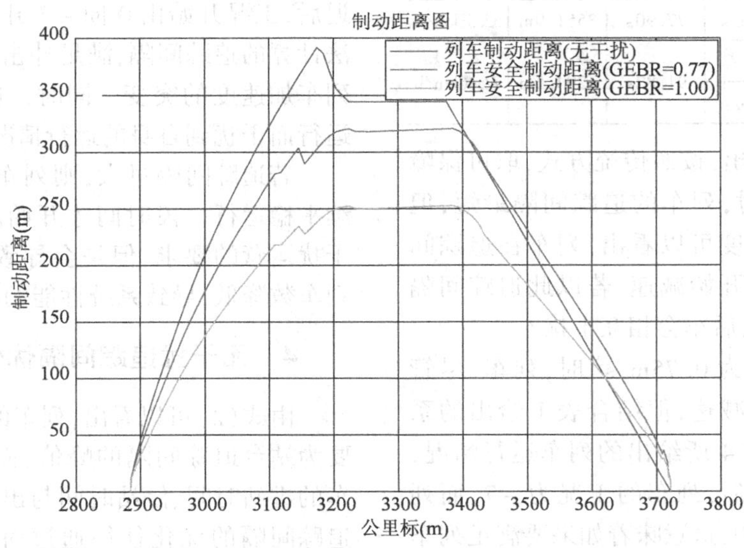

图5 不同模式制动距离图

从图5中可以看出,在速度较高时,由于无干扰模型的制动率限制以及冲击率限制,导致列车的追踪距离大于安全制动距离。而当列车开始以恒定制动率制动时,制动距离线性下降。而安全制动距离需要考虑安全制动模型中的失控牵引阶段,在低速时失控牵引会对制动距离产生较大的影响,导致在低速阶段安全制动距离会大于列车的正常制动距离。因此,列车的无干扰模式会更先到达目标点,从而使得追踪间隔相较于安全制动模型更大。但该模式符合列车正常运行的策略,能够使得列车更平稳良好地运行。

图6为不同计算模型中计算的追踪间隔数据。

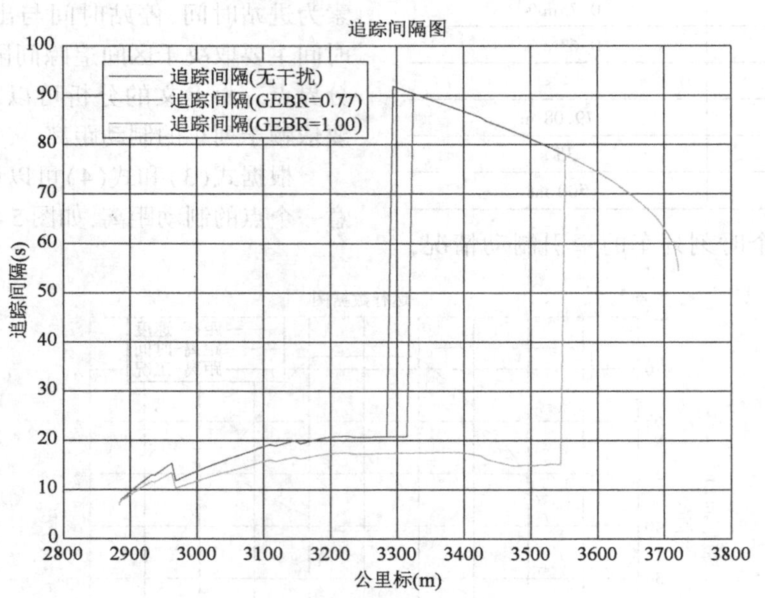

图6　不同模式追踪间隔图

根据图6,表2展示了不同计算模型与参数下对应的追踪间隔计算结果。

不同模型追踪间隔计算结果　　表2

类型	制动数据		追踪间隔	分界位置	分界速度
传统模型	GEBR	0.77m/s²	90.36s	3324.7m	72.45km/h
	GEBR	1.00m/s²	77.90s	3551.9m	52.53km/h
无干扰模型	冲击率	0.75m/s³	91.82s	3294.5m	72.46km/h
	最大制动率	0.63m/s²			

从表2中可以看出,按照传统方式,取可保障制动率为1.00m/s²时,列车的追踪间隔最短,但从分界位置和分界速度可以看出,列车在追踪间隔最大处实际上已经开始减速,若以此追踪间隔来控制列车运行,则前后车会相互干扰。

取可保障制动率为0.75m/s²时,列车,尽管列车的分界速度尚未减速,但结合表1给出的系统响应时间4s以及图4所给出的列车运行情况,当列车经过系统响应后,列车的工况为-7,而列车在分界处的工况为0,这意味着如果要满足列车的无干扰,则列车需要在极短的时间内完成工况切换,无法满足冲击率的相关限制。因此,列车只能通过提前降速来满足冲击率的限制,从而达到期望的追踪间隔。但是,该间隔依然会影响到前后车的正常运行,使得后车的运行受到前车干扰。

按照无干扰模型的计算方式,列车在4s的延迟后,工况开始由0向-7开始转变,意味着该方法计算的追踪间隔,满足冲击率的要求,不会导致列车加速度的突变。同时,列车不会因为前车的运行而干扰到自身的运行情况。

若追踪间隔过大,则列车会在系统延时后继续平稳运行一段时间才开始减速,尽管也满足无干扰运营的要求,但是会导致同一线路上的开行列车数降低,导致系统性能的浪费。

4　无干扰追踪间隔优化

由式(2)可以看出,列车的追踪间隔的受限主要为站台追踪间隔的峰值,而该值主要取决于列车的进站时间、停站时间与出站时间。因此,对于追踪间隔的优化往往通过对这三个时间的优化进行。

列车无干扰运行时，在同一位置的运动状况是一致的，因此，列车的进站时间主要取决于分界点的选取，也就是列车的正常运行时的制动距离。从图5可以看出，列车的正常运行制动距离与列车的速度有着直接的关系。因此，适当的限制列车进站速度可以使得分界点后移，降低列车的进站时间，从而降低列车的追踪间隔。但该方式会导致列车的区间运行时间增长，因此选取一个适当的限速区域与限速值至关重要。

列车的停站时间主要取决于运营要求，可以根据运营的能力要求，调整追踪间隔时间与停站时间之间的关系，选取一个折中的适应的解决方案。

列车的出站时间主要取决于列车的牵引性能以及站台的保护区段设置。保护区段与信号布置情况关系比较密切，而牵引性能与车辆性能相关。一般而言，列车的保护区段需要保证列车在正常制动时触发紧急制动拥有足够的制动距离。

图7显示了在表1参数约束下列车的在运营时每一个点触发紧急制动的停车位置距离目标的距离关系。

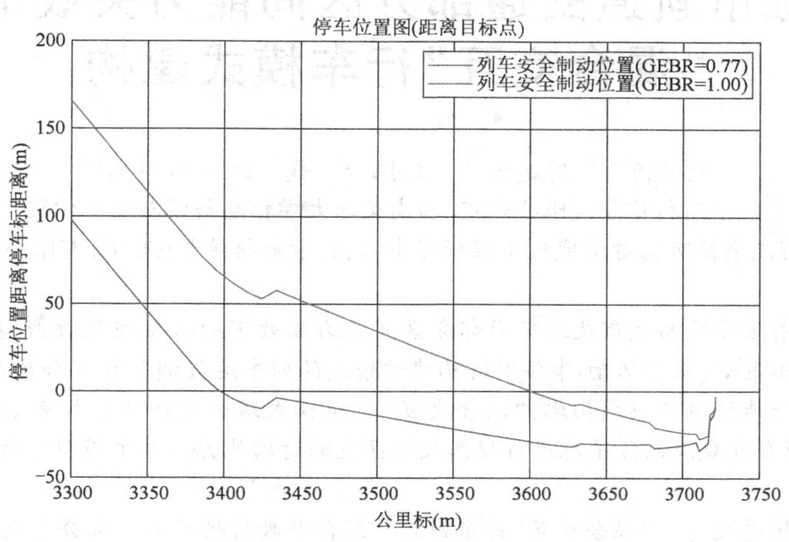

图7　不同模式停车位置图

从图7中可以看出，当列车紧急制动率为$0.77\mathrm{m/s^2}$时，列车停车位置距离目标点最远为34.55m，而紧急制动率为$1.00\mathrm{m/s^2}$时，列车停车位置距离目标点最远为27.70m，考虑列车的后溜防护与位置不确定性为15m，则所设置保护区段长度分别为49.55m与42.70m。而仿真线路所使用的实际线路保护区段设置为60m，相对于计算结果，有较大的冗余空间，可以通过调整信号设备，缩小保护区段距离，从而降低追踪间隔。

5　结语

本文由列车的追踪间隔定义入手，分析了传统追踪间隔存在的部分问题，即没有考虑到列车的冲击率限制与制动率限制，导致传统方式下计算的追踪间隔往往无法满足列车实际运行无干扰的要求。在此基础上，结合冲击率与制动率的约束，提出了列车无干扰追踪间隔的计算方法。结合某实际线路的线路数据，对计算结果进行了验证。验证结果表示，列车的无干扰追踪间隔能够使得列车在追踪运行时保持平稳良好的运行情况。本文在研究中仅针对运行常见的冲击率与制动率两种要求对追踪间隔进行了分析，更多的运营要求可能会导致更复杂却更精确的追踪间隔计算方法。此外，列车的无干扰追踪间隔会导致实际运行中列车的追踪间隔上升，无法满足运营的追踪间隔要求，本文考虑了三个方面对追踪间隔进行优化，作为下一步的研究方向。

参考文献

[1] 梁东升，徐意. CBTC列控方式下列车最小追踪间隔分析及模拟算法的实现[J]. 现代城市轨道交通，2011(04):5-7+10+125.

[2] 陈荣武，诸昌钤，刘莉. CBTC系统列车追踪间隔计算及优化[J]. 西南交通大学学报，2011，46(04):579-585.

[3] 闫丽霞,高云波,李云骢. 城市轨道交通移动闭塞列控系统列车追踪间隔研究[J]. 城市轨道交通研究,2020,23(03):34-37.

[4] 梁宇,成正波,黄柒光. 城市轨道交通正线CBTC列车追踪间隔的优化[J]. 城市轨道交通研究,2018,21(12):76-78+82.

[5] IEEE STD 1474. 1-2004, IEEE Standard for Communications Based Train Control (CBTC) Performance and Functional Requirements[S], IEEE Vehicular Technology Society, February 2005.

[6] 陈荣武. CBTC 系统列车运行仿真与优化策略[D]. 成都:西南交通大学,2011.

[7] GB/T 13441. 1—2007/ISI 2631-1:1997, 机械振动与冲击:第一部分[S].

[8] GB/T 7928—2003, 地铁车辆通用技术条件[S].

城市轨道交通部分区间能力失效下“混合交互”行车模式建构

刘峰博[1,2] 周庭梁[*3] 王小敏[2] 钱 江[1] 秘慧杰[3,4]

[1. 卡斯柯信号有限公司;2. 西南交通大学信息科学与技术学院;
3. 河南省高可信智慧城轨工程研究中心;4. 卡斯柯信号(郑州)有限公司]

摘 要 本文着眼于提高城市轨道交通部分区间能力失效下的行车组织效能,提出“混合交互”行车模式和对应的行车策略;基于活动-事件网络构建该模式的列车运行调整目标和行车约束,形成混合整数线性规划模型。与传统运行模式相比,“混合交互”行车模式通过允许开行长交路列车减少乘客换乘次数,通过同向多列车在故障区段追踪运行提高故障区段的运输能力。本文模型可为列车运行调整提供方法参考。

关键词 城市轨道交通 “混合交互”行车模式 混合整数线性规划 部分区间能力失效 列车运行调整

0 引言

城市轨道交通一般只有两条主要股道供双向列车分别运行,发生供电、线路等故障时往往不能立即排除,容易造成部分区间能力失效,表现为一侧股道行车中断,能力失效区间内的列车无法继续运行,后方列车积聚而前方列车不足,中断方向的行车紊乱将波及对向、影响全线较长时间范围内的运营服务。这种情况下,运营实践中通常组织一列车在故障区段的正常方向股道上往返运行(称为“拉风箱”),其他区段小交路运行,但此时故障区段的能力利用率不高,当故障区段长或客流量大时,故障区段两端车站容易出现站台换乘以及进出站客流积压现象,如图 1 所示。如何提高部分区间能力失效下的行车组织效能是调度人员面临的难题之一。

研究领域,相关问题为区间能力全失效或部分失效下的列车运行调整问题[5]。国外研究较多讨论普通铁路[2-8],国内相关研究近年来更多关注高速铁路[9-10]、地铁区间能力全失效[11],城市轨道交通部分区间能力失效下的列车运行调整问题[12-13]还未被广泛探讨。本文考虑通过合理利用故障区段两端车站渡线,在故障区段与正常区段之间协同调整列车运行,允许上下行列车交替通过故障区段,提出单线双向运行长交路列车与小交路折返列车混合运行(称为“混合交互”)的行车模式,并采用活动事件网络建模分析对应的行车策略和约束,为部分区间能力失效下的列车运行调整提供理论支撑。

1. 基金项目:四川省科技计划项目(2019YFH0097, 2020YFG0353)。

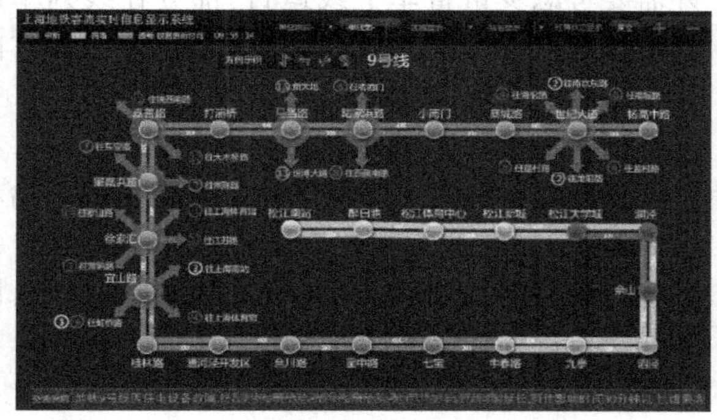
a)线路拥挤度示意图

b)站外乘客滞留实况

图1 某线路部分区间能力失效下的客流拥挤度示意图

1 问题分析

1.1 行车模式

如图2所示,根据故障发生位置,可以将整条城市轨道交通线路分为两段或三段。由于前者可看作后者的一部分,后续研究围绕三段式展开,成果将同样适用于两段式。

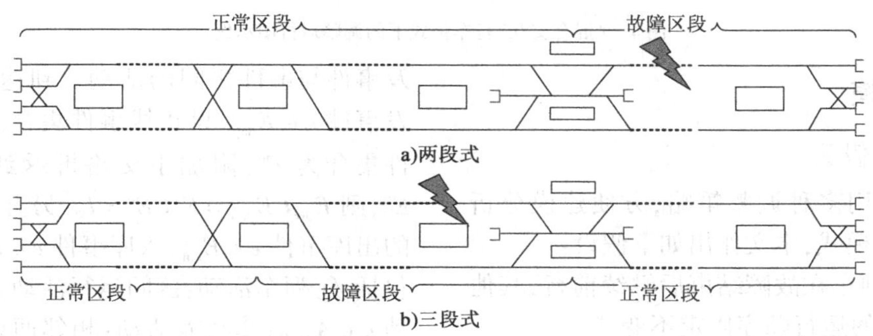

图2 区间能力部分失效类型

"混合交互"行车模式下的列车运行交路如图3所示,其中单线双向运行和小交路折返均允许多列车同向追踪运行。需要说明的是,因为故障至少发生在一个区间,相邻区间之间可能存在进路联锁和闭塞关系,且单线双向运行需要车站渡线,小交路折返需要折返线,所以最终划定的故障区段将包含多个连续区间。

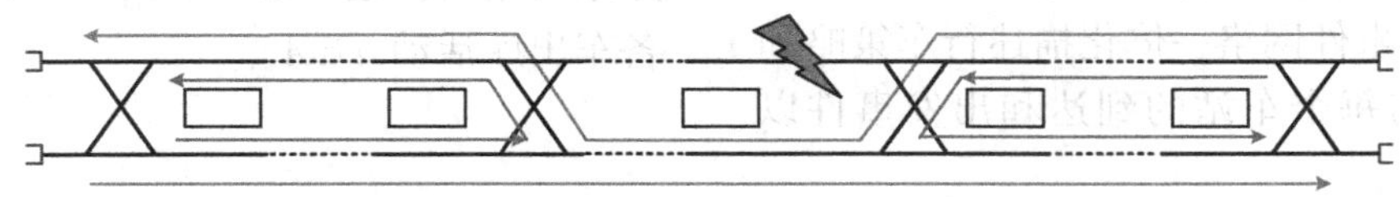

图3 "混合交互"行车模式下的列车运行交路示意图

1.2 行车策略

"混合交互"行车模式涉及的列车运行调整策略包括:

(1)单线双向运行:双方向的列车在故障区段的正常股道上交替运行,并允许同向多列车追踪运行,其中中断方向的列车借助故障区段两端的渡线转换股道。

(2)小交路折返:计划通过故障区段的列车从在故障区段前的车站提前折返改为服务于反方向,返回始发站。

(3)取消运行线:由于区间能力失效下运输能力降低,一些计划运行线可能会被部分或全部取消。部分取消运行线是指列车仅服务计划运行线规定的一部分站点,不再服务后续站点;完全取消运行线是指不再执行整条计划运行线。

(4)时刻调整:迫停在故障区段的列车待故障

排除后再运行,其他列车在任何一个车站的到达或出发时刻都可以提前或延后,但需控制在一个最大偏离时间范围内。

(5)重新排序:一方面,被迫停的列车在重新出发时需要加入同向列车队列;另一方面,故障区段双向列车单线运行的序列需要重点关注和编排。

(6)车底运用调整:当进行小交路折返、运行线取消或调整时,车底运用计划也需要调整。另外需要考虑少量备车上线运行、部分在线列车调整下线的可能。与此同时,需要始终保持双方向列车服务的平衡性,以保证充足的车底周转。

图4为结合上述策略的调整运行图示例,其中两条竖线分别表示部分区间行车中断的开始和结束时刻,终点站的弧线表示车底折返连接。每条运行线都是由两两相邻车站间的列车行程,即区间运行过程组成的序列。

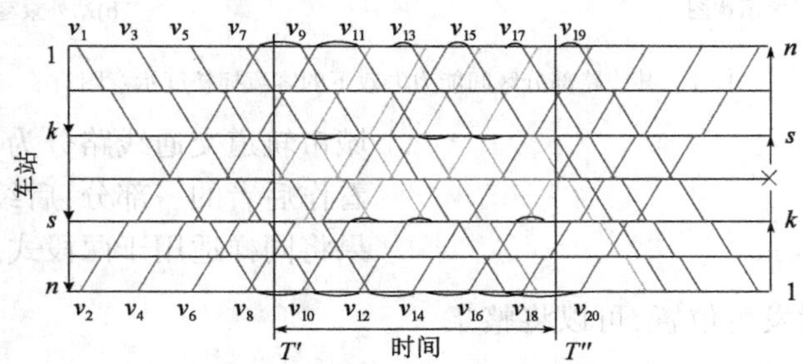

图4　“混合交互”行车模式下的调整运行图示例

2　问题建模

2.1　模型假设

为了综合运用多种调整策略,方便建模分析“混合交互”行车模式,本文作出如下假设:

(1)被迫停列车在故障结束后继续前行,其他同方向列车之间的运行顺序固定不变。

(2)所有列车在故障发生之前都按照计划图运行,且列车均是站站停模式,不考虑跳停。

(3)在故障区段的正常股道上,双方向列车的运行时间相同,其中包括反向列车在渡线上的运行时间。

2.2　基本参数和变量定义

图5用活动-事件网络一体化描述行车策略和约束,将其抽象为每个车站的到达和出发事件以及事件与事件之间的活动。到达事件 $e \in E_{arr}$,出发事件 $e \in E_{dep}$,设正线事件集合为 l,计划到发事件集合为 E^o,附加小交路折返到发事件集合为 E^n,则 $E_{arr} U E_{dep} = E^o U E^n = l$。另有关联每个终到站的出库事件 $e \in E_{out}$,入库事件 $e \in E_{in}$。活动集合 A 包括:①列车活动:区间运行活动 $a \in A_{run}$ 和停站活动 $a \in A_{dwell}$;②间隔活动:相邻两列同向或反向列车占用同一区间的间隔活动 $a \in A_{track,1}$ 和 $a \in A_{track,2}$,或前后两列车在同一车站股道的发到间隔活动 A_{plat},其中同向运行间隔可进一步分为同向到达间隔活动集合 $A_{track,1}^{arr}$ 和同向发发间隔活动集合 $A_{track,1}^{dep}$;③车站活动:小交路折返活动 $a \in A_{turn,1}$、终点站的站后折返活动 $a \in A_{turn,2}$、入库活动 $a \in A_{in}$ 和备车出库活动 $a \in A_{out}$。

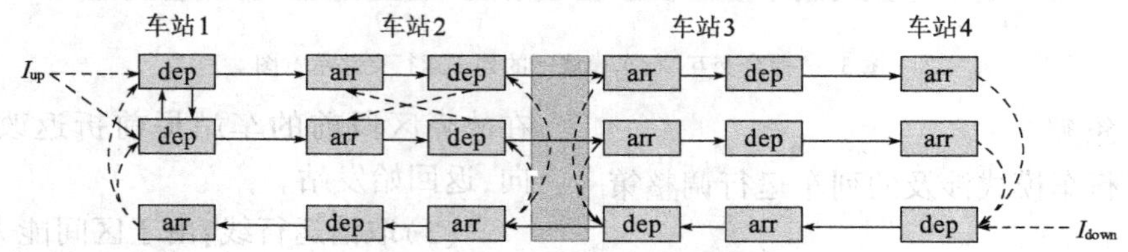

图5　列车运行活动-事件网络示意图[4]

该问题需在计划运行图的基础上决策调整运行图。决策变量设为:事件 e 被调整后的时刻 x_e;事件 e 偏离计划时刻 d_e;事件 e 是否取消的0-1变量 c_e,若取消,$c_e = 1$,否则 $c_e = 0$;活动 a 是否存在的0-1变量 m_a,若存在,$m_a = 1$,否则 $m_a = 0$。其他参数和变量将在后文需要时引入。

2.3 目标函数和基本约束

$$\min(\alpha_1\sum_{e\in E^o}c_e+\alpha_2\sum_{e\in E^o}|d_e|+\alpha_3\delta) \tag{1}$$

s. t.

$$0\leqslant x_e-(o_e+H_{\text{dis}}^{\text{end}}-o_eb)\leqslant D,e\in E^{\text{blo}} \tag{2}$$

$$0\leqslant x_e\leqslant o_e+M_1,e\in E^o\setminus E^{\text{blo}} \tag{3}$$

$$(M_1+D)c_e-D\leqslant x_e-o_e\leqslant M_1c_e+D,e\in E^o\setminus E^{\text{blo}} \tag{4}$$

$$x_e-o_e=d_e+M_1c_e,e\in E \tag{5}$$

故障区段尽量少取消列车服务，正常区段尽量保持原计划，考虑故障下难以保证均匀行车，尽量减小最大间隔，因此式(1)表示目标函数为最小化取消原计划事件、最小化偏离原计划和附加事件、最小化最大行车间隔δ的加权和。α_1、α_2和α_2为对应的惩罚系数，$\alpha_1>\alpha_3\gg\alpha_2$。式(2)表明被迫停在故障区段的列车在故障结束后继续运行，且后续事件的再次晚点不能超过最大允许偏离值D。o_e表示事件e的计划时刻，$H_{\text{dis}}^{\text{end}}$表示中断结束时刻，$e^b$是第一个被迫停列车的到达事件，$E^{\text{blo}}$表示被迫停列车的后续事件集合。对于其他事件，式(3)和式(4)既确保取消事件的时刻被移出运营时域(M_1为不小于运营结束时刻的正数)，又使未被取消事件的早点或晚点偏离均在最大允许偏离范围内。式(5)为偏离值的计算式，取消事件的偏离不计。

2.4 附加约束

2.4.1 取消约束

如图4中的v_7，同一列车的一次行程分为三段以刻画取消决策变量之间的关系：

$$c_afol=c_ei,e^i\in E,e^{\text{fol}}\in E_{ei}^{\text{fol}} \tag{6}$$

$$c_{e1}\leqslant c_{e2},e^1,e^2\in E^o \tag{7}$$

$$c_{e1}\leqslant c_{e3},e^1\in E^o,e^3\in E^n \tag{8}$$

$$c_{e1}=c_{e2}+c_{e3}-1,e^1,e^2\in E^o,e^3\in E^n \tag{9}$$

式(6)表示每个分段内后续到达或出发事件与其第一个事件的取消决策相同，其中e^i表示运行线第i分段的第一个事件，e^{fol}和E_{ei}^{fol}表示运行线第i分段的后续事件及其集合，$i=\{1,2,3\}$；式(7)~(9)保证若第①段取消，则第②、③段也将不再执行，相当于该运行线被全部取消；若第①段不取消，那么第②、③段必有一个被执行。

2.4.2 运行和停站时间约束

对于每个列车的运行过程，计划行程或附加的小交路行程都应满足区间运行时间和车站停站时间约束，即

$$x_{e'}-x_e=L_a,e'\in E_{\text{arr}}e\in E_{\text{dep}},a=(e,e')\in A_{\text{run}} \tag{10}$$

$$x_{e'}-x_e\geqslant L_a,e\in E_{\text{arr}}e'\in E_{\text{dep}},a=(e,e')\in A_{\text{dwell}} \tag{11}$$

式中e'表示与事件e构成活动a的相邻事件，此处L_a表示计划运行时间或计划停站时间。式(10)表示区间运行采用计划值，式(11)表示停站时间可大于计划值。区间运行活动两端的到发事件总有相同的取消决策；当列车小交路折返，连接第①段和第②段的停站活动的两个事件将有不同决策，其中出发事件取消。

2.4.3 折返约束

(1)中间站小交路折返约束。

对于可能的小交路折返，首先给出折返后行程的虚拟计划时刻，然后计划其调整时刻，即

$$\begin{gathered}o_{e^3}=o_e+L_a,e^3\in E^n,\\ e^1\in E^o,a=(e,e^3)\in A_{turn,1}\end{gathered} \tag{12}$$

$$\begin{gathered}M_1c_{e^1}\leqslant x_{e^{3+}}-o_{e^3}\leqslant M_1c_e{}^1+D,\\ e^1\in E^o,e^{3+}\in E^n\end{gathered} \tag{13}$$

$$\begin{gathered}M_1(1-c_{e^2})\leqslant x_{e^{3+}}-o_{e^{3+}}\leqslant M_1(1-c_{e^2})+D,\\ e^1\in E^o,e^{3+}\in E^n\end{gathered} \tag{14}$$

式(12)表示小交路折返后的出发时刻o_{e^3}等于在该站的到达时刻加小交路折返时间L_a；折返后第③段附加事件的计划时刻$o_{e^{3+}}$根据计划区间运行时间和停站时间计算，调整时刻应满足式(13)和式(14)，既约束晚点遵从最大值限制，又表明三段事件的取消决策关系。

(2)终点站折返约束。

终点站折返活动与出入库活动紧密相关。引入γ_e^{out}表示终点站到达事件与多个可能连接的反向始发事件构成的折返活动分集，$\gamma_e^{\text{out}}\subset A_{\text{turn},2}$；$\gamma_e^{\text{in}}$表示始发站出发事件与多个可能连接的反向终到

事件构成的折返活动分集；$\gamma_e^{in} \subset A_{turn,2}$；$\eta_e^{out}$ 表示出库事件与该站所有始发事件构成的出库活动分集，$\eta_e^{out} \subset A_{out}$；$\eta_e^{in}$ 表示入库事件与该站所有终到事件构成的入库活动分集，$\eta_e^{in} \subset A_{in}$。方向 f 上的可用备车数量限制为 I_f。相关约束条件为：

$$\sum_{a \in \gamma_e^{out}} U\eta_e^{in} m_a + c_e = 1, \quad e \in E_{arr}, \gamma_e^{out} \subset A_{turn,2}\eta_e^{in} \subset A_{in} \tag{15}$$

$$\sum_{a \in \gamma_e^{in}} U\eta_e^{out} m_a + c_e = 1, \quad e \in E_{dep}, \gamma_e^{in} \subset A_{turn,2}\eta_e^{out} \subset A_{out} \tag{16}$$

$$\sum_{a \in \eta_e^{out}} m_a \leqslant I_f, e \in E_{out}, \eta_e^{out} \subset A_{out} \tag{17}$$

$$x_{e'} - x_e + M_2(1 - m_a) \geqslant L_a, e \in E_{arr}, \quad e' \in E_{dep}, a = (e,e') \in A_{turn,2} \tag{18}$$

式(15)表示每个未取消的终到事件可以连接一个始发事件或入库事件，式(16)表示每个始发事件可以连接一个终到事件或出库事件，两个约束共同描述了列车折返或下线及备车上线活动。式(17)限制可用的备车数量。式(18)表示实际折返时间不得小于最小值，M_2 为一个比 M_1 更大的正数，此处 L_a 为最小折返时间。折返时间是指从终到事件到反向始发事件的全过程时间。

2.4.4 间隔约束

(1)同向相邻列车间的间隔约束。

本文考虑不可越行的大多数情况，因此同向正常运行的列车之间的顺序不变，满足：

$$x_{e'} - x_e + M_2 c_e \geqslant L_a(1 - c_e - c_{e'}), \quad a = (e,e') \in A_{track,1}^{arr} U_{track,1}^{dep} \tag{19}$$

式(19)表示两个到达事件之间或两个出发事件之间均应满足一定安全间隔。此处 L_a 为最小到到或发发间隔时间。当认为区间运行时间不变时，只要约束其中一项即可。

(2)故障区段反向相邻列车间的间隔约束。

故障期间必须保证单线双向运行的相反方向列车在故障两端车站安全会让，并决策其占用故障区段的顺序，针对出发事件 e 和其反向列车到达事件 e' 构成的 $a \in A_{track,2}$，引入0-1决策变量：

$$q_e = \begin{cases} 1, & \text{若事件 } e \text{ 发生在事件 } e' \text{ 之前} \\ 0, & \text{反之} \end{cases} \tag{20}$$

故障排除之后不再组织列车单线双向运行，即不再需要决策上述顺序，因此再引入判断出发事件 e 发生时间范围的0-1变量：

$$p_e = \begin{cases} 1, & \text{若事件 } e \text{ 发生在故障排除之后} \\ 0, & \text{反之} \end{cases} \tag{21}$$

$$H_{dis}^{end} p_e \leqslant x_e \leqslant H_{dis}^{end} + M_2 p_e, e \in E_{dep} \tag{22}$$

由此，故障区段反向相邻列车间的间隔约束表示为：

$$x_e - x_{e'} + M_2 q_a + M_2 p_e \geqslant L_a, e' \in E_{arr}, \quad e \in E_{dep}, a = (e',e) \in A_{track,2} \tag{23}$$

$$x_{e'} - x_e + M_2(1 - q_a) + M_2 p_e \geqslant L_a + U_a, \quad e' \in E_{arr}, e \in E_{dep}, a = (e,e') \in A_{track,2} \tag{24}$$

式(23)和式(24)中，L_a 为最小发到间隔。当出发事件 e 发生在反向列车到达事件 e' 之后，即列车要进入故障区段时，反向列车已经离开，则间隔满足式(23)即可；但当出发事件 e 发生在反向列车到达事件 e' 之前，则反向列车必须等到其到达另一边后再进入，此时安全间隔应该再加上这两列车在故障区段的旅行时间之和 U_a，即满足式(24)。

2.4.5 车站能力约束

每个车站同一时刻所容纳的列车数不能超过车站股道数，包括站台股道和站后折返股道。同一股道上，两列连续列车之间在每个车站应保持安全的发到间隔。前一列车站前折返时，后一列车的到达和前一列车折返后的出发之间也要满足发到间隔，即

$$x_{e'} - x_e + M_2 c_e \geqslant L_a(1 - c_e - c_{e'}), \quad e' \in E_{arr}, e \in E_{dep}, a = (e,e') \in A_{plat} \tag{25}$$

式(25)中 L_a 为两列车在同一股道的最小发到间隔。

有站后折返线的车站，列车可以使用不同股道。引入一个0-1变量决策每列车被分配在哪条股道，即

$$\lambda_{e,u} = \begin{cases} 1, & \text{若事件 } e \text{ 被分配到站后折返股道 } u \\ 0, & \text{反之} \end{cases} \tag{26}$$

由此，有站后折返的车站能力约束为：

$$\sum_{u \in N_s} \lambda_{e,u} = m_a, e \in E_{arr}, a_2 = (e,e') \in A_{turn,2} \tag{27}$$

$$x_{e''} - x_{e'} + M_2(3 - \lambda_{e,u} - \lambda_{e'',u} - m_{a_2}) \geq L_{a'},$$
$$e, e'' \in E_{\text{arr}}, e' \in E_{\text{dep}},$$
$$a_2 = (e, e') \in A_{\text{turn},2}, a' = (e', e'') \in A_{\text{turn},2} \tag{28}$$

$$x_{e'''} - x_{e''''} + M_2(1 - m_{a_1}) \geq L_{a_1},$$
$$e'''' \in E_{\text{arr}}, e''' \in E_{\text{dep}}, a_1 = (e'''', e''') \in A_{\text{turn},2} \tag{29}$$

其中 a、a_1、a_2 和 a'的含义见图 6a)，e 的变式是为了区分不同事件。式(27)确保每个连接始发事件的终到事件都被分配到其中一个站后折返股道，N_s 表示车站 s 的站后折返股道数量。这里认为入库列车和出库列车均不占用站后折返股道。式(28)表示当一个折返活动存在并在站后折返股道 u 上进行时，即 $m_a = m_{a_1} = m_{a_2} = 1$，后续要使用同一折返股道的列车必须等到它离开一段时间后再进入，最少间隔一个发到间隔 $L_{a'}$。式(29)保证第二个分折返活动的持续时间满足最小的折返过程时间 L_{a_1}。

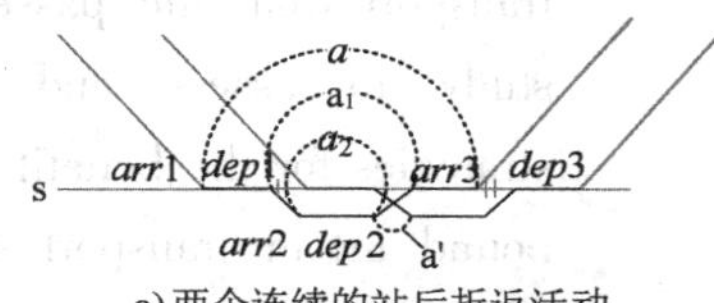

a) 两个连续的站后折返活动
(在同一折返股道)

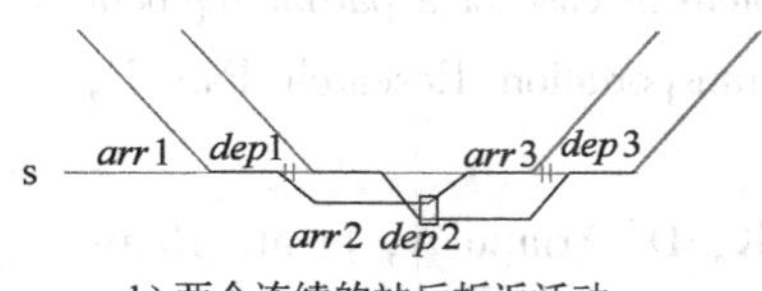

b) 两个连续的站后折返活动
(在不同折返股道)

图 6　站后折返活动示意图

2.4.6　双方向列车平衡约束

为了保证车底、乘务等资源在双方向间循环周转，上下行方向上运行的列车数应相差不大。“混合交互”行车模式下，主要考虑故障区段两方向取消的列车行程应控制在一定范围内，即

$$\sum v_{e^2} \in V_{\text{up}} c_{e^2} - \sum v_{e^2} \in V_{\text{down}} c_{e^2} \leq \varepsilon \tag{30}$$
$$\sum v_{e^2} \in V_{\text{down}} c_{e^2} - \sum v_{e^2} \in V_{\text{up}} c_{e^2} \leq \varepsilon \tag{31}$$

式中，v_{e^2} 表示事件 e^2 相关的运行线，V_{up} 和 V_{down} 分别表示上行和下行计划运行线集合，式(30)和式(31)表示上下行方向故障区段内取消的行程数量之差不能超过一个阈值 ε。

3　结语

本文提出了城市轨道交通部分区间能力失效下“混合交互”的行车模式和对应的行车策略，并基于活动-事件网络框架，一体化建模分析了该模式涉及的多项调整目标和各类行车约束。与“拉风箱”运行模式相比，“混合交互”行车模式既不损失正常区段的通过能力，又可充分利用渡线和故障区段另一方向的股道能力，并减少长距离乘客的换乘次数。下一步研究将论证模型中参数的合理取值和与信号系统的对接应用。

参考文献

[1] 上海地铁 shmetro. 上海申通地铁集团运营管理部官方微博：https://weibo.com/shmetro.

[2] Narayanaswami S, Rangaraj N. Modelling disruptions and resolving conflicts optimally in a railway schedule[J]. Computers & Industrial Engineering, 2013, 64(1): 469-481.

[3] Narayanaswami S, Rangaraj N. A MAS architecture for dynamic, realtime rescheduling and learning applied to railway transportation[J]. Expert Systems with Applications, 2015, 42(5): 2638-2656.

[4] Louwerse I, Huisman D. Adjusting a railway timetable in case of partial or complete blockades[J]. European Journal of Operational Research, 2014, 235(3): 583-593.

[5] Veelenturf L P, Kidd M P, Cacchiani V, et al. A railway timetable rescheduling approach for handling large-scale disruptions [J]. Transportation Science, 2014, 50 (3): 841-862.

[6] Ghaemi N, Cats O, Goverde R M P. Macroscopic multiple-station short-turning model in case of complete railway blockages [J]. Transportation Research Part C: Emerging Technologies, 2018(89): 113-132.

[7] Ghaemi N, Cats O, Goverde R M P. A microscopic model for optimal train short-turnings during complete blockages[J]. Transportation Research Part B: Methodological, 2017(105): 423-437.

[8] Zhu Y, Goverde R M P. Integrated timetable

rescheduling and passenger reassignment during railway disruptions[J]. Transportation Research Part B: Methodological, 2020(140):282-314.

[9] Zhan S, Kroon L G, Veelenturf L P, et al. Real-time high-speed train rescheduling in case of a complete blockage [J]. Transportation Research Part B: Methodological, 2015(78): 182-201.

[10] Zhan S, Kroon L G, Zhao J, et al. A rolling horizon approach to the high speed train rescheduling problem in case of a partial segment blockage[J]. Transportation Research Part E, 2016(95): 32-61.

[11] Wang Y, Zhao K, D'Ariano A, et al. Real-time integrated train rescheduling and rolling stock circulation planning for a metro line under disruptions [J]. Transportation Research Part B: Methodological, 2021 (152):87-117.

[12] Xu X, Li K, Yang L. Rescheduling subway trains by a discrete event model considering service balance performance [J]. Applied Mathematical Modelling, 2016, 40 (2): 1446-1466.

[13] Durand A L. Managing disruptions in public transport from the passenger perspective: A study to assess and improve operational strategies for the benefit of passengers in rail-bound urban transport systems[D]. Delft: Delft University of Technology, 2017.

多网融合的市域信号系统综合仿真验证平台

孙燕琼*

(上海轨道交通无人驾驶列控系统工程技术研究中心,卡斯柯信号有限公司)

摘 要 通过搭建基于国家铁路C2制式和城市轨道交通CBTC制式融合的市域信号系统验证平台,从多网融合的市域信号系统验证平台的基本情况及架构设计技术开展介绍,选取上海机场联络线为验证线路,通过主要功能和性能测试验证结果,表明多网融合的综合仿真验证平台能验证两种信号制式的兼容性,减少了真实线路环境部署的成本及复杂性,具备全自动、验证效率高、应用方便灵活等优点,可节约大量成本和人力,经济绿色、低碳环保。

关键词 多网融合 列车控制系统 仿真验证 市域铁路

根据长三角一体化的国家战略和长三角轨道交通一体化的发展要求,上海轨道交通发展也提出"一张网、多模式、广覆盖、高集约"的理念[1]。结合市域铁路的总体发展规划和要求,未来的市域铁路轨道交通发展必会乘时乘势。市域线路普遍线路较长、设备多、环境复杂,目前国内很多市域铁路还处于前期规划设计阶段,少部分市域铁路处于土建建设阶段,市域线路对于信号系统的选择未有明确标准和规范体系,具体情况还应结合工程实际项目需要。为此,本文设计了一种多网融合的市域信号系统综合仿真验证平台,并在上海机场联络线进行功能和性能验证[2-3]。

1 信号系统综合仿真验证平台概述

总体来说,若是对于独立建设和运营的市域线路选择CTCS-2(简称C2)或地铁CBTC单一制式的信号系统,有较多成熟开通项目可参考,但对于两种制式融合的信号系统方案在国内还处于发展研究阶段。

因此,研究基于城市轨道交通CBTC信号制式和国家铁路C2兼容的市域线路的信号系统方案,可以通过基于两种不同制式融合的市域线路的仿真平台环境搭建,进行关键场景验证,进行列车正线追踪性能验证、折返性能验证,在后期一定程度

1. 基金项目:轨道交通高可信车地协同与高可靠车车通信研究,22ZR1422200。

上可以帮助用户确定市域城际线路信号系统制式方案，也为推动多模融合、双制式的轨道交通的发展提供基础支撑，充分体现了市域铁路是国家铁路和城市轨道交通的衔接通道的战略定位[4]。

两种信号制式的兼容包括轨旁信号系统和车载信号系统兼容，其中轨旁信号系统可以实现共线运营，车载信号系统兼容可以实现跨线运营，进而通过轨旁兼容和车载兼容可以覆盖实现市域线路的所有信号制式方案。基于此，在上海轨道交通无人驾驶列控系统技术研究中心（以下简称“工程技术中心”）搭建相关验证平台，从而仿真所有不同类型的信号制式方案，并对相关运营场景进行验证。

本文的综合仿真验证系统主要基于上海机场联络线后期运营需求是以 CBTC 制式为主，同时兼容 C2 制式。据此可知，C2 制式列车可从上海南站（上海局国家铁路站点）运行至市域线路三林南站，即 C2 制式列车作为插入运营，而 CBTC 制式列车没有进入到国家铁路线路的运营需求。因此，该市域线路的特点主要是轨旁信号系统兼容实现共线运营的情况。C2 制式和 CBTC 制式共线运营情况如图 1 所示。

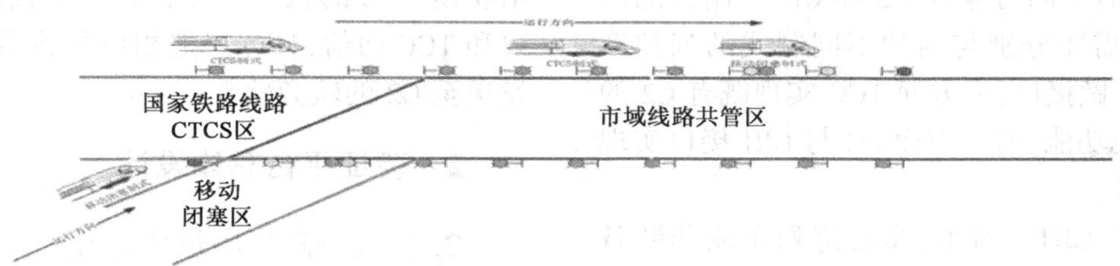

图 1　不同制式共线运营情景

整个综合仿真验证系统架构如图 2 所示，系统的物理架构按构成可分为行车调度系统、车站列车控制中心（TCC）、车站联锁（CBI）、区域控制器（ZC）、车载控制（VOBC）、轨旁应答器/LEU、转辙机、信号机等。

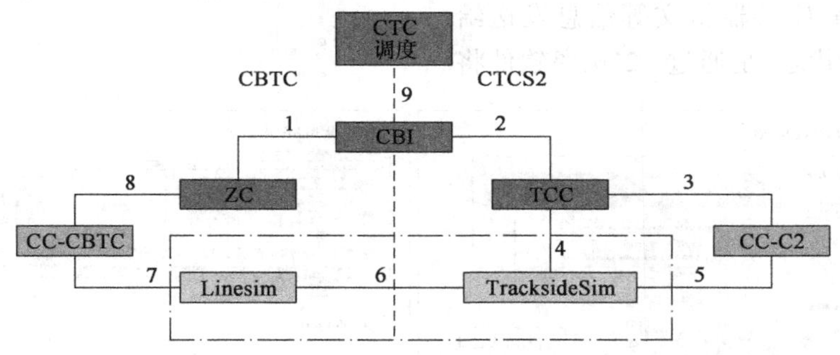

图 2　综合仿真验证系统架构

平台的系统架构中，轨旁仿真系统为两套，分别为 CBTC 制式的 Linesim 软件和 C2 制式的 Trackside simulator 软件。由于目前地铁的 ATS 调度系统适用于城轨封闭线路，以及线路内作业的规律性较强的特点，若要适应市域线路，还需做较多修改，因此，在本方案中选取国铁调度系统 CTC 作为研究。具体各系统间的接口说明见表 1。

系统架构各接口说明　表 1

系统连接	接口说明
CBI-ZC	对于 CBTC 制式，联锁将进路方向、信号机、区段、道岔等轨旁状态发送至 ZC
CBI-TCC	对于 C2 制式，联锁将进路方向、信号机、区段、道岔等轨旁状态发送至 TCC
TCC-CC（C2）	对于 C2 制式，TCC 将低频码、应答器报文等信息发送给 C2 的车载
轨旁仿真平台软件（C2）-TCC	TCC 将轨旁各类状态信息发送给 C2 轨旁软件，C2 轨旁软件接受控制命令
轨旁仿真平台软件（C2）-CC（C2）	C2 轨旁软件将轨旁设备信息状态发送给 C2 的车载

续上表

系统连接	接口说明
轨旁仿真平台软件(C2)-轨旁仿真平台软件(CBTC)	实现了 TCC 将区间方向、信号机、区段等轨旁信号设备状态发送至 ZC;TCC 与 ZC 的接口,通过两套轨旁的连接,进行消息透传
轨旁仿真平台软件(CBTC)-CC(CBTC)	CBTC 轨旁软件将轨旁设备信息状态发送给 CBCT 的车载
CC(CBTC)-ZC	ZC 根据联锁发送过来的信息,动态计算 EOA 移动授权,并发送给 CC(CBTC)
CTC 调度-CBI	CTC 调度系统和联锁接口

该信号系统综合仿真验证平台解决的问题主要包括:

(1)CBI 需要同时兼容 C2 和 CBTC 制式的两种联锁规则,需要分别与两种不同制式的列控系统 ZC 和 TCC 做接口,一方面 TCC 实现既有 C2 的列车控制系统功能,另一方面 ZC 与 CBI 接口实现移动闭塞功能。

(2)ZC 为 CBTC 列车、非通信列车或非装备车载设备列车的移动授权计算,对于进入 ZC 区的 C2 列车,ZC 按照非通信车进行跟踪并管理列车占用。

(3)轨旁软件兼容的设计,对于站内列车的状态即 CC 软件信息,是通过 CBTC 轨旁仿真软件将信号机、道岔、低频码、应答器报文等信息发送给联锁。在区间列车的状态,是通过 C2 轨旁软件将信号机、道岔、低频码、应答器报文等信息发送给 CBTC 的轨旁软件,再由 CBTC 的轨旁软件)发送给联锁。C2 的轨旁软件和联锁不直接通信,但需要和 TCC 通信,TCC 需把相应的轨道电路低频码发送至 C2 的轨旁软件。

2　验证平台总体设计

2.1　验证平台物理环境

根据上海机场联络线项目背景,将上海机场联络线简化后得到验证线路,设置三个联锁集中站,分别为上海虹桥站、三林南站及上海东站,全线设置三个站的联锁、TCC 以及 CTC 车站自律机,一套 ZC 区域控制器,验证平台的物理环境如图 3 所示。

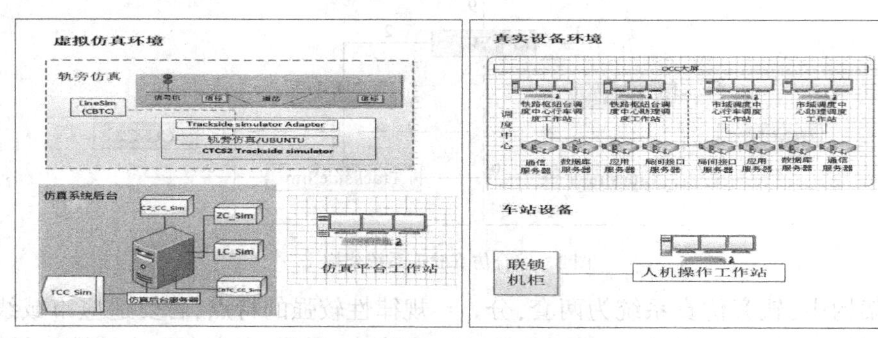

图 3　验证平台整体物理环境情况

验证平台的整体环境采取虚拟仿真环境和真实设备结合的理念[5],虚实结合的环境特点在于将大量轨旁设备如信号机、道岔和信标等通过仿真软件来模拟相应设备状态,而相应的调度中心、车站环境均采用真实设备,网络环境均基于工程技术研究中心的内部测试网完成。

真实设备包括联锁 CITB 设备、调度系统设备,调度系统设备包括国家铁路上海铁路局调度中心行车调度工作站和上海铁路局调度中心助理调度台工作站、市域调度中心行车调度工作站和市域调度中心助理调度台工作站。国家铁路上海铁路局调度台工作站和市域 STCS 调度台工作站分别通过通信服务器、数据库服务器、应用服务器进行通信连接。

轨旁设备(信标、计轴、道岔等)、车辆设备包括车载人机界面(DMI)、车载仿真软件(CC)依据两种不同信号制式分别设定两套,轨旁列控系统(TCC)、区域控制器(ZC)等均采取仿真软件来模拟,以上仿真软件均与仿真后台服务器直接连接[6],在仿真软件中直接模拟各类设备的采集与驱动码位,并进行信息数据传输交互,最大限度减少真实设备的占用,经济绿色,减少了真实线路环境部署的成本及复杂性[7]。

搭建市域铁路信号系统仿真验证平台,为跨制式一体化市域铁路信号系统研究开发提供了测试、分析和验证的仿真环境,结合仿真测试,可以得出一整套试验仿真数据,为下一步多网融合的互联互通交通发展打造基础。

2.2 验证平台关键技术

2.2.1 真实的仿真设备逻辑

无论是对于轨旁设备还是车载设备,都实现了不同设备的逻辑仿真。其中对于轨旁仿真软件的功能,在各站的车站范围内,轨旁仿真软件模拟物理信号机、道岔、ZPW2000,按照接口给 CBI 和 TCC 提供轨旁设备状态信息,并接收来自 CBI、TCC 的控制命令。对区间,轨旁仿真软件模拟物理信号机、ZPW2000 状态,按照接口给 TCC 提供轨旁设备状态信息和区间方向信息,并接收来自 TCC 的控制命令和 TCC 的轨道编码数据。轨旁仿真软件模拟 ZPW2000 状态信息和应答器设备状态,并按照接口接收 CC(C2)仿真软件和 CC(CBTC)仿真软件发送的列车位置信息,按照接口给 CC(CBTC)仿真软件发送行车许可(空闲闭塞分区数量)和给 CC(C2)仿真软件发送前方闭塞分区长度和线路的限速信息(暂不考虑临时限速设置功能)。同时还为 CC(CBTC)仿真软件计算全线轨旁信号机状态、道岔状态,并按照接口发送给 CBTC 的仿真 CC 软件,用于 CC(CBTC)仿真软件控制列车运行。

对于车载仿真,两种不同制式的仿真 CC 软件,根据来自仿真轨旁软件的轨道编码数据、及轨道长度控制列车运行,包括站内停车、发车和区间运行。同时仿真 CC 软件还需要根据来自仿真轨旁软件的线路允许速度控制列车运行,并实时发送列车位置信息,进一步实现终端站自动换头,并根据默认的停站时间、轨道编码数据、轨道长度控制列车自动运行。

2.2.2 联锁进路办理逻辑

目前已经实现了在调度界面上可以同时看到 CBTC 和 C2 的列车运行,且 CBTC 和 C2 的列车可以在界面上追踪运行,针对 C2 和 CBTC 两种列车的进路办理逻辑设计如下:

(1)进路被 C2 列车占用时,后面紧跟列车不论是 C2 或是 CBTC 列车都不能追办进路。

(2)进路被 CBTC 列车占用时,若后面紧跟列车是 C2 列车则不能追办进路;若后面是 CBTC 列车可以追办进路。验证平台暂不提供扣车和提前发车的控车功能,后续可视项目实际需要进行开发。

2.2.3 仿真场景注入功能

现有的仿真计算仅能对市域信号系统的性能指标进行静态化验证[8],无法进行其他关键场景的动态化验证,例如根据运行图进行跑车测试的调整、运行计划调整下发、设置列车工况模式等。通过本套市域信号综合仿真系统,不仅能直观观察到 C2 列车和 CBTC 列车运行在同一条线路上,验证市域信号系统对两种制式的兼容性,还可通过仿真平台工作站与仿真 CC 软件、仿真轨旁设备进行直接接口,在仿真平台工作站上注入各类场景[9],模拟各类线路在运营过程中的故障、应急、正常场景,为线路开通前的运营前置研究提供基础。

本验证平台的设计综合考虑了半实物半仿真的特点[10],通过这样一种最小实物仿真环境平台的设计思路,同时调整了传统信号方案对于两种制式列车进路的办理规则,并具备仿真场景注入的功能,这意味着可以不在实际现场真实线路上进行环境部署,而未来可以有更多子系统能被集成到这个环境中,并根据实际场景需要进行综合联动,可扩展性更强。

3 验证平台的特点

验证平台具备应用方便灵活的特点,通过在对综合仿真系统与真实设备互连的应用,可以很方便地验证各类场景,并且都能够根据场景需要方便地使用该平台,验证效率高。

验证平台一方面减少了真实线路环境部署的成本及复杂性,市域线路普遍线路长、设备多、环境复杂,本验证平台是半实物半仿真的,提前进行仿真环境验证,可以不在实际现场真实线路上进行环境部署,从而节约大量成本和人力,经济绿色。

另一方面,对于在实验室验证环境,未来可以有更多子系统能被集成到这个系统中,具备了可扩展性,在需要增加的时候,可以通过增添各专业的设备和系统接口,对各子系统软件迭代开发、硬件平台整合设计、线路数据的新配置。随着未来数据、场景等增加,将持续促进市域信号系统的发展。

通过将上海机场联络线作为验证对象,仿真验证平台主要验证两种不同制式列车运行的兼容性以及运行行车间隔等内容,主要得到的性能和功能验证情况介绍如下。

3.1 定性功能指标介绍

(1)调度界面可以直观、形象地观察到两种列车运行的追踪运行情况,考虑到 CBTC 调度系统 ATS 软件无法适应 C2 的功能,目前在本实验室,选取了国家铁路 CTC 调度系统。

(2)两种不同制式车载的人机界面(DMI)可以具体观察到列车的速度、停站以及运行模式等关键信息。

(3)智能化,列车自动折返、列车自动运行(ATO)自动调整等功能。

(4)互联互通,市域铁路内部、与干线铁路、城际铁路互联互通的功能需求。

3.2 定量性能指标介绍

(1)高密度的运行性能,最小行车追踪间隔 2.5min,CBTC 追踪 CBTC 列车按照既有 CBTC 追踪方式即可满足要求,但 C2 列车追踪 C2 列车的追踪间隔是比较大的,仿真系统实现既有的人工换端的作业,比如折返站自动换号、折返后 C2 车载终端信息的自动更新,以减少之前人工换端作业所需的较长时间,使得列车快速完成折返作业并尽快发车出站,进而减少折返间隔等。C2 列车和 CBTC 列车的运行图可定量反映出两种列车的实际运行间隔,以验证系统的性能设计是否符合项目情况。

(2)自动化的性能要求具备 GOA2 级及以上自动化等级,包括驾驶模式实现 ATO 运行等级、列车运行控制、停站均能自动化,目前 C2 和 CBTC 的仿真软件都已实现。

主要验证的性能包括通过大容量样本跑车,目前仿真了不同制式 20 辆车的运行状态,包括 20 辆 CBTC 列车、20 辆 C2 列车以及两种不同制式列车混跑的场景。

如图 4 所示,性能压力测试可以按照实际跑车测得的时间间隔,通过运行图得到,运行图的紫红色线为未发车列车,正红色线为跑车实际得到的图像,其中箭头所注为紫红色列车,按照 2min 运行间隔发车,运行实际间隔即可通过观察两条相邻线之间的时间间隔得到。

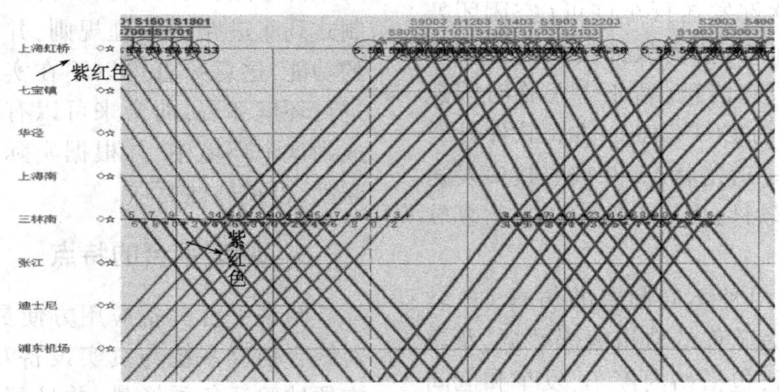

图 4 20 辆市域列车实际运行图

例如,列车 001 从三林南站发车时间为 $T1$,到达上海东站时间为 $T2$,停站时间设计为 30s,则两站之间的运行间隔 $T0 = T2 - T1$,通过大容量样本测试得到结果,将测试结果平均计算后得到 CBTC 的列车自动折返性能为 1min53s,C2 列车自动折返性能为 3min41s,两种制式的正线追踪间隔为 3min54s,具体数据见表 2。

性能验证数据 表 2

性能验证内容	性能验证结果		
	C2 制式	CBTC 制式	CBTC 制式和 C2 制式兼容
自动折返	3min41s	1min53s	3min54s
正线追踪混跑	3min31s	1min41s	3min55s
C2 插车进入正线运行	—	—	3min52s

3.3 后续优化建议

选取上海机场联络线为对象搭建验证平台并完成相关验证后，不难发现仅需对各子系统的接口进行调整，或是各子系统软件的开发、硬件平台的设计、线路数据的新配置，就可在室内完成主要功能和性能验证，从而根据后期运营场景需要，优化前期线路设计方案，具有较高的通用性。

此外，市域线路的信号系统复杂，各子系统间耦合度高，安全数据网的要求较高，而在室内可直接通过测试网、深灰浅灰红蓝网进行各系统设备和软件的连接，极大简化了整个网络环境，可高效地验证设计方案的可实现性，整个验证过程具有高度集成化、自动化的特点。

在后续建设过程中，可以考虑调度模块的开发，按照实际运营需求，调度管理系统需要同时具备公交化和网络化功能，是列车自动监控(ATS)和调度集中系统(CTC)功能的融合，需要具备运输管理、正线行车调度、动车段调度、各类信息高度共享联动等功能。

4 结语

多网融合的市域信号系统综合仿真验证平台，目前已在实验室完成了线路的环境验证，后续待应用于实际工程项目，为跨制式一体化市域铁路信号系统开发提供了测试、分析和验证的仿真环境，通过真实和模拟设备相结合的方式，结合仿真测试，得出一整套试验仿真数据，有效降低了验证场景的成本，减少了真实线路环境部署的成本及复杂性，具备全自动、验证效率高、应用方便灵活等优点，经济绿色、低碳环保。

参考文献

[1] 国家发展和改革委员会. 城市规划通讯,2019(5):8-9.

[2] 潘亮. 市域铁路信号系统制式的选择[J]. 城市轨道交通研究, 2016(z2):69-70.

[3] 李红侠. 铁路调度集中系统向地铁列车自动监控系统发展的可行性[J],城市轨道交通研究,2000(4):53-55.

[4] 中国铁道学会. 市域铁路设计规范:T/CRSC D101—2017[R]. 北京:中国铁道出版社,2017.

[5] 中国铁路总公司. 城际铁路 CTCS2 + ATO 列控系统暂行总体技术方案[R]. 北京:中国铁路总公司,2013.

[6] 潘亮,洪玲娇,邢艳阳. 多网融合的列车运行控制系统研究[J]. 城市轨道交通研究,2021,24(4):35-38.

[7] 徐洋. 市域铁路信号系统互联互通方案研究[J]. 铁道通信信号,2018,54(6):69-71.

[8] 夏骆辉,谭丽. 云测试技术备受关注或将引发测试领域革命[J]. 世界电信,2011(5):69-72.

[9] 王文东,刘继梅,王嵘灏,等. 基于云计算环境下的软件测试研究[J]. 电脑知识与技术:学术版,2017,13(27):239-240.

[10] 陈康,郑纬民. 云计算:系统实例与研究现状[J]. 软件学报,2009(5):1337-1348.

Applying Combinatorial Testing to High-Speed Railway Automatic Train Protection System

Rui Huang[1] Jin Guo[1] Chang Rao[*2,3] Yu Lei[4] Yadong Zhang[1]

(1. School of Information Science and Technology, Southwest Jiaotong University;

2. College of Traffic and Transportation, Chongqing Jiaotong University;

3. Chongqing Rail Transit (Group) CO. LTD;

4. Department of Computer Science and Engineering, The University of Texas at Arlington)

Abstract The onboard Automatic Train Protection System (ATP) is one of the key components of the

Chinese high-speed railway train control system. ATP is a safety-critical system since a failure of ATP could result in serious accidents. This paper reports a combinatorial testing practice performed in testing one of the major ATP functions, i. e. Balise Information Processing (BIP). We created one input model for each of the total 7 application scenarios of BIP. We generated a total of 178 pair-wise tests using the ACTS tool. We executed all these 178 tests, among which 172 tests passed and 6 tests failed. We found a total of 5 new faults, including 2 critical faults, and 3 major faults. We believe that combinatorial testing can be a very effective approach to testing large and complex real-world systems such as ATP.

Keywords Combinatorial Testing pair-wise testing high-speed railway Chinese Train Control System Automatic Train Protection

0 Introduction

The Chinese high-speed railway train control system (CTCS) is designed to control the trains to run safely at speed between 200km/h and 350km/h (China Railway, 2013). The CTCS system consists of a lineside system and an onboard system. The onboard Automatic Train Protection System (ATP) is one of the core components of the onboard system. After it receives movement authority information from the lineside track circuit and the balise (an electronic beacon placed between the rails), ATP computes the speed protection curve, controlling the train to run safely and efficiently.

One essential function of the onboard ATP is Balise Information Processing (BIP). When a train crosses over a balise position, it would trigger the balise and receive information from the balise through wireless radio. The balise information is encoded in an information frame of 1023 bits. Once the train receives the information, the onboard ATP will start the BIP function.

The BIP function of the ATP software processes different balise message packets, and may interact with ATP internal states. There are a total of 12 types of message packets. Each message packet consists of multiple fields, each of which could take multiple values. The different message packets are important factors that could trigger a failure of the onboard ATP software (Kuhn et al., 2004).

Existing case reports have shown that once the onboard ATP software fails, it could result in serious consequences, ranging from traffic congestion to serious traffic accidents. Thus, it is particularly important to thoroughly test the BIP function. Motivated by this, we applied pair-wise testing to ATP to explore the possible input interactions that cause the software failure. Note that due to a time limit imposed on our project by the company that develops the ATP software, we were not able to perform combinatorial testing (CT) with higher strengths.

In our pair-wise testing project, we first analyzed the requirements of the BIP function (China Railway, 2018) and identified seven major application scenarios. We created one input model for each scenario. For these input models, we generated and executed a total of 178 tests, among which 172 tests passed, and 6 tests failed. Compared to the tests originally employed by the company, which were manually constructed, we found five new faults, including two critical faults and three major faults. These results suggest that CT can detect the software faults that caused by interactions in a high-speed railway ATP system.

The rest of paper is organized as follows. Section 2 discusses the related works. Section 3 gives some background knowledge on ATP and its BIP function. Section 4 introduces our CT approach. Section 5 presents our case study and discusses the results. Section 6 concludes the paper and discusses our future work.

1 Related Work

Several studies have reported the application of CT in the railway domain. Li et al. (2016) investigated the use of CT to test an urban railway train braking system. The advantages and the possible challenges of applying CT to railway domain software are discussed. Chen et al. (2010) applied CT to an urban railway interface system. Their work focuses on the impact of shielding parameters that can disable other parameters in certain conditions. Three approaches are proposed to generate a mixed covering array with shielding constraints. In our previous research, we combined CT with model-based testing for testing high-speed railway track circuit receiver software (Rao et al., 2017). Ericsson et al. (2018) discussed the application of CT to Bombardier's train control management software. The ACTS tool was also adopted to generate test sets. Different from the existing works, we applied CT to the high-speed railway onboard ATP.

We note that Chen et al. (2019) also applied CT to onboard ATP. However, their work did not actually execute the tests. Instead they only discussed test generation for the ATP Train Speed Monitoring function. We executed our combinatorial tests and identified the possible combinations that caused software failure. We also gave suggestions to the ATP software developers based on our analysis of the results.

2 Background

In this section, we introduce the onboard ATP system and its BIP function.

2.1 The Structure of the ATP System

Fig. 1 shows the basic structure of the onboard ATP system, including the onboard core component (VOBC), interface components (TIU, TCR, DMI and BTM), and other components (DSU and SDU).

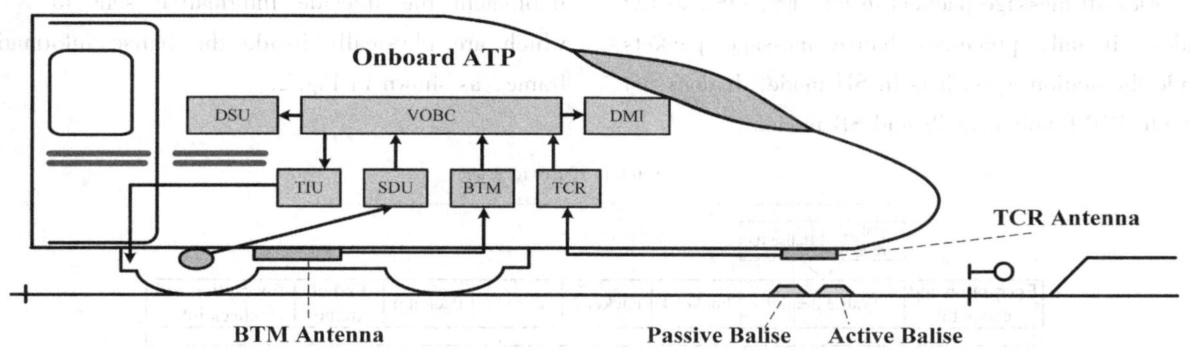

Fig. 1 The Structure of Onboard ATP System

In Figure 1, the balise (passive / active) is installed at some specific locations of the railway line. As discussed earlier, when the train crosses over the balise, the BTM antenna provides wireless energy to activate the balise to send the 1023-bit information frame.

Among the total 1023 bits, 830 bits are used for application message and other bits are used for security purpose. It encodes the message packet and describes the lineside information sent to ATP, such as the length of track section, line gradient and line speed restriction. After BTM receives and parses the frame, it sends the message packets to VOBC. VOBC uses the message packets to control the train to run safely under the current working conditions.

Note that at a location point, if a single balise frame of 1023 bits does not have the capacity to carry all the necessary information, a group of balise can be installed at the location point to provide multiple frames.

2.2 ATP Working Mode and Balise Message Packets

The onboard ATP could operate in several ATP modes. The Chinese high-speed railway defines seven basic modes, as shown in Tab. 1.

The Working Mode of Onboard ATP Tab. 1

Mode	Situation	BIP Function
PS	This mode is used in the situation where the onboard ATP lacks balise information but it receives the allowing signal from track circuit.	Process all packets
FS	This mode is used in the situation where the onboard ATP has all the essential data required for train control.	Process all packets
OS	This mode is used in the situation where the train stops because the signal shuts down and needs to continue running.	Process all packets
CO	This mode is used in the situation where the guidance signal is open, and ATP monitors the train operation according to the fixed speed limit.	Process all packets
SH	This mode is used in the situation where the train is shunting.	Process balise packets inside the station
IS	This mode is used in the situation where the onboard ATP is disabled and needs to isolate the braking function.	Do not execute BIP function
SB	This mode is used in the situation where the onboard ATP prohibits the train from moving during the power on and start stage.	Do not execute BIP function

As discussed in Tab. 1, the onboard ATP processes all message packets in PS, FS, OS and CO modes. It only processes balise message packets inside the station when it is in SH mode. It does not execute BIP function in IS and SB modes.

Note that the message packets are used to implement the lineside information sent to ATP, which are physically inside the balise information frame, as shown in Fig. 2.

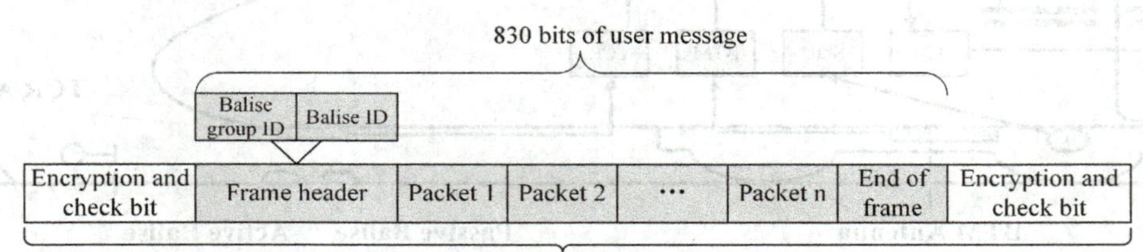

Fig. 2 The Information Frame and Message Packets

There are a total of 12 types of message packets, such as *balise linking packet*, *line packet*, and *speed restriction packet* (China Railway, 2017).

3 Approach

3.1 Overview

Fig. 3 shows the overview of our CT process to the BIP function of the onboard ATP software.

Our testing process consists of input modelling, test generation, implementation, and execution. First, we analyze the ATP software requirements and create input models based on its application scenarios. Second, we use the ACTS tool to generate a pair-wise test set for each input model. Third, we use our in-house tool, i. e., Graphical Message Edit Tool (GMET), to implement the abstract tests according to the format given by the document Subset-076-5-2 (ERTMS, 2005).

3.2 Input Modelling

3.2.1 Application Scenarios Classification

When creating input models, we first identify seven major application scenarios for the BIP function. Tab. 2 shows these application scenarios.

Note that the seven application scenarios are defined according to the ATP software requirements. We create one input model for each application scenario to make sure we cover all scenarios in our testing process.

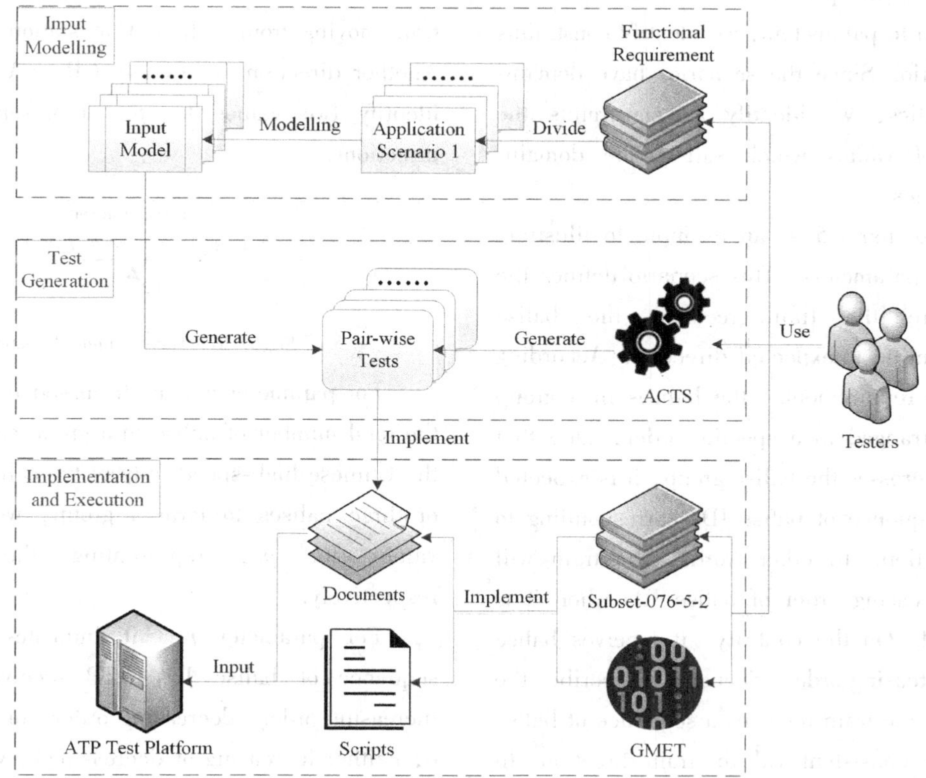

Fig. 3 Major Steps for Testing ATP

Application scenario for BIP Function Tab. 2

#	Scenario	Scenario Description
1	Receiving normal balise information	The onboard ATP receives normal balise frames which satisfy the software requirements.
2	Receiving balise information with inconsistent balise IDs	The onboard ATP receives balise frames, while the order of balise IDs of which is not consistent.
3	Receiving balise information with partial balise lost	The onboard ATP receives balise frames, while the balise IDs are inconsistent with the total number of balises.
4	Receiving balise information with duplicate packets	The onboard ATP receives balise frames, while the flag and effective direction of packets of which are not consistent.
5	Receiving balise information from an unexpected direction	The onboard ATP receives balise frames, while the direction of the train is inconsistent with the expected direction in the packets.
6	Receiving the default balise information	The onboard ATP receives default balise frames, while the value of the message counter of which is 0, 252 or 253.
7	Receiving balise information that violates the balise linking rule	The onboard ATP receives balise frames, while the linking information of which is inconsistent with the current linking information.

3.2.2 Parameter and Constraint Identification

For each scenario, based on BIP function requirements, first, we identify input parameters in terms of balise message content, train operation conditions and balise linking states. Next, we determine the possible values each parameter can take according to the specific scenario description.

In addition to parameters, we identify constraints for each scenario. Since the scenarios have domain-specific semantics, we identify as constraints the combinations of values which satisfy the domain-specific semantics.

We take scenario 5 as an example to illustrate how we create parameters. This scenario defines the situation where the train receives the balise information from an unexpected direction. According to the software requirements, the balises in a group are typically arranged in a specific order, such that when the train crosses the balise group, it is expected to receive a sequence of balise IDs corresponding to the train direction. In other words, the train will receive an increasing order of balise IDs when it is moving forward. On the contrary, it receives balise IDs with a decreasing order. Scenario 5 describes the situation where the train receives a sequence of balise IDs that are not consistent with the train direction. In this scenario, the ATP is expected to reject the messages and respond with an emergency brake.

We identified five parameters and two constraints for this scenario, as shown in Fig. 4.

Input Model: M_5
Parameters:
p_1: 0-Reverse; 1-Forward;
p_2: 0-Two balises; 1-Three balises;
p_3: 0-Balise ids decrement;
1-Balise ids increment; 2-Disorder;
p_4: 0-PS; 1-FS; 2-CO; 3-OS; 4-SH;
p_5: 0-Using linking information;
1-Non-using linking information;
Constraints:
c_1: $\neg(p_1 = 0 \wedge p_3 = 0)$
c_2: $\neg(p_1 = 1 \wedge p_3 = 1)$

Fig. 4 Input Parameters and Equivalent Classes of Application Scenario 5

In Fig. 4, p_1 represents the running direction of the train, p_2 represents the number of balises in the group, p_3 represents the ordered balise IDs, p_4 represents the working mode of onboard ATP, and p_5 represents the linking state of the balise group.

For parameter p_1, since there are two directions in a railway line, we consider both directions. Figure 5 shows the forward direction, which describes the train moving from station A to station B (A→B). Another direction is reverse (B→A). Thus, we identify two values for p_1, representing the two directions.

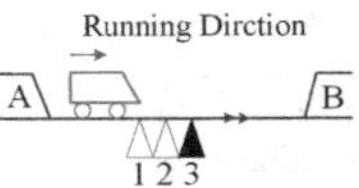

Fig. 5 The Train Running Direction

For parameter p_2, as discussed in Section 2.1, the total number of balise in a group can vary. Since the Chinese high-speed railway typically requires two or three balises to form a group, we identify two values for p_2, representing the two cases respectively.

For parameter p_3, it indicates whether the sequence of balise IDs ATP receives is in the increasing order, decreasing order, or otherwise (i.e, neither increasing or decreasing), with respect to the running directions of the train.

For parameter p_4, as discussed in Section 2.2, the onboard ATP has seven working modes, and the BIP function does not work in two modes, i.e., IS and SB. We create p_4 and identify five values to represent the five modes respectively in which the BIP function works.

For parameter p_5, the balise linking represents the data redundancy envelopment between consequent balise groups. The onboard ATP has two states: using balise linking information and non-using balise linking information. We identify the two states as the values of p_5.

To avoid invalid tests, we identify two constraints, i.e., $c_1: \neg (p_1 = 0 \Lambda p_3 = 0)$ and $c_2: \neg (p_1 = 1 \Lambda p_3 = 1)$. The two constraints require that the train direction (i.e., the value of p_1) to be different from the order of balise IDs, which are consistent with the domain semantics of application scenario 5.

The same approach is used to create the input models for the other six application scenarios. Figure 6 shows the six input models we have created.

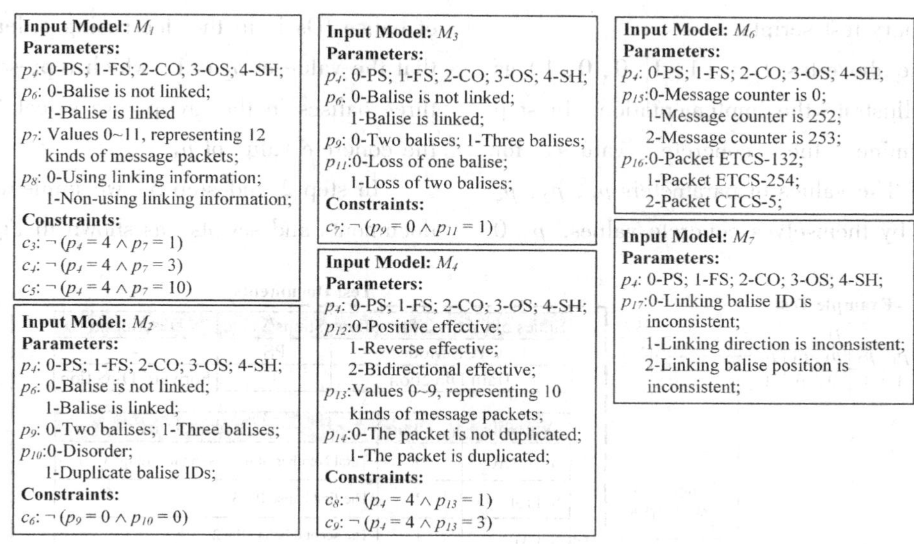

Fig. 6 The Input Models for Application Scenarios

3.3 Test Generation and Implementation

We adopt the ACTS tool (Yu et al., 2013) to generate pair-wise test sets for the input models. Tab. 3 shows some tests for input model M_5.

The Test Set T_5 Corresponding to Input Model M_5 Tab. 3

	T_5				
	p_1	p_2	p_3	p_4	p_5
t_1	1	1	0	0	1
t_2	0	0	1	0	0
…	…	…	…	…	…
t_{15}	1	0	2	4	1

Each row in Tab. 3 represents a test that is going to be implemented to test ATP in application scenario 5. For example, the first row is the test $t_1 = (1, 1, 0, 0, 1)$. It describes that the train is running in the forward direction, the ATP work mode is PS, the balise group is pre-linked by ATP, and there are 3 balises in this group.

The tests generated by the ACTS are abstract and cannot be directly executed. These tests need to be implemented as test documents and scripts for execution. Note that the two terms *document* and *script* are commonly used in railway domain, where the documents are for testers manual operation and the scripts are for machines to execute. The test document follows the ETCS-Subset-076-5-2 format, including the test targets, methods, steps, expected results, and balise messages. The test script represents the balise message bits. In our testing environment, the test controller reads the test scripts, generating wireless signal to send the balise message to ATP at the balise position point.

Tab. 4 shows the major steps for implementing tests as documents.

Test Implementation Steps Tab. 4

Step	Target	Explanation
1	Concretize parameter values	We select representative values from each equivalence classes of input parameters.
2	Construct balise message packets	According to the value combination described in the test, we fill the balise information frame based on the specific values selected.
3	Assigning frames to balises	We construct the balise message frames and determine the number of balise. And we assign the message frames into balises.

After test document implementation, we implement the tests as test scripts using our self-developed tool GMET. Specifically, we import into GMET the balise messages created in the above step

3 of Tab. 4, and we use GMET to transform the message into binary test scripts.

We take the above test $t_1 = (1, 1, 0, 0, 1)$ as an example to illustrate the implementation. In step 1, we determine the concrete values for implementation. The values of parameters p_1, p_2, p_4 and p_5 in t_1 are by themselves concrete values. p_3. 0 is an abstract value that represents that the sequence of balise IDs is in the decreasing order. Considering that the value of p_2 is 1, which represents there exist three balises in the group, we select "3, 2, 1" as the concrete value of p_3.

In step 2 and step 3: we implement the test in documents and scripts, as shown in Fig. 7.

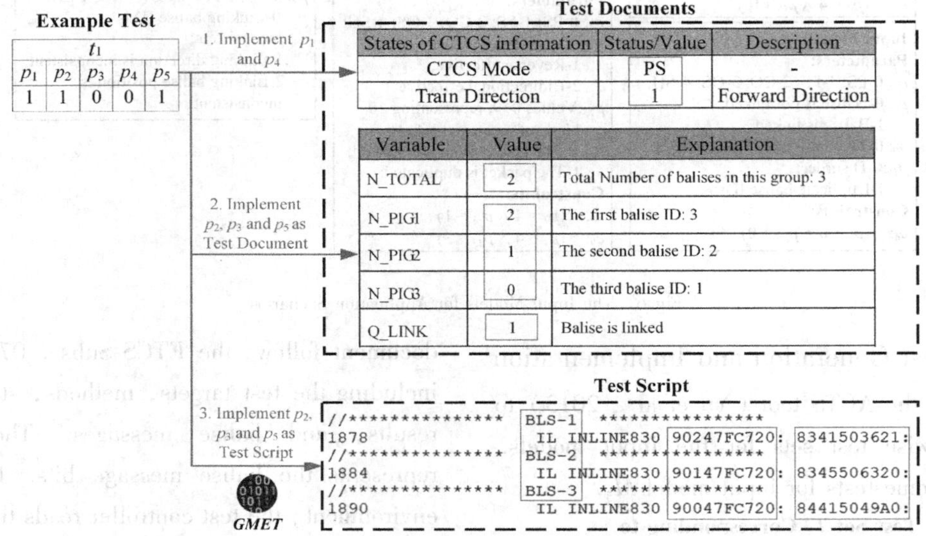

Fig. 7 Test Implementation

First, we implement the parameters p_1 and p_4 of t_1 as "Train Direction: Forward" and "CTCS Mode: PS" in the test document. Second, we implement the parameters p_2, p_3 and p_5 as balise messages in the test document. The value combination (p_2. 1, p_3. 0) is implemented as "the ordered balise IDs in the group are 2, 1 and 0", and p_5 is implemented as "balise linking condition takes 1". Third, we use the GMET tool to implement the balise message as test scripts. p_2. 1 refers three balises form a group. Thus, it is implemented as a group of balises, namely *BLS*-1, *BLS*-2 and *BLS*-3. p_3. 0 refers the balise IDs are "2", "1" and "0". It is implemented as binary bits "010", "001" and "000", respectively, which become a part of the balise messages "90247fc720", "90147fc720" and "90047fc720" in the script. p_5. 1 refers to the balise group that is linked. It is implemented as a binary bit '1', which becomes a part of the balise message "8341503621".

4 Case Study

In this section, we report the testing environment, the results and the lessons learned.

4.1 Testing Environment

The testing environment adopts the Hardware in the Loop (HIL) testing framework, which is widely used in industry (Bacic, 2005). Fig. 8 shows the structure of our HIL testing environment.

The testing environment consists of three components, i. e., the Simulation Platform, the Interface Platform and the onboard ATP (including DMI). The simulation platform is used to automatically control the testing execution by generating environmental simulation information according to test documents and scripts, such as driver operation information, vehicle dynamics information and lineside balise information.

The interface platform is used to transform the environmental simulation information into the required physical signal and data sent to ATP, such as the track circuit signal, the balise wireless signal and the speed sensor signal. The interface platform also receives the output response from ATP. It feeds the response back to the simulation platform for the test observation and further execution (Fig. 8).

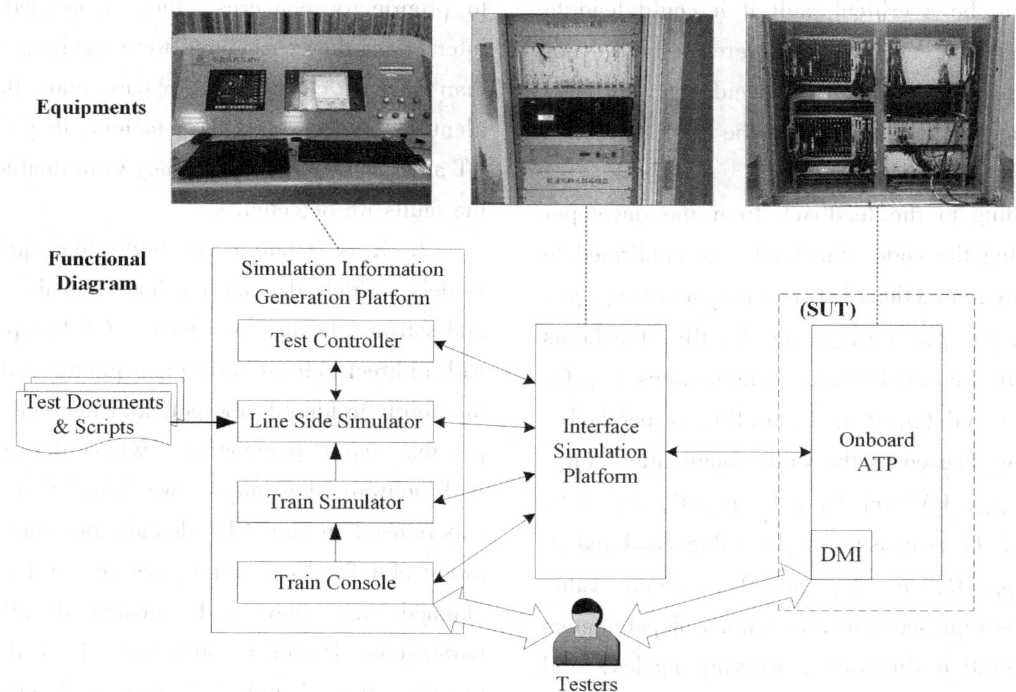

Fig. 8 The Structure of the HIL Testing Environment

4.2 Results and Discussion

For the seven input models M_1 to M_7, we generated a total of 178 tests. Tab. 5 shows the number of tests for each test set.

Number of Tests Tab. 5

Test Set	T_1	T_2	T_3	T_4	T_5	T_6	T_7	Total
# of Tests	63	11	11	48	15	15	15	178

After execution, we observed 172 tests passed and 6 tests failed. Five new faults were detected, where two faults were critical and three faults were major. Tab. 6 shows the faults detected.

Faults Found Tab. 6

Categories	Faults	Description
Critical	F_1	The ATP fails to output the emergency braking signal when it receives the balise messages where balise IDs are inconsistent with train direction. (In SH mode)
	F_2	The ATP changes it running direction state unexpectedly when it receives the balise IDs that are opposite to the train direction. (In PS mode)
Major	F_3	The ATP fails to distinguish repeated message packets. (In PS mode)
	F_4	The ATP fails to discard duplicate message packets. (In FS mode)
	F_5	The onboard ATP fails to use the message packet of non-link balise group when it works in balise linking state. (In PS mode)

In Tab. 6, the software faults were confirmed by developers and are classified into two categories, i. e., critical faults and major faults. A fault is considered to be a critical fault if it could lead to serious accidents. A fault is considered to be a major fault if it would not result in accidents, but may cause an unexpected braking of the train and thus unnecessary traffic delay.

According to the feedback from the developer after checking the code, the faults are confirmed to be caused by interactions between parameters p_1, p_3, p_4, p_6, p_7, p_8, p_{12} and p_{14}. Specifically, the faults F_1 and F_2 are caused by value combinations (p_1. 0, p_3. 1, p_4. 4) and (p_1. 0 p_3. 1, p_4. 0), respectively. F_3 and F_4 are caused by the value combinations (p_4. 0, p_{12}. 2, p_{14}. 1) and (p_4. 1, p_{12}. 0, p_{14}. 1), respectively. F_5 is caused by the value combination (p_4. 1, p_6. 0, p_7. 5, p_8. 0). Such value combinations represent the interactions of parameters of train operation directions, working modes, and balise linking states.

F_1 and F_2 indicate that the code of the ATP software does not handle the combination of factors reverse direction and forward expected direction in PS and SH modes. This causes the software to fail to output braking signal. F_3 and F_4 indicate that the onboard ATP software does not check duplicate message packets, resulting in software failure in PS and FS modes. F_5 indicates that ATP does not handle balise *Line Gradient Packet* usage (labeled as non-linking information) in PS mode, which causes the failure of the ATP BIP function. Note that the *Line Gradient Packet* describes the gradient of railway line ahead of the train.

After we reported the faults to the ATP software developers, they have been fixed, and no longer exist in the latest version.

4.3 Lessons Learned

We have learned some lessons from our testing experience, as summarized below.

1. Compared to the manual approach, CT can systematically detect software faults caused by interactions between different factors. Though the company that developed the ATP software did not provide us with their manually constructed tests due to proprietary concerns, they mentioned that the interactions they considered were significantly simpler than what we considered. In particular, though they identified and covered fewer factors, they did not use CT approach. As a result, they were unable to detect the faults we detected.

2. It is important to build high-quality input models, which depend on both domain experience and software testing knowledge. CT has provided us with indirect help to build high-quality model, e. g., the ability to identify the potential interactions and all possible input parameters. When discussing with ATP software developers, we found that they were experienced in the ATP domain but they were not aware of CT. As a result, before our testing, they claimed that they had considered all possible parameters. However, after they checked our input models, they found that they had missed some important interactions due to their lack of software testing knowledge.

3. We realize that for testing large and complex systems such as high-speed railway ATP system, it is important to strike a balance between test cost and coverage. The ATP software is safety-critical and thus requires thorough testing. However, the test cost of the software is extremely high, which includes the test generation cost, implementation cost and execution cost. To control the test cost, we had to choose pair-wise coverage instead of higher strength coverage, which leaves space to improve the quality of testing. In terms of test generation, it took us only a total of 10 hours to create the input models and generate the tests. In terms of test implementation and execution, it took us almost one month and a half. The time cost ratio between test generation and implementation/execution reaches about 1∶100. Especially, the test execution is extremely time-consuming, which costs almost a whole month. Note that the test execution of onboard ATP is a state-based process, where various factors of the train

change continuously, such as speed and running distance. Different tests typically require the train to be in different states. And testing the BIP function requires sending balise information at different positions. As a result, we have to spend much time in changing the train states and positions during test execution.

5 Conclusions and Future Work

We reported an empirical study of applying CT to the high-speed railway onboard ATP system. We took the BIP function as the subject of our study. We created seven input models from the BIP function requirements, and generated a total of 178 tests using the ACTS tool. In our study, five new faults were detected. These faults were confirmed and fixed by the developers. Furthermore, our study suggests that it is important for software developers to carefully consider the interactions of parameters during software development, i. e., *train operation direction*, *working mode*, and *balise linking state*.

In the future, we will continue to explore the application of CT in the domain of high-speed railway train control systems. We will also try to automate the entire testing process, including test implementation and execution, to reduce the total test cost.

References

[1] Bacic M. (2005). On Hardware-in-the-loop Simulation, in "Proceedings of the 44th IEEE Conference on Decision and Control", IEEE, 2005, pp. 3194-3198.

[2] Rao C., Guo J., Li N., Lei Y., Zhang Y. and Li Y., et al. (2017). Applying Combinatorial Testing to High-Speed Railway Track Circuit Receiver, in "IEEE International Conference on Software Testing, Verification and Validation Workshops (ICSTW)", IEEE, 2017, pp. 199-207.

[3] Chen B., Yan J. and Jian, Z. (2010). Combinatorial Testing with Shielding Parameters, in "2010 Asia Pacific Software Engineering Conference", IEEE, 2010, pp. 280-289.

[4] Chen K., Lv J., Luo Z., Tang T. and Gao S. (2019). Complete Test Suites Generation of CTCS-3 Target Speed Monitor Based on Combinatorial Testing, in "2019 Chinese Control Conference (CCC)", IEEE, 2019, pp. 7126-7131.

[5] China Railway. (2013). CTCS-2 Train Control System, China Railway Publishing House, 12-13.

[6] China Railway. (2017). Application Principle of Balise in Train Control System.

[7] China Railway. (2018). Technical Conditions of CTCS-2 Onboard Equipment.

[8] Ericsson S. and Enoiu E. (2018). Combinatorial Modeling and Test Case Generation for Industrial Control Software Using ACTS, in "2018 IEEE International Conference on Software Quality, Reliability and Security (QRS)", IEEE, 2018, pp. 414-425.

[9] ERTMS. (2005). Subset076-5-2: Test cases related to features.

[10] Kuhn D. R., Wallace D. R. and Gallo A. M. (2004). Software Fault Interactions and Implications for Software Testing. IEEE Transactions on Software Engineering, 30, 418-421.

[11] Li X., Gao R., Wong W. E., Yang C. and Dong L. (2016). Applying Combinatorial Testing in Industrial Settings, in "2016 IEEE International Conference on Software Quality, Reliability and Security (QRS)", IEEE, 2016, pp. 53-60.

[12] Yu L., Lei Y., Kacker R. N. and Kuhn D. R. (2013). ACTS: A Combinatorial Test Generation Tool, in "IEEE Sixth International Conference on Software Testing, Verification and Validation (ICST)", IEEE, 2013, pp. 370-375.

列控车载设备软件测试辅助管理工具设计

赖 琴[1] 张亚东[1] 饶 畅[*2] 郭 进[1]
(1.西南交通大学 信息科学与技术学院;2.重庆交通大学 交通运输学院)

摘 要 针对列控车载设备软件测试缺乏高效的辅助管理软件,带来测试需求与测试案例管理不便、测试案例编制效率不高、测试统计分析困难等问题,设计了一款列控车载设备软件测试辅助管理工具软件。以提高测试管理效率为目标,建立了软件的总体功能框架,设计与实现了测试需求管理、测试案例辅助编制及管理、测试统计分析三大功能模块,构建了测试需求提取、测试案例辅助编制与测试分析的一体化测试管理流程。以CTCS-2级列控车载设备软件测试管理为例,对工具进行了功能验证。结果表明,采用该工具可以更加方便地管理测试需求和测试案例,提高测试案例编制以及测试统计分析的效率,降低测试过程中人工管理的复杂度。

关键词 列控系统 车载设备 软件测试工具 需求管理 案例管理 测试分析

0 引言

列控系统是典型的软件密集型安全苛求系统,车载设备作为列控系统的关键组成设备之一,主要实现列车运行安全防护的功能,一旦发生软件失效可能会导致灾难性的后果,因此需开展严格测试保证车载设备软件质量[1]。车载设备软件测试多依赖于专家经验,测试人员根据车载设备需求规范设计测试案例,通过构造各种输入观察车载设备输出结果,验证设备功能[2]。

为了帮助测试人员管理测试活动,分析测试结果,测试管理是测试周期中不可缺少的环节。软件测试领域已有大量通用测试管理工具,例如TestRail,TestLink等。但由于车载设备测试需求、案例具有特殊的格式要求,这些测试管理工具对数据的管理存在一定局限性。同时,既有软件仅支持人工经验建立测试案例,导致测试案例编制效率不高且容易出错。这些工具测试统计分析数据是通用的,不支持对车载设备测试的部分数据指标进行统计。目前,列控车载设备测试缺乏高效的软件测试辅助管理软件,因此需通过结合数据库、计算机等技术设计面向列控车载设备测试管理的软件,提升列控车载设备测试过程管理的信息化水平。

本文针对现有问题,设计了列控车载设备软件测试辅助管理工具。该工具提供基于规格、基于模型与组合测试三种方法编制测试案例,支持规范管理测试需求、案例等数据,自动统计案例相关数据,根据测试结果记录生成测试报告文档等功能。使用该工具开展测试,降低了人为因素造成的差错影响,提升了测试案例编制效率与管理维护水平,进一步规范车载设备的测试流程,为其他铁路信号设备测试管理提供参考。

1 研究基础

1.1 基本概念

软件测试是通过软件自动运行或人工操作检查软件潜在的各种错误与缺陷,确保软件各项指标参数达到规定需求的过程[3]。相关定义如下:

定义1(测试需求):测试需求r表示软件系统的一个基本测试单元,例如一个功能项或一个被测特征[4]。

定义2(测试案例):测试案例c是软件的一组输入数据,用于验证是否满足某些特定测试需求。

列控车载设备的测试案例遵循ETCS测试规范Subset076格式要求[5],包含了案例基本信息、初始条件、初始接口条件、测试步骤、结束条件、结束接口条件等信息。

定义3(覆盖):对于测试需求r和测试案例c,若c能够满足r,称c覆盖r。

1.基金项目:四川省科技计划资助(2021YJ0070);中国铁路总公司科技研究开发计划课题(N2018G062, K2018G011)。

1.2　车载设备软件测试流程

根据EN 50128规范,车载设备软件测试通常包括组件测试、集成测试和系统测试[6],本文主要关注软件的系统测试过程,其流程如图1所示。

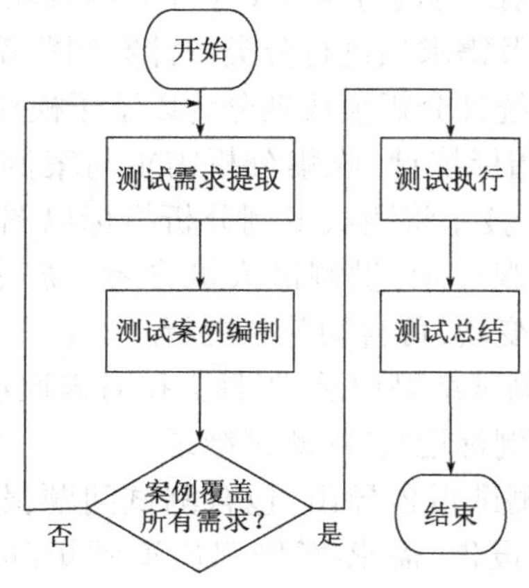

图1　车载设备软件测试流程图

车载设备软件的测试流程包含测试需求提取、测试案例编制、需求覆盖情况分析、测试执行、测试总结等。需求提取阶段测试人员分析车载设备相关技术规范,确定被测设备的功能点,根据功能点确定车载设备测试需求[7]。测试人员根据测试需求设计测试案例,检测需求是否覆盖完全,修改完善需求和案例。随后对车载设备执行测试,验证是否满足软件功能需求,记录测试结果形成测试总结报告,完成系统测试任务。

开发人员依据测试结果修复缺陷后,测试人员以当前测试案例为基础开展回归测试,重复车载设备软件测试流程,确保缺陷被修复且现有功能模块依旧正常,提升车载设备的安全性。

2　软件功能需求分析

列控车载设备软件测试辅助管理工具主要功能需求如下:

(1)测试需求管理。测试人员能直观查看测试需求,支持测试需求增删改查,自动校核测试需求,避免出现重复录入的情况,并提供测试需求文档导出功能。

(2)测试案例辅助编制及管理。软件提供基于规格、基于模型与组合测试方法新增测试案例,提升测试案例编制效率。除新增案例外,测试人员还能便捷利用工具对测试案例进行查阅修订并自动校核案例库数据,支持自动导出标准格式测试案例。

(3)测试统计分析。软件能根据需求与案例信息自动完成相关数据的智能统计,实现数据可视化展示并实时更新,避免测试案例编制不完善造成漏测。支持测试结果记录并按照固定模板输出测试报告,降低人工整理分析测试报告的复杂度与工作量。

3　软件设计

3.1　软件功能设计

根据功能需求分析,本文对软件功能模块划分如图2所示,包括测试需求管理、测试案例辅助编制及管理、测试统计分析三大主要模块。

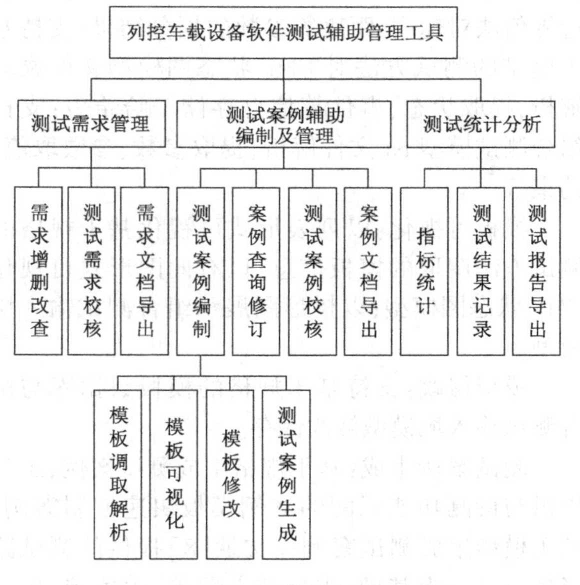

图2　功能架构图

3.1.1　测试需求管理模块设计

测试需求包括所属技术规范、需求编号、需求项、需求内容等信息,存储于Mysql数据库。工具测试需求管理模块主要包含以下内容。

(1)需求增删改查:支持单条或以CSV文件形式批量增加需求、批量删除、修改及查询测试需求。使用JDBC(Java Database Connectivity)技术访问需求数据库完成上述操作。例如批量删除测试需求,首先与数据库建立链接,执行sql语句“delete from req_table where req_num = ?”,依次查询数据库中被选中的需求并删除,刷新界面显示剩余需求信息。

(2)测试需求校核:校核需求库是否存在重复

需求。

(3)需求文档导出:自动导出存档文件。

3.1.2 测试案例辅助编制及管理模块设计

测试案例具有规范的格式,利用 Mysql 数据库存储。工具对案例实现统一管理,主要包含测试案例编制、案例查询修订、测试案例校核和案例文档导出四个子功能。

(1)测试案例编制

测试案例编制模块支持基于规格的测试方法、基于模型的测试方法与组合测试方法,实现模板调取解析、模板可视化、模板修改与测试案例生成功能。

模板调取解析:支持基于规格的测试方法数据库模板调取,数据库主要保存等价类划分法和边界值法对速度、距离等参数的划分结果;支持基于模型的测试方法对 UML 状态图模型文件调取解析,提取状态、事件等信息存储于哈希表;支持组合测试模型 txt 文件解析,提取参数、参数取值、约束等。

模板可视化:以列表形式可视化基于规格的测试方法调取的模板信息;以有向图形式可视化 UML 状态图模型;以树形图展示组合测试输入域模型。

模板修改:支持基于规格的模板数据库与组合测试输入域模型修改保存。

测试案例生成:基于规格生成测试案例,工具提供与待测功能匹配的案例模板快速编制案例。基于模型生成测试案例以文献[8]提供的测试路径生成算法为基础,支持节点覆盖、边覆盖、边对覆盖或主路径覆盖准则生成测试路径,实例化为测试案例。组合测试方法生成测试案例时,工具提供最优覆盖数组重构算法[9]、IPOG 算法[10]与 PICT 算法[11],可选择不同覆盖深度一键生成组合测试用例集,导入组合测试案例模板,工具通过关键字替换技术自动生成组合测试案例集。

(2)案例查询修订

支持修改、批量删除与模糊查找案例。

(3)测试案例校核

检查测试案例是否重复,主要检查案例编号、案例目标等内容,利用弹窗反馈校核结果。

(4)案例文档导出

基于 Apache POI 技术替换 ETCS 测试规范 Subset-076 案例 word 模板数据,导出案例归档文件。

3.1.3 测试统计分析模块设计

本文采用以下指标进行测试案例分析:①测试需求覆盖度:计算当前测试需求覆盖情况;②测试需求与测试案例追踪矩阵:双向追溯,便于查漏查错;③测试案例分类统计:将案例按功能分类、编制方式及需求项进行分类统计案例覆盖情况。

测试统计分析模块划分为以下子模块:

(1)指标统计:收集分析需求与案例数据,基于 JavaFX 技术将测试案例分析指标以图表、文字等形式直观展示,供测试人员参考。需求或案例一旦发生变动,可自动关联更新。

(2)测试结果记录:工具支持对未通过测试的需求或案例标记,备注测试结果。

(3)测试报告导出:包含测试问题报告、案例分析指标报告、需求-案例双向追溯矩阵等文件,将所得图、表等数据基于 Apache POI 技术按规定格式导出。

3.2 软件业务流程设计

软件业务充分考虑车载设备软件的主要测试流程,结合软件功能管理特点,设计了测试需求提取、测试案例编制、测试分析三大模块的核心业务流程。

3.2.1 测试需求提取流程设计

测试人员依据车载设备技术规范等文档,提取涵盖功能需求、场景及接口等方面的测试内容;将测试需求详细信息分条或批量导入需求数据库;使用工具校核重复查看校核结果;修改完善测试需求;导出需求文件。

3.2.2 测试案例编制流程设计

车载设备软件测试最关键的业务流程为测试案例编制。根据需求与相关技术文档,测试人员可从工具提供的三种方法中选取其中一种或几种方法编制测试案例。如图 3 所示为编制测试案例的业务流程。

(1)基于规格的测试案例编制

基于规格的测试方法依托人工经验,结合边界值法或等价类划分法编写测试案例逐条覆盖需求规格,应用于实际测试。具体业务流程如下:明确待测需求规格,人工提取测试功能特征;确认参数,若为车速或距离等连续性数据,调取数据库中相关参数划分模板;根据新增案例界面提示,快捷编写测试案例;测试案例重复校核,校核通过自动导入案例库。

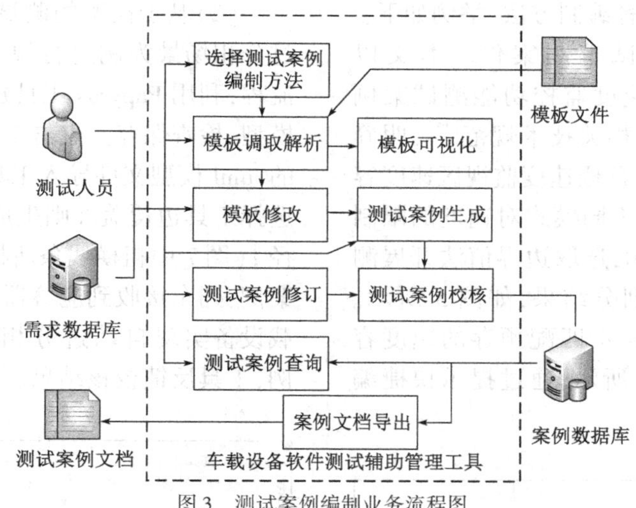

图3 测试案例编制业务流程图

(2)基于模型的测试案例编制

针对较为复杂的功能或场景时,可使用基于状态图模型编制测试案例。具体业务流程如下:测试人员利用现有公开建模工具(例如 Papyrus)新建状态图模型,检查无误后保存.uml 状态图文件;导入模型,工具解析模型并可视化展示;测试人员选择合适的覆盖准则;利用耦合在工具中的测试路径生成算法自动生成测试路径,检查路径是否符合要求;实例化测试路径为测试案例;案例校核通过导入案例库。

(3)组合测试案例编制

某些功能或场景测试可能存在参数间交互组合,应选择组合测试方法编制测试案例。具体业务流程如下:测试人员提取待测功能或场景的参数、约束等信息新建组合测试模型;检查模型是否有误并修正,保存模型便于复用;确认覆盖深度及组合测试用例生成算法;利用工具自动生成测试用例,检查用例是否满足要求;导入组合测试案例模板,工具自动替换关键词生成组合测试案例集;案例重复校核导入案例库。

测试人员利用工具实现案例库查询修订,保证编写正确,最后导出规范的案例文件。

3.2.3 测试分析流程设计

测试人员根据工具案例分析指标统计结果,检查追溯关系是否正确、需求覆盖情况是否完全;修订测试需求与案例;实验室仿真环境执行测试;记录未通过的需求、案例,备注车载设备存在的问题;导出测试报告系列文件。

4 软件实现

本文利用 Intellij IDEA 2019 集成开发环境进行开发,基于 Java 编程语言、Mysql 数据库与 JavaFX 技术实现列控车载设备软件测试辅助管理工具。下面以 CTCS-2 级列控车载设备实验室仿真测试为例,验证工具相关功能。

需求管理界面如图4所示,A 区为需求管理模块工具栏,B 区为需求列表,C 区为需求占比统计情况。点击需求导入导出按钮支持.csv 格式的测试需求文件录入输出。工具栏可实现测试需求的单条新增、批量删除、需求查询,例如通过需求列表多选框多选批量删除。双击列表修改需求,按回车自动校核保存。C 区统计各需求项所含需求数及占总需求数的百分比,图4选中右方车载设备功能,查看对应需求。工具直观地实现了需求数据的管理。

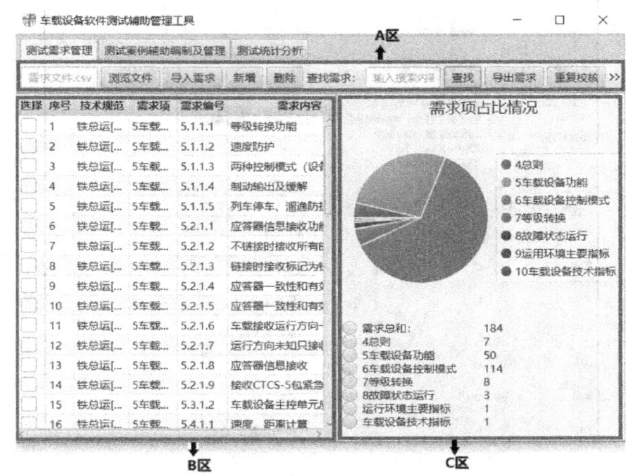

图4 测试需求管理界面

编制测试案例支持三种编制方法,举例如下:

(1)基于规格的测试编制案例。本文以CTCS-2级列控车载设备速度监控功能测试案例编制为例进行说明。根据相关技术规范[12],明确当前需求规格为“5.7.1.1 顶棚速度监视区速度容限值的选取”。分析可知,不同模式对速度的限制范围不同。以PS模式为例,选取边界值法开展测试,调取PS模式边界值划分结果,如图5所示。点击新增案例按钮,工具自动匹配预存的速度容限值测试案例模板如图6所示,通过提示快捷编写案例,点击导入案例库。

车载设备软件测试辅助管理工具

测试需求管理　测试案例辅助编制及管理　测试统计分析

参数: 速度　方法: 边界值法　模式: PS模式　查询

序号	速度	
1	46km/h	报警速度下边界值
2	47km/h	报警速度
3	48km/h	报警速度上边界值
4	49km/h	常用制动触发速度下边界值
5	50km/h	常用制动触发速度
6	51km/h	常用制动触发速度上边界值
7	54km/h	紧急制动触发速度下边界值
8	55km/h	紧急制动触发速度
9	56km/h	紧急制动触发速度上边界值

图5　边界值划分结果

新增案例

导入案例库

案例基本信息:

案例编号:	507000-X	应用模式/等级:	C2:XX
待测设备:	C2列控车载设备	测试阶段:	实验室仿真测试
待测功能:	速度监控功能	案例版本:	1.0.0
测试案例功能:	速度容限值选取	时间:	2022/1/1

测试目标: 本测试用例的验证目标为:
验证报警速度、常用制动和紧急制动的速度容限值满足:
1.报警速度=XXkm/h;
2.SBI=XXkm/h;
3.EBI=XXkm/h;

测试需求　初始条件　初始接口条件　测试步骤　结束条件　结束接口条件

接口:	I/O:	接口状态:
DMI	O	正常工作
BTM	I	正常工作
TCR	I	接收允许码
LKJ	O	正常工作
JRU	O	正常工作
TIU	I	正常工作

图6　新增案例界面

(2)基于模型的测试案例编制。本文以列控过分相场景为例进行说明,首先分析过分相场景流程,利用Papyrus工具建立自动过分相的状态图模型,检查保存。点击工具浏览模型文件,将得到的.uml模型文件导入工具并可视化,如图7所示。选择工具边覆盖准则生成测试路径共4条。以路径1(图7中粗横线条所标示)为例,实例化为测试案例:列车接收到应答器过分相预告信息,验证车载设备实现自动过分相控制。点击导入测试案例,工具反馈校核结果。

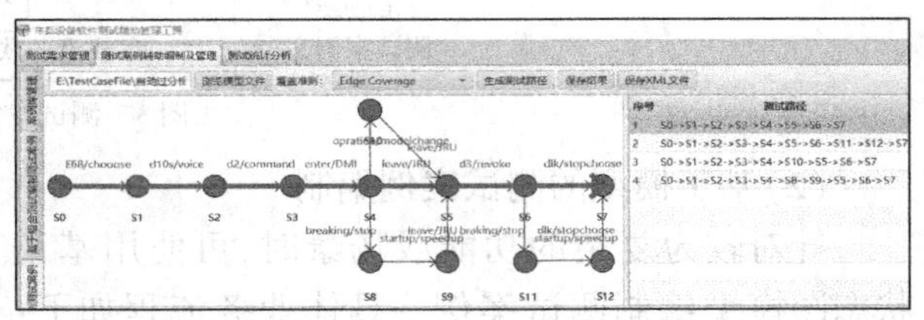

图7　基于模型编制测试案例

(3)组合测试案例编制。本文以编制FS模式转SH模式与OS模式测试内容为例进行说明。利用工具新建组合测试输入域模型如图8所示,检查无误后保存为.txt模型文件。选择覆盖深度为2,测试用例生成算法为IPOG。点击测试用例生成按钮,生成测试用例9条如图8所示(1、2为种子测试用例)。导入组合测试案例模板,生成测试案例自动校核后入库。

车载设备软件测试辅助管理工具

测试需求管理　测试案例辅助编制及管理　测试统计分析

覆盖深度: 2　算法: IPOG

组合测试输入域模型
- 参数
- 约束条件
  - !(前进==向前&&后退==向后)
  - !(牵引==牵引&&制动==制动)
  - !(紧急制动==实施紧急制动&&
  - !(调车==按压&&目视==按压)
- 种子测试用例

测试用例生成结果

序号	前进	后退	牵引	制动	最大常用制动	紧急制动	缓解	调车	目视	文本确认
1	向前	零位	牵引	零位	未实施最大...	未实施...	未...	按压	未...	确认
2	向前	零位	牵引	零位	未实施最大...	未实施...	未...	未...	按压	确认
3	零位	制动	零位	制动	实施最大常...	实施紧...	按压	按压	未...	未确认
4	零位	零位	零位	零位	实施最大常...	未实施...	按压	未...	按压	未确认
5	零位	制动	牵引	零位	未实施最大...	未实施...	未...	未...	未...	未确认
6	向前	零位	零位	制动	未实施最大...	未实施...	按压	未...	按压	确认
7	向前	零位	牵引	零位	实施最大常...	实施紧...	未...	未...	按压	确认
8	零位	制动	零位	制动	未实施最大...	未实施...	未...	未...	按压	确认
9	向前	零位	牵引	零位	实施最大常...	未实施...	按压	未...	按压	未确认

图8　组合测试编制测试案例

测试案例编制完成后,导入案例库进行管理维护。工具将自动统计分析相关案例指标,如图9所示。测试人员根据分析指标修改完善测试案例。

开展仿真测试,点击工具栏测试问题记录,记录测试结果,如图10所示。最后导出测试报告,图11为案例到需求的追溯表。

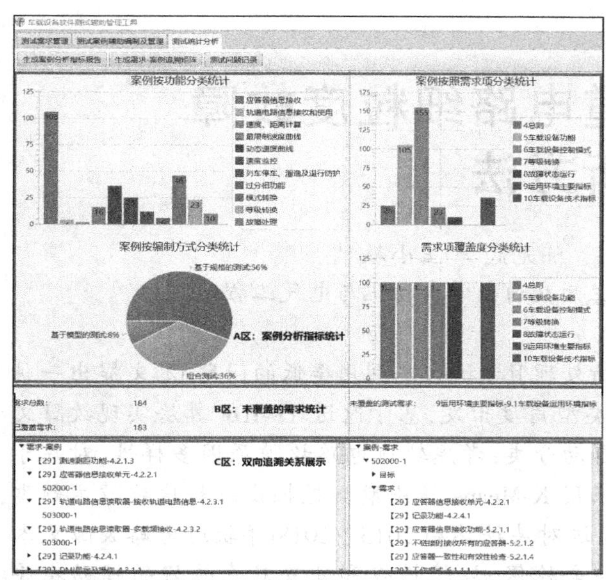

图 9　测试统计分析界面

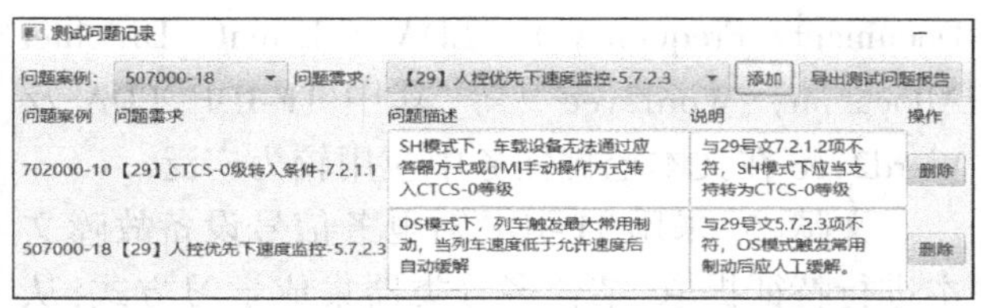

图 10　测试结果记录

	A	B	C	D	E	F	G	H	I	J
1	序号	案例编号	待测功能	测试案例功能	测试目标	测试需求	测试需求	测试需求	测试需求	测试需求
2	1	703000-1	等级转换功能	等级转换功能:	本测试用	【29】等级转	【29】等级	【29】记录	【29】CTCS-(	【29】CT
3	2	703000-2	等级转换功能	等级转换功能:	本测试用	【29】等级转	【29】记录	【29】CTCS-	【29】CTCS-0级转出条件	
4	3	703000-3	等级转换功能	等级转换功能:	本测试用	【29】等级转	【29】记录	【29】CTCS-	【29】CTCS-0级转出条件	
5	4	703000-4	等级转换功能	等级转换功能:	本测试用	【29】等级转	【29】记录	【29】CTCS-	【29】CTCS-0级转出条件	
6	5	702000-5	等级转换功能	等级转换功能:	本测试用	【29】等级转	【29】记录	【29】CTCS-	【29】C0速度监控-7.4.1.1	
7	6	702000-6	等级转换功能	等级转换功能:	本测试用	【29】等级转	【29】记录	【29】CTCS-	【29】C0速度监控-7.4.1.1	

图 11　案例-需求追溯表

5　结语

本文提出了列控车载设备软件测试辅助管理工具,该工具不仅完成了对测试案例、测试需求的规范化管理,还提供一套科学的车载设备人工编制测试案例方法,显著提升了案例编制效率。工具自动统计测试案例分析指标,筛查未覆盖需求,克服了人工分析测试案例局限性。论文工作对于提升车载设备软件测试过程管理的信息水平具有一定的价值和意义。

参考文献

[1] 赵晓宇,刘基全,张宇. 面向车载设备的测试过程管理工具设计与实现[J]. 铁道通信信号,2019,55(03):25-28.

[2] 安闯. CTCS-3 级列控车载设备主要技术指标的测试方法研究与实现[J]. 铁路通信信号工程技术,2019,16(05): 17-22.

[3] 窦磊,李耀. CTCS-2 级 ATP 仿真软件测试管理系统设计[J]. 铁路计算机应用,2019,28(01): 73-77 +83.

[4] 顾庆,唐宝,陈道蓄. 一种面向测试需求部分覆盖的测试用例集约简技术[J]. 计算机学报,2011,34(05):879-888.

[5] ERTMS/ETCS. SUBSET-076-5-2: Test Cases [EB/OL]. ERTMS, 2017. https://www.era.europa.eu/content/set-specifications-3-etcs-b3-r2-gsm-r-b1_en.

[6] EN50128, Railway Applications-Software for Railway Control and Protection Systems[S].

[7] 孟寒松. 基于通信的列车运行控制系统测试研究[J]. 铁路计算机应用,2021,30(10): 63-68.

[8] LI N, LI F, OFFUTT J. Better Algorithms to Minimize the Cost of Test Paths [C]// Proceedings of the 2012 IEEE International Conference on Software Testing, Verification and Validation (ICST). Montreal, Quebec Canada: IEEE, 2012:280-289.

[9] 饶畅,郭进,张亚东,查志. CTCS-2 级列控车载 ATP 组合测试用例集生成方法[J]. 铁道学报,2020,42(11):110-117.

[10] LEI Y, KACKER R, KUHN D., et al. IPOG/IPOG-D: Efficient Test Generation for Multi-way Combinatorial Testing[J]. Software Testing, Verification and Reliability, 2008, 18(3): 125-148.

[11] CZERWONKA J. Pairwise Testing in Real World [C]. Proceedings of 24th Pacific Northwest Software Quality Conference. Portland, OR (US) : Citeseer, 2006: 200-207.

[12] 铁总运〔2014〕29 号, CTCS-2 级列控车载设备暂行技术规范[S].

基于文本挖掘的轨道电路细粒度故障致因分析方法

侯　通[1]　郑启明[1]　姚新文[1]　陈光武[2]　王小敏[*1]
(1.西南交通大学信息科学与技术学院;2.兰州交通大学自动化与电气工程学院)

摘　要　针对轨道电路故障文本记录依赖人工分析处理且故障文本利用率低的问题,本文提出一种轨道电路细粒度故障致因文本挖掘方法。从故障致因类型角度出发,基于改进TF-IDF算法实现故障文本特征表示,采用支持向量机实现均衡后的故障文本自动分类;考虑轨道电路故障原因多样性,对基于Word2vec向量表示的不同致因类型故障文本,进一步采用K-Means算法聚类挖掘出细粒度故障主题类型,并依据词频信息分别提取易发性二级故障致因。通过对某铁路局2015—2018年轨道电路故障文本数据实验分析,结果表明,本文方法对现场轨道电路综合检修、故障排查和处置具有较好的辅助指导意义。

关键词　轨道电路　文本挖掘　TF-IDF　K-Means　聚类分析

0　引言

轨道电路作为信号设备的重要组成部分,在我国轨道交通运营线路中得到了广泛应用。由于轨道电路设备结构组成复杂、分布范围较广等特点,其工作状态容易受多部门作业检修、设备器材质量及天气环境等因素影响,导致轨道电路故障原因复杂多样,故障诊断处理耗时较长,对铁路运输影响较大[1]。轨道电路故障文本记录包含大量有价值故障信息,其中故障原因直接反映了故障问题所在。目前,针对轨道电路故障文本数据主要依赖人工处理分析,容易受主观因素影响,存在故障归类不准确、效率低等问题;此外由于缺乏对故障类型的细粒度统计分析,造成大量有价值故障数据资源的浪费。在大数据背景下,应用故障文本智能挖掘分析,提高故障文本数据利用率,已成为亟待解决的问题。

文本挖掘主要包含文本分类、文本聚类、信息抽取等任务,关注于在非结构化文本中通过模式发现来描述文本内容[2]。文本数据在使用前须经过文本预处理、特征提取及文本表示等工作,常用算法有信息增益[3]、词频TF(Term Frequency)、词频-逆文档频率TF-IDF(Term Frequency-Inverse Document Frequency)、LDA(Latent Dirichlet Allocation)、Word2vec[4]等,其中TF-IDF、LDA及Word2vec在文本挖掘任务中应用较为广泛。

文献[5]采用TF-IDF对电务信号设备故障文本进行特征提取,结合多分类器集成学习方式,从信号设备类型角度提出了不平衡故障文本数据分类模型。文献[6]利用Word2vec训练词向量,通过多池化层卷积神经网络模型实现铁路信号设备故障文本分类。由于铁路信号设备故障原因复杂多样,以上研究从系统设备类型角度划分故障类型,无法直观有效地分析故障原因。文本聚类是实现从大量文本信息中高效获取有价值信息的一种重要方法,常用算法有基于距离的K-Means、无监督学习主题模型等。文献[7]针对地铁信号设备故障记录,融合了从词项层和语义层聚类得到的特征词,采用KNN算法实现故障文本自动预处理,但由于两种聚类均基于词袋方法丢失了词序特征,对于文本特征的学习仍然不足。文献[8-9]针对列控车载设备日志数据,利用主题模型得到故障语义特征,并基于支持向量机建立了车载设备故障诊断模型。

目前,对于轨道电路故障的研究,多以电务电气设备故障为研究对象,基于监测量数据实现故

1.基金项目:四川省科技计划项目(2019YFH0097,2020YFG0353);甘肃省高原交通信息工程及控制重点实验室开放课题(20181101)。

障诊断[10]，基于历史故障文本记录的研究较少。随着我国铁路综合维修生产一体化体系的不断推进[11]，综合考虑不同故障致因类型中的影响因素，有利于提高现场多部门综合养护维修效率。轨道电路与电务、工务设备维护管理密切相关，因此本文参照电务故障管理规程，从故障致因类型角度划分轨道电路故障，有助于现场工作人员进行轨道电路故障统计分析和管理工作。此外，针对电务、工务致因类型故障文本进一步聚类挖掘，获取细粒度故障类型主题及故障因素，对后续轨道电路故障分析、制定工电综合检修措施等具有重要意义。

对此，本文提出一种基于文本挖掘的轨道电路细粒度故障致因分析方法。首先，利用改进的TF-IDF算法对不同致因类型故障文本进行特征提取及向量表示，引入合成少数类过采样技术SMOTE（Synthetic Minority Oversampling Technique）算法对少数类数据进行自动生成，采用SVM算法实现均衡后的故障文本数据自动分类，并对不同分词模式下的分类模型效果进行分析；其次，采用K-Means聚类算法对基于Word2vec向量表示的电务、工务致因故障文本数据进行聚类挖掘分析，基于聚类结果通过统计分析获取细粒度故障主题类型及易发多发性故障因素，实现细粒度轨道电路故障致因分析。考虑故障文本记录的叙述共性，本文提出的方法对于其他信号设备同样具有借鉴意义。选取某铁路局2015—2018年轨道电路故障文本数据进行分析，实验结果表明了本方法的有效性，能够对设备维护起到较好的辅助指导作用。

1 轨道电路故障文本特点

在铁路现场工作中积累的大量轨道电路故障文本数据，主要通过现场工作人员以自然语言形式记录。根据不同故障致因归属，轨道电路故障可分为6类故障，即电务致因C0、工务致因C1、供电致因C2、设备器材质量C3、自然灾害C4及其他外部致因C5。故障文本记录中通常包含故障现象、故障原因、处置过程、设备信息等内容，部分故障记录如表1所示。

作为专业领域文本数据，轨道电路故障文本存在以下特点：

（1）不同故障致因类型间故障文本数据不均衡。故障文本记录存在口语化、不规范化问题；并且故障文本记录长度不一，故障现象描述较短，故障原因描述详细程度不同。

轨道电路故障文本记录（部分） 表1

序号	故障文本描述	故障类型
1	3时14分××站1093G红光带，5时09分电务登记设备恢复正常，试验良好，交付使用，5时09分工务签认设备正常。初步分析为室内分线盘到1093发送盒电缆混线造成	C0
2	17DG红光带。微机监测显示红光带时间：11：43：01-12：07：03。该站为无人值守站。17号道岔岔后弯股东边极性绝缘轨头处铁屑短路造成。工务处理后恢复。电务应急处理人员12时15分赶到七斗冲，检查17DG电务设备正常。检修日期：8月17日。检修人：XXX	C1
3	S进站信号机信号恢复，12794AG闪红光带由于联锁软件设计缺陷，在信号开放瞬间驱采时序不一致造成信号关闭，同时S行进站信号机红灯转移，造成上行进站接近轨12794G闪红光带。型号：DS6-K5B，厂家：北京XX，上道时间：13年12月	C3
4	51302次运行至XX站II道K26+100m处出现列车占用丢失报警因台风“彩虹”影响，茂湛线长时间暴雨，雨后浮锈造成单机瞬间压不死	C4

（2）轨道电路故障文本含有大量铁路信号专业词汇，但由于不同人员记录方式不同，存在多词一义的现象。例如“451AG冗余衰耗器材质不好”“11331G室内衰耗盘不良”“中继3站22039G室内衰耗盒底座接触不良”，故障原因都涉及衰耗冗余控制器同一种设备，但记录形式完全不同。

（3）故障记录文本为短文本，且特征词汇在不同故障类型文本中的分布情况具有差异性，存在一些特征词在特定类别中出现频次较高，而在其他类别出现频次较低，可作为具有类别特征的关键词。

（4）故障文本中包含有时间、车次号、区段名称、器材编号等内容，作为噪声数据不利于后续提取有效文本特征，因此需要对故障文本数据进行清洗。

由于不同人员对故障的理解和叙述习惯不同,对故障管理规程认识水平不一,存在人工处理故障文本归类不准确、效率低的问题;此外,对不同故障致因类型缺乏细粒度故障分析,有价值的故障数据信息尚未在现场综合检修工作中得到充分利用。

2　轨道电路故障文本挖掘总体方案

针对轨道电路故障日志的特殊性,本文提出轨道电路故障文本的细粒度故障致因挖掘方案如图 1 所示,用于提取轨道电路的细粒度故障主题类型及故障因素,为现场故障排查和处置提供决策支持。首先,对故障文本数据进行预处理,结合构建的铁路信号专业词典,通过分词初步去除无意义词项,得到分词后的故障文本数据。其次,对不同分词模式下的故障文本数据,采用改进 TF-IDF 算法进行文本特征提取,转换为词项文本矩阵;利用 SMOTE[12] 算法对少数类故障数据进行自动生成,基于 SVM 分类器模型实现均衡后故障样本数据的自动分类。最后,选取分类结果中与电务、工务部门维检工作密切相关且包含故障因素较多的 C0 及 C1 致因类型故障文本数据,采用 Word2vec 模型获取故障文本向量表示,基于 K-Means 算法分别进行聚类挖掘分析,获取细粒度故障主题类型及故障因素。

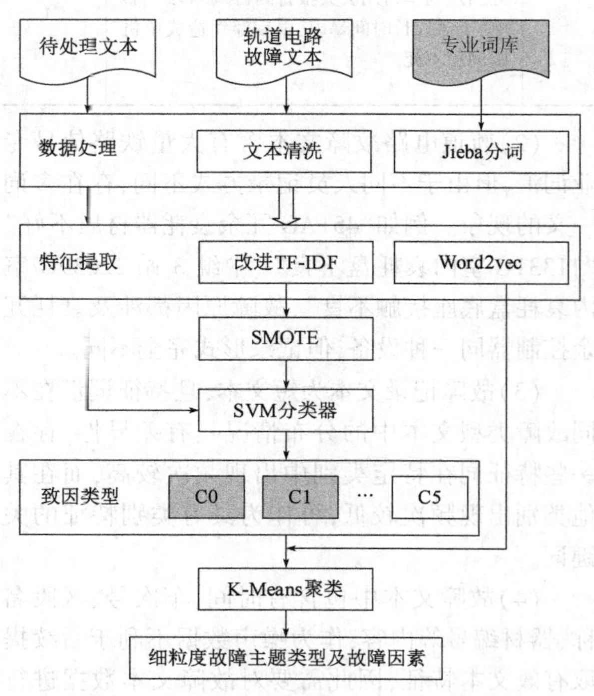

图 1　轨道电路细粒度故障致因挖掘方案

2.1　故障文本预处理

针对轨道电路故障文本特点,主要进行以下预处理工作:

(1)文本清洗。通过分析故障文本中包含的故障时间、车次号、区段名称、数字编号等文本记录形式,人工编写正则表达式对其进行清理,例如车次号的提取范式如下:

[KZTXGDC]\d{1, 5}[次]|| \d{1, 5}[次]

(2)文本分词及去停用词。考虑到故障文本包含大量铁路专业词汇,为实现对专业词汇的准确切分,减小文本噪声项对后续文本特征提取干扰,构建了本文铁路专业词库及停用词词典,如图 2 所示,其中铁路专业词库主要包含各专业部门设备名称及专业术语。利用 Jieba 分词工具获取词项级分词结果,并过滤文本中标点符号和无实际意义的词汇。字符级分词基于词项级分词结果对词汇进一步切分为单字。

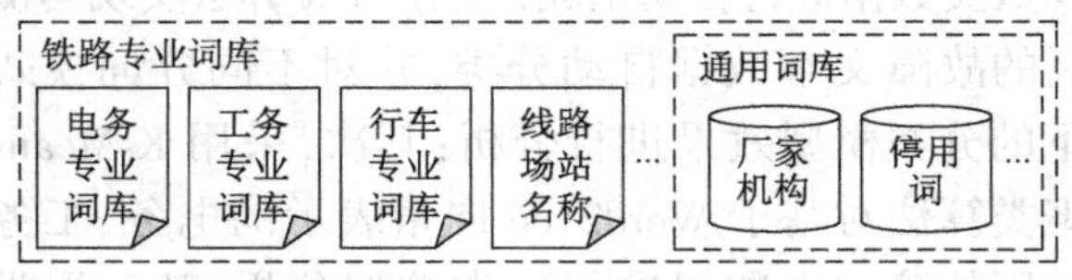

图 2　铁路专业词库构建

2.2　基于改进 TF-IDF 的文本特征表示及分类模型

传统 TF-IDF 是一种加权的词频统计方法,用于表征文本中每个词的重要程度,TF-IDF 值越大,说明词项携带的信息量越大,对于所在文本可认为此词越关键。TF-IDF 包含两部分,即:

$$\mathrm{tf-idf}(i,j) = \mathrm{tf}(i,j) \times \mathrm{idf}(i) \tag{1}$$

式中:$\mathrm{tf}(i,j)$——文本 j 中第 i 个词的词频;

$\mathrm{idf}(i)$——逆文档频率。

逆文档频率 $\mathrm{idf}(i)$ 表示经平滑处理后第 i 个词的 idf 权值,公式如下:

$$\mathrm{idf}(i) = \log \frac{1+n}{1+\mathrm{df}(i)} + 1 \tag{2}$$

式中:n——文本集中文本总数;

$\mathrm{df}(i)$——在文本集中包含词 i 的文本数。

传统 TF-IDF 应用于短文本数据时,由于每条文本中词汇出现频次均较少,其词频特征接近于 One-hot 特征表示,并且忽略了特征词在类别间的分布情况,对于短文本中高频词特征提取效果不佳。而轨道电路故障文本数据中,由于不同故障致因因素区别,具有类别特征的特征词在相应类别中出现频次较高。因此,本文提出一种改进的TF-IDF算法,考虑类别间特征词分布情况,将tf表示为词i在不同类别中的词频,结合idf权值,提升类别间关键词特征提取效果,改进后的表达式为:

$$\mathrm{tf-idf}(i_k,C_k) = \{\mathrm{tf}(i_k,C_k):i_k \epsilon C_k\} \times \mathrm{idf}(i) \tag{3}$$

式中:$\{\mathrm{tf}(i_k,C_k):i_k \epsilon C_k\}$——类别$C_k$中词$i$的词频$\mathrm{tf}(i_k C_k)$;

k——文本类别个数。

通过上式计算得到文本j的结构化向量表示,为提高泛化能力,对每一文本向量进行规范化,向量维度与文本总词汇量m大小一致,得到最终文本的稀疏向量表示,即:

$$[w_j]_{1\times m} = \left[\frac{\mathrm{tf-idf}(i_k,C_k)}{\sqrt{[\mathrm{tf-idf}(i_k,C_k)^2]}}\right]_{1\times m} \tag{4}$$

式中:q——文本j中特征词的个数;

w_j——文本j的向量表示。

以C2供电致因故障类别为例,经过改进TF-IDF算法得到某文本分词后的各词项权值如表2所示,可以得知文本中与C2类别特征相关的外电网、电源等特征词权值均有所提升。

故障文本特征提取 表2

特征提取	落下	红光带	瞬间	…	电源	失压	外电网
TF-IDF	0.41	0.07	0.37	…	0.18	0.52	0.20
改进TF-IDF	0.01	0.36	0.36	…	0.58	0.01	0.47

由于轨道电路故障文本中存在多词一义的问题,不仅需要人工维护专业词典,而且经分词后会造成词袋总量的增加。本文基于词项级分词结果进一步按字切分,减少因故障文本记录不规范及多词一义现象对特征提取的影响,降低文本表示后的特征向量维度。

故障文本表示及分类模型流程如图3所示。SVM算法在文本分类任务中应用较为广泛,基于结构风险最小理论构建一个超平面,根据间隔最大化准则使任何类之间的最近的训练数据点有最大的距离。轨道电路故障文本分类为多分类问题,为解决类别间数据不均衡问题,本文采用SMOTE算法对改进TF-IDF特征提取及向量表示的少数类故障文本向量进行自动生成,将均衡后的样本数据输入SVM分类器模型中进行训练,实现对故障文本致因类型自动分类。

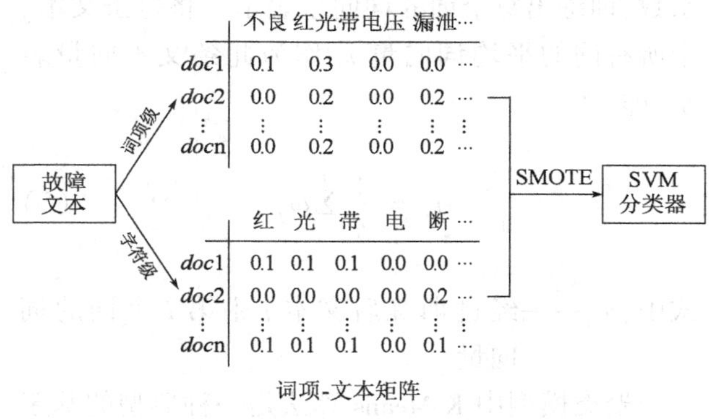

图3 故障文本分类过程

2.3 基于Word2vec的故障文本聚类模型

由于轨道电路故障多样性,考虑不同故障致因类型中又包含不同类型故障因素,在上节故障文本分类处理基础上,进一步选取与现场轨道电路设备维检工作密切相关的C0及C1故障致因类型文本数据进行聚类分析,提取细粒度故障主题,以便更好地指导现场维修工作。

因TF-IDF无法解释文本词汇间相似性[13],而随着数据及词汇量的增加,其文本向量维度也随之增加,存在维度灾难问题。Word2vec基于词与词之间的上下文关系,通过双层浅神经网络对大量文本语料库的学习,将每个词映射为向量表示,依据相似位置的词具有相似含义的分布假设推断词的含义。由于词向量维度可以通过训练设定,相对于词袋模型中的TF-IDF方法,Word2vec训练得到的词向量维度更低。因此,本文在文本聚类中采用基于Word2vec的文本分布式表示方法来挖掘更多的文本特征信息。

本文Word2vec采用Skip-gram词向量训练模型,利用目标词预测上下文词,其训练速度较慢但学习效果更好[14],其模型结构如图4所示。

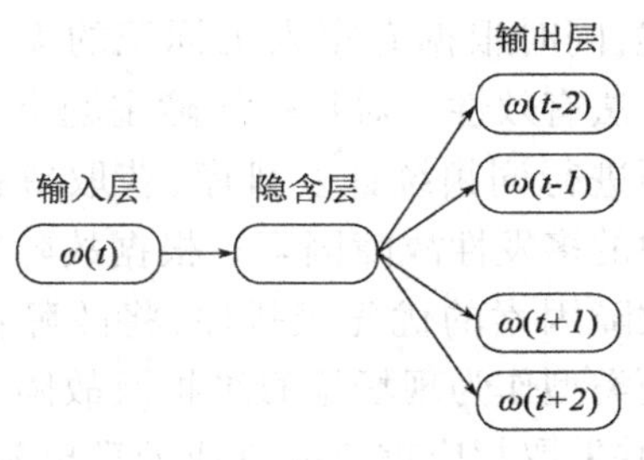

图4 Skip-gram网络模型图

以大量经过文本预处理的轨道电路故障文本作为语料库,通过神经网络学习隐含层中的权重系数,训练出每个词的词向量表示。将每条文本 j 中所有词的平均词向量 v_j 作为此条文本向量表示,即:

$$v_j = \frac{1}{q}\sum_{i=1}^{q}\omega_{ij} \tag{5}$$

式中:ω_{ij}——经过训练后文本 j 中第 i 个词的词向量。

聚类模型中 K-Means 算法是一种典型的基于距离的聚类算法,在处理大规模数据时快速且高效。本文采用式(6)的欧式距离[15]作为故障文本向量距离。

$$\mathrm{dist}(X,Y) = \sqrt{(x_1 - y_1)^2 + \cdots\cdots + (x_n - y_n)^2} \tag{6}$$

由于故障类型数 K 不确定,本文采用轮廓系数评估聚类效果并确定最优 K 值。轮廓系数[7]综合考虑了聚类的紧密性和分离程度,轮廓系数值处于[−1,1]之间,值越接近1表示聚类效果越好,计算公式为:

$$\bar{s} = \frac{1}{Q}\sum_{k=1}^{Q}s(k) = \frac{1}{Q}\sum_{k=1}^{Q}\frac{b(k)-a(k)}{\max(a(k),b(k))} \tag{7}$$

式中:$a(k)$——样本 k 的类内距离平均值,反映了样本 k 与所属类的紧密性;

$b(k)$——样本 k 类间的最小平均距离,反映了样本 k 与其他类的分离程度;

Q——样本总数。

对聚类结果中每一类故障文本数据统计分析,基于提取的关键词信息归纳细粒度故障类型主题描述,同时根据专家人工标记的类别信息评估聚类方法有效性。对每一故障主题类型中故障原因词项进行词频统计及排序,获取每种故障主题类型中的多发性故障因素。根据故障主题类型占比及故障因素的优先级排序,将故障占比高的故障主题类型作为现场检修维护及故障分析的辅助决策,并采取相应重点检查或处理措施,提高现场故障处置分析效率。

3 实验分析

实验数据选取某铁路局2015—2018年的轨道电路故障文本记录共1988条,各类别样本分布如表3所示。实验模型采用Python3.6语言及scikit-learn库实现。

轨道电路故障类别分布情况 表3

标记	故障类型	所占比例	平均词数	平均字符数
C0	电务致因	28.47%	13.77	33.30
C1	工务致因	13.48%	15.31	32.79
C2	供电致因	28.42%	11.21	25.01
C3	设备器材质量	9.71%	21.08	53.20
C4	自然灾害	4.28%	15.28	35.04
C5	其他外部致因	15.64%	19.76	42.89

由表3可知轨道电路故障文本数据长度较短,属于短文本数据,且各故障类型数据不均衡,大类别故障数据反映出轨道电路故障的主要致因来源。

3.1 故障文本分类实验

本文选取传统TF-IDF和改进TF-IDF文本特征提取方法,分别基于原始文本数据及经SMOTE算法生成的数据,通过SVM分类器模型进行实验分析,并对不同分词级别模式下的分类效果进行实验分析。在故障文本分类实验中,从随机打乱的样本数据中选取75%作为训练集,25%作为测试集。

3.1.1 评价指标

对于多分类问题,常采用混淆矩阵评估每个类别的分类效果,可以表示出真实类别被正确分类及错误划分到其他类别的样本数量。本文采用精确率Precision、召回率Recall和 F_1 值作为故障文本分类模型的评估指标,计算公式如下:

$$\mathrm{Precision} = \frac{1}{K}\sum_{i=1}^{K}\frac{\mathrm{TP}_i}{\mathrm{TP}_i + \mathrm{FP}_i} \tag{8}$$

$$\mathrm{Recall} = \frac{1}{K}\sum_{i=1}^{K}\frac{\mathrm{TP}_i}{\mathrm{TP}_i + \mathrm{FN}_i} \tag{9}$$

$$F_1 = \frac{2\times \mathrm{Precision}\times \mathrm{Recall}}{\mathrm{Precision} + \mathrm{Recall}} \tag{10}$$

式中:TP——真实正类被预测为正类的个数;

FP——真实负类被预测为正类的个数;

FN——真实正类被预测为负类的个数;

K——类别总数,本文中 K 取值为 6。

3.1.2　故障文本数据均衡处理分类实验

为检验本文引入 SMOTE 算法对轨道电路故障文本分类效果,选取传统 TF-IDF 方法分别对故障文本数据均衡处理前后进行 SVM 故障文本分类对比实验,图 5 和图 6 为两种分类模型混淆矩阵。

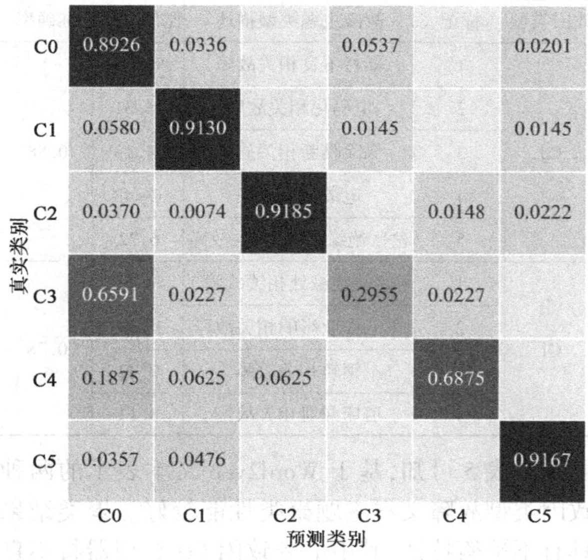

图 5　TF-IDF + SVM 分类模型混淆矩阵

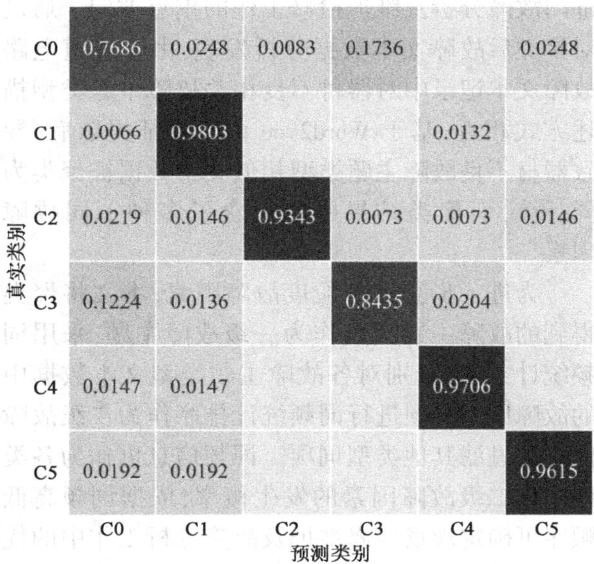

图 6　TF-IDF + SMOTE + SVM 分类模型混淆矩阵

由图 5 及图 6 可以看出,分类模型倾向于将少数类别 C3 及 C4 样本预测为多数类别,经过 SMOTE 处理后少数类别 C3 及 C4 样本被正确分类的比率得到大幅提升,验证了文中引入 SMOTE 算法处理不均衡样本数据的有效性。

3.1.3　基于改进 TF-IDF 算法的分类实验

为进一步验证提出的改进 TF-IDF 方法在轨道电路故障文本分类中的有效性,将其与传统 TF-IDF 及 Word2vec 两种文本特征提取表示方法进行对比实验,分析不同文本特征提取表示方法对于故障文本分类效果的影响。

图 7 为不同特征提取算法下的轨道电路故障文本分类 F_1 值,其中 Word2vec 文本向量维度设定为 128 维,训练参数窗口长度为 8。为实现同等条件下对比分析,采用 SVD 算法分别对传统 TF-IDF 及改进 TF-IDF 文本特征表示向量降维至 128 维。

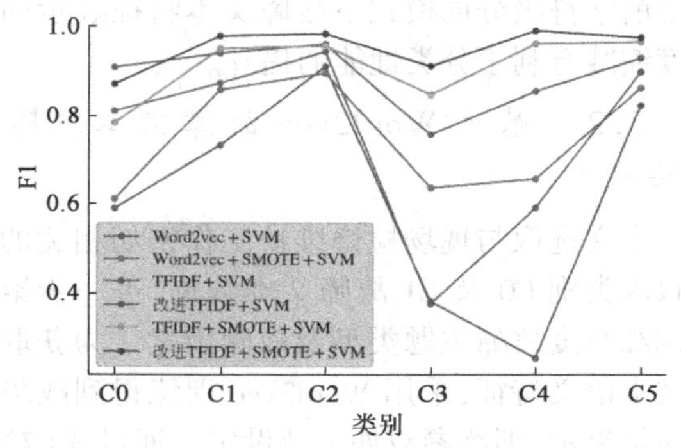

图 7　三种文本特征下的轨道电路故障文本分类 F_1 值

由图 7 可知,在轨道电路故障短文本分类问题中,同一 SVM 分类器条件下,改进 TF-IDF 文本特征提取后分类效果优于传统 TF-IDF 及 Word2vec;从整体上看,基于改进 TF-IDF + SMOTE 方法的分类模型对不同故障致因类型文本数据分类效果比其他组合模型更优。

3.1.4　不同分词模式下分类实验

为分析不同分词模式对故障文本分类模型的影响,本文在词项级和字符级分别对以上方法在 SVM 分类器下进行实验分析,选取 Precision、Recall 和 F_1 值的宏平均值作为评估指标,表 4 给出了不同分词模式下故障文本分类模型的分类结果。

不同分词模式下轨道电路故障文本分类结果　　表4

分词	方　法	Precision	Recall	F_1
词项级	W2v	0.6133	0.5938	0.5822
	W2v + SMOTE	0.7551	0.7559	0.7545
	TF-IDF	0.7974	0.7342	0.7502
	改进 TF-IDF	0.9358	0.8676	0.8934
	TFIDF + SMOTE	0.9137	0.9124	0.9127
	改进 TF-IDF + SMOTE	0.9538	0.9541	0.9536
字符级	W2v	0.7939	0.7333	0.7458
	W2v + SMOTE	0.8690	0.8600	0.8613
	TF-IDF	0.8474	0.8175	0.8290
	改进 TF-IDF	0.9677	0.9570	0.9618
	TFIDF + SMOTE	0.9319	0.9309	0.9313
	改进 TF-IDF + SMOTE	0.9854	0.9844	0.9849

由表4可知,字符级分词模式下,各分类方法分类效果相比词项级分词模式均有提升,说明在降维前字符级分词模式下故障文本特征表示向量维度缩减有利于分类性能的提升。

3.2　基于 Word2vec 故障文本主题聚类实验

本文选取与现场检修维护工作密切相关的故障致因类别 C0 及 C1 故障文本数据,进一步聚类挖掘细粒度故障主题类型及故障因素。为获取故障文本语义特征,采用 Word2vec 训练得到故障文本向量表示,训练参数如上节设定。通过式(7)对类别 C0、C1 分别计算轮廓系数与聚类数目 K 的关系以确定最优聚类个数,如图8所示。分别选取轮廓系数最大值时的聚类数目 $K_0=5$ 和 $K_1=4$,作为类别 C0 及 C1 的最优聚类个数,采用 K-Means 聚类算法进行故障文本聚类。

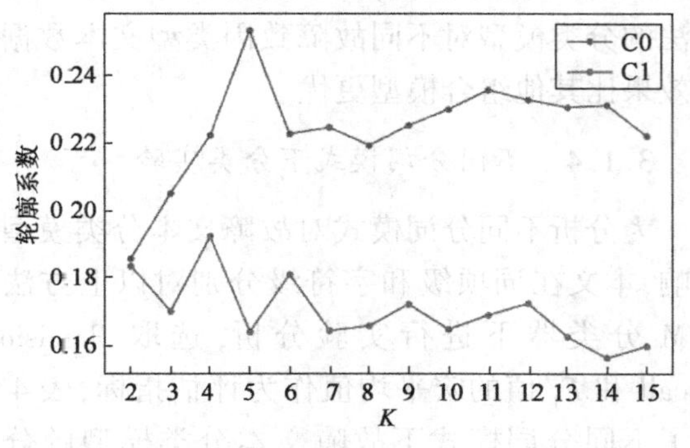

图8　不同 K 值下轮廓系数

针对聚类结果中每一类故障文本数据,本文采用改进 TF-IDF 方法进行关键词提取并排序,依据权重值由高到低排序的特征词归纳故障类型主题描述。结合最优 K 值由专家对故障文本类别信息进行人工标注,采用准确率(Acc)[16]作为细粒度故障主题聚类结果的评估标准。表5中列举出 C0 及 C1 聚类结果中故障主题类型的所占比例以及准确率,通过10次聚类实验计算其平均值。

C0 和 C1 故障致因类别下的故障主题及准确率　　表5

致因类型	标记	故障主题类型描述	比例(%)	准确率
C0	1	器材不良相关故障	51.41	0.88
	2	电码化相关故障	14.31	
	3	保险跳断相关故障	14.13	
	4	电缆相关故障	13.43	
	5	岔区绝缘、杆件相关故障	6.72	
C1	1	钢轨绝缘处相关故障	44.65	0.78
	2	工务作业影响相关故障	38.01	
	3	钢轨相关故障	9.22	
	4	道床漏泄相关故障	8.12	

由表5可知,基于 Word2vec 文本表示的两种致因类型故障文本主题聚类性能较好。聚类结果具有不平衡特征,其中电务致因 C0 类型器材不良相关故障主题占比最高,工务致因 C1 类型钢轨绝缘处相关故障主题占比最高,可作为电务及工务部门故障分析及维护检修工作的重点方向。通过对聚类后故障文本数据分析发现,由于轨道电路故障文本记录中对器材不良相关故障主题类型描述方式相近,基于 Word2vec 语义特征提取后,导致器材不良故障主题类型相似文本数据被聚类为同一簇,而聚类结果中仍包含了多种不同故障因素。

为进一步获取细粒度故障因素,本文将聚类得到的故障主题类型作为一级故障主题,采用词频统计方法,分别对各故障主题类型文本数据中的故障原因词项进行词频统计排序作为二级故障因素并过滤其他类型词项。词频信息可作为各类别中该二级故障因素的发生概率,依据词频高低顺序可确定现场检修维护及故障分析工作中的优先检查顺序。表6中列出了 C0 及 C1 部分二级故障因素及其词频。

不同故障主题下二级故障因素(部分) 表6

致因类型	一级故障主题类型	二级故障因素	词频
C0	器材不良相关故障	接收盒	0.019
		轨道变压器	0.013
		衰耗盒	0.009
		隔离盒	0.009
		匹配变压器	0.006
C1	钢轨绝缘处相关故障	铁屑	0.058
		绝缘接头	0.025
		胶结绝缘	0.017
		扣件	0.009

由表6可知,电务致因C0的器材不良故障主题类型中二级故障因素均为轨道电路室内外器件,依据其词频顺序,现场电务工作人员可按照接受盒 > 轨道变压器 > 衰耗盒等优先顺序采取相应故障检查分析及检修预防等处置措施。

3.3 实验结果分析

(1)针对轨道电路故障文本数据不均衡问题,经SMOTE算法对样本数据均衡处理后,分类模型对小类别故障文本数据分类效果有较高提升,有利于分类模型对小类别样本数据的识别。

(2)基于轨道电路故障文本数据量及数据特点,在短文本分类问题中,改进TF-IDF文本特征表示方法优于传统TF-IDF及Word2vec;改进TF-IDF算法对于不同故障类别中具有类别特征的高频词有较好的提取效果,结合数据均衡处理提升了故障文本分类模型效果。

(3)针对故障文本叙述不规范以及分词处理问题,虽然词项级分词更有利于人们直观理解,但采用字符级分词模式,不仅有利于减少对专业词典的人工维护,也有利于解决多词一义现象造成分词后特征向量维度增加问题,进而提升分类模型效果。

(4)由聚类结果可知,基于Word2vec的文本表示对相似词汇以及故障文本语义特征有较好的学习效果,对于同义词及相似语义文本识别效果较好。受文本数据数量及质量影响,以最优K值实现聚类能够得到各致因故障类别下的故障主题及发生比例,进一步对每一种故障主题类型的词频统计分析,可获取易发多发性故障因素,对于现场工作人员进行轨道电路故障分析及工电综合检修具有较好的辅助指导作用。

4 结语

本文提出一种轨道电路细粒度故障致因文本挖掘分析方法,基于改进TF-IDF实现故障文本向量表示,采用SVM算法实现SMOTE均衡后的不同故障致因类型文本数据自动分类;针对电务及工务致因故障类型文本数据,基于Word2vec实现文本向量表示,采用K-Means算法进一步聚类挖掘分析,提取关键词归纳细粒度故障主题类型,并通过词频统计获取易发多发性二级故障因素。通过对某铁路局轨道电路故障文本记录实验,验证了故障文本分类模型的有效性及准确性;故障文本聚类实现了轨道电路故障类型的进一步细分挖掘,不同故障类型主题间具有较高区分度,借助文本挖掘分析方法,为提高轨道电路故障分析处理效率及运用可靠性提供了新的思路。

参考文献

[1] 杨璟,王小敏,张文芳,等.基于PMFCC-DTW的轨道电路暂态故障诊断[J].铁道学报,2021,43(5):104-111.

[2] BROWN D E. Text Mining the Contributors to Rail Accidents [J]. IEEE Transactions on Intelligent Transportation Systems, 2016, 17 (2): 346-355.

[3] ZHANG B,LI Q. Text Mining-based Identification Model for Urban Rail Transit System Infrastructure Fault Analysis [C]//2019 CAA Symposium on Fault Detection, Supervision and Safety for Technical Processes (SAFEPROCESS). IEEE, 2019:875-878.

[4] MIKOLOV T, CHEN K, CORRADO G, et al. Efficient Estimation of Word Representations in Vector Space[J]. Computer Science,2013.

[5] 杨连报,李平,薛蕊,等.基于不平衡文本数据挖掘的铁路信号设备故障智能分类[J].铁道学报,2018,40(02):59-66.

[6] 周庆华,李晓丽.基于MCNN的铁路信号设备故障短文本分类方法研究[J].铁道科学与工程学报,2019,16(11):2859-2865.

[7] 胡小溪,牛儒,唐涛.基于词项和语义融合的地铁信号设备故障文本预处理[J].铁道学报,2021,43(02):78-85.

[8] 上官伟,袁亚辉,王剑,等.基于Labeled-LDA

的列控车载设备故障特征提取与诊断方法研究[J].铁道学报,2019,41(08):56-66.

[9] WANG F, XU T H, TANG T, et al. Bilevel Feature Extraction-based Text Mining for Fault Diagnosis of Railway Systems[J]. IEEE Transactions on Intelligent Transportation Systems, 2016, 18 (1):49-58.

[10] 朱文博,王小敏. 基于组合决策树的无绝缘轨道电路故障诊断方法研究[J]. 铁道学报,2018,40(7):74-79.

[11] 王宇嘉,贾永刚,孙耿杰,等. 高速铁路基础设施综合维修生产力布局优化研究[J].中国铁路,2019(04):35-40.

[12] CHAWLA N V, BOWYER K W, HALL L O, et al. SMOTE: Synthetic Minority Over-sampling Technique[J]. Journal of Artificial Intelligence Research, 2002, 16(1): 321-357.

[13] HEIDARYSAFA M, KOWSARI K, BARNES L, et al. Analysis of Railway Accidents' Narratives Using Deep Learning[C]//2018 17th IEEE International Conference on Machine Learning and Applications (ICMLA). IEEE, 2018: 1446-1453.

[14] KIM M J, KANG J S, CHUNG K. Word-Embedding-Based Traffic Document Classification Model for Detecting Emerging Risks Using Sentiment Similarity Weight[J]. IEEE Access, 2020, 8: 183983-183994.

[15] DENG F J, GU W N, ZENG W W, et al. Hazardous Chemical Accident Prevention Based on K-Means Clustering Analysis of Incident Information [J]. IEEE Access, 2020, 8: 180171-180183.

[16] HOU C P, NIE F P, YI D Y, et al. Discriminative Embedded Clustering: A Framework for Grouping High-Dimensional Data[J]. IEEE Transactions on Neural Networks and Learning Systems, 2015, 26 (6):1287-1299.

高铁列控车载设备故障知识图谱构建方法研究

薛　莲　姚新文　郑启明　王小敏*

(西南交通大学信息科学与技术学院)

摘　要　车载设备作为列控系统的核心,若故障处理不及时,将直接影响列车安全高效运行。为减少这种状况发生,借助智能化的手段对蕴含丰富经验信息的车载故障日志进行研究,有重要的现实意义。通过分析该类日志特点,提出自顶向下与自底向上相结合的方式构建车载设备故障知识图谱。以车载故障日志实体关系转换为基础,将半结构化数据实体识别视为关键短语提取问题,提出词向量、主题模型与词典特征相结合的方法提高识别能力,采用基于模式匹配的方法抽取实体间关系,采用余弦相似度实现实体融合,最终完成车载故障的知识图谱挖掘。以某铁路局2019—2020年车载故障日志进行实验,累积抽取出故障实体339个,故障关系734条,据此构建了车载设备故障知识图谱,并以可视化方式展示和检索车载设备故障间关系,有效提高了车载故障日志的知识发现能力,便于指导车载故障维修。

关键词　轨道交通通信与信号　知识图谱　实体识别　故障文本　知识融合

0　引言

车载设备是列车运行控制系统的重要组成部分,主要根据地面设备发送的行车信息,生成列车运行速度控制曲线,监督与控制列车的运行速度,实现具体控车操作[1]。因结构复杂、故障多样的特性,车载故障发生后,故障内容及处理情况以文本日志的形式被详细记录,其中蕴含丰富的经验知识。但该类文本由于缺乏统一表述且包含大量冗余信息,难以直接利用,因此挖掘其中的关键信

1.基金项目:四川省科技计划项目(2019YFH0097, 2020YFG0353)。甘肃省高原交通信息工程及控制重点实验室开放课题(201811C1)。

息用于指导故障维修,具有重要的研究意义。

当前对故障日志的研究,可分为基于规则匹配方法获取故障信息和基于机器学习方法实现故障文本分类两类。如陈曦等人[2]提出以最大匹配分词和TF-IDF算法构建故障字典为基础,利用正则表达式实现故障语句自动定位。上官伟等人[3]改进了LLDA模型提取日志数据的语义特征,使用粒子群优化SVM算法对特征向量进行故障分类。胡小溪等人[4]基于词项和语义融合的方法形成文本词袋表示,使用KNN算法实现故障分类。上述研究,多以获取故障类别为目的,忽略了故障间的联系,也缺少故障关联的可视化展现,影响了文本挖掘的实用价值。

知识图谱[5]技术以“实体-关系-实体”三元组形式将散乱知识有效组织起来并用图的形式可视化展现[6],存在能够获取知识间的关联性,挖掘知识背后隐含信息的优点[6],在医疗、电网、金融等特定领域得到快速发展。但在高铁信号领域的知识图谱研究较少,姜达[7]讨论了基于知识图谱的CTCS3-300T型车载信号故障诊断,但未建立构建图谱的系统框架,对于车载设备故障日志的知识图谱研究尚未深入开展。

本文以故障日志为研究对象,提出了高铁车载信号设备的故障知识图谱构建框架。首先分析整合故障日志数据,采用无监督学习与模板匹配方法挖掘故障文本关键信息,实现车载数据的知识抽取;计算实体余弦相似度融合异构同源知识,减少冗余实体;最后使用图数据库进行知识存储,构建面向列控车载信号的故障知识图谱,并以可视化方式展示和检索车载设备的故障现象-原因-实体关系。以某路局车载故障日志为例,构建了列控车载设备的故障知识图谱,包含339个故障实体和734条故障关系,全面反映了故障实体关系,验证了本文方法的有效性,可为车载信号故障智能化维护提供指导。

1 列控车载设备故障知识图谱设计

构建知识图谱的方式可分为自顶向下、自底向上和二者结合三种[6]。自顶向下的构建方式先确定知识图谱数据类型,再根据模型填充数据,自底向上的构建则相反,先按照三元组的方式收集数据,再根据数据内容来提炼数据模型。由于列控车载故障文本构成要素固定,知识图谱的构建采用二者结合的方式,在前期采用自顶向下的方式,先确定故障类型、故障类别、故障原因等实体数据模型和原因、分类、组成等关系数据模型。在数据模型指导下,采用自底向上的方式处理数据,补充完善模型,从而形成知识图谱。其中如何处理车载故障数据,分析故障实体关系是研究的重点。

通过对列控车载故障日志的分析,车载数据有以下特点:

(1)文本类型多样,包含结构化和半结构化两种数据类型。

(2)文本数据分布不平衡,包含大量高铁车载专用术语。

(3)文本数据量有限,缺乏标注数据。

本文充分考虑了上述特点,采取有针对性的故障文本数据处理方法,对不同类型的数据,使用不同实体关系抽取方法,实现知识从基于规则模板的抽取到智能自动抽取的转变,过程如图1所示。

2 实体关系知识抽取

2.1 实体抽取

实体是指文本中特定含义的对象,如故障原因、故障现象等。对于结构化的车载故障文本,可基于数据表直接提取。对于半结构化文本,由于车载故障数据量有限,且没有标注好的训练样本,因此将其视为无监督关键短语抽取问题,所获关键短语即为故障实体,具体过程如下所示。

2.1.1 文本预处理

文本预处理是除去数据中非文本、不需要部分的过程,伪代码如算法1所示。流程如图1所示。

算法1 车载故障文本预处理算法

```
输入:车载故障文本 text;车载专用词典 on-board equipment dictionary;停用词表 stopword_list
输出:预处理后故障词语列表 word_list
过程:dictionary General + on-board equipment dictionary  // 构建车载词库
    word_list, word_flag jieba.cut(text)  // jieba 工具实现分词、词性标注
    for word in word_list do  // 遍历词语列表,删除停用词和无用词性词
        if word in stopword_list then delete it
        if word.flag is adj/adv/conj/prep/interj then delete it
    return word_list
```

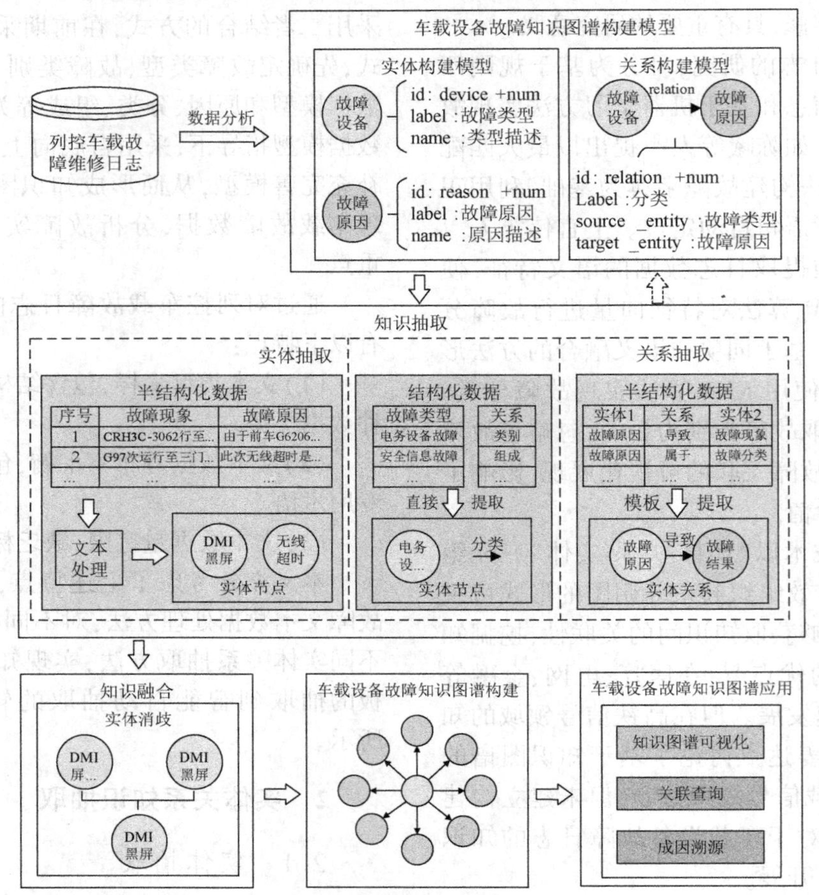

图 1　列控车载设备故障知识图谱构建流程

本文为增强故障文本的识别能力，在通用词库的基础上构建车载专用词库，并借助 jieba 工具，使用基于词典与基于统计融合的算法，实现分词和词性标注。最后对切分后的词语进行过滤，去除其中符号、地点等停用词，以及形容词、副词这类包含关键信息较少的词性，减少杂乱数据干扰。

2.1.2　抽取实体

故障实体抽取流程如图 2 所示。

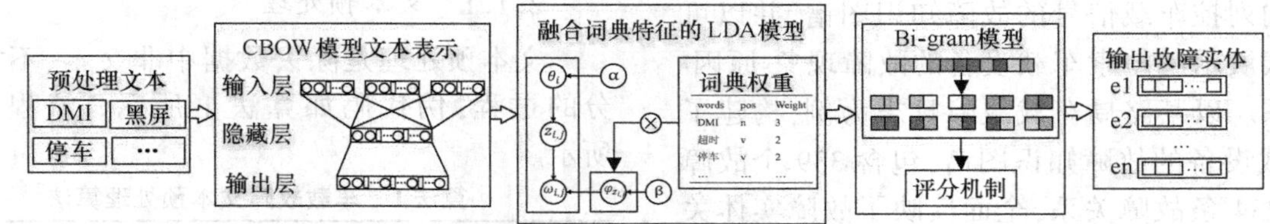

图 2　车载故障文本实体识别流程图

(1)Step1 文本表示

文本表示是将文字转为向量形式，为避免维度灾难，采用 Word2vec 分布式词向量表示方法。

Word2vec 模型是 Mikolov 等人[8-9]提出的一种分布式文本表示的方法，本质上是双层神经网络，有 CBOW 和 Skip-Gram 两种模型。CBOW 的目标是通过上下文词语预测中间的词，Skip-Gram 则相反，由一个特定的词来预测前后可能出现的词。接着运用层次 softmax 和负采样两种技巧，减少计算量，获取词语与向量的映射，以表示词语之间的关系。

(2)Step2 关键词语获取

主题模型通过主题维度，将词语与文档联系起来，将文档看成主题的混合，而主题表现为跟该主题相关的词项的概率分布[10]。LDA[11-12](Latent Dirichlet Allocation)模型假设文档主题和主题词项的先验分布服从 Dirichlet 分布，选用 Gibbs 采样算法，训练故障数据，求解每篇文档的主题分布和主题词项分布。从输入输出上来看，LDA 以故障记录集合作为输入,聚类输出每条记录对应的主题概率,以及各个主题生成不同词项的概率,概率值越大,则表征该主题和该词项越关键。

由于车载专有名词在单个记录中出现次数较少,致使数据不平衡,算法效果不佳。本文提出将词典特征融入 LDA 主题模型实现关键词抽取。在 LDA 模型计算词项概率时,加入词典特征。以车载专用词库为基础,对词项进行权重 ω 加权,如公式(1)所示。根据故障关键词多为动名词的特性,设置名词权重为 3,动词为 2,未出现在专业词库中的关键词语,设置权重为 1。通过权重设置,提高关键词抽取准确率。

$$p(\text{词项} \mid \text{文档}) = \sum_{\text{主题}} \omega p(\text{词项} \mid \text{主题}) \times p(\text{主题} \mid \text{文档}) \quad (1)$$

在该模型中,主题数是重要参数。主题数取值过小,不利于挖掘隐含语义信息,取值过大,则有效信息少。本文使用公式(2)所示的困惑度(perplexity)[13]评估确定主题数大小,其中 M 表示文档数,$p(w_d)$ 表示单词出现 w_d 的频率,N_d 表示文档 d 中的单词数。

$$\text{perplexity}(D) = \exp\left[-\frac{\sum_{d=1}^{M}\log p(w_d)}{\sum_{d=1}^{M}N_d}\right] \quad (2)$$

(3)Step3 故障实体获取

上述模型聚类得到的是与主题相关的忽略上下文顺序的词语,而故障现象和故障原因实体多是有序短语形式,因此还需将其按原文本顺序转换为故障短语。故障短语获取模型使用 Bi-gram 模型[14]思想构建,即滑动窗口为 2 个字符,当临近词语为关键词语时,将其拼接为关键短语。将获取的短语依据词项概率进行加权评分,以筛选故障实体。为避免词语数越多评分越高的缺陷,使用长度权重系数调节评分 R,如公式(3)所示,φ_p 大小与候选短语 p 中单词 w 的数量 n 有关,这里取 $1/n$。

$$R(p) = \varphi_p \sum_{w \in p} R(w) \quad (3)$$

2.2 关系抽取

关系是实体与实体间的桥梁,结构化的车载故障文本中实体关系可直接构建,半结构化文本数据关系抽取则采用基于模式匹配的方法。

如表 1 所示,在抽取过程中,根据车载故障文本构建实体间关系表示方式,如故障现象与故障原因的因果关系,构建车载故障实体[故障现象]原因[故障原因]的关系模式。在关系抽取时,基于该模式匹配,如"触发最大常用制动停车原因为丢失多组应答器信息"可从中抽取故障原因"丢失多组应答器信息"与故障现象"最大常用制动停车"之间的原因关系。

车载故障实体关系抽取模板 表 1

故障实体	关系	故障实体	举例
故障现象	原因	故障原因	显示器液晶屏故障导致 DMI 白屏
故障原因	属于	故障分类	BTM 软件存在缺陷属于电务设备故障

3 实体知识融合

知识融合即将多个意思相同但表示不同的实体融合为一个实体。如"ATP 故障输出紧急制动"与"ATP 输出紧急制动"。通常可通过计算语义相似度来解决,相似度越高表示二者表达越接近。若大于设定阈值,则将两个实体进行融合,具体实现方法如算法 2 所示。

算法 2 车载故障知识融合算法

```
输入:故障实体 D = [(w11, w12,…w1n, e1), (w21, w22,…w2n, e2)…,(w31, w32,…, w3n, en)]
短语向量距离阈值 value  // 取值在(0,1)之间
输出:融合实体列表 entity_res
过程:初始化列表 phrase_vector
        n = len(D)  // 故障实体数量
        for i = 0 to n do  // 计算短语向量
              p = avg(word vector in phrase), append p to phrase_vector
        end for
        for i = 0 to n - 1do  // 计算短语余弦相似度
              for j = i to n do
                    sim_res = sim(phrase_vector[i], phrase_vector[j])
                    // 相似度大于阈值,实体融合
                    if sim_res > value then phrase_vector. remove(j), D. remove(j)
else entity_res. append(D[i])
          return entity_res
```

其中,短语向量是相似度计算的基础,将短语中包含的词语对应的词向量相加取平均,得到的向量即为短语向量。文本相似度通过计算短语向量的余弦相似度[15]来表示,如公式(4)所示。X 和 Y 表示两个短语向量,$X=(x_1,x_2,\cdots,x_n)$,$Y=(y_1,y_2,\cdots,y_n)$,余弦值接近 1,表明对应短语越相似,余弦值接近于 0,则表明对应短语越无关。

$$\mathrm{sim}(X,Y)=\frac{\sum_{i=1}^{n}(x_i y_i)}{\sqrt{\sum_{i=1}^{n}(x_i)^2}\times\sqrt{\sum_{i=1}^{n}(y_i)^2}} \tag{4}$$

4　知识图谱构建

4.1　实体关系抽取结果

以某铁路局 2019—2020 年车载设备故障维修日志为基础数据,抽取实体关系后构建知识图谱。

在实体识别模型中,文本表示选用 CBOW 模型,维度设为 128,主题数量以公式 2 所示困惑度为评估参数,实验结果如图 3 所示。由于困惑度越低,说明对该主题越确定,即聚类的效果越好,因此对于故障原因实体识别选取的主题数为 24,故障现象实体识别为 25。

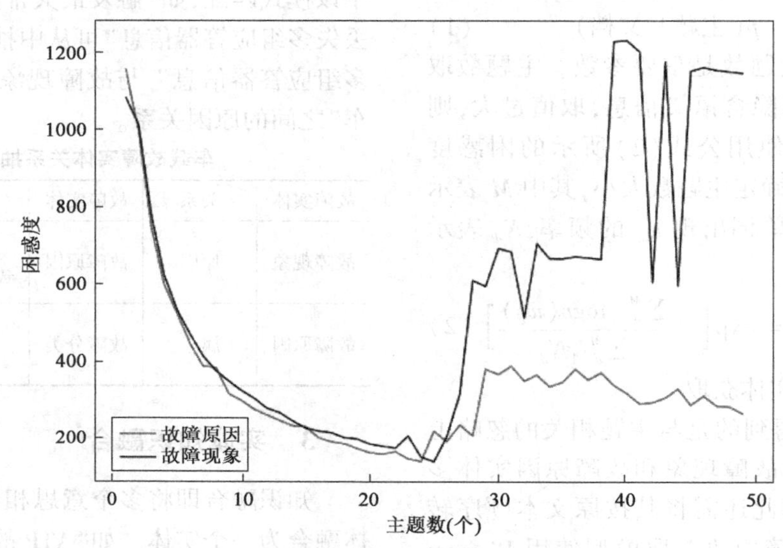

图 3　车载故障实体主题数量确定

主题数确定后,将每一行数据视为一个文档,取该文档可能性最大的主题,以及与主题最相关的前十个词语,并以加权评分的方式获取得分最高的短语为关键短语,即故障实体。设置余弦相似度阈值为 0.8。部分结果如表 2 所示。

车载故障实体获取(部分)　　表 2

序号	候选故障词语	关键词语	候选关键短语/得分	故障现象实体
1	终到　进站　停车　ATP　应答器　信息　丢失　输出　制动　停车　提示　允许　缓解　司机　确认　列车　分开　停妥　晚点　影响　动车组	允许　提示　确认　应答器　缓解　信息　丢失　制动　输出	应答器信息丢失输出制动/1.57 提示允许缓解/1.11	应答器信息丢失输出制动
2	换端　司机　反映　收码　异常　车组　移动　收码　正常	正常　司机　反映　异常　换端　车组　收码　移动	车组移动/0.69 收码正常/0.98 收码异常/1.20	收码异常
3	主控　ATP 故障　停车　换系　重启　正常　分开　大队　调查　配合	故障　重启　正常　分开　停车 ATP　大队　调查　换系　配合	ATP 故障停车/1.76 换系重启正常/1.33	ATP 故障停车

经上述操作，抽取的实体有设备型号、故障原因、故障现象等类型，构建的实体关系有故障原因-故障现象、故障类型-设备型号、故障原因-故障类型等。累计数量为故障实体 339 个，故障关系 734 条，具体类型如表 3 所示。

车载设备故障知识图谱实体及关系数量统计　　表 3

实体数量统计		关系数量统计	
实体类型	实体数量	实体-实体	关系数量
设备型号	6	故障类型-设备型号	6
故障部位	10	设备型号-故障现象	126
故障类型	1	故障现象-故障原因	276
故障原因	224	故障原因-故障分类	195
故障现象	93	设备型号-故障部位	10
故障分类	5	故障部位-故障现象	121

为评估实体识别效果，本文使用准确率 P(Precision)、召回率 R(Recall)、F_1 值来衡量，其中 P 是正确识别的实体数与识别的实体总数之比，R 是正确识别的实体数与应识别的实体数之比。F_1 值是二者的综合评价，如公式(5)所示。

$$F_1 = \frac{2PR}{P + R} \tag{5}$$

以《信号设备故障一点通》和《列控车载设备典型故障案例》中故障描述为专家模板，对抽取六类实体数据进行评估，如图 4 所示。由于测试的车载故障数据量较小且发生故障的部位不均衡，模型识别的实体尚不丰富，导致实体识别召回率偏低，可通过增加数据解决。但总的来说，各故障实体的评价指标均在 70% 以上，实体识别方法是可信赖的。

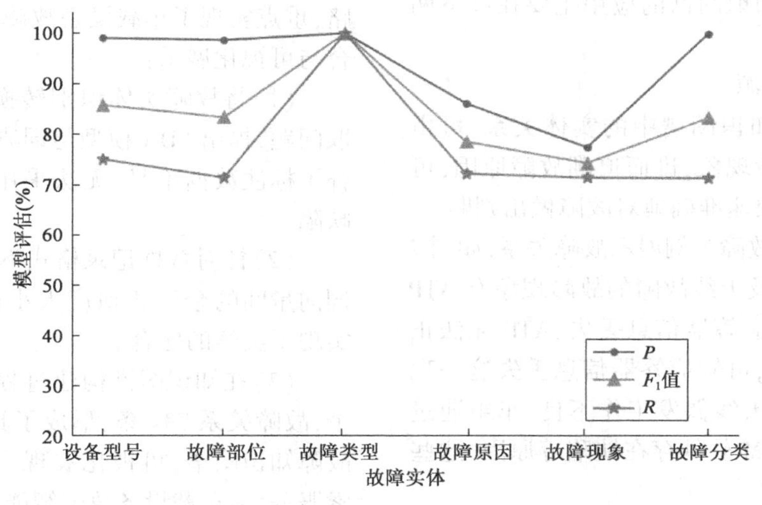

图 4　车载故障实体识别模型评估结果

4.2　车载故障知识图谱展示与应用

将上述实体关系转为“实体-关系-实体”三元组后构成车载设备故障图谱。以 CTCS3-300H 型列控车载设备为例，其知识图谱如图 5 所示。通过检索可知，CTCS3-300H 型列控车载设备故障可分为 TCR 及天线模块故障、DMI 模块故障、BTM 及天线故障等。各故障有其对应的故障现象，如 DMI 模块故障现象有 DMI 黑屏、主机与 DMI 通信中断等。根据故障现象追溯故障原因，如收不到进路预告现象，原因有 GSM-R 数据单元故障、TAX 箱 DMIS 板工作不良、GPRS 无线连接故障等。根据故障原因，可检索其故障属性，如 BP 继电器故障、BSA 临时性错误、ATP 双系 CCTE 插件同时死机属于电务设备故障。以故障现象与原因为例，具体展示如图 6 所示。

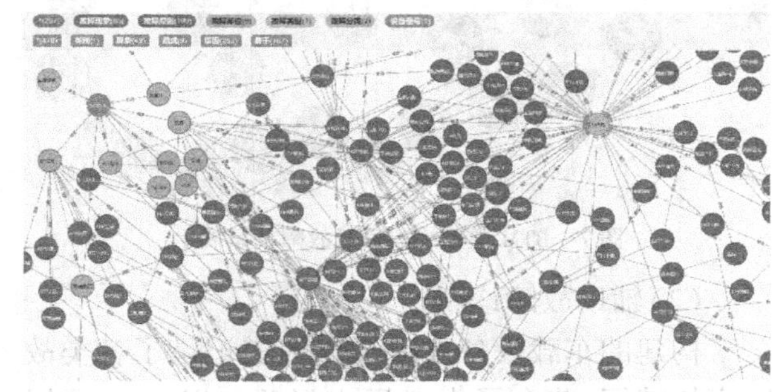

图 5　CTCS3-300H 型车载设备故障知识图谱

其他类型数据同理，如此便构建了车载设备故障实体间不同层级的相互关系，能更方便地展现车载故障对象间关联,更快速地检索查询特定对象关系。

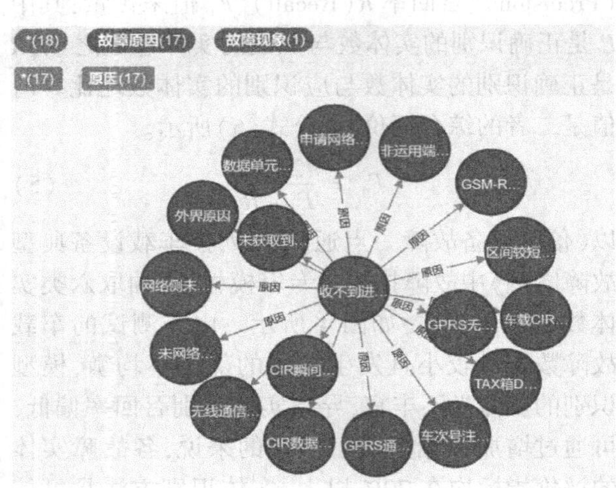

图 6　收不到进路预告故障现象与原因关系展示

车载设备故障知识图谱的应用主要在以下两个方面:

(1)故障成因溯源

通过查询故障知识图谱中的实体关系,可由故障部位查询到故障现象,进而追溯故障原因,可以帮助维修人员更快速准确地对故障做出判断。

以 BTM 及天线故障为例展示故障关系,如图 7 所示。可看出 BTM 及天线故障的故障现象有 ATP 无法进入正常模式、应答器信息丢失、ATP 无法正常启动等,通过查询,可知应答器信息丢失这一现象的原因有 BTM-R 天线偶发工作不良、车组通过分相区段受干扰、BTM 软件存在缺陷等原因,这些均属于电务设备故障。

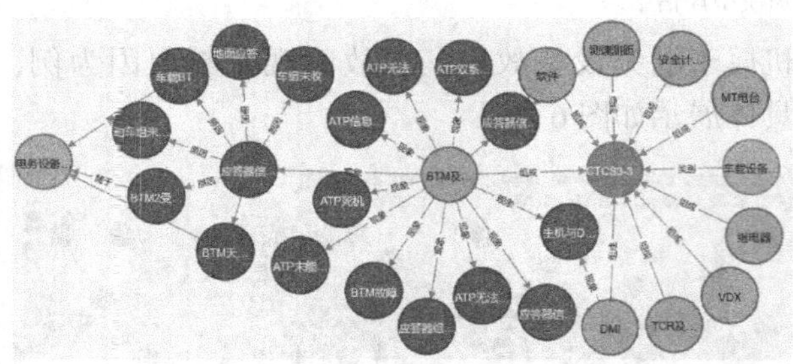

图 7　BTM 及天线故障的故障关系展示

(2)辅助故障诊断

构建的车载设备故障知识图谱记录了各类故障事故特征,蕴含了大量历史经验。以 DMI 黑屏为例,如图 8 所示。当事故发生时,对知识图谱自动检索,辅之以故障次数标签,通过后续故障判断规则,可实现故障智能诊断与预测,以减少对维修人员的经验依赖。

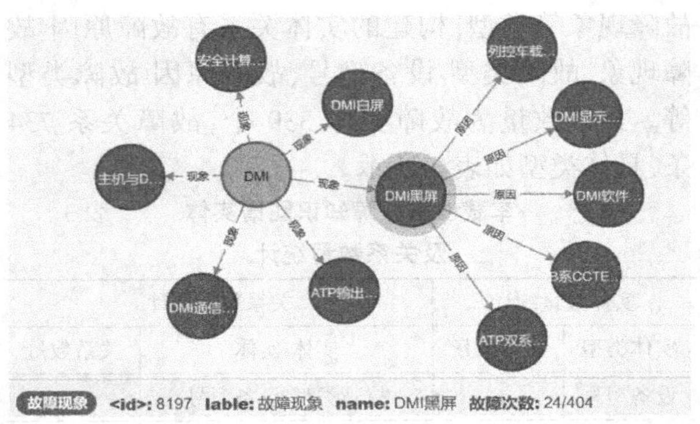

图 8　DMI 黑屏故障信息

5　结语

本文以列控车载设备故障维修日志为研究对象,以构建列控车载设备故障知识图谱为整体思路,重点实现了车载设备故障实体关系的抽取、融合与可视化展示:

(1)将故障实体识别转换为故障关键短语抽取问题,提出 LDA 模型与词典特征相结合方法,弥补了标注数据不足,无法采用有监督学习方法的缺陷。

(2)针对数据记录格式不一的问题,利用短语词向量间的余弦相似度大小衡量短语相似程度,实现了实体的融合。

(3)在知识图谱构建过程中,共抽取实体 339 个,故障关系 734 条,形成了具有一定规模的车载故障知识图谱,可视化展现了故障知识查询与检索服务,为车载设备故障智能维护提供支持。

参考文献

[1] 张曙光. CTCS-3 级列控系统总体技术方案[M]. 北京:中国铁道出版社,2008:1-13.

[2] 陈曦,李润梅,王剑等. 基于文本信息抽取的列控车载设备故障发现[J]. 智能科学与技术学报,2020,3(2):195-201.

[3] 上官伟,袁亚辉,王剑,等. 基于 Labeled-LDA 的列控车载设备故障特征提取与诊断方法研究[J]. 铁道学报,2019,41(8):56-66.

[4] 胡小溪,牛儒,唐涛. 基于词项和语义融合的地铁信号设备故障文本预处理[J]. 铁道学报,2021,43(2):78-85.

[5] AMIT S. Introducing the knowledge graph[R]. America: Official Blog of Google, 2012.

[6] 徐增林,盛泳潘,贺丽荣,等.知识图谱技术综述[J].电子科技大学学报,2016,45(4):589-606.

[7] 姜达.基于知识图谱的车载信号设备故障诊断研究[D].西南交通大学,2020.

[8] Tomas Mikolov, llya Sutskever, Kai Chen, et al. Distributed Representations of Words and Phrases and their Compositionality[J]. NIPS, 2013, 26: 3111-3119.

[9] Tomas Mikolov, Kai Chen, Greg Corrado, et al. Efficient estimation of word representations in vector space[C]. ICLR Workshop, 2013.

[10] 赵京胜,朱巧明,周国栋,等.自动关键词抽取研究综述[J].软件学报,2017,28(09):2431-2449.

[11] Blei D M, NG A Y, Jordan M I. Latent Dirichlet Allocation[J]. Jouranl of Machine Learning Research, 2003, 3 (Jan): 993-1022.

[12] Azzopardi, M. Girolami & K. van Risjbergen. Investigating the relationship between language model perplexity and IR precision-recall measures[C]. In Proc. SIGIR. 2003.

[13] Bordino I, Castillo C, Donato D. Query similarity by projecting the query-flow graph [C]. In Proc SIGIR. 2010:515-522.

[14] 王琼,旷文珍,许丽.基于改进的N-gram模型和知识库的文本查错算法[J].计算机应用与软件,2021,38(10):310-320.

[15] 王瑞,李弼程,杜文倩.基于上下文词向量和主题模型的实体消歧方法[J].中文信息学报,2019,33(11):46-56.

附

参数解释表

参数	解释
ω	词项权重
M	文档数
d	某一文档
w_d	某一指定单词
$p(w_d)$	单词 w_d 出现频率
N_d	文档 d 中的单词数
R	候选词语与短语评分
p	候选短语
n	单词数量
φ_p	长度权重系数
X	短语向量,$X=(x_1,x_2,\cdots,x_n)$
Y	短语向量,$Y=(y_1,y_2,\cdots,y_n)$

基于AC自动机匹配算法的区间占用逻辑检查研究

刘小兵 王小敏*

(西南交通大学信息科学与技术学院)

摘 要 本文介绍了区间占用逻辑检查和AC自动机匹配算法,然后对区间占用逻辑检查进行分析,通过构建区间占用逻辑检查的模式集合、goto表、failure表和output表,最终构建得到区间占用逻辑检查的AC自动机,并采用该AC自动机对区间行车进行逻辑检查匹配分析,证明了该算法的有效性。

关键词　轨道交通列车自动控制　模式匹配　AC自动机　区间占用逻辑检查

0　引言

铁路线路自动闭塞区间一般采用轨道电路设备来检查列车的位置。当列车运行至某个区段时,该区段的轨道电路设备变为占用状态;列车离开该区段后,该区段的轨道电路设备变为空闲状态。后续运行的列车根据前车所在区段轨道电路设备的占用和空闲状态进行安全间隔行车。由于轨道电路自身的电路特性,在某些情况下,轨面会发生接触不良的情况,从而导致列车所在区段轨道电路设备仍为空闲状态,该种情况称为轨道电路分路不良或者列车占用丢失,此时,区间处于一种危险的状态。区间占用逻辑检查是避免该危险情况产生的一种有效手段。

区间占用逻辑检查目前有两种实现方式:继电式和电子式。本文主要研究采用电子式实现区间占用逻辑的方式,根据区间占用逻辑检查的特点,引入模式匹配的思路进行逻辑检查处理,提高算法的效率,降低逻辑实现的复杂性。

1　区间占用逻辑检查

区间占用逻辑检查是在既有自动闭塞轨道电路的基础上,根据列车正常运行时轨道区段的占用顺序关系,对后续区段、本区段和前方区段的占用空闲状态进行逻辑判断,将不符合列车运行的空闲判定为占用丢失状态,将不符合列车运行的占用判定为故障占用状态。

区间占用逻辑检查以闭塞分区为单位进行逻辑判断,一个闭塞分区由一个轨道区段或几个轨道区段组成,该闭塞分区内任一轨道区段为占用时该闭塞分区为占用状态,该闭塞分区内所有轨道区段均空闲时该闭塞分区为空闲状态。未具备区间占用逻辑检查时闭塞分区的状态称为设备状态,具备区间占用逻辑检查时闭塞分区的状态称为逻辑状态,闭塞分区的逻辑状态分为正常占用、空闲、故障占用和占用丢失四种状态,这四种状态的含义如下。

(1)正常占用表示有车占用,且闭塞分区的设备状态为占用。

(2)空闲表示无车占用,且闭塞分区的设备状态为空闲。

(3)故障占用表示无车占用,但闭塞分区的设备状态为占用。

(4)占用丢失表示有车占用,但闭塞分区的设备状态为空闲。

区间占用逻辑检查主要判断逻辑如图1所示。

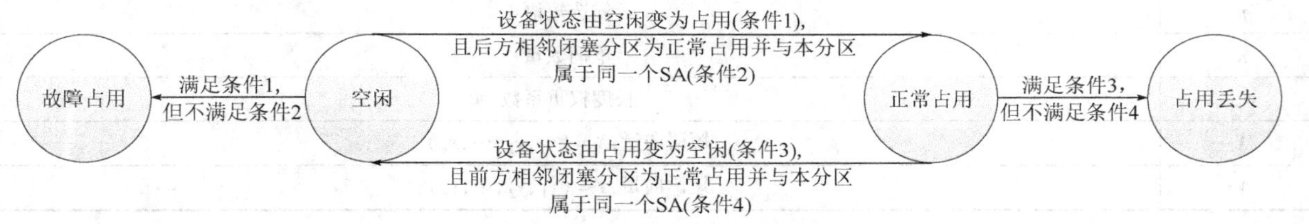

图1　区间占用逻辑检查主要判断逻辑

对闭塞分区进行占用逻辑检查判断时,需记录前后区段在连续几个个时刻内的状态序列,根据列车正常运行的占用出清顺序,判断闭塞分区设备状态的占用和空闲是否符合列车的正常运行序列,从而获得闭塞分区的逻辑状态。这个判断过程可以抽象为多模式的匹配问题。

2　AC自动机匹配算法

AC自动机匹配算法由贝尔实验室的Alfred V. Aho和Margaret J. Corasick于1975年提出,是一个经典的多模式匹配算法。对于给定长度为n的文本T和模式集合$P=\{p_1,p_2,\cdots,p_m\}$,该算法可以在$O(n)$时间复杂度内,找到文本中的所有目标模式,而与模式集合的规模m无关。

AC自动机匹配算法基于有限状态机(FSA)原理实现,在进行匹配之前首先对模式集合P进行预处理,形成模式树(树形FSA),然后对输入文本T扫描一次即可找出所有与其匹配的模式字符串p。

模式树T的构成如下:

(1)T的每一条边e上都用一个字符作为标签。

(2)与同一个节点相连的边的标签均不相同。

(3)对于每一个模式 $p\in P$,都存在一个节点 v,使得 $L(v)=p$,其中 $L(v)$ 表示从根节点到 v 所经过的所有边上的标签的拼接。

(4)对于每一个叶子节点 v',都存在一个模式 $p\in P$,使得 $L(v')=p$。

例如:对于模式集合 $P=\{he,she,his,hers\}$,构成的模式树如图2所示,其中圆圈表示节点,双圈是根节点,边上的字符就是该边的标签,粗线圈节点的标签就是各个输出模式串。

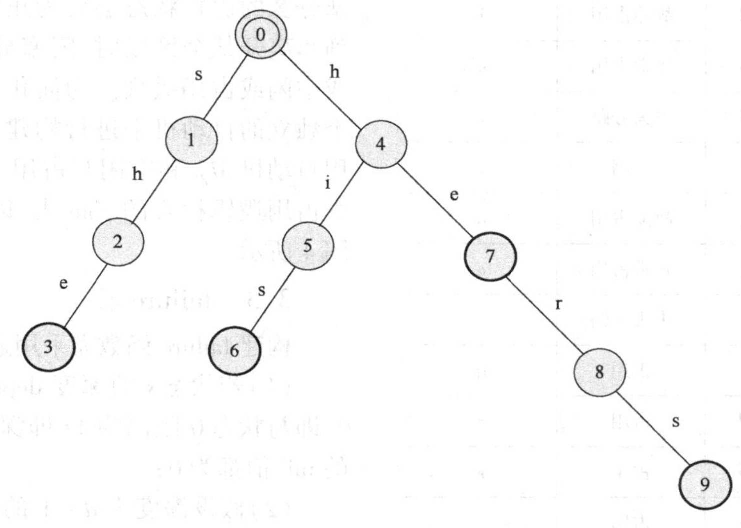

图2 模式树

AC 自动机 M 是一个六元组:$M=(Q,\Sigma,g,f,q_0,F)$,其中:

(1)Q 是有限状态集(模式树上的所有节点)。

(2)Σ是有限的输入字符表(模式树所有边上的字符)。

(3)g 是转移函数,该函数定义如下:$g(s,a)$ 表示从当前状态 s 开始,沿着标签为 a 的路径所到的状态。假如(u,v)边上的标签为 a,那么 $g(u,a)=v$;如果根节点上出现的标签没有 a,则 $g(0,a)=0$,即如果没有匹配的字符出现,自动机停留在初态。

(4)f 是失效函数,也称转移函数,指不匹配时自动机的状态转移,该函数定义如下 $f(s)$,如果 w 是 $L(s)$ 最长真后缀并且 w 是某个模式的前缀,那么$f(s)$就等于以 w 为标签的那个节点。

(5)$q_0\in Q$ 是初态(根节点)。

(6)$F\subseteq Q$ 是终态集(以模式为标签的节点集)。

AC 自动机模式匹配算法就是采用 AC 自动机进行输入字符串的模式匹配。

首先根据运用场景确定模式集合,然后根据模式集合构建 goto 表、failure 表和 output 表,从而构建得到 AC 自动机。goto 表对应转移函数,failure 表对应失效函数,output 表对应终态集。

然后采用预先构建的 AC 自动机进行模式匹配。采用 AC 自动机进行模式匹配计算时,对模式树的搜索可以采用二分查找算法提高搜索效率。

3 逻辑检查自动机

3.1 模式集合

对闭塞分区的逻辑检查进行分析,每个闭塞分区的逻辑状态有四个状态:正常占用、空闲、故障占用、占用丢失。定义闭塞分区在列车进入和离开时的变化事件为:闭塞分区占用和闭塞分区出清。

根据区间逻辑检查判断逻辑列举有效的前后区段的状态字符见表1。

逻辑检查状态字符 表1

序号	区段 A	区段 B	状态字符
1	空闲	空闲	a
2	空闲	故障占用	b
3	空闲	正常占用	c
4	空闲	失去分路	d
5	故障占用	空闲	e
6	故障占用	故障占用	f
7	故障占用	正常占用	g

续上表

序　号	区段 A	区段 B	状态字符
8	故障占用	失去分路	h
9	正常占用	空闲	i
10	正常占用	故障占用	j
11	正常占用	正常占用	k
12	正常占用	失去分路	l
13	失去分路	空闲	m
14	失去分路	故障占用	n
15	失去分路	正常占用	o
16	失去分路	失去分路	p
17	空闲	占用	q
18	故障占用	占用	r
19	正常占用	占用	s
20	失去分路	占用	t
21	出清	占用	u
22	出清	故障占用	v
23	出清	正常占用	w
24	出清	失去分路	x

根据列车运行占用闭塞分区的顺序,构建闭塞分区四种状态的模式串,正常占用和故障占用的模式串由本区段和后续区段的时间序列状态字符组成,空闲和占用丢失的模式串由本区段和前方区段的时间序列状态字符组成。

正常占用、空闲、故障占用和占用丢失的模式集合为:

$P_{正常占用}$ = {aerfv,is,dq,hr,ls,pt};

$P_{空闲}$ = {kw,eu,fv,gw,hx};

$P_{故障占用}$ = {aq,er,mt};

$P_{占用丢失}$ = {iu,lx}。

3.2 goto 表

对于模式集合 P 中的每一个模式 $p_i[1,\cdots,j]$ $(1\leqslant i\leqslant m+1)$,按照其包含的字母从前到后依次输入自动机,起始状态 $M(0)$,如果自动机的当前状态 $M(u)$,对于 P_i 中的当前字母 $p_i[k]$ $(1\leqslant k\leqslant j)$,没有可用的转移,则将状态机的总状态数 $S_{\max}+1$,并将当前状态输入 $p_i[k]$ 后的转移位置置为 $M(u)[p_i[k]]=S_{\max}$,如果存在可用的转移 $M[u][p_i(k)]=v$,则转移到状态 $M[v]$,同时取出模式串的下一个字母 $p_i[k+1]$,继续进行上面的判断过程。

在列车运行过程中,列车占用某个区段时,闭塞分区的逻辑状态会变为正常占用或故障占用,列车离开某个区段时,闭塞分区的逻辑状态会变成空闲或占用丢失。为简化自动机,我们按照两个独立的自动机来进行构建:正常占用和故障占用自动机 M_{ZY} 和空闲和占用丢失自动机 M_{CQ}。建立占用逻辑检查的 goto 表,以图形表示如图3和图4所示。

3.3 failure 表

构建 failure 函数需采用递归的思想:

(1)若状态 s 的深度 $\text{depth}(s)=1$,则 $f(s)=0$;即与状态0距离为1(即深度为1)的所有状态的 fail 值都为0;

(2)假设深度为 $d-1$ 的所有状态 s,即 $\text{depth}(r)<d$,已经计算出了 $f(r)$;

(3)那么对于深度为 d 的状态 s:

①若所有的字符 a,满足 $g(r,a)=\text{fail}$,则无操作。

②否则,对每个使 $g(r,a)=s$ 成立的字符 a,执行以下操作:

a. 使 state $=f(r)$;

b. 重复步骤 state $=f(\text{state})$,直到 $g(\text{state})\neq$ fail(任意对于任意的 a,状态0的 $g(0,a)\neq$fail;

c. 使 $f(s)=g(\text{state},a)$。

根据 failure 计算算法,得出区间占用逻辑检查 failure 表见表2和表3。

正常占用和故障占用自动机 M_{ZY} 的 failure 表

表2

i	1	2	3	4	5	6	7	8	9	10
$f(i)$	0	17	18	0	0	0	0	0	0	0
i	11	12	13	14	15	16	17	18	19	20
$f(i)$	0	0	0	0	0	0	0	0	0	0

空闲和占用丢失自动机 M_{CQ} 的 failure 表3

i	1	2	3	4	5	6	7	8	9	10
$f(i)$	0	0	0	0	0	0	0	0	0	0
i	11	12	13	14						
$f(i)$	0	0	0	0						

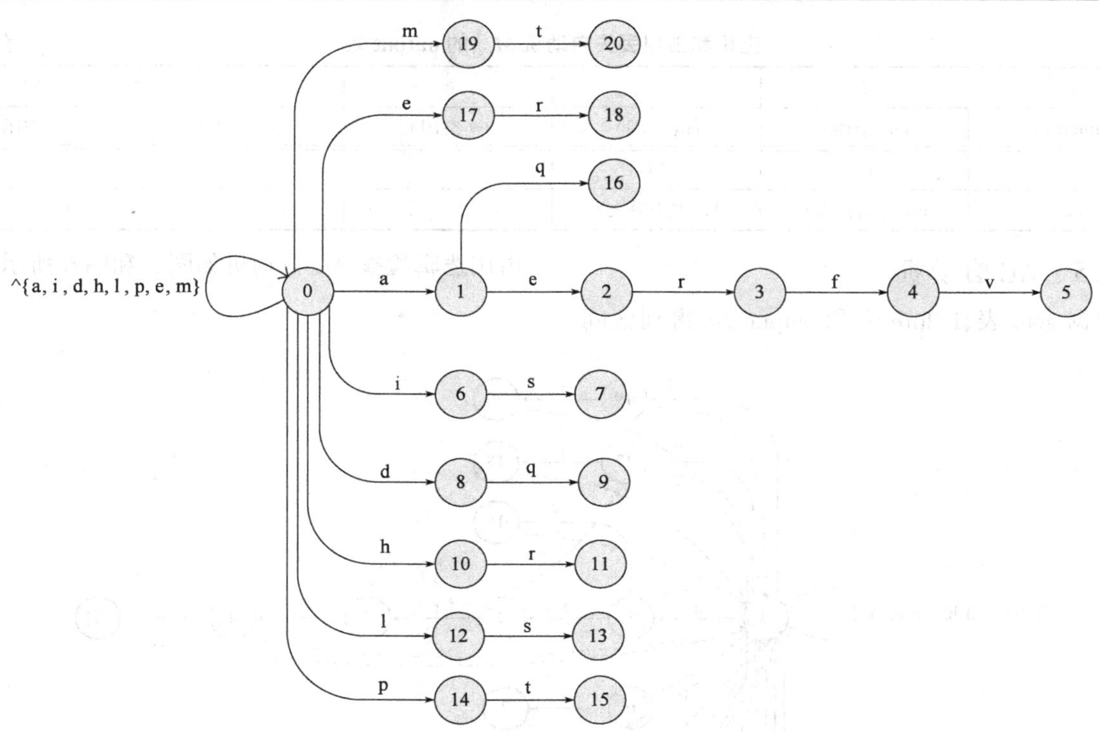

图3　正常占用和故障占用自动机 M_{ZY} 的 goto 表

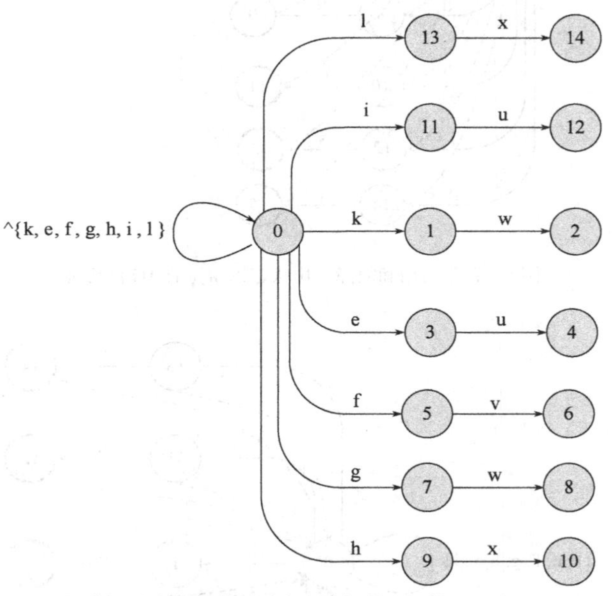

图4　空闲和占用丢失自动机的 M_{CQ} 的 goto 表

3.4　output 表

output 表描述了自动机的输出，即到达某个状态后某个模式串匹配成功。表的构造过程 goto 表 failure 表的构造过程中。根据逻辑检查的 goto 表和 failure 表构造的结果，得到 output 表见表4 和表5。

正常占用和故障占用自动机 M_{ZY} 的 output 表　　表4

i	3	5	7	9	11
output(i)	er(故障占用)	aerfv(正常占用)	is(正常占用)	dq(正常占用)	hr(正常占用)
i	13	15	16	18	20
output(i)	ls(正常占用)	pt(正常占用)	aq(故障占用)	er(故障占用)	mt(故障占用)

空闲和占用丢失自动机 M_{CQ} 的 output 表 表 5

i	2	4	6	8	10
output(i)	kw(空闲)	eu(空闲)	fv(空闲)	gw(空闲)	hx(空闲)
i	12	14			
output(i)	iu(占用丢失)	lx(占用丢失)			

3.5 AC 自动机

根据 goto 表、failure 表和 output 表,得到区间占用逻辑检查 AC 自动机如图 5 和图 6 所示。

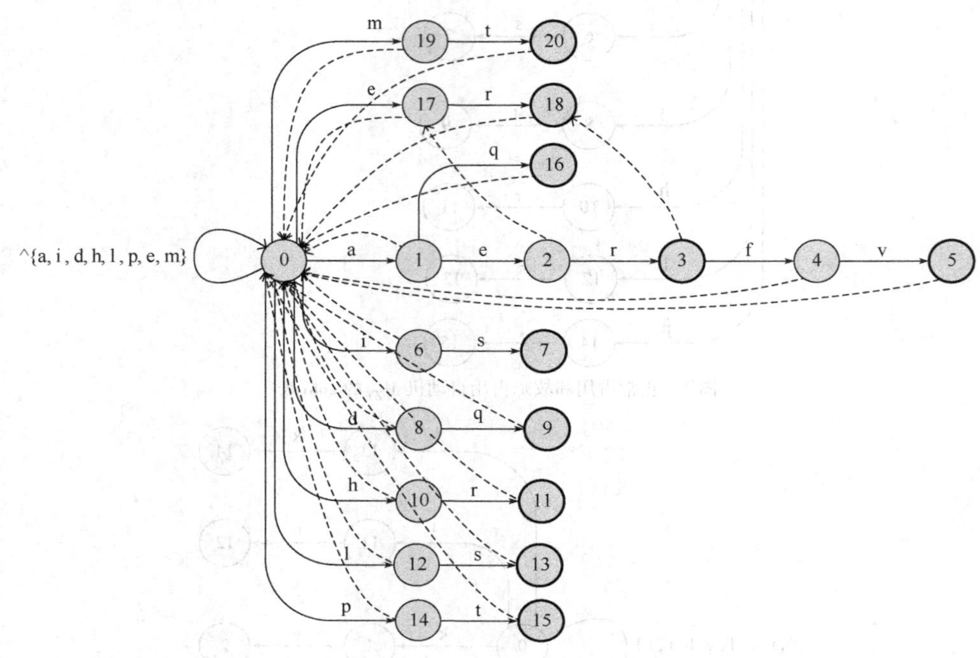

图 5 正常占用和故障占用状态机 M_{ZY} 的 AC 自动机

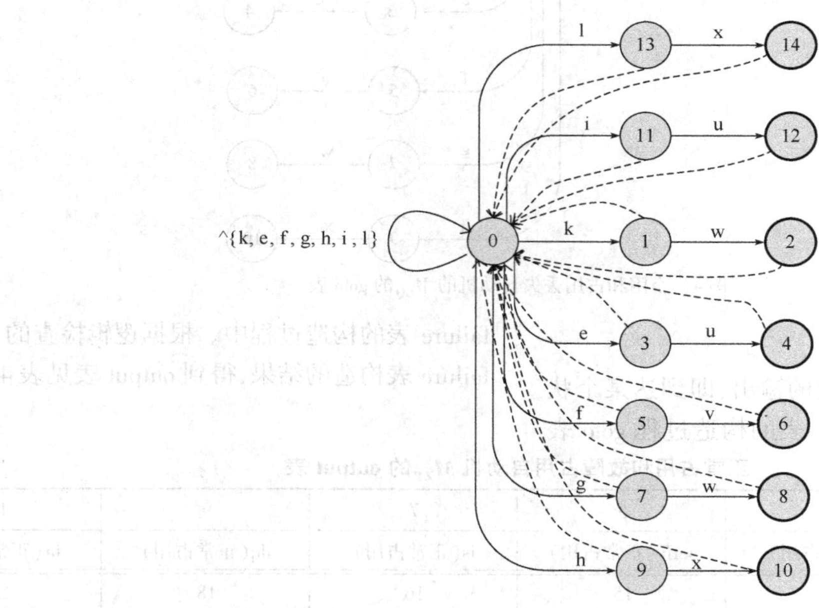

图 6 空闲和占用丢失状态机 M_{CQ} 的自动机

3.6 匹配分析

正常占用和故障占用的输入文本记为 T_{ZY}，空闲和占用丢失的输入文本记为 T_{CQ}。为避免无用的文本出现，T_{ZY} 不记录本区段的出清，T_{CQ} 不记录本区段的占用。在列车运行过程中按照时间序列，将前后区段的状态字符记入输入文本；当状态机跳转到状态 $M(0)$ 或叶子节点时，清空输入文本；输入文本的长度不大于当前状态所处的深度，输入文本的删除采用先进先出方式。为避免占用出清对前后区段状态影响的冲突，首先按照区间正向进行 M_{ZY} 自动机匹配算法，然后按照区间反向进行 M_{CQ} 自动机匹配算法。M_{ZY} 自动机和 M_{CQ} 自动机采用离线方式生成，采用模式树方式存储。

如图 7 和表 6 所示，区间有三趟列车追踪运行。下面以 E 区段和 F 区段举例分析。

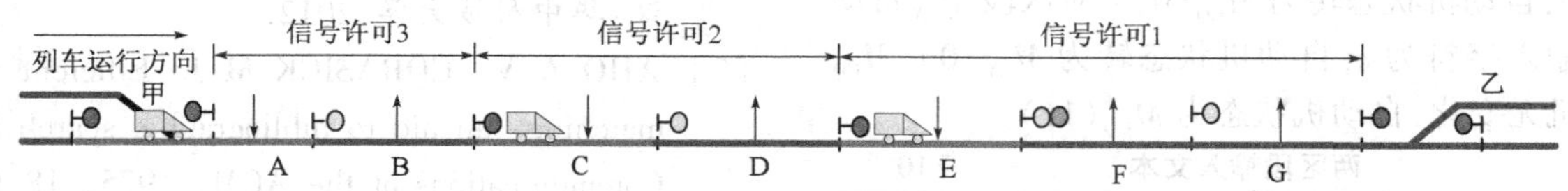

图 7　区间列车运行示意图

两区段输入文本　表 6

E 区段输入文本		F 区段输入文本	
Tzy_E	Tcq_E	Tzy_F	Tcq_F
‘0’	i	i	‘0’

E 区段当前状态为正常占用，F 区段当前状态为空闲。E 区段 M_{ZY} 自动机的输入字符为 c，自动机状态为 $M_{ZY}(0)$，M_{CQ} 自动机的输入字符为 i，自动机状态为 $M_{CQ}(11)$。F 区段 M_{ZY} 自动机的输入字符为 i，自动机状态为 $M_{ZY}(6)$，M_{CQ} 自动机的输入字符为 a，自动机状态为 $M_{CQ}(0)$。

如图 8 和表 7 所示，列车压入 F 区段后，F 区段由空闲变为占用。E 区段 M_{ZY} 自动机无变化，自动机状态为 $M_{ZY}(0)$，M_{CQ} 自动机的输入字符为 s，自动机状态转为 $M_{CQ}(0)$。F 区段 M_{ZY} 自动机的输入字符为 s，自动机状态转为 $M_{ZY}(7)$，匹配成功，M_{CQ} 自动机无变化，自动机状态为 $M_{CQ}(0)$。

如表 8 所示，F 区段 M_{ZY} 匹配成功，输出正常占用，F 区段变为正常占用，F 区段的输入文本清空，并接收新的状态字符。E 区段 M_{ZY} 自动机无变化，自动机状态为 $M_{ZY}(0)$，M_{CQ} 自动机的输入字符为 k，自动机状态转为 $M_{CQ}(1)$。F 区段 M_{ZY} 自动机的输入字符为 k，自动机状态转为 $M_{ZY}(0)$，M_{CQ} 自动机的输入字符为 i，自动机状态为 $M_{CQ}(11)$。

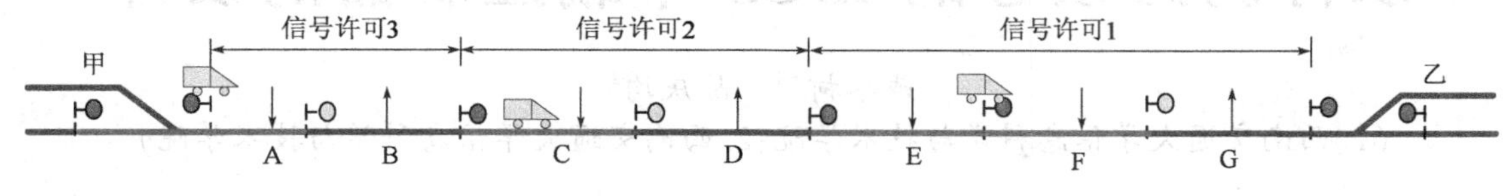

图 8　列车压入 F 区段

两区段输入文本　表 7

E 区段输入文本串		F 区段输入文本串	
Tzy_E	Tcq_E	Tzy_F	Tcq_F
‘0’	‘0’	is(匹配成功)	‘0’

两区段输入文本　表 8

E 区段输入文本		F 区段输入文本	
Tzy_E	Tcq_E	Tzy_F	Tcq_F
‘0’	k	‘0’	i

如图 9 和表 9 所示，列车离开 E 区段后，E 区段由正常占用变为出清。E 区段 M_{ZY} 自动机无变化，自动机状态为 $M_{ZY}(0)$，M_{CQ} 自动机的输入字符为 w，自动机状态转为 $M_{CQ}(2)$，匹配成功。F 区段 M_{ZY} 自动机的输入字符为 w，自动机状态转为 $M_{ZY}(0)$，M_{CQ} 自动机无变化，自动机状态为 $M_{CQ}(11)$。

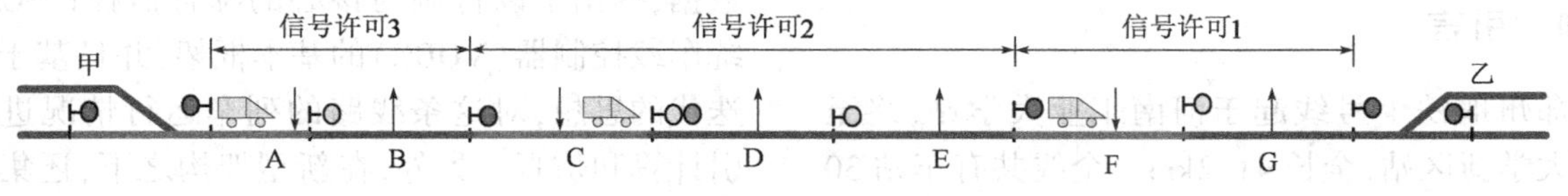

图 9　列车离开 E 区段

两区段输入文本　表9

E区段输入文本		F区段输入文本	
Tzy_E	Tcq_E	Tzy_F	Tcq_F
‘0’	kw(匹配成功)	‘0’	i

如表10所示,E区段 M_{CQ} 匹配成功,输出空闲,E区段变为空闲,E区段的目标文本串清空,并接收新的状态字符。E区段 M_{ZY} 自动机输入字符为 a,自动机状态为 $M_{ZY}(1)$,M_{CQ} 自动机的输入字符为 c,自动机状态转为 $M_{CQ}(0)$。F区段 M_{ZY} 自动机的输入字符为 c,自动机状态转为 $M_{ZY}(0)$,M_{CQ} 自动机无变化,自动机状态为 $M_{CQ}(11)$。

两区段输入文本　表10

E区段输入文本		F区段输入文本	
Tzy_E	Tcq_E	Tzy_F	Tcq_F
a	‘0’	‘0’	i

4　结语

本文通过对AC自动机和区间占用逻辑检查的分析研究,构建了区间占用逻辑检查的AC自动机模式匹配算法。采用AC自动机进行逻辑检查的判断,将区段占用出清的负责逻辑判断转化为字符的模式匹配问题。离线构建AC自动机,减少了运行期间的运算量;通过一次匹配即可得到闭塞分区的四种逻辑状态,降低了逻辑判断的时间复杂性。采用AC自动机算法进行区间逻辑检查判断,提高了运算的效率,简化了判断逻辑,目前该算法已经在现场得到大量的运用,并被证明正确可靠。

参考文献

[1] 张勇.时间序列模式匹配技术研究[D].武汉:华中科技大学,2012.

[2] AHO A V, CORASICK M J. Efficient string matching: an aid to bibliographic search [J]. Communications of the ACM, 1975, 18 (6): 333-340.

[3] 孔东林,罗向阳,邓崎皓,等.基于AC自动机匹配算法的入侵检测系统研究[J].微电子学与计算机,2005,22(3):89-92.

[4] 陈新驰,韩建民,贯洞.基于AC自动机的多模式匹配算法FACA[J].计算机工程,2012(11).

[5] 李伟男,鄂跃鹏,葛敬国,等.多模式匹配算法及硬件实现[J].软件学报,2006,17(12).

以行调为核心的ISCS车载控制器的设计

戴冬柯[*1]　陈庆均[2]

(1.西南交通大学信息科学与技术学院;2.西南交通大学信息科学与技术学院)

摘　要　当今城市轨道交通的行调主要采用CBTC(Communication Based Train Control,基于通信的列车运行控制)的列车控制系统制式,而环调、电调方面主要通过综合监控系统(Integrated Supervision Control System,ISCS)来管理和监控,二者的关系相对分立。本文提出了一种以行调为核心的ISCS系统的集成方案,可以有机地将ATS(Automatic Train Supervision,列车运行监控)系统与ISCS系统集成于一体,并提出了这个集成方案的架构。基于这一架构,本文主要对车载控制器(VOBC)进行仿真设计,设置了一种典型的火灾报警场景对于行车的影响,经过测试和仿真,可以实现MA(Moving Authorization,移动授权)的重新生成及列车牵引曲线的计算。对于今后相关的研究有一定的参考意义。

关键词　城市轨道交通　综合监控系统　车载控制器　ATP功能仿真　ATO牵引计算

0　引言

郑州地铁1号线起于河南工业大学站,终至河南大学新区站,全长41.2km。全线共有车站30座。本文首先基于郑州地铁1号线的线路和车辆数据,提出了以行调为核心的综合监控(ISCS)系统车载控制器(VOBC)的基本框架,并且基于反算迭代的思想,对这条线路的列车运行情况进行牵引计算和仿真。另外,在新型架构之下,还集成了如火灾自动报警(FAS)等有关行车调度安全的非

CBTC 系统功能。

1 基于通信的列车控制系统与综合监控系统

1.1 移动闭塞技术

城市轨道交通的列车运行仿真系统,是基于移动闭塞制式的列控系统的基础上进行研究和开发的[1]。

闭塞是使用信号或者凭证保证列车按照空间间隔法运行的技术方法。移动闭塞是相对于固定闭塞的一种区间闭塞制式[1]。只需给移动的列车“划分”与列车长度相当的、随列车运行而“移动”的轨道线路,追踪列车的目标点是前行列车的尾部加一个安全距离,实时与前车保持安全制动距离,闭塞分区随列车移动而“移动”称为移动闭塞。列车安全制动模型如图 1 所示。

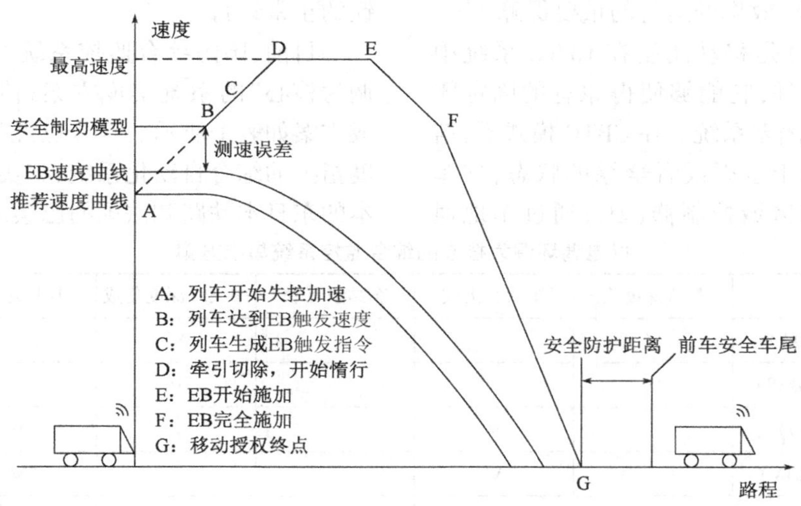

图 1 列车安全制动模型

1.2 基于通信的列车控制系统

基于通信的列车运行控制系统(Communication Based Train Control,CBTC)已基本取代了基于轨道电路或有源应答器的列控系统,成为城市轨道交通列车自动控制系统(Automatic Train Control,ATC)的主要制式。其基本原理架构图如图 2 所示。

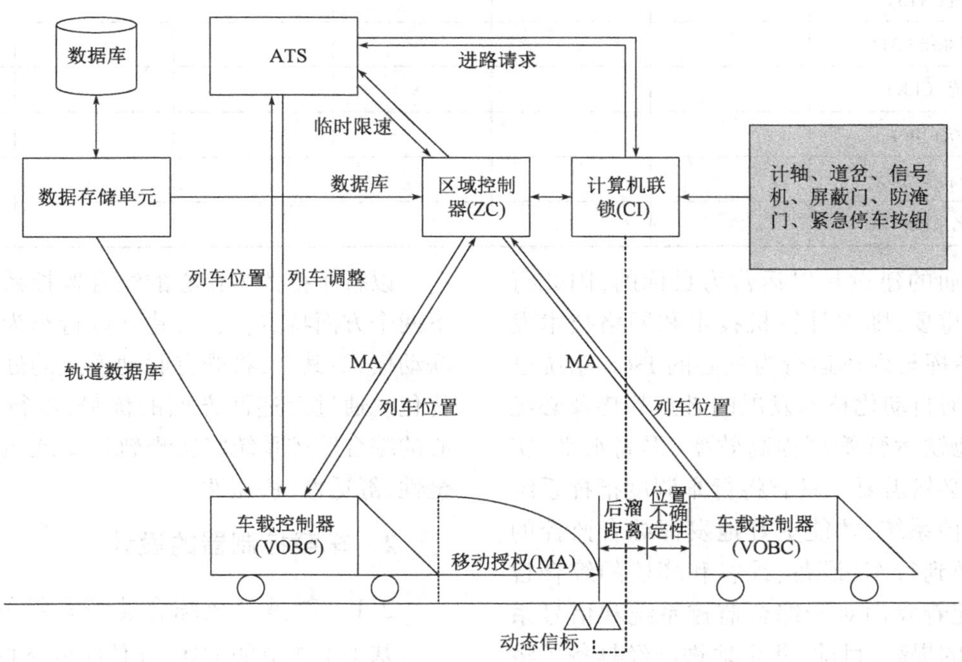

图 2 CBTC 系统基本原理框架

系统包括的主要部分有:区域控制器(ZC)、车载控制器(VOBC)、计算机联锁(CI)、数据存储单元(DSU)、数据通信系统(DCS)、ATS 六个部分。

列车定位是列车控制系统的重要组成部分,是列车安全运行的重要参数。CBTC 系统利用列车的自主定位,通过车-地双向通信,来实现移动闭塞。因此,能否及时、准确地获取列车的位置信息,是列车实现安全、效率的运行的重要保障[2-3]。

移动授权(MA)是移动闭塞在 CBTC 系统中能够实现的重要条件,它能够使得原有的固定闭塞系统升级为移动闭塞系统。在 CBTC 模式下,信号灯的状态一般处于全灭或者全绿的状态,列车的行驶权限全部由区域控制器(ZC)通过车地通信网络传输到车载控制器,车载控制器通过接收到的移动授权信息来实现对列车的自动防护功能(ATP)和自动驾驶功能(ATO)[4]。

1.3　以行调为核心的综合监控系统

综合监控系统(Integrated Supervision Control System,ISCS)有效地监控各个地铁站的出入状况,在日间正常运营情况下、紧急突发情况下各相关系统设备之间协调互动等高级功能,从而保证地铁的正常运行。

目前,国内综合监控系统均采用"以电调、环调为核心"的系统集成方案,传统的 ISCS 系统集成方案如表 1 所示。至今已经形成了包括行车调度指挥的综合自动化系统,如美国的纽约地铁、日本的东日本铁路和法国的巴黎地铁等。

以电调环调为核心的综合监控系统集成方案　　表 1

统　名　称	车站级深度集成	车站级集成	车站级互联	中央级深度集成	中央级集成	中央级互联
电力监控系统(PSCADA)	√			√		
环境与设备监控系统(BAS)	√			√		
安全门控制系统(PSD)		√			√	
闭路电视监视系统(CCTV)		√			√	
广播系统(PA)		√			√	
乘客信息系统(PIS)			√			√
火灾自动报警系统(FAS)			√			√
门禁系统(ACS)			√			√
信号系统(ATS)						√
自动售检票系统(AFC)			√			√
时钟系统(CLK)			√			√
无限系统(RC)						√
通信集中告警系统						√
办公自动化系统(OA)						√

轨道交通的建设是以运营为目标的,因此行车管理最为重要,随着计算机技术和网络技术发展,以行车指挥与列车运行为核心的 ISCS 系统已成为轨道交通自动化技术发展的必然趋势及必经过程,也是地铁运营管理提高效率、提高水平、实现现代化的必然需要。只有将行车调度指挥系统纳入综合监控系统,才能更好地发挥综合监控的优势,真正做到行车、设备、乘客和环境的综合智能化管理,随着我们对于综合监控系统和信号系统认知水平的提高,目前,北京地铁已经具备了将 ATS 纳入综合监控系统的实力和能力。

以行车指挥为核心的综合监控系统将具备以下两个方面特点:其一,建立以行车为核心的新的联动模式;其二,将既有联动模式的处理环节更加优化。通过上述两方面的优势,以行车指挥为核心的综合监控系统将实现轨道交通运输更高的安全性、舒适性、快速性。

2　车载控制器的设计

2.1　新型集成综合监控系统的 ATS 结构

基于 1.2 节的描述,在传统的 ATS 结构下,车载控制器(VOBC)首先通过自身的列车定位设备计算出当前列车的位置，并将其发送到区域控制器（ZC）。ZC 在接收到列车位置以后，会将更新的移动授权（MA）反馈给 VOBC，接着，VOBC 对接收到的 MA 进行处理，计算出列车的安全制动模型，并将追踪距离、目标速度等信息显示到司机驾驶显示屏（TOD）上，实现对列车的自动防护功能（ATP）和自动驾驶功能（ATO）[5]。

而新型的 ATS 系统将集成以行车调度为核心的综合监控系统（ISCS）。在这一系统构架之下，增设有环境模拟器这一系统。并且，VOBC 的列车定位信息和移动授权等信息不再直接发送给 ZC，而是发送给环境模拟器这一“中转站”[6-7]。新型集成了综合监控系统的 ATS 系统结构框架如图 3 所示。在这一架构之下，车载控制器（VOBC）的主要功能模块如图 4 所示。

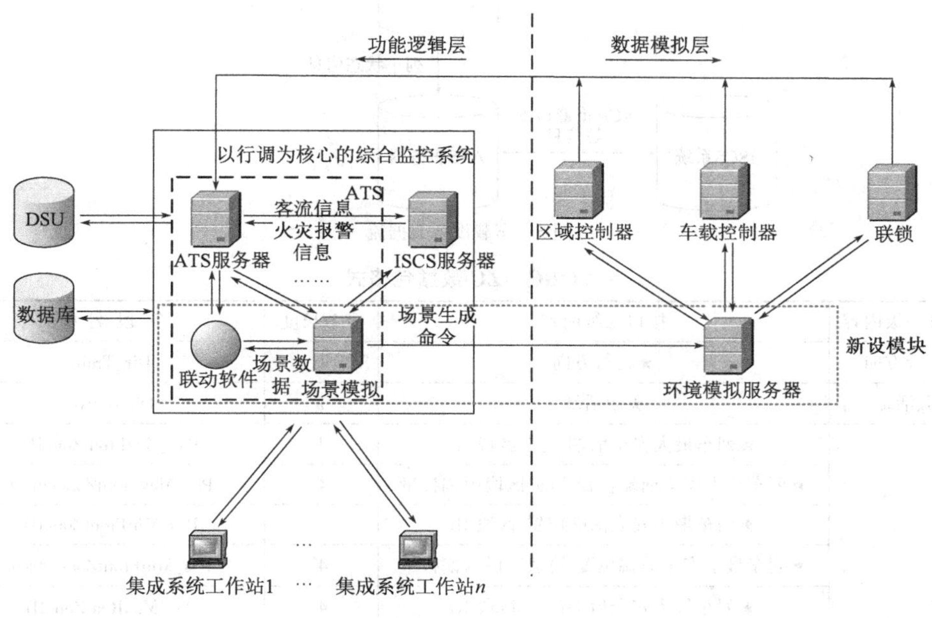

图 3　新型集成综合监控系统的 ATS 结构

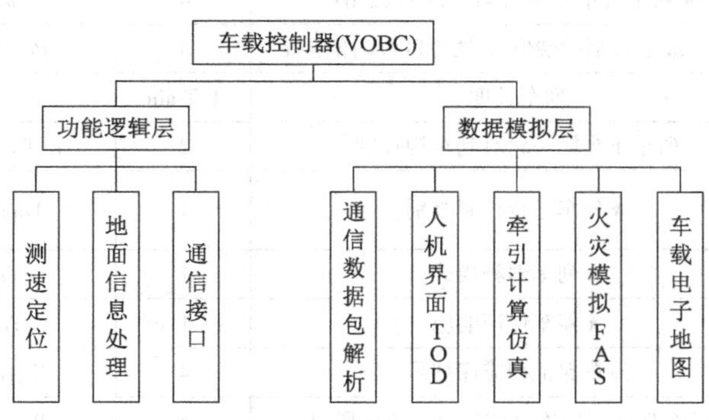

图 4　新型架构下 VOBC 的主要功能模块

2.2　通信接口及其数据包

基于前面的论述，传统结构下的多个接口将集合到一个接口上，VOBC 子系统只与环境模拟器模块进行直接通信，更加有利于数据的传输、管理，以及列车运行状态、故障的模拟与测试。其数据流关系如图 5 所示。

在新型架构之下，原先分散的通信数据包将被整合成一个包，统一发送至环境模拟器模块，然后由环境模拟器拆分，将相应的信息数据包分发给 ZC、CI、ATS 模块。同时，经过整合之后的数据包，将会略去重复信息字段的传输，大大提高了信息的利用率和效率。以下以 VOBC→ZC 的数据包为例，数据格式如表 2 所示，表中标有“★”的条目即与其他模块通信数据重复的条目。

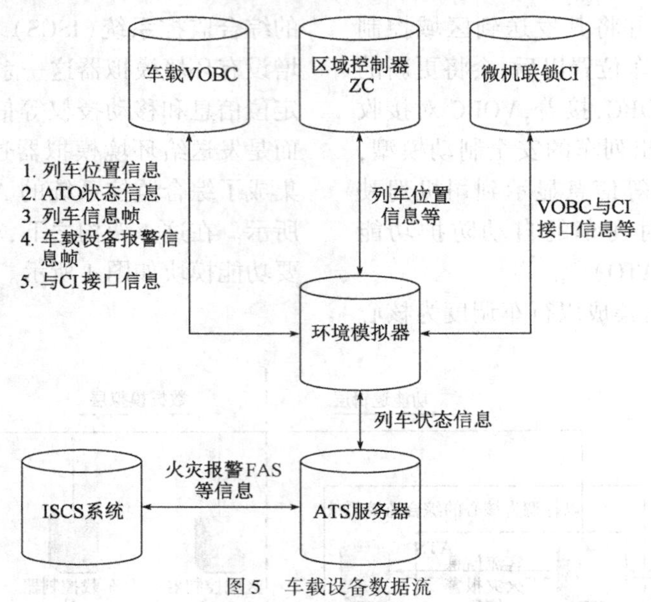

图5 车载设备数据流

VOBC→ZC 数据包格式 表2

序号	接口一级内容	接口二级内容	字节长度	字段名称	数据类型
1	运行方向	★运行方向	1	Dir_Train	int
2	激活端	★激活端	1	Dir Active	int
3	列车包络线	★列车最大安全前端位置-区段ID	4	Pos_MaxFrontZoneID	int
4		★列车最大安全前端位置-轨道区段内偏移量	4	Pos_MaxFrontZoneOffset	int
5		★列车最小安全前端位置-区段ID	4	Pos_MinFrontZoneID	int
6		★列车最小安全前端位置-轨道区段内偏移量	4	Pos_MinFrontZoneOffset	int
7		★列车最大安全后端位置-区段ID	4	Pos_MaxRearZoneID	int
8		★列车最大安全后端位置-轨道区段内偏移量	4	Pos_MinRearZoneID	int
9		★列车最小安全后端位置-区段ID	4	Pos_MinRearZoneID	int
10		★列车最小安全后端位置-轨道区段内偏移量	4	Pos_MinRearZoneoffset	int
11		列车长度	L Train	int	
12		列车车头第一轮对到车钩长度	2	L_TrainlleadheeltoCoupler	int
13	列车运行控制级别	★列车运行控制级别	1	S_TrainlleadwheeltoCoupler	int
14	列车驾驶模式	★列车驾驶模式	1	S_TrainOperationLevel	int
15	车辆状态	★停车保证响应	1	S_TrainOperationLevel	int
16		停车保证相应序列号	4	N_TrainBreakResponse	int
17		★停车保证对应安全防护点轨道区段ID	4	Pos_TrainBreakZoneID	int
18		★停车保证对应安全防护点区段内偏移量	4	Pos_TrainBreakZoneoffset	int
19		★停车保证对应障碍点轨道区段ID	4	Pos_TrainBreakObstacleID	int
20		★停车保证对应障碍点区段内偏移量	1	Pos_TrainBreakObstaeleOffset	int
21		★停车保证对应保护区段有效性	1	S_TrainBreakZone	int
22		★折返状态	1	S_TrainAR	int
23		★列车完整性	1	S_TrainIntegrity	int
24		无人折返指示灯	1	S_TrainARLight	int
25		★紧急制动状态	1	S_TrainEB	int

续上表

序号	接口一级内容	接口二级内容	字节长度	字 段 名 称	数据类型
26	列车速度/距离信息	★列车速度	2	V_Train	int
27		★速度方向(车轮旋转方向)	1	Dir_TrainWheel	int
28		退行距离	2	D_TrainRetrogracle	int
29		★停稳信息	1	S_TrainStopInformation	int
30		★保护区段允许解锁	1	Cmd_Unlockovorlap	int
31	受控 ZC_ID	受控 ZC_ID	4	N_ZC_ID	int
32	信息机 ID	★信息机 ID	4	NID_Signal	int

2.3 人机交互界面

车载控制器人机界面(TOD)是司机与 ATP/ATO 设备交互的接口,一方面用于向司机显示来自 ATP/ATO 设备的信息,另一方面接收司机输入操作。

MMI 显示屏尺寸宜为 12in,分辨率宜为 1024 × 768(单位:ppi)本文以 12in 和 1024 × 768(单位:ppi)分辨率为例介绍,若实际项目中屏幕尺寸变化,分辨率及图片、文字大小应等比例缩放。主界面分为 25 个主显示区,如图 6 所示。

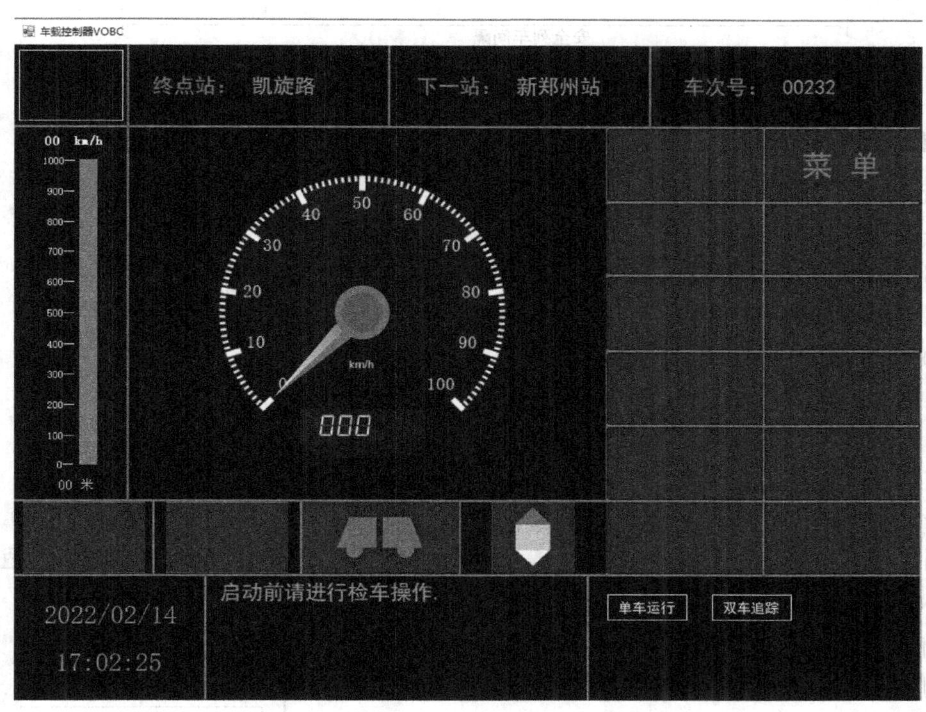

图 6 车载 TOD 基本界面

3 牵引计算

3.1 ATP 防护曲线的计算

牵引计算模块的主要功能是基于用户的仿真线路和车辆,依 IEEE1474.1 标准建立安全制动模型,由列车的动力学原理,ATP 实现列车的超速防护算法,生成列车的紧急制动包络线(EN)、紧急制动触发曲线(EB)、全常用制动触发曲线(FSB)实现列车追踪及折返能力的仿真。

牵引计算仿真系统建立的列车制动模型如图 7 所示。各曲线的关系如下:

紧急制动包络线(EN):是指列车触发紧急制动后,一直实施最高等级制动力直至停车的运行速度曲线,是最坏情况下的防护曲线。同时,紧急制动包络线不得超过线路对应的土建限制速度。

紧急制动触发曲线(EB):是安全的 ATP 保护速度曲线,可以由 EN 推算得到。

全常用制动触发曲线(FSB):ATP 监控的常用制动曲线,与紧急制动触发曲线的间隔为当前速度下的时间间隔 3.0s 和速度间隔 2.5km/h。

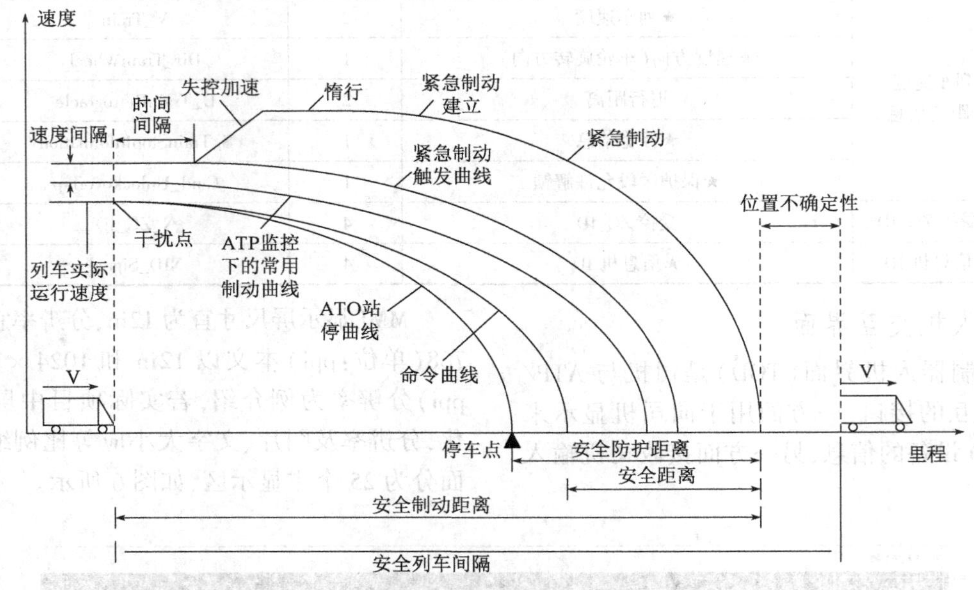

图 7　列车制动模型

3.2　ATO 牵引曲线的计算

ATP 系统实现了对列车速度的安全防护,ATO 系统则是基于 ATP 防护曲线进一步计算出列车从牵引到制动的实际运行曲线,包含固定的推荐速度曲线和实际的控车速度曲线。主要包括命令曲线(CMD)、推荐速度曲线(ACT)和实际的运行曲线。所有曲线都基于反算迭代的思想,每次基于每个小区间的目标速度反算迭代出进入这个小区间的入口速度,并将这个入口速度带入上一个小区间进行同样的步骤运算,直到计算出最前一曲线的入口速度为止。

命令曲线(CMD):是列车采用可变制动率在区间停车的速度曲线,与全常用制动触发曲线为当前速度下的时间间隔 3.0s 和速度间隔 2.5km/h。

推荐速度曲线(ACT):基于命令曲线,模拟计算列车的牵引运行过程,可以较为完整的仿真列车的整个运行过程。因此,我们可以将 ACT 作为列车牵引计算全程的仿真结果。

当列车的移动授权(MA)由于偶然因素(临时限速、火灾洪涝等意外)发生临时性变更时,以行调为核心的 ISCS 系统可以将故障环境直接传达至 ATS 服务器,并使得 ATS 服务器下达限速、MA 变更命令,经环境模拟器,ATP、ATO 实时更新列车的各种防护及运行曲线,从而达到"故障—安全"的目的。具体流程如图 8 所示。

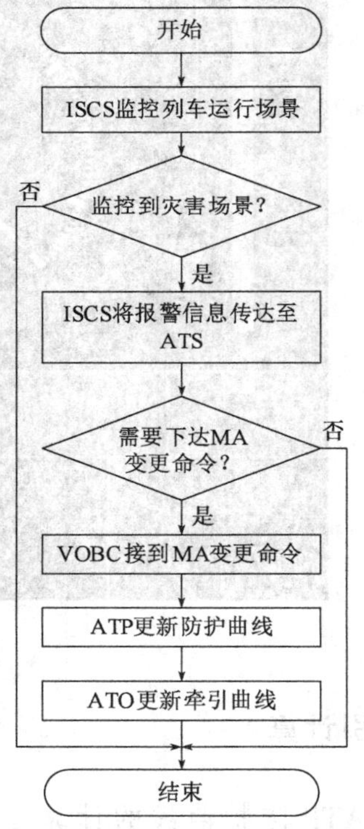

图 8　故障下 ISCS 响应至 VOBC 流程

4　仿真结果

4.1　牵引计算结果

ATP 防护曲线计算结果如图 9 所示,选取三站两区间的数据为例。图中自上而下分别为 EN、EB、ESB 曲线。

ATO 牵引曲线计算结果如图 10 所示，选取三站两区间的数据为例。图中自上而下分别为 CMD、ACT 曲线。

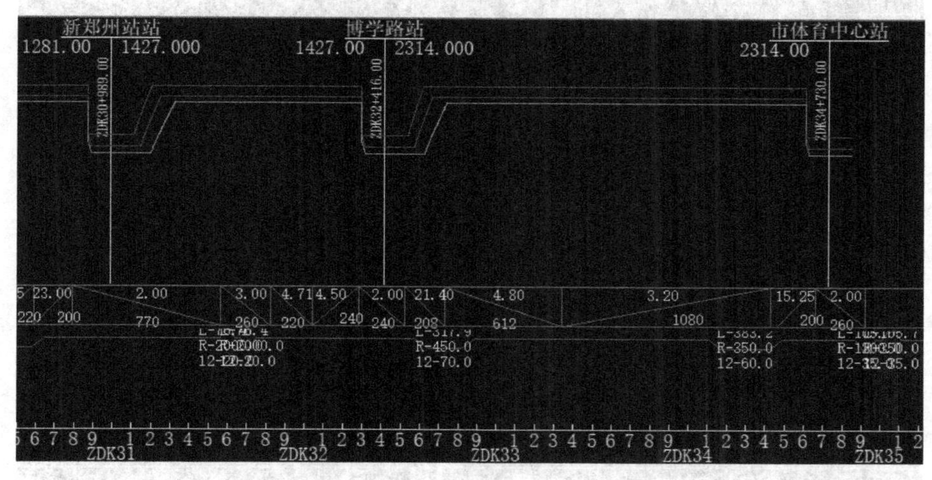

图 9　ATP 防护曲线计算结果

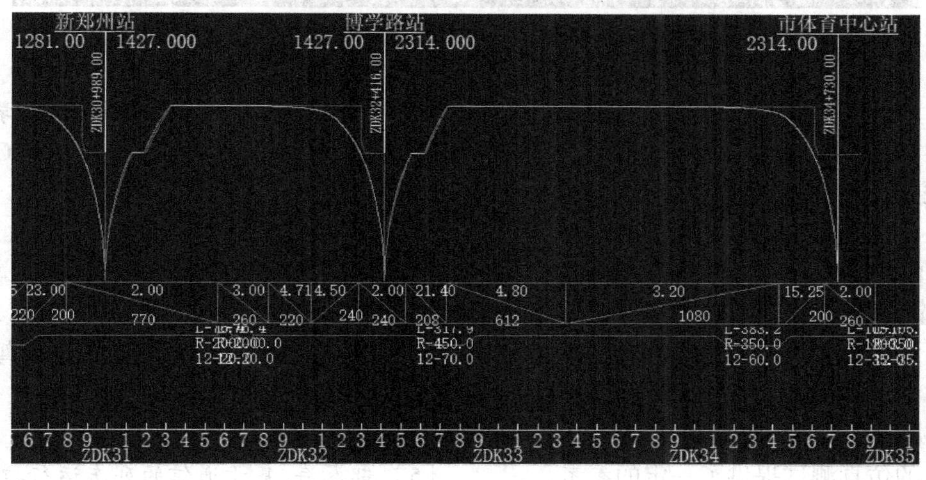

图 10　ATO 牵引曲线计算结果

4.2　人机界面动态运行

在拨动虚拟“钥匙”进行上电操作唤醒显示屏后，可以在 TOD 主屏幕上点击系统诊断功能，包含静态检查和动态检车的步骤。在两项诊断步骤都完成之后，进行驾驶操作。

在脱机工作模式下，可以单独利用车载离线数据对列车的运行进行模拟仿真。脱机模式还分为单车运行和双车追踪，基本可以模拟到简单的列车日常运行场景。列车从始发站出发，经历牵引-巡航-惰行-制动四个基本工况之后，到达下一站停站，停站经过一定时间后，继续下一个同样的过程，自此直到终点站停止或者折返。全程到达各站的时间基本符合预定的列车运行计划，此外停站的过程中也模拟了开关门的状态图标显示过程。TOD 运行的主要界面如图 11 所示。

图中的仪表盘将实时动态显示列车的运行速度，左侧动态显示列车的目标距离以及速度，右侧状态栏反馈列车的各种状态（如门状态、列车完整性、故障报警等）。经过测试，在人为给 ISCS 施加火灾报警的场景时，可以观察到左侧目标速度栏发生改变，列车随即基于这一目标速度进行新的牵引计算并依之运行。

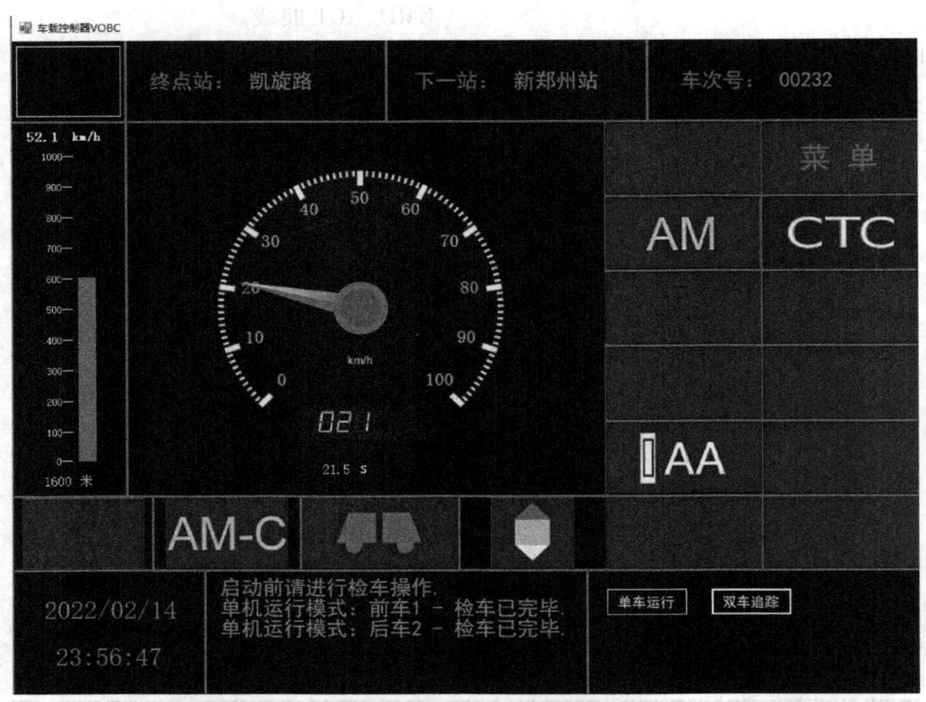

图 11　TOD 运行界面

5　结语

本文首先提出了以行调为核心的 ISCS 系统的基本架构,并基于这一架构对车载控制器(VOBC)的仿真系统进行了设计,主要包括通信数据包的整合、牵引计算仿真程序、人机界面(TOD)程序的设计。经过严格的测试,程序动态呈现的运行过程基本能符合列车时刻表,且能实现 ISCS 故障场景(火灾报警)的测试仿真过程,为今后地铁的信号系统的仿真测试提供了一定的参考。

本文存在的缺陷就是仅仅是基于火灾报警(FAS)这一典型场景对 ATS 列车运行仿真的影响进行计算和测试,侧重点仅仅在于行调方面,对于 ISCS 系统的环调、电调方面没有太多的涉猎。今后的研究可以更多关注这方面的问题。

参考文献

[1] 董渠江.列车运行模拟数据生成软件的设计与实现[D].成都:西南交通大学,2020.

[2] 王一得.基于 B/S 架构的 CBTC 轨旁与车载设备仿真系统设计与实现[D].成都:西南交通大学,2021.

[3] 陈荣武.CBTC 系统列车运行仿真与优化策略[D].成都:西南交通大学,2011.

[4] 杨巧,陈荣武.城轨交通司机驾驶显示单元(TOD)的模拟[J].铁道通信信号,2016.9(52).

[5] 郜春海.基于通信的列车运行控制(CBTC)系统[M].中国铁道出版社,2018.

[6] 郜春海,刘波,简锐锋,等.新一代城轨信息化体系中 ATS 系统发展[J].都市快轨交通,2018,31(04):77-81+97.

[7] 李夏洋.基于 CBTC 的 ATS 列车报点技术研究[D].成都:西南交通大学,2017.

大线网运营下城市轨道交通通信信号维保数字化转型研究与应用

王　磊　蒲丹丹*　刘新开
（成都地铁运营有限公司）

摘　要　随着城市轨道交通线网规模的快速扩展，既有设备维保模式面临前所未有的挑战。本文从城市轨道交通大线网运营的维保数字化转型出发，介绍了成都地铁通信信号智慧维保体系及相关实践工作。通过数字化平台系统的建设与应用，推进了设备、信息、人员一体化管控的实现，全面提升了安全管理水平、设备检修效率以及应急处置效率。

关键词　大线网　数字化转型　通信信号

0　引言

至2021年末，我国城市轨道交通运营总里程预计将突破8700km，大部分城市步入网络化运营时代[1]。大线网运营与高密度行车对设备维保工作提出了更高的要求，维保数字化转型已迫在眉睫，为轨道交通智慧化运营提供技术支撑。依托信息技术平台，在业务架构、信息化架构、组织架构等方面进行重塑，有助于维保资源的统筹与共享，有力应对大线网维保业务的快速拓展与更新[2]。

目前，国内城市轨道交通的智慧运维尚处于探索阶段。文献[5]提出了基于新型技术应用的多源融合感知、多引擎融合预警、运维多专业融合协同、主动维修决策等关键技术的城市轨道交通通信信号专业智能运维系统。文献[6]介绍了通信信号智慧化运维所需的先进技术，对通信信号专业设备的智慧化运维系统进行框架设计，并论述了该系统的总体功能。文献[7]结合城市轨道交通信号系统的顶层规划设计，分析了其发展机遇以及趋势，定义了总体框架以及目标，并给出了相关解决方案。上述工作对加速城市轨道交通设备管理体系优化和运维模式转型具有较好的借鉴意义。

成都地铁从2015年开始推进加速成网建设，目前已形成558km的网络化运营格局，公共交通出行分担率超过50%，轨道网络密度大幅提高，成为国内线网里程增速最快的地铁。随着线网规模的急速扩展，设备维保工作面临着诸多挑战。例如，设备数量随着运营里程增长而成倍增加，运维工作量不断攀升；新建线路大量采用新工艺、新系统架构，呈现出与既有线系统的较大差异；高速扩张的员工队伍，对知识技能的传承带来巨大冲击等。在此背景下，成都地铁积极响应智慧城轨发展的时代要求[6-7]，逐步推进维保数字化转型的研究与落地。本文在分析大线网运营下地铁维保工作面临问题的基础上，介绍了成都地铁通信信号专业数字化转型形成的智慧维保架构及实践情况。

1　通号智慧维保架构

基于城市轨道交通专业设备和管理业务流程特点，按照顶层规划、分步实施的原则，以顶层设计为基础，促进系统与业务、流程和生产组织的有效融合。以数据采集、人工智能、大数据分析、云计算等先进技术为支撑，构建业务智能联动、资源智能配置、决策智能支持的设备维保模式。如图1所示，成都地铁通信信号专业智慧维保架构可划分为信息采集层、数据传送层、智慧决策层和生产应用层，其核心为由维保网、在线监测中心、运维分析中心和智能调度中心组成的“一网三中心”模式。

1.1　维保网

城市轨道交通通信网络一般包括承载核心生产业务的专用传送网，以及承载对外服务业务与内部管理业务的计算机网络系统。在传统模式下，设备监测数据及系统管理数据通过专用传送网到达控制中心。随着数字化运维工作的不断推进,监测数据量越来越大,网络互联互通需求越来越多。如果继续采用专用传送网承载监测数据,将对核心生产业务构成巨大的安全隐患。因此,在通信信号数字化运维转型前,统筹建设一张用于传送运维数据的维保网并规划好边界防护,既保障了核心生产业务的安全,又满足了海量监测数据实时高速回传的需求。维保网包括无线网络与有线网络两大部分。其中,无线网络采用WIFI技术,为非接触式数据采集提供回传通道;有线网络采用光纤组网,为运维数据交互提供高速、大带宽、高可靠性的传送通道。

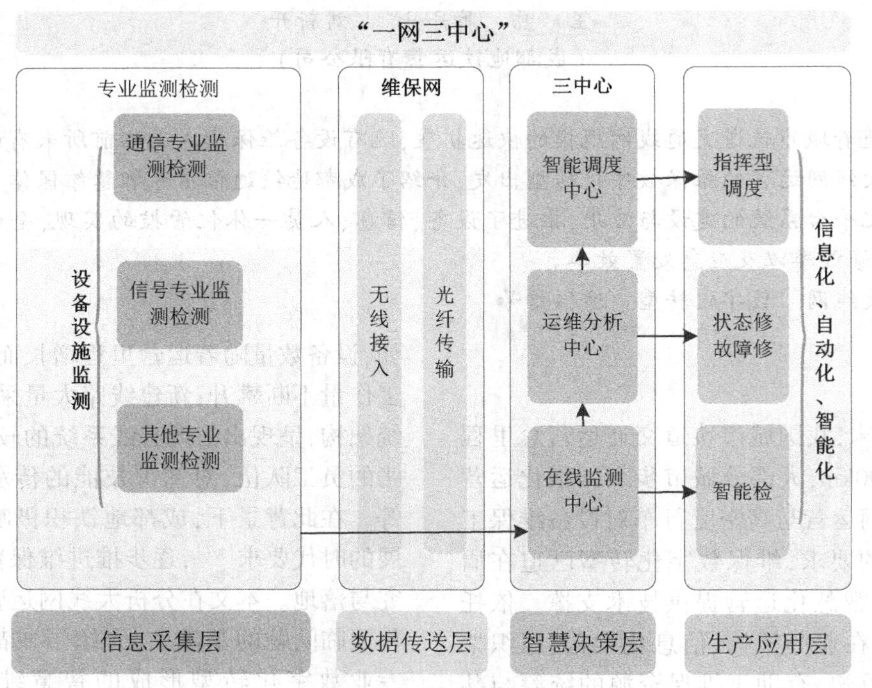

图1　成都地铁通号智慧维保建设总体架构

1.2　在线监测中心

面向通信信号在线监测信息的集中管理需要,实现对设备运行状态信息的集中存储与初步处理。开发线网在线监测软件系统,满足数据清洗高效化、告警数据可视化、故障告警智能化、报表生成自动化等逻辑功能需求。依托数据中心构建线网在线监测硬件平台,支撑信息的集中存储与高速处理。建设标准化的信息监测上层平台,为监测检测中心提供实时、全面、准确的设备设施状态信息,并提供故障告警、故障诊断、处置建议等。

1.3　运维分析中心

面向数据价值深度应用的需要,实现对运维大数据的深度处理。接口标准化的顶层设计,从物理接口、数据协议、传输协议等方面全面规范相关建设工作。示范性研发与试用健康分析系统,由点及面完成设备设施健康评价体系及分析系统建设,探索故障预警、综合决策、系统健康预判、系统寿命评估等功能应用。运维分析与生产管理系统形成有效闭环,推行基于设备综合状态和全寿命周期成本为管控依据的线网维保管理模式,为状态修提供基础依据。

1.4　智能调度中心

面向生产型调度向指挥型调度转型的需要,提高业务联动效率。建设数字化综合运维平台,实现生产调度集约智能管控。依托信息化管理系统开展维保作业及应急联动指挥,实现多线路、多专业、多职能、多业务的综合管理,综合运维与生产管理、应急管理、工单管理、调度指挥的协同工作,为生产调度提供辅助决策,实现调度指挥智能化。

2　通号智慧维保实践

成都地铁围绕通号智慧维保建设、应用及管理需求,建立通号智慧维保标准化体系,涵盖设备选型标准、数据接口标准、系统功能标准、设备监测标准、设备健康评价标准以及系统维护标准等，并构建设备状态智能监测、设备健康智慧评价、应急生产高效管理三大应用场景。面向通信信号系统精准维修和快速抢修，集中力量攻关运维数据挖掘和分析，破解应急环节的梗阻。在此基础上，逐步实现“通信信号融合”“区域化＋系统化”维保组织模式的落地以及“状态修＋故障修”修程修制的升级。

2.1 设备状态智能监测

通号设备状态监测系统划分为线路级与线网级，包括信号综合运维系统与通信集中网络管理系统。信号综合运维系统由缺口监测、微机监测、LTE 运维监测、蓄电池监测等组成；通信集中网络管理系统由传输、无线、电话、视频监控、乘客信息、时钟、电源等子系统网管及集中告警系统组成。通信信号监测系统具有分散检测、远程监测及实时报警等特点，具备设备状态实时监测、故障集中报警、故障诊断定位、远程日志下载和维护管理等功能。

其中道岔监测通过增加智能传感器，补强监测深度及广度，将传统监测 8～10 次/s 提升至 800～1000 次/s，提升采样精度 100 余倍，并可对实时采集的关键数据（如道岔动作电流数据、功率、电压等）自动分析和状态评价。LTE 运维监测实现了信号轨旁设备、车载设备、网络设备的告警与性能数据统一采集，无线网络实时监测，自动定位问题小区或问题车辆，业务场景化和自动化功能等。线网通信集中告警系统将机房可视化与设备监测相结合，实现了基础的机房远程巡检功能。

2.2 设备健康智慧评价

建设数字化分析决策系统，开展信号系统健康度评估与通信系统健康度评估，每年平均开展数据分析隐患处置 200 余次。在客观选择系统关键指标参数、合理分配指标权重的基础上建立健康评价模型，完成对设备健康状态的定量评估。设备健康评价体系可对道岔、车载、传输、电源等子系统设备开展健康评估，实现设备主动运维管理，具备故障预判、寿命预警功能，推动设备维修决策的转变。目前已落实信号专业车载设备、LTE 设备的状态修模式，通信专业传输、无线、电话子系统远程检修模式，PIS、时钟、计算机网络、视频会议子系统非核心设备故障修模式，提升设备维保效能。如图 2 所示，车载子系统状态修应用情况对比。

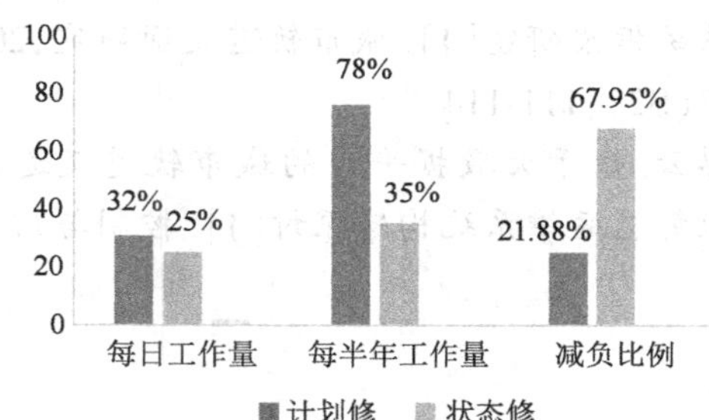

图 2 成都地铁信号车载子系统状态修应用情况对比

2.3 应急生产高效管理

建设数字化综合运维平台，依托设备在线监测系统，接入生产信息化系统，实现设备状态监测信息、应急人员、应急物资、备品备件等的统筹管理，实现关键设备故障智能诊断、部分系统设备远程重启及复位操作，实现应急人员一键通知、应急信息实时定向发送、应急现场可视、应急处置辅助决策及应急预案管理等，实现工单的自动建立与派发、施工全过程统筹管控，形成分区明确、功能配套、应急高效的应急生产管理体系。运用情况统计显示，综合应急抢险事件年平均统计用时有效降低 19%，设备故障平均处置效率提升 25%。

3 结语

本文概括性介绍了成都地铁通号专业智慧维保架构及实践情况，通过维保数字化转型，可促进维保组织模式及修程修制的优化升级，全面提升安全管理水平、设备检修效率以及应急处置效率。但数字化运维转型是一项长期的系统性工程，相关建设工作任重而道远。我们应在做好长期规划的前提下，紧密结合生产实际，集中优势力量优先攻坚关键性技术问题，以循序渐进方式推动大线网运营设备高质量管理、人员精益化管理、应急体系信息管理，最大限度活化维保资源，逐步实现降本、提质、增效、保安全的目标。

参考文献

[1] 刘纯洁，王大庆. 超大规模城市轨道交通线网全寿命周期健康管理系统研究[J]. 城市轨道交通研究，2019，22(5):7-11,38.

[2] 李海博. 城市轨道交通“数字化转型”的若干思考[J]. 城市轨道交通，2021，(10):26-28.

[3] 施聪. 城市轨道交通通信信号专业的智能运维系统[J]. 城市轨道交通研究，2020，23

(08):172-176.

[4] 王悦婷.城市轨道交通通信信号智慧化运维系统框架研究[J].城市轨道交通研究,2020,23(S2):111-114.

[5] 廖云.基于大数据平台的城市轨道交通多专业智能运维系统构建探讨[J].控制与信息技术,2021(05):1-5. DOI:10.13889/j.issn.2096-5427.2021.05.001.

[6] 中共中央国务院印发《交通强国建设纲要》[J].交通财会,2019(10):4-8.

[7] 中国城市轨道交通智慧城轨发展纲要[J].城市轨道交通,2020,(4):8-23.

Image Visible Watermark Removal Detection based on NAS and Attention Mechanism

Zhang Xu*

(School of Information Science and Technology, Southwest Jiaotong University)

Abstract For resisting the falsification of watermark removal, this paper proposes an advanced watermark removal detection algorithm WRD-Net (watermark removal detection network) to detect the watermark removal area in the image at the pixel level. WRD-Net first enlarges the abnormal features in the image through the enhancement block composed of various feature extraction layers, then extracts the deep features through the extraction block obtained by the Few-Shot NAS (Neural Architecture Seach), and finally further potential feature extraction and mask output through the decision block integrating Global Attention mechanism and Coordinate Attention mechanism. Finally, the experiments prove that WRD-Net has higher AUC (Area Under Curve) and F1 scores in dealing with visible watermark removal than the most advanced image tamper detection network at present, And through experiments on five different watermark removal datasets, it is found that WRD-Net has good generalization performance.

Keywords Visible Watermark　Removal Attack Forensics　Few-shot NAS　Attention Mechanism

0 Introduction

In recent years, with the extensive use of images as transmission media on the Internet, the frequency of watermark removal attacks is also increasing year by year. With the popularity of deep learning, malicious attackers can remove watermarks from images through the latest deep learning algorithms provided in online websites or open resources, and the traces left are often invisible to human eyes, which makes it difficult to obtain evidence when images' copyright is infringed. Therefore, it is necessary to study how to accurately detect and locate the original watermark area for combating watermark removal attacks and protecting multimedia copyright.

The detection and location of tampering area has always been a research hotspot in the field of information forensics. At present, due to the lack of detection algorithm for watermark removal, this paper selects the image inpaint detection which is closest to our task for analogy and reference. Early researchers often use traditional methods[1-3] to detect the inpainted areas in images. The common principle of these methods is to search for similar blocks in a given image, in which the algorithm will identify the blocks with high matching as the areas with high forgery probability. When faced with the deep learning algorithm using advanced semantic features to inpaint, the accuracy of traditional detection methods is obviously reduced. To solve this problem, a tamper detection algorithm based on deep learning is developed. Zhou et al.[4] added a branch of noise flow to the feature extraction network of the existing target detection network Faster R-CNN[5] to amplify the tampered features, and then fused with the original feature flow to predict the location. MT-Net proposed by Wu et al. [6] firstly extracts trace features of image processing, and then identifies abnormal areas by evaluating the differences between local features and reference features. These tamper detection schemes have good effects on forgery such as copy-move, paste, etc. , but the detection accuracy of some tampered results with new pixels such as removal and inpaint is bad. In order to improve the detection accuracy of pixel generation tampering operation, Li and Huang et al[7] proposed HP-FCN, which uses high-pass pre-filtering module to suppress the image content and can detect the inpainted area more effectively. However, the generalization performance of the network is not discussed in [7], that is, there are all images in the training set are selected for testing. Wu et al. [8] proposed a inpaint detection network IID-Net, which can detect the tampering traces of various image inpaint methods at the same time, and has high detection accuracy even if the test algorithm does not participate in training.

However, at present, all detection schemes are not satisfactory in the accuracy of watermark removal and forensics. Because the watermark itself has a certain degree of transparency, the removal network has enough semantic features to learn and predict the original background area under the watermark so as to restore the removal result with continuous content and consistent style, which makes it difficult to obtain evidence directly through human eyes. Therefore, it is necessary to find a universal forensics method to detect various watermark removal attacks.

In this paper, a new end-to-end watermark removal detection network WRD-Net is proposed to detect tampered areas with pixel accuracy. WRD-Net includes three sub-blocks: enhancement block, extraction block and decision block. The purpose of the enhancement block is to enhance the watermark removal trace (i. e. artifact) by using the special layer of hierarchical combination; The extraction block is designed automatically by the latest Few-shot NAS algorithm[9], which can extract useful features for the actual watermark removal detection task. In order to further optimize the extracted potential features, this paper integrates various attention mechanisms in the decision block to prioritize the feature information and finally output the detection results.

In addition, this paper deeply studies the generalization ability of WRD-Net. Through careful examination of many popular watermark removal algorithms, it is observed that WRD-Net training on a specific method shows ideal generalization, that is, WRD-Net obtained by training can accurately detect and locate the watermark removal operations that have not been seen. Compared with the most advanced tamper detection algorithm at present, WRD-Net has higher detection accuracy and clearer outline of the mask in the watermark removal area.

1 Method

The WRD-Net proposed in this paper consists of three main modules: enhancement block, extraction block and decision block, as shown in Fig. 1. In the training stage, a watermarked image I is processed by watermark removal algorithm to get a clean image X, then it is used as the input of the detection network, and a binary mask M_o is predicted by the network. Finally, the parameters of the network are updated by calculating loss of the real mask M_g and predict mask M_o.

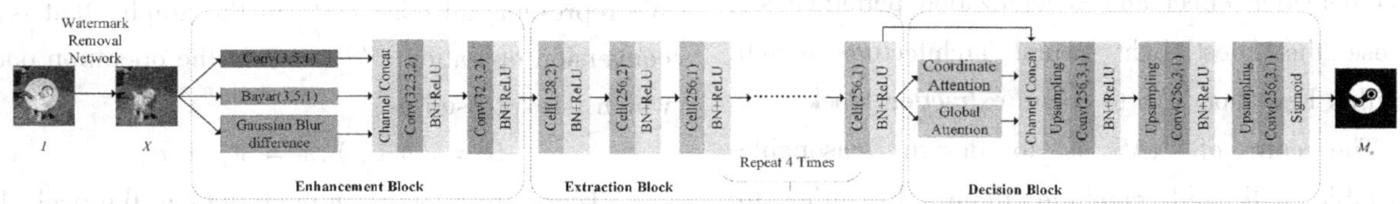

Fig. 1 Architecture of WRD-Net

1.1 Enhancement block

The traces left by the watermark removal operation will be hidden in the local noise distribution, and it is difficult to obtain this information by directly processing RGB images by ordinary convolution. Therefore, after the input image enters the network, the watermark removal traces hidden in the image are enhanced and amplified by a series of pre-set filter layers and feature extraction layers, and the content information in the image is also suppressed. These filter layers mainly include: Stegabalysis rich model (SRM) layer[10], Bayar layer[11], Gaussian blur difference (GBD) layer and convolution layer.

Specifically, SRM layer makes use of the local noise distribution in the image to amplify the removed traces; GBR layer, also known as High-pass module, is the result obtained by subtracting Gaussian blur image from the original image. When the removal networks remove watermark, it is often more important to generate realistic image content, while ignoring the inherent high-frequency noise of natural images. A Gaussian blur difference module is used to process the input image, which can extract the high-frequency features of the image and suppress other normal features of the image for subsequent forensic analysis. After passing through the GBR module, obvious watermark traces are exposed, as shown in Fig. 2b), and the outline and shape of the artifact removal are very clear. Experiments show that the effect is the best when the Gaussian blur radius is 9. In addition to some certain operators to enhance the abnormal features, this paper introduces a Bayar layer[11] to adaptively learn the shallow features so as to realize the detection of watermark removal traces. In order to find the best combination of the above layers, relevant experiments were carried out (see 2.3), and finally it was shown that Conv + Bayar + GBR had the best detection performance.

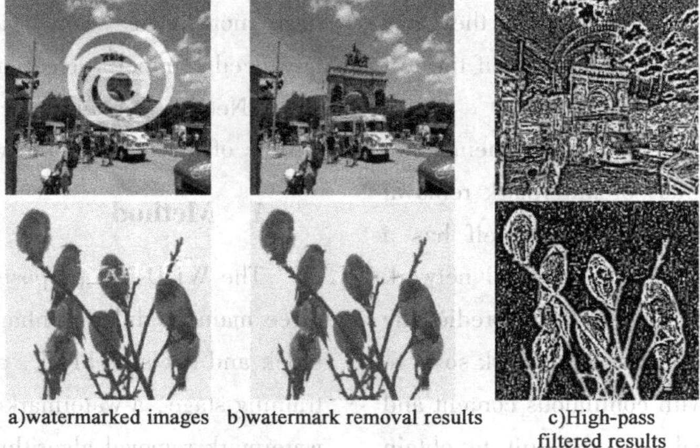

Fig. 2 Amplification effect of GBR on artifacts

1.2 Extraction block

After the enhancement block, this paper designs the extraction block to extract advanced features. For better detection effect and generalization performance, we use the latest light neural architecture search algorithm Few-shot NAS to obtain extraction block.

The core of NAS is to design reasonable adjustable cell and combine them. In order to symbolically describe the search space, this paper makes relevant symbolic conventions. We represent each unit as a directed acyclic graph$G = (V, E)$, which $V^{(i)}$ represents each node, that is, the i-th layer feature $\Phi^{(i)}(X)$ after input X into the network. We represents an edge $E^{(i,j)}$ in the graph, that is, a conversion operation $o^{(i,j)}(\cdot)$ in the operation pool, which is expressed as:

$$O = \{o_k(\cdot), k = 1, \cdots, n\} \tag{1}$$

There are a total of n operations in the pool. For that convenience of represen these in the search space

Optional edges, each of which is given a weight:

$$\Lambda = \{\lambda^{(i,j)} \mid \lambda^{(i,j)} \in 0,1; i,j = 1,\cdots,N\} \quad (2)$$

1 indicates that the corresponding edge $E^{(i,j)}$ is activated, and 0 indicates that there is no activation. Therefore, in this directed acyclic graph, each characteristic layer can be calculated by the following formula:

$$\Phi^{(j)}(X) = \lambda^{(i,j)} o^{(i,j)} [\Phi^{(i)}(X)] \quad (3)$$

Because[8] has provided abundant search operations, and in order to reduce the search complexity as much as possible and make use of some known prior knowledge,[8] restricted and pruned the operations in the search process: ① only three separable convolution and identity transformations were retained; ② Limit the minimum number of operations in a cell, that is, the convolution like 1 × 1、3 × 3 and the necessary layers such as batch normalization(BN) layer and ReLU activation layer are fixed in a cell. At the same time, skip connection is introduced from input to output in each block. The final cell is shown in Fig. 3.

In terms of search algorithm, different from One-shot NAS[12] used in IID-Net, this paper uses Few-shot NAS[9] to determine the network structure. The reason is that subnet generated by One-shot NAS ranking correlation is very low, that is, the evaluation result after loading the weights trained by supernet into the subnetwork is quite different from the result of directly training a subnetwork to converge. Few-shot NAS searches the architecture by using multiple sub-supernets. First, each sub-supernet is trained to converge by means of transfer learning[9] and single-path activation[12]. Then, by simulating that each selection block contains only one selection edge, it samples from the candidate network system and zeroes the remaining edges. At this time, the ranking relevance of the subnetworks used for evaluation will be greatly improved, and the more subnetworks are divided, the higher the ranking relevance of the subnetworks in the final evaluation, but at the same time, the training time will also be increased. Specifically, WRD-Net has three selection blocks in one cell, and each selection block has four different choices. (There are four candidate operations in the operation pool O), and there are six cells in WRD-Net, so the total search space Ω_A can be roughly calculated as $4^{3\times 6} \approx 6.8 \times 10^{10}$. When dividing the search space, after comprehensive consideration, Ω_A will eventually be divided into 8 sub-search spaces, so 8 sub-supernetworks will be generated, as shown in Fig. 4 (there are ellipses in the sub-search spaces similar to those in Hypernetwork A in the Fig. 4, but they have been removed during drawing for brevity).

The division principle can be arbitrarily divided in the control selection block. In this paper, the first selection block in the first cell is divided into four parts according to four kinds of choices, and the second selection block is divided into two parts, and the network behind it is fixed, forming 2 ×4 =8 sub-supernets. Finally, the search space of each sub-supernet will be one eighth of Ω_A. When the search space is reduced, the burden of the each sub-supernet will be reduced, so the ranking relevance of the sub-networks in the space they are responsible for will be improved. In order to avoid training eight sub-supernets from the scratch every time, the sub-supernets can be trained by means of transfer learning[9]. As shown in Fig. 4 supernet A is trained until convergence, and then the weight of A is loaded on B and C to continue training, so that the convergence speed of B and C is faster than that of traing from scratch[9], and then, the eight subnetworks are trained until convergence by transfer learning. Due to too many network combinations, it will cost a lot of time to evaluate sub-networks one by one. In order to weigh the effectiveness and complexity, we selected 1000 sub-networks from each sub-search space, totaling 8000 sub-networks for evaluation. The validation set used for evaluation contains 5000 watermark removal results generated by five watermark removal methods, of which 1000 are for each removal scheme. Therefore, this validation set naturally inherits the commonness of different watermark removal methods, which makes the system searched by the network more suitable for the task of watermark removal trace detection. Finally select the best performance among these 8000 candidate systems as the final detection network structure.

1.3 Decision block

The role of decision block is to convert the learned advanced features into low-level discrimination information. We use attention mechanism to emphasize specific features to generate detection results better. Coordinate attention mechanism[13] embeds location information into channel attention, and uses two 1D global pooling operations to aggregate vertical and horizontal input features into two independent directional awareness feature.

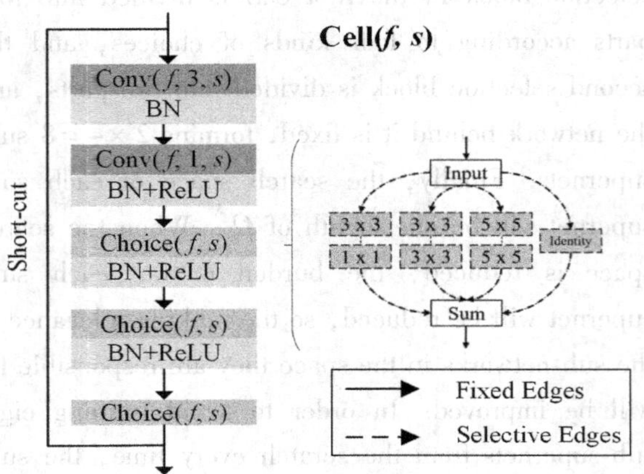

Fig. 3 Architecture of cell

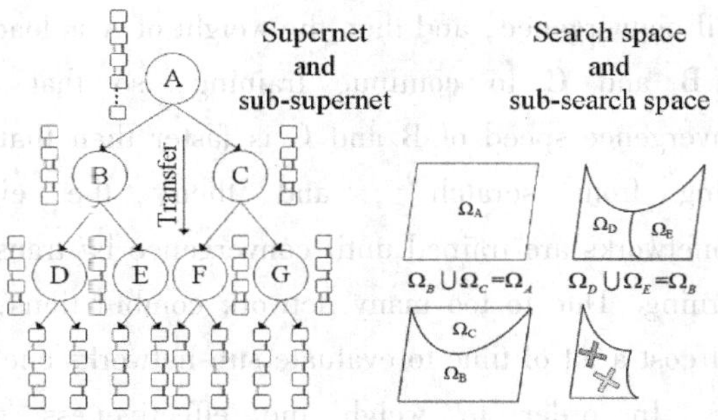

Fig. 4 Few-shot NAS search method

Maps. Then, the two feature maps embedded with specific direction information are encoded into two attention maps respectively, and each attention map captures the loss. Long-range dependence of feature map along one spatial direction. Therefore, the location information is saved in the generated attention map, and two attention maps are successively multiplied with the input feature map to enhance the representation ability of the feature map, as shown in Fig 5. The first part of the coordinate information is embedded. For the input$X$, pool cores with sizes$(H,1)$and$(1,W)$are used to encode each channel along the horizontal coordinate direction and the vertical coordinate direction. Therefore, the output of the c-th channel with height h is expressed as:

$$z_c^h(h) = \frac{1}{W}\sum_{0 \leqslant i < W} x_c(h,i) \tag{4}$$

Similarly, the output of the c-th channel with width w is expressed as follows:

$$z_c^w(w) = \frac{1}{H}\sum_{0 \leqslant j < H} x_c(j,w) \tag{5}$$

The foot mark c in the lower right corner indicates that the tensor has c channels, and the above two transformations aggregate features along two spatial directions, returning a pair of directional perception attention diagrams. These two transformations also allow the attention module to capture the long-range dependence along one spatial direction and save the accurate position information along the other spatial direction, which is helpful for the network to locate the target of interest more accurately. This coordinate information embedding operation corresponds to the parts of X Avg Pool and Y Avg Pool in Fig. 5. Next, the attention map is generated by using the above two information. First, the two feature maps generated by the previous modules are cascaded, and then a shared 1 × 1 convolution F_1 is used to transform, which generates the middle feature map of spatial information in the horizontal and vertical directions $f \in \mathbb{R}^{C/r \times (H+W)}$. Here, the downsampling ratio r is used to control the size of the modules. Then, the tangent f is divided into two separate tensors $f^h \in \mathbb{R}^{C/r \times H}$ and $f^w \in \mathbb{R}^{C/r \times W}$ along the spatial dimension, and then two 1 × 1 convolutions F_w and F_h are used to transform the two tensors to the same number of channels as the input X:

$$g^h = \sigma[F_h(f^h)] \tag{6}$$

$$g^w = \sigma[F_w(f^w)] \tag{7}$$

The final output of Coordinate Attention can be expressed as:

$$y_c(i,j) = x_c(i,j) \times g_c^h(i) \times g_c^w(j) \quad (8)$$

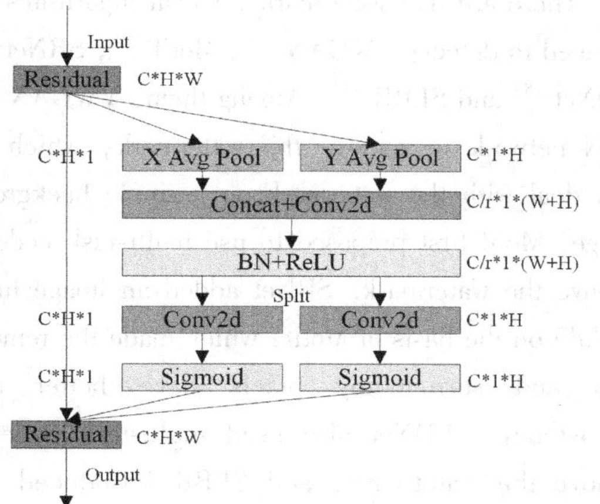

Fig. 5 Architecture of Coordinate Attention

In addition to extracting more effective features for the final mask output, in order to better detect the overall shape and contour of the tampered area, it is also necessary to analyze the relationship between different blocks in the feature map. For this reason, WRD-Net retains the global attention mechanism[8] to regenerate feature blocks on feature maps through several most similar features, which in turn reduces intra-class differences and generates better contour of removed regions.

1.4 Loss Function

The loss function in WRD-Net consists of three parts: cross entropy loss, fusion loss and boundary loss.

WRD-Net retains the binary cross-entropy loss (BCE loss) in[8] to constrain the two classification tasks (classification of tampered areas and non-tampered areas). At the same time, in order to solve the problem that the original watermark area often accounts for only a small part of the whole image, the positive and negative samples are not balanced, the fused loss is added. Assuming that the real watermark mask is M_g and the predicted mask is M_o, the cross entropy loss is:

$$L_B = -\frac{1}{HW}\sum_{i=1}^{H}\sum_{j=1}^{W}\{M_g(i,j)\log M_o(i,j) + [1 - M_g(i,j)]\log[1 - M_o(i,j)]\} \quad (9)$$

$M_g(i,j)$ represents the element in the (i,j) position on M_g, $M_o(i,j)$ is similar, and H and W represent the height and width of the image respectively. And the fused loss is expressed as:

$$L_F = -\frac{1}{HW}\sum_{i=1}^{H}\sum_{j=1}^{W}\{\alpha[1 - M_o(i,j)]^{\gamma}M_g(i,j)\log M_o(i,j) + 1 - \alpha)(M_o(i,j))^{\gamma}[1 - M_g(i,j)]\log[1 - M_o(i,j)]\} \quad (10)$$

$\gamma = 2, \alpha = 0.5$ among them[8].

Finally, according to the output of the network, we can regard this task as an image segmentation task. The closer the contour of the mask segmented by the network is to the contour of the original watermark, the more convincing the forensic is. Therefore, we added a Hausdorff distance loss[20] to make the boundary of the mask predicted by the network closer to the real mask.

As it is difficult to minimize HD directly, and it may lead to unstable training, [20] proves that it can be approximated by the distance transformation between ground truth and prediction results. The so-called distance transformation result is a matrix, in which the value on each pixel is equal to the distance between the pixel in the original image and the object of interest in the image, for example, for binary images M_g (where 0 represents the background and 1 represents the target), so we can get the distance transformation result of each pixel in M_g:

$$DT_X[i,j] = \min_{k,l;X[k,l]=1} d([i,j],[k,l]) \quad (11)$$

Which $[i,j]$ represents the index of transformed pixels, $[k,l]$ represents the pixel index of the object, and d represents the distance between pixels, which is usually expressed by Euclidean distance:

$$d([i,j],[k,l]) = \sqrt{(k-i)^2 + (l-j)^2} \quad (12)$$

The final Hausdorff distance loss is:

$$L_{HD} = \frac{1}{HW}\sum_{i=1}^{H}\sum_{j=1}^{W}[(M_o(i,j) - M_g(i,j)) \times (DT_{M_g}[i,j]^2 + DT_{M_g}[i,j]^2)] \quad (13)$$

To sum up, the total loss function of WRD-Net can be expressed as:

$$L = L_F + L_B + \beta L_{HD} \quad (14)$$

$\beta = 0.5$ among them.

2 Training Data and Experimental Design

The method proposed in this paper is based on the Pytorch framework on Windows10 system. The specific framework versions used for compilation are Python3.7, Python 1.6 and CUDA 11.2. Hardware uses two NVIDIA 1808Ti GPUs to train the network. Optimizer used in network is Adam optimizer with momentum decay index $\beta_1 = 0.9$ and $\beta_2 = 0.999$. The initial learning rate is 0.001, the total number of iterations is set to 100, and the Batch size is set to 8. The network is trained in an end-to-end way, and all images are cropped into 256 × 256 RGB images in the training stage. AUC (area under the receiver operating characteristic curve) and F1 score were used to evaluate the detection results. Selection of training set and evaluation of generalization performance.

In the real scene, the watermark removal algorithm faced by watermark removal trace detection is unknown, so generalization performance is a necessary capability of the network. Different training sets lead to different generalization performance, so the selection of training sets is very important.

In this paper, 22000 images are selected from the test set of MSCOCO dataset[14], and 80 watermark patterns are selected from the Internet (this paper only discusses the case that the watermark is pure white). Assuming that all watermark removal methods have been trained to converge on other datasets, we can directly use them to generate the removal results to construct the training set of WRD-Net. First, we combine 20000 watermarks and 60 watermarks in all the previously selected images to generate 20000 watermarked images, and then combine the remaining 2000 images with the remaining 20 watermarks to generate 2000 watermarked images.

To get a watermarked image J, it is often to superimpose a watermark W on a natural image:

$$J(p) = \alpha(p)W(p) + [1 - \alpha(p)]I(p) \quad (15)$$

Where $p = (x, y)$ is the pixel position in the image and the transparency corresponding to each pixel position. Generally, the watermark is set to semitransparent to ensure that the image content covered by it is visible. So there are all pixel positions have $\alpha(p) < 1$.

There are five watermark removal algorithms that we need to detect: VWGAN[15], Motif[16], SRNet[17], WDNet[18] and SLBR[19]. Among them, VWGAN uses GAN network to remove the watermark, which can only deal with the watermark on a single background image. Motif first proposed to use multi-task codec to remove the watermark. SRNet added an image fusion module on the basis of Motif, which made the removed area and surrounding pixels have better style consistency. WDNet also used multi-task codec to remove the watermark, and SLBR introduced self-calibrated localization to remove the watermark. Among them, only VWGAN directly operates the image, and other algorithms segment the watermark region to achieve fine removal. Therefore, we remove watermark from the above 22000 watermarked images by the above five methods, and generate five datasets, each of which contains 20000 pairs of training sets composed of removal results and corresponding masks, and 2000 pairs of testing sets composed of removal results and corresponding masks. Fig. 6 shows the AUC of our network trained in five different training sets and then tested in five testing datasets.

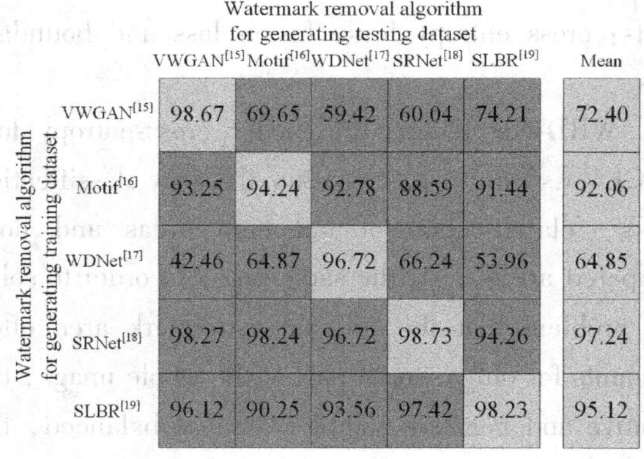

Fig. 6 Performance results of WRD-Net under different datasets

The diagonal line in Fig. 6 shows that the same watermark removal algorithm as that used in training is used for testing. In this case, the detection network can usually achieve good detection effect.

However, when we observe the off-diagonal part, we know that when using different data for training, the generality of the network is quite different, and the best generalization performance is achieved when using SRNet for training. By observing the network structure of SRNet, it is found that it belongs to a two-stage network. In the former stage, the multitask codec which is common to many networks [16] and [18] was adopted, while in the latter stage, the image fusion module included other removal methods to deal with images, which integrated the characteristics of many networks. Therefore, when training other networks, we all use the dataset generated by SRNet.

2.1 Network comparison

At present, there is a lack of detection algorithms specifically for watermark removal, so we choose two most advanced image restoration detection algorithms: HP-FCN[7], IID-Net[8] and MT-Net[6], a general image tamper detection algorithm, for comparison. We retrain the official source code on SRNet watermark removal dataset, and then test it on five watermark removal test sets respectively. It should be noted that we strictly followed the training process of the comparison algorithm, and adopted the same batch, learning rate, training strategy and other controllable variables during training.

The quantitative comparison results are shown in Tab. 1. As the scores of AUC and F1 are both higher, the better, and MT-Net is the worst in terms of AUC evaluation index (74.23), it may be that MT-Net doesn't have a special module for pixel tamper detection, which leads to its poor performance in this kind of tamper detection field. On the F1 index, HP-Net has a poor performance (48.57%), which may be due to the fact that the network can only fit the shape of a few tampered areas, but lacks the learning of removing trace features. However, IID-Net itself is a detection model for pixel tampering, so its performance on various datasets is very good (AUC:9.48, F1:85.95). The WRD-Net proposed in this paper achieves the best performance (AUC:97.47, F1:87.27).

The qualitative comparison results are shown in Fig. 7 MT-Net performs poorly on all datasets, and there is no result (showing a pure black image) even when it is used for detecting WDNet and SLBR on the third and fifth lines. However, although HP-Net has shown a rough outline on each dataset, it does not meet the requirements of forensics, because image forensics needs to detect the shape of watermark at pixel level. The performance result of IID-Net is the best among all comparative literatures, but the method in this paper is more clear in detecting the outline of watermark, especially the "You Tube" logo in the second line is very clear.

Performance contrast of our method and other advanced algorithm Tab. 1

Model name	evaluating indicator	Testing dataset					
		VWGAN[15]	Motif[16]	WDNet[17]	SRNet[18]	SLBR[19]	Mean
Mantra-Net[6]	AUC	86.36	82.36	72.54	62.56	67.32	74.23
HP-Net[7]	AUC	96.23	94.76	87.24	73.27	91.21	88.54
IID-Net[8]	AUC	**98.54**	96.23	94.34	95.63	92.67	95.48
Proposed	AUC	98.27	**98.24**	**96.72**	**98.73**	**94.26**	**97.24**
Mantra-Net[6]	F1	78.55	69.32	53.63	79.54	42.11	64.63
HP-Net[7]	F1	63.13	38.87	46.86	42.54	51.47	48.57
IID-Net[8]	F1	**87.14**	82.96	**85.62**	91.83	82.20	85.95
Proposed	F1	82.23	**91.42**	84.47	**92.57**	85.68	**87.27**

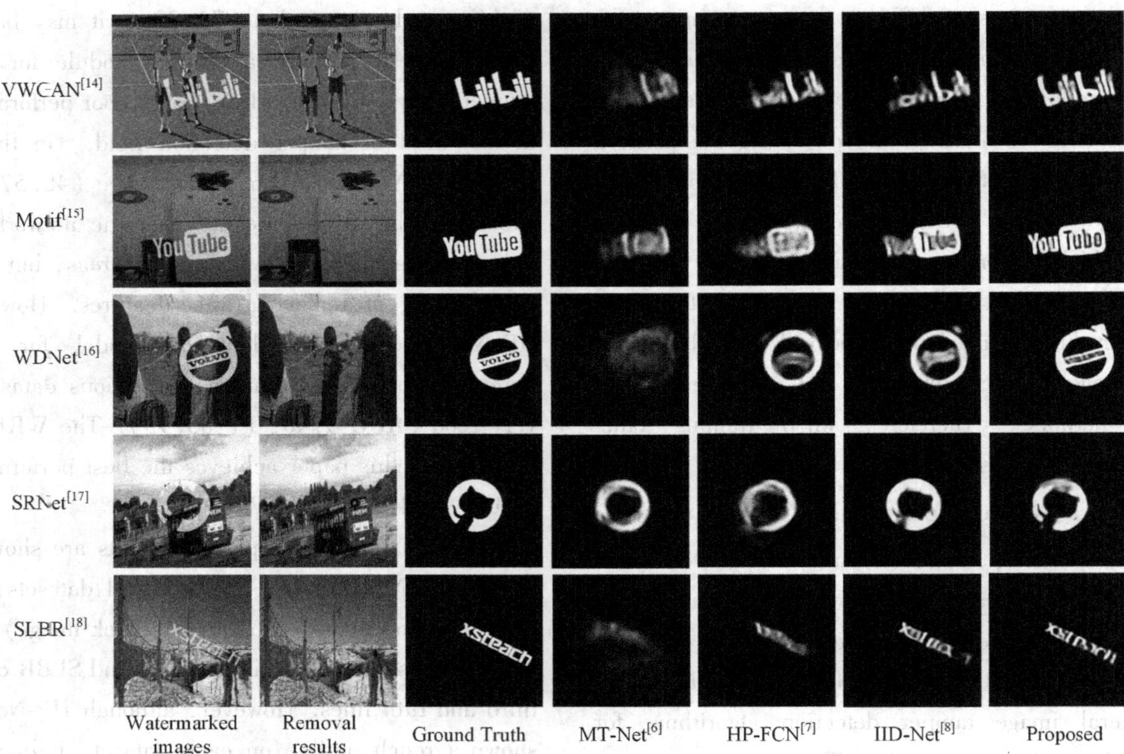

Fig. 7 Mask segmentation result of WRD-Net and other advaced algorithm

2.2 Ablation experiment

In this section, we conduct ablation experiments on WRD-Net by analyzing how each component in the block affects the final result, because the network is an enhancement block and an extraction block, a decision block from front to back. So we started to adjust the components in the module while fixing other components. After selecting the best component in a module, use this component to discuss the components in the module after adjustment. For example, after the GBD + Bayar + Conv in the enhancement block is the best, fix it and then discuss the components in the enhancement block, as shown in Tab. 2.

In the enhancement block, the best result (AUC:92.78) can be achieved when GBD module is added, because it can enhance the watermark removal trace by filtering the residual. However, the other two options have too many blocks with fixed weights, which leads to the lack of certain generalization performance when faced with various watermark removal networks.

In the extraction block, we compare the feature extraction performance of manually set convolution block (hereinafter referred to as artificial block), One-shot NAS and Few-shot NAS. Among them, all convolution layers in the artificial block adopt 3 × 3 separable convolution, and it can be found that its performance is the worst, because this structure is not specially designed for watermark removal detection task. While One-shot NAS is faster than Few-shot NAS in searching, the performance of the searched network structure is worse than the latter, because its trained subnetworks have lower ranking relevance. So we choose the blocks searched by Few-shot NAS.

In the final decision block, we reserved Global Attemtion to calculate the similarity between feature blocks, and combined with Coordinate Attention to extract spatial and channel features, and got the best result (AUC:98.73).

Ablation Experiment data of each module Tab. 2

Enhencement block	Conv + Bayar + SRM	√						
	Conv + SRM + GBD		√					
	Conv + Bayar + GBD			√	√	√	√	√
Extraction block	w/ Fixed Kernels	√	√	√				
	w/ one-shot NAS				√			
	w/ few-shot NAS					√	√	√
Decision block	Global & Local Att.	√	√	√	√	√		
	Coordinate Att.						√	
	Contextual & Coordinate Att.							√
Mean AUC		91.42	92.51	92.78	93.64	94.37	96.23	98.73

3 Conclusion

This paper proposes a new watermark removal detection model based on deep learning: WRD-Net. The network first enhances the removal of traces through the combination of various feature extraction layers, then extracts abnormal features by using the network searched by Few-shot NAS network, and finally further studies these modules through global attention mechanism and coordinate attention mechanism before mask output. The final result shows that WRD-Net has a better detection effect than the most advanced tamper detection methods at present. Moreover, WRD-Net has a strong generalization performance, which can detect the watermark removal that does not appear in the training set. The mask result segmented by the network can clearly observe the watermark contour, which provides convenience for the forensics of visible watermark removal of the current image.

References

[1] Q. Wu, S. Sun, W. Zhu, G. Li, and D. Tu. Detection of digital doctoring in exemplar-based inpainted images [J]. inProc. Int. Conf. Mach. Learn. Cybernetics, 2008, 3 (11): 1222-1226.

[2] G. S. Lin, M. K. Chang, and Y. L. Chen. A passive-blind forgery detection scheme based on content-adaptive quantization table estimation[J]. IEEE Trans. Circuits Syst. Video Technol, 2011, 21(4): 421-434.

[3] Z. Liang, G. Yang, X. Ding, and L. Li. An efficient forgery detection algorithm for object removal by exemplar-based image inpainting[J] Vis. Commun. Image R, 2015,30(12):75-85.

[4] Zhou, P., Han, X., Morariu, V. I., & Davis, L. S. Learning rich features for image manipulation detection[C]// Kevin Spacey. IEEE Conference on Computer Vision and Pattern Recognition. Piscataway, NJ:IEEE,2018:1053-1061.

[5] Ren, Shaoqing, et al. Faster r-cnn: Towards real-time object detection with region proposal networks[J] Advances in neural information processing systems 2015,28(15): 91-99.

[6] Y. Wu, W. AbdAlmageed, and P. Natarajan. Mantra-net: manipulation tracing network for detection and localization of image forgeries with anomalous features [C]// Thomas Park. IEEE Conference on Computer Vision and Pattern Recognition. Piscataway, NJ: IEEE, 2019: 9543-9552.

[7] Li, H., & Huang, J. Localization of deep inpainting using high-pass fully convolutional network[C]// Peter Park. IEEE Conference on Computer Vision and Pattern Recognition. Piscataway, NJ:IEEE,2019: 8301-8310.

[8] Wu, Haiwei, and Jiantao Zhou. IID-Net: Image Inpainting Detection Network via Neural Architecture Search and Attention[J]. IEEE Transactions on

Circuits and Systems for Video Technology, 2021, 3(11):12-25.

[9] Zhao, Y., Wang, L., Tian, Y., Fonseca, R., & Guo, T. Few-shot neural architecture search [C]// Peter Park. International Conference on Machine Learning. New York, NY:ACM, 2021:12707-12718.

[10] P. Zhou, X. Han, V. I. Morariu, and L. S. Davis. Learning rich features for image manipulation detection [C]// Peter Park. IEEE Conference on Computer Vision and Pattern Recognition. Piscataway, NJ: IEEE, 2018: 1907-1915.

[11] B. Bayar and M. C. Stamm. Constrained convolutional neural networks: a new approach towards general purpose image manipulation detection[J]. IEEE Trans. Inf. F orensics and Security, 2018,13(11):2691-2706.

[12] Bender G, Kindermans P J, Zoph B, et al. Understanding and simplifying one-shot architecture search[C]// Peter Park. International Conference on Machine Learning. New York, NY:ACM, 2018: 550-559.

[13] Hou, Q., Zhou, D., & Feng, J. Coordinate attention for efficient mobile network design [C]//Peter Park. International Conference on Machine Learning. New York, NY: ACM, 2020:13713-13722.

[14] Lin, T. Y., Maire, M., Belongie, S., Hays, J., Perona, P., Ramanan, D., ... & Zitnick, C. L. Microsoft coco: Common objects in context[C]// Peter Park. European conference on computer vision. Berlin, German:Springer 2014:740-755.

[15] Cao,Zhiyi,et al. Generative Adversarial Networks Model for Visible Watermark Removal [J]. IET Image Processing, 2019,13(10): 1783-1789.

[16] Hertz, Amir, et al. Blind Visual Motif Removal From a Single Image [C] // Peter Park. Conference on Computer Vision and Pattern Recognition. Piscataway, NJ: IEEE, 2019: 6858-6867.

[17] Liu, Yang, et al. WDNet: Watermark-Decomposition Network for Visible Watermark Removal [C] //Winter Conference on Applications of Computer Vision, NJ: IEEE, 2020: 3685-3693.

[18] Cun, Xiaodong, and Chi-Man Pun. Split Then Refine: Stacked Attention-Guided ResUNets for Blind Single Image Visible Watermark Removal [C] //Association for the Advancement of Artificial Intelligence. Menlo Park, CA, 2021: 1184-1192.

[19] Liang J, Niu L, Guo F, et al. Visible Watermark Removal via Self-calibrated Localization and Background Refinement[C]// Peter Park. ACM International Conference on Multimedia. New York, NY:ACM, 2021: 4426-4434.

[20] Karimi D, Salcudean S E. Reducing the hausdorff distance in medical image segmentation with convolutional neural networks[J]. IEEE Transactions on medical imaging, 2019, 39 (2): 499-513.

基于动态有向图和改进 DFS 的进路搜索研究与应用

曹嘉琛*1 杨武东2

(1. 西南交通大学信息科学与技术学院;2. 西南交通大学信息科学与技术学院)

摘 要 传统计算机联锁一般通过模拟继电联锁来实现联锁逻辑的检查,这样会导致系统耦合度较高,程序可移植性较差。为了提高计算机联锁系统的效率,改进传统进路搜索算法,本文提出了一种动态有向图的站场数据结构和改进的深度优先搜索(DFS)算法。结合 Python 和 C++进行编程仿真和验证,结果表明,使用该方法能够比较清楚地模拟真实的站场设备,能完成敌对进路的检查,降低联锁系统的复杂度,提高程序可移植性。

关键词 联锁 动态有向图 仿真 进路搜索 深度优先

0 引言

随着计算机的广泛应用,电气集中联锁[1]正在逐步被计算机联锁取代。但目前大多数计算机联锁系统基本都在21世纪初开发,受限于当时计算机系统性能,其进路搜索算法及其数据结构都较为单一,且存在变更站场后程序需要重构的问题。随着计算机技术及硬件能力的提升,进路搜索方法应得到改进,以适应新的计算机系统,提高安全可靠性,降低程序维护和软件使用的难度。

进路搜索问题包含两部分,一是站场数据结构[2],二是进路搜索算法。传统的数据结构包括二叉树[3]和多向链表等,但它们都无法全面的描述铁路站场的特性,传统进路搜索算法有很多种,对深度优先(DFS)算法[4]来说,如果站场节点树很深而解很少,该算法可能会很慢;而如果整体上每个节点的边很多,那么广度优先(BFS)算法消耗的内存会很大;Dijkstra[5]算法的本质是求最短路径,要对轨道不同设备之间的连接关系赋予权重,不符合现场的实际情况;遗传算法[6]则容易出现过早收敛的问题,这样会导致进路搜索不全面、出现丢失进路等情况;蚁群算法[7]收敛速度慢,选择下一个节点时倾向于随机选择,虽有助于找到全局最优解,但是可能会因此忽略一些站场的安全规定。

综上所述,进路搜索应当以简单可靠为主,保证算法的时间复杂度在可接受的范围内。大部分站场深度都有限,不会出现大量分叉,针对这种特性,本文提出一种通过面向对象方法来构建的动态有向图[8]的方式,去模拟铁路站场设备。提出了改进的DFS算法,通过两者的结合,实现在进路搜索的过程中完成部分联锁逻辑的检查,提高联锁系统整体的效率和安全性。结合Python、C++等程序语言对上述办法予以实现和验证,结果表明,该方法确实能够完成部分联锁逻辑,提升系统工作效率。

1 面向对象的动态调整有向图站场建模

本文提出了一种通过面向对象方法构建的动态有向图模型,使用面向对象的特性来模拟真实站场设备,进而替代传统有向图的节点;使用动态有向图的数据结构来描述设备之间的连接关系以及站场设备的变化情况,同时将边权重的概念修改为设备连接方式。

使用面向对象的思想对铁路设备进行抽象,封装成类,从而替代有向图中的节点,针对铁路设备添加专有属性,不仅能够准确描述铁路设备,也有助于在进路搜索后完成对应的联锁逻辑,提高联锁系统的运行效率。以道岔为例,站场设备的抽象方法如表1所示。

站场设备属性(Station Equipment Attribute)

表1

类名	属性		备注
道岔	设备属性	设备 id(ID)	该设备在站场的 id
		设备种类(kind)	设备的种类
		设备状态(status)	设备的使用状态
	有向图属性	定位边(DW)	道岔定位连接关系
		反位边(FW)	道岔反位连接关系
		前边(Q)	道岔前端连接关系

表中第一部分是道岔设备的属性,例如设备名称、设备的种类,还有设备的状态(定位或者反位),第二部分是图的属性,这里我们将从本节点出发指向其他节点的边定义为节点的属性,并将传统有向图的边权重修改为边类型,那么道岔就会包含三个边,分别连接三个节点,对于信号机和轨道这两种设备来说,有向图属性只需区分左边(L)和右边(R)即可。站场设备的抽象概念图如图1所示。

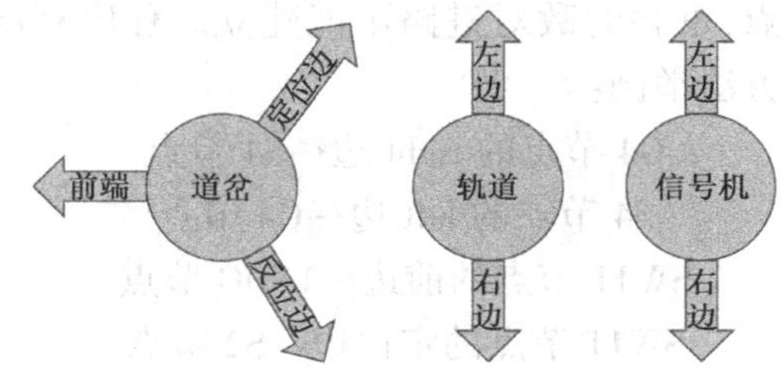

图1 设备概念模型(Device Concept Model)

利用这种逻辑对图2的某站场咽喉进行建模,站场咽喉的动态有向图数据模型示例如图3所示(符号说明:SW表示道岔;L表示左边,R表示右边,Q表示道岔前端,DW表示定位边,FW表示反位边)。

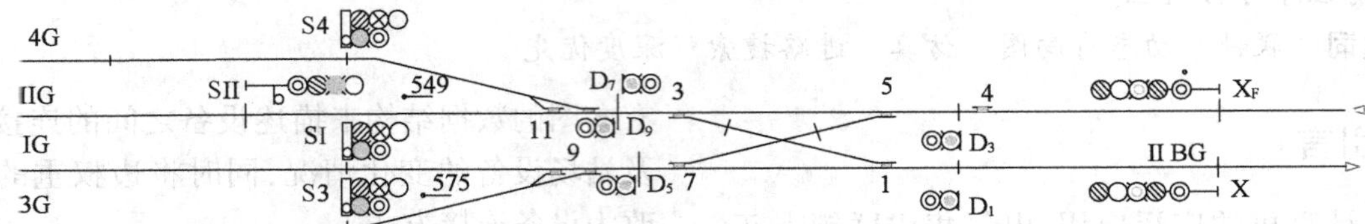

图2 某站场咽喉(Station Throat)

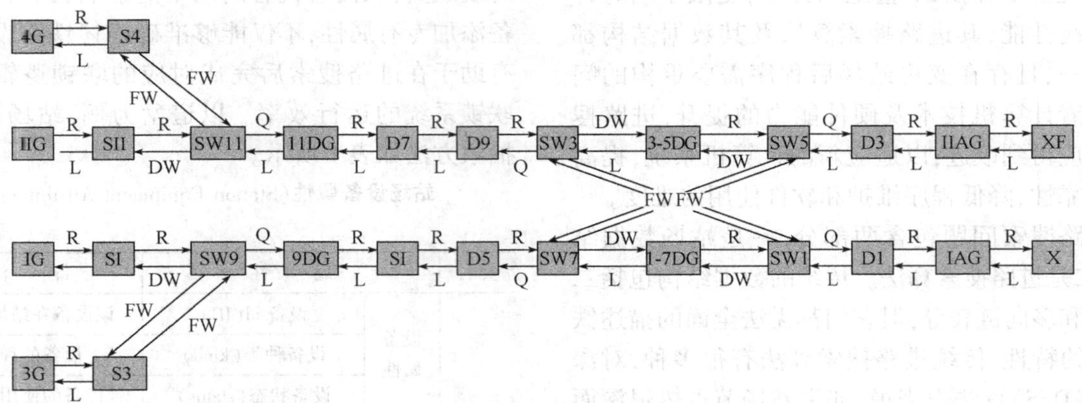

图3 站场动态有向图(Dynamic Directed Graph of Station)

利用面向对象构建动态有向图模型,可以将站场结构完整描述,其优点包含以下几点:

(1)不遗漏站场设备信息。

(2)不需要修改站场设备连接关系。

(3)不需要交叉换位[9]。

每个节点之间都是双向连接的,这样可以保证上行和下行方向的进路都可以搜索,同时每次搜索前都要给定方向,例如只给定下行,那么就会根据该数据模型只向下行方向搜索。当建立一条进路后,模型的节点状态会变为占用,如果此时要建立敌对进路,搜索进路后会发现存在占用状态的节点,重叠的敌对进路不能建立。程序有向图建模方法举例:

G4 节点的 right 边←S4 节点

S4 节点的 left 边←G4 节点

SW11 节点的前边←11DG 节点

SW11 节点的定位边←S2 节点

SW11 节点的反位边←S4

通过将节点幅值到相连节点的边上,可以将站场所有节点按照站场有向图模型连接起来,从而组织处完整的站场数据模型。在进路搜索时候,给定搜索方向,如给定方向 R,则搜索会沿着站场设备的 R 边进行,在道岔处需特殊判断,首先定义道岔的前一节点 N、道岔 S,如图4所示。

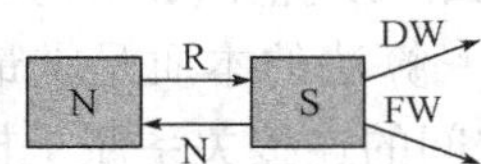

图4 模型图(Model Diagram)

(1)若 S 通过 Q 边连接 N,则接下来先后由 FW 和 DW 两边搜索。

(2)若 S 通过 FW、DW 边连接 N,则接下来从 S 的 Q 边搜索。

通过这种方式进行判断,就可以保持进路搜索方向正确,不会发生从 S 的 DW(FW)边搜索到 S 的 FW(W)边的错误情况,也不会出现 N 搜索到 S,然后再由 S 搜索回 N 这种死循环的情况,这也体现的该数据结构的优点。

2 改进的 DFS 进路搜索算法

基于 DFS 算法搜索进路全面和占用内存少的特性,本文对其做了一些改进:

(1)结合动态有向图,在进路搜索过程中,DFS 需要判断节点是否处于占用的状态,这样能够避开已经处于其他进路中的、被占用的节点,从检查出重叠的敌对进路,这样能够有效提高联锁系统的安全稳定性。

(2)虽然图本身是双向的,但结合有向图的边属性,我们可以实现单向搜索,从而保证搜索出来的进路只有上行或者下行方向，规避了传统 DFS 全向搜索的问题，侧面提高了进路搜索的稳定性和速度。

改进的 DFS 算法流程图如图 5 所示[符号说明：stack（栈），start（起始节点），path（当前搜索到的进路节点），target（目标节点），node（当前的节点），last（上一节点），next（下一节点）]。

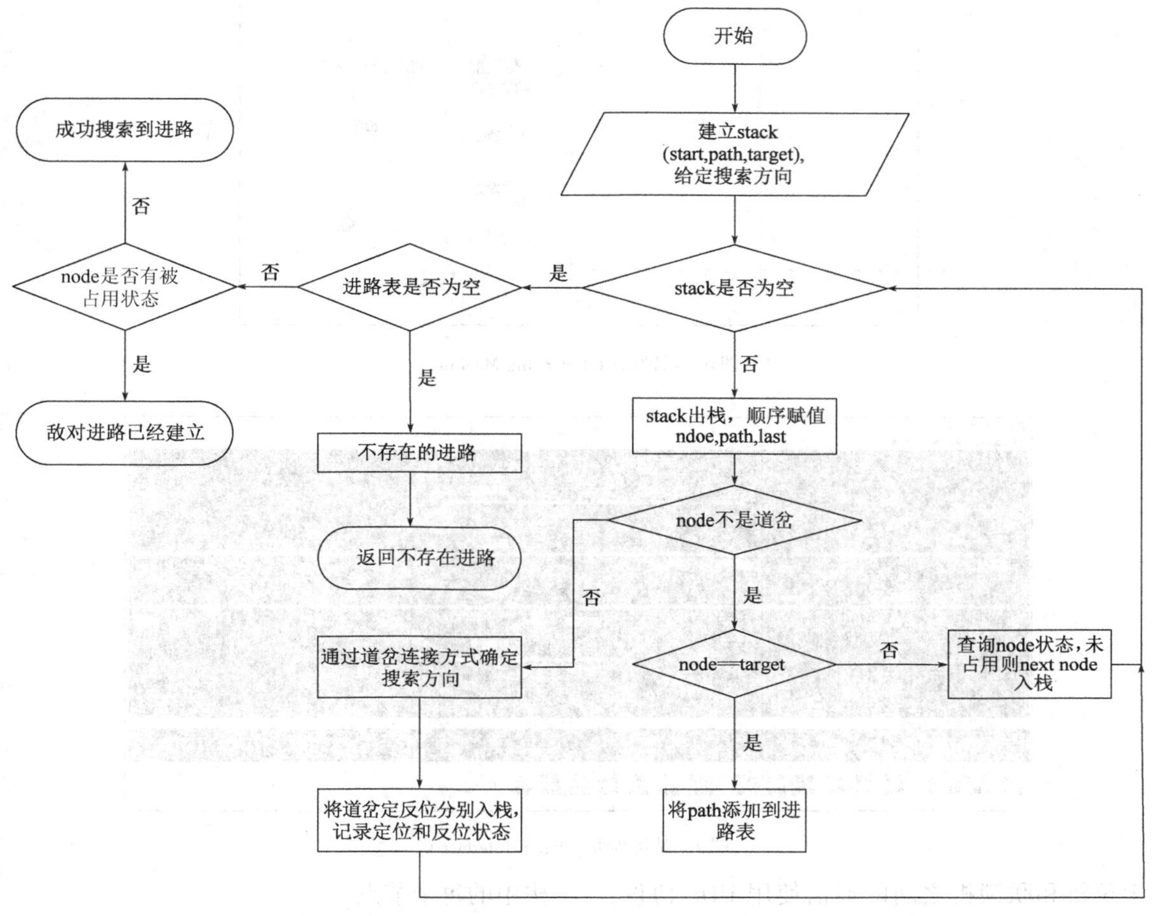

图 5 改进的 DFS 算法流程图（Improved DFS Algorithm Flow Chart）

在进路搜索的过程中，DFS 会在动态有向图中向给定的方向（上行或下行）搜索进路，在道岔处通过其连接设备属性来确定搜索方向，实现定位和反位的多向搜索。

（1）搜索过程中，一边生成进路表，一边查询 node 状态。

（2）在进路搜索完成后检查搜索到的进路表，判断进路表是否为 null，是 null，则说明 start 节点和 target 之间没有连通的进路。

（3）如果进路表非 null，则要判断进路节点的状态，若所有 node 都未被占用，则认为该进路可以开通。

（4）若进路表中有 node 处于被占用状态，则认为已经建立了敌对进路，因此不能将进路传送到联锁机。

如此，在进路搜索的过程中就可以完成部分联锁逻辑的检查。

3 算法仿真和实例分析

3.1 联锁机

联锁机仿真采用 Python 编写，这是一种面向对象的、跨平台的编程语言，编制的联锁机界面如图 6 所示。

联锁机中存储站场数据结构，并对每一个节点都单独命名。

3.2 上位机

上位机[10]显示界面使用 C++ 下的 Qt 框架编写，可以高效且美观的绘制站场界面，效果如图 7 所示。

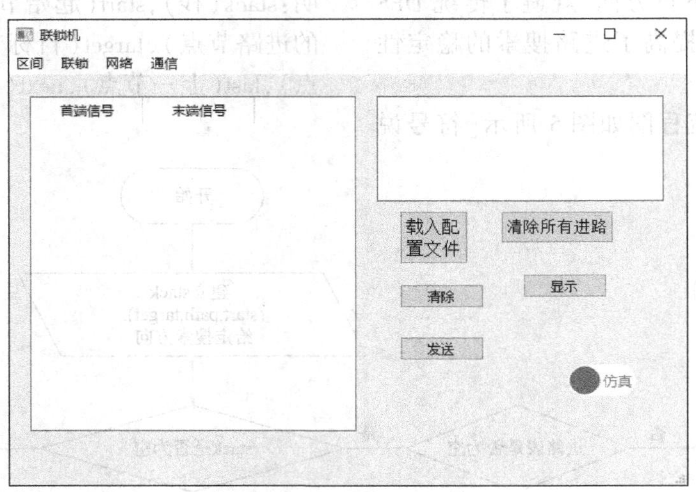

图6 联锁机(Interlocking Machine)

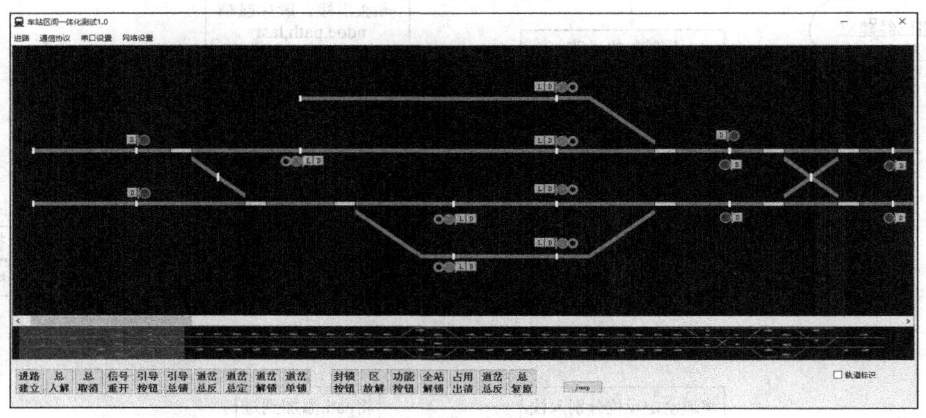
图7 站场界面(Station Interface)

上位机和联锁机之间的通信使用UDP协议，这样的好处是通信过程简单，网络搭建方便，且一个联锁机可以支持多个上位机同时工作。同时，上位机中的每个站场节点都是面向对象的，其命名只需和联锁机保持一致即可，在上位机和联锁机信息交互时，可通过节点名称识别站场数据结构中的每个节点。

3.3 搜索进路效果展示

如图8所示，按压图中红框标识的信号机按钮，对应为D7 D1，开通了D7→D1的调车进路，D7信号机开放月白色灯光。

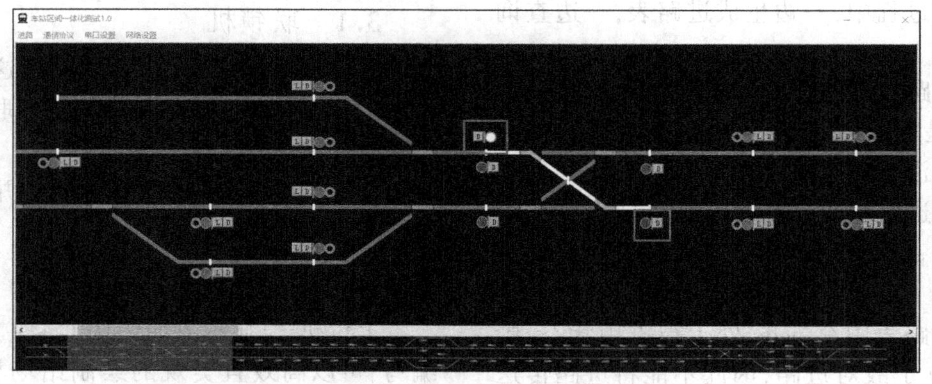
图8 进路搜索结果(Approach Search Results)

联锁机中存储的动态有向图已经调整为如图 9 所示。

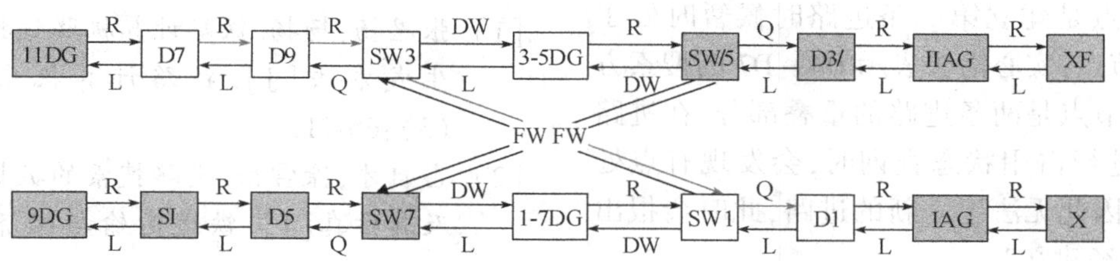

图 9 调整后的动态有向图(Adjusted Dynamic Directed Graph)

有向图中空心节点表示已经被调整为占用状态,而实心节点是未占用状态。粗箭头表示进路的搜索方向,在联锁机中,D7→D1 的调车进路已经开通,如图 10 所示(LA 是站名缩写)。

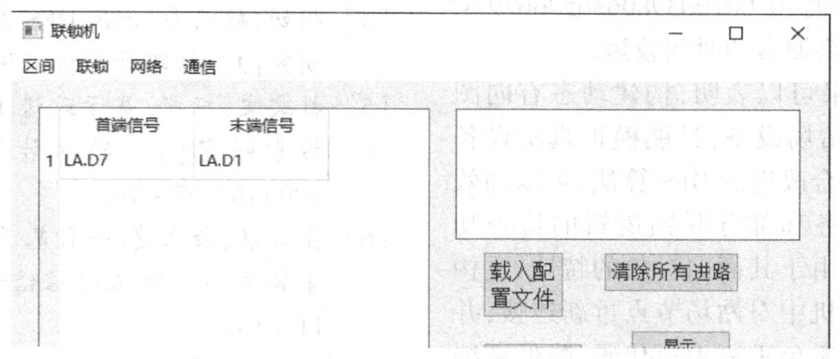

图 10 开通的进路(Open Route)

3.4 进路的检查

此时我们点击 D3 和 D7,建立 D3→D7 进路,如图 11 所示,联锁机会反馈敌对进路已经建立,因此无法成功建立本条进路,重叠的敌对进路的检查这个功能就是通过前文所介绍的面向对象的动态有向图来实现的。

如图 12 所示,尝试建立 D3 到 D7 的进路。

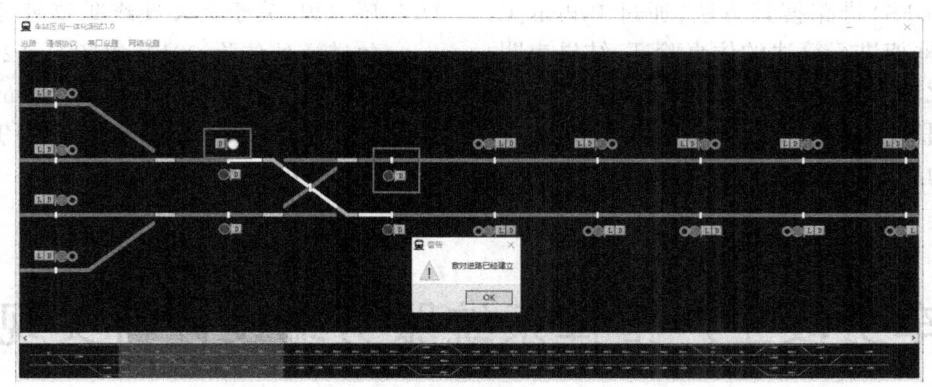

图 11 敌对进路检查(Hostile Approach Check)

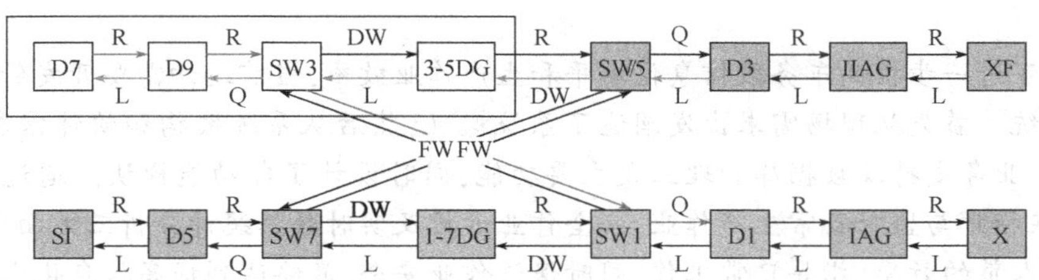

图 12 动态有向图变化(Dynamic Directed Graph Changes)

空心节点是已经建立好的进路,处于被占用状态,斜杠节点是建立第二条进路时候暂时处于占用状态的节点,实心箭头表示D3~D7的搜索方向,红框内的节点是两条进路的重叠部分,在进路搜索完成后进行占用状态查询时,会发现有点处于其他进路,因此无法建立新的进路,此时会报出"敌对进路已经建立"。

在算法中添加计时程序,选取道岔经过较多的一条进路D7→D1,运行改进的DFS,搜索D7~D1的进路需要的时间:

D7→D1 进路搜索耗时:0.0010039806365966797s

约等于1ms,进路搜索的时间较短。

以上实验的结果可以表明,构建动态有向图能比较清晰地描述站场设备,且能模拟真实设备之间的连接逻辑,结合改进的DFS算法,可以高效地完成进路搜索任务和部分联锁逻辑的检查功能,效果较为满意。由于其面向对象的特性,重构站场时,仅需在联锁机中对站场节点重新连接,并重绘界面即可,能够避免重复编写代码,降低系统耦合度,提高软件开发效率。

4　结语

本文提出了通过面向对象方式构建动态有向图的方法,以及建立在动态有向图基础上的改进的深度优先(DFS)进路搜索方法,通过Python、C++以及Qt框架进行算法的仿真验证,结果表明该方法能够比较准确描述站场模型,并能完成进路搜索,辅助联锁机完成重叠敌对进路的检查,实现部分联锁功能,提高联锁系统的运行效率。

参考文献

[1] 张思杨,杨扬.铁路计算机联锁控制数据自动生成方法[J].铁路计算机应用,2021,30(3):65-71.

[2] 占自才,徐雪松.进路搜索的数据结构与算法及其仿真[J].铁道运输与经济,2005(09):73-74+78.

[3] 姜海涛,张为群,黄康.二叉树在自动进路搜索中的应用[J].铁路计算机应用,2002(08):8-10.

[4] 胡媛,魏宗寿.采用DFS策略的进路搜索算法研究[J].铁路计算机应用,2007(09):4-6.

[5] 杜文文,杨扬.基于改进Dijkstra算法的进路搜索研究[J].铁路计算机应用,2020,29(09):62-67+76.

[6] 张文泉,余立建.一种基于遗传算法的进路搜索算法[J].铁道通信信号,2015,51(09):9-11+14.

[7] 吴相飞,敖银辉.基于蚁群算法的进路搜索算法研究及应用[J].机械工程与自动化,2018(06):75-77.

[8] 肖大海,陈亮.适用于动态有向图路径检索的一种数据结构[J].华中科技大学学报:自然科学版,1994,22(1):125-128.

[9] 滕卫国.关于交叉渡线联锁问题的探讨[J].铁道通信信号,2012,48(02):52-53.

[10] 王文杰,杨扬,王玥.基于OpenCV的计算机联锁上位机界面图像分析法[J].铁路计算机应用,2021,30(8):17-23.

车务段生产指挥系统服务端设计与实现

刮岱文*　张亚东　马　亮

(西南交通大学信息科学与技术学院)

摘　要　为了进一步提高车务段信息化水平和生产作业效率,当前迫切需要开发针对车务段生产作业过程的软件系统。首先从现场需求出发阐述了系统概况,然后从系统架构和软件需求出发,确定了服务端的网络通信、业务支持及数据库管理三大主要功能,同时设计了各功能模块。通过现场测试与试运行可知,该系统在指挥与监督日常生产作业、安全作业卡控及实时数据统计分析三方面发挥了重要作用,可提升段内工作人员的效率,指导日常工作,同时保证作业安全,最终达到提高信息化水平的目的。

关键词　铁路信息化　服务端　车务段　生产指挥辅助

0 引言

车务段是我国铁路管理体制改革的产物，主要负责管理辖区内的各大小车站客运和货运的计划及收入，列车的运行监控。保证客运、货运的正常运营，指挥列车、机车的运行。而且目前车务段的职能仍在进一步完善，越来越多的车务段成立了安全生产指挥中心[1-2]。车务段以往一般是通过优化管理模式以及运输组织来提高车务段的生产作业效率[3-4]，随着时代发展，信息化也成为其中一个重要手段并且得到重视。部分车务段也应用了各种信息化技术例如大数据[5]、开发了一些的信息系统软件辅助日常工作，如：针对紧急事件的安全生产指挥辅助系统，针对安全管理的信息系统[6-7]等。

但是在实际的车务段生产作业中，仍然存在一些问题没有得到研究与解决，主要体现在以下几点：生产组织手段有待提高，计划、现车、生产进度、历史数据没有信息系统管理，没有管理系统和信息存储系统自动搜集和保存数据。生产管理手段有待提高，车务段安全生产指挥中心不能实时掌控生产情况，不能实时查看统计报表，管理人员的数据依赖一线工作人员手工汇总整理后逐级上报；车站作业管理手段有待提高：车站获取作业计划滞后，现车管理不直观、滞后、易出错，作业进度掌握和反馈不及时，信息共享程度不够[3-4]。

因此，在以往研究的基础上，需要开发专门的软件系统来解决这些问题。车务段生产指挥系统既能加强车站运转与货运及专用线人员之间的协调配合，提高各站及专用线作业效率，又能对装卸作业安全进行有效卡控，同时能让车务段各业务科室随时掌握车站的作业动态，对作业过程中存在的异常情况提供数据分析，便于生产组织的动态优化调整。

1 系统概述

1.1 系统架构

系统整体采用 C/S 架构，分为服务端、客户端、数据库以及基础数据维护终端。服务端负责提供对整个系统的数据支持，包括：数据分析与计算、分发客户端请求的数据、对数据库中生产数据的管理。同时负责提供服务端与客户端之间稳定有效的通信。客户端分为车站值班室客户端和车站运转室客户端，客户端主要负责人机交互，使用者通过勾选、填写、绘图等方式输入生产信息，客户端通过图形、文字、数字、语音提示等方式将信息传达给使用者。数据库以各种数据表的形式储存生产数据，主要分为静态的可配置数据和动态的生产数据。基础数据维护终端作为特殊的客户端，登录取得权限后配置数据库中的静态数据，例如站场结构数据和车站安防设备数据等。

系统层次划分为应用层、业务层、数据交互层、数据层。应用层提供人机交互功能，业务层进行逻辑计算来实现系统功能，数据交互层操作并管理生产数据，数据层储存生产数据和静态配置数据。

系统部署严格依照车务段生产组织结构，密切联系实际生产工作。整个系统的部署如下：车务段调度室机房安设服务器运行服务端，车务段安全生产指挥中心配置两个客户端，各车站的值班室和运转室各配置一个客户端供日常生产作业使用。生产调度办公室以及各部门负责人办公室各配置一个客户端供管理人员监察日常作业。网络结构如图 1 所示，系统网络拓扑图为星形网络拓扑结构，具有连接方便、管理和维护相对容易且网络延迟时间较小等优点，服务端经过防火墙接入铁路安全内网，与各个车站客户端直接相连。

1.2 系统功能

系统的主要功能分为四个方面，分别是：生产指挥、生产过程监控、数据分析与统计、安全卡控。生产指挥功能指调度室客户端编制不同的作业计划，包括计划的类型、计划作业内容、计划作业时间，车站客户端接收计划并执行，从而实现对现场生产作业的指挥。生产过程监督指调度室客户端能够通过图形化显示计划的执行情况，车站客户端能够图形化显示站场形状并且显示现车作业状态。不仅能通过下达计划对现场作业进行指挥，还能看到计划的落实情况。数据统计与分析指系统自动的采集数据并计算，得到车务段实时的生产指标。安全卡控又分为两个方面：一方面是在程序中设计安全卡控的逻辑，进行涉及安全的操作时系统自动检查是否符合操作条件；另一方面是对安防设备的管理。

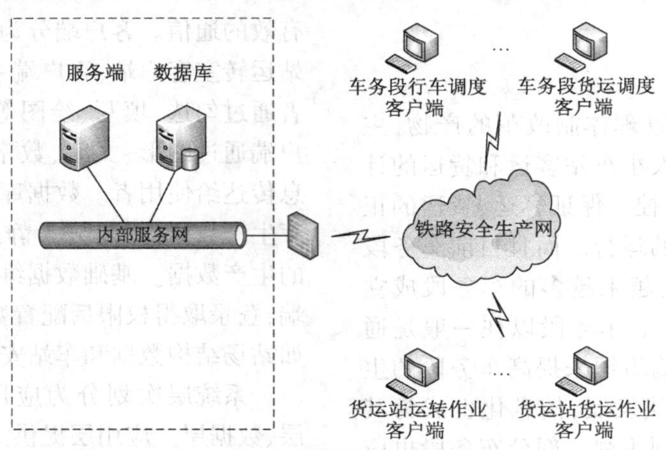

图1　系统网络示意图

2　服务端设计与实现

服务端是系统的核心组成部分之一,图2为本文的技术路线图。首先阐述系统使用服务端的必要性。从车务段的日常生产作业模式分析,系统的使用者为车务段调度室(安全生产指挥中心)的客运值班员和货运值班员,车务段所辖各车站的车站值班员和货运室值班员以及车务段管理人员。各个车站和调度指挥中心都需要配备客户端,新增服务端后,网络拓扑由总线式变为了星形,提高了系统通信的稳定性;从现场设备实际情况分析:由于系统需要实时计算生产数据,而各车站设备性能有较大差异,所以需要将生产数据分析集中放在专业的服务器上计算;从对生产数据的管理需求分析:大量的生产数据需要数据库来储存与管理,而且需要保证数据安全以及数据访问的一致性。根据以上三个方面,系统需要设计服务端来提供为各个客户端提供业务支持和数据计算以及统一操作管理数据库。其次,系统的客户端与服务端之间需要网络通信传递信息,将系统的通信功能交给服务端实现可以提高开发效率,降低维护成本。

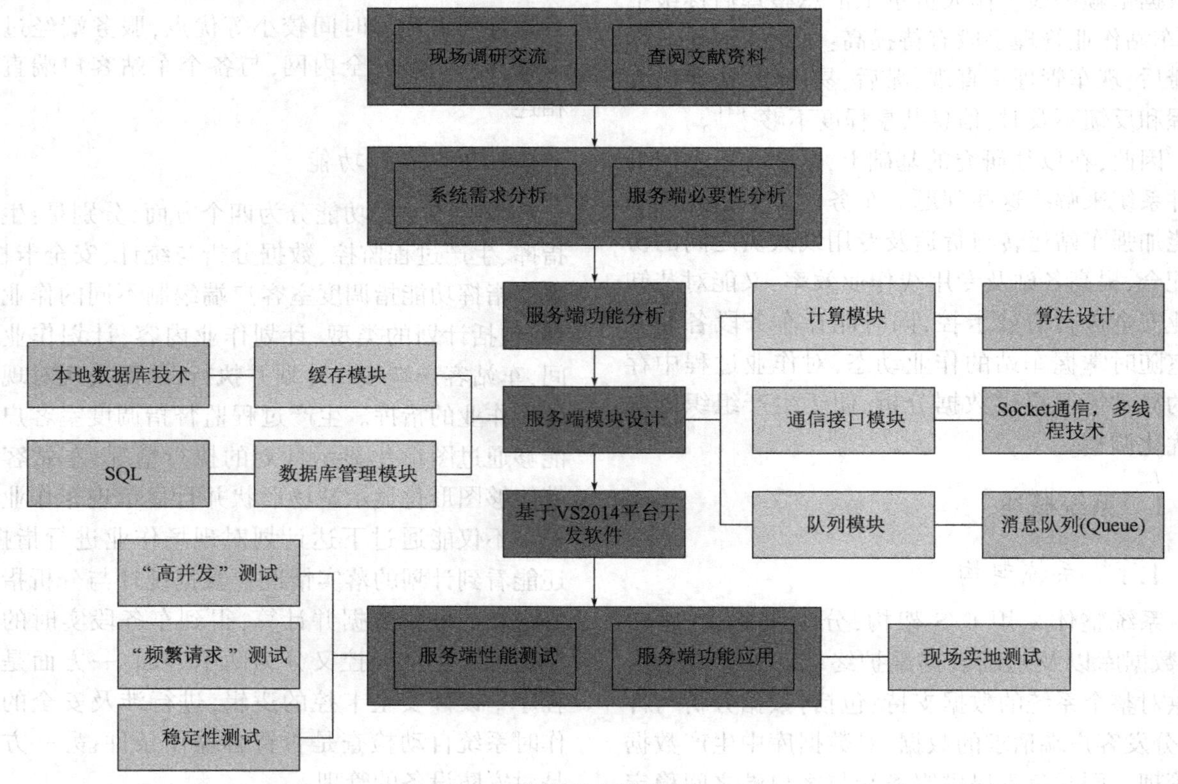

图2　技术路线图

2.1 服务端功能分析

根据上文的系统功能需求以及系统架构，将服务端的功能分为三个方面（图3），分别是网络通信、业务支持以及生产数据管理。网络通信部分实现服务端与客户端的稳定通信以及各客户端的数据实时同步更新。业务支持部分结合客户端发送的数据以及数据库的数据通过逻辑计算得到客户端需要的数据，实现系统的各种功能。生产数据管理首先需要设计数据库中数据存储的结构，设计各种表格，建立数据库，然后是对数据库中的数据“增删改查”。

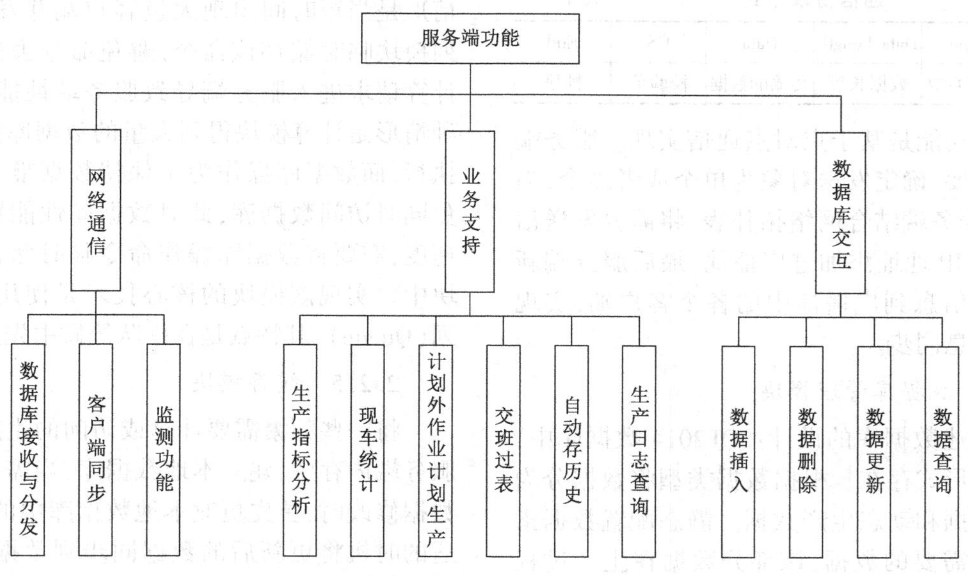

图3 服务端功能图

业务支持主要包括对以下主要业务功能的实现。

（1）生产指标分析：主要包括全线各个车站的终时分析、停时分析、四种作业兑现率指标。

（2）现车统计：各个站场以及全段车辆的状态统计，包括现车实时统计以及历史实时作业车的统计，主要包括各站各个状态（待装已上位、待卸已上位、待装已上位、待卸已上位、待挂、中转车等）各个品类现车的数量以及该班的已装车已卸车数。

（3）计划外作业计划生成：车站值班员或者货运自行执行调度室下达以外的接发、调车、装卸、维修操作时，自动生成计划，并以计划线的显示形式反馈到调度室客户端的界面，计划外的作业计划与调度室所做的作业计划以不同颜色区分。

（4）交班过表功能：调度室交接班时自动保存并且根据计划的完成状态修改计划。

（5）自动存入历史：主要包括两个方面，计划自动存入历史表和现车自动存入历史表。便于后期查询，对作业效率评估或者是作为事故发生后的分析依据。

（6）生产日志查询：提供一年以内的历史计划，安防设备使用记录，交班统计表，中停时分析的查询。

2.2 服务端模块设计与实现

为了实现服务端功能，将服务端设计成多个模块，各模块独立或互相配合实现服务端功能。分为核心计算模块、通信接口模块、数据库管理模块、队列模块、缓存模块。各模块功能与实现如下。

2.2.1 核心计算模块

该模块主要实现需要数据计算的客户端业务，例如生产指标分析、现车统计等。以客户端传来的数据、服务端内存中的数据、从数据库获取的数据作为数据输入，设计算法，得到相应的数据或者直接将得到的结果封装成命令。

2.2.2 接口模块

该模块实现客户端与服务端之间的稳定有效通信。该系统中通信分为两种：客户端与服务端的点对点通信，以及服务端对多台客户端的广播通信。实现点对点通信功能主要采用 socket 技术。通信协议设计如表1所示,其中“data”部分即传送的信息。首先将要传输的生产数据封装成对应的类,然后将类转化成Json字符串作为数据帧中的“data”部分。在信息接收方收到信息后,将“data”还原为对应的类。传输的类中主要包含:生产数据、对应的命令ID、消息回执等信息。

通信协议格式 表1

Head	Type	Data Length	Data	CS	End
帧头	通信类型	数据长度	传输的数据	校验值	帧尾

广播的功能是基于点对点通信实现。服务端根据数据需要,确定发送对象为单个或者多个,当为多个时,服务端结合网络拓扑表,将需要发送信息的客户端IP地址添加进广播池,最后服务端新开线程发送信息到广播池中的各个客户端,实现各客户端信息同步。

2.2.3 数据库管理模块

首先描述数据库的设计:SQL2014数据库中,数据以表的形式存在。根据数据类型将数据分为静态配置数据和动态生产数据。静态配置数据指系统初始化需要的数据,该部分数据在生产过程中不会变化,但是在作业条件变化时,例如新增站场,站型、股道等发生变化后需要更改。可配置静态数据使系统有了极大的适应性和可移植性,系统只需要修改静态数据便能够广泛地应用到各个车务段。静态配置数据主要包括:站场数据,人员岗位数据,网络配置数据三个方面。动态数据包括现车数据、计划数据。由于数据库访问具有热尾效应:越新的数据越经常被访问,同时为了方便按时间查询数据,将动态生产数据分为现在表和历史表,根据内容不同每隔固定时间将现在表中的数据转移到历史表中。历史表的设计,能长期保存大量生产数据方便查询,同时缩短了常用数据的访问时间,提高了数据库访问的效率。

数据库管理模块,主要是实现服务端与数据库交互数据,对数据库进行“增删改查”的操作,从数据库中取出计算模块所需要的数据,或者是存入计算模块得到的数据以及来自客户端的数据,根据客户端发来的最新数据来修改数据库中的数据。使用COM组件库中的ADO.NET实现数据库操作,数据库操作主要分为三个步骤:首先使用SqlConnection对象连接数据库,然后建立SqlCommand对象,其负责SQL语句的执行和储存过程的调用,最后对SQL或存储过程执行后返回的结果进行操作。

2.2.4 队列模块

该模块主要用来临时储存客户端发来的命令请求以及操作数据库的请求,起到解耦,异步,削峰的作用。两种情形下使用到队列模块:第一种情形是当短时间出现大量客户端并发请求时,队列模块临时储存该命令,避免命令丢失或者大量计算请求进入服务端导致服务端性能下降;第二种情形是计算模块得到大量的数据库操作命令待执行,而数据库操作为了保持数据唯一性尽量避免同时访问数据库,此时数据库性能跟不上计算速度,需要将数据库操作命令临时储存在队列模块中。实现该模块的核心技术是使用C#中的队列(Queue),其特点是在排队等候中先进先出。

2.2.5 缓存模块

将一些频繁需要计算或访问的生产数据放入服务端内存中,建立本地数据库,当需要对数据库数据修改时,首先更改本地数据库中的数据,在合适的时机将更新后的数据同步到数据库,避免短时间内需要对同一张数据表多次操作导致频繁访问数据库。另外,计算模块需要数据库数据作为计算的输入量时可以直接从本地数据库中取出,由于此时不修改生产数据,所以不必访问数据库。同时设计校对功能,确定合适的更新时机,即一段时间内不再对修改的表做出改动,此时将本地数据库表和数据库的表对比并更新,保证数据库数据正确,更新及时。

2.3 服务端工作流程

下面整体介绍服务端各模块配合工作的情况。当客户端向服务端发送信息,由通信模块负责接收,之后将客户端请求存入队列模块。一部分客户端请求只需要对数据库操作,如图4中所示的蓝色箭头,该请求直接存入缓存模块,由缓存模块通过数据库管理模块将数据更新到数据库,之后,缓存模块将操作状态的回执返回给队列模块。对于仅需要查询数据库的客户端请求,缓存模块直接将需要的数据封装后发送给消息队列模块,不调用数据库管理模块。另一部分命令请求需要调用计算模块,如图4中所示的绿色箭头。消息队列模块将客户端发送的数据送到计算模块,计算模块结合缓存模块中的数据得到数据分析结果,并将结果通过缓存模块更新到数据库,同时将分析结果发送到队列模块。队列模块收集客户端命令请求的结果后发送给通信模块,通信模块根据命令请求种类将请求结果发送到指定的客户端或将结果分发到每个客户端实现信息同步。

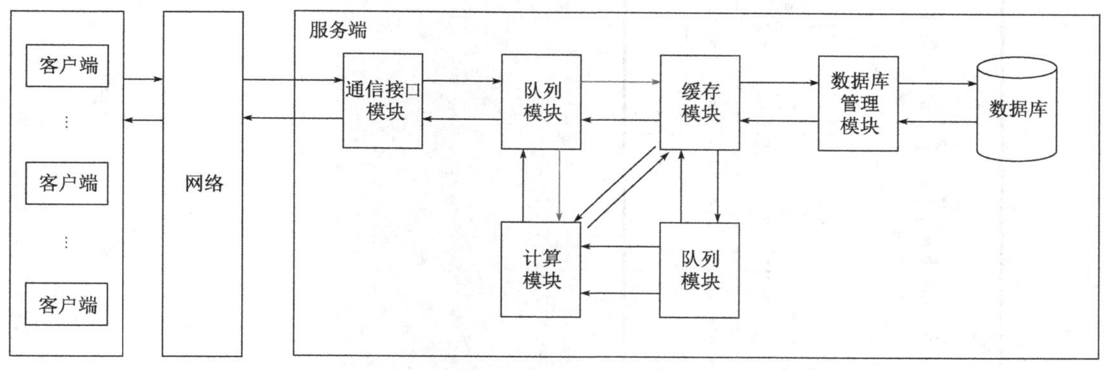

图4 服务端模块交互图

3 服务端测试与应用

车务段生产指挥系统服务端在 VS2014 的开发环境下,使用 C#编程实现。主要使用了 Socket 网络通信技术、同异步技术、消息队列、线程池等关键技术。在服务端编程实现后,需要对其进行性能测试,并且在实际使用中确认功能是否正常。

3.1 服务端性能测试

现场使用中服务端需要与多台客户端(50 台以上)通过铁路内网连接并提供业务支持,而且系统应用到铁路一线,需要全天候运行。所以性能测试需要重点考虑高并发,频繁请求以及长时间稳定这三个方面。通过现场试用后的系统日志发现:工作人员平均每分钟操作系统 10 次,即客户端平均每 6 秒向服务端发送业务请求,将此数据作为性能测试的参考之一。

为了保证测试的真实性,以川渝地区某车务段所辖的一条真实线路作为测试载体,该线下辖 10 个车站,是该车务段辖内最繁忙的线路之一。在“高并发”的测试上:在实验室搭建模拟现场的网络环境后,同时操作各车站客户端,执行到发,装卸,调车,维修计划,不间断测试 60min,系统响应正常。服务端在处理多台客户端同时发起业务请求时表现良好。在“频繁请求”的测试上:由于实际使用场景中,繁忙车站的客户端会频繁发起业务请求,编写脚本模拟场景。在服务端连接多台客户端的情况下,某一台客户端按照脚本 1 秒内对服务端发起 10 次请求,持续 5min,测试结果表明服务端能处理“客户端频繁请求”这种场景。在“长时间稳定”的测试上:目前系统在车务段试运行,整体情况良好,已经正常使用 2 个月,且 24h 不间断,系统功能正常,服务端具备一定稳定性。

3.2 服务端现场应用

将系统应用到现场进行功能测试,经过两个月的试用,系统完成了提高生产效率,保证作业安全的目标,服务端也实现了网络通信,客户端业务支持和数据库管理等主要功能。具体表现如下。

服务端实现了网络通信功能,并且以设置客户端刷新按钮的方式对通信进行了简单的监测,图 5、图 6 中客户端蓝色方框位置为刷新按钮(通信异常时显示红色,正常时为灰色)。客户端与服务端通信状态长期良好,网络刷新按钮正常。在安全指挥中心通过远程登录电脑,能看到各站值班室客户端和运转室客户端的现车界面一致,也实现了通信中的客户端同步功能;在服务端的支持下,客户端各生产数据清晰正确、功能正常,如图 5、图 6 方框部分;数据方面,通过对比现场的线下数据,如车站记录的接发车数据等,与数据库中信息一致,数据库的生产数据保存完整,说明服务端实现了对数据的有效管理。综上,现场应用的结果证明了服务端作为系统重要的组成部分发挥了自身的作用,实现了其设计时的基本功能。

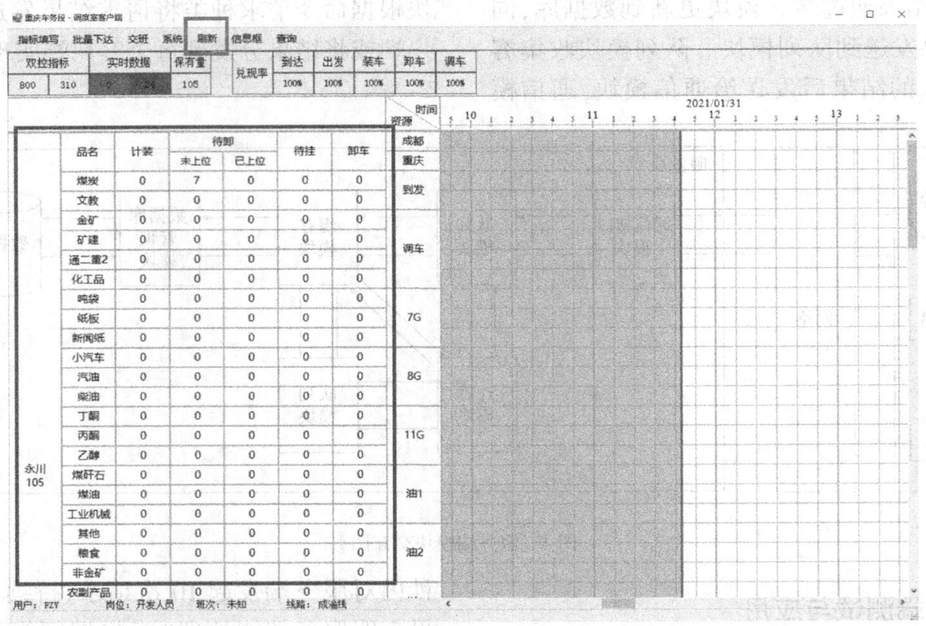

图5　调度室客户端

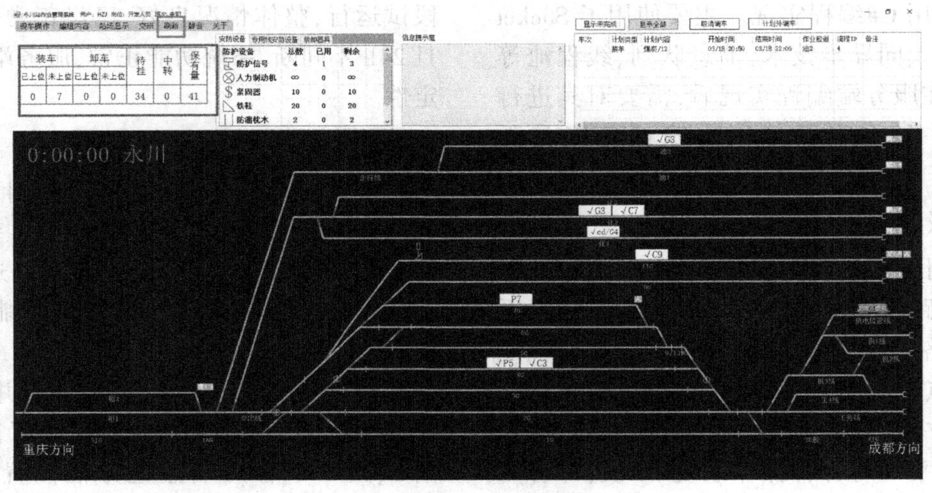

图6　车站客户端

4　结语

本文从车务段当前存在的不足出发，简述了车务段生产指挥系统，并设计了系统服务端部分，实现了对系统的通信、业务支持以及数据管理，是系统中不可或缺的一环。通过现场使用情况发现：该系统能对现场作业进行指挥与监控；并将生产数据信息化后进行统计和分析，来进一步指导日常工作；同时对于涉及安全的操作做出提示，有效提高了车务段的日常工作效率。

参考文献

[1] 魏小东. 车务段工电段联合生产指挥中心建设与应用研究[D]. 北京：中国铁道科学院，2020.

[2] 张亮，赵明. 车务段安全生产指挥中心现状及作用提升分析[J]. 中国铁路路，2020，(07)：73-77.

[3] 杜新军，李海鹰，何最新，王莹. 铁路车务站段管理模式研究[J]. 铁道铁道运输与经济，2021，43(01)：83-88.

[4] 张德福. 铁路车务段运输组织优化探索[J]. 铁道运输与经济，2019，41(S1)：1-4 + 32.

[5] 张亮. 大数据在铁路车务系统安全管理中的应用[J]. 中国铁路，2018，(10)：36-40.

[6] 李琦，蔡海勇，林楷. 车务站段安全生产指挥

辅助系统的研究与实现[J]. 铁路计算机应用, 2019,28(07):36-39.

[7] 于镤. 徐州车务段安全管理信息系统的分析与开发[D]. 徐州:中国矿业大学,2020.

面向混合现实的手势动作交互方法与高铁模拟驾驶应用

谭镇泷[1] 邹喜华[*1] 邓 果[2]

(1. 西南交通大学信息科学与技术学院;2. 成都锦西数智科技有限公司)

摘 要 面向混合现实(MR)环境下虚实交互需求,提出了一种在虚拟环境下利用手势动作与现实环境交互的方法。首先,利用虚拟现实设备对深度相机及现实物体进行定位,经过坐标变换将深度相机捕捉到的三维数据及现实物体三维坐标融合到同一坐标系下,再映射到虚拟空间;然后,采用深度相机获取的深度数据、RGB 数据结合 MediaPipe,进行手部关节点三维重建。在虚拟现实环境下,通过观察手部模型与标记物体模型的相对位置关系来对现实中的物体进行操作。最后,将之应用于 MR 高铁模拟驾驶器,通过虚拟场景中所见来对实体驾驶台进行操作,验证了本方法的可行性,增强 MR 环境下交互的真实感、沉浸感。

关键词 混合现实 手势交互 坐标融合 深度相机 三维重建 高铁模拟驾驶

0 引言

在混合现实(MR)环境下,现实与虚拟环境中的物体坐标相互独立,难以实现通过虚拟环境中所见来与现实环境中的物体进行交互;现在的虚拟现实应用可以使用手柄、数据手套、机器视觉来进行交互[1]。利用手柄进行交互限制了手的动作也不能与现实物体进行交互;数据手套可与现实物体进行交互,但是数据手套同样会限制手的活动,且价格昂贵,同时数据手套中传感器无法提供位置信息,通常需要在手套上额外加装位置追踪系统[2];利用计算机视觉进行三维手部姿态估计[3-6],不仅保留了裸手交互的舒适感,同时价格也相对便宜,是虚拟现实交互方式发展的一大方向。目前 LeapMotion 虽然提供了相应功能功能,但受限于知识产权和固定功能,难以应用和二次开发于各种特定场所,因此,我们需要做这个工作。

随着我国高铁技术的飞速发展,轨道交通领域相关的培训需求也大大增加,目前高铁领域相关培训可分为实物培训、硬件仿真培训[7]、软件仿真培训[8]。由于高铁相关设备占地面积大、价格昂贵等因素,基于虚拟现实技术的高铁领域相关的培训系统正在快速增加,可分为模拟驾驶[9-10]、装备检修拆装[11-13]、故障处理[14]等。但是,现在大多数的高铁虚拟培训系统都是与现实无交互的,减少了操作的真实感。

本文提出了一种在虚拟现实环境下利用手与现实交互的方法,借助 VR 设备、深度相机及 MediaPipe 将现实中手及交互物体映射到虚拟环境下,现实与虚拟环境中手与交互物体的相对位置关系是一致的,因此可以在虚拟现实环境下与现实中的物体进行交互,并将这种方法应用到高铁模拟驾驶中。

1 MR 场景下坐标融合

虚拟环境与现实环境交互,需要将现实环境中需要交互的物体的坐标信息与深度相机捕获的三维信息融合到虚拟现实设备的坐标系下,然后映射到虚拟空间,使虚拟空间中的参与交互的各个物体之间的三维关系与现实环境中一样,主要是将手部三维信息与需要交互物体的三维信息映射到虚拟空间,这样就可以通过观察虚拟环境中手与交互物体的相对位置关系来移动手,从而准确地在现实中实现手与物体的交互。

HTC VIVE 定位系统配有两个基站,基站内有两个转轴相互垂直的红外激光发射器及反射镜，转速固定；基站中还有一个红外 LED 阵列，用于信号同步[15]。定位的整个步骤为：首先红外 LED 闪光，然后光敏传感器接收到 LED 发出的红外线开始计时，垂直于 X 轴的红外激光扫描整个空间，在红外激光经过光敏传感器时记录，由于转速确定，那么扫描时间确定，即可求出光敏传感器相对基站 X 轴的角度，确定一条传感器所在位置的射线。接着，用同样的方法即可求出光敏传感器相对基站 Y 轴的角度。由于头显及 Tracker 中的存在多个传感器，且传感器之间相对位置已知，根据传感器位置差确定传感器在射线上的具体位置，进而确定头显或 Tracker 的坐标。

将 VIVE Tracker 固定在现实中某一物体上，并对 Tracker 固定位置进行标记，可以得到物体上任一点在 Tracker 坐标系下的坐标。通过对现实物体进行测量，建立一比一的实物模型，在虚拟环境中使实物模型标记点等于 Tracker 坐标，这样在 VR 环境中实物模型与双眼的距离同现实环境中物体与眼睛的距离相等。

将深度相机固定在头显之上，如图 1 所示，使深度相机捕捉的三维数据融合到头显坐标系下。

根据头显、深度相机尺寸以及深度相机固定在头显上的位置，得到从相机坐标系到头显坐标系的空间转换矩阵 M，如式(1)所示。

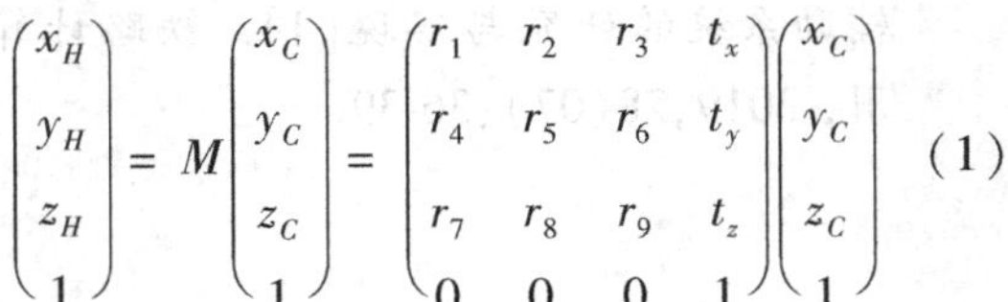

$$\begin{pmatrix} x_H \\ y_H \\ z_H \\ 1 \end{pmatrix} = M \begin{pmatrix} x_C \\ y_C \\ z_C \\ 1 \end{pmatrix} = \begin{pmatrix} r_1 & r_2 & r_3 & t_x \\ r_4 & r_5 & r_6 & t_y \\ r_7 & r_8 & r_9 & t_z \\ 0 & 0 & 0 & 1 \end{pmatrix} \begin{pmatrix} x_C \\ y_C \\ z_C \\ 1 \end{pmatrix} \tag{1}$$

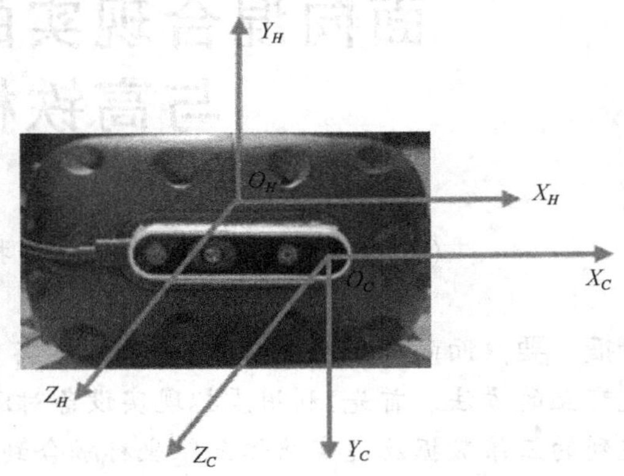

图 1　相机与头显结合图

本文深度相机使用 RealSense D435i 集成了两个红外相机、一个红外激光发射器和一个彩色相机[16]，其深度数据误差在 2m 时小于 2%。通过两个红外传感器和红外激光发射器获取深度数据，由于红外传感器、彩色相机处于同一水平面，因此获取的深度数据不论是在红外传感器坐标系下还是彩色相机坐标系下都是一样的。将深度图像向 RGB 图像对齐，如图 2 所示，可通过 RGB 图像像素坐标获取其对应深度。

a)RGB图

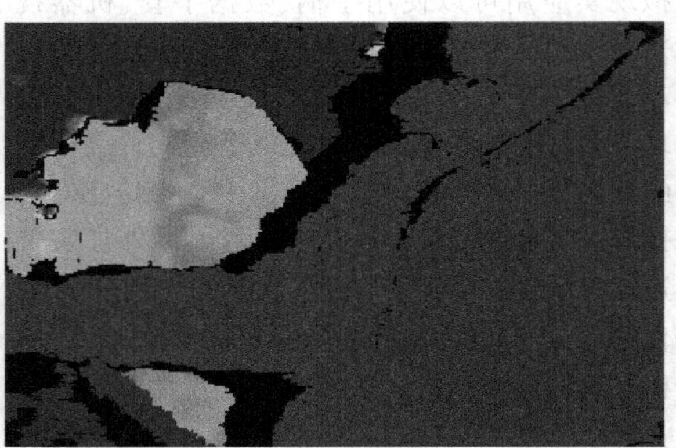

b)深度图

图 2　RGB 图与深度图

通过深度数据、彩色相机的内参 K 与图像像素坐标计算得到某一点在彩色相机坐标系下的三维坐标(x_p, y_p, z_p)，如式(2)～式(4)所示。

$$x_p = \frac{u_p - pp_x}{f_x} \cdot z \tag{2}$$

$$y_p = \frac{v_p - pp_y}{f_y} \cdot z \tag{3}$$

$$z_p = D \tag{4}$$

式中：f_x、f_y——焦距；

pp_x、pp_y——相机光轴在像素坐标系上的偏移量；

u_p、v_p——像素坐标，D 表示深度。

经过式(1)坐标变换，可将深度相机获取的三维数据转换到头显坐标系下。

2 手部关节点三维重建

MediaPipe 框架是 Google 发布的多媒体机器学习模型应用框架[17]，提供了手部实时追踪的解决方案，可以推断出手部 21 个手部关键点[18]，如图 3 所示，由于 MediaPipe 输出为 2.5D 数据[19]，因此需要进一步得到关节点三维数据。

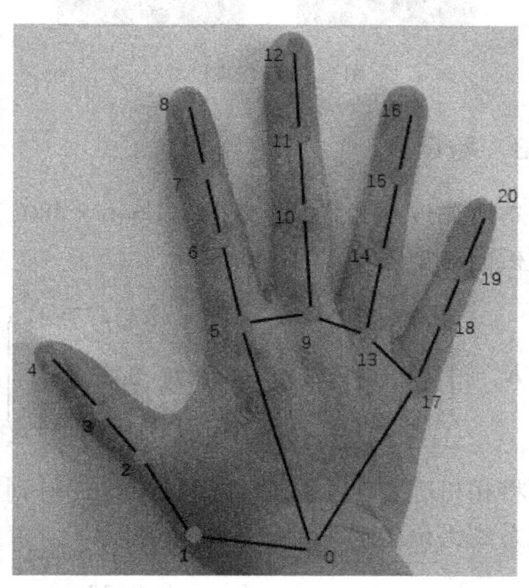

图 3 手部关键点

根据深度相机提供的深度图像及 RGB 图像，将 RGB 图像输入 MediaPipe，输出为 21 个关节坐标(x,y,z)，其中 x、y 是基于图像像素的归一化坐标，z 是相对于腕关节的相对深度信息。同时，将深度图像向 RGB 图像对齐，通过 RGB 图像的像素坐标可以获得其对应深度值。根据输入图像的分辨率求得 21 个关节点像素坐标，将像素坐标转化为三维坐标，便可得到手部关节基于相机坐标系的三维坐标。根据是否存在关节遮挡问题，可分为两类讨论：根据关节角度来判断是否存在遮挡。

2.1 不存在关节遮挡

不存在关节遮挡时，可直接根据关节点像素坐标获取其在彩色相机坐标系下的三维坐标。设某关节像素坐标为(u,v)，取该像素坐标周围 100 个像素坐标，即$(u \pm 5, v \pm 5)$范围内的所有像素坐标对应深度值，同时去除其中的非法值，在本文中令手相对于相机的距离在 0.25 ~ 1m 之间，超出范围内的深度值去掉，取所有合法值的均值为该关节的深度值。

已知像素坐标对应深度值，那么根据彩色相机内参即可求出其内参。在计算出所有关节点坐标后记录两两相连的关节点之间的长度，在存在关节遮挡时进行调用。

2.2 存在关节遮挡

本文需要解决的难点是存在关节遮挡的情景，如图 4 所示。由于人手运动学约束的存在，所以手部各个关节运动角度是受限的[20]，各个手指掌骨、指骨间也存在一定的比例关系[21]；经统计每个手指后面那一节的长度与前面那一节长度的比值在误差允许范围内趋近于一固定常数 0.618。

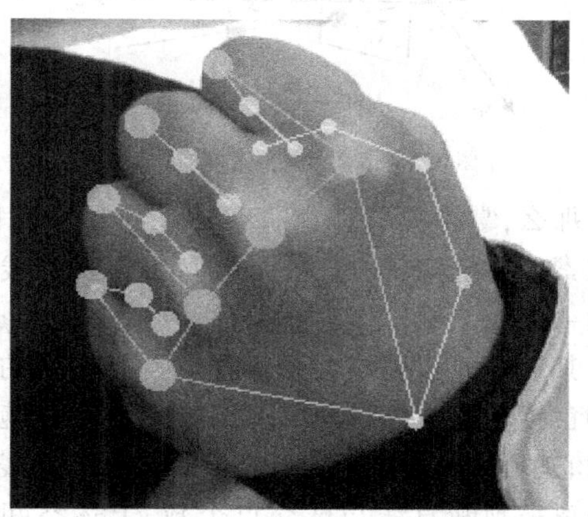

图 4 手势动作存在有关节遮挡

因为五根手指运动学规律类似，以其中食指为例，如图 5 所示，图中，Wrist 表示腕关节，MCP 表示掌指关节，PIP 表示近端指间关节，DIP 表示远端指间关节，FT 表示指尖；θ_1表示掌指关节的屈伸角度，θ_2表示近端指关节的屈伸角度，θ_3表示远端指关节的屈伸角度；$l_1 \sim l_4$ 表示指骨长度。

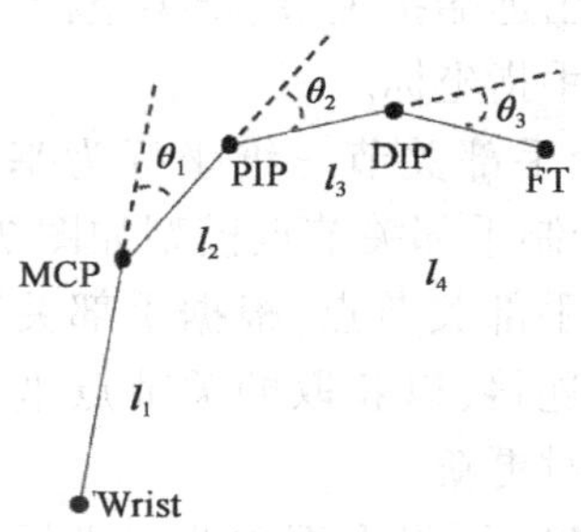

图 5 食指运动学结构

如果 $\theta_1 > 80°$，那么近端指关节、远端指关节、指尖将会被遮挡；如果 $\theta_2 > 80°$，那么远端指关节、指间将会被遮挡;如果 $\theta_2 > 80°$,那么指尖将会被遮挡。

由于腕关节不存在遮挡情况,因此可以根据腕关节的三维坐标推算出其余关节点坐标。以食指为例,根据腕关节坐标求食指掌指关节坐标,如图 6 所示,图中 O_C表示彩色相机坐标系原点,I 表示彩色相机成像平面,W 表示腕关节,MCP_1、MCP_2表示食指掌指关节可能存在的位置,W′表示腕关节在成像平面上的点,MCP′表示掌指关节在成像平面上的点。

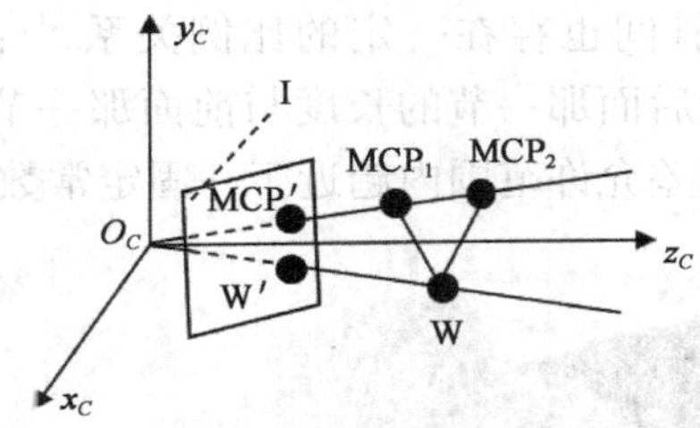

图 6　食指掌指关节坐标推导原理

那么,掌指关节就在直线 O_CC 上,由于 MCP′点像素坐标已知,任取一深度值,可得到直线 O_CC 上的一点的三维坐标,同时直线 O_CC 经过原点,可确定其直线方程。根据不存在遮挡时记录的腕关节到食指掌指关节的距离,以其为半径,以腕关节为球心,可确定一个球方程。由腕关节到直线 O_CC 的距离来判断直线与球交点个数,上述空间直线与球至少存在一个交点,当存在一个交点时,该点坐标即为食指掌指关节坐标;存在两个交点时,根据 MediaPipe 输出的食指掌指关节的 Z 坐标来判断食指掌指关节相对于腕关节的深度,进而得到食指掌指关节比腕关节距离相机近还是远,从而确定食指掌指关节是 MCP_1点还是 MCP_2点。食指近端指关节坐标可以利用食指掌指关节来求出,进而依次求出远端指关节、指尖坐标。同理,就可以求出其余手指坐标。

以 21 个手部关节三维坐标为基点,在 Unity 3D 平台中绘制手部关节点模型如图 7 所示,以球状物体表示手部关节点,根据手部关节点连接顺序将关节点连接,以获取的关节点坐标来对手部模型进行实时更新。

通过式(1)可将手部关节点坐标转移到头显坐标系下,进而将整个手部模型转移到头显坐标系下,使得在现实环境下手与头显的相对位置关系映射到虚拟环境。

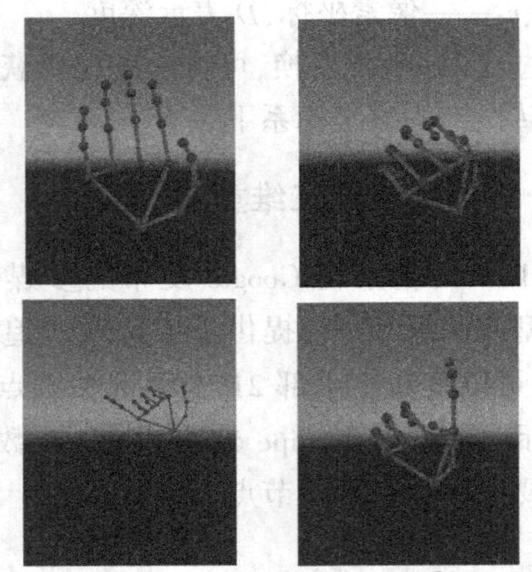

图 7　手部三维模型

3　验证

本文深度相机图像分辨率为 640 × 480,其彩色相机内参矩阵 K 如下所示:

$$K = \begin{pmatrix} 606.7578 & 0 & 324.7521 \\ 0 & 606.9487 & 243.7578 \\ 0 & 0 & 1 \end{pmatrix} \quad (5)$$

将相机固定于头显之上,经过测试,得到相机坐标系到头衔坐标系的转换矩阵 M 为:

$$M = \begin{pmatrix} 1 & 0 & 0 & -0.0523 \\ 0 & -1 & 0 & -0.0764 \\ 0 & 0 & 1 & 0.1256 \\ 0 & 0 & 0 & 1 \end{pmatrix} \quad (6)$$

由此,可将相机坐标系下的手部关节坐标点转换到头显坐标系下,使用 SteamVR Plugin 插件获取头显及 Tracker 坐标。

将 Tracker 固定于桌面右上角,一个圆柱体固定在桌面中心,如图 8 所示。对桌面及圆柱体进行测量然后一比一建模,并在桌面模型上标记 Tracker 放置点,圆柱体模型在桌面模型上的位置与现实对应,如图 9 所示。因为要使圆柱体模型在 Tracker 坐标系下的坐标与现实中圆柱体在 Tracker 坐标系下坐标一致,可以使桌面模型上的 Tracker 标记点与 Tracker 在虚拟空间中的坐标重合来达到。

通过比较现实和虚拟环境中的手部腕关节与圆柱体的距离,来进行精度测试,如表 1 所示,可知现实和虚拟环境中的手部腕关节与圆柱体的距离误差的平均值为 11.72mm,满足使用需求,可以通过虚拟环境中手部模型与圆柱体模型的相对位置关系,准确地抓住现实中的圆柱体,如图 10 所示。

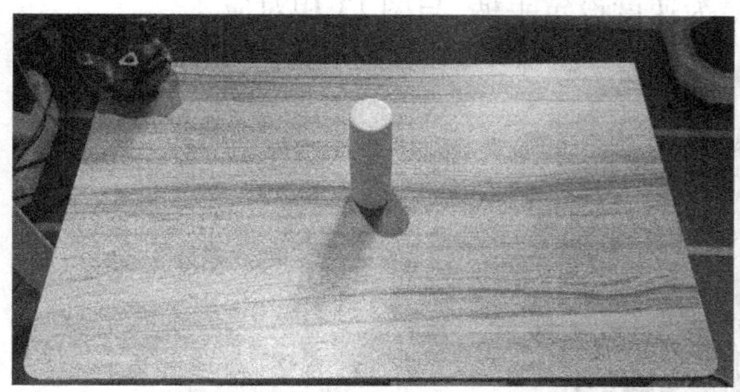

图 8 实体测试台面

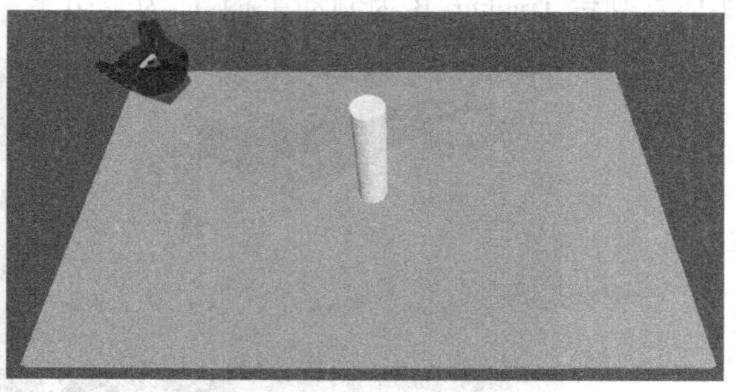

图 9 虚拟测试台面

现实与虚拟环境腕关节与圆柱体距离误差 表 1

现实环境(mm)	虚拟环境(mm)	误差(mm)
10	18.58	8.58
100	112.34	12.34
400	414.25	14.25

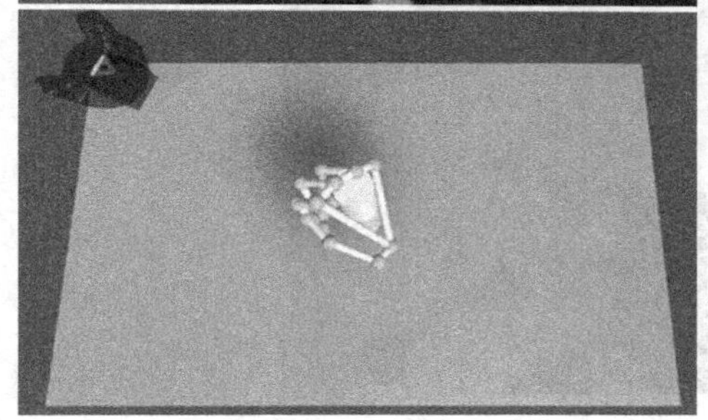

图 10 基于手势动作坐标变换与融合算法的虚实交互

4 高铁模拟驾驶应用

将本文提出的交互方法应用于高铁模拟驾驶中。模拟场景中的模型使用 3Ds Max 来进行建模,并将模型导入 Unity 3D 搭建列车模拟驾驶场景,如图 11 所示。

图 11 高铁模拟驾驶的 VR 场景图

对于高铁模拟驾驶应用,在虚拟环境下与现实交互的物体即为实体驾驶台上的各个操作设备,如图 12 所示。

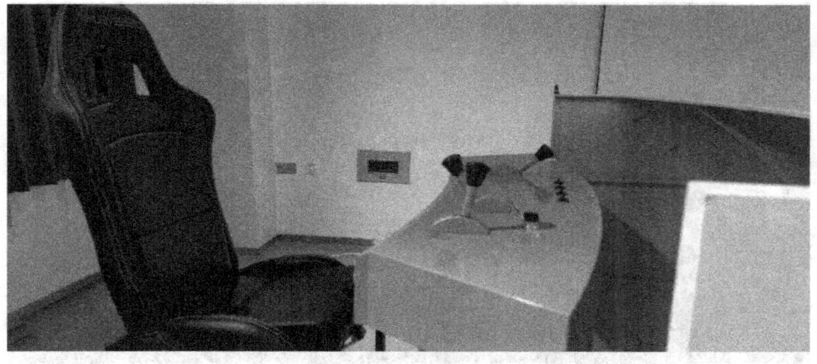

图 12 实体驾驶台整体图

对实体驾驶台一比一建模,并标记实体驾驶台 Tracker 放置位置,如图 13、14 所示。图 13 中 A 为实体驾驶台 Tracker、B 为制动手柄、C 为牵引手柄、D 为速度设定手柄;图 14 中 A′为驾驶台模型上标记的位置、B′为制动手柄、C′为牵引手柄、D′为速度设定手柄,与图 13 相对应。

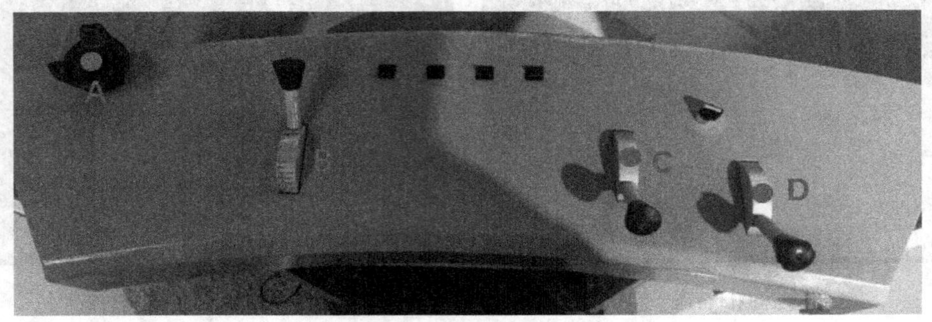

图 13　实体驾驶台局部图

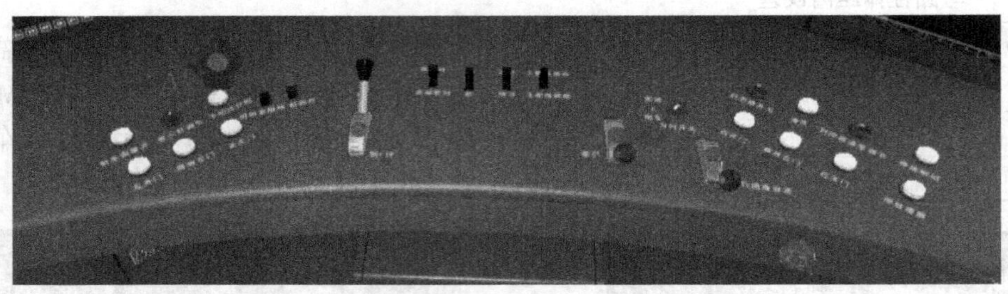

图 14　CRH380B 驾驶台模型

在虚拟视角下,通过观察到的手部模型来判断与驾驶台上各个操作部件的距离及方位,当在虚拟环境中手部模型触碰到驾驶台上某一操作设备时,在现实环境中也有相应操作,如图 15、图 16 所示。

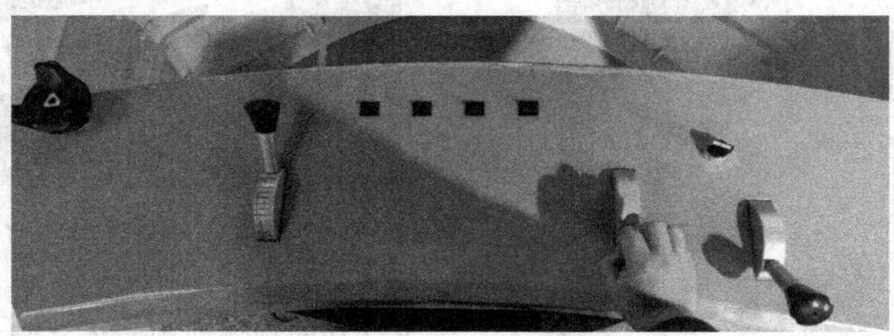

图 15　基于手势动作坐标变换与融合算法的高铁模拟驾驶现实交互

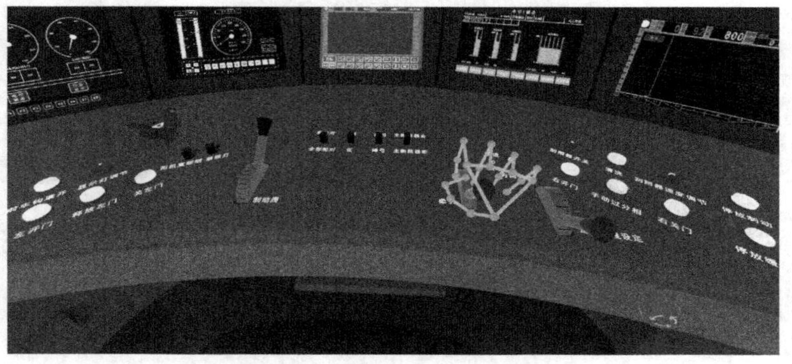

图 16　基于手势动作坐标变换与融合算法的高铁模拟驾驶虚拟交互

5 结语

本文借助虚拟现实设备对深度相机及现实物体进行定位,将深度相机捕捉的三维数据及现实物体坐标进行坐标融合,同时利用深度相机数据及 MediaPipe 对手部关键点进行三维重建,对现实物体进行等比建模,即可在虚拟环境下与现实物体进行交互。通过实验表明现实和虚拟环境中手部腕关节与交互物体的距离误差的平均值在 11.72mm,足以实现通过观察虚拟环境中的手部模型抓住现实中的交互物体。将本文方法应用到高铁模拟驾驶中,在虚拟环境下对实体驾驶台进行操作,具有良好的实用性。

参考文献

[1] 张凤军,戴国忠,彭晓兰. 虚拟现实的人机交互综述[J]. 中国科学:信息科学,2016,46(12):1711-1736.

[2] 王赋攀,吴亚东,杨文超,等. 一种视觉信息融合数据手套设计研究[J]. 计算机研究与发展,2018,55(12):2764-2774.

[3] 周卫国. 基于深度图像的三维手部姿态估计研究[D]. 哈尔滨:哈尔滨工业大学,2020.

[4] Sanchez-Riera J, Srinivasan K, Hua K L, et al. Robust RGB-D Hand Tracking Using Deep Learning Priors [J]. IEEE Transactions on Circuits and Systems for Video Technology, 2018, 28(9): 2289-2301.

[5] Le V H, Hoang V N, Vu H, et al. Hand PointNet-based 3D Hand Pose Estimation in Egocentric RGB-D Images[C]//2020 International Conference on Advanced Technologies for Communications (ATC). IEEE, 2020: 215-220.

[6] Ge L, Liang H, Yuan J, et al. Real-time 3D hand pose estimation with 3D convolutional neural networks [J]. IEEE transactions on pattern analysis and machine intelligence, 2018, 41(4): 956-970.

[7] 巴锦韬. 现代有轨电车模拟驾驶系统的研究与实现[D]. 兰州:兰州交通大学,2015.

[8] 张威. 虚拟现实技术在铁路培训领域的研究和展望[J]. 铁道通信信号,2016,52(06):50-52.

[9] 郝孜奇,张文胜. 基于 Unity3D 的铁路实训虚拟仿真系统开发[J]. 计算机仿真,2020,37(06):99-103+241.

[10] 聂春萌. 列车虚拟现实系统关键技术研究[D]. 北京:北京建筑大学,2019.

[11] 马思群,王开顺,李健,等. 基于 Unity3D 的动车转向架虚拟拆装培训系统研究[J]. 铁路计算机应用,2017,26(08):33-37.

[12] 张海峰,周韶泽,崔凯,等. 基于 VR 技术的标准动车组虚拟检修系统设计[J]. 大连交通大学学报,2017,38(02):43-47.

[13] 成腾,赵博,赵会军,等. 基于虚拟现实技术铁路接触网维修仿真实训系统设计与实现[J]. 铁路计算机应用,2019,28(07):12-16.

[14] 倪晨杰,郎诚廉. 三维虚拟列车的建模及在故障训练中的应用与研究[J]. 铁路计算机应用,2016,25(07):4-7.

[15] 张宇翔,任爽. 定位技术在虚拟现实中的应用综述[J]. 计算机科学,2021,48(01):308-318.

[16] 宋文龙,赵永辉,刘孟祎. 基于 RealSense 的室内 3D 场景重建方法研究[J]. 现代电子技术,2020,43(08):161-165.

[17] Lugaresi C, Tang J, Nash H, et al. MediaPipe: A framework for building perception pipelines [J]. arXiv preprint arXiv:1906.08172, 2019.

[18] Zhang F, Bazarevsky V, Vakunov A, et al. Mediapipe hands: On-device real-time hand tracking [J]. arXiv preprint arXiv: 2006.10214, 2020.

[19] Sreenath S, Daniels D I, Ganesh A S D, et al. Monocular Tracking of Human Hand on a Smart Phone Camera using MediaPipe and its Application in Robotics[C]//2021 IEEE 9th Region 10 Humanitarian Technology Conference (R10-HTC). IEEE, 1-6.

[20] 李东年. 基于深度图像序列的三维人手运动跟踪技术研究[D]. 济南:山东大学,2015.

[21] 宋先慧. 基于变量间关系分析的人手三维跟踪方法研究[D]. 济南:济南大学,2012.

Information Hiding Strategy Based on Face Attribute Editing

Song Zhang*
(School of Information Science and Technology, Southwest Jiaotong University)

Abstract To address the problem of poor quality of information hiding algorithms based on generative adversarial networks to generate stego images, an information hiding strategy based on face attribute editing is proposed. In the proposed scheme, the sender first segments the secret information, then maps it into a face attribute label sequence according to the attribute mapping table. Subsequently, the cover image joint label sequence have been put into the face attribute editing model to perform targeted modification on the face attributes in the cover image, so stego images would be gotten. When the receiver get the stego images, using the attribute classifier to extract the corresponding face attribute labels from the secret image, and restore the secret information according to the mapping table. Compared with the existing algorithms of the similar type, in our scheme, the stego image generated by simply editing of the relevant attributes of the face image, and still maintains a high visual quality. The experimental results show that the hiding scheme performs better recovery accuracy of secrets information and hidden capacity, and there is no need to build an image database for improving the practicability.

Keywords Information hiding Generator adversarial network (GAN) Attribute editing Attribute classification

0 Introduction

Information hiding is an emerging field of technology that combines multidisciplinary theories and techniques, which hides secret information into a common host signal without changing its external characteristics, and to extract the secret information when needed for purposes, such as in secret communication and privacy protection[1].

Embedding-based information hiding algorithms is the mainstream of current research, which exploit the visual redundancy of cover images to hide secret information, including two categories: space domain and transform domain. The space-domain information hiding algorithms include the last significant bit (LSB) substitution algorithm[2] and the adaptive steganography methods, such as HUGO[3], which use distortion functions to select the embedding position of cover images. Transformation domain hiding methods are used to embed information by modifying the coefficients of the transform domain of the image, such as DFT (Discrete Fourier Transform)[4].

The above mentioned embedding based hiding methods inevitably leave traces in the cover and cannot resist detection by statistical based steganalysis methods. To overcome this drawback, researchers have proposed non-embedded information hiding algorithms, and based on this, derived cover synthesis-based methods and cover selection-based methods[5].

The information hiding method based on carrier synthesis does not need to select a cover image, but directly generates stego image from secret information according to a specified rule or algorithm. Liu et al.[6] used the auxiliary classification generative adversarial network (auxiliary classifier GAN, ACGAN)[7], by mapping the secret information to the category label, and driving the generated handwritten digital image together with the noise, and using it as the cover. In the extraction stage, the category labels are classified from the secret image by the discriminator of ACGAN to recover the secret information, this method is not clear enough to generate the stego image, and the hiding capacity is limited by the category labels. A quantization rule[8] is proposed that maps secret information to random noise in the interval [-1, 1], and input the random noise into the DCGAN[9] model pre-trained to get the stego. The receiver extracts the hidden information by training the noise extractor and recovers the hidden information based on the inverse mapping. This method indirectly drives the generative model to generate stego image by establishing a mapping relationship, which has high practicability and high hidden capacity. However, the limitations of generative models can lead to poor visual quality of stego images. , which can easily cause suspicion of attackers during the transmission process, thus affecting the information delivery. Based on quantization rules[8], the extraction network and generative model are optimized[10, 11], which further enhances the practicality of the algorithm, but does not improve the nature of poor visual quality of stego images.

The method based on cover-selection needs to establish an image database in advance. During the secret communication, according to the content of the information to be hidden both senders and receivers select the relevant images in the image database as the cover to achieve the transmission of the secret information. An information hiding algorithm based on the bag-of-words model[12] was proposed , which construrcted a mapping relationship base on the secret information and the image visual keywords in the database, so as to select the images in the database as the secret cover. Based on the DiscoGAN[13] image translation model, a novel non-embedded information hiding algorithm[14] is proposed, which selects a cover image by establishing a mapping relationship between the information to be hidden and the set of images. The DiscoGAN model transforms the cover image into another " irrelevant" image and transmits it in the open channel as a stego image . During secret information extraction, the reversibility of the image transformation of the DiscoGAN model was utilized, the original carrier image can be recovered, and the hidden information can be extracted according to the mapping relationship. Although this method is difficult to find out the direct relationship between secret information and stego images, but in the extraction stage, the cover images that have been processed several times increase the difficulty of retrieving them accurately in the image set, so the accuracy of secret information recovery was reduced. Chen et al. [15] combined the traditional coverless hiding algorithm with the StarGAN[16] model. Firstly, the images in the image database are encoded using hash sequences, and the cover images were selected by comparing the secret information and with the hash sequences, while the secret information was transformed into domain labels, which jointly drive StarGAN to generate the stego images, this method showed higher quality of stego images, but it is too tedious to recover secret information by using feature extraction.

In summary, the methods of information hiding based on cover-synthesized are difficult to generate higher visual quality of stego images to ensure their high stealth when delivered in the open channel, and the most methods of information hiding based on cover-selection require constructing image databases, which increases the storage overhead.

We propose a coverless information hiding algorithm based on face attribute editing, which achieves the mapping of secret information into the stego image by face attribute editing model and the recovery of secret information by attribute classifier. Specifically, the secret information is mapped into face attribute labels according to specified rules, and input the AttGAN[17] attribute editing model together with the natural image to get the stego image. Then the stego images are input into the attribute classifier pre-trained to get the attribute labels, and reflect them as secret information, so the secret information is recovered. The result reveals that the strategy proposed, which can generate high visual quality of the stego image and has a high hiding capacity, does not need to build an image database, and the algorithm is more secure and practical.

1 Related Work

1.1 GAN

GAN is a generative model proposed by Goodfellow et al[18]. inspired by the two-person zero-sum game in 2014, the whole model consists of generator G and discriminator D. The structure is shown in Fig. 1.

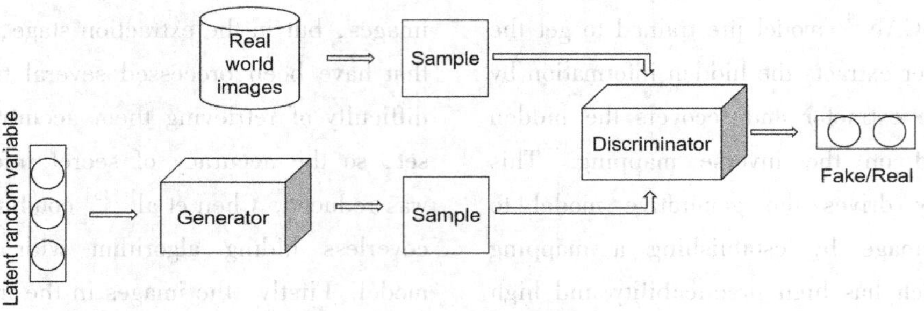

Fig. 1　Structure of GAN

The GAN is trained by adversarial learning, in which the generator makes the generated images as realistic as possible, while the discriminator distinguishes between pseudo-images and real images as much as possible, and the two networks compete with each other to reach a dynamic equilibrium, the generator learns the distribution characteristics of real images, and the discriminator cannot distinguish between the real and fake images. The objective function as follow.

$$\min_G \max_D V(D,G) = E_{x \sim p_{data}(x)}[\log D(x)] + E_{z \sim p_z(z)}[\log(D(G(z)))] \quad (1)$$

In the above equation, x denotes the real sample drawn from the training set, $p_{data}(x)$ denotes the real data distribution, z denotes the input random noise, $p_z(z)$ denotes the prior distribution of the noise, G (z) denotes the pseudo-natural image generated by the noise input generator, and $D(x)$ denotes the probability that the discriminator will determine x as the real image.

GAN has powerful capability of image generation, but also suffers from training instability, gradient disappearance, etc. Derived models of GAN fall into two main categories: optimized model structures such as DCGAN[19], which uses convolutional layers to replace fully connected layers to improve image visual quality. And optimized loss functions such as WGAN[20]. WGAN changes the optimization objective from JS scatter to wassertein distance makes GAN has a large improvement in training stability. With the further improvement of GAN generation techniques, GAN-based image processing techniques have been further developed, and AttGAN proposed in [17] is able to implement face attribute editing using a unified framework.

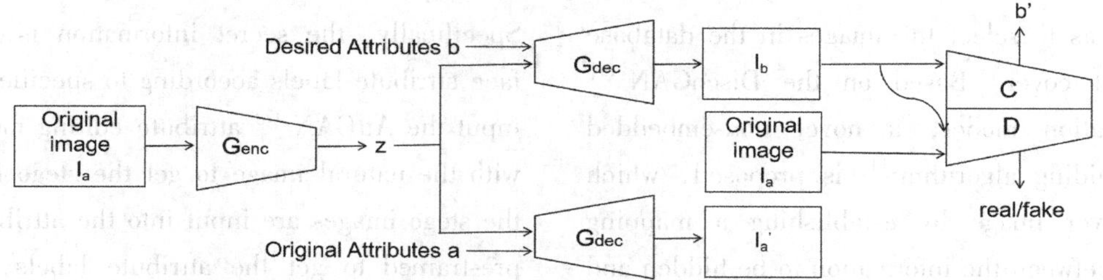

Fig. 2　Structure of AttGAN

1.2 AttGAN

The training process of AttGAN face attribute editing model is shown in Figure 2, the whole model consists of four sub-networks: encoder G_{enc}, decoder G_{dec}, attribute classifier C and discriminator D. The face image I_a to be edited is used as the input to the encoder G_{enc} to obtain the feature vector z. z is input to the decoder G_{dec} with the original image attribute vector a and the desired attribute vector b, respectively. To obtain the reconstructed image I_a' and the attribute transformed image I_b. The classifier C is used to guide the generation of the correct target attribute, and the discriminator D is used to ensure that the edited image has a better visual quality as in the conventional GAN.

The objective function of AttGAN consists of three part: reconstruction loss, attribute classification loss, and adversarial loss.

(1) Reconstruction loss: the goal of reconstruction learning is to ensure that the image details other than the target attributes remain unchanged, and the decoder should learn to reconstruct the input image I_a when the input feature vector z and the original attribute vector a, the learning objective is as follow

$$\min_{G_{enc},G_{dec}} L_{rec} = E_{I_a \sim p_{data}}[\,||I_a - I_a'||_1\,] \tag{2}$$

(2) Attribute classification loss: using attribute classifier C to ensure that the generated target image I_b possesses the relevant attributes represented by the attribute vector b, i. e. $C(I_b)\to b$, as follow.

$$\min_{G_{enc},G_{dec}} L_{cls_g} = E_{I_a \sim p_{data}, b \sim p_{attr}}[\,l_g(I_a, b)\,] \tag{3}$$

$$l_g(I_a,b) = \sum_{i=1}^{n} -b_i \log C_i(I_b) - (1-b_i)\log(1-C_i(I_b)) \tag{4}$$

where p_{data} and p_{attr} represent the probability distributions of the true image and attributes, respectively, $C_i(I_b)$ denote the prediction of the ith attribute, and denote the binary cross entropy of all attributes.

The attribute classifier C is trained on the input images with their original attributes, by the following objective,

$$\min_{C} L_{cls_c} = E_{I_a \sim p_{data}}[\,l_r(I_a, a)\,] \tag{5}$$

$$l_r(I_a,a) = \sum_{i=1}^{n} -a_i \log C_i(I_a) - (1-a_i)\log(1-C_i(I_a)) \tag{6}$$

(3) Adversarial loss: adversarial learning between the generator (including the encoder and decoder) and the discriminator is introduced to ensure that the the generated image I_b is visually more realistic, and the adversarial loss used is shown below.

$$\min_{||D||_L \le 1} L_{adv_d} = -E_{I_a \sim p_{data}} D(I_a) + E_{I_a \sim p_{data}, b \sim p_{attr}} D(I_b) \tag{7}$$

$$\min_{G_{enc},G_{dec}} L_{adv_g} = -E_{I_a \sim p_{data}, b \sim p_{attr}}[\,D(I_b)\,] \tag{8}$$

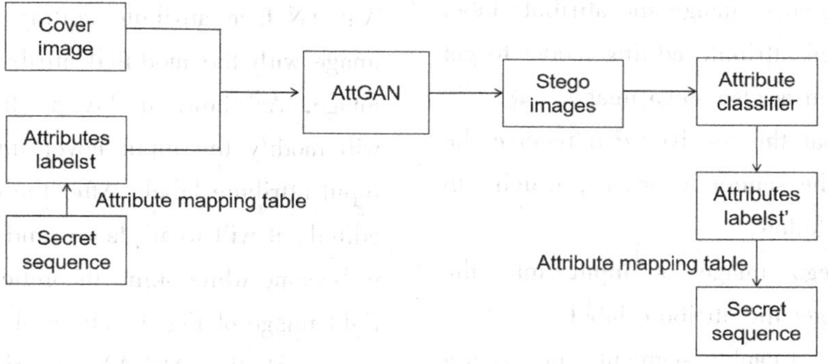

Fig. 3 Information hiding based on face attribute editing

(4) Total objective function: by combinating the three part loss function, it ensures that the generated

attribute transformed image I_b maintains both a high visual quality and also maintain consistency with other image details of the input image except for the target attributes. In general, the loss functions of the encoder and decoder as follw:

$$\min_{G_{enc},G_{dec}} L_{enc,dec} = \lambda_1 L_{rec} + \lambda_2 L_{cls_g} + L_{adv_g} \quad (9)$$

The loss functions of the discriminator and attribute classifier as follow.

$$\min_{D,C} L_{dis,cls} = \lambda_3 L_{cls_c} + L_{adv_d} \quad (10)$$

where λ_1、λ_2、λ_3 are three hyperparameters used to strike a balance among the three indicators in the appeal.

2 Methods

AttGAN can input face images and attribute labels, thus changing the input image attribute characteristics. Therefore, we proposes an information hiding strategy based on face attribute editing. It mainly includes three parts: mapping secret information to attribute labels, generating stego images, and recoving secret information, as shown in Fig. 3.

The specific steps of the hiding strategy proposed are as follows.

Step1: The sender encodes the secret message into binary bit stream S.

Step2: Segment S to obtain several subsequences.

Step3: According to the attribute mapping table, mapping each subsequence to an image attribute label t.

Step4: Input the cover image and attribute label t into the AttGAN face attribute editing model to get the edited image which is also stego image.

It is assumed that the receiver can receive the stego image sent by the sender in order , which can recover the secret as follow.

Step1: The stego image is input into the attribute classifier to get the attribute label t′.

Step2: Recover each segment of secret information according to the attribute mapping table, and combine them into a complete secret information in order.

2.1 Mapping Secret Information to Attribute Labels

The CelebA dataset[21] includes 202599 face images of 10177 celebrities, and each image is tagged with attributes, which includes 40 attributes, such as hair color. If an attribute is present in the image, it is marked as 1, otherwise it is marked as −1.

Based on the marking rule, we constructs an attribute mapping table as shown in Table 1. The face image attributes can be encoded into a sequence of 0 and 1, so the length of the secret information segment division is determined by the length of this sequence. Considering the visual quality and attribute classification accuracy of the secret image, we selected and encoded 16 attributes, such as black hair and bangs. For hair color, it is 2 bit, and only 1 bit is used for the rest, as shown in Table 1. According to this mapping table, the secret information segments can be divided into the encoded values in the table, thus the mapping from secret information to attribute label sequences is realized. Meanwhile, the attribute label sequences are arranged in the order from top to bottom and from left to right in Tab. 1.

2.2 Generating Stego Images

The secret information is converted into the attribute label sequence through the attribute mapping table. Therefore, the attribute label sequence and the selected natural image are input into the pre-trained AttGAN face attribute editing model, and the face image with the modified attributes can be obtained. image. As shown in Fig. 4, the face editing model will modify the input cover image according to the input attribute label. After the cover image has been edited, it will wear glasses and change the skin color to become white skin, theoretically. as shown in the right image of Fig. 4. He et al.[17] has described the details of the AttGAN model, so it will not be repeated here.

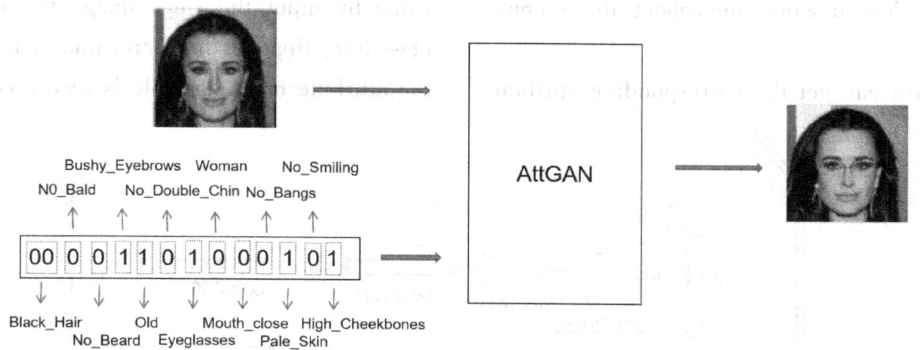

Fig. 4 Encrypted image generation

Attribute mapping table Tab. 1

Attribute	Attribute Status	Feature Value	Attribute	Attribute Status	Feature Value
Hair Color	Black	00	Eyeglasses	No	0
	Blond	01		Yes	1
	Brown	10	Sex	Woman	0
	Gray	11		Man	1
Bald	No	0	Mouth_Slightly_ Open	No	0
	Yes	1		Yes	1
Beard	No	0	Bangs	No	0
	Yes	1		Yes	1
Bushy_Eyebrows	No	0	Pale_Skin	No	0
	Yes	1		Yes	1
Age	Young	0	Smiling	No	0
	Old	1		Yes	1
Double_Chin	No	0	High_Cheekbones	No	0
	Yes	1		Yes	1

2.3 Recoving Secret Information

There is a mapping relationship between secret information and image attribute labels in the hiding strategy proposed, we designs a face attribute classifier to extract attribute features from stego images, and then recovering secret information according to the attribute mapping table. As shown in Fig. 5, the classifier has 5 convolutional layers, each convolutional layer is followed by a max-pooling layer, and uses ReLU as the activation function, the last max-pooling layer follows a series of parallel full connected layers, the number of fully connected layers is determined by the number of attribute categories. The convolutional layer is used for extracting feature , and Input the feature map into the max pooling layer to get a smaller feature map after compressed,, thereby reducing the computational complexity of the network and extracting the main features. The classifier transforms the multi-label problem of face attributes into a binary classification problem for a single attribute label by judging whether there are specific attribute features. The input of the classifier is $128 \times 128 \times 3$ images, and the output is predictions for each attribute. The binary cross-entropy is used as the loss function throughout the training process.

The receiver can get the corresponding attribute value by input the stego image through the trained classifier, finally, the secret information according to the attribute mapping table is recovered.

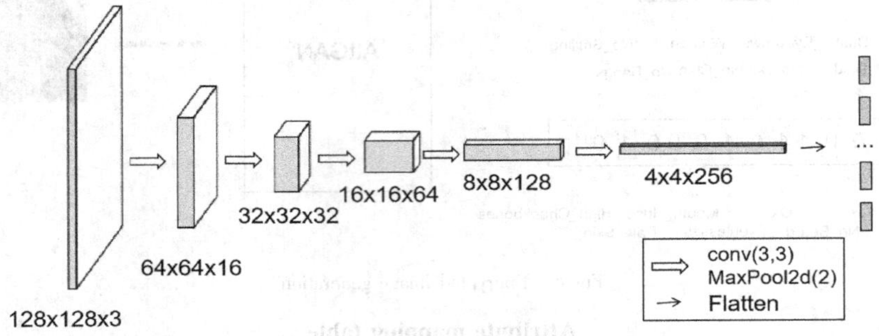

Fig. 5 The structure of the classifier

3 Experiment

3.1 Training Strategy And Setup

We designed a series of experiments in the CelebA dataset, and preprocessed the images: the images in the dataset were cropped according to the central area, and the image size was adjusted to 128 × 128, the training strategy of AttGAN is the same as that described in [17]. The classifier is optimized by the Adam optimizer with the initial learning rate set to 0.001. Our experimental platform is the FaceBook open source deep learning framework Pytorch1.01, the computer's memory is 32GB, and it is equipped with an NVIDIA GTX1080TI graphics card.

3.2 Result And Analysis

According to the characteristics of information hiding, we selects the quality of stego, recovery accuracy of secret information , hiding capacity and security as evaluation indicators.

3.2.1 Image Quality

As described in Section 2.1, inputting the original image and attribute labels which mapped from secret information into the AttGAN face attribute editing model at the same time, the stego image is obtained. The secret image generated only modifies some attributes on the basis of the cover image. If the sender selects the original image intentionally, the modification of the original image can be reduced, and the natural image can be sent directly to convey the relevant secret information. Therefore, the quality of stego images is further improved. Fig. 6 and Fig. 7 show the original image and the corresponding stego image respectively. It shows that the rest of the image details are very similar to the cover image, except for some attributes, so it is difficult to judge that the stego image is unnatural images by eyes.

Fig. 6 Original images

Fig. 7 Stego images

3.2.2 Extraction Accuracy

In the hiding strategy proposed, the secret information is directly related to the image attribute label sequence, so the accuracy of attribute classification is directly related to whether the secret information can be recovered correctly. According to the attribute classifier designed in Section 2.3, it can classify the 40 attributes marked in the CelebA, but considering the quality of stego image and the accuracy of classification, we only consider attributes in the attribute mapping table, the accuracy of classification is shown in Tab. 2.

By training the attribute classifier, an average classification accuracy of 92.8% can be achieved. Xue et al.[24] uses Res_152 as a benchmark, trying to classify all attribute labels at once, and the results show that the the accuracy of classification is only 81.0%. Chen et al.[15] used the method of network extraction and feature extraction to obtain image attributes. The experiment results show that the effect of network extraction is extremely poor, and the average accuracy of extraction by feature extraction can reach 92.3%. But each attribute feature is extracted using different algorithms in this method, which is time-consuming and labor-intensive. The extractor trained performs binary classification on each selected attribute respectively. The experiment results show that the attribute classifier can classify the attribute features better, thereby recovering the secret information more accurately.

Accuracy of attribute classification Tab. 2

Attribute	Chen et al.[15]	Xue et al.[24]	Ours
Black	95.8	92.0	87.8
Blond	96.0	83.6	94.8
Brown	85.7	84.0	84.1
Gray	96.3	85.7	97.3
Double_Chin	95.4	61.4	95.8
Eyeglasses	99.0	78.9	99.5
Sex	97.2	68.2	97.0
Mouth_Slightly_Open	92.4	95.4	93.5
Pale_Skin	96.7	84.5	96.4
High_Cheekbones	86.6	—	83.9
Bald	—	62.3	98.4
Bangs	82.0	—	93.9
Bushy_Eyebrows	91.5	—	90.2
Age	85.7	—	84.2
Smiling	—	94.8	92.6
Beard	—	—	96.7
Average accuracy	92.3	81.0	92.8

3.2.3 Hidden Capacity

In our stratagy, information hiding is realized by transforming secret information into attribute labels of face images and modify the face attribute features of cover images. Therefore, its hidden capacity is determined by the length of the attribute label sequence. In our work, 13 groups of attributes of different categories are selected to form the attribute label sequence, so the hidden capacity is 14 bits (the hair color is represented by 2 bits), as shown in Tab. 3. Zhang et al's work[23] is limited by the diversity of images, its hidden capacity is 8 bits, and using meaningless texture images is easy to attract the attention of third parties. Li et al.[14] uses the method of image translation to select the appropriate cover image as the secret image. Although its hidden capacity reaches 12 bits, the accuracy of secret information recovery is only 85%. [15] and [24] both convert secret information into domain labels of StarGAN image translation model to generate stego images. Although the hidden capacity of[15] is higher than our method, but it needs to build an image database. Hash coding the image to increase the hidden capacity is expensive and not practical.

Hidden capacity Tab. 3

Methods	Capacity (bits/image)	Methods	Capacity (bits/image)
Zhang et al. [23]	8	Xue et al. [24]	11
Li et al. [14]	12	Ours	14
Chen et al. [15]	33		

3.2.4 Security Analysis

In the information hiding strategy proposed in this study, secret information is converted into face attribute labels to drive the generative model to generating stego images. In the whole process of information hiding, the statistical characteristics of the original image are not changed, but stego images related to the original images are generated, and there is no embedding operation, so it can resist statistical-based steganalysis. In addition, from the analysis in Section 3.2.1, it can be seen that the cover image obtained in this study has a very high similarity with the original image, and the visual quality is good, so when it is transmitted in the open channel, it will not cause the attacker's suspicion, ensuring that information security during transmission. In the strategy, the content of the secret image is determined by the secret information and the original image. Although the secret information can only be mapped to the specified attribute label according to the attribute mapping table, the original image can be selected arbitrarily. Therefore, although the same secret information is communicated, The sender can also send different stego images, which enhances the security of information transmission.

4 Conclusions

We make use of the feature that AttGAN can modify the relevant attributes of face images according to the sequence of attribute labels, and transform the secret information into attribute labels based on the designed attribute mapping table, so as to modify the specified attributes of the original image and obtain the stego image. In the extraction stage of secret information, the attribute classifier is designed to obtain the attribute features and recover the secret information. The proposed information hiding strategy shows the higher quality secret images, and compared with similar hiding algorithms, its algorithm does not need to construct an image database, which reduces the storage overhead and has a higher accuracy rate of secret information recovery. We will try to use more face attribute features in the future to increase the hiding capacity and further improve the secret information recovery accuracy.

References

[1] Chen bo, Tan Yunmeng, Wu Shizong. (2005) Research on Information Hiding Techniques [J]. Computer & Digital Engineering, 2005 (02):21-23 +27.

[2] Tirkel A Z, Rankin G A, Schyndel R V. (1993). Electronic watermark in Digital Image Computing, Technology and Applications [C]//, 1993: 666-673.

[3] Pevn' T, Filler T, Bas P(2010). Using high-dimensional image models to perform high undetectable steganography [J]. Lecture Notes in Computer Science, 2010, 6387: 161-177.

[4] M. Ramkumar, A. N. Akansu and A. A. Alatan. (1999), "A robust data hiding scheme for images using DFT," Proceedings 1999 International Conference on Image Processing (Cat. 99CH36348), 1999, pp. 211-215 vol. 2, doi: 10.1109/I-CIP.1999.822886.

[5] J. Fridrich. (2009), Steganography in Digital Media: Principles, Algorithms, and Applications. Cambridge, U. K.: Cambridge Univ. Press, 2009, pp. 1-20.

[6] Liu Mingming, Zhang Minqing, Liu Jia, et al. (2018). Coverless Information Hiding Based on Generative Adversarial Networks [J].

Journal of Applied Sciences, 2018, 36(2): 371-382.

[7] Odena A, Olah C, Shlens J. (2016). Conditional image synthesis with auxiliary classifier GANs [DB/OL]. 2016 [2016-10-30]. arXiv:1610.09585.

[8] Hu D H, Wang L, Jiang W J, et al. (2018). A novel image steganography method via deep generative adversarial networks [J]. IEEE Access, 2018, 6: 38303-38314.

[9] Radford A, Metz L, Chintala S. (2015). Unsupervised representation learning with deep convolutional generative adversarial networks [DB/OL]. 2015 [2015-11-19]. arXiv: 1511.06434.

[10] Zhu Yiming, Chen Fan, He Hongjie, et al. (2019). Orthogonal GAN Information Hiding Model Based on Secret Information Driven [J]. Journal of Applied Sciences, 2019, 37(5):721-732.

[11] Jiang W, Hu D, Yu C, Li M, Zhao Z (2020) A new steganography without embedding based on adversarial training. In: ACM Turing Celebration Conference-China (ACM TURC'20), p5.

[12] Zhou Zhili, Cao Yi, Sun Xingming. Coverless Information Hiding Based on Bag-of-Words Model of Image [J]. Journal of Applied Sciences, 2016, 34(5): 527-536.

[13] Kim T, Cha M, Kim H, et al. Learning to discover cross-domain relations with generative adversarial networks [J]. 한국지능정보시스템학회 학술대회논문집,2017, 50(7): 1506-1510.

[14] Li Zonghan, Liu Jia, Ke Yan, et al. Cover Selection Steganography Scheme Based on Image-to-Image Translation [J]. Journal of Applied Sciences, 2019, 37(5): 733-743.

[15] X. Chen, Z. Zhang, A. Qiu, Z. Xia and N. Xiong. (2020), "A novel coverless steganography method based on image selection and StarGAN," in IEEE Transactions on Network Science and Engineering, doi: 10.1109/TNSE.2020.3041529.

[16] Y. Choi, M. Choi, M. Kim, J. -W. Ha, S. Kim and J. Choo. (2018), "StarGAN: Unified Generative Adversarial Networks for Multi-domain Image-to-Image Translation," 2018 IEEE/CVF Conference on Computer Vision and Pattern Recognition, 2018, pp. 8789-8797, doi: 10.1109/CVPR.2018.00916.

[17] He Zhenliang, Zuo Wangmeng, Kan Meina, Shan Shiguang, Chen Xilin. AttGAN: Facial Attribute Editing by Only C-hanging What You Want. [J]. IEEE transactions on image processing : a publication of the IEEE Signal Processing Society,2019,28(11).

[18] Goodfellow I, Pouget A J, Mirz M, et al. (2014). Generative adversarial nets [C]// International Conference on Neural Information Processing Systems, 2014: 2672-2680.

[19] Radford A, Metz L, Chintala S. (2015). Unsupervised representation learning with deep convolutional generative adversarial networks [DB/OL]. 2015 [2015-11-19]. arXiv:1511.06434.

[20] Arjovsky M, Chintala S, Bottou L. (2017). Wasserstein GAN [DB/OL]. 2017 [2017-01-26]. arXiv: 1701.07875v3.

[21] Ziwei Liu, Ping Luo, Xiaogang Wang, and Xiaoou Tang (2015). Deep learning face attributes in the wild. In Proceeding-s of International Conference on Computer Vision (ICCV), December 2015.

[22] Bi Xinliang, Yang Xiaoyuan, Deng Wenchao, el at. (2020). Research on cover selection image steganography algorithm [J], Application Research of Computers, 2021, 38(08): 2465-2468. DOI: 10.19734/j.issn.1001-3695.2020.11.0417.

[23] Zhang S, Su S, Li L, et al. (2019). An Image Style Transfer Network Using Multilevel Noise Encoding and Its Application in Coverless Steganography [J]. Symmetry, 2019, 11(9):1152.

[24] R Xue and Y. Wang(2021), "Message Drives Image: A Coverless Image Steganography

Framework Using Multi-Domain Image Translation," 2021 International Joint Conference on Neural Networks (IJCNN), 2021, pp. 1-9, doi: 10.1109/IJCNN52387.2021.9534043.

针对基于灰度的先加密后压缩 JPEG 图像加密算法的安全性分析

高丽萍[1] 饶 伟[2] 郭 伟[*1]

(1.西南交通大学信息科学与技术学院;2.中铁信弘远(北京)软件科技有限责任公司)

摘 要 在轨道交通各类运营场景中,为了保障图像信息的安全传输与存储,需应用图像加密技术。本文针对一种基于灰度的先加密后压缩JPEG图像加密算法进行了安全性分析。该算法加密过程中所使用的随机序列仅由初始密钥生成,与明文图像无关,易导致密钥流重用的问题,且加密过程使用的置乱与代换操作无法达到理想的扩散和混淆效果。上述缺陷导致攻击者可利用选择明文攻击破解出每轮加密密钥对应的等效工作密钥,并最终恢复出明文图像。理论分析与实验结果验证了该攻击方法的有效性和正确性。论文最后分析总结了现有图像加密算法易存在的安全缺陷,提出了若干改进建议。

关键词 轨道交通信息化技术 图像加密 密码分析 JPEG 选择明文攻击

0 引言

近年来,由于互联网和移动终端的迅猛发展和广泛普及,多媒体信息呈现爆炸性增长趋势。数字图像因其传递信息丰富、直观的特点,已经成为多媒体领域中应用最为广泛的多媒体信息载体之一。目前国际标准组织发布的图像压缩标准中,JPEG(Joint Photographic Experts Group)是在互联网环境中应用最为广泛的图像编码格式。JPEG采用有损压缩方式去除图像中的冗余数据,可在兼顾较好的图像品质情况下获得极高的压缩比,从而节省存储空间和传输带宽,被广泛应用于车辆与线路巡检、货场点检、乘客信息系统等轨道交通运营场景。携带重要信息的JPEG图像,在传输过程中需通过加密处理以保证其机密性,因此JPEG图像的加密方案研究是目前的研究热点。

经典加密方法,如AES、Camellia等,仅能将JPEG图像作为二进制数据流进行加密处理。这种加密方式虽然为图像数据提供了足够的安全保护,但并未充分考虑图像像素块之间的相关性,因而可能破坏密文图像的格式信息和可压缩性。由于JPEG压缩和加密过程的先后顺序会对压缩效果、格式兼容性等造成影响,因此目前提出的JPEG图像加密算法根据加密算法嵌入的位置可以分为三类:先压缩再加密(Compression-then-Encryption, CtE)、压缩过程中加密(Encryption-and-Compression, E&C)及先加密再压缩(Encryption-then-Compression, EtC)。

CtE类算法[1-5]指压缩过程在加密之前,因此不会对JPEG的压缩过程造成影响,可获得较高的压缩率,传输密文信息时占用带宽低。Socek等人[6]却指出此类算法直接对压缩后的数据流进行操作,可能破坏JPEG压缩格式,导致密文图像无法正常解密或解密后严重失真。C&E类算法[7-8,10-13]将加密过程嵌入DCT变换、DCT系数量化、Zig-zag扫描和熵编码等JPEG压缩步骤中。这类算法通过对JPEG压缩标准进行修改,尽量避免破坏密文图像的格式兼容性,但会导致不同程度的比特流增加,无法保证压缩效率。EtC类算法[14-17,25]直接对原始图像进行加密操作,能够较好地保持格式兼容性,但压缩前加密会降低图像的相关性,其压缩率稍有欠缺。相较于CtE和C&E,EtC在保持格式兼容性和压缩率方面处于两者之间,因此许多基于EtC结构的JPEG图像加密

1.基金项目:川渝联合实施重点研发项目(2021YFQ0056)。

算法逐渐被提出。

JPEG 图像加密算法的安全性研究是该领域的另一个关注重点。由于许多 JPEG 图像加密算法存在设计缺陷，因此难以达到其测试指标中所展现的高安全性。如文献[2]中算法通过对 JPEG 比特流中的熵编码段进行置换实现加密，可其有效检索却会泄露明文图像的特征信息，无法抵御文献[20]中的轮廓攻击。文献[3]使用随机序列对每个 8 × 8 的块按照行和列进行置乱，而文献[21, 22]指出相邻像素值的相关性只得到了扩散，而没有实现充分的混淆，不能抵御相关性攻击和统计攻击。文献[8]将 DC 系数进行分解，再根据定义块对量化后的 DCT 系数进行混洗实现加密，而文献[9]提出对 DC 系数进行分解虽会略微改变任意块中非零 DCT 系数的数量，却不会轻易影响图像的基础视觉信息，并且对定义块进行混洗不会改变块内非零 DCT 系数的数量，容易受文献[10]中的非零计数攻击(NZCA)。为了解决这一问题，文献[10]提出了一种完整的块间置乱方法，对相同频率位置上的系数进行置乱实现加密。该方法相对于 NZCA 是安全的，混淆程度却依然较低。针对此问题，文献[11]提出在 JPEG 量化阶段通过修改量化表来提升安全性，但仍存在缺陷，无法抵抗选择明文攻击。文献[15]提出了一种 16 轮的代换置换加密，该算法拥有足够大的密钥空间用于抵抗蛮力攻击，然而文献[23]通过选择密文攻击仍可破译其密钥。文献[16~19]提出了块置乱的先加密后压缩的加密算法，但密文图像每个块内像素值之间的相关性未改变，文献[24]指出当块大小为 28 × 28 时，通过拼图游戏即可组合 80% 的密码图像。

2019 年，Chuman 等人[25]中针对上述算法存在的安全缺陷，提出了一种基于灰度的先加密后压缩 JPEG 图像加密算法。它首先将彩色图像转化为成 YCbCr 分量，将这些分量分割成尺寸为 $B_x \times B_y$ 不重叠的块；其次，使用随机序列执行三个基于块的加密步骤：块置乱、块旋转和块翻转、正负变换；最后将所有块拼接成一个灰度的密文图像作为输出。该算法相对于传统算法，使用了更小尺寸的块和更多的块数量，不仅可以避免密文图像重新压缩导致的失真，而且增加了密钥空间的大小，提升了抵御拼图攻击和蛮力攻击的鲁棒性。此外，由于密文图像是基于单一的灰度图像，能够更好地保护明文图像特征信息。这种加密设计相较之前的算法可以抵抗拼图、轮廓和相关性等攻击方法，在安全性方面具有一定程度的进步。

目前图像的加密算法通常可以分为两个步骤。一是利用混沌系统或者 Hash 函数作为伪随机序列发生器，生成伪随机序列；二是利用该伪随机序列作为工作密钥，控制后续的图像加密过程。根据步骤一中加密序列的生成过程是否与明文相关，图像加密算法通常可进一步分为加密序列生成与明文图像无关以及加密序列的生成与明文图像相关两类。对于第一类算法，加密序列的生成只与初始密钥取值相关，因此相同的初始密钥所生成的加密序列完全相同。攻击者可无须关注伪随机序列的生成过程，由此攻击目标可转换为利用已知明文/选择明文图像来尝试恢复加密过程所使用的等效工作密钥。文献[25]中的算法就属于此类，因此本文利用选择明文攻击，利用该算法加密过程中混淆和扩散程度不足的缺陷，给出了一个对全部三轮加密过程的等效工作密钥的恢复攻击，并通过实验验证攻击方案的可行性和正确性。最后，本文对近年来大部分图像加密算法存在的不足之处进行总结，提出一些改进建议，希望对后续相关研究有所助益。

1 原算法描述

1.1 加密过程

在文献[25]中，原算法加密过程主要包括分解及转换 RGB 分量、YCbCr 分量拼接、块分割、块置乱、块旋转和块反转、正负变化和块拼接，整体框架如图 1 所示。

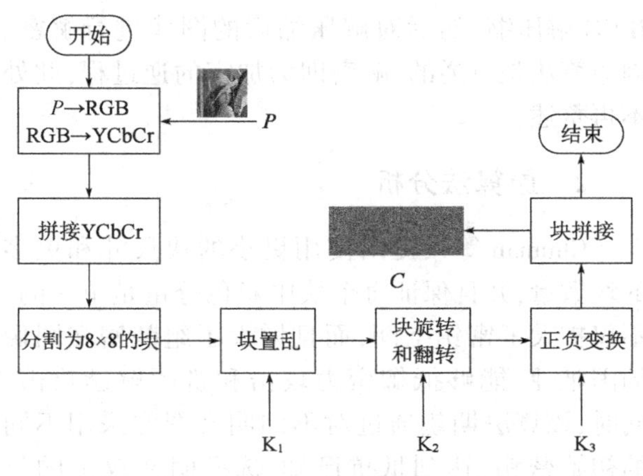

图 1 原图像加密算法框架

(1)分解及转换 RGB 分量。选取一幅像素值为 $X \times Y$ 的8比特 RGB 彩色图像,将其分为 RGB 三个分量。

(2)拼接 YCbCr 分量。考虑到 JPEG 的压缩效率,使用下列等式分别将 RGB 分量转化为 YCbCr 彩色空间,并将 YCbCr 三个分量拼接为一幅大小为 $3 \times X \times Y$ 像素的灰度图像。

$$Y = 0.299R + 0.587G + 0.114B \tag{1}$$

$$C_b = -0.1687R - 0.3313G + 0.5B + 128 \tag{2}$$

$$Cr = 0.5R - 0.4187G - 0.0813B + 128 \tag{3}$$

(3)块分割。设置块大小为 $B_x = B_y = 8$,将拼接后大小为 $3 \times X \times Y$ 的灰度图像划分为多个 $B_x \times B_y$ 像素值的块。

(4)块置乱。选取一个适用于所有彩色分量的密钥 K_1,利用 K_1 生成随机序列 K_{enc-1} 对所有图像块进行随机排列,完成置乱加密。

(5)块旋转和翻转。选取一个适用于所有彩色分量等人密钥 K_2,生成随机序列 K_{enc-2} 用于翻转和旋转所有块。

(6)正负变换。根据密钥 K_3 生成随机二进制整数进行正负变换。根据等式(4),可计算出第 i 块 B_i 中的像素值 p 经过正负变换后的 p'。其中,$r(i)$ 是由 K_3 生成的随机二进制整数,且 $p(p \in B_i)$ 是原始图像中的像素值,每像素值为 L 比特。

(7)块拼接。最后将经过加密后的所有图像块拼接为一幅尺寸为 $3 \times X \times Y$ 像素的密文图像。

$$p' = \begin{cases} p & (r(i) = 0) \\ p \oplus (2^L - 1) & (r(i) = 1) \end{cases} \tag{4}$$

1.2　解密过程

为了重构明文图像,需要先对密文图像进行 JPEG 解压缩,然后对解压缩后的图像进行解密。因原算法是可逆的,解密即为加密的逆过程,此处不再赘述。

2　原算法分析

Chuman 等人提出使用更小的块尺寸和更多的块数量,并且保证每个块中彩色分量是单一的。不仅扩大了密钥空间,而且增大了组装密文图像的困难性,能够抵御蛮力攻击和拼图解谜攻击。同时,该算法期望通过对不同明文图像采用不同的初始密钥,达到抵抗已知/选择明文攻击的目的。然而,该假设条件与一次一密类似,需要图像发送方每次在发送图像前均使用安全信道与接收方之间共享加密密钥,这将带来大量的额外通信开销,并导致密钥管理变得非常复杂,在现实中几乎不可能实现。

原算法主要存在以下三方面的缺陷,具体分析如图2所示。

(1)算法使用的随机序列与明文图像无关。算法加密过程中使用的随机序列仅依靠初始密钥生成,输入的初始密钥相同,即使输入不同的明文图像,也会使用相同的随机序列进行加密。这将导致算法在密钥固定情况下,存在工作密钥序列重用的问题,难以抵抗已知明文攻击和选择明文攻击。

(2)算法扩散程度不足。原加密算法的第一轮运算为块间置乱,而第二轮的块旋转和翻转,则可看作块内置乱,上述两轮置乱仅将不同像素点交换位置,输入明文图像中某一像素的改变,经过两轮置乱操作后并未扩散到其他像素,所以该算法的前两轮运算基本不具备扩散效果。一旦明文图像像素点的值相同,前两轮加密直接失效,仅第三轮加密可正常工作,攻击复杂度大大降低。

(3)算法混淆程度不足。算法的最后一轮加密过程主要通过正负变换改变了部分像素值,可等效为代换操作。然而该代换规则过于简单,且仅有一层,难以达到理想的混淆效果。一旦前两轮加密过程失效,攻击者即可通过单幅选择/已知明文图像,找出第三轮的代换规则并进一步恢复出等效工作密钥。

基于上述缺陷,本文给出了一种基于选择明文条件的等效密钥恢复攻击。该攻击方案基于分别征服思想,逐一恢复上述三轮加密过程所使用的等效加密序列(以下称为等效工作密钥):首先利用置乱操作对相同像素值无效这一特点,选择特定明文图像 P_1,使得第一轮和第二轮加密无效,从而使得攻击者可以单独穷搜索第三轮的等效工作密钥。有鉴于第三轮加密混淆程度不足,攻击者可以极低代价恢复得到轮密钥 K_3 的等效工作密钥 S_3;其后,攻击者即可利用类似方法,依次恢复出前两轮加密的等效工作密钥 S_2 和 S_1。整体攻击思路如图3所示。

为了方便读者理解分析过程,表1对本节所用符号进行说明,其中,$i \in \{1, 2, 3\}$。

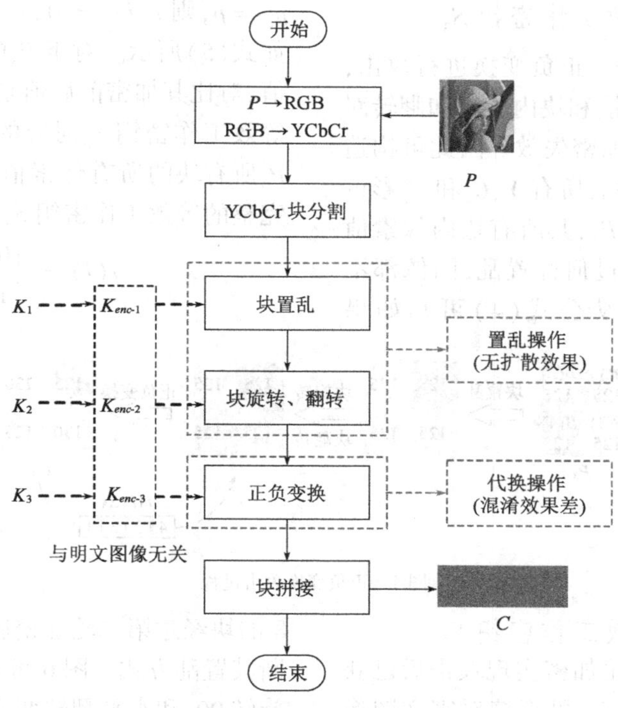

图 2　针对原算法的攻击思路

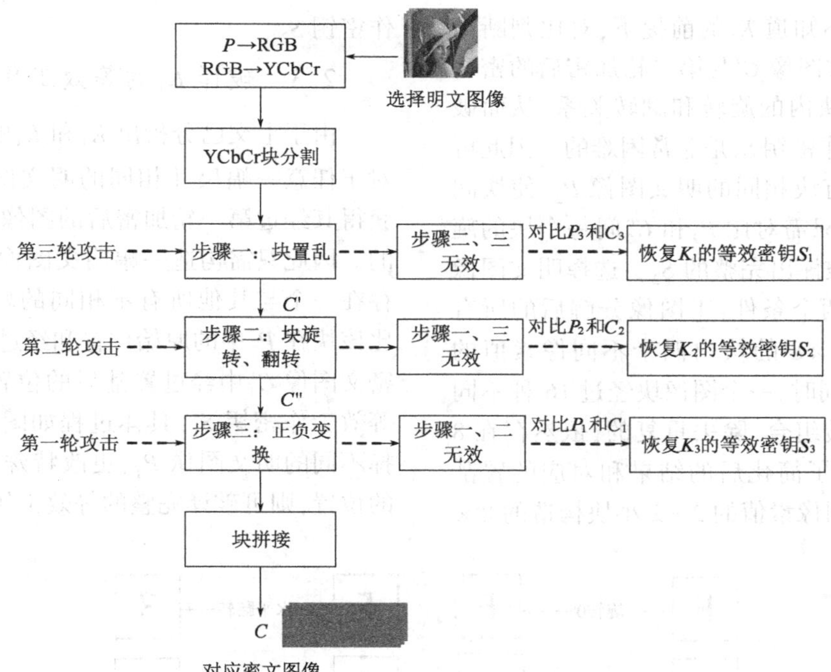

图 3　针对原算法的攻击思路

符号说明表　　　　表 1

符　号	代表含义	符　号	代表含义
K_{enc-1}	由 K_i 生成的随机序列	S_i	K_i 的等效工作密钥
P_i	攻击加密步骤 i 所用选择明文图像	C'_1	P_i 经过第一轮加密后的密文图像
C_i	P_i 的密文图像	C''_2	P_i 经过前两轮加密后的密文图像

2.1　破译 K_3 的等效工作密钥 S_3

首先,要对第三轮加密—正负变换进行攻击,就必须要同时消除块间置乱、和块内旋转和翻转对图像的影响,使第一、二轮加密失效。因此可构造一幅尺寸为 $X \times Y$,且分解后所有 Y、C_b 和 C_r 彩色分量相等的选择明文图像 P_3,其所有块内像素值完全相同。那么 P_3 无论经过何种置乱,图像都不会发生任何变化。其次,从公式(4)可知如果 $p' = p$,则 $r(i) = 0$;如果 $p' \neq p$,则 $r(i) = 1$,如式(5)所示。对于 P_3 的任意块 B_i 中的任意像素值,对比其加密前后值是否改变,则可以得出 K_3 的等效工作密钥 S_3 对应的一比特,如图 4 所示。对 P_3 所有块的所有像素值重复此操作,则可破译出完整的等效工作密钥 S_3。

$$r(i) = \begin{cases} 0 & (p = p') \\ 1 & (p \neq p') \end{cases} \tag{5}$$

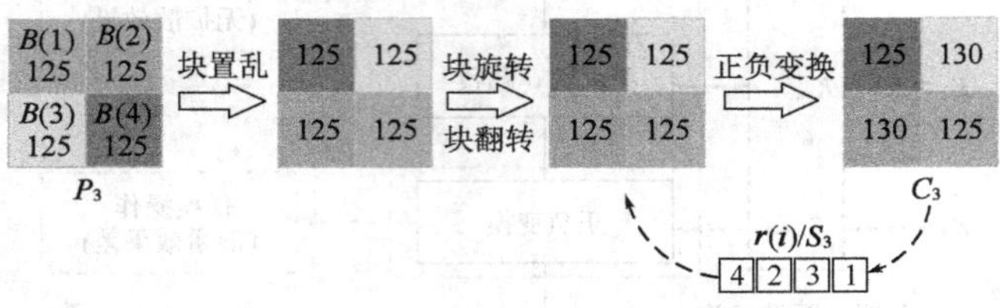

图 4　正负变换攻击过程

2.2　破译 K_2 的等效工作密钥 S_2

由于攻击者在对第三轮加密实现攻击后已获得了完整的等效工作密钥 S_3,可直接对密文图像进行解密,获得第二次加密后的密文图像 C''。然而攻击者想要在不知道 K_1 的前提下,对比判断第一轮加密后的密文图像 C' 与第二轮加密后的密文图像 C'' 之间图中块内的旋转和翻转关系,从而破译出 K_2 的等效工作密钥 S_2 是非常困难的。因此可通过构造一幅所有块相同的明文图像 P_2,使块间置乱无效,攻击者只需对比 P_2 和 C''_2 间每个块的旋转翻转关系即可破译出完整的 S_2。选择明文图像 P_2 需要满足以下两个条件:①图像分解后的所有块相同;②每个 8×8 的块由四个不同像素值的 2×2 小块组成。同时,一个图像块经过 16 种不同角度的旋转和翻转组合,除去重复的,依然存在 8 种结果,图 5 展示了简化后的结果和对应的置乱组合。由四个不同像素值的 2×2 小块构造的 8×8 的块经过第二轮加密后,通过查阅图 5 可快速判断其置乱方式。图 6 可看作是 P_2 中的某个块经过旋转 90°和水平翻转变成 C''_2 中的对应块。对 P_2 的所有块执行以上操作,即可完全恢复 K_2 的等效工作密钥 S_2。

2.3　破译 K_1 的等效工作密钥 S_1

由于上文已分析出 K_2 和 K_3 的等效工作密钥,对于任意一幅尺寸相同的明文图像,攻击者想要获得其经过第一轮加密后的图像状态是非常容易的。因此只需构造一幅明文图像 P_1,分解后至少存在一个与其他所有不相同的块,那么只需要对比该块在 P_1 中的原始位置和经过第一轮加密后的密文图像 C'_1 中经过置乱后的位置,即可获得部分等效工作密钥 S_1,具体过程如图 7 所示。通过选择不同的明文图像 P_1,更改特殊块在明文图像中的位置,则可破译完整的等效工作密钥 S_1。

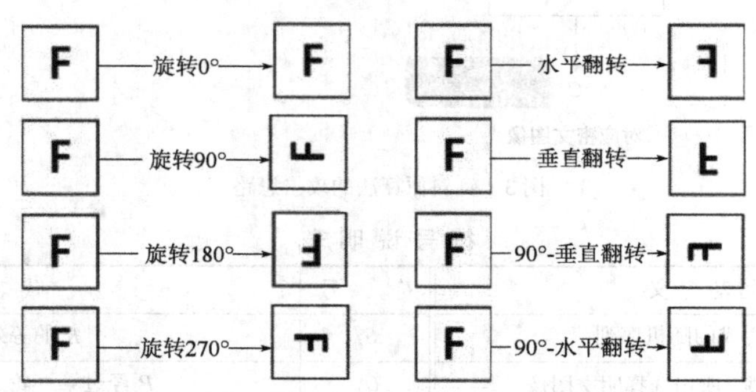

图 5　旋转翻转置乱简化图

160	160	160	160	161	161	161	161
160	160	160	160	161	161	161	161
160	160	160	160	161	161	161	161
160	160	160	160	161	161	161	161
162	162	162	162	163	163	163	163
162	162	162	162	163	163	163	163
162	162	162	162	163	163	163	163
162	162	162	162	163	163	163	163

P_2中的一个块B_i

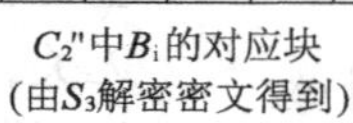

163	163	163	163	161	161	161	161
163	163	163	163	161	161	161	161
163	163	163	163	161	161	161	161
163	163	163	163	161	161	161	161
162	162	162	162	160	160	160	160
162	162	162	162	160	160	160	160
162	162	162	162	160	160	160	160
162	162	162	162	160	160	160	160

C_2''中B_i的对应块
(由S_3解密密文得到)

图6　旋转翻转加密攻击过程

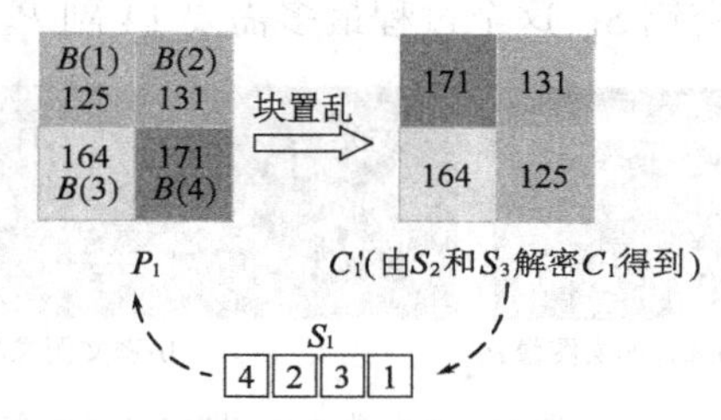

图7　置乱加密攻击过程

3　密文破译仿真实验

为了验证理论分析的可行性，本节主要对原始算法以及所提的密码攻击方法进行实验仿真验证并给出相应的结果。本文所有实验都在配备Intel Core i7-8750H 2.2 GHz CPU 和 8GB 内存容量的个人电脑上进行。在实验中，首先对原始加密算法利用 MATLAB 2018b 进行仿真实现。

本文选择尺寸为 256 × 256 像素值的彩色Lena 图作为示例展示选择明文攻击，分解后共有 $3\times256\times256\div64=3072$ 个块，那么$K_1\sim K_3$等效工作密钥 $S_1\sim S_3$的长度均为 3072。Lena 经过加密后的密文图像如图 8 所示。

a)原明文图像P　　b)密文图像C

图8　原明文图像及其对应的密文图像 C

3.1　破译 K_3的等效工作密钥 S_3

构造三幅尺寸为 256 × 256，所有像素值为160 的图像，分别命名为 Y_3、C_{b3}和 C_{r3}。根据下列等式将三张图像转化为 RGB 分量，最终合成一张彩色图像 P_3，后续 P_1和 P_2也通过此方式生成。将P_3由原算法加密后，得到密文图像 C_3，如图 9所示。

$$R=Y+1.402(C_r-128) \tag{8}$$

$$G=Y-0.34414(C_b-128)-0.71414(C_r-128) \tag{9}$$

$$R=Y+1.402(C_r-128) \tag{10}$$

逐个判断 C_3中每个块的像素值为160 ($r(i)=0$)，还是95 ($r(i)=1$)，直到获取完整的 S_3。

a)选择明文图像P_3　　b)密文图像C_3

图9　部分选择明文图像 P_3及其对应的密文图像 C_3

3.2　破译 K_2的等效工作密钥 S_2

构造三幅所有块如 2.2 节中所描述的图像，分别命名为 Y_2、C_{b2}和 C_{r2}。按照 P_1的构造方法，将图像 Y_2、C_{b2}和 C_{r2}合成为图像 P_2，P_2经过加密后生成密文图像 C_2，如图 10 所示。对于尺寸为 256 × 256 的图像，分解后会产生 3072 个块，因此 K_3的等效工作密钥 S_3的长度为 3072。

根据图 5 逐步对比 P_2和 C_2每个块的旋转和翻转的方式，直至得到完整的 S_2。

a)选择明文图像P_2　　b)密文图像C_2

图10　部分选择明文图像 P_2和密文图像 C_2

3.3　破译 K_1的等效工作密钥 S_1

在构造 P_1时，需要考虑到灰度图像像素值的取值范围为 0 ~255，超过这个范围的像素值都会归零。因此想要按照 2.3 节最理想的情况，即使用一张 P_1恢复整个 S_1是难以实现的。在本轮实验中，我们将先在 YCbCr 分量中前 221 块设置为 35 ~255 的像素值，并将其转化为图像 P_1，如图 11 所示。对比 P_1和 C_1中 221 个块的位置，即可破译 S_1

前 221 位密钥。通过在 YCbCr 分量中依次移动这 221 个块,我们可以获取长度为 3072 的等效工作密钥 S_1,这个过程最多需要 14 副 P_3。

a)选择明文图像 P_1　　b)密文图像 C_1

图 11　部分选择明文图像 P_1 和密文图像 C_1

3.4　利用等效工作密钥破译密文图像

在对 $K_1 \sim K_3$ 三个初始密钥都未知的情况下,通过上文的分析和实验,我们得到了三个等效工作密钥 $S_1 \sim S_3$,利用这些等效工作密钥对图 8 的密文图像进行解密,结果如图 12 所示。

a)密文图像 P　　b)恢复出的明文图像 C

图 12　密文图像破译实验仿真结果

3.5　计算复杂度

对于 $X \times Y$ 的彩色明文图像,加密过程中共产生 $3n$ 个图像块。根据等效密钥恢复攻击,三个轮密钥的实际密钥空间分别降低至 $3n$、$3n$ 和 $3n$,破译所有等效工作密钥需 $2 + \lceil 3n/221 \rceil$ 幅选择明文图像及其对应的密文图像。如直接对原加密算法进行蛮力攻击,所需攻击复杂度为 $O(2^n)$,而本文提出的攻击方法所需的攻击复杂度仅为 $O(n)$,极大程度上降低了攻击难度以及计算成本。表 2 展示了每一轮攻击所需明文图像及计算复杂度等详细数据。

攻击复杂度　　表2

	所需选择明文图像数	恢复的密钥长度	攻击复杂度
第三轮加密攻击	1	$3n$	$O(n)$
第二轮加密攻击	1	$3n$	$O(n)$
第一轮加密攻击	$\lceil \frac{3n}{221} \rceil$	$3n$	$O(n)$
总计	$2 + \lceil \frac{3n}{221} \rceil$	$9n$	$O(n)$

4　改进建议

分析总结近几年提出的所有图像加密算法,不难发现目前大多数算法仍存在一些安全漏洞,攻击者从而可以利用这些安全漏洞和各种密码分析手段对加密算法进行攻击,破译得到明文信息。为了避免后续的密码算法出现这些缺陷,本节针对这些安全漏洞进行说明并提出几点建议。

(1)加密过程与明文图像无关。目前部分算法仍采用与明文图像无关的方式生成随机序列,此类方案一旦出现加密序列重用的情况,方案安全性就将与方案所用的混沌/随机序列生成方案无关,导致方案整体安全性的大幅降低。针对此类问题,密码设计者可利用提取得到的图像特征,作为加密过程的初始参数或者密钥的一部分,使得加密序列随图像的变化而改变。

(2)混淆扩散程度不足。部分算法的置乱和代换操作较为单一,无法达到较为理想的混淆与扩散效果,攻击者利用简单的统计分析方法即可实现破译。因此密码设计者可改进算法结构,增加迭代轮数,使输入输出的映射关系更为复杂。

(3)缺少严格的安全性证明。现阶段图像加密领域衡量算法安全与否主要依赖于像素变化率(PSNR)和统一平均变化强度等安全性评价指标,而文献[26]通过实验证明了这些指标无法用于评估图像加密算法的安全性。现代密码学强调安全性证明的重要性,即算法是否安全必须要经过严格的安全性证明。同理,密码设计者也可将现代密码学中的安全性证明应用到图像加密领域,以保障图像加密算法的安全性。

5　结语

本文对一种基于灰度的先加密后压缩 JPEG 图像算法进行了安全性分析,指出加密所需的随机序列与明文图像无关,且前两轮置乱加密仅改变了像素值的线性位置,不具备任何扩散作用,而正负变换的代换规则较简单,像素值混淆程度较低,因此基于选择明文条件提出一种等效密钥恢复攻击方案。该方案经过相应的攻击实例及复杂度分析证明,对于一张尺寸为 $X \times Y$ 的彩色明文图像,仅需 $2 + \lceil 3n/221 \rceil$ 张选择明文图像即可恢复所有轮密钥的等效工作密钥,从而实现对原加密算法的破译。最后,本文对现有 JPEG 图像加密算法中常见的一些安全漏洞进行总结,提出了一些针对性的改进建议。

参考文献

[1] Xu Yanyan, Xiong Lizhi, Xu Zhengquan, et

al. A content security protection scheme in JPEG compressed domain [J]. Journal of Visual Communication and Image Representation, 2014, 25(5): 805-813.

[2] Cheng Hang, Zhang Xinpeng, Yu Jiang, et al. Encrypted JPEG image retrieval using block-wise feature comparison[J]. Journal of Visual Communication and Image Representation, 2016, 40: 111-117.

[3] Zhang Dinghui, Zhang Fengdeng. Chaotic encryption and decryption of JPEG image[J]. Optik, 2014,125(2): 717-720.

[4] Liang Haihua, Zhang Xinpeng, Cheng Hang. Huffman-code based retrieval for encrypted JPEG images [J]. Journal of Visual Communication and Image Representation, 2019,61: 149-156.

[5] He Junhui, Huang Shuhao, Tang Shaohua, et al. JPEG Image Encryption with Improved Format Compatibility and File Size Preservation [J]. IEEE Transactions on Multimedia, 2018, 20(10): 2645-2658.

[6] Socek D, Kalva H, Magliveras S S, et al. New approaches to encryption and steganography for digital videos[J]. Multimedia Systems, 2007, 13: 191-204.

[7] 郭慧，贺杰，李琳. 具有鲁棒性与数据嵌入能力的 JPEG 压缩图像加密算法[J]. 计算机应用研究, 2016, 33(09): 2804-2809.

[8] Wang Fangcao, Sen Bai. JPEG Image Encryption by Shuffling DCT Coefficients in Defined Block [C]// Proc of the 5th International Conference on Computational and Information Sciences. 2013: 60-63.

[9] Li Shanshan, Zhang Hongli, Zhao Li. Security Analysis of JPEG Image Encryption Algorithm Based on DCT Coefficients Shuffling and Decomposing [C]// Proc of the 13th International Conference on Anti-counterfeiting, Security, and Identification (ASID). 2019: 99-102.

[10] Li Weihai, Yuan yuan. A leak and its remedy in JPEG image encryption[J]. International Journal of Computer Mathematics, 2007, 84 (9):1367-1378.

[11] Ong S Y, Wong K S, Qi Xiaojun, et al. Beyond format-compliant encryption for JPEG image[J]. Image Communication, 2015, 31: 47-60.

[12] Li P, Lo K T. A Content-Adaptive Joint Image Compression and Encryption Scheme [J]. IEEE Transactions on Multimedia, 2018, 20 (8):1960-1972.

[13] 谢凯明，邓家先，陈益刚. 基于 JPEG2000 的图像联合压缩加密算法[J]. 计算机应用研究, 2014, 31(12): 3695-3699.

[14] 韩威，申铭，徐彦彦，等. 一种云环境下 JPEG 图像的安全检索方法[J]. 计算机应用研究, 2017, 34(04): 1239-1243.

[15] Pareek N K, Patidar V, Sud K K. Diffusion-substitution based gray image encryption scheme[J]. Digital Signal Processing, 2013, 23(3): 894-901.

[16] Watanabe O, Uchida A, Fukuhara T, et al. An Encryption-then-Compression system for JPEG 2000 standard [C]// 2015 IEEE International Conference on Acoustics, Speech and Signal Processing (ICASSP). 2015: 1226-1230.

[17] Kurihara K, Shiota S, Kiya H. An encryption-then-compression system for JPEG standard [C]// Proc of the 31st Picture Coding Symposium (PCS), 2015: 119-123.

[18] Kurihara K, Kikuchi M, Imaizumi S, et al. An Encryption-then-Compression System for JPEG/Motion JPEG Standard [J]. IEICE Transactions on Fundamentals of Electronics Communications & Computer Sciences, 2015, E98. A(11): 2238-2245.

[19] Kurihara K, Watanabe O, Kiya H. An encryption-then-compression system for JPEG XR standard [C]// Proc of the 11th IEEE International Symposium on Broadband Multimedia Systems and Broadcasting (BMSB). 2016: 1-5.

[20] Minemura K, Moayed Z, Wong K, et al.

JPEG image scrambling without expansion in bitstream size [C]// Proc of the 19th IEEE International Conference on Image Processing. 2012:261-264.

[21] Li Weihai. Correlation based cryptanalysis on a chaotic encryption of JPEG image [C]// Proc of the 7th International Congress on Image and Signal Processing. 2014:628-632.

[22] Ponnain D, Chandranbabu K. Crypt analysis of an image encryption algorithm and an enhanced scheme[J]. Optik, 2016, 127(1): 192-199.

[23] Pareek N K, Patidar V, Sud K K. Diffusion-substitution based gray image encryption scheme[J]. Digital Signal Processing, 2013, 23(3): 894-901.

[24] Chuman T, Kurihara K, Kiya H. On the Security of Block Scrambling-Based EtC Systems against Extended Jigsaw Puzzle Solver Attacks [J]. IEICE Transactions on Information and Systems, 2018, E101. D(1): 37-44.

[25] Chuman T, Sirichotedumrong W, Kiya H. Encryption-Then-Compression Systems Using Grayscale-Based Image Encryption for JPEG Images[J]. IEEE Transactions on Information Forensics and Security, 2019, 14(6): 1515-1525.

[26] Preishuber M, Hütter T, Katzenbeisser S, et al. Depreciating Motivation and Empirical Security Analysis of Chaos-Based Image and Video Encryption[J]. IEEE Transactions on Information Forensics and Security, 2018, 13(9): 2137-2150.

基于时间序列分析的城市轨道交通客运量预测——以西安市为例

付泽坤*

(长安大学运输工程学院)

摘　要　为系统研究轨道交通客运量周期性规律和变化趋势,提高轨道交通客流预测准确性,对西安地铁2018年1月至2019年9月各月工作日和休息日日均客运量数据进行分析。采用温特斯加法指数平滑法和温特斯乘法指数平滑法分别对日均客流量时间序列进行拟合,并对2019年10—12月工作日日均客流量进行预测。结果表明:西安地铁工作日日均客流量的时间序列具有自相关性;温特斯加法指数平滑法预测模型和温特斯乘法指数平滑法预测模型平稳的R方值分别为0.854和0.410,总体上温特斯加法指数平滑法的拟合优度好于温特斯乘法指数平滑法;工作日客流量平均预测误差为1.61%,低于休息日的3.84%,说明模型对工作日客流量预测精度高于休息日。受新冠肺炎疫情影响,2020年1—4月西安地铁客流量均有不同程度下降,其中2月受疫情影响降低幅度最高,工作日和休息日日均客流量分别下降95%和94%,而其他月份休息日客流量比工作日客流量受疫情影响更大。

关键词　轨道交通　客流预测　指数平滑法　时间序列　新冠肺炎

0　引言

客流预测是城市轨道交通规划、设计、建设和运营的基本依据和重要环节,其结果的准确性直接关系到轨道交通运营的经济效益,并影响城市居民的交通出行。在城市轨道交通工程前期工作中,客流预测已经单列为一项专题研究[1]。

对轨道交通客流量预测的研究始于20世纪60年代,基于传统"四阶段"模型的客流预测方法能够较好地反映土地使用和交通出行关系,适用于轨道交通网络层面的客流预测[2]。近年来,国内外学者对轨道交通客流预测方法展开了大量研究,取得了较为丰富的成果。轨道交通短时客流较为成熟的预测方法可以分为两类:一类是基于数学与数理统计的理论模型,包括回归预测模型、时间序列模型、灰色预测模型、卡尔曼滤波预测模型等,例如文献[3]采用自回归滑动平均时间序列(ARMA)模型对天津地铁一号线日客流量进行预测;文献[4]使用季节时间序列(SARIMA)模型对北京地铁进站客流量进行时间序列建模;文献[5]提出滑动无偏灰色马尔科夫预测模型对西安地铁二号线客流量进行预测,发现其预测精度比原始灰色马尔科夫模型有一定提升。另一类是基于仿生学与计算机仿真技术的方法,包括人工神经网络预测法、小波分析法等,例如文献[6]建立并行加权神经网络模型对北京市轨道交通线路客流进行预测,结果表明预测结果的误差小于单个神经网络的预测误差。

本文以西安地铁日均客运量为基础,建立指数平滑法预测模型对客流量进行预测,并分析了新冠肺炎疫情对地铁客运量的影响。

1 时间序列预测的程序

1.1 确定时间序列的成分和自相关性

在获得被观测系统的时间序列动态数据之后,可以根据动态数据绘制序列图和相关图。通过序列图可以得出时间序列中的趋势成分和季节成分,相关图可以得出时间序列存在何种自相关性。本文使用统计分析软件 SPSS22.0 进行图表的绘制和数据的分析与预测。

1.2 选择预测方法

指数平滑法由布朗(Robert G. Brown)提出,布朗认为时间序列的态势具有稳定性或规则性,所以时间序列可被合理地顺势推延;他认为最近的过去态势,在某种程度上会持续到最近的未来,所以将较大的权数放在最近的资料。当时间序列具有季节性趋势时,可以使用温特斯加法指数平滑法和乘法指数平滑法对时间序列进行拟合和预测。

1.3 预测方法的评估

在选择某种特定的方法进行预测时,需要通过计算预测值与实际值之间的预测误差来评价该方法的预测效果或准确性。预测误差的计算方法通常有均方根误差(Root Mean Square Error, RMSE)、平均绝对百分比误差(Mean absolute percentage error, MAPE)、最大绝对百分比误差(Maximum absolute percentage error, MaxAPE)、平均绝对误差(Mean absolute error, MAE)和最大绝对误差(Maximum absolute error, MaxAE)等。

2 案例分析

2.1 数据来源

本文采用西安市地铁全线客流量数据,选取从2018年1月至2019年9月期间各月工作日日均地铁客运量作为样本数据,对2019年10月至12月和2020年1月至4月日均地铁客运量进行预测。西安地铁客运量数据来源于中国城市轨道交通协会和新浪微博@地铁客流及运输研究阿牛。

2.2 工作日客流量拟合与预测结果

由于地铁客运量在工作日和休息日存在较大差异,为了方便对比使用温特斯加法指数平滑法和温特斯乘法指数平滑法预测结果,使用工作日数据进行预测。首先绘制西安地铁2019年1月至9月工作日日均客流量时间序列图(图1),可以发现工作日地铁客运量具有线性上升趋势和季节性趋势,并且季节效应随时间呈现较稳定状态。

然后对时间序列进行自相关分析,得到样本自相关系数统计表和样本自相关系数图,如表1和图2所示。

样本自相关系数统计表 表1

延迟	自相关	标准误差[a]	Box-Ljung 统计		
			值	自由度	显著性[b]
1	0.868	0.203	18.176	1	0.000
2	0.682	0.198	29.992	2	0.000
3	0.550	0.193	38.097	3	0.000

续上表

延　迟	自 相 关	标准误差[a]	Box-Ljung 统计		
			值	自由度	显著性[b]
4	0.439	0.188	43.570	4	0.000
5	0.325	0.182	46.764	5	0.000
6	0.186	0.176	47.884	6	0.000
7	0.029	0.170	47.912	7	0.000
8	-0.117	0.164	48.417	8	0.000
9	-0.237	0.158	50.670	9	0.000
10	-0.295	0.151	54.480	10	0.000
11	-0.365	0.144	60.914	11	0.000
12	-0.414	0.137	70.121	12	0.000
13	-0.407	0.129	80.127	13	0.000
14	-0.393	0.120	90.797	14	0.000
15	-0.340	0.111	100.096	15	0.000
16	-0.281	0.102	107.703	16	0.000

a. 假定的基本过程为独立性(白噪声)

b. 基于渐近卡方近似值

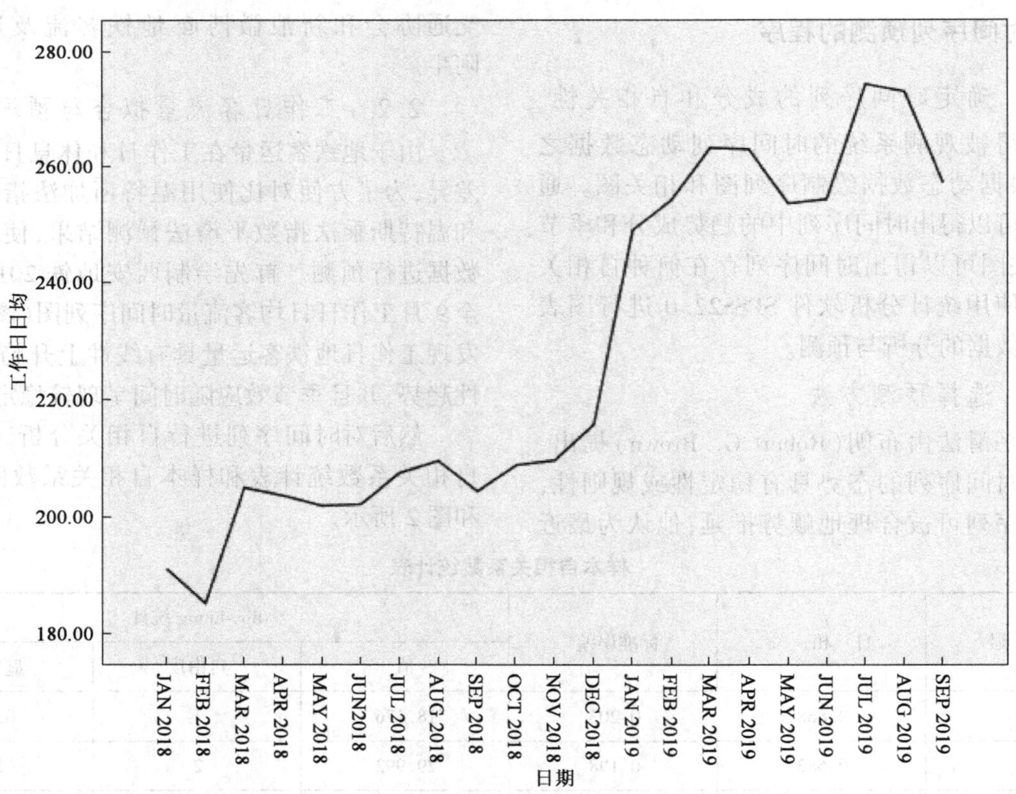

图1　西安地铁2018年1月至2019年9月工作日日均客流量时序图(单位:万人)

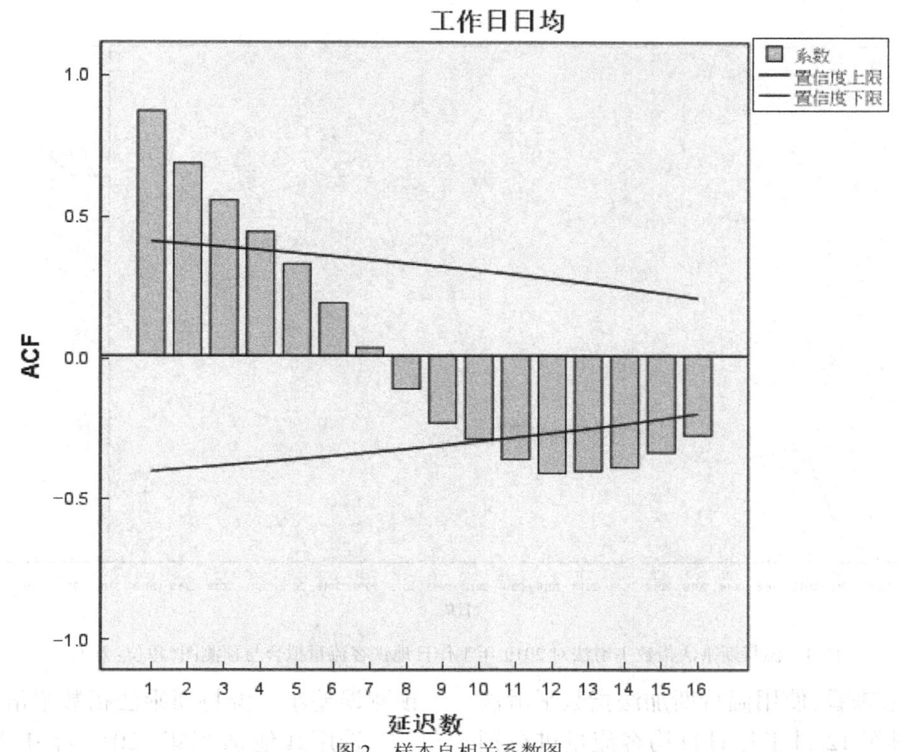

图2　样本自相关系数图

从样本自相关统计表可以看出，Box-Ljung 统计的显著性小于理论显著性水平 0.01，可以认为该时间序列不是白噪声，是具有自相关性的时间序列。从统计图可以看出，样本自相关函数系数逐渐减小，不是平稳时间序列。

使用温特斯加法指数平滑法和温特斯乘法指数平滑法分别对 2018 年 1 月至 2019 年 9 月工作日日均客流量进行拟合，并对 2019 年 10 月至 12 月工作日地铁日均客流量进行预测，结果如图 3、图 4 和表 2、表 3 所示。

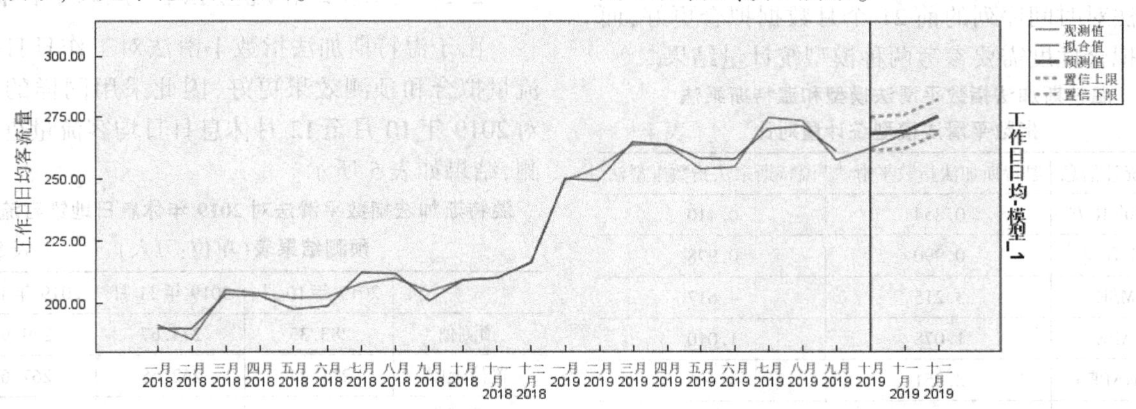

图3　温特斯加法指数平滑法对 2019 年工作日地铁客流量拟合与预测图(单位：万人)

温特斯加法指数平滑法对 2019 年工作日地铁客流量预测结果表(单位：万人)　表2

	2019 年 10 月	2019 年 11 月	2019 年 12 月
预测值	267.64	268.44	274.58
置信上限	274.40	275.28	281.50
置信下限	260.89	261.61	267.67
实际值	261.68	267.46	268.73
相对误差	2.28%	0.37%	2.18%

温特斯乘法指数平滑法对 2019 年工作日地铁客流量预测结果表(单位：万人)　表3

	2019 年 10 月	2019 年 11 月	2019 年 12 月
预测值	263.16	263.07	269.70
置信上限	272.86	272.78	279.45
置信下限	253.46	253.35	259.96
实际值	261.68	267.46	268.73
相对误差	0.57%	-1.64%	0.36%

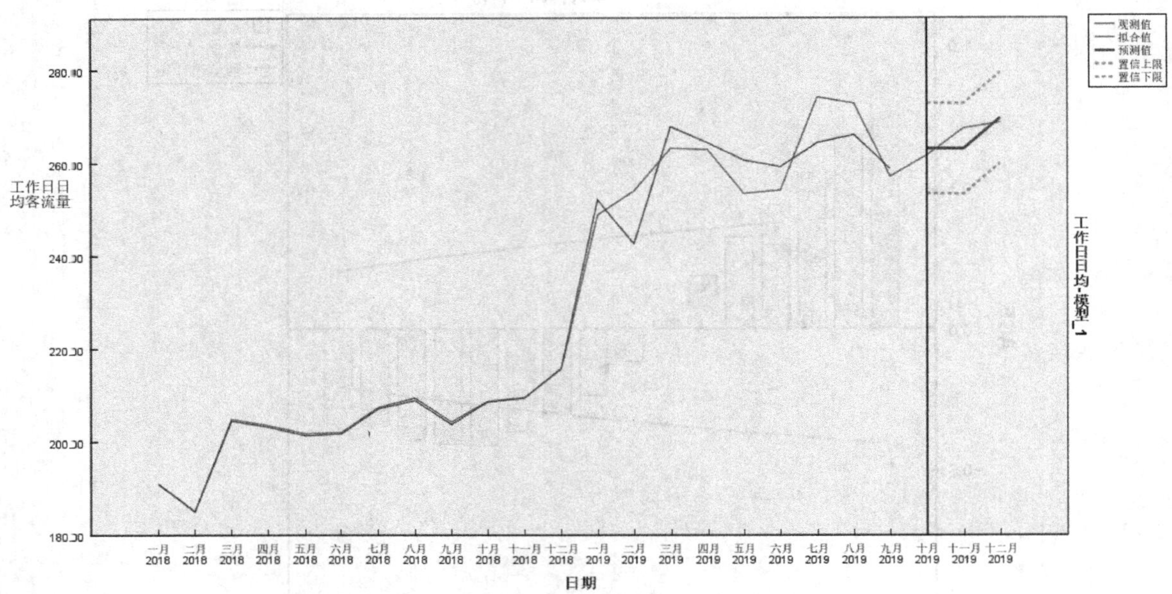

图4　温特斯乘法指数平滑法对2019年工作日地铁客流量拟合与预测图(单位:万人)

从预测结果来看,使用温特斯加法指数平滑法对2019年10月至12月工作日日均客流量进行预测时,预测值与实际值的平均误差为1.61%,而使用温特斯乘法指数平滑法得到的预测值相对更精确,平均误差为0.86%。但从2018年1月至2019年9月工作日日均客流量拟合情况角度分析,结合图3和图4进行对比,可以看出温特斯加法指数平滑法对时间序列的前21个月数据拟合更好,而具体拟合优度需要参考两种模型统计量结果。

温特斯加法指数平滑法模型和温特斯乘法指数平滑法模型统计量对比　　表4

拟合统计信息	温特斯加法指数平滑法	温特斯乘法指数平滑法
平稳的R方	0.854	0.410
R方	0.990	0.978
RMSE	3.215	4.617
MAPE	1.078	1.010
MaxAPE	2.351	4.466
MAE	2.428	2.590
MaxAE	5.072	11.345

从表4中可以看出,温特斯加法指数平滑法平稳的R方值远远高于温特斯乘法指数平滑法,说明温特斯加法指数平滑法对时间序列的拟合和解释更好。此外,温特斯加法指数平滑法模型的RMSE、MaxAPE、MAE和MaxAE均低于温特斯乘法指数平滑法模型,而两个模型的MAPE相差无几,因此可以认为温特斯加法指数平滑法模型的预测误差小于温特斯乘法指数平滑法模型。

选用其他训练集(2018年1月至2019年8月)和测试集(2019年9月至12月)进行试验,可以得出同样的结果。因此,可以认为温特斯加法指数平滑法模型更适合于西安地铁工作日日均客流预测。

2.3　休息日客流量拟合与预测结果

由于温特斯加法指数平滑法对工作日日均客流量拟合和预测效果更好,因此采用同样的方法对2019年10月至12月休息日日均客流量进行预测,结果如表5所示。

温特斯加法指数平滑法对2019年休息日地铁客流量预测结果表(单位:万人)　　表5

	2019年10月	2019年11月	2019年12月
预测值	283.35	274.67	279.91
置信上限	271.44	262.58	267.65
置信下限	295.26	286.76	292.17
实际值	278.29	269.62	259.58
相对误差	1.82%	1.87%	7.83%

通过预测结果表可以计算得到使用该方法对休息日进行预测得到结果的相对误差平均值为3.84%,高于工作日的1.61%,其中对2019年12月的客流量预测与实际情况出入较大。由此可以认为,使用该方法对休息日地铁客流量预测的误差略大于工作日。如图5所示。

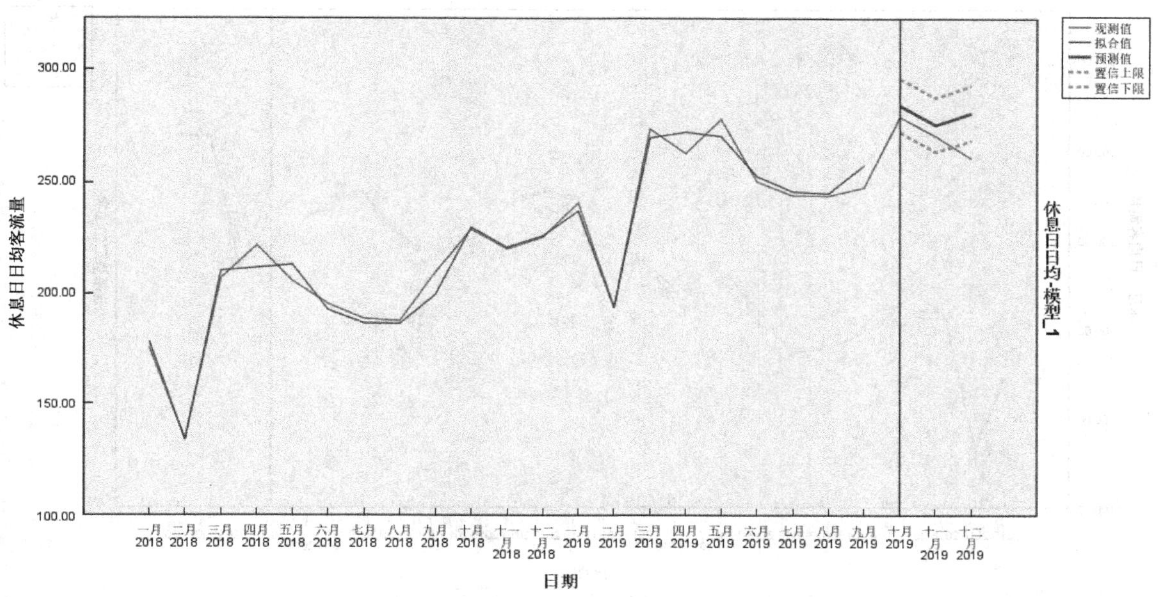

图5　温特斯加法指数平滑法对2019年休息日地铁客流量拟合与预测图(单位:万人)

3　讨论

受疫情影响,2020年西安地铁客流量大幅减少。采用2018年和2019年全年工作日和休息日日均地铁客运量数据,使用温特斯加法指数平滑法对2020年前4个月地铁客运量进行预测,并与实际值进行对照,结果如图6、表6和图7、表7所示。

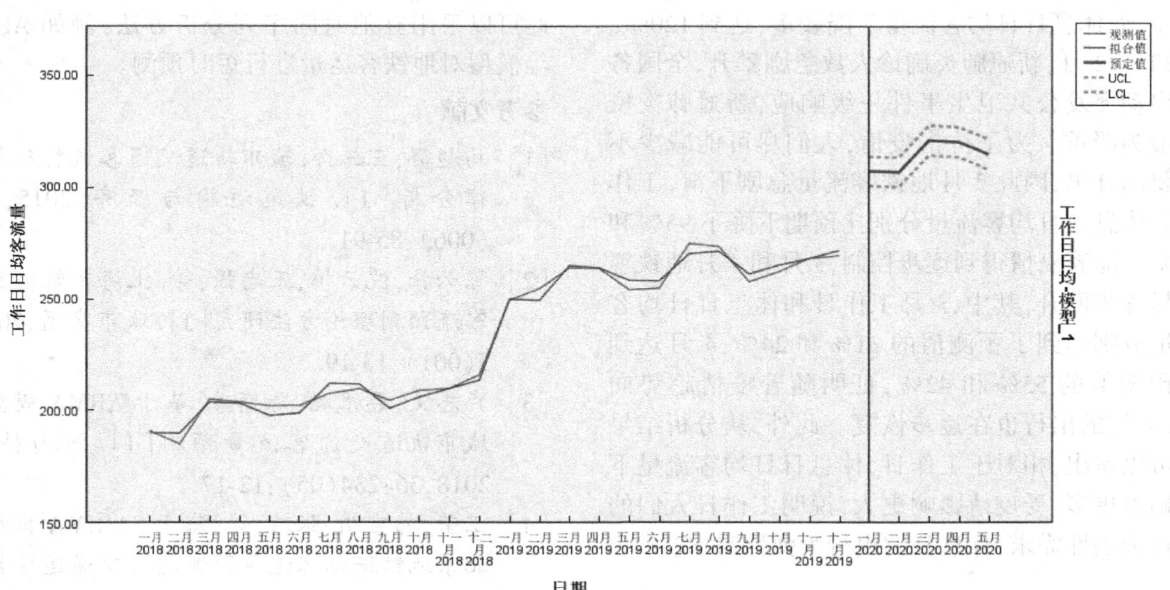

图6　温特斯加法指数平滑法对2020年工作日地铁客流量预测图(单位:万人)

温特斯加法指数平滑法对2020年工作日地铁客流量预测结果表(单位:万人)　表6

	2020年1月	2020年2月	2020年3月	2020年4月
预测值	306.38	306.00	320.51	319.71
实际值	267.33	15.23	99.40	168.67
相对误差	14.61%	1909.19%	222.44%	89.55%

温特斯加法指数平滑法对2020年休息日地铁客流量预测结果表(单位:万人)　表7

	2020年1月	2020年2月	2020年3月	2020年4月
预测值	279.13	233.43	307.26	307.18
实际值	127.09	14.07	73.78	128.82
相对误差	119.63%	1559.06%	316.45%	138.46%

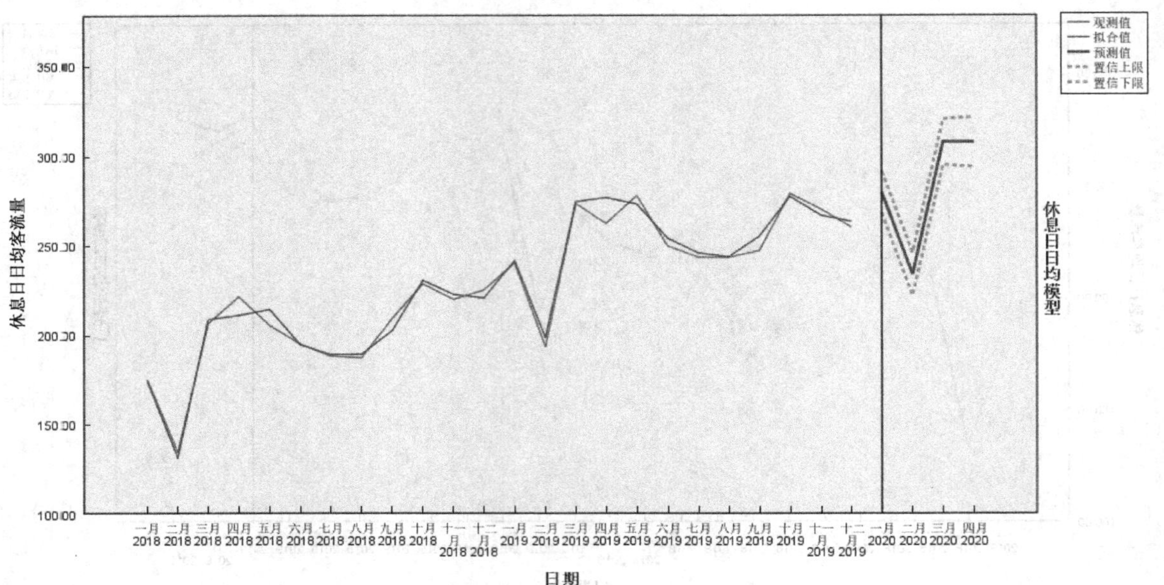

图7　温特斯加法指数平滑法对2020年休息日地铁客流量预测图(单位:万人)

新冠肺炎疫情于2020年1月下旬于武汉开始爆发,随后西安市出现确诊病例,但在新冠肺炎尚未肆虐全国之时,西安市地铁客流量并未出现大规模下滑,1月工作日日均客流量比预期下降约15%,而休息日日均客流量下降较多,达到120%。2020年2月,新冠肺炎确诊人数急剧攀升,全国各地启动突发公共卫生事件一级响应,新冠肺炎疫情最为严重。为了抗击疫情,人们尽可能减少不必要的外出,因此2月地铁客流量急剧下滑,工作日和休息日日均客流量分别比预期下降了95%和94%。随着疫情得到逐步控制,3月和4月地铁客流量逐步回升,其中,3月工作日和休息日日均客流量分别达到了预测值的31%和24%,4月达到了预测值的53%和42%,证明随着疫情趋势向好,人们的出行也在逐步恢复。此外,从分析结果还可以看出,相对于工作日,休息日日均客流量下降幅度更多、受疫情影响更大,说明工作日人们的出行为刚性需求,休息日的出行为弹性需求。

4　结语

本文首先对西安地铁工作日日均客流量进行分析,并采用温特斯加法指数平滑法和温特斯乘法指数平滑法分别对时间序列进行拟合与预测。结果表明,温特斯加法指数平滑法在拟合优度和预测误差方面好于温特斯乘法指数平滑法。受疫情影响,2020年西安地铁客运量显著下降,其中2月下降幅度最大。通过对比工作日和休息日地铁客运量下降百分比,结果表明,疫情对刚性出行影响小于弹性出行。

本文使用的温特斯指数平滑法适用于短期预测,如果外推的时间过多,则存在高估的可能,因此可以采用其他时间序列分析方法,例如ARMA等模型对地铁客运量进行短时预测。

参考文献

[1] 马超群,王玉萍. 城市轨道交通客流特征与规律分析[J]. 铁道运输与经济,2015,037(006):85-91.

[2] 陈必壮,沈云樟,王忠强,等. 上海市轨道交通客流预测理论方法研究[J]. 城市交通,2009,7(001):13-19.

[3] 卢志义,聂惟聪,陈丽珍. 基于ARMA模型的城市轨道交通客流量预测[J]. 河南科学,2018,36;234(05):12-17.

[4] 王莹,韩宝明,张琦,等. 基于SARIMA模型的北京地铁进站客流量预测[J]. 交通运输系统工程与信息,2015,15(006):205-211.

[5] 潘杰,马超群. 基于改进灰色马尔科夫模型的地铁客流预测[J]. 交通科技与经济,2018,20(6):52-56,64.

[6] 吴学智. 利用温特斯加法指数平滑法预测某院出院人次[J]. 中国卫生信息管理杂志,2018(4):436-439.

基于聚类的加权特征相似度目标跟踪算法

高安涌 陈荣千 邢涛涛 邹应全*
(西南交通大学信息科学与技术学院)

摘 要 毫米波(millimeter wave, MMW)雷达已经广泛用于交通检测领域,在基于毫米波雷达的自动驾驶系统的目标跟踪过程中,杂波和虚假目标导致跟踪轨迹产生偏移。利用雷达测量的径向速度和位移重构出目标的实际速度,再结合目标反射强度分布改进了聚类算法。由目标的实际速度、反射强度和反射信号分布构建相似度函数,完成数据帧的聚类和相邻帧的聚类的关联,减少杂波和虚假目标的干扰,完成轨迹的提取。最后在真实道路环境下采集数据,验证了改进方法的可行性,MMW 雷达的目标跟踪能力得到提高。

关键词 数据分析 雷达跟踪 多功能匹配 基于集群跟踪

0 引言

近年来,随着传感器技术的提高,自动驾驶技术飞速发展。然而在具有高度不确定性的复杂环境中,自动驾驶系统经常难以做出正确决策,因此目前在复杂环境的自动驾驶技术仍处于实验阶段[1]。提高系统可靠性的关键在于传感器,虽然机器视觉可以检测信号灯、指示牌等交通标志,但视觉容易受到雾霾或雨雪等天气的干扰。相比之下,MMW 雷达在恶劣天气下也能保持良好的检测性能[2],即使在雾霾或雨雪天气依旧能准确测量目标的距离、速度等信息,所以 MMW 雷达已被广泛应用于自动驾驶的检测系统中。

为了提高自动驾驶的安全性和舒适性,需要避开障碍、车辆和行人等目标,防止急停急转,保证行车安全,这需要在汽车行驶环境中跟踪目标的运动轨迹。由于图像处理和深度学习技术的发展,基于机器视觉的跟踪算法已经得到了很好的研究[3],然而,基于雷达的轨迹跟踪研究受到几个难点的限制。首先,在信噪比(Signal to Noise Ratio, SNR)较低的情况下,环境中的噪声和杂波可能导致误报目标和检测错误。其次,雷达数据只包含位置、速度和强度信息,这使得被测目标难以被区分。一些研究基于目标的 3D 模型[4]和微多普勒特征模型的特征匹配,通过机器学习方法实现了简单的分类[5]。但能识别的种类少,运算量大,难以完成复杂的智能识别。黄等人利用微多普勒特征和多任务学习网络完成不同行人的分离[5]。为了减少运算量,一项研究将目标的形状参数加入特征向量实现了简单的目标分类[6]。将目标的多个特征聚合成一个特征向量,再针对目标向量做分类处理,可以减少运算量并增加目标的可区分性。典型的聚类方法是基于密度的聚类算法(Density-Based Spatial Clustering of Applications with Noise, DBSCAN),但此方法只是基于点的密度,特征数量不足,准确性有待提高[7]。聚类完成后有多种方法将聚类结果完成轨迹关联,比如多假设跟踪(Multiple Hypothesis Tracking, MHT)[8],联合概率数据关联(Joint Probabilistic Data Association, JPDA)[9]以及概率假设密度(Probability Hypothesis Density, PHD)滤波器[10]。然而,文献[11]中指出这些方法在模拟场景中获得了不错的结果,但在具有噪声的复杂场景中还存在缺陷。Yang 等人[12]指出,这些方法的计算非常复杂,限制了它们的应用场景。为了解决上述问题,Chen 等人[13]建议总结相邻帧不同目标的特征向量,通过特征向量的相似度完成轨迹的关联,这种方式在计算机视觉中广泛使用[14]。因此本文将目标的速度、反射信号强度和分布加入特征向量改善聚类算法,然后通过相邻数据帧之间聚类的相似度完成目标轨迹的关联。

1 轨迹提取流程

通过调频连续波(Frequency Modulation

Continuous Wave, FMCW)雷达采集到数据后,需要先完成目标检测,首先利用 2D-FFT(Fast Fourier Transform, FFT)算法得到距离-多普勒谱,包含目标的距离和速度信息;然后采用波束成形算法得到距离-角度谱,包含角度信息;再应用恒虚警率算法(Constant False Alarm Rate, CFAR)滤除噪声和杂波。目标检测后得到包含距离、径向速度、角度、反射信号强度的点数据集,结合多种信息将点数据集进行聚类,综合为多个目标的特征向量。再通过卡尔曼滤波器预测和估计,轨迹关联流程图如图 1 所示。

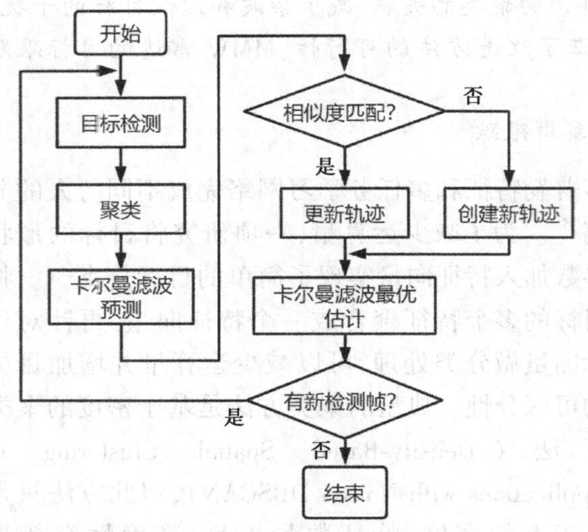

图 1　轨迹关联流程图

通过当前帧的多个目标的特征向量分别与之前预测的特征向量进行相似度匹配,若目标有匹配的轨迹,则更新此目标的轨迹,没有则为目标建立新的轨迹。通过轨迹和目标速度可预测目标运动轨迹,判断自动驾驶汽车是否需要避让,提高自动驾驶汽车的舒适性。

2　算法

2.1　聚类算法的改进

雷达数据经目标检测算法后得到的点数据集需要通过聚类算法加以处理,整合为多个目标的特征向量,减少冗余数据,避免点数据的随机性,方便后续数据处理。由于属于同一目标的雷达反射点在距离上相近,因此雷达的聚类算法普遍采用基于密度的聚类算法(DBSCAN)。但是仅仅依靠目标的距离信息作为聚类依据的准确性不高,考虑到雷达还能获得目标的反射强度和速度信息,所以通过在目标的特征向量中加入速度、反射强度加以改进。其原理如下:若一辆车沿着路边行驶,常规的密度聚类算法会将车和路基归为一个目标。但车的回波信号强,通过多普勒效应可求出车与路基相对速度。因此,车的反射信号强度和速度信息可以作为聚类的依据。

在改进算法中,检测点数据的密度、反射信号强度和目标速度是否匹配,若三种特征都相似,则判断这些点属于同一个目标。

聚类算法的伪代码如下:

聚类算法

输入:$p_n = (x_n\ y_n\ A_n\ V_n)$:第 n 点的特征向量,分别代表坐标(x,y),幅值 A 和速度 V

$\in$:邻域半径

MinPts:邻域点密度的阈值

A_thres:幅值阈值,大小在 0 和 1 之间

V_thres:速度阈值

输出:$C = \{\Omega_1, \Omega_2, \cdots, \Omega_k\}$:聚类划分

变量:$N_E(p_i)$:点 p_i 的邻域,定义为:对 $p_i E P_k$,$N_E(p_i) = \{p_j \in P_k \mid dist(p_i, p_j) < E\}$

$\bar{A}$:在某一帧中所有点的平均幅值

Ω:同一个聚类中的点集

---

1. 初始化:标记所有的点为 unvisited,$\Omega = \phi, k = 0$
2. 噪声判断:$|N_E(p_i)| < MinPts$ **and** $A_i < \bar{A}$
3. 找到未访问的非噪声点 pi 及其环境邻域 $N\in(pi)$
4. if $|N_E(p_j)| \geqslant MinPts$ **and** $|V_j - V_i| < V\_thres$ **and** $|A_j - A_i| < A\_thres$ **then**
5. 标记 p_j 为 visited,并把 $N_\in(p_i)$ 加入点集 Ω_k:$\Omega_k = \Omega_k \cup N_\in(p_j)$
6. **else** 为 $N_\in(p_i)$ 创建点集 Ω_{k+1}:$\Omega_{k+1} = \Omega_k \cup N_\in(p_j)$
7. 返回第 3 步,直到访问完所有未访问的点

聚类后目标的特征向量为:

$$F_{m,k} = [\bar{P}_x, \bar{P}_y, \bar{V}_r, \bar{A}, P_{X\min}, P_{Y\min}, Len_X, Len_Y]^{\mathrm{T}} \tag{1}$$

式中:$\bar{P}_x, \bar{P}_y$——聚类目标的质心坐标;

$\bar{V}_r, \bar{A}$——聚类目标中所有点数据的平均径向速度和平均信号强度;

$P_{X\min}, P_{Y\min}$——目标矩形框最接近圆心的顶点坐标;

Len_X, Len_Y——目标矩形框的长度和高度。

由于雷达测得的是径向速度,而非物体的实际运动速度,因此需要结合目标的位移进行修正,速度修正的示意图如图 2 所示。

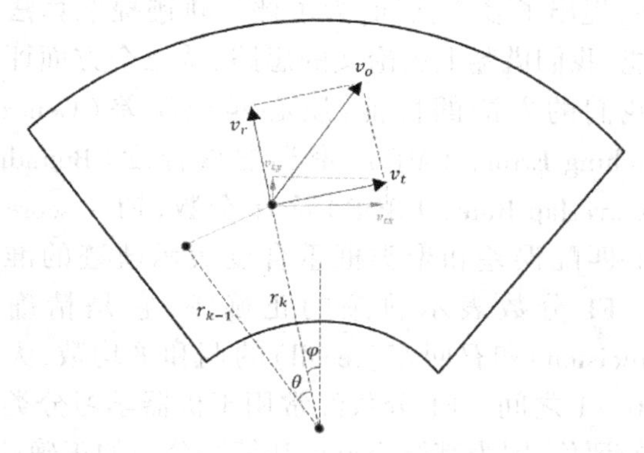

图2 速度修正示意图

图2中两点为当前帧得到的聚类质心和上一帧对应的聚类质心，由于速度修正需要前一帧数据，因此速度修正从第二帧开始，第一帧用径向速度代替实际速度。通过计算切向的位移，再除以两帧的时间间隔即为切向速度，假设两点的位置为(x_k,y_k)，(x_{k-1},y_{k-1})，则：

$$\theta = \tan^{-1}\left(\frac{\frac{y_k}{x_k}-\frac{y_{k-1}}{x_{k-1}}}{1+\frac{y_k y_{k-1}}{x_k x_{k-1}}}\right) \tag{2}$$

由此可得实际速度v_t为：

$$v_t = \frac{r_{k-1}\cdot\sin\theta}{\Delta t} \tag{3}$$

则经过速度修正的状态向量为：

$$x' = [\bar{P}_x,\bar{P}_y,\bar{V}_x+\xi v_t\cos\varphi,\bar{V}_y+\xi v_t\sin\varphi、P_{X\min}、P_{Y\min},Len_X,Len_Y]^{\mathrm{T}} \tag{4}$$

(4)式中，$\xi\in[0,1]$为缩小因子，角度估计准确性偏低，缩小因子ξ可以减少这种位置不准确性影响预测结果。

2.2 相似度函数

聚类完成后，需要通过相似度函数关联相邻帧之间的相同聚类，该函数用于测量两个聚类的特征向量的相似度。相似度包括距离、速度、面积、重叠度、振幅五个部分，相似度函数如下：

$$S = w_1S_{\text{distance}}+w_2S_{\text{velocity}}+w_3S_{\text{area}}+w_4S_{\text{overlap}}+w_5S_{\text{anplitude}} \tag{5}$$

式(5)中w为特征向量的权重，$\sum_{i=1}^{5}w_i=1$，如更大的w_2有助于提取运动目标的轨迹。

S_{distance}为距离相似度，定义为：

$$S_{\text{distance}} = 1-\frac{\text{dist}(P_1,P_2)}{d_0} \tag{6}$$

式中：distance——P_1、P_2两点的欧式距离；

d_0——距离阈值，距离越小，表示相似度越高，大于阈值则不相似。

S_{velocity}速度相似度，定义为：

$$S_{\text{velocity}} = 1-\frac{\Delta V_{\text{r}}}{V_0} \tag{7}$$

式中：ΔV_{r}——速度差值；

V_0——速度差阈值，速度差越小表示相似度越高。

S_{area}为面积相似度，定义为：

$$S_{\text{area}} = 1-\frac{|\Delta Area|}{Area_0} \tag{8}$$

式中：$\Delta Area$——面积差值；

$Area_0$——面积差阈值。

S_{overlap}——重叠相似度，以两矩形框$Area_1$，$Area_2$交集与两矩形框并集百分比定义：

$$S_{\text{overlop}} = \frac{Area\mid\cap Area2}{Area\mid\cup Area2} \tag{9}$$

$S_{\text{amplitude}}$为幅值相似度，定义为：

$$S_{\text{amplitude}} = 1-\frac{|\Delta Amp|}{\max(Amp1,Amp2)} \tag{10}$$

式中：ΔAmp——幅度差值；

$Amp1$，$Amp2$——最大幅度。

设置不同的权值参数和阈值构建的相似度函数用概率来衡量两个聚类目标的关联程度，还可以灵活调整参数以适应不同的测试场景。

2.3 卡尔曼滤波器预测

聚类提取出特征向量和构建相似性函数后，需要将当前帧的目标向量与上一帧预测的目标向量进行相似度匹配，为当前帧的目标关联轨迹。在预测阶段，通常采用卡尔曼滤波、扩展卡尔曼滤波、粒子滤波等方法。卡尔曼滤波预测在线性模型的预测效果好，且本系统可近似为线性模型，因此本文选择卡尔曼滤波预测算法，卡尔曼滤波器的状态向量为：

$$x = [\bar{P}_x,\bar{P}_y,\bar{V}_x,\bar{V}_y,P_{X\min},P_{Y\min},Len_X,Len_Y]^{\mathrm{T}} \tag{11}$$

式中：$\bar{P}_x,\bar{P}_y$——聚类的中心坐标，用质心代替；

$\bar{V}_x,\bar{V}_y$——聚类移动速度的x，y轴分量；

$P_{X\min},P_{Y\min}$——预测的聚类矩形框位置；

Len_X,Len_Y——聚类矩形框的长和高。

传统的卡尔曼滤波假设目标为一个点，没有形状参数，而聚类后的目标由多个点组成，有面积和形状参数。因此在卡尔曼滤波中加入框的参数预测,预测框的位置只与聚类的运动速度有关,假定框的大小不发生变化。卡尔曼滤波的状态转移方程为:

$$Ax = \begin{bmatrix} 1 & 0 & \Delta t & 0 & 0 & 0 & 0 & 0 \\ 0 & 1 & 0 & \Delta t & 0 & 0 & 0 & 0 \\ 0 & 0 & 1 & 0 & 0 & 0 & 0 & 0 \\ 0 & 0 & 0 & 1 & 0 & 0 & 0 & 0 \\ 0 & 0 & \Delta t & 0 & 1 & 0 & 0 & 0 \\ 0 & 0 & 0 & \Delta t & 0 & 1 & 0 & 0 \\ 0 & 0 & 0 & 0 & 0 & 0 & 1 & 0 \\ 0 & 0 & 0 & 0 & 0 & 0 & 0 & 1 \end{bmatrix} \begin{bmatrix} \overline{P}_x \\ \overline{P}_y \\ \overline{V}_x \\ \overline{V}_y \\ P_{X\min} \\ P_{Y\min} \\ Len_X \\ Len_Y \end{bmatrix} \tag{12}$$

式中:Δt——相邻帧的时间间隔;

x——卡尔曼滤波器的状态向量,预测的聚类质心坐标和矩形框坐标与对应位置和相应方向的速度相关,速度不变,框的大小不变。

下面为卡尔曼滤波预测状态向量的伪代码:

Algorithm 2 聚类卡尔曼滤波算法

输入: Z_t:新检测的状态;Δt:帧间隔时间

输出: $x_{t|t}$:最优状态估计;x_{t+1}:预测状态

变量: F:特征向量;H:测量模型;A:状态转移矩阵;K:卡尔曼增益

Q:过程噪声;R:测量噪声;P:噪声协方差矩阵;y:测量残差

------预测阶段------

1. 预测状态:$x_{t|t-1} = x_{t-1|t-1}A$

2. 预测协方差矩阵:$P_{t|t-1} = A\,P_{t-1|t-1}\,A^T + Q$

------匹配阶段------

3. 计算当前帧 t 中聚类和之前轨迹的聚类的相似性

4. 如果相似度超过阈值则提取聚类特征并将其转换为测量状态 z

------更新阶段------

5. 测量残差:$y_t = Z_t - H\,x_{t|t-1}$

6. 卡尔曼增益:$K_t = P_{t|t-1}\,H^T\,(R + H\,P_{t|t-1}\,H^T)^{-1}$

7. 最优估计状态:$x_{t|t} = x_{t|t-1} + K_t\,y_t$

8. 更新协方差:$P_{t|t} = (I - K_tH)\,P_{t|t-1}$

9. 预测下一帧的状态向量:$x_{t+1} = x_{t|t}A$

10. 将状态向量 $x_{t|t}$,x_{t+1} 转化为特征向量 F_t,F_{t+1},更新轨迹

11. 返回第3步计算其他聚类,直到遍历完所有聚类目标

3 实验与数据分析

3.1 评价指标

轨迹的性能评估有很多个标准,文献[15][16]提出了多个指标,为了评价轨迹提取算法的性能,我们借鉴上述论文的思路,从三个方面评估了我们的方法的性能:质心匹配误差(Centroid Matching Error, CME),聚类框重合度(Bounding Box overlap Rate, BBOR)及f1分数(F1 - score)。质心匹配误差和聚类框重合度表示轨迹的准确度。F1分数表示轨迹的正确率,它是精确率(precision)和召回率(recall)的调和平均数,大小在0~1之间。F1分数经常用于机器学习分类问题的评价,因为其能充分反映算法分类的正确性。

质心匹配误差的表达式为:

$$\text{CME} = \frac{1}{N}\sum_{i=1}^{N}\text{dist}(GT_i, DT_i) \tag{13}$$

式(13)中 N 代表轨迹长度(帧数),dist为实际值(GT)和测量值(DT)的欧氏距离。质心匹配误差反映测量轨迹与实际轨迹质心的误差,而聚类框重合度反映被测目标形状的误差。

聚类框重合度计算方法如下:

$$\text{BBOR} = \frac{1}{N}\sum_{i=1}^{N}\frac{\text{Area}(GT_i, \cap DT_i)}{\text{Area}(GT_i, \cup DT_i)} \tag{14}$$

从式(14)可知,BBOR为一条轨迹中所有聚类的重合率均值。重合率由两个聚类框交集的面积(阴影部分)除以并集的面积得出。若两聚类框重合,则BBOR值为100%。

F1分数(F1-score)计算方法为:

$$\text{precision} = \frac{TP}{TP + FP} \tag{15}$$

$$\text{recall} = \frac{TP}{TP + FN} \tag{16}$$

$$F_1 = \frac{2\cdot\text{precision}\cdot\text{recall}}{\text{precision} + \text{recall}} \tag{17}$$

其中TP(真阳)指属于轨迹的正确聚类数,FP(假阳)指被错误归入轨迹的聚类数,FN(假阴)指未被轨迹检测到的聚类数,precision为精确率,recall为召回率。

3.2 结果分析

为了测试轨迹提取的效果,采用静止雷达检测运动目标。分别是检测三种运动目标(人、自行车,小车),沿着设定的路线匀速直线行驶。对于每种目标采集5组数据,每组数据包含40帧,通过计算每一组数据的CME、BBOR和F1 - score指

标的平均数评价轨迹提取效果。

行人的实测场景如图3、图4所示,运动轨迹如图5、图6所示。

五组数据的平均轨迹性能评估如图7、图8所示。

图3 行人径向移动场景

图4 行人切向移动场景

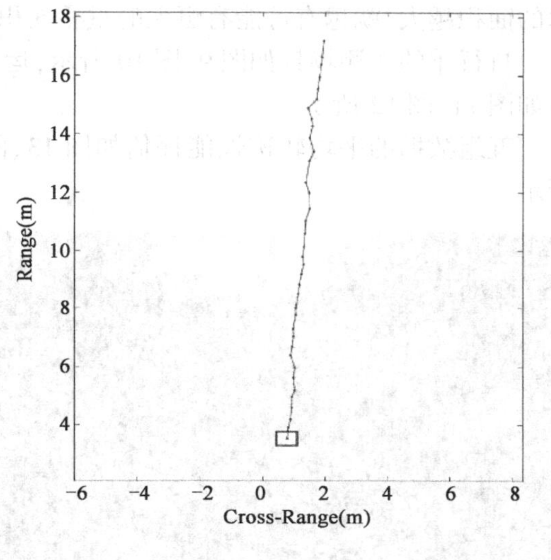

图5 行人径向移动轨迹

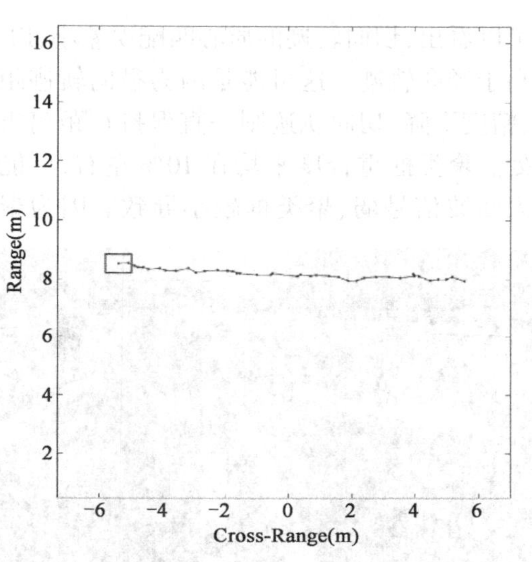

图6 行人切向移动轨迹

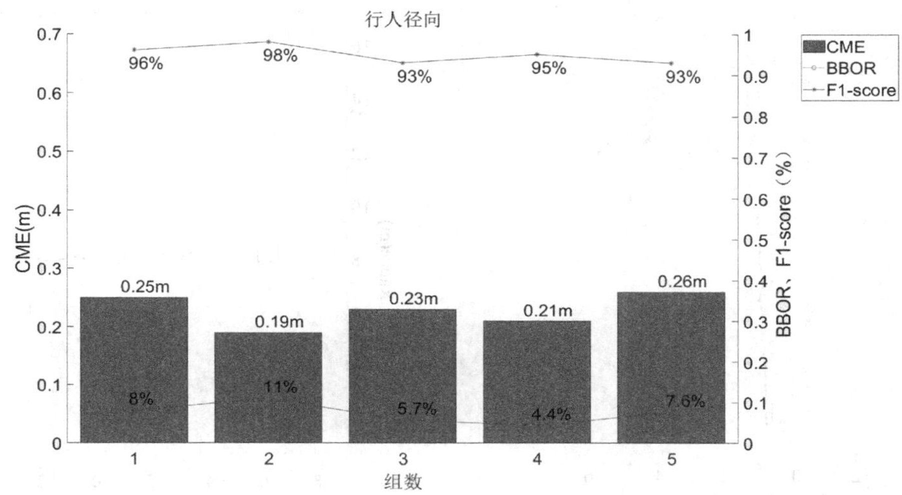

图7 行人径向移动轨迹性能评估

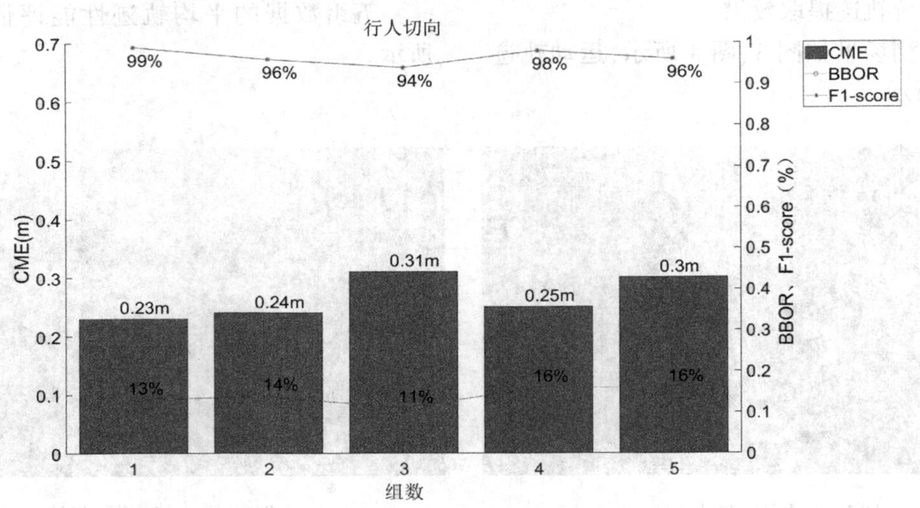

图 8　行人切向移动轨迹性能评估

可以看出,切向轨迹的质心匹配误差小,F1 分数也高于径向轨迹。这可能是因为径向轨迹距离较远,精度下降,切向轨迹则一直保持在距离雷达不远处。聚类框重合度平均在 10% 左右,可能是由行人回波信号弱、聚类框较小导致。因为聚类框的面积越大,就越有可能有更大的重叠面积。

自行车的实测场景如图 9、图 10 所示,运动轨迹如图 11、图 12 所示。

五组数据的平均轨迹性能评估如图 13、图 14 所示。

图 9　自行车径向移动场景

图 10　自行车切向移动场景

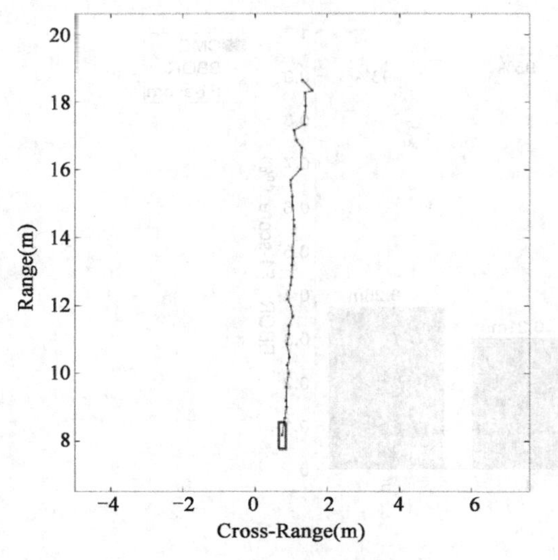

图 11　自行车径向移动轨迹

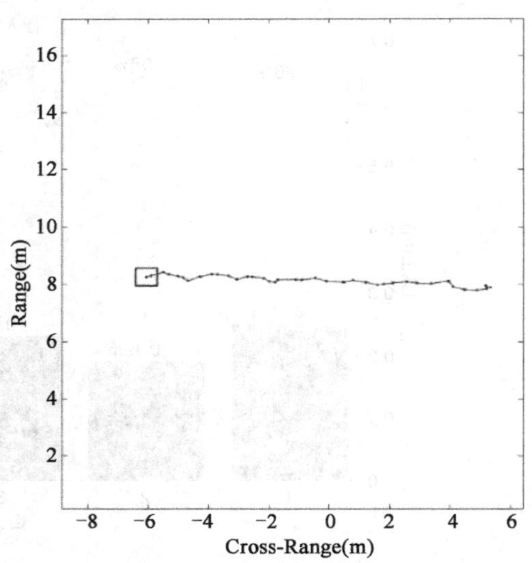

图 12　自行车切向移动轨迹

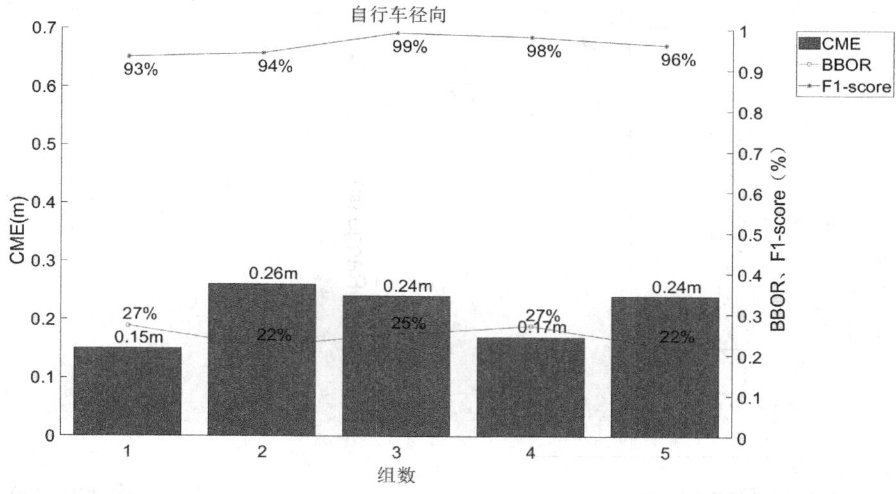

图 13　自行车横向移动轨迹性能评估

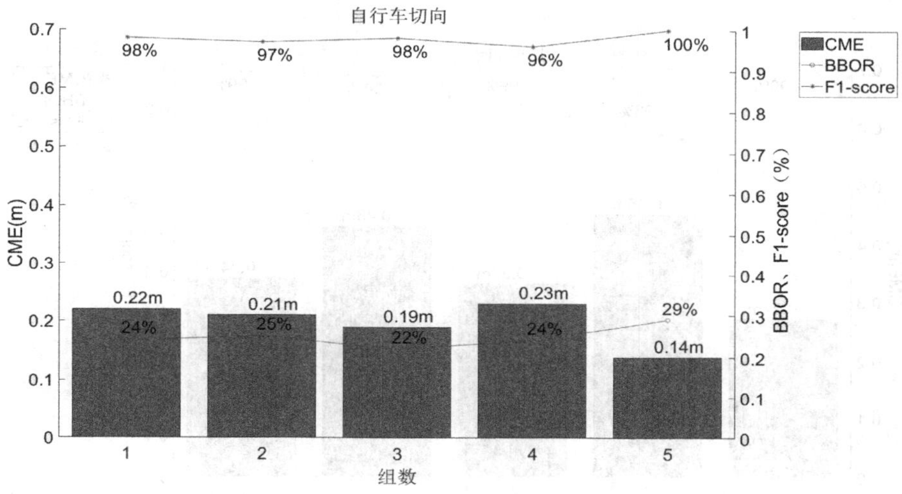

图 14　自行车切向移动轨迹性能评估

自行车和行人目标相比，有着更低的质心匹配误差，更高的 F1 分数。因为自行车车身为金属，反射回波幅值高，更易从背景和噪声中被区分出来。自行车的聚类框尺寸更大，更易于产生重合面积。

小车的实测场景如图 15、图 16 所示，运动轨迹如图 17、图 18 所示。

五组数据的平均轨迹性能评估如图 19、图 20 所示。

图 15　小车径向移动场景

图 16　小车切向移动场景

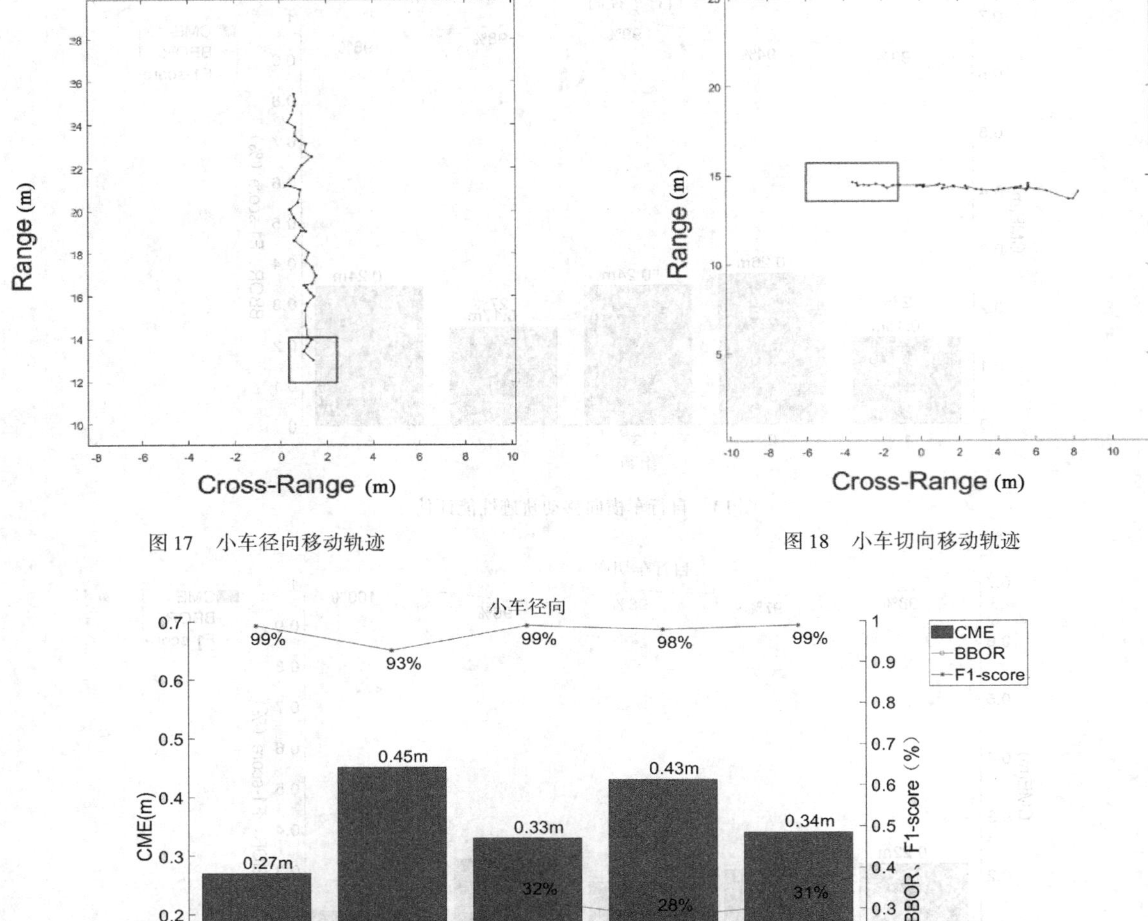

图 17　小车径向移动轨迹

图 18　小车切向移动轨迹

图 19　小车横向移动轨迹性能评估

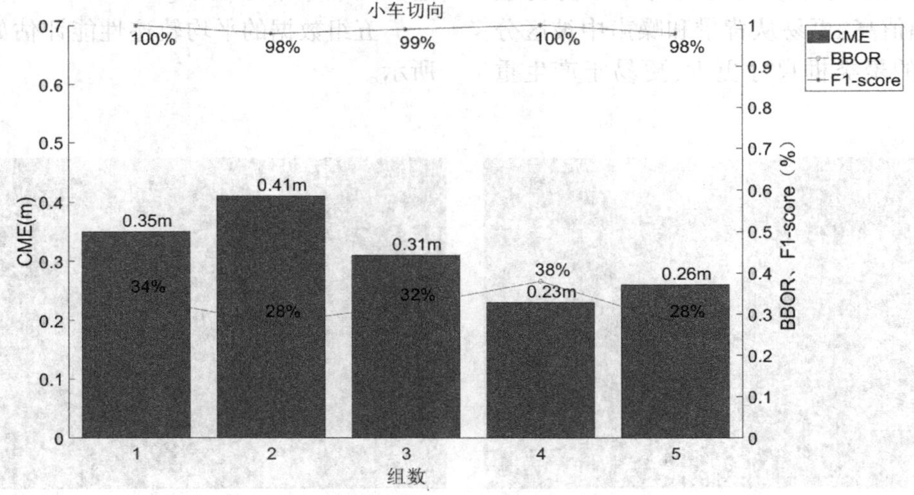

图 20　小车横向移动轨迹性能评估

小车的质心匹配误差(CME)平均比自行车和行人大,但考虑到车身尺寸后相对误差更小,聚类框的重合度比前两者都高,因此,对于体积较大的物体,更适合用形状参数来描述。小车 F1 分数较高,因为车身金属面积较大,反射明显,更容易区分。

4 结语

本文针对目标跟踪中杂波和虚假目标导致跟踪轨迹偏移的问题,修改了聚类算法。将目标速度、信号强度和密度加入聚类的特征向量中,减少杂波和虚假目标的干扰。最后通过相似度函数和卡尔曼滤波预测完成轨迹的提取。在实际道路环境中采集数据验证了算法的可行性,提取的轨迹正确率和准确率很高,较少出现漏检的情况。

参数解释表

$F_{m,k}$	聚类后目标的特征向量
$\overline{P}_x,\overline{P}_y$	目标质心的横纵坐标
$\overline{V}_r$	目标中所有点的平均径向速度
$\overline{A}$	目标中所有点平均信号强度
$P_{X\min},P_{Y\min}$	目标矩形框最接近圆心的顶点坐标
$Le\,n_X,Le\,n_Y$	目标矩形框的长和高
v_t	目标的实际速度
ξ	缩小因子
S	总相似度
w	相似度的权重
S_{distance}	距离相似度
S_{velocity}	速度相似度
S_{area}	面积相似度
S_{overlap}	重叠相似度
$S_{\text{amplitude}}$	幅值相似度
x	卡尔曼滤波器的状态向量
A	卡尔曼滤波器的转移矩阵
CME	质心匹配误差
$BBOR$	聚类框重合度
F1-scoref1	f1 分数

参考文献

[1] Guo J, Kurup U, Shah M. Is It Safe to Drive? An Overview of Factors, Metrics, and Datasets for Driveability Assessment in Autonomous Driving[J]. IEEE Transactions on Intelligent Transportation Systems, 2019, 21(8): 3135-3151.

[2] D. Barrett, A. Alvarez. mmWave radar sensors in robotics applications. Technical report, Texas Instruments. 2017.

[3] A Voulodimos, N Doulamis, A Doulamis, et al. Deep Learning for Computer Vision: A Brief Review. Computational intelligence and neuroscience. 2018.

[4] Palffy A, Dong J, Kooij J, et al. CNN based Road User Detection using the 3D Radar Cube [J]. IEEE Robotics and Automation Letters, 2020, 5(2):1263-1270.

[5] Huang X, Ding J, Liang D, et al. Multi-Person Recognition Using Separated Micro-Doppler Signatures[J]. IEEE Sensors Journal, 2020, 20(12): 6605-6611.

[6] Zhao Z, Song Y, Cui F, et al. Point Cloud Features-Based Kernel SVM for Human-Vehicle Classification in Millimeter Wave Radar[J]. IEEE Access, 2020: 26012-26021.

[7] Kim W, Cho H, Kim J, et al. YOLO-Based Simultaneous Target Detection and Classification in Automotive FMCW Radar Systems [J]. Sensors, 2020, 20(10): 2897.

[8] Bather J. Tracking and data fusion[C]// Target Tracking: Algorithms and Applications (Ref. No. 2001/174), IEE. IEEE Xplore, 2001.

[9] Vivone G, Braca P. Joint Probabilistic Data Association Tracker for Extended Target Tracking Applied to X-Band Marine Radar Data [J]. IEEE Journal of Oceanic Engineering, 2016, 41(4): 1007-1019.

[10] Granstrom K, Natale A, Braca P, et al. Gamma Gaussian Inverse Wishart Probability Hypothesis Density for Extended Target Tracking Using X-Band Marine Radar Data [J]. IEEE Transactions on Geoscience & Remote Sensing, 2015, 53 (12): 6617-6631.

[11] He S, Shin H S, Tsourdos A. Multi-Sensor Multi-Target Tracking Using Domain Knowledge and Clustering[J]. IEEE Sensors Journal, 2018: 1-1.

[12] Yang S, Thormann K, Baum M. Linear-Time Joint Probabilistic Data Association for Multiple Extended Object Tracking [C]// 2018 IEEE 10th Sensor Array and Multichannel Signal Processing Workshop (SAM). IEEE, 2018: 6-10.

[13] Chen Y, Wang Y, Qu F, et al. A Graph-Based Track-Before-Detect Algorithm for Automotive Radar Target Detection [J]. IEEE Sensors Journal, 2020: 1-1.

[14] MJ Gómez-Silva, Armingol J M, Escalera A. Multi-Object Tracking with Data Association by a Similarity Identification Model [C]// International Conference on Imaging for Crime Detection & Prevention. 2016.

[15] Yin F, Makris D, Velastin S. Performance evaluation of object tracking algorithms [J]. Int Wokshop on Performance Evaluation of Tracking & Surveillance, 2007: 25.

[16] Bashir F, Porikli F. Performance Evaluation of Object Detection and Tracking Systems [J]. Pets, 2006: 7-14.

一种面向交通区块链平台的数据挖掘方案

徐志锟*　肖梦雪　左　力　张振宇
(西南交通大学信息科学与技术学院)

摘　要　为了解决交通领域区块链中多链结构会发生的应用数据隐私泄露问题,对跨链交互行为进行了分析,参考了基于同态加密的隐私保护方法,提出了一种跨链的信息共享方案。首先分析了多链环境下的用户数据分布情况,选取了合适的 k－NN 算法作为数据挖掘工具;其次利用 Paillier 加密算法的加法同态特性,构造了可以有效保护隐私的多方协同算法;最后给出了该方案的安全性和性能分析。基于该方案,区块链上的用户可以安全地将数据托管给多个服务商,而服务商能够在不泄露用户数据的情况下委托第三方实现数据的运算,从而有效解决用户隐私与数据挖掘间的矛盾。同时该方案可以适用于与距离相关的数据挖掘或云计算场景,能够满足多方计算中的安全需求。

关键词　交通区块链　数据挖掘　数据隐私　同态加密　k 近邻分类

0　引言

近年来,伴随着比特币、以太坊等开源区块链平台的诞生以及大量去中心化应用的落地,区块链技术在许多的行业中得到了应用。不仅仅限于加密数字货币领域,近年来人们开始尝试将区块链应用于交通、物流、货运等领域,进行数据共享,并完成数据运算处理。区块链技术本身的目的是在多机构参与的不可信环境中,构建一个可以被所有参与方信任的分布式账本。区块链结合了密码学、P2P 网络以及共识算法等领域内容,通过智能合约的形式在链上部署应用,保证了记链数据的不可篡改性。

但为了达成共识节点同步账本的一致性,区块链上发生的全网交易记录必须公开给区块链中所有的节点,这将引发交易记录泄露的风险[1],事实上区块链数据隐私泄露的问题也越来越突出。公有链环境中,一些专业数据挖掘者可以通过已产生的交易记录推测出用户的交易规律,进一步可以推测出用户真实身份和位置信息等内容。但另一方面,数据挖掘是一类深层次的数据分析方法,可被用于科学研究或者商业领域,对大量数据进行较为复杂的分析和建模,发现各种规律和有用的信息,例如银行可以通过区块链上的交易记录挖掘用户的征信情况。如何在不暴露区块链用户隐私的前提下进行数据挖掘,也就成为人们非常感兴趣的课题。

区别于比特币的单链结构,本文提出的方案主要是在多链结构的交通区块链系统中实现信息共享。多链结构解决了所有数据同步到区块链时,可能发生的应用数据隐私泄露问题。在多链结构的交通区块链系统中,如果某个节点需要得到其他链的信息,需要在得到相应应用服务商的授权后才能共享应用链上的数据。该环境下的数据隐私表现为每个服务商在整个数据挖掘过程中对自身持有数据实际数值的唯一可知性,基于 Paillier 的同态加密可以保证每个节点在对其他节点具体数据不知情的情况下,获得一个协同的计算结果[1,2],本文中主要指对保存在不同服务商的距离信息进行求和,并作为 k-NN 算法的分类依据[1,3],以此实现数据挖掘的目的。

本文主要有以下几点贡献:一是结合实际情况分析了交通领域多链结构下保护隐私的数据挖掘需求。二是提出了基于垂直数据划分的 k-NN 数据挖掘方案。三是对该方案进行了安全性和效率分析。

本文其余部分的组织如下:第 2 节介绍了隐私保护的相关研究进展;第 3 介绍了方案中使用到的 Paillier 加密算法及 k-NN 分类算法;第 4 节提出了面向交通多链环境隐私保护的 k-NN 计算方案;第 5 节分析了我们提出方案的安全性和性能;最后领域在第 6 节中给出了结论。

1 相关研究

保护隐私的数据挖掘(PPDM)[1,4]研究旨在调和协同数据挖掘与数据机密性之间的矛盾,主要划分为两类,即数据扰动方法(随机化技术)[5,6]和安全计算方法(加密技术)[3,7]。数据扰动技术通过对原始数据的局部或全局修改隐藏原始隐私数据或规则,会在一定程度上造成原始数据的损失,影响挖掘的准确性,并且所有经过干扰的数据均与真实的原始数据直接相关,降低了对隐私数据的保护程度。基于数据加密的保护方法中,通过密码机制实现了对原始数据的不可见性以及数据的无损失性,因此可以实现与原始挖掘同样准确度的挖掘结果,并实现隐私保护的目的。但对于每个安全计算步骤,它需要大量的计算和通信开销。本文研究基于数据加密的隐私保护数据挖掘算法,特别是针对基于同态加密技术的算法。

同态加密最初由 Rivest 等人于 1978 年提出[1,8],是一种允许直接对密文进行操作的加密变换技术。后来相继提出的 RSA 和 ElGamal 等部分同态加密算法计算效率较为低下[1,9];1999 年,Paillier 提出基于概率公钥加密的 Paillier 算法[1,10],目前已经广泛应用于在电子投票、智能电网中。2009 年,同态加密技术取得了突破性的进展,Gentry 第一次构造出了全同态加密算法[1,9]。后来,很多学者又提出了基于环-LWE 的全同态加密方法[1,11]。但这些方案都因为效率问题,与实际应用存在一定距离。目前主要采用部分同态加密与有决策树、神经网络、贝叶斯算法和 k-NN 算法等相结合的方式[12,13,14,15],完成具有隐私保护的数据挖掘方案。

2 技术方法

2.1 Paillier 加密算法

Paillier 加密算法是 1999 年 Paillier 提出的基于概率公钥加密的加密算法,Paillier 算法的安全性是基于 n 阶剩余类难题。Paillier 算法由三个部分组成:密钥生成器、加密算法、解密算法。

(1)密钥生成阶段

首先随机生成两个大素数 p 和 q,使得:

$$\gcd(pq,(p-1)(q-1)) = 1$$

计算 $n=pq, \lambda = lcm(p-1,q-1)$。随机选择一个整数 $g \in Z_{N^2}^{x}$,使得满足下式的 u 存在:

$$u = (L(g^{\lambda} \bmod n^2))^{-1} \bmod n$$

其中 $L(x)$ 被定义为:

$$L(x) = \frac{x-1}{n}$$

由此得到公钥 $PK=(n,g)$,私钥 $SK=(\lambda,g)$。

(2)加密阶段

假设明文为 m,且 $m \in Z_n$,每次加密选择一个随机数 $r \in Z_n$,则加密算法 $E(m)$ 及密文 c 如下:

$$c = E(m) = g^m r^n \bmod n^2$$

(3)解密阶段

通过私钥 SK 和 u 可以从密文 c 中恢复出明文 m,解密算法 $D(c)$ 如下:

$$m = D(c) = L(c^{\lambda} \bmod n^2) \cdot u \bmod n$$

2.2 同态加密

同态加密方案是将一种对密文进行相应操作,从而允许对加密的明文进行某种代数运算的加密方案。同态加密分为部分同态加密和全同态加密,部分同态加密算法仅支持单一的同态操作,比如仅具有加法同态性或者是仅具有乘法同态性;全同态加密算法能够支持密文数的加、减、乘以及除运算等同态操作。

(1)加法同态

对于明文 m_1 和 m_2,如果存在一个有效的加密算法 $E(m)$,使得:

$$E(m_1 + m_2) = E(m_1) \oplus E(m_2)$$

其中⊕代指对密文进行的有效操作,则称该算法具有加法同态性。对密文操作结果进行解密,即可在不泄露 m_1 和 m_2 的情况下,获得 $m_1 + m_2$ 的值。

$$m_1 + m_2 = D(E(m_1) \oplus E(m_2))$$

(2)乘法同态

对于明文 m_1 和 m_2,如果存在一个有效的加密算法 $E(m)$,使得:

$$E(m_1 + m_2) = E(m_1) \otimes E(m_2)$$

其中⊗代指对密文进行的有效操作,则称该算法具有乘法同态性。对密文操作结果进行解密,即可在不泄露 m_1 和 m_2 的情况下,获得 m_1m_2 的值。

$$m_1m_2 = D(E(m_1) \otimes E(m_2))$$

本方案中使用的 Paillier 加密是具有加法同态特性的部分同态加密算法:

$$E(m_1) = g^{m_1} \cdot r_1^n \bmod n^2$$

$$E(m_2) = g^{m_2} \cdot r_2^n \bmod n^2$$

$$E(m_1) \cdot E(m_2) = g^{m_1+m_2} \cdot (r_1r_2)_1^n \bmod n^2$$

$$D[E(m) \cdot E(m_2)] = m_1 + m_2$$

基于这个特性,Paillier 加密可以实现任意次的加法同态计算。

2.3　k-NN 分类算法

k-NN 最近邻分类是一种常用的机器学习算法,由于其实现的简单性,在很多领域得到了广泛的应用。k - NN 分类的主要思想是:先计算待分类样本与已知类别的训练样本之间的距离或相似度,找到距离或相似度与待分类样本数据最近的 k 个邻居;再根据这些邻居所属的类别来判断待分类样本数据的类别。如果待分类样本数据的 k 个邻居都属于一个类别,那么待分类样本也属于这个类别;否则,对每一个候选类别进行评分,按照某种规则来确定待分类样本数据的类别。分类样本的最近邻是根据距离函数定义的,例如标准欧几里得距离等。具体来说,任意一个样本 X_i 可以被描述为具有 l 条属性的特征向量 $X_i\{x_{i1}, x_{i2}, \cdots, x_{il}\}$,则两个样本 X_i 与 X_j 间的欧式距离 $\mathrm{dist}(i,j)$ 被定义为:

$$\mathrm{dist}(i,j) = \sqrt{\sum_{k=1}^{l}(x_{ik} - x_{jk})^2}$$

在本文中,为方便计算,采用标准欧式距离的平方 $\mathrm{dist}(i,j)^2$ 来比较样本点间的距离。

3　多链环境下的 k-NN 分类方案

本方案主要基于交通领域的多链环境,在保护数据隐私的同时完成数据挖掘任务,主要分为三个部分:数据准备、隐私保护协议、k-NN 分类。主要流程如图 1 所示,具体内容在 3.1、3.2、3.3 中详细介绍。

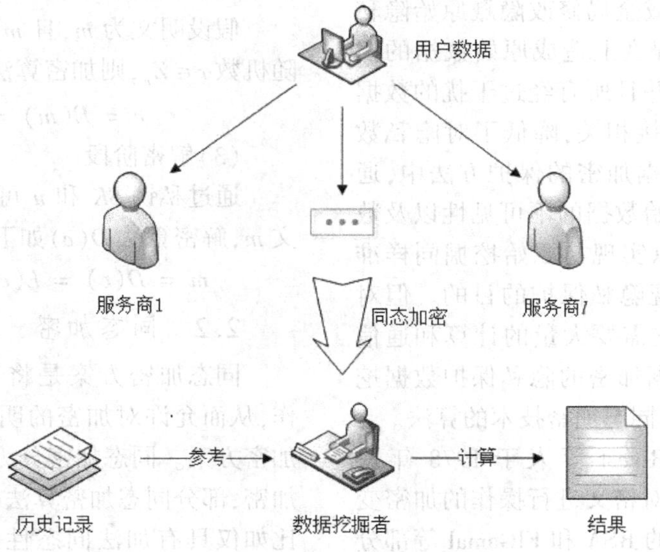

图 1　多链环境下的 k-NN 分类方案

3.1 输入数据分析

在多链结构的交通区块链平台上，一个用户的不同信息会被存放在不同的链上（使用不同服务商提供的服务），每个服务商保存一个用户的部分交易，是一种垂直划分的协作挖掘场景。我们假设共有 l 个服务商，每个服务商保存用户样本的一条交易属性，不同服务商保存的数据不重复，则一个用户实例 X_i 包含 $x_{i1}, x_{i2}, \cdots, x_{il}$ 条属性，i 表示训练样本中第 i 个样本，一个待分类的用户样本 X_q 则具有属性 $x_{q1}, x_{q2}, \cdots, x_{ql}$。

为满足 k-NN 分类的计算需求，我们想计算 X_q 和 n 个训练样本中的每个样本之间的距离。由于每个服务商只持有一个训练实例的一条属性，因此每个服务商需要根据其属性集计算自己的部分距离，部分距离指每个服务商保存的 X_i 属性与查询用户 X_q 属性间的距离 s_{ij}（单条属性的距离），这里我们使用标准欧氏距离的平方。

$$s_{ij} = (x_{qj} - x_{ij})^2$$

为了确定 X_q 的 k 个最近邻，所有服务商需要将他们的部分距离交给可信任的第三方机构完成汇总，求和后进行距离比较。例如，假设待分类样本 X_q 与第一个样本的部分距离为 $s_{11}, s_{12}, \cdots, s_{1n}$；与第二个样本的部分距离为 $s_{21}, s_{22}, \cdots, s_{2n}$。判断 X_q 与两个样本间距离时，需要比较 $\sum_{i1}^{v} = s_{1i}$ 和 $\sum_{i=1}^{i} s_{2i}$ 的大小关系。我们提出的隐私保护协议，可以在保护部分距离隐私的情况下，获得该结果。

3.2 隐私保护协议

本部分中使用 Y 表示数据挖掘者，使用 $P_i(i = 1, \cdots, l)$ 表示 l 个服务商。

步骤 1：初始化阶段

假设数据挖掘者 Y 被所有参与计算的 l 个服务商充分信任，并委托了计算任务，Y 将成为本次协作挖掘的负责方。则 Y 需要根据 Paillier 加密算法的密钥生成器，生成一个自己的公私钥对 PK = (n, g)，SK = (λ, g)，并把自己的公私钥对及本次计算的相关信息打包发送至区块链主链上，保证本次计算的不可抵赖性。后续加密过程中，均使用 Y 的公钥作为加密密钥。

步骤 2：计算

算法 1：同态加密计算

输入：
X：有 n 个数据的样本集
k：近邻的范围大小
X_q：要查询的分类样本
输出：
d：保存 X_q 到每个样本的加密距离
for $i = 1$ to n
　$d[i] = 1$
　for $j = 1$ to l
　　p_j 使用 Y 公钥计算 $c_{ij} = E(s_{ij})$
　　p_j 发送 c_{ij} 给 p_{j+1}
　　p_{j+1} 计算 $d[i] = d[i] * c_{ij}$
　p_l 发送 $d[i]$ 给 Y

步骤 3：解密

挖掘者使用私钥(λ, g)解密 d 序列，得到 X_q 到每个样本的距离，保存在序列 D 中。

3.3 k-NN 分类

Y 可以通过同态加密可以获得查询样本 X_q 到所有其他样本的距离，并将该距离保存到一个序列 D 中。通过如下方式可以计算出该序列中任意两个数据间的距离关系，保存在表 D_1 中[1]：

算法 2：k 近邻搜索

输入：
D：X_q 到其他样本的距离
输出：
D_1：任意两个距离间的大小关系
for $i = 1$ to n
for $j = 1$ to n
　if $D[i] - D[j] \geq 0$
　　$D_1[i,j] = +1$
　else
　　$D_1[i,j] = -1$

D_1 中保存的数据表示 X_q 到 i 和 j 两个用户的距离大小，如果 i 离得更近，则用 -1 表示；离得远则用 $+1$ 表示。为详细解释该表的意义，我们假设有四个训练样本，X_q 到他们的距离关系为 $D[1] < D[2] < D[3] < D[4]$，则形成表 1，如果计算每一行的求和作为权重，权重最小的点则为距离 X_q 最近的点，以此获得 X_q 的 k 近邻，再根据历史数据中保存的 k 个近邻的分类标签，作为 X_q 的标签。

距离统计示意　　表 1

	$D[1]$	$D[2]$	$D[3]$	$D[4]$	权重
$D[1]$	+1	−1	−1	−1	−2
$D[2]$	+1	+1	−1	−1	0
$D[3]$	+1	+1	+1	−1	+2
$D[4]$	+1	+1	+1	+1	+4

4　方案分析

4.1　安全性分析

一般涉及多方的信息安全模型中,安全隐患分别来自外部攻击者和内部攻击者。我们的分析在以下条件下进行:破解 Paillier 加密方案基于的 n 阶剩余类难题是计算上不可行的;数据挖掘者需要获得所有参与方的信任,一般是具有公信力的机构,如银行,发布虚假结果对他是没有意义的;各方通信时,采用了安全的通信信道,密文不会被 Y 截获。

对于内部攻击者来说,每个参与方获得的都是上一步的加密计算结果,在没有 Y 私钥的情况下,暴力破解的难度相当于解决 n 阶剩余类问题;直接从服务商所在支链上获取数据,也可以保证服务商无法对提供的数据进行造假,保证了数据的真实有效性。对于外部攻击者来说,每一步的解密都需要私钥,也是不可行的。同时,因为每次加密时选取的随机数 r 不同,所以即使是对同一数据进行多次加密,也可以得到不同的密文,密文空间是大于明文空间的,具有较好的安全性。但因为 Paillier 加密的性质,各服务商需要把数据加密后托管给数据挖掘着,这在一定程度上牺牲了一部分系统安全性。

从结果来说,该方案在 k-NN 算法的处理下,分类结果与单独使用 k-NN 算法完全一致,如图 2 所示。

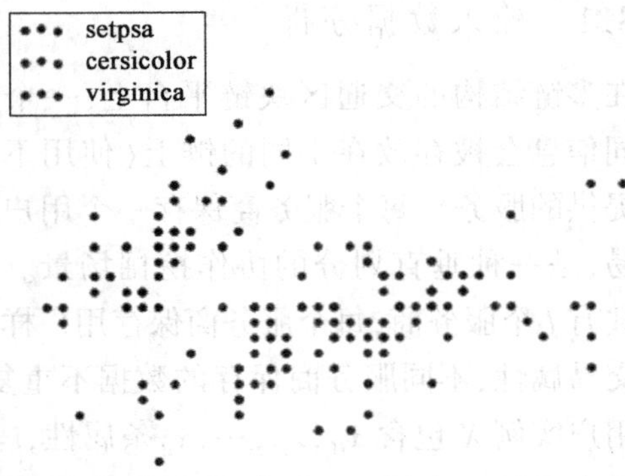

图 2　Iris 数据集在跨链 k-NN 方案下的分类结果

4.2　效率分析

假设使用 α 表示密文长度,n 表示样本数量,l 表示每个样本具有的属性数量,则通信的总开销仅为 αnl。而计算代价如下:①一次密钥对的生成;②生成 ln 个随机数;③ln 次加密;④ln 次乘法运算;⑤n 次解密;⑥对个数的排序 $n\log(n)$。

与[15]中的方案对比,不仅修正了其在同态加密阶段出现的错误,实现了基于加法同态的 k-NN 分类,并且在效率上有明显提升,如图 3、图 4 所示。由理论通信开销分析可以看到,对于一个样本,同态加密在 l 个节点参与运算的情况下,全部节点需要进行 l 次加密,但仅需一次解密运算,图 3 中的仿真结果符合理论预期;图 4 给出了加法同态的运算时间,根据实验结果,也可以看到整体的运算时间与节点数量符合正比例关系。

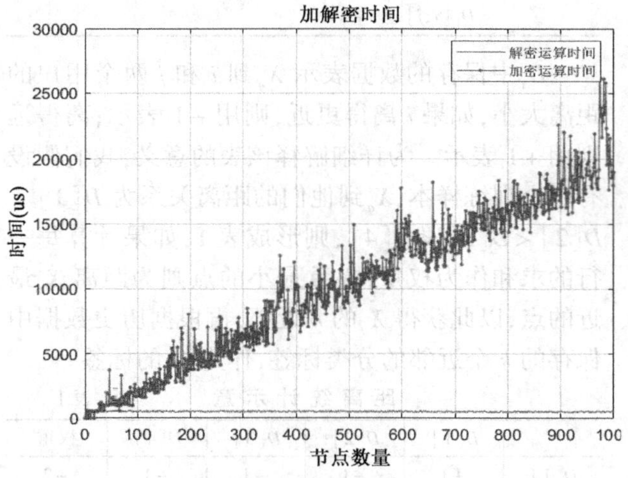

图 3　Paillier 加解密时间随网络规模大小的变化

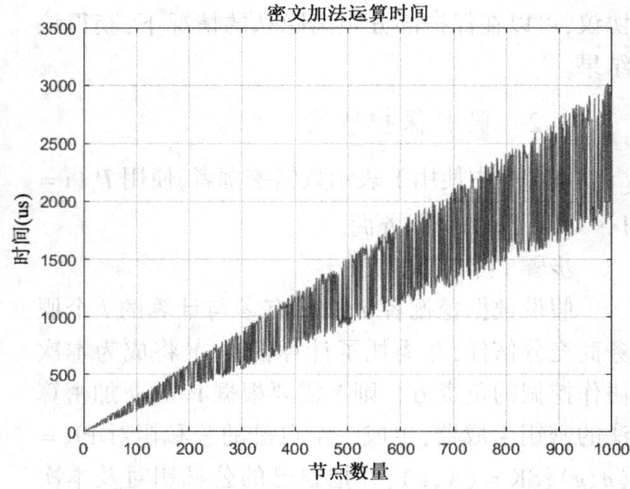

图 4　Paillier 密文加法时间随网络规模大小的变化

同时可以注意到,在 1000 个节点参与运算时,总共的加密时间也仅为 20ms 左右,加法同态计算时间小于 3ms,解密时间更是可以忽略不计。在实际的应用场景中,加密节点间往往是并行运算的，考虑到区块链间通信往往使用公网，地理上是隔离的，网络延迟一般都达到秒级以上，则整个方案的计算时间开销较小。与[16]中的去中心化协同方案对比，本方案牺牲了一部分安全性，以托管的形式交给可信第三方进行计算，避免了同态计算的过程中采用多轮的安全参数广播，把通信复杂度从 $O(n^2)$ 降低到 $O(n)$，明显地提升了同态加密计算的效率。

4.3 应用场景分析

我们提出的方案主要的应用场景应该是交通货运领域，如跨国物流运输等。因为跨国机构间并不一定具有信任关系，而物流运输、抵押、金融结算等场景下，不同的服务商之间需要彼此的信息，所以区块链在这种情况下是作为数据的共享平台。但区块链内的数据是完全公开的，就失去了数据的隐私性，所以更好的解决方案是每个具有信任的机构内都可以建立自己的区块链平台，跨链间的信息交换通过同态加密计算的形式委托给第三方计算。

在相关的区块链系统上，银行或协会可以作为被委托的数据挖掘者，利用银行的信用体系，服务商们可以充分相信银行，并在保护自己隐私的情况下，协助银行完成用户信用或者交易流水的计算。事实上，银行甚至可以不公布最后的计算结果，仅把计算结果作为自己提供服务的参考(例如银行对机构的信用评价计算；协会对服务商服务质量的评价计算)。同时，区块链具有溯源性和不可篡改性的特性保证了应用商提供给银行的数据一定是实际发生的历史数据。

5 结语

本文讨论了交通区块链环境下有关保护隐私的数据挖掘研究工作，提出一个基于 Paillier 同态加密的数据挖掘方案，该方案能够在不同区块链结构间完成托管计算，银行、协回等可以充分利用服务商提供的数据，而服务商间不必担心数据信息的泄露，又能借第三方计算者完成需要而数据计算任务。

在交通区块链的背景下，该方案既利用区块链的不可篡改性保证了数据的真实性，又依靠同态加密技术保护了不同服务商的隐私，整体方案的计算结果与单独使用 k－NN 算法的结果没有任何差异，且方案的通信复杂度较低，整体效率较高，计算时延小，具有一定的实用性。

参考文献

[1] KOSBA A , MILLER A , SHI E , et al. Hawk: The blockchain model of cryptography and privacy-Preserving smart contracts[C]// Security & Privacy: IEEE, 2016:839-858.

[2] LU Rongxing , LIANG Xiaohui , LI XU , et al. EPPA: An efficient and privacy-preserving aggregation scheme for secure smart grid communications[J]. IEEE Transactions on Parallel & Distributed Systems, 2012, 23(9):1621-1631.

[3] ZHAN J, MATWIN S. A crypto-based approach to privacy-preserving collaborative data mining [C]// IEEE International Conference on Data Mining-workshops. IEEE, 2006.

[4] XU Lei , JIANG Chunxiao , WANG Jian , et al. Information security in big data: Privacy and Data Mining[J]. IEEE Access, 2017, 2 (2):1149-1176.

[5] MURALIDHAR K , PARSA R , SARATHY R. A general additive data perturbation method for database Security [J]. Management ence, 2011, 45(10):1399-1415.

[6] LI Xiaobai, SARKAR S . A tree-based data perturbation approach for privacy-preserving data mining [J]. IEEE Transactions on Knowledge & Data Engineering, 2006, 18 (9):1278-1283.

[7] SHANECK M , KIM Y , KUMAR V . Privacy preserving nearest neighbor search [C]// Workshops Proceedings of the 6th IEEE International Conference on Data Mining (ICDM 2006), 18-22 December 2006, Hong Kong, China. IEEE, 2006.

[8] RIVEST R, ADLEMAN L, DERTOUZOS M. On data banks and privacy homomorphisms [M]. Foundations of Secure Computation, 1978: 169-177.

[9] GENTRY C . A fully homomorphic encryption scheme[M]. Stanford University, 2009.

[10] PAILLIER P. Public-key cryptosystems based on composite degree residuosity classes [C]//

Advances in Cryptology - EUROCRYPT '99, International Conference on the Theory and Application of Cryptographic Techniques, Prague, Czech Republic, May 2-6, 1999, Proceeding. Springer, Berlin, Heidelberg, 1999.

[11] BRAKERSKI Z, VAIKUNTANATHAN V. Fully homomorphic encryption from ring-LWE and security for key dependent messages. [J]. 2011:505-522.

[12] ZIV J, LEMPEL A. A universal algorithm for sequential data compression [J]. IEEE Transactions on Information Theory, 2003, 23(3):337-343.

[13] HUAI Mengdi, HUANG Liusheng, YANG Wei, et al. Privacy-preserving naive bayes classification[J]. 2015.

[14] WANG Pengshuai. Survey on privacy preserving data mining [J]. International Journal of Computer ence & Information Technolo, 2017, 24(9):1-7.

[15] ZHU Jianming. A new scheme to privacy-preserving collaborative data mining [C]// Proceedings of the Fifth International Conference on Information Assurance and Security,. IEEE, 2009:468-471.

[16] 徐剑, 王安迪, 毕猛, 等. 支持隐私保护的k近邻分类器[J]. 软件学报, 2019, 30(11):15.

高温季节桥隧过渡段凸台离缝特性与控制方法分析

郭 杰*[1,2] 王森荣[1,2,3] 杨荣山[1,2]

(1.西南交通大学高速铁路线路工程教育部重点实验室;2.西南交通大学土木工程学院;3.中铁第四勘察设计院集团有限公司)

摘 要 在隧道温度过渡段的影响下,高温时CRTS Ⅰ型板式无砟轨道的轨道板纵向位移量过大导致凸台出现离缝。为确定合理参数取值范围以控制凸台离缝,建立桥隧过渡段CRTS Ⅰ型板式无砟轨道无缝线路纵向计算模型,分析了凸台离缝影响因素。结果表明凸台离缝最大值随隧道温度过渡段长度的增大呈线性减小,隧道温度过渡段长度≤26m时应加强对隧道温度过渡段范围内凸台离缝的检查。隧道温度过渡段长度为30~50m时,凸台离缝值与距隧道洞口距离的关系可用多项式拟合。钢轨温差是导致桥隧过渡段凸台离缝产生的原因。以凸台离缝Ⅰ级伤损为控制指标,隧道温度过渡段长度为30~50m的扣件纵向阻力的合理取值范围分别为≥13.1kN/m/轨、9.0kN/m/轨和6.7kN/m/轨。隧道温度过渡段长度为10m和20m的桥隧间距的合理取值范围分别为≥12m和≥5m,隧道温度过渡段长度为30~50m时可不设桥隧间距。

关键词 桥隧过渡段 无缝线路 凸台离缝 影响因素

0 引言

CRTS Ⅰ型板式无砟轨道在高速铁路线路中有广泛应用,应用在隧道地段时,夏季高温时由于隧道的遮挡作用而导致隧道内外无砟轨道结构存在温差,轨道板将产生纵向移动。当轨道板纵向移动较大时将与凸台间产生离缝,影响CRTS Ⅰ型板式无砟轨道无缝线路服役状态。针对隧道过渡段这一特殊地段无缝线路,学者开展了相关研究。戴公连等[1]测试了位于亚热带季风气候的隧道纵向温度场,得到了钢轨和道床板沿隧道内外纵向温度分布规律,采用分段函数拟合得到春季钢轨

1.基金项目:铁路轨道安全服役湖北省重点实验室开放课题(2020K157-1)。

和道床板纵向温度梯度分布特征。饶惠明和曾志平等[2-4]测试了隧道过渡段轨温与钢轨位移，得到了隧道过渡段轨温和钢轨位移的分布特征。于向东等[5]则分析了隧道过渡段钢轨温度力及其影响因素。

以上研究主要只要集中在隧道过渡段轨道结构温度和位移的分布特征和及其影响因素，对桥隧过渡段 CRTS Ⅰ型板式无缝线路附属结构凸台的研究较少，而凸台是病害频发的结构，其服役状态对无砟轨道无缝线路传力特性有重要影响。为弥补这一研究不足，本文建立桥隧过渡段 CRTS Ⅰ型板式无砟轨道无缝线路纵向计算模型，分析了夏季高温时桥隧过渡段凸台离缝及其影响因素，确定了参数合理取值范围，给出了相关工程设计建议，以期为桥隧过渡段无砟轨道无缝线路的设计、施工和维护提供一定的理论依据。

1 模型和计算参数

桥隧过渡段单元板式无砟轨道无缝线路纵向相互作用力学计算模型如图1所示。模型中，钢轨、轨道板和梁体采用梁单元模拟，扣件和 CA 砂浆的非线性纵向力学特性采用非线性弹簧模拟，凸台仅承受压力，简化为仅受压的弹簧。扣件极限纵向阻力取 24kN/m/轨，极限位移为 2mm[6]。CA 砂浆纵向阻力取 6.3kN/m，极限位移为 0.2mm，树脂线性刚度取 80kN/mm[7]。桥台和简支梁固定墩纵向刚度分别为 3000kN/cm 和 350kN/cm[6]。

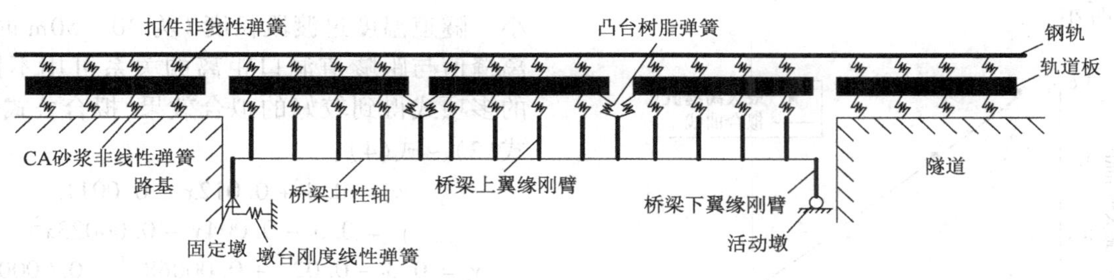

图1 桥隧过渡段单元板式无砟轨道无缝线路纵向力学模型

桥隧过渡段以 5×32m 简支梁为研究对象，桥梁左侧路基段长度为 100m，右侧隧道长度为 335m，模型总长度约为 600m。模型起点设置在左侧路基端部，桥梁固定墩在左侧，活动墩在右侧。隧道内外轨温差取 40℃，轨道板温差取 20℃，桥梁温差取 30℃[8-9]，见表1。隧道过渡段长度 l 一般为 10～50m[9-10]。

温差荷载　　表1

隧道外轨温（℃）	隧道过渡段以内轨温（℃）	隧道外轨道板温升（℃）	隧道过渡段以内轨道板温升（℃）	桥梁温升（℃）
60	20	40	20	30

《高速铁路无砟轨道线路维修规则（试行）》[11]中将凸台离缝伤损等级划分为Ⅰ级、Ⅱ级和Ⅲ级，对应的离缝值分别为 1mm、2mm 和 3mm，其中Ⅰ级伤损等级应做好记录，Ⅱ级伤损等级应列入维修计划并适时进行修补，Ⅲ级伤损等级应及时修补。本文在确定参数合理取值范围时采用Ⅰ级伤损即离缝值≤1mm。

2 凸台离缝及其控制方法

2.1 凸台离缝现象

基于第1节所建立的有限元模型和计算参数，隧道温度过渡段长度 l 取 10～50m 时，隧道地段轨道板纵向位移如图2所示。经计算，轨道板纵向位移主要发生在隧道洞口至隧道内 100m 范围内，故本文仅给出这 100m 范围内轨道板纵向位移计算结果。

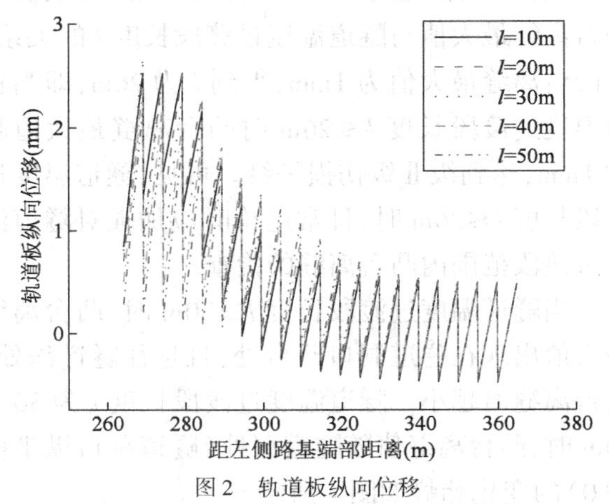

图2 轨道板纵向位移

由图 2 可知,隧道内外温差的存在使得隧道地段一定长度范围内的轨道板向隧道内部移动,当轨道板左端纵向位移值大于 0 时,则表明轨道板与凸台间出现离缝。隧道温度过渡段长度 l 分别为 10 ~ 50m 时隧道内轨道板与凸台间均存在离缝,且隧道温度过渡段长度越长,离缝范围越长,离缝值越大。离缝最大值均出现在隧道温度过渡段范围内,隧道温度过渡段长度分别为 10m 和 20m 时,离缝最大值分别为 1.56mm 和 1.23mm,且分别有 3 个和 2 个凸台离缝值超过 1mm,达到凸台离缝Ⅱ级伤损等级,应列入维修计划并适时进行修补。

隧道温度过渡段长度 l 取 10 ~ 50m 时,凸台离缝最大值随隧道温度过渡段长度 l 的变化趋势如图 3 所示。

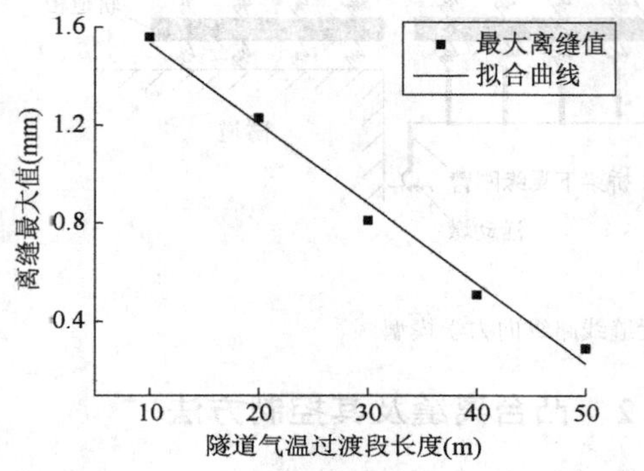

图 3　凸台离缝最大值随隧道温度过渡段长度的变化趋势

由图 3 可知,凸台离缝最大值随隧道温度过渡段长度 l 的增大呈线性减小趋势,拟合公式见式(1):

$$y = 1.858 - 0.0326x \tag{1}$$

式(1)拟合优度 $R^2 = 0.98506$。式(1)表征了凸台离缝最大值与隧道温度过渡段长度 l 的关系,令凸台离缝最大值为 1mm,得到 l 为 26m,即当隧道温度过渡段长度 $l \leqslant 26$m 时凸台离缝最大值超过 1mm,达到级Ⅱ级伤损等级。可见,隧道温度过渡段长度 $l \leqslant 26$m 时,日常巡检时应加强对隧道温度过渡段范围内凸台离缝的检查。

当隧道温度过渡段长度 $l \geqslant 30$m 时,凸台离缝最大值出现在隧道洞口凸台处,且越往隧道深处,凸台离缝值越小。隧道温度过渡段长度 l 为 30 ~ 50m 时,凸台离缝值随隧道深处(隧道洞口纵坐标为 0)的变化趋势如图 4 所示。

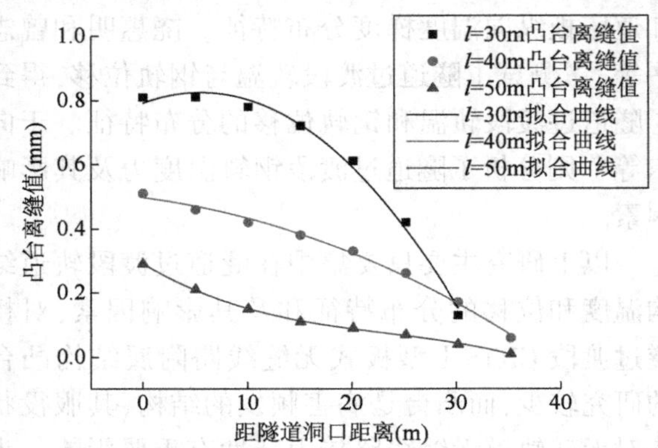

图 4　凸台离缝值随隧道深处变化趋势

由图 4 可知,隧道温度过渡段长度 l 分别为 30m 和 40m 时,凸台离缝值随距隧道洞口距离的增大快速减小,而隧道温度过渡段长度 l 为 50m 时,凸台离缝值随距隧道洞口距离的增大缓慢减小。隧道温度过渡段长度 l 为 30 ~ 50m 时,凸台离缝值与距隧道洞口距离的关系可用不同阶次的多项式得到较好的拟合效果,拟合公式分别见式(2) ~ 式(4):

$$y = 0.8 + 0.012x - 0.0011x^2 \tag{2}$$

$$y = 0.5 - 0.004x - 0.00023x^2 \tag{3}$$

$$y = 0.3 - 0.02x + 0.00068x^2 - 0.00001x^3 \tag{4}$$

式(2) ~ 式(4)的拟合优度 R^2 分别为 0.99051、0.99365 和 0.99873。

在隧道温度过渡段,钢轨和无砟轨道结构均存在温度过渡段。为明确钢轨温差和无砟轨道结构温差对凸台离缝产生的贡献程度,分别计算在仅有钢轨温差和无砟轨道结构温差时凸台离缝分布特征,以明确导致凸台离缝产生的主次因素。图 5 仅给出了隧道过渡段长度 l 为 30m 时仅有钢轨温差和无砟轨道结构温差的轨道板纵向位移。

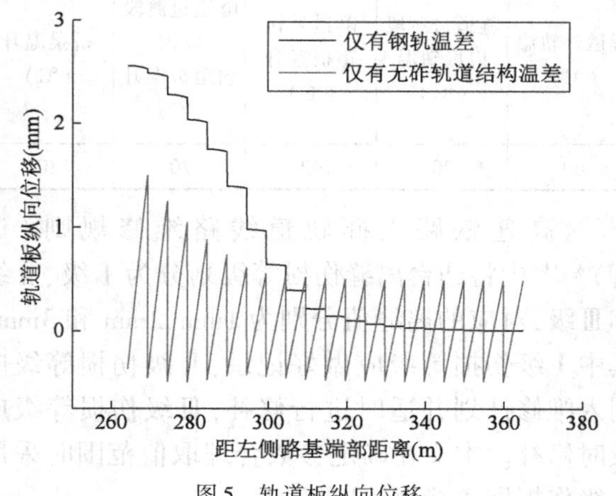

图 5　轨道板纵向位移

由图5可知,仅考虑无砟轨道结构温差时轨道板与凸台间无离缝产生,而仅考虑钢轨温差时轨道板与凸台间产生离缝,可见桥隧过渡段凸台离缝的产生是由钢轨温差所导致。因此在日常养护维修中,应着重控制隧道内外钢轨温差。

2.2 扣件纵向阻力的影响

扣件纵向阻力直接影响轨道板纵向力学特性,扣件纵向阻力大,传递给轨道板的纵向力就大,轨道板纵向移动的位移量也会增大,从而使得凸台离缝值增大。为此,使得过渡段可采用阻力较小的扣件。本小节分析扣件纵向阻力对凸台离缝的影响,隧道过渡段长度 l 取 10 ~ 50m,隧道过渡段范围内的扣件纵向阻力 r 取 6kN/m/轨 ~ 22 kN/m/轨,其余地段扣件纵向阻力 r 均为 24kN/m/轨。限于篇幅,图6仅给出不同扣件纵向阻力 r 时轨道板纵向位移的部分计算结果,凸台离缝最大值汇总于表2中。

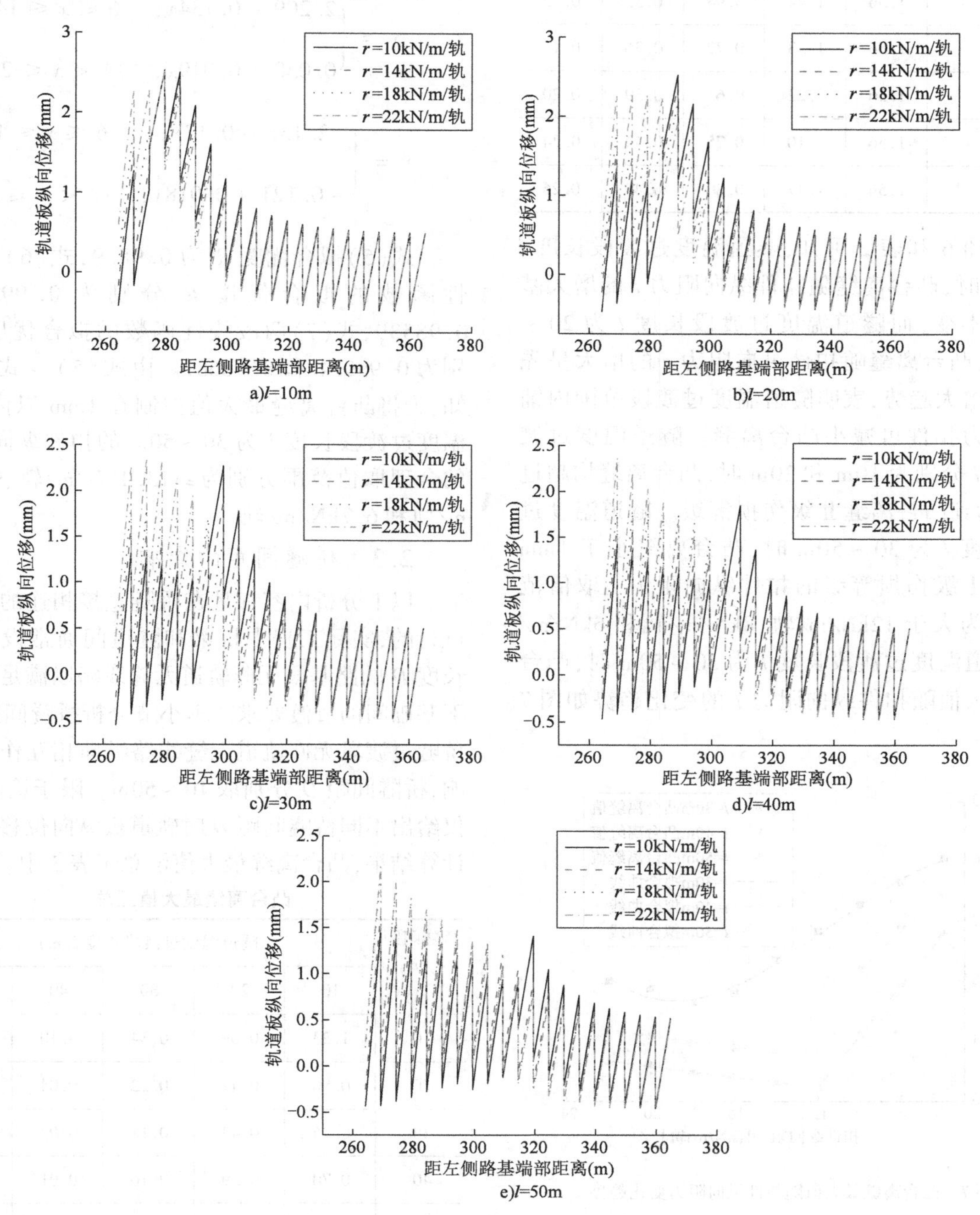

图6 轨道板纵向位移

凸台离缝最大值汇总　　表2

扣件纵向阻力[(kN/m)/轨]	隧道过渡段长度 l(m)				
	10	20	30	40	50
6	1.58	1.56	1.62	1.39	1.11
8	1.58	1.62	1.46	1.16	0.78
10	1.56	1.56	1.31	0.88	0.44
12	1.56	1.52	1.13	0.61	0.09
14	1.56	1.44	0.94	0.33	0.12
16	1.56	1.33	0.72	0.36	0.17
18	1.56	1.22	0.65	0.39	0.20
20	1.56	1.10	0.75	0.44	0.24
22	1.56	1.17	0.80	0.48	0.26

由图6和表2可知,隧道温度过渡段长度 l 为10m时,凸台离缝随扣件纵向阻力 r 的增大基本保持不变,而隧道温度过渡段长度 l 为20～50m时,凸台离缝随扣件纵向阻力 r 的增大呈先减小后增大趋势,表明隧道温度过渡段范围内铺设小阻力扣件可减小凸台离缝。隧道温度过渡段长度 l 分别为10m和20m时,凸台离缝均超过1mm,达到凸台离缝Ⅱ级伤损等级。隧道温度过渡段长度 l 为30～50m时,凸台离缝小于1mm即处于Ⅰ级伤损等级的扣件纵向阻力 r 取值范围分别为大于12kN/m/轨、8kN/m/轨和6kN/m/轨。隧道温度过渡段长度 l 为30～50m时,凸台离缝最大值随扣件纵向阻力 r 的变化趋势如图7所示。

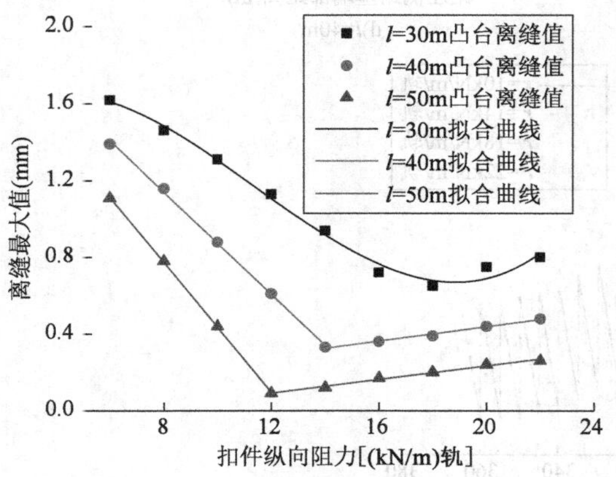

图7　凸台离缝最大值随扣件纵向阻力变化趋势

由图7可知,隧道温度过渡段长度 l 为30m时,凸台离缝最大值与扣件纵向阻力 r 的关系可用3次多项式表征,拟合公式见式(5)。而隧道温度过渡段长度 l 分别为40m和50m时,凸台离缝最大值与扣件纵向阻力 r 的关系均可用两段线性函数表征,拟合公式分别见式(6)和式(7)。

$$y = 1.405 + 0.1372x - 0.0208x^2 + 0.00061x^3 \tag{5}$$

$$y = \begin{cases} 2.209 - 0.134x, & 6 \leqslant x \leqslant 14 \\ 0.058 + 0.019x, & 14 < x \leqslant 22 \end{cases} \tag{6}$$

$$y = \begin{cases} 2.135 - 0.17x, & 6 \leqslant x \leqslant 12 \\ -0.121 + 0.018x, & 12 < x \leqslant 22 \end{cases} \tag{7}$$

式(5)拟合优度 R^2 为0.9859,式(6)两段线性函数的拟合优度 R^2 分别为0.99845和0.98539,式(7)两段线性函数的拟合优度 R^2 分别为0.99974和0.98681。由式(5)～式(7)可知,为将凸台离缝最大值控制在1mm以内,隧道温度过渡段长度 l 为30～50m的扣件纵向阻力 r 的合理取值范围分别为≥13.1kN/m/轨、9.0kN/m/轨和6.7kN/m/轨。

2.3　桥隧间距的影响

以上分析内容都是在桥隧直接相连的基础上进行的,实际工程中桥梁和隧道间通常设置一定长度 D 的路基段无砟轨道无缝线路以满足不同线下基础间的过渡要求。本小节分析桥隧间距 D 对桥隧过渡段无砟轨道无缝线路纵向相互作用的影响,桥隧间距 D 分别取10～50m。限于篇幅,图8仅给出不同桥隧间距 D 时轨道板纵向位移的部分计算结果,凸台离缝最大值汇总于表3中。

凸台离缝最大值汇总　　表3

桥隧间距 D(m)	隧道温度过渡段长度 l(m)				
	10	20	30	40	50
10	1.23	0.69	0.34	0.10	0
20	0.80	0.47	0.22	0.04	0
30	0.75	0.43	0.18	0.02	0
40	0.70	0.39	0.16	0.01	0
50	0.68	0.38	0.15	0	0

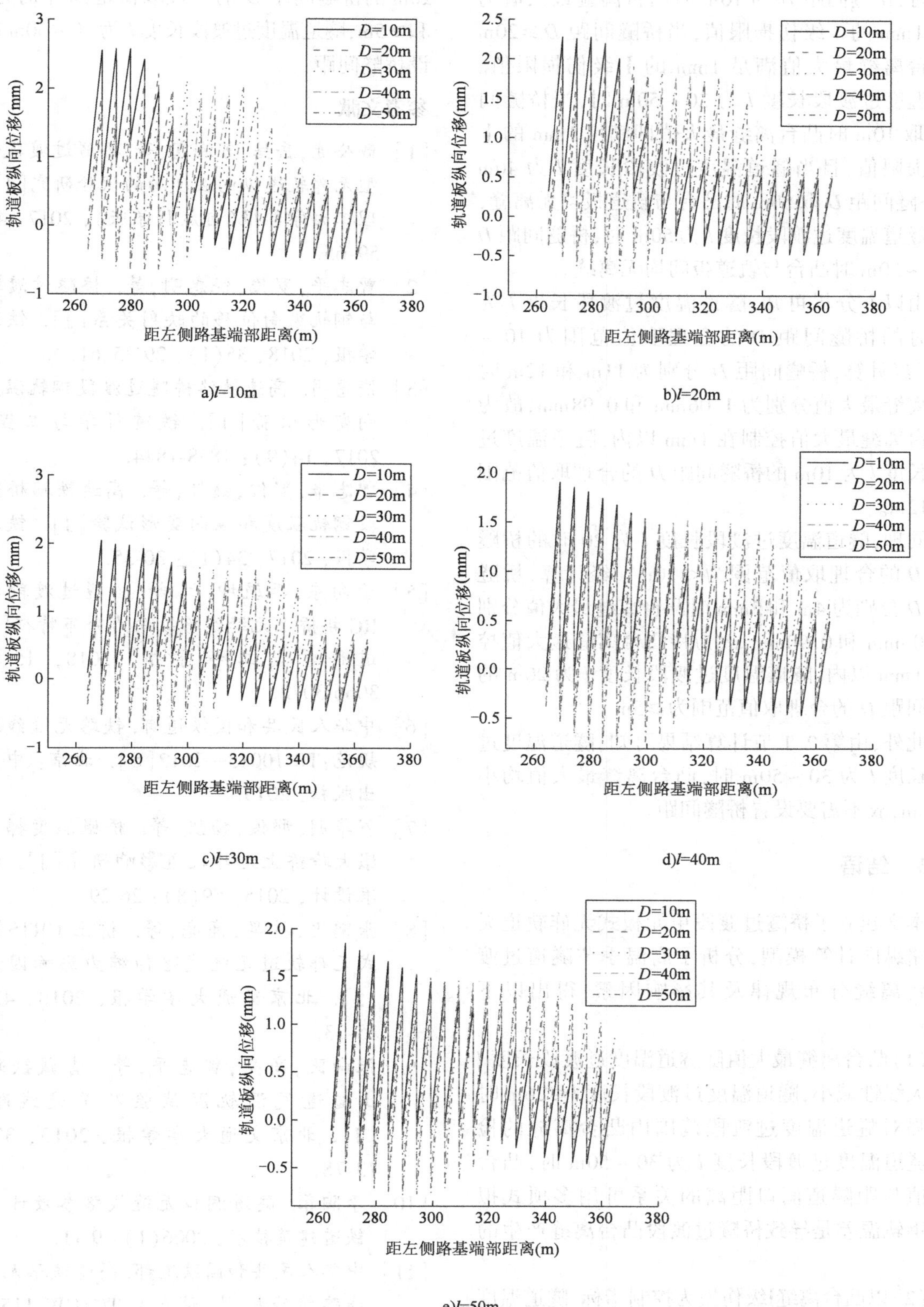

a)l=10m

b)l=20m

c)l=30m

d)l=40m

e)l=50m

图8 轨道板纵向位移

由图8和表3可知,隧道温度过渡段长度l为10m时,桥隧间距D为10m时凸台离缝最大值仍大于1mm的Ⅰ级伤损限值,当桥隧间距$D\geqslant 20$m时凸台离缝最大值满足1mm的Ⅰ级伤损限值。隧道温度过渡段长度l为20~50m时,当桥隧间距D取10m时凸台离缝最大值即满足1mm的Ⅰ级伤损限值,且当隧道温度过渡段长度l为40m时,桥隧间距D取50m时凸台与轨道板均无离缝,而当隧道温度过渡段长度l为50m时,桥隧间距D取10~50m时凸台与轨道板间均无离缝。

由以上分析可知,隧道温度过渡段长度l为10m时的桥隧间距D的合理取值范围为10~20m。经计算,桥隧间距D分别为11m和12m时凸台离缝最大值分别为1.06mm和0.98mm,故为将凸台离缝最大值控制在1mm以内,隧道温度过渡段长度l为10m的桥隧间距D的合理取值范围为≥12m。

同理,隧道温度过渡段长度l为20时的桥隧间距D的合理取值范围为≤10m。经计算,桥隧间距D分别为4m和5mm时凸台离缝最大值分别为1.06mm和0.90mm,故为将凸台离缝最大值控制在1mm以内,隧道温度过渡段长度l为20m的桥隧间距D的合理取值范围为≥5m。

此外,由第2.1节计算结果可知,隧道温度过渡段长度l为30~50m时,凸台离缝最大值均小于1mm,故不需要设置桥隧间距。

3　结语

本文建立了桥隧过渡段单元板式无砟轨道无缝线路纵向计算模型,分析了高温季节隧道过渡段凸台离缝分布规律及其影响因素,得出以下结论:

(1)凸台离缝最大值随隧道温度过渡段长度l的增大线性减小,隧道温度过渡段长度$l\leqslant 26$m时应加强对隧道温度过渡段范围内凸台离缝的检查。隧道温度过渡段长度l为30~50m时,凸台离缝值与距隧道洞口距离的关系可用多项式拟合。钢轨温差是导致桥隧过渡段凸台离缝产生的原因。

(2)以凸台离缝Ⅰ级伤损为控制指标,隧道温度过渡段长度l为30~50m的扣件纵向阻力r的合理取值范围分别为≥13.1kN/m/轨、9.0kN/m/轨和6.7kN/m/轨。隧道温度过渡段长度l分别为10m和20m的桥隧间距D的合理取值范围分别为≥12m和≥5m,隧道温度过渡段长度l为30~50m时可不设桥隧间距。

参考文献

[1] 戴公连,岳喆,苏海霆,等.桥隧过渡段铁路Ⅰ型无砟轨道纵向温度场的试验研究[J].华南理工大学学报(自然科学版),2017,45(6):59-65.

[2] 曾志平,罗俊,饶惠明,等.桥隧过渡段轨温与钢轨纵向位移的映射关系[J].铁道工程学报,2018,35(1):29-35,61.

[3] 饶惠明.高速铁路桥隧过渡段钢轨温度和横向变形试验[J].铁道科学与工程学报,2017,14(9):1838-1844.

[4] 曾志平,罗俊,魏炜,等.高速铁路桥隧过渡段钢轨温度和纵向变形试验[J].铁道工程学报,2017,34(1):30-35.

[5] 于向东,李毓坤,闫斌.桥隧过渡段实腹式RC拱桥上无缝线路纵向力分布特征[J].铁道科学与工程学报,2018,15(12):3066-3072.

[6] 中华人民共和国铁道部.铁路无缝线路设计规范:TB 10015—2012[S].北京:中国铁道出版社,2013.

[7] 罗华朋,邢俊,杨凯,等.桥墩温度梯度对高墩大跨桥上无砟轨道影响研究[J].铁道标准设计,2015,59(8):26-29.

[8] 张鹏飞,桂昊,高亮,等.桥上CRTSⅢ型板式无砟轨道无缝线路伸缩力影响因素分析[J].北京交通大学学报,2018,42(6):15-23.

[9] 张向民,高亮,曾志平,等.青藏铁路风火山隧道气温轨温试验及无缝线路设计[J].北京交通大学学报,2013,37(3):73-78.

[10] 李阳春.隧道洞口无缝线路参数计算[J].铁道建筑技术,2006(1):9-11.

[11] 中华人民共和国铁道部.高速铁路无砟轨道线路维修规则(试行):TG/GW 115—2012[S].北京:中国铁道出版社,2012.

Statistical Characteristics of Dynamic Stiffness of Slab Track Based on Vehicle-Track Coupled Dynamics

Jie Guo[*1,2] Rongshan Yang[1,2]
(1. MOE Key Laboratory of High-speed Railway Engineering, Southwest Jiaotong University;
2. School of Civil Engineering, Southwest Jiaotong University)

Abstract Thestatistical characteristics of dynamic stiffness of slab track on different foundations were obtained based on vehicle-track coupled dynamics. The results show that there is little difference between the average dynamic stiffness and static stiffness of slab track. With the increase of vehicle speeds and fastener stiffness, the maximum, discreteness, distribution range and fluctuation range of slab track dynamic stiffness gradually increase. The dynamic stiffness of slab track does not conform to normal distribution. The dynamic coefficients of dynamic stiffness of slab track increase linearly with the increase of vehicle speeds and fastener stiffness. The dynamic coefficients of dynamic stiffness of slab track on subgrade are larger than those on bridge and tunnel, and the dynamic coefficients of dynamic stiffness of slab track on bridge and tunnel are less affected by fastener stiffness. Generally, the distribution range of dynamic stiffness of slab track on subgrade is from 35kN/mm to 120kN/mm, while that on bridge and tunnel is from 50kN/mm to 160kN/mm.

Keywords Dynamic stiffness Vehicle-track coupled dynamics Slab track Statistical characteristics Influencing factors

0 Introduction

Track stiffness is a key parameter that can reflect the performance and state of track structure, and deeply affects the stress of track structure and running quality. The existing research results show that there is a reasonable range of track stiffness. If the track stiffness is larger, the stress level of track components is higher, which results in fatigue damage and failure of track components, while it is difficult to maintain the track geometry if the track stiffness is smaller (Woodward et al. 2014 and Zhai et al. 2000). On the other hand, the track states of heavy haul railway line are more significantly affected by the track stiffness (Shi et al. 2015 and Liang et al. 2015). Therefore, scholars have carried out many researches on the reasonable track stiffness. Spain reduced the stiffness of elastic pad under rail from 500kN/mm to 100kN/mm to reduce the track stiffness of high-speed railway (López Pita et al. 2003). Cox S J andNielsen J C O believe that reducing the fastener stiffness or increasing the fastener spacing can reduce the noise level (Cox et al. 2003 andNielsen et al. 2012). López Pita A obtains the optimal stiffness of high-speed railway track based on the balance between the energy dissipation by track deformation and the vertical dynamic stress caused by unsprung mass, which is from 70kN/mm to 80kN/mm, and the stiffness of elastic pad under rail is from 30kN/mm to 50kN/mm (López Pita et al. 2004). The allowable deformation method is used to control the track stiffness in Europe and China. The suggested track stiffness is 100kN/mm in France and China with track deformation not exceeding 1mm, and 68kN/mm for slab track in Germany with track deformation not exceeding

1.5mm (Zhao 2005). Liu Xueyi suggests that the upper limit of track stiffness is 86.9kN/mm by establishing the optimization function of the sensitivity coefficients of dynamic parameters based on the frequency domain analysis method of wheel rail system dynamics (Liu 2010). Zhou You analyzes the influence of different vehicle speeds and track stiffness on the dynamic characteristics of vehicles and tracks, and recommended that the reasonable track stiffness is from 75 to 100kN/mm and 65 to 100kN/mm when the vehicle speed is 300km/h and less than 300km/h, respectively (Zhou et al. 2017).

In order to obtain the distribution characteristics of track stiffness, some countries have developed track loading vehicle (TLV) to realize the continuous test of track stiffness at low speed. Chinese scholars used the TLV developed by China Academy of Railway Sciences to test the track stiffness of ballasted track, and obtained the distribution characteristics of track stiffness (Pan 2021, Jin 2016 and Hao 2016). The results show that the track stiffness on bridge and tunnel is greater than that on subgrade, and the track stiffness of heavy haul railway is greater than that of ordinary speed railway.

As an important design parameter of track structure, the design code of Chinese railway field does not give the reasonable range of track stiffness, but only the reasonable range of component stiffness, such as fastener stiffness, etc. The maximum speed of TLV is only 60km/h when testing, and only the distribution characteristics of the track stiffness at low speed can be obtained. Up to now, most of the above studies are aimed at ballasted track, and the systematic researches on the distribution characteristics of dynamic stiffness of slab track applied in high-speed railway lines and its influencing factors are insufficient. Therefore, scholars are not clear about distribution characteristics of the track stiffness, especially for the dynamic stiffness of the slab track of high-speed railway. Around this concern, this paper analyzes the statistical characteristics of dynamic stiffness of slab track on different foundations and its influencing factors based on vehicle-track coupling dynamics, which has positive guiding significance for the design and maintenance of slab track.

1 Dynamic model and parameters

Taking CRTS Ⅰ slab track as the research object, and the vehicle adopts CRH2 EMU. This paper only analyzes the vertical stiffness of the slab track, therefore the dynamic model only considers the vertical interaction. The main parameters of CRH2 EMU are seen in literature [15] (Yang et al., 2014), and the main parameters of CRTS I slab track and vehicle are listed in Tab.1.

Main Parameters of CRTS Ⅰ Slab Track and Vehicle　　Tab.1

Components	Unit	Value	Components	Unit	Value
Rail	Elastic Modulus(GPa)	206	Base Plate	Width(m)	3.0
	Poisson Ratio	0.3		Thickness(m)	0.3
	Density(kg/m^3)	7850	Mass of carbody	kg	39600
	Cross Section Area(cm^2)	77.45	Mass of bogie	kg	3500
Fastener	Vertical Stiffness(kN/mm)	50	Mass of wheelset	kg	2000
	Vertical Damping(N·s/m)	7.5×10^4	Nod moment of inertia of carbody	$kg\cdot m^2$	1.94×10^6
	Fastener spacing(mm)	629	Rolling moment inertia of carbody	$kg\cdot m^2$	1.283×10^5
Track Slab	Elastic Modulus(GPa)	3.6×10^4	Shake head moment inertia of carbody	$kg\cdot m^2$	1.674×10^6
	Poisson Ratio	0.2	Nod moment of inertia of bogie	$kg\cdot m^2$	1752
	Density(kg/m^3)	2500	Rolling moment inertia of bogie	$kg\cdot m^2$	2592

continue

Components	Unit	Value	Components	Unit	Value
Track Slab	Width(m)	2.4	Shake head moment inertia of bogie	kg · m^2	3200
	Thickness(m)	0.19	Nod moment of inertia of wheelset	kg · m^2	80
CA Mortar	Elastic Modulus(GPa)	200	Rolling moment inertia of wheelset	kg · m^2	980
	Poisson Ratio	0.2	Shake head moment inertia of wheelset	kg · m^2	980
	Vertical Damping(N · s/m)	3.46×10^4	Primary vertical stiffness	N/m	1.176×10^6
Base Plate	Elastic Modulus(GPa)	3.25×10^4	Secondary vertical stiffness	N/m	1.89×10^5
	Poisson Ratio	0.2	Primary vertical damping	N · s/m	1.96×10^4
	Density(kg/m^3)	2500	Secondary vertical damping	N · s/m	4.0×10^4

Thesurface supporting stiffness of subgrade, bridge and tunnel are 120MPa/m, 1000MPa/m and 1200MPa/m respectively (Pu 2016). The car body, bogies and wheelsets are simulated by rigid body element, and the track slab and base plate are simulated by plate element, while CA mortar, fastener and foundation are simulated by spring element. The dynamic model adopts Chinese slab track irregularity spectrum of high-speed railway, as shown in Fig. 1.

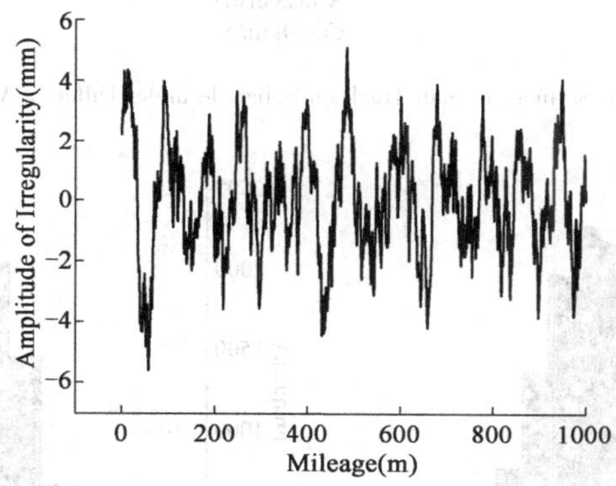

Fig. 1 Chinese slab track irregularity spectrum of high-speed railway

The dynamic stiffness of track is defined as the ration between dynamic load, P_d, and dynamic deflection, y_d at a point of rail. The sample size of each case in this paper is 13760. The basic calculation case is that the vehicle speed is 300km/h and the fastener stiffness is 50kN/mm.

2 Statistical characteristics of dynamic stiffness of slab track on subgrade

2.1 Influence of Vehicle Speed

The dynamic stiffness andits frequency histogram of slab track on subgrade are shown in Fig. 2 and Fig. 3 when the vehicle speed is 250km/h, 300km/h and 350km/h, respectively.

At the same time, the static model ofslab track is established to calculate the static stiffness in this paper. The static axle load is 15t, and the dynamic wheel rail force is 1.5 times the static wheel load. The statistical characteristic parameters of dynamic stiffness of slab track on subgrade under different vehicle speeds are listed in Tab. 2.

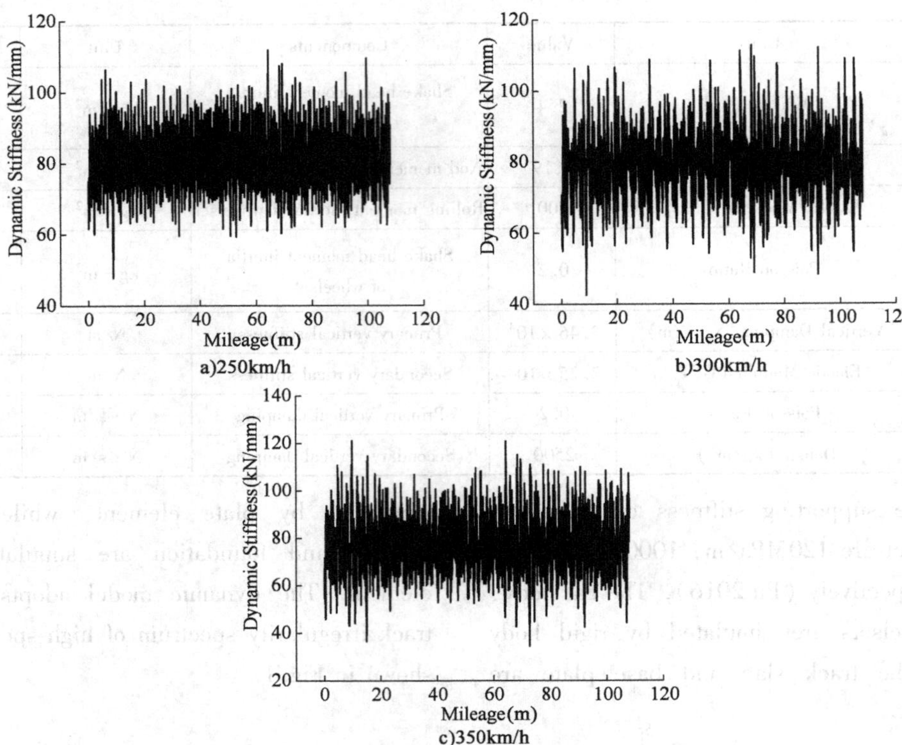

Fig. 2 Dynamic Stiffness of Slab Track on Subgrade under Different Vehicle Speeds

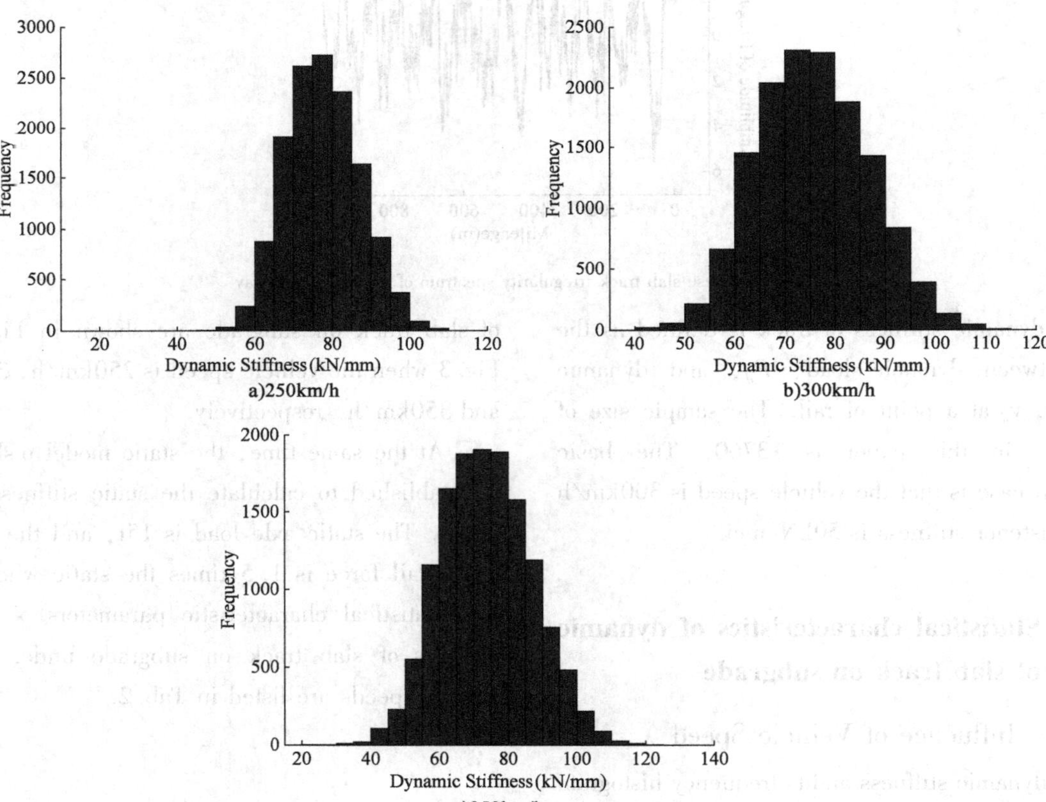

Fig. 3 Frequency Histogram of Dynamic Stiffness of Slab Track on Subgrade under Different Vehicle Speeds

Statistical Characteristic Parameters of Dynamic Stiffness of Slab Track on Subgrade under Different Vehicle Speeds Tab. 2

Vehicle Speeds	Static Stiffness (kN/mm)	Average Dynamic Stiffness (μ) (kN/mm)	Minimum Dynamic Stiffness (kN/mm)	Maximum Dynamic Stiffness (kN/mm)	Standard Deviations (σ) (kN/mm)	$\mu+3\sigma$	
						Dynamic Stiffness (kN/mm)	Dynamic Coefficients
250km/h	73.5	77.5	41.9	111.8	9.3	105.5	1.44
300km/h		75.6	38.2	115.5	11.0	108.5	1.48
350km/h		73.7	23.2	121.0	13.2	113.2	1.54

It can be seen from Fig. 2 and Fig. 3, and Tab. 2 that the average dynamic stiffness of slab track on subgrade gradually decreases when the vehicle speeds increase from 250km/h to 350km/h, it is close to the static stiffness, however. With the increase of vehicle speed, the minimum dynamic stiffness of slab track on subgrade gradually decreases, while the maximum dynamic stiffness, discreteness and distribution range gradually increase. When the vehicle speed is 250km/h, 300km/h and 350km/h, about 95% of the dynamic stiffness distribution range of slab track on subgrade is from 60kN/mm to 95kN/mm, 55kN/mm to 100kN/mm and 50kN/mm to 100kN/mm respectively, and the fluctuation amplitude is 35.0kN/mm, 38.7kN/mm and 48.9kN/mm respectively, which gradually increases.

The dynamic stiffness of slab track on subgrade under different vehicle speeds approximately conform to the normal distribution through normality test, of which the following is the same and will not be repeated. The method of solving the dynamic coefficient of wheel-rail force is adopted (Gai 2011), namely, the dynamic coefficients of slab track dynamic stiffness are obtained by adding 3 times of standard deviation to the average dynamic stiffness. The dynamic coefficients of slab track dynamic stiffness on subgrade are 1.44, 1.48 and 1.54 respectively when the vehicle speed is 250km/h, 300km/h and 350km/h, which increase linearly with the increase of vehicle speeds, as shown in Fig. 4, and the fitting formula is shown in formula (1).

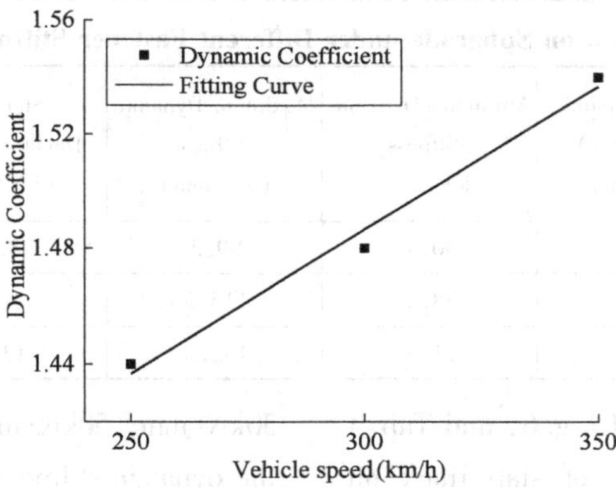

Fig. 4 Dynamic Coefficients of Slab Track Dynamic Stiffness on Subgrade under Different Vehicle Speeds

$$y = 1.19 + 0.001x \tag{1}$$

2.2 Influence of Fastener Stiffness

The dynamic stiffness and its frequency histogram of slab track on subgrade are shown in Fig. 5 and Fig. 6 respectively when the fastener stiffness is 30kN/mm and 70kN/mm (The results of the fastener stiffness of 50kN/mm is the same as the results of the vehicle speed of 300km/h, which will not be listed again, and the followings are the same).

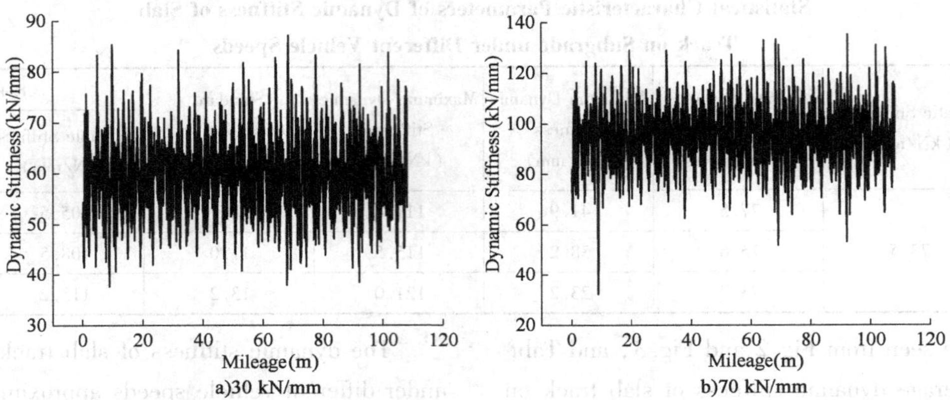

Fig. 5 Dynamic Stiffness of Slab Track on Subgrade under Different Fastener Stiffness

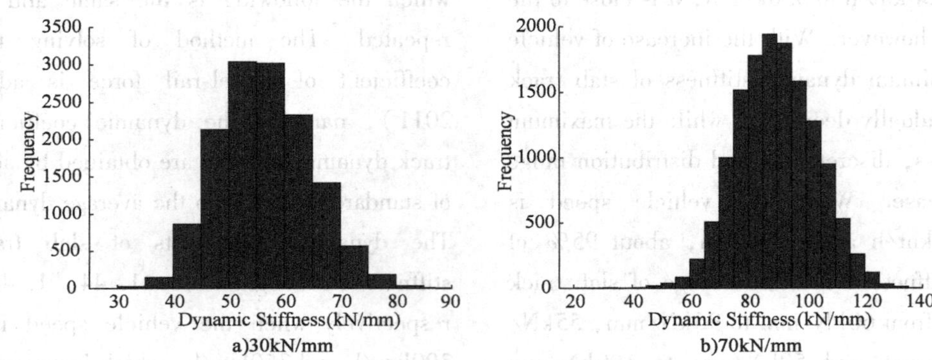

Fig. 6 Frequency Histogram of Dynamic Stiffness of Slab Track on Subgrade under Different Fastener Stiffness

The statistical characteristic parameters of dynamic stiffness of slab track on subgrade under different fastener stiffness are listed in Tab. 3.

Statistical Characteristic Parameters of Dynamic Stiffness of Slab Track on Subgrade under Different Fastener Stiffness Tab. 3

Fastener Stiffness	Static Stiffness (kN/mm)	Average Dynamic Stiffness (μ) (kN/mm)	Minimum Dynamic Stiffness (kN/mm)	Maximum Dynamic Stiffness (kN/mm)	Standard Deviations (σ) (kN/mm)	$\mu+3\sigma$	
						Dynamic Stiffness (kN/mm)	Dynamic Coefficients
30kN/mm	57.3	56.4	30.4	89.2	8.3	81.4	1.42
50kN/mm	73.5	75.6	38.2	115.5	11.0	108.5	1.48
70kN/mm	84.9	89.6	21.8	135.5	13.6	130.4	1.54

It can be seen from Fig. 5 and Fig. 6, and Tab. 3 that the average dynamic stiffness of slab track on subgrade gradually increases when the fastener stiffness increases from 30kN/mm to 70kN/mm, it is close to the static stiffness, however. With the increase of fastener stiffness, the minimum dynamic stiffness of slab track on subgrade first increases and then decreases, while the maximum dynamic stiffness, discreteness and distribution range gradually increase. When the fastener stiffness is 30kN/mm, 50kN/mm and 70kN/mm, about 95% of the dynamic stiffness distribution range of slab track on subgrade is from 40kN/mm to 75kN/mm, 55kN/mm to 100kN/mm and 65kN/mm to 115kN/mm respectively, and the fluctuation amplitude is 29.4kN/mm, 38.7kN/mm and 56.9kN/mm respec-tively, which gradually increases.

The dynamic coefficients of slab track dynamic stiffness on subgrade are 1.42, 1.48 and 1.54 respectively when the fastener stiffness is 30kN/mm,

50kN/mm and 70kN/mm, which increase linearly with the increase of fastener stiffness, as shown in Fig. 7, and the fitting formula is shown in formula (2).

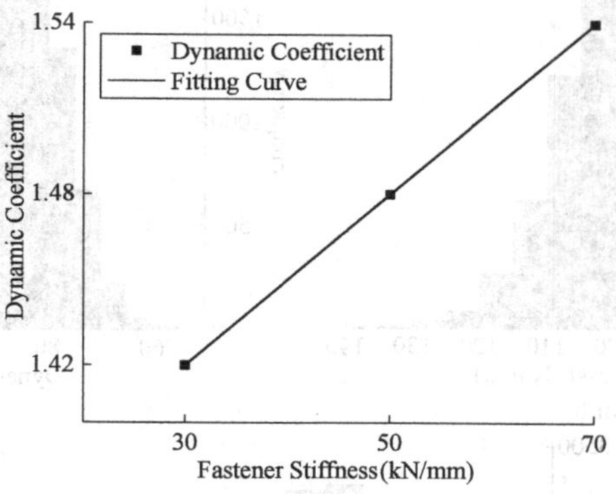

Fig. 7 Dynamic Coefficients of Dynamic Stiffness of Slab Track on Subgrade under Different Fastener Stiffness

$$y = 1.33 + 0.003x \tag{2}$$

3 Statistical characteristics of dynamic stiffness of slab track on bridge and tunnel

3.1 Influence of Vehicle Speed

The dynamic stiffness and its frequency histogram of slab track on bridge and tunnel are shown in Fig. 8 and Fig. 9 when the vehicle speed is 250km/h, 300km/h and 350km/h, respectively. Since there is little difference between the results of bridge and tunnel, only the results of slab track dynamic stiffness on tunnel are shown in the figures, and the followings are the same.

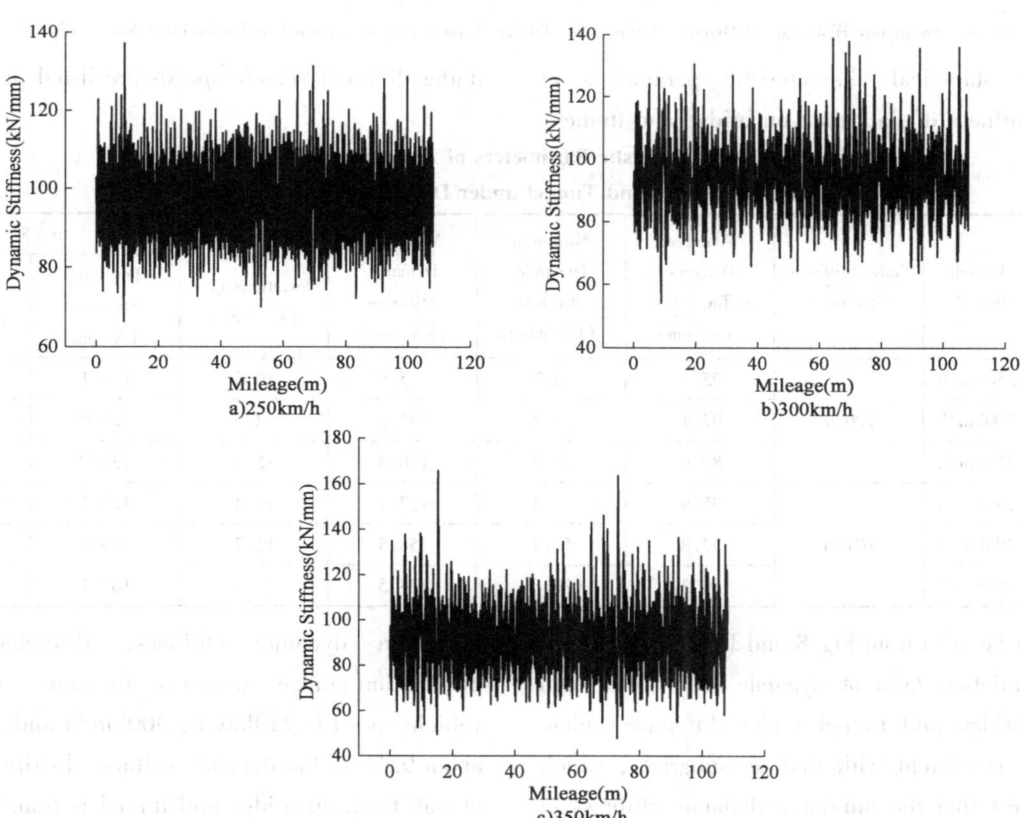

Fig. 8 Dynamic Stiffness of Slab Track on Bridge and Tunnel under Different Vehicle Speeds

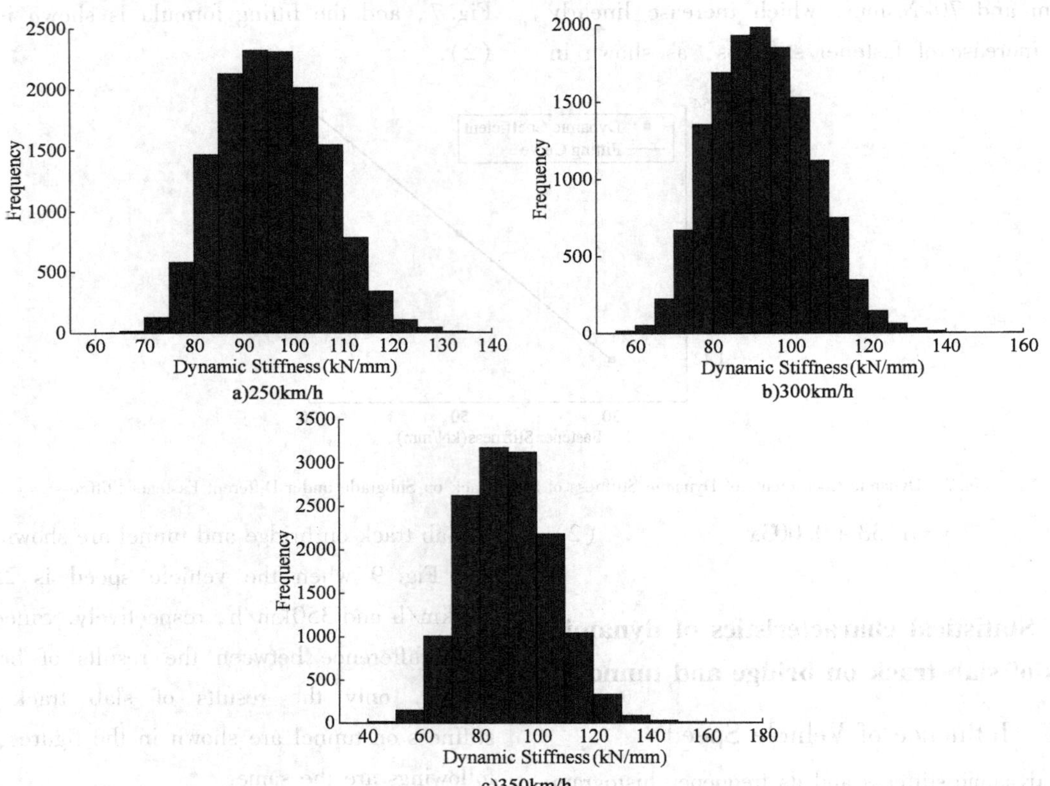

Fig. 9　Frequency Histogram of Dynamic Stiffness of Slab Track on Bridge and Tunnel under Different Vehicle Speeds

The statistical characteristic parameters of dynamic stiffness of slab track on bridge and tunnel under different vehicle speeds are listed in Tab. 4.

Statistical Characteristic Parameters of Dynamic Stiffness of Slab Track on Bridge and Tunnel under Different Vehicle Speeds　　Tab. 4

Foundation	Vehicle Speeds	Static Stiffness (kN/mm)	Average Dynamic Stiffness (μ) (kN/mm)	Minimum Dynamic Stiffness (kN/mm)	Maximum Dynamic Stiffness (kN/mm)	Standard Deviations (σ) (kN/mm)	$\mu+3\sigma$	
							Dynamic Stiffness (kN/mm)	Dynamic Coefficients
Bridge	250km/h	100.9	95.1	62.7	135.9	10.3	126.1	1.25
	300km/h		92.1	53.4	155.8	12.6	129.9	1.29
	350km/h		89.6	38.7	170.8	15.5	136.0	1.35
Tunnel	250km/h	101.6	95.9	63.8	137.1	10.4	127.1	1.25
	300km/h		92.8	54.2	158.5	12.7	130.9	1.29
	350km/h		90.3	39.6	174.5	15.6	137.1	1.35

It can be seen from Fig. 8 and Fig. 9, and Tab. 4 that the variation laws of dynamic stiffness of slab track on bridge and tunnel under different vehicle speeds are consistent with that on subgrade, which also manifest that the minimum dynamic stiffness of slab track on bridge and tunnel gradually decreases with the increase of vehicle speed, while the maximum dynamic stiffness, discreteness and distribution range gradually increase. When the vehicle speed is 250km/h, 300km/h and 350km/h, about 95% of the dynamic stiffness distribution range of slab track on bridge and tunnel is from 75kN/mm to 115kN/mm, 70kN/mm to 120kN/mm and 60kN/mm to 120kN/mm respectively, and the fluctuation amplitude is 36.6kN/mm and 36.7kN/mm, 51.2kN/mm and 52.2kN/mm, 66.1kN/mm and 67.5kN/mm respectively, which gradually increases.

The dynamic coefficients of slab track dynamic stiffness on bridge and tunnel are 1.25, 1.29 and 1.35 respectively when the vehicle speed is 250km/h, 300km/h and 350km/h, which are about 0.2 less than that on subgrade and increase linearly with the increase of vehicle speeds, as shown in Fig. 10, and the fitting formula is shown in formula (3).

$$y = 1.00 + 0.001x \tag{3}$$

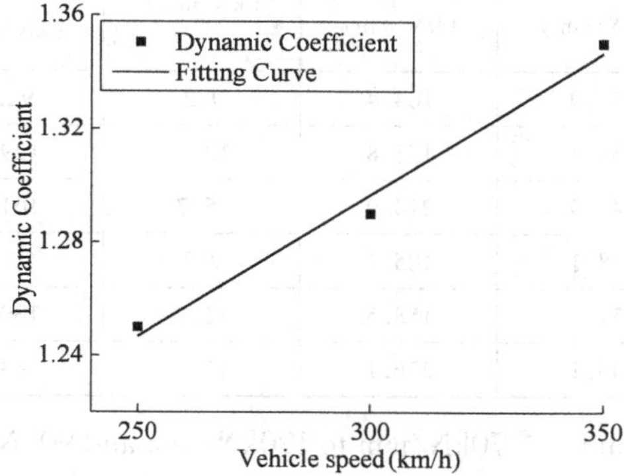

Fig. 10 Dynamic Coefficients of Slab Track Dynamic Stiffness on Bridge and Tunnel under Different Vehicle Speeds

3.2 Influence of Fastener Stiffness

The dynamic stiffness andits frequency histogram of slab track on bridge and tunnel are shown in Fig. 11 and Fig. 12 respectively when the fastener stiffness is 30kN/mm and 70kN/mm.

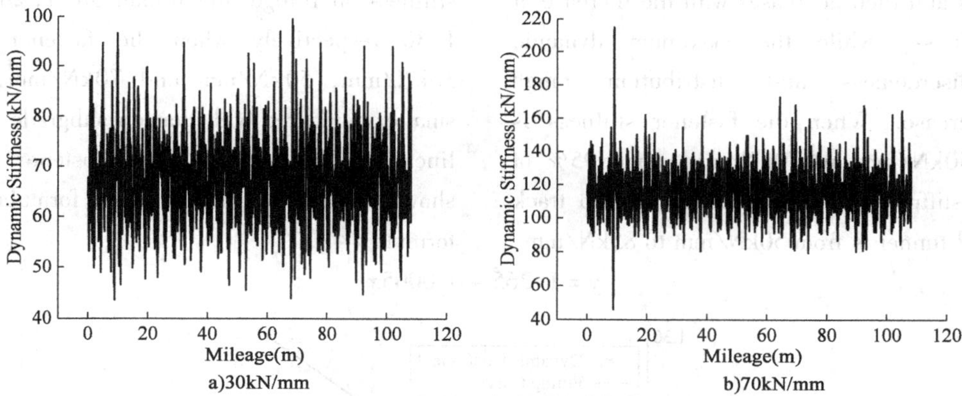

Fig. 11 Dynamic Stiffness of Slab Track on Bridge and Tunnel under Different Fastener Stiffness

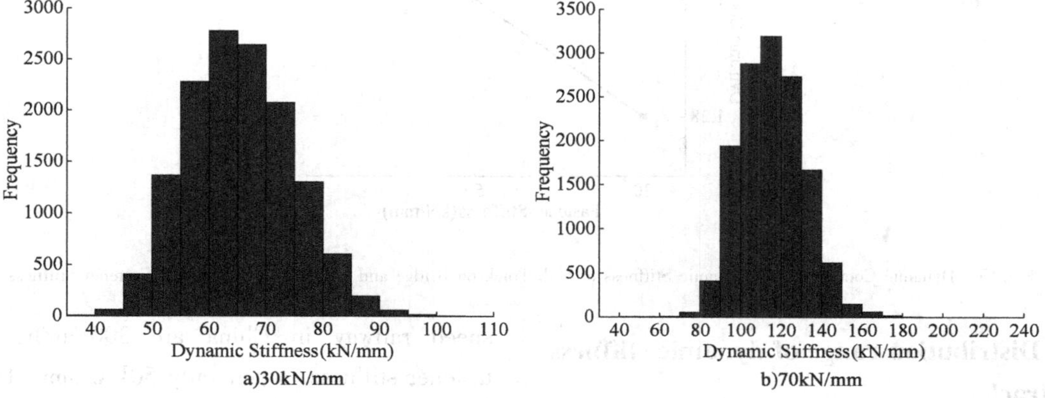

Fig. 12 Frequency Histogram of Dynamic Stiffness of Slab Track on Bridge and Tunnel under Different Fastener Stiffness

The statistical characteristic parameters of dynamic stiffness of slab track on bridge and tunnel under different fastener stiffness are listed in Tab. 5.

Statistical Characteristic Parameters of Dynamic Stiffness of Slab Track on Bridge and Tunnel under Different Fastener Stiffness Tab. 5

Foundation	Vehicle Speeds	Static Stiffness (kN/mm)	Average Dynamic Stiffness (μ) (kN/mm)	Minimum Dynamic Stiffness (kN/mm)	Maximum Dynamic Stiffness (kN/mm)	Standard Deviations (σ) (kN/mm)	$\mu+3\sigma$ Dynamic Stiffness (kN/mm)	$\mu+3\sigma$ Dynamic Coefficients
Bridge	30kN/mm	72.3	65.0	37.9	104.4	9.2	92.6	1.28
	50kN/mm	100.9	92.1	53.4	155.8	12.6	129.9	1.29
	70kN/mm	124.3	114.3	42.5	214.9	15.7	161.3	1.30
Tunnel	30kN/mm	72.7	65.4	38.1	105.1	9.2	93.0	1.28
	50kN/mm	101.6	92.8	54.2	158.5	12.7	130.9	1.29
	70kN/mm	125.4	115.5	43.1	226.1	15.9	163.1	1.30

It can be seen fromFig. 11 and Fig. 12, and Tab. 5 that the variation laws of dynamic stiffness of slab track on bridge and tunnel under different fastener stiffness are consistent with that on subgrade, which also manifest that the minimum dynamic stiffness of slab track on bridge and tunnel first increases and then decreases with the increase of fastener stiffness, while the maximum dynamic stiffness, discreteness and distribution range gradually increase. When the fastener stiffness is 30kN/mm, 50kN/mm and 70kN/mm, about 95% of the dynamic stiffness distribution range of slab track on bridge and tunnel is from 50kN/mm to 85kN/mm, 70kN/mm to 120kN/mm and 90kN/mm to 150kN/mm respectively, and the fluctuation amplitude is 33.3kN/mm and 33.5kN/mm, 51.2kN/mm and 52.2kN/mm, 86.2kN/mm and 91.5kN/mm respectively, which gradually increases.

The dynamic coefficients of slab track dynamic stiffness on bridge and tunnel are 1.28, 1.29 and 1.30 respectively when the fastener stiffness is 30kN/mm, 50kN/mm and 70kN/mm, which are smaller compared with that on subgrade and increase linearly with the increase of fastener stiffness, as shown in Fig. 13, and the fitting formula is shown in formula (4).

$$y = 1.265 + 0.0005x \quad (4)$$

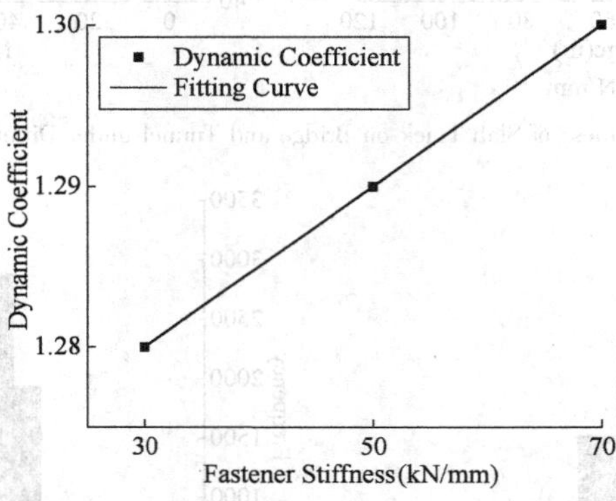

Fig. 13 Dynamic Coefficients of Dynamic Stiffness of Slab Track on Bridge and Tunnel under Different Fastener Stiffness

4 Distribution range of dynamic stiffness of slab track

At present, the main vehicle speeds of high-speed railway in China are 300km/h, and the fastener stiffness is generally 50kN/mm. Under this calculation condition and considering certain margin, the dynamic stiffness distribution range of slab track on subgrade is from 35kN/mm to 120kN/mm, and that of slab track on bridge and tunnel is from 50kN/mm to 160kN/mm.

5 Conclusions

Based on vehicle-track coupling dynamics, this paper analyzes the statistical characteristics of dynamic stiffness of slab track under different foundations, and the following conclusions can be drawn:

(1) There is little difference between the average dynamic stiffness and static stiffness of slab track. With the increase of vehicle speeds and fastener stiffness, the maximum, discreteness, distribution range and fluctuation range of slab track dynamic stiffness gradually increase. The dynamic stiffness of slab track does not conform to normal distribution.

(2) The dynamic coefficients of dynamic stiffness of slab track increase linearly with the increase of vehicle speeds and fastener stiffness. The dynamic coefficients of dynamic stiffness of slab track on subgrade are larger than those on bridge and tunnel, and the dynamic coefficients of dynamic stiffness of slab track on bridge and tunnel are less affected by fastener stiffness.

(3) Generally, the distribution range of dynamic stiffness of slab track on subgrade is from 35kN/mm to 120kN/mm, while that on bridge and tunnel is from 50kN/mm to 160kN/mm.

6 Acknowledgements

This work is sponsored by the National Natural Science Foundation of China (No. 51978584, 51778543).

References

[1] WOODWARD P K, KENNEDY J, LAGHROUCHE O, et al. Study of Railway Track Stiffness Modification by Polyurethane Reinforcement of the Ballast[J]. Transportation Geotechnics, 2014, 1(4): 214-224.

[2] ZHAI W, CAI CB, W K. Effect of Track Stiffness on Train Running Behavior [J]. Journal of the China Railway Society, 2000, 22(6): 80-83.

[3] SHI X F, LIANG SN, SUN J L. Reasonable Track Stiffness for Heavy Haul Railway under the Action of Freight Car with 32.5t Axle Load [J]. China Railway Science, 2015, 36(2): 24-29.

[4] LIANG S N. Research on Vehicle-Track Coupling System Dynamic Characteristics and Reason-able Track Stiffness of 32.5t Axle Load Heavy Haul Railway. Shijiazhuang: Shijiazhuang Tiedao University, 2015.

[5] López Pita A, Robuste F. The Madrid-Barcelona High-Speed Line[J]. Proceedings of the Institution of Civil Engineers Transport, 2003, 156(1): 3-8.

[6] COX S J, WANG A. Effect of Track Stiffness on Vibration Levels in Railway Tunnels [J]. Journal of Sound and Vibration, 2003(267): 565-573.

[7] NIELSEN J C O, ANDERSON D, GAUTIER P E, et al. Noise and Vibration Mitigation for Rail Transportation Systems[M]. Springer, 2012.

[8] López Pita A, Teixeira P F, Robusté F. High Speed and Track Deterioration: The Role of Vertical Stiffness of the Track[J]. Proceedings of the Institution of Mechanical Engineers, Part F: Journal of Rail and Rapid Transit, 2014(218): 31-40.

[9] ZHAO G T. Method for Determining the Rigidity of Railway Track[J]. China Railway Science, 2005, 26(1): 1-6.

[10] LIU X Y. Effect Analysis of Track Stiffness on Dynamic Characteristics of Wheel-Rail System and Its Dynamic Optimization[J]. Journal of Southwest Jiaotong University, 2004, 39(1): 1-5.

[11] ZHOU Y, FENG Y J, CHAI X S, et al. Influence of Track Integral Stiffness on Vehicle-Track Dynamic Performance [J]. Railway Engineering, 2017(7): 116-118.

[12] PAN Z. Research on Track Stiffness Management Standards of Ordinary Speed Railway Based on Track Loading Vehicle [J]. Railway Engineering, 2021, 61(3): 128-132.

[13] JIN H. Research and Application of Track Stiffness Detection System on Track Loading Vehicle[J]. Railway Engineering, 2016 (12): 94-97.

[14] Hao J F. Research on Track Stiffness State Evaluation Technology of Reavy-Haul Railway Based on Track Loading Vehicle[D]. Beijing: China Academy of Railway Sciences, 2016.

[15] YANG R S, DUAN Y Z, LIU X Y. Influence Induced by Sleeper Looseness of Bi-Block Slab Track on Dynamic Property of Wheel-Track System[J]. China Railway Science, 2014, 35 (5): 15-20.

[16] PU J J. Study on Statistical Characteristics of Wheel-Rail Force and Vertical Dynamic Characteristics of CRTS I Prefabricated Slab Track of Mixed Passenger and Freight Railway [D]. Chendu: Southwest Jiaotong University, 2016.

[17] GAI X Y. Study of Dynamic Coefficient on CRTS I Slab Track[D]. Chendu: Southwest Jiaotong University, 2011.

不同列车下 40m 跨度箱梁的车-轨-桥系统的动力性能分析

吴振鹏* 周　锐　石　灿

(深圳大学土木与交通工程学院)

摘　要　针对高速铁路无砟轨道上 40m 简支梁的建设,本文基于 Universal Mechanism 和 ANSYS 建立车-轨-桥系统的精细化刚柔耦合模型,对比分析不同列车速度和载重下列车、轨道板、底座板和箱梁的动力响应。结果表明:精细化刚柔耦合模型计算的列车动力指标与实测结果吻合较好;随着列车速度的提高,列车的动力指标值均不断增加,轨道板、底座板和箱梁的加速度也不断增加且沿着竖向明显衰减,特别是 300km/h 后这些响应的增幅较大;随着列车载重率的增加,列车的加速度响应不断减小,但满载时的轮轨力增幅较大,同时轨道-箱梁结构的动力响应不断增加。

关键词　高速铁路　40m 跨径简支箱梁　刚柔耦合模型　车-轨-桥系统　动力性能

0　引言

截至 2021 年底,我国铁路运营里程达到 14.63 万 km,其中高速铁路运营里程达到 4.1 万 km,稳居世界第一。由于桥梁具有保证线路平直、有效控制沉降、减少占地、跨山跨河等优点,我国在高速铁路建设中大量采用了高架桥梁结构,如京沪高速桥梁长度占正线长度的 86.5%,京津城际为 87%。虽然我国高铁主要采用 24m 和 32m 简支箱梁,但 40m 简支箱梁不仅可以扩大桥梁的使用范围,还能降低高墩、深基础地区桥梁工程的造价[1]。随着我国高速铁路朝着高速化、重载化的方向发展,列车的速度加快和重量增加使车轮和轨道之间的作用力加剧,可能导致较大的振动与噪声,从而影响列车的安全性、舒适性和平稳性。因此,有必要研究不同列车荷载对 40m 跨径简支箱梁的车-轨-桥耦合系统动力性能的影响。

近年来,车-轨-桥耦合系统的多体动力学理论日渐成熟[2],翟婉明[3]采用迭代法开展了车辆-轨道系统的动力响应研究并进行了现场试验;石怀龙[4]基于多体系统动力理论分析了铁路罐车运行时对列车运行的安全性及平稳性的影响;孙加林等[5]采用模态叠加法进行 32m 简支梁的车-线-桥大系统耦合动力仿真分析;张鹏飞等[6]基于有

1. 基金项目:深圳大学青年教师科研启动经费(860-000002110345);山区桥梁及隧道工程国家重点实验室开放课题(SKLBT-ZD2101)。

限元法和梁-板-轨相互作用原理,计算列车制动荷载作用下各轨道及桥梁结构的纵向力与位移,并分析多种因素对制动力传递规律的影响;王忠武[7]建立了车-桥耦合系统的振动分析模型,对比了桥梁刚度、桥梁阻尼、列车速度、列车数量对车-桥系统的影响规律;周凌宇等[8]研究了列车荷载经过32m简支梁CRTS Ⅱ无砟轨道的力学性能演化规律,结果表明双线列车疲劳荷载下CA砂浆层对于各层材料疲劳损伤较为敏感。综上,国内很多学者针对24m和32m跨径简支箱梁的车-轨-桥耦合系统的动力性能开展了较为深入的研究,而对40m跨径简支梁上无砟轨道的动力性能研究较少。

本文针对我国高速铁路的40m跨径简支箱梁,联合ANSYS和Universal Mechanism(简称UM)软件建立其车-轨-桥系统的刚柔耦合动力学模型,分别研究了列车的五种速度和三种载重率下系统的综合动力性能,旨在为我国高速铁路未来发展提供理论指导。

1 列车-无砟轨道-桥梁刚柔耦合模型

1.1 高速列车的刚体模型

列车系统主要包括1个车体、2个车架、4个轮对和8个轴箱构件,属于多刚体系统。车体和车架通过二系悬挂连接,车体、车架、轮对各有6个自由度,代表列车在实际运行中的膨胀、横向位移、起伏、摇头、点头、侧翻;轴箱有1个自由度,整个列车模型共有50个自由度。在UM软件建立列车的刚体模型时,一系悬挂通过一系悬挂弹簧和一系减振器实现,将转向架的二系悬挂和车体进行力元连接。一系悬挂中具体刚度设置为:垂向刚度为1040KN/m,横向刚度为4000KN/m,纵向刚度为15000KN/m。一系悬挂垂向阻尼设置为30kN·s/m。二系悬挂则是通过二系弹簧、二系横向减振器和抗蛇行减振器实现。二系悬挂中具体刚度设置为:垂向刚度为400KN/m,横向刚度为240KN/m,纵向刚度为240KN/m。二系悬挂垂向阻尼设置为30kN·s/m,横向阻尼设置为50kN·s/m,纵向阻尼设置为150kN·s/m。本文采用的CRH380型高速列车的主要参数如表1所示,建立的列车刚体模型如图1所示。

CRH380型高速列车力学参数 表1

部 件	参 数	量 值
车体	空载质量/kg	40460
	侧滚转动惯量/kg·m²	84560
轮对	重量/kg	1869
转臂轴箱	重量/kg	50
静轴	重量/kg	11700
转向架	构架重量/kg	3338

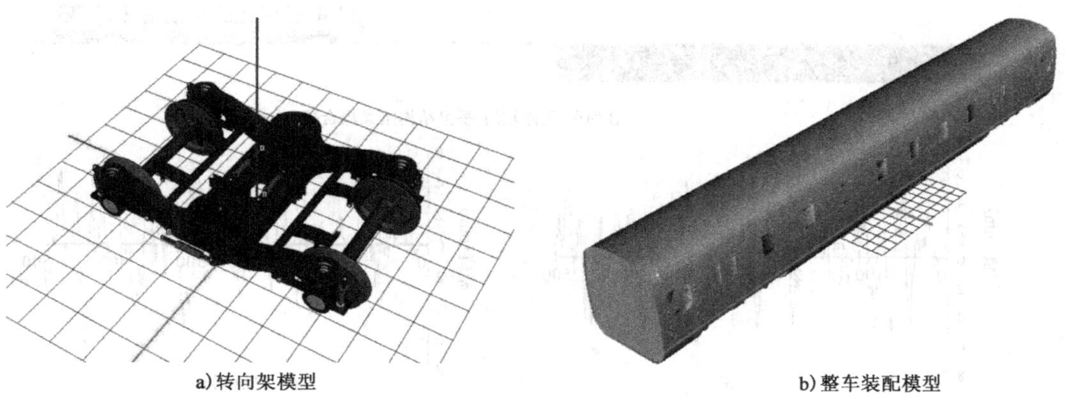

a)转向架模型　b)整车装配模型

图1 列车刚体模型

1.2　无砟轨道-桥梁结构的柔体模型

本文采取40m简支箱梁上CRTSⅡ型板式无砟轨道作为研究对象，CRTSⅡ型无砟轨道从上到下主要包括轨道板、CA砂浆、底座板等，其具体参数如表2所示。简支箱梁为C55预应力混凝土，其参数为：弹性模量材料 $E = 3.55 \times 10^{10}$ Pa。利用ANSYS软件建立的CRTSⅡ型无砟轨道-简支箱梁的精细化柔体模型如图2所示。

无砟轨道主体参数　　表2

无砟轨道型式	CRTSⅡ型板式无砟轨道
轨道板尺寸/mm	2550×200
轨道板弹性模量/GPa	32.5
轨道板密度/kg/m³	3000
轨道板泊松比	0.2
CA砂浆层尺寸/mm	2550×30
CA砂浆层弹性模量/GPa	0.092
CA砂浆层密度/kg/m³	2000
CA砂浆层泊松比	0.4
底座板尺寸/mm	3000×300
底座板弹性模量/GPa	32.5
底座板密度/kg/m³	2500
底座板泊松比	0.2

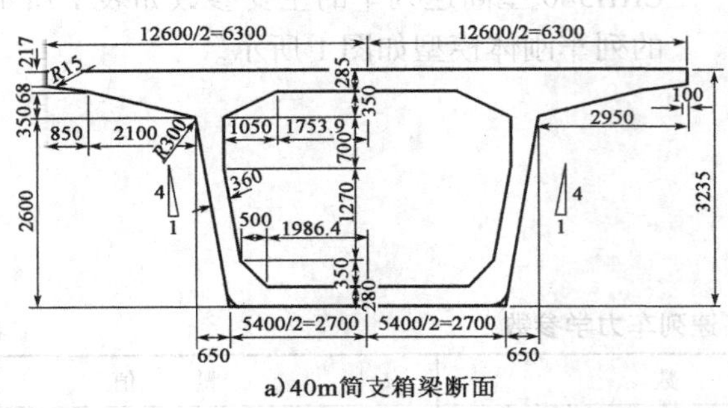

a)40m简支箱梁断面

b)轨道-桥梁模型

图2　无砟轨道-简支箱梁的柔体模型

1.3　车-轨-桥系统的刚柔耦合模型及验证

联合ANSYS和UM软件建立的车-轨-桥系统的刚柔耦合动力学模型如图3所示。桥距初始位置为30m，模拟步长为0.0005s，轨道不平顺样本采用《轨道结构随机振动理论及其在轨道结构减震中的应用》中的“CRH_2017中国高速无砟轨道谱”模型。

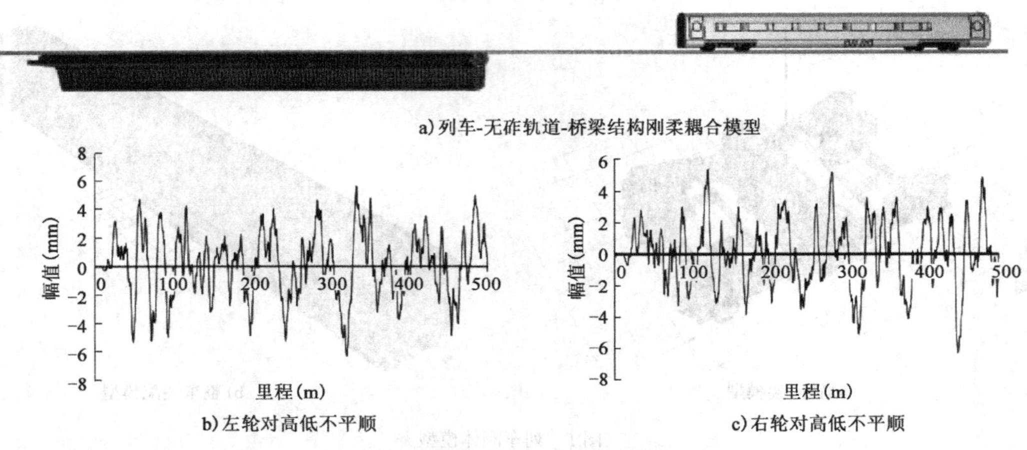

a)列车-无砟轨道-桥梁结构刚柔耦合模型

b)左轮对高低不平顺　　c)右轮对高低不平顺

图3　刚柔耦合模型与不平顺谱

基于翟婉明院士的现场实验数据，对比上述模型的计算结果，如图4所示，可知列车脱轨系数、轮重减载率、车体垂向加速度、横向轮轨接触力与实测结果总体上比较接近，除了低速时车体垂向加速度，最大误差为10%以内。因此，本文建立的刚柔耦合动力学模型可以有效地模拟高速铁路简支箱梁上无砟轨道的车-轨-桥系统动力性能。

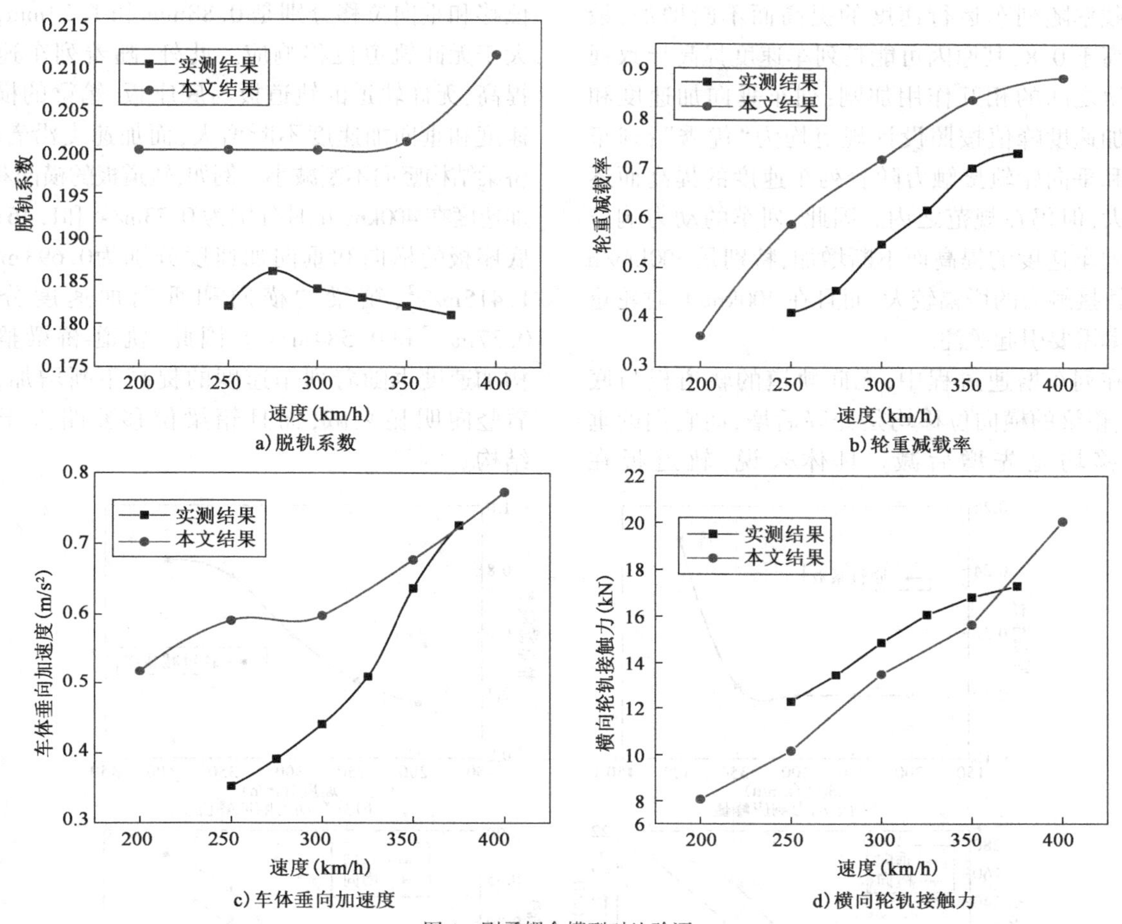

图4 刚柔耦合模型对比验证

2 不同列车速度和载重下车-轨-桥系统的动力性能

2.1 动力性能评价指标

列车的动力性能评价指标主要有：①脱轨系数。脱轨系数用于评定车轮边缘脱离轨道的危险程度。我国《高速铁路工程动态验收指导意见》规定，实际运营中的列车通过桥梁路段时，其脱轨系数满足Q/P≤0.6时为优良。②轮重减载率。我国《高速铁路工程动态验收指导意见》规定，实际运营中的列车通过桥梁路段时，其动态轮重减载率应满足△P/P≤0.90。③车体振动加速度。我国《高速铁路设计规范》规定，车体竖向和横向振动加速度分别小于2.45m·s和1.47m·s时为优良。④桥梁振动加速度。我国《高速铁路设计规范》规定，竖向和横向振动加速度应分别小于0.50g和0.14g。⑤桥梁跨中横向振幅的最大限值。Amax≤L/26(其中Amax为桥梁跨中半波峰横向振幅最大值，*L*为桥梁跨度)。

2.2 不同列车速度下系统的动力性能

本文针对40m跨径简支梁和列车空载的车-轨-桥系统，对比在不同列车速度(200km/h、250km/h、300km/h、350km/h和400km/h)下的列车动力性能以及无砟轨道和桥梁的动力性能。其中，列车动力性能包括脱轨系数、轮重减载率、横向轮轨接触力、横向和垂向车体加速度等。轨道板、底座板和箱梁的横向和垂向位移、加速度，选取数据的位点分别为轨道板、底座板和箱梁跨中位置，取数据峰值，且三个位点在同一正立面，计算结果如图5所示。可以看出，当列车速度由

200km/h 提高至 350km/h 的过程中,列车的脱轨系数维持在 0.2 左右,但当速度增至 400km/h 时脱轨系数增大到 0.25,可能是由接近车组所设置的临界车速所致,但整体仍在安全范围内;列车轮重减载率随列车运行速度的提高而不断增加,最终略高于 0.8,其原因可能是列车速度提高导致列车轮轨之间的相互作用加剧;列车垂向加速度和横向加速度峰值按照设计规范均为“优秀”;列车横向和垂向轮轨接触力随着列车速度的提高而逐渐增大,但仍在规范之内。因此,列车的动力响应随着列车速度的提高而不断增加,特别是 300km/h 后轮轨接触力的增幅较大,而且在 400km/h 时轮重减载率需要引起关注。

在列车增速过程中,无砟轨道的轨道板与底座板、箱梁的横向位移均是先降后增,而它们的垂向位移均是先增后减。具体来说,轨道板在 400km/h 时的横向位移和垂向位移分别是 0.29mm 和 0.91mm,底座板在 400km/h 时的横向位移和垂向位移分别是 0.267mm 和 0.89mm,均小于轨道板位移响应,而箱梁在 400km/h 时的横向位移和垂向位移分别是 0.88mm 和 1.23mm,明显大于无砟轨道位移响应。此外,随着列车速度的提高,无砟轨道的轨道板与底座板、箱梁的横向加速度和垂向加速度不断增大,而加速度沿着轨道-桥梁结构竖向不断减小。例如,轨道板的横向和垂向加速度在 400km/h 时分别为 0.73m/s^2 和 1.46m/s^2,底座板的横向和垂向加速度分别为 0.693m/s^2 和 1.415m/s^2,箱梁的横向和垂向加速度分别为 0.37m/s^2 和 0.584m/s^2。因此,轨道-桥梁整体结构加速度也随着列车速度的提高不断增加,但沿着竖向明显衰减,而且箱梁位移要略大于轨道结构。

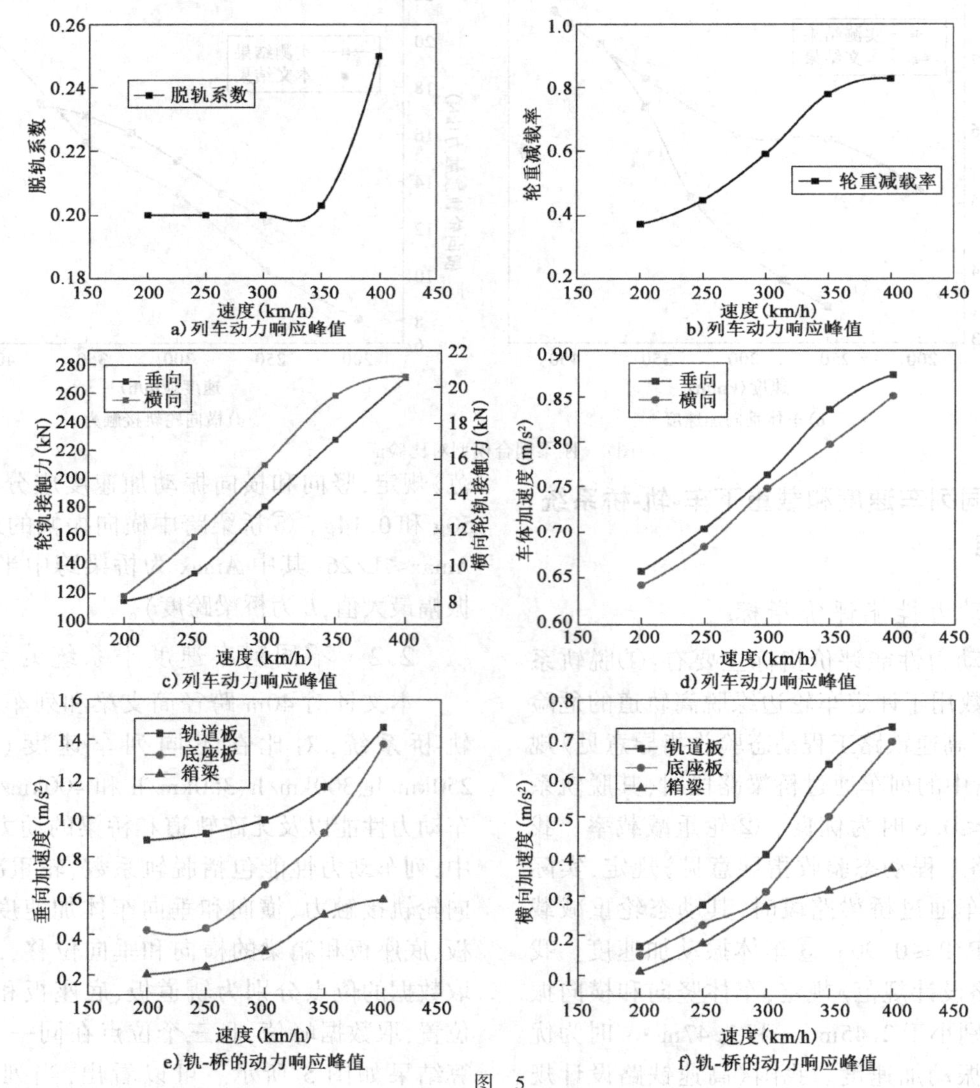

图　5

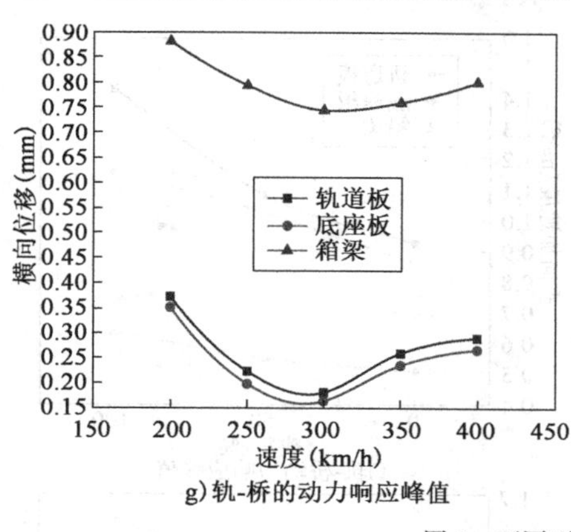

g)轨-桥的动力响应峰值

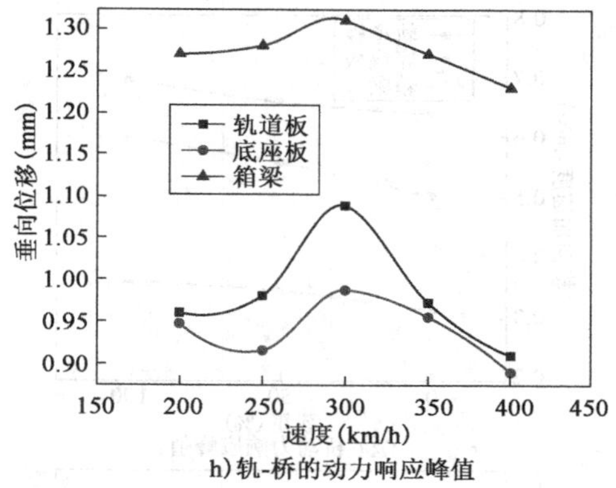

h)轨-桥的动力响应峰值

图5　不同列车速度下系统动力性能

2.3　不同列车载重下系统的动力性能

针对 CRH380 列车模型的空载、50% 载重率和 100% 载重率三种不同列车载重，其参数如表 3 所示。将列车时速设定为 350km/h，对比在三种不同列车载重下 40m 跨径简支梁的车-轨-桥系统的动力性能，数据取点与图 5 相同，计算结果如图 6所示。

三种不同载重率下 CRH380 型高速列车的参数　　表 3

高速列车载重率	列车车体重量/kg	转向架构架重量/kg	轮对重量/kg	转臂轴箱重量/kg
空载	40460	3338	1869	50
50% 载重率	51740	3338	1869	50
100% 载重率	66020	3338	1869	50

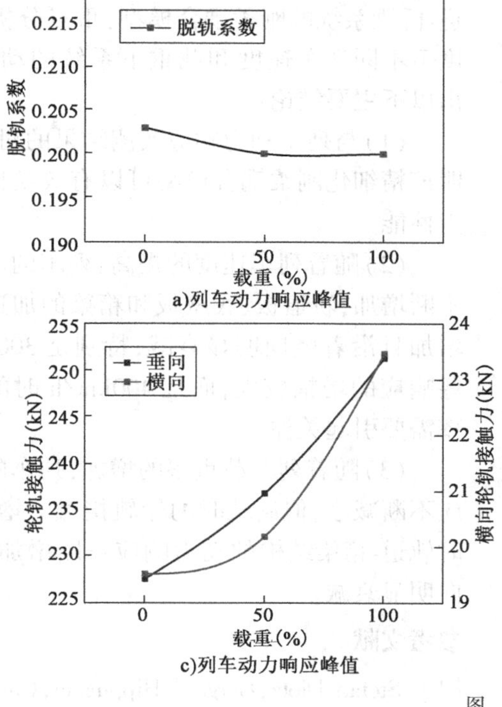

c)列车动力响应峰值

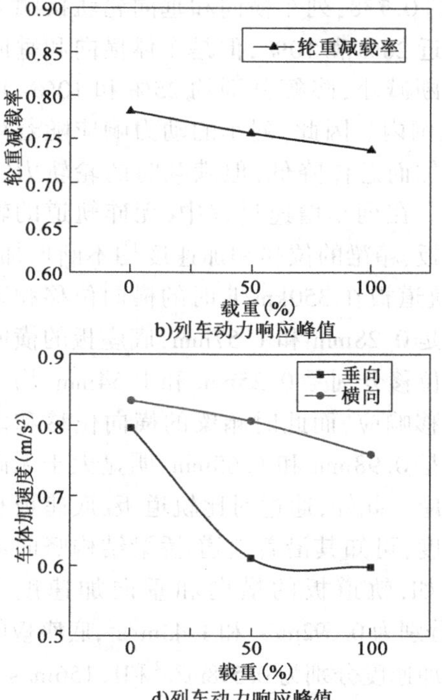

d)列车动力响应峰值

图　6

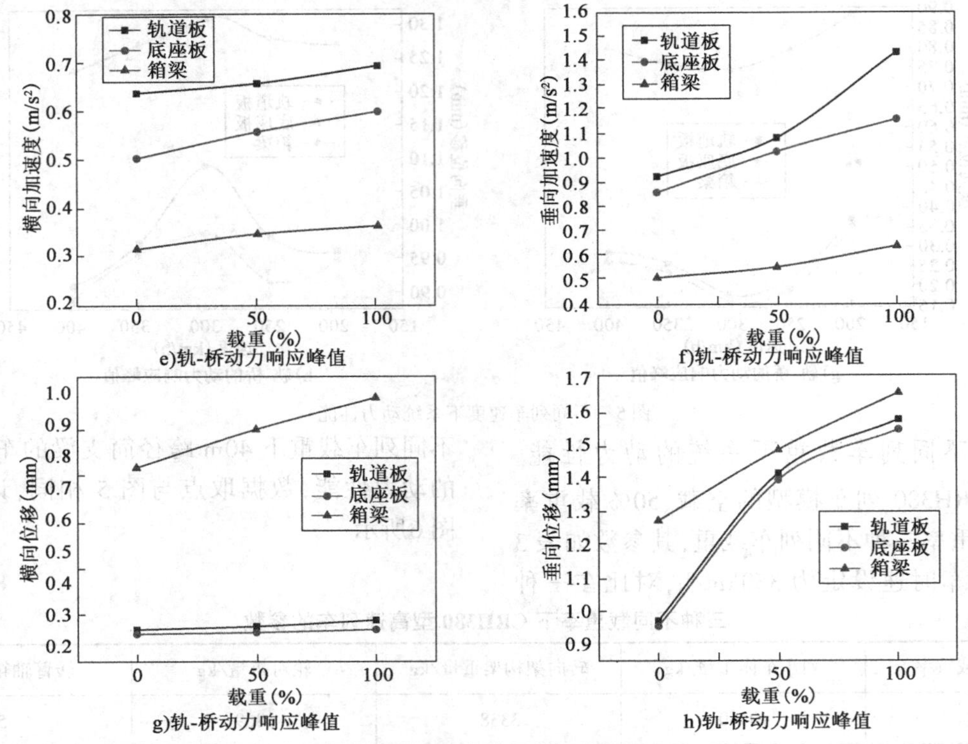

图6　不同列车载重下系统动力性能

由图6可知，当列车载重由50%增加至100%时，列车的脱轨系数均是0.2，列车轮重减载率从0.782降低到0.738；列车横向和垂向轮轨接触力分别增大了近20%和10%，但是车体横向和垂向加速度却不断减小，降幅分别约25%和10%，均在"优良"范围内。因此，列车的动力响应随着列车重量的增加而总体降低，但满载时的轮轨力需要引起关注。在列车增速过程中，无砟轨道的轨道板与底座板、箱梁的位移和加速度均不断增加。具体来说，轨道板在350km/h时的横向位移和垂向位移分别是0.28mm和1.57mm，底座板的横向位移和垂向位移分别是0.25mm和1.54mm，均小于轨道板位移响应，而此时箱梁的横向位移和垂向位移分别是0.98mm和1.65mm，明显大于无砟轨道位移响应。此外，通过对比轨道板、底座板和箱梁的加速度，可知其沿着轨道-桥梁结构竖向不断减小。例如，轨道板的横向和垂向加速度在350km/h时分别为$0.692m/s^2$和$1.43m/s^2$，底座板的横向和垂向加速度分别为$0.598m/s^2$和$1.156m/s^2$，箱梁的横向和垂向加速度分别为$0.362m/s^2$和$0.634m/s^2$。因此，轨道-桥梁整体结构的动力响应也随着列车载重的增加不断增加，但各个参数较为优异。

3　结语

本文联合UM和Ansys建立了列车-无砟轨道-桥梁系统的刚柔耦合模型，重点分析了40m跨度下不同列车速度和载重下系统的动力性能，得出以下主要结论：

(1)与列车动力响应实测结果的对比验证，表明该精细化刚柔耦合模型可以有效模拟系统的动力性能。

(2)随着列车速度的提高，列车的动力指标均不断增加，轨道板、底座板和箱梁的加速度也不断增加且沿着竖向明显衰减，特别是300km/h后这些响应的增幅较大，而且400km/h时的轮重减载率需要引起关注。

(3)随着列车载重率的增加，列车的加速度响应不断减小，但满载时的轮轨接触力增幅较大，同时轨道-箱梁结构的动力响应不断增加，且沿着竖向明显衰减。

参考文献

[1] Stefan Dietz, Gergard Hippmann, Gunter Schupp. Interaction of Vehicles and Flexible Tracks by Co-Simulation of Multibody Vehicle Systems and Finite Element Track Models[J]. Vehicle System

Dynamics,2002,37(1):372-384.

[2] 翟婉明,夏禾.列车-轨道-桥梁动力相互作用理论与工程应用[M].北京:科学出版社,2011.

[3] Zhai Wan-ming. High-speed train-track-bridge dynamic interactions-Part Ⅱ: experimental validation and engineering application [J]. International Journal of Rail Transportation, 2013,1(1-2):25-41.

[4] 石怀龙.铁道车辆刚柔耦合系统振动研究[D].成都:西南交通大学,2017.

[5] 孙加林,李红梅,侯茂锐,等.铁路车-线-桥大系统耦合动力仿真计算方法探讨[J].铁道建筑,2018(2):104-107.

[6] 张鹏飞,桂昊,高亮,等.桥上CRTSⅡ型板式无砟轨道制动力影响因素分析[J].铁道工程学报,2018,35(7):30-35+108.

[7] 王忠武.基于UM软件的高速铁路车桥系统振动响应参数分析[J].石家庄铁道大学学报(自然科学版),2019(3):13-17.

[8] 周凌宇,彭秀生,杨林旗,等.列车荷载下简支梁桥上CRTSⅡ型板式无砟轨道经时力学性能研究[J].铁道学报,2021,43(3):120-129.

基于有限元模拟的土工格室加固无砟轨道基床动力响应研究

刘宝森 程 鹏 裴彦飞 杨鸿麟 董敏琪 苏 谦*

(西南交通大学土木工程学院)

摘 要 随着我国高速铁路的快速发展,无砟轨道基床病害逐渐凸显并增多。为从基床结构形式上解决无砟轨道运营过程中基床病害问题,运用ABAQUS软件建立土工格室加筋CRTSⅢ型板式无砟轨道三维有限元模型,分析了在激振荷载轮轨力的作用下无砟轨道基床的竖向应力和位移幅值的变化情况,同时研究了土工格室不同弹性模量和格室间距对基床动力特性的影响。研究结果表明:在无砟轨道基床表层铺设土工格室后,基床加筋区域的竖向应力幅值减小了29.88%,位移幅值减小程度较小,加筋区域外竖向应力和位移幅值无变化;当土工格室模量增加时,加筋区域土体中的竖向应力由11.04kPa降低至6.34kPa,竖向位移的幅值由0.154mm降低至0.151mm;当土工格室间距增大时,土工格室对基床土体的加筋作用减弱,竖向应力幅值由8.27kPa增大至9.22kPa,竖向位移从0.1515mm增大至0.1543mm。

关键词 CRTSⅢ型板式无砟轨道 土工格室加筋路基 有限元分析 动力响应

0 引言

我国高速铁路路基段主要的轨道形式是无砟轨道,随着运营时间的增加,加之无砟轨道路基具有复杂性、隐蔽性、多样性等特点,使得路基在长期高速列车作用下产生翻浆冒泥、沉降等病害,严重影响高速铁路的安全运行。虽然目前有较多手段整治无砟轨道病害,且效果较好,但整治后路基不能完全恢复到原有支撑状态,有必要采取措施进一步改善现有路基填料的强度和压实情况,以保证路基结构的长期稳定。

采用土工格室加固路基填料,从而增加填料的侧向约束是一种可行性较高的方法,土工格室是由强化的聚乙烯(或聚丙烯)经焊接构成的三维网状格室结构,对填料可起到网兜作用、侧向约束作用及摩擦作用[1]。随着计算机技术、实验分析技术的发展,土工格室加固的试验、数值模拟均有了明显的进步,国内外学者进行了大量的研究。Tafreshi等[2]、Dash[3]通过室内模型试验,采用土工材料加固地基,用量相同条件下土工格室的加固效果优于土工格栅,并且格室的强度、刚度、尺寸和加筋方向对加筋地基的性能有影响,采用强度

1.基金项目:中国铁路总公司科技研究开发计划(2016G002-E)。

较高、孔径相对较小和正交方向的土工格室加筋效果最好;王炳龙等[4][5]采用土工格室-砂垫层整治有砟轨道基床下沉和翻浆冒泥效果较好,并进一步揭示了土工格式-砂垫层尺寸对基床动应力的影响;曹新文等[6][7]、罗强[8]等根据室内足尺模型试验和现场病害整治试验,土工格式-砂垫层可有效改善基床应力分布、提高基床的刚度,减小基床的弹性变形和累积塑性变形;Ngoc等[9]、Indraratna等[10]通过室内足尺拉拔试验和激振试验,分析了土工格室参数和循环荷载对土工格室加筋有砟铁路基床性能和稳定性的影响;邓鹏[11]等用直剪试验验证了采用土工格室加筋有砟轨道基床ABAQUS模型的可靠性;Dash等[12]、陈成等[13]通过剪切试验和ABAQUS软件模拟,采用土工格室加固有砟铁路道砟后,改善了下部结构的应力和变形,抑制了道砟的横向扩散,并证明了土工格室的加固作用;高昂等[14][15][16]、Suku等[17]、Saride[18]、Han等[19]研究了在循环荷载和分级循环荷载作用下,采用土工格室加固公路基床可减小弹性变形、回弹变形和永久变形,提高弹性模量,降低路面的车辙深度,同时得到了荷载频率、土工格室尺寸、加筋层数与累计变形间的关系。

上述研究表明土工格室加固地基、道路路基、有砟铁路效果较好,由于无砟轨道的基床与有砟轨道、道路基床具有类似的性质,可采用土工格室加强基床表层,以提高其基床表层级配碎石的模量、刚度和强度,使级配碎石基层模量与刚性混凝土底座板模量更好的匹配,加强路基基床表层的整体工作性能,具有较高的可行性。

鉴于以上,本文运用ABAQUS软件建立土工格室加筋无砟轨道三维模型,分析基床在土工格室加筋条件下的应力和变形情况,探究其加固机理和效果,并进一步研究了土工格室弹性模量和尺寸对基床动应力和动变形的影响,数值模拟结果可为无砟轨道基床的优化提供新的方向。

1　数值模型的建立与验证

1.1　模型建立

本文所研究的无砟轨道形式为单线CRTS III型板式无砟轨道,单线CRTS III型板式无砟轨道的几何尺寸可根据规范提供的单线路堤标准横断面示意图获得。土工格室选取90°夹角、厚度1mm的孔状形式,格室间距根据具体工况确定。土工格室初步设计铺设在基床表层下0.1m位置处,考虑基床表层的厚度为0.4m,土工格室高度初步定为0.15m。基于实际工程中的无砟轨道及土工格室的几何形态,建立无砟轨道-路基和土工格室三维有限元模型,模型从上到下为钢轨、轨道板、自密实混凝土、底座板、基床、土工格室和路堤本体,土工格室强化基床表层计算有限元模型及横断面如图1和图2所示。根据土工格室产品技术标准《土工合成材料　塑料土工格室》(GB/T 19274—2003),土工格室产品高度有0.075m、0.1m、0.15m和0.2m四种型号,为了保证基床表层与底座板及基床底层间接触的连续,初步选取0.15m作为本次模拟高度。土工格室单元大小、壁厚及密度采用表1中实际产品的参数。

土工格室的物理力学性能指标　　表1

基　材	格室大小/mm²	带厚/mm	单位质量(g/m)²	拉伸强度/MPa
高密度聚乙烯	240mm×240mm	1.0	660	244

图1　无砟轨道-路基和土工格室有限元模型

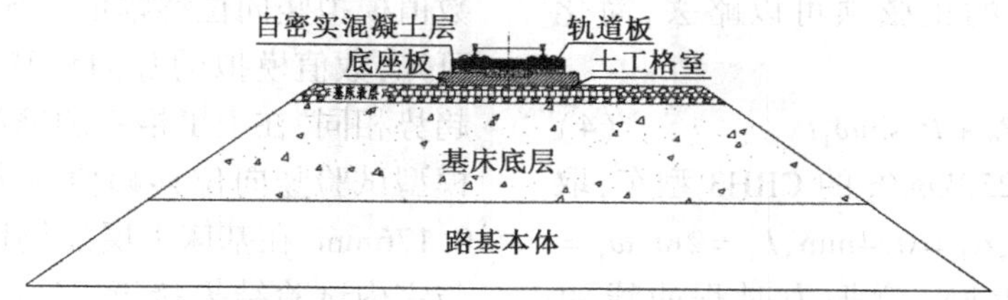

图2 无砟轨道-路基和土工格室横断面图

其中钢轨为标准60kg/m，扣件系统型号为WJ-8，单线路基表面宽度为8.6m，基床表层总厚度为0.4m，基床底层厚度为2.3m，路堤本体厚度为2m，土工格室高度为0.15cm，级配碎石基床表层厚度为0.4m，模型纵向长度取40m，模型的计算参数见表2。基床表层的级配碎石在上部轨道结构的衰减作用下，通常处于弹性变形状态，不会进入到塑性阶段[20]，故本文基床采用线弹性本构模型，其余结构均采用线弹性本构模型。

有限元模型计算参数 表2

部件	密度ρ(kg/m³)	弹性模量E(MPa)	泊松比ν	厚度(m)
钢轨	7850	205900	0.3	/
轨道板	2500	36000	0.12	0.2
自密实混凝土	2400	32500	0.2	0.1
底座板	2500	32500	0.2	0.3
基床表层	2100	350	0.25	0.4
土工格室	1800	50、500、1500、3000、4500	0.3	0.15
基床底层	2000	260	0.3	2.3
路基本体	1900	180	0.3	2
地基	2010	100	0.3	7

模型中扣件系统采用连续间隔为0.65m的弹簧/阻尼器单元来模拟钢轨与轨道板间的接触。由于本文研究重点不在轨道结构的层间接触，且轨道结构层间模量差距较小，可将轨道结构层间采用绑定接触。本文采用嵌入约束来模拟土体和土工格室的相互作用，主要考虑到立体模型接触面过多导致摩擦单元计算结果容易不收敛且计算时间成本较大，并且假设土体和土工格室之间不发生相对滑动，Saad等[21]研究表明加筋路堤中采用格室嵌入土体的模拟方法是可行的。

地基网格尺寸为1，基床网格尺寸为0.6～1.5，底座板网格尺寸为0.18～0.25，土工格室网格尺寸为0.24，混凝土自密实层网格尺寸为0.1～0.25，轨道板网格尺寸为0.15～0.25。

1.2 荷载及边界条件

由于车辆-轨道-路基耦合系统仿真模型计算成本极高，同时有学者提出，采用静轮载和多项正弦函数叠加的激振荷载作用于模型中钢轨顶面区域来模拟列车荷载，可以较好地模拟列车的轮轨力作用特性[22][23]。列车荷载的简化表达式为：

$$F(t)=P_0+P_1\sin\omega_1 t+P_2\sin\omega_2 t+P_3\sin\omega_3 t \tag{1}$$

式中：P_0——单边静轮载；

P_1、P_2、P_3——按行车平稳性(Ⅰ)、作用到线路上的动力附加荷载(Ⅱ)和波形磨耗(Ⅲ)三类控制条件得到的振动荷载。

列车的簧下质量为M_0，则相应振动荷载幅值为：

$$P_1=M_0\alpha_i\omega_i^2 \tag{2}$$

式中：α_i、ω_i——对应于Ⅰ、Ⅱ、Ⅲ类控制条件下的某一类型矢高和不平顺振动波长的圆频率$i=1,2,3$。

圆频率计算公式为：

$$\omega=\frac{2\pi v}{L_i} \tag{3}$$

式中：v——列车行驶速度；

L_i——对应于控制条件下的振动荷载波长$i=1,2,3$。

由于Ⅱ和Ⅲ控制条件目前并非本文竖向动力荷载响应所主要关注的部分，因此列车荷载作用

表达式中有关 P_2 和 P_3 的正弦项可以略去，简化后为：

$$F(t) = P_0 + P_1 \sin\omega_1 t \tag{4}$$

本文研究速度 $v = 250\text{km/h}$ 的 CRH3 型车，取 $P_0 = 75\text{kN}$，$M_0 = 1200\text{kg}$，$\alpha_1 = 0.4\text{mm}$，$L_1 = 2\text{m}$，$\omega_1 = 218.166\text{Hz}$，$P_1 = 22.846\text{kN}$，激振力时程曲线如图3所示。

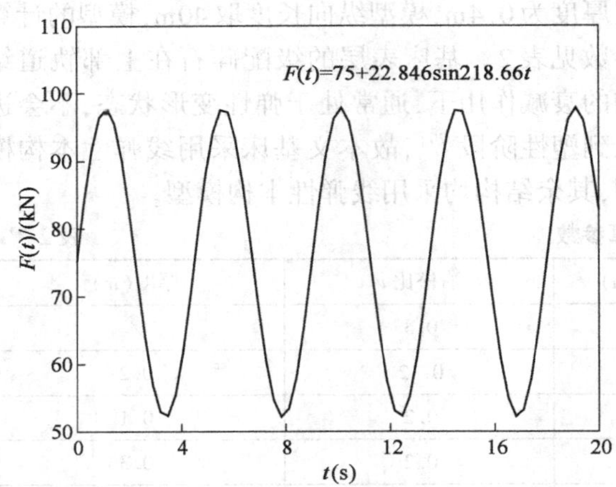

图 3　列车速度为 250km/h 下的激振力时程曲线

对于边界约束，根据中国高速铁路基床厚度的设计原则，超出基床厚度范围，动应力作用很小，列车荷载最大影响深度不超过 6m，因地基底部至基床表层距离为 11.7m，故模型底部采用固定约束边界，约束空间 6 个自由度，模型四周约束侧向约束，不产生侧向移动。

1.3　模型验证

为验证有限元模型模拟的正确性，进行了土工格室加强级配碎石基床表层的足尺大比例动态模型试验，模型线路长度为 7000mm，宽度为 4000mm，在试验室模型槽上填筑厚为 600mm 代表路基基床底层，再在基床底层以上填筑 0.4m 的级配碎石代表基床表层，并且在基床表层下 0.1m 处铺设高度为 0.15m 的土工格室，级配碎石和土工格室的力学参数见表 3。填土和级配碎石层采用砂袋作为柔性边界约束，根据实测列车荷载传递至基床表层顶面的动应力，采用 20～100kN、频率为 5Hz 的正弦波动荷载模拟高速列车的作用[24]。

基床表层的物理力学性能指标　　表 3

材料	含水率	级配	压实度
级配碎石	$\omega_{opt} = 5.2\%$	GB	0.97

根据基床不同位置位移计数据，模型试验和数值模拟竖向位移幅值对比如图 4 所示。从图中可知，数值模拟的竖向位移幅值与模型试验变化趋势相同，在土工格室加筋的基床表层上部，室内模型试验竖向位移幅值较大，在基床表层处达到 0.176mm，在基床表层加筋区域下部，数值模拟解与室内试验结果接近，这主要是由于在数值模拟中对上部轨道结构进行了简化，结构简化造成的影响沿深度逐渐衰减，故数值模拟基床表层的竖向位移幅值较小。由竖向位移对比结果，故可采用 ABAQUS 模拟土工格室加筋基床表层模型满足本文的计算要求，故可作为参照模型使用。

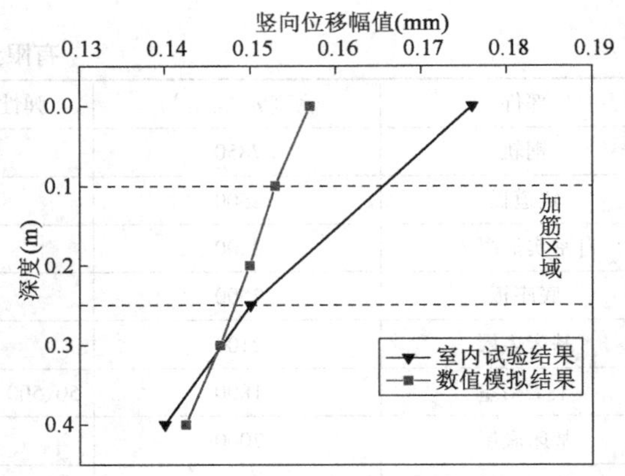

图 4　模型试验与数值模拟基床表层竖向位移幅值对比图

2　土工格室加筋基床动力特性响应

2.1　基床应力与变形

图 5 为线路中心下和底座板边缘下基床竖向应力幅值延深度分布情况。可以看出，无加筋时竖向应力沿深度逐渐衰减，在基床表层铺设高度为 0.15m 土工格室后，土体中的竖向应力在加筋位置处产生明显数值的突变，在加筋区域，线路中心下竖向应力幅值从 11.88kPa 降低至 8.33kPa，减小了 29.88%，底座板边缘下最大竖向应力从 19.73kPa 降低至 9.96kPa，减小了约 50.5%。这是由于在外部荷载作用下，土工格室首先产生网兜效应，在网兜效应和基床级配碎石与土工格室侧壁间的相互摩擦作用下，荷载产生的附加应力在该范围内首先迅速减少，而后逐渐增大至无加筋情况下应力水平；土工格室对基床土体起到了竖向应力分散作用，铺设土工格室后能够降低加筋区域土体分担的附加应力，且土工格室加筋区域竖向应力沿深度分布不宜采用 Boussinesq 理论进行求解计算。

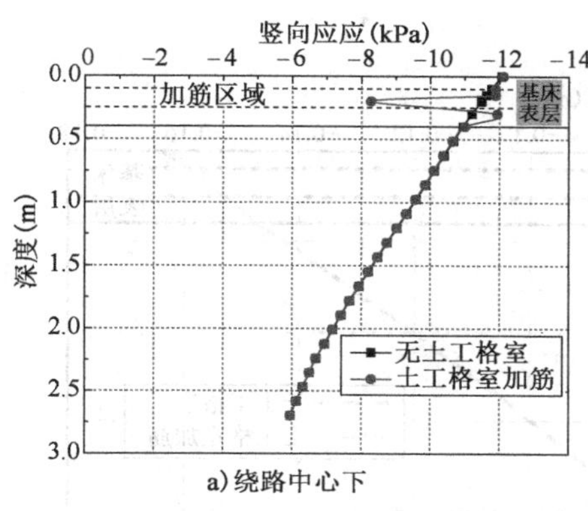

a)绕路中心下

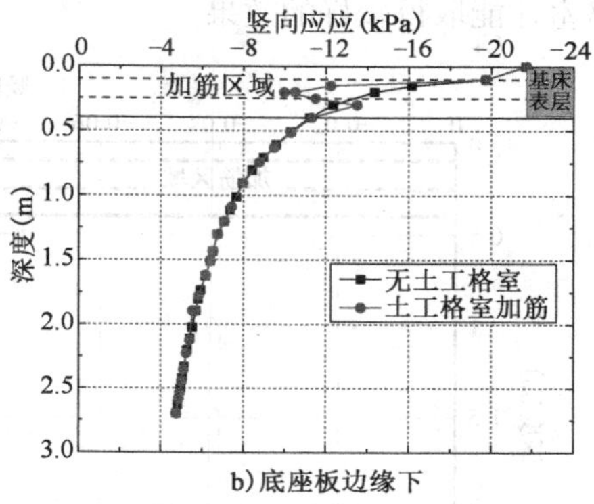

b)底座板边缘下

图5 基床竖向应力幅值沿深度分布情况

图6和图7分别为基床表层表面和加筋区域竖向应力幅值沿横向分布规律；由图6可知，土工格室对基床表层表面的竖向应力幅值分布无影响，呈马鞍形分布；由图7可知，加筋情况下基床的竖向应力明显减小，且底座板下的应力集中现象得到明显减弱，提高了加筋土体的整体性和连续性。另外，土工格室为三维网状结构，每个格室壁和附近的土体存在较大的性能差异，使得格室壁周围的土分担的附加应力减少，随着距离的增加，土体分担的附加应力增加，在相邻的格室壁作用下，土体中的附加应力最后呈现周期性的波动，导致其竖向应力幅值分布并非光滑。

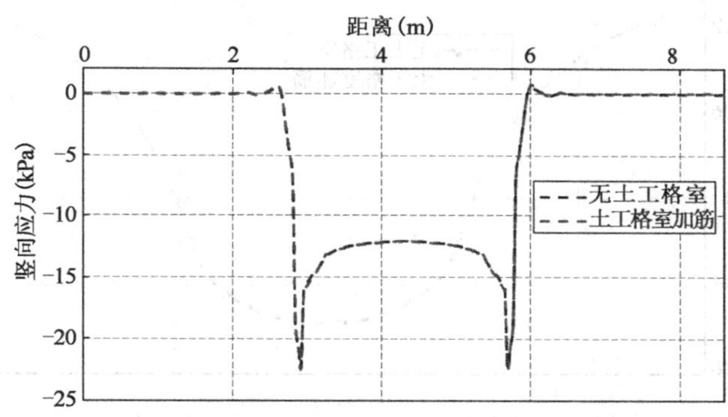

图6 基床表层表面竖向应力幅值横向分布

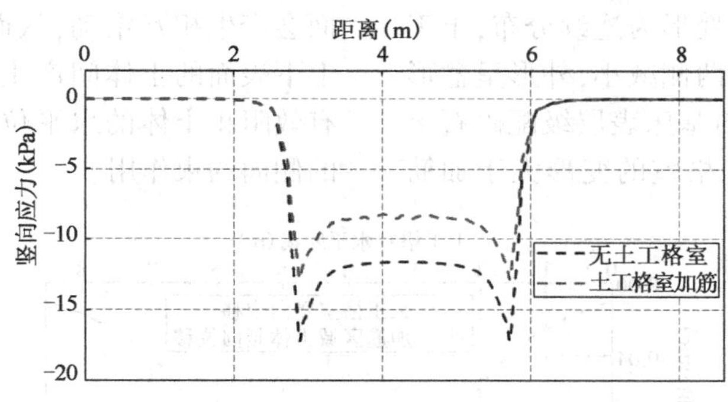

图7 基床表层加筋区域竖向应力幅值横向分布

图8和图9分别为基床的竖向位移幅值沿深度和横向的分布规律。结果表明，铺设土工格室后，由于土工格室的限位作用，基床的变形有所减小，但减少幅度较小，在深度范围内分布差异主要存在于基床表层区域，基床底层无明显变化。在加筋区域横向上，在底座板下加筋后的基床变形有小幅减小，在底座板外变形基本一致。由此可见，在土工格室铺设后，底座板下基床表层范围内的变形有所减少，对其余位置基本无影响。因此，在实际应用中，为更好的控制总变形，需在不同层

位铺设土工格室才能取得较好的效果。

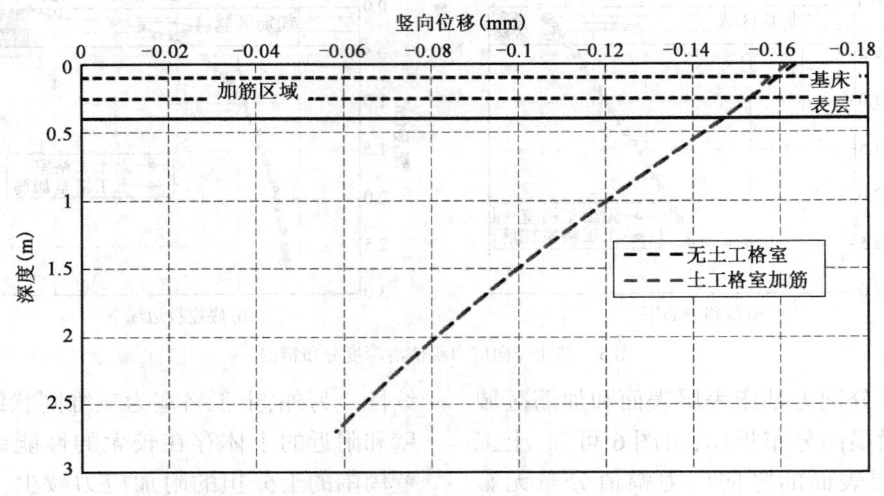

图8　基床竖向位移幅值沿深度分布

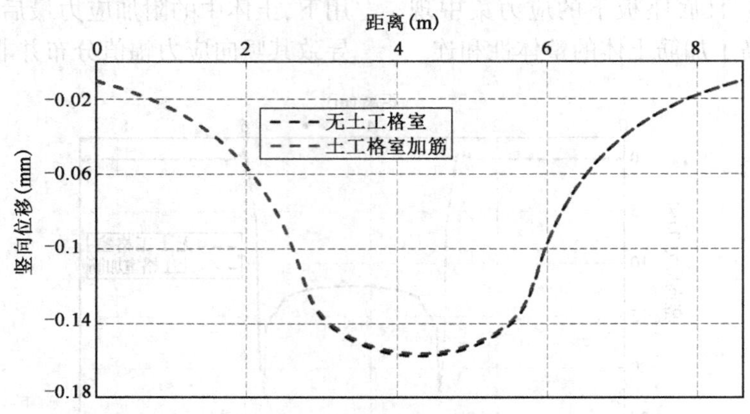

图9　基床加筋区域竖向位移幅值沿横向分布

图10为土工格室和土体的竖向位移横向分布图。由图可知,土工格室变形为连续分布,土工格室中部变形较大,逐步向两侧减小,外形呈盆形分布。由于土工格室模量与基床表层级配碎石土工格室模量差距较大,土工格室的变形大于加筋区域土体的变形,两者变形不协调,在两者接触界面会产生相互错动,从而在土工格室加筋体与其上下表面的土体间产生侧向约束力,该约束力可有效阻止土体的水平位移,即表现为格室加筋体的侧向约束作用。

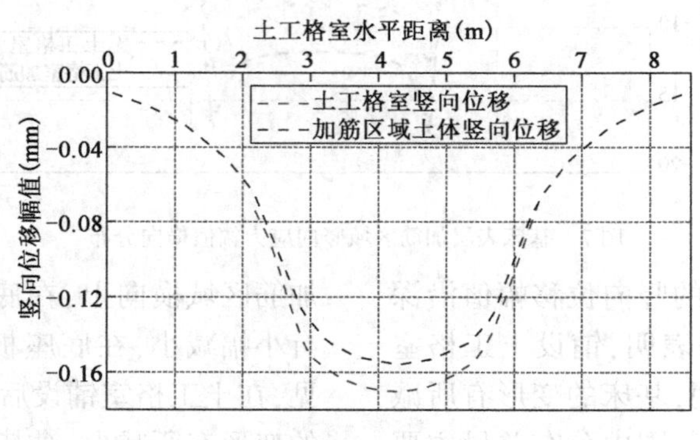

图10　土工格室横向变形分布

图11为土工格室Mises应力横向分布图,由图可知,土工格室在底座板边缘下出现应力集中

现象,由于列车荷载由土工格室和土体共同分担,其 Mises 应力分布并非光滑,根据材料力学第四强度理论,土工格室的最大 Mises 应力远小于土工格室的抗拉强度 24.4MPa,说明基床表层中的土工格室材料强度可得到保证。

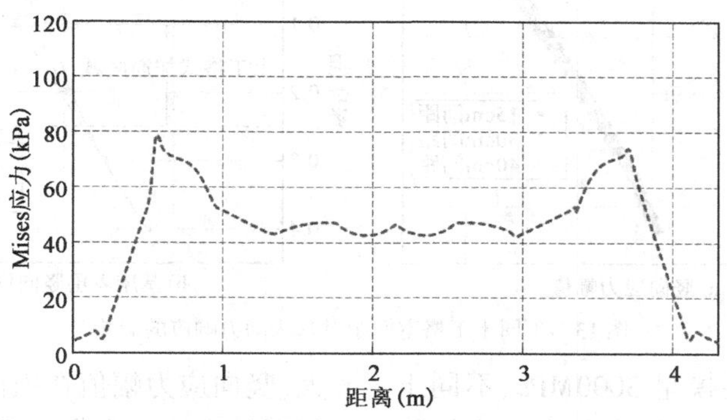

图 11 土工格室 Mises 应力横向分布图

2.2 土工格室物理力学参数分析

为进一步探究土工格室加筋对基床表层动力响应的影响,模拟了不同弹性模量的土工格室(50MPa、500MPa、1500MPa、3000MPa 和 4500MPa)和不同格室间距(15cm、30cm 和 40cm)对基床竖向应力和变形幅值的影响。

图 12 为高 15cm、格室间距 15cm、不同弹性模量下的土工格室加筋下基床土体中竖向应力和位移幅值的变化规律。结果表明,不同土工格室模量下竖向应力幅值在加筋区域存在明显的差异,在加筋区域外的差异不明显;当土工格室模量为 50MPa 时,土工格室的加筋作用效果不明显,随着土工格室模量的进一步增加,加筋区域土体的竖向应力幅值逐渐减小,竖向应力幅值从 11.04kPa 降低至 6.34kPa,在模量超过 3000MPa 后衰减幅度减小;对于竖向位移而言,随着土工格室弹性模量的增大,基床表层的竖向位移逐渐减小,竖向位移幅值从 0.154mm 降低至 0.151mm,对基床加筋区域以上的竖向位移影响有限,对加筋区域以下基床变形无影响。因此,为保证土工格室能够发挥作用,其模量应大于需加固土体的模量。在考虑经济性的前提下,建议采用模量在 3000MPa 左右的土工格室加固基床表层。

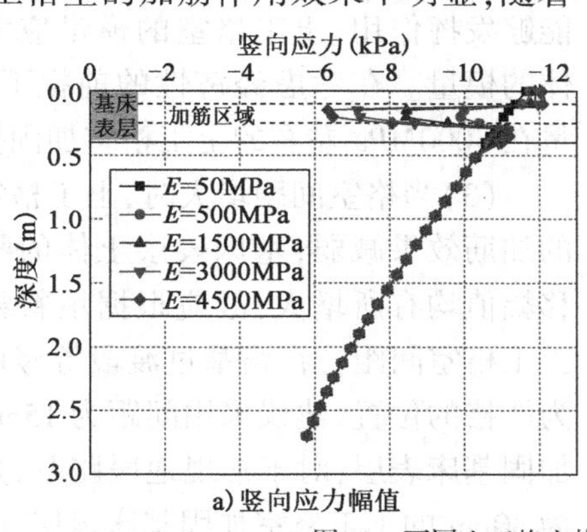

a)竖向应力幅值

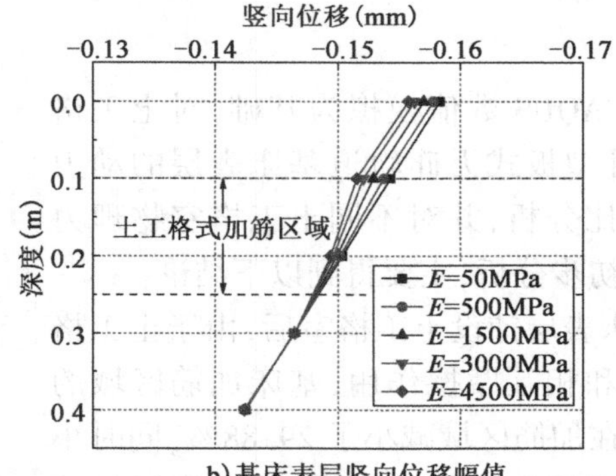

b)基床表层竖向位移幅值

图 12 不同土工格室模量对基床动力响应的影响

图 13 为高 15cm、弹性模量 3000MPa、不同土工格室间距在深度方向上对基床竖向应力和位移幅值的影响,格室间距主要对加筋区域的影响较大,间距由 15cm 变化至 40cm 时,加筋区域竖向应力幅值由 8.27kPa 增大至 9.22kPa,竖向位移从 0.1515mm 增大至 0.1543mm。随着格室间距的增大,相邻格室壁对中心周围填料侧向约束作用减弱,基床填料的强度和刚度减小,从而承受更大的竖向应力并产生较大的沉降,因此,在控制变形要求较高的层位应根据填料的粒径选取合理的格室间距。在路基过渡段等竖向变形控制较为严格的位置,建议采用间距为 15cm 的土工格室加固基床表层;对于常规地段路基,建议采用间距为 30cm 的土工格室加固基床表层。

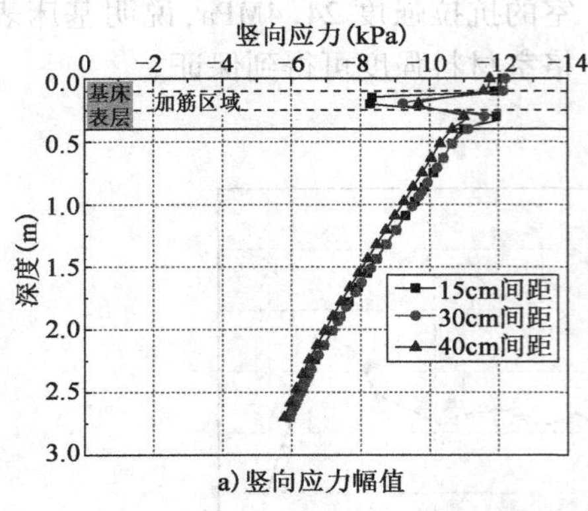

a)竖向应力幅值

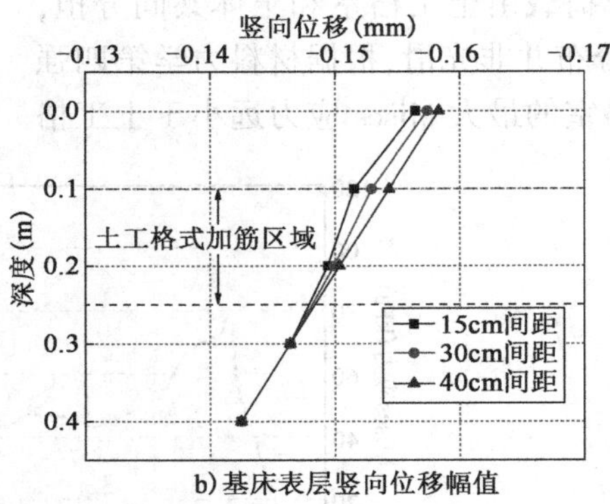

b)基床表层竖向位移幅值

图13　不同土工格室间距对基床动力响应的影响

图14为高15cm、弹性模量3000MPa、不同土工格室间距下加筋区域基床土体中竖向应力幅值横向分布变律。从图中可知,随着格室间距的增大,竖向应力幅值在横向分布上光滑性降低,底座板下基床的应力集中明显,分担的荷载增大,进一步验证了上面假设。

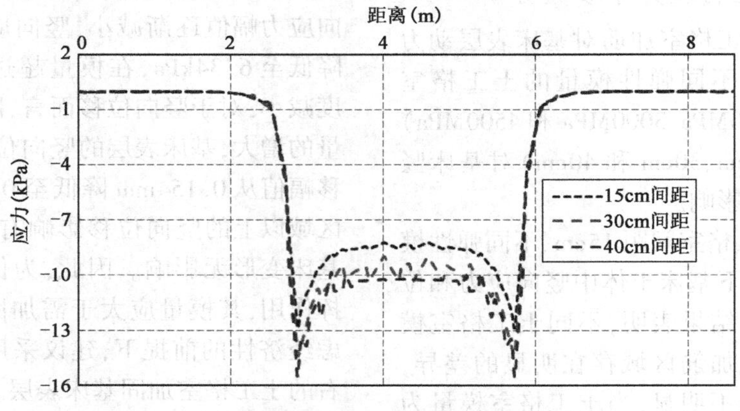

图14　加筋区域基床竖向应力幅值横向分布规律

3　结语

本文以ABAQUS数值模拟为基础,对土工格室加筋CRTSⅢ型板式无砟轨道基床表层的动力特性进行了对比分析,并对不同土工格室物理力学参数进行了初步分析,主要得到以下结论:

(1)在基床表层铺设土工格室后,由于土工格室的网兜作用和相互摩擦作用,基床加筋区域的竖向应力幅值在加筋区域减小了29.88%,同时小幅减小了基床表层变形幅值,但对基床表层加筋区域外的竖向应力和位移幅值产生的影响较小,且铺设土工格室可有效缓解底座板下基床表层土体应力集中现象。

(2)当土工格室模量增加时,加筋区域土体中的竖向应力和位移的幅值逐渐减小,在土工格室模量超过3000MPa后竖向应力衰减幅度减小;由不同格室模量加筋效果对比后,为保证土工格室能够发挥作用,土工格室的模量应大于需加固土体的模量。在考虑经济性的前提下,建议采用模量在3000MPa左右的土工格室加固基床表层。

(3)当格室间距增大时,土工格室对基床土体的加筋效果减弱,基床表层土体的竖向应力和位移幅值均有所增大,故应根据填料粒径合理控制土工格室间距。在路基过渡段等竖向变形控制较为严格的位置,建议采用间距为15cm的土工格室加固基床表层;对于常规地段路基,建议采用间距为30cm的土工格室加固基床表层。

本文仅采用数值模拟的手段进行土工格室优化基床表层结构的研究,后续还需进行室内及现场试验进行进一步的实际应用验证。

参考文献

[1] 刘宗耀. 土工合成材料工程应用手册[M]. 北京:中国建筑工业出版社, 2010.

[2] Tafreshi S, Dawson A R. Comparison of

bearing capacity of a strip footing on sand with geocell and with planar forms of geotextile reinforcement [J]. Geotextiles & Geomembranes,2010, 28(1):72-84.

[3] Dash S K. Effect of Geocell Type on Load-Carrying Mechanisms of Geocell-Reinforced Sand Foundations[J]. International Journal of Geomechanics,2011,12(5):537-548.

[4] 王炳龙,周顺华,宫全美,等. 不同高度土工格室整治基床下沉病害的试验研究[J]. 岩土工程学报,2003(02):163-166.

[5] 王炳龙,梅祯,肖军华. 土工格室补强路基整治路基病害的试验研究[J]. 岩土力学,2018,39(S1): 325-332.

[6] 曹新文,蔡英. 客运专线土工格室复合基床的试验研究[J]. 铁道工程学报,2006(01): 22-26.

[7] 曹新文,罗强,薛双纲. 土工格室和土工网加固基床效果静态模型试验[J]. 西南交通大学学报,2001(03):322-326.

[8] 罗强,周华,王之犍. 土工格室加固既有线铁路基床试验研究[J]. 铁道学报,2004(03): 98-102.

[9] Ngoc, Trung,Ngo, et al. Performance evaluation of railway subballast stabilised with geocell based on pull-out testing[J]. Geotextiles and geomembranes, 2016, 44(4):579-591.

[10] Indraratna B, Biabani M M, Nimbalkar S. Behavior of Geocell-Reinforced Subballast Subjected to Cyclic Loading in Plane-Strain Condition [J]. Journal of Geotechnical & Geoenvironmental Engineering, 2014, 141 (1):04014081.

[11] 邓鹏,郭林,蔡袁强,等. 考虑填料-土工格室相互作用的加筋路堤力学响应研究[J]. 岩石力学与工程学报, 2015, 34 (03): 621-630.

[12] Dash S K, Shivadas A S. Performance Improvement of Railway Ballast Using Geocells[J]. Indian Geotechnical Journal, 2012,42(3):186-193.

[13] 陈成,孙建,芮瑞,等. 基于有限元的土工格室加固有砟轨道沉降研究[J]. 铁道科学与工程学报,2019,16(10):2427-2433.

[14] 高昂,张孟喜,刘芳,等. 分级循环荷载下土工格室加筋路堤模型试验研究[J]. 岩土力学,2016,37(08):2213-2221.

[15] 高昂,张孟喜,朱华超,等. 循环荷载及静载下土工格室加筋路堤模型试验研究[J]. 岩土力学,2016,37(07):1921-1928,1946.

[16] 高昂. 土工格室加筋路堤动力特性试验及有限元分析[D]. 上海:上海大学,2016.

[17] Suku L, Prabhu S S, Ramesh P, et al. Behavior of Geocell-Reinforced Granular Base Under Repeated Loading [J]. Transportation Geotechnics, 2016, (9): 17-30.

[18] Saride S, Rayabharapu V K, Vedpathak S. Evaluation of Rutting Behaviour of Geocell Reinforced Sand Subgrades Under Repeated Loading [J]. Indian Geotechnical Journal, 2015,45(4):378-388.

[19] Han J, Pokharel S K, Yang X, et al. Performance of Geocell-Reinforced RAP Bases over Weak Subgrade under Full-Scale Moving Wheel Loads [J]. Journal of Materials in Civil Engineering, 2011, 23 (11):1525-1534.

[20] 王常晶. 列车移动荷载作用下地基的动应力及饱和软黏土特性研究[D]. 杭州:浙江大学,2006.

[21] Saad B, Mitrl H, Poorooshasb H. 3D FE Analysis of Flexible Pavement with Geosynthetic Reinforcement[J]. Journal of Transportation Engineering,2006,132(5): 402-415.

[22] Jenkins H H, Stephenson J E, Clayton G A, et al. The effect of track and vehicle parameters on wheel/rail vertical dynamic loads[J]. Journal of Railway Engineering Society,1974, 3(1):2-16.

[23] 梁波,蔡英. 不平顺条件下高速铁路路基的动力分析[J]. 铁道学报,1999,21(2).

[24] 刘钢,罗强,张良,等. 列车荷载作用下无砟轨道路基动应力特性分析[J]. 铁道学报, 2013,35(09):86-93.

基于CDP模型的双块式无砟轨道横向纠偏效果研究

董敏琪[1]　王武斌[1,3]　苏　谦*[1,2]　黄飞虎[1]　邓志兴[1]　杨鸿麟[1]
(1.西南交通大学土木工程学院;2.西南交通大学高速铁路线路工程教育部重点实验室;
3.西南交通大学陆地交通地质灾害防治技术国家工程实验室)

摘　要　高速铁路无砟轨道线位横向偏移已严重影响列车运营舒适性与安全性,亟待研发快速安全的无砟轨道横向纠偏整治技术。本文采用简化的简支梁模型、基于CDP(混凝土塑性损伤)模型的有限元仿真及现场作业的方法,提出了一套适用于路基地段双块式无砟轨道横向纠偏的整治工艺,得到了双块式无砟轨道机械解离工装与横向纠偏工装布设方式、单块轨道板单次纠偏限值等施工关键参数。主要结论有:(1)双块式无砟轨道横向纠偏时,线路单侧解离工装布设间距为1m,其检算结果为安全;(2)单块轨道板单次纠偏限值宜为2.6mm左右;(3)采用分步纠偏法对某试验段进行现场纠偏作业,经现场监测得出本次双块式无砟轨道横向纠偏效果良好,整治后无砟轨道线形符合规范要求;(4)基于无砟轨道支承层损伤程度控制,从解离关键参数、单次纠偏限值等方面优化了路基地段双块式无砟轨道快速纠偏施工工艺,研究成果可为类似工程提供参考。

关键词　高速铁路　横向纠偏　CDP模型　双块式无砟轨道

0　引言

截至2021年底,我国铁路运营里程已突破15万km,高速铁路运营里程已达3.8万km,我国铁路研究和技术创新的主题也由设计与建造技术转为运营维护安全保障技术[1]。无砟轨道偏离设计中线位置进而影响无砟轨道线路平顺性已成为一种常见病害。当无砟轨道横向偏移引起的轨道不平顺超过扣件系统调整限值时,工务段常采用横向纠偏无砟轨道板的方式恢复线路平顺性。关于无砟轨道横向纠偏研究及相关技术,谭社会[2]对高速铁路无砟轨道线形纠偏的多种技术进展作了对比分析,最后得出无砟轨道现场纠偏需多种整治措施并行、治标与治本结合的整治思想;陈晓冈[3]针对高速铁路无砟轨道桥梁纠偏技术作了深入研究,其成果可为路基地段无砟轨道纠偏提供参考;刘竞[4]等研究了CRTSⅡ型板式无砟轨道进行横向顶推纠偏时对轨道结构的影响,深入研究了多种顶推纠偏方式对无砟轨道各层受力与变形的影响,许玉德[5]等对CRTSⅡ型板式轨道在纠偏时宽窄接缝离缝、砂浆层离缝及支承层裂纹的损伤规律作了深入研究。目前,国内学者针对无砟轨道的抬升作了较为深入研究[6][7],关于无砟轨道的纠偏技术工程应用较理论研究更加广泛,造成现场施工缺乏指导依据,进而对无砟轨道结构造成二次破坏。综上所述,当前针对无砟轨道纠偏技术虽然已有部分成果,但缺乏基于无砟轨道结构安全及轨道结构损伤的纠偏整治分析,且现有的工装与工艺不利于快速作业。

因此,本文首先详细阐述了抬升纠偏工艺,改进了施工工装;结合理论计算与数值仿真分析,基于CDP(混凝土塑性损伤)模型,分析了双块式无砟轨道单块轨道板单次纠偏限值;最后采用设计工装并依据设计限值进行了现场横向纠偏作业,分析了实施效果。研究成果可为类似工程提供技术借鉴。

1　基于结构验算的机械纠偏工艺设计

无砟轨道纠偏工艺包括前期准备、机械解离、横向纠偏、拆除工装并修补伸缩缝、后期监测五部分,其主要工艺流程为:①利用全站仪确定沉降轨道板横向偏移量,放松纠偏区段内的所有轨道板扣件系统;②采用机械工装对纠偏区段内的无砟轨道板进行解离,减小基床对纠偏区段内无砟轨道板的横向阻力；③采用横向纠偏工装对无砟轨道结构进行纠偏作用；④待将纠偏区段内的无砟轨道板恢复至设计线型位置后开始修补纠偏区段内的无砟轨道板伸缩缝；⑤完成所有工作之后对纠偏区段内的无砟轨道板进行数据采集，并在整治后的多个天窗点进行纠偏区段内无砟轨道板几何形位监测。具体纠偏工艺如图1所示。

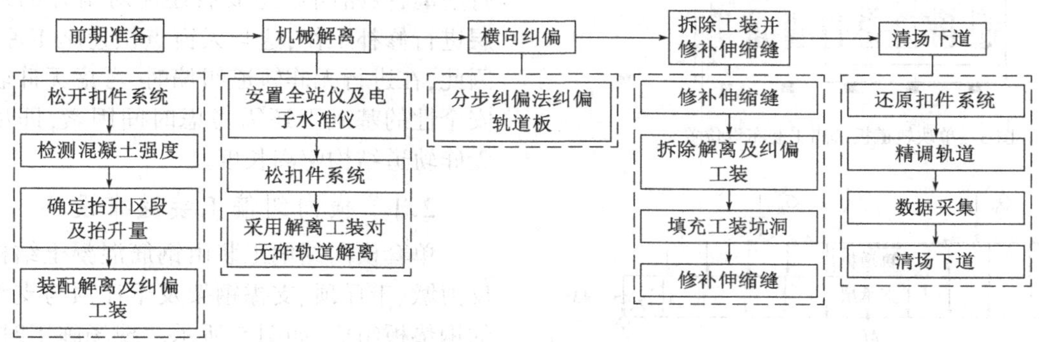

图1　无砟轨道机械抬升及横向纠偏整治工艺

1.1　机械解离工装设计

如图2所示，单套机械解离工装由升钢桁架、千斤顶及钢垫板组成，其中千斤顶最大抬升质量不低于10t。

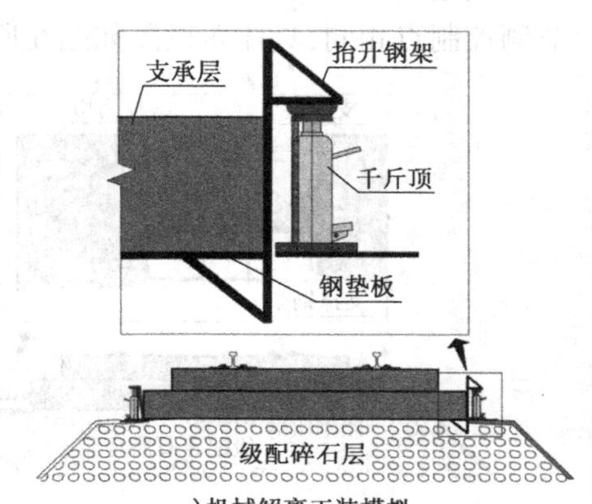

a）机械解离工装模拟

b）现场机械解离工装

图2　机械解离工装

1.2　结构安全检算

在机械解离时，主要考虑无砟轨道的三种破坏形式：第一种为假缝位置断裂破坏，在机械解离时，因纠偏区段内无砟轨道板解离高度过大而导致无砟轨道支承层假缝处断裂；第二种是正截面受弯破坏，在机械解离时，因纵向解离长度过大而导致支承层底面中间处产生较大弯矩，致使支承层底部中间位置处因拉应力过大而产生开裂；第三种是斜截面受剪破坏，即在机械解离时支承层边缘处受到过大剪应力而产生破坏。针对第一类破坏工况，陈占[8]等提出了多次整体式同步抬升工艺，首先根据沉降量设计抬升次数，单次解离限值为5mm，而后沿线路纵向布置抬升装置，依据抬升限值同步施加荷载从而实现目标区域的整体同步抬升，避免抬升区域因较大的高差而产生破坏。本文将根据设计工装，通过理论计算对第二、三类破坏形式进行验算。

本文提出采用10套解离工装对单块无砟轨道板采进行机械解离，即单块轨道板单侧采用5套抬升工装，每套抬升工装布设间距为1m，如图3所示。取道床板纵向1m的长度简化为简支梁模型，模型受钢轨、轨道板及支承层自重，钢轨自重简化为集中力，轨道板及支承层自重简化为均布荷载，简化模型如图4所示。

1.2.1　正截面受弯破坏验算

如图3所示，支承层底面中间位置弯矩值最大（为 M_{max}），依据《混凝土结构设计规范》（GB 50010—2010），支承层弯矩验算需满足式（1）：

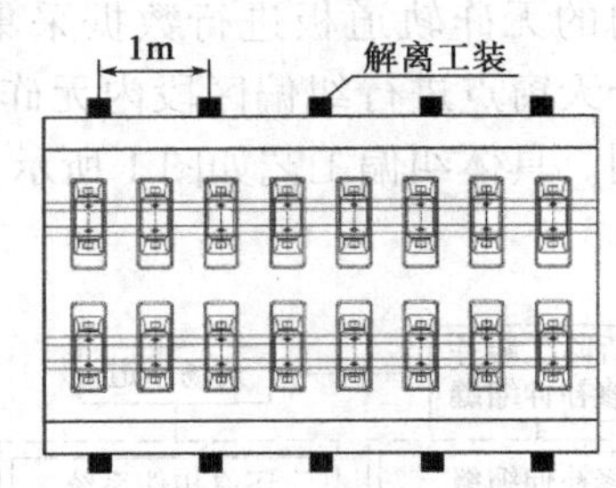

图3　单块轨道板解离工装布设位置

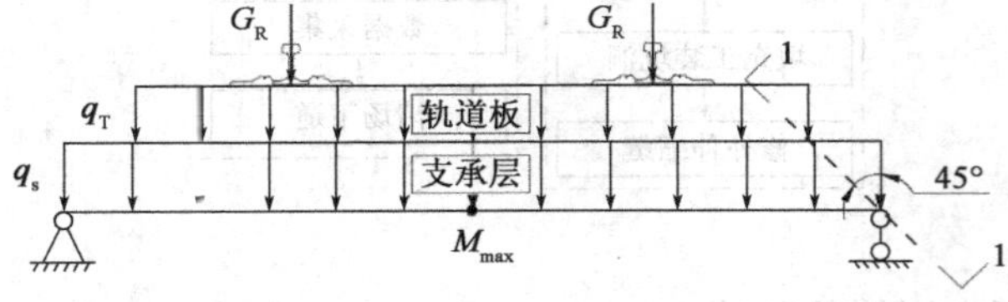

图4　道床板简支梁模型

$$\frac{q_S L_S^2}{8}+\frac{q_T L_T L_S}{4}-\frac{q_T L_T^2}{8}+\frac{G_R L_S}{4}\leqslant\frac{\gamma f_{ct} L_S h_S^2}{6} \tag{1}$$

式中：q_S、q_T——支承层自重与轨道板自重；

L_S、L_T——支承层宽度与轨道板宽度；

γ——截面抵抗矩塑性影响系数；

G_R——钢轨自重；

f_{ct}——素混凝土轴心抗拉强度设计值；

h_S——支承层高度。

经验算，抬升时支承层中部弯矩满足要求，因此支承层中部不会发生受弯破坏。

1.2.2　斜截面受剪破坏验算

选取支座边缘处的截面作为剪力破坏时的验算截面，如图4所示的1-1截面，根据《混凝土结构设计规范》(GB 50010—2010)，对于不配置箍筋和弯起钢筋的板，其斜截面受剪承载力应符合式(2)的要求：

$$G_R+\frac{q_S L_S}{2}+\frac{q_T L_T}{2}\leqslant 0.7\beta_h f_t L_T h_S \tag{2}$$

式中：β_h——截面高度影响系数；

f_t——混凝土轴心抗拉强度设计值；

L_S——支承层宽度；

h_S——支承层高度。

经验算，抬升时的实际剪力值小于斜截面承载力计算公式中剪力设计值，因此，在抬升过程中不会发生剪力破坏。

2　基于CDP模型的横向纠偏限值分析

在进行无砟轨道横向纠偏之前，需将无砟轨道板与基床表层进行解离，以减小基床结构对无砟轨道板的横向阻力。解离之后采用分步纠偏法将无砟轨道恢复至设计线型位置。因无砟轨道需凿开线路封闭层以便安置多个千斤顶同时顶升进行解离，线路纠偏完成后还需对凿开的线路封闭层进行修补工作，这与天窗点快速施工原则相悖。因此，在进行无砟轨道纠偏时，考虑无砟轨道结构安全性的基础上还需考虑时间因素，即尽量减少无砟轨道结构解离长度。

2.1　横向纠偏工装及布设

单套横向纠偏工装由钢筋混凝土结构浇筑的反力墩、千斤顶、支撑钢架及千斤顶与支承层之间的钢垫板组成，如图5所示。现场施工时，为了更加精准地控制无砟轨道横向纠偏位移量，单块无砟轨道板不宜采用单套纠偏工装进行整治，常采用两套纠偏工装。同时，为更好地控制现场监测，无砟轨道纠偏工装布设间距和位置沿线路纵向与监测控制点相同，具体布设图如图6所示。

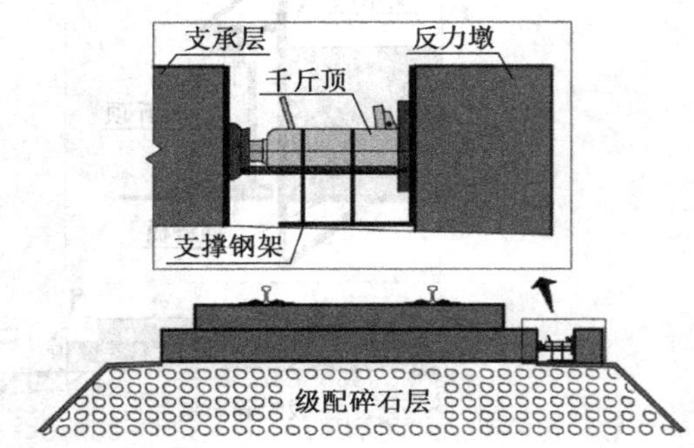

图5　横向纠偏工装

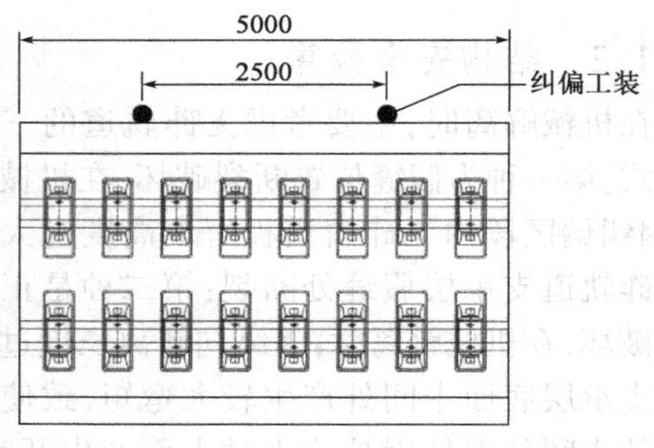

图6　纠偏工装布设位置(尺寸单位：mm)

2.2　CDP模型介绍

常用混凝土本构模型理论有弹性理论、黏弹性理论、弹塑性理论、黏塑性理论、断裂力学理论、内时理论及损伤力学理论等。关于损伤力学理论,早在 1989 年,LUBLNER J 等[9]首次基于损伤力学提出混凝土塑性损伤模型(Concrete Damaged Plasticity,CDP);1998 年,LEE J 等[10]在 LUBLNER J 的研究基础上通过数值计算验证了该模型的可靠性。CDP 模型以各向同性弹性损伤结合各向异性受压(受拉)塑性损伤来替代混凝土的非弹性行为[11],能够达到从材料内部微观角度探索宏观力学效应的目的。ABAQUS 作为一款通用有限元分析软件,通过损伤因子(损伤演化参数)-非弹性应变关系来模拟混凝土受荷下的刚度折减规律,在其 Property 模块中内嵌了混凝土塑性损伤模型的子程序,可直接调用。

CDP 本构模型采用混凝土单轴受压(受拉)状态下的应力-非弹性应变关系,本文的混凝土本构选用《混凝土结构设计规范》(GB 50010—2010)中的应力-应变关系,即混凝土单轴受压(受拉)应力-应变曲线(如图 7),可按式(3)、式(4)确定。

受压:

$$\sigma = (1 - d_c)E_c\varepsilon \tag{3}$$

受拉:

$$\sigma = (1 - d_t)E_c\varepsilon \tag{4}$$

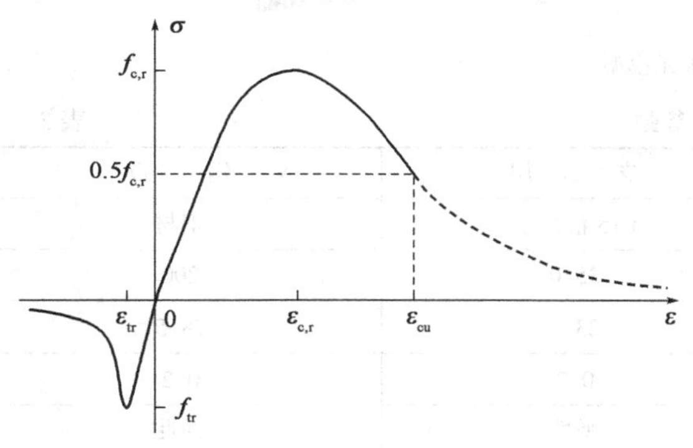

图 7 混凝土单轴应力-应变曲线

《混凝土结构设计规范》(GB 50010—2010)中称 d_c、d_t 为混凝土单轴受压、受拉损伤演化参数,即损伤因子。在 ABAQUS 的用户手册中,对 CDP 模型的其他参数取值作了详细说明,唯独没有对损伤因子的取值进行详细说明,而损伤因子的计算方法是否合理,直接影响 ABAQUS 模型的收敛性。对于损伤因子,若直接采用规范中的计算方法,则容易导致模型不易收敛,国内外学者关于损伤因子计算也有诸多研究,目前,关于损伤因子的计算方法主要有基于高斯积分的经典损伤理论法(高斯积分法)[12]、张劲公式法[13]、方自虎公式法[14]、应变等效法[15]及能量等效法[16],详见表 1。

相关文献说明[17],Sidoroff 基于有损材料的弹性余能与无损材料形式相同的原理,提出混凝土损伤因子的能量等效计算模型,具有较好的收敛性,因此本文也采用能量等效模型计算混凝土受压(拉)损伤因子。

进行横向纠偏时无砟轨道板支承层部位混凝土主要产生受拉损伤,在 ABAQUS 的 Property 模块中需输入 $\tilde{\varepsilon}_t^{ck}$,$\tilde{\varepsilon}_t^{ck}$ 通过式(5)、式(6)可计算求得。至此,需要输入 ABAQUS 中的损伤路径参数全部取得。对于普通混凝土,CDP 模型的其他相关参数推荐值见表 2。

$$\tilde{\varepsilon}_t^{ck} = \varepsilon_t - \varepsilon_{0t}^{el} \tag{5}$$

$$\varepsilon_{0t}^{el} = \frac{\sigma_t}{E_0} \tag{6}$$

式中:$\tilde{\varepsilon}_t^{ck}$——混凝土受拉状态下的非弹性应变;

ε_{0t}^{el}——无损伤时混凝土受拉弹性应变;

E_0——混凝土初始弹性模量。

ABAQUS 损伤因子计算模型 表 1

计算模型	公式	参数说明
高斯积分法	$d_k = \dfrac{\frac{1}{2}E_0\varepsilon_k^2 - \int\sigma_k \mathrm{d}\varepsilon_k}{\frac{1}{2}E_0\varepsilon_k^2}$	$k=c,t$ 分别表示受压和受拉;σ_k、ε_k 分别为应力和应变;E_0 为混凝土初始弹性模量;β 为塑性应变与非弹性应变的比例系数;ε^{in} 为混凝土受拉情况下的非弹性应变;α_k 为混凝土单轴受荷应力-应变曲线下降段的参数值;σ_{k0} 为峰值应力
张劲公式法	$d_k = \dfrac{(1-\beta)\varepsilon^{in}E_0}{\alpha_k + (1-\beta)\varepsilon^{in}E_0}$	
方自虎模型	$d_k = 1 - \left(\dfrac{\sigma_k}{\sigma_{k0}}\right)^{\alpha}$	
应变等效模型	$d_k = 1 - \dfrac{\sigma_k}{E_0\varepsilon_k}$	
能量等效模型	$d_k = 1 - \sqrt{\dfrac{\sigma_k}{E_0\varepsilon_k}}$	

塑性损伤模型参数　　表 2

ψ/°	E	f_{bo}/f_{co}	K_c	μ
30	0.1	1.16	0.6667	0.0005

ψ-膨胀角;E-流动势偏移量;f_{bo}/f_{co}-双轴极限抗压强度与单轴极限抗压强度之比;μ-黏性系数

2.3　建立无砟轨道模型

本次研究建立5块无砟轨道板模型,其中支承层整体建模,宽度为3.4m,高度为0.3m,材料为C15素混凝土,每隔4.99m切割一条宽度为2cm、深度为10cm的假缝;单块道床板长度为4.99m,宽度为2.8m,高度为0.26m,材料为C40钢筋混凝土结构,道床板之间存在2cm伸缩缝;在支承层底部添加30cm×30cm×1.5cm的实体单元,材料为钢材,用以施加解离位移荷载;在支承层侧面也添加30cm×20cm×1.5cm的实体单元,材料为钢材,用以施加无砟轨道纠偏位移荷载。支承层与其底部及侧面刚性实体单元之间采用绑定方式连接。模型两端施加固定端约束,整个模型在自身重力作用下进行分析。由无砟轨道机械纠偏设计方案可知,在进行无砟轨道板机械纠偏之前,须将纠偏区段内的无砟轨道扣件系统松开,并取出钢轨底部的橡胶垫层等零部件,此时扣减系统对无砟轨道横向纠偏不产生荷载约束作用,因此本次研究不考虑扣件系统对无砟轨道板纠偏整治的影响。建立的5块轨道板模型有限元模型如图8所示。为方便后续描述,将5块轨道板分别编号为A～E号轨道板,中间用以纠偏的三块轨道板位移荷载施加点位分别以轨道板编号的小写字母编号,模型主要结构参数见表3。

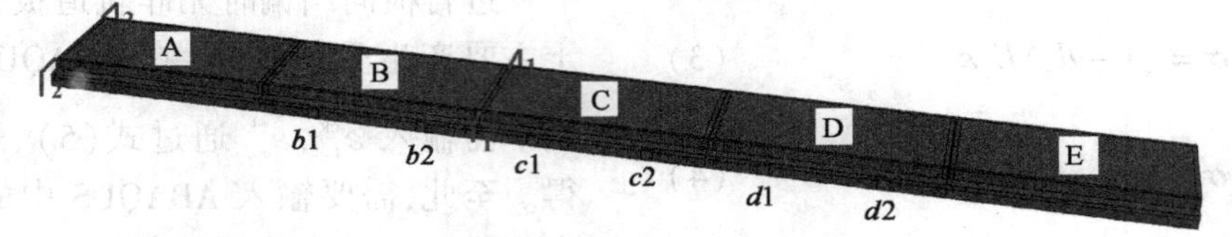

图8　无砟轨道有限元模型

ABAQUS 模型参数　　表 3

项　目	道　床　板	支　承　层	钢　板
材料名称	C40 混凝土	C15 混凝土	钢材
弹性模量(GPa)	32.5	25.0	200
重度(kN/m^3)	24.0	23.6	78.5
泊松比	0.2	0.2	0.2
本构模型	弹性	弹性	弹性

2.4　综合因素下的单次纠偏限值

结合天窗点时间短、尽可能减小未发生偏移量的无砟轨道扰动、减小支承层损伤程度等因素,本次双块式式无砟轨道单次纠偏限值的分析原则为尽可能减小无砟轨道支承层损伤程度与减小无砟轨道解离长度。针对本次基于CDP理论建立的5块(A～E号轨道板)无砟轨道板模型,将上述理论计算得到的σ、d_t、$\widetilde{\varepsilon}_t^{ck}$输入ABAQUS塑性损伤计算模型,在进行无砟轨道横向纠偏限值分析时,通过对C号轨道板施加不同的位移荷载,然后采用B号轨道板与D号轨道板进行位移荷载线性过渡,进而分析轨道板支承层损伤程度。本次研究共考虑了5种纠偏位移荷载工况,分别为1.0mm、1.4mm、1.8mm、2.2mm、2.6mm。具体荷载施加方式为:如给C号轨道板的$c1$、$c2$点施加1.8mm位移荷载,则给B号轨道板与D号轨道板的$b2$与$d1$号点施加1.35mm位移荷载,$b1$与$d2$号点施加0.45mm位移荷载。在不同位移荷载情况下,支承层中间位置(图4中1-1断面)损伤程度见表4,支承层边界位置(图4中2-2断面)损伤程度见表5,将两个断面的损伤程度变化曲线绘制在图9中。

不同纠偏位移荷载下无砟轨道支承层 1-1 断面损伤程度　表 4

位移荷载(F/mm)	1.0	1.4	1.8	2.2	2.6
损伤程度(S/%)	58.6	58.6	59.9	59.9	59.9

不同纠偏位移荷载下无砟轨道支承层 2-2 断面损伤程度　表 5

位移荷载(F/mm)	1.0	1.4	1.8	2.2	2.6
损伤程度(S/%)	0.0	38.9	50.0	55.6	59.3

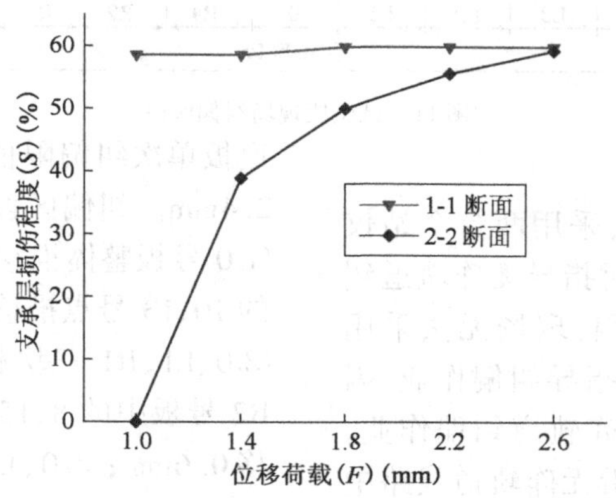

图 9　不同位移荷载下支承层损伤程度

由图 9 可知,支承层 1-1 断面的损伤程度随着位移荷载的增加基本不变,支承层 2-2 断面的损伤程度随着位移荷载的增加逐渐增大。以 1-1 断面的损伤程度为控制值,当单次纠偏值为 2.6mm 时,支承层 1-1 断面和支承层 2-2 断面的损伤程度相等,此时,若继续增加位移荷载,则会造成 2-2 断面的损伤程度超过 1-1 断面。为减小无砟轨道支承层损伤程度,此时需增加无砟轨道解离长度,但增加无砟轨道解离长度于现场施工十分不利。因此,取单块轨道板单次抬升限值为 2.6mm。纠偏值为 2.6mm 时 1-1 断面与 2-2 断面支承层拉伸损伤云图如图 10 所示。

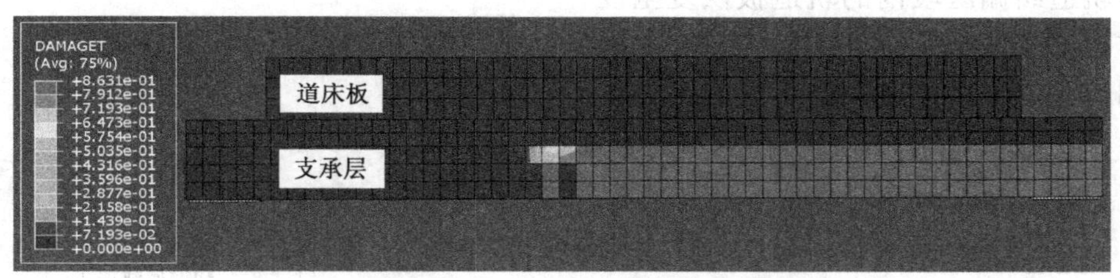

a) 位移荷载2.6mm下1-1断面拉伸损伤云图

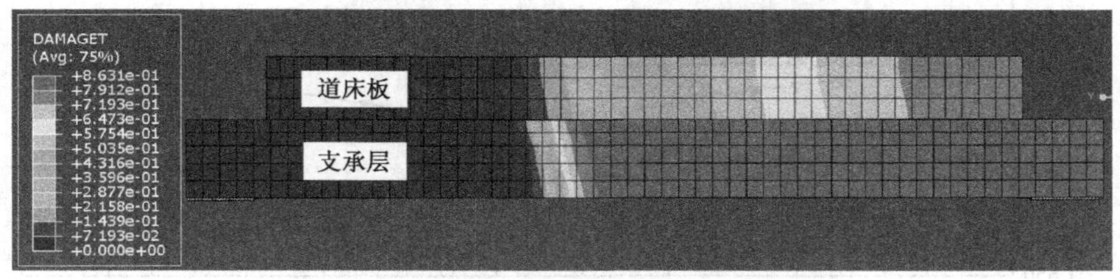

b) 位移荷载2.6mm下2-2断面拉伸损伤云图

图 10　支承层损伤云图

3　现场纠偏效果

3.1　工程背景

选取某试验段进行无砟轨道现场纠偏,试验段随着运营时间的增加、列车循环荷载及外部环境因素的影响作用,逐步出现了无砟轨道结构线型横向偏移的病害,严重影响了列车运营安全性与舒适性。本次采用横向纠偏工装对试验段进行纠偏整治的区段为 K135 + 425 ~ K135 + 480,其中 K135 + 455 处轨道板横向偏移最大,偏移量为 12.4mm,已超过了扣件系统的调整限值,且偏移量有持续发展的趋势,轨道板偏移整治区段如图 11所示。

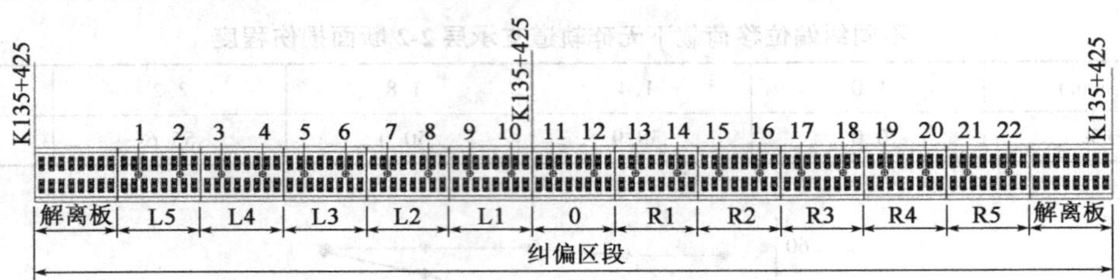

图 11　试验段现场纠偏区段

3.2　纠偏效果监测

进行现场无砟轨道纠偏时,采用两台全站仪实时监控无砟轨道板方向并实时指导无砟轨道纠偏作业,由于试验段的特殊原因,现场无法采用 CPⅢ控制网对无砟轨道板进行指导纠偏作业,因此现场自建局部控制网指导无砟轨道纠偏作业,抬升区段内共有 11 块轨道板,沿无砟轨道线路中线等间距取点作为无砟轨道纠偏控制点,两点之间间距为 2.5m,将控制点从小里程方向开始编号,如图 11 所示为 1 ~ 22 号,对纠偏区段内的无砟轨道板进行编号,将偏移量最大的轨道板命名为 0 号板,沿 0 号板左右两侧分别命名为 L1 ~ L5 和 R1 ~ R5。本次纠偏作业采用"分步纠偏法"对无砟轨道进行整治作业,从 0 号板开始纠偏,分多步将整个无砟轨道纠偏区段内的轨道板恢复至设计线型。为方便现场监测及控制纠偏计算,本次试验段现场纠偏并未采用上述研究所得的单块轨道板单次纠偏限值 2.6mm,而采用了单次纠偏值 2.4mm。纠偏区段内的轨道板具体整治步骤为:①0 号板整体推移 2.4mm,同时 L1 与 R1 号板中的 10、13 号点推移 1.8mm,9、14 号点推移0.6mm;②0、L1、R1 三块板整体推移 2.4mm,同时 L2 与 R2 号板中的 8、15 号点推移 1.8mm,7、16 号点推移0.6mm;③0、L1、R1、L2、R2 五块板同时推移 2.4mm,同时 L3 与 R3 号板中的 6、17 号点推移 1.8mm,5、18 号点推移 0.6mm;④0、L1、R1、L2、R2、L3、R3 七块板同时推移 2.4mm,同时 L4 与 R4 号板中的 4、19 号点推移 1.8mm,3、20 号点推移 0.6mm;⑤0、L1、R1、L2、R2、L3、R3、L4、R4 九块板同时推移 2.4mm,同时 L5 与 R5 号板中的 2、21 号点推移 1.8mm,1、22 号点推移 0.6mm。纠偏区段内无砟轨道板横向中心线纠偏前后对比图如图 12 所示。

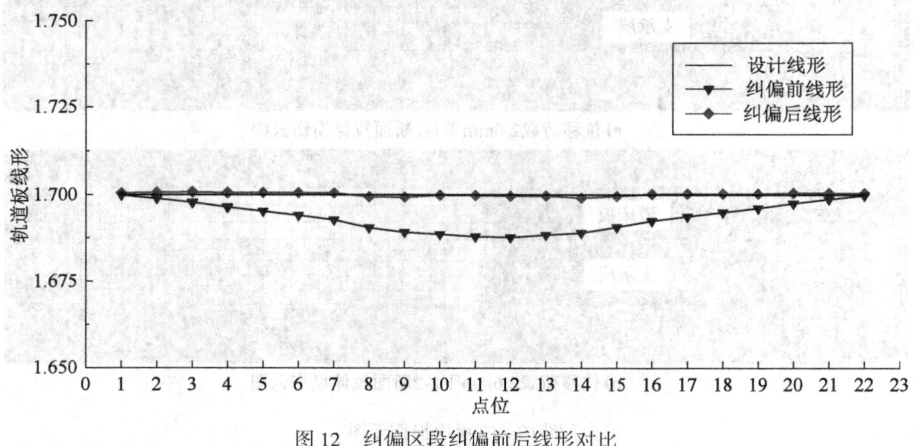

图 12　纠偏区段纠偏前后线形对比

由图 12 可知,试验段双块式无砟轨道横向纠偏整治效果良好,整治后的线路平顺性符合规范要求。

4　结语

考虑无砟轨道结构安全,在机械解离时根据多种破坏工况并进行简化模型计算,基于 CDP(混凝土塑性损伤)模型,研究不同纠偏位移荷载工况下的无砟轨道支承层损伤程度,并在某试验段进行无砟轨道纠偏作业,可为我国高速铁路路基地段双块式无砟轨道横向纠偏提供技术参考。本文得到以下主要结论:

(1)双块式无砟轨道横向纠偏时,采用机械工装对纠偏区段内的无砟轨道进行解离,当线路单侧解离工装布设间距为1m时,经正截面受弯破坏验算与斜截面受剪破坏验算,此种解离工装布设形式安全。

(2)双块式无砟轨道横向纠偏时,针对单块轨道板宜采用两套纠偏工装进行纠偏整治,单块轨道板单次纠偏限值宜为2.6mm,当超过2.6mm时,需增加无砟轨道解离长度,进而增加现场作业时间。

(3)传统无砟轨道横向纠偏工艺并未考虑纠偏对无砟轨道结构自身的损伤影响,本文基于数值模拟,得出双块式无砟轨道单块板解离工装布设间距及单次纠偏限值等关键整治参数,对传统纠偏工艺进行优化,提出新型纠偏整治方法:分布纠偏法,并形成一套完整技术方案,主要包括:前期准备、机械解离、横向纠偏、拆除工装并修补伸缩缝、后期监测五个具体步骤。

(4)对试验段采用“分步纠偏法”进行纠偏整治,经现场监测结果表明,整治效果良好,整治后的无砟轨道线型满足相关规范要求。

参考文献

[1] 翟婉明,赵春发,夏禾,等.高速铁路基础结构动态性能演变及服役安全的基础科学问题[J].中国科学:技术科学,2014,44(07):645-660.

[2] 谭社会.高速铁路无砟轨道线形纠偏技术进展研究[J].铁道科学与工程学报,2018,15(02):310-318.

[3] 陈晓冈.运营高速铁路无砟轨道桥梁移梁纠偏技术研究[J].铁道工程学报,2021,38(04):62-662,89.

[4] 刘竞,李书明,潘永健,等.纠偏对CRTSII型板式无砟轨道结构影响分析[J].铁道科学与工程学报,2021,18(08):1943-1950.

[5] 许玉德,严道斌,邱俊兴,等.路基上CRTSⅡ型板式轨道纠偏作业损伤扩展规律[J].同济大学学报(自然科学版),2019,47(06):824-831.

[6] 董敏琪,苏谦,黄志超,等.双块式无砟轨道机械抬升方案设计及注浆加固效果研究[J/OL].铁道科学与工程学报:1-9[2021-12-23].

[7] 郑新国.反压成型高聚物注浆材料膨胀特性及其固结体力学性能研究[J].中国铁道科学,2017,38(01):9-15.

[8] 中铁四院集团岩土工程有限责任公司.一种无砟轨道结构沉降抬升装置及其抬升方法:中国,CN108951322A[P].2018-12-07.

[9] LUBLINER J, OLIVER J, OLLER S, et al. Aplasticdamage model for concrete [J]. InternationalJournal of Solids and Structures, 1989, 25(3):299-326.

[10] LEE J, FENVES G L. Plastic-damage model for cyclic loading of concrete structures [J]. Journal of Engineering Mechanics, 1998, 124(8): 892-900.

[11] 任娟娟,王吉,李家乐,等.基于混凝土塑性损伤模型的轨道板损伤规律[J].浙江大学学报(工学版),2019,53(08):1448-1456.

[12] 秦浩,赵宪忠.ABAQUS混凝土损伤因子取值方法研究[J].结构工程师,2013,29(06):27-32.

[13] 张劲,王庆扬,胡守营,等.ABAQUS混凝土损伤塑性模型参数验证[J].建筑结构,2008(08):127-130.

[14] 方自虎,周海俊,赖少颖,等.ABAQUS混凝土损伤参数计算方法[C].王学东.第二届大型建筑钢与组合结构国际会议论文集.北京:《建筑结构》编辑部,2014,732-734.

[15] MANDER J B, PRIESTLEY M J N, PARK R. Theoretical stress-strain model for confined concrete[J]. Journal of Structural Engineering, 1988,114(8):1804-1826.

[16] SIDOROFF F. Description of anisotropic damage application to elasticity [M]. Physical Non-linearities in Structural Analysis. Berlin, Heidelberg: Springer Berlin Heidelberg, 1981: 237-244.

[17] 李清富,匡一航,郭威.CDP模型参数计算及取值方法验证[J].郑州大学学报(工学版),2021,42(02):43-48.

BIM 环境中的多源数据三维地质建模与有限元应用初探

牛云彬[1]　苏　谦*[1,2]　刘惊灏[1]　邓志兴[1]　张宗宇[1]　陈俊杰[1]
(1. 西南交通大学土木工程学院;2. 西南交通大学高速铁路线路工程教育部重点实验室)

摘　要　针对三维地质建模速度慢、自动化程度低、建模数据单一以及模型计算难度较高等问题,本文提出了一种基于 Dynamo For Revit 的自动化三维地质建模方法。该方法利用 Dynamo 和 Python 语言将地质勘察中的钻孔数据和地质剖面数据进行融合,通过空间插值算法加密地层点,结合 NURBS 算法和 Dynamo 可视化编程构建三维地质模型,并将地质模型与有限元软件进行结合,实现从地质建模过渡到到有限元计算。结果表明,基于该方法建立高边坡三维地质模型具有精度较高、速度较快等特点,实现了在 BIM 环境中自动、快捷地建立三维地质模型的目的,并与有限元软件具有较好的连接性,为工程设计和建设打下良好基础。

关键词　BIM　三维地质建模　Dynamo　多源数据　有限元

0　引言

三维地质建模的概念最早是由 S. W. Houlding 提出的[1]。三维地质建模研究最初主要是为了满足地球物理、矿业工程和油藏工程等地质模拟与辅助工程设计需要而展开的[2]。随着计算机技术和相关建模理论的发展,已经出现较多三维地质建模软件,如 Civil 3D、EVS、GOCAD 等,大多建模软件都是通过计算机技术对钻孔数据、剖面数据、高程数据等一系列数据进行处理,利用三维可视化技术在三维空间对地质实体、地质现象以及地质过程进行三维表达[3]。

三维地质建模目前主要是通过钻孔数据、剖面图、DEM 高程数据以及高密度电法数据等数据进行建模。基于钻孔数据建立地质模型较为简便,但建模精度较低,钻孔数据并不能完全反应地层状况和地面起伏变化。基于剖面图建立地质模型,模型精度较高,但过程较为复杂,建模软件自动化程度不高,并且建模速度较慢,时间成本较大。因此,基于钻孔数据和地质剖面数据进行融合的建模方法,能够充分利用两种数据,建立更加精确的地质模型。吴志春[4]等提出了根据建模数据的精度、深度、分布范围的不同,采用钻孔建模、剖面建模、地质填图路线建模等多种建模方法相结合,分层次、分阶段建模的思路与方法。何紫兰[5]等将多源数据按表现形式划分为图件类、文字信息类,并通过一系列数据处理工作将原始数据整合至三维空间数据库,利用数据库进行地质建模。李健[6]等利用地质勘察中的钻孔与地质剖面资料进行数据转换融合,通过插值算法加密地层矢量点进行地质建模。但目前的一些综合两种数据的方法对于剖面图的处理和模型的构建过程复杂,建立地质模型速度较慢,无法实现自动化。

以往的三维地质建模往往数据孤立、存在数据孤岛情况,而 BIM 技术在岩土工程全生命周期中的数据传递能力还有待挖掘,因此本文基于 BIM 软件来建立三维地质模型,以探究基于 BIM 模型服务于岩土工程计算的实现方式。

从加快三维地质建模的速度、提高建模精度和建模自动化程度、探究基于 BIM 模型服务于岩土工程计算的实现方式等方面出发,本文提出一种基于 Dynamo For Revit 的自动化三维地质建模方法,该方法综合了钻孔数据和地质剖面图数据,利用 Dynamo For Revit 实现建模自动化,解决了 Revit 中无法直接进行地质建模的问题。同时,探索了一种基于 BIM 模型服务于岩土工程计算的解决思路,初步达成了了一模多用的目的,为实现土工结构物稳定性、位移等计算打下基础。

1　基于 Revit 的三维地质建模优化流程

1.1　BIM 环境中三维地质建模总体框架

本文基于 Dynamo For Revit 实现三维地质建

模,利用钻孔数据和剖面图数据进行空间插值建立地层,构建较为精细的三维地质模型,实现在Revit中建立三维地质模型,并将三维地质模型和有限元软件进行结合。本文的建模和编程技术流程如图1所示。

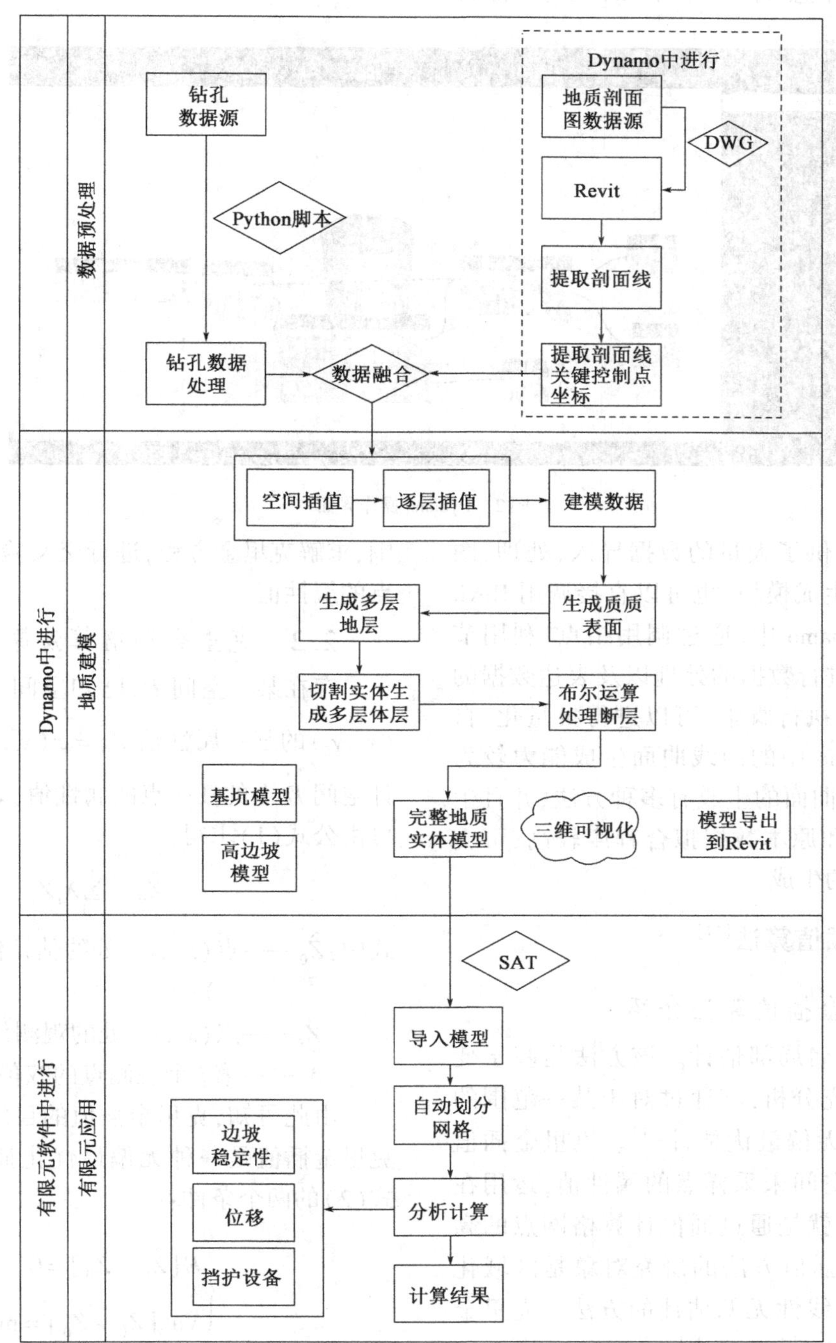

图1　三维地质建模和有限元应用技术流程

1.2　Revit介绍

Revit是Autodesk公司的一款BIM系列软件[7],主要用于进行建筑信息建模,包括相关三个专业的建模工具以及部分分析工具[8]。对于地质建模,Revit能够方便地处理表格数据,在点线面体等数据流操作方面也具有较强的处理能力;但Revit在处理复杂模型方面存在一定的不足,尤其对一些不规则体元的创建处理存在一定的困难。Revit具有可拓展性,支持多种API功能[9],这就使得优化Revit处理复杂模型成为可能。

1.3　Dynamo 可视化编程技术

从 Revit 2014 版开始,Autodesk 公司推出基于 Autodesk Revit 信息管理平台的免费插件 Dynamo[10]。Dynamo 不同于传统的插件,它既可以独立运行,也可以依托于 Revit 协同运行。Dynamo 的操作界面如图 2 所示。

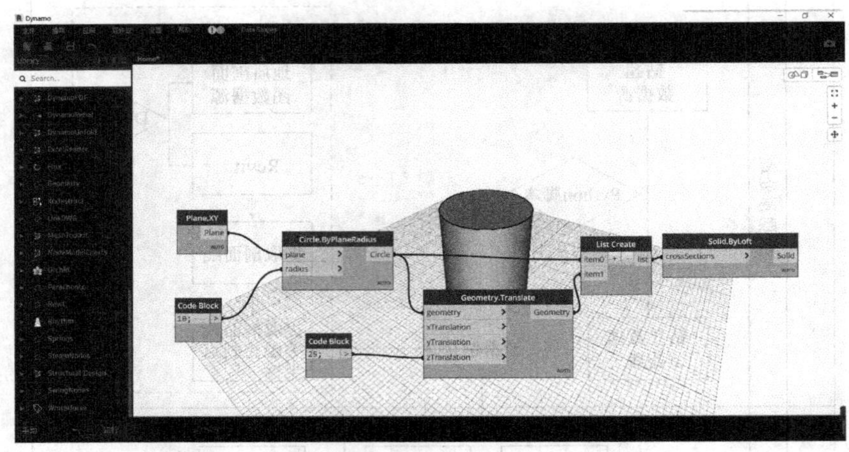

图 2　Dynamo 操作界面

Dynamo 中提供了大量的数据导入、处理、图形处理以及模型生成模块,也可以直接调用 Revit 中的 API。在 Dynamo 中,通过调用结点,利用节点之间的拼接来进行数据的处理以及表达数据的逻辑,形成一个可执行脚本,可以进行批量化、自动化建模。Dynamo 中的曲线曲面生成能力较为强大,对于曲线和曲面的生成有多种方法,并且生成的曲线和曲面和原本数据拟合程度较高,可支持复杂地质模型的生成。

2　克里金插值算法[11]

2.1　克里金插值算法介绍

克里金法,又名局部估计。该方法是基于变异函数和结构研究分析,其通过对于某一范围的变量的取值进行无偏最优估计[11]。克里金插值主要作用是估算空间未采样点的属性值,运用在点云数据插值中,就是通过插值计算格网点的高程值[12]。克里金插值方法的研究对象是区域化变量,是一种最佳线性无偏估计的方法。克里金插值一般情况下有两个步骤[13]:

(1)通过区域变化量的空间观测值搭建变差函数模型,表征该变量的主要结构特征,其中变差函数是地质统计学所特有的数学分析工具,可以描述区域化变量的空间结构性变化和随机性变化;

(2)在结构分析的基础上,确定邻域搜索范围,求解克里金方程,进行交叉验证和求取未采样点的属性值。

2.2　克里金插值算法原理

存在某一空间 D,已知空间 D 中若干离散点 (x_i,y_i) 的某一属性值 $\hat{Z}_0=\varphi(x_i,y_i)$ 的条件下,估计空间 D 上的任一点的属性值 (x,y) 的属性值 $\hat{Z}_0$ 可由公式(1)求得:

$$\hat{Z}_0=\sum_{i=1}^{n}\lambda_i Z_i \tag{1}$$

式中:$\hat{Z}_0$——点 (x_0,y_0) 处的估计值,即 $\hat{Z}_0=\varphi(x_0,y_0)$;

Z_i——点 (x_i,y_i) 处的观测值(已知值);

λ_i——第 i 个观测点的权值。

由此可知,克里金插值的目的就是求取权值。克里金插值是一种无偏最优化插值,需要满足公式(2)的两个条件:

$$\begin{cases}E[\hat{Z}_0-Z_0]=0\\ \mathrm{Var}[\hat{Z}_0-Z_0]=\min\end{cases} \tag{2}$$

不同的克里金插值方法的主要差异就是假设条件不同,本文中采用普通克里金插值算法,假设条件为空间属性 φ 是均一的,即对于空间 D 中任一点 (x,y),都有相同的期望 μ 和方差 σ^2。

对于式(2)的无偏估计,则有:

$$E(\sum_{i=1}^{n}\lambda_i Z_i-Z_0)=\mu\sum_{i}\lambda_i-\mu=0 \tag{3}$$

得到 λ_i 如式(4)的约束条件：

$$\sum_{i=1}^{n}\lambda_i^0=1 \tag{4}$$

对于式(2)的最优估计，则有：

$$\begin{aligned}J&=\mathrm{Var}(\sum_{i=1}^{n}\lambda_i Z_i-Z_0)\\&=\sum_{i=1}^{n}\sum_{j=0}^{n}\lambda_i\lambda_j\,\mathrm{Cov}(Z_i,Z_j)-2\sum_{i=1}^{n}\lambda_i\mathrm{Cov}(Z_i,Z_0)+\mathrm{Cov}(Z_0,Z_0)\\&=\sum_{i=1}^{n}\sum_{j=0}^{n}\lambda_i\lambda_j C_{ij}-2\sum_{i=1}^{n}\lambda_i C_{i0}+C_{00}\end{aligned} \tag{5}$$

式中：C_{ij}——$\mathrm{Cov}(Z_i,Z_j)$；

C_{i0}——$\mathrm{Cov}(Z_i,Z_0)$；

C_{00}——$\mathrm{Cov}(Z_0,Z_0)$。

定义半方差函数 $r_{ij}=\sigma^2-C_{ij}$，代入式(5)得：

$$J=2\sum_{i=1}^{n}\lambda_i(r_{i0})-\sum_{i=1}^{n}\sum_{j=0}^{n}\lambda_i\lambda_j(r_{ij})-r_{00} \tag{6}$$

需要寻找一组 λ_i 使得 J 最小，以达到最优的目的。将 J 对 λ_i 偏导令其为0，并构造一个新的目标函数如式(7)所示：

$$P=J+2\xi(\sum_{i=1}^{n}\lambda_i-1) \tag{7}$$

式中：ξ——拉格朗日乘数。

求解函数 P 最小的参数集 ξ 和 λ_i，则能满足其在约束条件式(4)下的最小化 J，则有：

$$\begin{cases}r_{k0}-\sum_{j=1}^{n}r_{kj}\lambda_i+\xi=0,k=1,2,\cdots,n\\\sum_{i=1}^{n}\lambda_i=1\end{cases} \tag{8}$$

求解式(8)即可得到权重参数集，求得属性估计值 $\hat{Z}_0$。其中，半方差函数 r_{ij} 可用距离 d_{ij} 进行拟合：

$$d_{ij}=d(Z_i,Z_j)=d[(x_i,y_i),(x_j,y_j)]=\sqrt{(x_i-x_j)^2+(y_i-y_j)^2} \tag{9}$$

对空间 D 内已知点中任意两个点计算 d_{ij} 和 r_{ij}，可得到 n^2 个数据对，用数据对进行拟合 d_{ij} 和 r_{ij} 的函数关系 $r=r(d)$，则对于任意两点，可先计算其距离 d_{ij}，后根据函数关系即可得到两点的半方差 r_{ij}，进而可求得权重参数集。具体的求解需要编程实现，本文采用 python 编程实现克里金插值。

利用克里金插值方法，可以大量模拟空间数据点来弥补钻孔数据点的不足。

3 基于 Dynamo For Revit 的高边坡三维地质建模

3.1 数据处理

3.1.1 钻孔数据处理

本文以高边坡钻孔数据为数据源进行三维地质建模，原始勘探数据较为杂乱，数据信息分布在多个 excel 表中，无法直接进行使用，需要将数据进行整合。大量钻孔数据手动整合过于烦琐，本文采取使用 python 编写脚本的方法进行自动化处理数据，将钻孔数据中的坐标、土质信息进行整合。处理后的数据格式见表1。

钻孔数据处理(单位：m) 表1

经距 X	纬距 Y	高程	粉质黏土	砂岩	灰岩
476574.2	3046215	235.363	232.363	226.363	210.113
476369.5	3046743	225.47	225.47	214.97	195.17
478470	3043756	233.932	233.932	233.932	188.962
476952.1	3045810	342.812	342.812	303.912	292.242

3.1.2 地质剖面图数据处理

本文对于地质剖面图数据的处理主要基于 Revit 和 Dynamo 对图元的提取能力，将地质剖面图以 DWG 格式导入 Revit 中，利用 Dynamo 选择剖面线图元，再根据选择的剖面线图元提取剖面线上的关键控制点的坐标。如图3所示。处理之后可得到地质剖面线上点的坐标数据，将点根据剖面线进行分层，可得到表2所列数据。

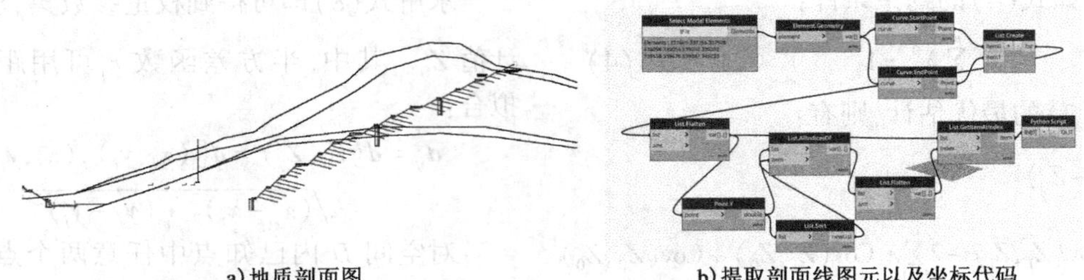

a)地质剖面图　　　　b)提取剖面线图元以及坐标代码

图3　提取剖面线图元坐标

表2　**剖面线处理数据**(单位:m)

经距 X	纬距 Y	高程	粉质黏土	砂岩	灰岩
477993.8	3044160	234.01	234.01	221.31	209.11
478625.6	3043619	229.917	229.917	226.917	180.917
477258.5	3045593	317.102	317.102	292.002	242.002
478606.1	3043724	236.003	236.003	219.303	188.803
476506.8	3046053	248.158	248.158	242.658	222.658

3.1.3　*数据融合*

将处理后的钻孔数据和提取的地质剖面线的坐标数据进行融合,处理后的钻孔数据和提取的坐标数据具有相同的格式,将他们进行合并,得到建模数据,部分数据见表3。

表3　**部分融合之后的数据**(单位:m)

经距 X	纬距 Y	高程	粉质黏土	砂岩	灰岩
478791.702	3043718.195	231.85	221.55	221.55	198.85
478518.622	3043812.58	237.19	237.19	219.99	199.39
478672.891	3043855.805	235.69	231.39	219.89	192.19
477340.501	3045467.644	303.17	300.17	300.17	247.67
478791.475	3043713.961	231.99	222.99	222.99	204.99
476765.259	3046526.583	238.04	226.24	226.24	209.04
477917.316	3044229.882	235.53	209.53	209.53	200.43
478789.466	3043716.172	232.21	222.11	222.11	196.51
478661.307	3043849.749	235.806	235.806	217.806	199.006
477389.206	3045199.576	288.44	280.44	277.74	242.64
476315.519	3046672.58	239.24	224.54	224.54	208.64
478576.202	3043740.811	232.74	228.34	185.54	175.44
478578.505	3043743.026	232.833	232.833	188.333	174.733
476926.749	3046273.188	243.66	240.96	240.96	219.36
478667.039	3044170.258	227.605	222.805	222.805	202.155
478037.16	3044248.526	233.86	227.26	227.26	210.71
478565.096	3043680.216	231.824	225.624	225.624	196.824
476689.877	3045995.238	252.866	243.666	243.666	227.066
478331.005	3044289.244	241.21	235.81	235.81	210.41

3.2 地形生成算法效果比对

3.2.1 Revit 地形生成效果

Revit 中是由 Topography. ByPoints 算法进行地形的生成。利用原始钻孔点进行生成的地形如图 4 所示。由图 4 可以看出,此种算法会生成很多的狭长三角形,并且只有小部分点之间生成了不规则三角网,效果不够理想。对数据进行插值之后生成的地形如图 5 所示,由图 5 可以看出,经过插值之后,地形精度大大提高,但也会存在少量的一些狭长三角形。

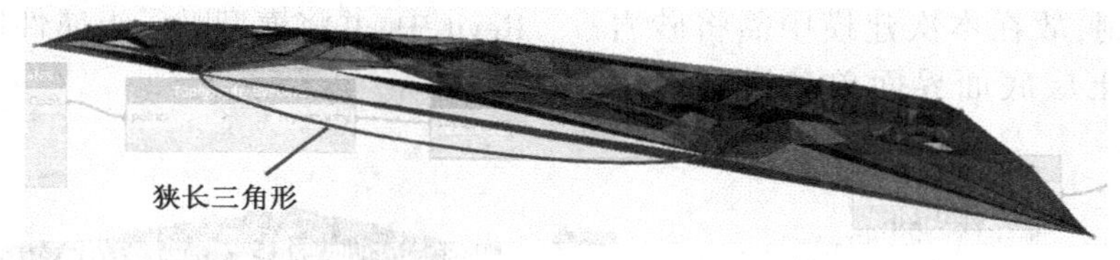

图 4 Topography. ByPoints 生成的地形

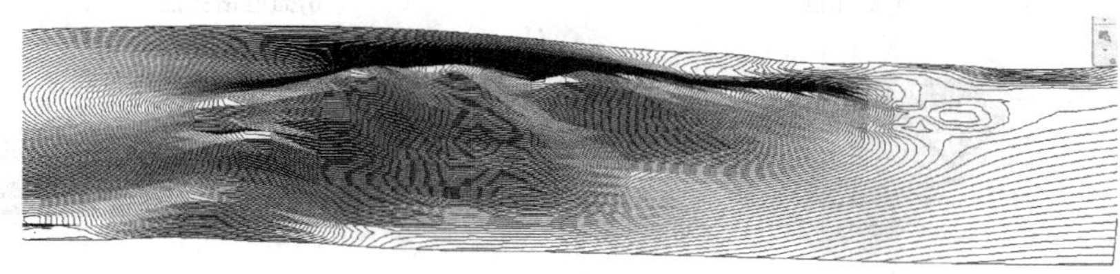

图 5 由插值数据生成的地形

3.2.2 NURBS 地形曲面生成效果

NURBS 算法能够拟合点生成曲线,进而利用曲线放样生成曲面。利用 Dynamo 中的 NURBS 算法结点对插值点进行拟合生成曲线,进而生成地形曲面,生成的地形曲面如图 6 所示。由图 6 可看出,利用 NURBS 算法生成的地形曲面相对于 Revit 内置算法(Topography. ByPoints 算法)更加平滑,效果更好。因此,本文利用 NURBS 算法进行地形曲面的生成。

图 6 NURBS 算法生成的地质曲面

3.3 高边坡三维地质建模

3.3.1 地形界面创建

通过数据预处理得到融合钻孔和地质剖面的建模数据,将建模数据导入 Dynamo 中进行建模,利用节点 Point. ByCoordinates 生成所有的数据点,如图 7a)所示。本次数据点分为粉质黏土、砂岩、灰岩以及灰岩以下地层总共 4 层,将所有的数据点分层进行克里金插值,如图 7b)所示;将插值后的分层数据点进行 NURBS 算法拟合生成分层的地形表面,如图 7c)所示。

3.3.2 地质实体建立

地质实体的生成,需要区分每层地层。本文基于生成的多层地质分界面进行建立地质实体,利用底层曲面的边界线投影到 *XY* 平面上,再将曲线进行闭合生成闭合曲线,同理,在地形表面上方建立一个同样的闭合曲线,根据生成的两条闭合曲线,放样生成一个体,如图 7d)所示。

利用生成的地层界面将生成的实体进行截断,利用 Dynamo 中的 Split 节点对实体进行切割。由于砂岩并不是在整个地层中都存在,中间存在断层情况需要单独处理,故先只用粉质黏土和灰岩地层界面对实体进行操作,得到初步的地质实体,如图7e)所示。

3.3.3　断层处理

由于中间砂岩存在断层,之前的实体没有将砂岩进行处理,砂岩的数据在进行克里金插值时已经将范围进行控制,故在本次建模中需将砂岩地面界面和粉质黏土层底面界面单独进行实体化,再用整体实体和砂岩实体进行布尔运算;再将砂岩层和布尔运算之后的实体进行融合,得到全部地层的实体模型,如图7f)所示。

3.3.4　模型导出至Revit中

地质模型在Dynamo中建好之后,需要导出至Revit中。在Dynamo中利用节点将模型导出至Revit中,并将模型赋予组属性以及参数,如图7g)所示。

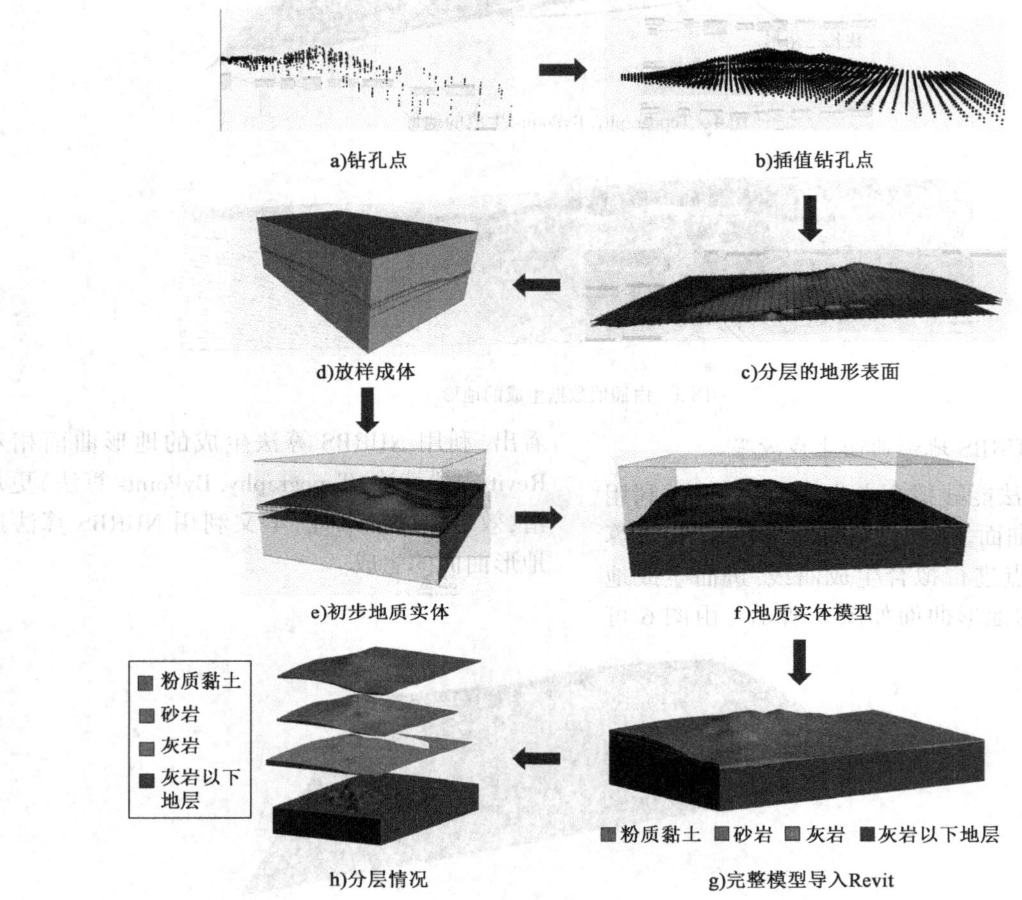

图7　高边坡三维地质建模流程

4　有限元应用初探

4.1　Dynamo模型导入有限元

BIM模型和有限元软件相结合,能够大大促进模型到计算的过程,更可以利用有限元软件的计算结果对模型进行修改,形成一个闭环操作过程。本文采用SAT文件的格式实现模型由BIM导入有限元软件中。

其中SAT文件可由Dynamo直接生成,如图8a)所示,可直接生成SAT文件,将SAT文件导入有限元软件中,如图8b)所示。从图8中可以看出,由SAT文件导入到有限元软件中的效果较好,模型基本完整,和原模型保持一致,并未出现模型错乱等情况。由此可见,可通过SAT文件将BIM和有限元联系起来。

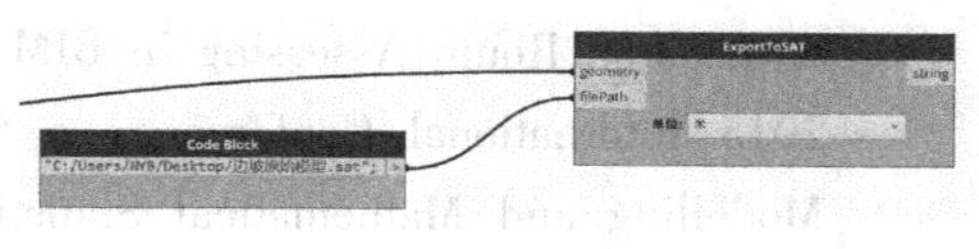

a)导出SAT文件

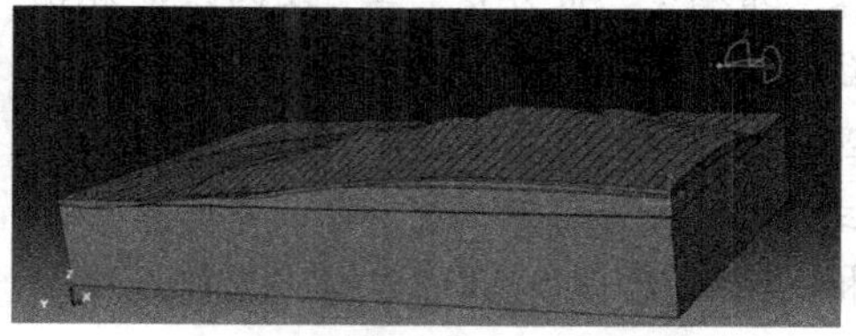

b)SAT文件导入有限元软件

图8 高边坡三维地质模型导入有限元软件

4.2 模型网格划分

通过SAT文件将模型从BIM中导入到有限元中,模型需要进行划分网格,只有模型能够进行网格划分时才能够进行有限元计算,因此,需要进行地质模型的网格划分。在有限元软件中,将模型网格控制属性设置为四面体,利用有限元软件中的自动网格划分功能,对模型进行网格划分。模型划分网格结果如图9所示。

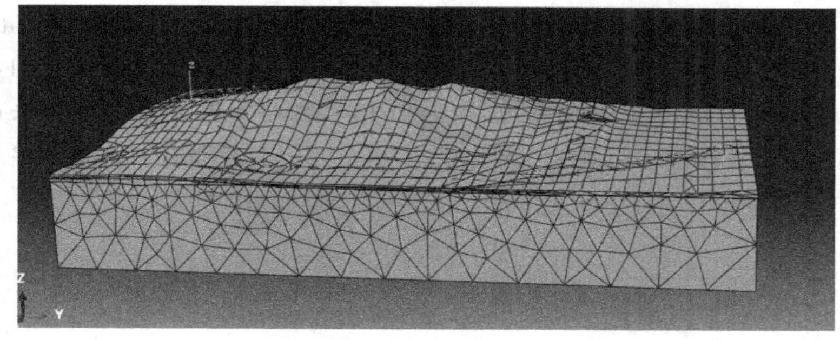

图9 模型划分网格结果

通过SAT文件可实现BIM软件与有限元软件之间的交互,以此,可通过BIM模型对岩土工程计算进行服务。

5 结语

本文以三维地质建模为研究对象,基于Dynamo For Revit进行三维地质建模研究,并分析了Revit进行地质建模的不足以及地质模型的有限元应用,得出以下结论:

(1)本文提出了基于Dynamo For Revit的三维地质建模方法流程,并基于该方法在BIM环境下进行三维地质建模,形成了在Revit中快速自动化建立三维地质模型的方法体系。

(2)本文将钻孔数据和地质剖面图数据通过Dynamo进行融合,实现了使用多源数据建立三维地质模型,取得了较好的效果。

(3)本文将克里金插值算法和Dynamo进行结合,将普通克里金插值算法插入到Dynamo中,实现了从钻孔数据到插值数据到建模的全闭合、全自动建模方法和流程,解决了钻孔数据点和剖面数据匮乏的问题。

(4)Revit中内置的Topography. ByPoints算法建立的地形存在很多的狭长三角形,并且只有小部分点之间生成了不规则三角网,效果不够理想。本文采取NurbsCurve曲线进行拟合的方法建立地形曲面,进而建立地质模型,解决了Revit中内置地形生成算法所生成的地形面地形存在的狭长三角形的问题,大幅度提升了建模精度。

(5)本文将有限元软件和Revit进行结合,形成了一套从BIM模型建立到大型有限元软件设计计算的流程,可为目前大多采用二维检算设计的工程提供一定的指导意义。

参考文献

[1] Christian J T. 3D geoscience modeling: Computer techniques for geological characterization [J]. Earth-Science Reviews, 1996.

[2] 徐卫亚,孟永东,田斌,等. 复杂岩质高边坡三维地质建模及虚拟现实可视化[J]. 岩石力学与工程学报,2010,29(12):2385-2397.

[3] 唐丙寅,吴冲龙,李新川,等. 一种基于钻孔地质数据的快速递进三维地质建模方法[J]. 岩土力学,2015,36(12):3633-3638.

[4] 吴志春，郭福生，张万良，等. 江西乐安相山火山盆地多源数据融合三维地质建模[J]. 桂林理工大学学报，2020,40(02):310-322.

[5] 何紫兰，朱鹏飞，马恒，等. 基于多源数据融合的相山火山盆地三维地质建模[J]. 地质与勘探，2018,54(02):404-414.

[6] 李健，刘沛溶，梁转信，等. 多源数据融合的规则体元分裂三维地质建模方法[J]. 岩土力学，2021,42(04):1170-1177.

[7] Li L, Song X, Huang M, et al. The Creation and Exploration of Revit Family Based on BIM Technology: 2016 International Conference on Smart City and Systems Engineering (ICSCSE), 2017[C].

[8] 方超. 基于Revit的钢筋混凝土结构信息提取研究[D]. 西安：西安建筑科技大学，2017.

[9] Chen D Y, Fan T W. Study of Applying API on Evacuation Route Assessing in BIM Modeling: 2015 International Conference on Simulation, Modelling and Mathematical Statistics (SMMS 2015)[C].

[10] 吴生海，刘陕南，刘永哓，等. 基于Dynamo可视化编程建模的BIM技术应用与分析[J]. 工业建筑，2018,48(2):5.

[11] 贾立娟. 基于钻孔数据的三维地质建模插值算法研究[D]. 北京：中国地质大学，2018.

[12] Evans C J, Sangwine S J, Ell T A. Hypercomplex color-sensitive smoothing filters[J]. IEEE, 2000,1:541-544.

[13] 张靖. 基于克里金算法的点云数据插值研究[D]. 西安：长安大学，2014.

城市轨道交通钢轨断裂监测技术研究及应用

刘建利*[1] 李 博[1] 王平[2,3]

(1. 西安市轨道交通集团有限公司;2. 南京航空航天大学;
3. 高速载运设施的无损检测监控技术工信部重点实验室)

摘 要 为适应社会经济发展的需要，满足客运大幅提升而要求达到的安全舒适便捷的城市轨道交通运维目标，我国城市轨道交通系统近几年在智能、高速和信息集成化技术均取得了新的突破，随之而来的安全运营压力也越来越大。轨道线路设备作为行车运营的基础条件，钢轨在运行系统中起着支撑列车和引导车辆前进的作用，如果钢轨出现重伤(掉块等)、断裂，将会引起列车脱轨、倾覆等重大行车安全事故，造成人员和财产的损失，因此保证地铁的安全运营，钢轨的伤损监测和维护非常重要。本文通过超声导波和载波技术对地铁钢轨断裂监测的研究，旨在构建城市轨道交通综合监测体系，并探讨超声波检测方法在城市轨道交通的发展应用前景，对于保障运营安全具有重要的实践意义。

关键词 城市轨道交通 钢轨伤损 超声波检测 载波检测 安全运营

0 引言

近年来，随着我国城市轨道交通基础设施建设快速发展，各城市轨道交通运营里程和运行时间不断增长，钢轨疲劳现象出现不同程度的增长趋势，钢轨断裂风险日益提升，随之而来的安全运营压力和社会责任也越来越大，包括钢轨表面早期疲劳损伤、内部损伤、轨道尺寸形变等多种致灾因素，面临线路结构失稳、变形超限、断轨(图1)等突发事件的安全压力[1-2]。

图1 钢轨断裂图示

为避免断轨的发生,国内外除了采用高质量的钢轨外,还通过钢轨各种探伤手段对断轨进行预防。目前,物联网技术日新月异,但在轨道设施运行综合监测领域,相关应用研究仍存在多风险致灾耦合及演变机理不清、感知层技术可靠性差、灾害控制理论针对性不强等问题。因此基于物联网技术,构建高灵敏、快响应、长寿命、智能可靠、自主可控的轨道综合监测体系,对城市轨道交通智慧化发展至关重要。

1 常用断轨检测方法的对比分析

目前,钢轨防断实时智能化监测技术原理较为成熟的方法主要有轨道电路检测、牵引回流检测、光纤检测、应力检测、钢轨电信号载波检测方法和超声导波检测方法 6 种[3-5],详见表 1。

常用断轨检测方法对比分析表 表 1

检测方法	检测方法描述	优　点	缺　点
轨道电路检测	钢轨施加直流电压,通过钢轨电流发生变化,从而判断是否断轨	具有抗牵引回流干扰能力强的优点	传感器布施较为复杂,易受外界干扰,误报率高,仅能区分钢轨通断情况
牵引回流检测	在两轨之间按一定间隔安装电流传感器检测两轨电流差异来检测	室外设备简单	断轨检测实时性差,发生断轨后,仅能区分钢轨通断情况
光纤检测	将光信号导入光纤中,当钢轨发生断裂时接收端是否有光信号来判定断裂情况	长距离检测,受干扰小,材料复用率高	成本较高,需与钢轨密贴固定,容易受到列车振动影响,安装维护困难
应力检测	通过检测钢轨固定点的应力大小来预测钢轨所处的状态	成本较低	仅对钢轨的固定点进行检测,无法进行实时监控,作业效率低
钢轨电信号载波检测	按轨道电路的电气分割和信号接收的基本原理和方法,根据轨道上的 4 个电流传感器自身及其组合信号是否有效判断断轨	室外设备简单,抗牵引回流干扰能力强	易受电磁干扰影响
超声导波检测	由多个超声波发射主机和超声波接收主机组成,发射与接收间隔将该区间分成多个检测区段。超声波接收主机收到的发射主机定时发出的超声波,分析接收到的超声波来判断该区域的钢轨状态	适用范围广,成本较低,与钢轨没有电气联接,轨道电路、轨距杆等既有设备均不受影响	不能通过绝缘夹板接头

从表 1 中分析可知,轨道电路检测方法仅能区分钢轨通断情况,无法判断出现伤损之前的状态,易受自然干扰影响出现漏报和虚警,且地铁线路不采用轨道电路,所以监测存在较多的困难;牵引回流检测方法需要在列车经过轨道时,评估回流状态,倒推出轨道状态,无法进行实时监控,仅能区分钢轨通断情况,难以区分钢轨不完全断裂之前的状态;光纤检测方法成本较高,需与钢轨密贴固定,容易受到列车振动影响,安装及后期维护较为困难;应力检测法仅对钢轨的固定点进行检测,无法进行实时监控,需要人员现场操作,作业效率低;钢轨电信号载波检测方法室外设备安装布置比较简单,抗牵引回流干扰能力强,但在存在电磁干扰的区域使用会影响检测效果,稳定状态有待提高。显然,仅依靠某种单一的检测手段已经难以满足需求。因此需要结合多种检测方式的优越性,实现一个可以实时监测的检测手段,达到精确判断钢轨状态和伤损位置的既定目标。

近年来,随着超声导波理论的研究逐渐深入,国内外针对超声导波断轨检测技术的研究也有了很大进展[6-8]。国外,2002 年南非 RAILSONIC 公司实现了基于超声导波技术的无缝线路断轨检测。2004 年宾夕法尼亚大学的 Rose 在加利福尼亚 BART 线路进行了导波的激励频率与其传播距离的试验,提出了利用超声导波进行断轨检测的方法,即当导波传播到钢轨缺陷处时,会产生脉冲回波,通过检测脉冲回波来判断断轨情况,进而在钢轨轨头处切出不同大小的裂纹,通过脉冲回波的强度来判断钢轨轨头断裂的强度。国内,张友鹏[9]等率先提出一种基于超声导波检测原理的实时断轨检测方法,并对该方法的检测机理进行了深入地分析,但对钢轨中超声导波信号的频散及多模态特性未进行分析;北京交通大学的李浩[10]等人设计了一种基于超声导波的无缝线路断轨监测系统,使用超声导波换能器作为发射和接收传感器,实现长距离 2km 无缝线路的断轨检测;卢超[11]

1. 基金项目:陕西省科技计划项目(2022SF-452),高速载运设施的无损检测监控技术工信部重点实验室支持,国家重点专项(2018YFB2100906),国铁集团科研课题(2019F002)。

等对钢轨轨底中的超声导波传播特性和垂直振动方式进行了研究,并采用半解析有限元法对 60 型钢轨轨底的各种振动模态频散特性和波形结构做了研究;何存富[12]等通过对计算出的钢轨中低阶超声导波模态频散特性和波结构分析,选择出适合钢轨无损检测的超声导波模态类型和频率范围,为后续专用超声导波传感器设计和检测实验提供理论支持。

综上,采用超声波导波检测法监测钢轨断裂在国内外均有一定深入研究,轨道检测在铁路应用居多,然而城市轨道与铁路相比,在车重、车速、行车频率、使用环境等方面存在较大差异,其伤损的形成、发展和表征都不同于铁路,伤损检测技术存在差异。城市轨道的运营与铁路运营也存在差异,由于运行里程、客流量、经费的差异,对检测设备的要求也不同。由于超声波导波检测方法成本较低,并且能够实时监测钢轨不完全断裂和通断情况,因此超声波导波检测法服务于城市轨道交通的断轨监测体系具有广阔的推广前景和实际应用价值。

2　基于超声导波和载波技术的地铁钢轨断裂监测试验研究

载波信号技术钢轨断裂监测,主要利用电路回路的检测原理进行断轨判断。如果电路导通,则可以在回路当中检测正常的载波信号,但当电路断开时,载波信号出现异常。应用到断轨监测上,即将两条钢轨当作导线,当钢轨出现断裂时,无法收到载波信号,进而达到识别断轨的功能。将载波与超声导波技术相结合,作为辅助检测断轨的一种方式,可以提高检测的效率和准确度。

2.1　超声导波钢轨断裂在线监测技术

通过对国内外先进的超声波钢轨防断实时监测预警系统典型案例进行深入研究,采用钢轨断裂检测专用超声探头设计、大功率超声发射装置设计、抗干扰高灵敏度接收装置、宽带编码信号钢轨断裂检测技术等关键技术。超声导波钢轨防断实时监测预警系统能全天候实时动态监测钢轨状态,它通过超声导波信号进行断轨检测,以 5G 网络、无线电台为通信手段,以中心服务器、站点客户计算机、监测终端等为硬件基础,实现系统的、完整可靠的无缝线路区段钢轨断裂实时监测,并实现钢轨防断监测预警。在钢轨上铺设时区域单元划分示意图如图 2 所示,超声导波激励和回收系统如图 3、图 4 所示。

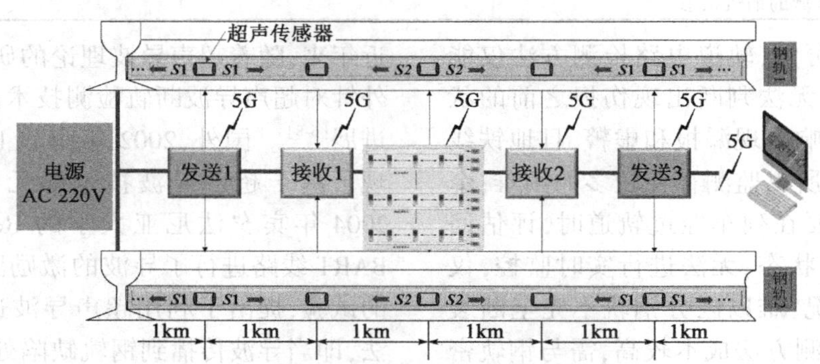

图 2　超声导波钢轨断裂实时监测预警系统工作原理及过程图

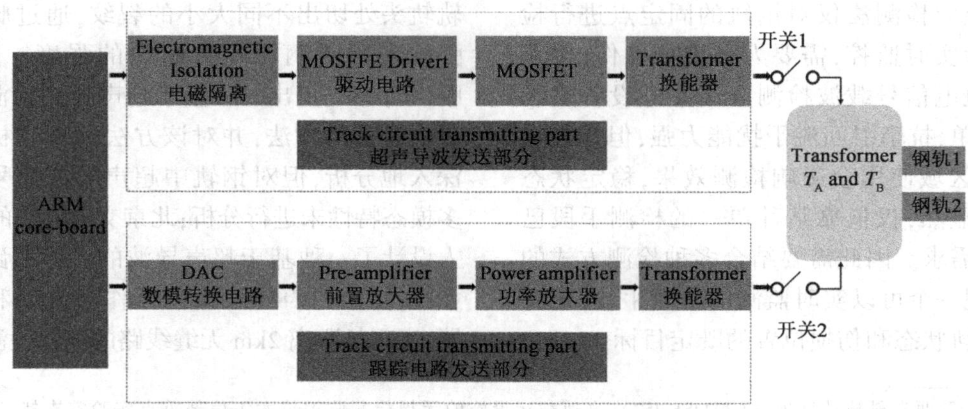

图 3　超声导波钢轨断裂实时监测预警系统导波发送模块系统框图

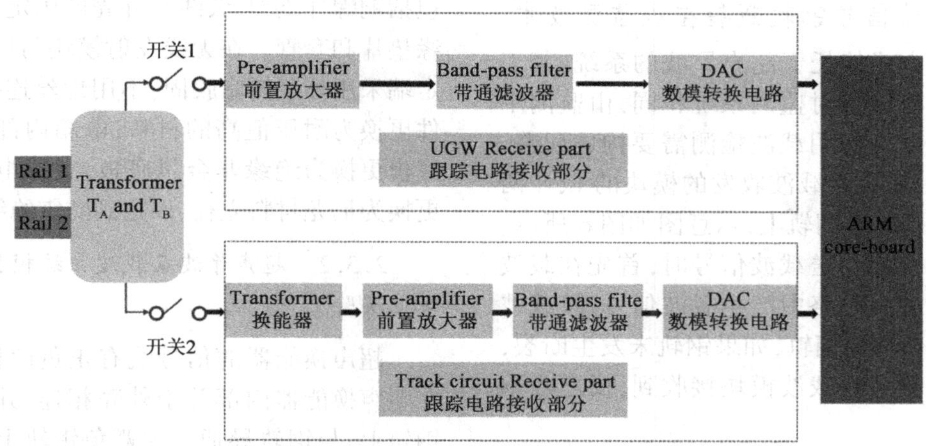

图4 超声导波钢轨断裂实时监测预警系统导波回收模块系统框图

超声导波实时监测系统,目的是通过在线监测的方式实时预先掌握钢轨的健康状态,当钢轨出现断裂裂纹时能提前获得相关信息。该超声导波监测系统能够预估钢轨断裂时的相对位置坐标。由于监测距离较长,因而在监测区域内设置多个节点每个节点都有一套超声导波激励和接收模块,在超声导波工作时,超声导波激励模块相邻的两个接收模块都会收到超声导波信号。节点较多,若同时进行超声导波的激励,则会导致接收到的信号相互影响。考虑到能够区分信号准确来源,超声导波监测系统需要一个合适的工作机制来保障系统的正常运行。

图5所示为区域单元划分示意图,将待监测区域假设为100km,对整个监测区域进行细分,10km一个单位,一个单位安装10个监测点,每个监测点安装一套超声导波监测装置,装置包含超声导波激励模块(用UGWT表示)和接收模块(用UGWR表示)。对设备进行如图5所示编号(图示以左钢轨为例),左钢轨用L表示,右钢轨用字母R表示,监测区域内第m区域单位用L_m,R_m表示,第m区域单位中第n监测点用L_m,n,R_m,n表示,其中,$1\leqslant m\leqslant 10$,$1\leqslant n\leqslant 10$。

在系统开始工作时,监测区域内进行统一供电,导波接收模块UGWR开始工作,超声导波激励模块,工作模式不是统一开启,而是每一个区域单位里面轮流开启激励模式。通过5G无线通信模块发送指令,统一开启每一个区域单元的监测模块。若钢轨状态正常,则每组设备都能接收到正常的由其相邻的设备发出的信号;若钢轨出现异常,则每组设备均可以接收伤损信息,从而找到断裂裂纹的位置,因此可以做到精确判断伤损位置并对相应断面进行维护。

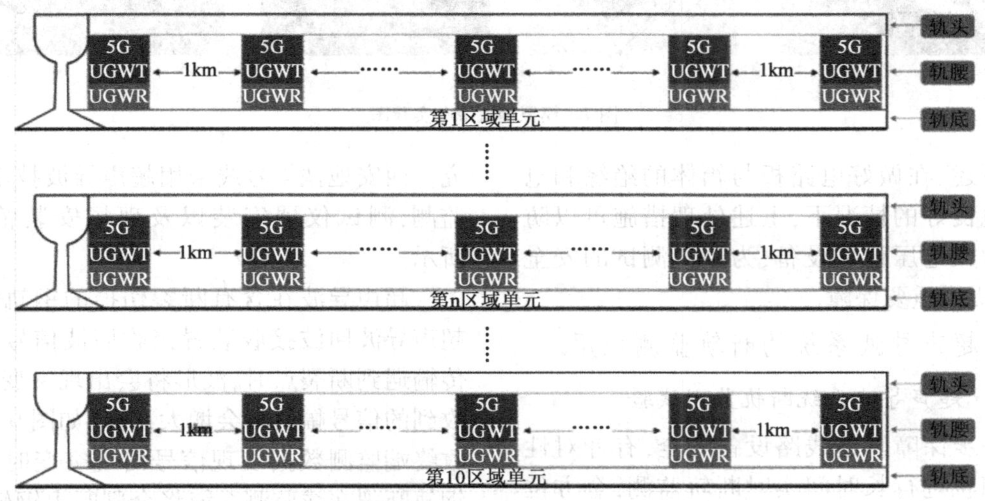

图5 区域单元划分示意图

2.2 载波信号钢轨断裂在线监测技术

载波检测方式依托于超声导波的系统,其工作方式与超声导波实时监测系统相同,由监测中心统一控制。因为使用载波检测需要构成回路,所以在安装时,将负责载波收发的模块的L,N两根线缆分别接到两根钢轨上,示意图如图6所示。当检测装置向钢轨发送载波信号时,首先在载波模块中的载波耦合电路中产生载波信号,将载波信号通过线缆传输到钢轨,如果钢轨未发生断裂,载波信号会被相邻的载波模块接收到,反之收不到信号。

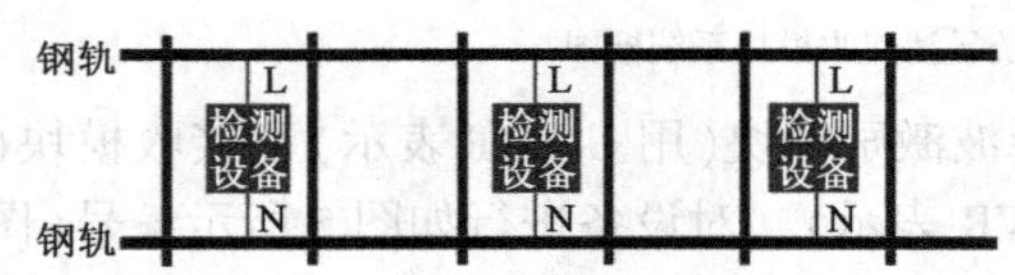

图6 仪器安装及现场测试图

2.3 超声导波及载波系统的防雷绝缘处理

2.3.1 超声导波及载波系统防雷绝缘处理

为进一步保障轨道线路设备安全,设备电路板不与220V交流供电的大地相连,也不与机箱外壳相连。由于机箱外壳与护栏立柱采用金属螺栓导通连接,所以将所有的电路板与机箱的连接处,包括铜螺柱支架、天线与外壳的固定处,均采用绝缘垫片和套管。在无线发射模块与机箱外壳的固定端采用环氧树脂胶固,不用螺丝连接,核心元器件更换为耐压值高的材料;电箱内部底板由金属底板更换为绝缘非金属底板,支撑电路板的铜柱更换为尼龙材料立柱,以达到防雷绝缘效果。

2.3.2 超声导波及载波系统模拟钢轨直流带电实验

超声换能器的信号线有正负两根,其负端是在超声换能器内部并于外壳相连,并直接连接到钢轨上,与钢轨导通。为避免钢轨上的电压对设备的电路造成损坏,因此对设备电箱进行接地和绝缘的处理。其中,与电路板相连的无线传输模块使用绝缘胶固定在电箱的底板上,将电路板与大地隔离开。如图7所示,将设备安装在钢轨上,通电使其正常运行。利用稳压源在钢轨上施加100V的电压。其中,稳压源正极接在钢轨上,负极接在箱子外壳,同时,箱体外壳接大地。钢轨上和箱体之间存在100V的电压差,钢轨通过传感器和电路板负极相连,所以此时电路板和箱体之间也有100V的电压差。但箱体和电路板之间完全绝缘,所以没有产生电流。保持此状态,经一段时间观察,设备可以正常运行,并且传感器导线没有发热现象。

图7 模拟钢轨带电实验图

综上所述,在做好电路板与箱体的绝缘和电箱本身接地良好的情况下,上述处理措施可以防止钢轨上的大电压损坏设备,为系统测试的安全性、稳定性提供重要保障。

2.4 超声导波系统的断轨监测应用

2.4.1 超声导波系统断轨监测试验

为进一步保障轨道线路设备安全,有针对性地对地铁钢轨进行长时间实时断轨监测,全方位测试其工作性能,有必要进行一系列现场试验研究。西安地铁4号线采用超声导波技术进行断轨监测,测试仪器安装以及现场安装情况如图8所示。

超声导波在含有断裂伤损的钢轨中监测时,超声导波回波接收装置接收回波信号,超声导波传输遇到断裂点时,波形将会出现突变,接收器接收到的信号幅值将会增大,数据如图9所示,当接收终端监测数据发现信号出现突变时,超声导波钢轨断裂在线监测系统将会判断出钢轨出现大的断裂损伤,并采用短信、微信、实时钢轨折断监测系统客户端方式预警。通过试验数据分析,该断轨监测系统可以在断轨前发出预警信息。

图8 仪器安装及现场测试图

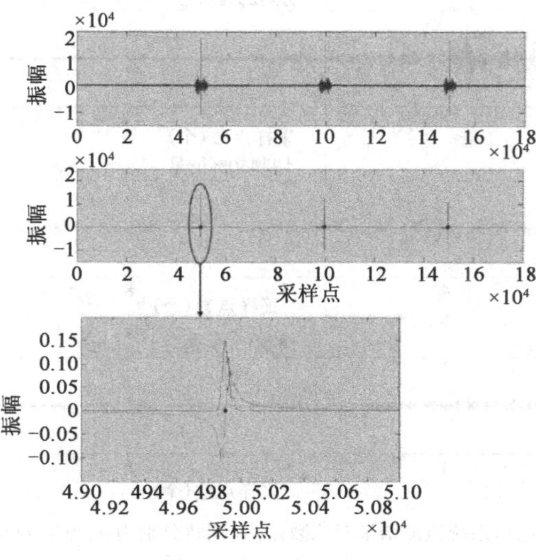

图9 超声导波传播钢轨断裂时信号变化图

2.4.2 超声导波系统传播距离试验

为研究断面监测距离的精准度以及可靠性,以钢轨夹板端面模拟断面情形,发送和接收在一侧,进行超声导波系统传播距离试验,分别测试了距离断面50m、175m、175m和375m的在线监测,结果如图10所示。

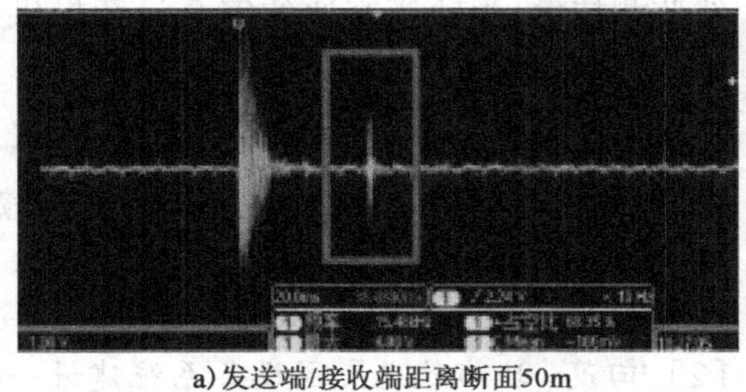

a)发送端/接收端距离断面50m

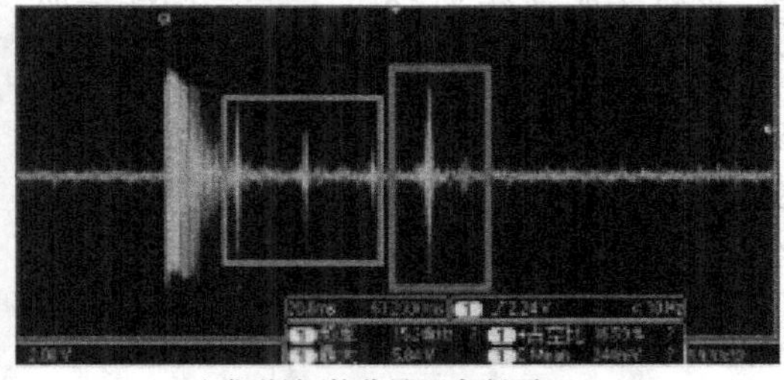

b)发送端/接收端距离断面175m

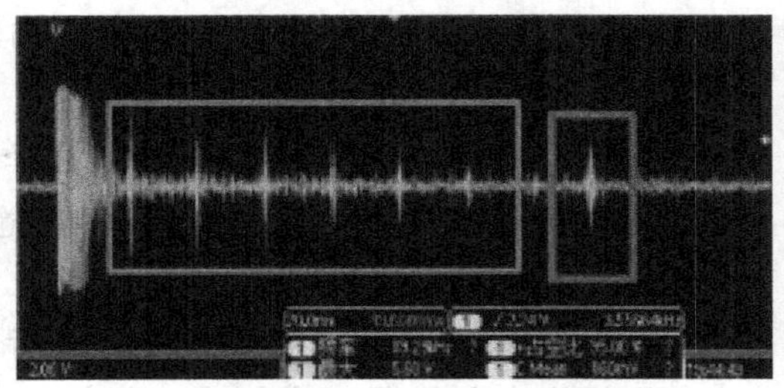

c)发送端/接收端距离断面275m

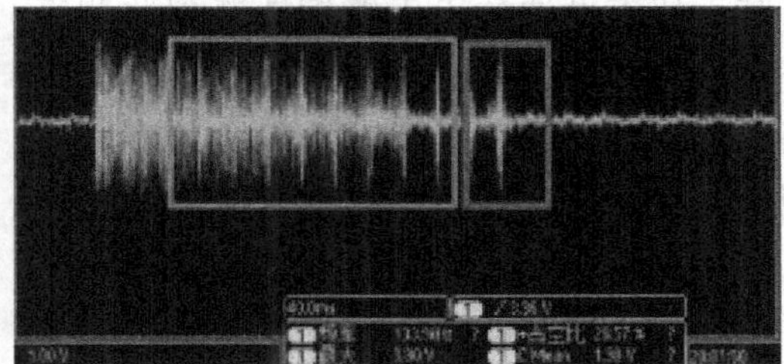

d)发送端/接收端距离断面375m

图10 超声导波传播距离试验结果

从图10中可以看出,超声导波检测钢轨焊缝所形成的回波信号较为明显,蓝色框图中规律间隔的回波信号,为无缝钢轨焊缝带来的回波,且随着距离的增加,焊缝回波振幅越大,而且可以精确判断焊缝位置,对中长远距离监测中依旧起到了准确预判,并能够实现钢轨防断监测预警。

2.4.3　超声导波系统正线换轨监测试验

通过正线换轨措施,采用超声导波系统对锯轨前后进行数据采集,结果如图11所示。

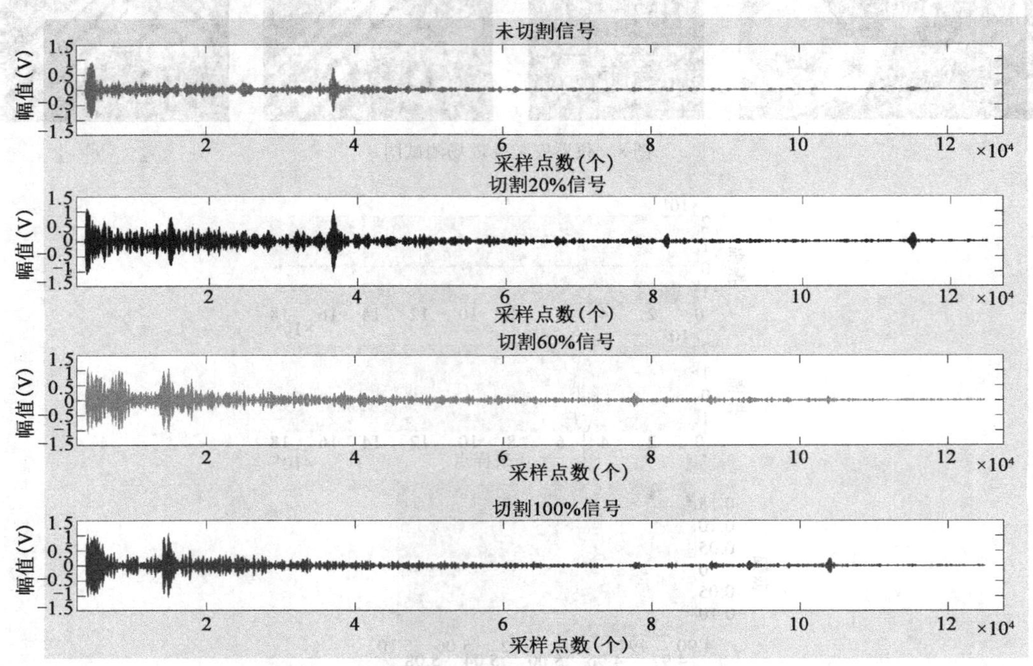

图11　锯轨前后系统监测结果对比数据图(锯轨分别为0、20%、60%和100%)

在锯轨前的测试中,图中方框部位显示的信号没有明显波动,在锯断20%和60%时,信号出现波动,并且在完全锯断后,该位置的信号的幅值明显变大。此处距离起始位置的时间差值为 $\Delta t = 0.033s$,换算为距离约为50m,与实际锯轨位置基本吻合,可以确定是由于切割钢轨时的断面产生的回波。因此超声导波技术可以实时监测钢轨不完全断裂和通断状态,能够及时发现伤损,大大提高检修作业速度和质量。

3　结语及展望

(1)基于超声导波技术无缝钢轨断裂监测系统通过超声波收发之间的信号关系,实时监测钢轨不完全断裂和通断情况,及时发现并处理断轨安全隐患,对于中长远距离监测中依旧起到了准确预判,并能够实现钢轨防断监测预警,确定钢轨损伤的具体位置,有效提高提升轨道维修与应急抢修能力。

(2)基于超声导波钢轨防断实时监测预警系统,以期构建系统、完整的实时钢轨状态监测平台,为西安轨道交通安全运营提供有力保障,进而推动城市轨道交通的实时断轨监测体系形成。

(3)进一步研究抗干扰、长距离、长寿命、低成本的技术,探讨传感器大规模有效布局的耦合安装方案,形成高可靠性、长寿命、高灵敏的实时在线监测技术,为轨道交通的安全运营提供技术保障,是今后的重点工作。

参考文献

[1]　中华人民共和国铁道部.钢轨伤损分类:TB/T1778—2010[S].北京:中国铁道标准出版社,2010.

[2]　田茂.城市轨道交通设备系统建设一体化关键技术研究[D].北京:中国铁道科学研究院,2019.

[3]　胡文博,邱实,许馨月,等.基于深度学习的钢轨伤损超声检测与分类[J].铁道学报,2021,43(04):108-116.

[4]　孙次锁.基于时空检测数据智能分析的钢轨伤损检出与识判研究[D].北京:北京交通大学2019.

[5]　FENG J H. et al. Research on deep learning method for rail surface defect detection[J].

IET Electrical Systems in Transportation, 2020, 10(4): 436-442.

[6] WILLBEAG. et al. Simulation Methods for Guided Wave-Based Structural Health Monitoring: A Review[J]. Applied Mechanics Reviews, 2015, 67(1).

[7] 邢博. 基于超声导波的钢轨裂纹检测方法研究[D]. 北京:北京交通大学,2020.

[8] MIRA M, GOPALAKRISHNAN S. Guided wave based structural health monitoring: A review[J]. Smart Materials and Structures, 2016, 25(5).

[9] 张友鹏,任远. 基于超声导波的实时钢轨断裂检测方法研究[J]. 铁道工程学报,2010,27(11):47-51,74.

[10] 李浩,段翔宇,白彪. 基于超声导波的无缝线路断轨检测系统[J]. 电子设计工程. 2015(16).

[11] 卢超,李诚,常俊杰. 钢轨轨底垂直振动模式导波检测技术的实验研究[J]. 实验力学, 2012, 27(05): 593-600.

[12] 何存富,刘青青,焦敬品,等. 基于振动模态分析的钢轨中超声导波传播特性数值计算方法[J]. 振动与冲击. 2014(03).

动荷载下路基抽吸作用诱发颗粒迁移试验研究

高 峰[1,2] 张 升*[1]

(1. 中南大学土木工程学院;2. 悉尼科技大学土木与环境工程学院)

摘 要 列车动荷载下路基动水力响应及颗粒迁移特性是揭示翻浆冒泥病害形成机理的基础与关键。通过开展动荷载下分层砾石-砂粉土柱颗粒迁移试验,研究了路基抽吸作用诱发颗粒迁移的驱动机理。试验结果表明,动荷载下砾石层内液体晃动引起超孔压发生振荡,从而在砂粉土表面上产生正、负交替变化的超孔压梯度。该超孔压梯度增强了砂粉土层中的渗流速度,进一步诱发细颗粒向上迁移进入砾石层。结合当前铁路的防、排水设计方法,讨论了降低路基抽吸作用对防治翻浆冒泥病害的工程意义。

关键词 路基 抽吸作用 室内试验 翻浆冒泥 颗粒迁移

0 引言

翻浆冒泥是铁路路基服役期间发生的主要病害之一。随着客运列车高速化和货运重载化,翻浆冒泥引起的路基劣化和服役安全问题十分突出[1]。每年铁路部门投入了大量人力、物力开展翻浆冒泥病害监测和防治工作,然而翻浆病害的防控效果并不理想[2]。例如,在道床和路基土接触层内铺设土工织布,仅能在有限时间内缓解翻浆冒泥病害发展[3]。深入研究动荷载下路基水力响应及颗粒迁移特性,对认识路基翻浆病害机理以及提高翻浆病害防治水平具有重要作用。

翻浆冒泥病害孕育过程包括列车动荷载下路基填料内颗粒的悬浮和迁移运动[4]。Wang 等[5]调查了无砟轨道板下翻浆冒泥的诱发条件,发现雨水沿轨道板裂隙入渗能够引起路基土局部水分富集,从而有效加快颗粒流态化进程。Sheng 等[6]指出动荷载下路基塑性变形导致孔压累积,增加了路基土中细颗粒的液化潜力。Duong 等[7]基于室内试验分析了底砟-路基土接触面处泥化夹层与翻浆冒泥间的联系,路基土的初始密实度和含水量对翻浆冒泥能否发生存在显著影响。Zhang 等[8]、Gao 等[9]先后调查了填料级配、加载强度以及水位高度对颗粒迁移的影响规律,室内试验很好地再现了翻浆现象,但建立定量的翻浆病害程度评价标准需综合更多的现场观测数据。杨志浩等[10]、张升等[11]从列车动荷载诱发非饱和路基水分迁移的角度开展了相关室内试验,论证了水分富集为颗粒固-液相变和迁移提供了重要的水力条件。冷伍明等[12]分析了国内外 61 个发生翻浆

1. 基金项目:国家自然科学基金项目(52008402);湖南省自然科学基金资助项目(2021JJ40758);湖湘高层次人才聚集工程(2019RS1008)。

冒泥土的物理状态指标,为合理选择路基填料提供了参考依据。

为了探究路基抽吸作用及其诱发颗粒迁移的驱动机理,本文对动荷载下分层砾石-砂粉土柱的水力响应及颗粒迁移展开了试验研究。通过调查砾石层内液体晃动和振荡超孔压间的关系,提出了描述抽吸强度的超孔压梯度指标,揭示了动荷载下砾石层内超孔压梯度在诱发砂粉土中细颗粒迁移中所起的关键作用。结合相关铁路路基防、排水设计措施,讨论了从降低抽吸作用角度去缓解翻浆冒泥病害的工程应用价值。

1　抽吸作用室内再现

1.1　试验材料

试验是在中南大学自主研制的路基翻浆冒泥病害试验系统中完成的。该试验系统包括竖向加载装置、水位控制装置和数据采集系统等[13]。试验材料包括砾石和砂粉土,其级配组成如图1所示。砾石的比重为2.64,最大和最小孔隙比为0.78和0.56。砾石由高强度的玄武岩构成,在本次加载强度下未观察到颗粒破碎。砂粉土的比重为2.68,最大和最小孔隙比为0.69和0.42。同时,砂粉土介于现场发生过翻浆冒泥的路基土的级配范围内[14]。

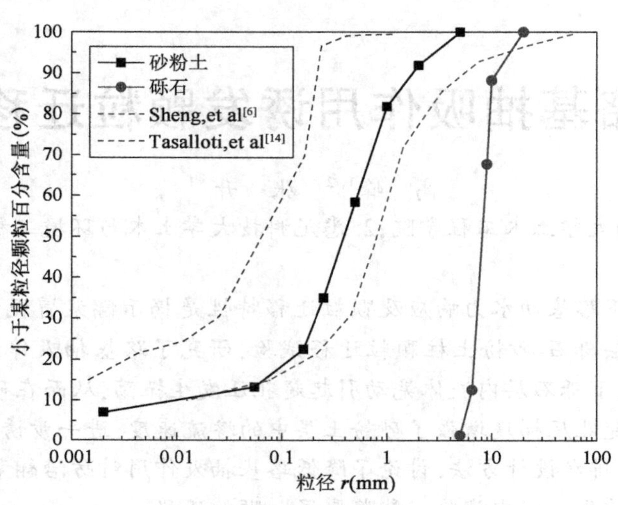

图1　试样材料的颗粒级配曲线

1.2　试验装置及荷载

采用分层压实法制作试样,设计砾石层的初始压实度为95%,孔隙比为0.6;砂粉土层的相对密实度为90%、干密度为1.85 g/cm^3、孔隙比为0.64。沿模型箱轴向布置了五个采集层,每层包括一个DMTY型土压力盒(量程:0~100 kPa)、一个DMTY型孔压计(量程:-30~30 kPa)和一个Ec-5湿度计(量程:0~100% VWC)。模型箱中水位高度恒定为400mm,即砾石-砂粉土柱被完全浸没在纯净水中,如图2所示。

根据武汉-广州高速铁路客运专线列车动应力的现场测试结果[15]:当列车轴重从小于14t增加至25t,且运行速度从200km/h增大到350km/h时,路基表面承担的动应力强度和频率分别介于12~35kPa之间和13~41Hz之间。在该强度范围内,选择本次试验的动应力强度如下:平均动应力σ_m为32kPa,动应力幅值σ_d为10kPa,频率f为10Hz。

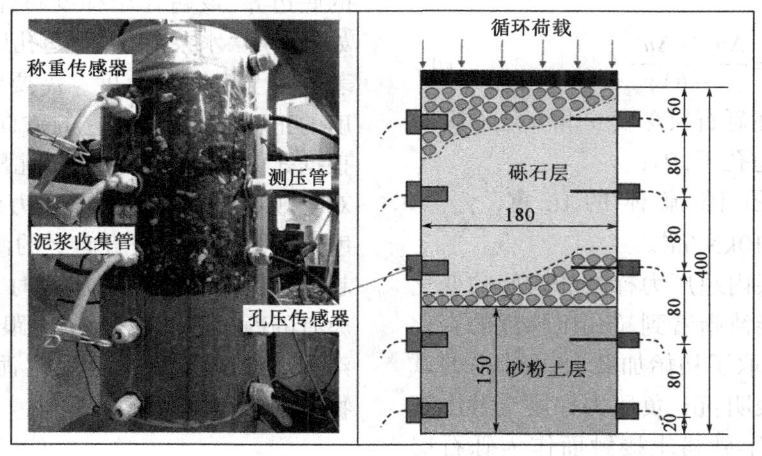

图2 加载前试样照片与结构示意图(尺寸单位:mm)

2 试验结果与分析

2.1 砾石层内动水力响应

饱和砾石层不同深度处的超孔压时变曲线如图3所示。这里超孔压是用记录的瞬时孔压减初始静水压力的结果。试验结果表明:动荷载下不同深度处超孔压呈现出明显的振荡特点,且正和负的超孔压交替出现。砾石层存在较大孔隙以及渗透性,因此动荷载下孔隙流体极易发生晃动。在加载过程中,在孔隙流体的自由表面观察到起伏变化的波高响应。波高影响孔隙流体的动水力分布。根据描述流体运动的伯努利方程可知,液体的晃动速度影响超孔压的振荡幅值及振荡频率。晃动速度增大代表孔隙流体的压力水头趋于减小,而降低晃动速度则水压压力由增大的趋势。因此,试验中饱和砾石层内所记录到的振荡孔压是液体晃动的结果。当停止施加动荷载时,砾石层内的流体很快恢复平静,即晃动消失此时瞬时孔压再次等于初始静水压力,相应地超孔压幅值等于零。

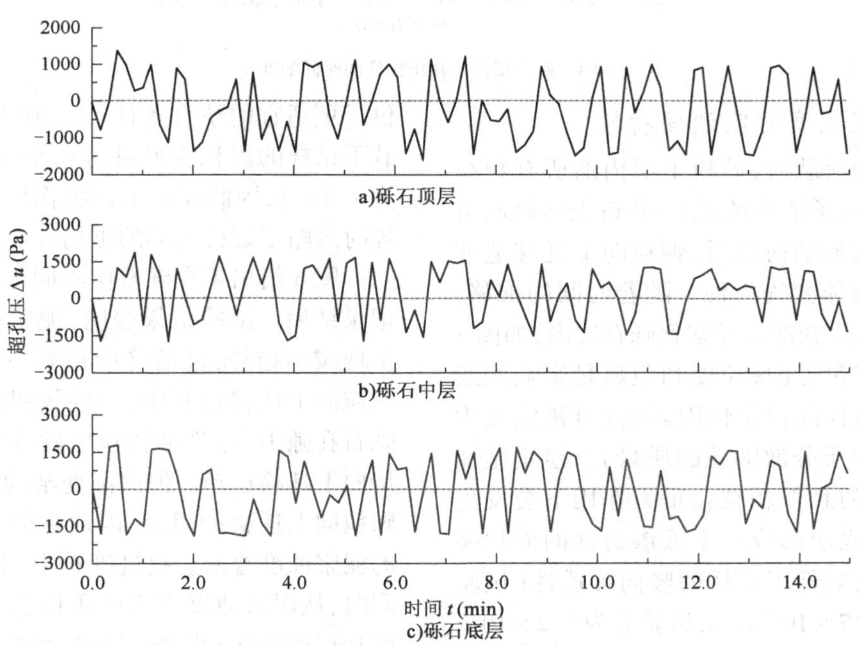

图3 不同深度处超孔压随时间的变化

2.2 超孔压梯度与抽吸作用关系

根据试验记录的振荡超孔压,定义超孔压梯度去表征动荷载下饱和砾石层内的动水力响应强度,由此分析分层砾石-土柱中颗粒迁移的驱动机理。在本次研究中,砾石层内的超孔压梯度的计算方法如下：

$$i = \frac{\Delta u_a - \Delta u_b}{(a-b)\gamma_w} \tag{1}$$

式中：Δu_c、Δu_b——在砾石层深度 a 和 b 处的瞬时超孔压，Pa；

γ_w——孔隙流体的比重，$\gamma_w = 10\text{kN/m}^3$。

动荷载下砾石层内超压力梯度随时间的变化如图4所示。为了能清晰看到超孔压梯度的变化特点，在图4内仅选取了初始加载15 min内的试验结果。试验结果表明：正、负压力梯度交替出现在砾石层中。而砾石-砂粉土接触面作为砾石层的底边界，该超孔压梯度将作用在土表面上。正如同一个"水泵"，正、负超孔压梯度交替出现将显著改变土中渗流速度。需要说明的是，超孔压梯度的正、负号仅代表它的方向，数值则代表大小。根据式(1)定义可知，正超孔压梯度所产生的渗流对土颗粒产生向下的渗透力作用，而负超孔压梯度则对颗粒施加竖直向上的渗透力。当渗流速度超过颗粒的临界流化速度时，渗透力将打破颗粒原有的静力平衡状态，从而跟随渗流发生脱离、悬浮和迁移运动，并为翻浆冒泥的孕育和发展提供物质基础。

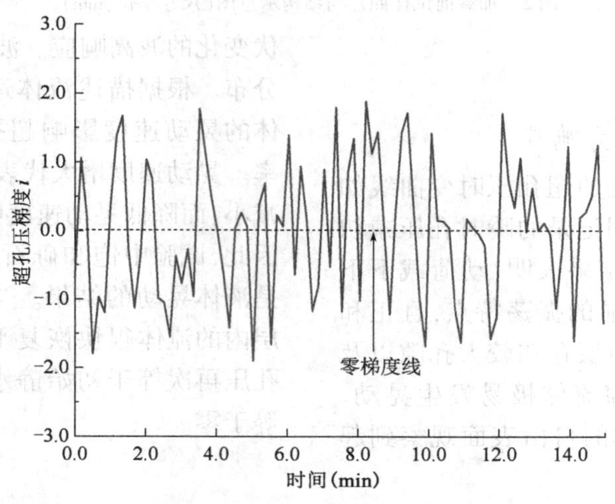

图4　砾石层内超孔压梯度随时间的变化

2.3　泥浆浊度时空演变特性

当不施加动荷载时，砂粉土层内的所有颗粒保持静止状态，一条清晰的砾石-砂粉土接触面可以被观察到。施加动荷载后，颗粒向上迁移造成砾石孔隙间的流体变得浑浊。随着时间的推移，更多的细颗粒发生悬浮并迁移到砾石层内，如图5所示。颗粒迁移量、迁移速度和距离是影响泥浆浊度时空演变特性的控制性因素(浊度被定义为单位体积流体中所分散颗粒的质量)。停止施加动荷载，泥浆中的悬浮颗粒在重力作用下会发生沉降，并在砾石底层形成一个低渗透性的泥化夹层。该夹层显著降低了试样的竖向渗透性(试验前渗透系数 k 为 7×10^{-6} m/s，试验后为 5.2×10^{-7} m/s)。在铁路翻浆冒泥病害孕育过程中，分散在泥浆液中的颗粒同样反复经历着悬浮和沉积，并造成道床排水能力逐渐变差。排水能力变差的道床更易出现积水在雨季，从而为翻浆冒泥病害提供了更适宜的孕育条件[16]。在本次试验中，动荷载下试样的累积变形量为4.5mm(对应竖向应变为1.1%)，因此在讨论抽吸作用诱发颗粒迁移机理时忽略了试样变形的影响。

图6给出了在砾石层不同深度处泥浆浊度的记录结果。试验结果表明：泥浆浊度的增长速率呈现减小趋势，且最终增长至一个稳定浊度。在颗粒向上迁移过程中，一些较粗的颗粒会堵塞在砾石孔隙中，尽管细颗粒能够穿过砾石底层并保持向上迁移运动。但逐渐变窄的孔隙通道增大了颗粒向上迁移的阻力，因此在同一时刻砾石底层的泥浆浊度普遍会超过砾石中、上层的泥浆浊度。同时，从泥浆浊度定义中可以看到颗粒迁移的速度和规模将深刻影响泥浆浊度的演变特性。在迁移的初始阶段，较多的细颗粒在抽吸作用下以较高速度发生迁移运动。而随着颗粒迁移的进行，在砂粉土表层中可侵蚀的细颗粒含量逐渐降低，

从而导致泥浆浊度趋于一个稳定值。泥浆浊度的时空演变特性反映出抽吸作用仅能造成其影响深度范围内的细颗粒发生侵蚀和迁移,而更深层的颗粒则较难进入碎石层中。砂粉土的级配、压实度、渗透性以及动荷载强度均影响侵蚀影响深度,该侵蚀深度的确定对定量评估翻浆冒泥引起的路基劣化程度具有重要价值。

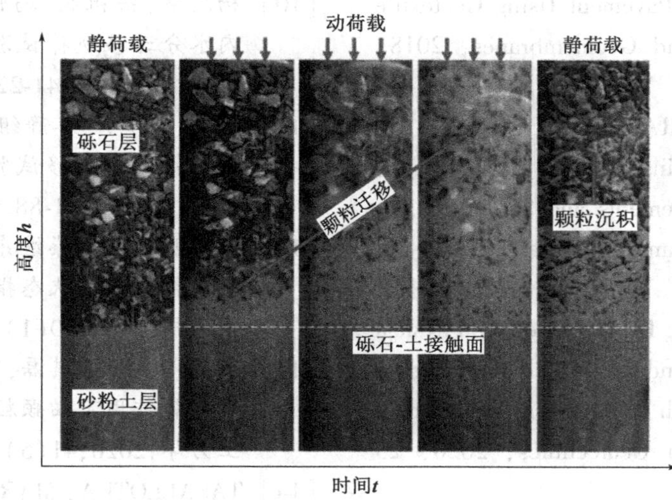

图5 颗粒迁移的试验照片

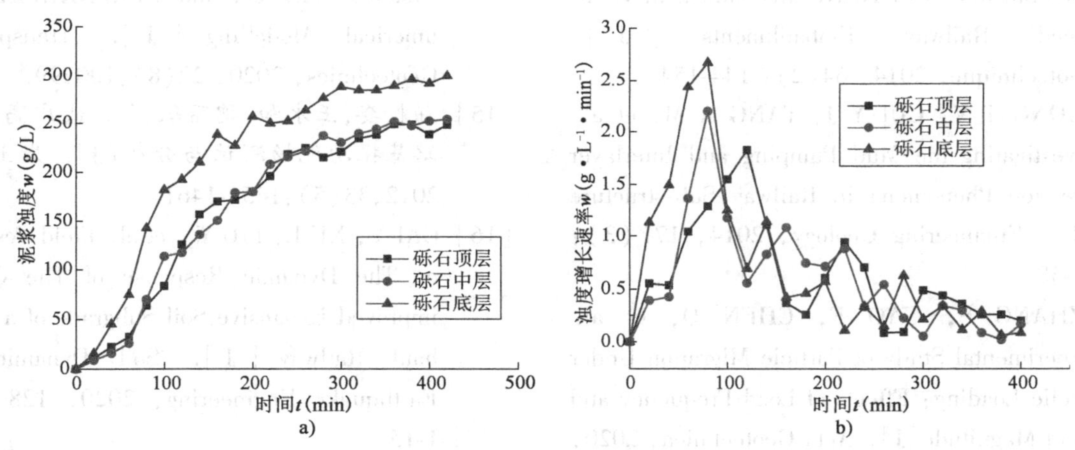

图6 砾石层不同深度处泥浆浊度的演变特性

3 结论

本文基于室内试验研究了动荷载下路基翻浆冒泥病害孕育机理,其在砾石-砂粉土接触层处的振荡超孔压在诱发颗粒迁移过程中起到了关键作用。本文主要发现如下:

(1)动荷载下饱和砾石层内液体晃动造成孔压力呈现振荡特点,并且该孔压力一直保持在初始静水压力的两侧,结果是造成正和负的孔压梯度交替出现。在铁路路基中,动荷载下道床内积水晃动所形成的振荡超孔压梯度是诱发翻浆冒泥病害形成的关键驱动力。

(2)抽吸作用极大地影响了砂粉土层的内部稳定性。颗粒固-液相变和迁移造成砾石层内泥浆浊度趋于增长,并且泥浆浊度的增长速率呈现减小趋势,并最终达到一个稳定值。不同抽吸强度下侵蚀影响深度的确定将在定量评估翻浆冒泥引起的路基劣化程度中具有重要价值。

参考文献

[1] ZHANG S, SHENG D C, ZHAO G, et al. Analysis of Frost Heave Mechanisms in A High-speed Railway Embankment [J]. Canadian Geotechnical Journal, 2016, 53(3):520-529.

[2] 何华武. 灾害对铁路影响及其防御对策[J]. 中国铁路,2008,18(10):1-8.

[3] KERMANI B, XIAO M, STOFFELS, S M, et al. Reduction of Subgrade Fines Migration into Subbase of Flexible Pavement Using Geotextile [J]. Geotextiles and Geomembranes, 2018, 46(4):377-383.

[4] NGUYEN T T, INDRARATNA B, KELLY R, et al. Mud Pumping Under Rail Tracks: Mechanisms, Assessements and Solutions[J]. Australian Geomechanics Journal, 2019, 54 (4):59-80.

[5] WANG T F, LUO Q, LIU M S, et al. Physical Modeling of Train-induced Mud Pumping in Substructure Beneath Ballastless Slab Track [J]. Transportation Geotechnics, 2020, 23 (2):100332.

[6] SHENG D C, ZHANG S, NIU F J, et al. A PotentialNew Frost Heave Mechanism in High-speed Railway Embankments [J]. Géotechnique, 2014, 64(2): 144-154.

[7] DUONG T V, CUI Y J, TANG A M, et al. Investigating the Mud Pumping and Interlayer Creation Phenomena in Railway Sub-structure [J]. Engineering Geology, 2014, 171(3): 45-58.

[8] ZHANG S, GAO F, CHEN Q, et al. Experimental Study of Particle Migration Under Cyclic Loading: Effects of Load Frequency and Load Magnitude[J]. Acta Geotechnica, 2020, 16(2):367-380.

[9] GAO F, HE X Z, and ZHANG S. Pumping Effect of Rainfall-induced Excess Pore Pressure on Particle Migration [J]. Transportation Geotechnics, 2021, 31(11):100669.

[10] 杨志浩,岳祖润,冯怀平. 非饱和粉土路基内水分迁移规律试验研究[J]. 岩土力学, 2020,41(7):2241-2251.

[11] 张升,高峰. 动-静组合荷载作用下砂-粉土混合料水分迁移试验研究[J]. 中国铁路, 2019,(11):83-88.

[12] 冷伍明,粟雨,滕继东,等. 易发生翻浆冒泥的细粒土物理状态指标分析与评判[J]. 铁道学报,2018,40(1):116-122.

[13] 张升,高峰,陈琪磊,等. 砂-粉土混合料在列车荷载作用下细颗粒迁移机制试验[J]. 岩土力学,2020,41(5):1591-1598.

[14] TASALLOTI A, MARSHALL A M, HERON C M, et al. Geocellular Railway Drainage Systems: Physical and OPALAKRISHNANN-umerical Modelling [J]. Transportation Geotechnics, 2020, 22(8):100299.

[15] 屈畅姿,王永和,魏丽敏,等. 武广高速铁路路基振动现场测试与分析[J]. 岩土力学, 2012,33(5):1451-1461.

[16] CAI Y, XU L, LIU W, et al. Field Test Study on The Dynamic Response of The Cement-improved Expansive Soil Subgrade of a Heavy-haul Railway [J]. Soil Dynamics and Earthquake Engineering, 2020, 128(10): 1-15.

基于优化递归Prophet模型的边坡位移预测

张宗宇[1] 苏 谦*[1,2] 张 棋[1] 牛云彬[1] 陈俊杰[1]

(1. 西南交通大学土木工程学院;2. 西南交通大学高速铁路线路工程教育部重点实验室)

摘 要 边坡位移是边坡安全评估的重要指标,对边坡位移的精准预测可为边坡的安全评估提供数据支撑,并最大限度降低边坡失稳风险。针对预测实施中实测位移数据存在的易受外界因素干扰而失准、进而影响预测准确度问题,本文结合PSO优化算子并组建Prophet迭代计算框架,构造了一种基于优化递归Prophet模型的位移预测方法。研究结果表明:(1)优化递归Prophet模型统一了数据清洗及数据预测,实现了数据清洗和预测策略的自主学习;(2) 优化递归 Prophet 预测模型的预测精度相较 PSO-GRU 提升了 47.0%,相较网络搜索寻优的 SVR 模型提升了 43.7%;(3)优化递归 Prophet 模型的迭代控制条件设置对数据清洗和预测具有较大影响,模型在层数增加的情况下其预测精度并非单调递增。本文研究成果可为边坡稳定性状态评估提供指导和借鉴。

关键词 边坡位移 递归 Prophet 模型 粒子群优化 位移预测 机器学习

0 引言

边坡工程中,评估边坡稳定性,及时采取防范措施是降低边坡失稳风险的有效手段。边坡位移是评价坡体稳定性的重要指标[1-2],边坡位移的精准预测是正确评估边坡稳定性的前提。

目前,对边坡位移的预测主要包含两部分工作:实测数据的清洗与位移趋势的预测。在数据清洗方面,主要处理方法包括拉依达准则法[3]、箱线图法[4]与机器学习方法[5]等。但在实际应用过程中,实测数据难以满足拉伊达准则需服从正态分布的要求;箱线图法对于整体表达不可靠的实测数据具有一定的应用局限性;机器学习方法在数据清洗的应用上面临模型结构需根据工程实际进行训练与调整,模型通用性不强的问题。此外,目前流行的各类清洗方法往往独立于预测模型,未考虑数据清洗与预测的整体性,两者存在脱节的问题。在边坡位移预测方面,随着近年来计算机技术的发展,机器学习算法被广泛应用至边坡位移预测当中。Zihao Sun[6]等利用改进的支持向量机进行边坡位移预测。杨背背等[7]将 SVM 与长短时记忆神经网络应用到滑动位移预测,发现动态 LSTM 模型在位移预测上具有一定的优势。Naruephorn Tengtrairat 等[8]针对滑坡预测问题,提出了一种基于两阶段分类方法来改进 LSTM 和 Bi-LSTM 预测模型。Zhong-qiang Liu 等[9]将 GRU 模型应用于三峡库区广泛分布的“阶跃型”滑坡预测。机器学习在边坡位移预测的研究成果已较为丰硕,但其在实际应用方面仍面临一定阻碍。准确实测数据获取难、算法可调整性弱以及通用性与稳定性较差等诸多不足制约了其进一步推广应用。

2017 年,Facebook 公开了一种基于可分解时间序列模型的时序数据预测算法 Prophet[10]。Prophet 算法的通用性强,具有严密的数学理论基础。该模型凭借快速的计算过程和精确的预测结果,被广泛应用于各领域当中[11-13]。近年来,对于 Prophet 算法在土木工程领域的应用逐步受到关注。赵杰等[14]将 Prophet 算法应用到边坡位移预测当中,通过分析研究验证了该算法在工程中的可行性。王志颖等[15]构造了一种基于 PSO 优化的 Prophet 预测模型,并成功地将其应用于边坡预测与分析当中。但 Prophet 对误差值较敏感,数据误差值的存在将显著降低数据预测的准确度。

针对现有研究存在的不足,本文提出了一种基于递归 Prophet 模型的边坡位移预测方法。通过执行递归模型中的迭代计算,实现对位移数据中误差值的剔除,并依托处理后的数据来计算分析边坡的发展趋势,以完成对边坡位移趋势的预测。同时,本文通过引入 PSO 算法来对递归 Prophet 模型进行参数优化,以期提高该模型的适用性。

1 Prophet 算法原理

Prophet 算法是 Facebook 开源的一种时序数据预测模型,在模型的建立当中采用了广义可加模型来描述时序数据。认为时间序列数据由三部分组成,分别是趋势项、周期项与假日项。计算式[10]如式(1)所示:

$$y(t) = g(t) + s(t) + h(t) + \varepsilon_t \tag{1}$$

式中:$y(t)$——原始时序数据;

$g(t)$——趋势项;

$s(t)$——周期项,描述数据的周期性变化;

$h(t)$——假日项,由人为提前指定;

ε_t——模型无法拟合得到的误差项。

对于周期项 $g(t)$ 而言,Prophet 提供了两类模型支撑周期项拟,分别是逻辑回归模型与线性趋势模型。对于逻辑回归模型而言,模型认为增长率在时间序列内并未恒定,其计算式如(2)所示:

$$g(t) = \frac{C}{1 + e^{-[k+\alpha(t)^T\delta][t-(m+\alpha(t)^T\gamma)]}} \tag{2}$$

式中:C——模型能达到的最大极限;

k——增长率;

m——偏移量;

$\alpha(t)^T$——增长速率改变点的位置向量，当该 i 时刻增长速率发生变化时 $a(i)$ 值为 1，否则 $a(i)$ 为 0；

δ——速率变化量向量；

γ——为了保证曲线的连续性而设置的参数其计算方法如式(3)所示：

$$\gamma_j = (s_j - m - \sum_{l<j}\gamma_l)\left(1 - \frac{k + \sum_{l<j}\delta_l}{k + \sum_{l\leqslant j}\delta_l}\right) \tag{3}$$

对于线性趋势模型而言，与逻辑回归模型相同，Prophet 引入拐点来反映速率的变化，其计算式如式(4)所示：

$$g(t) = [k + \alpha(t)^T\delta]t + [m + \alpha(t)^T\gamma] \tag{4}$$

Prophet 算法提供了趋势预测的不确定区间。该算法假设数据的发展趋势和频率与历史数据相同来进行未来的预测。同时，该算法认为每个点的速率变化 δ 服从 Laplace 分布，其方差借助贝叶斯框架或速度参数的极大似然进行估计。

对于周期项 $s(t)$ 而言，Prophet 采用傅里叶级数来对数据中的周期项进行拟合，其计算式如(5)所示：

$$s(t) = \sum_{n=1}^{N}\left[a_n\cos\left(\frac{2\pi nt}{P}\right) + b_n\sin\left(\frac{2\pi nt}{P}\right)\right] \tag{5}$$

式中：P——周期的先验分布；

a_n、b_n——在傅里叶级数中需要估计的参数。

对于 N 阶的傅里叶级数而言，需要估计 $2N$ 个参数。

对于假日项 $h(t)$，它主要用于描述无法拟合的序列，用式(6)表示：

$$h(t) = Z(t)\kappa \tag{6}$$

式中：$Z(t)$——时间向量，通过对数据的先验分布产生，用于定位事件发生的时间；

κ——事件影响向量，同样由先验数据决定，表示事件发生对数据造成的影响。

Prophet 算法将数据分解为趋势项与周期项，分别对其进行预测，再将预测数据合并，所得到的预测数据具有较强的解释性。此外，模型还通过引入假日项来描述特殊事件发生造成影响，消除了先验信息中外部扰动对数据回归的误导，增强了模型的稳定性。然而，Prophet 对误差值较敏感，误差值的存在将容易造成模型错误拟合。

2　基于 PSO 优化的递归 Prophet 模型

2.1　基于 PSO 优化的递归 Prophet 模型思路

基于 PSO 优化的递归 Prophet 模型与传统的边坡位移预测算法需要带入干净数据不同，优化迭代 Prophet 模型可以直接利用原始数据带入计算，在预测之前自动完成数据清洗。模型的总体思路如下：(1)通过 Prophet 算法计算，得到模型拟合的不确定区间；(2)判断数据与不确定区间的拓扑关系，对不在区间内的数据点进行剔除；(3)进行递归运算对数据多次清洗；(4)Prophet 拟合曲线插补空缺数据；(5)Prophet 模型的预测；(6)借助 PSO 算法对模型参数进行优化。其流程如图 1 所示。

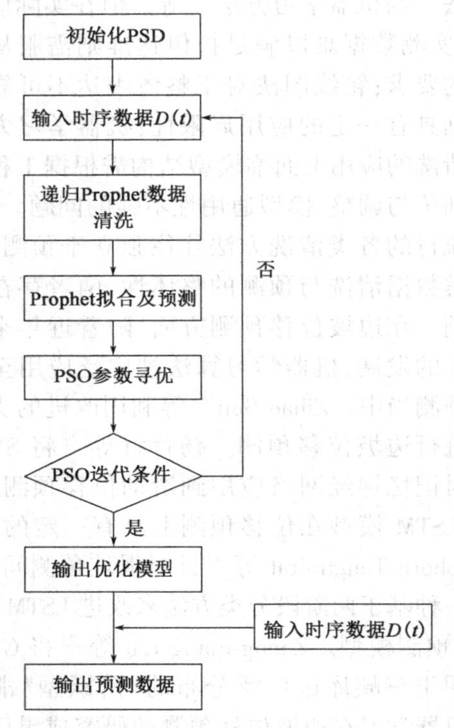

图 1　递归 Prophet 模型流程图

2.2　基于 PSO 优化的递归 Prophet 模型实现方法

本文所构建的优化迭代 Prophet 模型的实现方法如下：

(1)数据清洗。本文拟借助 Prophet 拟合的不确定区间进行误差值的剔除。Prophet 算法所拟合不确定区间由参数 interval _ width 控制，该参数设置的数值表明区间所具有的置信度大小[16]。在较大的 interval _ width 参数控制下，数据落在不确定区间外为小概率事件,进而推断在区间外的数据为误差数据从而进行剔除。然而,误差数据的存在会影响模型不确定区间的拟合。因此,在对误差数据进行剔除后,有必要进行迭代计算,对数据进行再次验证。在迭代终止条件设定上,本文通过调整计算层数的方法来进行控制。具体的计算流程为:将原始时序数据 $D=\{d_1,d_2,\cdots,d_n\}$ 输入 Prophet 模型中。通过模型首层计算,得到数据不确定区间的分布上限 $A=\{a_1,a_2,\cdots,a_n\}$、分布下限 $B=\{b_1,b_2,\cdots,b_n\}$;对比输入数据与不确定区间上限、分布下限间的大小关系。第 i 时刻的数据 d_i 大于 a_i 或小于 b_i 则视原序列 i 时刻数据为误差数据,并对该数时刻据进行剔除,认为该时刻为空值。遍历序列所有时刻并进行数据剔除得到数据 $D'=\{d'_1,d'_2,\cdots,d'_n\}$。将清洗后的数据带入下层进行迭代计算,直至满足迭代条件后输出。

(2)数据空缺插补。数据清洗后,原序列由于误差数据被剔除而存在缺失值,选用 Prophet 拟合曲线进行填充,具体实现步骤为:将清洗后的数据再次带入模型中进行拟合,采用数据缺失时刻相应拟合值对数据进行插补,得到完整数据。

(3)数据预测。Prophet 的预测原理是通过数据拆解,提取趋势项和周期项分别进行拟合预测,合并得到结果数据。对于趋势项,众多边坡的位移情况并不符合 Verhulst 曲线的“S”形趋势[17],加之边坡位移在时间上的极限状态难以借助理论精确推断。因此,模型采取线性趋势来进行拟合。趋势项由历史数据拟合后,其增长趋势在未来假定相同。对于周期项,模型采用加法模式进行提取,认为模型所提取周期项的频率与幅值在未来保持不变。

(4)PSO 优化超参数。本模型对超参数十分敏感。超参数不仅对数据清洗产生显著影响,还对预测起关键作用。本文通过 PSO 算法来对模型超参数进行优化。PSO 算法是 J. Kennedy 等[18]在鸟群觅食启发下开发的一种优化算法。由于其对全局具有良好的搜索能力,同时具备实现简单、收敛速度快的特点,而被广泛应用于各领域的优化问题当中[19-20]。

3 实例分析

3.1 数据概况

以大准线铁路沿线某路基边坡工点为例进行分析。该工点位于准格尔旗地处内蒙古高原和黄土高原交接地带,地质构造属山西台背斜与内蒙古地轴相接之过渡带,边坡高度约为 32 m。工点所在区域岩层平缓,黄土覆盖较厚,测区沟壑纵横,属丘陵地貌,且沿线上覆第四系全新统人工弃土层(Q_4^q)、人工填土层(Q_4^{ml})、冲洪积层(Q_4^{al+pl}),上更新统马栏组(Q_3m)黄土,下伏基岩为第三系上新统(N_2)泥岩。工点边坡位移测点邻近涵洞,从 2019 年 7 月到 2020 年 3 月进行了为期 242 天的监测,位移数据采集频率为一天一次。数据完整无缺失。本文按照接近 15: 2: 10 的比例将数据集划分为训练集、优化集和测试集[21],即选取自监测开始起到 2019 年 10 月 20 日共 130 个数据作为已知数据用作训练模型,为训练集;从 2019 年 10 月 21 日到 2020 年 12 月 9 日共 20 个数据用于 PSO 算法的模型优化,为优化集;余下 92 日监测数据用于模型的评估验证,为测试集。工点实测位移数据如图 2 所示。

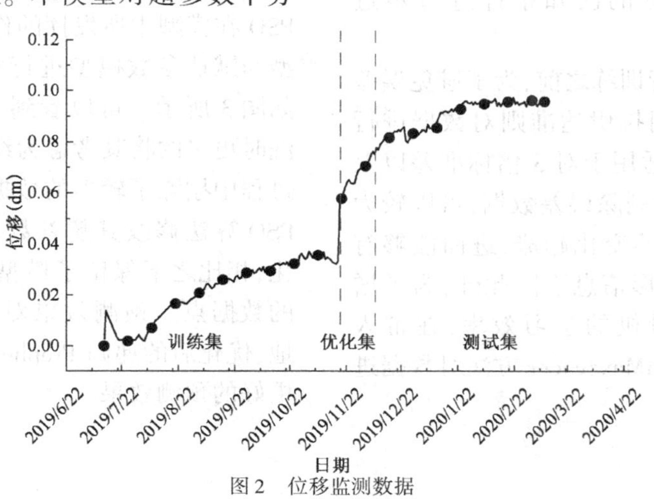

图 2 位移监测数据

3.2　参数设置

对于优化递归 Prophet 模型。设置 PSO 的优化维度为 5 维,待优化的参数分别是:changepoint _ prior _ scale;changepoint _range;interval _ width 以及两个周期 seasonality1;seasonality2。设置粒群数目为 100,寻优次数为 20 次,个体学习度与社会学习度均设置为 2,惯性因子设置为 1。粒子的适应度函数借助 Prophet 在训练集下得到的预测值与优化集的均方误差(MSE)进行表征,其适应度函数 Func 如式(7)所示:

$$\mathrm{Func}=\frac{1}{\mathrm{MSE}} \tag{7}$$

其中,MSE 的计算方法可以由式(8)得到:

$$\mathrm{MSE}=\frac{\sum_{t=1}^{n}\left[y(t)-y_{\mathrm{hat}}(t)\right]^{2}}{n} \tag{8}$$

式中:n——优化集数据长度;

$y(t)$——优化集中 t 时刻的值;

$y_{\mathrm{hat}}(t)$——Prophet 预测数据中 t 时刻的值。

递归迭代终止条件是影响递归 Prophet 模型的重要参数。本文通过预设计算层数来控制迭代次数。为分析计算层数变化对模型带来的影响,本文分别设置不同层数的模型进行对比研究。当层数设置为 1 时,模型为传统的 Prophet 模型。此外,为了探究 PSO 在模型中的作用,在三层模型中,设置了对比工况进行计算。

为了对比基于 PSO 优化的递归 Prophet 与现有主流预测算法的预测效果,本文建立了 GRU 模型、支持向量机模型与之同时进行训练,并对所涉及的重要超参数借助优化算法进行优化。综上,设置的计算工况及相关优化方法见表 1。

计算工况　　表 1

算法		优化方法	归一化方法
传统 Prophet		PSO	无
递归 Prophet	双层	PSO	无
	三层	PSO	无
	三层	无	无
	四层	PSO	无
GRU		PSO	MinMaxScacer
SVR		网格搜索法	MinMaxScacer

在 GRU 模型当中,为考虑与其他模型在预测中获取得到相同的历史信息,采用多步预测方法进行训练。在对未来多日进行预测时,以前期的预测数据作为后期预测的已知条件进行步进预测。

在 GRU 和 SVR 进行训练之前,为了避免误差数据对模型的影响,选用拉伊达准则对数据进行粗差删除。拉伊达准则适用于对 3 倍标准差以上的误差数据的检验,通过剔除误差数据,可以较为真实地反映出监测数据的变化趋势,进而能够有效地分析监测数据的变形信息[3]。此外,为了增强神经网络和支持向量机的学习效率,在带入 GRU 和 SVR 前,采用 MinMaxScacer 方法对数据进行归一化。

3.3　结果与分析

3.3.1　PSO 优化效果对比分析

我们以计算层数为三层的模型为例,探讨 PSO 在模型中所发挥的作用。将 PSO 优化后的模型与默认参数模型进行对比,其清洗效果对比图如图 3 所示。可以看到,默认参数下的模型在清洗时更多的将其考虑为线性,趋势较为平缓,拟合过程中剔除了较多的数据点。而优化的模型借助 PSO 算法修改其超参数,对数据清洗策略进行优化,相比之下保留了模型认为对未来趋势有帮助的数据点。预测效果对比图如图 4 所示。明显地,优化后的递归 Prophet 可以在测试集上表现出更好的预测效果。

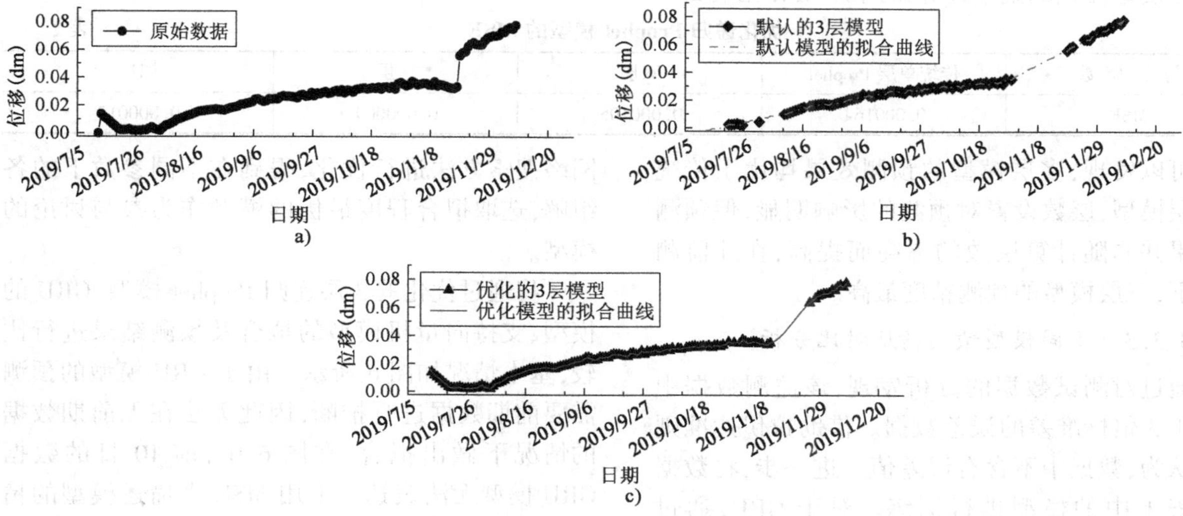

图 3 PSO 优化前后数据清洗效果对比

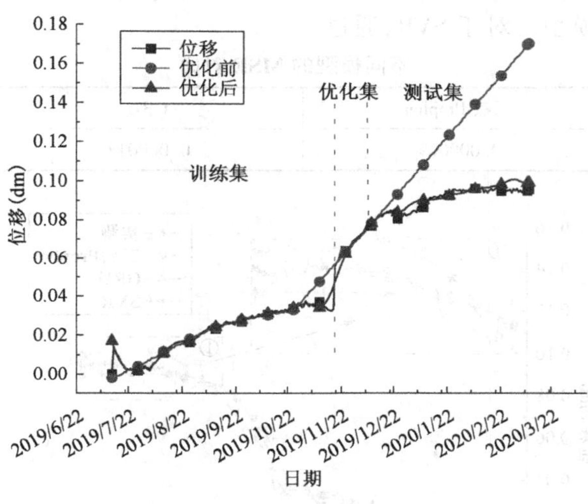

图 4 PSO 优化前后预测效果对比

3.3.2 计算层数对预测精度影响

将训练集与优化集带入采用 PSO 算法优化后的模型进行训练，不同层数的 Prophet 模型的计算结果如图 5 所示。

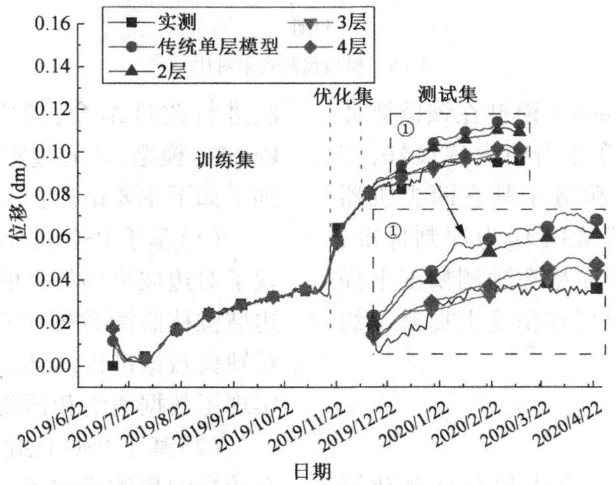

图 5 不同计算层数的预测效果对比

各模型在预测集中计算得到的MSE见表2。

优化递归Prophet模型的MSE　　表2

计算层数	传统单层Prophet	双层	三层	四层
MSE	0.000164	0.000105	0.000009	0.000017

可以发现,多层模型的预测效果均优于传统的单层模型,层数设置对预测的影响明显,但预测的效果并非随计算层数的提高而提高,在此监测数据下,三层模型的预测精度最高。

3.3.3　不同模型预测精度对比分析

通过对测试数据的分析发现,该监测数据中无大于3倍标准差的误差数据。借助拉伊达准则可以认为,数据中不含有误差值。进一步,将数据带入表1中的模型进行训练。对于GRU,通过PSO优化,得到其适应于该断面监测数据的超参数,将参数带入后得到预测模型。对于SVR,通过网络搜索方法进行优化,得到在不同参数下的各组解,选取拟合程度最优的模型作为参与讨论的模型。

将通过优化的3层递归Prophet模型、GRU的模型、支持向量机模型的拟合及预测结果进行比较,基本情况如图6所示。由于GRU模型的预测需要前期数据进行推断,因此无法在无前期数据的情况下做出拟合,在图6中,前10日的数据GRU模型无法表达。采用MSE来描述模型的精度,各模型在该数据下的MSE见表3。

不同模型的MSE对比　　表3

模　型	三层Prophet	GRU	SVR
MSE	0.000009	0.000017	0.000016

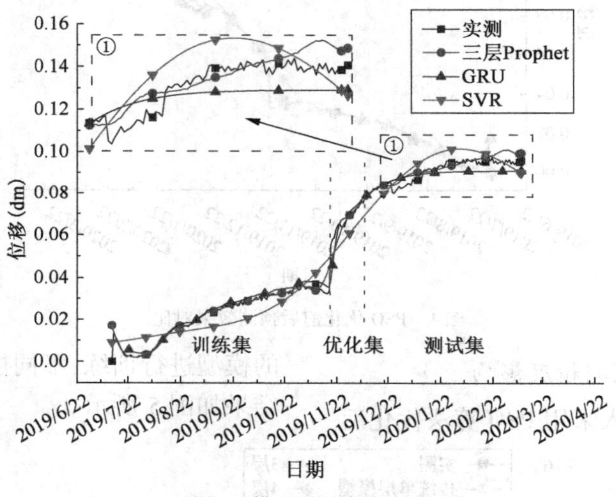

图6　模型预测效果对比

可以发现,三层递归Prophet模型在该监测数据下的拟合情况在各机器算法当中表现最好,其次是GRU模型。SVR模型稍逊于其它两类机器学习算法。在预测方面,以MSE作为评判标准,三层Prophet模型相较GRU模型在预测精度上提升了约47.0%;相较SVR模型在精度上提升了约43.7%。

4　结语

本文通过对原有Prophet算法和PSO优化算法进行改进组合,建立了基于PSO优化的递归Prophet模型,并通过实测监测数据的带入验证,得到了如下主要结论:

(1)基于PSO优化的递归Prophet预测模型实现了对边坡位移数据的清洗与预测。模型可以对边坡位移监测数据中存在的误差值进行剔除,并对缺失数据进行插补。此外,借助PSO算法,模型实现了数据清洗和预测策略的自主学习。

(2)基于PSO优化的递归Prophet预测模型具有较高的预测准确性。经验证,在通过拉伊达准则检验的原始数据下,其预测精度相较 PSO-GRU 提升约了 47.0% ,相较网络搜索寻优的 SVR 模型提升了约 43.7% 。

(3)递归 Prophet 模型的层数设置对数据清洗和预测具有较大影响。模型在层数增加的情况下其预测精度并非单调递增。本文通过试验,得到在文中监测数据条件下,三层 Prophet 模型在预测中的效果最优。

此外,本文采用预设计算层数来进行迭代控制,但该方法并不能有效的得到全局的最优迭代次数。在未来可以将迭代控制条件作为研究重点,进一步完善递归 Prophet 模型。

参考文献

[1] HOU X B. Geotechnical Engineering Slope Monitoring Based on Internet of Things[J]. International Journal of Online Engineering (iJOE),2018,14(06):

[2] LI N,ZHANG Y,HUANG L. Real-Time Slope Monitoring System and Risk Communication among Various Parties: Case Study for a Large-Scale Slope in Shenzhen, China[J]. ASCE-ASME Journal of Risk and Uncertainty in Engineering Systems, Part A: Civil Engineering,2021,7(4).

[3] 吴昊,王深远.基于拉伊达准则的 GNSS 变形监测异常数据识别算法[J].科技创新与生产力,2019,300(01):30-34.

[4] 代斌.基于箱线图法的 PSO-SVM 在小麦种子分类中的应用研究[J].河西学院学报,2018,34(05):19-25.

[5] 孟令雯,张锐锋,李鑫卓,等.基于机器学习的变电站设备异常状态数据清洗[J/OL].电力系统及其自动化学报:1-8[2021-12-28]. DOI:10.19635/j.cnki.csu-epsa.000828.

[6] 李晴文,裴华富,宋怀博,等.基于熵权法优化组合的 PSO-SVR-NGM 边坡位移预测[J/OL].工程地质学报:1-10[2021-12-28]. DOI:10.13544/j.cnki.jeg.2021-0036.

[7] 杨背背,殷坤龙,杜娟.基于时间序列与长短时记忆网络的滑坡位移动态预测模型[J].岩石力学与工程学报,2018,37(10):2334-2343.

[8] TENGTRAIRAT NARUEPHORN,WOO W L, PARATHAI P, et al. Automated Landslide-Risk Prediction Using Web GIS and Machine Learning Models[J]. Sensors,2021,21(13).

[9] LIU Z Q, D GUO D, LACASSE S, et al. Algorithms for intelligent prediction of landslide displacement [J]. Journal of Zhejiang University-Science A (Applied Physics & Engineering), 2020, 21(06): 412-429.

[10] TAYLOR S J, LETHAM B. Forecasting at scale[J]. The American Statistician, 2018, 72(1):37-45.

[11] WANG D L,MENG Y R,CHEN S Z,et al. A Hybrid Model for Vessel Traffic Flow Prediction Based on Wavelet and Prophet [J]. Journal of Marine Science and Engineering,2021,9(11).

[12] RAHMAN, HOSONO, KISI, et al. A minimalistic approach for evapotranspiration estimation using the Prophet model [J]. Hydrological Sciences Journal, 2020, 65 (12).

[13] 沈时宇,陈明.Prophet 时序模型在短期水质溶氧预测中的应用[J].渔业现代化,2020,47(03):29-35.

[14] 赵杰,高志良,巨淑君,等.基于趋势拐点研究的 Prophet 边坡位移预测研究及应用[J].西南民族大学学报(自然科学版),2021,47(02):214-220.

[15] 王志颖,李宗春,许文学.用于边坡变形分析与预测的 PSO-Prophet 模型[J].岩石力学与工程学报,2021,40(S1):2643-2652.

[16] EL, B R, Grzegorz L , et al. Structural analysis of conditions determining the selection of construction technology for structures in the centres of urban agglomerations. Open Engineering, 2018: 8 (1).

[17] MIAO S J, Hao X, Guo X L, et al. Displacement and landslide forecast based on an improved version of Saito's method together with the Verhulst-Grey model[J]. Arabian Journal of Geosciences,2017,10(3).

[18] KENNEDY J, EBERHART R C. Particle swarm optimization[C]// Proceedings of the IEEE International Conference on Neural Networks. Perth, Australia: [s. n.], 1995: 1942-1945.

[19] SONG G, ZHANG Y F, BAO F X, et al., Stock prediction model based on particle swarm optimization LSTM. Journal of Beijing University of Aeronautics and Astronautics, 2019. 45(12): 2533-2542.

[20] WANG, XIUJIE, WANG Y P, YUAN P X, et al., An adaptive daily runoff forecast model using VMD-LSTM-PSO hybrid approach. HYDROLOGICAL SCIENCES JOURNAL-JOURNAL DES SCIENCES HYDROLOGIQUES, 2021. 66(9): 1488-1502.

[21] 胡海,黎杰,王培,等.宫颈癌后装治疗中基于U-net的自动施源器分割[J].实用肿瘤学杂志,2021,35(03):248-253.

面向重载铁路桥梁预防性维护需求的无人机高精度采集与建模

张 斌[1] 陈闻笛[2] 涂国洋[2] 谢晋东[*2] 曹先彬[2]

(1.国能朔黄铁路发展有限责任公司科技发展部;2.北京航空航天大学电子信息工程学院)

摘 要 利用无人机对桥梁等交通基础设施进行健康检测是近年的研究热点,但是铁路桥梁的运行维护需求独特,尤其针对重载铁路桥梁预防性维护业务的无人机巡检业务,需要高精度数据采集方案。本文提出一种二维高精度数字资产与三维建模相结合的铁路桥梁无人机巡检方法,设计了四部分有机融合的航拍步骤,包括倾斜摄影建立粗精度三维模型、线性环绕扫描建立局部精细化模型、定点高清矩阵拍摄和桥底补盲拍摄实现局部增强。所建高精度重载铁路桥梁三维数字资产,可以对潜在的重载铁路桥梁病害进行全方位、多视角、分层次的观察,有效支撑预防性维护业务中的智能化处理流程。通过在朔黄铁路滹沱河特大桥开展实地采集试验,取得了大桥局部高精度数字资产样例,达到了每像素0.2mm的分辨率精度。

关键词 重载铁路 桥梁检测 无人机 高精度数字资产

0 引言

重载铁路运输由于具有运能大、能耗小、成本低、效率高等独有的技术经济优势,在货物运输中占据着重要地位[1]。朔黄铁路是我国西煤东运的第二大通道,为了提高通道整体运输效率、发掘重载铁路运输潜能,近年来朔黄铁路不断提升设备技术水平,持续开展轴重30t条件下的线路设备改造、应用大功率交流机车和重型货车,这对朔黄铁路桥梁的维护管理提出了更高要求,尤其是在病害早期预警和预防性维护方面。

朔黄铁路已经初步对全线所有桥梁建立了资料档案车,可以实现桥梁巡检结果的及时录入、对比分析、病害分析等初步处理。但是,桥梁病害的检查仍以传统手段为主,依靠人工或辅助工具(如桥检车、望远镜等)来检测桥梁主要构件是否出现裂缝、开裂破损、露筋锈蚀、支座脱空等病害[2]。受制于铁路天窗期作业管理模式以及人工操作水平等,现行桥梁巡检保障模式可能难以满足未来朔黄铁路高速发展和持续安全运营的紧迫需求。

近年来,无人机航空摄影测量及其三维重建技术高速发展,空地协同的桥梁精细化检测对大型基础设施预防性维护工作具有重要意义,是近期交通运维领域的研究热点。但是,目前典型的无人机航空摄影测量技术,由于安全拍摄距离、环境遮挡及采集角度等局限,不可避免会导致数据采集不充分、原始素材精度不足和分辨率抖动等情

1.基金项目:国能朔黄铁路发展有限责任公司科技创新项目“朔黄铁路桥梁设施无人机巡检系统应用研究”(项目编号GJNY-19-90)。

况，极易导致桥梁建模后的数字资产结构缺失、匹配错乱和表面纹理精度不足甚至丢失[3]。文献[4]已经针对斜拉公路桥提出了“先整体后局部，分层拍摄，促使多个不同分辨率的影像融合为一体”的桥梁建模方法，虽然提高了斜拉公路桥的建模精度，但是并不适用于重载铁路桥梁的精细化采集建模的需求。一方面，斜拉公路桥的巡检任务主要瞄准上部主塔和斜拉索等部位，而重载铁路桥梁一般采用双线桥混凝土结构，其巡检重心一般在梁体侧面、底部、支座、墩柱等部位；另一方面，混凝土构件的主要病害也与钢索斜拉桥不同，主要以裂缝的形式表现[4]。利用三维模型可以实现任意方向旋转和缩放的特点，从多视角、多尺度对桥梁病害进行检测，不但能够有效解决单张照片视角存在偏差、死角、模糊等问题，而且可以显著提高桥梁潜在病害(如微小细微裂缝)检测的准确性和效率[5]。根据我国铁路桥梁养护标准，为满足朔黄铁路桥梁病害早期预警和预防性维护的任务需求，迫切需要一种可以构建整个桥梁高精度三维模型，实现对桥梁侧面、底部等局部潜在病害区域做重点观测的技术体系，其中的核心难点是提高无人机全覆盖高精度数据采集能力。

1 总体技术思路

为满足重载铁路桥梁全覆盖、高精度素材的采集需求，本文建立了一套“先粗模、再精扫；先全局、再补盲”的技术路线，可以实现重载铁路桥梁表面状态的高精度数据采集与建模。所研数据采集与建模方法通过二维数字资产与三维模型相结合方式，实现高精度桥梁外观数据的全覆盖采集，从而实现潜在病害的缺陷定位、形态与尺寸识别，预期可以为朔黄铁路全线桥梁安全养护和预防性运维提供决策依据，有效提高桥梁日常检查效率和病害处理能力。针对重载铁路混凝土双线桥，飞行拍摄方案可按照技术路线分为以下四个步骤：

(1)粗精度三维模型建立。通过倾斜摄影方式获取桥梁主体结构及周边环境的分米(dm)级三维模型，为后续精密扫描的无人机航迹规划提供三维空间参考和障碍物位置信息。使用倾斜摄影技术体系，拍摄桥梁主体及周边环境的高分辨率照片，为桥面部分、锥坡、梁体等桥梁主体与周边环境建立初步的三维模型。为了便于后期数据处理和精细化建模，因此需保证航向重叠度和旁向重叠度在75%以上，并使用无人机记录每张照片的位置和姿态信息(POS)，通过空中三角解算、建立密集点云、纹理贴图等操作最终生成铁路桥三维模型，其流程如图1所示。

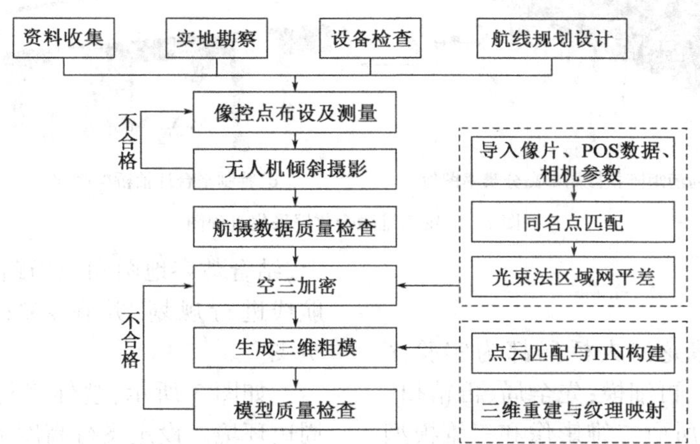

图1 基于无人机倾斜摄影建立粗精度三维模型流程图

因为无人机飞行过程中相机会由于视角和重叠度的原因造成照片漏拍或模糊，所以对于飞行采集到的无人机影像数据，在进行空中三角测量之前，需要先进行照片质量检查，剔除数据中成像模糊的影像，对遗漏的重点检测部位进行补拍处理。

(2)桥梁精细化扫描。针对粗精度模型中结构破损扭曲和纹理拉花等缺陷部分进行精细扫描，主要采取对桥体侧面进行线性环绕式拍摄获得精细化三维模型。因为桥梁完整的三维模型精度不高,仅满足 1∶ 500 大比例尺地形图测绘需求,且桥梁高度过低时即使使用多视角的倾斜摄影也会造成桥梁侧面墩柱、支座等信息丢失,所以需要在得到桥梁粗模的基础上进行航线规划环绕式立面飞行建立桥梁侧面精细化三维模型。虽然桥梁周围有许多树木、电线杆等障碍物会对无人机的飞行造成安全隐患,但是在桥梁粗模型的基础上可以直观测量到所规划航线到障碍物的距离,进而精确地保证安全的航线规划,这也是先建立粗模再建立精细化模型的优势之一。对桥梁侧面进行线性环绕式摄影测量,以桥体为中心,飞行作业时,围绕桥梁进行半圆式拍摄,此外,为保证多视角照片间的同名点匹配效果,需要保证邻接航迹重叠度在 80% 以上,拍摄夹角在 30°以内变化。

(3)局部重点区域增强。针对桥梁重点区域可能具有的潜在病害,如墩柱露筋、支座脱空等,需要采用无人机定点矩阵拍摄的方式获取高分辨率图像(0.2mm/pixel),以达到可以检测裂缝的混凝土桥梁病害识别标准。后期将得到的高精度二维数字资产与三维模型融合,就可以容易地通过智能识别算法标记包括裂缝在内的潜在病害。

(4)桥底补盲。因为桥底无法获取卫星定位信号,无人机飞行存在安全隐患,所以针对桥梁底部结构病害(如梁体开裂等)需要采用特制无人机飞行平台进行多视角照片采集。与建立精细化模型检测任务类似,桥梁底部同样需要邻接照片的重叠度在 75% 以上,以保证检测部位无遗漏和死角。

通过以上四个巡检步骤,可以得到桥梁及其周边环境的高精度数字影像数据和三维模型,而且可以对桥梁局部重点病害部位进行人工识别和智能化计算机识别训练,从而为构建一套完整的桥梁预防性维护管理系统实现数据采集和建模准备,该系统的四步流程如图 2 所示。

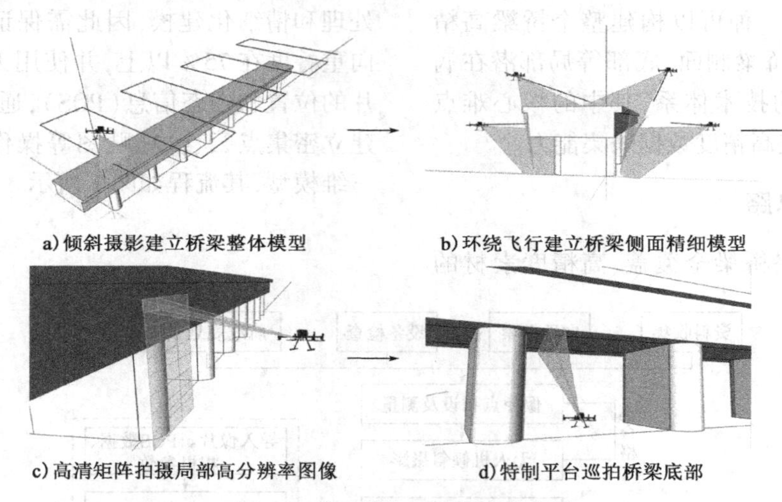

图 2　二维三维融合数据采集流程图

2　应用实例

本文以朔黄铁路滹龙河大桥局部为实验区域,充分测试了“先粗模、再细模;先全局、再精扫”的技术体系。采用本文所研二维影像和三维模型相结合的方法,首次实现朔黄铁路混凝土双线桥典型特征全方位、多层次采集。所建数字资产,可以用于后续桥梁病害和潜在缺陷的智能化分析。

2.1　三维模型建立

首先使用无人机进行目标区域进行倾斜摄影,在充分调研收集测区地形、天气等资料的基础上,结合数字地图和现场踏勘,对无人机倾斜测绘航线进行规划,并在 2021 年 12 月 4 日天窗期执飞。

如图 3 所示,整体飞行航线包含桥梁主题及周边环境。设定飞行高度为 140m,航向重叠度为 80%,旁向重叠度 70%,预期地面采样精度约为 5cm/pixel。使用等效 24mm 镜头,1/2.3" CMOS 4056×3040 分辨率传感器,本次飞行任务共拍摄照片 938 张,测区面积为 1.137km^2。通过内业处理,完成桥梁区域粗精度三维模型如图 4 所示。粗精度模型为局部高精度航线规划提供坐标参考和障碍物的准确位置,可有效保证抵近飞行的有效性和安全性。

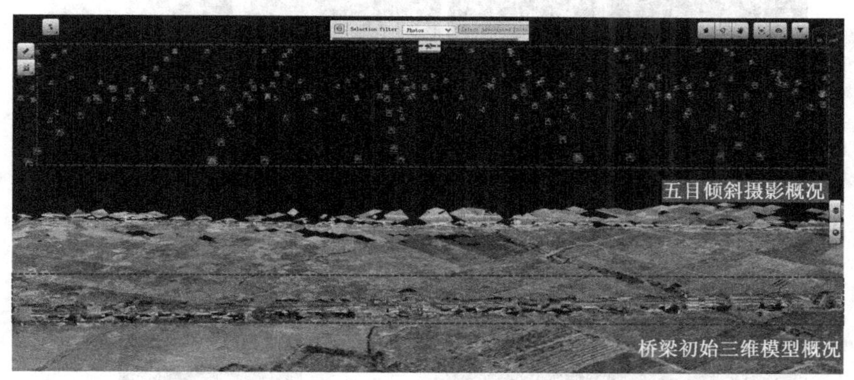

图3 无人机倾斜摄影航迹概况

图4 渚龙河大桥粗精度三维模型

2.2 线性环绕扫描与精细模型建立

在桥梁粗精度模型的基础上,对目标桥梁区域进行线性环绕式抵近精密扫描拍摄。无人机航线规划采用以桥体为中心,设定拍摄距离为8m的左右分层线性拍摄。桥体北侧3条扫描航线,航高分别为50m、30m和25m;桥体南侧2条扫描航线,航高分别为50m、25m。环绕扫描拍摄共拍摄影像811张。实测分辨率为1mm/pixel,得到了高精度三维模型纹理贴图。现场扫描过程和成果样例如图5所示。

图5 线性扫描拍摄与高精度三维模型纹理

2.3 定点高清矩阵拍摄

上述步骤建立的模型分辨率仍未达到混凝土桥梁病害识别检测标准要求,因此需要对桥梁易发生潜在病害(如桥墩裂缝、表面破损、蜂窝麻面以及露筋锈蚀外露等)的局部区域进行重点增强。通过对精细模型的遮挡分析,可以规划出需要重点增强的空间位置。使用无人机高清矩阵拍摄功能,对选定的空间位置(例如桥梁墩柱的指定位置)进行局部近距离拍摄。例如在本例中,选择对渚龙河大桥10号桥梁墩柱进行高清矩阵拍摄,得到100张图片,拼合后得到25551×39591像素的超高清二维影像图片,精度为0.2mm/pixel。该区域可以明显观测到墩柱上0.1mm×50mm尺度的裂缝形态,如图6所示。

图6　对桥梁墩柱进行高清矩阵拍摄

2.4　桥底补盲巡检

由于桥梁遮挡,梁体下方的卫星定位信号不稳定。为了对桥面以下的结构病害实现近距离观测,使用特制无人机拍摄桥面下部结构的多视角照片,从而保证检测区域无遗漏和死角。桥梁底部三维模型如图7所示。从模型中可以清晰观测到桥梁下方梁体上的纹理,并且可以在三维模型上实现厘米级的测量精度,如图8所示。对支座脱空等厘米级人工检测任务来说,该三维模型可以满足对桥面以下结构局部重点监测的需求。

图7　三维桥梁模型底部

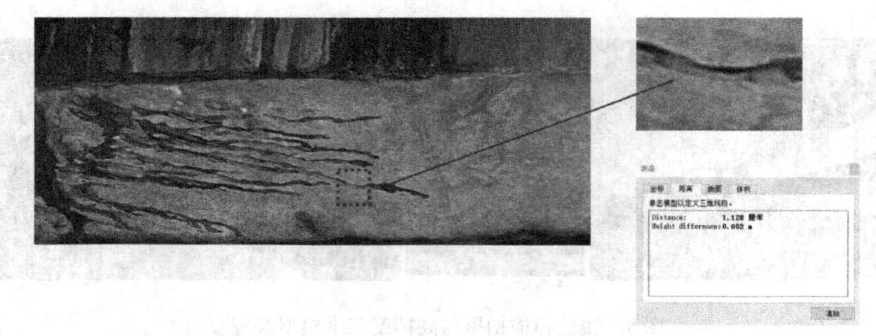

图8　桥面模型的底部纹理量测

2.5　高精度桥梁数字资产生成

通过粗精度三维建模、高精度线性扫描、局部区域增强和桥底区域补盲的数据采集步骤,可以获得构建高精度桥梁三维模型的所有现场数据。后续通过与桥梁建筑信息管理系统中的高精度三维模型进行时空融合匹配,可以得到高精度的数字资产,如图9所示。样例模型的分辨率精度为:桥梁侧面与墩柱0.2mm/pixel,桥梁底面1mm/pixel,桥梁表面1cm/pixel。

图9 朔黄铁路滹龙河大桥高精度桥梁数字资产样例

3 结语

本文提出一种混合式铁路桥梁全覆盖无人机巡检方法，可以在粗精度三维模型的基础上，采用环绕式线性扫描、定点高清矩阵增强和桥下补盲拍摄的方法，获得桥梁全方位、高精度的表面状态信息，用于病害的定位及定量分析。通过在朔黄铁路滹龙河大桥现场实测表明，无人机空地协同的混合层次化空基数据采集，可以达到重载铁路桥梁预防性维护高精度（0.2mm/pixel 分辨率）的数据采集要求。所构造的桥梁数字资产，利用三维模型可以实现任意方向旋转和缩放的特点，从多视角、多尺度对桥梁病害进行检测，有效解决单张照片视角存在偏差、死角、模糊等问题，预期可以显著提高重载铁路桥梁病害检测的准确性和有效率。

参考文献

[1] 朱雨，石利刚，王健慧. 面向智慧化的重载铁路发展研究[J]. 交通科技与经济，2021，23(04)：59-64.

[2] 刘寿山. 朔黄重载铁路桥梁病害分析及维管对策研究[J]. 国防交通工程与技术，2015，13(S1)：13-15.

[3] 卞敏，徐亮，骆元鹏，等. 空地一体精细化三维模型构建方法[J]. 测绘通报，2019(07)：83-86.

[4] 刘洋，李秀丽，张凯想，等. 基于无人机贴近摄影测量的桥梁精细化建模[J]. 公路，2021(12)：106-109.

[5] 傅希刚. 铁路桥隧养护简明手册(修订版)[M]. 北京：中国铁道出版社，1999.

高温下纵连板轨道-销钉体系承力传力特性

刘伟斌[1,2] 钟阳龙[3*] 邵春强[3]，高 亮[3]

（1. 中国铁道科学研究院集团有限公司；

2. 中国铁道科学研究院集团有限公司高速铁路轨道技术国家重点实验室；

3. 北京交通大学土木建筑工程学院）

摘 要 销钉锚固是目前整治和预防纵连板上拱病害的主要措施之一。为分析高温下纵连板轨道-销钉体系的承力传力特性，指导销钉现场运维，本文采用内聚力本构模拟销钉与轨道板、CA 砂浆和底座板之间的界面黏结作用，采用混凝土损伤塑性模型模拟销钉周围混凝土和砂浆可能存在的损伤开裂，构建了可细致分析销钉受力特征的纵连板轨道-销钉体系分析模型。结果表明:温度荷载下销钉同时承受拉剪荷载,且以上拔力为主;销钉主要通过中间区域与混凝土的黏结力进行荷载传递;锚固能力主要受周围混凝土强度的限制;当考虑窄接缝缺损时,整体温升 5℃ + 正温梯 9℃/m 条件下轨道板和 CA 砂浆交界处混凝土率先出现开裂,开裂范围和深度随着温度的升高而增大,弱化了锚固能力。建议加大宽窄接缝状态的检查,避免接缝处出现缺损。

关键词　轨道交通　无砟轨道　承力传力特性　有限元　锚固销钉

0　引言

CRTSⅡ型无砟轨道是我国广泛应用的一种纵连板式轨道,全路共铺设 8858km[1]。高温胀板是 CRTSⅡ型无砟轨道存在的主要病害,已引起各方高度重视。目前主要采用植筋锚固方式进行胀板的预防[1]或整治[2-5]。

既有文献针对 CRTSⅡ型无砟轨道植筋锚固已开展了部分研究。王继军[6]对板式无砟轨道锚固销钉限位技术进行了试验研究,提出了适用于板式无砟轨道的销钉布置方案。倪跃峰、任娟娟等[3]通过建立抬板维修有限元仿真模型,研究提出了需要锚固的轨道板长度和植筋方案,为 CRTSⅡ型板式轨道抬板维修提供了理论支撑。钟阳龙、高亮等[7]研究指出植筋可以明显提高轨道层间抗剪性能,并提出了不同温升幅度时的植筋方案建议。袁博、刘学毅、肖杰灵等[8-9]通过建立 CRTSⅡ型板高温上拱稳定性及销钉锚固性能综合分析模型,研究了销钉尺寸和数量等对轨道板上拱位移和受力的影响,提出了合理的销钉锚固布设方案。张晓东等[10]建立了细观尺度的植筋锚固连接力学模型,为销钉受力的精细分析提供了有效手段。黄自鹏、何越磊等[11]通过建立 CRTSⅡ型板式无砟轨道植筋锚固修复有限元模型,研究确定了合适的植筋数目和位置。李扬、陈进杰等[12]在植筋模型中充分考虑了混凝土材料和界面黏结的非线性特征,研究了植筋锚固对轨道层间离缝和轨道板上拱的抑制作用。

通过现状调研分析可知,既有研究在无砟轨道锚固方案方面开展了一定工作,为轨道板上拱病害的现场整治提供了重要支撑。但针对销钉在纵连板轨道体系中受力特征方面的研究较少,对此本文基于内聚力理论和混凝土损伤塑性模型,构建了纵连板轨道-销钉体系分析模型,对销钉承力传力特性进行分析,以期为销钉锚固方案优化及现场运维提供理论支撑。

1　纵连板轨道-销钉体系分析模型

1.1　模型假定

(1)偏不利考虑,忽略钢轨、扣件、轨道板预裂缝、承轨台、轨道板纵横向普通钢筋和横向预应力筋的影响[13]并对轨道板端部位置的形状进行适当简化。

(2)轨道系统受温度、列车荷载等复杂外部荷载共同影响,砂浆层与轨道板的黏结作用大幅降低。因此偏不利考虑,忽略砂浆层对轨道板的黏结强度[13]。

(3)考虑到植筋胶的厚度非常小,将植筋胶简化为钢筋与混凝土(CA 砂浆)之间的黏结层[12],采用内聚力模型表征其滑移、脱黏等本构关系。

1.2　模型建立

纵连板轨道-销钉体系分析模型如图 1 所示,主要由轨道板、CA 砂浆层、底座板和销钉组成。考虑边界影响和计算效率问题,选择 10 块轨道板的长度进行建模,模型总长 65m[7](由于考虑对称,相当于总长 130m)。对称位置端部采用对称约束,另一端部采用固定约束,如图 1 所示。轨道板、CA 砂浆层、底座板和销钉均按照实际尺寸采用 8 节点 C3D8R 实体单元建模。考虑轨道板与砂浆层完全离缝,采用"硬接触"和摩擦属性模拟。砂浆层和底座板之间黏结完好,采用共节点的绑定连接。由于重点研究销钉-纵连轨道的受力变形,不考虑下部结构影响,将底座板底部节点完全约束。

销钉植筋方案参考文献[1],即在每块轨道板两端分别植入 2 根销钉。为细致分析销钉本身及销钉与周围混凝土(CA 砂浆)的各项力学特征,将销钉局部进行细化,如图 1 所示。无砟轨道销钉锚固连接中有四种不同的介质,即混凝土、CA 砂浆、销钉和植筋胶。考虑到植筋胶厚度非常小,将植筋胶简化为钢筋与混凝土(CA 砂浆)之间的黏结层,采用内聚力模型[14]模拟销钉-混凝土(CA 砂浆)

1. 基金项目:国家自然科学基金项目(51908031);高速铁路轨道技术国家重点实验室(中国铁道科学研究院集团有限公司)开放基金项目(2019YJ197)。

本构关系。将销钉周围300mm×300mm的矩形范围作为锚固销钉局部细化区域[10],单元网格最小尺寸5mm。轨道板和底座板混凝土和CA砂浆都采用损伤塑性模型[15]模拟可能的损伤开裂。

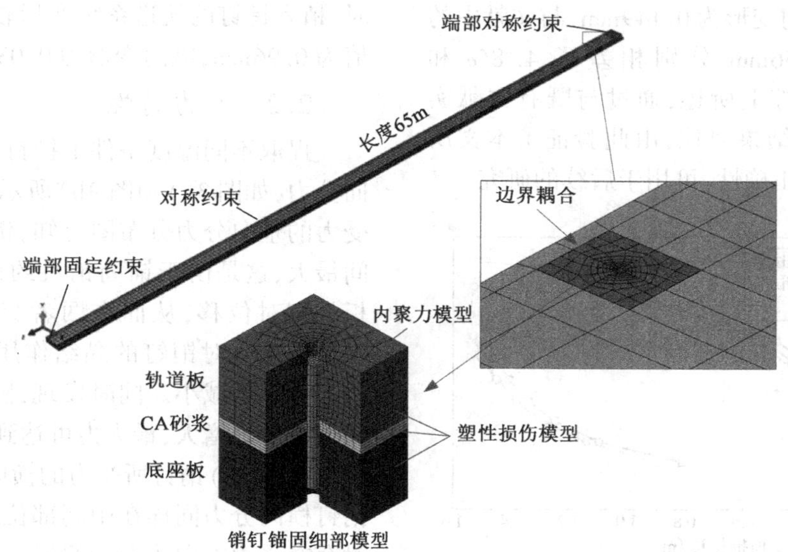

图1 CRTSⅡ型板式无砟轨道-销钉体系分析模型

1.3 模型参数

轨道板长宽厚尺寸分别为6.45m、2.55m和0.2m,混凝土强度等级C55。CA砂浆为水泥乳化沥青砂浆,厚度0.03m。底座板宽2.95m,厚0.19m。CRTSⅡ型板式无砟轨道主体结构材料参数汇总见表1。

为了更真实地模拟外部荷载作用下纵连板轨道-销钉系统受力变形规律,需要可考虑混凝土、砂浆材料的损伤,本文采用混凝土、砂浆材料的损伤塑性本构关系。根据文献[15]得到轨道板、CA砂浆和底座板混凝土受拉受压应力-非弹性应变和受拉受压损伤因子-非弹性应变四组参数。

轨道板与CA砂浆层间界面为法向硬接触,切向摩擦系数0.5。结合实际工程中所用植筋胶性能指标,轨道板与销钉之间内聚力参数取为:法向刚度1.8×10^{12}N/m,切向刚度1.8×10^{12}N/m;法向强度9×10^{6}Pa,切向强度1.8×10^{7}Pa;法向断裂能45J/m^2,切向断裂能180J/m^2。CA砂浆、底座与销钉之间内聚力参数为:法向刚度1.2×10^{12}N/m,切向刚度1.25×10^{12}N/m;法向强度6×10^{6}Pa,切向强度1.25×10^{7}Pa;法向断裂能30J/m^2,切向断裂能125J/m^2。

荷载条件方面,同时考虑重力和温度荷载。温度荷载从0~升温50℃+正温梯90℃/m。

CRTSⅡ型板式无砟轨道主体结构材料参数汇总 表1

部　件	材　料	弹性模量(MPa)	泊松比	热膨胀系数(℃$^{-1}$)	密度(kg/m^3)
轨道板	混凝土	3.55×10^{4}	0.2	1.00×10^{-5}	2500
CA砂浆	砂浆	8.00×10^{3}	0.34	1.30×10^{-5}	2400
底座板	混凝土	3.00×10^{4}	0.2	1.00×10^{-5}	2500
销钉	钢	2.10×10^{-5}	0.3	1.18×10^{-5}	7850

1.4 模型验证

本文首先通过与现场顶推试验结果对比验证销钉细部模型及参数的合理性。现场顶推试验[16]和仿真模拟得到的顶推力-位移曲线如图2所示。可知仿真结果与试验结果比较接近,验证了锚固销钉局部模型的正确性。

整体模型验证部分,对比参考文献[17]在某客运专线某特大桥的CRTSⅡ型板式无砟轨道现场实测数据,当轨道板上下表面温差为-7℃时,轨道板最大竖向相对位移为0.76mm,对文所建模型施加同样荷载,所得轨道板最大竖向相对位移为0.79mm,最大仅相差4.2%。另外,对比参考文献[18]的理论计算结果,当本文模型考虑层间黏结完好,层间采用绑定连接时,在正温度梯度 80℃/m 作用下,板底最大纵向拉应力为 1.172MPa,板底竖向变形为 0.149mm,与文献中的 1.118MPa 和 0.156mm 分别相差了 4.8% 和 4.4%,相差很小。综上所述,通过与既有文献实测数据和理论计算结果对比,由此验证了本文所建立的整体模型的正确性,可用于后续的研究。

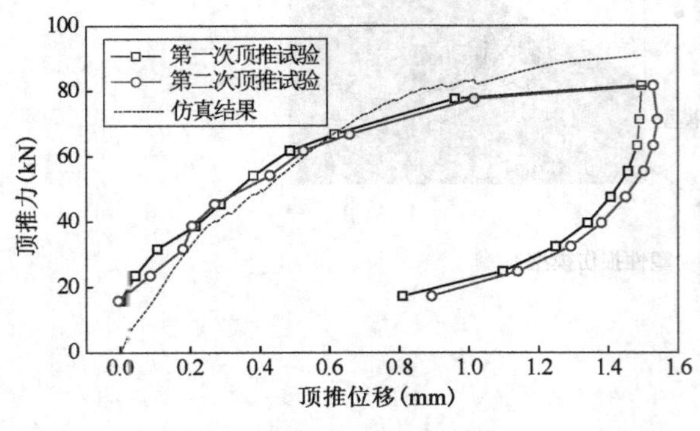

图2　顶推力-位移曲线

2　接缝完整情况下承力传力特性

CRTS Ⅱ 型板式无砟轨道为纵连结构,板间宽窄接缝状态直接影响轨道系统受力变形。为细致分析温度荷载下纵连板轨道-销钉体系承力传力特性,本文主要考虑了宽窄接缝完整和窄接缝缺损 2 种情况。

2.1　变形特征

宽窄接缝完整情况下轨道板受力均匀,稳定性好[19]。温度荷载下整个轨道系统的纵向变形较小,对于销钉受力更为有利。计算结果表明,当温度从 0 升高到整体温升 50℃ + 正温梯 90℃/m 时,植入销钉的轨道系统变形较小,垂向变形最大值为 0.96mm,纵向变形为 0.03mm。

2.2　承力特性

提取不同温度条件下销钉长度范围内的垂横向分力,如图 3a) 和图 3b) 所示。由图 3a) 销钉所受力的垂向分力分布图可知,销钉两端力较小,中间最大,这是由于锚固销钉约束着轨道板与底座板的相对位移,从而在两者交界位置受力最大。由于混凝土对销钉的黏结作用,往两端所需的黏结力会逐渐减小。同时发现,随着温度的升高,垂向分力随之增大,最大力可达到 38.94 kN。

由图 3b) 销钉所受力的横向分力分布图可知,销钉横向分力同样在中间部位最大,两端最小,同时存在受力方向改变的情况。这是由于轨道系统横向伸缩自由,在不均匀温度分布条件下轨道板与底座板存在横向错移,从而导致销钉横向受剪。另外,随着温度的升高,横向分力随之增大,最大横向力为 8.03kN。由此可见,销钉同时承受拉剪荷载,以上拔力为主。

为了评估销钉是否存在断裂的可能,本文提取了销钉在整体温升 50℃ + 正温梯 90℃/m 条件下的应力云图,如图 4 所示。由图 4 可知,销钉的 Mises 应力最大值为 131.2MPa,拉应力最大值为 120.4MPa,小于抗拉强度设计值 450N/mm^2。剪应力为 17MPa,远小于抗剪强度设计值 360N/mm^2,说明销钉不会断裂。

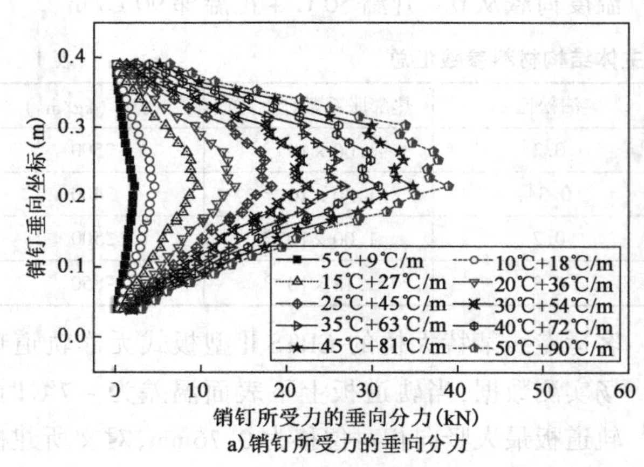

a) 销钉所受力的垂向分力

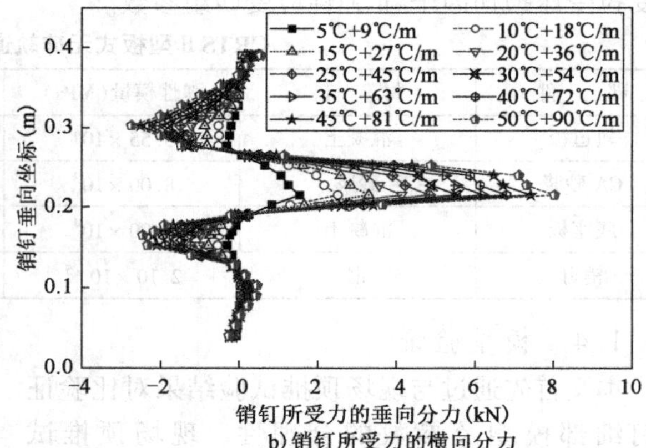

b) 销钉所受力的横向分力

图3　接缝完整条件下销钉受力图

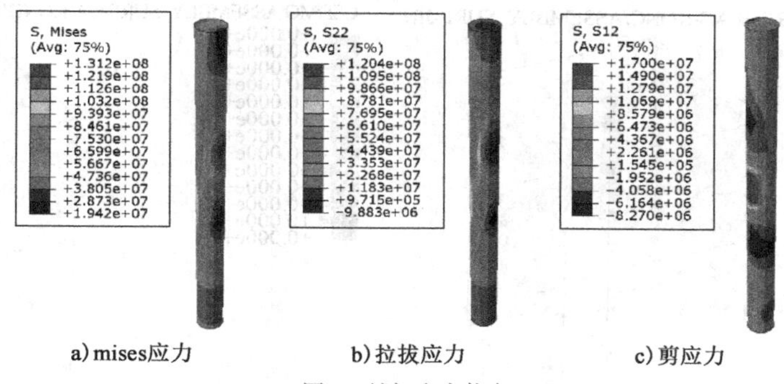

a) mises应力　　b) 拉拔应力　　c) 剪应力

图 4　销钉应力状态

2.3　传力特性

轨道系统与销钉之间的作用力是通过销钉-混凝土交界面传递的，因此本文通过提取销钉-混凝土界面的受力分布，来对销钉传力特性进行分析。由于销钉受力的复杂性以及应力方向的多样性，分别对单一应力分量分布规律进行分析是困难的。因此，本文采用 CSQUADSCRT 指标来对界面应力分布情况进行评估和分析。CSQUADSCRT 指标定义如下：

$$\mathrm{CSQUADSCRT}=\left\{\frac{t_{\mathrm{n}}}{t_{\mathrm{n}}^{0}}\right\}^{2}+\left\{\frac{t_{\mathrm{s}}}{t_{\mathrm{s}}^{0}}\right\}^{2}+\left\{\frac{t_{\mathrm{t}}}{t_{\mathrm{t}}^{0}}\right\}^{2} \tag{1}$$

式中：t_{n}、t_{s}、t_{t}——界面法向和两个切向的应力；

t_{n}^{0}、t_{s}^{0}、t_{t}^{0}——抗拉强度和两个切向的抗剪强度。

CSQUADSCRT 指标范围为 0～1，达到 1 时，表明满足伤损萌生判定条件，伤损开始萌生。

图 5 为销钉-混凝土界面的 CSQUADSCRT 指标变化图。由图 5 可知，界面 CSQUADSCRT 指标在轨道板和 CA 砂浆交界处最大，往销钉两端逐渐减小。这与上节分析的销钉受力情况相符。同时随着温度的升高，CSQUADSCRT 指标随之增大，并存在往销钉两端偏移的趋势。这说明销钉的力主要通过中间部分的黏结力进行传递，当温度较大时，传力范围逐渐增大。同时发现，销钉-CA 砂浆/底座板界面的 CSQUADSCRT 指标明显大于销钉-轨道板界面，说明前者比后者更易出现界面脱粘。

当温度达到整体温升 50℃ + 正温梯 90℃/m 时，CSQUADSCRT 指标最大值为 0.75，小于 1，说明在以上温度条件下不会出现销钉-混凝土脱黏的情况，如图 6 所示，界面损伤指标 CSDMG（指标范围为 0～1，达到 1 时表明层间伤损达到脱黏）皆为零，未出现销钉界面脱粘伤损问题。

图 7 为销钉周围混凝土损伤因子 SDEG（指标范围为 0～1，达到 1 时表明伤损达到开裂）分布情况，可知混凝土损伤首先发生在轨道板和 CA 砂浆交界处，并逐渐往两端发展。这与上文分析的承力传力情况相符。当温度较大时，轨道板和 CA 砂浆交界处可能出现裂纹。通过以上分析可知，销钉自身的强度和界面的黏结强度都具有一定的安全富裕，其限位能力主要受周围混凝土强度的限制。

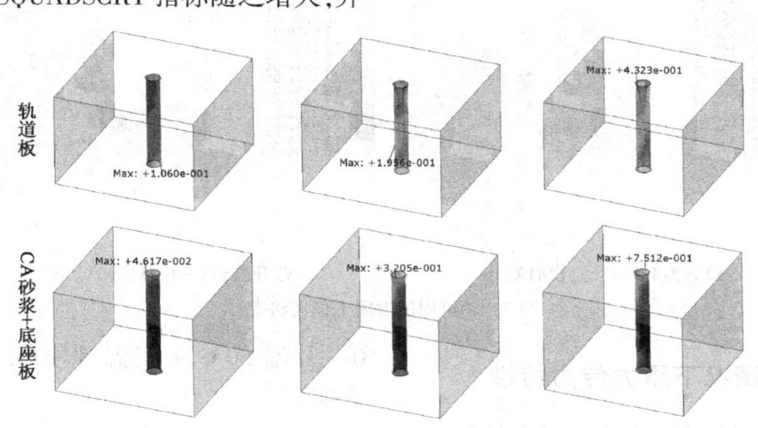

a)升温5℃+正温梯9℃/m　b)升温30℃+正温梯54℃/m　c)升温50℃+正温梯90℃/m

图 5　销钉-混凝土界面 CSQUADSCRT 指标变化图

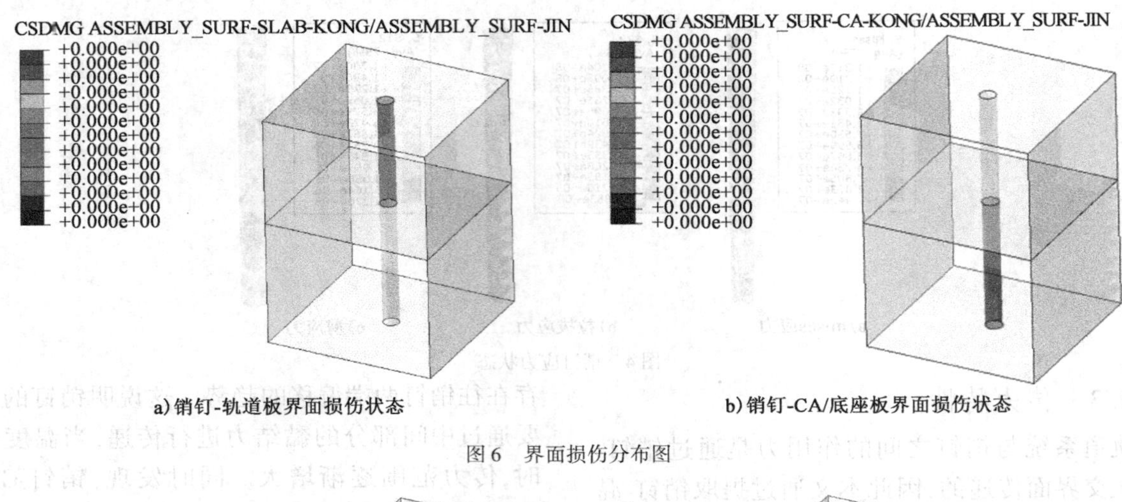

a)销钉-轨道板界面损伤状态　　b)销钉-CA/底座板界面损伤状态

图 6 界面损伤分布图

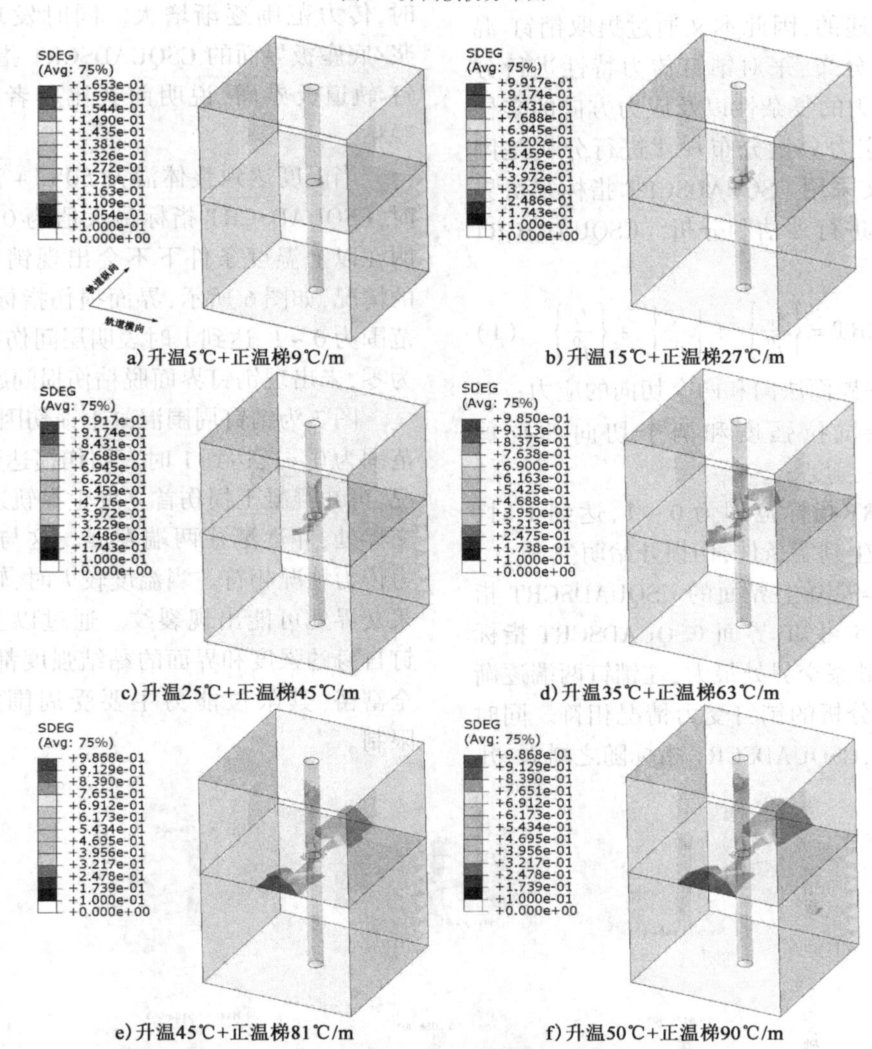

a)升温5℃+正温梯9℃/m　　b)升温15℃+正温梯27℃/m

c)升温25℃+正温梯45℃/m　　d)升温35℃+正温梯63℃/m

e)升温45℃+正温梯81℃/m　　f)升温50℃+正温梯90℃/m

图 7 销钉周围混凝土损伤状态

3 窄接缝缺损情况下承力传力特性

参考文献[12],取最不利情况考虑窄接缝完全缺损,如图 8 所示。荷载条件不变,温度荷载从 0 ~ 升温 50℃ + 正温梯 90℃/m,同时考虑重力影响。

3.1 变形特征

窄接缝缺损会导致轨道板偏心受压,易引发

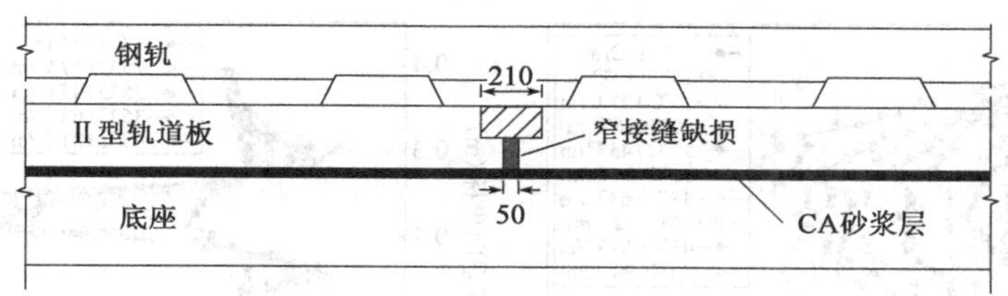

图8　窄接缝缺损示意图(尺寸单位:mm)

无砟轨道上拱病害。图9a)所示为无销钉锚固的轨道系统在窄接缝缺损情况下的垂向变形图,当温度升高到整体温升50℃+正温梯90℃/m时,轨道板垂向位移最大值已达到25.5mm。这与现场发现的轨道板最大上拱量比较相符。图9b)为相同条件下销钉锚固后轨道系统的垂向位移图。锚固后轨道板垂向位移最大值为1.81mm。可知,销钉能起到抑制上拱病害发生的作用。

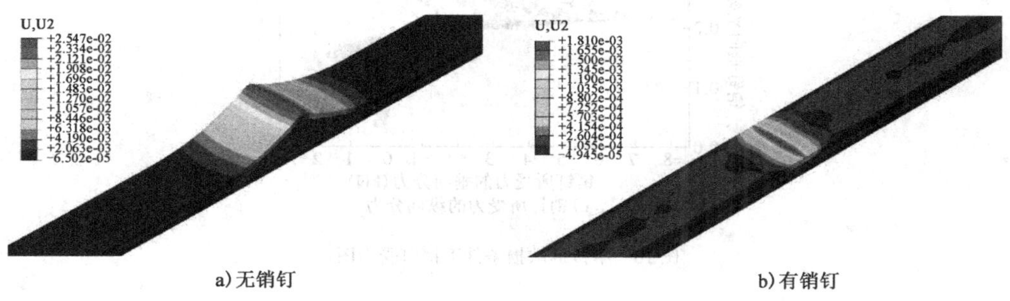

a)无销钉　　b)有销钉

图9　轨道系统的垂向变形

3.2　承力特性

不同温度条件下销钉长度范围内的受力,如图10所示。由图10a)销钉所受力的垂向分力分布图可知,销钉两端受力较小,中间最大,这是由于锚固销钉约束着轨道板与底座板的相对位移,从而在两者交界位置受力最大。由于混凝土对销钉的黏结作用,往两端所需的黏结力会逐渐减小。

同时发现,随着温度的升高,垂向力先增大再减小然后再增大,最大垂向力为15.25 kN。结合后续混凝土损伤分析可知,垂向力先增大再减小是由于在轨道板上拱变形作用下销钉周围混凝土出现损伤,导致应力峰值的降低。后续随着温度的升高,垂向力有所增加,但由于销钉周围混凝土出现损伤,垂向力增加幅度较小。这同样印证了上文提到的销钉的限位能力主要受周围混凝土强度的限制。

由图10b)所示销钉的纵横向分力分布图可知,销钉纵横向分力同样在中间部位最大,两端最小,同时存在受力方向改变的情况。这是由于在不均匀温度分布条件下轨道板与底座板存在错移,从而导致销钉受剪。另外,随着温度的升高,受力随之增大,最大横向分力为9.34 kN,最大纵向分力为7.45kN。由此可见,销钉同时承受拉剪荷载,以上拔力为主。

为了评估销钉是否存在断裂的可能,本文提取了销钉在整体温升50℃+正温梯90℃/m条件下的应力云图,如图11所示。由图11可知,销钉的Mises应力最大值为105.7MPa,拉应力最大值为89.9MPa,小于抗拉强度设计值450N/mm^2。剪应力为19.6MPa,远小于抗剪强度设计值360N/mm^2,说明销钉不会断裂。

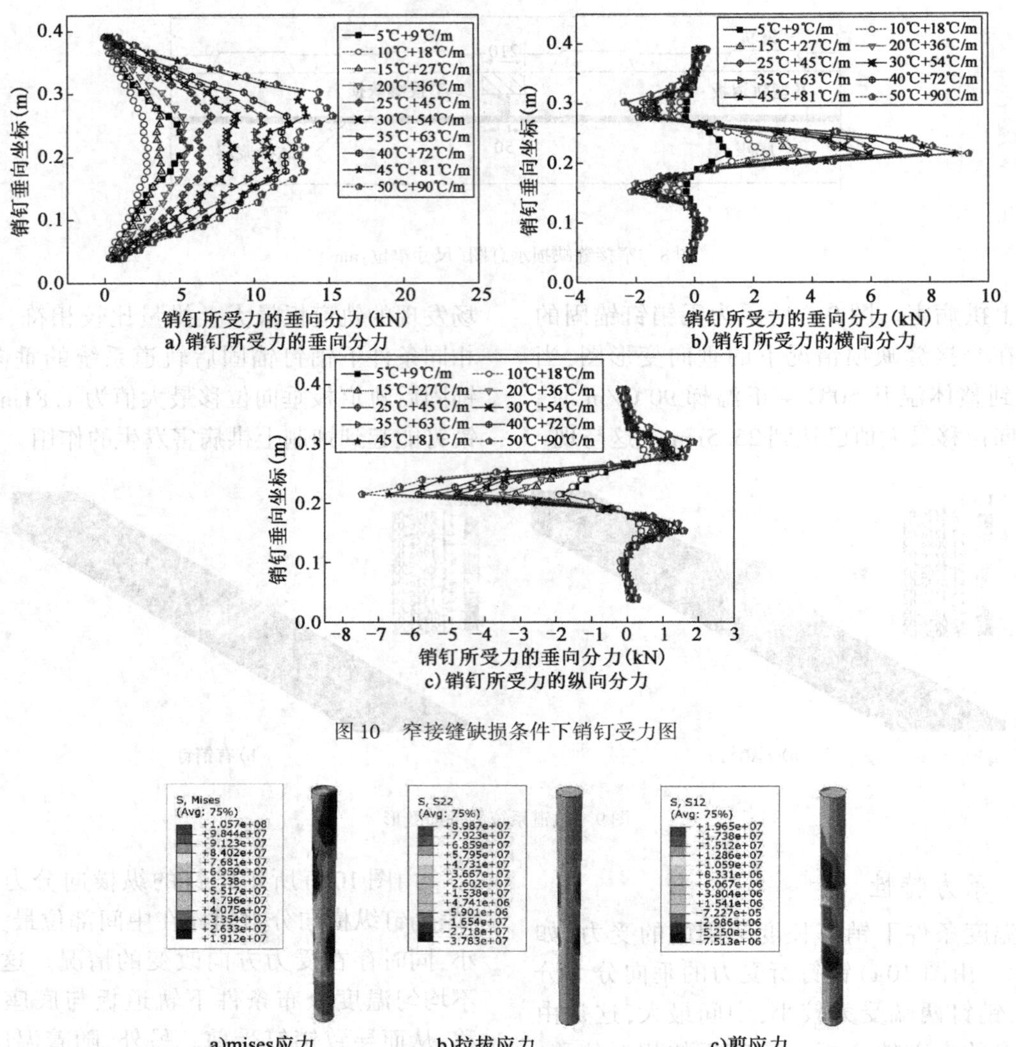

图10　窄接缝缺损条件下销钉受力图

图11　销钉应力状态

3.3　传力特性

图12为销钉-混凝土界面的CSQUADSCRT指标变化图。由图12可知,界面CSQUADSCRT指标在轨道板和CA砂浆交界处最大,往销钉两端逐渐减小。这与上节分析的销钉受力情况相符。同时随着温度的升高,CSQUADSCRT指标随之增大,并存在最大值往销钉两端偏移的趋势。这说明销钉的力主要通过中间部分的黏结力进行传递,当温度较大时,传力范围逐渐增大。同时发现,销钉-CA砂浆/底座板界面的CSQUADSCRT指标明显大于销钉-轨道板界面,说明前者比后者更易出现界面脱黏。

当温度达到整体温升50℃+正温梯90℃/m时,CSQUADSCRT指标最大值为0.99,接近于1,说明在以上温度条件下销钉-CA砂浆/底座板界面间伤损接近萌生。由图13可知界面损伤CSDMG都为零,暂未出现脱黏伤损问题。

图14为销钉周围混凝土损伤因子SDEG分布情况,可知混凝土损伤首先发生在轨道板和CA砂浆交界处,并逐渐往两端发展。这与上文分析的承力传力情况相符。同时发现,在整体温升5℃+正温梯9℃/m时,轨道板和CA砂浆交界处损伤因子SDEG已达到1,表明已出现开裂,开裂范围随着温度的升高而增大。

通过以上分析可知,销钉的限位能力主要受周围混凝土强度的限制。当窄接缝缺损情况下,销钉周围的混凝土可能在较低的升温条件下出现开裂,从而影响销钉锚固效果。因此,建议加大对宽窄接缝状态的检查,确保窄接缝不出现缺损。

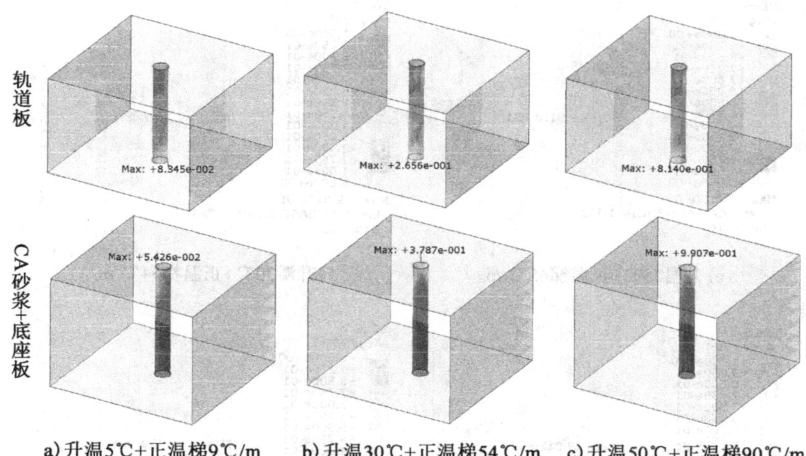

图 12 销钉-混凝土界面 CSQUADSCRT 指标变化图

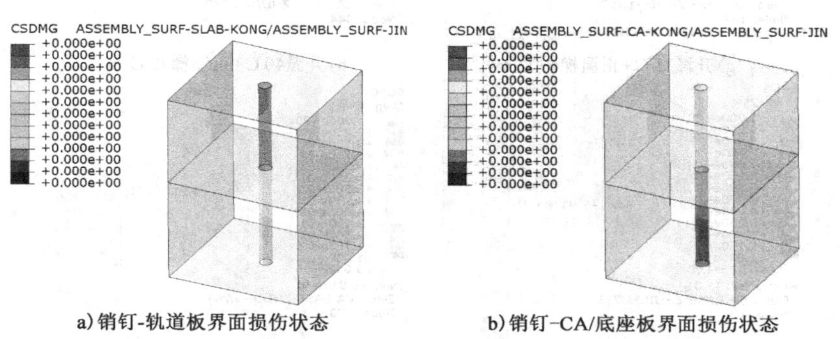

图 13 界面损伤分布图

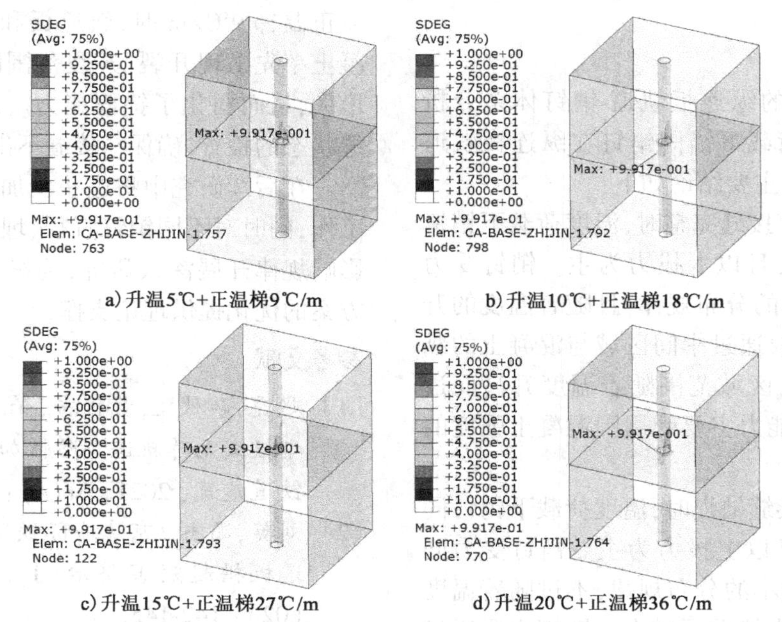

图 14

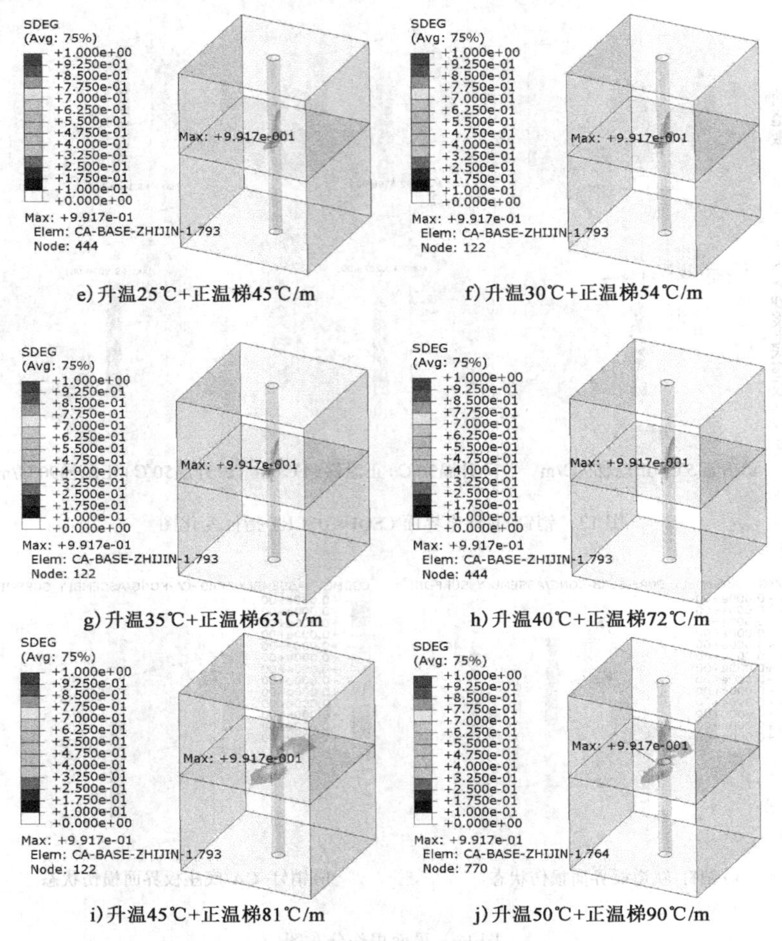

e)升温25℃+正温梯45℃/m　　f)升温30℃+正温梯54℃/m

g)升温35℃+正温梯63℃/m　　h)升温40℃+正温梯72℃/m

i)升温45℃+正温梯81℃/m　　j)升温50℃+正温梯90℃/m

图 14　销钉周围混凝土损伤状态

4　结语

本文基于建立的纵连板轨道-销钉体系分析模型,研究了温度荷载下锚固销钉在纵连板轨道中的承力传力特性,主要结论如下:

(1)当考虑宽窄接缝完整时,温度荷载下销钉同时承受拉剪荷载,且以上拔力为主。销钉受力呈现中间大、两端小的分布规律,且随着温度的升高而增大。销钉主要通过中间区域与混凝土的黏结力进行荷载传递,区域范围随着温度升高而逐渐增大。销钉限位能力主要受周围混凝土强度的限制。

(2)当考虑窄接缝缺损时,温度荷载下销钉同样承受拉剪荷载,且以上拔力为主。销钉受力同样呈现中间大、两端小的分布规律,不过随着温度的升高先增大再减小然后再增大。销钉主要通过中间区域与混凝土的黏结力进行荷载传递,区域范围随着温度升高而逐渐增大。当整体温升 5℃+正温梯 9℃/m 时,轨道板和 CA 砂浆交界处混凝土率先出现开裂,开裂范围随着温度的升高而增大,从而弱化了锚固能力。建议加大对宽窄接缝状态的检查,确保窄接缝不出现缺损。

在后续研究中将进一步加强模型的试验验证工作,同时对不同销钉直径、埋深及布置方案等的影响规律开展深入研究,为纵连板轨道植筋锚固方案的优化提供理论支撑。

参考文献

[1] 赵虎,李秋义,黄传岳,等. 高速铁路 CRTS Ⅱ型板式无砟轨道预防性加固方案及应用[J]. 铁道建筑, 2021, 61(4): 116-119.

[2] 刘英,冯杰. 京津城际铁路 CRTS Ⅱ型无砟轨道板拱起病害整治[J]. 铁道建筑, 2016, (02): 142-145.

[3] 倪跃峰,任娟娟,赵华卫. CRTS Ⅱ型板式无砟轨道抬板维修时轨道板锚固方案研究[J]. 铁道建筑, 2016, (2): 132-135.

[4] 谭社会. 高温条件下 CRTSⅡ型板式无砟轨道变形整治措施研究[J]. 铁道建筑, 2016, (5): 23-27.

[5] 张杰. CRTSⅡ型板式无砟轨道胀板机理及整治措施深化研究[J]. 铁道建筑, 2018, 58(7): 104-107.

[6] 王继军. 板式无砟轨道锚固销钉限位技术的试验研究[J]. 铁道建筑, 2010, (6): 122-125.

[7] 钟阳龙,高亮,侯博文. 不同植筋方案纵连板轨道砂浆层抗剪性能分析[J]. 西南交通大学学报, 2018, 53(1): 38-45,63.

[8] 袁博,刘学毅,陈醉,等. CRTSⅡ型板销钉锚固限位与受力特性分析[J]. 铁道科学与工程学报, 2020, 17(04): 791-798.

[9] 袁博,肖杰灵,陈醉,等. 高速铁路纵连式轨道板空间位移作用下锚固销钉受力特性分析[J]. 铁道标准设计, 2021, 65(09): 17-23.

[10] 张晓东,岳彤. 无砟道床层间植筋锚固连接的力学模型研究[J]. 铁道标准设计, 2021, 65(08): 49-54.

[11] 黄自鹏,何越磊,路宏遥,等. CRTSⅡ型板式无砟轨道植筋修复方案优化研究[J]. 铁道标准设计, 2021,66(10): 1-7.

[12] YANG L, C J J, W J X, et al. Interfacial failure and arching of the CRTS II slab track reinforced by post-installed reinforcement bars due to thermal effects[J]. ENGINEERING FAILURE ANALYSIS, 2021: 125.

[13] 刘笑凯,肖杰灵,赵春光,等. CRTSⅡ型板式轨道高温稳定性的影响因素研究[J]. 铁道学报, 2021, 43(1): 135-140.

[14] 钟阳龙,高亮,王璞,等. 温度荷载下 CRTSⅡ型轨道板与 CA 砂浆界面剪切破坏机理[J]. 工程力学, 2018, 35(2): 230-238.

[15] 蔡小培,钟阳龙,阮庆伍,等. 混凝土塑性损伤模型在无砟轨道非线性分析中的应用[J]. 铁道学报, 2019, 41(5): 109-118.

[16] 赵磊. 高速铁路无砟轨道空间精细化分析方法及其应用研究[D]. 北京:北京交通大学, 2015.

[17] 王雪松,曾志平,元强,等. 抑制 CRTSⅡ型轨道板与水泥沥青砂浆离缝的技术措施研究[J]. 铁道科学与工程学报, 2014, 11(1): 43-48.

[18] 董亮,李东昇,胡所亭. 温度梯度荷载作用下纵连板式与单元板式无砟轨道结构应力-应变状态对比分析[J]. 铁道建筑, 2016, (5): 19-22.

[19] HUANG Y, GAO L, ZHONG Y, et al. Study on the damage evolution of the joint and the arching deformation of CRTS-II ballastless slab track under complex temperature loading[J]. Construction and Building Materials, 2021, 309:125083.

大功率交流传动内燃机车柴油机变频起动控制

宋 杨* 蔡志伟

(中车大连机车车辆有限公司)

摘 要 本文利用交流传动内燃机车柴油机和主发电机在结构上同轴及主发电机在励磁控制下可在电动机工况下运行的特点,以 HXN3 型机车为基础,通过外接 450Ah 110V 电压等级蓄电池及线路改造搭建柴油机变频起动控制试验台;切换机车主牵引变流器控制回路,使其控制主发电机;采用开环矢量控制策略实现柴油机变频起动控制。本文将相同的大功率柴油机变频起动控制线路原理及闭环矢量控制算法也应用到 FXN3 型机车上。该机车已通过中国铁道科学研究型试验及低温试验,验证了控制系统的鲁棒性及稳定性。

关键词　内燃机车　柴油机变频起动　矢量控制　主发电机　开环控制　闭环控制

0　引言

目前,铁路线路上运用的直流传动内燃机车大多采用起动电动机起动柴油机的方式,即由起动直流电动机通过变速箱带动主发电机和柴油机起动,达到一定转速后柴油机点火,由柴油机带动主发电机和起动发电机工作,起动发电机此时作为直流发电机给控制回路供电和蓄电池充电。采用这种起动方式的内燃机车在结构上除具有柴油机和主发电机外,还有变速箱、起动电机、励磁机、交流辅发电机等、车内空间得不到充分利用。变速箱的存在还会引发噪声、异音、发热、机油泄漏、占用空间大、轴重增加等问题。

交流传动内燃机车柴油机和主发电机在结构上同轴且主发电机可在电动工况下运行,其自身已经提供了一种理想的起动方式——柴油机变频起动。这项技术最早在20世纪80年代被GE公司应用于机车上[1]。

HXN3、HXN5型大功率交流传动内燃机车的引进,使我国内燃机车也开始了从简单的直流传动内燃机车向复杂网络控制的交流传动内燃机车的技术转换。HXN3型机车采用风马达起动柴油机,HXN5型机车采用GE公司技术,变频起动控制柴油机起动[2]。而在和谐型内燃机车国产化的进程中,HXN3B型机车仍然沿用风马达起动,HXN5B型机车采用了国产化的柴油机变频起动控制系统。HXN3及HXN3B型机车之所以未采用变频起动控制,除了因技术体系不同以外,还与发电机设计、中间直流电压等级有关。HXN3型机车采用架控技术,变流器输出功率大,中间直流电压为600～2600VDC[3]。机车主发电机输出压频比大,在较低的蓄电池电压供电情况下,牵引逆变器的三相输出电压低,起动发电机组尤为困难。

1　HXN3型内燃机车柴油机起动方式

HXN3型内燃机车装有16V265H型6000马力柴油机及YJ117A型主发电机。柴油机采用风起动方式,机车设有起动风缸和第三风泵,最小起动压力为620kPa。HXN3型内燃机车主传动回路如图1所示。当起动风缸压力大于620Kpa时,按下柴油机起动按钮,中央控制单元首先控制啮合电磁阀动作,使起动风马达小齿轮与柴油机两侧大齿轮拟合。然后控制起动电磁阀动作,将控制风充入作用阀控制室,使起动风缸的压缩空气经作用阀充入起动风马达,驱动马达,带动柴油机加速转动,直到速度点达到柴油机点火需求。完成柴油机点火后,风马达通过缩进解除与柴油机的机械连接。

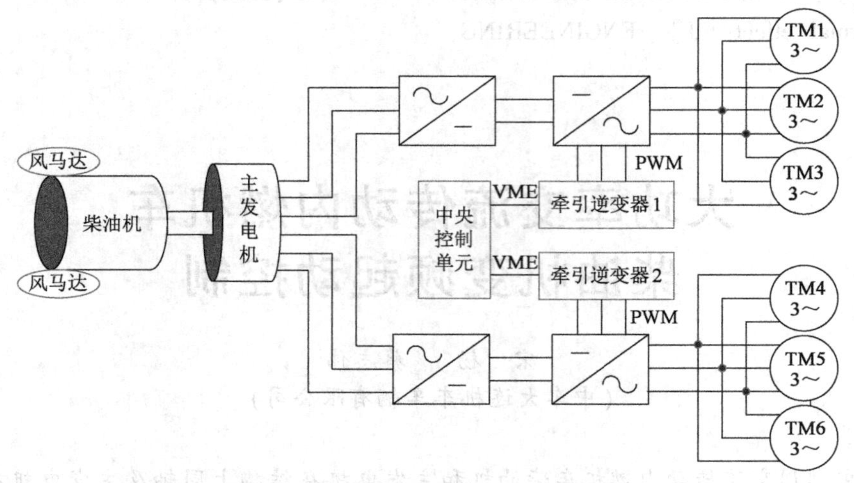

图1　HXN3型内燃机车主传动回路图

柴油机起动后为主发电机提供机械能,主发电机实现由机械能向电能的转化,输出三相电经主整流装置进行整流控制,牵引变流器输出PWM(Pulse-Width Modulation)信号控制整流电压信号,完成直流—交流的逆变控制,三相交流电供给牵引电机TM(Traction Motor),实现整车牵引运行。

2 架控内燃机车柴油机变频起动方式

架控内燃机车有两个牵引变流控制器,每一个牵引变流控制器分别控制前、后转向架并联的三个牵引电机。HXN3 型架控内燃机车柴油机变频起动主回路控制如图 2 所示。其利用柴油机与主发动机同轴的机械特性,由中央控制单元控制外围电路,由蓄电池提供中间直流环节电压,主牵引变流器输出三相电通过电路切换加载到主发电机上,以提供主发电机所需三相电能。主发电机工作于电动机状态下,拖动柴油机与其同速运行,控制主发电机加速旋转直至达到柴油机点火转速。柴油机起动后,断开蓄电池,切换电路,实现起动工况向牵引工况的转换。由于架控内燃机车的前、后转向架牵引变流器处于并联状态,可通过控制回路切换选择前架变流器或者后架变流器担当柴油机变频起动的任务,实现控制回路的冗余。柴油机变频起动方式节省了风起动所需要的起动马达和风道,且起动精准性高,起动全过程可控,故障定位精确度高。

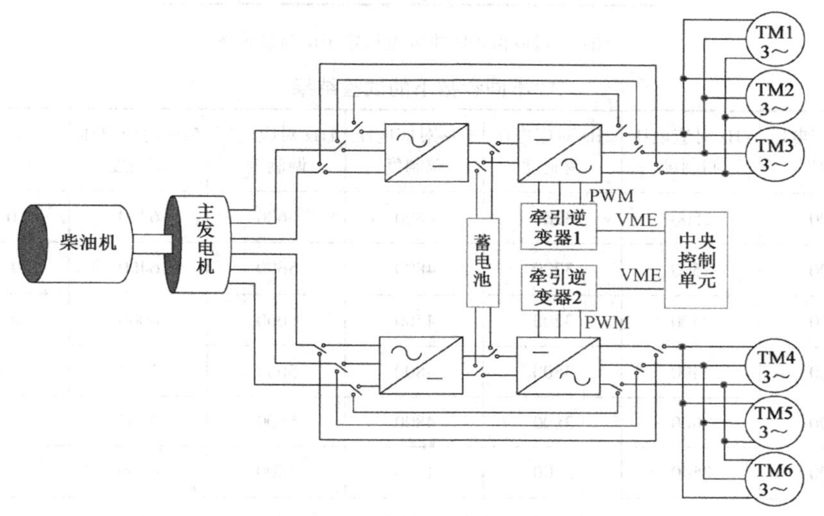

图 2 HXN3 型机车柴油机变频起动控制图

2.1 开环控制下的大功率柴油机变频起动控制

在 HXN3 试验机车上搭建大功率内燃机车柴油机变频起动控制试验平台。采用外置 450Ah 铅酸蓄电池串联成 110V 直流供电蓄电池,代替原 HXN3 型机车装配的 360Ah 铅酸蓄电池组成的 74V 控制蓄电池。对机车控制电路进行修改,增加转换开关,用于控制回路切换。首先,在试验机车上测试验证控制回路控制逻辑。然后,在机车原有逆变器控制基础上增加主发电机起动控制功能,采用了恒压频比开环矢量控制[4-5]方式,即实时检测柴油机转速信号,用于主发电机转子频率的反馈信号,据此给定定子输入电压值。为快速实现不同频率下电压给定值的配置,制作在线调参软件,如图 3 所示。在试验早期,由于给定的压频比较高,随着频率的升高,转速还未达到柴油机点火要求就发生过流保护。试验测得多次过流保护时电流波形均较类似,通过示波器触发方式测得某次过流保护瞬时主发电机定子电流波形如图 4 所示。在 MATLAB 仿真计算结果的指导下,重试电压等级范围,经过多轮测试,测得在如表 1 的参数设置值下均可以起动柴油机。

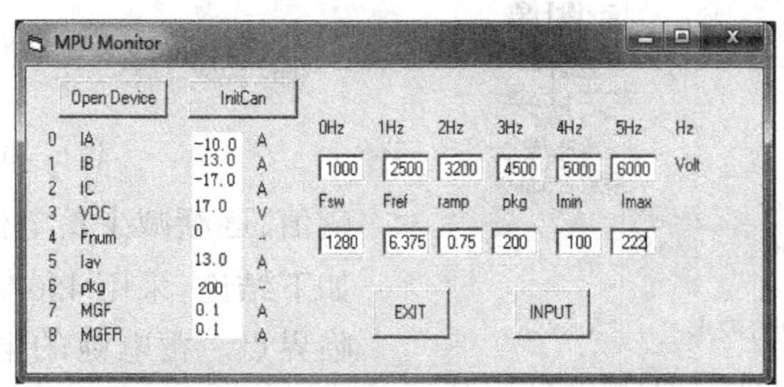

图 3 自制调参软件界面

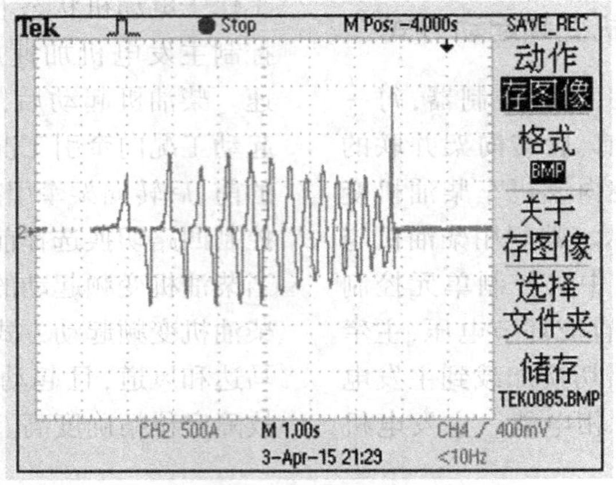

图4　过流保护时主发电机定子电流波形图

不同参数下的试验结果　　表1

序号	0Hz对应电压调制度	1Hz对应电压调制度	2Hz对应电压调制度	3Hz对应电压调制度	4Hz对应电压调制度	5Hz对应电压调制度	加载率(ramp)	备注
1	1000	2500	3200	4800	5600	6400	0.5	失败
2	1000	2500	3200	4800	5600	6400	0.75	成功
3	1000	2500	3200	4500	5000	6000	0.75	成功
4	1200	2400	3800	4800	5600	6400	1	成功
5	1500	2800	3800	4800	5600	6400	1	成功
6	1000	2500	3200	4800	5600	6400	1	成功
7	1000	2500	3200	4800	5600	6400	1	成功
8	1000	2600	3200	4800	5600	6400	1	成功
9	1200	2500	3200	4800	5600	6400	1	成功

注:0～5Hz对应的电压调值与该频率下真实电压对应关系为:真实电压=(电压调制度/8192)×96V。

重复试验上述起机成功的参数配置多次,均能重现成功波形。试验测得变频起动成功时,主发电机定子电流、电压波形分别如图5、图6所示。

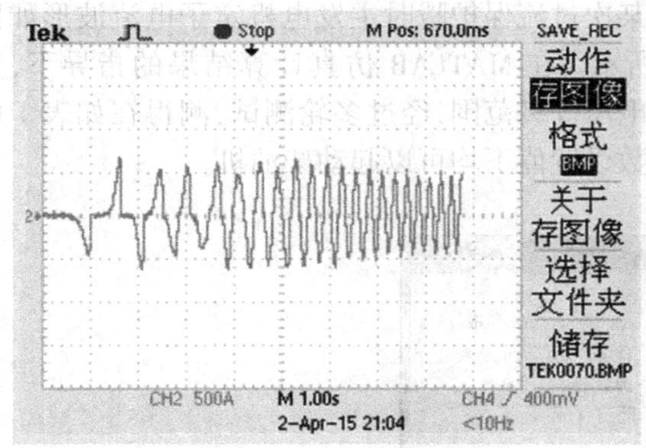

图5　起机成功时电流波形

为了测试柴油机变频起动成功的蓄电池电压阈值,逐渐减少蓄电池串联组数,经多轮测试得到如下结论:采用450Ah铅酸蓄电池时,86V电压为临界点。蓄电池的电压高于86V时,均可起动柴油机;蓄电池的电压等于或低于86V时,不能保证

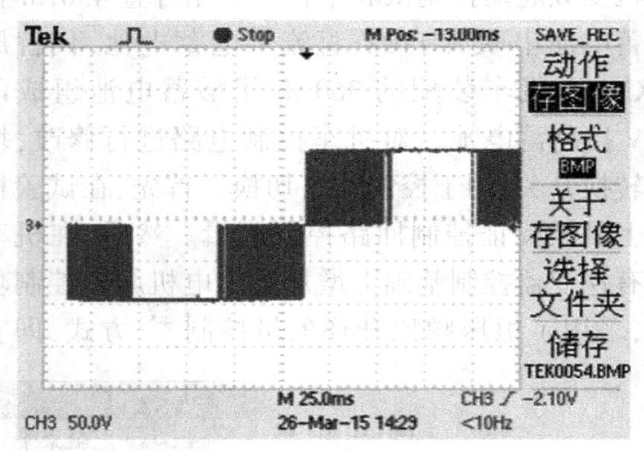

图6　起机成功时电压波形

每次柴油机变频起动控制都能成功。该结论也证实了装有74V电压等级360Ah蓄电池的HXN3型机车是无法实现机车变频起动柴油发动机组的。

在HXN3型试验机车柴油机变频起动试验平台静置一个月后,做柴油机冷机起动试验,采用开环控制策略在冷机条件下亦可顺利起动柴油机。

2.2 闭环控制下的柴油机变频起动控制

基于HXN3型机车柴油机变频起动控制平台的技术储备,FXN3型时速160km客运内燃机车采用了相同线路原理的变频起动控制技术。架控交流传动FXN3型机车装有12V265A型柴油机,YJ293A型主发电机、NM-360蓄电池。在主牵引变流器控制主发电机工作于电动机工况中,控制策略由HXN3型机车的开环矢量控制改为闭环矢量控制,即实时检测柴油机轴端同步齿盘发出的脉冲信号,用于主发电机转子位置的反馈信号,据此给定定子输入电压值矢量,使定子旋转磁场拖动转子加速运行,直至主发电机拖动柴油到达点火转速。在柴油机变频起动过程中,主发电机定子电流变化较大,如图7所示。在牵引变流器拖动主发电机在低速度运行时,需要较大扭矩,输出电流亦较大。从主发电机平滑拖动柴油机加速转动,直到转速达到柴油机点火点前,定子三相电流都较平滑。当柴油机达到点火速度,并起动成功开始拖动主发电机旋转的瞬间,三相电流激增。为抑制柴油机点火瞬间三相电流突变对主变流器的冲击,采用了加速度判据方法,即实时计算柴油机转速的加速度,在柴油机转速大于点火转速且加速度发生较大变化时,封锁牵引变流器功率模块,再切换外围电路到机车牵引工况下的电路模式。采用此控制策略后,测得某次起动成功波形如图8所示。

通过比对开环矢量与闭环矢量控制算法试验数据,证实闭环矢量控制策略的鲁棒性和控制精度均比开环矢量控制高。

3 结语

架控机车柴油机变频起动控制利用柴油机与主发电机机械同轴的特点,采用机车前架或后架牵引变流控制器控制主发电机工作于电动机工况,拖动柴油机起动。本文以HXN3、FXN3型两种

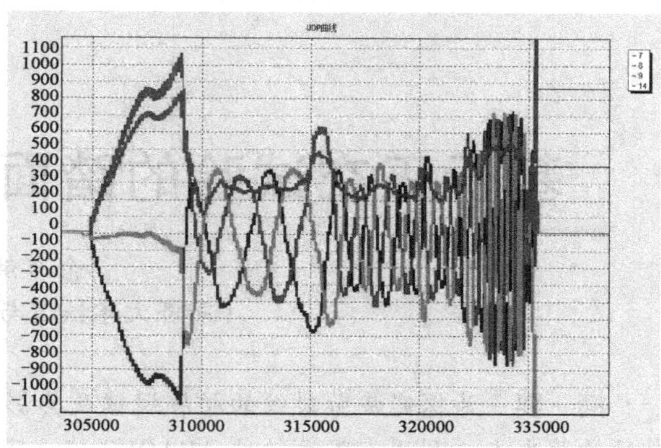

图7 柴油机点火瞬间大电流波形

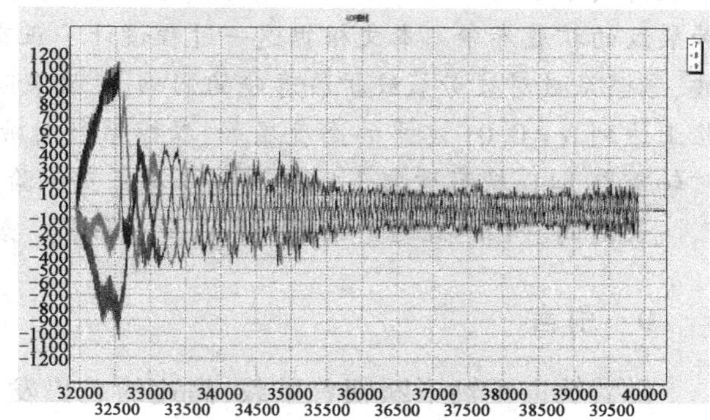

图8 柴油机变频起动控制三相电流波形

机车为研究对象,分别采用了开环矢量控制和闭环矢量控制策略。在HXN3型机车柴油机变频起动试验台上,证实了开环矢量控制算法的有效性和实用性。应用闭环矢量控制策略的FXN3型机车已完成中国铁道科学研究院-40℃极寒条件下的柴油机起动试验和30万km运用考核试验。

参考文献

[1] 尚敬,韩卢平,刘可安. 同步电动机的磁场定向控制应用研究[J]. 机车电传动,2005(5):15-17.

[2] 郝金伟. HXN5型大功率交流传动内燃机车[J]. 机车电传动,2009(2):1-3.

[3] 宋杨,周庆强,陆璐,等. 主发励磁斩波器在柴油机变频起动控制中的应用[J]. 铁道机车与动车,2016(12):14-16.

[4] 王成元,周美文,郭庆鼎. 矢量控制交流伺服驱动电动机[M]. 北京:机械工业出版社,1994.

[5] 王成元,夏加宽,孙宜标. 现代电机控制技术[M]. 北京:机械工业出版社,2018.

基于正交试验的踏面疲劳裂纹扩展寿命研究

余道洪 沈 钢*
(同济大学铁道与城市轨道交通研究院)

摘 要 为探究疲劳裂纹的扩展规律及其影响因素,本文根据Dang Van多轴疲劳准则计算出疲劳裂纹的萌生点。利用有限元软件ABAQUS建立了含材料缺陷的三维轮轨接触模型,对模型设置不同的参数得到了不同工况下车轮内部的应力状态。将应力变化情况导入Patran软件中可以计算得到轮对疲劳裂纹的扩展寿命。本文根据这一过程设计了正交试验,采用三因素四水平的正交表研究了轴重、轨底坡、摩擦系数对疲劳裂纹扩展寿命的影响,结果表明:轴重和轨底坡对疲劳裂纹扩展寿命影响在显著性检验上达到$\alpha=0.01$水平的高度显著,摩擦系数对疲劳裂纹扩展寿命的影响不显著。对摩擦系数取0.3,对轴重取14T,轨底坡取1:40,达到本次正交试验的最佳组合。

关键词 轨道交通 接触疲劳 正交试验 裂纹扩展

0 引言

随着轨道车辆不断朝着重载、高速的趋势发展,轮对的接触疲劳问题变得愈发严峻。长时间高强度的接触作用会加剧轮轨的疲劳和磨耗,并诱发踏面裂纹的形成。踏面裂纹一旦形成,就会不断扩展,轻则造成踏面金属剥离块,重则造成轮辋断裂[1-2]。对踏面裂纹的萌生及扩展规律进行研究,不仅有利于增强车辆行驶的稳定性和安全性,还能减少镟修次数,降低经济成本。

目前国内外对于轮对踏面疲劳裂纹方面的研究已经取得了一定的进展。Bold和Ekberg[3]把疲劳裂纹分为三种类型:表面疲劳裂纹、次表面疲劳裂纹及内部缺陷引起的初始疲劳裂纹。这三类裂纹理论模型为有效预测车轮疲劳寿命奠定基础。Olzak和Bogdansiki[4-7]通过有限元和断裂力学分析,总结了裂纹尖端应力场规律及裂纹扩展规律。金学松[8]通过研究疲劳失效的典型案例,认为导致车轮接触疲劳严重的问题之一是由轨底坡设置不合理导致。张凯琦[9]在研究当中指出,摩擦系数在0.1~0.4范围内变化时,车轮磨耗程度随摩擦系数先增加后减少。崔昱茜[10]通过建立LM型车轮和60kg/m轨的三维接触有限元模型,考虑轴重、摩擦系数、材料特性等因素,研究了重复滚动接触下的车轮疲劳断裂问题。于荣泉[11]通过建立带缺陷孔的二维车轮有限元模型,模拟了车轮的滚动接触,总结出疲劳裂纹扩展寿命与摩擦系数、循环荷载、缺陷深度之间的关系。

以上学者对于轮轨接触疲劳的研究已经较为深入,但目前的研究很少考虑到车轮踏面含材料缺陷时的裂纹扩展情况,且在多因素影响下的裂纹扩展情况尚未得到充分的讨论。正交试验作为一种针对多因素目标研究的试验方法,在材料、化学、生物等学科运用得非常广泛,但在工程和仿真计算等领域并不常见,因此本文将建立含材料缺陷的三维有限元车轮模型,通过正交实验设计,讨论多因素影响下的疲劳裂纹扩展寿命。

1 裂纹萌生与裂纹扩展理论

1.1 Dang Van多轴疲劳理论

本文对于轮对踏面裂纹萌生点的分析基于Dang Van多轴疲劳准则[12-15]进行。

Dang Van多轴疲劳准则认为:同质结构的疲劳裂纹会出现在应力集中的关键位置,在微观视角下表现为,疲劳裂纹会发生在特征晶带中已发生局部塑形变形的晶粒处,因此有必要对应力集中位置的晶粒局部参数进行评估。基于此做出如下假设:

(1)应力集中位置的晶粒只存在一个滑移系统,该系统由晶粒的滑移方向m和在滑动方向上垂直于滑动面的向量n定义;

(2)微观应变表现出各向同性和运动强化

规则；

(3)微元形变ε_{ij}^{e}与宏观形变E_{ij}满足，p_{ij}为对应微观塑形变形张量：

$$\varepsilon_{ij}^{e}+p_{ij}=E_{ij} \tag{1}$$

基于假设展开如下计算：

(1)计算任意时刻t下，结构上的M点微元所受到的宏观应力张量$\Sigma_{ij}(M,t)$。由于将所有点看成分散的，只关注M点的受力，在后续的计算中省略M。M点沿滑移方向的应力记为$\overline{\overline{\Sigma}}$。定义一个最小荷载周期为$\theta(0\leqslant t\leqslant\theta)$，任意时刻微元点受力满足：

$$\overline{\overline{\Sigma}}(t)=\overline{\overline{\Sigma}}(t+\theta) \tag{2}$$

(2)弹塑性力学中，假设了应变与应力服从弹性规律，且不影响屈服，于是将应力分解为静水压力PH和宏观偏应力张量S_{ij}。

$$\mathrm{PH}(t)=\frac{\mathrm{trace}\ \overline{\overline{\Sigma}}(t)}{3} \tag{3}$$

$$S_{ij}(t)=\Sigma_{ij}(t)-\mathrm{PH}(t)\delta_{ij} \tag{4}$$

式中：trace $\overline{\overline{\Sigma}}$——各向应力和；

δ_{ij}——某一方向的单位向量。

(3)根据公式(4)中的结果计算任意一处稳定的局部残余应力，式(5)中$\mathrm{dev}Q_{ij}$为微观残余偏应力，该式的最小值关于devQ_{ij}取得，最大值关于t取得：

$$\mathrm{dev}Q_{ij}^{*}=\mathrm{Min}[\mathrm{Max}\ J_2\{S_{ij}(t)-\mathrm{dev}Q_{ij}\}] \tag{5}$$

(4)计算微观偏应力张量：

$$s_{ij}=S_{ij}(t)+\mathrm{dev}Q_{ij}^{*} \tag{6}$$

(5)定义$\mathrm{tresca}(S_i)$，$i=1,2,\cdots,n$为$S_1,S_2\cdots S_n$中最大值与最小值之差的一半，则微观剪切力为：

$$\tau(t)=\frac{1}{2}\mathrm{tresca}\{s_{ij}(t)\} \tag{7}$$

(6)定义计算准则D为：

$$D=\mathrm{Max}\left[\frac{\tau(t)}{b-a\mathrm{ph}(t)}\right] \tag{8}$$

(7)a、b为Dang van准则事先在疲劳极限下定义的常量，$\mathrm{ph}(t)$表示微观静水压力，计算方法同$\mathrm{PH}(t)$。在Dang Van准则下，疲劳裂纹会在$D>1$的点开始萌生。

1.2 裂纹扩展理论

疲劳裂纹在萌生后，分为两个阶段进行扩展[16]，如图1所示。

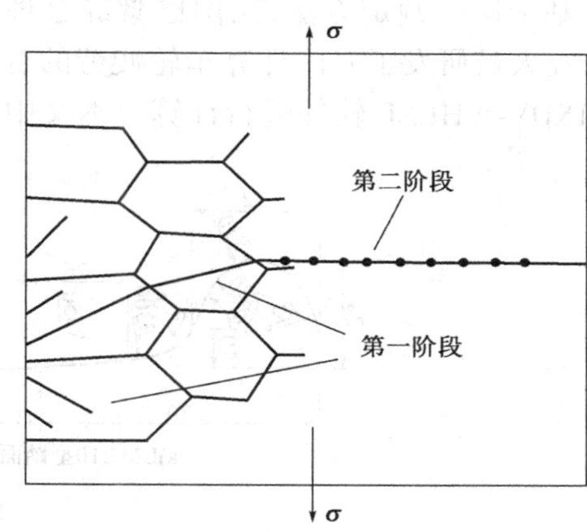

图1 裂纹扩展过程

第一阶段中裂纹在微观层面扩展，主要受到剪切应力控制，裂纹方向与应力轴成45°夹角，扩展的深度一般为1～4个晶粒，单次荷载循环造成的扩展长度的数量级一般为10^{-5}mm。在第一阶段中，结构表面材料产生塑性循环应变，引起材料表面产生滑移。

当初始裂纹扩展至1～4个晶粒深度后进入第二阶段，此时裂纹的方向开始变为与应力轴相垂直的方向。这一阶段中裂纹尖端将经历反复钝化和反复锐化的过程，并在此过程中不断向前扩展。

裂纹的扩展过程通常用a-N曲线来描述。在给定荷载条件下进行恒幅疲劳试验，记录裂纹扩展过程中的裂纹尺寸a和循环次数N，即可得到a-N曲线，如图2所示。

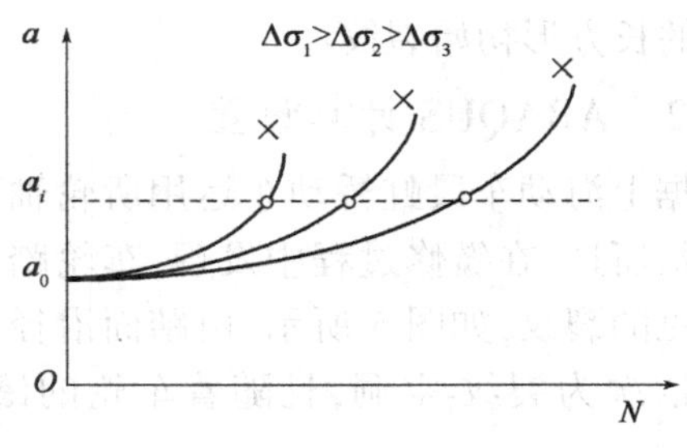

图2 a-N曲线图

2 数值计算方法

2.1 裂纹萌生点计算

本文选用LMB10型车轮踏面搭配60kg/m钢轨进行研究，轮轨几何参数如图3所示。

由1.2中公式(8)中提出的Dang Van判据D，对于整个踏面而言，D越大的点即越容易萌生裂纹。基于这一判定方法,法国巴黎综合理工学院的研究人员研发了专门计算车轮疲劳的有限元软件 MXDV-WHEEL 软件进行计算。本文中的裂纹萌生点通过该软件进行计算,计算结果如图4所示。

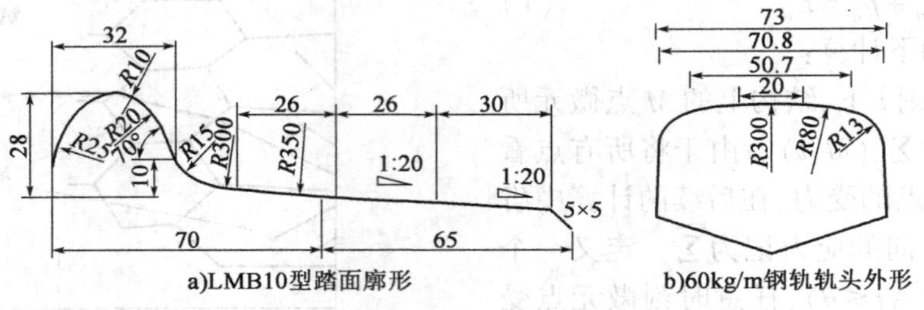

图3 廓形与踏面参数

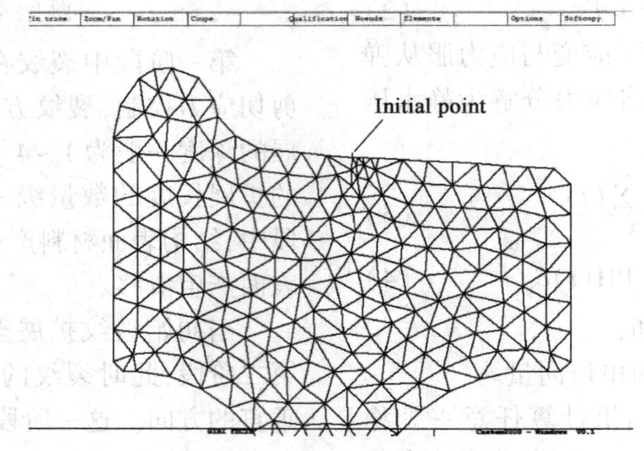

图4 疲劳裂纹萌生点

计算结果显示,坐标(64.5,459.42)处萌生了初始裂纹,因车轮名义滚动圆半径460mm,故裂纹位于踏面名义滚动圆右侧约6mm处的踏面下方约1.5mm处,长度约为1mm。基于此结果,在建立轮对模型时,在此处预置了长为1mm、宽为0.5mm的长方形初始裂纹。

2.2 ABAQUS计算设置

根据上海动车段虹桥动车运用所轮轴班组的工作人员所述,在镟修过程中发现,车轮踏面存在一种常见的裂纹,如图5所示,由踏面沿径向至车轮内部依次为裂纹-空洞,且随着车轮的滚动,裂纹会与材料缺陷连通。根据轮轴调查车轮轮辋上的空洞一般为材料缺陷,踏面至空洞的裂纹为滚动接触疲劳裂纹。

探伤记录显示,材料缺陷的长度/直径一般不超过3mm,材料缺陷与裂纹连通的情况在踏面以下2~6mm范围内比较常见,踏面裂纹的位置位于轮轨接触点即车轮的名义滚动圆附近。此种含材料缺陷的裂纹较为常见,因此本节针对此种裂纹建立了ABAQUS车轮模型如图6所示。在预置的初始裂纹之上方的踏面内部2.5mm处,建立了一个直径为1mm的球形材料缺陷。

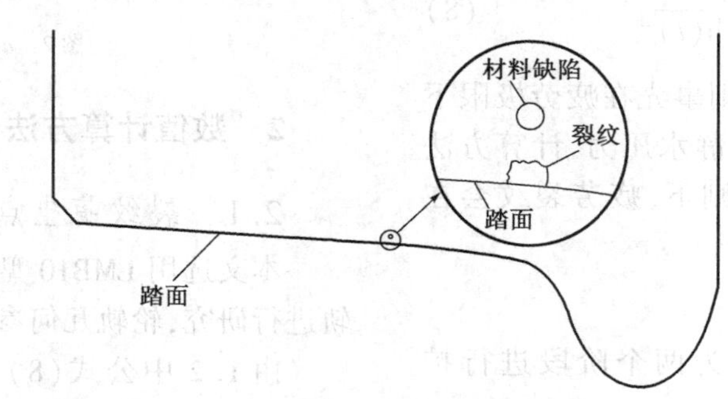

图5 含材料缺陷的车轮模型示意图

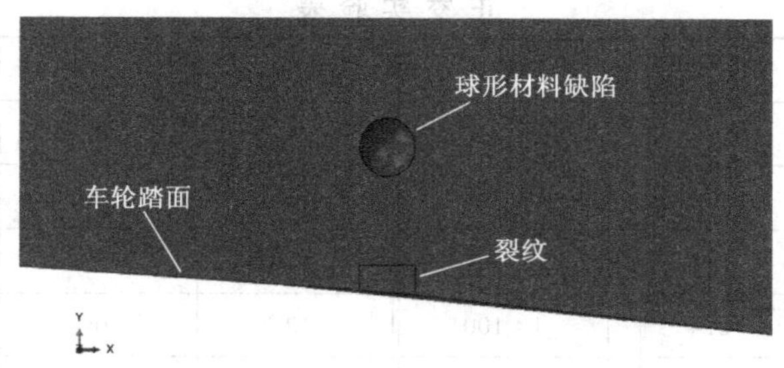

图6　含材料缺陷的 ABAQUS 车轮模型示意图

根据此模型建立了含材料缺陷的 ABAQUS 车轮模型,设置轮轨接触对为“面-面接触”。对钢轨底面施加全约束,钢轨纵向两端面施加纵向约束;车轮约束条件施加在车轮轴孔耦合的参考点上;车轮仅保留垂向的自由度,其余各自由度均被约束。

设置缺陷处网格大小为 0.1mm,裂纹处网格大小为 0.1mm。对轮轨的接触区域的网格进行细化如图 7 所示,设置网格大小为 1mm,其余部分网格为 5mm,轮轨接触模型的边界条件如图 8 所示。

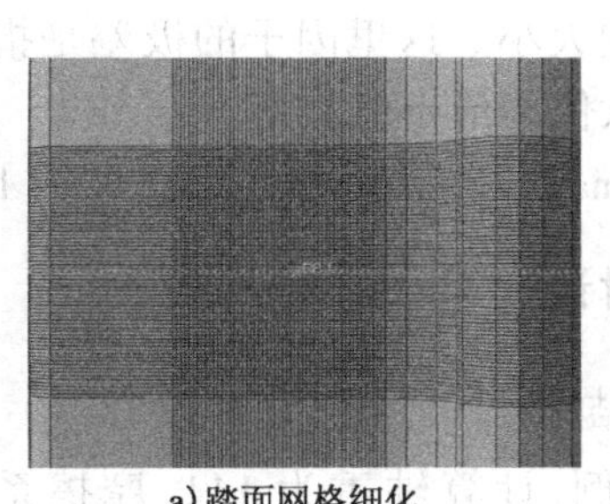

a)踏面网格细化

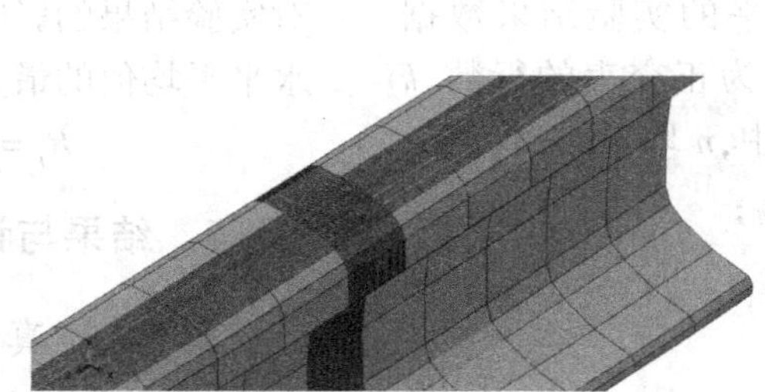

b)钢轨网格细化

图7　轮轨接触模型网格划分

图8　边界条件示意图

通过 ABAQUS 对该模型进行仿真计算,可以得到车轮在滚动状态下与轨道接触全过程中的应力情况。将仿真结果导入 Patran 软件中,即可计算出裂纹从开始扩展至失效的时间。

3　正交试验

为探究所选用轮轨之间的疲劳裂纹寿命及扩展性能,根据文献[11,20,21]的研究结果,选择轴重、摩擦系数、轨底坡为影响因素。为确保实验设置不失一般性,结合高铁车辆实际运行情况,将轴重分为 14t、15t、16t、17t 四个水平;将摩擦系数分为 0.1、0.2、0.3、0.4;将轨底坡分为 1:10、1:40、1:70、1:100 四个水平如表 1 所示为因素水平表。

因素水平表　表1

水　平	因　素		
	轴重(t)	摩擦系数	轨底坡
1	14	0.1	1∶10
2	15	0.2	1∶40
3	16	0.3	1∶70
4	17	0.4	1∶100

列出因素水平表后,参考 L16(4^3)正交表设计了三因素四水平正交实验,如表 2 所示,共 16 组实验,依照各组所示的实验水平为 ABAQUS 模型文件设定参数,并计算出最终结果。

正交实验表

表2

序号	轴重	摩擦系数	轨底坡	序号	轴重	摩擦系数	轨底坡
1	14	0.1	1∶10	9	16	0.1	1∶70
2	14	0.2	1∶40	10	16	0.2	1∶100
3	14	0.3	1∶70	11	16	0.3	1∶10
4	14	0.4	1∶100	12	16	0.4	1∶40
5	15	0.1	1∶40	13	17	0.1	1∶100
6	15	0.2	1∶10	14	17	0.2	1∶70
7	15	0.3	1∶100	15	17	0.3	1∶40
8	15	0.4	1∶70	16	17	0.4	1∶10

首先计算偏差平方和S_j：

$$S_j = \sum_i \frac{T_{ij}^2}{n/k} - \frac{T^2}{n} \tag{9}$$

其中，T_{ij}为第j列第i水平的实验结果数据和，T为实验结果数据总和，n为正交表的行数，k为该列的水平数，在本次实验中，n取16，k取4。

其次计算总偏差平方和S_T：

$$S_T = \sum_i (y_i - \bar{y})^2 = \sum_i y_i^2 - \frac{T^2}{n}, (i=1,2,\cdots,n) \tag{10}$$

最后计算误差平方和S_e：

$$S_e = S_T - \sum S_j \tag{11}$$

总偏差平方和的自由度为$f_T = n$-1，各因子偏差平方和的自由度$f_j = k-1$，$f_e = f_T - \sum f_j$ 则统计量F可以表示为：

$$F = \frac{S_j/f_j}{S_e/f_e} \tag{12}$$

选取适当显著性水平α。查F分布表，得$F_\alpha(f_1,f_e)$，若$F > F_\alpha(f_1,f_e)$，则认为因子的效应作用在α上显著。$\alpha = 0.01$时，因子的效应作用高度显著。

除了方差分析，还可以对正交试验的结果进行极差分析，极差的大小反映了因子水平改变时对实验结果的影响大小。这里因子的极差是指各水平平均值的最大值和最小值之差。

$$R_j = \max\{\overline{y_{jk}}\} - \min\{\overline{y_{jk}}\} \tag{13}$$

4 结果与讨论

4.1 仿真结果

以试验1为例，计算轴重为14T，摩擦系数0.1，轨底坡为1∶10条件下的疲劳裂纹扩展寿命。

通过ABAQUS的应力计算，可以得出一个载荷循环下的接触应力变化情况如图9所示。一个循环由21个增量步组成，每个增量步表示车轮在某一瞬间的状态。车轮在滚动到材料缺陷-裂纹区域的前后增量步如图9b)所示，可以看到最大应力接触点也与图4中所示MXDV-WHEEL计算出的裂纹萌生点一致。

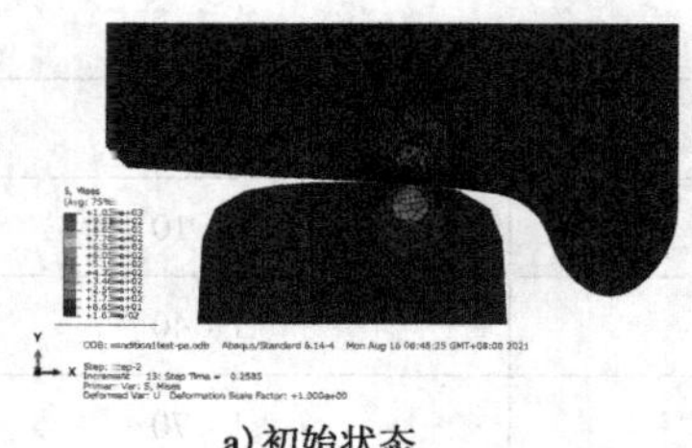

a)初始状态

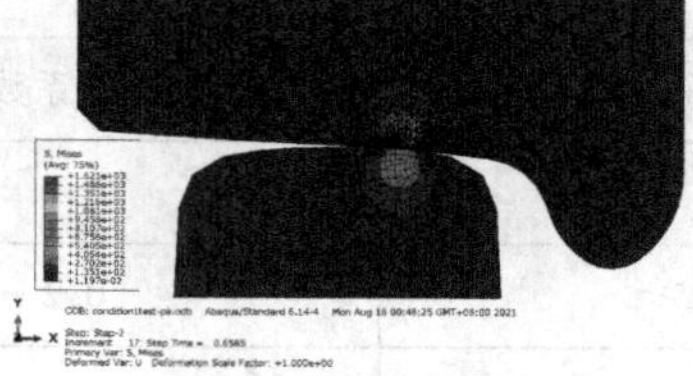

b)滚动到材料缺陷-裂纹区域

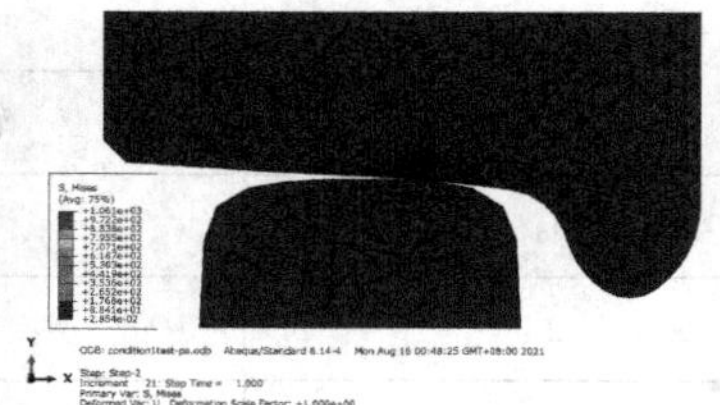

c)驶过材料缺陷-裂纹区域

图9 一个循环下的接触应力变化

在得到接触应力情况后，将结果导入Patran使用MSC. Fatigue模块进行疲劳裂纹扩展计算，将各增量步应力作为荷载工况进行仿真分析，设置初始裂纹长度为0.5mm，得到了如图10所示的a-N曲线。

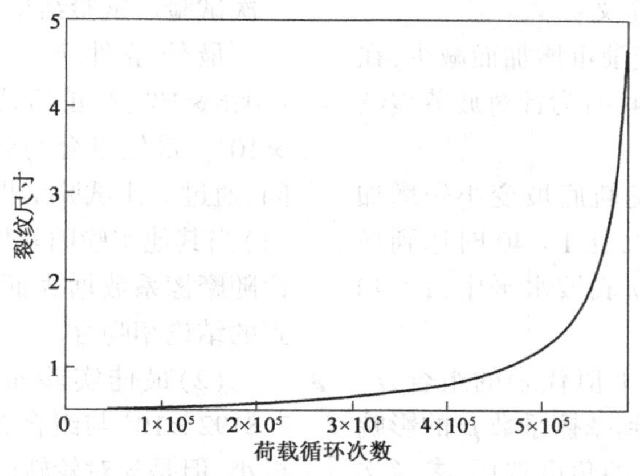

图 10　试验一条件下的 a-N 曲线

计算结果显示，试验一条件下的车轮，疲劳裂纹扩展寿命为 5.912×10^5。根据文献[18-19]的研究内容，车轮踏面磨损会对滚动接触疲劳产生一定影响，即在车轮踏面正常磨损量 0～1.5mm 范围内，疲劳寿命会随磨损量的增大而增大，文献[18]针对此现象提出了疲劳寿命修正表达式，设 N 为滚动接触疲劳模拟仿真寿命，N' 为修正后的疲劳寿命，则存在以下关系：

$$N'=a\times m\times N \tag{14}$$

式中：a——残余应力效应系数；

m——磨损效应系数。

a 近似取 1.5，m 近似取 4.8。根据该修正原则，实验一条件下的疲劳裂纹扩展寿命为 4.2556×10^6。后续的仿真结果均按此方法进行修正处理。

图 10 中所得的 a-N 曲线与第二节中的裂纹扩展曲线趋势相符，即裂纹在扩展的初期速度较慢，但在随着循环数的增加，裂纹扩展速度不断变快，在与上方 5mm 处的材料缺陷实现贯通后，发生了疲劳失效，由此可以看出裂纹扩展过程主要由初始裂纹向材料缺陷进行。整个过程中，裂纹扩展长度随时间呈指数型增长。

仿照这一步骤，对十六组试验进行计算，最终结果如表 3 所示。

试验结果表　　表 3

试验组	裂纹扩展寿命	试验组	裂纹扩展寿命
1	4.2566×10^6	9	4.1645×10^6
2	7.8480×10^6	10	3.7685×10^6
3	7.4952×10^6	11	2.2802×10^6
4	6.7392×10^6	12	4.5410×10^6
5	5.9443×10^6	13	2.8188×10^6
6	3.0866×10^6	14	3.3366×10^6
7	5.0515×10^6	15	3.5165×10^6
8	5.6362×10^6	16	1.7323×10^6

4.2　正交试验分析

根据第四节中介绍的方法，对实验结果进行极差分析，可以得到表 4。各因素各水平的平均值折线图如图 11 所示。相应的，对表 3 中的实验结果进行方差分析，结果如表 5 所示，从结果可以看出：

从表 4 的极差分析可以看出 $R_1>R_3>R_2$，表明在轴重 P、摩擦系数 μ、轨底坡 β 三种因素中，对于疲劳裂纹扩展寿命的影响程度排序为 $P>\beta>>\mu$。即认为轴重与轨底坡对疲劳裂纹扩展寿命的影响高度显著。摩擦系数的影响相对不显著。

表 5 的方差分析中看出 $F_P>F_{0.99}(3,6)=9.78$，$F_\mu<F_{0.90}(3,6)=5.28$，$F_\beta>F_{0.99}(3,6)=9.78$，即认为轴重与轨底坡对疲劳裂纹扩展寿命的影响达到 $\alpha=0.01$ 的高度显著。摩擦系数的影响相对不显著。

从图 11 所示的不同水平下的疲劳裂纹扩展寿命效应曲线图，得出以下结论：

(1)因为摩擦系数对于结果影响极不显著，故摩擦系数的效应曲线图没有意义；

(2)疲劳裂纹扩展寿命随轴重增加而减少,在本次正交实验组中,轴重为 14t 时为针对疲劳裂纹扩展寿命的最佳工况；

(3)疲劳裂纹扩展寿命随轨底坡变小先增加后减小,在本次正交实验组中,在 1 : 40 时达到最大值,表明在实验所选用的轨底坡水平中,1 : 40 为最佳水平。

取表 4 中各因素最大水平值代表的组合,P-1,μ-4,β-2 即最佳组合,考虑到摩擦系数 μ 的影响极作用不显著,可以从经济性的角度选用,参考文献[21],选用摩擦系数为 0.3。因此本次正交试验的最佳组合为 P-1、μ-3、β-2。以该组合再进行一次试验。试验结果如图 12 所示。

最佳条件下实验结果表明,循环次数为 1.086×10^6,修正后疲劳裂纹扩展寿命为 7.8192×10^6。最佳组合与组合 2 相比仅有摩擦系数不同,通过对比试验结果可以得出以下结论：

(1)当其他实验因素保持不变时,疲劳裂纹扩展寿命随摩擦系数增大而减小,这与文献[20]中所得到的结论相吻合。

(2)最佳实验条件下的疲劳裂纹扩展寿命 7.8192×10^6 与组合 2 所得结果 7.8480×10^6 相差极小,但是却对轮轨间的摩擦系数要求更低,是工程意义上的最佳组合。

裂纹扩展寿命极差分析　　表 4

	轴重 P	摩擦系数 μ	轨底坡 β
$\overline{T}_1$	6.5847×10^6	4.2960×10^6	2.8390×10^6
$\overline{T}_2$	4.9296×10^6	4.5092×10^6	5.4625×10^6
$\overline{T}_3$	3.6885×10^6	4.5859×10^6	5.1574×10^6
$\overline{T}_4$	2.8503×10^6	4.6622×10^6	4.5945×10^6
R_j	3.7344×10^6	3.6612×10^5	2.6235×10^6

裂纹扩展寿命方差分析　　表 5

来　源	平方和 S	自由度 f	方　差	F 比[注]
轴重	3.164×10^{16}	3	1.0547×10^{13}	72.0181
摩擦系数	2.9856×10^{11}	3	9.9524×10^{110}	0.6796
轨底坡	1.6503×10^{13}	3	5.5010×10^{12}	37.5631
误差 e	8.7868×10^{11}	6	1.4645×10^{11}	
T	4.9320×10^{13}	15		

注：$F_{0.99}(3,6)=9.78$,$F_{0.90}3,6=5.28$。

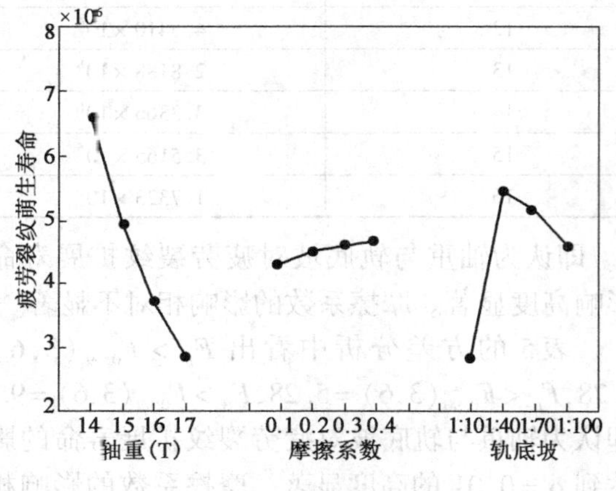

图 11　极差分析折线图

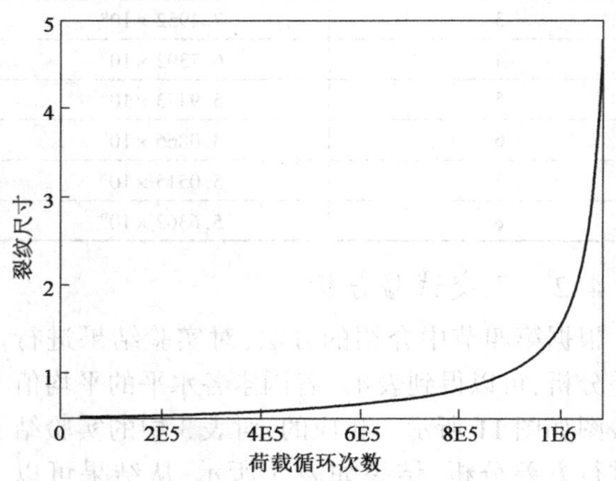

图 12　最佳试验组合下的裂纹扩展过程

5　结语

本文通过 ABAQUS-Patran 联合仿真,建立了含材料缺陷的 LMB10 型车轮踏面与 60kg/m 钢轨的有限元接触模型,基于正交试验展开了对高铁轮对疲劳裂纹扩展寿命的研究,提出了一种在涉及多因素时的有限元仿真研究方法:通过合理的正交试验设计,能有效提高实验效率,以较低的实验数达到实验目的,本文通过正交试验设计得到了以下结论:

(1)疲劳裂纹会率先萌生在表层及浅表层的最大接触应力点,随后会进行扩展,该扩展过程主要由初始裂纹向材料缺陷进行,当扩展到与材料缺连通后将发生疲劳失效。整个过程裂纹长度随载荷次数呈指数型增长。

(2)在本文中研究的三个轮轨相关参数:轴重、摩擦系数、轨底坡,对疲劳裂纹扩展寿命的影响因素主次为分别为轴重>轨底坡>>摩擦系数。

(3)疲劳裂纹扩展寿命随轴重增加而减少,随轨底坡增加先增加后减小,在本次试验中,轨底坡为1∶40时达到峰值。

参考文献

[1] 王培东,郑静,李富强.动车组车轮踏面滚动接触疲劳安全评估研究[J].铁道车辆,2020,58(02):12-13.

[2] 王文健.轮轨滚动接触疲劳与磨损耦合关系及预防措施研究[D].成都:西南交通大学,2008.

[3] A. Ekberg, E. Kabo, H. Andersson. An engineering model for prediction of rolling contact fatigue of railway wheels[J]. Fatigue Fract. Eng. Mater. Struct. ,2002,25(10):899-909.

[4] M. Olzak, J. Stu Pnieki, R. Wijeik. Investigation of crack propagation during contact by a finite element method[J]. Wear, 1991, 146(2):229-240.

[5] M. Olzak, J. Stu Pnieki, R. Wijeik. Numerical analysis of 3D cracks propagating in rail-wheel contact zone[C]. Proceeding of the International Conference on Rail Quality and Maintenance for Modern Railway Operation, Netherlands,June,1992,385-393.

[6] S. Bogdanski, M. Olzak, J. Stu Pnicki. Numerical stress analysis of rail rolling contact fatigue cracks [J]. Wear, 1996, 191 (1- 2): 14-24.

[7] S. Bogdanski, M. W. Brown. Modeling the three dimensional behavior of shallow rolling contact fatigue cracks in rails[J]. Wear,2002, 253(1-2):17-25.

[8] 金学松,张继业,温泽峰,等.轮轨滚动接触疲劳现象分析[J].机械强度,2002(02);250-257.

[9] 张凯琦,朱爱华,杨建伟,等.不同车轮磨耗型面的轮轨摩擦系数优化[J].中国科技论文,2020,15(06):664-670.

[10] 崔昱茜.基于Crossland多轴疲劳理论的轮轨接触疲劳分析[D].上海:同济大学,2014.

[11] 于荣泉,李强,李娜,等.车轮滚动接触疲劳裂纹萌生寿命预测[J].铁道学报,2015,37(12):20-24.

[12] Dang-Van K , Griveau B, Message O. On a New Multiaxial Fatigue Limit Criterion: Theory and Application. 1982.

[13] K. Dang Van and M. H. Maitournam. On some recent trends in modelling of contact fatigue and wear in rail[J]. Wear, 2002, 253 (1):219-227.

[14] Felix Hofmann et al. Numerical exploration of the Dang Van high cycle fatigue criterion: application to gradient effects[J]. Journal of Mechanics of Materials and Structures, 2009, 4(2):293-308.

[15] A. Ekberg. Rolling contact fatigue of railway wheels—a parametric study[J]. Wear, 1997, 211(2) : 280-288.

[16] 赵运磊.高速铁路轮轨滚动接触疲劳裂纹萌生及扩展的有限元分析[D].天津:天津科技大学,2013.

[17] 车鸿博.轮轨滚动接触疲劳裂纹萌生及扩展分析研究[D].兰州:兰州交通大学,2014.

[18] 李俊琛,杨大巍,董雪娇,等.CRH5型动车组轮轨滚动接触应力及疲劳寿命的有限元仿真分析[J].兰州理工大学学报,2017,43(06):16-21.

[19] 杨柳青.CRH5型动车组轮轨磨损及疲劳性能研究[D].杭州:浙江理工大学,2016.

[20] 周宇,王少锋,张杰,等.轨底坡对曲线线路钢轨疲劳裂纹萌生寿命的影响[J].中国铁道科学,2015,36(01):25-32.

[21] 张凯琦,朱爱华,杨建伟,等.不同车轮磨耗型面的轮轨摩擦系数优化[J].中国科技文,2020,15(06):664-670.

城轨车辆制动控制系统国产化研制及应用

魏灿刚*　李润华　赵庆刚　李从元
(中车青岛四方车辆研究所有限公司)

摘　要　为解决城轨车辆制动控制系统进口部件维护周期长、维修成本高等问题,对现有车辆制动控制系统关键部件的结构设计、模块化集成、功能和性能提升进行分析和研究,研制出国产化制动控制系统,通过装车型式试验和正线载客运营考核,对国产化制动控制系统功能和性能进行验证。研究结果表明,国产化制动控制系统具有集成度高、维护方便、维修成本低、性能稳定等特点,部分性能参数优于进口产品,与牵引系统、网络系统和信号系统匹配良好,对车辆实现国产化产品替代进口产品方案具有借鉴意义。

关键词　城轨车辆　国产化　进口件替代　制动控制系统　正线运营

0　引言

我国城轨车辆制动系统大多采用进口制动系统,尤其是国外制动控制系统在我国城轨车辆上得到广泛应用[1]。进口制动控制系统关键部件具有集成度高、安装空间小等特点,但因集成度高导致产品出现故障时,不可通过更换小部件进行维护,需对整机进行更换,因此造成产品维护费用高、返修时间长的劣势[2-4]。基于减小对进口制动产品依赖,降低产品维护成本和维修周期,有必要对作为核心技术产品的制动控制系统进行国产化、自主化研究和运用。本文主要介绍国产化制动控制系统组成、结构、功能和性能等特点,并分析说明国产化制动控制系统试验和装车运用情况,旨在提供一种国产化制动控制系统替代进口产品的可行性方案。

1　概述

城轨车辆制动系统由制动控制单元、辅助控制单元、踏面单元制动器、风源装置、防滑控制部件以及其他管路附件等组成,实现对全列车使用压缩空气的装置提供压缩空气,调节和控制列车制动力[5]。其中,制动控制系统作为制动系统核心子系统[5],是制动系统研制的关键点和难点,国产化制动控制系统目的是实现对进口制动控制系统核心部件的完全替代,包括电气接口和机械接口的替代,产品功能和性能的替代。城市轨道交通车辆制动系统气路原理如图1所示,制动控制系统核心部件包括制动控制单元和辅助控制单元等[7]。通过对核心部件国产化研究,实现对现有车辆制动控制系统的完全替代。

2　系统技术要求

制动系统应具备常用制动、快速制动、紧急制动、保持制动及停放制动等功能,常用制动力和紧急制动力均能够根据车辆荷载变化进行自动调整,常用制动、快速制动、紧急制动具有防滑控制功能[8]。同时,制动系统具有信息通信功能。制动系统各功能主要由制动控制系统进行控制和实现,其主要技术指标包括以下内容:

(1)总风缸、管的最大工作压力为1000kPa;正常工作压力范围为700~900kPa。

(2)常用制动平均减速度不小于1.0m/s^2。

(3)紧急制动平均减速度不小于1.2m/s^2。

(4)正线线路最大坡度一般不大于3%(不含各种坡度折减值),困难地段不大于3.5%。车场线及出入段线最大坡度一般不大于3.5%,困难地段不大于4%。

(5)停放制动采用弹簧制动,压缩空气缓解,对超员荷载(AW3)的列车,能使列车在最大坡道上保持停车,不溜逸;考虑最大风力的影响。

(6)常用制动时列车纵向冲击率不大于0.75m/s^3;紧急制动作用时不受此限制。

(7)计算用制动黏着系数为0.14~0.16。

(8)从紧急制动指令发出到制动缸压力达到最大压力的90%的时间(即纯空走时间与制动缸升压时间之和)不大于1.6 s。

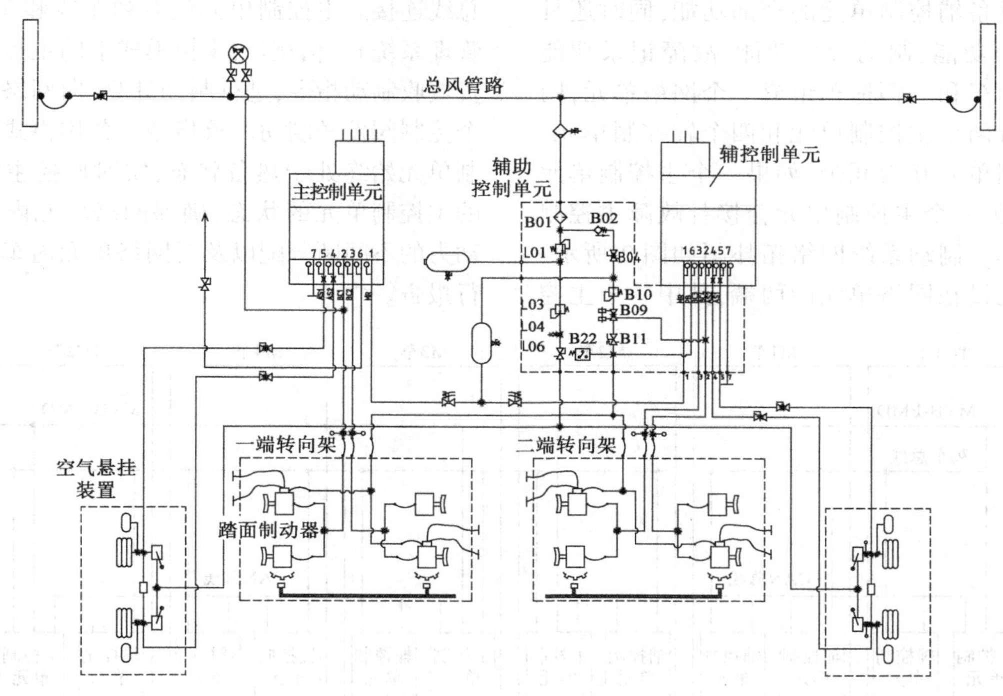

图1 制动系统气路原理图

3 国产化方案

国产化方案中要求制动控制单元与进口件安装形式、机械接口、电气接口、制动性能保持一致,所以对于制动控制单元的安装形式、电气接口、功能和性能实现完全替代是核心部件国产化的重点与难点,主要表现在以下内容:①机械安装接口与原车产品保持一致,安装和维护空间满足原车空间要求,实现产品安装互换,与其他产品不发生干涉;②制动系统电气接口与牵引系统、网络系统配合良好,接口信号和协议与原车保持一致;③制动系统的功能和性能指标与原车保持一致或优于原车。

为保证制动系统产品国产化研究顺利实施,对研制过程划分为6个阶段,包含接口调研阶段、国产化产品设计阶段、样机研制阶段、样机试验阶段、装车运用考核阶段、批量化装车运营阶段。

具体实施时,首先对原车安装的进口件制动系统进行调研,确认各核心部件机械安装接口、维护空间、电气安装接口,制动系统功能和性能。根据调研报告,对制动系统核心部件进行详细设计,设计完成后进入样机试制阶段,试制出的样机进行形式试验和例行试验,确认国产化产品功能和性能满足设计要求,试验通过后装车验证并进入批量装车运营,最终验证国产化产品运用的稳定性和可靠性。

4 国产化技术研究

4.1 制动控制单元

制动控制单元是空气制动系统的主要控制部件,其气动控制单元PBCU与微机控制单元EBCU组成一个闭环控制,能够根据空气制动力需求,准确而稳定地控制制动缸压力。每辆车安装2套制动控制单元,制动控制系统以转向架为单位进行制动力控制,每个转向架可以单独进行常用制动和紧急制动控制。CAN总线将列车单元内全部制动控制单元连接起来。制动控制单元的结构设计必须实现安装接口的一致,并满足替代原系统产品的要求。其电气接口与原车的牵引、网络系统匹配,并实现相关制动功能。

4.1.1 网络拓扑和功能

以编组为4辆动车和2辆拖车的城轨列车为例,制动系统采用架控方式,每辆车安装有2套制动控制单元,每套制动控制单元靠近每台转向架安装,并控制相应转向架制动力大小。制动控制单元按照功能分为主控制单元和辅控制单元,主控制单元具备辅控制单元的全部功能,同时还具有网络通信功能、制动管理功能、故障记录功能等。两辆动车和一辆拖车组成一个网络单元,网络单元内有两个主控制单元和四个辅控制单元,两个主控制单元互为冗余,如果一个主控制单元出现故障,另一个主控制单元会接替故障主控制单元的工作。制动系统网络拓扑图如图2所示,主控制单元设在网络单元的两端,其中一个主控制单元为主控模式,另一个主控制单元为备用模式,其他转向架设辅控制单元,它们之间通过CAN总线连接。主控制单元设有列车线和TMS(列车管理系统)通信接口,主控模式下的主控制单元负责接收制动指令,进行制动计算,向网络单元内每个控制阀发送制动需求指令。备用模式下的主控制单元始终处于热备状态,实时监控主控模式下的主控制单元的状态,确保网络单元内对空气制动力的不间断分配以及对网络单元内车辆状态进行报告。

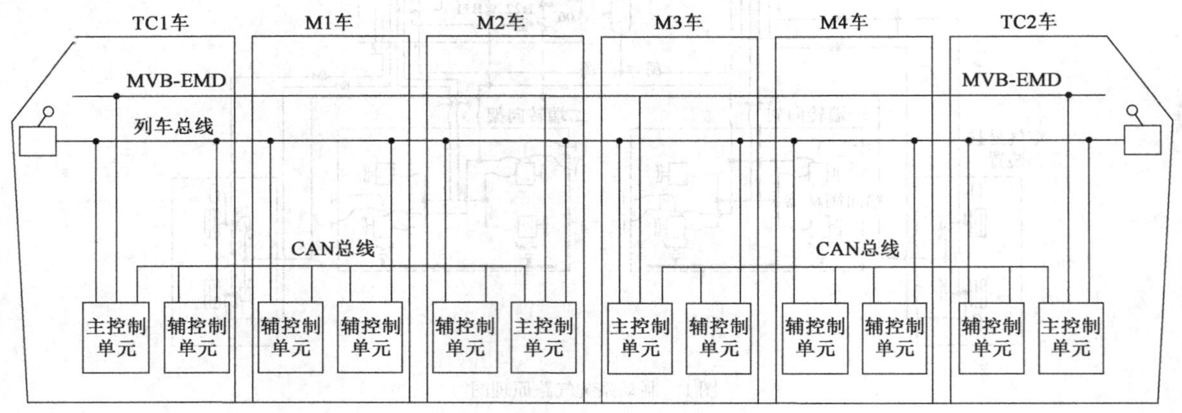

图2 制动系统网络拓扑图

司机控制器将制动指令信号传输给TMS,TMS通过MVB总线将制动指令发送给主控制单元。当列车网络正常时,制动系统优先使用网络传送的制动指令;当网络故障或列车处于紧急运行模式时,制动系统根据列车硬线信号施加当前荷载条件下的常用制动;当紧急制动时,各个制动控制单元根据采集的自身荷载信息,施加紧急制动。

4.1.2 结构设计

设计安装吊架保证制动控制单元与车体的安装接口与进口部件保持一致,在制动控制单元背面金属板上设计气路接口与原车管路接口保持一致。电气连接器选型时选择与进口产品连接器接口一致的产品,连接器安装位置保持一致。如图3所示为国产化制动控制单元三维图,如图4所示为国产化制动控制单元实物图。

制动控制单元内部主要包括气动控制单元和电子控制单元,两者独立设计,可对气动控制单元内部的机械阀、电磁阀和电子控制单元内的电路板等零部件进行独立更换,方便产品的检修和维护。为保证产品外形尺寸及维护空间满足车下现有作业空间,设计过程中将制动控制单元垂向尺寸适当增大,优化横向和纵向尺寸保证安装空间要求。采用HyperMesh和ANSYS两种软件对制动控制单元箱体及安装吊架进行建模和强度分析,包括静强度和疲劳强度校核计算,计算结果表明,制动控制单元和安装吊架强度薄弱部位的疲劳强度均小于截止极限,疲劳强度均满足BS EN1993-1-9:2005标准要求。

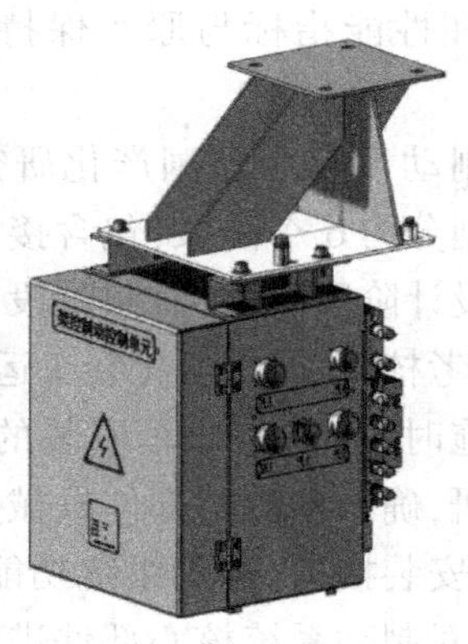
图3 国产制动控制单元三维图

图4 国产制动控制单元装车产品

4.2 辅助控制单元

辅助控制单元是制动控制系统的重要部件，负责控制基础制动装置停放缸的充气和排气，实现停放制动的施加和缓解作用，为制动用风提供净化的空气，为空气弹簧实施供风。主要由压力开关、测试接头、空气过滤器、减压阀、停放制动控制阀、双向阀、单向阀以及带电触点塞门等组成[9]。

每辆车配置1套辅助控制单元，采用模块化设计，整机安装在车下，方便维护和检修。如图5所示为国产化辅助控制单元三维图，如图6所示为国产化辅助控制单元实物图。

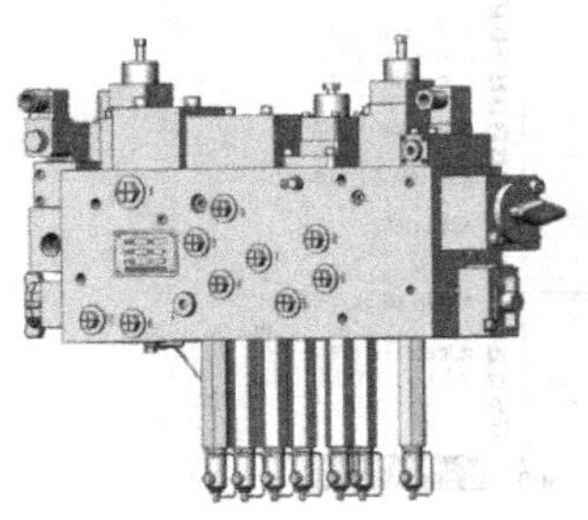

图5 国产辅助控制单元三维图

图6 国产辅助控制单元装车产品

辅助控制单元接收到停放制动施加信号时，停放制动控制阀的施加电磁阀得电，缓解电磁阀失电，停放制动控制阀隔离来自总风管的压力空气，停放制动缸通大气排风，从而产生停放制动作用；当辅助控制单元接收到停放制动缓解信号时，停放制动控制阀的施加电磁阀失电，缓解电磁阀得电，来自总风管的压力空气被引入停放缸，停放缸中的停放制动弹簧在压力空气的作用下被压缩，停放缸活塞回复缓解位，从而使停放制动缓解[10]。停放制动控制阀同时具有双向阀功能，引入制动缸空气，可防止制动缸和停放制动缸制动作用叠加而造成制动力过大，损伤车轮踏面。通过溢流阀、减压阀和截断塞门来给空气悬挂系统(含空气弹簧)供风，带电触点排风塞门用于系统调试和日常维修时排空停放缸内的压力空气，并向司机室提供停放制动切除的监控信号。单向阀用于防止制动储风缸的压缩空气逆流至总风管。

5 国产化制动系统的试验及考核

5.1 形式试验

为验证国产化制动控制系统的功能和性能满足设计要求，实现对进口件完全替代的目标，在国内地铁项目进行装车验证。通过对列车进行形式试验，测得制动控制系统各功能稳定，参数符合设计要求，具体的测试功能和性能结果如下：

(1)核对制动控制单元连接器的各个信号线，与进口产品电气接线图设计要求一致。

(2)列车总线与制动控制单元通信正常。

(3)常用制动、快速制动和紧急制动对应的制动缸压力均在设计的压力范围内。

(4)列车施加纯空气的最大常用制动时，列车纵向冲击率测试为0.69m/s^3。

(5)列车处于AW3负载状态下，施加紧急制动，测量紧急制动响应时间为0.8s。

(6)列车处于AW3负载状态下，静止停稳在3.5%坡道上，施加停放制动后，未发生溜车。

(7)列车在初速度为80km/h下制动减速度测试结果如表1所示。

不同工况制动平均减速度测试记录　　表 1

试验工况	不同工况制动平均减速度($m \cdot s^{-2}$)		
	AW0	AW2	AW3
紧急制动	1.40	1.38	1.36
纯空气快速制动	1.26	1.24	1.23
带电制动的快速制动	1.24	1.23	1.23
纯空气最大常用制动	1.16	1.17	1.12
带电制动的最大常用制动	1.06	1.05	1.07

5.2　运营考核

列车通过形式试验后进行正线运营考核，制动控制系统正线运行过程中功能正常，性能稳定。根据大量正线运营统计数据表明，ATO 模式运行下，对标精度准确，无冲标、欠标情况发生，绝大部分(85%以上)站点对标精度均控制在 ±10cm 范围内，其余站点对标精度均控制在 ±20cm 范围内(满足项目对标精度为 ±30cm 的要求)。

通过查看正线运营记录的制动数据可知，制动控制单元接收到牵引系统发出的预衰减指令后，在电制动开始衰减前，发出空气制动指令并施加制动预压力，空气制动力随电制动衰减而逐步上升，保持车辆制动力恒定，使列车在电制动和空气制动转换过程中无延时和冲动，提高了空气制动力响应速度。当列车速度为 5.5km/h 左右时，牵引逆变器通过列车信息管理系统发出“电制动力衰减”信号指令，400ms 后电制动力衰减，空气制动替代电制动实施列车制动[11]。

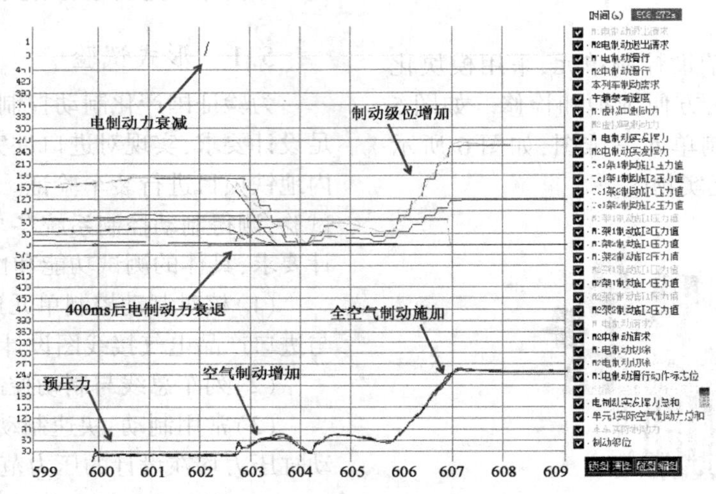

图 7　国产化产品装车后正线载客运行数据

自主研制制动控制系统已在国内地铁项目批量装车 25 列，其中 5 列车均已正线运营超过 40 万 km，制动控制系统功能正常，性能稳定，实现对进口产品完全替代的目标。

6　结语

(1)本国产化研究形成以制动控制单元和辅助控制单元为核心、以接口和功能、性能替代为目的的城轨车辆国产制动控制系统；国产化产品采用集成技术，将制动控制阀、电路板等集成于制动控制单元内，将空簧管路控制阀、停放管路控制阀等集成于辅助控制单元内，较进口产品具有维护方便、成本低、效率高等特点。

(2)分析对比进口产品性能指标，对自主研制的制动控制系统方案进行验证，已完成样机研制和性能试验。装车后形式试验数据表明，国产化制动控制系统具备进口件所有功能，同时性能满足城轨车辆技术要求，部分技术性能优于进口产品。

(3)国产化制动控制系统实现了与牵引系统、网络系统和信号系统合理匹配。在线路信号系统和车辆牵引系统、网络系统已调试完成的情况下，制动控制系统完成了与各系统的良好匹配，车辆ATO模式运行进站停车时，能够实现精准停车对标要求。现单列已稳定运营逾40万km，本制动控制系统国产化的成功研制与运用，实现了对进口产品的完全替代，并体现出自主化产品集成度高、维护成本低、功能良好和性能稳定等特点。

参考文献

[1] 李小东，王群伟，张文秀，等. 北京地铁2号线国产化制动系统研制[J]. 现代城市轨道交通，2017，01：1-6.

[2] 匡如华. EP2002制动系统及其在城轨车上的应用[J]. 机车电传动，2009，05：33-35.

[3] 李小兵，齐增强. 城轨车辆制动系统国产化研制及应用[J]. 轨道交通装备与技术，2020，4：24-27.

[4] 吕晓晖. 我国城轨车辆制动系统介绍及选型[J]. 城市轨道交通研究，2009，6：56-61.

[5] 王群伟，林祜亭，王新海，等. 架控制动系统及其在城轨车辆上的应用[J]. 铁道机车车辆，2011，31(02)：31-33.

[6] 何宝昌. 城轨车辆制动控制系统的分析[J]. 铁道机车车辆工人，2012，6：19-21.

[7] 朱圣达. 地铁车辆空气制动系统应用分析[J]. 机电技术，2018，2：118-120.

[8] 杨东，廖绍辉，尚小菲. 北京地铁16号线制动系统浅析[J]. 黑龙江科技信息，2016，33：163-164.

[9] 杜平海. 地铁车辆停放制动状态的指示与判断[J]. 北方交通，2020，01：75-79.

[10] 梁艳芬，吴明赵. 地铁车辆用踏面单元制动器的可靠性研究[J]. 技术与市场，2018，03：16-20.

[11] 王艳伍，陈爱丽. 西安地铁1号线车辆牵引制动及信号系统的接口设计实践[J]. 城市轨道交通研究，2013，07：73-76.

城市轨道车辆停放制动故障分析及研究

魏灿刚* 廖志坚 刘同新

（中车青岛四方车辆研究所有限公司）

摘 要 针对城市轨道车辆运行时停放制动意外施加后无法通过压力开关反馈的问题，本研究从停放制动工作原理着手分析，结合车辆运营过程中出现的停放制动管路断裂情况，通过试验模拟的方法复现列车停放制动意外施加故障，分析出故障原因是经过压力开关的空气流量过大导致压力开关无法正确指示停放管路内风压迅速降低的状态，研究提出增加减压阀和缩堵的方案可有效触发压力开关动作，列车显示停放制动施加信号。本研究对改进方案测试并确认其有效性，为城市轨道车辆因管路断裂等因素导致的停放制动意外施加故障的处理方法提供参考依据。

关键词 城市交通 城市轨道车辆 故障分析 停放制动 试验验证

0 引言

制动系统是城市轨道交通车辆的关键系统之一，制动系统的性能直接影响城轨车辆运行的稳定性和可靠性，是车辆安全和乘客安全的重要保证。制动系统主要功能包括常用制动、紧急制动、快速制动、停放制动等，其中停放制动是在规定的坡道上，以规定的载荷永久保持住列车的制动模式[1]，防止列车在静止状态下发生溜逸，通过弹簧储能式停放制动缸来实现停放制动力的输出[2-3]。近年来，停放制动故障主要表现在停放电磁阀故障[4]、控制逻辑问题[5]和停放管路堵塞或断裂问题[6]等方面，尤其是车辆在正线运行时，如因设备出现故障导致停放制动意外施加，将会对车辆造成擦轮事故[7]或严重影响行车安全和运营服务质量[8]，甚至威胁乘客安全和列车安全。本文针对列车停放制动意外施加时无法及时反馈的问题进行原因分析，并提出合理的预防措施，采用试验验证方法验证措施的有效性。

1 停放制动原理

停放制动功能是制动系统的主要功能之一,停放制动的施加和缓解是通过电气信号和气动控制单元进行控制并由基础制动装置实施完成。当通过停放管路通往基础制动装置停放缸中的风压达到一定值,停放制动缓解,当风压降低到一定值,停放制动施加[9-10]。城轨车辆制动系统的气路原理图如图1所示。

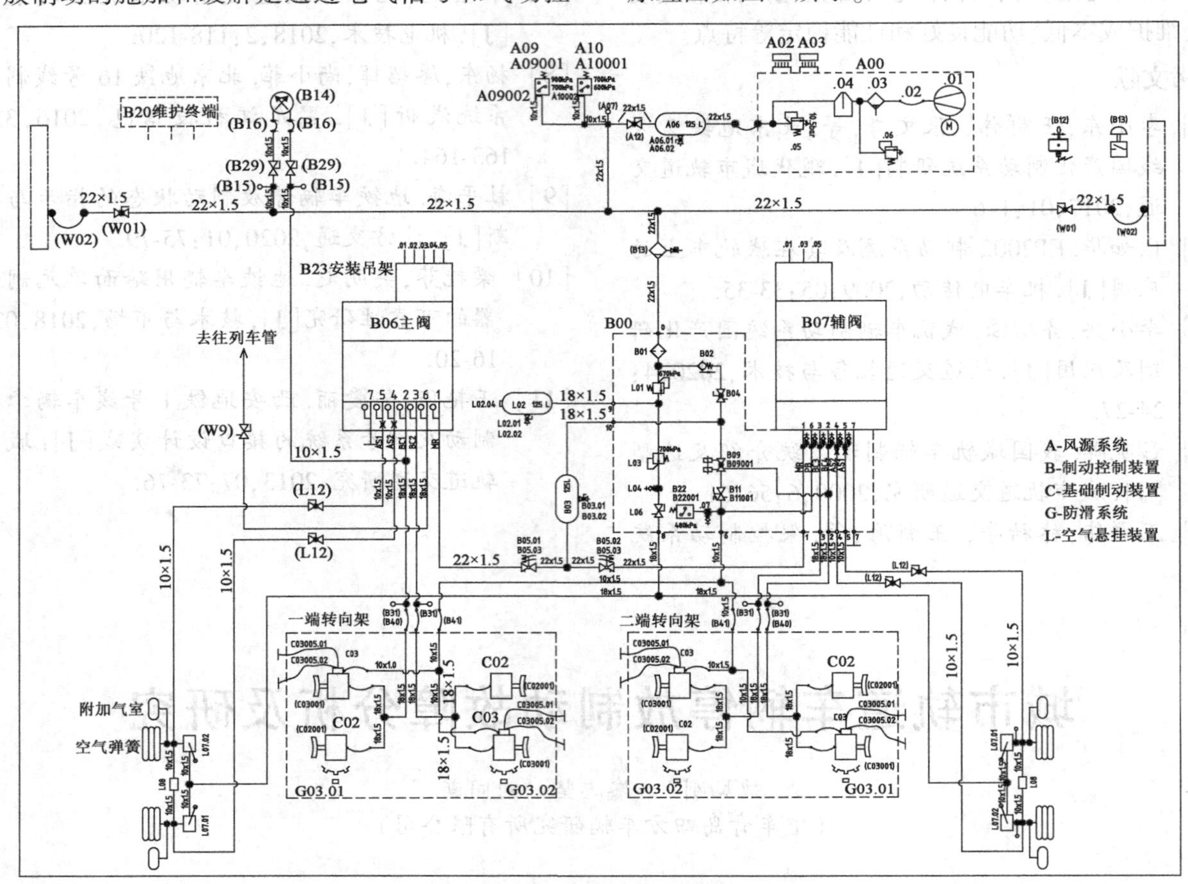

图1 城轨车辆制动系统气路原理图

控制停放制动施加和缓解的装置称为停放控制单元,其三维模型和气路原理图如图2所示,包含停放阀(B09)、压力开关(B22)、带侧排风塞门(B11)等控制和指示部件,停放控制单元接收到停放制动施加信号时,停放阀上的施加电磁阀得电,停放阀上的缓解电磁阀失电,停放阀隔离来自总风管的压力空气,而将基础制动停放缸气路通大气而排风,从而产生停放制动作用;当停放控制单元接收到停放制动缓解信号时,停放阀上的施加电磁阀失电,停放阀上的缓解电磁阀得电,来自总风管的压力空气充入基础制动装置停放缸,停放缸中的停放制动弹簧在压力空气的作用下被压缩,停放缸活塞恢复缓解位,从而使停放制动缓解。停放阀内置双向阀,可防止制动缸和停放制动缸制动作用叠加而造成制动力过大,损伤车轮踏面。

停放控制单元中设置有压力开关(B22),用于判断停放制动状态[11],当停放制动缸压力大于480 kPa(不同基础制动装置此处压力值不同)时,压力开关动作(插芯接触),表示基础制动制动装置处于停放制动缓解状态,当停放制动缸压力小于420 kPa(不同基础制动装置此处压力值不同)时,压力开关动作(插芯断开),表示基础制动制动装置处于停放制动施加状态。

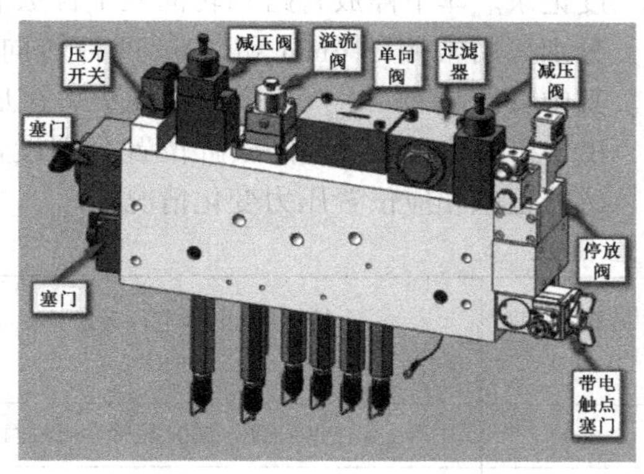

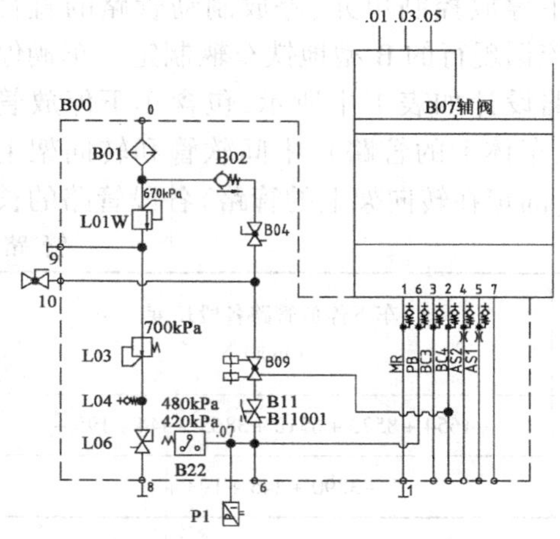

图2 停放控制单元三维模型和气路原理图

B01-空气过滤器;B02-单向阀;B04-带侧排风塞门;B09-停放电磁阀;B11-截断塞门;B22-压力开关

2 停放制动故障及原因分析

2.1 故障介绍

车辆在运行过程车,由于不合理的钢轨维保策略及工艺设备的能力不足,导致钢轨存在较大数量的超差焊接接头,车辆运行在有问题的轨道上时车辆部件处于低应力循环振动状况中,当循环振动次数达到相应量级后发生疲劳破损导致断裂[8]。车辆停放制动管路出现断裂后断裂处将持续排风,断裂处上游管路内由于高压空气持续补充,导致压力开关处风压无法迅速下降,压力开关短时间内未动作,一直指示停放制动处于缓解状态,实际此时故障管路下游的基础制动装置的停放缸内因风压下降或排空导致停放制动施加,此时列车处于抱闸运行状态,导致列车轮对出现踏面擦伤事故。

2.2 原因分析

针对停放制动管路断裂情况,参照城市轨道车辆控制原理和现车管路布置,通过模拟现场故障的方法进行分析。根据城轨车辆气路原理图,利用现车安装的停放控制单元和停放管路要求搭建试验台,试验气路原理如图3所示,进行停放管路断裂前后相关试验并记录试验数据。

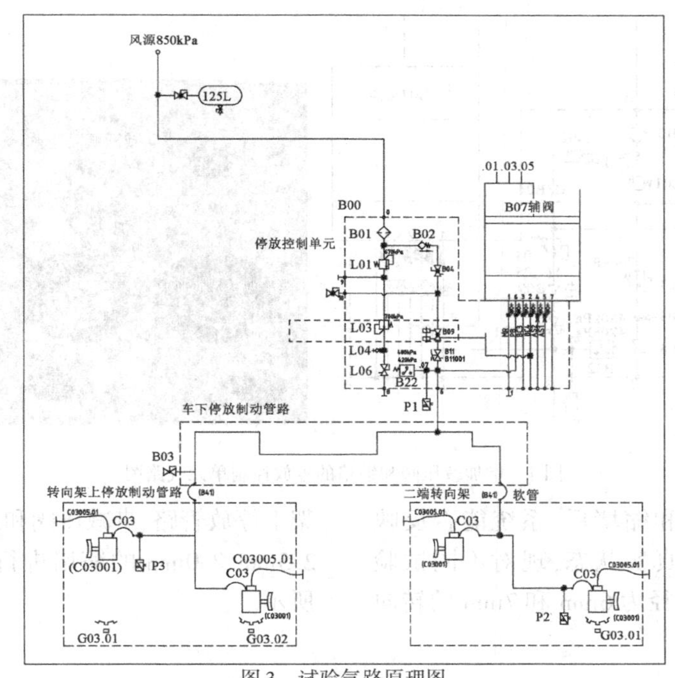

图3 试验气路原理图

试验中停放控制单元、停放制动管路的直径和长度均依据现行的 B 型地铁车辆制定。车辆停放制动管路设计如表 1 中所示,包含车下停放管路(固定在车体上的管路)、中间软管和转向架上停放管路(固定在转向架上的管路)各段管路的长度记录。车下停放管路和转向架上停放管路内径分别采用常用的 6mm 和 7mm 两种转向架管路。其中管路内部"+"表示直角接头。在压力开关 B22 和基础制动装置停放缸位置分别设置压力传感器记录相应位置压力变化情况。

管路布置情况　　表 1

序号	车下停放管路各段长度(mm)	中间软管长度(mm)	转向架上停放管路各段长度(mm)
1	+1654 +8523 +6518 +3865 +344 +195 +	660	+1253 +500 +500(软管) +停放缸 1
2	+3890 +345 +193 +	660	+1253 +500 +1448 +140 +500(软管) +停放缸 2

在模拟故障位置处增加截断塞门 B03,如图 3 所示,打开塞门 B03 模拟现车管路断裂情况。对两种转向架管路分别测试,经试验测试得到:

设置输入总风压力为 850kPa,打开塞门 B03 模拟管路断裂,对 6mm 内径转向架管路测试,压力开关不动作,压力开关处压力稳定在 711kPa;对 7mm 内径转向架管路测试,压力开关不动作,压力开关处压力稳定在 709kPa。

通过试验分析表明,当管路断裂,基础制动装置已施加停放制动时,断裂管路上游的风压快速补充,压力开关处的风压无法下降到压力开关动作值,压力开关处压力稳定后仍高于 480kPa,压力开关未指示停放制动施加状态,车辆无法及时报出停放制动意外施加故障,导致列车抱闸运行。

3　措施研究

针对停放管路断裂时压力开关处风压不能及时排放的问题,可通过在停放制动气路上增加减压阀和缩堵的方式减弱压力开关之前管路内压缩空气的流量。在制动停放控制单元内增加减压阀,可限制管路内气体流量,同时有效降低基础制动装置停放缸内停放弹簧的疲劳强度,通过在压力开关上游安装缩堵,实现对停放制动管路内压缩空气流量的精确控制。优化后的停放控制单元原理如图 4 所示。

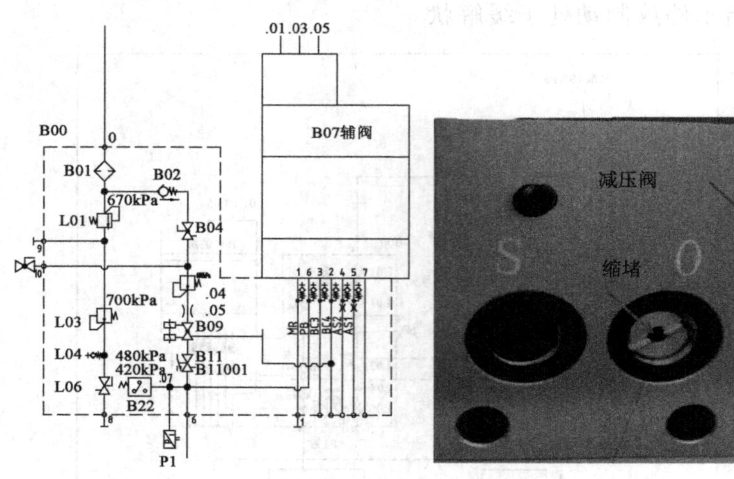

图 4　增加减压阀和缩堵的停放控制单元气路图

为确认增加减压阀和缩堵后,系统能否反映停放制动施加和缓解的真实状态,现对不同试验条件进行测试,分别对内径为 6mm 和 7mm 的转向架上停放管路、带减压阀和通径规格分别为3.0mm、2.5mm、2.0mm 的缩堵进行测试,测试结果如表 2 所示。

减压阀和缩堵对压力开关动作影响情况　表2

序号	减压阀及缩堵情况	转向架上管路直径6mm		转向架上管路直径7mm	
		压力开关动作情况	压力开关处风压值(kPa)	压力开关动作情况	压力开关处风压值(kPa)
1	无减压阀、无缩堵	无动作	711	无动作	609
2	有减压阀、无缩堵	无动作	502	无动作	501
3	有减压阀、通径3.0mm缩堵	无动作	426	无动作	425
4	有减压阀、通径2.5mm缩堵	动作	358	动作	355
5	有减压阀、通径2.0mm缩堵	动作	227	动作	222

试验表明,增加减压阀和通径小于等于2.5mm的缩堵可以有效限制通过压力开关处的压缩空气流量,使压力开关处风压值尽快通过管路断裂处排风降低至停放制动施加的压力值以下,使压力开关动作,列车在司机控制屏上显示停放制动施加,提示司机对此时异常状态采取应急处理措施。

停放控制单元内安装减压阀和缩堵后,对车辆正常状态时停放制动施加和缓解时间的影响进行测试,测试数据如表3所示。

减压阀和缩堵对停放制动缓解和施加响应时间的影响　表3

序号	减压阀及缩堵情况	转向架上管路直径6mm		转向架上管路直径7mm	
		停放制动缓解时间(s)	停放制动施加时间(s)	停放制动缓解时间(s)	停放制动施加时间(s)
1	无减压阀、无缩堵	6.75	11.17	7.32	11.02
2	有减压阀、无缩堵	6.69	9.13	6.69	9.13
3	有减压阀、通径3.0mm缩堵	9.61	9.16	9.23	9.23
4	有减压阀、通径2.5mm缩堵	11.68	8.98	12.37	9.20
5	有减压阀、通径2.0mm缩堵	19.05	9.16	19.24	9.13

试验表明,安装减压阀和适当通径缩堵时,可以保证压力开关动作,对停放制动缓解响应时间有影响,缩堵通径越小,停放制动缓解时间越大,停放制动施加时间基本不受影响,其中有减压阀、通径2.5mm缩堵的试验状态下能正确指示停放制动施加,且停放制动缓解响应最快。另外,停放制动缓解时间不作为对停放制动性能的考核内容,因此根据不同项目选择适用于项目的缩堵不影响对停放制动性能测试和应用。

4　结语

因停放制动管路断裂等因素导致的车辆意外施加停放制动,如司机未及时发现,存在严重行车安全隐患,建议设计初期应考虑相应应急措施。

(1)在停放制动控制单元的停放制动气路上,增加减压阀和适合通径的缩堵,可有效触发压力开关动作,在司机显示屏上显示停放制动施加信号,提醒司机采取有效处理措施。

(2)对于不同车型的城轨车辆,因设计的管路内径、长度等不同,可通过模拟车辆管路布置试验获得适用于车辆的缩堵通径值,更具有针对性和实用性。

参考文献

[1] 杜群威,张远东,谢川川.停放制动原理分析及故障诊断[J].铁道机车车辆,2018,38(4):46-49.

[2] 杜平海.地铁车辆停放制动状态的指示与判断[J].北方交通,2020,01:75-79.

[3] 马沂文,李春城.关于地铁列车停放制动配置的思考[J].现代城市轨道交通,2010,06:56-58.

[4] 赵奕.上海地铁5号线车辆停放制动故障分析及处理[J].技术与市场,2020,27(2):64-68.

[5] 刘畅,张燕萍,左安国,等.长春市轨道交通C型列车停车/停放制动控制逻辑分析及改进措施[J].现代城市轨道交通,2020,3:30-34.

[6] 齐俊岩.北京地铁车辆的停放制动[J].现代

城市轨道交通,2007,1:22-26.
[7] 王艳伍,陈爱丽,谢红.车辆施加停放制动过程中发生牵引状况的故障分析[J].城市轨道交通研究,2013,1:71-73.
[8] 于洋,刘丙林,马桂财,等.城市轨道车辆振动损伤分析与研究[J].机车电传动,2019,4:120-125.
[9] 张兴宝.浅析西安地铁2号线车辆停放制动原理及整改方案[J].机车电传动,2012,5:82-86.
[10] 章义.两种停放制动控制方式的原理与分析[J].城市轨道交通研究,2013,11:123-126.
[11] 陈磊,秦佳颖,梁建全,等.2种停放制动监控方式的分析[J].铁道车辆,2016,54(1):31-34.

动车组车轮薄轮缘镟修廓形轮缘强度分析[1]

刘顺稳[1]　尹利钧[1]　赵　鑫*[1]　王玉光[2]　温泽峰[1]
(1. 西南交通大学牵引动力国家重点实验室;2. 中车四方车辆有限公司)

摘　要　当动车组车轮存在明显轮缘磨耗时,周期性镟修中通常不恢复至初始廓形,而是代之以薄轮缘镟修廓形,以最大化车轮服役寿命。面对工程中最小轮缘厚度多依经验确定的现状,利用ANSYS建立了考虑CR400AF型动车组车轮薄轮缘镟修廓形的三维轮轨静态接触有限元模型,分析不同横移下的轮轨接触状态,对比了22mm、26mm和32.9mm三种典型轮缘厚度下轮缘内接触应力分布,钢轨保持CN60,轮径取极小值850mm。重点分析了磨耗前、后轮缘贴靠和道岔通过时轮缘内部应力场分布特征及极值应力的幅值和发生位置,轮轨荷载取自UIC 510-EN 13979-1-2020标准。以车轮材料屈服强度作为评判准则,发现工程中采用的轮缘最薄22mm的车轮轮缘强度是有保障,不会威胁车轮运行安全。

关键词　高速动车组　轮缘磨耗　薄轮缘镟修廓形　轮缘贴靠　轮缘强度　轮轨接触

0　引言

高速铁路是国家综合交通运输体系的骨干,也是国家众多发展战略和经济升级的关键支撑之一,其重要性已得到广泛认同。商业运营动车组的安全性和经济性,一直是高铁必须面对的基础性问题,其决定性因素之一是轮轨服役状态。动车组车轮维修实践中,每隔20~30万km会进行一次周期性镟修,以恢复原始车轮车轮廓形或修复踏面损伤,严重突发损伤等特殊情况下也会进行额外镟修[1]。车轮廓形一般是由多段曲线连成的复杂曲线,以满足动车组在不同路段的运行要求[2-4],轮缘会在小半径曲线、道岔通过时与钢轨接触,导致轮缘磨耗现象。限于车轮廓形特点,欲修复严重轮缘磨耗车轮至初始廓形,需大量的径向材料去除,这会大大降低车轮服役寿命。为避免不必要的材料镟除和最大化车轮服役寿命,工程上通常采用一系列不同轮缘厚度的薄轮缘镟修廓形来替代初始廓形。

薄轮缘廓形对机车车辆动力学行为的影响,学术界已开展了大量的研究。唐旭等[5]通过建立高速列车"车辆-轨道"耦合动力学模型,通过对比分析26~32mm轮缘厚度工况,发现轮缘厚28mm的S1002CN廓形条件下CRH380B动车组能保持动车组良好的运行性能和动力学性能,故建议轮对高级镟时采用轮缘厚28mm的车轮廓形。赵腾等[6]建立了三维弹塑性接触有限元模型,计算了JM3型车轮踏面,发现当轮缘从32mm厚磨耗到27mm(磨耗稳定阶段)的过程中,与磨耗稳定期钢轨的匹配关系较之最好,轮缘磨耗速率逐渐降低。张海等人[7]针对LMB车轮廓形开展了动力学分析,发现26mm轮缘厚下车辆的脱轨系数和轮重

1. 资助项目:国家自然科学基金资助项目(51675444);四川省国际科技创新合作项目(2021YFH0006);牵引动力国家重点实验室自主课题(2022TPL_T06)。

减载率指标最小,即其动力学性能最佳。

另外,陈佳明等[8]对地铁车轮滚动接触疲劳的研究发现,轮缘增厚反而会恶化轮缘根部的接触行为,导致轮缘根部萌生滚动接触疲劳及剥离。总之,薄轮缘廓形不但不会恶化机车车辆的动力学性能,甚至会改善性能,所以薄轮缘车轮廓形得以广泛应用。鉴于此,李国栋等[9]通过建立高速动车组动力学模型,针对 S1002CN 型车轮踏面进行改进,得到 LMB_10 型车轮踏面,降低了轮缘高度,减小了轮缘厚度,平缓了轮缘根部,有效解决了使用 S1002CN 廓形的某型动车组存在的低锥度晃车问题。

轮缘磨耗严重到一定程度,可能会导致脱轨等行车安全事故[10,11]。轮缘厚度过小也会造成轮对名义等效锥度减小,董孝卿等[12]针对此问题引发的车体横向失稳现象,重新设计车轮镟修方案,提高轮轨等效锥度,统一轮缘高度,并用高次曲线连接轮缘根部与踏面外形。运营实践验证,新的镟修廓形轮缘厚度在 28 ~32mm 范围内,轮对横移量在 13 ~15mm 之间,等效锥度提高,直径镟修量控制在 2mm 以内,车体振动性能得到恢复。目前,最小轮缘厚度在业内尚未取得共识,工程中多依经验确定。

综上所述,学术和工业界对薄轮缘镟修廓形的研究,绝大多数从动力学角度开展,尚缺少薄轮缘强度的相关研究。本文旨在填补此空白,以 CR400AF 高速动车组使用的轮缘厚 32.9mm 的 LMa 车轮廓形为例,分析动态和极端服役工况下薄轮缘条件下轮缘处应力状态,评估薄轮缘的安全性,为薄轮缘廓形设计与应用提供基础依据。具体分析中,考虑了运营实践中采用的系列 LMA 薄轮缘廓形设计,考虑最薄轮缘厚度 22mm。

1 轮缘接触建模

1.1 轮轨接触模型

CR400AF 高速动车组车轮初始轮径为 920mm,所允许最小轮径为 850mm,采用 LMa 车轮廓形,系列镟修廓形的最小轮缘厚度为 22mm。利用 ANSYS 建立了如图 1 所示的三维轮轨静态接触有限元模型,分析不同横移下的轮轨接触状态。模型考虑极小轮径 850mm 和 CN60 钢轨,选取 22mm、26mm 和 32.9mm 三种典型轮缘厚度车轮廓形。鉴于轮轨接触区有限的事实,模型仅考虑整个车轮的 5/16,钢轨长度取 1m,重点分析接触斑附近的轮辋内部应力分布,尤其是轮缘内。轮轨均由 8 节点实体单元离散,节点具有三个方向上的平动自由度。为保证接触计算精度,接触斑附近区域采用尺寸为 1mm 的细密网格,其他区域尽可能稀疏,以降低模型规模,即采取了不均匀网格划分技术,模型总网格和节点数分别为 48 万和 50 万左右(不同工况对应模型略有差异)。

轮轨接触由“面-面”接触算法求解,考虑了界面摩擦,具体由库伦摩擦表征,摩擦系数取干态下高值 0.6,模拟最强切向接触荷载工况。模型中施加了服役中常发生的垂向(F_z)和横向(F_y)轮轨力,其大小取自 UIC 510-EN 13979-1-2020 整体车轮技术检验标准中规定的导向轮动态荷载[13],具体为:

直线无横移工况:

$$F_{z1} = -1.25Q \tag{1}$$

曲线贴靠工况:

$$\begin{cases} F_{z3} = -1.25Q \\ F_{y3} = 0.7Q \end{cases} \tag{2}$$

曲线贴靠极端工况:

$$\begin{cases} F_{z4} = -(90000 + Q) \\ F_{y4} = 10000 + 2Q/3 \end{cases} \tag{3}$$

道岔工况:

$$\begin{cases} F_{z2} = -1.25Q \\ F_{y2} = 0.42Q \end{cases} \tag{4}$$

其中,Q 为静轮重,取为设计上限值 8.5 t,下标 1 ~4 对应上述 4 种工况。模型中忽略了轮轨自重,垂向轮轨力以集中力的形式施加于轮毂上表面的 5 个节点上,如图 1 所示,直线、道岔和曲线贴靠工况下垂向力为 104.125kN,工况 3 考虑了极端荷载,其垂向力取 173.3kN。曲线接触分析中考虑了最恶劣的轮缘贴靠工况,横移量 20mm 及由横移、R7000m 曲线超高决定的侧滚角(约 6°)均考虑在内(图 2),横向力施加在垂直于车轮辐板位置(图 1),工况 2 和工况 3 中分别取59.850kN 和 65.533kN。道岔工况中,横向力施加方向与曲线工况相反,施加位置在轮缘背面,具体位置由如图 5 所示的接触带确定,取值为 34.986kN,进一步考虑到轮轨踏面接触位置离远离轮缘的事实,分析忽略了轮轨接触计算。计算时,施加边界条件如下:轮毂两个侧面上施加对称边界条件,约束轮对横向运动;钢轨底面全约束,两端施加对称约束。模型中涉及的参数取值详见表1。

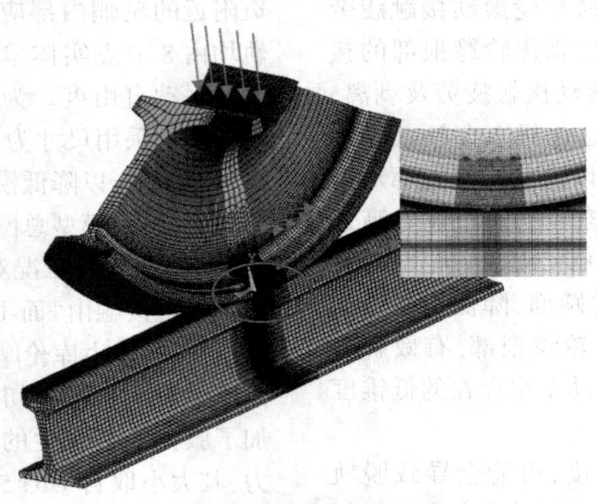

图1　轮轨接触有限元模型网格图

模型计算参数　　表1

参数名称		数值
车轮、钢轨	弹性模量 E(GPa)	205.9
	泊松比	0.3
	密度 ρ(kg/m^3)	7790
	轮轨间摩擦系数	0.6
	静轮重 Q(kN)	83300

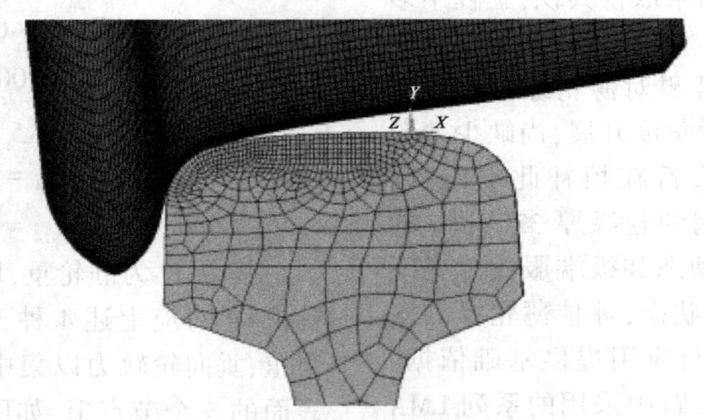

图2　R7000m 曲线上轮缘贴靠工况

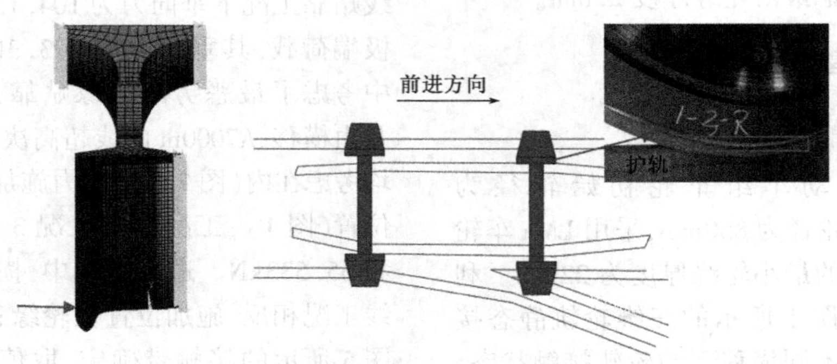

图3　过道岔工况

1.2　共形接触设置

上一节分析模型中考虑了轮轨设计(或镟修)廓形间接触,考虑到现场轮轨廓形因磨耗演化,也针对轮轨在轮缘根部共形接触工况进行了建模。

与设计廓形间接触模型相比,共形接触模型中修改了轮缘接触时接触斑附近的接触几何,其他分析条件保持不变。限于轮轨磨耗廓形千变万化的事实,共形接触工况采用如下方式模拟:根据实测轮轨廓形大致确定共形区域的大小,将其内钢轨廓形改为车轮轮缘对应段廓形,如图4所示。

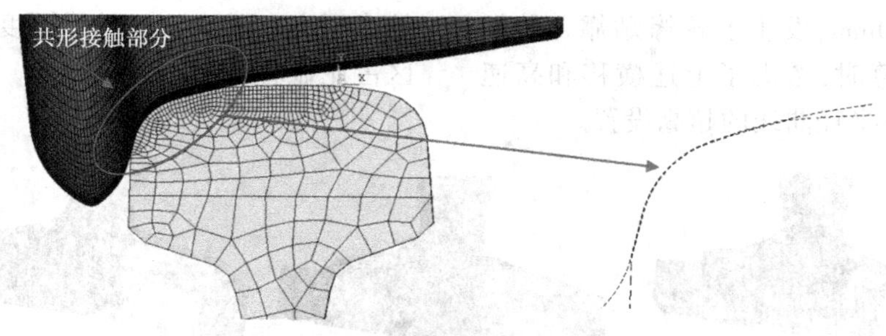

图4 曲线轮缘贴靠时的轮轨共形接触设置

2 轮缘内应力结果

2.1 直线无横移工况

采用22mm厚轮缘的镟修廓形时,直线无横移工况下轮辋内部的V-M等效应力分布示于图5。沿图5中所标注的路径,取出不同轮缘厚度下轮缘内部V-M等效应力沿深度的分布结果,见图6。可见,轮缘厚度对接触区内应力沿深度分布的影响可以忽略,这符合接触荷载影响范围有限的认知;轮缘因远离接触斑,其内部应力水平很低,最大值仅略高于6MPa,轮背表面的等效应力更小于0.4MPa。很显然,直线无横移工况下轮缘厚度对车轮运行安全无影响,另考虑到直线轨道不平顺引发的轮对横移一般不足以引发轮缘接触,故本文不再就直线工况开展更多分析。

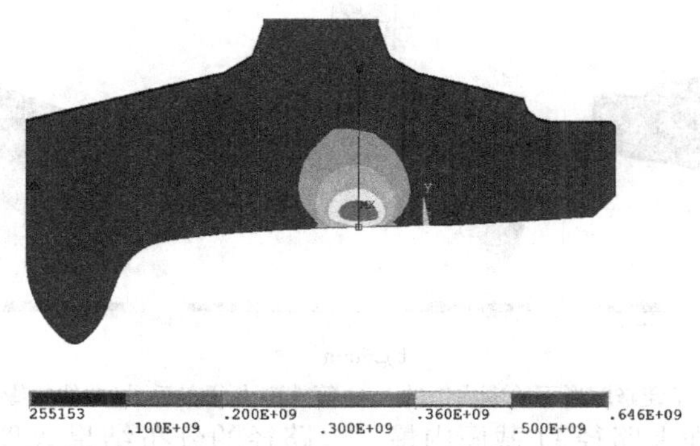

图5 轮缘厚22mm镟修廓形下轮辋内部的V-M等效应力分布云图(单位:Pa)

注:所示横截面通过接触斑内最大接触应力点(下文同类云图亦如此)。

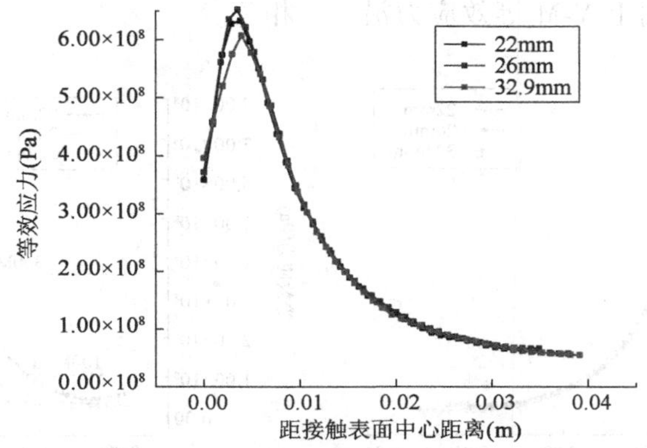

图6 不同轮缘厚镟修廓形下轮辋内部V-M等效应力沿深度分布

2.2 曲线工况

考虑到轨道不平顺,本节分析中假设轮对通过曲线时发生了足够大的横移,其具体值如模型介绍部分所述,为20mm,发生了轮缘贴靠。贴靠时的轮轨侧滚角计算时,考虑了上述横移和高速线路上最小 R7000m 半径曲线的超高设置。

2.2.1 一般贴靠工况

从图7可以发现,不同轮缘厚度下轮缘根部的V-M等效应力分布有较大差异,相较于32.9mm轮缘厚度工况,22mm轮缘厚度下轮缘内部高应力区占比显著增加。

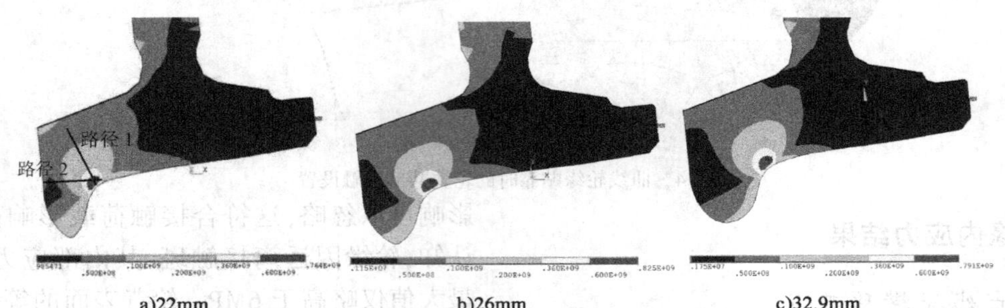

a)22mm　b)26mm　c)32.9mm

图7　不同轮缘厚镟修廓形下轮辋内部的V-M等效应力分布云图(曲线轮缘贴靠工况)

从图8可以得出,与正常曲线贴靠相比,共形接触显著降低了轮辋内部的最高应力水平,V-M等效应力低于屈服强度360MPa的区域增加。同样,较32.9mm轮缘厚度工况,22mm轮缘厚度下轮缘内部的高应力区域占比显著增加,但是,考虑到车轮钢材的屈服强度达360MPa左右(图中明黄色区域的下限为360MPa),22mm轮缘厚度下轮缘内部依然不会发生显著的塑性变形。

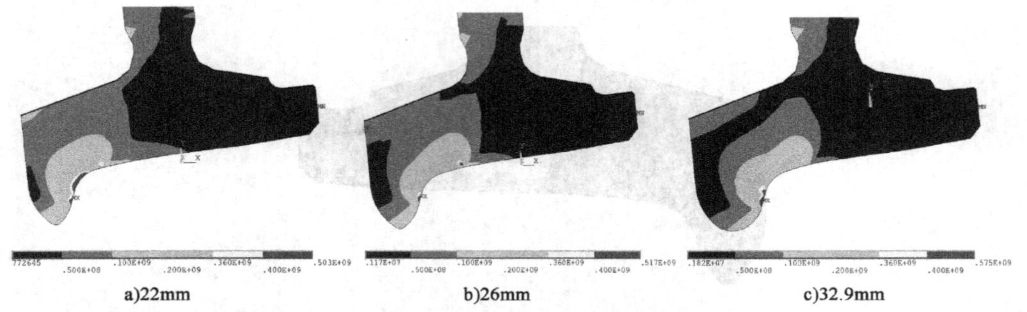

a)22mm　b)26mm　c)32.9mm

图8　不同轮缘厚镟修廓形下轮辋内部的V-M等效应力分布云图(曲线轮缘共形贴靠工况)

通过定义曲线工况下截面上路径1(截面内最大等效应力的接触位置法向路径)和路径2(通过最大等效应力位置的水平方向),如图7a)所示路径,可以得到曲线工况下截面上V-M等效应力沿路径的分布结果表明示于图9-10。需说明,设计廓形随轮缘厚度的非线性变化,使得图8-9a)中轮缘厚度与轮辋内最大V-M等效应力并非线性相关。

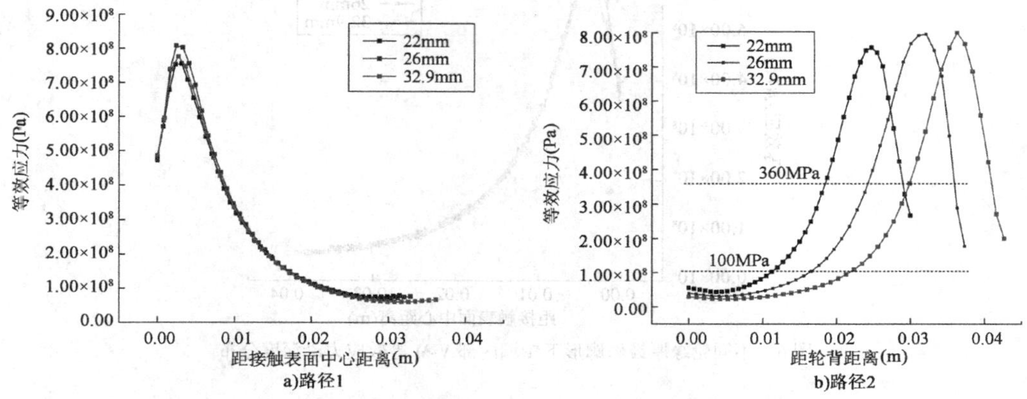

图9　不同轮缘厚镟修廓形下轮辋内部V-M等效应力沿深度分布(曲线轮缘贴靠工况)

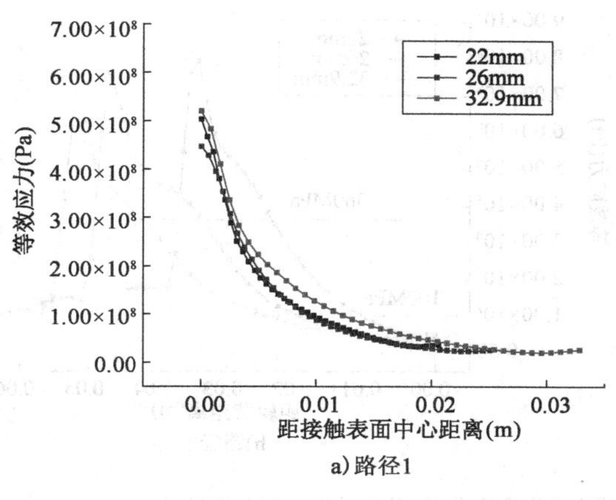

a)路径1

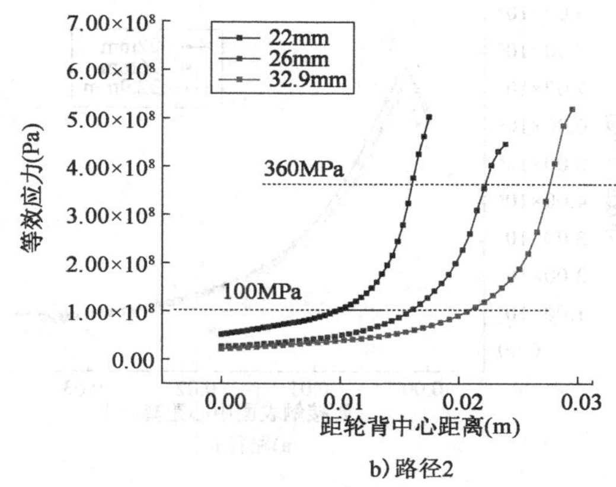

b)路径2

图10 不同轮缘厚镟修廓形下轮辋内部 V-M 等效应力沿深度分布(曲线轮缘共形贴靠工况)

由图9a)和图10a)和可见,路径1上V-M等效应力的分布差异可忽略,考虑到不同模型中共形接触几何设置差异,所采用的最薄轮缘还没到影响接触应力的程度。图9b)和图10b)中路径2上V-M等效应力分布结果表明,不同厚度轮缘结果分布存在显著差异,轮缘减薄使得其背面应力水平增加。可以看出,当轮缘由32.9mm厚减至22mm时,轮缘发生贴靠时V-M等效应力360MPa的发生深度由距轮背超过30mm降至约18mm;而磨耗至共形贴靠时发生深度由27mm降至16mm。相比于正常贴靠,磨耗至共形贴靠时更危险。然而,22mm轮缘厚度下,正常贴靠时V-M等效应力低于100MPa的材料深度仍达12mm左右,选取路径上表面最高应力水平仅略高于50MPa。

2.2.2 极端贴靠工况

由以上结果可知,22mm高应力区占比最高。因此,针对极端工况下22mm厚度轮缘发生极端贴靠时轮轨接触应力状态进行进一步分析,结果如图11所示。与正常工况图7a)和8a)对比,相对于非极端状态,轮辋内部最大应力水平明显增加,轮缘内部高应力区域占比显著增,低应力区大大萎缩。意味着薄轮缘下轮缘承载水平有明显增加。

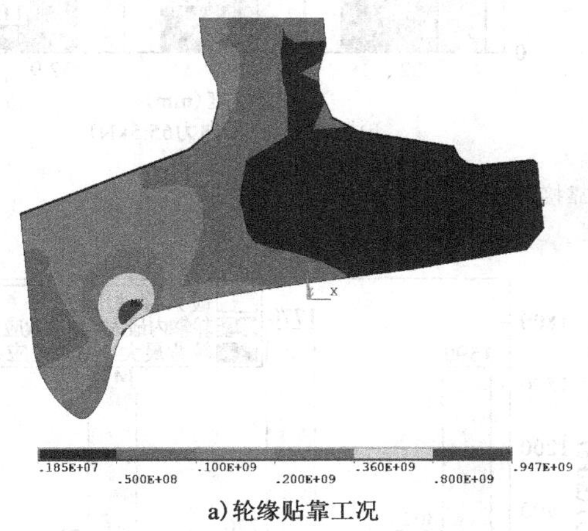

a)轮缘贴靠工况

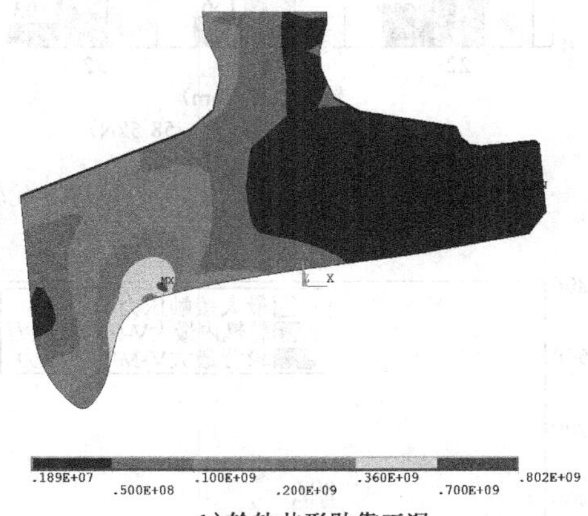

b)轮轨共形贴靠工况

图11 极端工况下22mm厚度轮缘轮轨接触等效应力云图

对更危险的轮缘磨耗至共形贴靠的极端工况进行进一步分析,结果如图12所示。在路径1和2上V-M等效应力分布均具有不可忽略得差异,同图7a)所示路径。可以看出,由32.9mm厚度减至22mm时,当轮缘发生极端贴靠时,360MPa的发生深度由距轮背约30mm降至约18mm;22mm轮缘厚下,V-M等效应力低于100MPa的材料深度约10mm,轮背表面应力水平仅80MPa左右。而轮缘磨耗至共形时发生贴靠下360MPa的发生深度由距轮背约43mm降至约24mm,轮缘内部的高应力水平部分的占比已显著增加。

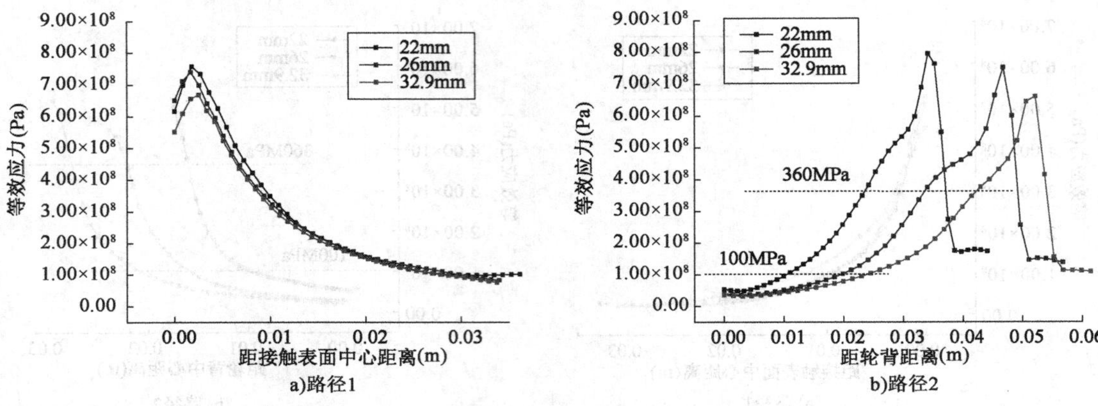

图12　不同轮缘厚镟修廓形下轮辋内部V-M等效应力沿深度分布(轮轨共形极端贴靠工况)

2.2.3　特征值对比

为便于对比,将曲线工况时轮轨不同贴靠情况所对应不同轮缘厚度镟修廓形的接触结果特征值见图13和图14。最大接触压力定义为轮轨接触斑内最大接触压力,轮背最大V-M等效应力定义为整个轮辋(包括轮缘)背面的最大V-M等效应力。

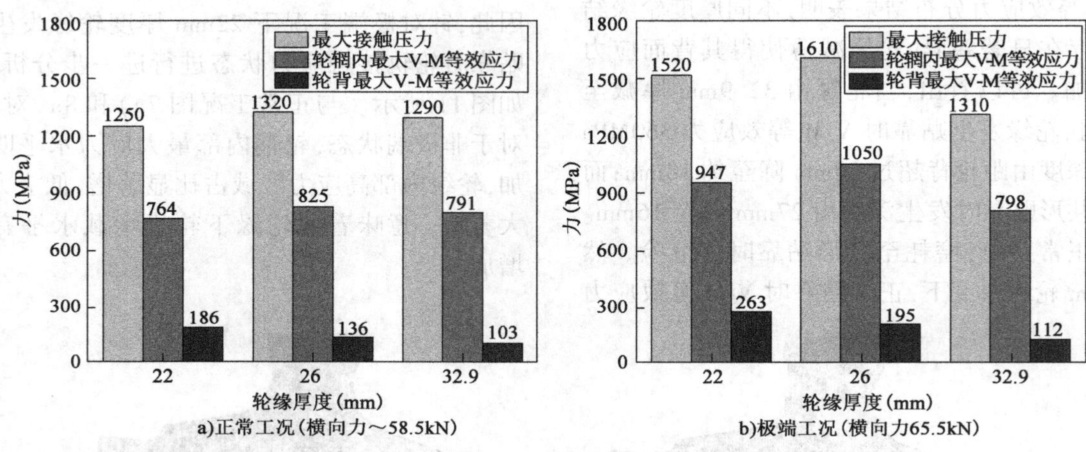

图13　轮轨贴靠接触结果

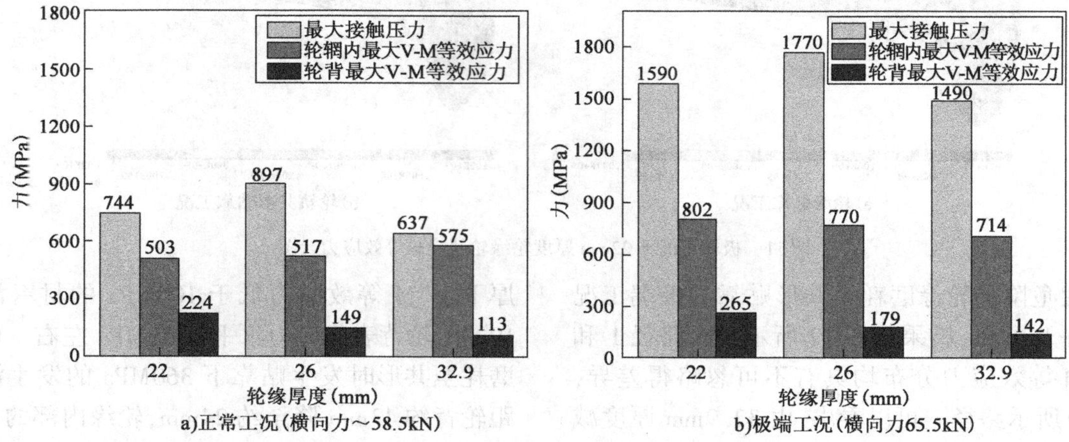

图14　轮轨共形贴靠接触结果

由上图可知，相比非极端工况，轮轨发生极端贴靠接触压力和轮辋内部最大 V-M 等效应力均明显增加，轮背最大 V-M 等效应力更是大大增加。相比轮轨正常贴靠，轮轨磨耗至共形贴靠时，随着轮缘减薄，轮背最大 V-M 等效应力同样增大。在轮缘磨耗至共形时轮缘发生极端贴靠时，22mm 厚轮缘下轮背最大 V-M 等效应力达到 265MPa，已经接近车轮材料的强度极限，但其值仍远低于材料屈服强度 360MPa。此值与近似随机变化的接触几何紧密相关，还会发生塑性变形及材料安定现象（即塑性变形产生保护性的残余应力和应力强化）。

2.3 道岔工况

从图 15 可以看出，由于护轨与车轮接触区域较大，该工况下轮辋内部等效应力水平均较低，最大仅 164 Mpa，显著低于材料屈服强度 360MPa。因此，道岔通过工况下，薄轮缘应该不会对轮缘疲劳性能产生重要影响。选取通过最大等效应力位置的水平方向路径［图 15a)］，得到相应 V-M 等效应力沿路径的分布示于图 16。考虑到模型中护轨对轮的横向力以集中力的形式施加，对轮背表层的应力影响较大，故只展示了深度大于 5mm 的结果。可以看出，轮辋内应力随轮缘厚度的降低而增加，但最大值不超过 60MPa。

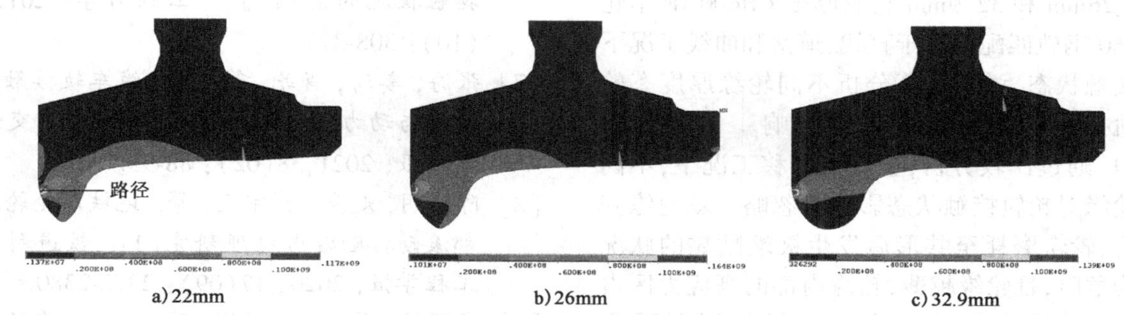

图 15　不同轮缘厚镟修廓形下轮辋内部的 V-M 等效应力分布云图（道岔通过工况）

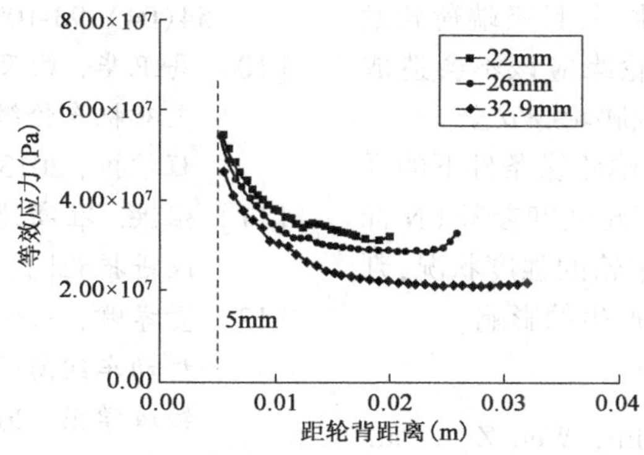

图 16　不同轮缘厚镟修廓形下轮辋内部 V-M 等效应力沿深度分布（道岔通过工况）

3　轮缘强度讨论

通过分析车轮 22mm、26mm 和 32.9mm 三种轮缘厚度镟修廓形 CR400AF 车轮与 CN60 钢轨匹配下在直线、道岔和曲线上的轮轨接触情况，重点关注了轮缘贴靠下的轮缘内部应力场分布特征及极值应力的幅值和发生位置，获取轮缘内部的典型应力场分布和接触斑，并确定其特征值。根据第四强度理论，车轮强度参考 EN 标准，利用车轮材料屈服强度 360MPa[13] 作为评判准则，校核轮缘的强度安全余量。

分析发现，直线无横移工况下，轮缘厚度对车轮受力状态影响不大。就轮缘安全而言，轮轨磨耗至共形后的轮缘贴靠工况更为危险，且轮缘越薄，轮缘内部的高应力区占比越大，但最大等效应力超过材料屈服强度 360MPa 的区域依然较小。

相比非极端工况,极端工况下轮缘内部的高应力区占比会进一步增大,但最大等效应力超过材料屈服强度 360MPa 的区域依然较小。道岔通过工况下,薄轮缘应该不会对轮缘疲劳性能产生重要影响。考虑到塑性变形会导致材料安定,并降低最终应力水平,且极端荷载发生概率极低,拟用的 22mm 厚轮缘应该不会造成轮缘强度不足的问题,不足以威胁轮缘安全。

4　结语

本文通过建立三维轮轨静态接触有限元模型,考虑 UIC 510-EN 13979-1-2020 整体车轮技术检验标准中规定的荷载水平。在强度分析方面就薄轮缘的厚度问题开展研究,分别计算分析 22mm、26mm 和 32.9mm 轮缘厚度 CR400AF 车轮与 CN60 钢轨匹配下对于直线、道岔和曲线工况下轮轨接触状态,详细计算分析不同轮缘厚度车轮对轮轨接触等效应力、接触斑的影响。

(1)通过比较分析,直线无横移工况下,不同厚度轮缘对轮轨接触状态影响可忽略。就轮缘安全而言,轮轨磨耗至共形后发生极端贴靠的状况下最为危险,且轮缘越薄,轮缘内部的高应力区占比越大,但最大等效应力超过材料屈服强度 360MPa 的区域依然较小。考虑到塑性变形会导致材料安定,并降低最终应力水平,且极端荷载发生概率极低,拟用的 22mm 厚轮缘应该不会造成轮缘强度不足的问题,不足以威胁轮缘安全。

(2)通过建模分析,探讨了薄轮缘条件下的强度研究。根据第四强度理论,车轮强度参考 EN 标准,校核预测不同轮缘厚度下车轮的强度状况,判断薄轮缘廓形对轮缘疲劳性能产生的影响。

参考文献

[1] Wanming Zhai, Xuesong Jin, Wen Z, et al. Wear Problems of High-Speed Wheel/Rail Systems: Observations, Causes, and Countermeasures in China[J]. ASME Appl Mech Rev. 2020;72(6):060801, 2020.

[2] 严隽耄, 等. 车辆工程[M]. 中国铁道出版社, 2008.

[3] DEUCE R. Wheel tread damage-an elementary guide [R]. Bombardier Inc or its Subsidiaries, 2007.

[4] R. Lundén, B. Paulsson. Introduction to wheel-rail interface research, Wheel-Rail Interface Handbook, R. Lewis and U. Olofsson, (eds.), Woodhead Publishing Limited, Cambridge, UK, pp. 3-33.

[5] 唐旭, 宋冬利, 曾元辰, 等. CRH380B 动车组轮对高级修轮缘厚限值优化的可行性研究[J]. 机车电传动, 2021(03): 86-93.

[6] 赵腾, 张军, 孙传喜. 机车轮缘磨耗对轮轨接触状况的影响[J]. 工程力学, 2012, 29(10): 308-312.

[7] 张海, 姜琦, 肖乾, 等. 薄轮缘车轨接触几何特性与动力学稳定性分析[J]. 华东交通大学学报, 2021, 38(02): 88-93.

[8] 陈佳明, 赵鑫, 蔡宇天, 等. 地铁车轮轮缘根部滚动接触疲劳机理研究[J]. 铁道科学与工程学报, 2020, 17(09): 2372-2380.

[9] 李国栋, 曾京, 池茂儒, 等. 高速列车轮轨匹配关系改进研究[J]. 机械工程学报, 2018, 54(04):93-100.

[10] 马卫华, 曲天威, 罗世辉, 等. 轴箱定位偏差对机车轮缘偏磨的影响[J]. 交通运输工程学报, 2013, 13(01): 36-41.

[11] 张洪. 准高速客车转向架轮缘磨耗原因及改进措施[J]. 铁道车辆, 2000(05): 8-11.

[12] 董孝卿, 王悦明, 任尊松, 等. CRH_(3C)型动车组薄轮缘车轮外形设计与运用[J]. 铁道学报, 2014, 36(02): 11-17.

[13] Railway applications-Wheelsets and bogies-Monobloc wheels-Technical approval procedure-Part 1: Forged and rolled wheels: DIN EN 13979-1-2020[S].

高速列车产业发展政策、市场及策略分析

许思思[*1] 张卫华[2] 张 娜[1]
(1. 中车工业研究院有限公司;2. 西南交通大学)

摘 要 本文基于全球高速列车发展现状,对国内外高速列车产业政策进行分析研究,比较了国内外产业政策的差异,分析了目前全球高速列车市场现状,进一步探讨高速列车未来市场发展重点及趋势,对国内高速列车产业发展策略提出相关建议。

关键词 高速列车 政策分析 市场分析 发展策略

0 引言

"十三五"期间以复兴号标准动车组等为代表的高速列车已实现技术引领,"十四五"期间以日本 ALFA-X、德国 NGT 和法国 AVELIA 系列为代表的国外高速列车已实现跨越代际发展。在中共中央提出"推动形成以国内大循环为主、国内国际双循环相互促进的新发展格局"的背景下,国内先进轨道交通装备产业如何发展,这是一个值得深思的命题。本文从全球高速列车产业政策和市场发展的角度,对次进行了初步研究和分析。

1 全球高速列车发展现状

1.1 高速列车定义

国际铁路联盟(UIC)对"高速铁路"和"高速铁道机车车辆"两方面的标准提供了建议。高速铁路是指新建高速铁路的设计速度达到250km/h以上;经升级改造(直线化、轨距标准化)的高速铁路,其设计速度达到200km/h,甚至达到220km/h。高速铁道机车车辆:商业营运速度最少达到250km/h的高速动车组列车;商业营运速度较低(200km/h),但服务质量较高的列车,例如摆式列车;商业营运速度达到200km/h的传统机辆模式(铁路机车牵引铁路车辆)铁路列车。

1.2 全球高速列车类型与分布

截至2020年底,世界高速铁路总里程为5.5万km,其中,中国占比69%,境外高速铁路主要分布在欧洲和亚洲,日本、西班牙、法国超过2400km,德国超过1500km。截至2019年底,全球25个国家和地区总计运营110款高速列车。

2 全球高速列车产业政策

2.1 国内高速列车产业政策梳理:从跟跑、并跑到领跑

2004年,党中央、国务院提出"引进先进技术、联合设计生产、打造中国品牌"高速铁路装备重大方针,确定了高速列车关键技术引进、消化吸收再创新的发展道路。2015年以来,习近平总书记三次视察中车集团,强调"高铁动车是中国一张亮丽的名片,也是'走出去''一带一路'建设的抢手货,希望持续领先领跑。2019年,中共中央、国务院印发《交通强国建设纲要》,重新为轨道交通装备发展指出方向:"交通装备先进适用、完备可控"。

近年来,我国高速铁路得到快速发展,已经拥有世界上最大的高速铁路网络和全球最完整的技术与产业配套体系,轨道交通装备产业是《国务院关于加快培育和发展战略性新兴产业的决定》确定的高端装备制造业中的五个重点发展方向之一,也是《中国制造2025》确定的十大重点领域之一。

国内高速列车部分政策见表1。

国内高速列车部分政策目录　表1

名　称	相关内容
《交通强国建设纲要》	具体到轨道交通方面,提出交通科技创新体系基本建成,交通关键装备先进安全,拥有发达的快速网、完善的干线网、全国主要城市3h覆盖;完成关键交通装备研发,合理统筹安排时速400km级高速轮轨(含可变轨距)客运列车系统技术储备研发。为构建安全、便捷、高效、绿色、经济的现代化综合交通体系,打造一流设施、一流技术、一流管理、一流服务,建成人民满意、保障有力、世界前列的交通强国提供坚强支撑
《"十四五"铁路科技创新规划》	聚焦装备领域关键技术,推进更高速智能动车组、先进载运装备、现代工程装备研制,加快关键核心技术攻关,推动技术装备高端化、智能化、谱系化发展,打造现代化装备体系。研发高速列车系统集成、承载走行结构、轮轴驱动、制动控制等制约速度和能效提升的关键技术,形成系列化的标准体系和试验验证能力,构建自主可控、性能指标领先的时速250~400km级高速列车产品平台,实现技术水平持续引领
《"十四五"铁路科技创新发展重点方向建议》	关键技术装备方面,时速400km新一代复兴号动车组研制取得重要进展,列车轻量化、智能化、安全制动、减阻节能、减振降噪等关键技术取得突破,总体技术水平达到世界领先。 科技创新能力方面,制定形成时速400km高速铁路标准,全面构建自主完备、世界领先的中国铁路技术标准体系。 开展时速400km动车组系统集成、轮轴驱动、制动控制、能耗控制、振动噪声控制、轻量化等关键技术攻关,研发更安全、更环保、更节能的新一代动车组,总体技术水平达到世界领先
《中国中车"十四五"发展战略》	以轨道交通装备为核心,主动承担以高速列车为代表的重大产品开发和关键核心技术攻关并取得实质性进展,超前部署高速列车基础理论研究、前瞻和共性技术研究,实现高速动车组装备技术全面达到世界先进水平。已启动时速400km高速动车组关键技术研究和产品研制并完成样车;依托京张、京雄智能高速动车项目,完善智能高速动车系列

国家和行业发展规划为轨道交通装备指明了高速列车高速化、智能化、高舒适度、节能环保、安全可靠、互联互通等是轨道交通装备的发展方向;同时提出了新一代轨道交通装备在轻量化、智能化、安全制动、减阻节能、减振降噪等关键技术取得突破,总体技术水平达到世界领先,运行速度目标值350km/h向400km/h提升的具体要求。

2.2　国外高速列车产业政策:高速铁路强国争当霸主

国外高速列车相关政策见表2。

国外高速列车相关政策　表2

名　称	相关内容
《欧盟2020地平线发展计划》	旨在增强欧洲交通行业的竞争力,实现资源节约型、气候与环境友好、对所有公民、经济和社会安全和无缝衔接的欧洲交通系统。 关键目标一:开发资源节约型交通工具。 制造更清洁更安静的飞机、车辆和船只;开发智能设备、基础设施和服务,改善城市地区的交通和出行条件,减少交通系统对气候和环境的影响。 关键目标二:改善机动性、减少拥堵提高安全性。 大幅减少交通拥堵;大幅改善人与货物的流动性;发展货运和物流的新概念,降低事故率、降低人员伤亡率,提高安全性。 关键目标三:支持欧洲交通行业取得全球领导地位。 加强欧洲交通制造业和相关服务的竞争力,巩固欧盟某些领域的主导地位(如航空)。 关键目标四:开展社会经济行为研究与前瞻性决策活动
《欧盟Shift2rail发展计划》	Shift2Rail联合执行体成立于2014年,其框架计划Horizon2020是一项专门资助研究、技术开发和创新的计划,旨在将欧洲最大的铁路企业和运营商以及中小型公司以及研发机构整合在一起。同时加快新技术的开发和实施,以提升铁路运输的效率,因此将重点放在铁路运输的竞争力上

续上表

名　称	相关内容
《英国未来列车在今日的设计》	2014 年,英国铁路安全与标准委员会启动了一项题为“未来列车在今日设计”的竞赛,提出研制一种能够以 400km/h 的速度在新建 H2 高速铁路伦敦至伯明翰段行驶,也能在既有线路上运行的高运力的车辆,旨在发现能够“瞥见未来”的各种客运车辆的设计
《德国铁路 4.0 发展规划》	2016 年德铁与德国联邦交通部、德国铁路工业联合会联合签署合作协议“铁路数字化战略”(铁路 4.0),旨在提升乘客满意度,深入到生产、运营、维修养护、客户交互等铁路系统各环节的技术变革,全面支撑德国运输 4.0 计划。 中期(2025—2035 年):实现列车无人驾驶;能够提供更灵活、个性化的交通方式;机器人小汽车(cab)研制成功并投入使用。 远期(2035—2045 年):形成新型数字化车间;实现电子商务、3D 打印维护、运营过程全自动化;智能设备成为设备维护的日常工具
《数字化法铁项目》	2015 年,法国国家铁路公司提出数字化法铁(DIGITALSNCF)战略,通过加强工业互联网建设,构建连通列车、路网和站房三大区域网络。 近期(至 2020 年):对现有铁路系统改进,在郊区线路引入自动驾驶。推进 3D 打印技术,减少 20% 零件制造时间和成本。 中期(2021—2030 年):构建颠覆性创新的铁路系统,功能包括列车实时定位、“门到门”运输、客流智能管控、路网运力自适应等
《英国数字时代下的铁路发展蓝图》	2018 年,英国铁路为了布局数字铁路未来规划,制定了数字铁路战略,在人才技术与业务能力、列车运行控制、自动驾驶、交通管理与可靠性、移动通信数据互联、智能基础设施等领域布局,提出了数字化铁路三阶段发展蓝图,从而实现资产可持续性、提高载运能力、增强安全性、加强用户体验、加速经济增长、改善环境等目标
《日本铁道综研 2020—2025 科研发展规划》	旨在通过科技创新,进一步提升铁路安全性,同时推进数字化技术广泛应用,提升日本铁路技术的国际影响力
《川崎重工 21 世纪高铁发展的关键技术》	主要集中在车辆、电子信息、通信信号系统、动力系统、基础设施等方面

世界主要高速铁路强国如日本、法国、德国等纷纷制定本国未来铁路发展与技术创新计划,无一例外体现了前瞻性和引导性,期望通过技术创新与组织创新等方式,实现本国铁路装备及铁路系统在全球轨道交通的领导地位。

3　全球高速列车市场概况

全球高速列车市场主要分为八个市场区域。目前,全世界高速铁路运营列车约 5740 列(3~17组,平均 9.3 组)。其中,西欧地区总计 2250 列,亚洲地区总计 3290 列。全球高速列车现役机车与发展情况见表 3。

近年来,全球新型高速列车新造市场持续增长,并在 2018 年达到短期峰值,约为 115 亿欧元,主要由中国市场推动。同时,近年全球高速列车车辆保有量大幅增长。2015—2019 年主要高速列车制造商全球市场份额如图 1 所示。

全球高速列车现役机车与发展情况　　表3

地区	2019年的现役机车基数(台)	2019—2024年现役车基数增长(年百分比)	2024年的现役机车基数(台)	2019年的平均运行时间(年)
西欧	2250	5.1	2890	15
东欧	80	6.6	110	9
北美	20	14.9	40	21
南美洲/中美洲	0	—	0	—
亚洲	3290	7.0	4610	7
独联体	30	5.9	40	6
非洲/中东	70	5.2	90	5
澳大利亚/太平洋	0	—	0	—
总计	5740	6.3	7780	10

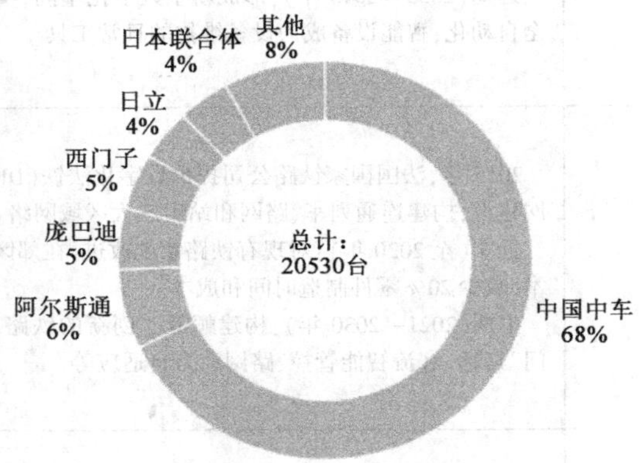

图1　2015—2019年主要高速列车制造商全球市场份额

通过全球高速列车市场分析可知,未来高速列车的重点市场依然在西欧和亚洲地区。

据SCI预计,到2024年,高速列车新造市场将稳定在100亿欧元左右。在中国,超常采购水平已经正常化,更多的城际高速列车(而不是超高速列车)和电动车组正在生产。全球需求依赖于中国市场,中国市场可能会在未来几年将其大规模扩张计划降至正常水平。这将使市场回到一种局面,即大约一半的交付发生在中国,另一半发生在世界其他地区。除了在中国的发展,新高速列车的市场是动态的,并显示出区域热点(表4)。

全球高速列车新造(OEM)业务预测　　表4

地区	2019年当前市场容量(元)	2019—2024年复合年增长率(%)	2024年未来市场容量(元)
西欧	240亿	+1.6	260亿
东欧	11亿	+4.7	14亿
北美	0	—	1.8亿
南美洲/中美洲	0		0
亚洲	440亿	+1.3	468亿
独联体	10亿	-28.4	1.8亿
非洲/中东	0	—	12亿
澳大利亚/太平洋	0	—	0
总计	702亿	1.6	760亿

拥有高速铁路网络和车辆的成熟市场,在某种意义上是第一梯队,继续创造全球需求的大部分,仅法国、英国、瑞士、日本和德国就占了当前需求的四分之一以上。意大利和韩国的高速铁路运营商也在扩展网络和车辆保有量。由于新冠肺炎危机,一些国家(如印度尼西亚)的高速铁路项目被推迟或取消。在之前只有少量高速列车保有量的国家中,沙特阿拉伯、瑞士、比利时和荷兰等市场表现突出。这些市场目前正在接受大批量车辆交付,或将在不久的将来实现大批车辆量交付。除了这些市场之外,还有一些规模较小的采购,最终占据了更大的市场份额。例如在挪威、土耳其和乌兹别克斯坦,可能以小批量的车辆扩充为主。

4 高速列车发展的策略与建议

第一,持续加大产业支持力度,实现先进轨道交通高质量发展。通过对国内外高速列车产业政策及市场需求分析可得,世界主要高速铁路强国如日本、法国、德国等纷纷制定本国未来铁路发展与技术创新计划,无一例外体现了前瞻性和引导性,期望通过技术创新与组织创新等方式,实现本国铁路装备及铁路系统在全球轨道交通的领导地位。此外,欧洲和日本等多个国际著名轨道装备制造商均在积极开展未来高铁技术的研制计划,探索下一代高速列车关键技术及装备研制。我国先进轨道交通装备产业发展必须加大产业扶持力度,装备制造企业必须持续技术创新,实现我国铁路装备及铁路系统在全球轨道交通的领导地位。

第二,找准市场需求,提升企业国际化能力。在市场前景方面,通过全球高速列车市场分析可知,下一代高速列车的重点市场依然在西欧和亚洲地区。我国装备制造企业可以参考借鉴日立进入英国和意大利市场的成功案例,提升国际化业务能力,找准目标市场,通过持续耕耘实现下一代高速列车技术或产品输出新突破。

第三,通过国外产业创新跟踪,找准研发重点方向。通过国外高速列车典型产品创新技术应用分析发现,日本在列车轻量化、空气动力学、节能环保、新材料应用等方面持续研究积累,处于世界先进水平。德国在列车安全标准、舒适性、适应性等方面处于世界先进水平。目前,国外高速列车的技术开发和应用以轻量化、低阻力、低能耗、高安全性、高舒适性、智能化为方向和目标,建议结合目前国内外市场需求和技术发展水平针对国内外市场需求与竞争对手产品技术创新方向进行下一代高速列车技术可用性分析,为后续进一步开展技术研究提供依据。

参考文献

[1] 缪炳荣,张卫华,邓永权,等. 新一代中国高速铁路动车组面临的技术挑战与策略研究[J]. 中国工程科学,2015(4):98-112.

[2] 罗春晓. 世界高速列车图鉴[M]. 北京:中国铁道出版社,2020.

[3] 张卫华,缪炳荣,王婷婷,等. 下一代高速列车发展战略研究[R]. 成都:西南交通大学,2017.

[4] 缪炳荣,张卫华,池茂儒,等. 下一代高速列车关键技术特征分析及展望[J]. 铁道学报,2009,41(3):53-70.

[5] Europe's Rail Key Documents[EB/OL]. https://shift2rail.org/about-europes-rail/.

[6] Digital SNCF: New ChallengesNew Reponses[EB/OL]. https://www.sncf.com/en.

[7] Haltufm. Shift2Rail JU from Member State's Point of View [J]. Transportation Research Procedia, 2016(14): 1819-1828.

[8] Multiple Units-Global Market Trends. [R]. USA:SCI Verkehr,2020.

[9] IWASAKI M,蔡千华. 面对全球市场的 Class 385 标准型近郊动车的开发[J]. 国外铁道机车与动车, 2018(02):5-8.

基于Kriging代理模型的高速受电弓气动特性优化

戴志远 李 田* 周 宁 张卫华 张继业
(西南交通大学牵引动力国家重点实验室)

摘 要 受电弓结构的纵向不对称性使其开闭口运行工况下的气动抬升力差异较大,列车运行速度的提高可能会进一步扩大受电弓气动抬升力的差异,严重影响高速列车的行车安全性,因此,基于传统改善期望加点准则的提出了的寻优改善期望加点准则构建代理模型,并采用测试函数进行验证,结果表明,寻优改善期望加点准则建立的代理模型可提前4代达到误差标准并得到最优解,具有较高的寻优效率。以受电弓导风板角度、上下臂杆直径为设计变量建立寻优改善期望代理模型,以受电弓开闭口气动抬升力差最小、开闭口整弓气动阻力最小为优化目标,气动抬升力满足标准为约束开展受电弓气动特性多目标优化,并得到了Pareto优化解集。最优模型的开闭口气动抬升力分别为36.1N、39.9N,与静态抬升力叠加后弓网接触力满足标准,同时开闭口运行工况的气动抬升力差值仅为3.8N,开闭口整弓气动阻力减小了1.2%。

关键词 代理模型 高速受电弓 气动特性 多目标优化

0 引言

受电弓作为电能由接触网线路传输至列车的枢纽,其受流质量是列车安全运行的根本,更是列车提速的关键。在250~300km/h速度等级范围内,受电弓占列车总气动阻力的10%~12%,受气流影响较大[1-2]。受电弓纵向结构的不对称性导致开闭口运行工况下的气动抬升力不同,随着列车运行速度的提升,受电弓气动抬升力的差异性可能会进一步扩大,严重影响高速列车的行车安全性。因此,优化受电弓的气动特性并将开闭口运行工况的气动抬升力调节至接近,对保障良好的弓网受流、减缓气囊系统的疲劳损坏、降低弓网事故发生率、保证高速列车的运行安全性有重要意义。

目前,对受电弓的研究主要集中在弓网耦合动力学和空气动力学性能方面,弓网耦合动力学方面的研究主要是分析在激励状态下受电弓对接触网的影响或接触网对受电弓的影响、受电弓弓头及接触网的振动加速度、弓网耦合的动力学方程、碳滑板的磨损等内容[3-4]。受电弓空气动力学方面的研究较早的是蔡国华[5]对受电弓进行了风洞试验,试验结果显示受电弓有较大的气动阻力,且气动弓头气动阻力占15%~20%,因此受电弓的设计必须将气动性能作为重要指标。郭迪龙等[6]利用分离涡模拟(Detached-Eddy Simulation,DES)方法研究了受电弓的非定常气动特性,受电弓的气动升力系数受涡脱频率和涡脱强度的影响较大。Yao等[7]对比了受电弓整流罩对受电弓气动性能的影响,安装整流罩后受电弓气动阻力可减小7.4%,气动升力增加100%。Carnevale等[1,8]研究发现受电弓气动抬升力与高速列车运行的速度呈现相关性,并且受电弓的气动阻力占列车总气动阻力的8%~14%。空气动力学方面的研究主要集中在受电弓导流罩的减阻优化设计、滑板及导风板外形优化、高速受电弓气动噪声特性研究等。但对空气动力作用下的受电弓气动抬升力研究相对较少,更没有基于代理模型方法的受电弓气动特性优化研究。

代理模型最初应用于结构优化设计,采用的多为响应面模型,多学科设计优化发展起来后进入气动优化设计领域[9]。目前应用较为广泛的主

1. 基金项目:国家自然科学基金(52072319,12172308)。

要是径向基模型、Kriging 模型，神经网络和支持向量回归[10-12]等。采用代理模型开展气动优化设计时，优化结果很大程度上取决于代理模型的预测精度。随着研究的不断发展，代理模型已可通过合理的加点准则提高模型精度，进而收敛于最优解[13]。代理模型目前在高速列车外形气动优化领域的应用较广泛，Lee 和 Kim[14]采用支持向量机方法对列车纵向剖面二维线性进行优化设计，采用 9 个设计变量，共 100 个设计样本点，以减小微气压波为优化目标，得到了优化效果较好的模型。随着计算机计算效率的提升及优化算法的进步，三维头型多目标优化的研究逐渐展开，Yao 等[15-16]以三车编组的 CRH380A 列车为研究对象，基于参数化建模方法选取优化设计变量建立 Kriging 模型，对高速列车的整车气动阻力及尾车气动升力进行多目标优化，采用 NSGA-II（Non-dominated Sorting Genetic Algorithm）多目标优化算法进行寻优，实现了气动阻力减小约 3.2%，尾车气动升力减小约 8.2%。Zhang 等[17-18]采用自由变形参数化（Free Form Deformation，FFD）等方法选取设计变量建立代理模型，同样以整车气动阻力及尾车气动升力最小为优化目标对列车流线形头部进行优化设计，优化后整车气动阻力及尾车气动升力均有所减小。因此，可将在高速列车头型优化领域应用较为成熟的代理模型方法引入高速受电弓计算领域，将其应用于气动特性优化。此外，受电弓具有复杂外形的结构，空气动力学计算非常耗时，设计优化周期长，建立高精度的代理模型需要较多数量的样本点，可采用基于加点策略的代理模型构建方案，即在抽样获得初始样本点之外，通过一些加点准则得到需要增加样本点。本文基于传统的改善期望加点准则提出了寻优改善期望加点准则，以减小代理模型更新代数，提高寻优效率，提升受电弓性能，使其更好地适配速度等级不断提升的高速列车。

1 数学模型

1.1 Kriging 代理模型与改善期望加点准则

Kriging 代理模型的基函数为[19]：

$$\psi=\exp\left(-\sum_{j=1}^{k}\theta_j\left|x_j^{(i)}-x_j\right|^2\right)\tag{1}$$

式中：k——变量的数目；

θ——权重，使基函数带宽可以变化。

对于未知的向量 $\boldsymbol{x}'$，其响应值可表示为：

$$\hat{y}(\boldsymbol{x}')=\hat{\mu}+\boldsymbol{\psi}^{\mathrm{T}}\boldsymbol{\Psi}^{-1}(\boldsymbol{y}-\mathbf{1}\hat{\mu})\tag{2}$$

式中：Ψ——观测点的相关矩阵；

$\boldsymbol{\varphi}$——样本点 $\boldsymbol{x}$ 与预测点 $\boldsymbol{x}'$ 的相关性向量；

$\hat{\mu}$——均值，

$$\hat{\mu}=\frac{\mathbf{1}^{\mathrm{T}}\boldsymbol{\Psi}^{-1}y}{\mathbf{1}^{\mathrm{T}}\boldsymbol{\Psi}^{-1}\mathbf{1}}\tag{3}$$

Kriging 模型预测值的均方差（MSE）可表示为[19]：

$$\hat{s}(\boldsymbol{x})=\sigma\left[1-\boldsymbol{\varphi}^{T}\boldsymbol{\psi}^{-1}\boldsymbol{\varphi}+\frac{\mathbf{1}-\mathbf{1}^{\mathrm{T}}\boldsymbol{\psi}^{-1}\boldsymbol{\varphi}}{\mathbf{1}^{\mathrm{T}}\boldsymbol{\psi}^{-1}\mathbf{1}}\right]\tag{4}$$

式中：σ——标准差。

第三项为表示对均值 μ 的不确定性估计，其值很小，一般忽略不计。

根据改善期望准则添加样本点时，将改善最优解 $y_{\min}$ 概率最大的点作为添加点，将 $\hat{y}(x)$ 看作随机过程，可计算出大于 $y_{\min}$ 的改善 $I=y_{\min}-Y(x)$ 存在的概率，进而可以计算改善期望值[19]

$$\begin{cases}E[I(x)]=[y_{\min}-\hat{y}(x)]\Phi\left[\dfrac{y_{\min}-\hat{y}(x)}{\hat{s}^2(x)}\right]+s\varphi\left[\dfrac{y_{\min}-\hat{y}(x)}{\hat{s}^2(x)}\right], & s>0\\ 0, & s=0\end{cases}\tag{5}$$

式中：Φ、φ——标准正态累计分布函数和标准正态概率密度函数。

1.2 列车空气动力学数值计算方法

考虑流体满足连续性假设，并且满足能量守恒、动量守恒，三者对应的方程分别为质量、能量、动量守恒方程，三个方程在数学形式上存在相似性，将相似变量用 Φ 代替，可得到通用的控制方程[20]：

$$\frac{\partial(\rho\Phi)}{\partial t}+\operatorname{div}(\rho u\Phi)=\operatorname{div}(\Gamma\operatorname{grad}\Phi)+S\tag{6}$$

式中：ρ——空气密度；

u——流场速度矢量；

Φ——流场通量；

Γ——扩散系数；

S——源项。

列车高速行驶时引起周围空气的流动是可压

缩、有黏性、非定常的三维湍流流动,但列车运行速度低于380km/h时可简化为不可压缩、定常流动,可采用三维瞬态不可压缩的雷诺平均Navier-Stokes和k-ω SST(Shear Stress Transport)两方程湍流模型求解[21],受电弓作为高速列车的部件,其数值计算可采用同样的方法。

2　寻优改善期望加点准则及验证

2.1　寻优改善期望加点流程

寻优约束改善期望代理模型建立的具体流程(图1)如下。

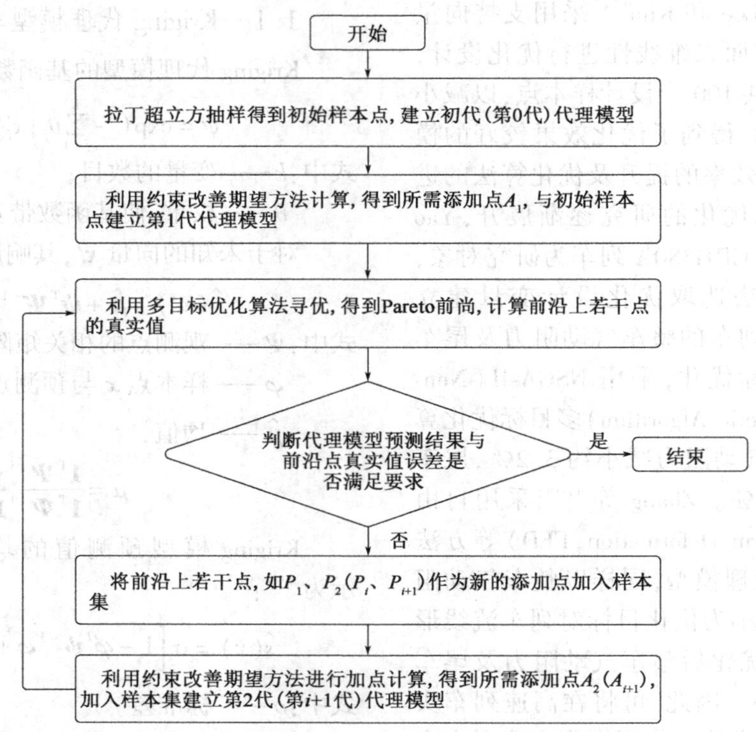

图1　寻优约束改善期望代理模型建立流程

(1)采用初始样本点建立初代代理模型(即0代模型),利用改善期望方法计算得到所需的添加点A_1。

(2)将添加点与初始样本点合并建立第1代(第i代)代理模型,对第1代模型进行多目标优化计算得到Paroto前沿解集,计算解集中若干点(P_1、P_2(P_i、P_{i+1}))的真实值,其中P_1、P_2为第1代代理模型寻优得到的Paroto前沿解集内的点,P_i、P_{i+1}为建立第i代代理模型寻优得到的Paroto前沿解集内的点。

(3)将Paroto前沿解集中P_1、P_2(P_i、P_{i+1})的真实值与代理模型的预测值进行对比,若代理模型的预测误差满足要求(误差要求根据具体优化设定,一般设置为预测值与真实值的误差小于1%),则认为代理模型及多目标优化计算精确度较高,结束加点,优化计算结束。

(4)若误差不满足要求,则将Paroto前沿解集内的P_1、P_2(P_i、P_{i+1})点作为寻优添加点加入样本集,再利用改善期望方法计算得到所需的添加点A_2(A_{i+1}),将该添加点A_2(A_{i+1})加入样本集建立第2代(第$i+1$代)代理模型,返回步骤(3)。

2.2　Branin函数验证

Branin函数是全局优化算法的经典算例,采用Branin测试函数对比传统改善期望加点准则与寻优改善期望加点准则的优化效率。Branin测试函数的数学模型为[21]:

$$\begin{cases} f(x) = \left(x_2 - \dfrac{5.1}{4\pi^2}x_2 + \dfrac{5}{\pi}x_1 - 6\right)^2 + 10\left[\left(1 - \dfrac{1}{8\pi}\right)\cos x_1 + 1\right] + 5x_1 \\ x_1 \in [-5,10], x_2 \in [0,15] \end{cases} \tag{7}$$

该优化问题在经典 Branin 函数后面增加一项,使优化问题具有两个局部最优解和一个全局最优解(即函数的最小值),全局最优解在点(0.0874,0.9086)位置,数值为 -16.6440。为便于进行拉丁超立方抽样及后续代理模型的建立和优化计算,将 Branin 函数的两个自变量区间均缩放至[0, 1]。分别采用改善期望加点准则和寻优改善期望加点准则对 Branin 函数建立代理模型,初始样本点是通过拉丁超立方抽样方法获得的12个样本点,两种建立代理模型方法的寻优收敛历程及误差如图 2 所示,收敛准则为代理模型最优解与真实最优解误差小于1%。

初始样本点建立的代理模型记为第 0 代代理模型,添加第 1 次点后更新的代理模型记为第 1 代代理模型,改善期望加点准则每次添加 1 个样本点,寻优改善期望加点准则每次添加 1 个改善期望点和1 个寻优添加点,共2 个样本点。图2 为两种代理模型的收敛历程,由图 2b)可以看出,改善期望加点准则代理模型第 6 代后满足收敛要求,第6 代、第 7 代的最优解与真实最优解误差都小于 1%,第 6 代代理模型是在 12 个初始样本点的基础上添加了 6 个样本点建立的。寻优改善期望加点准则代理模型在第 3 代后就满足收敛标准,第 3 代、第 4 代的误差都小于 1%,第 3 代代理模型是在 12 个初始样本点的基础上添加了 5 个样本点建立的,其中包括 3 个改善期望点和 2 个寻优添加点。

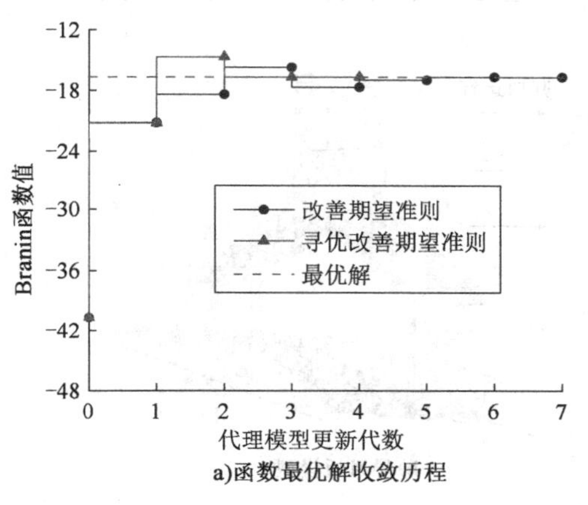

a)函数最优解收敛历程

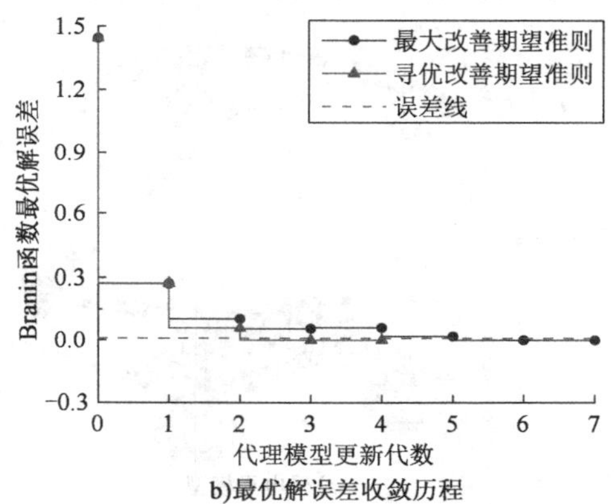

b)最优解误差收敛历程

图2　两种代理模型的优化收敛历程

基于两种加点准则对 Branin 函数建立代理模型与真实 Branin 函数的差值(因函数值中存在 0,不能采用相对误差)云图如图 3 所示,图 3 中菱形点(◇)表示初始样本点,通过加点准则添加的点如图 3 中乘号点(×)所示,可以看出:两幅误差云图分布规律几乎完全一致,有样本点存在的区域误差较小,基本接近于 0,两种方法的添加点都集中在图像左上角函数的最优解附近,最优解附近区域的误差都较小。最大改善期望加点准则建立的第 6 代代理模型搜索所得的函数最优解在点(0.0867,0.9102),数值为 -16.6422,与真实最优解的相对误差为 0.01%。寻优改善期望加点准则建立的第 3 代代理模型搜索所得的函数最优解在点(0.0869,0.9097),数值为 -16.6453,与真实最优解的相对误差不足 0.01%。因此,两种加点准则建立 Kriging 代理模型在全局最优解附近都有较高精度,能够搜索得到目标函数的全局最优解,但寻优改善期望加点准则代理模型较少次更新代理模型便可收敛至最优解,达到收敛标准所需的样本点较少,具有较高的优化效率。

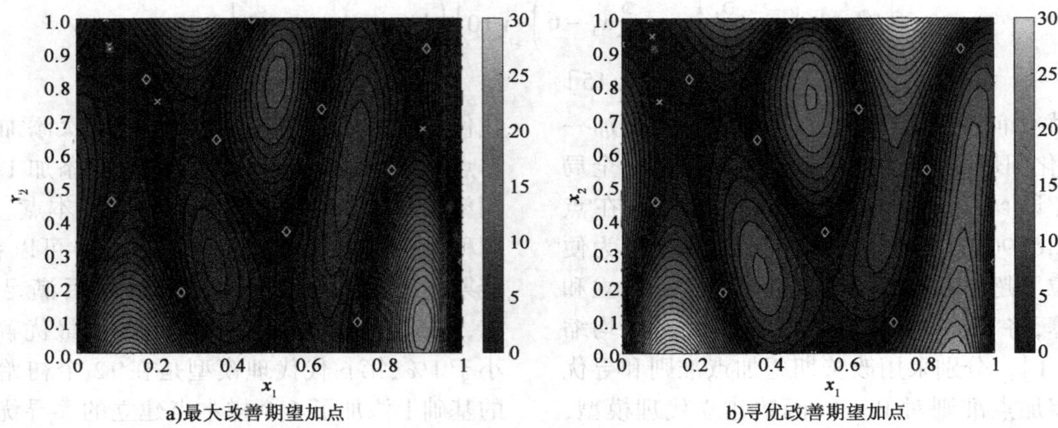

图 3　代理模型函数与 Branin 真实函数差值云图

3　受电弓气动特性多目标优化

3.1　计算模型

以导风板角度、上下臂杆直径作为设计变量开展受电弓气动特性多目标优化,原始受电弓的上臂杆大直径端为 90mm,小直径端为 65mm;下臂杆大直径端为 100mm,小直径端为 70mm,上下臂杆均以小直径端直径为基准,保证大小直径端的直径比保持不变;原始受电弓的导风板角度为 0°。受电弓及导风板模型如图 4 所示。

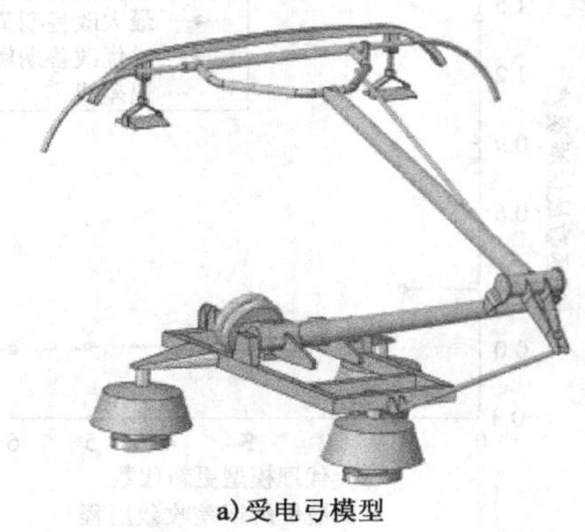

图 4　受电弓及导风板几何模型

建立如图 5 所示的计算区域,计算区域长度方向为 60 m,高度和宽度方向分别为 10 m 和 20 m。在计算区域底面设置凸台模拟高速列车车体,受电弓置于凸台顶部。坐标原点位于受电弓的底座上,位于计算区域的纵向中心面。受电弓距离计算区域的入口和出口边界都为 30 m,计算区域其他尺寸如图 5 所示。

对开展过风洞实验的受电弓进行数值模拟计算,数值仿真得到的整弓气动阻力与风洞试验数据的误差在 5% 以内[22],结果表明包含计算区域、湍流模型、网格划分等在内的受电弓数值计算方法具有较高的准确性。采用上述数值模拟方法计算得到原始模型开闭口运行工况受电弓的气动抬升力分别为 48.7N、10.1N,开闭口气动抬升力差值为 38.6N,开闭口整弓气动阻力和为 3223N。

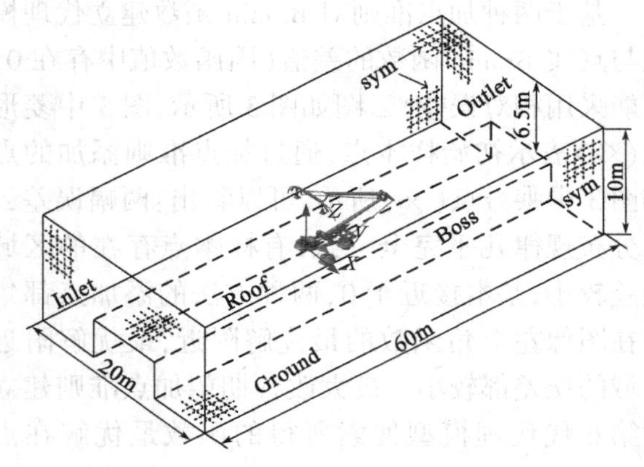

图 5　计算区域

3.2 寻优改善期望代理模型与多目标优化

基于寻优改善期望加点准则建立代理模型，以受电弓开闭口气动抬升力差最小、开闭口整弓气动阻力和最小为优化目标，气动抬升力满足标准《Railway applications. Current collection systems: Technical criteria for the interaction between pantograph and overhead line》(EN5036720-12)为约束开展多目标优化。采用最优拉丁超立方抽样设计方法抽取25个初始样本点，按照寻优改善期望加点流程建立代理模型，采用NSGA-Ⅱ多目标优化算法对第1代代理模型进行寻优计算，得到优化设计的Pareto前沿，取前沿上2个点P_1、P_2进行数值模拟计算，将数值模拟结果与预测结果进行对比，以开口气动抬升力误差小于3N、开闭口气动抬升力差误差小于5N、开闭口整弓气动阻力和误差小于1%为误差标准，若不满足则将Pareto前沿点添加至样本集，构建下一代代理模型。

Pareto前沿点实际值与预测值误差 表1

组编号	点编号	导风板角度(°)	上臂杆直径(mm)	下臂杆直径(mm)	开口气动抬升力(N)	开闭口气动抬升力差(N)	开闭口整弓气动阻力
1	P_1	3.2	58.8	58.8	8.2	10.5	0.30%
	P_2	-3.3	68.8	95.0	3.3	2.0	1.06%
2	P_3	-2.50	58.75	63.75	3.1	3.1	0.78%
	P_4	1.80	40.00	95.00	6.0	9.5	0.45%
3	P_5	-2.00	65.00	70.00	3.3	1.8	0.79%
	P_6	1.52	68.81	73.81	4.8	4.8	0.44%
4	P_7	-2.00	77.50	82.50	0.0	4.1	0.24%
	P_8	-2.17	70.17	80.00	2.4	3.5	0.57%

添加改善期望点后建立的第1代代理模型误差较大，根据优化流程，将P_1、P_2作为添加点加入样本集，再利用改善期望方法计算得到所需的添加点A_2，将A_2加入样本集建立第2代代理模型，对第2代代理模型进行多目标优化计算，得到第2组Pareto前沿点P_3、P_4。以此类推，增加至第4组Pareto前沿点P_7、P_8后误差基本满足要求。前4组Pareto前沿点的相对误差如表1所示。由表1可知，前2组Pareto前沿点的误差仍相对较大，第3组的误差相对较小，但是未满足要求，第4组的2个Pareto前沿点都满足误差要求，并且按照受电弓开闭口气动抬升力一致的寻优偏好，导风板角度基本收敛在-2°附近，上下臂杆直径基本分别收敛在70 cm、80 cm附近。为进一步提高代理模型的精确度，将第4组Pareto前沿点P_7、P_8继续添加至样本集，利用约束加点准则计算添加点A_5后建立第5代代理模型。采用NSGA-Ⅱ多目标优化算法对第5代代理模型进行寻优计算，得到优化设计的Pareto前沿解集，如图6所示。

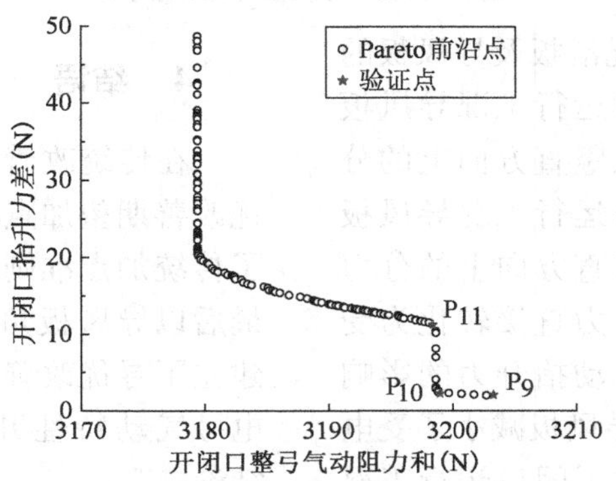

图6 受电弓气动抬升力优化的Pareto前沿

以受电弓开闭口气动抬升力差异小为偏好取前沿上P_9、P_{10}点，另外再取前沿上P_{11}点作为验证点,对第5组的Pareto前沿P_9、P_{10}、P_{11}点进行数值模拟计算,并将预测值进行对比,如表2所示。

第5组Pareto前沿点实际值、预测值及误差　　表2

	导风板角度(°)	上臂杆直径(mm)	下臂杆直径(mm)	开口气动抬升力(N)	开闭口气动抬升力差(N)	开闭口整弓气动阻力和(N)
P_9实际值				35.2	3.7	3199.6
P_9预测值	−2.05	75.00	80.42	34.5	2.1	3203.3
误差				0.7	1.6	0.12%
P_{10}实际值				36.1	3.8	3197.0
P_{10}预测值	−1.98	75.00	79.00	36.3	2.3	3199.0
误差				0.2	1.5	0.06%
P_{11}实际值				47.7	13.5	3201.7
P_{11}预测值	−1.48	85.83	95.00	46.2	11.3	3198.4
误差				1.6	2.2	0.10%

按照开闭口气动抬升力差值小为偏好所取的前沿上的P_9、P_{10}点导风板角度基本收敛在−2°,上臂杆直径基本收敛在75 cm,下臂杆直径基本收敛在80 cm。P_{10}点的开闭口整弓气动阻力小于P_9点,因此,P_{10}点可作为受电弓气动抬升力多目标优化的最优解,最优模型的开闭口气动抬升力分别为36.1N、39.9N,开闭口运行工况的气动抬升力差值仅为3.8N。气动抬升力与气囊提供的80N静态抬升力相加,受电弓开闭口运行工况的弓网接触力分别为116.1N、119.9N,满足标准中300km/h运行速度下弓网接触力应在102.3～157.3N范围内的要求,开闭口整弓气动阻力和减小了1.2%。

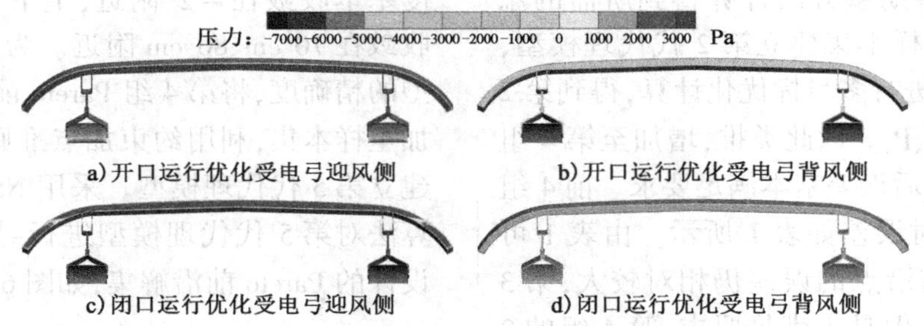

图7　滑板及导风板表面压力分布

优化受电弓开闭口运行工况滑板及导风板的表面压力分布如图7所示,开口运行工况导风板迎风侧边缘有较大正压,但其在竖直方向上的分力是向下的,呈现负升力。闭口运行工况导风板迎风侧也存在正压区域,其在竖直方向上的分力向上,提供正升力。导风板的升力直接转化为受电弓的气动抬升力,因此其对气动抬升力的影响大于上下臂杆。最优解模型的导风板减小了受电弓开口运行的气动抬升力,增大了闭口运行工况的气动抬升力,从而改善了开闭口运行工况气动抬升力差异较大的问题。

4　结语

在传统改善期望加点准则的基础上提出寻优改善期望加点准则,利用Branin测试函数对比了传统加点准则及所提出加点准则的优化效率,最后以导风板角度及上下臂杆直径为设计变量建立了寻优改善期望加点准则代理模型,并对受电弓气动特性开展多目标优化,主要得到以下结论:

(1)对于Branin测试函数,改善期望加点准则建立的第6代代理模型搜索所得的函数最优解满足收敛标准,寻优改善期望加点准则建立的第3代代理模型搜索所得的函数最优解满足收敛标准,后者较少次更新代理模型便可收敛至最优解,达到收敛标准所需的样本点也较少,具有较高的优化效率。

(2)基于寻优改善期望加点准则建立受电弓气动抬升力代理模型,以受电弓开闭口气动抬升力差最小、开闭口整弓气动阻力和最小为优化目标,气动抬升力满足标准为约束进行多目标优化,第4代代理模型满足收敛标准,继续加点更新至第5代,开展优化计算后对其Pareto前沿上的3个特征点仍都满足误差标准。

(3)综合考虑各优化目标得到了受电弓气动抬升力多目标优化的最优解,导风板角度为-1.98°,上臂杆直径为75cm,下臂杆直径为79cm。最优模型的开闭口气动抬升力分别为36.1N、39.9N,开闭口运行工况的气动抬升力差值仅为3.8N,叠加静态抬升力后满足标准中300km/h运行速度下弓网接触力应在102.3~157.3N范围内的要求。

参考文献

[1] CARNEVALE M, FACCHINETTI A, MAGGIORO L, et al. Computational fluid dynamics as a means of assessing the influence of aerodynamic forces on the mean contact force acting on a pantograph[J]. Proceedings of the Institution of Mechanical Engineers, Part F: Journal of Rail & Rapid Transit, 2016, 230(7): 733-738.

[2] TAN X M, YANG Z G, TAN X M, et al. Vortex structures and aero acoustic performance of the flow field of the pantograph[J]. Journal of Sound and Vibration, 2018, 43(2): 17-32.

[3] ZHOUN, ZHANG W H, LI R P. Dynamic performance of a pantograph catenary system with the consideration of the appearance characteristics of contact surfaces[J]. Journal of Zhejiang University- Science A: Applied Physics & Engineering, 2011, 12(12): 913-920.

[4] 关金发,吴积钦. 受电弓与刚性接触网动力耦合方程的数值解[J]. 铁道科学与工程学报, 2016, 13(2): 362-368.

[5] 蔡国华. 高速列车受电弓气动力特性测量[J]. 流体力学实验与测量, 2004, 18(1): 53-56.

[6] 郭迪龙,姚拴宝,刘晨辉,等. 高速列车受电弓非定常气动特性研究[J]. 铁道学报, 2012, 34(11): 20-25.

[7] YAO S B, GUO D L, YANG G W. The influence of pantograph aerodynamic characteristics caused by its shroud[J]. Lecture Notes in Electrical Engineering, 2012, 148(1): 41-52.

[8] ZHANG L, ZHANG J Y, LI T, et al. Influence of pantograph fixing position on aerodynamic characteristics of high-speed trains[J]. Journal of Modern Transportation, 2017, 25(1): 34-39.

[9] JEONG S, MURAYAMA M, YAMAMOTO K. Efficient optimization design method using Kriging model[J]. Journal of Aircraft, 2005, 42(2): 413-420.

[10] KUHNT S, STEINBERG D M. Design and analysis of computer experiments [J]. Advances in Statistical Analysis, 2010, 94(4): 307-309.

[11] FORRESTER A I, KEANE A J. Recent advances in surrogate-based optimization[J]. Progress in Aerospace Sciences, 2009, 45(1): 50-79.

[12] WANG Q, MOIN P, IACCARINO G. A rational interpolation scheme with super-polynomial rate of convergence[J]. SIAM Journal on Numerical Analysis, 2010, 47(6): 4073-4097.

[13] 韩忠华. Kriging模型及代理优化算法研究进展[J]. 航空学报, 2016, 37(11): 3197-3225.

[14] LEE J, KIM J H. Approximate optimization of high-speed train nose shape for reducing micropressure wave [J]. Structural & Multidisciplinary Optimization, 2008, 35(1): 79-87.

[15] YAO S B, GUO D L, SUN Z X, et al. Optimization design for aerodynamic elements

of high speed trains [J]. Computers & Fluids, 2014, 95: 56-73.

[16] YAO S B, GUO D L, SUN Z X, et al. Parametric design and optimization ofhigh speed train nose [J]. Optimization & Engineering, 2015, 17(3): 1-26.

[17] ZHANGN, WANG P, DONG H C, et al. Shape optimization for blended-wing-body underwater glider using an advanced multi-surrogate-based high-dimensional model representation method [J]. Engineering Optimization, 2020, 52(12): 2080-2099.

[18] 张亮, 张继业, 李田, 等. 超高速列车流线型头型多目标优化设计[J]. 机械工程学报, 2017, 53(2): 106-114.

[19] ALEXANDER I J, FORRESTER A S, ANDY J K. Engineering design via surrogate modelling: a practical guide [M]. West Sussex: John Wiley and Sons, Ltd. Publication, 2008.

[20] LI T, DAI Z Y, YU M G, et al. Numerical investigation on the aerodynamic resistances of double-unit trains with different gap lengths [J]. Engineering Applications of Computational Fluid Mechanics, 2021, 15 (1): 549-560.

[21] LI T, HEMIDA H, ZHANG J Y. Comparisons of shear stress transport and detached eddy simulations of the flow around trains [J]. Journal of Fluids Engineering, 2018, 140 (11): 1108-1112.

[22] Dai Z Y, Li T, Zhang W H, et al. Numerical study on aerodynamic performance of high-speed pantograph with double strips, Fluid Dynamics & Materials Processing, 2020, 16 (1): 31-40.

双级交流牵引供电系统技术经济性分析

邓山辉　解绍锋*　徐茵茹

(西南交通大学电气工程学院)

摘　要　为了研究双级交流牵引供电系统的经济性,首先理论分析了短回路内接触带电流分布规律,得到机车左右两侧接触带中的电流大小与机车到左右两侧牵引变压器的距离成反比;之后给出了沿线牵引变电所的布点原则;然后基于实例对双级交流牵引供电系统进行设计,并搭建仿真模型验证设计的合理性;最后建立系统动力学模型对双级交流牵引供电的经济性进行分析,得到双级交流牵引供电系统技术方案有良好的经济性,且三相系统比单相系统的经济性略好。

关键词　双级交流牵引供电系统　经济性　接触带　系统动力学

0　引言

在供电容量相同的情况下,三相设备比单相同类设备制造和建造更节省材料,而且构造简单、性能优良,并且三相电功率的瞬时值保持恒定不变,因而最早的理想的电车是尝试三相供电,但是由于该供电方式下接触网结构过于复杂且过道岔困难,该方式逐渐被低压直流和单相交流供电方式所取代。单相交流相比与直流制,具有再生制动能量可高效利用、牵引变电所间距延长、接触导线截面减少等优点,但单相交流为使单相负荷在三相电网中尽可能平均分配引入了电分相,限制了电气化铁路向更高速、重载方向发展。

为了彻底解决单相交流牵引供电系统的电分相问题,西南交通大学李群湛教授提出了一种电缆牵引供电系统[1];为了发挥三相交流电的优势,李教授又提出了一种三相牵引供电系统[2]。由于两个系统均采用较高电压的电缆供电网和低压接触供电回路相结合的梯级供电方式,故统称为双级交流牵引供电系统。目前国内对于双级交流牵引供电系统的研究主要集中在系统可靠性、电缆供电能力、钢轨电位等技术性研究[3-5]，尚无针对该技术应用于实际工程的经济性分析，因此本文将在对双级交流牵引供电技术进行理论分析的基础上，将其应用于实际工程，研究其经济性。

1 双级交流牵引供电系统结构

1.1 电缆牵引供电系统结构

该系统由主变电所（MSS）和电缆牵引网（CTN）组成，主变电所由主变压器（MTT）和同相补偿装置（NCD）组成，实现电压等级的变换和电能质量问题的治理；电缆牵引网络由双芯电缆（PS、PR）、牵引所（TT）和接触供电回路（CS、CR）组成，实现电能的传输和电压等级的变换，如图1所示。接触供电回路采用文献[6]的一种新型的接触供电、集电装置，该装置由受电犁和接触带组成，可彻底解决以钢轨和地回流导致的杂散电流、跨步电压等问题，保护人身和设施安全。

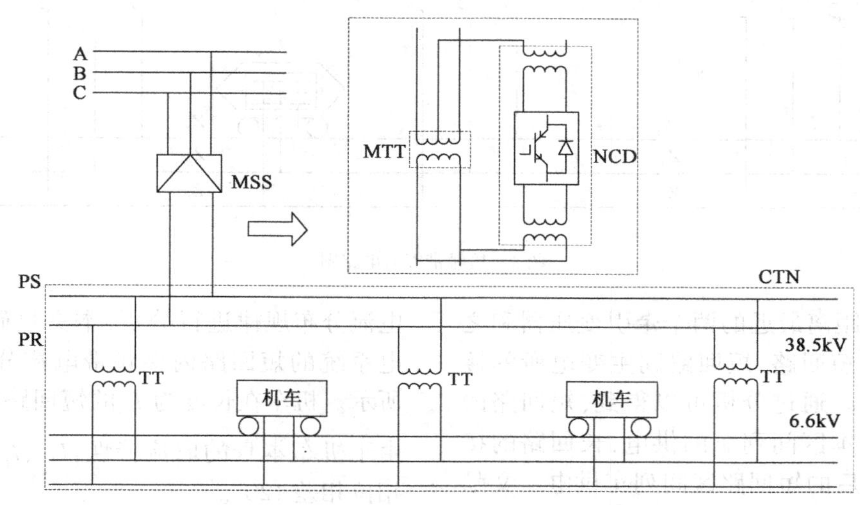

图1 电缆牵引供电系统的结构示意图

1.2 三相牵引供电系统结构

该系统由主变电所（MSS）和电缆牵引网（CTN）组成，主变电所的核心部件只有三相电力变压器，电缆牵引网由三相电缆、牵引所（TT）和接触供电回路组成，如图2所示。与单相系统的接触带不同，三相系统的接触带采用第一轨（3a）、第二轨（3b）、钢轨（3c）进行三相供电。

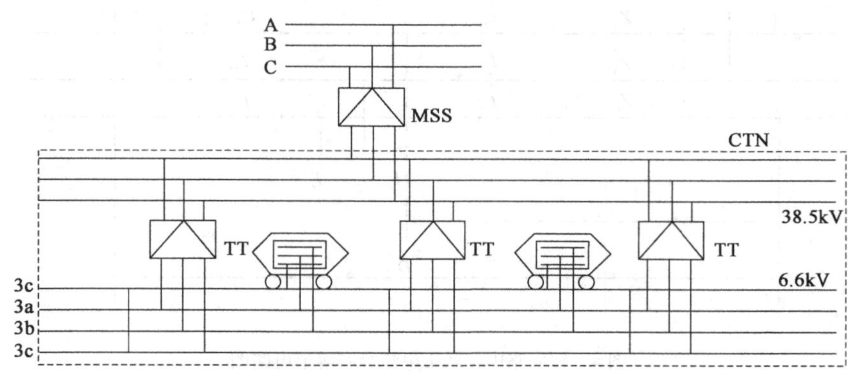

图2 三相牵引供电系统的结构示意图

2　双级交流牵引供电系统原理分析

2.1　短回路内接触带电流分布规律

三相牵引供电系统电缆接触带的等值电路如图3所示,将三相电缆回路归算到接触带回路侧。图中 Z'_A、Z'_B、Z'_C 表示三相电缆归算到接触带回路侧的分布参数,Z_{TA}、Z_{TB}、Z_{TC} 表示归算到接触带回路侧的变压器漏抗,Z_A、Z_B、Z_C 表示第一供电轨、第二供电轨、钢轨的阻抗参数。本文在后续分析中不考虑电缆回路与接触带回路的互阻抗。

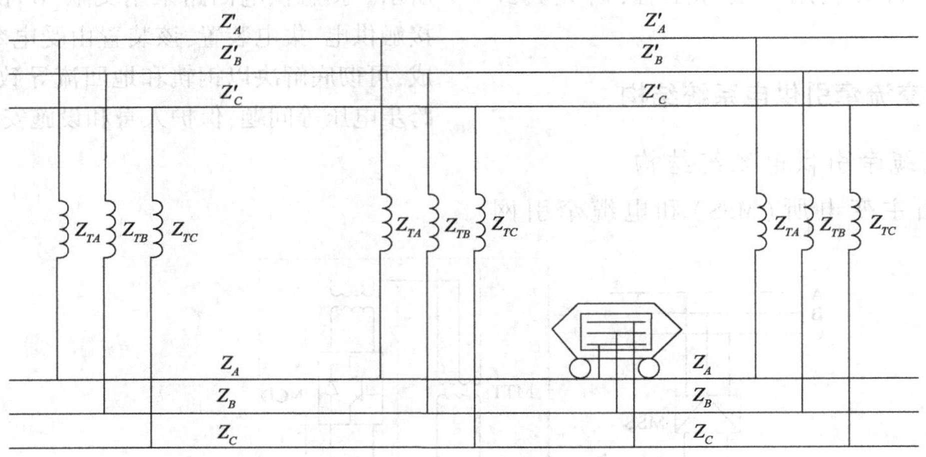

图3　接触带等值电路图

定义与机车距离最近的两个牵引变压器和之间的接触带称为短回路,短回路到主变电所的接触带称为长回路。通过分析可以得到,短回路的接触带主要负责本区间列车的供电,长回路的接触带几乎不给其后的短回路区间列车供电。文献[7]中已对电缆牵引供电系统的短回路内接触网电流分布规律进行分析,本文只研究三相牵引供电系统的短回路内接触带电流分布规律,如图4所示。机车在长度为 D 的短回路内,L 处取流时,由于机车本身的取流特性,$\dot{I}_A$、$\dot{I}_B$、$\dot{I}_C$ 大小相等,相位相差120°。

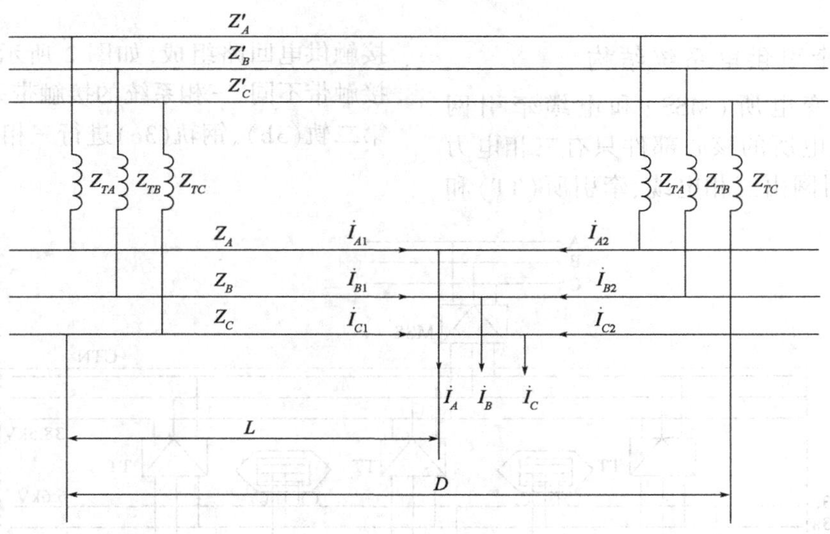

图4　短回路中接触带电流分布等值电路图

根据电压关系和电流关系可对图4列出如下方程:

$$
\begin{cases}
Z_{TA}\dot{I}_{A1}+L(Z_A\dot{I}_{A1}+Z_{AB}\dot{I}_{B1}+Z_{AC}\dot{I}_{C1})= \\
D(Z'_A\dot{I}_{A2}+Z'_{AB}\dot{I}_{B2}+Z'_{AC}\dot{I}_{C2})+Z_{TA}\dot{I}_{A2}+(D-L)(Z_A\dot{I}_{A2}+Z_{AB}\dot{I}_{B2}+Z_{AC}\dot{I}_{C2}) \\
Z_{TB}\dot{I}_{B1}+L(Z_B\dot{I}_{B1}+Z_{AB}\dot{I}_{A1}+Z_{BC}\dot{I}_{C1})= \\
D(Z'_B\dot{I}_{B2}+Z'_{AB}\dot{I}_{A2}+Z'_{BC}\dot{I}_{C2})+(D-L)(Z_{TB}\dot{I}_{B2}+Z_B\dot{I}_{B2}+Z_{AB}\dot{I}_{A2}+Z_{BC}\dot{I}_{C2}) \\
Z_{TC}\dot{I}_{C1}+L(Z_C\dot{I}_{C1}+Z_{AC}\dot{I}_{A1}+Z_{BC}\dot{I}_{B1})= \\
D(Z'_C\dot{I}_{C2}+Z'_{AC}\dot{I}_{A2}+Z'_{BC}\dot{I}_{B2})+(D-L)(Z_{TC}\dot{I}_{C2}+Z_C\dot{I}_{C2}+Z_{AC}\dot{I}_{A2}+Z_{BC}\dot{I}_{C2}) \\
\dot{I}_{A1}+\dot{I}_{A2}=\dot{I}_A \\
\dot{I}_{B1}+\dot{I}_{B2}=\dot{I}_B \\
\dot{I}_{C1}+\dot{I}_{C2}=\dot{I}_C
\end{cases}
\tag{1}
$$

由于接触带阻抗远大于电缆阻抗和牵引变压器阻抗，如忽略这两部分阻抗，解式(1)可得：

$$
\begin{cases}
\dot{I}_{A1}\approx\dfrac{D-L_1}{D}\dot{I}_A \\
\dot{I}_{A2}\approx\dfrac{L_1}{D}\dot{I}_A \\
\dot{I}_{B1}\approx\dfrac{D-L_1}{D}\dot{I}_B \\
\dot{I}_{B2}\approx\dfrac{L_1}{D}\dot{I}_B \\
\dot{I}_{C1}\approx\dfrac{D-L_1}{D}\dot{I}_C \\
\dot{I}_{C2}\approx\dfrac{L_1}{D}\dot{I}_C
\end{cases}
\tag{2}
$$

机车电流在短回路内接触带中的分配规律：机车的线电流等于机车左右两侧接触带中电流的向量和，其大小同机车到左右两侧牵引变压器的距离成反比。

2.2 牵引变电所的布置原则

双边供电和大双边供电时接触带最大电压损失一般出现在区间中点，在设计牵引变电所的位置和容量时应保证两种供电方式下接触带电压水平都在0.9倍接触带标称电压以上。在实例设计中，以0.9倍接触带标称电压为限制条件，按照紧密运行方式在线路上分布电力机车，求出紧密运行时两牵引变电所的最大供电距离L_1；按照非正常运行方式下保证系统规模40%运量，在线路上分布电力机车，求出此时两牵引变电所的最大供电距离L_2。据此，在线路中间选择一个车站作为牵引变电所，在该车站左右选择两个车站与该车站的距离小于但接近L_1作为牵引变电所，左右两个车站之间的距离小于但接近L_2。以这三个牵引变电所为布置基点，按照正常运行时，两牵引变电所的距离小于但接近L_1；按照非正常运行时，两牵引变电所的距离小于但接近L_2；向线路两侧布置牵引变电所，且尽量将牵引变电所与车站同建，牵引变电所的布点示意图如图5所示。

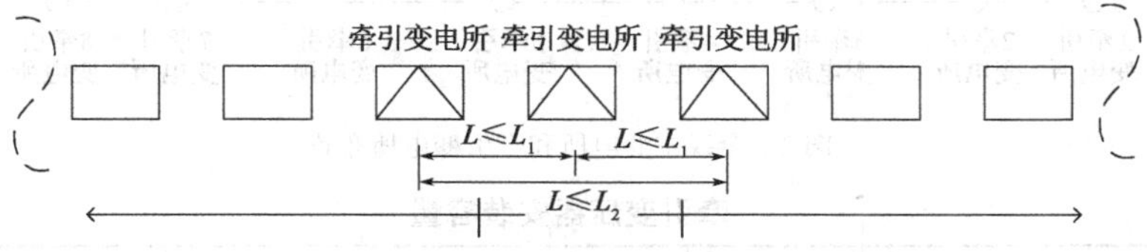

图5 牵引变电所的布点示意图

3 双级交流牵引供电系统实例设计

3.1 线路概况

某市地铁18线供电方案中采用额定功率为7200kW的A型车，功率因数参照高铁功率因数取0.993，每天的最大发车对数为314对，按照6小时的天窗时间计算，正常运行时的发车对数为18对/h，紧密运行时的发车对数为30对/h，最高运行速度120km/h,线路全长85.7km,线路如图6所示。既有系统的五座牵引变电所总安装容量为2×200MVA。

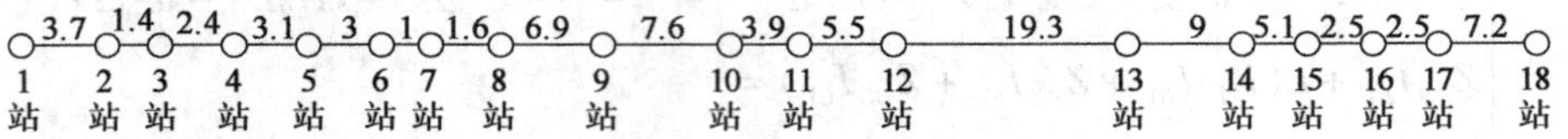

图6　某市地铁18号线线路图

3.2　电缆牵引供电系统设计

由于电缆的供电能力是架空输电线路的7倍,其供电距离可达上百米,本线路设置一个主变电所位于线路中心处与12站同建,保证良好的电能质量和缩短主变电所到沿线牵引变电所的距离。根据文献[8]中的计算方法,系统短路容量设置1000MVA时,功率计算按全部机车半功率计算,该主变电所的单相组合式牵引变压器和同相补偿装置的安装容量分别为2×(50+25)MVA和2×50MVA。

根据文献[9]的接触带模型得到接触带阻抗参数,进而根据电压损失计算公式[10],确定L_1为29km和L_2为45km,之后根据2.2节牵引变电所的布点原则确定沿线牵引变电所的位置,如图7所示,然后计算线路运行在不同工况时牵引变电所的出口电流得到牵引变电所最大出口电流,最后计算各牵引变压器的安装容量,如表2所示。不同区段电缆承载电流不同,根据负荷分布求得各区段电缆承载牵引电流大小完成电缆配置,电缆电气参数的计算参考文献[11-12],本文选择YJV-26/35kV电缆。

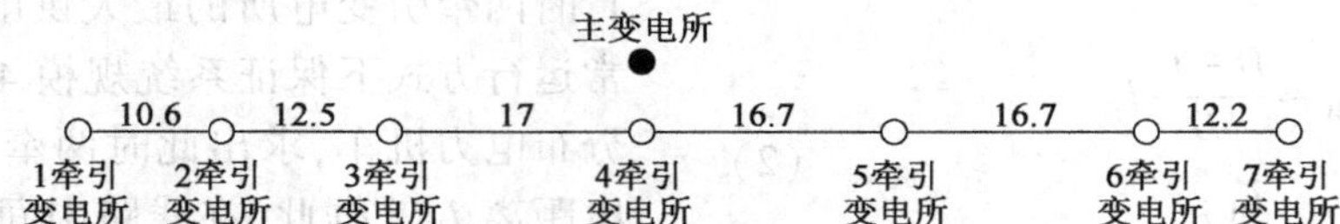

图7　全线主变电所和牵引变电所布置

牵引变压器安装容量　　表1

牵引变电所	1所	2所	3所	4所	5所	6所	7所
出口最大电流(A)	2015	3179	3963	4293	4234	366	2248
安装容量(MVA)	2×8	2×12.5	2×16	2×20	2×20	2×16	2×10

3.3　工频三相交流牵引供电系统设计

三相系统设置一个主变电所位于12站,主变压器安装容量为2×100MVA。按照3.2节的方法求得沿线各牵引变压器安装容量,如图8和表2所示。

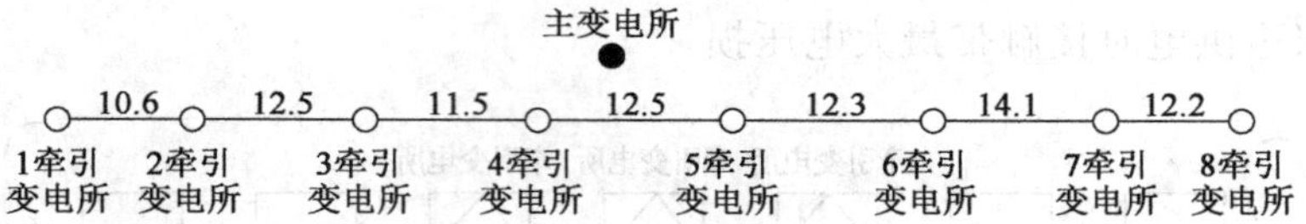

图8　全线主变电所和牵引变电所布置

牵引变压器安装容量　　表2

牵引变电所	1所	2所	3所	4所	5所	6所	7所	8所
出口最大电流(A)	1172	1785	1773	1751	1828	2006	1999	1292
安装容量(MVA)	2×10	2×16	2×16	2×16	2×16	2×16	2×16	2×10

3.4　仿真验证

由于在初步确定沿线牵引变电所的位置时,忽略了电缆压降,所以需要对接触带电压进行校验,说明双级交流牵引供电系统设计的可行性。

本文基于 MATLAB/SIMULINK 仿真平台搭建地铁18号线双级交流牵引供电系统，验证双级交流牵引供电系统处于各种工况下，接触带电压均满足设计要求，如图9、图10所示。

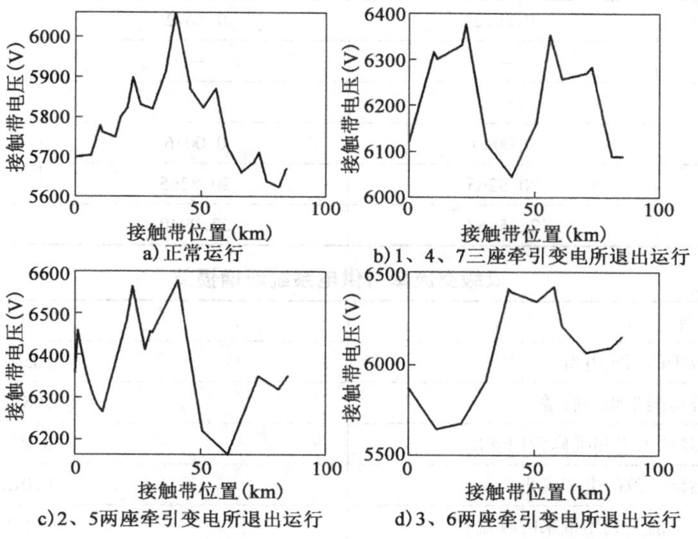

图9 电缆牵引供电系统在不同工况下，接触带电压大小

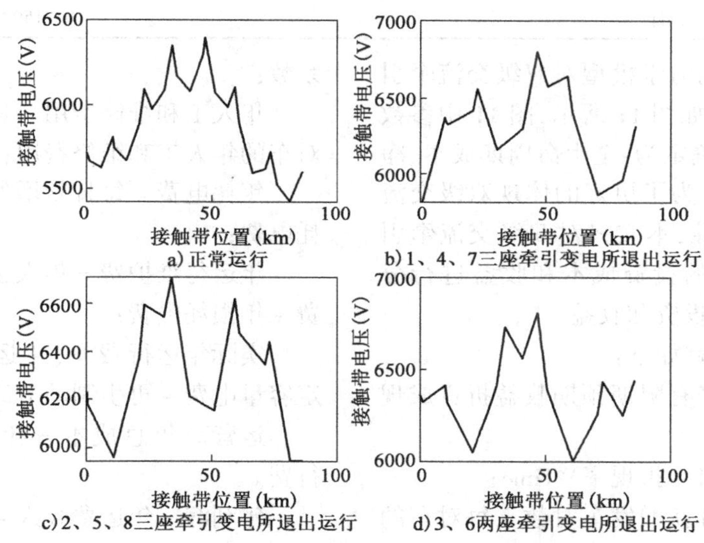

图10 三相牵引供电系统在不同工况下，接触带电压大小

4 基于系统动力学的双级交流牵引供电系统经济性分析

根据文献[13]中对牵引供电系统各项投资的介绍，本文以既有系统供电部分的一次投资成本55058万元为基准值，对三个系统的一次成本和双级交流牵引供电系统新增损益进行标幺值计算，如表3、表4所示。从表3、表4可看出，无论是一次投资成本还是新增损益，双级交流牵引供电系统的经济性都更好，且三相系统比电缆系统的经济性略好。

一次成本对比 表3

项　目	电缆系统	三相系统	既有系统
主变电所	0.3451	0.0363	0.0727
牵引变电所	0.0372	0.0421	—
外部电源	0.0599	0.0599	0.4689
电缆	0.3768	0.2574	—

续上表

项 目	电缆系统	三相系统	既有系统
接触带	0.8672	0.8672	—
接触网	—	—	0.4514
车载自动过分相	—	—	0.0070
并联补偿电抗器	0.0040	0.0046	—
隧道土建	20.8265	20.8265	22.8788
合计	22.5167	22.0940	23.8788

双级交流牵引供电系统新增损益 表4

项 目	成 本
每年减少的固定电费	0.0567
每年提升运能带来的收益	0.0813
每年提升运能导致的人工和维修费用支出	-0.0249
每年提升运能导致的电费支出	-0.0126
每年提高再生制动能量利用带来的收益	0.1178
每年增加同相供电装置损耗电费	-0.0024
合计	0.2159

本节将建立系统动力学模型对双级交流牵引供电进行经济性分析,如图 11 所示,图 11 中参数设置见表 5,评价指标确定为:全生命周期成本、净现值、投资回收期[13]。为了更好的体现双级交流牵引供电系统的经济性,本文只对双级交流牵引供电系统的额外减少的投资成本和收益进行分析,不考虑原有系统的投资和收益。

图 11 中各变量方程如下:

折现率是指将未来有限期预期收益折算成现值的比率,取 8%。

年折现系数 = 1/(1 + 折现率)^Time;

年运费收入 = 每日新增发车对数 × 每对车的年票务收益 × 年折现系数;

年重置费用 = 项目初始投资 × 0.01 × 年折现系数;

年人工和维修费用 = 每日新增发车对数 × 每对车的年人工和维修费用;

年耗电费 = 每日新增发车对数 × 每对车的年耗电费;

年运行维护费 = 年人工和维修费用 + 年耗电费 + 年损耗电费;

实际年运行费 = (年运行维护费 - 节约的固定容量电费 - 再生制动节约电费) × 年折现系数;

运营后年总成本 = 年重置费用 + 实际年运行费。

年利润 = 年运费收入 - 实际年运行费 - 年重置费用。

系统动力学模型参数设置 表5

项 目	电缆牵引供电系统	三相牵引供电系统
项目初始投资	-1.3621	-1.7848
每对车的年票务收益	0.0163	0.0163
每对车的年人工和维修费用	0.0050	0.0050
每对车的年耗电费	0.0025	0.0025
补偿装置年损耗电费	0.0024	0
每年节约的固定容量电费	0.0567	0.0567
再生制动节约电费	0.1178	0.1178

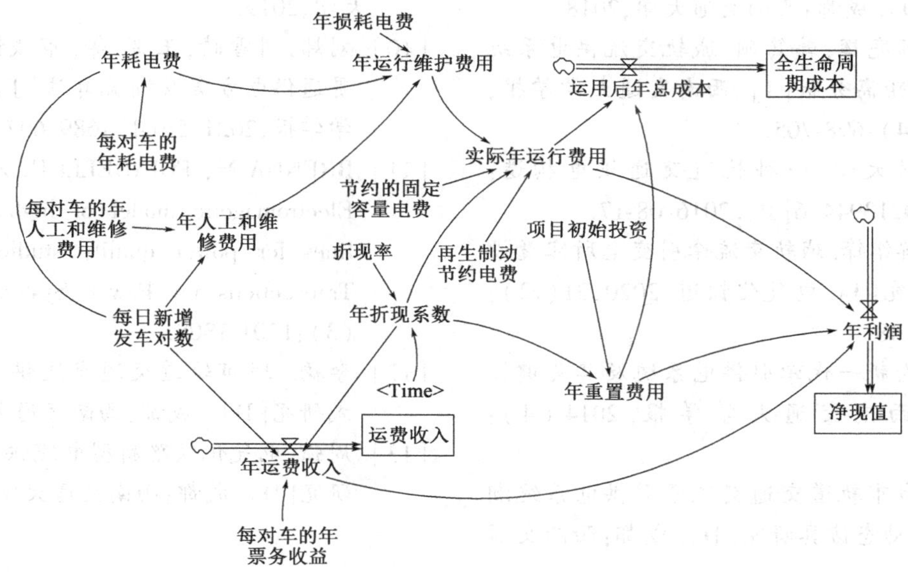

图11 双级交流牵引供电系统技术经济性分析的系统动力学模型流图

通过对上述模型进行仿真得到如图12的仿真结果，可以看出当评价周期结束时，三相系统净现值为4.5096，电缆系统净现值为4.0105；三相系统的全生命周期成本相比既有系统减少了3.57001，电缆系统的全生命周期成本相比既有系统减少了3.0709。

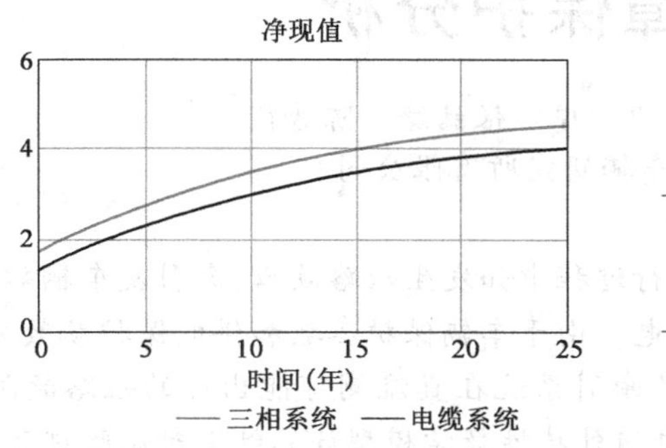

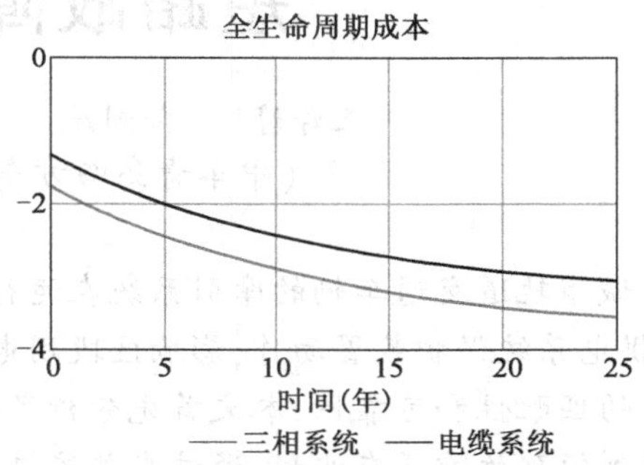

图12 全生命周期成本、净现值、投资回收期仿真结果图

5 结语

通过对双级交流牵引供电系统的原理进行研究分析和依据牵引变电所布点原则，完成了某市18号线的双级交流牵引供电方案设计，主要包括主变压器和沿线牵引变压器的安装容量、电缆配置，根据设计参数搭建仿真模型验证了接触带电压均在0.9倍标称电压以上。由于双级交流牵引供电系统相比既有系统的隧道半径减小了从而节约了土建成本，其一次投资成本大大减少；双级交流牵引供电系统由于取消了电分相可提高线路运输能量、再生制动能量利用率、设备利用率等，从而带来新的收益。为了在全生命周期内对双级交流牵引供电方案进行经济性分析，确定全生命周期成本、净现值、投资回收期为评价指标，搭建系统动力学模型，证明了双级交流牵引供电系统技术方案有良好的经济性，且三相系统比电缆系统的经济性略好。双级交流牵引供电系统不仅解决了电分相问题，而且相比既有系统具有更好的经济性，为牵引供电系统的发展指出了新发展方向。

参考文献

[1] 西南交通大学. 一种电气化铁路同轴电缆供电系统：CN201410271250.9[P]. 2014-09-24.

[2] 西南交通大学. 一种三相牵引供电系统：CN201721675432.8[P]. 2018-07-20.

[3] 蔡雨昌. 电气化铁路新型电缆供电系统可靠性研究[D]. 成都：西南交通大学，2016.

[4] 岳新华. 城市轨道交通交流供电系统钢轨电

位研究[D].成都:西南交通大学,2018.

[5] 张丽艳,杨亮辉,韩笃硕.城轨交流供电系统极限供电距离分析[J].西南交通大学学报,2021,56(4):698-705.

[6] 西南交通大学.一种轨道交通供电构造:CN201610213944.6[P].2016-08-17.

[7] 李卫兰,解绍锋.城轨交流牵引变电所容量设计方法研究[J].电气化铁道,2020,31(z2):122-125,138.

[8] 李群湛.论新一代牵引供电系统及其关键技术[J].西南交通大学学报,2014(4):559-568.

[9] 许永坚.城市轨道交通交流牵引供电系统潮流分析与动态仿真研究[D].成都:西南交通大学,2019.

[10] 刘炜,刘雪晴,王辉,等.市域铁路牵引电缆贯通供电方案及潮流算法[J].西南交通大学学报,2021,56(4):689-697.

[11] BRENNA M, FOIADELLI F, ZANINELLI D. Electromagetic model of high speed railway lines for power quality studies[J]. IEEE Transactions on Power Systems, 2010, 25(3):1301-1308.

[12] 李楠.城市轨道交通交流供电系统运行方式研究[D].成都:西南交通大学,2019.

[13] 周强.电气化铁路新型电缆供电技术经济性研究[D].成都:西南交通大学,2015.

基于暂态特性的城轨牵引系统短路故障保护分析

王婷婷* 孙国斌 曹 虎 张喆绪 陈晋衡
(中车青岛四方车辆研究所有限公司)

摘　要　城市轨道交通车辆的牵引系统在运行过程中如发生短路故障,会引发车辆短路保护装置动作,甚至会使供电系统保护装置动作,影响区段用电。由于车辆保护参数和供电保护参数分开设计,为了研究车网保护的匹配性和可靠性,本文首先分析了牵引系统在直流侧可能出现的短路故障情况;然后通过建模仿真得到短路故障暂态波形,通过与整流机组外特性数学模型计算结果对比验证了暂态仿真结果的正确性;最后根据短路暂态过程,分析牵引系统保护装置和牵引供电系统保护装置的动作时序和保护范围,验证系统保护的可靠性。研究结果对供电用电耦合的短路故障原因和过程分析、车辆保护装置选型和供电系统保护参数整定有重要的意义。

关键词　城市轨道交通　短路保护分析　暂态仿真　保护装置　熔断器　高速断路器

0　引言

城轨牵引系统直流侧发生短路,会短时间产生较大的短路电流,造成设备损坏、牵引系统断电、牵引供电系统跳闸,甚至起火,危害乘客安全。为了分析短路故障原因,合理设计车上牵引系统和牵引供电系统的短路保护参数,需要研究短路暂态特性。

目前城轨多为24脉波不控整流供电,有较多文献分析了不控整流供电的短路电流计算方法。文献[1]将不控整流机组的外特性等效成具有阻抗的电压源模型,但只能计算故障电流的初始状态,文献[2-4]提出了不控整流的外特性可以分段描述,因此具备了分段计算短路故障电流的条件。文献[5-6]通过微分方程建模计算不同外部阻抗特性的暂态短路电流。文献[7-14]明确了外部阻抗对整流机组外特性的影响,利用不控整流机组外特性的数学模型计算了稳态短路电流。以上文献多集中于研究供电系统的整流机组特性,忽略了牵引系统短路时供电系统与牵引系统的电气耦合关系。为了研究牵引系统短路故障,需要将两者联合起来分析。

针对上述问题,本文对城轨牵引系统的短路故障展开研究,分析了可能出现的短路故障的机理,研究城轨供电系统和牵引系统的建模方法,结合实际线路参数和牵引系统电气拓扑、参数,建立仿真模型,模拟各种短路故障暂态过程,分析各级保护装置动作时序。

1 短路故障分析

短路故障要按照短路时车辆所在位置和牵引系统短路故障位置来划分。

1.1 短路时车辆所在位置

当牵引系统发生短路时,考虑极端情况,车辆所在位置可划分为以下四种情况。

1.1.1 双边供电近端短路

列车所在区间,左右两侧的 A 和 B 牵引变电所均投入供电,此时若车辆在 A(或 B)变电所所在的位置,则为近端短路,车辆与变电所之间的阻抗可认为主要是变电所供电设备到接触网之间的电缆阻抗。如图 1 所示。

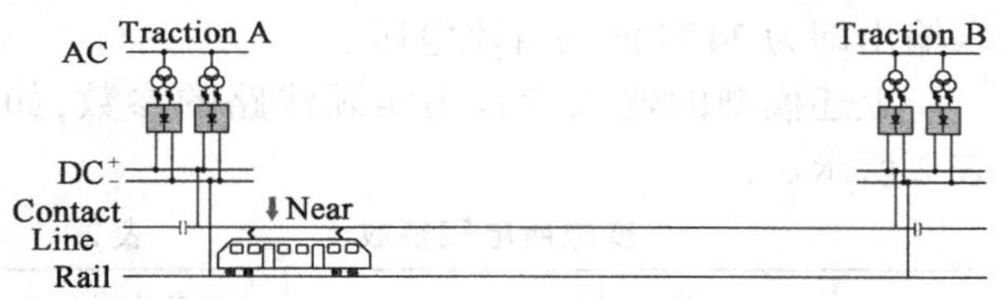

图 1 双边供电近端短路示意图

1.1.2 双边供电远端短路

列车所在区间,左右两侧的 A 和 B 牵引变电所均投入供电,此时若车辆在 A 和 B 变电所之间,则为远端短路,车辆与变电所之间的阻抗有牵引网等效的阻抗。如图 2 所示。

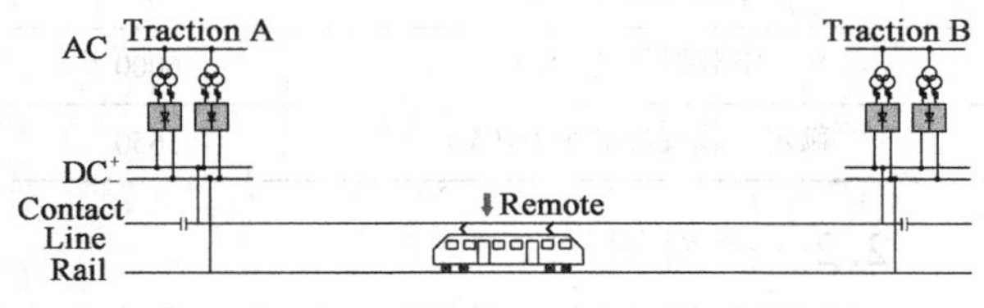

图 2 双边供电远端短路示意图

1.1.3 单边供电近端短路

列车所在区间,只有牵引变电所 A 投入供电,此时若车辆在 A 变电所所在的位置,则为近端短路,车辆与变电所之间的阻抗可认为主要是变电所供电设备到接触网之间的电缆阻抗。如图 3 所示。

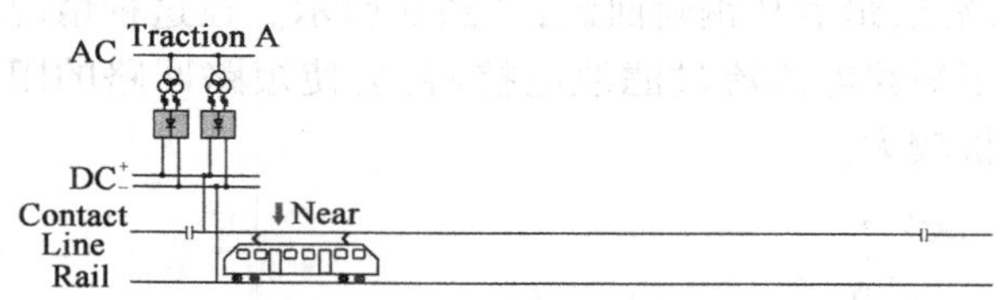

图 3 单边供电近端短路示意图

1.1.4 单边供电远端短路

列车所在区间,只有 A 牵引变电所投入供电,此时若车辆区间另一端,则为远端短路,车辆与变电所之间的阻抗有牵引网等效的阻抗。如图 4 所示。

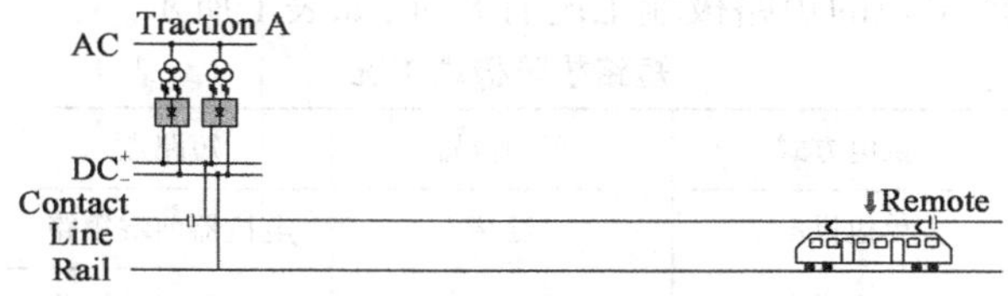

图 4 单边供电远端短路示意图

1.2 牵引系统短路故障位置

因滤波电抗器有阻止短路电流增大的作用,当牵引系统发生短路时,根据短路电流是否流过滤波电抗器,短路点在牵引系统中的位置可分为以下两种情况。

1.2.1 电抗器前端短路

当短路故障点位于受流器与牵引系统滤波电抗器之间时,归类为电抗器前端短路,此时短路电流从牵引变电所直流侧正极输出,经车辆牵引系统受流器、部分车上电缆和短路点,最后从钢轨回流,如图 5 所示。

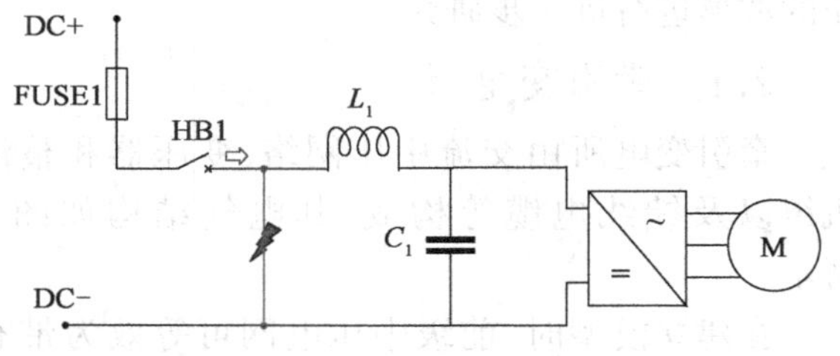

图 5 电抗器前端短路故障示意图

1.2.2 电抗器后端短路

当短路故障点位于牵引系统滤波电抗器与功率模块交流输出端之间时,归类为电抗器后端短路,此时短路电流从牵引变电所正极输出,经车辆牵引系统受流器、部分车上电缆、滤波电抗器和短路点,最后从钢轨回流,如图 6 所示。在这种情况下短路电流流过滤波电抗器,会使短路回路的阻抗较大。

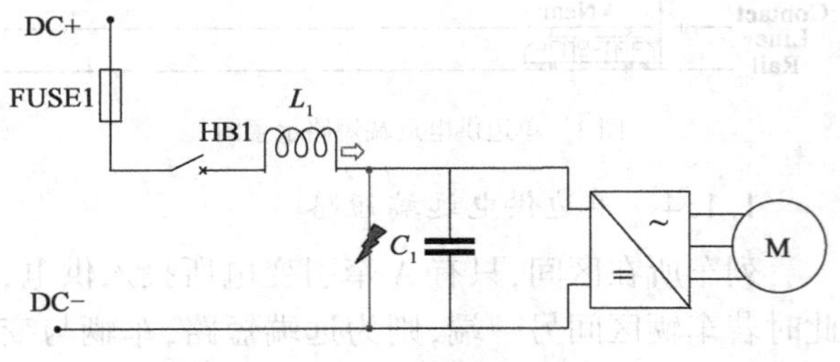

图 6　电抗器后端短路故障示意图

根据上述短路情况的分析,在实际线路中,可能出现的短路极端工况有 8 种,如表 1 所示。

短路故障极端工况　　表 1

供电方式	车辆位置	短路点
单边供电	近端	电抗器前端短路
单边供电	近端	电抗器后端短路
单边供电	远端	电抗器前端短路
单边供电	远端	电抗器后端短路
双边供电	近端	电抗器前端短路
双边供电	近端	电抗器后端短路
双边供电	远端	电抗器前端短路
双边供电	远端	电抗器后端短路

2　仿真建模

为了研究短路故障的暂态特性,本文在 MATLAB 建立牵引变电所、牵引网和牵引系统模型,进行暂态仿真,通过得到短路过程中电流和电压的波形进行进一步研究。

2.1　牵引变电所

牵引变电所由交流中压网络、变压器和整流机组以及馈线电缆等构成,其电气结构如图 7 所示。

在建立模型时,前级中压电网可等效为带有相同短路阻抗的两组三相电压源。为了后级整流机直流侧输出构成 24 脉波,两组电压源的三相电压 U_{1A1} 与 U_{1A2}、U_{1B1} 与 U_{1B2}、U_{1C1} 与 U_{1C2} 之间相角需要相差 15°。

每组三相电压源后级各连接一个分裂式变压器,变压器一次侧绕组 X_1 和二次侧绕组 $X_2 \sim X_3$ 的接线方式为 Δ/Y-Δ。这样每个变压器二次侧两组绕组输出的两组三相电压依次相差 60°。因前级两组交流电压源本身有移相,经过两组变压器再次移相,输出的四组三相电压依次相差 30°。

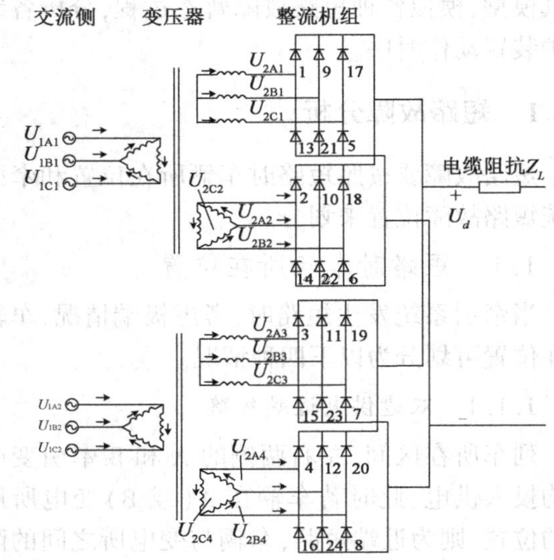

图 7　牵引变电所电气连接示意图

四组三相交流电压经过二极管不控整流,并联输出即为 24 脉波的直流电压。

上述模型的输入参数为实际线路的参数,如表 2 所示。

变电所电气参数　　表 2

电 气 量	参数值
交流短路容量 S(MV)	135
变压器容量 S_1(kVA)	3300
一次侧额定电压 U_1(kV)	35
二次侧额定电压 U_2(V)	1180
穿越阻抗百分数 U_k	8
半穿越阻抗百分数 U_b	6
空载损耗 S_0(W)	6000
额定空载直流电压 U_d(V)	1650

2.2　牵引网

牵引网包括接触网和钢轨,当短路故障发生时,短路电流从接触网流向牵引系统短路点,再通过钢轨回流。按照均匀传输线理论,牵引网的模型可以等效为集中阻抗的形式,阻抗的大小为单位线路阻抗值与距离的乘积。牵引网在模型中使用阻抗模型来等效,如图 8 所示。

受集肤效应的影响,钢轨阻抗在整个短路暂

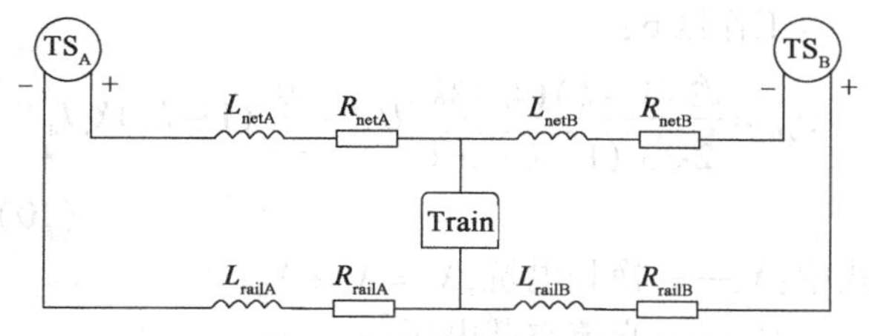

图8 牵引网建模示意图

态过程中随频率的变化而变化。为了使仿真结果尽量准确，钢轨阻抗使用线路钢轨实测参数，如表3所示。

牵引网电气参数 表3

电　气　量	参数值
接触线单位电阻/(Ω/km)	0.01974
接触线单位电感/(mH/km)	2.533
走行轨单位电阻/(Ω/km)	0.0144
走形轨单位电感/(mH/km)	1.165

2.3 牵引系统

牵引系统通常由多个牵引变流器和辅助变流器单元并联。当某个牵引变流器单元发生短路时，短路电流主要流过该短路牵引变流器单元，因此在仿真中按照单个牵引变流器单元来考虑。牵引变流器单元电气拓扑如图9所示。

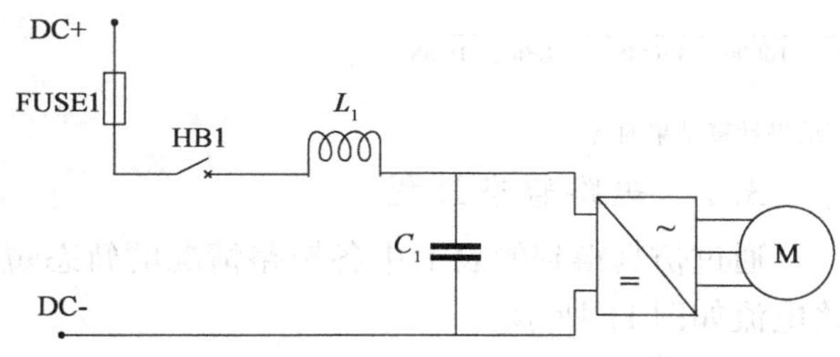

图9 牵引系统建模示意图

图中DC+为受电弓连接接触网的正极受流点，FUSE1为牵引主熔断器，HB1为牵引高速断路器，L_1为滤波电抗器，C_1为支撑电容，后级为牵引逆变器。牵引变流器将直流电转化为交流电给牵引电机供电。

牵引系统的模型中，电抗器L_1、电容C_1均按照实际参数设定为普通阻抗模型。短路过程的时间通常为毫秒级，短路电流上升至稳态通常需要1～100ms的时间，将短路电流从发生到上升至稳态的时间设为t_1，将牵引逆变器检测到短路并封锁开关所需的时间设为t_2，经试验测试，$t_1>10\times t_2$。考虑到变流器的响应时间较快，短路发生后在建模中将变流器及其后级按照开路来考虑。

牵引系统参数按照实际车辆牵引系统参数设定，如表4所示。

车辆电气参数 表4

电　气　量	参数值
滤波电感L_1(mH)	8
电容C_1(μF)	4000

2.4 模型验证

本文建立的模型结构主要包括牵引变电所、牵引网和牵引系统。牵引变电所整流机组输出电压随负载电流变化的外特性可通过多工作区间的数学模型表示[2]。

为了验证模型的准确性，首先对牵引变电所模型进行多次暂态仿真，将仿真结果与相同参数下牵引变电所整流机组外特性稳态数学模型进行对比。

描述整流机组外特性时须首先定义变压器的三种阻抗。

定义穿越阻抗X_k：

$$X_k=\frac{U_k}{100}\times\frac{U_2^2}{S_n} \tag{1}$$

式中：S_n——整流机组容量；

U_2——二次侧电压；

U_k——分裂变压器的穿越阻抗百分数。

定义半穿越阻抗X_b：

$$X_b=\frac{U_b}{100}\times\frac{U_2^2}{S_n/2} \tag{2}$$

式中：U_b——分裂变压器的半穿越阻抗百分数。

定义供电系统阻抗X_s：

$$X_s=\frac{U_2^2}{S_t} \tag{3}$$

式中：S_t——变电所交流短路容量。

由于整流机组的等效阻抗受变压器阻抗的影响，其电压电流外特性也受变压器阻抗的影响。为了建立整流机组外特性的数学模型，定义变压器的耦合系数k为

$$k=\frac{X_s+2X_k-X_b}{X_s+X_b} \tag{4}$$

在本文中，利用表2的参数计算，系数k满足$0<k<\frac{\sqrt{3}-1}{\sqrt{3}}$，此时整流机组外特性对应以下6个工作区[2]。

工作区1：

$$U_{d1}=U_{d0}-\frac{3}{2\pi}X_cI_d \tag{5}$$

工作区 2：

$$U_{d2}=\frac{\sqrt{2}\left(\sqrt{3}+1\right)}{4}\sqrt{{U_{d0}}^{2}-\frac{1}{2-\sqrt{3}}\left(\frac{3}{\pi}X_{c}I_{d}\right)^{2}} \tag{6}$$

工作区 3：

$$U_{d3}=\frac{\sqrt{3(1-k^{2})+1}}{2-\sqrt{3}k}U_{d0}-\frac{3}{2\pi}\times\frac{2+\sqrt{3}k}{2-\sqrt{3}k}X_{c}I_{d} \tag{7}$$

工作区 4：

$$U_{d4}=\frac{\sqrt{3}(1-k)}{2-\sqrt{3}k}\sqrt{{U_{d0}}^{2}-\left(2+\sqrt{3}k\right)^{2}\left(\frac{3}{2\pi}X_{c}I_{d}\right)^{2}} \tag{8}$$

工作区 5：

$$U_{d5}=\frac{\sqrt{3}(1-k)(8-3k^{2})}{2\left(2-\sqrt{3}k\right)\sqrt{3(1-k)^{2}+1}}U_{d0} - \frac{9}{2\pi}\frac{(1-k^{2})\left(2+\sqrt{3}k\right)}{2-\sqrt{3}k}X_{c}I_{d} \tag{9}$$

工作区 6：

$$U_{d6}=\frac{\sqrt{3}(1-k)(4-3k)}{2\sqrt{3(1-k)^{2}+1}}U_{d0}-\frac{9}{2\pi}(1-k^{2})X_{c}I_{d} \tag{10}$$

式中：X_c——换相电抗，$X_c=X_s+X_b$；

U_{d0}——直流空载电压；

I_d——直流电流。

利用上述计算方法绘制整流机组外特性，如图 10 所示的 6 组工作区折线，与通过暂态仿真得到的系统电压电流特性仿真的外特性曲线基本一致，验证了暂态仿真模型变电所建模的正确性。

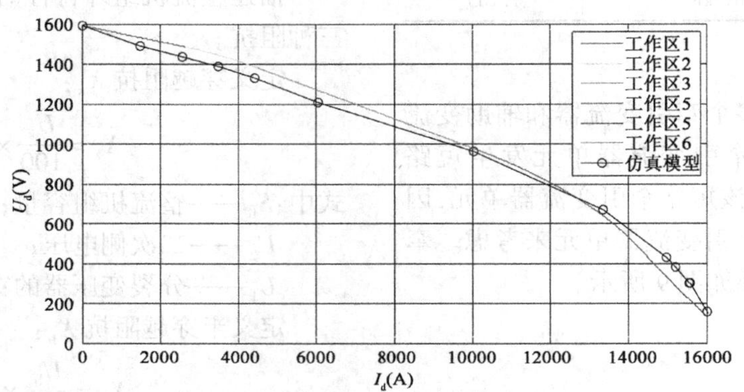

图 10　整流机组外特性仿真结果计算结果对比

3　短路故障分析

下面利用第 2 节的仿真模型，对第 1 节中的短路工况进行仿真分析。

3.1　短路暂态过程

通过仿真得到的表 1 中各短路情况的暂态短路电流如图 11 所示。

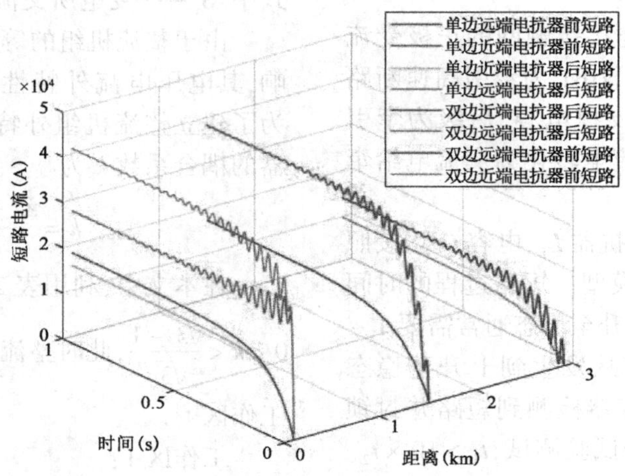

图 11　短路电流暂态仿真波形

设定稳态短路电流 I_s 为暂态短路电流达到稳态的幅值，时间常数τ为电流从开始短路到达到 $0.613I_s$的时间。上述短路电流的稳态短路电流和时间常数特征如图12所示。

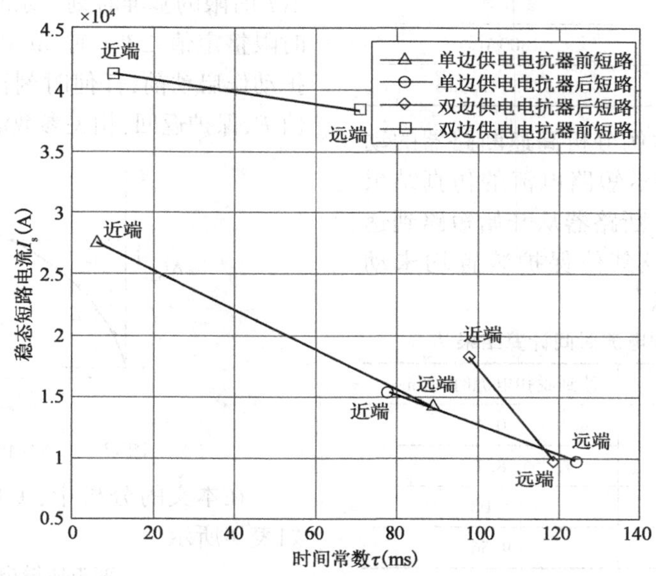

图12　稳态短路电流和时间常数

3.2　短路特征分析

通过仿真可以看出，各极端短路情况的短路电流有如下特征：

(1)距离变电所越近，稳态短路电流越大，电流上升越快，时间常数越小。

(2)双边供电的稳态短路电流比单边供电要大，但不是倍数关系。

(3)相比电抗器前短路，电抗器后短路的稳态短路电流越小，电流上升越慢，时间常数越大。

4　保护装置动作分析

城轨车辆发生短路故障时，能够切断短路电流保护线路安全的保护装置包括车载保护装置和变电所继电保护装置。车载保护装置主要为熔断器和高速断路器。

4.1　熔断器

当短路电流流过熔断器时，电流产生的热量会使熔体熔断。分析熔断器的熔断时序，需要考虑短路暂态过程。熔断器的熔断时间 t_{fuse} 受熔断器特性参数 I_{rms}^2t 影响。当根据暂态短路电流平方值 i^2、短路时间 t 积分得到的实际 I^2t 数值与熔断特性参数 I_{rms}^2t 相一致，如式(11)所示，即可计算得到熔断器的熔断时间 t_{fuse}。

$$I_{rms}{}^2t = \int i^2t \tag{11}$$

在本文的计算分析中，熔断器的主要参数如表5所示。

熔断器主要参数　表5

电气量	参数值
类型	aR
熔断能力	100kA，L/R <30ms
I^2t(A^2s)	65710

以双边供电的情况为例分析熔断器的动作情况。根据如图11所示的短路电流的仿真结果和表5所示的参数计算熔断器从开始短路到熔断的时间(假设其他保护装置均未动作)，计算结果如表6所示。

熔断器熔断时间计算结果　表6

短路工况	熔断时间(ms)
双边供电近端电抗器前短路	10.05
双边供电近端电抗器后短路	101.9
双边供电远端电抗器前短路	62.51
双边供电远端电抗器后短路	超出熔断能力

4.2　高速断路器

分析高速断路器的动作时间时，要根据流过高速断路器的暂态短路电流进行判断。当流过断路器的短路电流达到给断路器设置的脱扣电流后，断路器经过机械响应时间就会动作脱扣。

在本文的仿真分析中，高速断路器的主要参

数如表7所示。

高速断路器主要参数　表7

电气量	参数值
脱扣电流	1800A
短路分断能力	30kA/15～100ms

以双边供电的情况为例分析高速断路器的动作情况。根据如图11所示短路电流的仿真结果和表7所示参数计算高速断路器从开始短路到达到脱扣电流的时间(假设其他保护装置均未动作),计算结果如表8所示。

高速断路器达到脱扣电流时间计算结果 表8

短路工况	达到脱扣电流时间(ms)
双边供电近端电抗器前短路	0.4
双边供电近端电抗器后短路	8.7
双边供电远端电抗器前短路	1.08
双边供电远端电抗器后短路	9.56

4.3　变电所继电保护

当线路发生短路故障时,分断短路电流的保护类型包括大电流脱扣保护以及电流变化率与增量保护。大电流脱扣保护是利用开关柜断路器电磁脱扣原理,检测到电流达到脱扣设定值后经过机械响应时间动作脱扣。电流变化率与增量保护又包括 $di/dt+\Delta I$ 保护和 $di/dt+\Delta T$ 保护。

$di/dt+\Delta I$ 保护是检测电流的变化率 di/dt,当达到预设定值 E 时,以该时刻的电流为基准电流记录电流增量 ΔI,当 ΔI 达到电流增量整定值 ΔI_{max} 时,保护启动。$di/dt+\Delta T$ 保护是检测电流的变化率 di/dt,当达到预设定值 E 时,以该时刻为 ΔT 时限的基准时刻记录时间增量 ΔT,当 ΔT 达到时限整定值 ΔT_{max} 时,$di/dt+\Delta T$ 保护启动。在保护动作启动前,任何时刻检测到 di/dt 低于预设定值 E,保护返回,相关参数清零。如图13所示。

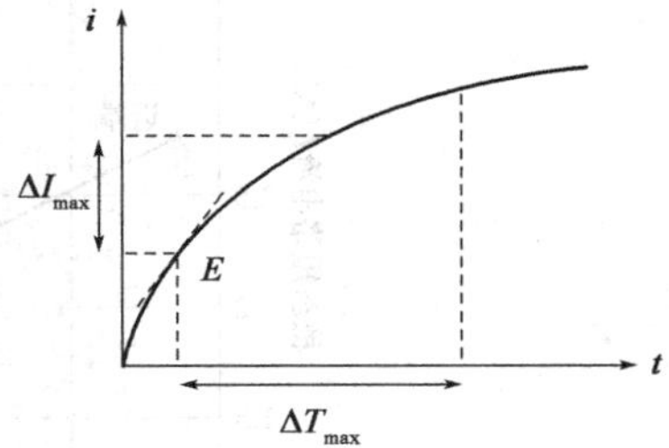

图13　电流变化率与增量保护

在本文的分析中,变电所继电保护参数设置如表9所示。

变电所继电保护参数　表9

参数	数值
大电流脱扣	8000A
di/dt 设定值 E	60A/ms
ΔI_{max}	5000A
ΔT_{max}	60ms

以双边供电的情况为例分析变电所继电保护的动作情况。根据短路电流的仿真结果和表9所示参数计算变电所各级继电保护启动的时间(假设其他保护装置均未动作),计算结果如表10所示。

变电所继电保护启动时间计算结果　表10

短路工况	大电流脱扣启动时间	$di/dt+\Delta I$ 启动时间	$di/dt+\Delta T$ 启动时间
双边供电近端电抗器前短路	3.2ms	12.25ms	60.2ms
双边供电近端电抗器后短路	65.4ms	53.17ms	67.36ms
双边供电远端电抗器前短路	35.74ms	33.94ms	62.5ms
双边供电远端电抗器后短路	290ms	139.57	80.42ms

4.4　保护匹配分析

根据短路故障仿真得到的暂态短路电流波形,经过计算得到双边供电情况下车辆熔断器、高速断路器和变电所继电保护的动作时间。将上述保护类型的动作时间绘制成时序图,如图14、图15所示。

时序图中供电方式为双边供电,变电所A和变电所B相距3km。设定变电所A的位置为0km,变电所B的位置为3km,车辆位于0km附近或3km附近时为近端短路,车辆位于1.5km时为远端短路。

4.4.1　双边供电电抗器前端短路

短路故障发生在车辆牵引系统滤波电抗器前时,各级保护的动作时序如图14所示。

当车辆在变电所A和变电所B近端短路时,短路回路阻抗对称,因此短路电流和保护动作时序结果相同,车载高速断路器先达到脱扣电流,然后变电所大电流脱扣保护达到脱扣电流,随后熔断器可能熔断,di/dt + △*I* 保护启动,最后 *di/dt* + △*T* 保护启动。从时序图来看,由于各级保护动作都需要持续一段时间才能彻底分断短路电流,车载高速断路器、大电流脱扣保护和熔断器有可能同时动作,起主要保护作用。

当车辆在变电所 A 和变电所 B 远端短路时,车载高速断路器先达到脱扣电流,经过 32.86ms 后,假设短路电流按照预期继续增加,di/dt + △*I* 保护和大电流脱扣才达到保护启动值。在这种情况下短路电流可能主要由车载高速断路器分断,因在高速断路器脱扣动作过程中短路电流会下降,此时其他保护装置不会达到保护动作阈值。

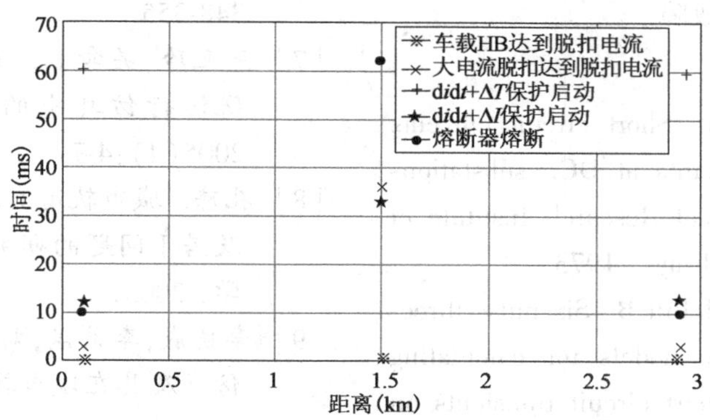

图 14　双边供电电抗器前短路保护动作时序

4.4.2　双边供电电抗器后端短路

短路故障发生在车辆牵引系统滤波电抗器后时,各级保护的动作时序如图 15 所示。

当车辆在变电所 A 和变电所 B 近端短路时车载高速断路器先达到脱扣电流,然后 di/dt + △*I* 保护启动,其次变电所大电流脱扣保护达到脱扣电流,di/dt + △*T* 保护启动,最后熔断器可能熔断。从时序图来看,车载高速断路器起主要保护作用。

当车辆在变电所 A 和变电所 B 远端短路时,车载高速断路器先达到脱扣电流,超过 70.86ms 后才有其他保护启动。在这种情况下短路电流应主要由车载高速断路器分断。

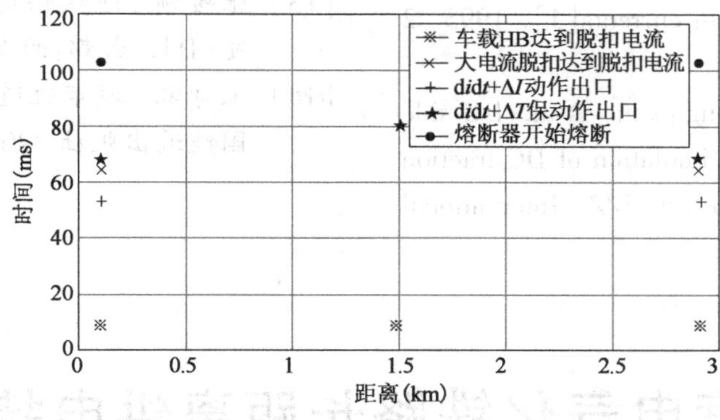

图 15　双边供电电抗器后短路保护动作时序

5　结语

本文分析了城轨牵引系统在直流侧发生短路的各种工况,并对短路故障进行仿真,得到短路电流暂态特性,然后分析了车辆和变电所短路保护装置的动作情况,得出如下结论:

(1)牵引系统在直流侧发生短路时,所有工况短路故障都是车载高速断路器最先达到脱扣电流,起主要保护作用。

(2)大电流脱扣和车载高速断路器都是当短路电流达到脱扣电流后进行机械动作,不考虑断路器机械响应时间,其启动时间仅受电流值大小影响。

(3)车载熔断器和 di*dt* + △*I* 保护主要在稳态

电流较大,时间常数较小,电流变化较快时起主要保护作用。

(4)$di/dt + \triangle T$保护主要在稳态电流较小,时间常数较大,电流变化较慢时先动作。

城轨牵引系统短路故障过程是车网耦合的复杂电气过程,车辆牵引系统和供电系统变电所的各级保护装置在参数整定合理的情况下,基本能够排除线路上出现的短路故障。

参考文献

[1] T Fujimura, S Honda. Short circuit currents based on rectifier circuits at DC. substations [J]. Railway Technical Research Institute of Japanese National Railways, 1973.

[2] Brown J C, Allan J, Mellitt B. Six-pulse three-phase rectifier bridge models for calculating closeup and remote short circuit transients on DC supplied railways [J]. Electric Power Applications, IEEE Proceedings B, 1991, 138 (6):303-310.

[3] Brown J C, Allan J, Mellitt B. Calculation of remote short circuit fault currents for DC railways[J]. Electric Power Applications, IEE Proceedings B, 1992, 139(4):289-294.

[4] Brown J C, Allan J, Mellitt B. Calculation and measurement of rail impedances applicable to remote short-circuit fault currents[J]. 1993, 2 (3):295-302.

[5] Kongwei, Qinlijun, Yangqixun, et al. DC side short circuit transient simulation of DC traction power supply system [C]// International Conference on Power System Technology, 2004. Powercon. IEEE, 2004: 182-186 Vol.1.

[6] Pires C L, Nabeta S I, Cardoso J R. Second-order model for remote and close-up short-circuit faults currents on DC traction supply [J]. IET Power Electronics, 2008, 1(3): 348-355.

[7] 王亚玲,吴命利. 直流牵引变电所在供电系统运行仿真中的建模[J]. 电气化铁道, 2005(4):4-7.

[8] 孔玮. 城市轨道交通直流牵引系统故障分析及若干问题的研究[D]. 北京:华北电力大学, 2005.

[9] 李良威,李群湛,刘炜. 24脉波整流器外特性仿真及其在城市轨道交通中的应用[J]. 城市轨道交通研究, 2007, 10(10):52-55.

[10] 杜芳. 地铁机车建模及直流牵引供电系统故障分析[D]. 北京:北京交通大学, 2010.

[11] 刘炜,李群湛,李良威. 基于多折线外特性模型的直流牵引供电系统稳态短路计算[J]. 机车电传动, 2008, 2008(1):61-64.

[12] 龚廷志. 直流牵引供电系统数学模型与短路计算研究[D]. 北京:北京交通大学, 2009.

[13] 张峻领. 地铁供电系统直流侧短路故障研究[D]. 成都:西南交通大学, 2011.

[14] 宋奇吼. 城市轨道交通供电[M]. 北京:中国铁道出版社, 2012.

更高速度电气化铁路长距离供电技术研究

任　卓　解绍锋*　次凯旋
(西南交通大学电气工程学院)

摘　要　长距离供电技术方案将电缆与牵引网并联,可以延长供电臂的供电距离、减少电分相数量。以电缆+AT供电方式为例,建立牵引网等值电路数学模型;对比分析电缆+AT供电方案相较于传统AT供电方式,牵引网的阻抗、电压损失及供电距离等方面的特点。结果表明,电缆+AT供电方式下牵引网等值阻抗更小,电压损失更小,供电距离相较于AT供电方式大大延长,可以减少线路电分相数量,有利于高速铁路的发展。

关键词 高速铁路牵引供电系统 长距离供电技术 电缆 + AT 供电方式

0 引言

目前,我国正在推动更高速度铁路关键技术等重大科技研发,完善"八纵八横"高铁网络的建设,大力推进城际铁路以及市域铁路的发展和建设,实现铁路网络布局等方面的目标及要求。我国电气化铁路采用单相工频制式供电,需在牵引变电所出口处及分区所处设置电分相[1,2],电分相的存在不利于高速、重载铁路的发展[3],对高速铁路的进一步提速造成很大的限制。取消电分相的技术包括同相供电技术、新型双边供电技术等[1],西南交通大学李群湛教授提出的长距离供电技术方案,通过将牵引电缆并联于既有牵引网,利用电缆阻抗小、传输能力强的特点,减小牵引网的等值阻抗及电压损失,从而延长供电距离、尽可能减少电分相的数量,也可以达到"取消"电分相的目的,从而消除电分相对列车速度的制约。

本文针对长距离供电技术方案中的电缆 + AT 供电方式,从牵引网等值电路数学模型入手,分析长距离供电方案下,牵引网的等值阻抗、电压降落及电压损失等,以电压为约束条件确定供电距离,并与传统 AT 供电方式对比验证该方案的特点;基于确定的供电距离,以某线路为例设计供电方案,与原方案对比得出长距离供电技术可以达到减少电分相数量的目的。

1 长距离供电技术方案

目前,我国电气化铁路常见的牵引供电方式有直接供电方式和 AT 供电方式,长距离供电技术方案便是在这两种供电方式的基础上,将牵引电缆通过横向连接并联于牵引网,形成了电缆 + 直接供电方式和电缆 + AT 供电方式两种供电方案。本文以电缆 + AT 供电方式为例进行分析,方案原理图如图 1 所示。

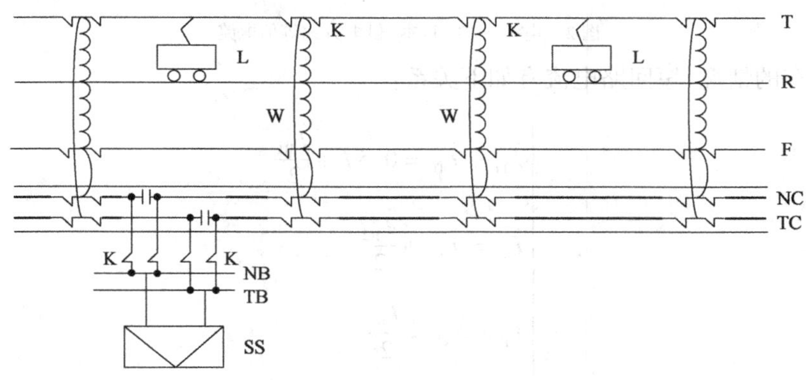

图 1 电缆 + AT 供电方式原理图

该方案由牵引变电所 SS 及电缆牵引网构成。牵引变电所 SS 通过牵引母线 TB、NB 向牵引二芯电缆供电(由牵引电缆 TC 和负馈电缆 NC 组成);电缆牵引网由二芯电缆、AT 牵引网及分段所 Si 构成。自耦变压器 AT 设置在分段所 Si 中,在分段所 Si 中,牵引电缆 TC 与接触线 T 通过一段分段母线 W 相并联,负馈电缆 NC 与负馈线 F 通过另一段分段母线 W 相并联,牵引电缆 TC 与接触网 T 通过开关 K 实现分段,结合牵引网分段供电及测控技术可确保整个系统供电的安全运行,及时切除故障,提高供电可靠性[4]。

2 牵引网数学模型

2.1 牵引网电流分布计算

由于 AT 供电方式结构复杂以及二芯电缆的特殊性,为了简化模型,做出如下合理假设[5]:

(1)假设自耦变压器 AT 漏抗为零;

(2)假设钢轨对地漏导为零,长回路钢轨中电流为零;

(3)假设接触线和负馈线关于钢轨对称布置,二者自阻抗相等,即 $Z_T = Z_F$,且 $Z_{TR} = Z_{FR}$;

(4)对于二芯电缆回路,可认为牵引电缆与负馈电缆中电流大小相等、方向相反,二芯电缆与牵引网其他线路之间的互阻抗可以忽略。

将机车所在AT段称为短回路,牵引变电所至机车所在AT段称为长回路。针对于简化后的模型,在短回路中,接触线T、钢轨R、负馈线F、牵引电缆TC、负馈电缆NC中的电流分别用$\dot{I}_{T1}$、$\dot{I}_{T2}$、$\dot{I}_{R1}$、$\dot{I}_{R2}$、$\dot{I}_{F}$、$\dot{I}_{TC}$、$\dot{I}_{NC}$表示;在长回路中,各线路电流分别用$\dot{I}_1$、$\dot{I}_2$、$\dot{I}_3$、$\dot{I}_4$、$\dot{I}_5$表示。接触线T、钢轨R、负馈线F、牵引电缆TC、负馈电缆NC的自阻抗分别用Z_T、Z_R、Z_F、Z_{TC}、Z_{NC}表示,各线路之间的互阻抗分别用Z_{TR}、Z_{TF}、Z_{RF}、$Z_{(TC)(NC)}$表示。$\dot{U}$和$\dot{I}$分别为机车的电压和电流,$\dot{U}_1$、$\dot{U}_1'$、$\dot{U}_2$、$\dot{U}_2'$分别机车所在区段两端AT的上下绕组电压,$\dot{E}$为牵引变电所SS出口处TC与NC之间的电压,x为机车与靠近牵引变电所出口处的AT变压器之间的距离,l为机车与牵引变电所出口处之间的距离,D为两个AT变压器之间的距离。电缆+AT供电方式等值电路如图2所示,自耦变压器变比为1∶1。

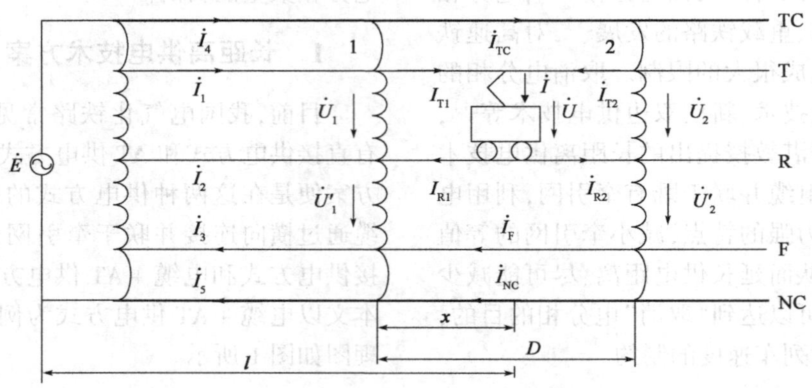

图2　电缆+AT(日本)供电方式等值电路

分析仅存在一列机车的情况,短回路电流有如下关系:

$$\begin{cases}\dot{I}_{T1}+\dot{I}_{TC}=0.5\dot{I}+\dfrac{\dot{I}_{R1}}{2}\\ \dot{I}_{T2}=\dot{I}_{TC}+\dfrac{\dot{I}_{R2}}{2}\\ \dot{I}_{F}+\dot{I}_{NC}=\dfrac{\dot{I}_{R2}}{2}\\ \dot{I}_{R1}+\dot{I}_{R2}=\dot{I}\end{cases}\tag{1}$$

对机车所在AT段自耦变压器上下绕组列写回路方程有:

$$\begin{aligned}\Delta\dot{U}=\dot{U}_1-\dot{U}_2=&Z_Tx\dot{I}_{T1}-Z_T(D-x)\dot{I}_{T2}-Z_{TR}x\dot{I}_{R1}+Z_{TR}(D-x)\dot{I}_{R2}-Z_{TF}D\dot{I}_F\\&+Z_Rx\dot{I}_{R1}-Z_R(D-x)\dot{I}_{R2}-Z_{TR}x\dot{I}_{T1}+Z_{TR}(D-x)\dot{I}_{T2}+Z_{RF}D\dot{I}_F\end{aligned}\tag{2}$$

$$\begin{aligned}\Delta\dot{U}'=\dot{U}_1'-\dot{U}_2'=&-Z_Rx\dot{I}_{R1}+Z_R(D-x)\dot{I}_{R2}+Z_{RT}x\dot{I}_{T1}-Z_{RT}(D-x)\dot{I}_{T2}-Z_{RF}D\dot{I}_F\\&+Z_FD\dot{I}_F-Z_{FT}x\dot{I}_{T1}+Z_{FT}(D-x)\dot{I}_{T2}+Z_{FR}x\dot{I}_{R1}-Z_{FR}(D-x)\dot{I}_{R2}\end{aligned}\tag{3}$$

对电缆回路列写方程有:

$$Z_Tx\dot{I}_{T1}-Z_T(D-x)\dot{I}_{T2}-Z_{TR}\dot{I}_{R1}-Z_{TF}D\dot{I}_F+Z_{TR}(D-x)\dot{I}_{R2}+Z_{(TC)(NC)}D\dot{I}_{NC}-Z_{TC}D\dot{I}_{TC}=0\tag{4}$$

$$\begin{aligned}&-Z_FD\dot{I}_F+Z_{NC}D\dot{I}_{NC}-Z_{(NC)(TC)}D\dot{I}_{TC}+Z_{FT}x\dot{I}_{T1}\\&-Z_{FT}(D-x)\dot{I}_{T2}-Z_{FR}x\dot{I}_{R1}+Z_{FR}(D-x)\dot{I}_{R2}=0\end{aligned}\tag{5}$$

联立式(1)～式(5)，可求得短回路各线电流表达式如下：

$$\dot I_{R1}=\frac{D-x}{D}\dot I \tag{6}$$

$$\dot I_{R2}=\frac{x}{D}\dot I \tag{7}$$

$$\dot I_{T1}=\dot I-\frac{1}{2}\frac{x}{D}\dot I-\frac{1}{2}k_1\frac{x}{D}\dot I \tag{8}$$

$$\dot I_{T2}=\frac{1}{2}k_1\frac{x}{D}\dot I+\frac{1}{2}\frac{x}{D}\dot I \tag{9}$$

$$\dot I_{F}=\frac{1}{2}\frac{x}{D}\dot I-\frac{1}{2}k_1\frac{x}{D}\dot I \tag{10}$$

$$\dot I_{TC}=\dot I_{NC}=\frac{1}{2}k_1\frac{x}{D}\dot I \tag{11}$$

式中：

$$k_1=\frac{Z_T-2Z_{TF}+Z_F}{2Z_{TC}-2Z_{(TC)(NC)}+Z_T-2Z_{TF}+Z_F} \tag{12}$$

设长回路电压降落为 $\dot U_{1A}$，对长回路接触线 T 和负馈线 F 构成的回路以及电缆回路列写回路电压方程有：

$$\dot U_{1A}=Z_T(l-x)\dot I_1+Z_F(l-x)\dot I_3-Z_{FT}(l-x)\dot I_1-Z_{TF}(l-x)\dot I_3 \tag{13}$$

$$\dot U_{1A}=(Z_{TC}-Z_{(TC)(NC)})(l-x)(\dot I_4+\dot I_5) \tag{14}$$

由于牵引电缆 TC 与负馈电缆 NC 中电流大小相等、方向相反，即：

$$\dot I_4=\dot I_5 \tag{15}$$

又有：

$$\begin{cases}\dot I_1+\dot I_4=0.5\dot I\\ \dot I_3+\dot I_5=0.5\dot I\end{cases} \tag{16}$$

联立式(13)～式(16)，得出长回路各线电流表达式如下：

$$\begin{cases}\dot I_1=\dot I_3=\dfrac{2(Z_{TC}-Z_{(TC)(NC)})-(1-k_2)(Z_T-2Z_{TF}+Z_F)}{Z_{TC}-Z_{(TC)(NC)}}\dfrac{\dot I}{4}\\[2ex] \dot I_4=\dot I_5=\dfrac{1-k_2}{4}\dfrac{Z_T-2Z_{TF}+Z_F}{Z_{TC}-Z_{(TC)(NC)}}\dot I\end{cases} \tag{17}$$

至此，牵引网短回路和长回路中各线电流表达式均已求出。

2.2 牵引网电压降落及电压损失计算

设牵引变电所出口处至机车处电压降落为 $\Delta\dot U$，则：

$$\Delta\dot U=\frac{1}{2}\dot E-\dot U=\frac{1}{2}\dot U_{1A}+\dot U_{1B} \tag{18}$$

式中：$\dot U_{1A}$——长回路电压降落；

$\dot U_{1B}$——短回路电压降落。

由上一节的计算可得牵引网长回路电压降落表达式为：

$$\dot U_{1A}=(1-k_1)\frac{Z_T-2Z_{FT}+Z_F}{2}(l-x)\dot I \tag{19}$$

求解短回路电压降落，对短回路 T 线和 R 线构成的回路，列写回路电压方程有：

$$\dot U_{1B}=(Z_T-Z_{TR})x\dot I_{T1}+(Z_{FR}-Z_{FT})x\dot I_F+(Z_R-Z_{TR})x\dot I_{R1} \tag{20}$$

将短回路各线电流代入，联立式(18)～式(20)，可得出牵引网电压降落 $\Delta\dot U$ 为：

$$\Delta\dot U=Z_A l\dot I+Z_B\left(1-\frac{x}{D}\right)x\dot I \tag{21}$$

式中：$Z_A=(1-k_2)\dfrac{Z_T-2Z_{FT}+Z_F}{4}$，$Z_B=k_1\dfrac{Z_T-2Z_{FT}+Z_F}{4}+\dfrac{1}{2}(Z_T-Z_{FR}+Z_{FT}+2Z_R-3Z_{TR})$

牵引网的阻抗就可以表示为：

$$Z=\frac{\Delta\dot U}{\dot I}=Z_A l+Z_B\left(1-\frac{x}{D}\right)x \tag{22}$$

多列机车运行时，利用叠加原理即可得到电压降落为：

$$\Delta\dot U=\sum_{k=1}^{n}Z_A l_k\dot I_k+Z_B\left(1-\frac{x_n}{D_n}\right)x_n\dot I_n \tag{23}$$

式中：l_k——指第 k 列机车与牵引变电所之间的距离；

$\dot I_k$——指第 k 列机车的取流。

将式(23)中的列车电流用模值代替，阻抗 Z_A、Z_B 分别用单位长度等效阻抗 Z_{AA}、Z_{BB} 代替，即可得到牵引网电压损失的表达式为：

$$\Delta U=\sum_{k=1}^{n}Z_{AAk}l_kI_k+Z_{BB}\left(1-\frac{x_n}{D_n}\right)x_nI_n \tag{24}$$

式中，$Z_{AAk}=r_A\cos\varphi_k+x_A\sin\varphi_k$，$Z_{BB}=r_B\cos\varphi_n+x_B\sin\varphi_n$，$Z_A=r_A+jx_A$，$Z_B=r_B+jx_B$，$\varphi_k$ 指第 k 列机车的功率因数。

3　仿真分析

3.1　参数设置

下文是主针对电缆 + AT 单线网络牵引网模型进行分析,简化后的牵引网线路有接触线 T、钢轨 R 线、负馈线 F 线、牵引电缆 TC 以及负馈电缆 NC,由于二芯电缆紧密布置,流过两根芯线的电流大小相等,方向相反,可不考虑电缆与 AT 牵引网其他线路间的互阻抗[6];接触线和负馈线被视为关于钢轨对称布置,二者自阻抗相等,与钢轨间的互阻抗相等。仿真选取的 AT 牵引网各线路参数[7]如表 1 所示,电缆芯线的参数如表 2 所示。

AT 牵引网各线路单位长度阻抗参数(Ω/km)　　表 1

	接触线 T	钢轨 R	负馈线 F
接触线 T	0.2029 + j0.8736	0.0508 + j0.8348	0.0500 + j0.3137
钢轨 R	0.0508 + j0.8348	0.1430 + j0.6888	0.0508 + j0.8348
负馈线 F	0.0500 + j0.3137	0.0508 + j0.8348	0.2029 + j0.8736

二芯电缆单位长度阻抗参数(Ω/km)　　表 2

	TC	NC
TC	0.0787 + j0.3135	0.0500 + j0.2245
NC	0.0500 + j0.2245	0.0787 + j0.3135

利用 Simulink 仿真平台搭建电缆 + AT 供电方式仿真模型,将各 AT 段的长度设置为 10km,自耦变压器容量设置为 10MVA,机车功率设置为 6.25MVA,采用额定相电压为 220kV、频率为 50Hz 的三相电源,选择 220kV/55kV 的单相接线牵引变压器。仿真模型如图 3 所示。

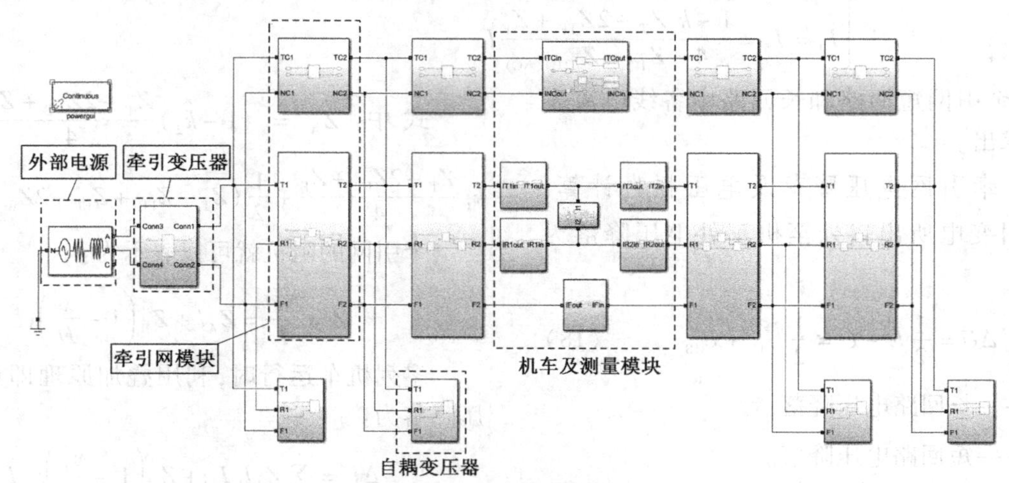

图 3　电缆 + AT 牵引供电系统仿真模型

3.2　模型验证

将单列机车设置在不同区段的不同位置来验证短回路电流分布推导的正确性,当机车分别位于距离牵引变电所 15km、24km 和 33km 时,仿真值与计算值对比如表 3 所示。

机车位于不同位置短回路电流对比(A)　　表 3

	15km		24km		33km	
	计算值	仿真值	计算值	仿真值	计算值	仿真值
$\dot{I}_{T1}$	145.08 ∠19.89°	145.24 ∠19.81°	170.12 ∠19.80°	170.20 ∠19.71	195.01 ∠19.75°	195.02 ∠19.96°
$\dot{I}_{T2}$	126.10 ∠20.21°	125.94 ∠20.30°	100.68 ∠20.07°	100.69 ∠20.20°	75.46 ∠19.97°	75.45 ∠19.66°

续上表

项目	15km		24km		33km	
	计算值	仿真值	计算值	仿真值	计算值	仿真值
$\dot{I}_{R1}$	135.59 ∠20.04°	135.55 ∠20.04°	162.53 ∠19.90°	162.21 ∠19.86°	189.33 ∠19.81°	188.66 ∠19.76°
$\dot{I}_{R2}$	135.59 ∠20.04°	135.55 ∠20.04°	108.36 ∠19.90°	108.68 ∠19.94°	81.14 ∠19.81°	81.81 ∠19.94°
$\dot{I}_{F}$	9.50 ∠17.83°	9.69 ∠16.61°	7.59 ∠17.69°	7.93 ∠16.53°	5.67 ∠17.54°	5.91 ∠16.43°
$\dot{I}_{TC}$	58.30 ∠20.40°	60.14 ∠19.21°	46.59 ∠20.26°	48.38 ∠18.77°	34.89 ∠20.17°	36.60 ∠18.20°
$\dot{I}_{NC}$	58.30 ∠20.40°	60.14 ∠19.21°	46.59 ∠20.26°	48.46 ∠18.79°	34.89 ∠20.17°	36.77 ∠18.25

通过上表所列数据,单列机车分别在距离牵引变电所三处不同位置时,仿真得到的短回路各线电流的幅值与相位与理论计算值基本一致。数据证明了短回路电流分布推导的正确性。

将单列机车分别设置在距离牵引变电所15km、25km、35km 和 45km,验证当机车处于不同位置时的牵引网电压降落和电压损失,仿真值与计算值对比如表 4 和表 5 所示。

表 4 机车位于不同位置时电压降落对比(kV)

项目	15km	25km	35km	45km
首端电压	27.42∠29.48°	27.41∠29.47°	27.41∠29.47°	27.41∠29.47
机车电压	27.10∠28.13°	27.05∠27.92°	26.99∠27.72°	26.94∠27.51°
电压降落	0.72∠92.32°	0.82∠92.65°	0.93∠91.78°	1.04∠91.67°
理论值	0.70∠92.84°	0.81∠92.58°	0.91∠92.34°	1.02∠92.10°

表 5 机车位于不同位置时电压损失对比(kV)

项目	15km	25km	35km	45km
仿真值	0.32	0.36	0.42	0.47
理论值	0.30	0.34	0.39	0.43

通过表中数据得出,当单列机车处于不同位置时,从牵引网首端到机车的电压降落和电压损失仿真值均与理论计算值基本一致。验证了牵引网电压降落和电压损失推导的正确性。

4 方案特点

长距离供电技术方案是在直接供电方式和 AT 供电方式两种供电方式的基础上将电缆加以应用。下文将通过与 AT 供电方式对比,验证电缆+AT 供电方案在减小牵引网阻抗和电压损失方面的特点。文献[8]中详细推导了 AT 供电方式的数学模型,其中牵引网阻抗表达式为:

$$Z_{AT} = Z'_A l + Z'_B\left(1 - \frac{x}{D}\right)x \qquad (25)$$

式中:$Z'_A = \frac{1}{4}(Z_T - 2Z_{FT} + Z_F)$,$Z'_B = \frac{1}{2}(Z_T - Z_{FR} + Z_{FT} + 2Z_R - 3Z_{TR})$。

牵引网电压电压损失为:

$$\Delta U_{AT} = \sum_{k=1}^{n} Z'_{AAk} l_k I_k + Z'_{BB}\left(1 - \frac{x_n}{D_n}\right)x_n I_n \qquad (24)$$

式中,$Z'_{AAk} = r'_A\cos\varphi_k + x'_A\sin\varphi_k$,$Z'_{BB} = r'_B\cos\varphi_n + x'_B\sin\varphi_n$,$Z'_A = r'_A + jx'_A$,$Z'_B = r'_B + jx'_B(\Omega/\text{km})$,$\varphi_k$ 指第 k 列机车的功率因数。

为直观对比两种供电方案的牵引网等值阻抗,绘制出二者阻抗表达式的曲线,牵引网各参数设置同第 3 部分,曲线如图 4 所示。

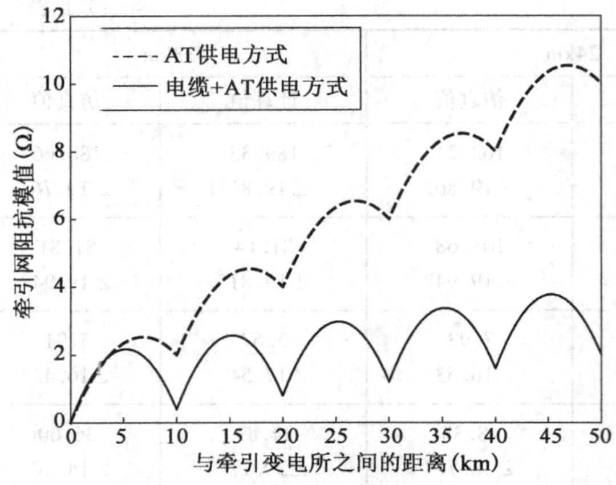

图4　牵引网等值阻抗模值曲线

由图4可以看出,两种供电方案下,牵引网阻抗均随着与牵引变电所之间的距离增加,而成马鞍形逐渐增加,且电缆+AT供电方式下牵引网阻抗模值明显小于AT供电方式,证明了长距离供电技术在减小牵引网阻抗方面的特点。

参考某线路参数,机车功率设置为20.44MVA,功率因数为0.99,当供电臂内有多列机车运行时,设运行时速为400km/h,采用3min追踪间隔,机车之间的间隔为20km,则末端机车所在位置与电压损失的关系曲线如图5所示。

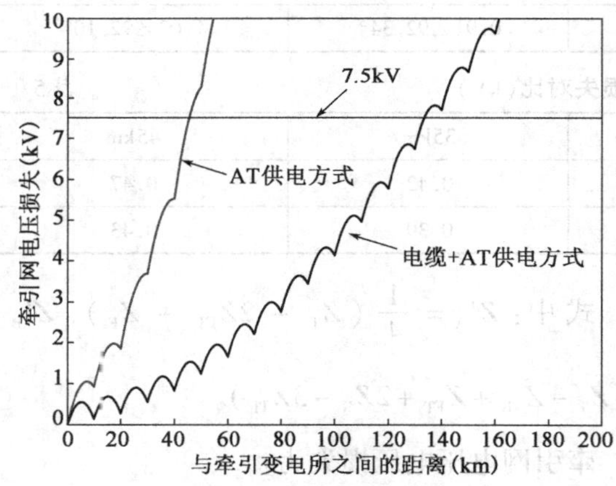

图5　多列机车运行时牵引网电压损失曲线

由相关规范可知,高速铁路机车正常工作电压范围为20~29kV。因此,在对供电距离的对比分析中,将7.5kV定为最大牵引网电压损失允许值,以此为标准来确定各种供电方案下供电臂的最大供电距离。由图5可得,机车在相同位置时,电缆+AT供电方案下牵引网电压损失较小。针对上述实例,以7.5kV为标准,AT供电方式的最大供电距离为45.4km;电缆+AT供电方式的最大供电距离为133.4km,约为AT供电方式的2.94倍。

5　结语

本文以电缆+AT供电方式为例,通过建模与仿真对长距离供电技术方案下的牵引网模型进行研究,并与传统AT供电方式对比,验证了长距离供电技术方案可以减小牵引网阻抗和电压损失,供电距离可延长至AT供电方式的2.94倍,达到减少电分相数量的目的,进而削弱其对列车速度提升的制约。对该技术方案还可以与同相供电技术、新型双边供电技术等其他技术结合,从而进一步提升供电距离,实现真正的无分相,在今后更高速度铁路牵引供电系统研究中有研究和应用前景。

参考文献

[1] 李群湛. 论新一代牵引供电系统及其关键技术[J]. 西南交通大学学报, 2014, 04: 559-568.

[2] Li Q, Liu W, Shu Z, et al. Co-phase power supply system for HSR [C]// International Power Electronics Conference. IEEE, 2014: 1050-1053.

[3] 张恒,王辉,李群湛,等.采用自耦变压器供电的重载铁路牵引电缆贯通供电系统供电方案[J]. 电力自动化设备, 2021, 41(01): 204-213.

[4] 王辉,李群湛,刘炜,等.基于牵引电缆的电气化铁路牵引网长距离供电方案[J].中国铁道科学,2021,42(01):137-146.

[5] 王辉.电气化铁路长距离供电技术方案研究[D].成都:西南交通大学,2017.

[6] Xinxin Guo, Quanzhan Li, Shaofeng Xie, et al. Modeling and capacitance effect analysis of the cable traction network of an electrified railway [J]. Proceedings of the Institution of Mechanical Engineers, 2016, 230(8).

[7] 顾立新.基于AT供电方式的长距离供电网络分析[J].电气化铁道,2018,29(05):16-21+24.

[8] 李群湛,贺建闽.牵引供电系统分析[M].3版.成都:西南交通大学出版社,2012.

贯通同相供电系统负荷过程仿真技术研究

次凯旋　解绍锋*　任　卓　宋治东
（西南交通大学电气工程学院）

摘　要　针对贯通式同相供电系统的特点，利用平行多导体传输线理论建立牵引网链式电路模型，在此基础上建立贯通式同相供电系统的通用仿真模型，利用潮流算法求解同相供电系统的潮流分布。对直接供电方式下的同相供电系统进行仿真分析，并利用 Simulink 搭建仿真模型与本文建立的贯通同相供电系统模型进行对比，验证了模型和算法的有效性。仿真结果表明，贯通式同相供电系统可以提高牵引网供电能力，治理负序。牵引网潮流计算可以得出同相供电系统的潮流分布规律，同时也可以用于分析同相供电系统对公用电网的影响。

关键词　电气化铁路　牵引供电仿真　链式电路模型　贯通式同相供电系统　潮流计算

0　引言

贯通式同相供电系统采用组合式同相供电技术可以取消变电所出口处的电分相，实现了治理负序和补偿无功；同时采用新型双边供电技术取消分区所处的电分相，构成了新一代牵引供电系统[1]，适应了高速、重载铁路的发展。牵引供电系统仿真计算可以为贯通式同相供电系统提供设计依据和理论支持。牵引供电系统仿真建模主要集中在牵引网的建模，如牵引网阻抗计算简化电路模型[2]、链式电路模型[3]等，简化电路模型可用于简单计算，链式电路模型被提出之后，广泛应用于分析高速铁路牵引网潮流计算[4]、市域铁路牵引供电系统[5]等，具有通用性。但目前的研究多集中于利用牵引变电所通用变换理论[6]研究牵引供电系统二次侧回路的仿真，未考虑不同的外部电源结构以及牵引供电系统对电力系统的影响。因此本文建立含电网侧线路及外部电源的贯通式同相供电系统通用仿真模型；在此模型上，利用潮流算法迭代计算求解同相供电系统的潮流分布，实现了贯通式同相供电系统的负荷过程仿真。

1　贯通式同相供电系统数学模型

1.1　链式电路模型

牵引网的供电方式有直接供电方式、BT 供电方式、AT 供电方式、CC 供电方式等[1]，从整体上看，线路的网络骨架是平行多导体传输线，在拓扑结构上构成一个链式电路，其由纵向串联元件和横向并联元件组成[3]，如图 1 所示。本文建立了含电网侧输电线的统一线路网络模型，利用链式电路理论将同相供电系统线路网络按 1km 长度进行切割建模，以保证完整的电气分布特性。

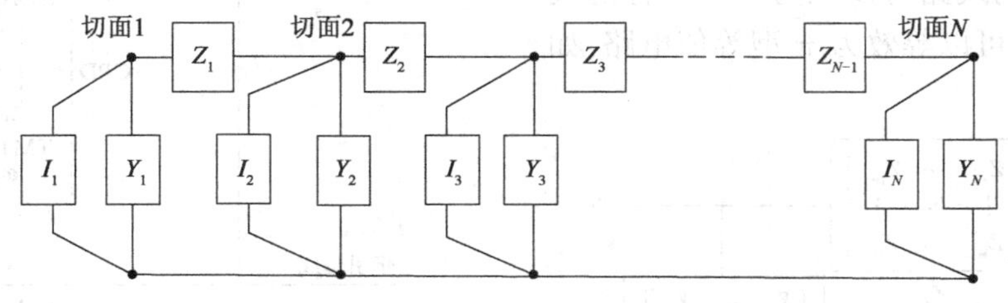

图 1　链式电路模型

对图 1 的链式电路，可列写如下形式的节点导纳方程：

$$\begin{bmatrix} I_1 \\ I_2 \\ I_3 \\ \vdots \\ \vdots \\ I_{N-1} \\ I_N \end{bmatrix} = \begin{bmatrix} Y_1+Z_1^{-1} & -Z_1^{-1} & & & & \\ -Z_1^{-1} & Z_1^{-1}+Y_2+Z_2^{-1} & -Z_2^{-1} & & & \\ & -Z_2^{-1} & Z_2^{-1}+Y_3+Z_3^{-1} & -Z_3^{-1} & & \\ & & \ddots & \ddots & \ddots & \\ & & & -Z_{N-2}^{-1} & Z_{N-2}^{-1}+Y_{N-1}+Z_{N-1}^{-1} & -Z_{N-1}^{-1} \\ & & & & -Z_{N-1}^{-1} & Z_{N-1}^{-1}+Y_N \end{bmatrix} \begin{bmatrix} U_1 \\ U_2 \\ U_3 \\ \vdots \\ \vdots \\ U_{N-1} \\ U_N \end{bmatrix} \tag{1}$$

设同相供电系统中所含平行导线的数目为m,则式中各阻抗矩阵和导纳矩阵的阶数为$m \times m$;$\boldsymbol{I}_k$表示可能于各切面注入的电流源向量,为$m \times 1$阶矩阵;各切面的电压向量$\boldsymbol{U}_k$也为$m \times 1$阶矩阵。已知同相供电系统中各导线的型号和空间位置,根据Carson理论可以计算出单位距离的牵引网阻抗矩阵$\boldsymbol{Z}$[1,6]为:

$$\boldsymbol{Z} = \begin{bmatrix} Z_{11} & \cdots & Z_{1i} & \cdots & Z_{1m} \\ \vdots & \cdots & \vdots & \cdots & \vdots \\ Z_{i1} & \cdots & Z_{ii} & \cdots & Z_{im} \\ \vdots & \cdots & \vdots & \cdots & \vdots \\ Z_{m1} & \cdots & Z_{mi} & \cdots & Z_{mm} \end{bmatrix} \tag{2}$$

根据电磁场理论可以计算出牵引网电容系数矩阵C[6]为:

$$\boldsymbol{C} = \begin{bmatrix} c_{11} & \cdots & c_{1i} & \cdots & c_{1m} \\ \vdots & \cdots & \vdots & \cdots & \vdots \\ c_{i1} & \cdots & c_{ii} & \cdots & c_{im} \\ \vdots & \cdots & \vdots & \cdots & \vdots \\ c_{m1} & \cdots & c_{mi} & \cdots & c_{mm} \end{bmatrix} \tag{3}$$

进而可以得到单位距离的牵引网导纳矩阵为:

$$\boldsymbol{Y} = j\omega \boldsymbol{C} \tag{4}$$

一段距离为L的线路可以视为一个对称的线性无源二端口网络,可以等效为π型等值电路,如图2所示。

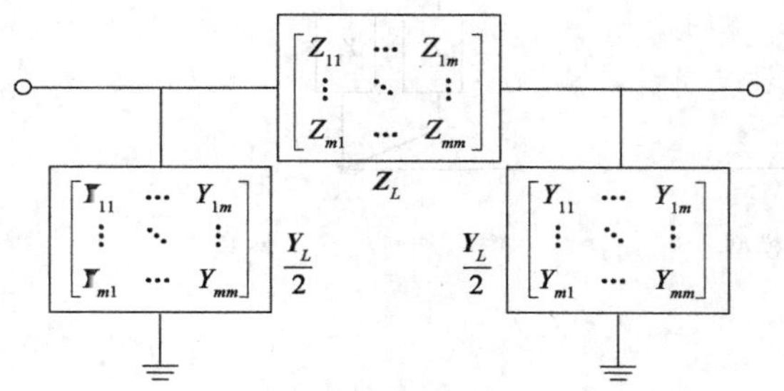

图2 π型m导体线路

图2中,$\boldsymbol{Z}_L$和$\boldsymbol{Y}_L/2$是复合元件,均为$m \times m$阶复对称矩阵,可由矩阵级数算法计算[3]得到:

$$\begin{cases} \boldsymbol{Z}_L = \left[\sum_{n=0}^{\infty} \dfrac{L^{2n+1}}{(2n+1)!}(\boldsymbol{ZY})^n\right]\boldsymbol{Z} \\ \dfrac{\boldsymbol{Y}_L}{2} = \boldsymbol{Z}_L^{-1} \sum_{n=1}^{\infty} \dfrac{L^{2n}}{(2n)!}(\boldsymbol{ZY})^n \end{cases} \tag{5}$$

1.2 同相牵引变电所模型

同相牵引变电所采用单相组合式同相供电方案[1],如图3所示。同相变电所由牵引变压器TT和同相补偿装置CPD组成,牵引变压器TT和高压匹配变压器HMT形成平衡接线,形成不等边Scott变压器,正常运行情况下,TT和CPD同时为牵引负荷供电,TT为主要供电设备,CPD辅助供电的同时,进行负序治理,调整电力系统三相电压不平衡度。

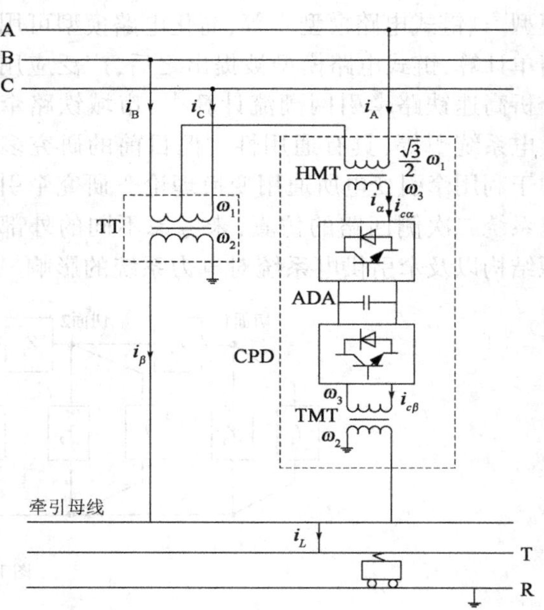

图3 单相组合式同相供电方案示意图

根据单相组合式同相供电系统的电流变换关

系和电压变换关系[7-9]，得到同相变电所的节点导纳方程为：

$$\begin{bmatrix}\dot{I}_A\\ \dot{I}_B\\ \dot{I}_C\\ \dot{I}_T\\ \dot{I}_R\end{bmatrix}=\begin{bmatrix}0 & \dfrac{2A}{kZ_\beta} & -\dfrac{A}{kZ_\beta} & -\dfrac{2A}{Z_\beta} & \dfrac{2A}{Z_\beta}\\ 0 & \dfrac{2B}{kZ_\beta} & -\dfrac{2B}{kZ_\beta} & -\dfrac{2B}{Z_\beta} & \dfrac{2B}{Z_\beta}\\ 0 & \dfrac{2C}{kZ_\beta} & -\dfrac{2C}{kZ_\beta} & -\dfrac{2C}{Z_\beta} & \dfrac{2C}{Z_\beta}\\ 0 & -\dfrac{2}{kZ_\beta} & \dfrac{2}{kZ_\beta} & \dfrac{2}{Z_\beta} & -\dfrac{2}{Z_\beta}\\ 0 & \dfrac{2}{kZ_\beta} & -\dfrac{2}{kZ_\beta} & -\dfrac{2}{Z_\beta} & \dfrac{2}{Z_\beta}\end{bmatrix}\begin{bmatrix}\dot{U}_A\\ \dot{U}_B\\ \dot{U}_C\\ \dot{U}_T\\ \dot{U}_R\end{bmatrix} \tag{6}$$

式中，$A=\dfrac{\omega_2}{\sqrt{3}\omega_3 K_{TT}}\cdot e^{j90^\circ}$，$B=\dfrac{\omega_2}{\sqrt{3}\omega_3 K_{TT}}\cdot e^{-j30^\circ}$，$C=\dfrac{\omega_2}{\sqrt{3}\omega_3 K_{TT}}\cdot e^{j210^\circ}$；$k=\dfrac{\omega_1}{\omega_2}$；$Z_\beta$ 为 Scott 变压器两相等值电路的 β 臂阻抗。

1.3 外部电源模型

外部电源的三相戴维南等值电路[9-10]和诺顿等值电路如图 4 所示。

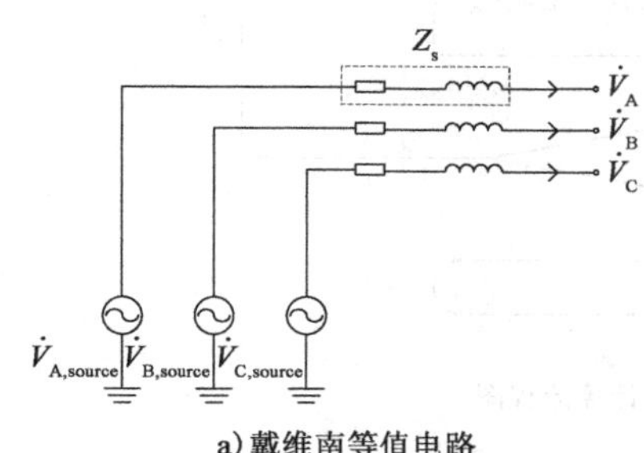

a) 戴维南等值电路

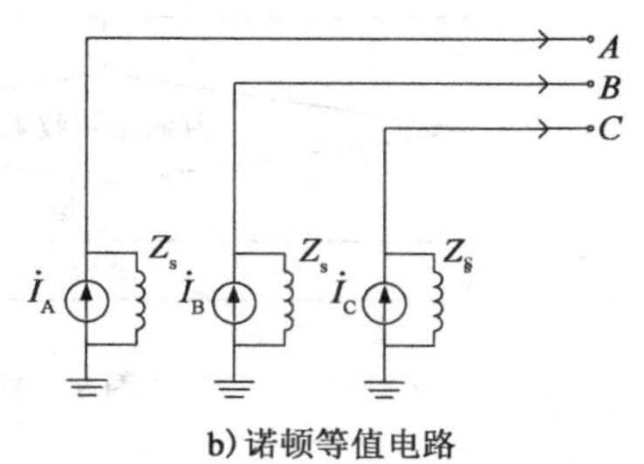

b) 诺顿等值电路

图 4 外部电源等值电路

图中，Z_S 为系统阻抗，可以根据电力系统电压等级、短路容量、输电线路阻抗计算出来[11]。

1.4 潮流算法

在潮流计算中，为了更接近真实地模拟列车的运行情况，可以将牵引负荷看作是恒功率源模型，即将列车在这一时刻的功率视为恒定值。则其电流表示为：

$$\dot{I}_{Tr}=\left(\frac{\tilde{S}_{Tr}}{\dot{U}_{Tr}}\right)^* \tag{7}$$

对于贯通式同相供电系统整条线路而言，潮流计算的具体步骤如下：

Step 1：首先获得线路的供电设施参数，包括列车功率、牵引变压器的参数、牵引网空间分布形式等；

Step 2：根据建立的链式电路模型，求解相应纵向串联元件和横向并联元件的阻抗导纳矩阵，并设置各切面初始的电压向量 $\boldsymbol{U}_k$，形成节点电压矩阵 $\boldsymbol{U}$，设置收敛精度为 ε；

Step 3：根据式(7)，求解列车初始电流 $\dot{I}_{Tr}$；

Step 4：形成各切面电流矩阵 $\boldsymbol{I}_k$，根据式(1)，求解节点电压方程，得到新的节点电压矩阵 U'；

Step 5：根据式(7)，求解新的列车电流 $\dot{I}'_{Tr}$，设迭代误差为 δ；

$$\delta=|\boldsymbol{U}'-\boldsymbol{U}| \tag{8}$$

当 $\delta\leqslant\varepsilon$ 时，转入 Step 6；否则，更新列车电流 $\dot{I}_{Tr}=\dot{I}'_{Tr}$，转入 Step 3，继续迭代。

Step 6：输出各节点的电压，各支路电流，仿真结束。

潮流计算具体流程如图 5 所示。

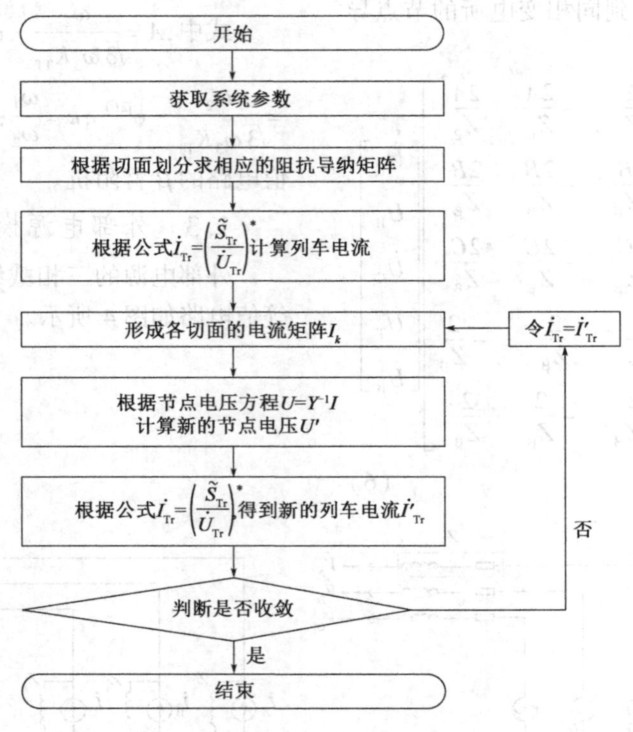

图 5　潮流计算流程图

2　算例仿真与分析

2.1　贯通式同相供电系统设施参数

本节对采用同相补偿装置的线路进行仿真计算,外部电源采用平行双边供电[12],电源电压等级为 110kV,经同相变电所降为 27.5kV,为牵引网供电。该条线路采用直接供电方式,变电所采用单相组合式同相供电方案,用以补偿无功、治理负序,实现全线贯通同相供电。两牵引变电所之间长度为 40km,其拓扑结构如图 6 所示。三相电力输电线(A, B, C)使用 LGJ-120 型,接触线采用 LBGLJ-185/25 型,钢轨采用 P60 型。

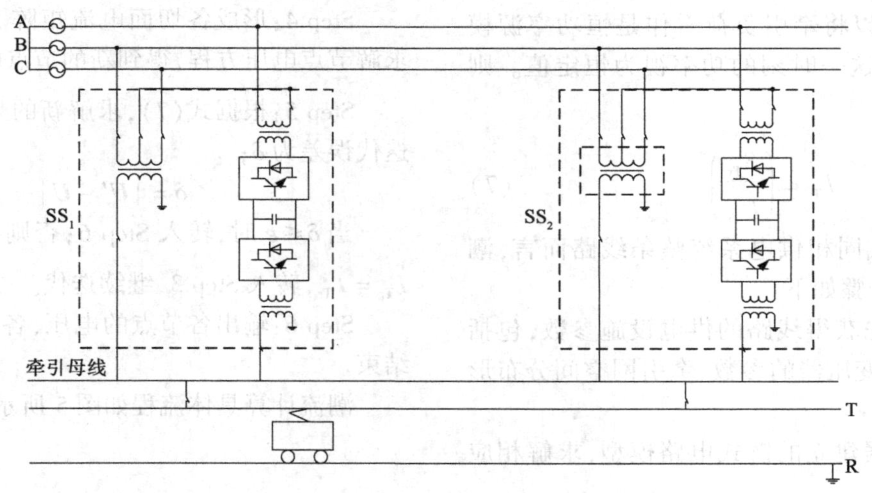

图 6　贯通式同相供电系统

根据式(2)和式(4)计算出线路单位距离阻抗和导纳矩阵,见表 1 和表 2。

单位距离阻抗矩阵(单位：Ω/km)　表1

项目	A相导线	B相导线	C相导线	供电线	钢轨
A相导线	0.31 + j0.74	0.05 + j0.34	0.05 + j0.30	0	0
B相导线	0.05 + j0.34	0.31 + j0.74	0.05 + j0.32	0	0
C相导线	0.05 + j0.30	0.05 + j0.32	0.31 + j0.74	0	0
供电线	0	0	0	0.19 + j0.72	0.05 + j0.32
钢轨	0	0	0	0.05 + j0.32	0.18 + j0.70

单位距离导纳矩阵(单位：$S/km \times 10^{-7}$)　表2

项目	A相导线	B相导线	C相导线	供电线	钢轨
A相导线	j22.19	-j5.56	-j3.31	0	0
B相导线	-j5.56	j22.41	-j3.99	0	0
C相导线	-j3.31	-j3.99	j22.22	0	0
供电线	0	0	0	j24.11	-j1.41
钢轨	0	0	0	-j1.41	j34.68

2.2　潮流计算结果

2.2.1　负荷过程

对整条线路进行负荷过程仿真计算，得到列车电压-位置(*U-s*)曲线以及列车电流-位置(*I-s*)曲线，分别如图7和图8所示；得到潮流分布参数统计，见表3。

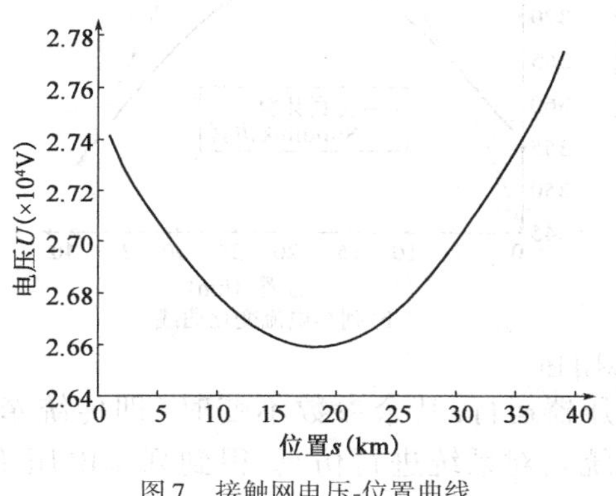

图7　接触网电压-位置曲线

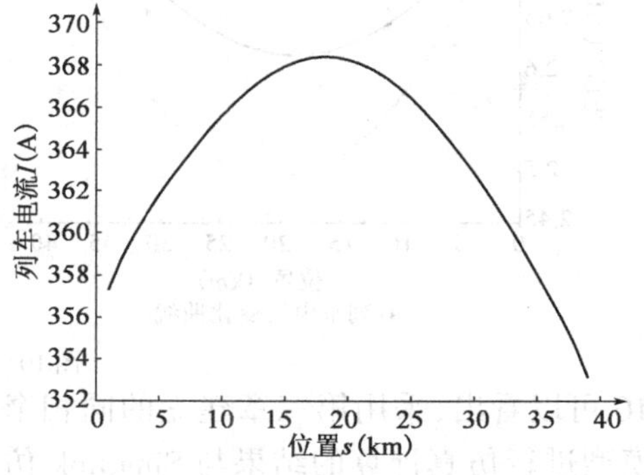

图8　列车电流-位置曲线

负荷过程参数统计　表3

列车电压	平均值(kV)	26.95
	最大值(kV)	27.74
	最大值位置(km)	39
	最小值(kV)	26.59
	最小值位置(km)	18
列车电流	平均值(A)	363.51
	最大值(A)	368.41
	最大值位置(km)	18
	最小值(A)	353.15
	最小值位置(km)	39

由图7以及表3可以看出，列车在整条线路上运行时，列车电压首先会减小，到线路中间位置(18km处)减小至最小值后，随后电压会增大。

由图8以及表3可以看出，列车电流先增大，至最大值后，再减小。列车电流与列车电压变化趋势刚好相反，这与将列车视为恒功率模型的结果相吻合。

2.2.2　MATLAB/Simulink仿真验证

为验证仿真模型及算法的正确性，在MATLAB/Simulink中搭建了贯通式同相供电系统的仿真模型，如图9所示。

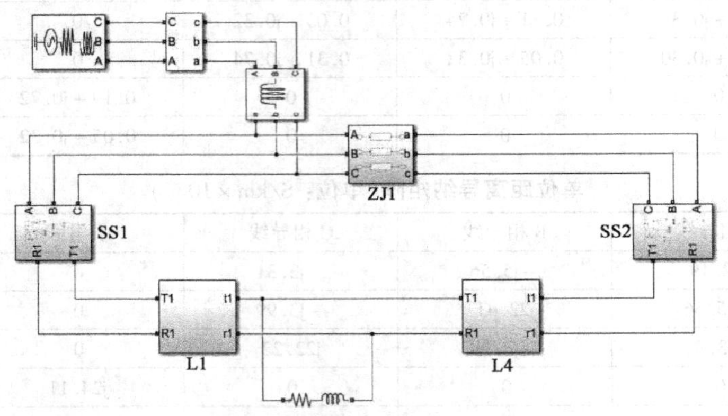

图9　贯通式同相供电系统Simulink模型

改变列车两侧的线路阻抗参数，进行仿真，得到列车电压、电流对比图如图10所示。

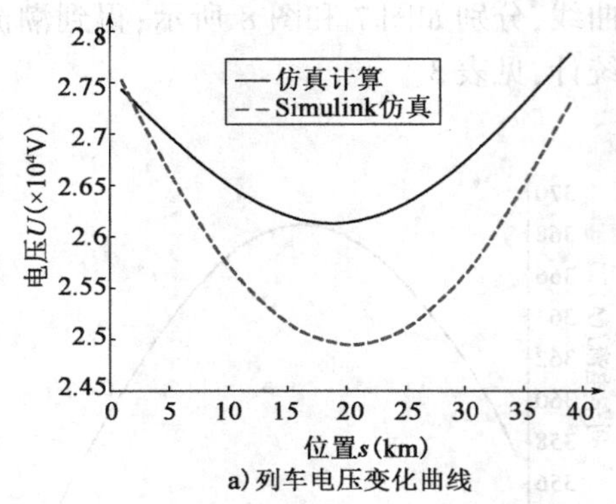

a)列车电压变化曲线　b)列车电流变化曲线

图10　仿真对比图

由图10可以看出，采用第三章建立的同相牵引变电所模型进行仿真计算的结果与Simulink仿真结果差别不大，二者具有相同的变化趋势，这也进一步说明了数学模型供电计算算法的正确性。

2.2.3　同相供电系统对牵引网电压影响

当2.1节中的牵引供电系统采用单相牵引变压器运行，其余参数不变时（即传统牵引供电系统），对系统进行仿真，得到列车电压-位置（U-s）曲线。将其与同相补偿装置投入运行时的列车电压进行对比，如图11所示。

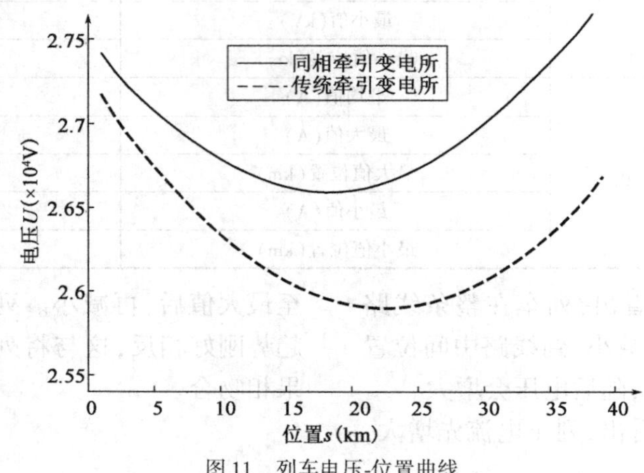

图11　列车电压-位置曲线

由图 11 可以看出，相比于传统的牵引供电方式，同相牵引供电系统可以显著提高列车的电压，提高牵引网的供电能力。

2.2.4　同相供电系统对电网三相电压影响

仿真得到电网侧三相电压及牵引侧电压的统计，见表 4。

电压参数统计　　表 4

位置		SS_1 处	SS_2 处
原边 A 相电压	平均值(kV)	63.55	64.03
	最大值(kV)	63.56	64.39
	最大值位置(km)	19	39
	最小值(kV)	63.54	63.55
	最小值位置(km)	39	1
原边 B 相电压	平均值(kV)	63.55	63.96
	最大值(kV)	63.56	64.24
	最大值位置(km)	19	39
	最小值(kV)	63.54	63.58
	最小值位置(km)	39	1
原边 C 相电压	平均值(kV)	63.55	63.98
	最大值(kV)	63.56	64.27
	最大值位置(km)	19	39
	最小值(kV)	63.54	63.58
	最小值位置(km)	39	1
供电线电压	平均值(kV)	27.66	27.88
	最大值(kV)	27.79	27.95
	最大值位置(km)	39	27
	最小值(kV)	27.50	27.81
	最小值位置(km)	2	6
钢轨电压	平均值(V)	51.92	57.05
	最大值(V)	103.92	110.41
	最大值位置(km)	4	36
	最小值(V)	7.17	10.10
	最小值位置(km)	30	8

由表 4 知，原边三相电压都稳定在额定相电压 6.3509×10^4V 左右；次边供电线的电压在 $2.7501 \times 10^4 \sim 2.7950 \times 10^4$V 之间，与额定值 2.75×10^4V 相差在 $-0.0036\% \sim 1.64\%$ 之间。

2.2.5　同相供电系统对电网负序影响

牵引负荷引起的电力系统三相电压不平衡度 ε 为负序电压与正序电压之比，当单相变压器接入系统时(传统牵引供电系统)，会产生较大的负序影响。对电网侧三相电压进行分析，对比结果如图 12 所示。计算传统牵引供电系统的原边三相电压不平衡度为 $\varepsilon_1 = 0.68\%$，同相供电系统的原边三相电压不平衡度为 $\varepsilon_2 = 0.0015\%$。相比于单相牵引变压器供电的方式而言，采用同相补偿装置之后，原边的三相电压不平衡度减小了，可见同相补偿装置对负序治理具有显著效果。

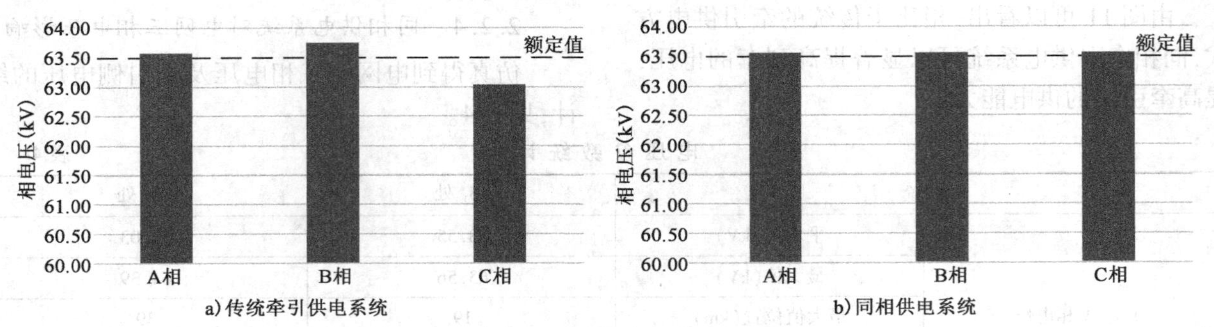

图12　两种情况下电网的电压不平衡度

3　结语

本文基于平行多导体传输线理论的链式结构网络,搭建了贯通式同相供电系统数学模型。以此模型为基础,基于MATLAB平台,实现了贯通式同相供电系统的负荷过程仿真计算,通过理论分析和实例计算,得出了以下结论:

(1)基于平行多导体传输线理论,建立的贯通式同相供电系统数学模型可以实现潮流计算,得出直接供电方式下列车电流、电压的变化规律——列车电压在双边供电区间内先减小、后增大,在中间位置处达到最小值;列车电流变化规律与电压变化规律相反。

(2)相比于仅接入单相牵引变压器而言,加入同相补偿装置后的同相供电系统,提升了牵引网供电能力,降低了三相电压不平衡度,说明同相补偿装置对负序治理具有显著效果。

(3)本文建立的同相供电系统仿真数学模型具有通用性,可用于分析新能源接入牵引供电系统影响[13]、谐波谐振[14]等问题,对理论分析及工程计算有一定应用价值。

参考文献

[1] 李群湛.论新一代牵引供电系统及其关键技术[J].西南交通大学学报,2014,49(4):559-568.

[2] 李群湛,贺建闽.牵引供电系统分析[M].3版.成都:西南交通大学出版社,2012.

[3] 吴命利.电气化铁道牵引网的统一链式电路模型[J].中国电机工程学报,2010,30(28):52-58.

[4] 胡海涛,何正友,王江峰,等.基于车网耦合的高速铁路牵引网潮流计算[J].中国电机工程学报.2012,32(19):101-108.

[5] 刘瑞龙.市域铁路交流牵引供电仿真研究[D].成都:西南交通大学.2018.

[6] 何俊文,李群湛,刘炜,等.交流牵引供电系统仿真通用数学模型及其应用[J].电网技术,2010,34(7):25-29.

[7] 尚国旭.单相组合式同相供电系统及运行方式研究[J].电气化铁道,2016(05):36-39.

[8] Shu Z, Xie S, Li Q. Single-Phase Back-To-Back Converter for Active Power Balancing, Reactive Power Compensation, and Harmonic Filtering in Traction Power System[J]. IEEE Transactions on Power Electronics. 2011, 26(2): 334-343.

[9] 吴命利.牵引供电系统电气参数与数学模型研究[D].北京:北京交通大学.2006.

[10] 张彦伟,郎兵,李应,等.高速铁路牵引供电系统负荷过程仿真技术的研究[J].铁路计算机应用,2018,27(03):5-10.

[11] 王越.牵引供电系统负荷过程的建模与计算机仿真研究[D].北京:北京交通大学.2015.

[12] 晏寒,解绍锋,王辉等.平行双边供电系统数学模型研究[J].电气化铁道,2021,32(06):21-26.

[13] Feng D, Zhu H, Sun X, et al. Evaluation of power supply capability and quality for traction power supply system considering the access of distributed generations[J]. IET Renewable Power Generation. 2020, 14(18): 3644-3652.

[14] He Z, Hu H, Zhang Y, et al. Harmonic Resonance Assessment to Traction Power-Supply System Considering Train Model in

China High-Speed Railway [J]. IEEE Transactions on Power Delivery. 2014, 29 (4): 1735-1743.

城市轨道交通交流供电系统钢轨电位研究

徐茵茹 解绍锋* 邓山辉
(西南交通大学电气工程学院)

摘 要 城市轨道交通三相牵引供电系统不仅能够解决直流制中的杂散电流问题,同时也能解决工频单相交流制的循环换相问题。本文介绍了城市轨道交通三相牵引供电系统的构成,分析了三相牵引供电系统中的电流分布规律,根据系统的回流模型,列出了钢轨电位及轨中电流微分方程,并求解得到了钢轨电位表达式。以某市地铁2号线为例,在Matlab/Simulink中建立了三相牵引供电系统仿真模型,仿真分析了影响钢轨电位的因素。结果表明:泄漏电导增大,牵引网网压增加以及牵引变电所间距减小都能使钢轨电位降低,增设贯通地线后钢轨电位下降了40.67%。

关键词 三相牵引供电系统 钢轨电位 牵引回流 城市轨道交通

0 引言

城市轨道交通具有运量小、启停频繁的特点,目前普遍采用直流750V或1500V供电。但直流制中存在严重的杂散电流问题,会对沿线敷设的埋地金属管道产生电化学腐蚀,同时钢轨电位也会很高。目前采用了多种基于控制轨中电流、阻碍电流泄漏及监控保护原理的措施[1-2]进行治理,但仍无法从根源上消除杂散电流。

三相交流电广泛应用于生产生活中,构造简单、性能优良且三相瞬时功率恒定。文献[3]中提出了一种适用于城市轨道交通的三相交流牵引供电系统,供电能力强,可靠性高,且主变电所不会在电网侧产生负序电流。文献[4]对电缆供电网及接触供电回路的电压等级进行了比较分析。文献[5]计算了供电轨的等效参数,并建立了等效模型。文献[6]求解得到三相供电系统的系统阻抗。文献[7]对单相交流牵引供电系统的钢轨电位分布进行了理论计算及仿真分析。钢轨作为牵引电流回流的通路,因为无法完全对地绝缘,牵引电流在流经钢轨时会和大地之间产生电势差,也就是钢轨电位,钢轨电位过高会危及行车及人身安全,因而,有必要对三相牵引供电系统的钢轨电位进行研究。

本文基于李群湛教授提出的三相牵引供电系统[3],建立了城市轨道交通三相牵引供电系统回流模型,推导了钢轨电位的数学表达式,并在Matlab/Simulink中进行了钢轨电位的模拟仿真,分析了影响钢轨电位的因素,研究结果可为三相牵引供电系统工程应用提供参考。

1 城轨三相交流牵引供电系统

三相牵引供电系统由主变电所、三相电缆、牵引变压器、三相牵引网以及车载供电系统构成。主变电所次边连接三相电缆,三相电缆的三个相别连接至Y/d接线的三相牵引变压器原边,变压器次边的三个端子与三相牵引网连接。三相牵引网由钢轨以及位于钢轨中间、列车下方的第一供电轨、第二供电轨构成。三相牵引供电系统的结构如图1所示[3]。

1.1 供电电压等级

三相交流牵引供电系统是双级供电系统,系统中存在两种电压等级,三相电缆为中压等级,优先选择27.5kV/35kV/55kV,三相牵引网为低压等级,优先选择3.5kV/5.5kV/11kV[3]。

电缆电压等级越高,在机车功率一定的情况下,通过电缆的电流就会减少,可选择的导线截面积就越小,同时电压损失和功率损耗也越少,不同电压等级的电缆的造价几乎相同。考虑到目前35kV中压供电网在城市轨道交通中较为普遍[8],

同时,35kV在电网配电中广泛应用,技术较为成熟。因此,本文中电缆的电压等级选择35kV。

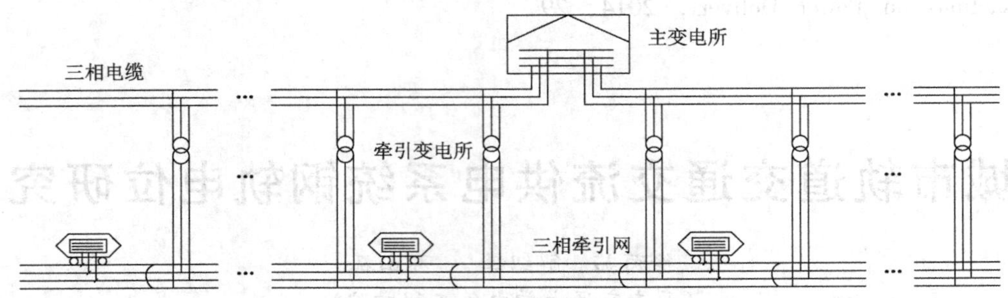

图1　三相牵引供电系统结构示意图

牵引网电压等级越高,供电能力就会越强。但由于供电轨安装在机车下方,一旦电压等级增加,安全绝缘距离将增大,受到机车下方空间的限制,无法通过提升高度的方式来保证供电轨安全绝缘。同时,电压等级增加,车载变流器的制造工艺和绝缘要求将大大提高。综合考虑以上的各种因素,牵引网电压等级选择5.5kV较为合适[4]。

1.2　牵引网电流分布

规定与电力机车之间距离最短的两个牵引变压器以及中间的三相牵引网为短回路,其至主变电所经过的三相电缆以及三相牵引网为长回路。将三相牵引网的参数归算到电压等级较高的电缆侧,构建的三相牵引供电系统等效模型如图2所示。三相电缆的阻抗为 Z_A、Z_B、Z_C;三相牵引变压器归算到电缆侧的漏抗为 Z_{TA}、Z_{TB}、Z_{TC};归算到电缆侧的第一、第二供电轨及钢轨的阻抗为 Z_1、Z_2、Z_3。

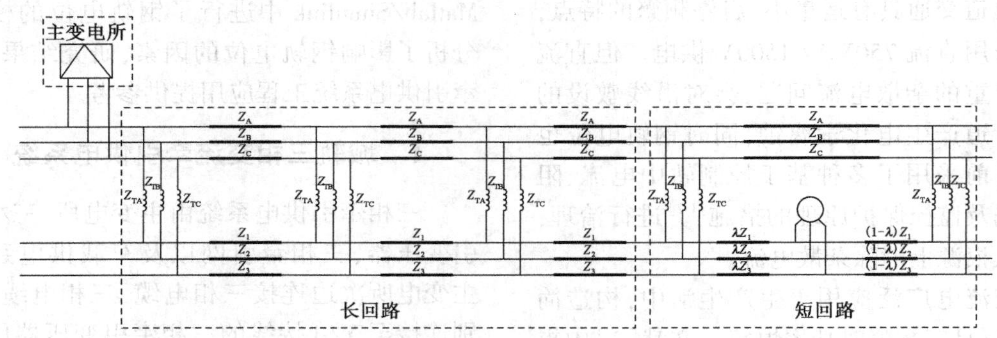

图2　三相牵引供电系统等效模型

在长回路中,假设牵引变压器的变比为 k,即三相电缆侧电压与三相牵引网侧电压之比为 k,那么,归算到三相电缆侧的三相牵引网阻抗将为其有名值的 k^2 倍。在同一电压等级下进行比较,三相牵引网的阻抗值远远超过了三相电缆的阻抗值,因此,流过三相牵引网的电流将远小于流经三相电缆的电流,三相牵引网的分流系数非常小,也就是说,系统中的三相电缆起到了主要的供电作用。

在短回路中,考虑机车由相邻四个牵引变压器供电的情况下,建立三相牵引供电系统的单相等值电路如图3所示[7]。

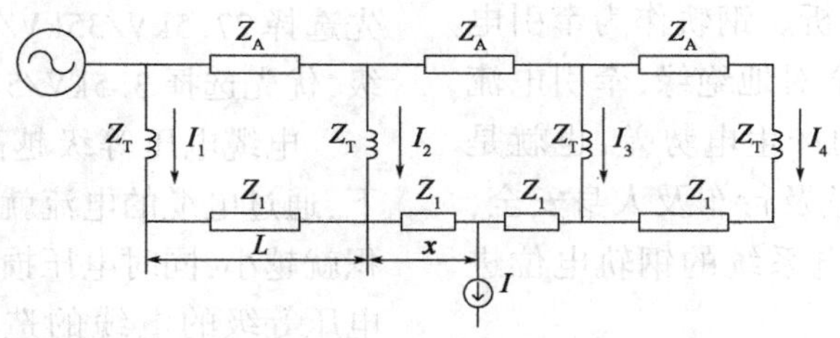

图3　单相等值电路图

I 为机车单相取流，则各个变压器分流系数 $k_i=\left|\frac{I_i}{I}\right|$，根据图 3 的单相等值电路列出如下方程组：

$$\begin{cases} I=I_1+I_2+I_3+I_4 \\ Z_AL(I_2+I_3+I_4)+Z_TI_2-n^2Z_1LI_1-Z_TI_1=0 \\ Z_AL(I_3+I_4)+Z_TI_3+n^2Z_1(L-x)(I_3+I_4)-n^2Z_1x(I_1+I_2)-Z_TI_2=0 \\ Z_ALI_4+Z_TI_4+n^2Z_1LI_4-Z_TI_3=0 \\ k_i=\left|\frac{I_i}{I}\right| \end{cases} \tag{1}$$

四个牵引变压器的分流系数随机车位置的变化趋势如图 4 所示。由图可知，与机车相邻的两个牵引变压器的分流系数与其和机车之间的距离成反比，并且相距最近的两个牵引变压器为机车提供了绝大部分电流，即机车所在短回路承担了为机车供电的主要任务[3]。

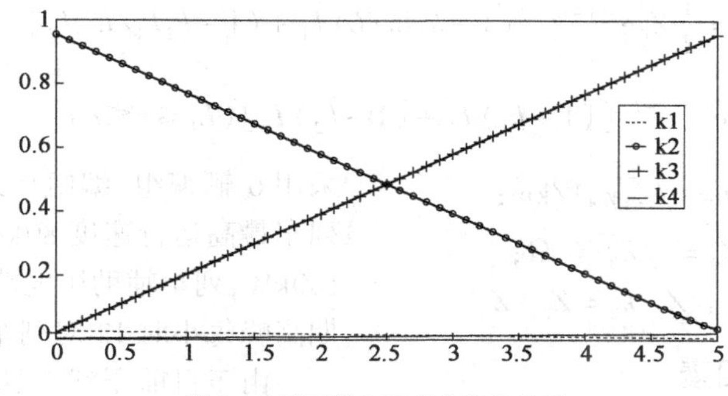

图 4　分流系数与机车位置的关系

2　钢轨电位分析

2.1　三相牵引供电系统回流模型

在进行钢轨电位计算时，为了简化计算作如下假设：钢轨均匀且无限长，两根并联的钢轨上电流分布相同；认为钢轨是线性的，可以直接运用叠加原理；大地电导率 σ 均匀；在工频下，钢轨与大地之间的过渡导纳 y 只考虑了电导部分 g。

构建的三相牵引供电系统回流模型结构如图 5 所示。图中 Z_3 为钢轨自阻抗（Ω/km），y 为钢轨对地导纳（S/km），Z_{13} 为钢轨与第一供电轨间互阻抗（Ω/km），Z_{23} 为钢轨与第二供电轨间互阻抗（Ω/km），两牵引变电所间距离为 L（m），L_1 和 L_2 分别为机车距两端牵引变电所的距离（m）。

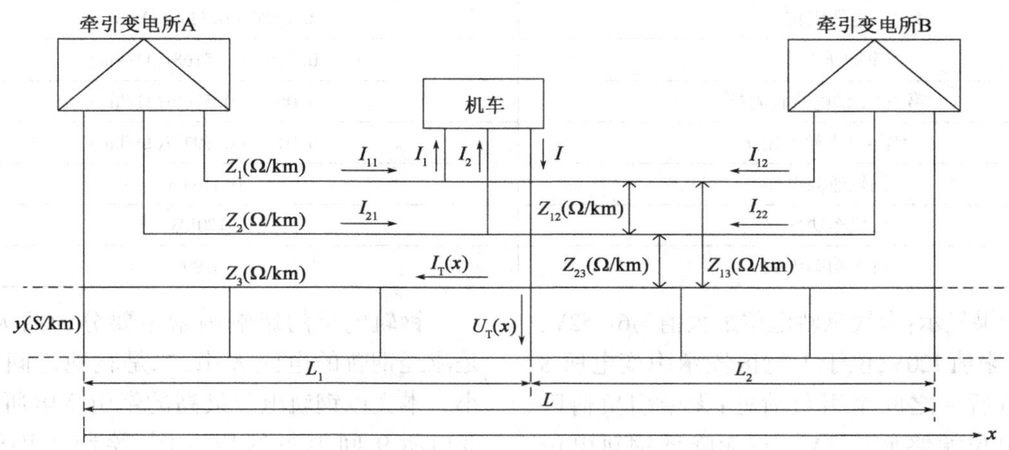

图 5　三相牵引供电系统回流模型

2.2　钢轨电位分布

在$0 \leqslant x \leqslant L_1$段上，沿着$x$的正方向建立钢轨电位（相对大地的电压）$\dot{U}_T(x)$和轨中电流$\dot{I}_T(x)$的微分方程：

$$\begin{cases} d\dot{U}_T(x) = Z_3 \dot{I}_T(x)dx - Z_{13}\dot{I}_{11}dx - Z_{23}\dot{I}_{21}dx \\ d\dot{I}_T(x) = y\dot{U}_T(x)dx \end{cases} \tag{2}$$

当$L_1 \leqslant x \leqslant L$时：

$$\begin{cases} d\dot{U}_T(x) = Z_3 \dot{I}_T(x)dx - Z_{13}\dot{I}_{12}dx - Z_{23}\dot{I}_{22}dx \\ d\dot{I}_T(x) = y\dot{U}_T(x)dx \end{cases} \tag{3}$$

代入$x=0$处、$x=L_1$处和$x=L$处的边界条件，可得钢轨电位表达式为：

$$\begin{cases} \dot{U}_T(x) = \frac{1}{2}Z_0 e^{\gamma(x-L_1)}[(1-k_1+k_1L_1/L)\dot{I}_1 + (1-k_2+k_2L_1/L)\dot{I}_2] \\ \quad + \frac{(L-L_1)}{2L}Z_0 e^{-\gamma x}[(k_1-1)\dot{I}_1 + (k_2-1)\dot{I}_2]\ (0 \leqslant x \leqslant L_1) \\ \dot{U}_T(x) = \frac{1}{2}Z_0 e^{\gamma(x-L_1)}[(1-k_1L_1/L)\dot{I}_1 + (1-k_2L_1/L)\dot{I}_2] \\ \quad + \frac{L_1}{2L}Z_0 e^{-\gamma(x+L)}[(1-k_1)\dot{I}_1 + (1-k_2)\dot{I}_2]\ (L_1 \leqslant x \leqslant L) \end{cases} \tag{4}$$

式中：γ——钢轨传播常数，$\gamma = \sqrt{Z_3 y}$，1/km；

Z_0——钢轨特性阻抗，$Z_0 = \sqrt{Z_3/y}$，Ω；

k_1、k_2——感应系数，$k_1 = Z_{13}/Z_3$，$k_2 = Z_{23}/Z_3$。

3　影响钢轨电位的因素

本文方真模型建立基于某市地铁2号线工程设计：全长26.3km，正线上设置10座牵引变电所，最大间距为4089m，最小间距为2112m，平均间距为2880m。列车编组采用B型车，初、近、远期均采用6辆编组，编组形式为＊Tc-M-M-M-M-Tc＊。列车最高运行速度80km/h，单个牵引电机功率为180kW，列车辅助用电功率按240kW考虑。初、近期高峰每小时12对列车，远期15对。

由于目前干线铁路和城市轨道中，均没有采用供电轨进行三相供电的线路，因此供电轨参数由等效为截面为圆形的导线计算得到[5]，仿真参数如表1所示。

仿真参数　　表1

参　数	数　值
电缆额定电压	35kV
牵引网额定电压	5.5kV
电缆阻抗	0.0786 + 0.111i(Ω/km)
钢轨自阻抗	0.1165 + 0.5168i(Ω/km)
第一/二供电轨自阻抗	0.0542 + 0.5709i(Ω/km)
钢轨-供电轨互阻抗	0.0490 + 0.3977i(Ω/km)
钢轨泄漏电导	0.1S/km
机车功率	3120kW
机车功率因数	0.99

仿真结果显示：全线钢轨电位最大值为61.52V，未超过标准限值120V，位于上行区段牵引变电所8与牵引变电所9之间牵引负荷处；无牵引负荷区间内钢轨电位始终低于5V。在无降低钢轨电位的措施情况下，钢轨电位最大值远低于目前国标中对交流电气化铁路钢轨电位的要求。

钢轨电位的影响因素主要分为两大方面，一是流经钢轨的电流大小，二是轨地之间的阻抗大小。本文以钢轨电位最高的牵引变电所8与牵引变电所9间上行区段为例，绘制了钢轨电位变化图。

3.1 钢轨泄漏电导的影响

钢轨和大地之间为非线性网络,轨地之间的泄漏电导是影响钢轨电位的重要因素之一,它会对钢轨的传播系数以及特征阻抗的大小产生很大影响,同时也会间接影响回流。钢轨泄漏电导的大小主要和轨道结构有关,轨道可以分为两种类型,即有砟轨道和无砟轨道。有砟轨道的轨枕下铺设有砟石道床,而无砟轨道中则采用混凝土或沥青等材料取代了碎石。我国轨道交通采用无砟轨道,通常泄漏电导取为0.1S/km。本文仿真时,设置泄漏电导范围0.01~1S/km,当泄漏电导分别为0.01S/km、0.1S/km、1S/km时钢轨电位的变化如图6所示。

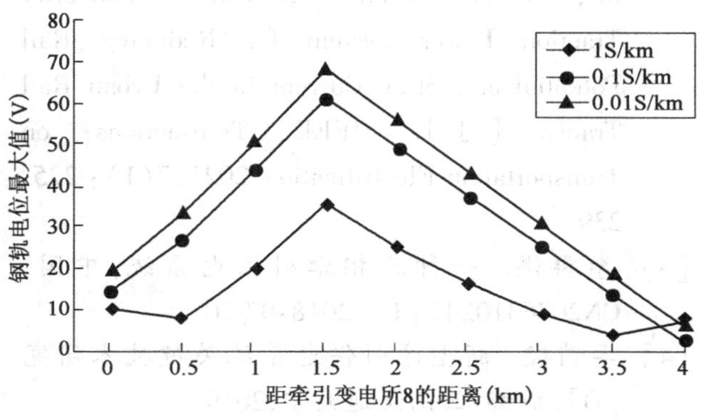

图6 不同泄漏电导下的钢轨电位分布

由图6可以看出,钢轨电位随泄漏电导的增大而减小,且在泄漏电导较大的0.1~1S/km区间内变化较快,在泄漏电导较小的0.01~0.1S/km区间内变化较缓,当泄漏电导大小为0.01S/km时,区间内钢轨电位最大值为68.55V,而泄漏电导大小为1S/km时,区间内钢轨电位最大值仅为36.01V,相比之下减少了47.47%。但是由于施工条件以及技术水平受到限制,难以增大钢轨与大地之间的泄漏电导,因此很难通过增大泄漏电导的方式来限制钢轨电位[9]。

3.2 牵引网网压的影响

当机车功率一定时,牵引网的供电电压与牵引电流成反比,增大牵引网网压能够减小机车取流,从而减小经泄漏电导流入大地的电流。由于钢轨之间及列车下方空间有限,电压不宜过高,优先考虑5.5kV[10],当牵引网网压分别为4kV、5.5kV、7kV时,钢轨电位的变化如图7所示。

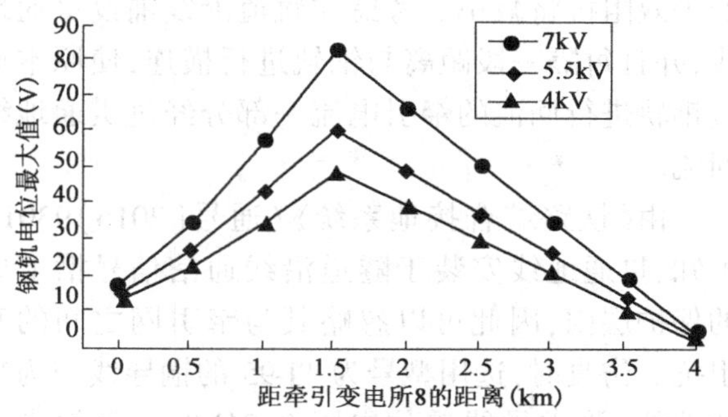

图7 不同牵引网网压下的钢轨电位分布

由图7可知,钢轨电位随牵引网网压增大而减小。当牵引网电压达到7kV时,区间内钢轨电位最大值为48.96V,仅为牵引网电压4kV时钢轨电位最大值82.58V的59.29%。但是,为了保证安装于机车下方有限空间区域内的供电轨安全绝缘,以及考虑到电压较高时车载变流器的制造要求,牵引网电压无法提升至一个很高的水平。

3.3 牵引变电所间距的影响

本文进行仿真时,改变牵引变电所8与牵引变电所9的间距,牵引负荷与牵引变电所8之间的距离不发生改变,设置两个牵引变电所的间距变化范围为3~5km,当两牵引变电所间距分别为3km、4km、5km时,钢轨电位的变化如图8所示。

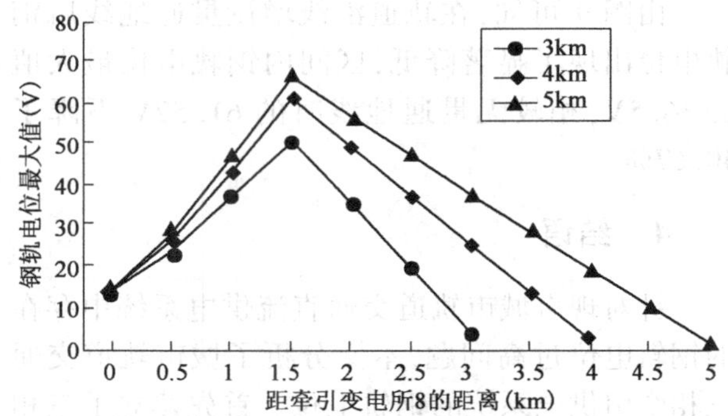

图8 不同牵引变电所间距下的钢轨电位分布

由图8可知,钢轨电位随牵引变电所间距减小而减小。但牵引变电所间距减小,代表着相同距离情况下牵引变电所的数量增多,也就是意味着建设时投资成本的增加,因此,在保证牵引网末端电压满足要求的情况下,通常不考虑通过减小牵引变电所间距的方法来降低钢轨电位。

3.4 接地方式的影响

不同的接地方式会导致泄漏电流大小的变化,当钢轨与接地装置进行并联后,整个回流回路的等效阻抗将减小。考虑在轨道沿线铺设贯通地线,并且每隔一段距离与钢轨进行横连,使原本通过钢轨进行回流的牵引电流一部分经过贯通地线回流。

由《铁路综合接地系统》(通号〔2016〕9301)可知,贯通地线安装于隧道沿线通信信号槽下方的保护层内,因此可以忽略其与牵引网之间的互阻抗。仿真时,选用型号为 TJ-95 的铜导线作为贯通地线,该类导线单位电阻 0.2Ω/km,等效半径 4.74mm,单位长自阻抗为 $0.2491 + 0.7491i\Omega/\text{km}$[11]。将贯通地线视为埋地的、与牵引网平行敷设的导线,每隔 0.5km 与钢轨进行一次横连,测得的钢轨电位分布如图 9 所示。

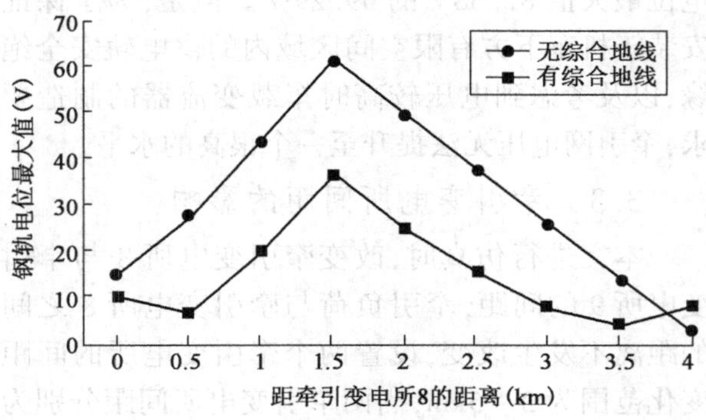

图 9　有无贯通地线时的钢轨电位分布

由图 9 可知,在轨道沿线增设贯通地线后钢轨电位出现了显著降低,区间内钢轨电位最大值为 36.5V,相较无贯通地线时的 61.52V 下降了 40.67%。

4　结语

针对现有城市轨道交通直流供电系统中存在的钢轨电位过高问题,本文分析了城市轨道交通三相牵引供电系统的钢轨电位。首先建立了三相牵引供电系统等效模型,推导了钢轨电位分布的理论表达式,并利用仿真软件对实际线路的钢轨电位分布进行了模拟,分析了钢轨电位的影响因素,主要结论如下:

(1)选择了三相电缆电压等级为 35kV,三相牵引网电压等级为 5.5kV 的适用于城市轨道交通的三相牵引供电系统。建立了城市轨道交通三相牵引供电系统等效模型,分析得到长回路中主要由三相电缆供电,短回路中主要由相邻两牵引变压器承担机车负荷的结论。

(2)钢轨电位与泄漏电导成反比,且泄漏电导较大时变化较快;与牵引网网压成反比,机车功率恒定时,牵引网网压越高,牵引电流就越小;与牵引变电所间距成正比,牵引变电所间距增大会导致机车处电压减小,从而增大了牵引电流;增设贯通地线可以显著降低钢轨电位。

参考文献

[1] WANG Miao, YANG Xiao-feng, ZHENGQiong-lin, et al. DC Autotransformer-Based Traction Power Supply for Urban Transit Rail Potential and Stray Current Mitigation [J]. IEEE Transactions on Transportation Electrification, 2020,6(2):762-773.

[2] GU Jing-da, YANG Xiao-feng, ZHENGQiong-lin, et al. Negative Resistance Converter Traction Power System for Reducing Rail Potential and Stray Current in the Urban Rail Transit [J]. IEEE Transactions on Transportation Electrification,2021,7(1):225-239.

[3] 李群湛. 一种三相牵引供电系统:中国,CN207631024U[P]. 2018-07-20.

[4] 李销键. 新型牵引供电系统关键技术研究[D]. 成都:西南交通大学,2019.

[5] 许永坚. 城市轨道交通交流牵引供电系统潮流分析与动态仿真研究[D]. 成都:西南交通大学,2019.

[6] 陈祯怡,解绍锋,李洁. 三相交流牵引供电系统牵引网阻抗计算[J]. 电气化铁道,2021,32(06):91-95.

[7] 岳新华. 城市轨道交通交流供电系统钢轨电位动态分布[J]. 电气化铁道,2019,30(02):85-88.

[8] 李群湛. 城市轨道交通交流牵引供电系统及其关键技术[J]. 西南交通大学学报,2015,50(02):199-207.

[9] 赵周鉴. 长大隧道内牵引回流分布与钢轨电位计算分析[D]. 成都:西南交通大学,2014.

[10] 李群湛. 论干线铁路与城市轨道统一牵引供电方式[J]. 中国科学:技术科学,2018,48(11):1179-1189.

[11] 朱远帆. 城轨交流供电方式下牵引回流特性研究[D]. 成都:西南交通大学,2019.

基于 V 形接线同相供电系统方案研究

宋治东　解绍锋*　张一鸣
（西南交通大学电气工程学院）

摘　要　为解决电力机车运行带来的以负序为主的电能质量问题和电分相问题，本文提出一种基于 V 形接线变压器的同相供电方案。基于实测负荷数据对牵引变电所进行同相供电改造，并对变压器容量及 SVG 控制策略进行设计。基于 Simulink 平台搭建仿真，通过仿真结果与负荷计算结果的对比，验证了该方案的可行性和有效性。

关键词　同相供电　V 形接线变压器　无功补偿　SVG

0　引言

自 2008 年京津城际高铁开通运营至今，短短十几年时间，中国高速铁路的通车里程便已跃升世界第一，高速铁路技术位居世界前列[1]。而目前电气化铁路面临的三相电压不平衡、电分相和自动过分相装置本身存在的问题，不仅严重制约了电气化铁路高速、重载发展[2]，还成为铁路部门和电力部门在电能质量问题上的矛盾点。

针对以上问题，世界各国的解决办法各不相同。日本采取将不等边 Scott 接线的三相-单相变换系统和可调无功补偿方案相结合；德国及其邻国采取铁路部门自建电网，牵引供电制式为单相低频交流制；法国曾采取在牵引变电所安装静止同步补偿器解决了牵引负荷运行带来的电能质量问题[3-6]。

目前，国内主要采取同相供电技术进行综合治理。本文主要对一种基于 V 形接线变压器的同相供电方案进行研究。通过负荷计算和搭建仿真，验证该方案的可行性和有效性。该方案基于静止无功发生器（Static Var Generator，SVG）实现无功补偿，与有功补偿相比具有免缴容量电费等一系列特点。

1　同相供电技术

同相供电是指为牵引负荷提供电能的不同供电区段电压相位相同，从而取消电分相，保证列车高速、平稳运行[7]。

同相供电的关键在于解决负序问题。实现负序补偿，主要有两种方式：无功补偿和有功补偿。目前应用最广、技术最成熟的主要是有功补偿，即采用同相补偿装置与牵引变压器配合[8]，通过补偿装置发出或吸收无功，从而抵消高压侧的负序电流，但有功补偿仍存在些许不足：

（1）补偿装置需要消耗一定的有功功率，在当前铁路系统面临两部电价制的情况下，需要多投入大量的电费，使得投资成本提高；

（2）补偿装置包括高压匹配变压器、交直交变流器和牵引匹配变压器等设备，使得投资成本大大提高，并且需要使用多台变压器，设备的占地面积也很大。

2　基于 V 形接线变压器的同相供电方案

本节针对一种基于 V 形接线变压器的同相供电方案[9]进行研究，通过无功补偿实现同相供电。

2.1　该方案的基本结构

该方案的基本结构如图 1 所示。该补偿方案只有一套变压器，既作为牵引变压器，又作为补偿变压器。该牵引-补偿变压器的原边接入三相电网，次边除了牵引端口接入接触网外，其余端口还分别并接了不同的补偿装置 SVG1-SVG3，其中：SVG1 的输入、输出端口分别与 a、c 端子相连，SVG2 的输入、输出端口分别与 b′、c 端子相连，SVG3 的输入、输出端口分别与 a、d 端子相连。

SVG1-SVG3 构成了该同相供电方案的综合补偿设备，受综合补偿测控系统的控制。电压互感器、电流互感器和控制器组成了综合补偿测量控制系统，其中：电压、电流互感器的次边与控制器的输入端相连,控制器的输出端与综合补偿设备的控制端相连。图1所示的牵引供电方式为直接供电方式,该补偿方案也适用于AT供电方式。

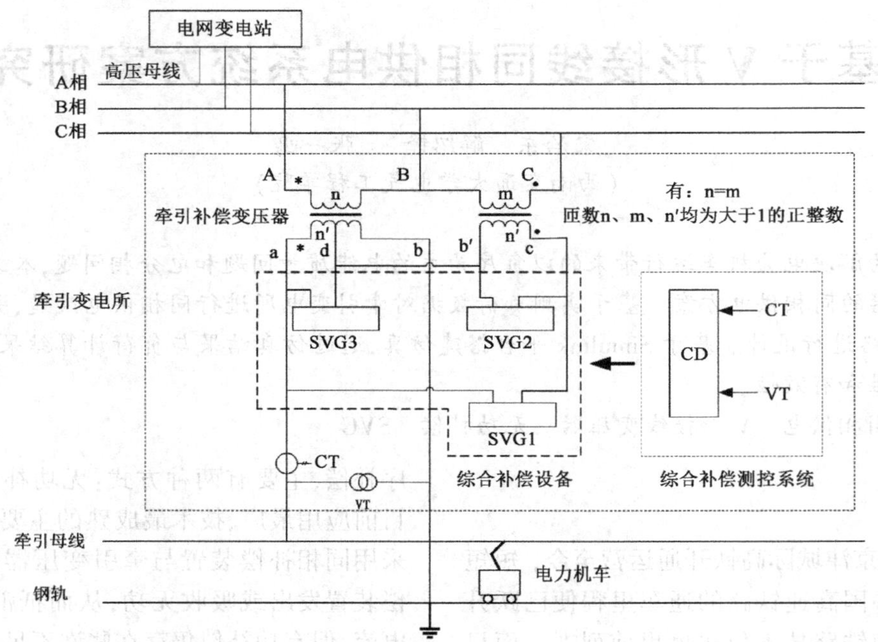

图1　基于V形接线变压器同相供电方案的基本结构

2.2　该方案的基本原理

该方案能够实现对牵引负荷运行产生的无功和负序进行综合补偿,其基本原理如图2所示。

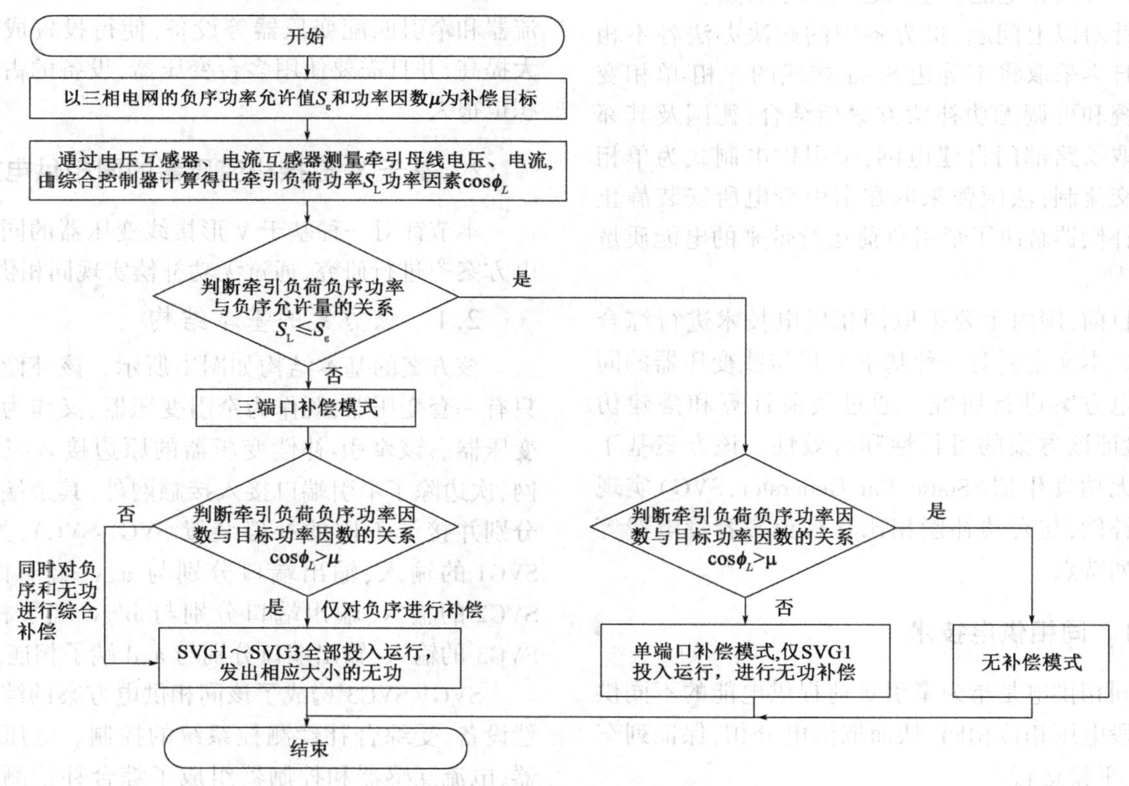

图2　基于V形接线变压器同相供电方案的基本原理

(1)当 $S_L^- > S_\varepsilon$ 时,若 $\cos\varphi_L < \mu$,综合补偿设备同时对牵引供电系统的无功和负序进行补偿。此时 SVG1 ~ SVG3 发出的无功功率 Q_1、Q_2、Q_3 分别为:

$$Q_1 = \frac{S_L - S_\varepsilon |\cos\varphi_L|}{\sqrt{3}} + \frac{[(1-K)S_L - S_\varepsilon]|\sin\varphi_L|}{3} \tag{1}$$

$$Q_2 = \frac{S_L - S_\varepsilon |\cos\varphi_L|}{\sqrt{3}} - \frac{[(1-K)S_L - S_\varepsilon]|\sin\varphi_L|}{3} \tag{2}$$

$$Q_3 = \frac{[(K-2)S_L - 2S_\varepsilon]|\sin\varphi_L|}{3} \tag{3}$$

式中:K——无功补偿系数,取值范围为 $0 < K \leqslant 1$,并且 K 由补偿后的功率因数所决定,补偿后的 $\cos\varphi$ 为:

$$\cos\varphi = \frac{S_L\cos\varphi_L}{\sqrt{(S_L\cos\varphi_L)^2 + (S_L\sin\varphi_L - KS_L\sin\varphi_L)^2}} \tag{4}$$

当电力机车处于牵引工况时:$Q_1 > 0$,为感性,$Q_1 < 0$,为容性;$Q_2 > 0$,为容性,$Q_2 < 0$,为感性;Q_3 为容性。反之当电力机车处于再生工况时,Q_1、Q_2、Q_3 的特性刚好与再生工况时相反。

(2)当 $S_L^- > S_\varepsilon$ 时,若 $\cos\varphi_L > \mu$,综合补偿设备只对系统进行负序补偿,而不进行无功补偿。此时 SVG1 ~ SVG3 发出的无功功率 Q_1、Q_2、Q_3 分别为:

$$Q_1 = \frac{2}{3}(S_L - S_\varepsilon)\left|\cos\left(\varphi_L - \frac{\pi}{6}\right)\right| \tag{5}$$

$$Q_2 = \frac{2}{3}(S_L - S_\varepsilon)\left|\sin\left(\varphi_L - \frac{\pi}{3}\right)\right| \tag{6}$$

$$Q_3 = \frac{2}{3}(S_L - S_\varepsilon)|\sin\varphi_L| \tag{7}$$

当电力机车处于牵引工况,Q_1、Q_2、Q_3 分别为感性、容性和容性;若电力机车处于再生工况,Q_1、Q_2、Q_3 分别为容性、感性和感性。

(3)当 $S_L^- \leqslant S_\varepsilon$ 时,若 $\cos\varphi_L > \mu$,综合补偿设备只对系统进行无功补偿,而不进行负序补偿。此时,SVG1、SVG2 处于待机状态,SVG3 发出的无功功率 Q_3 为:

$$Q_3 = KS_L|\sin\varphi_L| \tag{8}$$

当电力机车处于牵引工况时 $Q_3 > 0$,为容性;当电力机车处于再生工况时 $Q_3 < 0$,为感性。

(4)当 $S_L^- \leqslant S_\varepsilon$ 时,若 $\cos\varphi_L \geqslant \mu$,综合补偿设备不需要对系统进行补偿,此时,SVG1 ~ SVG3 均处于待机状态。

无论补偿装置工作在何种模式下,补偿装置 SVG1 ~ SVG3 发出的功率大小为:

$$S_{SVG1} = \frac{1}{\sqrt{3}}K_N S_L\cos\varphi_L + \frac{1}{3}(K_N - K_C)S_L\sin\varphi_L \tag{9}$$

$$S_{SVG2} = \frac{1}{\sqrt{3}}K_N S_L\cos\varphi_L - \frac{1}{3}(K_N - K_C)S_L\sin\varphi_L \tag{10}$$

$$S_{SVG3} = \frac{2}{3}(2K_N + K_C)S_L\sin\varphi_L \tag{11}$$

式中:K_N——负序补偿度;

K_C——无功补偿度。

$$K_N = \frac{S_L - u_\varepsilon \cdot S_d}{S_L} \tag{12}$$

$$K_C = 1 - \sqrt{\frac{\cos\varphi_L' - 2 - 1}{\cos\varphi_L \ - 2 - 1}} \tag{13}$$

式中:S_L——负荷功率;

u_ε——三相电压不平衡度;

S_d——系统的短路容量;

$\cos\varphi_L$——补偿前系统的功率因数;

$\cos\varphi_L'$——补偿后系统的功率因数。

2.3 该方案的特点

与有功补偿相比,本方案具有以下特点:

(1)取消了单独的补偿变压器,实现了牵引变压器和补偿变压器的共箱制造,使变压器的功能集成度更高,大大降低了设备的占地面积和制造难度;

(2)通过补偿方式实现了同相供电,取消牵引变电所出口处的电分相,有利于牵引负荷的高速、平稳运行;

(3)对三相电网的无功和负序进行综合补偿,有效解决单相牵引负荷运行产生的三相不平衡和功率因数低的问题。

3 基于该方案的实测数据分析

3.1 实测数据负荷过程分析

本文数据来源于某牵引变电所现场测试,每

3s 进行一次采样,以 24h 为一周期。该牵引变电所变压器主接线图,如图 3 所示。

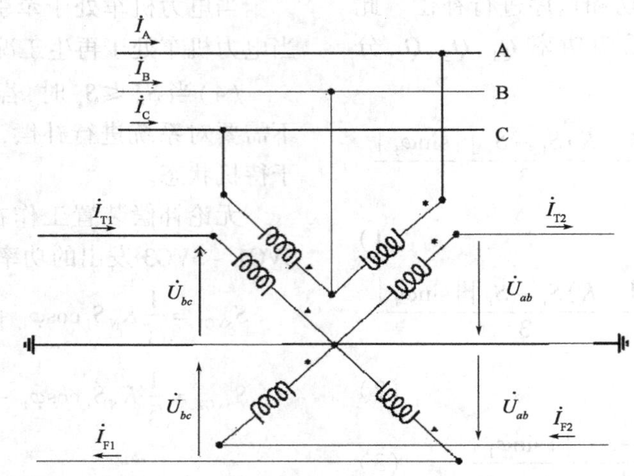

图 3　牵引变压器主接线图

24h 内经过该牵引变电所的负荷大小和 24h 内该牵引变电所的功率因数,如图 4 和图 5 所示。

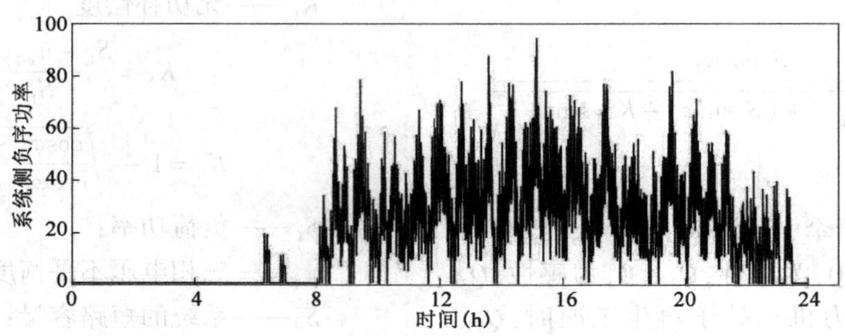

图 4　24h 内经过该牵引变电所的负荷大小

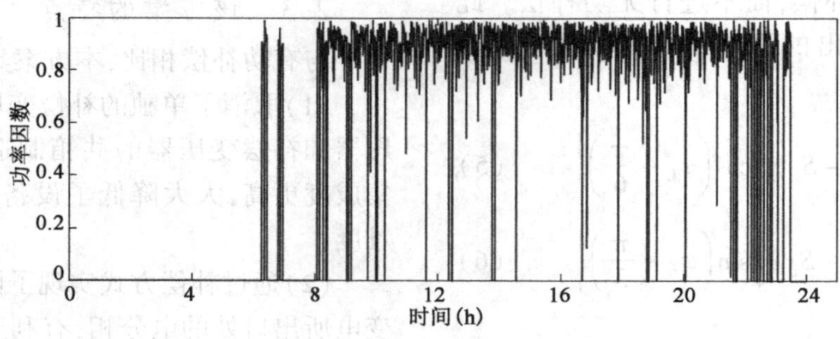

图 5　24h 内该牵引变电所的功率因数

3.2　牵引变电所同相供电改造

结合 2.1 节,基于 V 形接线变压器的同相供电方案分析,对该牵引变电所进行同相供电改造,改造后的牵引变电所主接线图如图 6 所示。

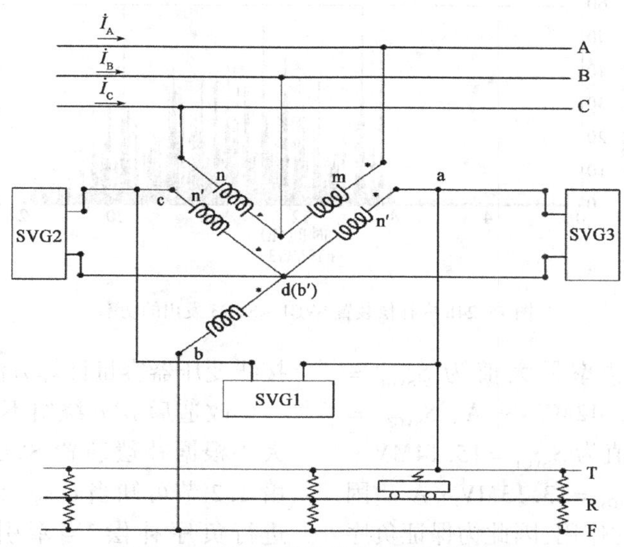

图6 同相供电改造后牵引变电所主接线图

3.2.1 特征参数统计

特征参数常用于牵引变压器等设备容量的计算、校验和选择，以及负序问题的分析等方面[10]，同相供电改造后牵引负荷的容量特征参数见表1。

改造后牵引负荷的容量特征参数 表1

项目	平均值(MAV)	最大值(MAV)	95%概率大值(MAV)
牵引负荷	18.35	94.42	49.85

3.2.2 补偿装置容量计算

根据式(14)：

$$S_\varepsilon = \frac{u_\varepsilon(\%) \cdot S_d}{100} \tag{14}$$

式中：$u_\varepsilon(\%)$——三相电压不平衡度限值，把牵引变电所作为电网公共连接点处的单个用户取限值为1.3%，短时不超过2.6%；

S_d——系统短路容量，220kV的电力系统取$S_d = 2000$MV·A。

由式(14)解得$S_\varepsilon = 26$MV·A，短时不超过52MV·A。

将S_ε代入，计算得24h内SVG1～SVG3发出的功率，如图7所示。

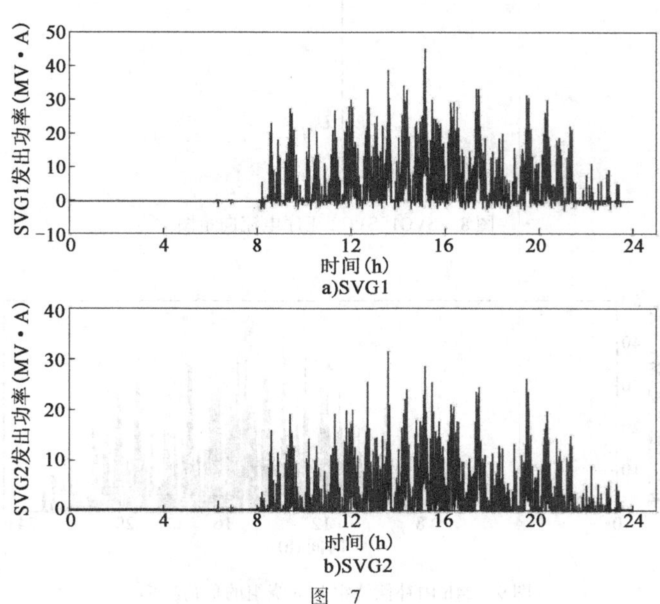

图 7

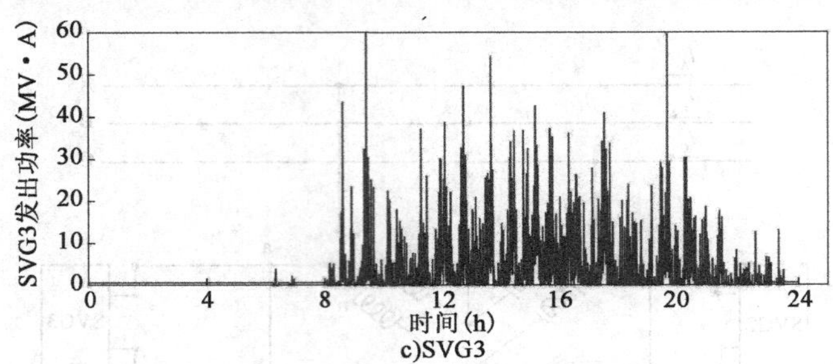

图7　24h内补偿装置SVG1～SVG3发出的功率

三个补偿装置发出功率最大值为 S_{SVG1} = 45.13MV·A、S_{SVG2} = 31.42MV·A、S_{SVG3} = 59.97MV·A;95%概率大值为 S_{SVG1} = 15.14MV·A、S_{SVG2} = 10.11MV·A、S_{SVG3} = 13.13MV·A。因为SVG3主要起补偿无功的作用,因此为保证负序不超标,补偿装置SVG1～SVG3容量分别取:50MVA、40MVA、16MVA。

3.2.3　牵引变压器容量计算

牵引变压器容量计算包括计算容量、校核容量和安装容量[11],对于Vx接线变压器可参照Vv接线变压器容量计算方法进行计算[12]。

改造后b'c绕组不再作为牵引端口,其容量大小根据补偿装置SVG1和SVG2的容量确认。由2.2节可知当 $\cos\varphi_L > \mu$,若 $S_L^- > S_\varepsilon$ 时,系统只进行负序补偿,当牵引负荷处于牵引工况时,SVG1无容性,SVG2为感性。作出SVG1、SVG2正序电流向量图如图8所示,结合图6可知,流过补偿绕组b'c的电流 $I_{b'c} = \sqrt{(I_{SVG2} + I_{SVG1}\cdot\cos 60°)^2 + (I_{SVG1}\cdot\sin 60°)^2}$,由此可得补偿绕组b'c24h内的容量如图9所示。

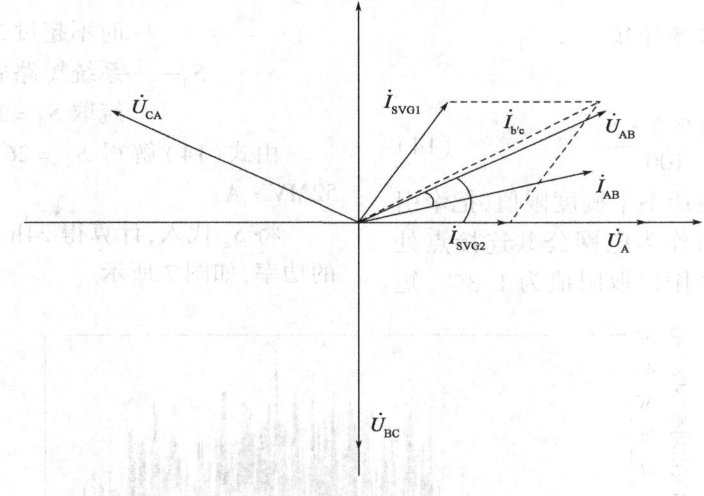

图8　SVG1、SVG2正序电流向量图

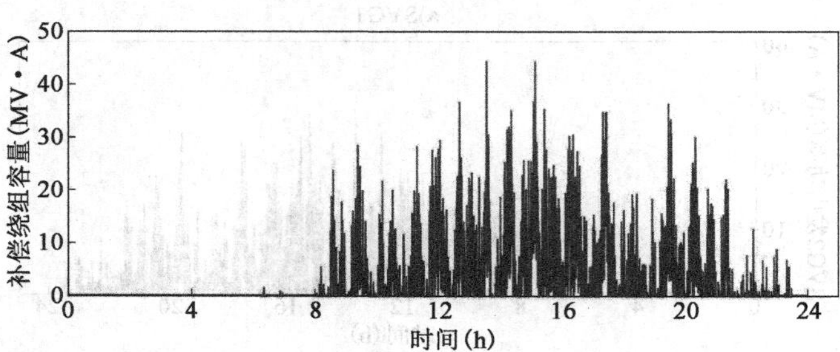

图9　24h内补偿绕组b'c绕组的负荷功率

由图 9 可知，补偿绕组负荷功率最大值为 44.37MV·A，95% 概率大值为 15.32MV·A。所以，同相供电改造后该牵引变电所变压器容量见表 2。

牵引变电所变压器容量 表 2

牵引绕组计算容量(MV·A)	牵引绕组校核容量(MV·A)	安装容量(MV·A)
18.53	47.47	50+16

注：牵引变压器容量为 50MV·A，补偿变压器容量为 16MV·A。

3.3 SVG 及其控制策略研究

3.3.1 SVG 及其工作原理

SVG 为单相全控逆变电路，可进行动态无功补偿。SVG 通常包括检测、控制和输出部分，有三种运行模式：空载模式 SVG 对电力系统无补偿；容性模式 SVG 向系统发出无功；感性模式 SVG 吸收系统的无功[13]。

3.3.2 SVG 控制策略研究

当牵引负荷运行时在系统侧产生的负序电流为：

$$\dot{I}_x^- = \frac{1}{\sqrt{3}K_T} I_x \angle -(2\psi_x + \varphi_x) \tag{15}$$

式中：ψ_x——接线角，为端口 x 的电压 $\dot{U}_x$ 滞后 $\dot{U}_A$ 的角度；

φ_x——功率因数角，为端口 x 的电流 $\dot{I}_x$ 滞后 $\dot{U}_x$ 的角度；

I_x——端口 x 的负荷电流；

K_T——牵引变压器变比。

以图 6 为例，假设牵引负荷接入牵引侧 ab 相运行时，先考虑负荷功率因数为 1，系统对负序进行全补偿，则此时系统侧负荷电流 $\dot{I}_{AB}$ 为：

$$\dot{I}_{AB} = \frac{1}{K_T} I_{ab} e^{j\frac{\pi}{6}} \tag{16}$$

式中：I_{ab}——牵引侧 ab 相的负荷电流有效值。

因此，在系统侧产生的负序电流为：

$$\dot{I}^- = \dot{I}_{AB}^- = \frac{1}{K_T} I_{ab} e^{j\frac{\pi}{3}} \tag{17}$$

根据 2.2 节可知，此时补偿装置只有 SVG1 和 SVG2 投入运行，两装置产生的补偿电流的向量和 $\dot{I}_{com}$ 应满足：

$$\dot{I}_{com} = -\dot{I}^- = \frac{1}{K_T} I_{ab} e^{-j\frac{2\pi}{3}} \tag{18}$$

根据图 10a) 可知，补偿装置 SVG1、SVG2 产生的补偿电流 $\dot{I}_{SVG1}$、$\dot{I}_{SVG2}$ 分别为感性电流和容性电流，并且满足关系：

$$\begin{bmatrix} \dot{I}_{SVG1} \\ \dot{I}_{SVG2} \end{bmatrix} = \frac{I_{AB}}{\sqrt{3}} \begin{bmatrix} e^{-j\frac{5\pi}{6}} \\ e^{-j\frac{\pi}{2}} \end{bmatrix} = \frac{I_{ab}}{\sqrt{3}K_T} \begin{bmatrix} e^{-j\frac{5\pi}{6}} \\ e^{-j\frac{\pi}{2}} \end{bmatrix} \tag{19}$$

实际情况下，牵引负荷的功率因数基本不为 1，假设系统对负序和无功进行全补偿，因此需要考虑负序电流的无功分量。由图 10b) 可知 SVG3 发出的补偿电流 $\dot{I}_{SVG3}$ 刚好用于补偿负序电流的无功分量，且满足关系：

$$\dot{I}_{SVG3} = I_{AB\cdot q} e^{j\frac{5\pi}{6}} \tag{20}$$

全补偿模式下系统侧负序电流和补偿电流在不同功率因数条件下的向量图，如图 10 所示。

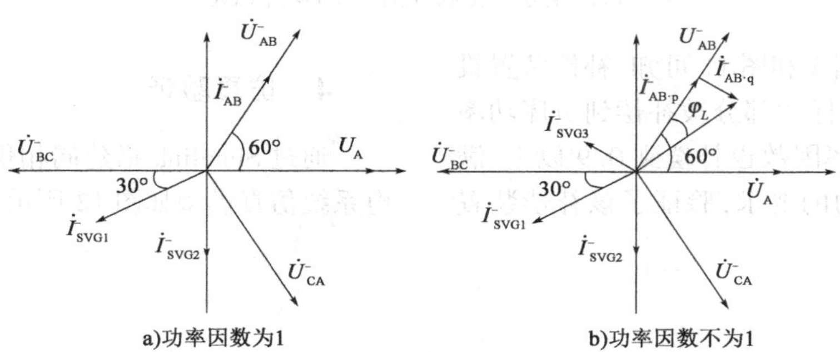

图 10 全补偿模式下系统侧负序电流和补偿电流在不同功率因数条件下的向量图

由此可推导，各种情况下补偿装置发出的补偿电流为：

$$\begin{bmatrix} \dot{I}_{\mathrm{SVG1}} \\ \dot{I}_{\mathrm{SVG2}} \\ \dot{I}_{\mathrm{SVG3}} \end{bmatrix} = \frac{1}{\sqrt{3}} \begin{bmatrix} K_{\mathrm{N}} I_{\mathrm{p}} + \frac{1}{\sqrt{3}} (K_{\mathrm{N}} - K_{\mathrm{C}}) I_{\mathrm{q}} \\ K_{\mathrm{N}} I_{\mathrm{p}} - \frac{1}{\sqrt{3}} (K_{\mathrm{N}} - K_{\mathrm{C}}) I_{\mathrm{q}} \\ (2K_{\mathrm{N}} + K_{\mathrm{C}}) I_{\mathrm{q}} \end{bmatrix} \begin{bmatrix} \cos(\omega t + \frac{5\pi}{6}) \\ \cos(\omega t - \frac{\pi}{2}) \\ \cos(\omega t + \frac{\pi}{6}) \end{bmatrix} \tag{21}$$

3.4　实例分析

结合上述分析,以同相供电改造后的牵引变电所为例,通过SVG发出无功对牵引变电所进行无功和负序的综合治理,具体分析过程如下。

(1)目标值的选取。根据功率因数调整电费的办法,选定系统侧功率因数值$\mu=0.9$[14],由3.3节分析可知系统侧负序功率允许值$S_{\varepsilon}=26\ \mathrm{MV\cdot A}$。

(2)补偿模式判断。由3.1节可知该牵引变电所全天不同时刻既要进行无功补偿又要进行负序补偿。通过判断负荷功率因数$\cos\varphi$和目标功率因数μ以及负序功率S^{-}和系统负序功率允许值S_{ε}的大小,从而确定系统补偿方式。

(3)补偿结果分析。为验证补偿方案可行性,统一将系统不平衡度补偿到1.3%及以下,功率因数补偿到0.9以上。通过计算,补偿装置投入后系统的负序功率和功率因数,如图11所示。

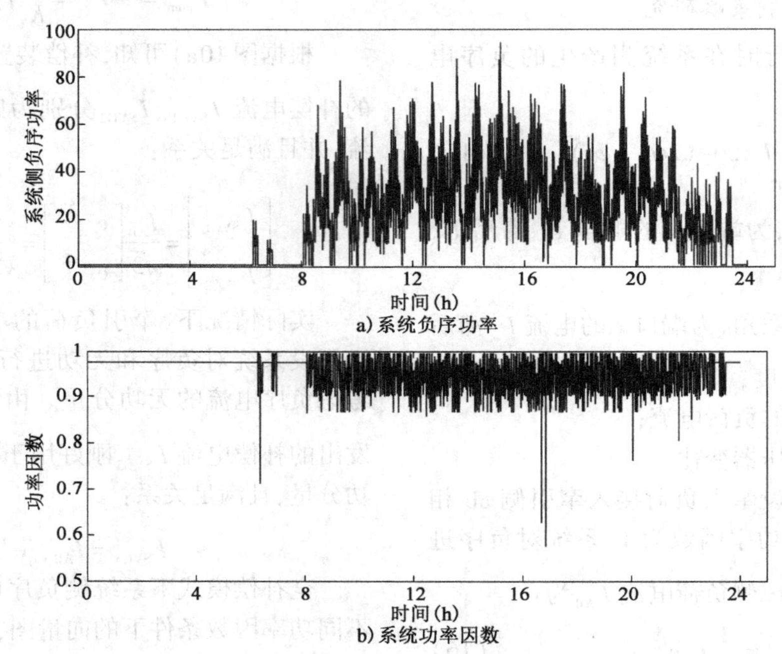

图11　补偿后系统的负序功率和功率因数

对比分析图4、图5和图11可知,补偿装置投入后系统负序功率超标的部分被补偿到负序功率允许值以下,系统功率因数也补偿到0.9以上,满足系统对负序和无功的要求,验证了该补偿装置的可行性和有效性。

4　仿真验证

通过Simulink搭建同相供电改造后的牵引供电系统仿真模型如图12所示。

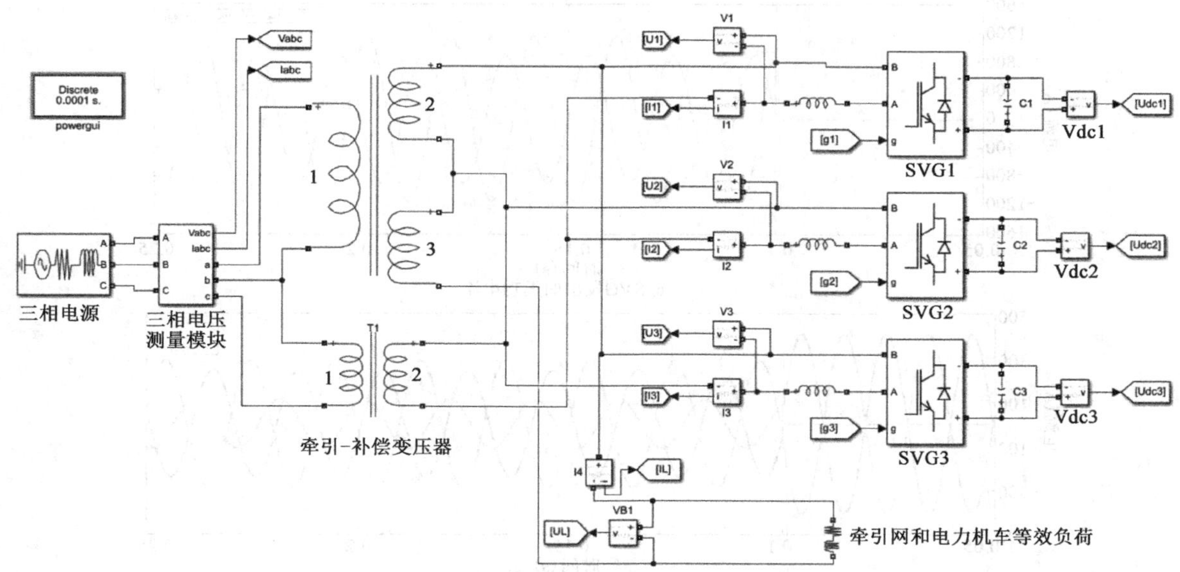

图12　改造后的牵引供电系统仿真模型

由于实测负荷数据较多,无法一一完成仿真验证,因此选取三类典型的负荷数据(表3),进行仿真验证。

三类典型负荷数据　　表3

	牵引负荷大小	功率因数	补偿模式
负荷1	60MV · A	0.8	既补偿负序,又补偿无功
负荷2	60MA · V	0.95	只补偿负序
负荷3	20MV · A	0.8	只补偿无功

4.1　负荷1:既补偿负序,又补偿无功

设补偿后系统的电压不平衡度降为1.3%,功率因数增至0.95,补偿装置在0.1s时刻投入运行,补偿前后的各项参数指标如图13所示。

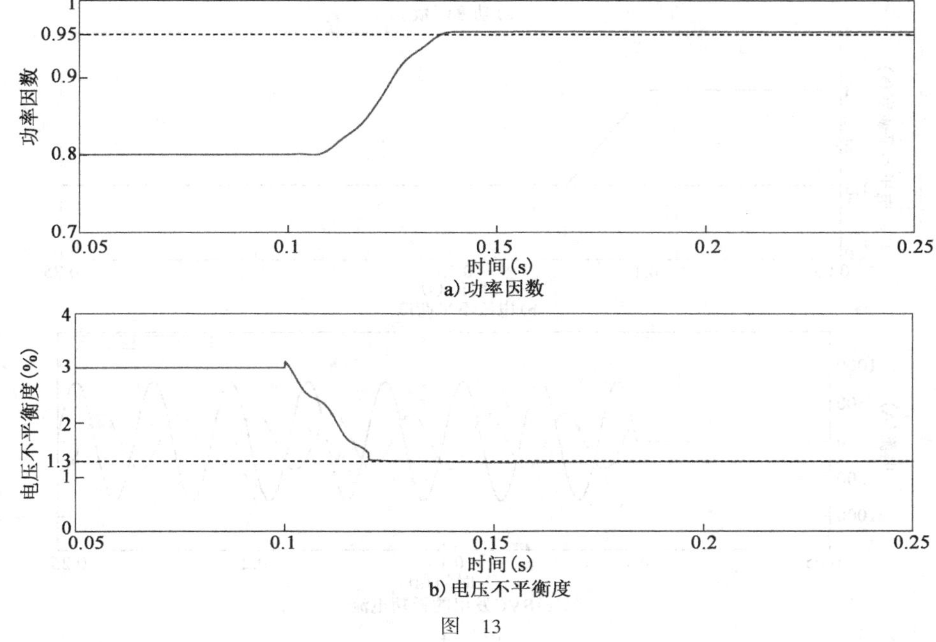

a)功率因数

b)电压不平衡度

图　13

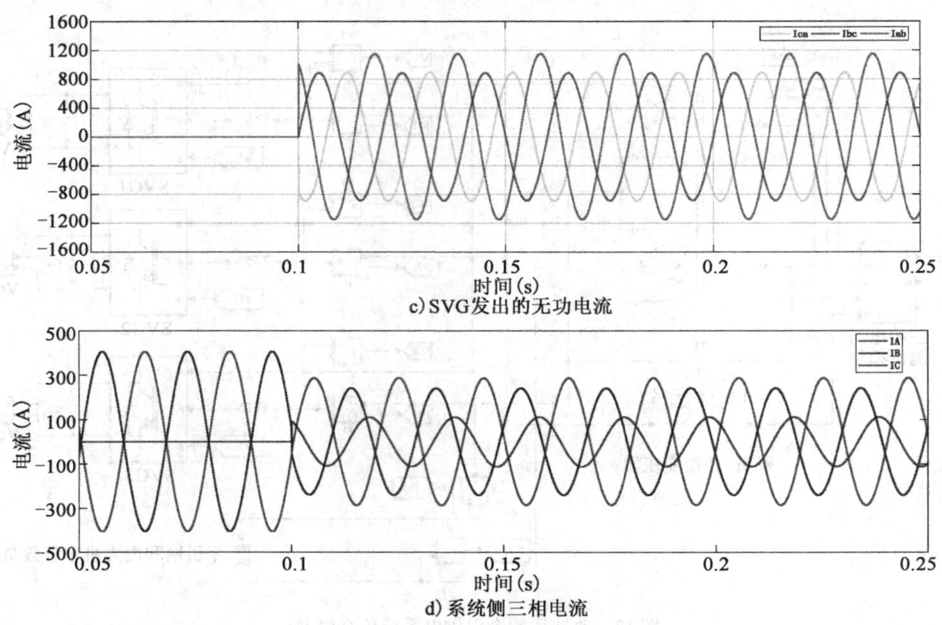

c) SVG发出的无功电流

d) 系统侧三相电流

图13 当 $S_L = 60\mathrm{MV \cdot A}$, $\cos\varphi_L = 0.8$ 时,补偿前后的主要参数指标

4.2 负荷2:只补偿负序

由于系统的功率因数为0.95,不进行无功补偿,设补偿后系统的电压不平衡度降为1.3%,补偿装置在0.1s时刻投入运行,补偿前后各项参数指标如图14所示。

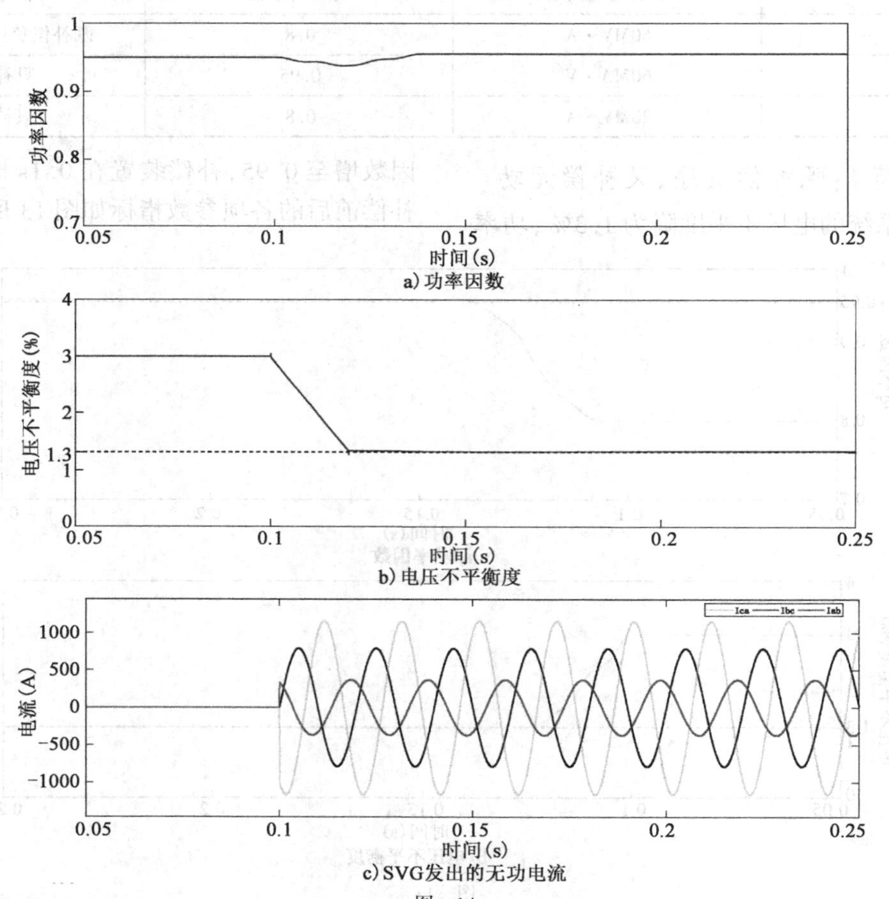

a) 功率因数

b) 电压不平衡度

c) SVG发出的无功电流

图 14

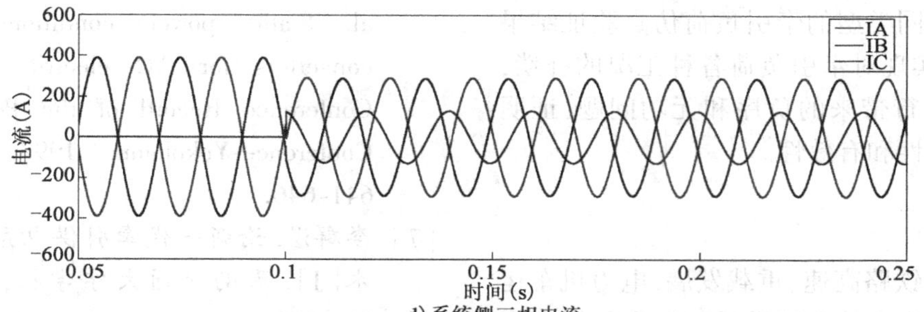

d)系统侧三相电流

图14 当 $S_L=60MV \cdot A, \cos\varphi_L=0.95$ 时,补偿前后的主要参数指标

4.3 负荷3:只补偿无功

由于负荷大小为20MVA,不进行负序补偿,设补偿后系统的功率因数提高为0.95,补偿装置在0.1s时刻投入运行,补偿前后的各项参数指标如图15所示。

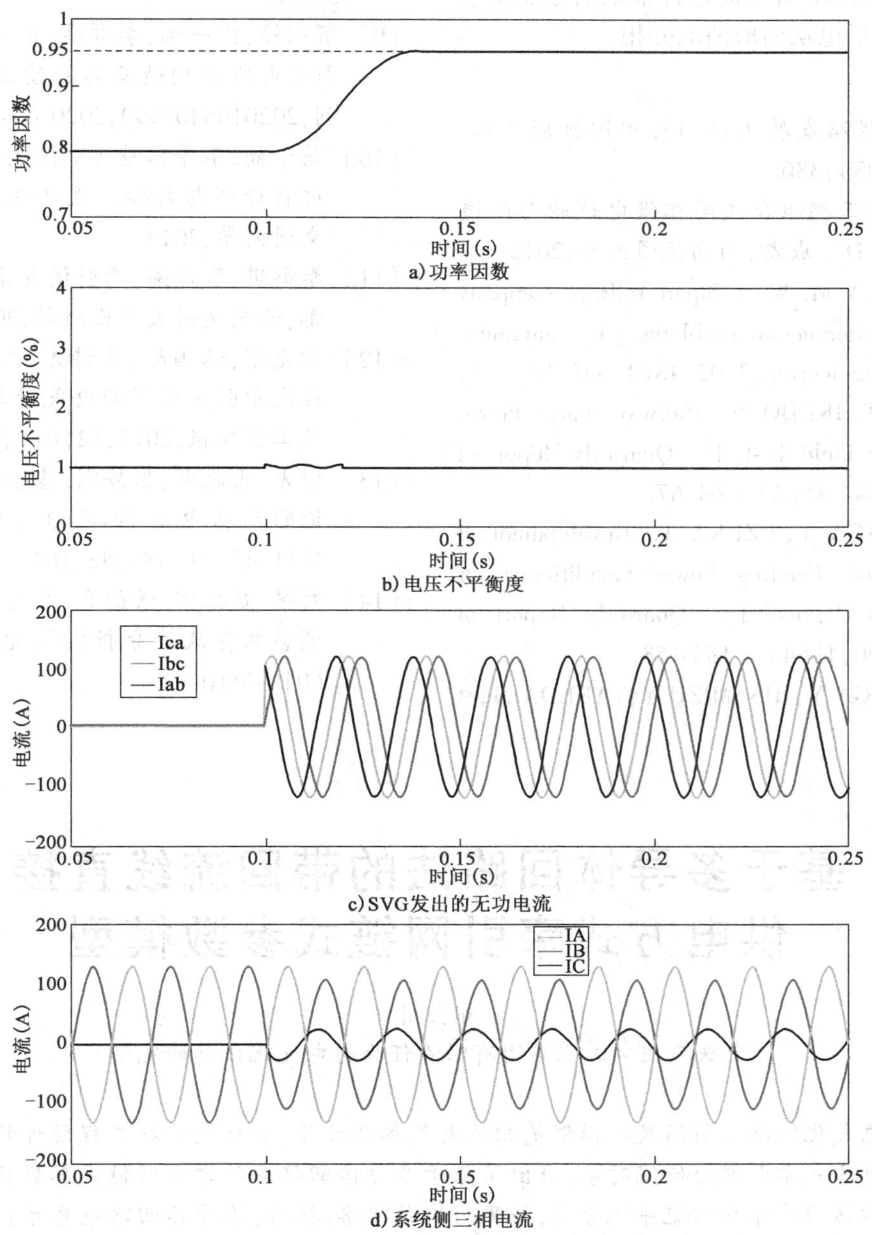

d)系统侧三相电流

图15 当 $S_L=20MV \cdot A, \cos\varphi_L=0.8$ 时,补偿前后的主要参数指标

通过分析不同类型的牵引负荷仿真验证结果可知:该方案可实现对牵引负荷各种工况的补偿,解决牵引负荷运行带来的负序和无功问题,证明了该方案的可行性和有效性。

5　结论

随着电气化铁路高速、重载发展,电力机车运行带来的以负序为主的电能质量问题和传统牵引供电系统存在的电分相问题日益突出。针对以上问题,本文研究了一种基于 V 形接线变压器的同相供电方案,通过理论计算和仿真验证,证明了该方案可以有效解决牵引负荷运行带来的电能质量问题,实现同相供电从而取消电分相。

参考文献

[1] 中国高速铁路发展历程[J]. 中国机械工程,2019,30(03):380.

[2] 沈文韬. 单三相组合式同相供电试验与改造方案研究[D]. 成都:西南交通大学,2016.

[3] YASUTAKA M. West Japan railway company tacking environmental problems [J]. Japanese Railway Engineering. 2002,48(1):10-12.

[4] UZUKA T, IKEDO S. Railway Static Power Conditioner Field Test[J]. Quarterly Report of RTRI, 2004, 45(2) : 64-67.

[5] MOCHINAGA Y, UZUKA T. Development of Single Phase Feeding Power Conditioner for Shinkansen Depots [J]. Quarterly Report of RTRI, 2000,41(4) : 154-158.

[6] MOCHINAGA Y, HISAMIZU Y, TAKEDA M, et al. Static power conditioner using GTO converters for AC electric railway [C]// Conference Record of the Power Conversion Conference-Yokohama 1993. IEEE, 2002: 641-646.

[7] 李群湛. 论新一代牵引供电系统及其关键技术[J]. 西南交通大学学报,2014,49(04):559-568.

[8] 夏焰坤,周福林,陈民武. 高速铁路 V 形接线牵引变压器混合补偿式同相供电方案[J]. 电力系统及其自动化学报,2017,29(04):89-94.

[9] 解绍锋,张一鸣,李群湛,等. 一种同相供电牵引变电所的构造及其补偿方法[P]. 中国专利:2020105407999,2020-09-18.

[10] 马小楠. 不等容量 VX 接线牵引变压器负荷过程分析与补偿方案研究[D]. 成都:西南交通大学,2013.

[11] 李群湛,贺建闽. 牵引供电系统分析[M]. 成都:西南交通大学出版社,2012.

[12] 魏光耀,林国松,唐诗光. 二次侧不等容 VX 接线牵引变压器的电气计算和研究[J]. 电气工程学报,2017,12(01):28-32.

[13] 曾光,雷晓翠,张静刚. 基于瞬时无功功率理论的无功电流检测[J]. 电力电子技术,2011,45(11):81,82,104.

[14] 刘星,楚振宇,景德炎. 电气化铁路功率因数调整电费政策分析[J]. 电气化铁道,2016(04):7-10.

基于多导体回路法的带回流线直接供电方式牵引网链式参数模型

邓云川*
(中铁二院-工程集团有限责任公司电气化设计研究院)

摘　要　电气化铁路牵引网数学模型是相关电气参数计算、安全校验及工程设计的基础,本文以带回流线直接供电方式牵引网为研究对象,提出了基于多导体回路法的牵引网链式参数模型。首先,将牵引网中的导体按传输导体和回流导体分类,并两两构成回路;接着,推导各回路电感系数矩阵,并结合各回路单位长度电阻矩阵,构建各回路单位长度阻抗矩阵,最终得到系统单位长度综合等效阻抗;然后,推导各回路电位系数矩阵，得到牵引网的单位长度综合电容；最后，根据多导体传输线系统等值电路，推导多导体传输线方程，结合双端口链参数方程矩阵，最终建立牵引网的链式参数模型。研究结果表明，基于多导体回路法的牵引网链式参数模型与实际情况相符合，避免了传统上以大地为参考的牵引网模型容易被误解为大地是所有导体的回流通道这一问题，计算过程简洁清晰，计算结果精确有效，具有较大的理论研究及工程应用价值。

关键词 牵引网 多导体回路法 链式参数模型 电气化铁路

0 引言

复杂多导体传输线系统求解一般利用基于Maxwell方程的天线理论[1]，但是，当线缆的电气尺寸相对较长时，天线理论方法需要较长的计算时间和较多的计算资源。另一种技术途径是传输线(TL)理论，其主要假设为：①波的传播沿着线缆的轴向；②在线缆的任何位置截面的线电流之和都为零；③线缆对耦合电磁场的响应具有横向电磁特征，即线缆上的电荷和电流产生的电磁场被限定在横向平面且垂直于线缆轴向方向[2]。

对于通常研究的多导体传输系统，包括牵引网系统，波(能量)沿线缆轴向传输。当考虑其他系统对所研究的多导体传输系统产生的散射电磁场影响时，需要关注由此产生的天线模式电流[3]，即共模电流。此时，在线缆的任何位置截面的线电流之和都不为零。多导体传输系统空间尺寸为小截面尺寸(不超过激励电磁场最小波长的十分之一)时，采用横向电磁场(TEM)模型得到的结果与基于天线理论得到的结果非常吻合[4]，对于牵引供电系统而言，完全满足小截面尺寸要求。因此，对于牵引网系统，在不考虑共模干扰的情况下，采用传输线理论开展分析和计算，其准确性满足要求[5]。

文献[6]和文献[7]提出了以回路为基本单元开展空间电场和磁场描述的理论和方法，以此为基础，分别开展了牵引网综合等效阻抗和综合等效电容的计算、分析和研究。文献[8]和文献[9]利用多导体回路法分别开展了带回流线直接供电方式牵引网综合载流能力以及隧道牵引网阻抗的计算和研究。本文基于上述研究，以带回流线直接供电方式牵引网为研究对象，建立了双端口牵引网链式参数模型，为牵引网的分析和研究提供便利。

1 系统构成及回路构建

设置有贯通地线并采用带回流线直接供电方式牵引网的系统结构如图1所示，其传输及回流导体如图2所示。其中，接触线和承力索为传输导体，钢轨1、钢轨2、回流线、贯通地线和大地为回流导体。因此，该牵引网系统为2传输导体5回流导体的多回路传输系统，如表1所示。传输导体接触线与回流导体(钢轨1、钢轨2、回流线、贯通地线和大地)之间分别构成回路1～回路5，前四个回路中两导体之间的距离依次为$d_1 \sim d_4$；传输导体承力索与回流导体(钢轨1、钢轨2、回流线、贯通地线和大地)之间分别构成回路6～回路10，前四个回路中两导体之间的距离依次为$d_6 \sim d_9$。接触线、承力索、钢轨1、钢轨2、回流线和贯通地线的半径分别为$r_1 \sim r_6$。承力索与接触线、钢轨1与钢轨2、钢轨1与回流线、钢轨1与贯通地线、钢轨2与回流线、钢轨2与贯通地线、回流线与贯通地线之间的距离为l_{12}、l_{34}、l_{35}、l_{36}、l_{45}、l_{46}、l_{56}。

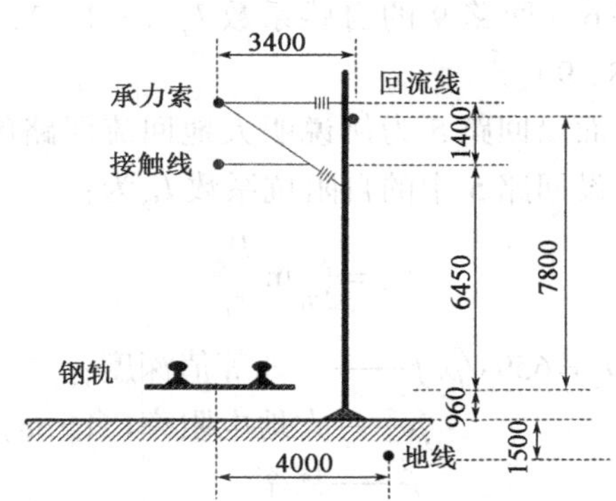

图1 回流线直接供电方式牵引网系统结构(尺寸单位：mm)

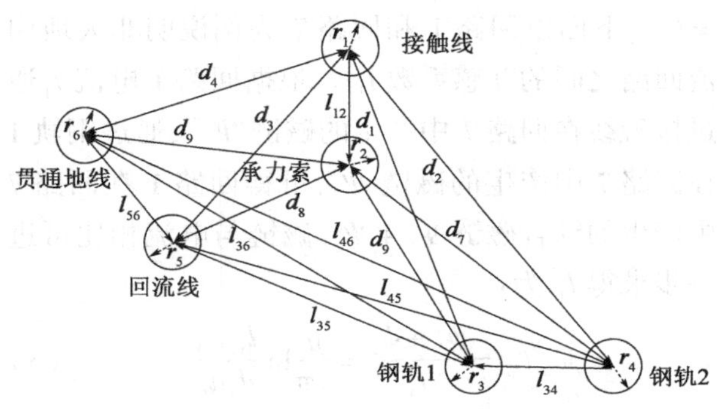

图2 带回流线直接供电方式牵引网的传输与回流导体示意图

带回流线直接牵引网的回路构建 表1

导体名称	钢轨1	钢轨2	回流线	贯通地线	大地
接触线	1	2	3	4	5
承力索	6	7	8	9	10

2 牵引网综合等效阻抗计算

根据所构建的回路系统,基于空间磁场分析,推导回路内自感系数和回路间互感系数,进而构建电感系数矩阵,通过求解电感系数矩阵即可得到带回流线直接供电方式牵引网的单位长度综合电感。

2.1 各回路电感系数计算

首先,计算回路 i 的自感系数 l_{ii}。下面以回路1为例说明非大地回流回路的自感系数。假设回路1中回路电流为 I_1,则回路在接触线中电流为 I_1,在钢轨1中电流为-I_1,二者共同构成基本空间磁场单元,按照两导体间磁链计算公式可得 l_{11} 为:

$$l_{11} \approx \frac{\mu}{2\pi} \ln \frac{{d_1}^2}{r_1 r_3} \tag{1}$$

式中,μ 为磁导率。同理,可得回路2~回路4及回路6~回路9的自感系数 l_{ii}($i=1,2,3,4,6,7,8,9$)。

下面以回路5为例说明大地回流回路的自感系数。设回路5中的自阻抗系数 l_{55} 为:

$$l_{55} = \frac{\mu}{2\pi} \ln \frac{D_g}{r_1} \tag{2}$$

式中:$D_g = 659\sqrt{\rho/f}$——大地等值深度;

ρ——大地电阻率(Ω·m);

f——频率。

同理,可得回路10中的自感系数 l_{1010}。

接着,计算回路 i 和回路 j 之间的互感系数 $l_{ij} = l_{ji}$。下面以回路1和回路7为例说明非大地回流回路之间的互感系数 l_{17}。根据回路1电流 I_1 通过接触线在回路7中产生的磁链 Ψ_1 及通过钢轨1在回路7中产生的磁链 Ψ_2,可得回路1在回路7中产生的综合磁链 $\Psi_1+\Psi_2$,磁链与电流相比可进一步求得 l_{17} 为:

$$l_{17} = \frac{\psi_1 + \psi_2}{I_1} = \frac{\mu}{2\pi} \ln \frac{l_{12} l_{34}}{d_2 d_6} \tag{3}$$

同理,可求得非大地回流回路和大地回流回路各回路之间的互感系数 l_{ij}。

2.2 各回路单位长度电感矩阵

由上步可得设置有贯通地线的带回流线直接供电方式牵引网各回路单位长度电感矩阵 L。其中,l_{ii} 为回路 i 的自感系数,l_{ij} 为回路 i 和回路 j 之间的互感系数,$l_{ij} = l_{ji}$,则有:

$$L = \begin{bmatrix} l_{11} & l_{12} & \cdots & l_{10} \\ l_{21} & l_{22} & \cdots & l_{20} \\ \vdots & \vdots & \ddots & \vdots \\ l_{1001} & l_{1002} & \cdots & l_{1010} \end{bmatrix} \tag{4}$$

2.3 各回路电位长度电阻矩阵

假设接触线、承力索、钢轨1、钢轨2、回流线、贯通地线和大地的单位长度电阻为 R_1、R_2、…、R_7,牵引网综合电阻为R,则可分以下三种情况考虑:

(1)各回路内自电阻。各回路内自电阻为构成回路的传输导体和回流导体的电阻之和,即在牵引网综合电阻矩阵R中,对角线位置的值为回路内两导体电阻之和。

(2)共传输导体或共回流导体回路间的互电阻。根据回路电流与压降的关系,可得共传输导体或共回流导体回路间的互电阻等于共用导体的电阻值。

(3)独立两回路间的互电阻(既非共传输导体回路又非共回流导体回路)。独立两回路间的互电阻为0。

因此,牵引网综合电阻R(对称矩阵)可表示为:

$$R = \begin{bmatrix} R_1 \cdot \mathrm{ones}(5,5) + \mathrm{diag}(R_3,R_4,R_5,R_6,R_7) & \mathrm{diag}(R_3,R_4,R_5,R_6,R_7) \\ \mathrm{diag}(R_3,R_4,R_5,R_6,R_7) & R_2 \cdot \mathrm{ones}(5,5) + \mathrm{diag}(R_3,R_4,R_5,R_6,R_7) \end{bmatrix} \tag{5}$$

式中:ones(5,5)——元素均为1的5维矩阵;

diag(*)——对角阵。

2.4 各回路单位长度阻抗矩阵

由式(4)和式(5)可得各回路单位长度阻抗矩阵为:

$$Z = R + j\omega L \tag{6}$$

2.5 牵引网单位长度阻抗

假设 ΔU_1、ΔU_2、…、ΔU_{10} 分别为回路1至回路

10 的电压降，I_1、I_2、…、I_{10}分别为通过回路 1 至回路 10 的电流。由于 10 条回路并联，假设 I_0为所有传输导体（或所有回流导体）的总电流，则有 $\Delta U_1 = \Delta U_2 = \cdots = \Delta U_{10} = \Delta U, I_1 + I_2 + \cdots + I_{10} = I_0$。假设 k_1、k_2、…、k_{10}为 10 条回路的电流分配系数，则有 $I_1 = k_1 I_0$、$I_2 = k_2 I_0$、…、$I_{10} = k_{10} I_{10}$。根据各回路电压降与回路磁链的关系，可得各回路电压降、电感和电流间的关系如下：

$$\begin{bmatrix} \Delta U_1 \\ \Delta U_2 \\ \vdots \\ \Delta U_{10} \end{bmatrix} = \begin{bmatrix} k_1(j\omega l_{11} + R_{11}) & k_2(j\omega l_{12} + R_{12}) & \cdots & k_{10}(j\omega l_{110} + R_{110}) \\ k_1(j\omega l_{21} + R_{21}) & k_2(j\omega l_{22} + R_{22}) & \cdots & k_{10}(j\omega l_{210} + R_{210}) \\ \vdots & \vdots & \ddots & \vdots \\ k_1(j\omega l_{101} + R_{101}) & k_2(j\omega l_{102} + R_{102}) & \cdots & k_{10}(j\omega l_{1010} + R_{1010}) \end{bmatrix} \begin{bmatrix} I_0 \\ I_0 \\ \vdots \\ I_0 \end{bmatrix} \tag{7}$$

然后可求得系统对应的等效单位长度综合等效阻抗 Z 为：

$$Z = \frac{\Delta u}{I_0} = k_1(j\omega l_{11} + R_{11}) + k_2(j\omega l_{12} + R_{12}) + \cdots + k_{10}(j\omega l_{110} + R_{110}) \tag{8}$$

3 牵引网综合等效电容计算

3.1 各回路电位系数计算

首先，计算各回路自电位系数。下面以回路 1 为例说明非大地回流回路的自电位系数。记 P_{ii} 为回路 i 内的自电位系数。在回路 1 中，假设接触线携带单位长度电荷为 q_1，则钢轨 1 携带单位长度电荷为-q_1，二者共同构成基本空间电场单元，按照构成回路的两导体间电位计算公式可得回路 1 内的自电位系数 p_{11} 为：

$$p_{11} = \frac{1}{2\pi\varepsilon}\ln\frac{(d_1 - r_1)(d_1 - r_3)}{r_1 r_3} \tag{9}$$

式中：ε——回路空间介电常数。

同理，可得回路 2 ~ 回路 4 及回路 6 ~ 回路 9 内的自电位系数 $p_{ii}(i = 1, 2, 3, 4, 6, 7, 8, 9)$，进一步求得大地回流回路的自电位系数 p_{ii}(i = 5, 10)。

其次，计算各回路间互电位系数。记 p_{if}为回路 i 和回路 j 之间的互电位系数，$p_{ij} = p_{jr}$。下面以回路 1 和回路 7 为例说明非大地回流回路之间的互电位系数 p_{17}。根据接触线在回路 7 中产生的电势 V_{c17}及钢轨 1 在回路 7 中产生的电势 V_{h17}，可得回路 1 在回路 7 中产生的电势 V_{Z17}，进一步求得 p_{17}为：

$$p_{17} = \frac{V_{Z17}}{q_1} = \frac{1}{2\pi\varepsilon}\ln\frac{l_{12}l_{34}}{d_2 d_6} \tag{10}$$

基于以上原理，参照互阻抗系数计算方法，继续推导可得非大地回流回路之间共传输导体、非大地回流回路之间共回流导体、非大地回流回路与大地回流回路之间、非大地回流回路与大地回流回路之间共传输回路及大地回流回路之间的互电位系数。

3.2 各回路单位长度电容矩阵

通过上述步骤，可得 $n = 10$ 维回路电位系数矩阵 P。其中，p_{ii}为回路 i 的自电位系数，p_{ij}为回路 i 和回路 j 之间的互电位系数，$p_{ij} = p_{ji}$。进而可得各回路单位长度电容矩阵 $C = P^{-1}$，即：

$$C = \left.\begin{bmatrix} p_{11} & p_{12} & \cdots & p_{1n} \\ p_{21} & p_{22} & \cdots & p_{2n} \\ \vdots & \vdots & \ddots & \vdots \\ p_{n1} & p_{n2} & \cdots & p_{nn} \end{bmatrix}^{-1}\right|_{n=10} \tag{11}$$

3.3 牵引网单位长度综合电容

各回路单位长度电容矩阵 C 与各回路电荷以及产生电荷的电压之间的关系式 $Q = CU$ 可展开为：

$$\begin{bmatrix} q_1 \\ q_2 \\ \vdots \\ q_n \end{bmatrix} = \begin{bmatrix} c_{11} & c_{12} & \cdots & c_{1n} \\ c_{21} & c_{22} & \cdots & c_{2n} \\ \vdots & \vdots & \ddots & \vdots \\ c_{n1} & c_{n2} & \cdots & c_{nn} \end{bmatrix} \begin{bmatrix} u_1 \\ u_2 \\ \vdots \\ u_n \end{bmatrix} \tag{12}$$

由此可得各回路总电荷为 $q = q_1 + q_2 + \cdots + q_n$。同时，由于带回流线直接供电方式牵引网各回路间为并联关系，即 $u = u_1 = u_2 = \cdots = u_n$，可得设置有贯通地线并采用带回流线直接供电方式牵引网的单位长度综合电容 C 为：

$$C = \frac{q}{u} = \frac{q_1 + q_2 + \cdots + q_n}{u} = \sum_{i=1,j=1}^{i=n,j=n} c_{ij} \tag{13}$$

4 基于多导体回路法的牵引网链式参数模型

4.1 多导体传输线方程

对于多导体传输线系统，通常采用链式方程

进行描述。链式方程基于多导体传输线系统等值电路,如图 3 所示。

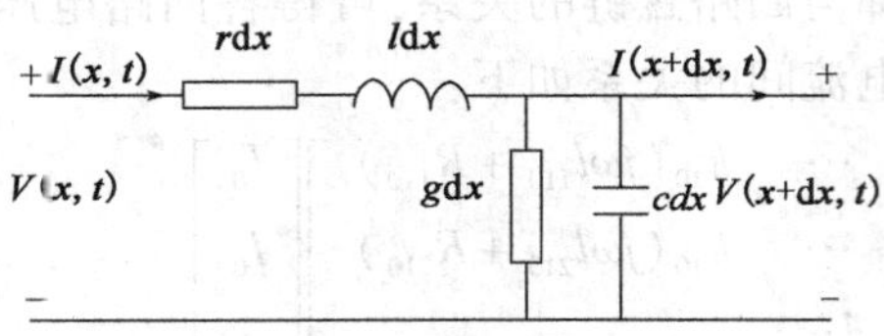

图 3　传输导体链式等值电路图

根据电压方程可得传输线第 1 方程为:

$$\frac{\partial V(x,t)}{\partial x} = -rI(x,t) - l\frac{\partial I(x,t)}{\partial t} \quad (14)$$

根据电流方程可得传输线第 2 方程为:

$$\frac{\partial I(x,t)}{\partial x} = -gV(x,t) - c\frac{\partial V(x,t)}{\partial t} \quad (15)$$

如激励源为单频正弦信号,则$\frac{\partial}{\partial x} \Leftrightarrow jw$,进一步可得:

$$\frac{\partial V(x,t)}{\partial x} = -rI(x,t) - l\frac{\partial I(x,t)}{\partial t} \Leftrightarrow$$

$$\frac{\mathrm{d}V(x)}{\mathrm{d}x} = -(r+jwl)I(x) \quad (16)$$

$$\frac{\partial I(x,t)}{\partial x} = -gV(x,t) - c\frac{\partial V(x,t)}{\partial t} \Leftrightarrow \frac{\mathrm{d}I(x)}{\mathrm{d}x} = -(g+jwc)V(x) \quad (17)$$

将上述公式两边关于位置 x 微分并相互代换,可得:

$$\frac{\mathrm{d}^2V(x)}{\mathrm{d}x^2} = (r+jwl)(g+jwc)V(x) \quad (18)$$

$$\frac{\mathrm{d}^2I(x)}{\mathrm{d}x^2} = (g+jwc)(r+jwl)I(x) \quad (19)$$

上述方程的通解为:

$$V(x) = V^+re^{-\alpha x}e^{-j\beta x} + V^-re^{-\alpha x}e^{j\beta x} \quad (20)$$

$$I(x) = \frac{V^+}{Z_c}re^{-\alpha x}e^{-j\beta x} + \frac{V^-}{Z_c}re^{\alpha x}e^{j\beta x} \quad (21)$$

式中,$\gamma = \alpha + j\beta = \sqrt{(r+jwl)(g+jwc)}$为波传播系数,$\alpha$ 为波沿导体传输过程中的衰减系数,β 则表波沿导体传输过程中的相位移;$Z_c = \sqrt{\frac{(r+jwl)}{(g+jwc)}}$为波传播特性阻抗。

4.2　多导体传输线链参数方程矩阵

将多导体传输线系统视为双端口模型,如图 4 所示。

则双端口链参数方程矩阵为:

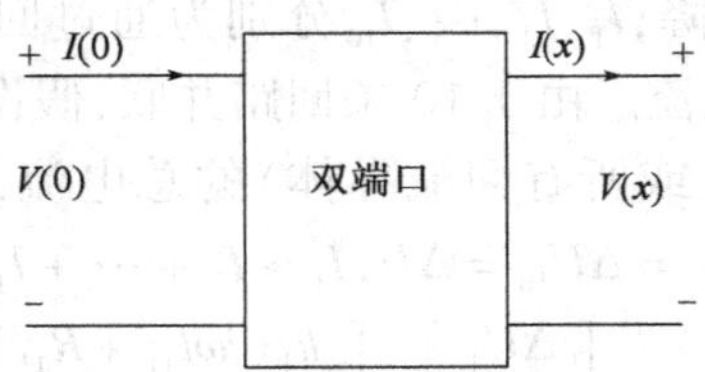

图 4　传输导体双端口模型示意图

$$\begin{bmatrix} V(x) \\ I(x) \end{bmatrix} = \begin{bmatrix} \varphi_{11} = \varphi_{12} \\ \varphi_{21} = \varphi_{22} \end{bmatrix} \begin{bmatrix} V(0) \\ I(0) \end{bmatrix} \quad (22)$$

将传输线方程代入链参数方程矩阵,引入 $V(0)$、$I(0)$作为边界条件,可得:

$$\begin{bmatrix} V(x) \\ I(x) \end{bmatrix} = \begin{bmatrix} \frac{e^{\gamma x}+e^{-\gamma x}}{2} & -Z_c\frac{e^{\gamma x}-e^{-\gamma x}}{2} \\ -\frac{1}{Z_c}\frac{e^{\gamma x}-e^{-\gamma x}}{2} & \frac{e^{\gamma x}+e^{-\gamma x}}{2} \end{bmatrix} \begin{bmatrix} V(0) \\ I(0) \end{bmatrix} \quad (23)$$

式中,

$$\varphi_{11} = \frac{e^{\gamma x}+e^{-\gamma x}}{2} = \cosh(\gamma x),\varphi_{12} = -Z_c\frac{e^{\gamma x}-e^{-\gamma x}}{2} = -Z_c\sinh(\gamma x)$$

$$\varphi_{21} = -\frac{1}{Z_c}\frac{e^{\gamma x}-e^{-\gamma x}}{2} = -\frac{1}{Z_c}\sinh(\gamma x),$$

$$\varphi_{22} = \frac{e^{\gamma x}+e^{-\gamma x}}{2} = \cosh(\gamma x)$$

根据电压的通解 $V(x) = V^+re^{-\alpha x}e^{-j\beta x} + V^-re^{-\alpha x}e^{-j\beta x}$,$V^+e^{-\alpha x}e^{j\beta k}$为沿线路方向正向传播的入射电压波,而 $V^-e^{\alpha x}e^{j\beta k}$为沿线路方向反向传播的反射电压波。同理,电流也由入射电流波和反射电流波组成,如图 5 所示。

图 5　传输线等效电路示意图

假设负载阻抗为 Z_L,传输线路特征阻抗为 Z_c,则传输线系统在负载处的反射系数为:

$$\xi_L = \frac{V^-e^{\alpha L}e^{j\beta L}}{V^+e^{-\alpha Lx}e^{-j\beta L}} = \frac{Z_L - Z_0}{Z_L + Z_0} \quad (24)$$

线路任一处的反射系数为:

$$\xi(x) = \frac{V^-e^{\alpha L}e^{j\beta x}}{V^+e^{-\alpha x}e^{-j\beta x}} = \xi_Le^{2\alpha(x-L)}e^{j2\beta(x-L)} \quad (25)$$

任一位置的输入阻抗为:

$$Z(x)=\frac{V(x)}{I(x)}=Z_c\frac{1+\xi(x)}{1-\xi(x)} \tag{26}$$

由负载处反射系数给出的传输线电压、电流表达式为：

$$V(x)=V^+e^{-\alpha x}e^{-j\beta x}\left[1+\xi_Le^{2\alpha(x-L)}e^{j2\beta(x-L)}\right] \tag{27}$$

$$i(x)=\frac{V^+}{Z_c}e^{-\alpha x}e^{-j\beta x}\left[1+\xi_Le^{2\alpha(x-L)}e^{j2\beta(x-L)}\right] \tag{28}$$

为求解该方程组，需要计算待定常数 V^+，为此，引入 $x=0$ 位置的边界条件。因为

$$Z(0)=\frac{V(0)}{I(0)}=Z_c\frac{1+\xi(0)}{1-\xi(0)} \tag{29}$$

所以由图 5 可得：

$$V(0)=\frac{Z(0)}{Z(0)+Z_s}u_s \tag{30}$$

代入负载处反射系数给出的传输线电压表达式可得：

$$V^+=\frac{V(0)}{1+\xi_Le^{-2\alpha L}e^{-j2\beta L}}=\frac{V(0)}{1+\xi(0)} \tag{31}$$

5 算例分析

5.1 带回流线直接供电方式牵引网综合阻抗及综合电容

牵引网各个导体的主要参数如表 2 所示。按照“回路自阻抗和互阻抗”计算方法，构建阻抗系数矩阵，按照各回路的并联关系，得出单位长度综合阻抗，计算结果如表 3 和表 4 所示；按照“回路自电容和互电容”计算方法，构建分布电容系数矩阵，按照各回路的并联关系，得出单位长度综合电容，计算结果如表 5 所示。

导体主要参数表　　表 2

导体名称	导线符号	导线型号	直流电阻（Ω/km）	导体计算半径（cm）	水平坐标（cm）	垂直坐标（cm）
接触线	JW	CTS-150	0.15967	0.72	0	645
承力索	CW	JTMH-120	0.242	0.7	0	785
钢轨	R	60kg	0.135	1.279	-71.75 71.75	0
回流线	NW	LBGLJ-185/25	0.1453	0.945	340	780
综合地线	EW	DH-70	0.312	0.437	400	-246

单位长度电阻系数矩阵计算表（单位：Ω/km）　　表 3

回路	1	2	3	4	5	6	7	8	9	10
1	0.2947	0.1597	0.1597	0.1597	0.1597	0.135	0	0	0	0
2	0.1597	0.2947	0.1597	0.1597	0.1597	0	0.135	0	0	0
3	0.1597	0.1597	0.305	0.1597	0.1597	0	0	0.1453	0	0
4	0.1597	0.1597	0.1597	0.4717	0.1597	0	0	0	0.312	0
5	0.1597	0.1597	0.1597	0.1597	0.2087	0	0	0	0	0.049
6	0.135	0	0	0	0	0.377	0.242	0.242	0.242	0.242
7	0	0.135	0	0	0	0.242	0.377	0.242	0.242	0.242
8	0	0	0.1453	0	0	0.242	0.242	0.3837	0.242	0.242
9	0	0	0	0.312	0	0.242	0.242	0.242	0.554	0.242
10	0	0	0	0	0.049	0.242	0.242	0.242	0.242	0.291

单位长度电感系数矩阵计算表(单位:10^{-8}H/km)　　表4

回路	1	2	3	4	5	6	7	8	9	10
1	0.2656	0.1712	0.1234	0.1532	0.141	0.1592	0.0647	0.017	0.0467	0.0346
2	0.1712	0.2656	0.1248	0.1584	0.141	0.0647	0.1592	0.0183	0.0519	0.0346
3	0.1234	0.1248	0.2488	0.1286	0.1296	0.0116	0.013	0.1369	0.0167	0.0177
4	0.1532	0.1584	0.1286	0.3035	0.1492	0.0453	0.0505	0.0207	0.1956	0.0413
5	0.141	0.141	0.1296	0.1492	0.2403	0.0307	0.0307	0.0192	0.0389	0.13
6	0.1592	0.0647	0.0116	0.0453	0.0307	0.27	0.1756	0.1225	0.1562	0.1416
7	0.0647	0.1592	0.013	0.0505	0.0307	0.1756	0.27	0.1238	0.1614	0.1416
8	0.017	0.0183	0.1369	0.0207	0.0192	0.1225	0.1238	0.2425	0.1262	0.1247
9	0.0467	0.0519	0.0167	0.1956	0.0389	0.1562	0.1614	0.1262	0.3051	0.1483
10	0.0346	0.0346	0.0177	0.0413	0.13	0.1416	0.1416	0.1247	0.1483	0.237
单位长度综合阻抗(Ω/km)						0.1272 + 0.3442i				

单位长度电容系数矩阵计算表(单位:10^{-9}s/km)　　表5

回路	1	2	3	4	5	6	7	8	9	10
1	2.3340	-0.5883	-0.00193	-0.0914	-0.1772	1.9107	-1.0120	-0.4257	-0.5152	-0.6008
2	-0.5883	2.3788	-0.0167	-1.1776	-0.148	-1.012	1.9551	-0.4405	-0.6013	-0.5717
3	-0.0019	-0.0167	2.0273	-0.0104	-0.2403	-0.3884	-0.4032	1.6408	-0.3969	-0.6268
4	-0.0914	-1.1776	-0.0104	1.8266	-0.2204	-0.5047	-0.5909	-0.4237	1.4132	-0.6337
5	-0.1772	-0.148	-0.2403	-0.2204	2.4242	-0.5703	-0.5411	-0.6334	-0.6135	2.0311
6	1.9107	-1.012	-0.3884	-0.5047	-0.5703	2.3056	-0.6172	0.0064	-0.1099	-0.1755
7	-1.0119	1.9551	-0.4032	-0.5909	-0.5411	-0.6172	2.3498	-0.0085	-0.1962	-0.1464
8	-0.4256	-0.4405	1.6408	-0.4237	-0.6334	0.0064	-0.0085	2.0728	0.0083	-0.2014
9	-0.5151	-0.6013	-0.3969	1.4132	-0.6135	-0.1099	-0.1962	0.0083	1.8184	-0.2083
10	-0.6008	-0.5717	-0.6268	-0.6337	2.0311	-0.1755	-0.1464	-0.0201	-0.2083	2.4565
综合电容						1.0244×10^{-8}				
单位长度综合容抗(Ω/km)						3.2165×10^{-6}				

5.2　带回流线直接供电方式牵引网链式参数矩阵

根据综合阻抗及综合电容技术结果,得到波传播系数为0.0002 + 0.0011j,波传播特性阻抗为332.49 − 5.947j,进而得到链式参数矩阵为:

$$\begin{bmatrix}V(x)\\I(x)\end{bmatrix}=\begin{bmatrix}\cosh(0.0002+0.0011j)x & -(332.49-5.947j)\sinh(0.0002+0.0011j)x\\ -\dfrac{1}{(332.49-5.947j)}\sinh(0.0002+0.0011j)x & \cosh(0.0002+0.0011j)x\end{bmatrix}\begin{bmatrix}V(0)\\I(0)\end{bmatrix}$$

5.3　链式参数模型的相关应用

假设牵引供电系统采用220kV进线电源,系统短路容量为2000MVA,牵引变压器采用Vv接线形式,安装容量为25MVA,短路阻抗为10.5%,牵引网采用带回流线直接供电方式,相关参数如表6所示,供电臂长度为20km,末端负荷额定功率为11000kW,功率因数接近1。利用链式参数模型开展反射系数、输入阻抗、电压、电流等相关电气参数计算,结果如表7所示。

基础参数计算结果表　　表6

负载阻抗(Ω)	系统及变压器阻抗(Ω)	负荷处反射系数	电源侧输入阻抗(Ω)
56.8182	3.9325	−0.7068 + 0.0735i	59.3873 + 6.6678i

电气参数计算结果表

表 7

项目		最大值	最小值	平均值	有效值
反射系数	幅值	0.7161	0.7106	0.7134	0.7134
	角度(°)	176.5	174.1	175.3	175.3
输入阻抗	幅值(Ω)	59.76	56.82	58.22	58.19
	角度(°)	0	6.406	3.258	3.286
电压	幅值(kV)	27.24	25.91	26.55	26.53
	角度(°)	-3.714	-10.33	-6.97	-6.942
电流	幅值(A)	456	455.9	455.9	455.9
	角度(°)	-10.12	-10.33	-10.23	-10.23

牵引网沿线各处反射系数曲线、输入阻抗曲线、电压曲线和电流曲线分别如图6、图7、图8和图9所示。由图6可以看出,反射系数比较稳定,在0.71左右,方向是由负荷端向电源端;由图7可以看出,输入阻抗在58Ω左右,近似为阻性;由图8可以看出,沿线电压逐步降低,角度变化6°左右;由图9可以看出,电流幅值和角度变化很小。

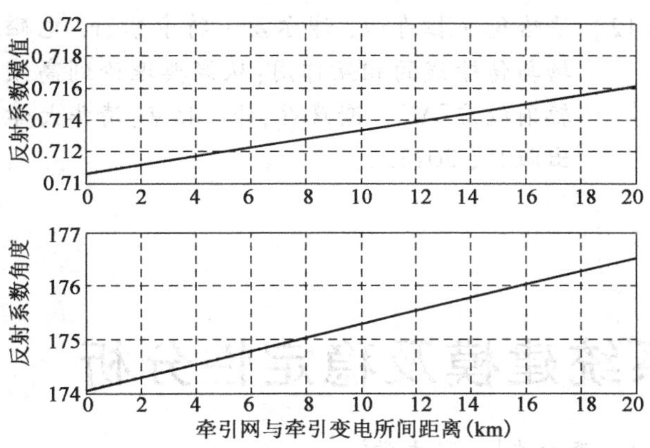

图6 牵引网沿线各处反射系数曲线

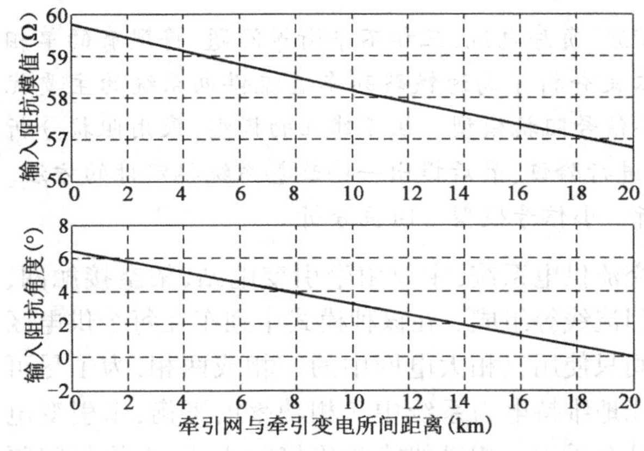

图7 牵引网沿线各处输入阻抗曲线

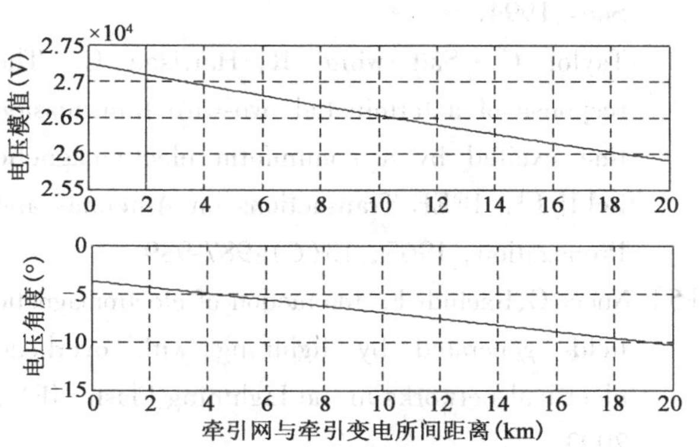

图8 牵引网沿线各处电压曲线

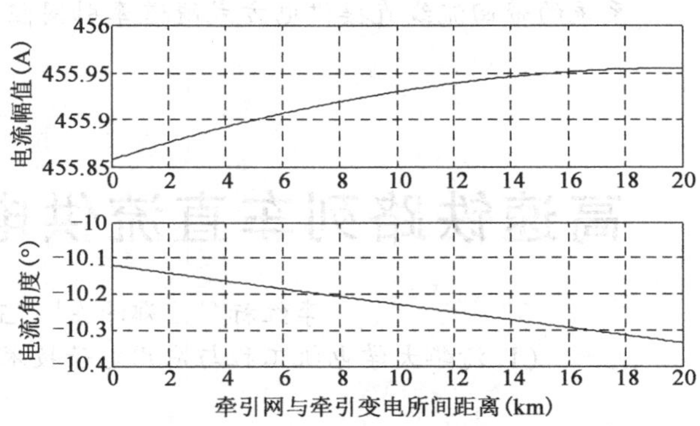

图9 牵引网沿线各处电流曲线

6 结语

本文采用多导体回路法开展带回流线直接供电方式牵引网系统的电场和磁场描述,通过求解电场和磁场描述方程得到牵引网综合阻抗和综合电容,以此为基础,应用双端口链式模型理论,建立了基于多导体回路法的带回流线直接供电方式牵引网系统链式参数模型,并利用该模型开展了相关计算和分析。研究结果表明,基于多导体回路法的牵引网链式参数模型与实际情况相符合,牵引网相关电气参数的计算过程简洁、清晰、有效,具有较大推广应用价值。

参考文献

[1] Tesche M, Ianoz M, Karlsson T. EMC Analysis methods and computational models[M]. New York: Wiley Interscience, 1997.

[2] Bhattacharyya K. EMC Analysis methods and computational models[J]. IEEE Antennas and Propagation Magazine, 1998, 39(6):68-70.

[3] Paul R. Analysis of multiconductor transmission lines[M]. New York: John Wiley and Sons, 1994.

[4] Taylor C, Satterwhite R, Harrison C. The response of a terminated two-wire transmission line excited by a nonuniform electromagnetic field[J]. IEEE Transactions on Antennas and Propagation, 1965, 13(6):987-989.

[5] Nucci C, Rachidi F. Interaction of electromagnetic fields generated by lightning with overhead electrical networks in the Lightning Flash. IEE, 2003.

[6] 邓云川, 刘志刚, 黄可, 等. 基于多导体回路系统的带回流线直接供电方式隧道牵引网阻抗计算和应用[J]. 中国电机工程学报, 2017, 37(23): 6846-6854.

[7] 邓云川, 刘志刚, 黄可, 等. 基于多导体回路法的牵引网电气参数计算研究[J]. 铁道学报, 2018, 40(8): 38-46.

[8] 邓云川, 刘志刚, 黄可, 等. 直接带回流线供电方式的牵引网综合载流能力计算研究[J]. 铁道学报, 2018, 40(12):17-25.

[9] 邓云川, 高宏, 陈建君. 基于拓展 Carson 理论的单线隧道内牵引网电气参数计算研究[J]. 大功率变流技术, 2016, (3): 6-11.

[10] 克莱顿 R. 保罗. 多导体传输线分析[M]. 2版. 杨晓宪, 郑涛, 译. 北京: 中国电力出版社, 2013.

[11] 马苏德, 法泽内谢哈布, 法若克威廉. 奇泽姆. Electrical design of overhead power transmission lines[M]. 蒋兴良等译, 北京: 机械工业出版社, 2016.

[12] 法哈德·拉奇迪, 谢尔盖·特卡琴科. 电磁场与传输线的相互作用: 从经典理论到高频辐射效应[M]. 谢彦召, 译. 北京: 清华大学出版社, 2013.

高速铁路列车直流供电系统建模及稳定性分析

李红标*[1]　郑泽东[1]　王　奎[1]　李永东[1]　张志学[2]

(1. 清华大学电机工程与应用电子技术系; 2. 中车株洲电力机车研究所有限公司)

摘　要　目前的高速铁路列车交流供电系统存在谐波、负序电流、三相不平衡等问题,将现有的单相交流系统换成直流供电系统是一个有效的解决方案。本文分析了高速铁路列车直流供电系统的主要优势,设计了系统的主要结构,并对系统的主要结构建立小信号阻抗模型。基于建立的模型,采用阻抗分析方法分析系统的稳定性,结合 Matlab/simulink 仿真平台进行验证,最后提出一些改善系统稳定性的方法。

关键词　高速铁路列车直流供电系统　稳定性分析　小信号模型　阻抗分析

0　引言

近些年来,中国高速铁路发展十分迅速,截至2019年底,中国的铁路运行里程达到13.3万km,高速铁路运行里程更是达到3.5万km,位居全球第一[1]。在电气化铁路的建设中,牵引供电系统发挥着十分重要的作用。我国目前采用的是单相交流供电系统,主要由牵引变电站、架空接触网、回流线等组成。在该种模式中列车在每个供电区间只使用三相大电网中的一相或两相,为了尽可能地维持电力系统中三相功率的平衡,牵引变电站会采用三相进线换相连接的方式,平均每间隔数十千米就要有一所变电站,为列车提供不同相的单相电。

这种供电方式存在很多常见性问题，主要有三相功率不平衡、电流谐波因数高、过分相问题等[2]。这些问题不仅对电网电力系统的稳定运行产生了很大的威胁，也严重阻碍了高速、重载列车进一步发展。为解决单相交流供电模式存在的这些问题，相关研究人员进行了长期的研究。目前已经取得一些实质性进展的解决方案是同相供电[3,4]，但同相供电又存在设备复杂、供电成本高等问题。另一种解决方案是直流供电，直流供电的思路早在20世纪80年代就已经被提出[5]，但受限于当时的电力电子技术水平的发展，并没能进入实质性的研究。近年来，大功率可关断器件、超高压直流输电、模块化整流逆变技术等的深入发展，为高速铁路直流供电系统提供了有力的技术支持，相关的研究也逐渐增多。

目前高速铁路直流供电系统的相关研究基本都是基于理论方面。2014年，西班牙科学家Antonio Gómez-Expósito等[6]提出了一种新的铁路电气化方案系统，把电压源变换器(VSC)作为基本构建块，将现有铁路线路转换成更简单的中压直流(MVDC)多端子供电系统，并利用实际线路参数对直流供电系统与传统单相交流系统的性能做了一个对比，简述了直流供电系统的优点。2017年，D. Serra--no-Jiménez等[7]提出了一种高铁直流供电系统和单相交流供电系统的建模方法，并依靠提出的建模方法对马德里到巴伦西亚一段铁路进行仿真，同样验证了高速铁路直流系统的优越性能。2019年，朱晓娟、何正友等[8]针对所提出的高速铁路直流供电系统模型，采用阻抗匹配法分析了系统的稳定性，并提出了改善系统稳定性的一些措施。但论文中车载直流降压部分采用了串联的Buck电路，高压低压之间没有进行电气上的隔离。

本文在此基础上，设计高速铁路直流供电系统的各部分结构，分析高速铁路直流供电系统的特点。基于matlab/simulink平台进行仿真建模，并借助小信号阻抗模型分析了系统的稳定性，提出改善稳定性的一些措施。

1 高速铁路直流供电系统的基本结构和特点

1.1 基本结构

目前，我国采用的单相交流供电系统流程如图1所示，牵引变电站从大电网中取来单相电经过降压至25kV左右，然后接触网进行传输，列车通过受电弓取电，然后进行降压、整流、逆变等，为牵引电机进行供电。

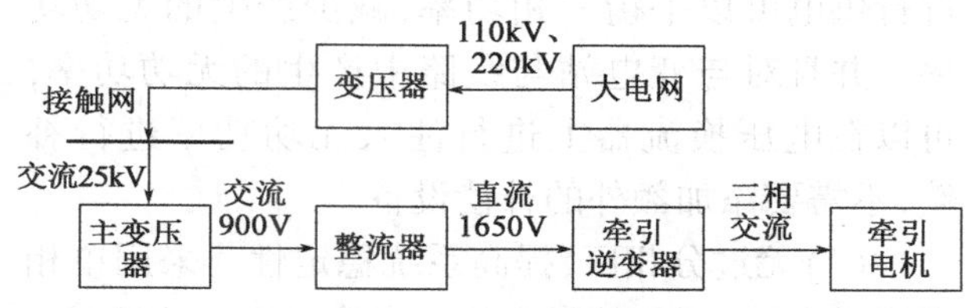

图1 单相交流供电系统流程图

图2是一种同相供电的示意图[4]，牵引变电站将大电网中的三相电整流成直流电，在经过逆变器转换成单相交流进行传输，与传统单相交流供电模式相比，同相供电没有改变机车结构，额外增加了整流逆变的环节。

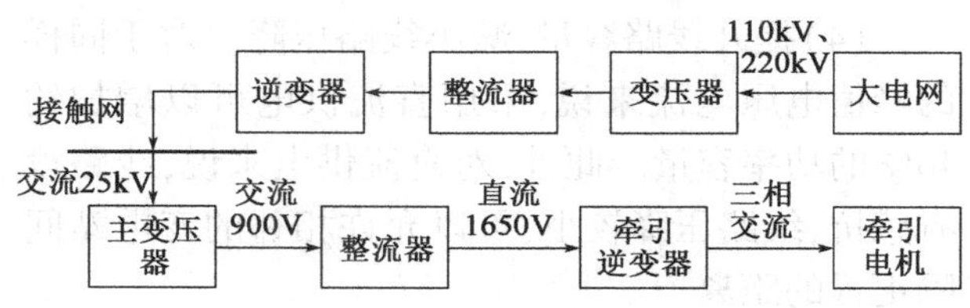

图2 同相供电系统流程图

图3是直流供电模式的示意图，牵引变电站将大电网中的三相电整流成25kV直流进行传输，列车通过受电弓取来直流电，经过电力电子变压器，逆变器转换后为牵引电机进行供电。从结构上可以看出，直流供电模式下，设备更加精简，与单相交流供电模式，减少了车载逆变器，与同相供电相比，减少了一套牵引变电站的逆变器以及车载整流器。

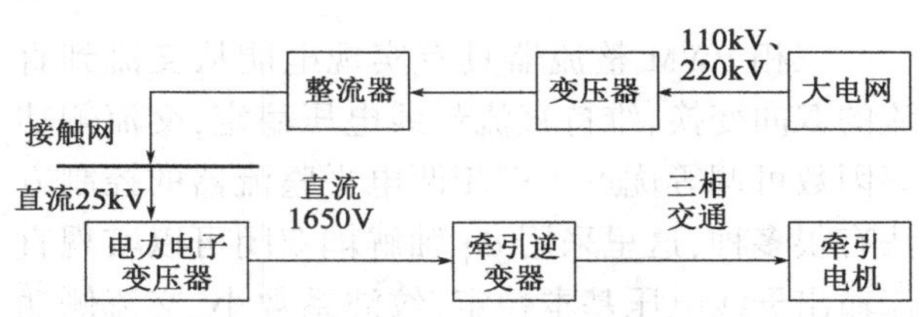

图3 直流供电系统流程图

此外直流系统更利于模块之间的互联、分布式能源的并网等。在近郊可以与城市轨道交通系统互联，在风电光伏丰富的路段，可以充分利用沿线的可再生能源。

1.2 高速铁路直流供电系统的特点

(1)精简设备，减少投资成本。机车结构更加简单,相较传统的单相交流供电,直流供电减少原有的车载整流器,并且与同相供电相比,也减少了牵引变电站的整流装置。

(2)平衡三相功率,提高功率因数。采用直流进行供电可以平衡三相功率,减少产生的无功功率。并且对与变电站与线路中产生的无功功率,可以在电压换流器上进行注入无功功率进行补偿,不需要添加额外的补偿设备。

(3)无过分相区,提高系统稳定性。采用单相交流供电时,相邻的供电单元存在120°的相位差,因此要在变电站之间设置分相区,而直流供电不存在这个问题,可以用一条传输线为整段铁路进行供电。并且对于单相交流供电来说,当其中的一个变电站出现问题时,会使得列车无法运行,而在直流供电模式下,列车的运行并不会受到很大的影响,直流供电提升了系统的稳定性。

(4)提升线路容量,减小线路压降。对于同样的峰值电压电流来说,采用直流供电可以增加约40%的功率容量。此外,对直流供电来说,线路没有感抗,线路压降较小,可以允许相邻的变电站间隔更远的距离[7]。

(5)便于接入分布式能源。采用直流供电便于接入沿线的太阳能、风能等可再生能源,并且直流供电不用考虑相位问题,并网要比交流并网更加容易实现、稳定,也便于模块之间的连接[8,9]。

(6)易于能量回收。对于列车在制动和下坡等阶段,采用直流供电可以进行相应的能量回收,提高能量利用效率。

(7)减小电磁干扰。与交流供电相比,直流供电系统产生的电磁干扰较小,对铁路周围的影响也比较小[10]。

2 系统建模

直流供电系统的供电意图如图4所示,变电站部分包括降压和整流两部分结构,目前大规模换流器主要有两电平换流器、二极管箝位式三电平换流器和模块化多电平换流器等,为了简化分析,方便后续建模,这里采用三相两电平整流器,将大电网电压降压后整流成DC 25kV进行传输。车载直流变压部分采用多级DAB串联,将25kV直流降压成1.6kV,为等效电阻负载进行供电。下面分别介绍变电站和车载部分的具体结构。

2.1 牵引变电站建模

牵引变电站采用的三相两电平电压源整流器电路结构与控制原理图分别如图4a)、图4b)所示。

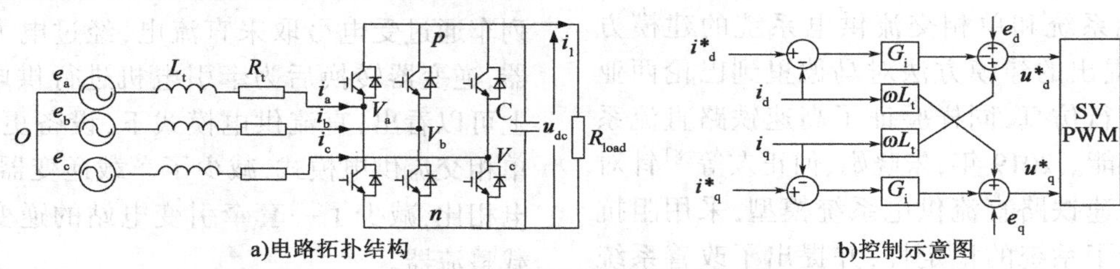

a)电路拓扑结构 b)控制示意图

图4 三相两电平整流器电路结构与控制示意图

三相PWM整流器具有实现电能从交流到直流的双向变换,维持直流母线电压稳定,交流侧功率因数可调等优点。三相两电平整流器的控制方法有很多种,这里采用dq轴解耦双闭可以实现直流输出母线电压基本稳定,纹波系数小,交流侧功率因数基本为1。

采用下垂控制法控制各个整流器输出电压,控制结构图如图5所示。采用下垂控制相当于为整流器侧添加了一个虚拟电阻,这一方面可以提升系统稳定性[11],另一方面可以将列车的功率向附近的变电站分配,使得列车在线路上分布相对比较均匀时,各变电站功率差距不是太大。另外,当列车仅分布在其中几个变电站附近时,根据线路电阻以及变电站之间的距离选取合适的下垂系数,使增加虚拟内阻后可以保证列车大部分功率均由附近的几个变电站提供,避免因牵引变电站跨越较长线路输电造成太大的线路损耗。

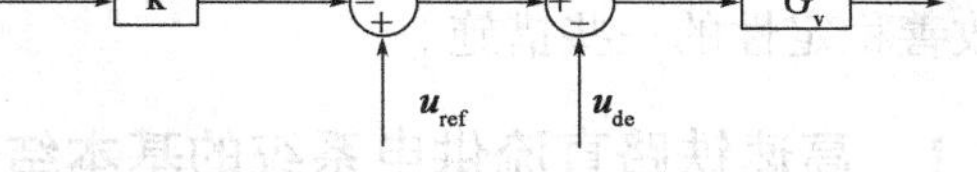

图5 PWM整流器下垂控制原理图

由推导过程可得PWM整流的d轴简化控制框图如图6所示。

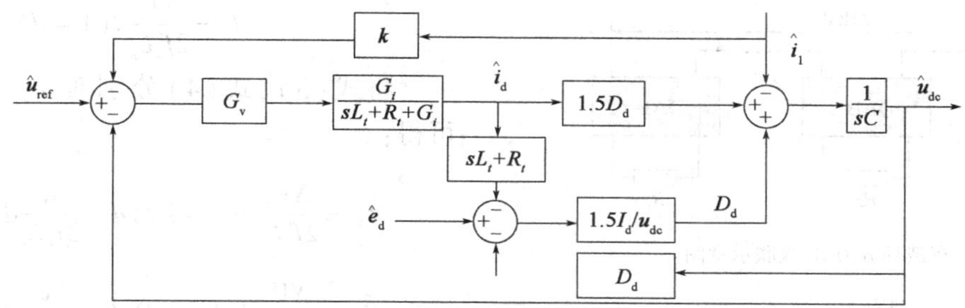

图 6 PWM 整流小信号模型 d 轴简化控制框图

由图 6 可得下垂控制下双闭环 PWM 整流器输出阻抗为：

$$Z_{out}=\frac{L_ts+R_t+G_i(s)+1.5k[e_d-I_d(L_ts+R_t)]G_i(s)G_v(s)/U_{dc}}{(sC+1/R_{load})[L_ts+R_t+G_i(s)]+1.5[e_d-I_d(L_ts+R_t)]G_i(s)G_v(s)/U_{dc}} \tag{1}$$

其中 $G_V=k_{pv}+k_{iv}/s$，$G_i=k_{pi}+k_{ii}/s$，分别为电压环和电流环的控制函数。采用谐波电流注入法测量 PWM 整流器输出阻抗，系统参数见表 1。测量及计算结果如图 7 所示。

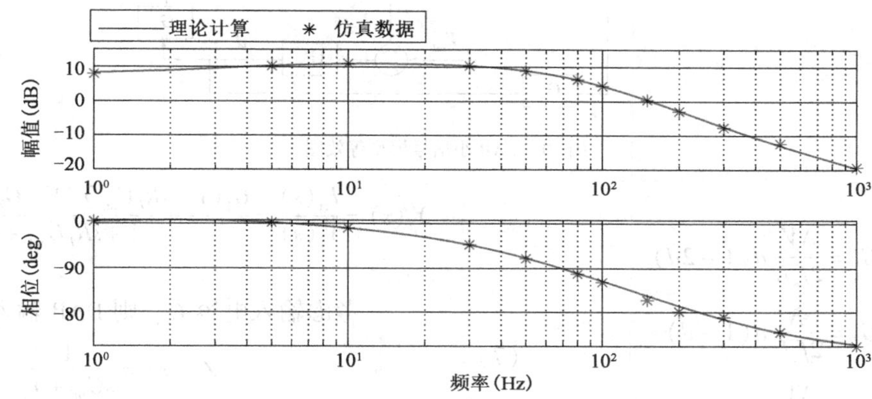

图 7 PWM 整流器输出阻抗波特图

2.2 DAB（双有源桥）

双有源桥具有能量双向流动、动态响应快、软开关模式容易实现、模块化程度高易于级联、高频电压器实现电器上的隔离、转换效率高等优点，非常适用于中高压大容量直流变压器[12]。双有源桥 DC-DC 变换器的电路拓扑结构与单移相控制原理如图 8a)、图 8b) 所示。

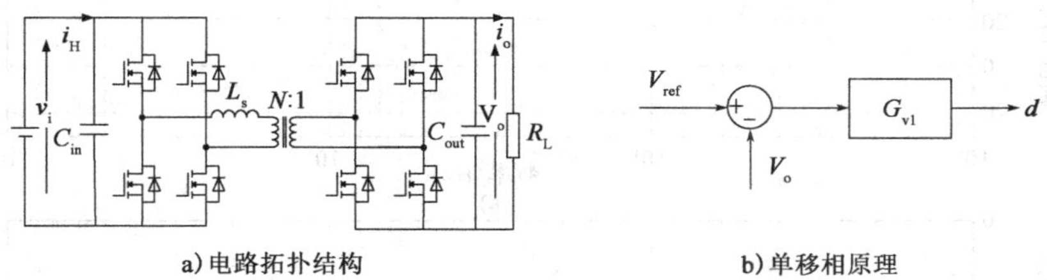

a) 电路拓扑结构

b) 单移相原理

图 8 DAB 变换器拓扑结构与单移相控制原理图

当系统稳定运行时，DAB 理想的输出功率为：

$$P_{out}=I_HV_i=I_oV_o=\frac{NV_iV_o}{2f_sL_s}d(1-d) \tag{2}$$

式中：d——外移相比。

实际系统中经常会采用多级 DAB 级联的拓扑结构，以提高变压能力，增大输出容量。考虑到实际仿真速度、系统的复杂程度，车载部分采用 3 级 DAB 串联的结构，每两列车功率同样为 5MW。车载部分 DAB 级联示意图如图 9 所示。

采用改进的小信号平均方法对如图 8 所示的双有源桥进行建模[13]。由式(2)可得：

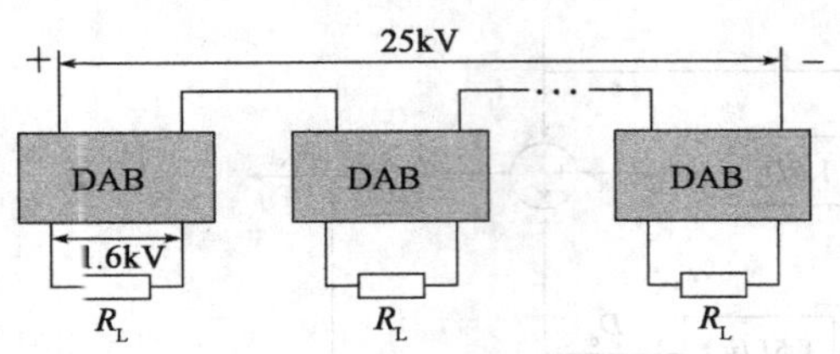

图 9　车载部分 DAB 级联示意图

$$I_H = \frac{NV_o}{2f_sL_s}d(1-d) \tag{3}$$

$$I_o = \frac{NV_i}{2f_sL_s}d(1-d) \tag{4}$$

将式(3)、式(4)分别对 V_o、V_i、d 进行微分可得：

$$\hat{I}_H = \frac{NV_o}{2f_sL_s}d(1-2d)\hat{d} + \frac{N}{2f_sL_s}d(1-d)\hat{V}_o \tag{5}$$

$$\hat{I}_o = \frac{NV_i}{2f_sL_s}d(1-2d)\hat{d} + \frac{N}{2f_sL_s}d(1-d)\hat{V}_i \tag{6}$$

根据电路关系可得 DAB 小信号模型的等效示意图如图 10 所示。

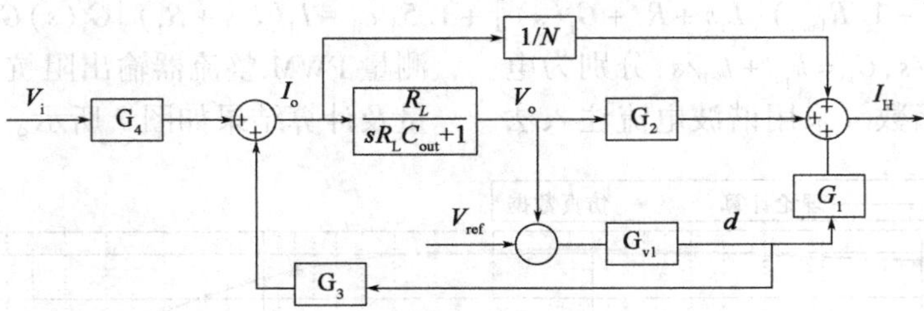

图 10　DAB 小信号模型等效图

其中

$$\begin{cases} G_1 = \dfrac{NV_o}{2f_sL_s}d(1-2d) \\ G_2 = \dfrac{N}{2f_sL_s}d(1-d) \\ G_3 = \dfrac{NV_i}{2f_sL_s}d(1-2d) \\ G_4 = G_2 \end{cases} \tag{7}$$

$G_{V1} = k_{pv1} + k_{iv1}/s$ 为电压控制器的传递函数，根据梅森公式，DAB 输入侧导纳：

$$Y_i(s) = \frac{I_H(s)}{V_i(s)} = \frac{G_4(1+sR_LC_{out})/N + G_2G_4R_L - G_1G_4G_vR_L}{1+sR_LC_{out}+G_3G_vR_L} \tag{8}$$

考虑输入电容 C_{in}，则 DAB 输入阻抗为：

$$Z_{in}(s) = \frac{1}{sC_{in}+Y_i} \tag{9}$$

带入表 2 中的参数，采用谐波电压注入法测量 DAB 输入阻抗，仿真测量与理论计算波特图如图 11 所示。

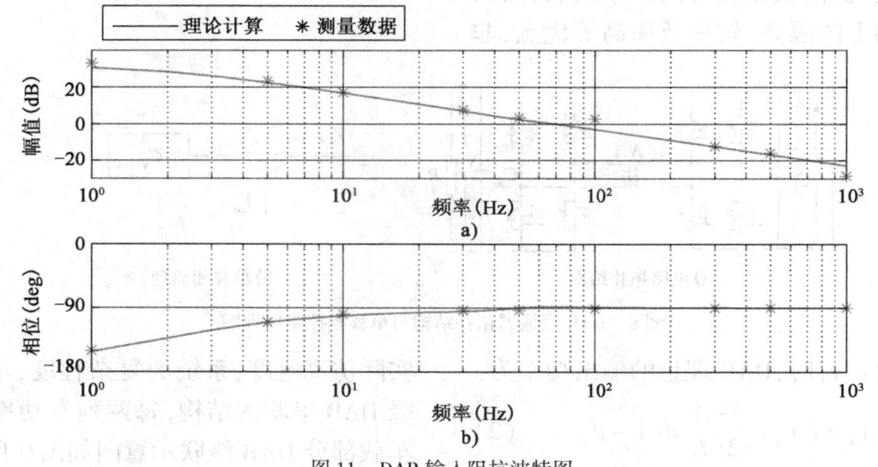

图 11　DAB 输入阻抗波特图

从波特图上容易看出，Z_{in} 低频时近似于负阻抗，高频时近似于电容特性。对于直流输电母线来说，稳定运行时，列车相当于一个恒功率负载。

当 n 级 DAB 串联时，系统负载端等效阻抗为：

$$Z_i = nZ_{in} \tag{10}$$

PWM 整流器系统参数　　表 1

参　数	数　值	参　数	数　值
e_d	8.165kV	f_c	10kHz
u_{dref}	25kV	f_{pv}	2.2
R_t	0.1Ω	k_{iv}	50
L_t	10mH	k_{pi}	15
C	5mF	k_{ii}	400
R_{load}	57.39Ω	k	2.5
P_{load}	10MW		

DAB 系统参数　　表 2

参　数	数　值	参　数	数　值
V_i	8kV	C_{out}	10mF
V_o	1.6kV	R_L	1.536Ω
N	80/16	R_s	1Ω
f_s	20kHz	k_{pv1}	0.1
L_s	170μH	k_{iv1}	50
C_{in}	22mF		

3　稳定性分析

3.1　阻抗匹配判据

对于任何级联或者并联的系统，可以分为电源和负载两个部分，在高速铁路直流供电系统中，整流器相当于电源部分，线路阻抗以及 DAB 相当于负载。两个独立稳定系统级联示意图如图 12 所示。

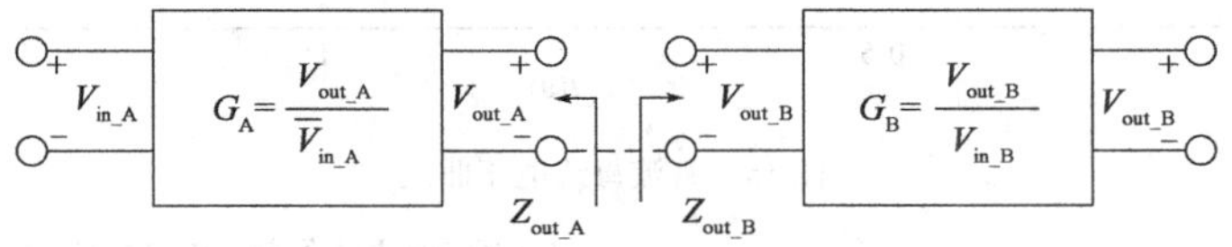

图 12　两个独立稳定系统级联示意图

总的输入到输出传递函数为：

$$G_{AB} = \frac{V_{out\_B}}{V_{in\_A}} = G_A G_B \frac{1}{1 + Z_{out\_A}/Z_{in\_B}} \tag{11}$$

既然系统 A 和系统 B 都是稳定的，则级联后系统能否稳定完全取决于 Z_{out_A}/Z_{in_B}。当且仅当 Z_{out_A}/Z_{in_B} 的 Nyquist 图不包围(-1,0)时，级联后的系统才能保持稳定；利用波特图，在 Z_{out_A}、Z_{in_B} 幅值交叉点，当且仅当相角差大于 -180°系统才能保持稳定[14]。此外，它也反映了前后级系统的相互影响程度，$1/(1 + Z_{out\_A}/Z_{in\_B})$ 幅值越接近 1，则级联系统之间的影响越小。

3.2　系统稳定性分析

这里以一个牵引变电站为例，考虑线路阻感参数，根据前面建立的模型进行稳定性分析，系统的阻抗示意图如图 13 所示。其中 Z_{line} 为线路阻抗。取 $Z_{line} = 1\Omega + 4\text{mH}$。

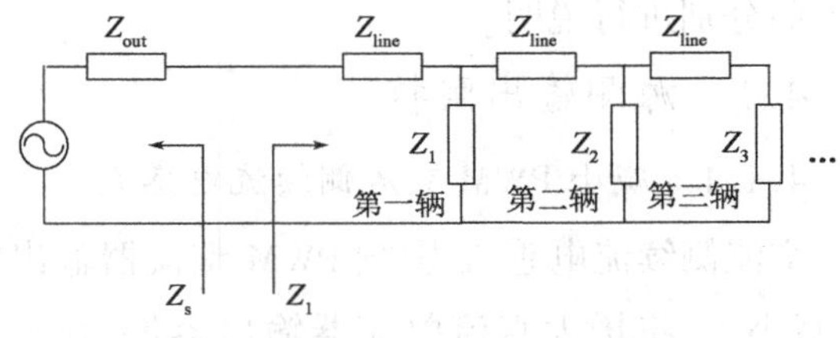

图 13　阻抗分析示意图

随着牵引变电站附近高铁数量的增加，变电站的静态工作点也发生改变，通过分析对应工作点下源端输出阻抗 Z_s 与负载输入阻抗 Z_1 的波特图即可判断系统能否处于稳定状态。

带三辆车和四辆车时，Z_s、Z_1 的波特图如图 14

所示,从图中可以看出,三辆列车时,在 Z_s、Z_l 的所有幅值交叉点,相角差大于 -180°,系统处于稳定状态,当负载增加到 4 辆时,在 Z_s、Z_l 的其中一个幅值交叉点,相角差小于 -180°,系统出现不稳定状态。

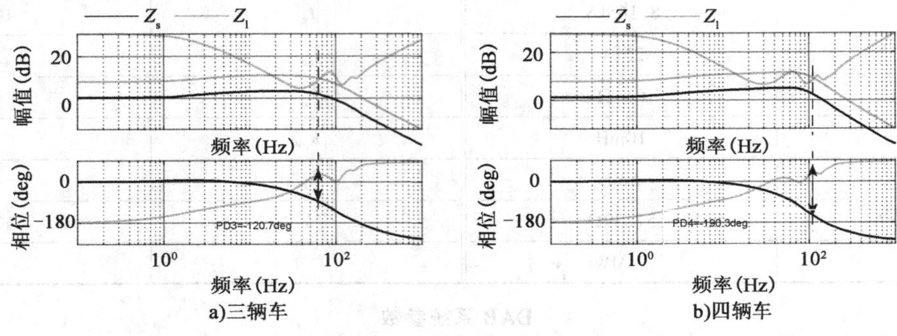

图 14　系统波特图 1

下面通过仿真进行验证,通过闭合断路器来增加接入高速铁路列车的数量。在 0.2s、0.5s、0.8s、1.1s 分别依次闭合相应的断路器来引入第一辆、第二辆、第三辆、第四辆高速铁路列车。直流母线牵引电流变化图像如图 15 所示,从图上明显可以看出,引入前三辆高速铁路列车时,直流母线电压出现短暂振荡后就会恢复稳定,当引入第四辆高速铁路列车时,直流母线电压电流出现大幅振荡,且震荡一直持续下去,系统出现不稳定现象。仿真结果与波特图的理论分析一致。

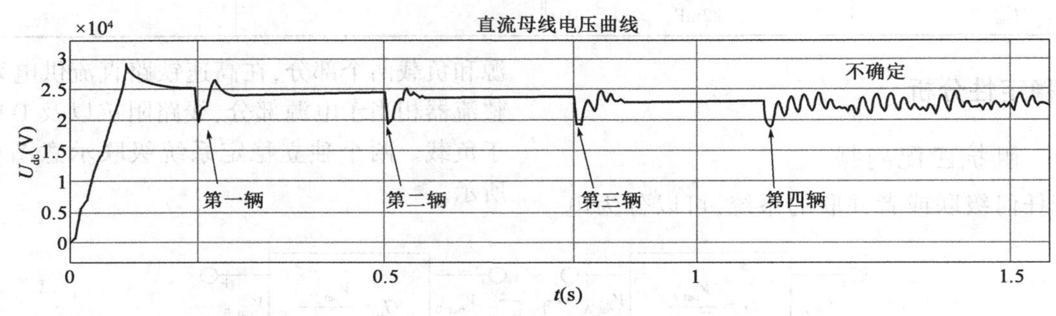

图 15　直流母线电压曲线

4　稳定性补偿方法

为了改善系统的稳定性,可以从调节电源测的输出阻抗 Z_s 和负载测的输入阻抗 Z_l 两方面入手下面分别进行说明。

4.1　源测输出阻抗

4.1.1　减小 PWM 交流侧续流电感 L_t

交流侧续流电感 L_t 影响 PWM 整流器输出容量,减小 L_t,将增大直流整流器输出容量,在一定程度上增强系统稳定性。带四辆高铁时,将电感 L_t 大小由 10mH 改为 5mH,系统波特图变化如图 16a)所示。从波特图上可以看出,将电感变小为 5mH 时,PWM 输出阻抗 Z_s 在 10Hz 以上幅值变小,相位增加,在 100Hz Z_s 与 Z_l 左右幅值不再有交点,系统又变的稳定起来。减小 L_t 虽然能在一定程度上增大 PWM 整流器容量,提高系统稳定性,但 L_t 过小会使得 PWM 整流器交流侧电流波形不平滑,波形发生畸变,系统功率因数降低等,因此需要根据实际电路需要,选择适当的续流电感值。

4.1.2　调节电压环控制器参数

电压环控制器是影响整流器动态性能的重要组成部分。通常在设计电压环控制器比例系数 k_{pv}、积分系数 k_{iv},要考虑实际控制各环节的传递函数,以使得电压环的传递函数为Ⅰ型或Ⅱ型系统,以保证系统优越的性能,因此调节电压环控制器参数增强系统稳定性的作用是有限的。通常来说,减小 k_{pv},有利于增强系统稳定性,过大的 k_{pv} 有时会造成系统不稳定现象的发生。但 k_{pv} 不能设置得过小,k_{pv} 过小会使得 PWM 整流器的动态性能比较差,调节过程较慢,电压波动可能会比较大。将

k_{pv}由 2.2 调小到 1,系统波特图变化如图 16b)所示,从图中可以看出,调整之后,在带四辆列车负载的情况下,系统仍能保持稳定。

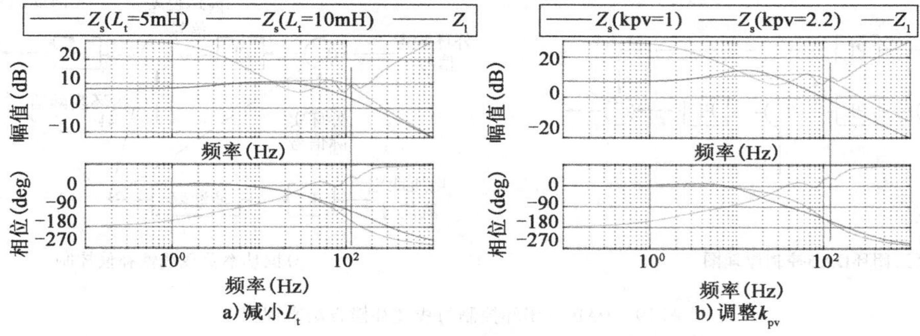

图 16 系统波特图 2

4.1.3 增大直流侧稳压电容

直流侧稳压电容 C 用来稳定输出电压,减小电压纹波,从 PWM 整流器电路拓扑图上可以明显看出,增大电容 C 会减小高频时 PWM 输出阻抗幅值,在一定程度上提高系统稳定性。将电容 C 由 5mH 调整到 10mH,带四辆列车负载时,源侧和负载侧阻抗波特图如图 17 所示,从图上可以看出,增大 C 之后,源侧输出阻抗幅频曲线明显下移,使得 Z_s 与 Z_l 的幅频曲线在 100Hz 左右不再有交点,系统变得稳定起。一般来说稳压电容 C 越大,PWM 输出阻抗幅值在高频段降低的越快,系统越容易稳定。但电容越大,投资成本也越高。

4.1.4 增加滤波环节

文献[8]提出通过下垂控制环节引入滤波环节可以在一定程度上改变 PWM 整流器输出阻抗特性。针对目前的系统各结构参数,采用低通滤波器可以在一定程度上改善系统稳定性。引入低通滤波器的下垂控制环节示意图如图 18 所示。

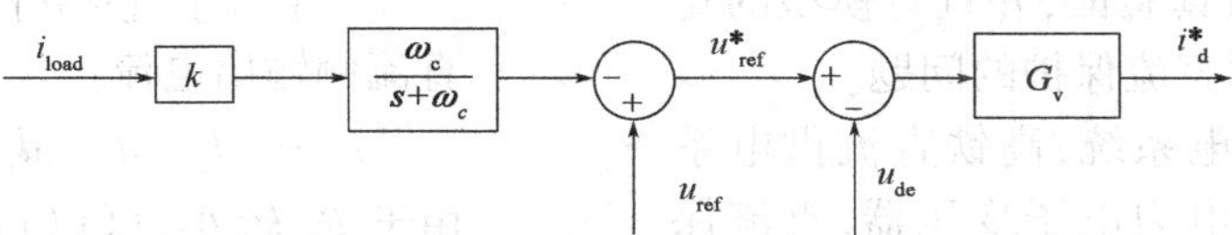

图 17 引入低通滤波器的下垂控制环节示意图

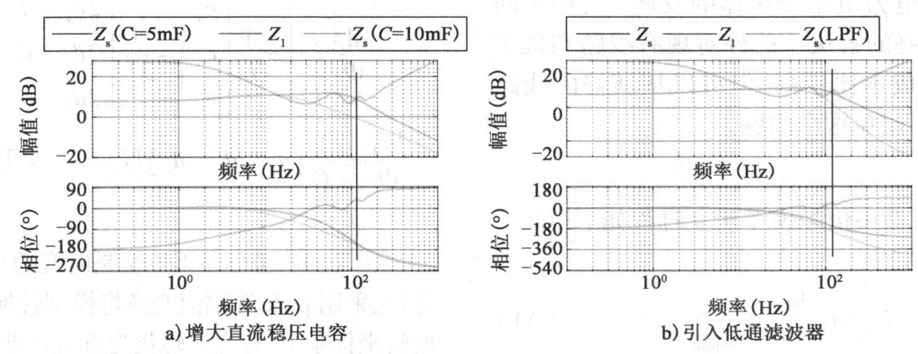

图 18 系统波特图 3

根据目前 PWM 整流器输出阻抗幅频曲线转折点,取 f_c 为 100Hz,则低通滤波器传递函数为:

$$\frac{2\pi f_c}{S+2\pi f_c} \tag{12}$$

此时系统波特图如图 17b)所示,可以看出,引入低通滤波环节之后,PWM 输出阻抗幅频曲线在高频段明显降低,系统又变得稳定起来。

4.2 负载侧输入阻抗

文中采用的 DAB 控制策略较为简单,为改善 DAB 输入阻抗特性,可采用文献[15]中级联 DAB 的控制方法,采用输入电压、输出电压、输出电流的三闭环控制,控制原理图如图 19a)所示,并参考图 19b)所示的恒功率负载线性补偿方方法[11]。滤波器采用带通滤波器和低通滤波器的组合,相当于在恒功率负载侧并联纯电阻，可在一定范围内提高系统稳定性。

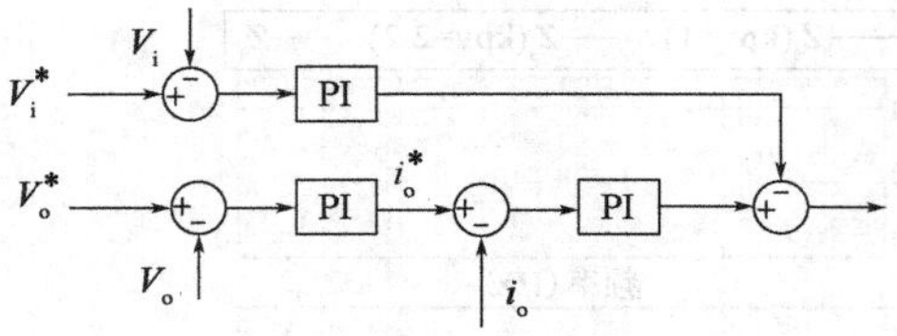

a)三闭环DAB控制原理图

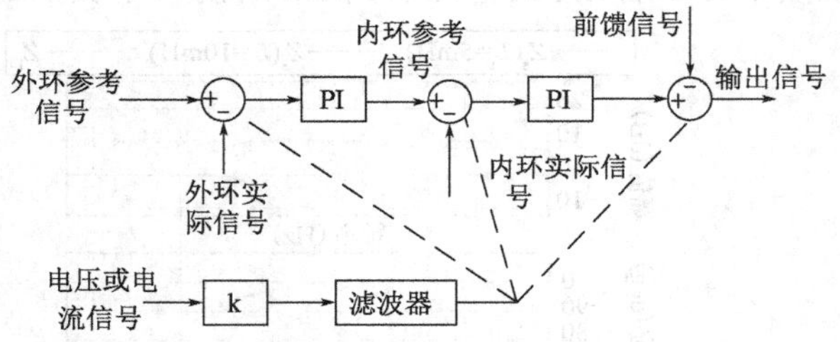

b)恒功率负载线性补偿控制

图 19　DAB 三闭环控制与线性补偿方法原理图

5　结语

本文首先分析了现存高速铁路列车单相交流系统存在的谐波、负序电流、三相不平衡等问题，指出高速铁路列车直流供电系统是解决这些问题的一种可行方案。然后分析设计了牵引变电站和车载 DC/DC 变压器的各部分结构，建立系统的小信号阻抗模型。最后结合建立的模型分析系统的稳定性，并提出通过调整系统参数，控制环节中引入补偿和滤波环节进一步提高系统稳定性。受限于实验条件，只能进行仿真验证，并且对模型的建模不够精细，也没有考虑直流保护的问题。

相较传统的交流供电系统，高铁直流供电系统的主要挑战是对直流电力电子变压器，直流保护的要求比较高，但随着大规模直流断路器，多级模块串并联的电力电子变压器的发展[16]，相关问题可以得到很好的解决。此外对现有线路和机车进行改造可能成本比较高，但可以从新修的线路进行试行，进而避免这个问题。

附录 A：

PWM 整流器小信号模型建立过程如下所示。

由图 4a)可得：

$$i_{dc} = C\frac{du_{dc}}{dt} + \frac{u_{dc}}{R_{load}} \tag{A1}$$

$$\begin{bmatrix} e_a \\ e_b \\ e_c \end{bmatrix} = \begin{bmatrix} L_t\dfrac{di_a}{dt} + i_aR_t \\ L_t\dfrac{di_b}{dt} + i_bR_t \\ L_t\dfrac{di_c}{dt} + i_cR_t \end{bmatrix} + \begin{bmatrix} v_{an} + v_{no} \\ v_{bn} + v_{no} \\ v_{cn} + v_{no} \end{bmatrix} \tag{A2}$$

$$v_{no} = -\frac{1}{3}(v_{an} + v_{bn} + v_{cn}) \tag{A3}$$

S_{ap}、S_{bp}、S_{cp}、S_{an}、S_{bn}、S_{cn} 为六个开关管，p 管和 n 管互补导通，由于开关开断是不连续的，这里用开关管一个周期的平均值 d_a、d_b、d_c 来代替，开关管导通为 S_n 为 1，断开 S_n 为 0，其中：

$$S_{ip} + S_{in} = 1$$

$$d_i = \frac{1}{T_s}\int_t^{t+T_s} S_{ip}\,dt, i \in (a,b,c) \tag{A4}$$

则依靠平均模型：

$$\begin{bmatrix} v_{an} \\ v_{bn} \\ v_{cn} \end{bmatrix} = \begin{bmatrix} S_{ap} \\ S_{bp} \\ S_{c}p \end{bmatrix} u_{dc} = \begin{bmatrix} d_a \\ d_b \\ d_c \end{bmatrix} u_{dc} \tag{A5}$$

直流侧输出电流：

$$i_{dc} = [d_a \quad d_b \quad d_c][i_a \quad i_b \quad i_c]^T \tag{A6}$$

由于 R_t 较小，可以近似忽略，将式(A3)、式(A5)、式(A6)分别带入到式(A1)、式(A2)中，可得：

$$\frac{d}{dt}\begin{bmatrix} i_a \\ i_b \\ i_c \end{bmatrix} = \frac{1}{L_t}\begin{bmatrix} e_a \\ e_b \\ e_c \end{bmatrix} - \frac{1}{3L_t}\begin{bmatrix} 2d_a - d_b - d_c \\ 2d_b - d_a - d_c \\ 2d_c - d_a - d_b \end{bmatrix} u_{dc} \tag{A7}$$

$$\frac{du_{dc}}{dt} = \frac{1}{C}[d_a \quad d_b \quad d_c][i_a \quad i_b \quad i_c]^T + \frac{1}{R_{load}C}u_{dc} \tag{A8}$$

由于 abc 坐标系下变量是时变的交流量，不利于分析，采用 park 等幅值变换将模型转换到 dq 轴同步旋转坐标系下，将变量转化为直流量进行分析。

ω 为交流侧电压角频率，其中 Park 等幅值变换矩阵为：

$$T_{abc/dq0} = \frac{2}{3}\begin{bmatrix} \sin\omega t & \sin\left(\omega t - \dfrac{2\pi}{3}\right) & \sin\left(\omega t + \dfrac{2\pi}{3}\right) \\ \cos\omega t & \cos\left(\omega t - \dfrac{2\pi}{3}\right) & \cos\left(\omega t + \dfrac{2\pi}{3}\right) \\ \dfrac{1}{2} & \dfrac{1}{2} & \dfrac{1}{2} \end{bmatrix} \tag{A9}$$

应用 Park 变换将电压、电流、开关占空比转换到 dq 坐标系下：

$$\begin{bmatrix} d_d \\ d_q \\ d_0 \end{bmatrix} = T_{abc/dq0}\begin{bmatrix} 2d_a - d_b - d_c \\ 2d_b - d_a - d_c \\ 2d_c - d_a - d_b \end{bmatrix};\begin{bmatrix} i_d \\ i_q \\ i_0 \end{bmatrix} = T_{abc/dq0}\begin{bmatrix} i_a \\ i_b \\ i_c \end{bmatrix};\begin{bmatrix} e_d \\ e_q \\ e_0 \end{bmatrix} = T_{abc/dq0}\begin{bmatrix} e_a \\ e_b \\ e_c \end{bmatrix} \tag{A10}$$

将式(A10)带入式(A7)、式(A8)，整理后可得：

$$\frac{d}{dt}\begin{bmatrix} i_d \\ i_q \end{bmatrix} = \frac{1}{L_t}\begin{bmatrix} e_d \\ e_q \end{bmatrix} - \frac{1}{L_t}\begin{bmatrix} d_d \\ d_q \end{bmatrix}u_{dc} - \begin{bmatrix} -\omega i_q \\ \omega i_d \end{bmatrix} \tag{A11}$$

$$\frac{du_{dc}}{dt} = \frac{3}{2C}\begin{bmatrix} d_d \\ d_q \end{bmatrix}^T\begin{bmatrix} i_d \\ i_q \end{bmatrix} - \frac{u_{dc}}{R_{load}C} \tag{A12}$$

以大写字母表示系统平衡点处状态量，在平衡点处，将模型进行线性化，具体方法是对 i_d，i_q，u_{dc}，e_d，e_q，d_d，d_q，i_l 添加小的扰动 $\hat{i}_d$，$\hat{i}_q$，$\hat{u}_{dc}$，$\hat{e}_d$，$\hat{e}_q$，$\hat{d}_d$，$\hat{d}_q$，将 $\hat{i}_l$ 带入式(A11)、式(A12)并忽略二阶无穷小项。化简后，PWM 整流器的小信号模型如下所示：

$$\frac{d}{dt}\begin{bmatrix} \hat{i}_d \\ \hat{i}_q \end{bmatrix} = \frac{1}{L_t}\begin{bmatrix} \hat{e}_d \\ \hat{e}_q \end{bmatrix} - \frac{1}{L_t}\begin{bmatrix} D_d \\ D_q \end{bmatrix}\hat{u}_{dc} - \frac{1}{L_t}\begin{bmatrix} \hat{d}_d \\ \hat{d}_q \end{bmatrix}u_{dc} - \begin{bmatrix} -\omega\hat{i}_q \\ \omega\hat{i}_d \end{bmatrix} \tag{A13}$$

$$\frac{d\hat{u}_{dc}}{dt} = \frac{3}{2C}\begin{bmatrix} D_d \\ D_q \end{bmatrix}^T\begin{bmatrix} \hat{i}_d \\ \hat{i}_q \end{bmatrix} + \frac{3}{2C}\begin{bmatrix} \hat{d}_d \\ \hat{d}_q \end{bmatrix}^T\begin{bmatrix} I_d \\ I_q \end{bmatrix} - \hat{i}_l \tag{A14}$$

在进行解耦控制之后，d 轴电流和 q 轴电流之间基本不影响，而直流输出电压基本只与 d 轴电流有关，稳态时 i_q 基本为 0。结合图 4、图 5 的控制方法以及式(A11)、式(A12)，可得 PWM 整流器 d 轴简化控制框图如图 A1 所示。

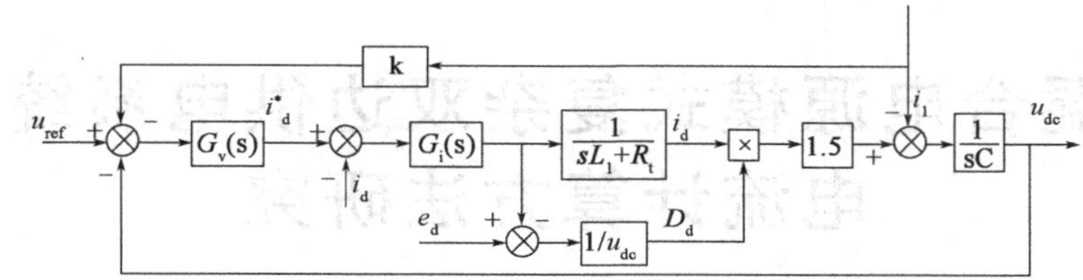

图 A1　PWM 整流器 d 轴简化控制框图

结合公式(A13)、式(A14)的小信号处理方法，可得 PWM 整流的小信号模型 d 轴简化图如图 6 所示。

参考文献

[1]《新时代交通强国铁路先行规划纲要》正式发布[J]. 铁道通信信号，2020，56(10)：94.

[2] 贺明，王冲，牛犁. 高速铁路牵引供电系统对区域电网电能质量的影响研究[J]. 电气应用，2018，37(23)：52-57，73.

[3] 张秀峰，钱清泉，李群湛，等. 基于有源滤波器和 AT 供电方式的新型同相牵引供电系统[J]. 中国铁道科学，2006(06)：73-78.

[4] 漆炜之，刘全景，谢永强，等. 基于三相-单相变换的新型同相供电系统方案[J]. 电力系统保护与控制，2017，45(04)：93-98.

[5] LEANDER P，OSTLUND S，A concept for an HVDC traction system，International Conference on Main Line Railway Electrification 1989，York，UK，1989：169-173.

[6] GOMEZ-EXPOSITO A，MAURICIO J M，MAZA-ORTEGA J M. VSC-Based MVDC Railway Electrification System [J]. IEEE Transactions on Power Delivery，2014，29 (1)：422-431.

[7] SERRANO-JIMENEZ D，SANZ-FEITO J，CASTANO-SOLIS S. Modeling，simulation and analysis of an advanced mono-voltage DC converter-based electrical railway power supply system for high speed lines [J]. 2017 Ieee Vehicle Power and Propulsion Conference (Vppc)，2017.

[8] Zhu X，Hu H，Tao H，et al. Stability Prediction and Damping Enhancement for MVdc

Railway Electrification System, in IEEE Transactions on Industry Applications, 55(6): 7683-7698.

[9] 汤广福,罗湘,魏晓光.多端直流输电与直流电网技术[J].中国电机工程学报,2013,33(10):8-17,24.

[10] 张新燕,赵理威,赵理飞,等.新能源多馈入直流并网与传统交流并网对比[J].高电压技术,2017,43(04):1121-1128.

[11] 李永东,章玄,许烈.多电飞机高压直流供电系统稳定性研究综述[J].电源学报,2017(02): 2-11.

[12] 赵彪,安峰,宋强,等.双有源桥式直流变压器发展与应用[J].中国电机工程学报,2021,41(01):288-298,418.

[13] YANG J, BUTICCHI G, Yan H, et al. Impedance-based Sensitivity Analysis of Dual Active Bridge DC-DC Converter, 2019 IEEE 13th International Conference on Compatibility, Power Electronics and Power Engineering (CPE-POWERENG), Sonderborg, Denmark, 2019: 1-5, doi: 10.1109/CPE.2019.8862418.

[14] RICCOBONOA and SANTI E, Comprehensive Review of Stability Criteria for DC Power Distribution Systems, in IEEE Transactions on Industry Applications, 50(5):3525-3535.

[15] Xu M Y, Gu Z X, Research on Bus Voltage Stability of ISOP DAB Converter in Marine Medium Voltage DC Power System, in International Core Journal of Engineering, vol. 7, Issue. 3, 2021, doi: 10.6919/ICJE.202103_7(3).0040.

[16] 余占清,曾嵘,屈鲁,等.混合式直流断路器的发展现状及展望[J].高电压技术,2020,46(08):2617-2626.

混合电源模式复杂双边供电系统电流计算方法研究

邓云川* 宋梦容 林宗良

(中铁二院工程集团有限责任公司)

摘　要　我国铁路牵引供电系统如果采用双边供电,宜为混合电源模式,两个以上牵引变电所供电臂连续采用双边供电方式,构成复杂双边供电系统。本文在前期研究基础上,针对复杂双边供电系统,对其环流计算、短路电流计算相关问题进行分析和研究,推导计算公式,给出参考算例,最后基于研究结果进行总结。

关键词　混合电源模式　双边供电方式　环流　短路电流

0　引言

双边供电方式是国外原苏联、德国等国家轨道交通广泛采用的供电方式,国内直流牵引轨道交通中也普遍采用该供电方式,但目前该方式在国内交流电气化铁路中尚未采用。近年来,随着更大难度电气化铁路工程的建设,双边供电方式所具有的消除相邻牵引变电所间电分相、提高供电能力等优势逐步体现,为各方所关注。图1和图2分别展示了单边供电方式和双边供电方式牵引供电系统,牵引变压器按照Vv接线牵引变压器,每牵引所设置两台,一主一备运行。邓云川等对比分析了国内外采用双边供电方式的总体架构,提出国内采用双边供电方式宜为混合电源模式。本文在既有研究成果的基础上,对两座以上相邻牵引变电所采用双边供电方式构成的复杂双边供电系统开展分析和研究,提出了环流和短路电流计算方法。

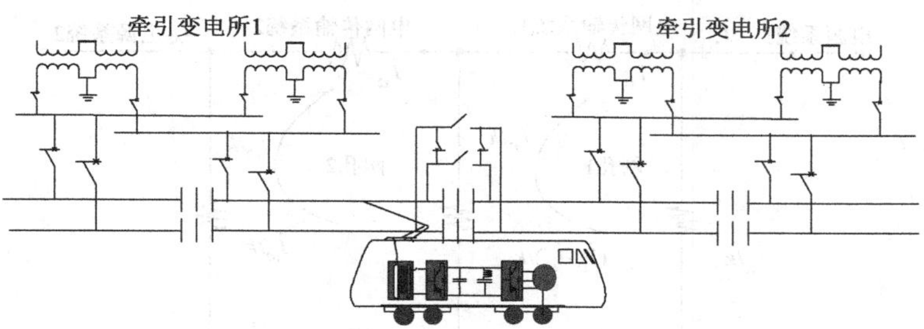

图1　单边供电方式复线电气化铁路系统示意图

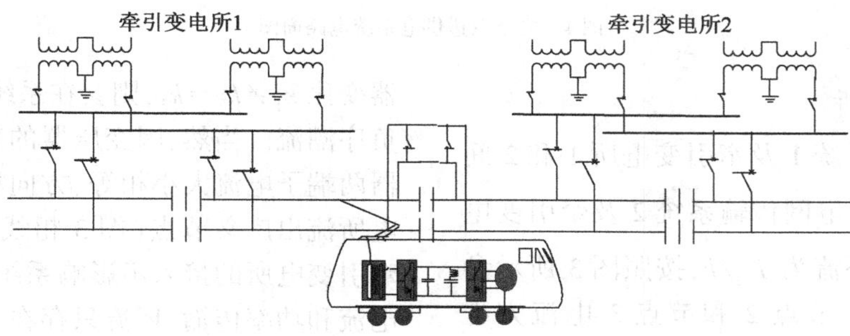

图2　双边供电方式复线电气化铁路系统示意图

1　混合电源模式复杂双边供电系统环流计算

邓云川等对两相邻牵引变电所供电臂双边供电环流计算进行了分析研究。在此基础上，本文针对两座以上单相牵引变电所（采用AB相供电）构成的复杂双边供电系统环流计算进行分析研究，其系统结构如图3所示。从电路来看，电气化铁路采用多牵引变电所双边供电方式，形成了高压电网传输系统与低压25kV牵引网多回路并联的结构，由此会产生流经牵引网回路和高压电网传输回路的环流，如图4所示。

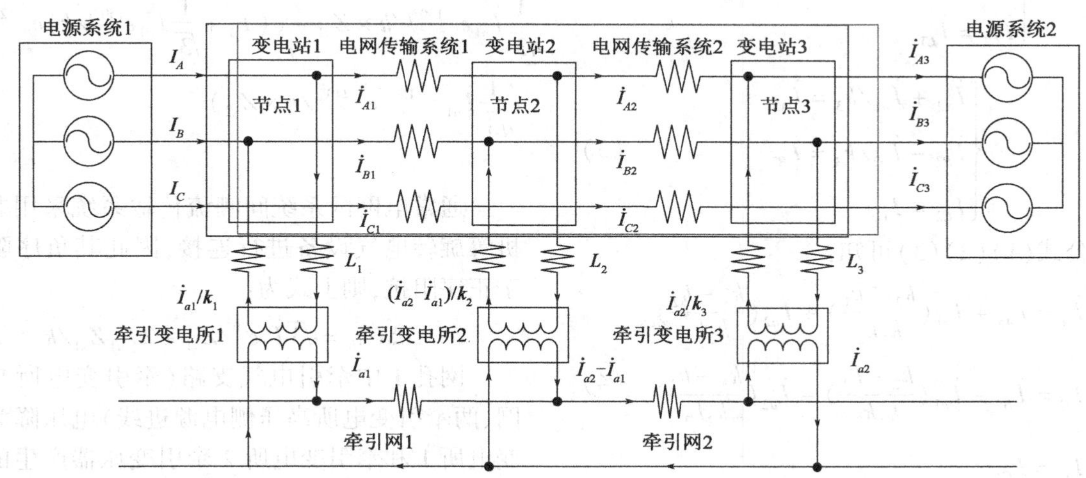

图3　复杂双边供电系统结构示意图

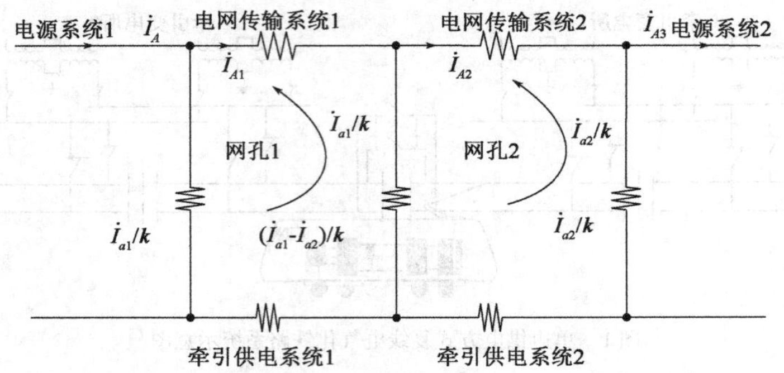

图4　复杂双边供电系统电路简图

1.1　电流分析

假定电网传输系统1及牵引变电所1和2间传输的环流为 $\dot{I}_{a1}/k$、电网传输系统2及牵引变电所2和3间传输的环流为 $\dot{I}_{a2}/k$，按照图3所示参考方向，列写节点1、节点2和节点3电流方程如下：

$$\begin{cases}\dot{I}_A - \dot{I}_{a1}/k_1 = \dot{I}_{A1}\\ \dot{I}_B + \dot{I}_{a1}/k_1 = \dot{I}_{B1}\\ \dot{I}_C = \dot{I}_{C1}\end{cases}\tag{1}$$

$$\begin{cases}\dot{I}_{A1} + (\dot{I}_{a1} - \dot{I}_{a2})/k_2 = \dot{I}_{A2}\\ \dot{I}_{B1} - (\dot{I}_{a1} - \dot{I}_{a2})/k_2 = \dot{I}_{B2}\\ \dot{I}_{C2} = \dot{I}_{C1}\end{cases}\tag{2}$$

$$\begin{cases}\dot{I}_{A2} + \dot{I}_{a2}/k_3 = \dot{I}_{A3}\\ \dot{I}_{B2} - \dot{I}_{a2}/k_3 = \dot{I}_{B3}\\ \dot{I}_{C2} = \dot{I}_{C3}\end{cases}\tag{3}$$

由公式(1)(2)(3)可知：

$$\begin{cases}\dot{I}_A = \dot{I}_{A3} + \dot{I}_{a1}\left(\dfrac{k_2 - k_1}{k_1 k_2}\right) + \dot{I}_{a2}\left(\dfrac{k_3 - k_2}{k_2 k_3}\right)\\ \dot{I}_B = \dot{I}_{B3} - \dot{I}_{a1}\left(\dfrac{k_2 - k_1}{k_1 k_2}\right) - \dot{I}_{a2}\left(\dfrac{k_3 - k_2}{k_2 k_3}\right)\\ \dot{I}_C = \dot{I}_{C3}\end{cases}\tag{4}$$

通常牵引变压器变比 $k_1 = k_2 = k_3 = k$，则 $\dot{I}_A = \dot{I}_{A3}$，$\dot{I}_B = \dot{I}_{B3}$，$\dot{I}_C = \dot{I}_{C3}$，通过高低压电路环网产生的附加电流 $\dot{I}_{a1}/k$、$\dot{I}_{a2}/k$ 仅在电路环网内部流动，并不影响电网系统间潮流传输值；如果牵引变压器变比 $k_1 \neq k_2 \neq k_3$，则会在系统内产生附加正序和负序潮流。当然，因变压器的特点，每个牵引变压器两端子电流大小相等、方向相反，即每个牵引变电所流出广义节点(图3粗线框)的电流为零，则牵引变电所的接入不影响系统1和系统2之间的电流和功率传输，环流只存在于牵引变电所之间，即，无论各牵引变压器变比是否相等 $\dot{I}_A = \dot{I}_{A3}$，$\dot{I}_B = \dot{I}_{B3}$，$\dot{I}_C = \dot{I}_{C3}$都成立。

1.2　环流计算

如图4所示，按照网孔电流进行计算，可以得到网孔1中电网三相电气支路AB相电压降为：

$$\Delta\dot{U}_{AB} = \left(\dot{I}_A + \frac{1}{\sqrt{3}}\dot{I}_{a1}e^{150°j}/k\right) \times Z_{x1} + \frac{1}{\sqrt{3}}\dot{I}_{a1}e^{-150°j}/k \times Z_{x2} - \left(\left(\dot{I}_A + \frac{1}{\sqrt{3}}\dot{I}_{a1}e^{150°j}/k\right)e^{-120°j} \times Z_{x1} + \frac{1}{\sqrt{3}}\dot{I}_{a1}e^{-150°j}e^{-240°j}/k \times Z_{x2}\right)\tag{5}$$

通常电网两系统间潮流传输系统采用非发电机等旋转电气设备进行连接，因此其负序阻抗等于正序阻抗，则上式为：

$$\Delta\dot{U}_{AB} = \sqrt{3}\dot{I}_A e^{30°j}Z_{x1} - 2\dot{I}_{a1}Z_{x1}/k\tag{6}$$

网孔1中牵引电气支路(牵引变电所与牵引网、两牵引变电所高压侧电源进线)电压降为牵引变电所1和牵引变电所2牵引变压器产生的电压降、牵引变电所1至牵引变电所2间牵引网产生的电压降、变电站1至牵引变电所1间输电线路1产生的电压降、变电站2至牵引变电所2间输电线路2产生的电压降之和，即：

$$\Delta\dot{U}_{AB}^{1}=\Delta\dot{U}_{AB1}+\Delta\dot{U}_{AB2}+\Delta\dot{U}_{AB3}=\dot{I}_{a}\times(Z_{b1}+Z_{b2}+Z_{q})\times k+\frac{1}{\sqrt{3}}\dot{I}_{a}e^{-30°j}/k\times Z_{x11}$$

$$+\frac{1}{\sqrt{3}}\dot{I}_{a}e^{30°j}/k\times Z_{x12}-\frac{1}{\sqrt{3}}\dot{I}_{a}e^{210°j}/k\times Z_{x11}-\frac{1}{\sqrt{3}}\dot{I}_{a}e^{150°j}/k\times Z_{x12}+\frac{1}{\sqrt{3}}(\dot{I}_{a1}-\dot{I}_{a2})e^{-30°j}/k\times Z_{x21} \quad (7)$$

$$+\frac{1}{\sqrt{3}}(\dot{I}_{a1}-\dot{I}_{a2})e^{30°j}/k\times Z_{x22}-\frac{1}{\sqrt{3}}(\dot{I}_{a1}-\dot{I}_{a2})e^{210°j}/k\times Z_{x21}-\frac{1}{\sqrt{3}}(\dot{I}_{a1}-\dot{I}_{a2})e^{150°j}/k\times Z_{x22}$$

对于输电线路,通常正序阻抗等于负序阻抗,即 $Z_{x11}=Z_{x12}$、$Z_{x21}=Z_{x22}$,则上式为:

$$\Delta\dot{U}_{AB}^{1}=\dot{I}_{a1}\times(Z_{b1}+Z_{b2}+Z_{q})\times k+\dot{I}_{a1}\times(2Z_{x11}+2Z_{x21})/k-\dot{I}_{a2}\times 2Z_{x21}/k \quad (8)$$

牵引单相电气支路电压降与电网三相电气支路电压降相等,即 $\Delta\dot{U}_{AB}=\Delta\dot{U}_{AB}^{1}$,可得:

$$\dot{I}_{a1}\times(Z_{b1}+Z_{b2}+Z_{q})\times k+\dot{I}_{a1}\times(2Z_{x11}+2Z_{x21})/k-\dot{I}_{a2}\times 2Z_{x21}/k=\sqrt{3}\dot{I}_{A}e^{30°j}Z_{x1}-2\dot{I}_{a1}Z_{x1}/k \quad (9)$$

同理,网孔 2 牵引单相电气支路电压降与电网三相电气支路电压降相等,可得:

$$\dot{I}_{a2}\times(Z_{b2}+Z_{b3}+Z_{q1})\times k+\dot{I}_{a2}\times(2Z_{x31}+2Z_{x21})/k-\dot{I}_{a1}\times 2Z_{x21}/k=\sqrt{3}\times(\dot{I}_{A}-\dot{I}_{a1})e^{30°j}Z_{x2}-2\dot{I}_{a2}Z_{x2}/k \quad (10)$$

求解上述两个方程构成的方程组,设:

$$Z_{c1}=(Z_{b1}+Z_{b2}+Z_{q})\times k^{2}+2Z_{x11}+2Z_{x21}+2Z_{x1} \quad (11)$$

$$Z_{c2}=(Z_{b2}+Z_{b3}+Z_{q1})\times k^{2}+2Z_{x21}+2Z_{x31}+2Z_{x2} \quad (12)$$

可得:

$$\frac{\dot{I}_{a1}/k}{\dot{I}_{A}}=\frac{2\sqrt{3}e^{30°j}Z_{X2}Z_{X21}+\sqrt{3}e^{30°j}Z_{X1}Z_{c2}}{Z_{c1}Z_{c2}+2\sqrt{3}e^{30°j}Z_{X2}Z_{X21}-4Z_{X21}^{2}} \quad (13)$$

$$\frac{\dot{I}_{a2}/k}{\dot{I}_{A}}=\frac{2\sqrt{3}e^{30°j}Z_{X1}Z_{X21}+\sqrt{3}e^{30°j}Z_{X2}Z_{c1}-3e^{60°j}Z_{X1}Z_{X2}}{Z_{c1}Z_{c2}+2\sqrt{3}e^{30°j}Z_{X2}Z_{X21}-4Z_{X21}^{2}} \quad (14)$$

对于更多牵引变电所构成的复杂双边供电系统,其环流可以参照这里推导的公式,进一步采用网孔电流计算原理进行计算。

2 短路电流计算

2.1 牵引侧短路、短路电流计算

双边供电时牵引侧发生短路,其短路电流由短路点两侧牵引网短路电流叠加构成,如图 5 所示。

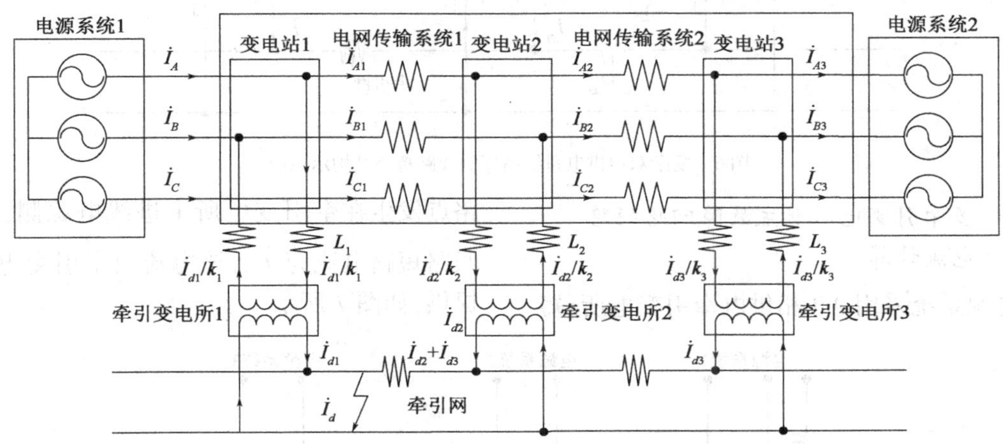

图 5 复杂双边供电系统低压侧牵引网短路结构示意图

根据邓云川等人的研究,双边供电系统牵引侧短路电流为:

$$\begin{cases} I_{d1} = \dfrac{U_{ab1}}{Z_{b1} + L_1 Z_q + Z_{X11} + Z_{X12}} \\ I_{d2} = \dfrac{U_{ab2}}{Z_{b2} + L_2 Z_q + Z_{X21} + Z_{X22}} \\ I_{d3} = \dfrac{U_{ab3}}{Z_{b3} + L_3 Z_q + Z_{X31} + Z_{X32}} \\ I_d = I_{d1} + I_{d2} + I_{d3} \end{cases} \tag{15}$$

式中：U_{ab1}、U_{ab2} U_{ab3}——两侧牵引变电所牵引变压器 27.5kV 侧电压；

Z_{b1}、Z_{b2}、Z_{b3}——两侧牵引变压器阻抗；

L_1、L_2、L_3——三座牵引变电所距离短路点牵引网的长度；

Z_{X11}、Z_{X21}、Z_{X31}——三座牵引变电所外部电源系统正序阻抗；

Z_{X21}、Z_{X22}、Z_{X32}——三座牵引变电所外部电源系统负序阻抗。

对于更多牵引变电所构成的复杂双边供电系统，牵引侧短路、短路电流也可以参照这里推导的公式，进一步采用叠加原理进行计算。

2.2　进线电源侧短路、短路电流计算

双边供电时牵引变电所进线电源侧发生短路，其短路电流是电力系统在发生故障的牵引变电所高压侧产生的短路电流和双边供电环路内其他牵引变电所经牵引网在短路牵引变电所高压侧产生的短路电流之矢量叠加，如图 6 所示，前者定义为主故障回路短路电流，后者定义为非主故障回路短路电流。复杂双边供电系统短路电流计算主要需要解决多牵引变电所非主故障回路短路电流计算问题以及多牵引变电所主故障回路等效过渡阻抗计算问题。

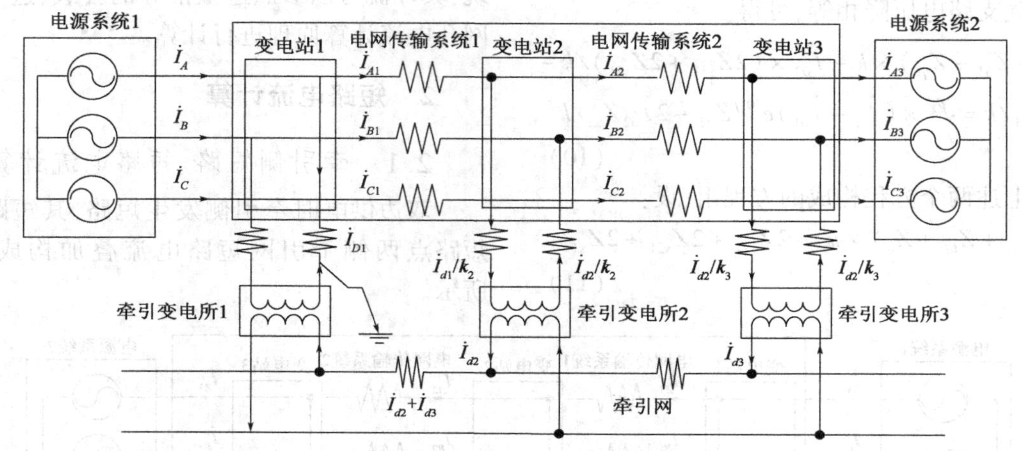

图 6　复杂双边供电系统高压侧线路短路结构示意图

2.2.1　多牵引变电所非主故障回路短路电流计算

假设电源系统采用 AB 相供电牵引变电所，短路点发生在牵引变电所 1 进线电源侧，非主故障回路短路电流为 $\dot{I}_{d2}$，该电流由牵引变电所 2 和 3 提供，如图 7 所示。

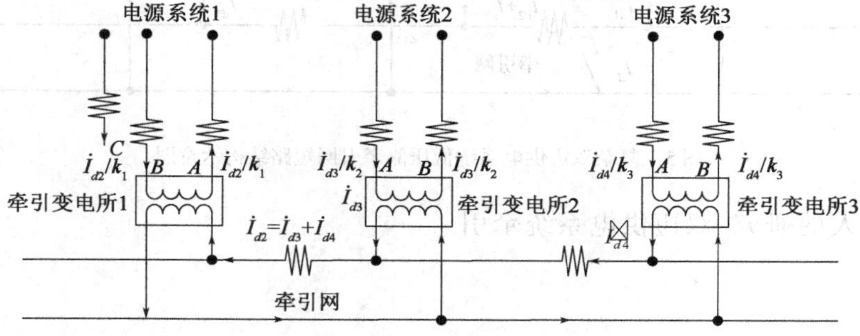

图 7　复杂双边供电系统非主故障回路短路电流示意图

此时,短路电流 $\dot{I}_{d2}=\dot{I}_{d3}+\dot{I}_{d4}$,根据邓云川等的《混合电源模式双边供电系统短路电流计算方法研究》,流经牵引供电系统以牵引变电所2和3为电源的短路电流 $\dot{I}_{d3}$ 和 $\dot{I}_{d4}$ 分别为:

$$\dot{I}_{d3}=\frac{\dot{U}_{ab2}}{Z_{d3}}=\frac{\dot{U}_{ab2}}{\frac{Z_{x21}+Z_{x22}}{k_2^2}+Z_{b1}+Z_{b2}+Z_{q1}} \tag{16}$$

$$\dot{I}_{d4}=\frac{\dot{U}_{ab3}}{Z_{d4}}=\frac{\dot{U}_{ab3}}{\frac{Z_{x31}+Z_{x32}}{k_3^2}+Z_{b1}+Z_{b3}+(Z_{q1}+Z_{q2})} \tag{17}$$

式中:Z_{q1}——牵引变电所1和2间牵引网阻抗;

Z_{q2}——牵引变电所2和3间牵引网阻抗;

$\dot{U}_{ab1}$、$\dot{U}_{ab2}$、$\dot{U}_{ab3}$——三座牵引变电所牵引变压器低压侧电压。

这里定义电源系统1与电源系统2经牵引网构成双边供电系统1,电源系统1与电源系统3经牵引网构成双边供电系统2,则整个系统可视为由两双边供电系统并联构成。对于更多牵引变电所构成的更为复杂的双边供电系统,非主故障回路短路电流可以参照这里推导的公式,进一步采用叠加原理、并联结构进行计算。

2.2.2 多牵引变电所主故障回路等效过渡阻抗计算

邓云川等在《混合电源系统双边供电方式系统短路电流计算方法研究》中提出了两牵引变电所构成的双边供电系统不同短路形式主故障回路短路电流计算方法,从中可以看出,主故障回路短路电流计算的核心问题是以其他牵引变电所为电源经由牵引供电系统在发生短路的牵引变电所高压侧形成的等效过渡阻抗的计算问题。根据2.2.1,按照戴维南等效电路原理,经由牵引供电系统归算到牵引变电所1变压器低压侧的阻抗为:

$$Z_{d2}=\frac{\dot{U}_{ab1}}{\dot{I}_{d2}}=\frac{\dot{U}_{ab1}}{\frac{\dot{U}_{ab2}}{\frac{Z_{x21}+Z_{x22}}{k_2^2}+Z_{b1}+Z_{b2}+Z_{q1}}+\frac{\dot{U}_{ab3}}{\frac{Z_{x31}+Z_{x32}}{k_3^2}+Z_{b1}+Z_{b3}+(Z_{q1}+Z_{q2})}} \tag{18}$$

通常 $\dot{U}_{ab2}\approx\dot{U}_{ab3}\approx\dot{U}_{ab1}$,因此

$$Z_{d2}=\frac{1}{\frac{1}{\frac{Z_{x21}+Z_{x22}}{k_2^2}+Z_{b1}+Z_{b2}+Z_{q1}}+\frac{1}{\frac{Z_{x31}+Z_{x32}}{k_3^2}+Z_{b1}+Z_{b3}+(Z_{q1}+Z_{q2})}} \tag{19}$$

从上述公式可以看出,在由三座牵引变电所构成的复杂双边供电系统中,牵引变电所1高压侧短路时,其主故障回路等效过渡阻抗等于牵引变电所2至牵引变电所1等效过渡阻抗和牵引变电所3至牵引变电所1等效过渡阻抗并联后的阻抗值。以此类推,牵引变电所2高压侧短路时,其主故障回路等效过渡阻抗等于牵引变电所2至牵引变电所1等效过渡阻抗和牵引变电所3至牵引变电所2等效过渡阻抗并联后的阻抗值。对于更多牵引变电所构成的更为复杂的双边供电系统,非主故障回路等效过渡阻抗可以参照这里推导的公式,进一步采用叠加原理、并联结构进行计算。

3 计算实例

3.1 基础资料

复杂双边供电系统主要参数如图8所示,各220kV变电站系统短路容量为5000MVA,系统1通过系统2、3传送200MVA容量,采用AB相供电,正序阻抗等于负序阻抗,零序阻抗为正序阻抗的2.5倍,不考虑电阻影响。

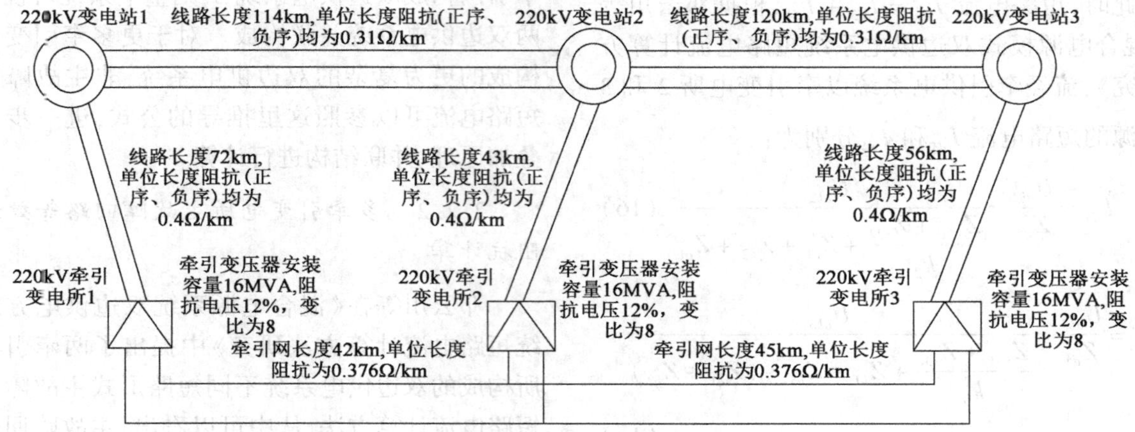

图 8　复杂双边供电系统算例示意图

3.2　计算结果

(1)系统环流计算结果如表 1 所示。

系统环流计算结果　表 1

牵引所 1 与 2 间环流	牵引所 2 与 3 间环流
17.56	17.37

(2)牵引变电所 1 高压侧短路电流如表 2、3、4、5 所示。

高压侧单相接地短路电流(A)　表 2

故障处	A 相	B 相	C 相
主故障	A 相/B 相	B 相/A 相	—
	2972/135	2972/135	2940
非主故障	0	0	0

高压侧两相不接地短路电流(A)　表 3

故障处	AC 相	BC 相	AB 相
主故障	A(C)相/B 相	B(C)相/A 相	A(B)相
	3820/98	3820/98	3820
非主故障	0	0	201

高压侧两相接地短路电流(A)　表 4

故障处	AC 相	BC 相	AB 相
主故障	A(C)相/B 相	B(C)相/A 相	A(B)相
	3985/141	3985/141	4456
非主故障	0	0	201

高压侧三相接地短路电流(A)　表 5

故障处	高压侧三相接地短路电流(A)
主故障	4410
非主故障	201

(3)牵引变电所 1 低压侧短路电流。　　　　所示。

牵引变电所 1 低压侧短路电流曲线如图 9

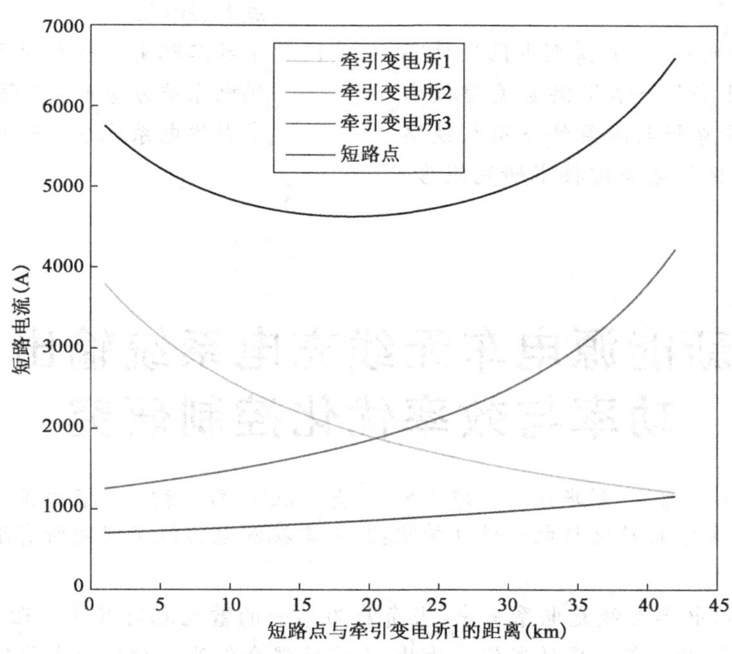

图9 牵引变电所1低压侧短路电流曲线图

牵引变电所1双边供电范围内低压侧短路电流如表6所示。

牵引变电所1双边供电范围内低压侧短路电流(A) 表6

牵引变电所	牵引变电所1供电范围首端	牵引变电所1供电范围末端
牵引变电所1	3793	1213
牵引变电所2	1254	4223
牵引变电所3	705	1166
短路点	5752	6602

4 结语

系统环流和短路电流是双边供电方式的重要基础性电气参数,本文针对两座以上单相牵引变电所构成的复杂双边供电系统,对其环流和短路电流计算进行了分析和研究。应用网孔电流法、结合序网结构提出了环流计算公式,应用叠加原理提出了低压侧牵引网短路电流计算方法以及高压侧输电线路短路主故障回路等效过渡阻抗计算方法,解决了复杂双边供电系统环流和短路电流计算问题,为进一步开展复杂双边供电系统工程应用研究提供了基础性支撑。

参考文献

[1] 邓云川,宋梦容,林宗良.混合电源模式双边供电系统环流计算方法研究[J].电气化铁道,2021(S01):1-5.

[2] 邓云川,宋梦容,林宗良.混合电源模式双边供电系统短路电流计算方法研究[J].电气化铁道,2021(6):12-20.

[3] 铁道部电气化工程局电气化勘测设计院.电气化铁道设计手册-牵引供电系统[M].北京:中国铁道出版社,1988.

[4] KieBling, Puschmann, Schmieder.电气化铁道接触网[M].中铁电气化局集团有限公司,译.北京:中国电力出版社,2003.

[5] 韩祯祥.电力系统分析[M].杭州:浙江大学出版社,2010.

[6] 简克良.电力系统分析[M].成都:西南交通大学出版社,1992.

[7] 张炜.电力系统分析[M].北京:中国水利水电出版社,1999.

[8] 张丽艳,李鑫,梁世文,等.高速铁路牵引供电系统双边供电循环功率降低措施[J].中国铁路科学,2020,41(5):127-135.

[9] 周志成,马庆安.交流牵引供电系统双边供电均衡电流的预估方法[J].机车电传动,2020,

7(4):94-97.

[10] 中铁二院重点科研项目《端薄弱电网条件下川藏铁路“源-网-荷”一体化供电关键技术研究》课题组.端薄弱电网条件下川藏铁路“源-网-荷”一体化供电关键技术研究报告.成都,2013.

[11] 中铁二院重点科研项目《高速铁路双边牵引供电系统方案研究》课题组.高速铁路双边牵引供电系统方案研究报告.成都,2018.

新能源电车无线充电系统输出功率与效率优化控制研究

赵万平[1] 刘华东*[2] 谭平安[1] 雷 旺[1] 曹 博[1] 张旭莲[1]

(1.湘潭大学自动化与电子信息学院;2.中车株洲电力机车研究所有限公司)

摘 要 在新能源电车无线充电系统中,当负载为单一的蓄电池时其等效阻值会随充电状态而变化,进而引起系统的传输功率与效率的变化。为此,本文将混合储能结构作为车载储能系统,提出了一种基于输出直流母线电流控制的功率与效率优化策略,仅通过副边控制就能够实现系统输出功率与效率稳定。首先建立了补偿网络(LCC-S),负载为混合储能结构的单发射双接收无线供电系统电路模型,着重分析了系统输出功率和传输效率与输出直流母线电流的关系,借此提出了基于输出直流母线电流控制的功率与效率优化策略,在此基础上利用超级电容调节输出直流母线电流,从而调节系统输出功率与效率。最后通过仿真验证了所提出控制策略的有效性。

关键词 轨道交通 无线电能传输 混合储能 恒功率

0 引言

无线电能传输技术(Wireless Power Transfer, WPT)利用发射线圈与接收线圈之间的交变磁场将发射侧的能量传递到接收侧,而无须物理连接[1-3]。将无线电能传输技术与轨道交通相结合[4],能够有效提高供电的安全性与便捷性。在WPT系统中,一般将蓄电池作为主要的储能单元,采用先恒流再恒压充电模式。在充电过程中其等效阻抗会随充电状态变化而变化,进而影响系统的输出功率与传输效率。为此不少国内外学者进行了深入的研究。文献[4]针对超级电容作为负载提出了一个恒流充电及最优效率追踪的双边控制策略,在副边利用半桥有源整流器实现恒流充电,并在原边逆变器前加入DC/DC变换器进行阻抗匹配实现效率追踪。文献[5]提出了一种恒压输出及最大效率追踪方法,在副边用半桥有源整流器代替全桥整流器实现阻抗匹配,并利用原副边的无线通讯将副边信息传输到原边,控制逆变器实现恒压输出。文献[6]为了实现恒功率输出及最大效率追踪,在副边整流前加入谐振网络来实现阻抗匹配,并在原边的逆变器前增加一个DC/DC变换器实现稳定功率输出,利用无线通信模块实现原副边信息传递。上述文献所提出的方法需要双边通信或者双边控制。

由超级电容与电池组成的混合储能系统(Hybrid Energy System, HESS)兼具了高功率密度与高能量密度的优点[7-11],因而受到了海内外学者的广泛关注。本文将混合储能结构作为车载储能系统,选用具有二次侧恒压输出特性的LCC-S型补偿网络。由于LCC-S型WPT系统副边具有恒压输出特性,因此当直流母线电流保持恒定时系统的输出阻抗就能维持恒定,系统输出功率与传输效率同样保持恒定,蓄电池作为混合储能结构

1.基金项目:湖南省高技术产业科技创新引领计划项目(2020GK2073)。

中的主要储能元件,采用先恒流再恒压的充电模式,而超级电容则用于动态调节直流母线电流,所有控制均在副边完成。本文首先给出了负载为混合储能结构的 WPT 等效电路,推导出系统传输效率与输出功率的数学表达式;其次分析了混合储能系统的控制策略;最后在 MATLAB/Simulink 中搭建了仿真实验平台,验证了控制策略的可靠性。

1 基于 HESS 单发射双接收 WPT 模型

无线电能传输耦合机构采用单发射双接收如图 1 所示,在这种模式下两收线圈各自承受一半的接收功率,能够有效降低各接收线圈中的电流此并提高系统的传输效率[12]。无线电能传输系统采用 LCC-S 补偿结构,这种补偿结构具有恒压输出的特性并且流入发射线圈中的电流保持恒定,能够提供稳定的磁场。蓄电池与超级电容分别通过 DC/DC 变换器与直流母线相连,当电车停车充电时两变换器工作在 buck 模式下接收电能,当电车离开充电站时两变换器工作在 boost 模式下为电车提供电能。图 1 中 U_{DC} 为经整流后的直流电压,$S_1 \sim S_4$ 为原边全桥逆变器的开关管,$S_5 \sim S_8$ 为双向 DC/DC 的开关管。C_p、C_f、L_f 分别为原边侧串联补偿电容、并联补偿电容和串联补偿电感。L_p、L_s 分别为发射线圈与接收线圈的自感,M_1(M_2)为两接收线圈与发射线圈之间的互感。C_s 为二次侧串联补偿电容。I_L 为直流母线上的电流,U_L 为直流母线上的电压。

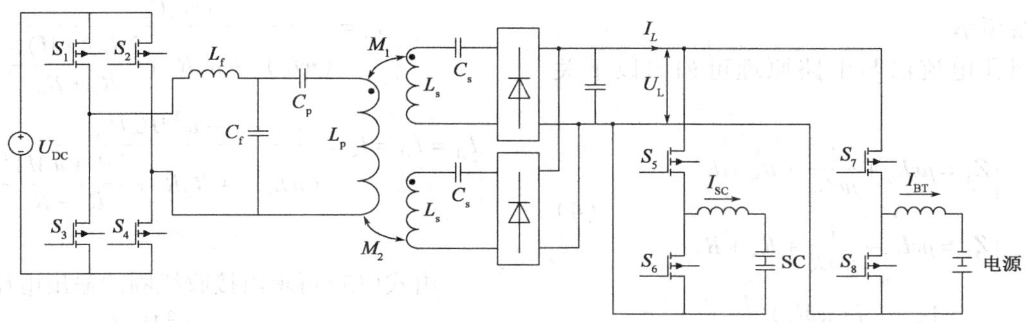

图 1 基于 HESS 的单发射双接收 WPT 系统结构图

为便于分析,将发射侧逆变器之前的部分用交流电压源 U_{in} 代替,将接收线圈整流的部分分别用等效电阻 R_1 与 R_2 代替如图 2 所示,U_1(U_2)为接收线圈的输出电压,R_f、R_p、R_s 分别为补偿电感内阻、发射线圈与接收线圈内阻。由于两接收线圈之间有一定的距离,因此在分析过程中不考虑两接收线圈之间的互感,此外两接收线圈与发射线圈之间的互感相等且两线圈的参数完全相同,则有以下关系存在:

$$M_1 = M_2 = M \tag{1}$$

$$R_1 = R_2 = R_e \tag{2}$$

$$U_{in} = \frac{2\sqrt{2}\,U_{DC}}{\pi} \tag{3}$$

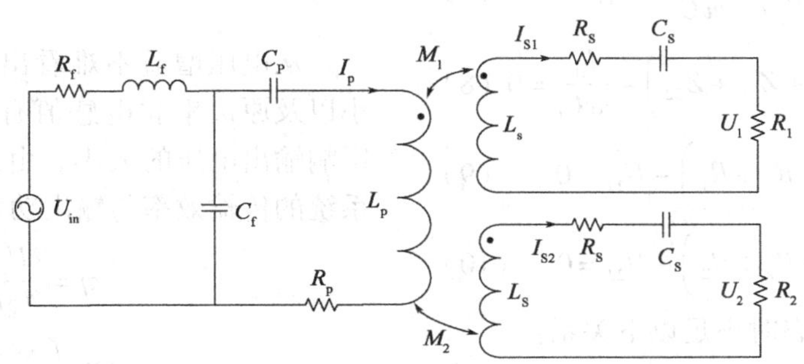

图 2 基于 HESS 单发射双接收 WPT 等效电路

将图 2 的等效电路图去耦合,如图 3 所示。

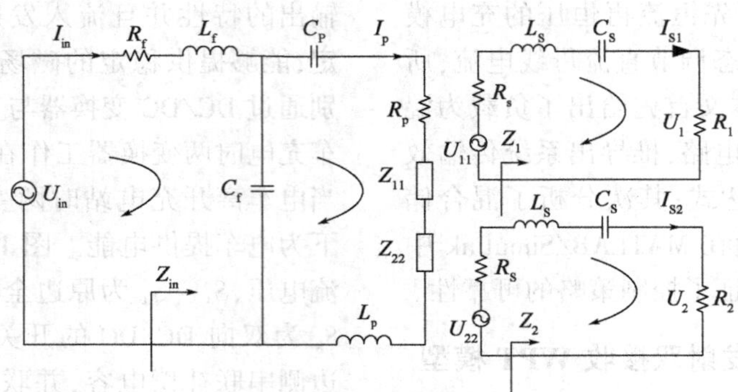

图 3　去耦合等效电路

图 3 中 Z_{in}、Z_1、Z_2 分别为系统的输入阻抗，两接收线圈阻抗，U_{11} 为发射侧在接收线圈 1 中的映射电压，U_{22} 为发射侧在接收线圈 2 上的映射电压。Z_{11} 与 Z_{22} 为两接收线圈在发射侧的映射阻抗，w 为系统的谐振频率。

利用网孔电流法与电路原理可列出以下关系式：

$$\begin{cases} Z_1 = jwL_S + \dfrac{1}{jwC_S} + R_S + R_1 \\ Z_1 = jwL_S + \dfrac{1}{jwC_S} + R_S + R_2 \end{cases} \tag{4}$$

$$\begin{cases} Z_{11} = \dfrac{j\,(wM_1)^2}{Z_1} \\ Z_{22} = \dfrac{j\,(wM_2)^2}{Z_2} \end{cases} \tag{5}$$

$$\begin{cases} U_{11} = jwM_1 I_p \\ U_{22} = jwM_2 I_p \end{cases} \tag{6}$$

$$I_{in}\left(R_f + jwL_f + \frac{1}{jwC_f}\right) - \frac{I_p}{jwC_f} - U_{in} = 0 \tag{7}$$

$$I_P\left(R_p + jwL_p + \frac{1}{jwC_p} + Z_{11} + Z_{22}\right) - \frac{I_{in}}{jwC_f} = 0 \tag{8}$$

$$I_{s1}\left(jwL_S + \frac{1}{jwC_s} + R_s + R_1\right) - U_{11} = 0 \tag{9}$$

$$I_{s2}\left(jwL_s + \frac{1}{jwC_s} + R_s + R_2\right) - U_{22} = 0 \tag{10}$$

当系统处于谐振状态时满足以下关系：

$$jwL_f = \frac{1}{jwC_f} = jw_0L_p + \frac{1}{jwC_p} \tag{11}$$

$$wL_s = \frac{1}{jwC_s} \tag{12}$$

由式(4)～式(12)可解得各支路电流为：

$$I_{in} = \frac{U_{in}\left(R_p + \dfrac{2\,(wM)^2}{R_s + R_e}\right)}{(wL_f)^2 + R_PR_f + \dfrac{2R_f\,(wM)^2}{R_s + R_e}} \tag{13}$$

$$I_p = \frac{jwL_fU_{in}}{(wL_f)^2 + R_PR_f + \dfrac{2R_f\,(wM)^2}{R_s + R_e}} \tag{14}$$

$$I_{s1} = I_{s2} = I_s = \frac{-w^2ML_fU_{in}}{(wL_f)^2 + R_PR_f + \dfrac{2R_f\,(wM)^2}{R_s + R_e}}\frac{1}{R_s + R_e} \tag{15}$$

由式(15)可求出接收线圈的输出电压为：

$$U_1 = U_2 = U_s = \frac{-w^2ML_fU_{in}}{(wL_f)^2 + R_PR_f + \dfrac{2R_f\,(wM)^2}{R_s + R_e}}\frac{R_e}{R_s + R_e} \tag{16}$$

输入电压与输出电压的增益为 H_U，由于耦合线圈与电感内阻远小于负载的等效电阻，因此有：

$$H_U = \left|\frac{U_{in}}{U_s}\right| = \frac{(wL_f)^2 + R_PR_f + \dfrac{2R_f\,(wM)^2}{R_s + R_e}}{w^2ML_fU_{in}}\frac{R_s + R_e}{R_e} \approx \frac{L_f}{M} \tag{17}$$

从电压增益不难看出，输出电压仅与互感大小以及原边串联电感值有关，负载阻值的变化不影响输出电压的大小。由式(13)、式(16)可求出系统的传输效率与输出功率：

$$\eta = \frac{2U_sI_s}{U_{in}I_{in}} = \frac{2R_e\left(\dfrac{w^2ML_f}{R_e + R_s}\right)^2}{\left[(wL_f)^2 + R_PR_f + \dfrac{2R_f\,(wM)^2}{R_s + R_e}\right]\left[R_p + \dfrac{2\,(wM)^2}{R_s + R_e}\right]} \tag{18}$$

$$P_{out} =$$

$$2\frac{U_s^2}{R_e}=\left[\frac{w^2ML_fU_{in}}{(wL_f)^2+R_PR_f+\frac{2R_f(wM)^2}{R_s+R_e}}\right]^2\frac{2R_e}{(R_s+R_e)^2} \tag{19}$$

同时有：

$$R_e=\frac{\pi^2U_L}{16I_L}(U_L=\sqrt{2}U_S) \tag{20}$$

由式(18)、式(19)可看出当负载保持恒定时系统的输出功率与传输效率均保持不变，又由式(20)可知当车载直流母线上的电流保持恒定时，系统的输出功率与传输效率保持恒定。

2 HESS-WPT 系统输出功率与效率优化策略

传统的双边控制策略，需要在原副边安装通信模块，不仅设计成本高而且可靠性较低。本文所提出的恒功率与恒效率控制策略，利用 LCC-S 补偿结构恒压输出特性与混合储能结构特性，能够实现所有的控制均在副边实现，避免了原副边通信，可靠性较高。

由上节分析可知，当互感不变时直流母线上的电压同样保持不变。因此，只要保持直流母线上的电流 I_L 保持恒定，系统的负载就会保持恒定，进而系统的输出功率 P_{out} 与传输效率 η 也保持恒定。蓄电池作为主要的储能设备，充电时吸收大部分的充电功率，利用超级电容去调节直流母线上的电流恒定，并吸收剩余的充电功率。充电功率分配示意图如图 4 所示。

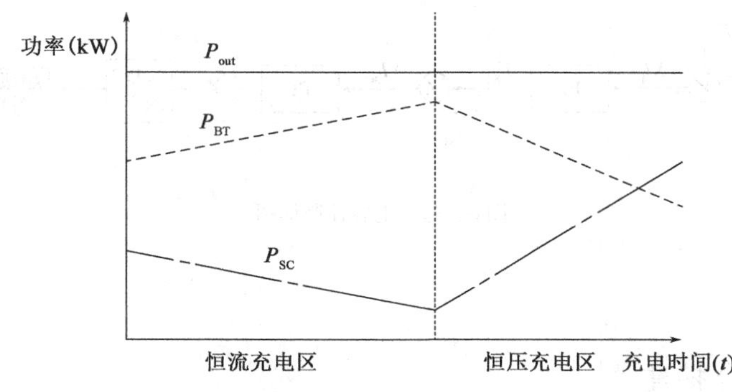

图 4 功率分配示意图

当蓄电池处于恒流充电阶段时，蓄电池吸收的功率 P 随充电时间逐渐增大，如果超级电容吸收功率不变则会使直流母线上的电流 I_L 有增大的趋势使系统的输出功率与传输效率不能保持恒定：

$$P_{out}=U_LI_L=P_{SC}+P_{BT} \tag{21}$$

因此，此时超级电容所联的双向 DC/DC 降低超级电容的吸收功率以维持直流母线上电流保持恒定。随着充电的继续，蓄电池进入恒压充电阶段，其吸收的功率随充电时间不断降低，相反此时直流母线上的电压有减小的趋势，超级电容吸收的功率需不断增加。

本文所提出的控制策略，均在副边实现，能够保持系统的输出功率与传输效率维持恒定。蓄电池组充电控制策略框图如图 5 所示，超级电容充电策略控制框图如图 6 所示。

蓄电池的电压传感器与电流传感器将检测的电压 U_{BT} 与电流 I_{BT} 传入到控制器中，控制器首先判断蓄电池两端的电压值 U_{BT} 是否大于蓄电池恒压充电值 U_{BT}^*，如果小于恒压充电值 U_{BT}^*，则蓄电池采用先恒流再恒压的充电模式。即 I_{SC} 与 I^* sc 相比较得到 ΔI_{SC}，通过一个 PI 调节器产生控制蓄电池恒流充电的控制信号 $D_{1,2}$ 与 $D_{3,4}$，随充电时间当 U_{BT} 逐渐增加当 U_{BT} 大于 U_{BT}^* 时切换到恒压充电模式，将 U_{BT} 与 U_{BT}^* 相比较得到 ΔU_{BT}，经一个 PI 调节器得到控制蓄电池恒压充电信号 $D_{3,4}$ 如果一开始 U_{BT} 大于 U_{BT}^* 采用恒压充电模式，其控制方法与先恒流再恒压模式中恒压充电控制方法相同。

$$\Delta U_{BT}=U_{BT}-U_{BT}^* \tag{22}$$

$$\Delta I_{BT}=I_{BT}^*-I_{BT} \tag{23}$$

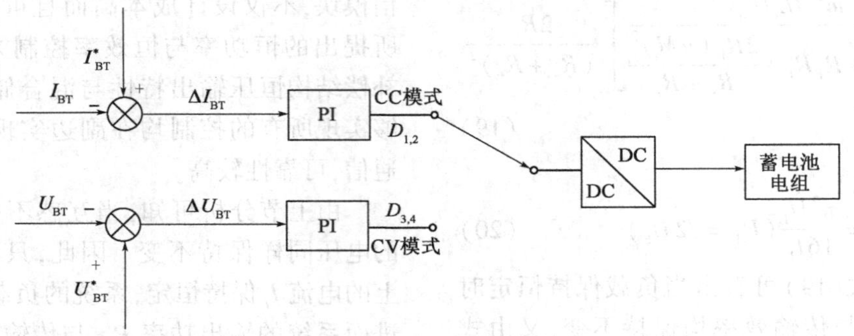

图5　蓄电池充电控制策略

直流母线处的电流传感器将检测到的电流 I_L 送入控制器中，然后控制器将给定值 I_L^* 与实际值相比较得到 ΔI_L，通过PI调节器产生超级电容的充电电流 I_{SC}^*。将电流 I_{SC}^* 与超级电容的实际值 I_{SC} 相比较后得到 ΔI_{SC}，再经PI调节器产生控制超级电容端变换器控制信号 $D_{5,6}$。

$$\Delta I_L = I_L^* - I_L \tag{24}$$

$$\Delta I_{SC} = I_{SC}^* - I_{SC} \tag{25}$$

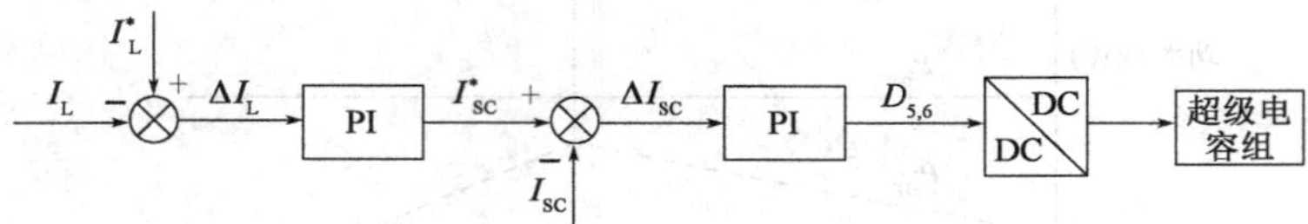

图6　超级电容控制框图

3　仿真实验验证

3.1　仿真实验平台搭建

为了验证所提出控制策略的正确性，按照图1所示的电路在Matlab/Simulink中搭建了150kW仿真电路，如图7所示，仿真参数见表1。

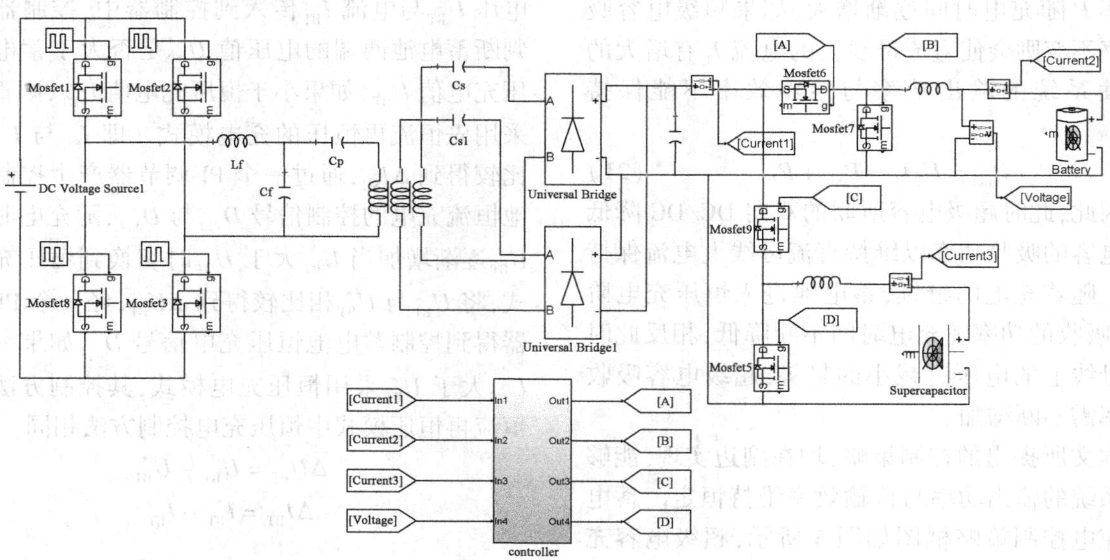

图7　仿真实验平台

表1 仿真参数

参数名称	参数值	参数名称	参数值
发射线圈自感 L_p(μH)	321.8	蓄电池额定电压 U_{BTM}(V)	570
接收线圈自感 L_s(μH)	55	超级电容容量 C_{SC}(F)	100
原边串联电感 L_f(μH)	24	超级电容额定电压 U_{SCM}(V)	500
原边并联电容 C_f(μF)	1.46	谐振频率 w(kHz)	85
原边串联电感 C_p(nF)	11.7	输入电压 U_{DC}(V)	750
副边串联电容 C_s(nF)	67.3	互感 M(uH)	26
发射线圈自阻 R_p(Ω)	0.4	蓄电池容量 C_{BT}(A·h)	150
接收线圈自阻 R_s(Ω)	0.28	蓄电池额定电压 U_{BTM}(V)	570
蓄电池容量 C_{BT}(A·h)	150		

3.2 仿真结果分析

在WPT-HESS系统中二次侧输出电压 U_L 与电流 I_L 如图8所示。在整个充电过程中，直流母线电压维持在700V，直流母线电流保持在214A。由此验证了系统能够输出恒定电压，同时也说明系统的输出功率恒定。

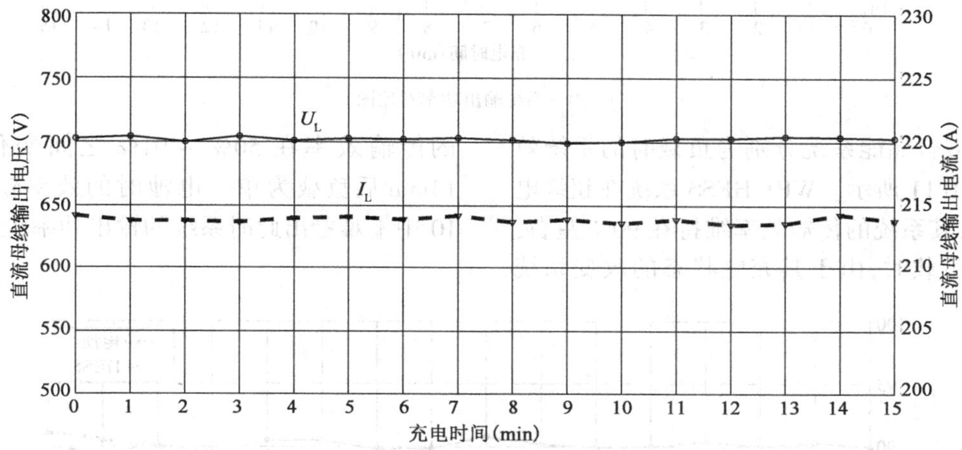

图8 直流母线电压与电流

在充电过程中为延长电池的使用寿命采用先恒流再恒压的充电模式如图9所示。在0~9min内电池充电电流恒定两端电压逐渐升高，此阶段为恒流充电。在9~15min内，其两端电压恒定充电电流逐渐下降，此阶段为恒压充电阶段。由图9可看出，电池在充电过程中其吸收功率在不断变化。

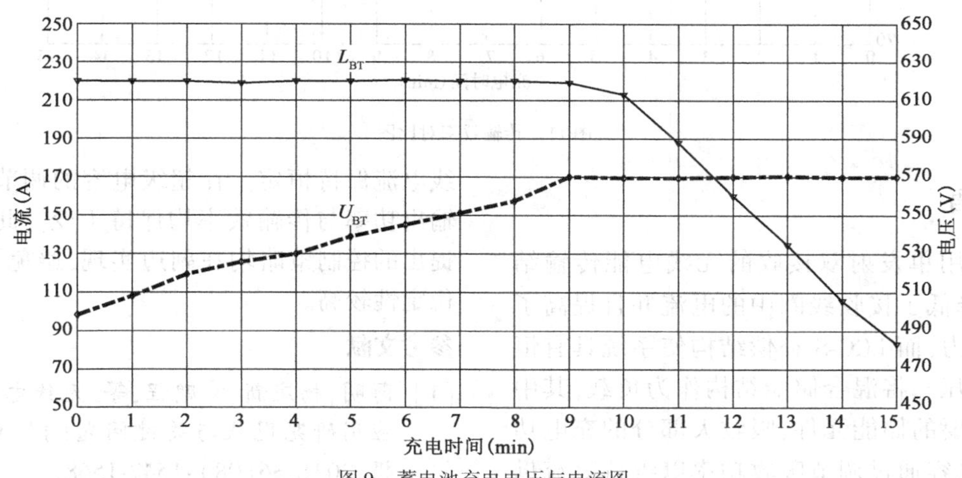

图9 蓄电池充电电压与电流图

WPT系统的负载分别为单一蓄电池与混合储能系统时,输出功率对比图如图10所示。由图10可以看出,WPT-HESS输出功率一直保持在150kW左右,输出功率恒定。负载为单一的电池时在0~10min采用恒流充电模式,系统输出功率由125kW增加到139kW。在10~15min之间采用恒压充电模式,系统输出功率下降至57kW。混合储能结构相比于单一的电池能够实现系统输出功率恒定。

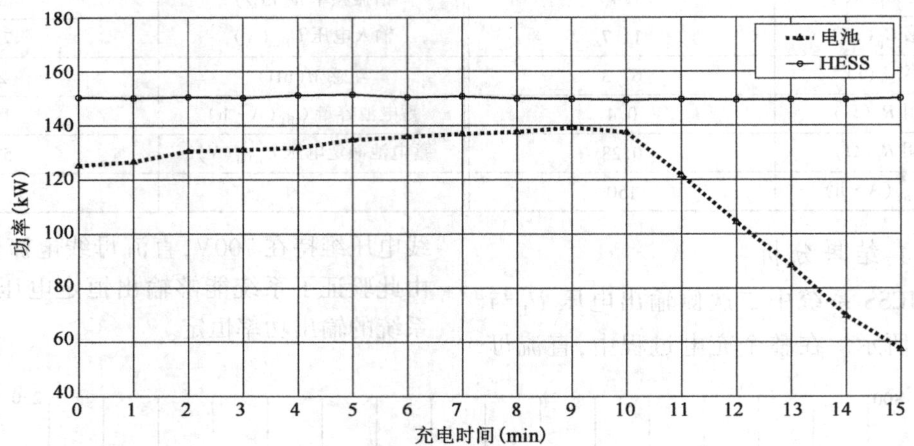

图10 系统输出功率对比图

电池与混合储能系统分别为负载时的系统效率对比图如图11所示。WPT-HESS系统在超级电容的调节下,其系统的传输效率维持在90%左右,而当电池为负载时,由于其充电状态的改变系统的传输效率在50%~91%之间变化。虽然在13min后负载为单一电池时的效率较高,但从图10中不难看出此时系统的输出功率较低。

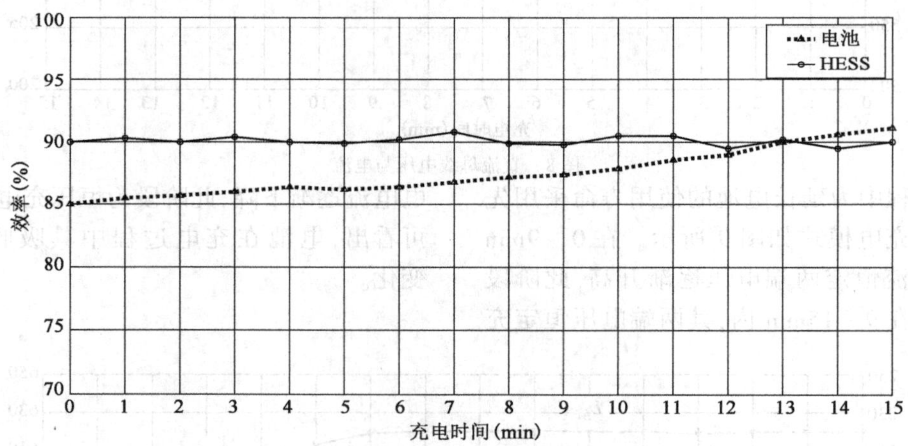

图11 传输效率对比图

4 结语

本文采用单发射双接收的无线电能传输结构,有效地降低了接收线圈中的电流并且提高了能量拾取能力,而LCC-S补偿结构使系统具有恒定的输出电压。将混合储能结构作为负载,其中蓄电作为主要的储能元件,吸收大部分的充电功率,而超级电容通过调节吸收功率以维持直流母线电流保持恒定。在超级电容的调节下,系统的输出功率与传输效率均保持不变。此外,本文所提出的控制策略均在副边实现,避免了双边通信稳定性较高。

参考文献

[1] 薛明,杨庆新,章鹏程,等.无线电能传输技术应用研究现状与关键问题[J].电工技术学报,2021,36(08):1547-1568.

[2] 张波,疏许健,吴理豪,等.无线电能传输技术亟待解决的问题及对策[J].电力系统自动化,2019,43(18):1-12.

[3] 黄学良,谭林林,陈中,等.无线电能传输技术研究与应用综述[J].电工技术学报,2013,28(10):1-11.

[4] 麦瑞坤,李勇,何正友,等.无线电能传输技术及其在轨道交通中研究进展[J].西南交通大学学报,2016,51(03):446-461.

[5] SONG K, WEI R, YANG G, et al. Constant Current Charging and Maximum System Efficiency Tracking for Wireless Charging Systems Employing Dual-Side Control[J]. IEEE Transactions on Industry Applications, 2020,56(1):622-634.

[6] YANG L, SHI Y Y, WANG MENG, et al. Constant Voltage Charging and Maximum Efficiency Tracking for WPT Systems Employing Dual-Side Control Scheme[J]. IEEE Journal of Emerging and Selected Topics in Power Electronics, 2022, 10(1): 945-955.

[7] LIU Y, FENG H. Maximum Efficiency Tracking Control Method for WPT System Based on Dynamic Coupling Coefficient Identification and Impedance MatchingNetwork[J]. IEEE Journal of Emerging and Selected Topics in Power Electronics, 2020,8(4):3633-3643.

[8] 张勤进,孙小童,刘彦呈,等.蓄电池/超级电容混合储能系统协调控制策略[J].电源技术,2020,44(09):1345-1347,1365.

[9] 张纯江,董杰,刘君,等.蓄电池与超级电容混合储能系统的控制策略[J].电工技术学报,2014,29(04):334-340.

[10] 陈亚爱,王赛,周京华,等.轨道交通储能系统控制策略综述[J].电气传动,2018,48(12):49-54.

[11] 杨浩丰,刘冲,李彬,等.基于列车运行工况的城轨地面式混合储能系统控制策略研究[J].电工技术学报,2021,36(S1):168-178.

[12] 耿宇宇,杨中平,林飞,等.基于多接收耦合线圈模式的无线电能传输系统特性分析[J].电工技术学报,2017,32(S2):1-9.

水上运输篇

南京以下 12.5 米深水航道断面交通流预测

侯华保　陈沿伊*　王艺静
（武汉理工大型交通与物流工程学院）

摘　要　因深水航道完善工程经济效益估算需要较为精准预测整治航段大船船舶交通流量，以合理评价期内航道整治前后通航情况。考虑到船舶流量组成结构复杂性，通过船舶交通流时间序列难以较为合理地预测大船船舶流量。提出通过断面货流量结合货种结构及对应货种典型船型的方式预测深水航道整治航段断面大船流量。提出一种 GA-BP 算法结合历史断面货流量预测评价期断面货流量，进而根据船舶交通流计算模型计算评价期断面海船船舶交通流量。研究结果表明，算法可以合理有效预测断面货流量，船舶交通流量预测符合航道发展实际情况。研究结论可供深水航道直接经济效益估算提供数据支撑。

关键词　航道整治　船舶交通流预测　四阶段法　改进 GA-BP 算法　两阶段计算模型

0　引言

南京以下长江干线航道经过一期、二期工程整治，提高了船舶通航畅通性。12.5m 深水航道一期整治工程主要针对南通至太仓航段水深不足 12.5m 问题进行整治。将南通至太仓航段的航道水深进行加深，使南通至太仓水深达到 12.5m 水深，以满足 5 万 t 集装箱船通航。

南京以下 12.5m 深水航道二期整治工程前，福姜沙水道淤积较为严重，淤积量超过 1m。2019 年维护量超过 900 万 m^3，疏浚维护成本较高，因福南水道存在 12.6km 单向通航河段，水道通航效率低，通航顺畅性差。深水航道二期工程对南京至南通 10.5m 水深进行提升，使该航段水深达到 12.5m，充分发挥长江黄金水道效能。

深水航道一期、二期整治工程主要解决水深不足造成的航道通航船舶减载，无法通航较大型船舶等问题。二期工程以后，部分航段仍存在航道疏浚维护量大、通畅度较差等问题。完善工程对仪征水道、畅州水道、口岸直水道、福姜沙水道存在的一些问题进行治理。

当前关于南京以下深水航道后续完善工程直接经济效益估算的研究较少，没有提出较为科学的方法验证南京以下 12.5m 深水航道后续完善工程经济效益。由于深水航道经过二期整治后，深水航道船舶大型化比例有所提升，基于历史船舶流量预测未来船舶流量的方式无法合理反映未来深水航道船舶交通流结构特征。因此需要提出合理的船舶交通流量预测方法反映深水航道船舶交通流发展特征。

刘钊通过对船舶交通流进行数据拟合预测天津港船舶交通流，并对预测结果进行了拟合优度检验[1]。刘敬贤通过加权经多元线性回归与灰色预测模型预测天津港港口船舶交通流数据[2]。朱翔宇通过粒子群算法优化小波神经网络权值阈值，提高神经网络预测船舶交通流得收敛速度和预测精度[3]。刘奕成通过超强学习机法对短时船舶交通流进行预测，旨在提高航行过程中对船舶交通流得实时预测精度，改善船舶航行过程中得安全性[4]。刘钊通过二维变换，提高船舶交通流数据维度，旨在改善对复杂船舶交通流数据拟合精度[5]。肖建兵通过 PSO-BP 算法预测短时船舶交通流，克服了 BP 算法易陷入局部最优收敛速度慢的特点[6]。灰色预测法无法较好的拟合船舶交通流的复杂特征，刘成勇将马尔可夫链嵌入传统预测方法中，改善对船舶交通流时间规律的拟合精度[7]。刘玉霞考虑到当前船舶交通流预测将所有船型等同化，虽然能较为精确的反应航道交通流情况，但是不能反应航道通航的实际情况，因此提出一个分阶段预测模型，将船舶类型进行分类，使得预测结果较为合理的反应航道船舶交通流情况[8]。海上船舶交通流具有季节性及不稳定性特点，杨双双通过分解船舶交通流矩阵，拆分为交通流稀疏矩阵及交通流低秩矩阵，分别反应船舶交通流的不稳定性及规律性，通过此方式提高船舶交通流预测精度[9]。船舶交通流时间序列整体具有平稳性,但船舶交通流具有局部不规律性及复杂性。传统预测方法如ARMA、多元线性回归、灰色预测、弹性系数法等方法难以合理反应船舶交通流数据复杂性,高广旭等研究发现将船舶交通流数据按时段对船舶流量数据进行增维,将船舶交通流数据分解为平稳数据及不平稳数据,通过贝叶斯与低秩稀疏矩阵结合的方式分别预测平稳与不平稳数据,提高船舶交通流预测精度[10]。对于需要准确获知不同尺度船型船舶交通流量预测场景,直接通过历史船舶交通流量数据难以满足特定需求,同时不结合货运组织结构及发展变化难以精确反应船舶交通流变化特征,李娜考虑货运组织结构及船型发展趋势,选择传统预测方法预测航道船舶交通流量[11]。对于航道通航研究往往不是需要整个航道内的船舶流量,而是需要对断面船舶交通流量进行预测,余珍等根据断面流量历史数据,ARIMA预测模型对桥区断面船舶流量进行预测,预测误差较大[12]。梅妍玭通过GA-BP算法对桥区断面船舶流量进行了短时预测[13]。

上述关于船舶交通流预测的研究主要通过历史船舶交通流数据,采用相应算法预测特定对象船舶交通流数据,虽然相关研究可以较为精准的预测船舶交通流量,但是对于整治航道需要较为精准的预测大型船舶断面交通流量,当前关于船舶交通流预测方法能较好的反应交通流发展的总体特征,却难以表现船舶交通流的船舶结构分配。鉴于此,通过历史断面货流量预测未来年断面货流量,结合历史年份海运量占总断面货运量比例推测特征年海运货流量占比,进而推测海运货流量。结合深水航道进江海船典型船型,预测大型船舶流量。根据江船流量统计,预测内河江船船舶流量。通过上述方式预测深水航道断面船舶流量可以较好地反映深水航道受限航段通航情况。

提出一种改进GA-BP算法,在传统算法的基础上嵌入改进交叉变异算子及两边逐次修正算法,改善算法收敛速度及搜索范围,提升算法预测精度。用验证后的算法预测评价期断面货运量,根据海运量、水运量比例预测海运量,结合典型船型预测断面船舶交通流量。通过与历史断面船舶交通流量对比,验证船舶交通流预测模型合理性。经验证后的模型,预测评价期断面船舶交通流量。

1　模型建立

1.1　模型建立思路

建立两阶段船舶交通流预测模型预测未来年船舶交通流量。第一阶段,建立神经网络模型预测断面货流量,结合历史海运量、水运量占比,推测未来年水运量、海运量比重,预测未来年断面水运货流量、断面海运货流量。第二阶段,通过深水航道货种结构、流量流向分析,推测未来年货种结构及不同流向流量比例,结合对应年份海运量数据,预测分货种分流向断面海运量。结合深水航道大型船舶船型发展预测,预测未来年断面海运船舶流量数据。结合深水航道江船断面流量统计,预测未来年江船船舶流量数据。对应年份,江海船舶汇总后得到未来年份断面船舶流量数据。

1.2　断面货运量预测模型

1.2.1　输入层

采用待预测年份之前4年的货运量数据作为预测数据,后1年断面货运量数据作为输出数据。以2015年作为预测年份,2011、2012、2013、2014的断面货运量作为网络输入数据,2015年断面货运量作为输出。基于上述论2002—2020年断面货流量数据,建立神经网络模型输入样本。神经网络模拟图(图1)。

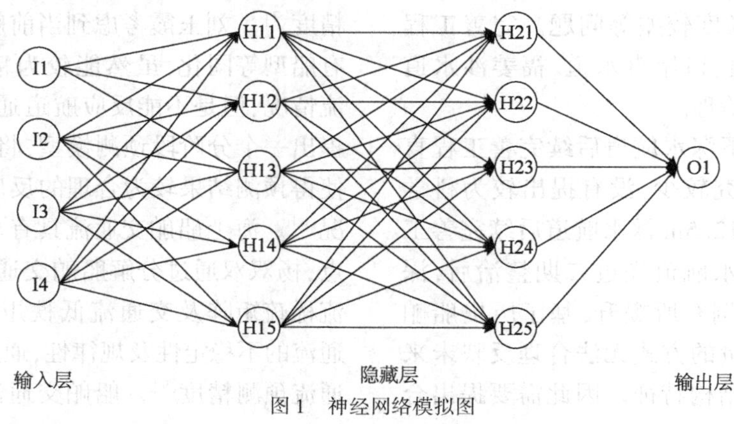

图1　神经网络模拟图

1.2.2 中间层

调整隐藏层层数，选择训练样本平均预测误差最小的隐藏层层数作为输入层隐藏层层数。加权多种隐藏层节点数计算计算神经网络隐藏层节点数。计算公式见式(1)、式(2)、式(3)。

$$S = \sqrt{m+n} + \alpha(0 < \alpha < 10) \quad (1)$$

$$S = \log_2 m \quad (2)$$

$$S = \sqrt{mn} \quad (3)$$

式中：m——输入层节点数；

n——输出层节点数；

α——随机因子，为 1 ~ 10 之间的随机数。

加权平均多种方法计算结果取整作为隐藏层节点数，加权计算公式见式(4)。

$$S = \sum_{i=1}^{n} w_i S_i \quad (4)$$

式中：S——加权取整后的隐藏层节点数；

w_i——第 i 种隐藏层节点计算方法的权重；

S_i——第 i 种隐藏层节点计算方法计算的隐藏层节点数。

1.2.3 输出层

选择待预测年份的断面货运量作为对应输入数据的网络输出数据。将经训练测试验证通过后的网络模型预测未来评价期内断面货运量。

1.2.4 目标函数

将预测值与实际值差值绝对值作为改进 GA-BP 算法适应度函数。误差越小精度越高，反之，预测精度越差。

$$\text{error}_i = |\hat{y}_i - y_i| \quad (5)$$

式中：error_i——神经网络第 i 组训练样本的预测误差；

$\hat{y}_i$——第 i 组训练样本的船舶交通流量预测值；

y_i——第 i 训练样本船舶交通流实际值。

1.3 船舶交通流预测模型

根据海、水货运量比例推测未来年海、水断面货运量比例，结合未来年断面货运量数据，预测未来年海运断面货运量、水运断面货运量。未来年海运量比例逐步提高，预计 2025 年、2030 年、2035—2050 年占水运量比重的 57%、59% 和 61%。

1.3.1 海运船舶交通流预测模型

(1)断面货流量分货种比例。

外贸进江船舶主要以煤炭、铁矿石、原油、集装箱、散杂货运输为主。其中散杂货在总货运量中的比例达 35.5%，但大宗散货运输比例有下降趋势，集装箱运输便利化的特点使得集装箱运输呈增长态势，货运量比例占总货运量比例有所提升，结合深水航道历史年份液体货运发展趋势可见，液体散货呈稳定发展态势。

(2)分流向断面货流量预测模型。

从现状来看，上水货流占 61%，下水货流占 40%。上水货物主要为煤炭、铁矿石、石油等大宗能源原材料以及木材、粮食和集装箱等。下水货物以矿建材料、非金属矿石、水泥、化肥等散杂货和集装箱为主。从发展趋势来看，随着港口后方冶金和石化企业产品及钢铁、木材等特色集散中心的调运需求的增加，上行货流比例将有所上升，上水货流占 70% 左右，下水货流占 30% 左右。

(3)典型船型选择。

南京以下深水航道二期整治工程后，深水航道可满足 5 万 t 级集装箱船双向通航，同尺度其他船型减载通航。

基于深水航道船型发展现状及船队发展趋势及货物流量流向预测结果和主要货类港口布局规划及完善工程对船舶通航效率的影响。推测完善工程后深水航道海船典型船型如表 1 所示。

深水航道典型船型发展尺度表

表 1

船型	载质量(t)	船型主尺度		
		总长(m)	型宽(m)	吃水(m)
集装箱船	50000	293	32.3	11.5(实际吃水)
原油船	50000	293	32.3	11.5(实际吃水)
液体化	50000	269	32.2	12.5
散货船	50000	223	32.3	12.8
杂货船	40000	200	32.2	12.3

(4)船舶交通流预测。

考虑不同货种承担海运量比例,结合典型船型及不同船型是实际装载率计算断面船舶流量,断面船舶交通流量计算公式见式(8)。

$$N = \sum \frac{2T\alpha}{\beta Dwt} \tag{6}$$

式中:N——船舶通过量;

T——分货类货运量;

Dwt——不同吨级船舶载重吨;

β——船舶实载率;

α——不同吨级船舶承运货运的比例。

由于航道位置的特殊性,进出海运船舶将会原路返回,因此上水下水船舶按各占50%测算。由于煤炭、铁矿石及石油等大宗散货以上水为主,因此上水的散货船、油船约97%为重载船舶,实载率为95%,下水97%为空载船舶;由于集装箱运输的特殊性,集装箱船上下水几乎全为重载船舶,实载率为80%;杂货船上下水基本平衡,上下水各50%为重载船舶,实载率为90%。因为海船需要返航,所以船舶流量实则为断面货流量计算船舶流量的2倍。

1.3.2　水运船舶交通流预测

由于水运量主要由1000t以下的小船承载,根据货流量预测水运断面船舶交通流量可靠性较低,通过水上交通发展报告对深水航道断面船舶流量的统计,推测未来年水运船舶交通流量。

2　模型求解

2.1　模型求解思路

首先建立改进GA-BP神经网络模型,将前10组数据作为训练样本,后5组数据作为测试样本。将归一化后的训练数据代入改进GA-BP算法,经过改进GA算法优化网络权值阈值,优化后的神经网络权值阈值代入BP网络训练样本数据至网络收敛。通过测试数据检验改进GA-BP算法预测精度,验证改进GA-BP算法预测合理性。基于控制变量法,保持算法参数不变,将改进GA-BP算法预测结果与传统GA-BP算法、BP神经网络预测结果对比,验证算法有效性。用满足精度的神经网络模型预测深水航道评价期内货运流量,结合评价期内不同货种所选择典型船型、计算评价期受限航段断面船舶交通流量。

2.2　模型求解步骤

Step1:输入训练数据训练改进GA-BP算法,详见改进GA-BP算法步骤,转Step2。

Step2:基于测试数据测试训练网络的精度,转Step3。

Step3:判断训练网络预测结果是否符合预测精度,是则转Step4,否则转Step1。

Step4:用训练后的网络预测评价期内断面货运量数据,转Step5。

Step5:结合货运组织结构及船型现状,选择各货种典型船型,转Step6。

Step6:基于深水航道典型船型及断面货流量,结合船舶交通流计算模型,计算历史年份船舶交通流数据,转Step7。

Step7:对比历史年份船舶交通流数据,判断断面船舶交通流预测结果误差是否合理,是则转Step8,否则转Step5。

Step8:根据预测货运量,船舶交通流计算模型,工程航段典型船型计算评价期内船舶交通流量,转Step9。

Step9:输出船舶交通流预测结果,船舶交通流预测流程图如图2所示。

2.3　断面货流量预测算法

2.3.1　改进GA-BP算法步骤

(1)编码。

算法采用实数编码,采用单染色体编码方式,将权值、阈值一起编码,对优化解的染色体拆分出网络各个边和节点对应的权值、阈值,再利用BP网络进行预测。以一个3个输入、3个输出、1个隐藏层节点的网络进行编码说明,编码图如图3所示。

(2)解码。

依据网络边和节点的对应关系对染色体进行分段截取,将优化数据作为网络权值和阈值代入至BP网络中,对数据进行拟合计算,输出预测结果和拟合误差。

(3)求解步骤。

Step1:算法参数初始化,设置输入层,隐藏层,输出层节点数量,设置迭代次数、种群规模、学习率等参数。转Step2。

Step2:导入算法所需训练数据和测试数据,并对数据输入输出数据进行归一化处理。转Step3。

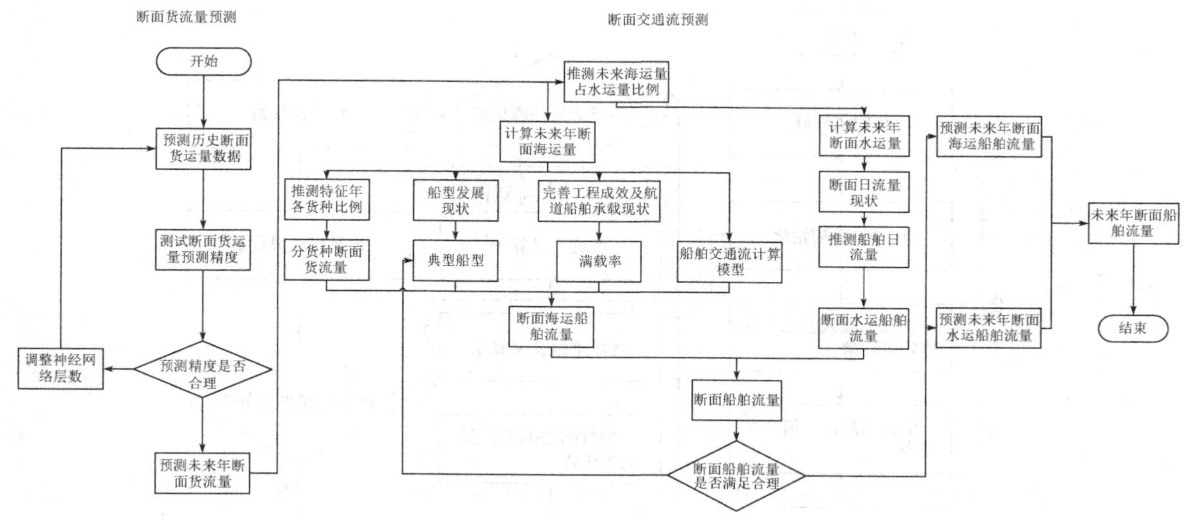

图2 断面船舶交通流预测流程图

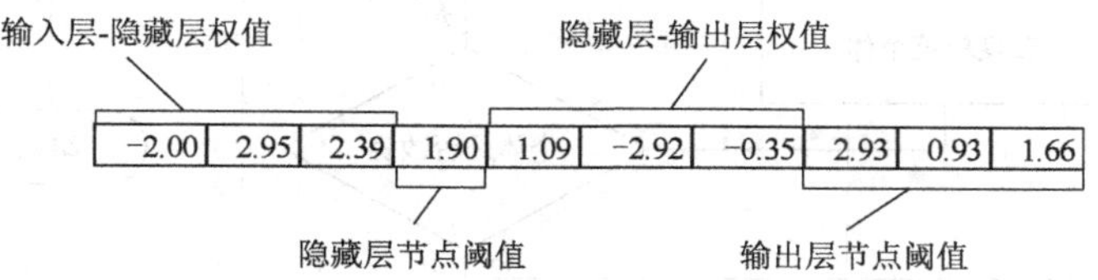

图3 染色体编码图

Step3:通过随机数的方法,产生代表网络权值和阈值组合的初始种群,转 Step4。

Step4:利用两边逐次修正算法对初始种群进行优化,详见两边逐次修正算法模块。对适应度值升序排列,选择前 30% 作为精英种群。转 Step5。

Step5:基于轮盘赌法,利用改进交叉变异算子对需要交叉变异的个体进行交叉变异,详见改进交叉变异算子模块,将新个体加入精英种群,转 Step6。

Step6:判断精英种群是否达到初始种群规模,若是转 Step7,否则转 Step5。

Step7:记录本次迭代的最优个体,判断迭代次数 NC > 1,若是则 individual. chrom(1,:) = chrom_best(I,:)转 Step10。

Step8:判断是否满足迭代终止条件,是则转 Step9,否则转 Step3。

Step9:输出最优解,将最优解带入 BP 网络对测试数据进行测试,转 Step10。

Step10:输出预测结果及预测误差,改进 GA-BP 算法流程图见图 4。

2.3.2 改进交叉变异算子

(1)区域重组交叉算法。

Step1:输入需要交叉的两个个体,转 Step2。

Step2:计算 individual1 和 individual2 适应度平均值,记为 fit12,与当前种群平均适应度 fitavg 比较,转 Step3。

Step3:若 fit12 < fitavg 则交叉长度为 5,否则交叉长度为 2,交叉长度记为 nn,转 Step4。

Step4:通过 aa = randperm(n - nn),确定交叉的起始位置 ps,转 Step5。

Step5:将个体 2 的交叉序列放置个体 1 的左端,在重组个体末截掉相同序列长度,即为 individual1 = [individual2(ps:ps + nn - 1),individual1(1:n - nn)],同理个体 2 的处理方式为 Individual2 = [individual1(ps:ps + nn - 1),individual2(1:n - nn)],转 Step6。

Step6:输出新个体。

(2)改进变异算子。

Step1:输入需要变异的个体 individual1,转 Step2。

Step2:计算 individual1 的适应度值 fit1,和种群适应度平均值 fitavg,转 Step3。

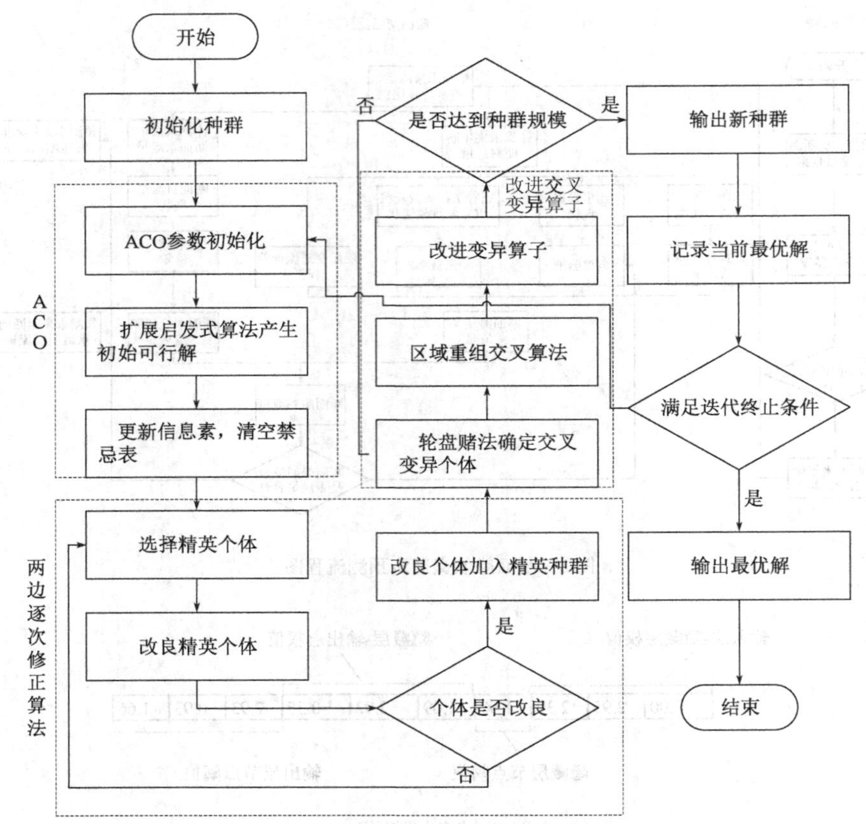

图4　改进GA-BP算法流程图

Step3：若 fit1 > fitavg，则调整变异率 pm = 0.15，否则，变异率 pm = 0.08，转 Step4。

Step4：ps = randperm(n)，n 为染色体长度，确定变异位置，转 Step5。

Step5：令 individual1(ps) = −6 * rand +3，转 Step6。

Step6：输出新个体。

2.3.3　两边逐次修正算法

通过改良圈算法是对精英个体进行局部优化，步骤如下：

Step1：输入需要改良的个体。

Step2：随机选择改良点，使 individual $(i+1:j)$ = individual$(j:-1:i+1)$，记新路径为 individual1，判断改良点是否都被遍历，是则转 Step4；否则转 Step3。

Step3：判断个体适应度值是否得到改善，是则令 $i=19i=i+1$，转 Step4；否则转 Step2。

Step4：输出改良个体。

2.4　断面船舶交通流求解步骤

Step1：输入断面货流量，转 Step2。

Step2：依据海运量、水运量比例计算断面海运量，转 Step3。

Step3：根据各货种比例，计算分货种断面海运量，转 Step4。

Step4：根据航道船舶现状和大型化船舶发展趋势及货种典型船型，选择深水航道各货种典型船型，转 Step5。

Step5：根据典型船型，不同货种货运量，承载率计算各货种船舶交通流量，转 Step6。

Step6：输出船舶交通流量。

3　结果分析

3.1　断面货流量预测结果分析

3.1.1　数据归一化

根据历史年份航道断面货运量形成15组样本。将10组数据作为训练数据，5组数据作为测试数据。通过 mapminmax 函数归一化样本数据。归一化结果如表2～表5所示。

仪征水道断面货流量数据样本归一化表 表2

S1	S2	S3	S4	S5	S6	S7	S8	S9	S10	S11	S12	S13	S14	S15
-1.000	-0.959	-0.931	-0.765	-0.668	-0.463	-0.300	-0.324	-0.121	0.060	0.249	0.676	0.815	1.000	0.966
-1.000	-0.974	-0.819	-0.729	-0.538	-0.387	-0.409	-0.220	-0.051	0.124	0.523	0.651	0.824	0.792	1.000
-1.000	-0.848	-0.758	-0.570	-0.420	-0.442	-0.255	-0.088	0.085	0.479	0.606	0.777	0.745	0.951	1.000
-1.000	-0.915	-0.736	-0.593	-0.615	-0.437	-0.278	-0.113	0.261	0.382	0.544	0.514	0.709	0.756	1.000
-1.000	-0.813	-0.664	-0.686	-0.501	-0.335	-0.163	0.228	0.354	0.524	0.492	0.696	0.745	1.000	0.935

和畅州水道断面货流量数据样本归一化表 表3

S1	S2	S3	S4	S5	S6	S7	S8	S9	S10	S11	S12	S13	S14	S15
-0.980	-1.000	-0.881	-0.852	-0.813	-0.771	-0.517	-0.517	-0.357	-0.253	-0.109	0.031	0.605	0.865	1.000
-1.000	-0.881	-0.852	-0.813	-0.771	-0.517	-0.517	-0.357	-0.253	-0.109	0.031	0.605	0.865	1.000	0.992
-1.000	-0.969	-0.929	-0.886	-0.623	-0.623	-0.458	-0.350	-0.201	-0.057	0.537	0.807	0.946	0.938	1.000
-1.000	-0.962	-0.921	-0.671	-0.672	-0.515	-0.412	-0.270	-0.133	0.431	0.687	0.819	0.811	0.870	1.000
-1.000	-0.960	-0.713	-0.714	-0.559	-0.457	-0.318	-0.183	0.373	0.626	0.757	0.749	0.807	0.935	1.000

口岸直水道断面货流量数据样本归一化表 表4

S1	S2	S3	S4	S5	S6	S7	S8	S9	S10	S11	S12	S13	S14	S15
-1.000	-0.981	-0.933	-0.873	-0.796	-0.706	-0.455	-0.439	-0.251	-0.103	0.007	0.667	0.888	0.948	1.000
-1.000	-0.954	-0.896	-0.822	-0.735	-0.493	-0.477	-0.296	-0.153	-0.047	0.591	0.804	0.862	0.912	1.000
-1.000	-0.941	-0.866	-0.777	-0.531	-0.515	-0.331	-0.185	-0.077	0.571	0.788	0.847	0.898	0.987	1.000
-1.000	-0.928	-0.844	-0.610	-0.595	-0.419	-0.281	-0.178	0.438	0.645	0.701	0.750	0.835	0.847	1.000
-1.000	-0.912	-0.670	-0.654	-0.472	-0.328	-0.222	0.418	0.632	0.690	0.740	0.828	0.841	1.000	0.977

福姜沙水道断面货流量数据样本归一化表 表5

S1	S2	S3	S4	S5	S6	S7	S8	S9	S10	S11	S12	S13	S14	S15
-1.000	-0.992	-0.977	-0.968	-0.954	-0.918	-0.567	-0.583	-0.493	-0.412	-0.324	0.806	0.976	0.895	1.000
-1.000	-0.985	-0.977	-0.962	-0.927	-0.586	-0.601	-0.513	-0.434	-0.348	0.754	0.919	0.841	0.943	1.000
-1.000	-0.992	-0.978	-0.943	-0.600	-0.616	-0.527	-0.448	-0.362	0.741	0.907	0.828	0.931	0.988	1.000
-1.000	-0.987	-0.955	-0.644	-0.658	-0.578	-0.506	-0.428	0.574	0.724	0.653	0.746	0.798	0.809	1.000
-1.000	-0.968	-0.655	-0.669	-0.589	-0.516	-0.438	0.571	0.722	0.650	0.744	0.796	0.807	1.000	0.963

3.1.2 算法运行参数

改进 GA-BP 算法参数如下：迭代次数 $G=500$，种群规模 $NP=100$，训练次数 net. trainParam. epochs = 20，学习速率 net. trainParam. lr = 0.1，训练目标最小误差 net. trainParam. goal = 0.00001，现实频率 net. trainParam. show = 100。

3.1.3 预测算法合理性及有效性分析

经过多次控制变量试验，在神经网络层数 1 ~ 6 之间进行试验。10 次运行算法，结果表明，神经网络层数为两层时，算法预测平均误差最小。因此，选择神经网络层数为两层。不同隐藏层层数测试数据平均误差图见图 5。

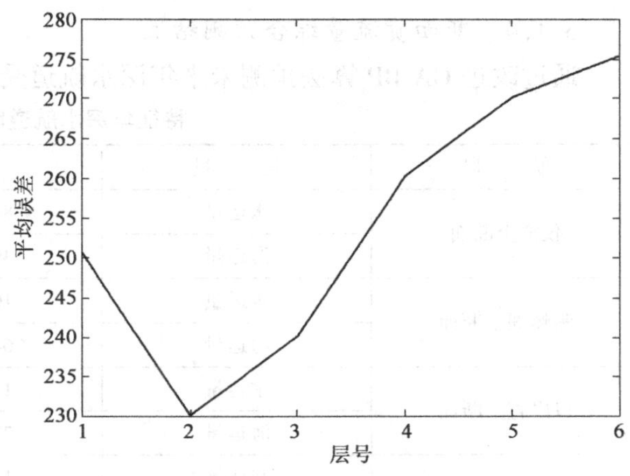

图 5 不同隐藏层层数预测平均误差图

保持算法其他参数不变,将嵌入两边逐次修正算法及改进交叉变异算子、不嵌入两边逐次修正算法及改进交叉变异算子、仅BP算法分别对样本数据进行训练测试,对比不同算法的测试误差。不同断面算法测试误差结果见表6。

算法预测误差对比表(万t)　　表6

航段		改进GA-BP	GA-BP	BP
仪征水道断面	1	216.97	340.18	620.06
	2	27.66	60.46	-208.00
	3	268.72	700.05	745.49
	4	152.61	-242.91	340.67
	5	-6.83	190.36	198.48
和畅州水道断面	1	159.06	-211.43	468.95
	2	240.77	540.62	-199.96
	3	-150.69	-20.04	79.74
	4	118.58	57.49	436.66
	5	58.23	336.98	186.17
口岸直水道断面	1	-96.05	170.13	-27.28
	2	128.97	59.96	285.44
	3	232.97	-330.65	-700.65
	4	-286.80	320.46	504.03
	5	130.47	250.64	385.58
福姜沙水道断面	1	50.36	190.76	236.66
	2	216.86	-598.94	705.45
	3	-56.76	443.35	-514.52
	4	225.25	320.18	-604.99
	5	157.01	105.23	371.17

由表6可知,部分样本数据预测误差相比GA-BP算法略差,改进GA-BP算法预测结果效果整体优于GA-BP算法、BP神经网络算法,预测结果能较为合理反应断面货流量通航水平。可通过改进GA-BP算法预测未来年深水航道受限河段断面货流量。

3.1.4　断面货流量综合预测结果

通过改进GA-BP算法预测未来年深水航道受限航段断面货流量,预测结果如表7所示。因2030年后断面货运量预测结果呈平稳态势。鉴于此,假定2035—2041年深水航道断面海运量预测结果维持2035年水平不变。

特征年深水航道断面货流量预测结果表　　表7

航段	运量	2025	2030	2035—2041
仪征上断面	水运量	84605.02	106382.9	155705.4
	海运量	49916.96	64893.54	94980.3
和畅洲上断面	水运量	108703.9	137550.7	203326.3
	海运量	64135.32	83905.9	124029
口岸直上断面	水运量	130693.3	168337.1	255447.6
	海运量	77109.06	102685.6	155823
福姜沙上断面	水运量	143812.5	185899.1	283739.7
	海运量	84849.39	113398.5	173081.2

由表 7 预测结果表明，评价期内各断面海运货流量呈递增趋势，增速逐渐变慢，2035 年以后，断面货流量呈稳定态势。评价期同一特征年，自上游至下游，海运断面面货流量呈增长态势，到评价期后期，各断面海运货流量差距比例有所减小。

3.2 断面船舶交通流预测结果分析

3.2.1 分货种分流向断面海运货流量预测

依据深水航道内货运组织结构及上下水货运分担比例，结合深水航道受限航段各断面货流量计算各受限航段断面不同货种上下水断面货流量。不同货种不同流向断面货流量见表 8 所示。

深水航道断面货流量分流向预测结果表(单位/万 t)　　表 8

航段	年份	上下水	总量	煤炭	石油	金属矿石	其他	集装箱重量
仪征断面	2025	总量	49917	14619	3066	10126	18184	3922
		上水	37438	14326	2392	17197	10183	2039
		下水	12479	292	675	0	8001	1883
	2030	总量	64894	16592	4498	11799	26547	5457
		上水	46723	16260	3419	19407	14601	2783
		下水	18170	332	1080	0	11946	2674
	2035—2041	总量	94980	24285	6584	17269	38856	7987
		上水	65536	23799	4740	17269	20205	3914
		下水	29444	486	1843	0	18651	4073
和畅洲上断面	2025	总量	64135	18782	3940	13010	23364	5039
		上水	48101	18407	3073	13010	13084	2620
		下水	16034	376	867	0	10280	2419
	2030	总量	83906	21453	5816	15256	34325	7056
		上水	60412	21024	4420	15256	18879	3598
		下水	23494	429	1396	0	15446	3457
	2035—2041	总量	124029	31712	8597	22551	50739	10430
		上水	85580	31078	6190	22551	26384	5111
		下水	38449	634	2407	0	24355	5319
口岸直上断面	2025	总量	77109	22582	4737	15642	28090	6059
		上水	57832	22130	3695	15642	15730	3150
		下水	19277	452	1042	0	12359	2908
	2030	总量	102686	26255	7118	18670	42008	8635
		上水	73934	25730	5410	18670	23104	4404
		下水	28752	525	1708	0	18903	4231
	2035—2041	总量	155823	39841	10801	28331	63746	13103
		上水	107518	39044	7777	28331	33148	6421
		下水	48305	797	3024	0	30598	6683
福姜沙上断面	2025	总量	84849	24849	5212	17212	30909	6667
		上水	63637	24352	4065	17212	17309	3467
		下水	21212	497	1147	0	13600	3200
	2030	总量	113398	28994	7861	20618	46390	9536
		上水	81647	28414	5974	20618	25515	4863
		下水	31752	580	1887	0	20876	4673

续上表

航　段	年　份	上下水	总　量	煤　炭	石　油	金属矿石	其　他	集装箱重量
福姜沙上断面	2035—2041	总量	173081	44254	11998	31469	70806	14555
		上水	119426	43369	8638	31469	36819	7132
		下水	53655	885	3359	0	33987	7423

依据不同货种断面货流量计算结果绘制特征年内不同断面不同货种货流量发展趋势图，2025年不同断面不同货种货流量变化趋势图见图6。

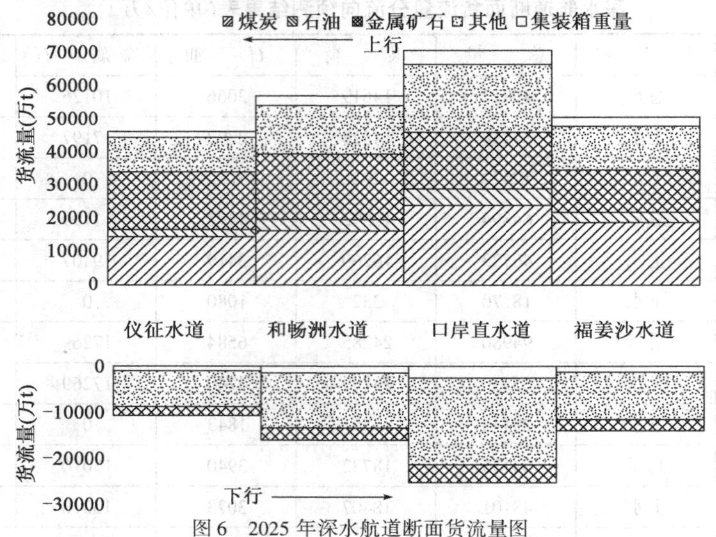

图6　2025年深水航道断面货流量图

3.2.2　分货种分流向断面海运船舶流量预测

根据上述计算所得不同货种各断面货流量结合断面船舶交通流计算模型计算评价期内各断面海运船舶交通流量。因2035年以后断面货流量呈稳定发展态势，船舶交通流计算结果呈稳定态势，假定2035年以后船舶交通流流量不变。评价期部分年份不同货种各断面船舶交通流见表9。

特征年断面大船船舶流量表　　表9

船　种	年　份	仪征水道	和畅州水道	口岸直水道	福姜沙水道
合计	2025年	47328	60808	73109	80448
	2030年	61737	79824	97690	107882
	2035—2041年	92596	120915	151911	168736
油船	2025年	2809	3609	4339	4775
	2030年	4121	5328	6521	7201
	2035—2041年	6031	7876	9895	10991
散货船	2025年	17584	22592	27162	29889
	2030年	25671	33192	40621	44859
	2035—2041年	37573	49064	61641	68468
集装箱船	2025年	4267	5482	6591	7252
	2030年	5936	7676	9394	10374
	2035—2041年	8689	11346	14255	15833
杂货船	2025年	22668	29125	35017	38532
	2030年	26009	33629	41155	45449
	2035—2041年	40303	52629	66120	73443

由表9船舶交通流预测结果可知,同一特征年内,自上游至下游,断面船舶交通流呈增长态势。同一断面,评价期内断面船舶交通流呈递增态势,增速逐渐减少,2035年后,船舶交通流发展趋于稳定。不同特征年,不同断面船舶交通流量绝对差距有增大趋势,自上游至下游,不同断面船舶交通流差距逐渐减小。油船、集装箱船在海船船舶交通流比例较少,特征年内呈稳定发展趋势,预测结果显示,集装箱船舶到2035年实现翻倍。散杂货船舶流量较大,是深水航道大型船舶的重要的组成部分。

3.2.3 分流向断面水运船舶流量预测

小船船舶组织结构较为复杂,具有吨位结构多变、运输对象复杂的特点。难以通过货运量合理估算出小船船舶交通流量。通过多日连续24h统计典型断面船舶交通流量估测历史年份典型断面年船舶交通流量,将典型断面年船舶交通流量作为相邻受限航段断面船舶交通流量。结合历史年份海运量计算所得海运船舶流量和日统计断面传播流量做差做为历史年份对应的小船年船舶交通流量。

对各断面日船舶流量历史数据进行归一化,代入改进GA-BP算法中,预测未来年断面小船船舶交通流量。部分特征年小船船舶流量预测结果见表10。2035以后预测结果呈稳定发展态势,变化幅度较小。鉴于此,假设2035年以后小船船舶交通流流量水平维持2035年船舶交通流量不变。

深水航道受限航段断面小船流量预测表(艘/日、万艘/年) 表10

航段	2025年		2030年		2035—2041年	
	日流量	年流量	日流量	年流量	日流量	年流量
仪征水道断面(润扬大桥断面)	2117	77.3	2395	87.4	2580.15	94.15
和畅州水道断面(尹公州断面)(yin'gong'z)	2749	100.3	3110	113.5	3352.4	122.35
口岸直水道断面	2142	78.2	2424	88.5	2613	95.35
福姜沙水道断面(江阴大桥)	2119	77.3	2397	87.5	2584.25	94.35

由预测结果可知,同一特征年内,除和畅州断面日船舶交通流较大外,深水航道待整治航段其他断面船舶交通流差异较小。不同特征年内,同一断面小船船舶交通流呈缓慢增长态势,到2035年以后,船舶交通流趋于稳定。相对于其他整治航段,和畅州水道小船船舶交通流较多。

4 结语

研究结果显示,通过断面货运量可以合理预测海运船舶交通流量。提出的改进GA-BP算法可以合理预测断面货运量。相比传统GA-BP算法、BP算法,改进GA-BP算法预测断面货运量评价预测误差较小。预测结果显示,评价期内船舶交通流呈增长态势,增速较缓,到2035年后,船舶交通流呈稳定发展态势。上游海船数量小于下游海船数量,海船数量沿下行方向呈递增趋势。内河小船除和畅州船舶流量较为复杂外,其他断面小船流量差异较小。评价期内,小船流量呈递增态势,2035年以后,断面小船流量趋于稳定。

参考文献

[1] 刘钊. 船舶交通流特征统计分析及预测模型研究[D]. 武汉:武汉理工大学,2013.

[2] 刘敬贤,张涛,刘文. 船舶交通流组合预测方法研究[J]. 中国航海,2009,32(03):80-84.

[3] 朱翔宇. 基于AIS的船舶交通流的预测与仿真研究[D]. 武汉:武汉理工大学,2016.

[4] 刘奕成. 基于ELM的成山头短时船舶交通流预测研究[D]. 大连:大连海事大学,2017.

[5] 刘钊,崔珑献,李岩,等. 基于二维矩阵分解的船舶交通流预测[J]. 中国航海,2021,44(03):76-83.

[6] 肖建兵,惠子刚. 基于改进PSO-BP神经网络的船舶交通流预测分析[J]. 天津航海,2020(03):48-53.

[7] 刘成勇,万伟强,陈蜀喆,等. 基于灰色马尔科夫模型的船舶交通流预测[J]. 中国航海,2018,41(03):95-100.

[8] 刘玉霞. 基于混合效应的船舶交通流量预测分析[D]. 武汉:武汉理工大学,2014.

[9] 杨双双. 基于矩阵低秩稀疏分解的船舶交通流量预测研究[D]. 武汉:武汉理工大学,2017.

[10] 高广旭,刘敬贤,刘奕,等.基于矩阵分解的船舶交通流预测方法研究[J/OL].武汉理工大学学报(交通科学与工程版):1-10[2022-01-21].
[11] 李娜.基于四阶段法的船舶交通量预测方法研究[D].武汉:武汉理工大学,2010.
[12] 余珍,蒋仲廉,雷国平,等.内河断面船舶交通流量预测方法研究[C]//第十三届中国智能交通年会大会论文集,2018:425-431.
[13] 梅妍玭,张得才,傅荣.一种准确预测船舶交通流的自适应遗传算法优化的BP神经网络模型研究[J].电子器件,2020,43(02):452-455.

基于 BP-IVM 组合模型的长江干线货运量预测

刘 清[1,2] 邢亚梅[1] 王 磊*[1] 段 博[1]
(1.武汉理工大学交通与物流工程学院;2.国家水运安全工程技术研究中心)

摘 要 "双碳"愿景及运输结构调整等战略措施的提出,必将深刻影响长江干线货运规模。本文提出了一种基于BP神经网络和干预分析(BP-IVM)组合预测模型,对新形势下的长江干线货运量进行预测。采用灰色关联分析确定了长江干线货运量关键基本影响因素,并识别了新形势下长江干线货运发展的相关政策影响因素;运用BP神经网络模型,构建了关键基本影响因素作用下的长江干线货运量预测模型;为进一步纳入新形势下相关政策干预的影响,采用干预分析模型提出了货运量预测的量化修正方法;基于货运量及关键基本影响因素历史数据,结合新形势下的政策溯源,运用以上组合模型对长江干线货运量进行了预测。结果表明,到2025年、2030年和2035年,长江干线货运量将达到38.08亿t、40.91亿t、41.33亿t。通过与多元回归和灰色预测结果的对比分析,BP-IVM模型预测结果更符合新形势下长江干线货运发展特征,研究结果可为长江干线货运政策制定提供理论参考。

关键词 水路运输规划和管理 货运量预测 BP-IVM组合模型 长江干线 政策影响

0 引言

长江"黄金水道"是我国重要的东西轴线,是打造高质量发展经济带的重要支撑。随着我国经济由高速增长阶段逐步转向高质量发展阶段,长江干线航运面临着新的发展形势。有必要分析新形势下的长江干线货运发展影响因素,据此预测未来长江干线货运量,准确把握长江干线货运发展趋势,为长江干线货运发展政策制定提供参考。

货运量受诸多因素的影响,国民经济、产业结构、物流环境等是货运量发展中常见的影响因素[1-3]。近年来,有学者分析了时空、疫情等因素对货运量的影响[4-6]。预测方法上,灰色GM(1,1)、多元线性回归模型,ARIMA模型、Winter模型、Holt线性模型是常用的预测数学模型[7,8]。也有较多文献采用了基于多种方法的组合预测模型,以提高货运量预测精度[9-10]。随着人工智能的发展,机器学习预测的方法越来越受欢迎,通过智能算法提高预测精度成为研究热点[11]。但一些特殊事件及态势如重大政策或技术的实施往往会打破货运量的均衡发展,目前的研究鲜少考虑量化此类因素。干预分析模型(Intervention Analysis Mode1)可定量分析此类因素的影响,将干预分析模型结合时间序列预测货运量是一部分学者的初步尝试[12],该模型值得进一步研究推广。

长江干线货运规模及发展趋势受到近年来"双碳"愿景及运输结构调整等政策措施的影响。政策影响因素一般具有突变性和抽象性,对货运发展的影响不易量化。为此,本文从基本影响因素和新形势下的政策影响因素两方面出发,对长江干线货运发展影响因素进行识别。在此基础上,结合BP神经网络和干预分析模型,建立长江干线货运量组合预测模型,以基本影响因素为基础对货运量进行初步预测,并纳入政策因素的干

1.基金项目:工信部绿色智能内河船舶创新专项(2019(358))、长江航务管理局重点科技项目(202110002)。

预作用进行修正。该模型可同时体现传统影响因素和新形势下具备突变性的政策类因素对货运量的干预作用，预测结果更能体现长江干线货运未来发展特征。

1 长江干线货运量影响因素分析

1.1 长江干线货运量基本影响因素

1.1.1 基本影响因素指标体系构建

通过现状调研及文献分析，从水路市场供需、综合运输结构和外部发展环境三个层面，对长江干线货运发展的传统基本影响因素进行了归纳。水路市场供需因素指长江干线区域对货物流动的需求及水运本身的基础设施等相关运力保证，包括了主要货种的需求量或产量和基础设施等。综合运输结构因素指长江水路运输与其他运输方式的合作与竞争关系，包括公路、铁路货运量。除此之外，外部发展环境中所包含的经济、技术、产业发展大环境均决定了长江货运发展的增长速度及质量。具体指标体系见表1。

长江干线货运量基本影响因素 表1

一级因素	二级因素	量化指标	单位
水路市场供需	粮食消费量	粮食消费量	万t
	煤炭消费量	煤炭消费量	万t
	钢铁产量	钢铁产量	万t
	水泥产量	水泥产量	万t
	汽车产量	汽车产量	万t
	航道里程	航道里程	km
	船舶拥有量	船舶拥有量	艘
	泊位数	港口码头泊位数	个
综合运输结构	公路货运量	区域公路货运量	万t
	铁路货运量	区域铁路货运量	万t
外部发展环境	生产总值	区域GDP	亿元
	财政收入	区域财政收入	亿元
	第一产业	第一产业增加值	亿元
	第二产业	第二产业增加值	亿元
	居民消费水平	居民消费水平	元
	固定资产投资	社会固定资产投资	亿元
	科研水平	R&D/GDP	%
	外商投资	外商直接投资/GDP	%

1.1.2 基于灰色关联的长江干线货运量关键基本影响因素识别

为更直观地分析18个因子与长江干线货运量之间的关联程度，减少影响因子的维度，应进行关键影响因素的筛选。考虑到影响因素范围较广且数量级差异大，本文采用灰色关联法对数据进行无量纲化处理，通过对关联度的排序得到长江干线货运量的关键影响因素。选取2000—2019年相关指标数据，以上海、江苏、浙江、安徽、江西、湖北、湖南、重庆、四川、贵州、云南等长江干线11省市为研究区域。关联度计算结果见表2。

灰色关联分析结果 表2

排名	影响因子	关联度	排名	影响因子	关联度
1	第一产业	0.9181	5	居民消费水平	0.8457
2	水泥产量	0.8836	6	钢铁产量	0.8446
3	公路货运量	0.8627	7	生产总值	0.8166
4	第二产业	0.8488	8	科研水平	0.7770

续上表

排　名	影响因子	关联度	排　名	影响因子	关联度
9	泊位数	0.7645	14	航道里程	0.6303
10	煤炭消费量	0.7384	15	铁路货运量	0.6033
11	财政收入	0.7297	16	船舶拥有量	0.5937
12	汽车产量	0.7018	17	粮食消费量	0.5864
13	固定资产投资	0.6817	18	外商投资	0.5855

注：计算所用数据来源：各省市统计年鉴、政府公报及长江经济大数据平台。

关联度越接近1，说明该因素与长江干线货运量的相关性越高。将关联度大于0.8的因子定义为长江干线货运发展的关键基本影响因素。即第一产业、水泥产量、公路货运量、第二产业、居民消费水平、钢铁产量、生产总值为长江干线货运发展的关键基本影响因素。

1.2　新形势下长江干线货运量影响因素分析

除上述有迹可循、不易产生较大波动的传统基本影响因素外，新发展阶段对长江航运提出新要求，也带来新发展机遇。根据相关政策文件的分析及溯源，将新形势下的影响因素分为4类：①运输结构调整：包括重点推动“公转水”“散改集”等优化运输结构的措施；②“碳达峰”“碳中和”战略：包括改善能源结构，推动发展绿色货运组织方式等政策；③综合立体交通体系建设：包括促进水路基础设施建设，推动发展多式联运等政策；④经济结构调整：包括供给侧改革，促进长江经济带成为畅通国内国际双循环主动脉等措施。

新形势下的长江干线货运量影响因素梳理见表3。

新形势下的长江干线货运量影响因素　　表3

影响因素	相关政策	年份(年)
运输结构调整	《推进运输结构调整三年行动计划(2018—2020年)》	2018
	《交通强国建设纲要》	2019
“碳达峰、碳中和”战略	《我国能源结构进入深刻调整期》	2016
	《关于推进供给侧结构性改革，防范化解煤电产能过剩风险的意见》	2017
经济结构调整	供给侧结构性改革	2015
	《中华人民共和国国民经济和社会发展第十四个五年规划和2035年远景目标纲要(草案)》	2020
	《关于全面推动长江经济带发展财税支持政策的方案》	2021
长江流域综合立体交通体系建设	《长江经济带综合立体交通走廊规划(2014—2020)》	2014
	《着力构建长江经济带综合立体交通走廊》	2016
	《国家综合立体交通网规划纲要》	2021
	《交通运输领域新型基础设施建设行动方案(2021—2025年)》	2021

2　基于BP-IVM组合模型的长江干线货运量预测方法

本文结合BP神经网络和干预分析(BP-IVM)组合模型进行长江干线货运量预测，可同时体现传统影响因素和新型影响因素的干预作用。运用BP-IVM组合模型进行长江干线货运量预测的总体思路为：运用BP神经网络输出一组在关键因子影响下的预测初值，再用干预分析模型进行迭代修正，体现新政策的影响，得到最终预测结果。总体求解框架见图1。

2.1　基于BP神经网络的长江干线货运量预测模型

BP神经网络采用监督学习模式，是一种按“误差逆传播算法训练”的多层前馈网络，能够有效实现对复杂非线性关系的映射。BP神经网络由输入层、输出层和隐含层三层结构组成。长江干线货运量 BP 神经网络模型构建如下。

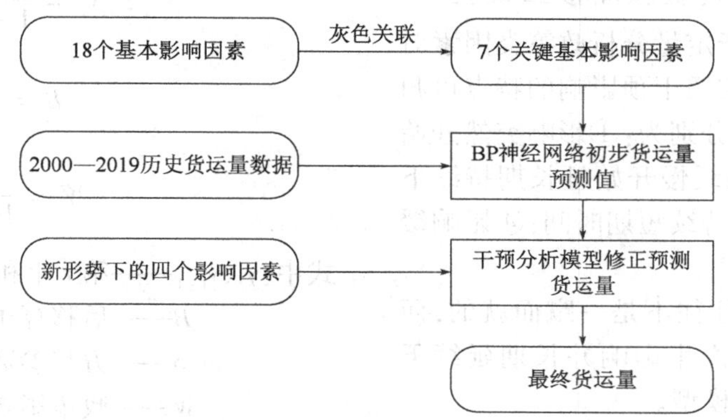

图1　总体求解框架

(1)输入层设为式(1),输入货运量预测指标数据。

$$X_i = (x_1, x_2, \cdots, x_n) \tag{1}$$

式中:X_i——长江干线货运量第 i 个关键影响因素。

(2)输入层对应的输出层设为式(2),输出预测值。

$$Y_i = f_{(x_i)} \tag{2}$$

式中:Y_i——货运量预测输出值。

(3)隐含层的输入输出设为式(3)~(6)。

$$I_h = \sum_n w_{hi} I_i + \theta_i \tag{3}$$

$$Y_h = f(l_h) \tag{4}$$

$$I_j = \sum_h w_{jh} I_h + \theta_j \tag{5}$$

$$Y_j = f(I_j) \tag{6}$$

式中:I_h、Y_h——隐含层 h 神经元输入和输出;

I_j、Y_j——输入层 j 神经元的输入与输出;

w_{hi}、w_{jh}——连接权值;

θ_i、θ_j——神经元阈值。

(4)输出层误差计算:

$$E_k = \frac{1}{2}\sum_{j=1}^{M}(d_j - Y_j)^2 \tag{7}$$

式中:E_k——输出误差;

d_j——第 j 节点的期望输出值;

Y_j——第 j 节点的计算输出值。

构建的 BP 神经网络拓扑结构图见图 2。

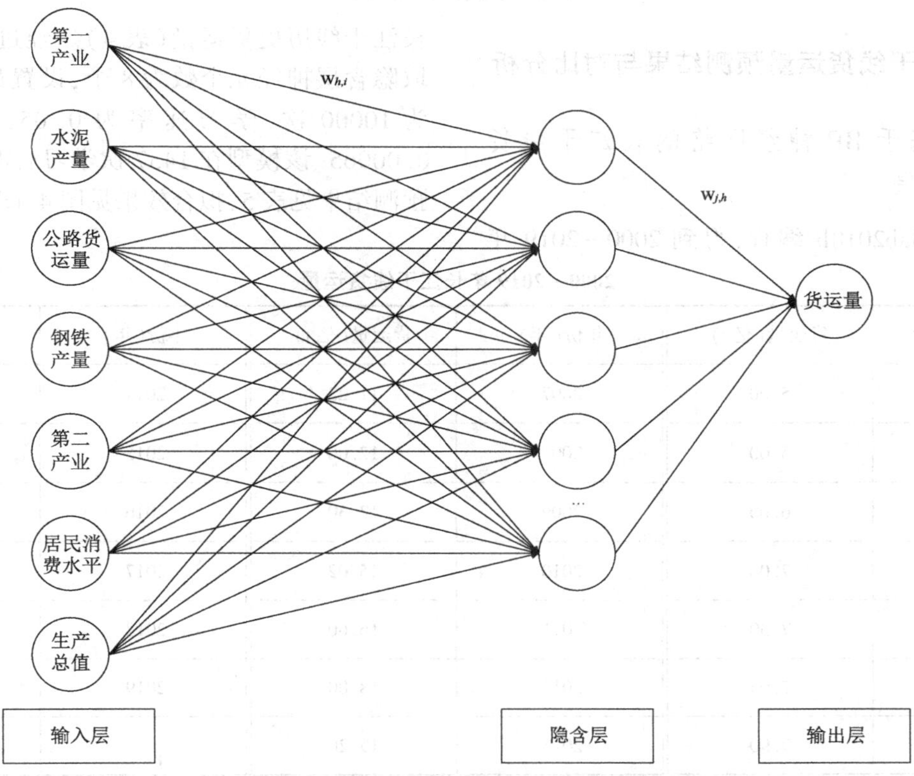

图2　长江干线货运量预测 BP 神经网络拓扑结构图

2.2　长江干线货运量预测修正模型

干预分析模型可用于定量分析政策类因素对某项经济活动的影响。按照干预影响的特点可归纳出四种基本干预模型,分别为:①影响突然开始且长期持续下去;②影响缓慢开始且长期持续下去;③影响突然开始但只持续短期时间;④影响缓慢开始且持续时间短暂[13]。

政策对货运的影响往往不是一蹴而就的,而是随着时间的推移逐渐产生影响并长期延续下去,因此采用第二种干预模型。

干预变量：$S_t^{T_1} = \begin{cases} 0, t\text{年以前}, t < T \\ 1, t\text{年以后}, t \geqslant T \end{cases}$

$$y_t = \frac{\omega}{1 - \delta B} S_t^T \tag{8}$$

$$B = \frac{y_{t-1}}{y_t} \tag{9}$$

$$W = \frac{\omega}{1 - \delta B} \tag{10}$$

式中:y_t、y_{t-1}——第 t 年和第 $t-1$ 年的货运量;

B——后移算子;

ω、δ——方程参数;

W——政策影响权重,表征影响程度。

采用干预分析模型结合BP神经网络对货运量预测结果进行修正的步骤见图3。

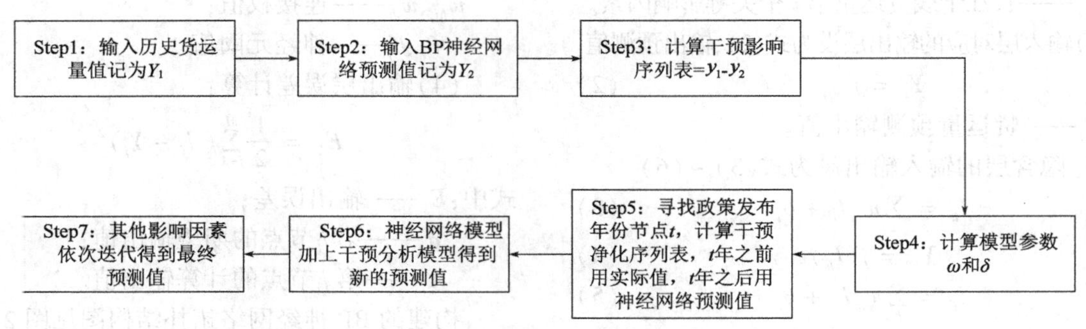

图3　干预分析修正步骤

3　长江干线货运量预测结果与对比分析

3.1　基于BP神经网络的长江干线货运量预测结果

采用Matlab2018b编程,得到2000—2019年长江干线历史货运量(表4)。经过反复试验,选取隐含层神经元个数为8个,设置最大训练次数为10000次,学习速率为0.05,均方误差为0.00065。该模型在1437次学习后得到预测结果。预测结果见表5,拟合效果见图4、图5。

2000—2019年长江干线货运量　　表4

年份(年)	货运量(亿t)	年份(年)	货运量(亿t)	年份(年)	货运量(亿t)
2000	5.00	2007	11.23	2014	20.60
2001	5.00	2008	12.00	2015	21.80
2002	6.00	2009	13.30	2016	23.10
2003	7.00	2010	15.02	2017	25.00
2004	7.30	2011	16.60	2018	26.90
2005	7.95	2012	18.00	2019	29.30
2006	9.90	2013	19.20		

注:数据来源于《长江航运发展报告》,部分年份缺少值采用内插法补齐。

BP 神经网络初步预测结果 表 5

年份(年)	货运量(亿 t)	年份(年)	货运量(亿 t)	年份(年)	货运量(亿 t)	年份(年)	货运量(亿 t)
2000	4.87	2010	14.47	2020	31.98	2030	42.50
2001	5.34	2011	16.37	2021	34.58	2031	42.62
2002	5.70	2012	18.16	2022	36.34	2032	42.71
2003	5.99	2013	19.56	2023	37.67	2033	42.78
2004	7.02	2014	21.58	2024	38.71	2034	42.86
2005	8.05	2015	22.67	2025	39.70	2035	42.92
2006	9.04	2016	23.41	2026	40.69	—	—
2007	10.58	2017	25.02	2027	41.50	—	—
2008	12.25	2018	26.93	2028	42.02	—	—
2009	13.17	2019	30.59	2029	42.32	—	—

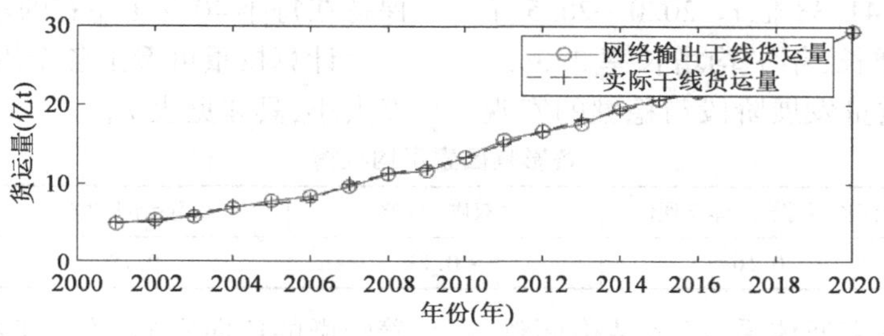

图 4 BP 神经网络预测结果对比图

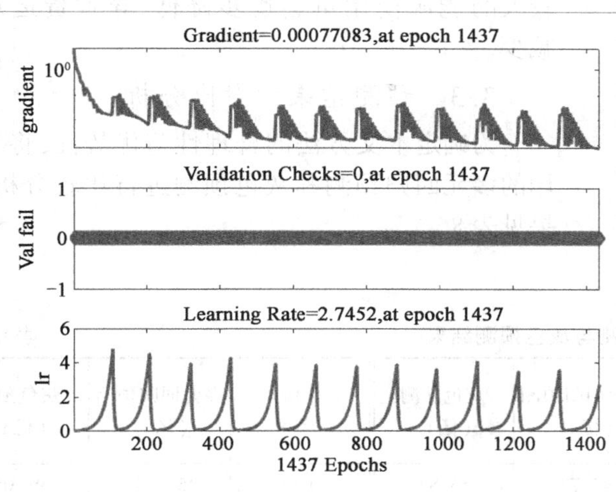

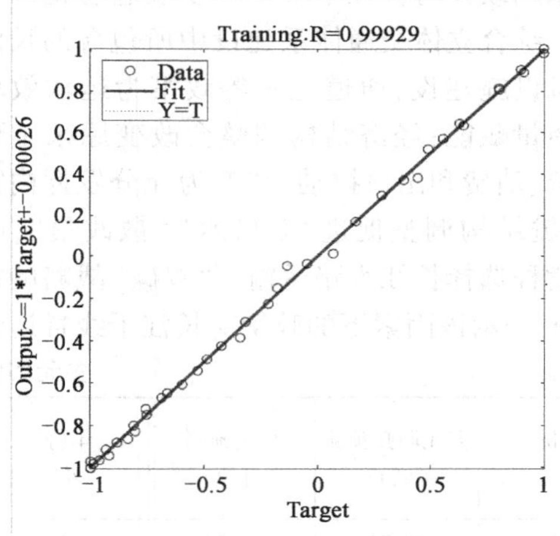

图 5 BP 神经网络预测拟合图

由预测值与实际历史货运量对比图及拟合曲线可知,BP 神经网络的最小误差 0.07%,平均误差为 3.74%,由此可知 BP 神经网络可以较好的运用于长江干线货运量预测。

3.2 基于干预分析模型的长江干线货运量预测修正结果

原始预测数据表见表 4,根据上述对政策文件的梳理,选取各个因素下相关政策发布的最早时间节点,可得各个因素的干预变量如下。

(1)长江流域综合立体交通体系:$S_t^{T_1}=\begin{cases}0,2014\text{ 年以前},t<15\\1,2014\text{ 年以后},t\geq 15\end{cases}$

(2)“碳达峰、碳中和”战略:$S_t^{T_2}=\begin{cases}0,2015\text{ 年以前},t<16\\1,2015\text{ 年以后},t\geq 16\end{cases}$

(3)经济结构调整:$S_t^{T_3}=\begin{cases}0,2016\text{ 年以前},t<17\\1,2016\text{ 年以后},t\geq 17\end{cases}$

(4)运输结构调整：$S_t^{T_4}=\begin{cases}0,2018\text{年以前},t<19\\1,2018\text{年以后},t\geq 19\end{cases}$

根据干预分析步骤经过四次修正，得到最终预测结果见表6。

最终预测结果　表6

年份(年)	货运量(亿t)	年份(年)	货运量(亿t)	年份(年)	货运量(亿t)
2020	30.33	2026	39.07	2032	41.12
2021	32.89	2027	39.88	2033	41.19
2022	34.68	2028	40.41	2034	41.26
2023	36.03	2029	40.72	2035	41.33
2024	37.09	2030	40.91	—	—
2025	38.08	2031	41.03	—	—

在新形势的政策影响下，长江干线货运量如表6所示，2025和2035预测标准年长江干线货运量分别为38.08亿t和41.33亿t。2020—2035年长江干线货运量平稳增长，年平均增长率2.3%。且2028年以后，在高质量发展阶段与稳健的宏观经济形势背景下，加之长江干线航道条件好，船舶运力充足，港口生产稳定，长江干线货运量预计将保持在每年40亿t左右的水平稳定运行。

计算权重可看出各个因素对货运量的影响程度大小，具体见表7。

各影响因素平均权重　表7

因　素	长江流域综合立体交通体系	“双碳”战略	经济结构调整	运输结构调整
权重W	0.16	-0.13	0.18	0.69

长江流域综合立体交通体系、经济结构调整、运输结构调整的权重均大于0，说明此类影响因素下的系列政策对长江干线货运发展起着正向拉动作用。综合立体交通体系建设中所包含的长江干线基础设施建设，通道完善等政策为运输效率和运输质量赋能；经济结构调整会改变原来主要依靠投资、消费和出口拉动，转变为充分发挥内需潜力；运输结构调整促进“公转水”“散改集”，吸引更多货种选择长江水路运输。“双碳”战略的权重小于0，表示该因素下的政策对长江干线货运量起着轻微的负向影响，该政策提出实现更经济、更清洁、更安全的能源结构，这意味煤炭、石油等污染较大的能源使用量会逐步降低，导致货运总量减少。

3.3　预测结果的对比分析

为确定本文方法的合理性与优势性，将与常用的多元回归预测和灰色预测进行比较分析，结果见表8。

多元回归预测与灰色预测结果　表8

年份(年)	多元回归预测(亿t)	灰色预测(亿t)	年份(年)	多元回归预测(亿t)	灰色预测(亿t)	年份(年)	多元回归预测(亿t)	灰色预测(亿t)
2020	31.73	33.50	2026	45.72	55.83	2032	57.38	93.05
2021	34.06	36.48	2027	48.05	60.80	2033	59.71	101.32
2022	36.40	39.72	2028	50.38	66.20	2034	62.04	110.33
2023	38.73	43.25	2029	52.72	72.08	2035	64.37	120.13
2024	41.06	47.09	2030	55.05	78.49	—	—	—
2025	43.39	51.28	2031	45.72	85.46	—	—	—

将多元回归、灰色预测的结果与本文所用方法的预测结果对比可知，多元回归预测结果以年均5.08%的速度增长，灰色预测以8.89%的速度增长，两种方法预测下的货运量一直处于较高水平增长。考虑到我国经济已由高速增长阶段逐步转向高质量发展阶段，经济增长速度放缓。同时“双碳”战略带来的煤炭等污染性大宗货种需求量呈减少趋势，且长江基础设施承载能力、三峡枢纽

通过能力等限制,长江干线货运量在未来具备如此高的增长率不符合实际发展形势。根据政策发展导向,未来长江干线货运量将以一定水平维持较为稳健的发展,因此,本文提出的预测方法符合未来的发展趋势要求。

4 结语

本文以长江干线货运发展为研究对象,建立了长江干线货运量影响因素指标体系,提出了新形势下的长江干线货运量预测方法,主要有以下三个结论。

(1)系统梳理了长江干线货运发展面临的传统及新型影响因素,运用灰色关联法提取了长江干线货运量的关键基本影响因素为第一产业、水泥产量、公路货运量、第二产业、居民消费水平、钢铁产量、生产总值。归纳了新形势下长江干线货运发展的四类新影响因素分别为运输结构调整、“双碳”战略、经济结构调整、长江流域综合立体交通体系建设。

(2)运用 BP-IVM 组合模型进行多因素融合的长江干线货运量预测,体现了新形势下新政策对货运量的影响,为政策影响的量化提供了一种思路。但是对于干预分析逐年迭代过程是否存在重叠效应在未来还需进一步研究。

(3)与多元回归、灰色预测结果对比可知,本文提出的预测方法更能体现新形势给长江货运所带来的新影响,更符合未来时代发展的要求,可为长江干线制定未来货运政策提供一定参考。

参考文献

[1] Wijeweera A, To H, Charles M. An empirical analysis of Australian freight rail demand[J]. Economic Analysis and Policy, 2014, 44(1): 21-29.

[2] Lu C, Fu S, Fang J, et al. Analysis of Factors Affecting Freight Demand Based on Input-Output Model[J]. Mathematical Problems in Engineering, 2021,(01):1-19.

[3] 戎陆庆.基于灰预测与灰关联的区域水路货运发展研究——以广西为例[J].北京交通大学学报(社会科学版), 2018, 17(02): 109-117.

[4] 赵怀鑫,孙星星,徐倩倩,等.基于灰熵法的公路货运量和货物周转量关联因素分析[J].交通运输工程学报,2018,18(04):160-170.

[5] Tao X,Zhu L. Meta-analysis of value of time in freight transportation: A comprehensive review based on discrete choice models [J]. Transportation Research Part A: Policy and Practice, 2020, 138: 213-233.

[6] Liu L, Xie A, Ping H. Research on Freight Development of Guangdong Province Based on Grey Theory Model[J]. Mathematical Problems in Engineering. 2021,1-14.

[7] 陈琛,吴青,高嵩.基于时空因素的水路短期货运量预测[J].上海交通大学学报, 2019, 53(05):556-562.

[8] Xiao M,Li C. Fuzzy Regression Prediction and Application Based on Multi-Dimensional Factors of Freight Volume[J]. IOP Conference Series Earth and Environmental Science, 2018, 108: 032071.

[9] 徐玉萍,邓俊翔,蒋泽华.基于组合预测模型的铁路货运量预测研究[J].铁道科学与工程学报,2021,18(01):243-249.

[10] Ruiz-Aguilar J J, Urda D, JA Moscoso-López, et al. A freight inspection volume forecasting approach using an aggregation/disaggregation procedure, machine learning and ensemble models[J]. Neurocomputing, 2020, 391: 282-291.

[11] Moscoso-López, José Antonio, Turias I, et al. A two-stage forecasting approach for short-term intermodal freight prediction[J]. International Transactions in Operational Research, 2019, 26(02):642-666.

[12] 张志俊,赵洁琼.基于干预分析模型的货物运输量预测[J].物流技术,2014(6):90-91,117.

[13] 高旭,李兴东.干预分析模型在时间序列中的应用[J].科学技术创新,2021(29): 26-28.

船舶语义行为建模和辨识

徐顺强[1,2] 文元桥[1,2,4] 黄亚敏*[1,2,4] 黄 亮[1,2,4] 程小东[1,2] 钟书彬[3]
(1. 武汉理工大学国家水运安全工程技术研究中心;
2. 武汉理工大学智能交通系统研究中心;
3. 武汉理工大学航运学院;4. 内河航运技术湖北省重点实验室(武汉理工大学))

摘 要 针对当前船舶行为建模的主要关注点在数据层而非对象认知的语义层的问题,本文提出了一种船舶语义行为模型。分别在时间框架下从船舶的停留和移动两方面的运动特点和船舶和航行地理环境间拓扑、方位以及距离三方面的空间交互特点分析了船舶语义行为的组成机制并进行了相应的形式化语义建模,在此基础上进一步表达了船舶停泊、锚泊以及驶进驶出港口关键区域等船舶交通语义行为,最后利用自动识别系统和港口地理环境数据对船舶交通语义行为进行识别。结果表明,该语义行为模型能够从对象认知的语义层次准确识别和表达不同航行场景中的船舶交通语义行为。

关键词 水上运输 语义行为 语义建模 船舶行为

0 引言

船舶行为的识别和语义理解是水上交通态势感知和评估的关键[1]。得益于船舶自动识别系统(Automatic Identification System, AIS),船舶交通管理系统(Vessel Traffic Service, VTS)等多源传感设备在水上交通中的应用,使得从海量的时空数据中挖掘潜在的船舶行为成为可能。数据主导下的船舶行为模型侧重于对船舶时空行为的建模和表达,忽略了船舶行为是船舶自身和周围环境交互的结果,进而不能表达船舶这一时空对象行为的内在语义本质,也使得水上交通从业人员难以理解数据背后的实际物理含义。因此有必要结合船舶自身及其与航行环境的交互语义特征从人脑对船舶行为的认知本质进行船舶行为语义建模和表达进而实现机器对船舶行为的智能拟人化认知和表达。

针对船舶行为的数据建模和语义建模两方面,前人已有相应的研究成果。

在船舶行为数据建模方面,学者们主要基于船舶位置,航向,航速等运动学数据,利用统计学理论[2]或者机器学习[3,4]等方法建立船舶行为模型并开展异常行为识别[5]、行为预测[6]等方面的研究。这类数据驱动的船舶行为模型在特定场景下针对特定目的具有较好的效果,但是忽略了航行环境对船舶行为的影响,仅从时空层面建模和表达了船舶行为,不能深入地揭示船舶行为的内在本质,因此有必要考虑航行环境对船舶行为的影响以富化数据驱动下船舶行为的物理含义。

在船舶行为语义建模方面,有学者[7]从船舶行为的运动学特征出发,在语义层次上建模和表达船舶行为并开展了船舶行为模式识别等方面的工作。还有部分学者综合环境,规则等背景信息对船舶行为的影响,进一步赋予了船舶行为内在的物理含义。典型的模型包括SEM模型[8]、datAcron模型[9]和SMSB模型[10],这类模型大多以本体论作为建模的理论基础,借助领域专家的经验知识对船舶行为领域知识进行系统描述,进而实现对船舶行为的结构化和形式化表达,一定程度上了揭示了船舶行为的形成机制。然而这类语义模型大多在宏观层面的不同角度对船舶行为进行了语义富化,没有更为细致和深入地表达出船舶语义行为的组成机制,进而存在语义行为尺度表达不一致的问题。最新的研究成果[11]从船舶的运动学和拓扑特征两方面对船舶行为进行了多层次的语义表达,但是仅从这两方面还存在对船舶语义行为表达不足的问题,因此有必要建立一种统一的船舶行为语义表达模型,能够自下而上地全面覆盖所有的船舶语义行为并进行相应的形式化表达。

1. 基金项目:国家自然科学基金(52072287)。

针对以上问题，提出了一种船舶语义行为模型。首先，基于船舶的运动学特征及其和航行环境的交互特征以及时间语义特征分析了船舶语义行为的形成机制，并进行了相应的形式化建模，然后在此基础上，运用领域知识对高阶的船舶交通语义行为进行了形式化建模和表达，最后以实际的船舶航行数据和港口地理环境数据对提出的模型进行验证，所提出的船舶行为模型能够从人脑认知的语义层建模和表达船舶行为，深入揭示船舶语义行为的形成机制，为实现机器对水上交通态势的智能拟人化认知和表达奠定了基础。

1 船舶行为语义特征分析

在控制论中，行为被描述为对象的自身状态在内在和外在规律的作用下产生的演变，该定义既指出了行为产生的原因，也指出了行为的结果，同时还指出了行为具有的时空属性。借鉴该定义至船舶行为领域可认为船舶语义行为是具有一定运动学特征的船舶在一定时间内与航行地理环境之间交互所产生的语义表现。

1.1 运动学特征

从运动学的角度来看，任意船舶行为可视为航向和航速变化的有序组合。具体而言，航向变化可划分为左转向、右转向和保向 3 种，航速变化可划分为加速、减速、保速以及停留 4 种，因此可利用船舶航向和航速变化的情况刻画船舶的运动状态。

$$s_i = \{s_{ci}, s_{si}\} \tag{1}$$

$$s_{ci} \in \{TurnPort, TurnStarboard, KeepCouse\} \tag{2}$$

$$s_{si} \in \{Accelerate, Decelerate, KeepSpeed, Stay\} \tag{3}$$

式中：s_i——第 i 个轨迹点的运动状态；

s_{ci}——第 i 个轨迹点的航向变化状态，包含左转（*TurnPort*）、右转（*TurnStarboard*）、保向（*KeepCourse*）；

s_{si}——第 i 个轨迹点的航速变化状态，包含加速（*Accelerate*）、减速（*Decelerate*）、保速（*KeepSpeed*）和停留（*Stay*）。

进一步，我们将船舶在一定时空范围内运动状态不发生变化的行为称为原子行为（*AtomBehavior*），形式表达为 $B^a = \{p_s, p_2, \cdots, p_{n-1}, p_e\}$，其中 n 表示保持运动状态不变的轨迹点个数，p_s 为原子行为对应轨迹的起始点，p_e 为原子行为对应轨迹的结束点，具体如表 1 所示。

船舶运动学语义特征 表 1

原子行为			表达式	图示
移动（$\exists B^a, \forall p_i \in B^a, v_i > v_\varepsilon$）	航向变化	左转向	$\exists B^a = Move$，$\forall p_i \in B^a, \lvert c_i \rvert > \delta$	
		右转向		
		保向	$\exists B^a = Move$，$\forall p_i \in B^a, 0 < c_i < \delta$	
	航速变化	加速	$\exists B^a = Move$，$\forall p_i \in B^a, \lvert a_i \rvert > a_\varepsilon$	
		减速		
		保速	$\exists B^a = Move$，$\forall p_i \in B^a, 0 < \lvert a_i \rvert < a_\varepsilon$	
停留			$\exists B^a$，$\forall p_i \in B^a, v_i < v_\varepsilon$	

表中 $\lvert c_i \rvert = \left|\dfrac{c_i - c_{i-1}}{t_i - t_{i-1}}\right|$ 表示航向变化率，δ 表示航向变化阈值，$\lvert a_i \rvert = \left|\dfrac{v_i - v_{i-1}}{t_i - t_{i-1}}\right|$ 表示速度变化率，a_ε 和 v_ε 表示速度变化阈值和停留速度阈值。

1.2 交互特征

船舶与水上交通对象之间交互的差异会表现

出不同的语义行为,例如船舶在锚地内停留和在锚地外停留对于交通监管人员来说所引起的警戒程度有明显的差异,并且船舶和其他水上交通对象之间的相对方位和距离的变化也引起行为语义的差异,因此从拓扑、方位和距离三个方面建模和表达船舶与水上交通对象之间的空间交互语义特征。

1.2.1　拓扑交互语义

船舶抽象为一个点,港口水域根据其几何特征抽象为点线面三种,进而可根据空间拓扑学将船舶与港口水域之间的交互关系抽象为空间中几何对象间的拓扑关系,表达出船舶与航行环境间的交互特征,因此提出船舶拓扑行为概念。

船舶拓扑行为是船舶与通航环境中实体设施之间产生的空间拓扑关系所隐含的语义行为。借助维数扩展的9交模型(DE-9IM)对船舶和航行环境之间的拓扑交互特征进行描述,其语义计算表达式为

$$T(obj(t),context) = toposemantic(t) \tag{4}$$

式中:obj——对象,包含用于表征船舶轨迹点的点对象以及船舶轨迹的线对象;

$context$——地理环境水域;

T——拓扑语义映射关系;

$toposemantic(t)$——t 时刻下的拓扑交互语义,具体如图1所示。

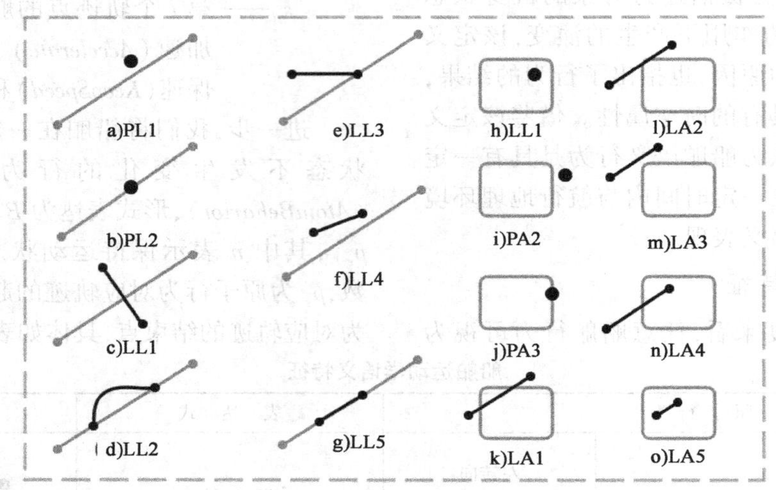

图1　船舶拓扑交互语义特征

1.2.2　距离交互语义

距离交互语义是指两对象之间随着距离的变化而导致不同的语义特征,例如船舶与静态障碍物之间的距离减小或增大对于驾引人员来说具有不同的含义,距离语义计算的表达式如下:

$$dis(t) = g(position_s(t),position_o(t))$$

$$\varphi(dis(t_i),dis(t_c)) = distancesemantic(t_c)(i < c) \tag{5}$$

式中:$dis(t)$——t 时刻两目标间的距离;

g——距离的计算函数;

φ——距离的语义映射关系;

t_i——第 i 个轨迹点对应的时间点;

c——当前的轨迹点;

$distancesemantic(t_c)$——t_c 时刻相对于 t_i 时刻的距离变化语义,包含靠近(*approach*)、远离(*away*)和不变(*keep*)3种语义。

1.2.3　方位交互语义

方位交互语义是指两对象随着相对方位(Relative Bearing, RB)的改变导致不同的语义特征,例如船舶与某一障碍物之间的相对方位保持不变表示船舶可能会与障碍物发生碰撞,而当相对方位发生持续变化时表明船舶在采取避障行动。

以船舶的轨迹点为坐标中心,采用基于锥形的八方向模型提取相对方位的语义特征,具体如表2所示。

相对方位交互语义特征 表2

方位语义	范围	图示
NNE	$0 \leq RB \leq \pi/4$	N, NE, E, SE, S, SW, W, NW
ENE	$\pi/4 < RB \leq \pi/2$	
ESE	$\pi/2 < RB \leq 3\pi/4$	
SSE	$3\pi/4 < RB \leq \pi$	
SSW	$\pi < RB \leq 5\pi/4$	
WSW	$5\pi/4 < RB \leq 3\pi/2$	
WNW	$3\pi/2 < RB \leq 7\pi/4$	
NNW	$7\pi/4 < RB < 2\pi$	

1.3 时间语义特征

时间点和时间段作为时间表达的最基本的单元，其本身不具有语义表达能力，需要进一步结合船舶行为的特点赋予语义信息。在描述船舶的原子行为时需要考虑行为的开始时间，结束时间和持续时间，故将时间点赋予开始时间和结束时间语义，时间段赋予持续时间语义，数学定义如下：

$$
\begin{gathered}
let U = t, \\
\exists p_s \in U, \forall p \in C_U p_s, if(p > p_s), begin(t) = p_s \\
\exists p_e \in U, \forall p \in C_U p_s, if(p < p_e), end(t) = p_e \\
\exists p \in U, if(begin(t) < p < end(t)), p \in interval(t)
\end{gathered} \tag{6}
$$

式中：$begin(t)$——时间段 t 的开始时间；

$end(t)$——时间段 t 的结束时间；

$interval(t)$——时间段 t 的持续时间。

2 船舶交通行为建模

上述分析并表达了船舶语义行为的形成机制，进一步可通过各语义特征的有机组合形成高阶的船舶交通语义行为。

2.1 停泊和锚泊

在锚泊和停泊过程中，船舶处于停留的语义状态，然而仅凭停留语义并不能准确了解船舶的语义行为，还需要结合具体的航行地理环境信息，并且停留时间也是重要的语义信息，因此需要引入航行地理环境信息和船舶与航行地理环境之间的拓扑信息以及时间信息进一步确定船舶的交通语义行为。

在实际的港口规划中，锚地一般为港口官方机构划定的指定区域，泊位一般由其两端的地理坐标确定，但是考虑船舶 AIS 数据在传输过程中存在漂移等问题，导致船舶的停泊数据不能完全停靠在岸线泊位上，因此将泊位同锚地一样抽象为面状区域，故船舶停泊和锚泊行为语义表达为：

$$
\begin{gathered}
\exists Traj, \forall p_i \in Traj, \\
if\{(s_{si} = stay) \wedge \\
(T(p_i, Pier \vee Anchorage) = PA3) \wedge \\
(diff(end(t), begin(t)) > t_{stay})\}, \\
berth \vee anchor(Traj, Pier \vee Anchorage)
\end{gathered} \tag{7}
$$

式中：$Traj$——一段轨迹；

p_i——第 i 个轨迹点；

$diff()$——语义之间的差计算；

t_{stay}——停留时间阈值。

2.2 驶入/驶出行为

驶入/驶出行为是船舶在港口内进入或离开某一关键水域所产生的交通语义行为，出入关键水域从水上交通监管的角度来看是一种重要的语义信息。

驶入行为的语义表达如下：

$$
\begin{gathered}
\exists Traj, \forall p_i \in Traj, \\
if\{(p_i = Move) \wedge \\
(T(p_s, area) = PA2) \wedge \\
(T(p_e, area) = PA1)\}, \\
enter(Traj, area)
\end{gathered} \tag{8}
$$

驶出行为的语义表达如下:

$$\exists Traj, \forall p_i \in Traj,$$
$$if\{(p_i = Move) \wedge$$
$$(T(p_s, area) = PA1) \wedge \quad (9)$$
$$(T(p_e, area) = PA2)\},$$
$$enter(Traj, area)$$

式中:p_s、p_e——轨迹 *Traj* 的起始点和结束点。

3　实验和分析

3.1　实验数据

采用的数据来自 AIS 和中国港口网,AIS 数据为某轮于 2014 年 4 月的航行数据,港口环境数据包含厦门港航道、锚地以及泊位等区域的地理数据。经过对数据进行去噪、插值等预处理后,获得总计 6568 条数据。

3.2　交通行为识别

在研究水域①(118°24′E,24°15′N)中,主要包含二号锚地,大轮航道以及部分青屿航段,研究水域②(117°54′E,24°42′N)中,主要包含东渡航道和东渡港区部分集装箱码头。

①水域中主要的语义行为包括驶入驶出锚地和锚泊语义行为。当船舶进出锚地时,分别对应减速和加速语义行为,较为符合良好船艺的要求,也符合人脑对这类行为的认知,具体如图 2 所示。

②水域中的主要语义行为包括驶出和驶入东渡航道和泊位以及停泊语义行为,当船舶离开东渡航道靠近泊位时,船舶不断向右转向并处于减速状态,当航速低于停留速度阈值并持续一定时间时,结合泊位区域船舶此时被识别为停泊语义行为,具体如图 3 所示。

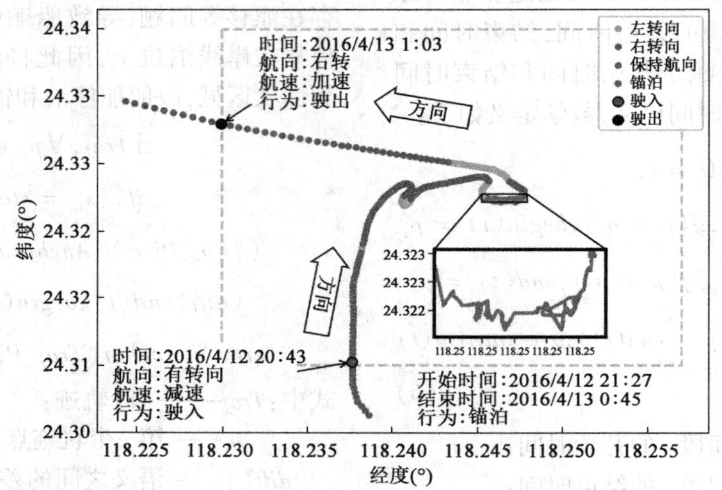

图 2　水域①船舶语义行为识别图

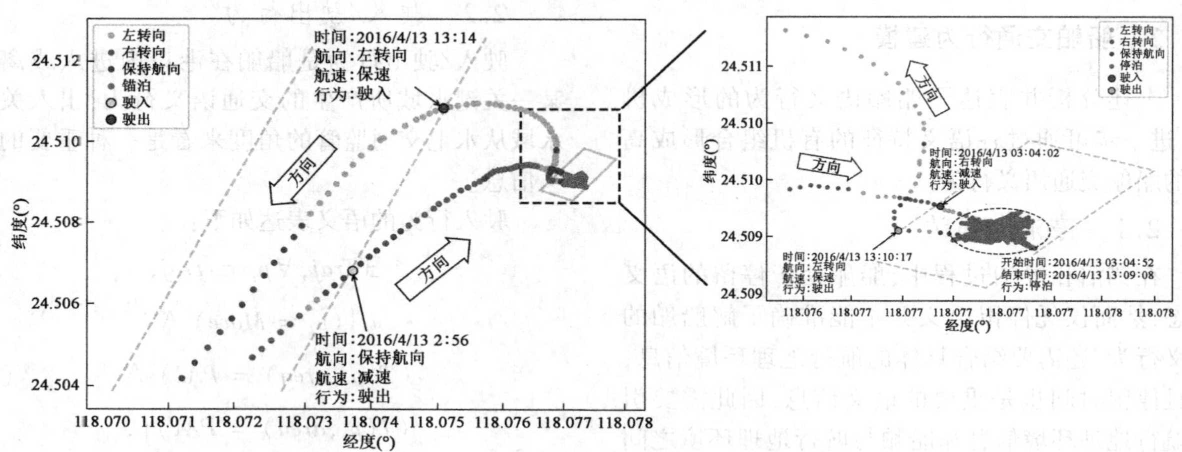

图 3　水域②船舶语义行为识别图

综上可以看出该语义模型能够自动识别出船舶的语义行为,并且能存储和表达相应的时间,船舶的运动学特征等语义属性。

4 结语

考虑到船舶行为是船舶在船舶自身运动规律以及与航行地理环境交互的共同作用下外在的语义表现,分别从船舶自身的运动学特征以及与航行地理环境的交互特征和时间语义特征对船舶语义行为的形成机制进行建模和表达,所提出的船舶语义行为模型能够识别和表达出船舶在一定航行环境中的语义行为,并且能够从人脑认知的语义层表达船舶的语义行为及其对应的语义属性,该方法可以能够从对象认知的角度表达水上交通态势,进而为开发智能拟人化的水上交通监管系统奠定基础。

下一步需要结合来自视频、雷达等多源异构数据的数据特征以及考虑水文气象等自然环境对船舶语义行为的影响进一步细化船舶语义行为的形成机制,建立更为全面的船舶语义行为模型。

参考文献

[1] Huang Liang, Wen Yuanqiao, Guo Wei, et al. Mobility pattern analysis of ship trajectories based on semantic transformation and topic model [J]. Ocean Engineering, 2020, 201:107092.

[2] Xiao Fangliang, Ligteringen Han, van Gulijk Coen, et al. Comparison study on AIS data of ship traffic behavior [J]. Ocean Engineering, 2015, 95:84-93.

[3] Tang Huang, Wei Liqiao, Yin Yong, et al. Detection of Abnormal Vessel Behaviour Based on Probabilistic Directed Graph Model [J]. Journal of Navigation, 2020, 73(5):1014-1035.

[4] Gao Miao, Shi Guoyou. Ship-handling behavior pattern recognition using AIS sub-trajectory clustering analysis based on the T-SNE and spectral clustering algorithms [J]. Ocean Engineering, 2020, 205:106919.

[5] Zhen Rong, JIN Yongxing, Hu Qinyou, et al. Maritime Anomaly Detection within Coastal Waters Based on Vessel Trajectory Clustering and Naïve Bayes Classifier [J]. Journal of Navigation, 2017, 70(3):648-670.

[6] Alizadeh D, Alesheikh Aa, Sharif M. Vessel Trajectory Prediction Using Historical Automatic Identification System Data [J]. Journal of Navigation, 2021, 74(1):156-174.

[7] Patroumpas Kostas, Alevizos Elias, Artikis Alexander, et al. Online event recognition from moving vessel trajectories [J]. Geoinformatica, 2017, 21(2):389-427.

[8] van Hage Willemrobert, MALAISÉ Véronique, de Vries Gerbenkd, et al. Abstracting and reasoning over ship trajectories and web data with the Simple Event Model (SEM) [J]. Multimedia Tools and Applications, 2012, 57(1):175-197.

[9] Santipantakis Georgiosm, Glenis Apostolos, Patroumpas Kostas, et al. Spartan: Semantic integration of big spatio-temporal data from streaming and archival sources [J]. Future Generation Computer Systems, 2020, 110:540-555.

[10] Wen Yuanqiao, Zhang Yimeng, Huang Liang, et al. Semantic Modelling of Ship Behavior in Harbor Based on Ontology and Dynamic Bayesian Network [J]. ISPRS International Journal of Geo-Information, 2019, 8(3):107.

[11] 文元桥,宋荣鑫,黄亮,等. 船舶行为的语义建模与表达[J]. 哈尔滨工业大学学报, 2021, 53(08):109-115.

一种基于视频分析的航行船舶姿态实时检测方法

张焕炯*
(浙江交通科学研究院)

摘　要　对处于航行状态的船舶进行实时的姿态检测,是全程掌握和干预船舶航行状态、确保船舶航行安全的重要基础。本文借助人工智能领域中的相关算法,提出了一种基于视频分析的船舶航行姿态的实时监测算法,它在确保正确率的前提下,结合视频可视化的特点,具有直观易辨别和时延小等优点。

关键词　航行船舶　姿态　检测　视频分析

0　引言

对船舶异常的航行姿态进行及时干预和矫正,是达到安全航行目的的一项基础性工作。由此,实现对航行中船舶姿态的实时监测,成为了解决航行安全的一项基础性的关键技术,历来被高度关注。但因航行中的船舶受包括水文、气象以及其他诸多因素的影响的同时,更因船体本身的结构相对复杂及体积相对庞大,它的姿态的精准检测相对较难,尤其是海航的船舶,更因海况等的多变性及变化随机性等因素,对它作实时精准的检测将更加困难。

现如今,针对航行姿态检测的算法研究,比较有代表性的有以下几种:①以横倾角指针、安全稳性区域、警戒稳性区域、危险稳性区域、优化航向范围、实时横倾角等六个维度的视角进行分析,来实时检测船舶航行姿态,并进行必要的估计[1];②采用光学测量手段,进行实时动态测量船体的水平姿态[2];③通过建构坐标体系,通过对船舶的姿态进行实时标注。此外,文献[3]讨论了矢量减摇装置,文献[4]则深入讨论了船舶姿态检测系统故障检测方法。

这些文献所提出的相关方法,大多存在一定的缺陷。①计算和处理的过程繁琐;②具体方法相对间接,不能很好地契合船体形状复杂及体积相对较大等实际情况,不能很直接而又精准地把船舶的具体姿态实时表征出来,在一定程度上影响了姿态检测的正确性;③不能在第一时间获得船舶航行的实际状况,所以在预防性的安全干预和有效避免可能的安全事故等方面也表现出相对的滞后性,易于丧失干预安全问题的最佳时机,从而对预防性的安全航行带来不利。

近年来,随着AI(Artificial Intelligence)技术的迅猛发展,相关新算法相继出现,尤其在图像和视频分析和处理领域,人工智能技术的优势相对明显,所形成的技术不仅具有较好的可操作性,更因具体的处理结果相对直观和具有良好的可视化以及便于被理解和执行等特性,使得它们具有很好的应用前景。结合这些条件,通过对船舶航行姿态的实时的基于视频和图像的信号采集,形成具体的信息源,借助人工智能对原始信号进行特征提取等处理,再通过相似度计算和具体的智能判决,从而可解决船舶航行过程中的姿态的实时检测和判断,为后续的姿态矫正、风险规避、具体的安全干预及后续航行姿态预测等操作提供基础性支撑,这样就形成了一种切实可行的应用途径。

鉴于此,本文提出了一种基于视频图像分析的航行船舶实时姿态检测的方法,对算法实现的原理和具体过程进行深入分析的基础上,还对相关性能进行了试验分析。结果表明,该方法除了具有较鲜明的可视化和直观的特点外,还在正确率及时效性等方面具有较大优势。

1.受"强涌潮区船闸口门围堰关键技术研究"项目资助。

1 具体算法的实现

基于视频和图像处理的航行船舶的实时姿态监测算法，其基本思想是根据船舶本身的形状、体积等特性，事先确定船体在航行过程中的横摇、艄向、起伏等的范围，从而立体地确定船体的安全区域。然后，通过实时获取航行中的船舶的视频和图像信息，并根据船体的形状等条件，通过对所获得的视频和图像信息基于横摇、艏向，起伏等维度的特征提取，获得航行船舶在这三个维度上的实时变化状况，并与事先所给定的安全区域的阈值进行基于相似度的比较分析，进而确定船舶的姿态是否处于安全范围。当船舶的实时姿态超越安全范围时，就能直接给出航行姿态异常的警告，并为接下来的姿态矫正和相应的预防性干预提供较充足的时间，进而启动对船舶航行的具体干预，实现航行姿态的实时矫正，从而以第一时间排除潜在的危险，实现船舶航行的实时的预防式的安全处理。在船舶航行安全领域中，这种防患于未然的思路和方法，是非常值得提倡的，它可有效避免实际的事故（Wrecks）发生；因此，它以最小的代价获得最大的效果，在航行安全中，这种预防式的安全策略将越来越受到重视。

由此，基于视频和图像信息处理来实现船舶航行姿态实时检测的方法可概括为：实时获得船舶航行中包含船舶姿态的信息的图像和视频，对其进行特征提取的处理，根据图像或视频特征的相似度计算，依照相关阈值条件，实现对船舶航行中的姿态的实时检测，进而在尽可能短的时间内，侦别出船舶航行中的异常姿态的信息，为后续的姿态矫正、姿态干预及相关预测等创造条件。

图1为实现航行姿态实时检测方法的原理。

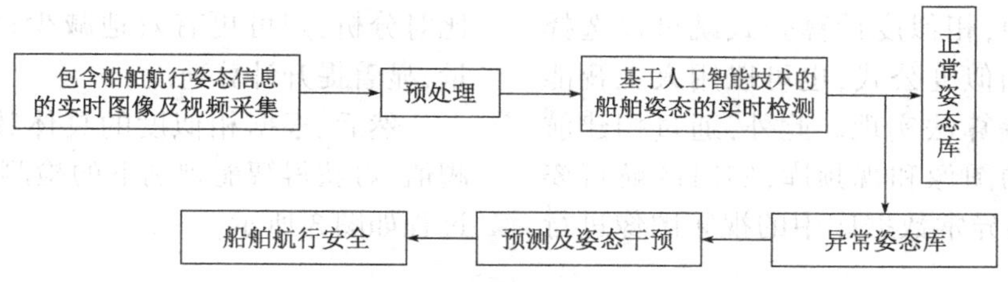

图1 具体检测方法的实现原理

该检测方法具体涉及到以下三个关键环节的内容。

（1）建构和分析基于视频及图像的船舶航行姿态信息采集及预处理。

这个环节涉及到信息的采集问题，即涉及到信息载体的形态及来源等方面，需要解决好信号的有效性、可靠性、完整性及安全性等问题。对船舶航行姿态的信息采集，实际上就是通过视频图像的方式对航行船体的横摇、艏向（纵向）及升降颠簸摇晃等加以实时采集，获得第一手的资料。然后需对所采集到的视频图像信号，根据有效性、可靠性、完整性等性能要求进行一定的预处理，从而有效消除冗余，剔除一部分不合格的视频和图像。这样的预处理，不仅能提高后续的工作效率，还可有效提升具体姿态检测的精度。

（2）确定船舶安全航行条件下的船体姿态的临界门限值。

在实时地获得船舶航行姿态信息的基础上，为有效实施对所采集到的视频图像进行姿态检测，需要先给出具体船舶姿态处于异常的临界门限的描述。这也是一个基础性的工作，它涉及到多个具体的要素：首先是船舶的几何尺寸、构建材料及载荷吨位，根据这些，就可获得船舶的排水状况。其次从横向摇晃的维度，纵向摇晃（艏向摇晃）的维度以及垂直摇晃的维度来分析船舶在安全范围内的最大的倾斜程度，并获得姿态变化的门限值；其中垂直摇晃是指船舶整体性地随着波峰和波谷而上下振动，这种状况的摇晃，对船体的影响相对较大，因此要考虑这个维度下的船体摇晃，并及时作出应对措施，以确保船舶的航行安全。

在门限（Threshold）的确定过程中，需要借助人工智能领域中合适的图像处理算法对视频图像进行具体分析。虽然具体的计算分析相对繁琐复杂，但分析结果可通过可视化等方式进行表示，显得相对直观，易于被理解，这也体现了视频图像处理方法的优越性。

(3)建构船舶航行过程中的姿态检测的算法实现。

这是整个检测方法的核心,能较充分地体现基于视频图像算法的检测方法的优势。具体内容包括如下几个方面:

首先,根据对采集后做过适当预处理的图片和视频,进行特征提取,使之成为矢量数据。这一步需要借助人工智能,对图像和视频的特征进行检测归集:根据图像的灰度分布条件、具体分割,选择 SSD(Single Short multi-box Detector)和图像边缘处理等相关算法,实现对视频图像信号的特征提取。

其次,对检测到的视频图像的特征提取后的矢量信息与船舶安全航行条件下的门限值的适量信息进行相似度计算,相似程度体现了实际的航行姿态与安全状态之间的差异。相似度的量值越大,说明实际的航行船体处于安全状态下的航行的可能性越大,反之,则说明实时航行的船舶越有可能处于航行异常状态,这就需要重点关注并及时干预。这部分的实现方法,可用图 2 进行具体表征。

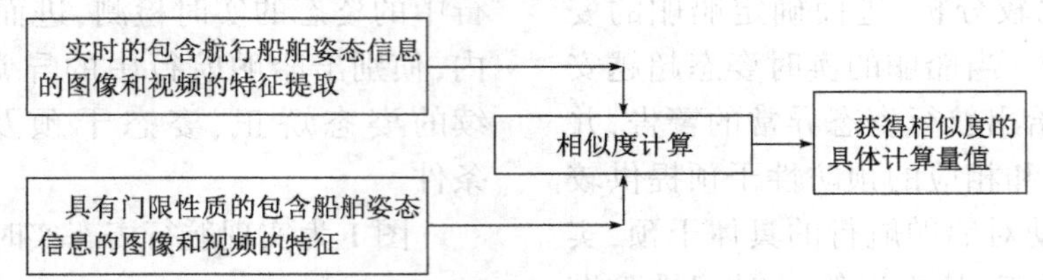

图 2　航行姿态检测中的相似度计算处理

在这一环节中,相似度计算公式既可以选择传统意义上的求相似度公式,也可以用人工智能中的聚类和分类等算法实现。此外,通过构建航行船舶姿态异常的图像和视频库,实时的航行姿态视频图像与这些异常数据库中的视频图像进行比对分析,则可更有效地减少这一步骤中的计算量,显著提升计算速度。

然后,根据相似度的具体数值及事先设定的阈值,可获得智能判别下的检测结果,相应的处理过程如图 3 所示。

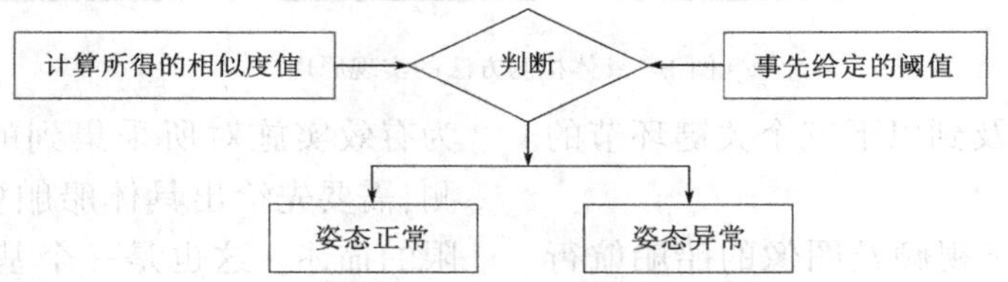

图 3　船舶航行状态下的姿态检测过程实现

在具体实施过程中,可根据实际情况进行一定的迭代,这可进一步优化相关的具体性能。

2　新方法的性能分析

针对所提出的船舶航行动态状态下的姿态检测算法,进行了必要的性能分析。新方法的优点除了直观、计算结果易于被理解、具体的处理过程中的时延小以及为后续的处理提供较充足的时间等以外,它在有效性、可靠性和误报率等方面,同样具有较卓越的性能表现。在误报方面,通常存在两种形式的误报类型。一种是实际的航行姿态已是异常,但判别为正常,这就是“漏报”;另一种则是实际的航行姿态仍属于正常,而被判别为异常,这就是“虚警”。这两者虽都是判别错误,但实际的危害或预期的危害是不一样的,虚警比漏报的危害程度要轻得多。采用视频图像分析的实时检测方法,它在相似度后,适当提高判别时的相似度量值,不仅可提高姿态检测的正确率,而且在误报方面,更多地表现为“虚警”,这一点也是这种新方法的优势。

对所提出地新方法进行了进一步的试验分析,在实验分析中采用文献[5]所提出的相似度计算公式,其中判别的门限值设定为 0.9、0.95 和 0.98,则所获得的正确率分别为 87%、91% 和 93%。从试验结果来看,相似度的门限值设置得越高,检测的正确率也越高,相似度门限与正确率之间存在正相关的关系;但相应正相关的对应关系会越来越弱,也就是通过对增加相似度门限值来提高检测正确率的效果会越来越差，且又增加计算的复杂程度。所以，兼顾正确率和计算复杂程度，实现较好的检测正确率是一种可行的实施途径，在获得较高的正确率的前提下，在实施小样本条件下的二次检测，则可获得更好的检测效果。

此外，随着智能航运理论和技术的不断发展，建构体系完整、结构紧凑、功能显著的智能航运处理平台成为了一个重要的课题。由此，借助平台整体性集成优势，把实时的航行船舶的姿态检测作为智能航运整体性的处理平台中的一个具体的功能实现的模块，使之集成为整体性的工作模块中的一个单元，通过不同模块单元之间的互相协同，该方法的优势将更加凸显。

3 结语

船舶航行安全是智能航运的重要内容，实时了解航行中的船舶姿态信息，是对可能的异常姿态进行及时干预和矫正的基础。所以，对航行船舶进行实时的姿态检测是一项基础性的工作，它为后续的姿态矫正及安全干预创造有利的条件，并赢得宝贵的时间。

在本文中，结合视频图像分析的具体方法，根据航行船舶的具体形状等特性，建构船体安全航行的范围，把姿态检测转化为用视频分析判断航行的船舶是否处于安全范围之内，具有较强的实用性。此外，由于智能航运在其他方面的信息处理也大多用到视频和图像信号，因此采用该方法能从整体上减少信号的采集次数，实现信号一次采集，多次使用的效果。所以该方法具有多方面的优势，有很好的实际应用前景，值得进一步研究和开发。

参考文献

[1] 张彪，船舶运动姿态估计与预报方法研究[D]. 哈尔滨：哈尔滨工程大学，2019.

[2] 马庆坤，乔彦峰，王晓明，等. 基于光学测量手段实时动态测量船体水平姿态[J]. 中国光学，2012，5(02)：189-193.

[3] 肖晶晶，王驰明，张帅，等. 矢量减摇装置及其控制系统设计[J]. 海洋工程装备与技术，2019，6(02)：482-486.

[4] 王婕，船舶姿态检测系统故障检测方法研究[J]. 船舶科学技术，2016，38(10)：25-27.

[5] 张焕炯，李玉鉴，钟义信. 文本相似度计算的一种新方法[J]. 计算机科学，2002，7：92-93.

基于 PU 学习的船舶会遇识别方法

刘濮瑞[1]　刘　奕*[1,2]

（1. 武汉理工大学航运学院内河航运技术湖北省重点实验室；
2. 国家水运安全工程技术研究中心）

摘　要　为解决监督学习进行船舶会遇识别时人工标注成本过高的问题，实现船舶会遇态势的低成本、高准度提取，提出使用 PU-Spy 的船舶会遇识别算法。分析船舶会遇的时空特性，得到会遇预提取约束条件，筛选预提取样本，重建会遇场景对样本做人工标注，利用半采样动态时间窗采集样本的相对距离和航向差构建特征矩阵。区分采样方式、训练集和基分类器对使用 PU-Spy 和监督学习的会遇识别方法进行多角度对比试验。结果显示，PU 学习方法相比监督学习能够以更少的标记样本达到持平甚至更优的会遇识别效果，且半采样、随机森林作基分类器的 PU-Spy 方法具有高达 95% 的分类准确率。

关键词　水运信息工程学　会遇识别　正无标签学习　AIS 数据

0 引言

船舶会遇意为船舶相遇的特殊情况，通常包括对遇、交叉和追越三种典型的会遇态势。其频数和形势的复杂程度与船舶碰撞密切相关，可以在一定程度上表征船舶碰撞危险程度[1]。因此，

1. 基金项目：国家自然科学基金项目(51709219)，江苏海事局科技项目(20203h0605)。

在船舶安全领域,船舶会遇识别通常作为碰撞分析、避碰决策等场景的前置问题被广泛研究。

现阶段,国内外学者对船舶会遇的识别研究主要依赖 AIS 数据,从空间角度选取适当的船舶会遇特征阈值以挖掘会遇行为规律。任亚磊[2]基于 AIS 数据通过设置领域界限提取会遇数据,从会遇情况、船舶参数、船舶分布、会遇局面四个方面分析外高桥航道和洋山警戒区水域的会遇特征。江龙晖等[3]根据避碰规则和实践、从几何角度提取了会遇识别条件,并以琼州海峡为例提取船舶会遇信息。潘家财[4]以厦门湾的船舶 AIS 数据为例, 从空间、时间分布、会遇局面等多个角度分析了厦门湾船舶会遇状况。李东枫[5]在大量 AIS 数据的基础上,提出一套基于危险会遇船舶领域模型的会遇识别算法,实现船舶危险会遇热点区域挖掘。也有学者考虑船舶轨迹的时间演化规律,从会遇动态过程中提取包含时空特性的会遇特征,使用机器学习识别船舶会遇。马杰[6-7]利用监督学习的方式,以 AIS 数据获取两船间相对距离和航向差作为特征,通过训练分类器的方式识别会遇与非会遇场景,并在此基础上结合贝叶斯过滤器将会遇场景细分为对遇、交叉会遇和对遇,解决了传统会遇识别方法仅考虑空间特性产生的会遇误报问题,但该方法对人工标注样本数量较为敏感,标注样本数量不足会对识别效果造成较大的负面影响。

鉴于上述不足,本文将考虑船舶会遇时空演化过程,利用 AIS 数据进行会遇样本预提取,并对航向差和相对距离进行动态采样,生成船舶会遇特征序列;分析会遇识别的应用场景,提出基于正无标签(Positive-unlabeled)学习的船舶会遇识别方法,并通过多角度对比对方法效果进行了验证,以期为船舶会遇识别提供低成本、高精度的解决方案。

1　样本特征选取与预提取

1.1　会遇预提取条件分析

会遇发生的前置条件为两船在同水域范围存在时间交集,故首先需要从 AIS 数据中提取存在时间交集的船舶配对。将会遇场景下的两船分别设为船 A 与船 B,船 A 进入与离开研究水域的时间分别为 t_1 和 t_2,船 B 则对应为 t_1^* 和 t_2^*,两船存在时间交集的情况分以下 4 种:

(1) $t_1^* \leqslant t_1$ 且 $t_2^* \geqslant t_2$,即船 B 在水域的时间完全覆盖船 A;

(2) $t_1^* > t_1$ 且 $t_2^* < t_2$,即船 A 在水域的时间完全覆盖船 B;

(3) 当 $t_2 < t_1^*$ 时,$t_1^* < t_1$ 且 $t_2^* < t_2$;

(4) 当 $t_1 < t_2^*$ 时,$t_1^* > t_1$ 且 $t_2^* > t_2$。

将条件进行简化,则可得会遇预提取的时间约束条件:同水域范围的两船,晚进入水域船舶的进入时刻早于先离开水域船舶的离开时刻,则认为两船在研究水域内存在时间交集。

在会遇过程中,两船相对距离的最小值(以下称为最近距离 R)往往可作为两船接近程度的度量手段。当 R 大于一定范围时,则可认为两船之间无发生会遇的可能,通常将 6 n mile 作为会遇局面的最大限定值[8]。为适应更多的水域、防止 AIS 原始数据失真,本文将"AIS 数据清洗前,两船最近距离小于 6 n mile"视为满足会遇预提取的空间条件。至此,我们得到了会遇预提取的全部条件,可以据此筛选具有时空关联的船舶会遇样本,排除绝大多数明显无会遇场景发生的数据。预提取示意图如图 1 所示。

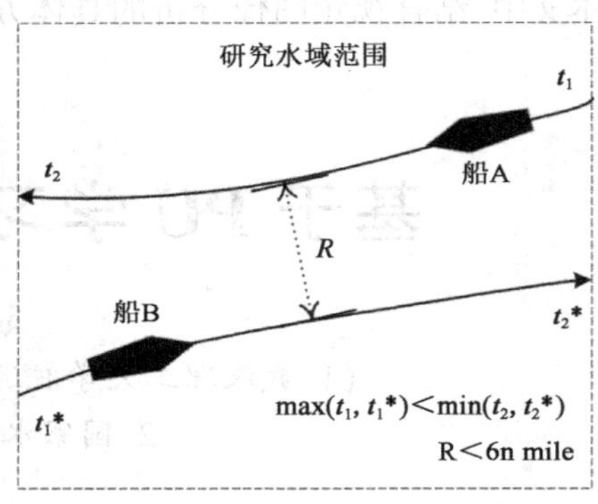

图 1　会遇预提取条件示意图

1.2　样本特征选取

满足会遇预提取条件是客观船舶会遇的必要不充分条件,预提取的样本并非是真会遇样本。因此,需要将预提取片段重建为航行轨迹动画,便于结合《国际海上避碰规则》对样本标签进行人工分类标注,也为特征选取提供可视化依据。

AIS 数据在传输过程中存在信息错误或丢失等风险,因此需要对 AIS 数据进行数据清洗与插值处理;剔除重复、缺失过多以及数值异常的 AIS 动态信息,并对数据清洗后的数据进行插值,保证预提取样本轨迹信息的完整性,在此基础上计算原生 AIS 数据外的附加参数:航向差、相对距离和速度差。最终所得会遇信息包括:两船经纬度、航向、对地航速、航向差、相对距离、速度差。以船 A 和 B 为例,重建的"交叉"会遇场景如图 2 所示,对整个会遇场景的时间进行了等额划分,展示了轨迹的时空变化过程。

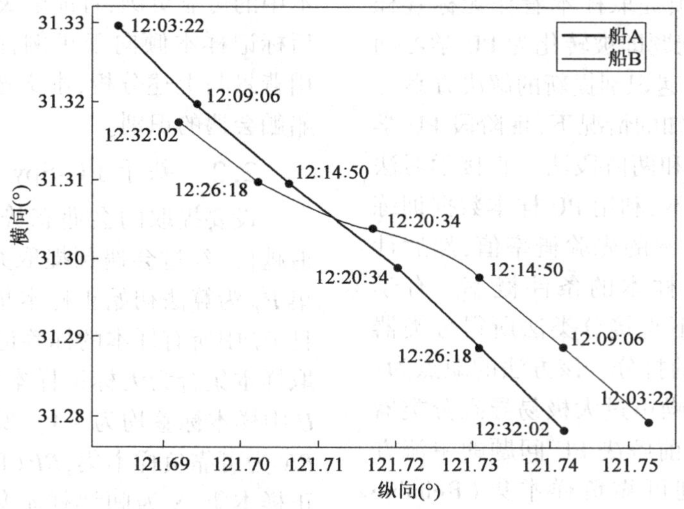

图 2 会遇场景重建样图

观察图 2,对比三种典型会遇态势(对遇、交叉、追越)的区别可知,会遇中两船的相对距离会在达到最近距离前持续减小;对于追越而言,到达最近距离前两船航向差基本不变,而在对遇和交叉中无论避让船如何考虑避碰行驶,两船航向差在最近距离前一定会变小;速度差仅在追越态势中有所体现,而在对遇和交叉的发生过程中并无明显规律性变化。此外,两船到达最近距离前,相对距离和航向差的变化规律较为固定,但当两船继续行驶时,任一船舶均可能会由于避障、航线调整或停靠码头等因素大幅操船,因此最近距离过后两船在会遇上的行为规律并不固定。综上,将"从样本满足预提取条件开始时刻至两船最近距离时刻进行取样"的方式称为半采样,"对满足预提取条件的整段过程采样"称为全采样,本文选择半采样的特征采集方式,选用相对距离和航向差获取预提取样本的特征。

构建特征序列需要考虑特征的维度数量,预提取样本的时间长度不同,因此需要划分时间进行特征采样。若使用定长时间窗采样,则可能因片段长度不同导致信息不完整,特征序列不足以代表会遇过程等问题。本文考虑会遇持续时间长度,设置动态长度时间窗采集样本特征,特征按照已有学者的研究成果[7]进行计算。设采样时间段数量为 M,样本持续时间长度为 L,则采样最后一段前及最后一段时间窗长度为:

$$V = \frac{L}{M} \tag{1}$$

$$V' = L - V(M - 1) \tag{2}$$

对于每一段采样时间,根据左闭右开(最后一段为全闭)原则计算各选取特征的平均值,再将相对距离 D 与航向差 C 两组特征横向融合,M 组融合特征按时间顺序横向组合构成单个样本的特征序列;N 个样本的序列纵向堆叠,即得到多维会遇特征矩阵 $Z_{M,N}$:

$$Z_{M,N} = \begin{bmatrix} D_{1,1} & C_{1,1} & D_{2,1} & C_{2,1} & \cdots & D_{M,1} & C_{M,1} \\ D_{1,2} & C_{1,2} & D_{2,2} & C_{2,2} & \cdots & D_{M,2} & C_{M,2} \\ \vdots & \vdots & \vdots & \vdots & & \vdots & \vdots \\ D_{1,N} & C_{1,N} & D_{2,N} & C_{2,N} & \cdots & D_{M,N} & C_{M,N} \end{bmatrix} \tag{3}$$

2 基于 PU 学习的会遇识别算法

2.1 PU 学习概述

PU 学习(Positive-Unlabeled Learning)是半监督学习的重要分支,指在仅有正样本集 P 和无标签样本集 U 的情况下训练分类器的方法。在 PU 学习问题中,正样本往往易于标记,但负类数据较为多样化不易获取,故 PU 问题的样本由需人工标注的少量正样本和大量无标签样本组成。在船舶会遇识别问题中,三种典型会遇态势片段可通过规则、运动参数阈值和人工筛选结合的方式来提取,但非会遇态势没有具体的边界条件也不便于人工辨识。将需要提取的会遇态势样本作为正样本,其余未标记的会遇预提取样本看作无标签样本,此时船舶会遇识别问题即被转化为PU学习问题,可使用PU学习为会遇识别提新的解决方案。

在样本先验分布未知的情况下,现阶段PU学习大体分为直接学习法和两阶段法。直接学习法将无标签样本看作负样本,利用PU样本数据训练标准分类器以估计正样本的先验概率值,然后计算每个样本属于正/负样本的条件概率。有学者[9]指出,在特定条件下直接分类法所得分类器能对PU样本进行合理的打分。该方法的缺点为,当负样本的无标签样本噪声过大极易导致分类器欠拟合。两阶段法为目前解决PU问题的主流方法,需要从U集合识别可靠负样本集(Reliable Negative,RN),利用P和RN训练二分类器,最后迭代上述过程,根据指定策略从生成的多个分类器中选择最优。两阶段法较好地弥补了直接学习法的缺点,但为保证学习效果需要以适当的策略识别RN集。间谍技术(Spy)可以识别无标记样本中的可靠负例,且能解决PU学习中重新初始化后标记样本倾向于正例样本的问题[10]。结合应用背景与上述分析,本文选用PU-Spy算法完成对船舶会遇的识别。

2.2 基于PU-Spy的会遇识别算法

设要提取的会遇态势为T,$T\in\{$对遇,交叉,追越$\}$。经过会遇预提取并已打好标签的T样本集P_T为算法初始正样本集,$P_T=\{p_1,p_2,\cdots,p_m\}$,且$P_T$中所有样本的标签记为1。未打标记的预提取样本集合为无标记样本集$U=\{u_1,u_2,\cdots,u_n\}$,U中样本标签均为-1。所选取的基分类器为G。RN为可靠负样本集,RP(Reliable Positive)为可靠正样本集,S为间谍样本集。会遇识别算法伪码如下:

DEFINE 基于PU-Spy的会遇识别算法

INPUT P_T, U, G.

BEGIN

Step1:初始化RN,?? RP, S为$\varnothing$。

Step2:从P_T随机选取k个样本加入S
$S=\{s_1,s_2,\cdots,s_k\}$。

Step3:$P_T=P_T-S$, $U=U+S$。

Step4:基于P_T、U训练$G\to G'$,用G'对U分类。

Step5:对S中每个样本s_i,计算s_i标签为1的后验概率$Pr(G'|s_i)$。

Step6:计算概率阈值,$\theta=\min\{Pr(G'|s_1),Pr(G'|s_2),\cdots,Pr(G'|s_k)\}$。

Step7:对于U中每个样本u_i,若$Pr(G'|u_i)<\theta$,则将u_i加入RN;$RP=U-RN$。

Step8:基于RP和RN训练$G\to$最终分类器G_F。

RETURN G_F

END

为直观展现算法流程,梳理样本集、分类器和相关参数间的脉络关系,绘制会遇识别算法示意图如图3所示。

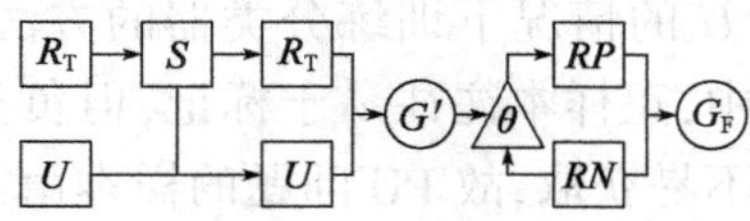

图3 会遇识别算法示意图

3 试验分析

3.1 试验背景

本文以2017年5月如图4所示长江口南槽水域的AIS数据为例进行实验,从识别方法、采样方式、基分类三个方面进行多重对比试验,验证船舶会遇识别算法的优劣,得出以PU学习解决船舶会遇识别问题的最佳方案。本试验所述追越为客观存在的态势,并非主观追越意图。经预提取后,选取已人工标注的对遇、交叉、追越、非会遇样本各480条组成整体样本数据。在PU学习中，对于单个会遇态势识别而言，需要提取会遇态势的样本标签为1，此时其他态势样本的标签均应为0，以模拟无标记样本。两类标签数量并不平衡，这与现实场景相符，因此需要按整体样本数据的分布来划分训练集和验证集，划分比例取2∶1。训练集包含4种态势各320条，验证集包含4种态势各160条。为便于将本文提出的方法与监督学习对比，这里从训练集中各态势分别取样200条样本组成训练集二，原训练集称为训练集一。

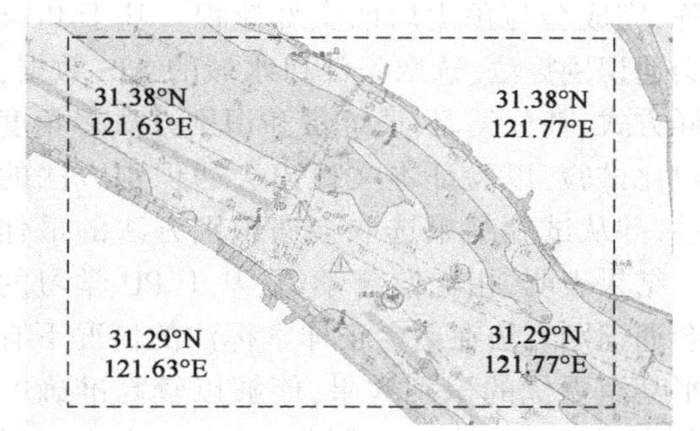

图4 研究水域示意图

3.2 试验流程及结果

由于数据本身特征维度相对样本量较高，在样本偏少的情况下，传统的监督学习通常会因训练不足而难以得到理想的样本分布情况，因此在相同条件下，PU学习理应以更少的训练集样本达到与监督学习相似的识别准确率。

本文共设计4组实验，每组试验区分识别方法（PU-Spy和监督学习）和训练集（训练集一和训练集二）；各组试验内区分采样方式（半采样和全采样）和基分类器（随机森林RF、支持向量机SVM和XGBoost）；试验所有情况共计24种，每种实验所得分类器以验证集的准确率和F1值作为性能评价指标，并将每种试验的分类器训练消耗时间分别与其对应的训练集人工标注消耗时间之和作为该种试验情况所消耗的总时间。

采样时间段数量S统一取30；为统计消耗时间，设定每个样本人工标记消耗时间为10秒；对于PU试验，间谍样本数量为正样本数量的1/3，准确率和F_1值均取三种会遇态势所做3次试验的平均值；监督学习试验中由于各训练集和测试集中各类态势样本数相同，所以对F_1值的计算采用"macro"平均求取，即将所有类别的精确率（Precision）和召回率（Recall）求均值来计算F_1值；SVM的多分类策略为一对一[11]。试验结果如表1所示，每种试验的方法消耗时间和总消耗时间情况如表2和表3所示。

试验结果总览 表1

识别方法		半采样				全采样			
		训练集一		训练集二		训练集一		训练集二	
		准确率	F_1值	准确率	F_1值	准确率	F_1值	准确率	F_1值
PU-Spy	RF	0.950	0.905	0.934	0.878	0.939	0.884	0.923	0.857
	SVM	0.823	0.751	0.822	0.743	0.823	0.746	0.806	0.732
	XGBoost	0.948	0.903	0.914	0.849	0.928	0.864	0.908	0.838
监督学习	RF	0.894	0.892	0.890	0.888	0.868	0.866	0.847	0.845
	SVM	0.866	0.864	0.849	0.848	0.817	0.815	0.798	0.797
	XGBoost	0.898	0.897	0.885	0.883	0.862	0.861	0.843	0.841

识别方法消耗时间对比 表2

识别方法		半采样		全采样	
		训练集一	训练集二	训练集一	训练集二
		消耗总时间(s)	消耗总时间(s)	消耗总时间(s)	消耗总时间(s)
PU-Spy	RF	2.167	2.048	2.195	1.971
	SVM	21.641	11.225	22.759	10.801
	XGBoost	0.157	0.087	0.161	0.079
监督学习	RF	1.440	1.417	1.430	1.337
	SVM	4.174	3.220	6.248	4.064
	XGBoost	2.353	1.410	2.524	1.585

总消耗时间对比　　表3

识别方法		半采样		全采样	
		训练集一	训练集二	训练集一	训练集二
		消耗总时间(s)	消耗总时间(s)	消耗总时间(s)	消耗总时间(s)
PU-Spy	RF	3202.167	2002.048	3202.195	2001.971
	SVM	3221.641	2011.225	3222.759	2010.801
	XGBoost	3200.157	2000.087	3200.161	2000.079
监督学习	RF	3201.440	2001.417	3201.430	2001.337
	SVM	3204.174	2003.220	3206.248	2004.064
	XGBoost	3202.353	2001.410	3202.524	2001.585

综合分析表1、表2、表3 中不同实验设定下的各项结果可知:

(1)对于每种试验,半采样所得准确率和 F_1 值均高于同条件下的全采样,该结果与本文1.2节对采样方式选取的分析相符,半采样相比全采样会遇特征更加明显,识别效果更佳。

(2)以 SVM 作分类器的识别方法,在经模型调参优化后的实验效果仍然较差,且耗时明显较长。一方面 PU-Spy 方法中,每次使用SVM 进行训练的样本不平衡,标签为1 的样本数一定远小于标签为0 的样本,相对 RF 和 XGBoost 而言,SVM 对样本分布更加敏感;另一方面,监督学习中 SVM 的多分类策略需要训练若干分类器进行组合,因此耗时更长。

(3)同采样方式和基分类器的情况下,将 PU 识别方法在训练集二的效果与监督学习在训练集一的效果进行对比,两种情况的 F_1 值大体持平,但前者除 SVM 做基分类器外准确率明显高于后者,这与本文3.2 的分析相符。综合表2 和表3 可知,基于 PU 学习的会遇识别方法可以在人工标记的工作量和时间消耗减少约 37.5% 的基础上,达到使用监督学习相似或更佳的识别效果。

(4)综合所有试验结果考虑,选用半采样、以 RF 作基分类的 PU-Spy 识别方法进行船舶会遇识别效果最佳。

4　结语

本文讨论了 PU 学习在船舶会遇识别中的应用,通过适当的时空约束条件对会遇样本进行预先提取,根据会遇场景重建的方式对预提取样本进行标记,选取航向差及相对距离作为会遇特征以半采样、动态长度时间窗的方式构建会遇特征矩阵,完成会与预提取的全部流程。基于 PU-Spy 的会遇识别算法、选取长江口水域的 AIS 数据,从采样方式、基分类器、训练集和识别方法多角度进行对比试验,以验证本文提出会遇识别方法的可靠性,并从试验结果选取会遇识别方法的最佳方案。结果表明,相比监督学习,基于 PU 学习的船舶会遇识别方法在更少正样本标注的情况下有着持平甚至更优的识别效果,能够以较高准确率对三种典型会遇态势加以划分,极大减少人工标注的人力和时间成本。提出的方法可用于碰撞演化机理、风险预警等相关研究。今后可在会遇识别算法上考虑间谍样本的分布和选取规则,以便进一步提升算法的分类性能。

参考文献

[1] 吴兆麟,朱军. 海上交通工程[M]. 2 版. 大连:大连海事大学出版社,2004.

[2] 任亚磊. 基于 AIS 数据的船舶会遇特征研究[D]. 武汉:武汉理工大学,2013.

[3] 江龙晖,郑中义,齐乐. AIS 数据中船舶会遇信息的提取方法[J]. 中国科技论文,2017,12(07):802-805.

[4] 潘家财,姜青山,邵哲平. 船舶会遇的时空数据挖掘算法及应用[J]. 中国航海,2010,33(04):57-60+64.

[5] 李东枫. 基于 AIS 大数据的船舶危险会遇热点区域挖掘研究[D]. 广州:华南理工大学,2017.

[6] 马杰,刘琪,张春玮,等. 基于 AIS 的数据时空分析及船舶会遇态势提取方法[J]. 中国安全科学学报,2019,29(05):111-116.

[7] 马杰,李文楷,张春玮,等. 基于 AIS 数据的交汇水域船舶会遇态势辨识[J]. 中国航海,

2021,44(01):68-74.

[8] 胡甚平.船舶会遇过程中避碰阶段的划分与量化[J].中国航海,2001(02):85-89.

[9] Elkan C,Noto K. Learning Classifiers from Only Positive and Unlabeled Data[C]//Acm Sigkdd International Conference on Knowledge Discovery & Data Mining. ACM,2008.

[10] 李婷婷,吕佳,范伟亚.基于新型间谍技术的半监督自训练正例无标记学习[J].计算机应用,2019,39(10):7.

[11] Platt J C, Cristianini N, Shawe-Taylor J. Large Margin DAGs for Multiclass Classification [J]. Advances in Neural Information Processing Systems, 2000, 12(3): 547-553.

Autonomous Ship: Exploring various Engine Room Requirements

Lebile Ilerioluwa *[1] Hongpeng Zhang[1] Amondi edna[2] Balaji Jennifer[2]

(1. Department of Marine Engineering, College of Marine Engineering;2. Dalian Maritime University)

Abstract Shipping serves as an avenue for transporting almost 90% of the world's trade by volume. It also serves as the safest means for transporting heavy products, yet it is still faced with risks that have led to catastrophic incidents on the seas. The analysis of such incidents indicates that a high percentage of them, up to about 75% to 96% are caused by human factors. Therefore, autonomous shipping was proposed. This mode of shipping requires no physical human presence onboard, the vessel is autonomously controlled by the control center located ashore or makes decisions by itself. Although there have been various studies on autonomous shipping, onlya few discussed the engine room technologies necessary to achieve autonomous shipping. Therefore, this study reviews the progress in autonomous ships and discusses the system's requirements for the autonomous marine engine room. The need for redundancy systems is illustrated and Azipod propulsion system has been suggested due to the redundancy it offers. The type of effective monitoring system required is also further discussed. In addition, owing to coverage limitation by 5G, the research suggests collaboration of the maritime industries with Starlink project as it aims to offer better means of data transfer. The different existing and forthcoming robotic projects that can be applied in autonomous shipping have been highlighted. Considering the evolution of technology and the process in this field, autonomous shipping can be achieved but it still requires a lot of research relevant to different maritime departments.

Keywords Autonomous Ship Engine Room Technology Safety

0 Introduction

Maritime transportation serves as the main means of transporting goods and cargo globally and it offers the safest means for transporting cargoes like heavy machineries, chemicals, oil, etc. However, marine transportation still faces some risk factors which has led to various catastrophic sea accidents, a higher percentage of these incidents are caused by human error. It is estimated that 75% to 96% of marine accidents that occur are due to human error. This error includes managerial error through some inappropriate decision making, construction of ships with sub-standard materials, ship operational errors, etc (Hoem, Fjørtoft, et al. 2019). For instance, in the final study on circumstances surrounding the 2011 grounding of the MV Rena container ship on New Zealand's Astrolabe Reef, it was concluded that the failure of the master and crew to obey adequate travel plans, navigation, and control procedures along with the inadequate regulation of the vessel's safety management program by the ship manager contributed to the grounding (Schuler, 2014).

The consequences of such incidents have resulted in the loss of lives, passenger and crew injuries, loss of property, negative impact on the environment, and high liability loss driven by wreck removal along with other corrective measures for the protection of maritime life. The analysis of almost 15,000 marine liability insurances claimed between the years 2011 and 2016 was carried out by Allianz Global Corporate and specialty as shown in Fig. 1 revealed that 75% of the claims can be attributed to human error, corresponding to more than $1.6 billion (Specialty, 2018).

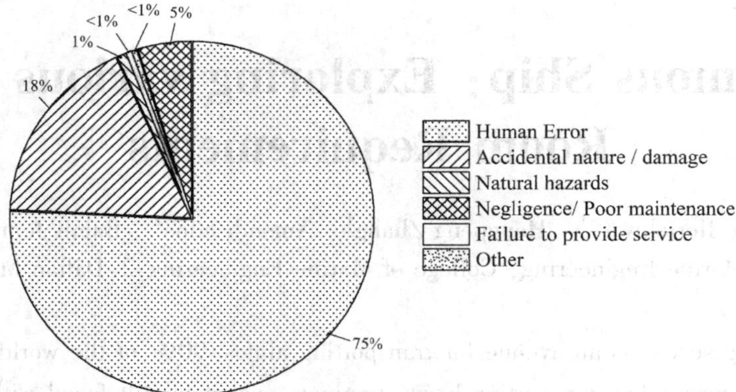

Fig. 1 Top causes of Liability loss: Marine (by value of claims) (Specialty., 2018)

1 Autonomous ships

The extent of the impact of marine accidents has led to the concept of autonomous ships, which are either ships remotely controlled from the shore or extremely automated ships. The ships are integrated with the latest technology including but not limited to sensors, IoT, monitoring and controlled technology which communicate using broadband signals. Furthermore, self or remotely controlled cargo docking, ship manoeuvring, engine control, docking, and undocking technology are being developed to be integrated into autonomous ships. According to the research carried out in 2018 by the Maritime Safety Committee (MSC) of the International Maritime JP4 Organization (IMO), it defines the 4 degrees of automation of autonomous ships as shown in Fig. 2 (IMO, 2021).

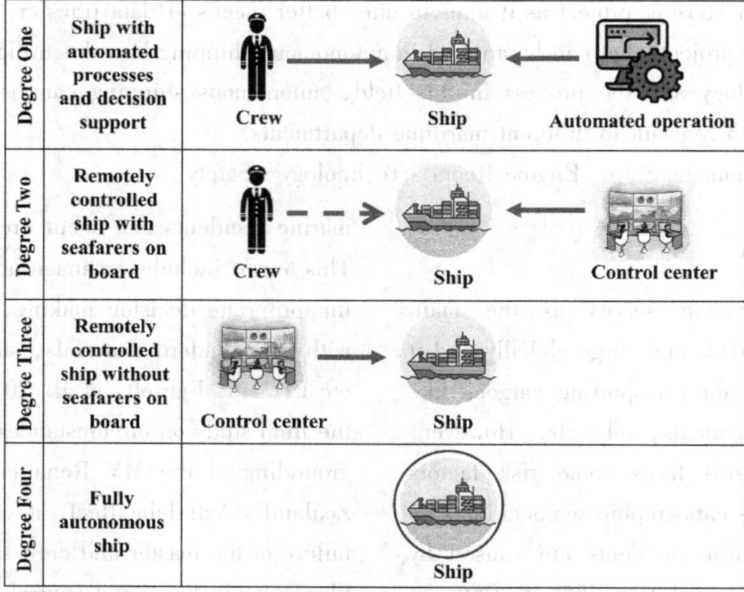

Fig. 2 Degrees of automation of autonomous ship (Authors)

Degree one(Ships with automated processes and decision support): The shipboard systems and functions are controlled and operated by seafarers onboard. There are some automated unsupervised operations but seafarers are onboard to take control if needed.

Degree two(Remotely controlled ships with seafarers onboard): The ship is operated and controlled from another location but seafarers are available onboard ready to take over the control and operation of the shipboard functions and systems if needed.

Degree three(Remotely controlled ships without seafarers onboard): The ship is operated and controlled from another location without the presence of seafarers onboard.

Degree four (Fully autonomous ships): The operating system of the ship is capable of making intelligent decisions and determines appropriate actions by itself as required.

The different degrees of autonomous ships are not presented in a hierarchical order. It should be noted that autonomous ships could be operating at one or more degrees of autonomy for the duration of a single voyage. This could boost maritime safety and make the ocean safer due to reductions in human error. However, maritime Safety would be crucial in the advancement of autonomous shipping with regard to concerns about the potential for collision, especially between manned and automated vessels. A key factor is that there will be adequate alternative measures in place to deal with any wrong turn of events.

1.1 Progress in autonomous ships

Recently, the first electric and autonomous container ship, Yara Birkeland, was launched. Yara Birkeland promotes emission-free shipping as it aims to reduce CO_2 emissions by 1000 tonnes and replace 40,000 trips with diesel trucks annually. The ship began its maiden voyage in Oslo fjord and is set to commence manned commercial operation from the year 2022. The ship's self-propelled technology will be tested for 2 years after which, it can be certified as an autonomous, all-electric container ship. The ship will be remotely operated by Massterlys' monitoring and operations center in Horten (Prevljak, 2021).

Rolls-Royce led a three-phase project called "Safer Vessel with Autonomous Navigation-(SVAN)". The project aims at the provision of preliminary design and specification for upcoming advanced ship solutions. This project led to the collaboration between Rolls-Royce and Fin ferries resulting in the navigation of a fully autonomous car ferry, Falco. Firstly, the fully autonomous ferry did navigate without human intervention between Parainen and Nauvo in the city of Turku, Finland. During this voyage, the vessel undocked itself from Parainen quayside, avoided three different collisions, and automatically docked itself in position without the need for mooring rope. Thereafter, the ferry was remotely controlled from Nauvo (the shore center, 45 km away) back to Parainen. Falco utilized Rolls-Royce ship intelligence and sensor fusion to build up the surrounding views of the ship in real time with precision comparatively superior to that of human vision. (Rolls-Royce a, b).

Suomenlinna II, a ferry retrofitted by ABB and Helsinki City Transport converting it to an autonomous ferry. The ferry is equipped with ABB Marine Ability Pilot Control and the ABB Ability Marine Pilot Vision. The ABB Marine Ability Pilot Control hosts a model predictive controller with a nonlinear observer, interface module, a joystick, and a thruster allocation. The signal processing unit is used for controlling the inputs and outputs. On the other hand, the algorithm control unit is used for dynamic positioning. This control system permits the operator to navigate the ship through the full-speed range and the vessel can also navigate from one dock to another without the change in the control position.

The ABB Marine Ability Pilot Control offers a means by which the operator can control the vessel via joystick or touch screen onboard or ashore. The ABB Ability Marine Pilot Vision uses digital twin technology to provide several views of the vessel's surroundings in real-time. The location of the ship and the current motion of the ship are estimated using the algorithm of the sensor fusion. The controllers for motion and positioning specify the optimal force and torque to be added to the ship in order to sustain the current motion and location or to achieve the desired position and motion. The trial of ABB Autonomous ferry was carried out during vessel off-hour with no passengers onboard. The vessel departed from Helsinki's market square, Kauppatori, to Suomenlinna fortress and was remotely controlled from the control center in Helsinki (Sjursen, 2019).

In 2019, Zhuhai Wanshan Bay Unmanned Boat Testing filed Co., Ltd. organized the first Autonomous Ship Development Forum in Zhuhai. In this forum, the Wanshan Unmanned Vessel Marine Test Site which is the world's largest and Asia's first unmanned vessel testing site was officially launched and certified by CSS. The site is located at Wanshan Islands with a suitable environment that can also be used for testing various marine instruments and equipments such as acoustic equipment, amphibious equipment, communication and navigation equipment (Oceanalpha, 2019).

1.2 MUNIN

Maritime Unmanned Navigation through Intelligence in Networks (MUNIN) is a collaborative research project done for 36 months, co-funded by the European Commissions. The outcome of the project led to the development of a technical operation concept for an unmanned merchant ship and assessed its economic, technical and legal feasibility. MUNIN developed aframework that consists of 3 layers. The first layer consists of Engine Automation Systems (EAS), the Bridge Automation Systems (BAS), and the Shore Control Center (SCC). Each system is further subdivided into the second and third layers (Kavallieratos, Katsikas, et al., 2018) as shown in Fig. 3. Focusing on the EAS, the system is further divided into:

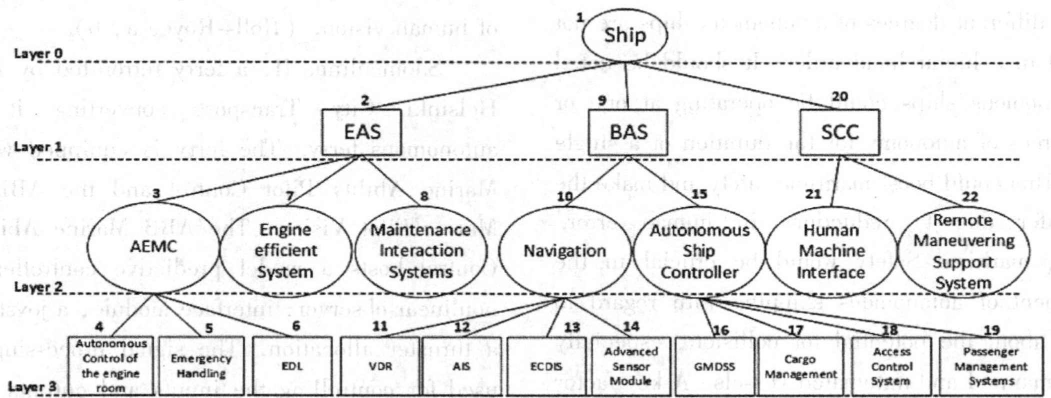

Fig. 3　MUNIN framework for unmanned Vessel (Kavallieratos, Katsikas et al., 2018)

Autonomous Engine Monitoring and Control (AEMC): This system autonomously handles the engine room. It oversees and supervises all the activities of the engine components and auxiliaries. The system receives and sends data to the Shore Control Centre (SCC). The main functions of AMEC are engine room control and emergency handling. The emergency handling detects failures in different machineries by monitoring the crucial values of several parameters from various sensors such as IR cameras, water inrush detection, gas detection, fire detection etc. These values are compared with the preset values of the respective parameters. The emergency system also can deploy countermeasures in case of emergency to avoid or reduce the damages to ship components (Fentzahn, Enrico, et al., 2015, Schmidt, Fentzahn, et al., 2015).

Engine Efficiency System EES: This system serves as preventive maintenance. EES recognizes machineries that are deteriorating using the interaction between the Key Performance Indicator (KPI) and Maintenance Interaction System (MIS).

The system aids in load sharing among machineries for effective production of power and electricity generation. It also monitors the waste heat recovery system (WHRS). If the WHRS could not produce the required power, the load sharing programming automatically decides which of the Auxiliary Engine needs to run in order to compliment the WHRS while powering the machineries in the lowest possible specific fuel oil consumption (Rødseth, Harald, et al,. 2014, Schmidt, Fentzahn, et al., 2015).

Maintenance Interaction System MIS: This system provides the pattern of maintenance required for an autonomous engine room throughout the life cycle of the ship. The system includes all technical, administrative, and managerial maintenance plans. Depending on the data received from the monitoring system such as engine parameters, decisions have to be made on when and how maintenance needs to be carried out, the maintenance management including the ship owner's plans for the maintenance procedure, and in case any components of the ship need to be replaced, the supplier will be contacted and the repair will be carried out at the next dock or harbor (Atlason et al., 2014, Schmidt et al. 2015).

A dry bulk carrier with a two-stroke, low-speed turbocharged diesel engine, coupled directly to a fixed-pitch propeller was redesigned and used to analyze the MUNIN framework. The result of the analysis proposed that marine diesel oil be used as the fuel for the main engine and all heating systems should be electrically powered and operated. Furthermore, filling the crankcase of the main engine with inert gas to avoid explosion was suggested. The analysis also indicates that additional sensors, filters, and extended fire alarm and diagnosis for the non-redundant system are required (Michael Schmidt., 2015).

2 Required system for autonomous marine engine room

The MUNIN project provides a good concept for an unmanned merchant ship and few companies have tested their autonomous system by remotely or autonomously navigating ferries and boats within the inland water. Most of these autonomous systems are still in the trial phase. In order to achieve autonomous shipping on inland water or high sea, a lot of research is still required in all shipping departments. Above 80% of the researche on autonomous ships concentrates on navigating systems, recently there have been several discussions on the necessary laws for autonomous shipping in contrast; very few studies have been carried out regarding the engine room technology necessary to achieve autonomous ships. Although, owing to the continual improvement in technology, marine engines, and their auxiliaries can be easily operated and some of the operations can be carried out without physical interaction. Supervisory control and data acquisition (SCADA) offer an interface that enables an operator to monitor all parameters of all the systems in the engine room. Using SCADA, the operator can start and stop the main engine, valves can be opened or closed and failures can be detected using the alarm signal provided by SCADA. Although SCADA provides an outstanding means of interacting with engines, the connection between various engine sensors, the control unit and the SCADA interface is dependent on cables. In order to achieve autonomous shipping, there is a need to operate these systems wirelessly. Furthermore, there are various aspects that need to be investigated to achieve autonomous engine room. Therefore, this study will be discussing four important required technologies that can pave the way for the development of an autonomous engine room for the ship.

2.1 Redundancy system

An autonomous engine room will especially require redundancy systems. The redundant system will promote safety in the sense that if the main engine, propulsion system, or auxiliaries' machines develop faults while sailing in the absence of crew members on board (for degree three and degree four autonomous ships), the redundant system can easily be switched over to as a backup in order to avoid a disastrous event. For instance, in the analysis carried out by MUNIN, a two-stroke, low-speed turbocharged diesel engine coupled directly to a fixed-pitch propeller was used. In case the engine has a major breakdown while sailing on the high sea, the ship becomes stuck on the high sea and this might lead to a catastrophic incident if proper measures are not taken immediately. Although most of the high sea ships have different backup auxiliaries' machines and backup generators, few have redundancy propulsion systems and main engines. This is due to high cost and space requirements but to boost safety for autonomous ships, these are important factors that need to be considered. Therefore, this study will propose the use of Azipod electric propulsion system for autonomous ships.

Azipod propulsion is a gearless, steerable propulsion system where a pod housing an electric drive motor is mounted outside the ship hull. A fixed-pitch propeller (FPP) is driven by the electric main propulsion and steering device at a different rpm. The frequency converter is used to control the motor thereby producing full nominal torque in either direction over the entire speed range including standstill. Furthermore, over-torque can also be utilized. To achieve maximum performance, each Azipod propulsion system can be individually designed and optimized. This system provides 360 degrees of rotation, thereby increasing the manoeuvrability and operating efficiency of the vessel. This consequently reduces fuel consumption by up to 20% compared to conventional shaft line systems (ABB., 2021).

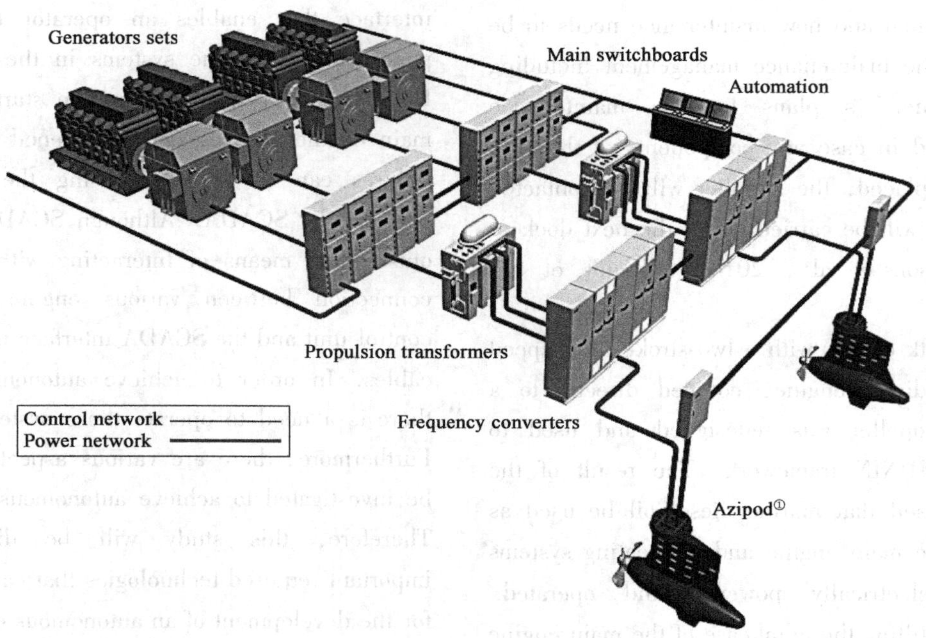

Fig. 4 Configuration of Azipod system (ABB., 2012)

Azipod system requires an electric power plant, sets of generator systems are used to supply power to the switchboards which are then used by other consumers onboard including the azipod propulsion via the transformer and frequency converter. The configuration shown in Fig. 4 consists of 4 generators sets and 2 sets of switchboards, transformer, frequency converter and Azipod system. Moreover, the Azipod systems are independent of each other. This kind of system and configuration offers optimal reliability at various levels of redundancy. In case one generator set is faulty, the other generator set can be used to power the Azipod system. Likewise, if one of the Azipod systems is faulty the other can be used to navigate the ship to the nearest port where repairs can be carried out. The simplicity in the configuration required by the Azipod system reduces the time needed for maintenance (ABB., 2012).

Moreover, this system has its own interface and control unit, which offers flexibility in controlling and monitoring the system. For degree three autonomous ships, a mimic control unit and an interface can be provided at the control center which can interact with the ones onboard for receiving information and executing commands. Whereas, for fully autonomous ships (degree four), the control unit can be programmed such that it can make decisions based on different inputs such as machineries condition, sensors, navigation system, etc. considering all these factors Azipod system is the currently existing system that ensures the safe navigation of the autonomous ship.

2.2 Control and monitoring system

A control and monitoring system similar to SCADA is required at the control center, especially for degree three autonomous ships. The system should be able to receive and interpret data or information such as the conditions and the parameters of the engines and different auxiliaries' machines from the monitoring system onboard. Also, it should be able to send commands which can be easily executed by the system on board. Moreover, high-definition cameras are required to inspect areas where sensors are not applicable, such as oil spillage or leaking pipes within the engine room.

Guo Jianming, et al, designed a monitoring system model for unmanned vessels. In this design, the parameter of all the engine systems and some of the main engine parameters like lubricating system, compressed air system etc. are monitored by the S7-200 PLC using the sensors in these systems. This controller processes the data obtained from sensors and sends the information to the RS485 card which compares the key values from the information obtained to that of the preset value and also monitors the working condition of the main engines and decides to alert the operator in case of any failure by using the alarm system. All this information from the controller is being relayed to the PC2, which transfers the information using the ethernet to PC 1 which is proposed to be ashore and also the alarm alerts the operator in case of any failure. The data obtained from PC 1 can be printed and stored (Jianming, Qingsong, et al., 2010).

The model provides a significant concept for the required monitoring system for unmanned vessels; however, the data transfer was achieved by ethernet. Wireless means of data transfer is required to attain autonomous shipping. Furthermore, to attain "almost" real-time communication, the information transferred should be stored as a small file and also should be able to give the accurate conditions of the engines or execute commands accurately. Even for a fully autonomous ship, where the ship should be able to make decisions on its own, the control center must be able to have access to the control and monitoring system in place of unforeseen circumstances when the ship cannot make the right decision, so the control center can take control of the engines and its machineries.

2.3 Data transfer

As discussed in the previous section, an autonomous ship needs a monitoring system to collate and process the data; this data needs to be transferred from the autonomous ship to the control center, which needs to maintain real-time communication with the ship. Therefore, data or information transfer needs to occur between the ship and the control center.

The launch of the 5G network in 2019 for data transfer and real-time communication has resulted in drastic development in the application of IoT (internet of things). This has led to the application of 5G in different fields such as transportation, manufacturing, healthcare, etc. (Zhong, Yang et al., 2019). Various studies have focused on the application of 5G for navigating and communicating with autonomous ships. SK Telecom with Samsung Heavy Industries developed a 5G-autonomous platform. A model of around 3.3 meters long, equipped with 5G based Light Detection and Ranging (LiDAR), Universal Internet of Things (IoT) Platform、and SK Telecom's real-time video monitoring solution was built and tested. The trial was carried out near SHI's Geoje Shipyard, and the model was successfully remotely controlled 250km away from the shipyard to its destination while avoiding maritime obstacles. The capacity to control ships remotely in real-time using 5G was verified (Telecom., 2019).

Marko Höyhtyä et al proposed an integrated 5G satellite connection which comprises both terrestrial and satellite components; high-altitude platform (HAP) element for communication in autonomous ships (Höyhtyä, et al., 2017). The study categorized autonomous ship communication structure into two, while Stig Petersen et al proposed an additional communication structure (Petersen, et al., 2020). The classification of autonomous ship's communication into three dimensions is shown in Fig. 5.

Ship-Shore Communication: This provides a means of secure and reliable connection for effective communication between the ship and the control center. It enables the ship to be monitored in real-time. It serves as a way of receiving data from the ship and sending commands to different engine systems from the control center.

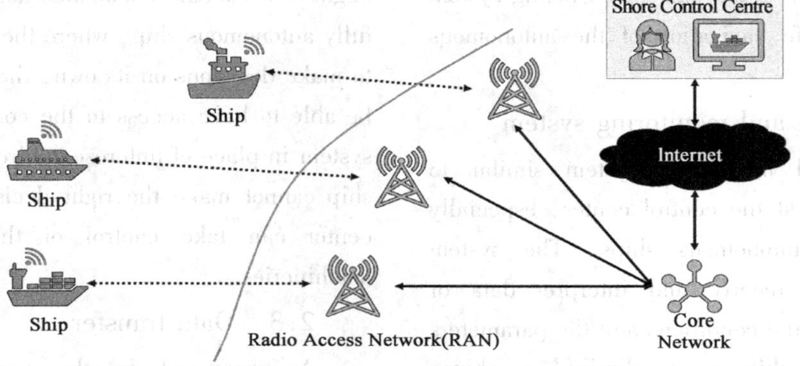

a)Ship-ShoreCommunication.

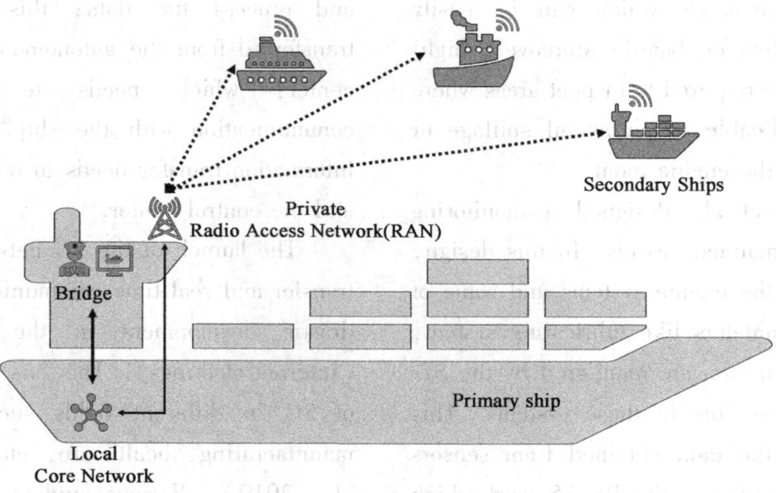

b)Ship to Ship Communication

Fig. 5

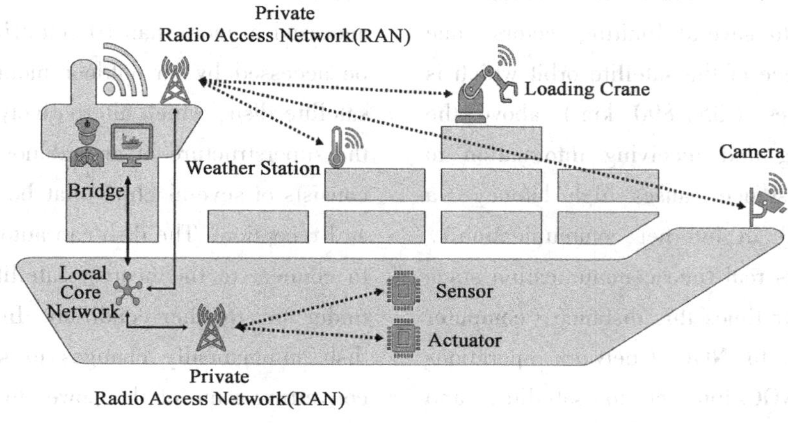

c) Onboard communication

Fig. 5 Modes of autonomous ship communication (Petersen et al., 2020)

Ship to Ship Communication: For safe navigation, especially through a narrow channel and avoidance of collisions, autonomous ships must be able to communicate with each other. This concept can potentially increase efficiency and traffic safety when two ships are in close proximity to each other. Furthermore, this mode of communication can create an ad-hoc network, in which one ship can offer internet connection or boost the internet communication of the other. This can lead to mesh network connections between multiple ships.

Onboard communication: The concept of autonomous ships will surely lead to an increase in demand for sensors onboard. These sensors need to communicate with each other. For instance, the navigation sensors can easily communicate with the engine's sensors for the control center or the ship to make decisions autonomously.

The challenges with these modes of communication are the means of achieving them. The onboard communication can be easily achieved by a series of cables or a strong wireless configuration infrastructure. In the case of ship-to-ship communication, this can be achieved by routing the communication through land-based 5G infrastructure. However, this only applies to ships within the range of radio access networks (RANs), which is only accessible within the coastal or inland waters. Private 5G connections seem to offer a solution that will comprise of local core network and private RAN. However, for this to be accomplished, the secondary ships are required to own a 5G modem and antenna that is compatible in terms of radio configuration and frequency with the primary ship.

Moreover, frequencies are reserved for telecom operation on a national or regional level for private 5G networks within limited areas by different national regulations. Ship-Shore communication also faces several challenges despite the developing 5G network. For ships to communicate with the control center at shore using 5G, it also has to be within the range of RAN available within the coastal water. There is a need for international roaming agreements amongst network providers when considering ships operating across different borders. In the case of ships operating at high-sea, where RAN coverage is unavailable, 5G technology still proves to be inadequate as it cannot facilitate communication of autonomous ships at high sea. Therefore, this study will be proposing the use of satellites (Petersen, et al. 2020).

Satellite means of internet communication is not a new concept in the telecommunication industry as it helps to provide internet services to remote areas. At present most of the radio communication onboard still heavily relies on the use of satellites. However, the use of satellite internet has not been encouraged in the past years due to several limiting factors, one such being the distance of the satellite orbit which is around 22, 300 miles (35, 890 km) above the equator. Transferring and receiving information to and from such a distance causes high latency (a measure of the delay in internet communication). This negatively affects real-time communication since data has to travel four times this distance (computer to satellite, satellite to NOC (network operations center)/internet, NOC/internet to satellite, and satellite to computer) (Control G, 2021).

Furthermore, there are few satellites in orbit for this kind of service. This may be attributed to the high monetary cost of satellite launching, estimated to be as high as USD 400 million depending on the payload (Harris., 2000). However, with current development in satellite projects, these challenges are gradually becoming concerns of the past.

SpaceX, founded by Elon Musk, is currently the world's leading space exploration technology. This technology has successfully enabled cheaper means of satellite launching. The new "Falcon 9" is the satellite launcher designed by SpaceX. It is known to have cost approximately USD 62 million-90 million to launch a satellite which is a drastic reduction in the cost of satellite launching, comparatively. Moreover, Falcon 9 is the first reusable satellite launcher, thereby reducing the cost of launching satellites when using reused Falcon to around USD 50 million (Starlink., 2021).

Furthermore, the same corporation launched the "Starlink project", which aims to provide internet access across the globe, especially to remote areas or locations out of the range of land-based internet coverage. Starlink has already launched around 1800 satellites to the low earth orbit, which is around 300 miles (483 km) compared to the traditional 22,300 miles (35,890 km) above the equator. The satellite forms a mesh or array of networks that communicate with each other using laser technology. The concept of low earth orbit was used to reduce the total distance the data needs to transfer, leading to a decrease in latency. Starlink internet can now be accessed in more than 10 countries. This internet can be accessed by an outdoor mounting of the Starlink satellite dish, which alternatively may be mounted on the superstructure of an autonomous ship. The dish consists of several chips that boosts the data transfer and reception. The dish can automatically rotate itself to connect to the nearest satellite, and it can work under any weather condition. In snowy weather, the dish automatically changes to snow mode, thereby converting some of the power to heat energy to melt the snow on the dish to avoid signal interference. The project aims to launch around 42,000 satellites for a better and faster connection, but this is encountered with a lot of debate since such a high number of satellites can cause Kessler syndrome (a scenario in which the density of objects in low-Earth orbit is high enough that collisions between objects cause a cascade, with each collision generating space debris that increases the likelihood of further collisions). The light from these satellites can interfere with astronomical activities as well.

However, a series of researches are underway by SpaceX to counter these challenges. The satellites are now equipped with an automatic collision avoidance system, enabling the satellite to move away from any colliding object, and are covered with black materials to reduce the light emissions (Crist., 2021).

The internet speed of 5G cannot be directly compared to Starlink because 5G speeds depend on various factors such as the number of 5G dedicated spectrums, availability of fiber optics, and the density of cells in that region. These factors are important because 5G in the rural region is not as fast compared to that in the urban region, where more cells are available. However, Starlink aims to provide fast internet worldwide including the deep-sea. The Starlink internet aims to attain 1Gbps in the first phase, which is not bad but comparatively less than 5G speeds (Fintelics., 2021). Starlink's internet project is still in its infancy stage; continual development and improvement in this technology will lead to the accessibility of better and faster internet services. Consequently, giving hope to all modes of communication required by autonomous ships, which only requires satellite dish mounting onboard.

Therefore, the maritime industries or the IMO can collaborate with SpaceX to carry out more research on how Starlink's project could be improved and applied specifically to autonomous ships, as successful improvement in this project will pave the way for a better and secure mode of communication for autonomous ships.

2.4 Robotics

Robots are still required to perform certain tasks in the autonomous engine room such as countermeasures in case of hazards onboard like fire hazards. Robots can also be deployed to carry out inspections like the hull crack. As shown in Fig. 6, the following are some of the latest robotic technologies useful in autonomous ships.

a)SAFFiR Configuration

b)HullBUG

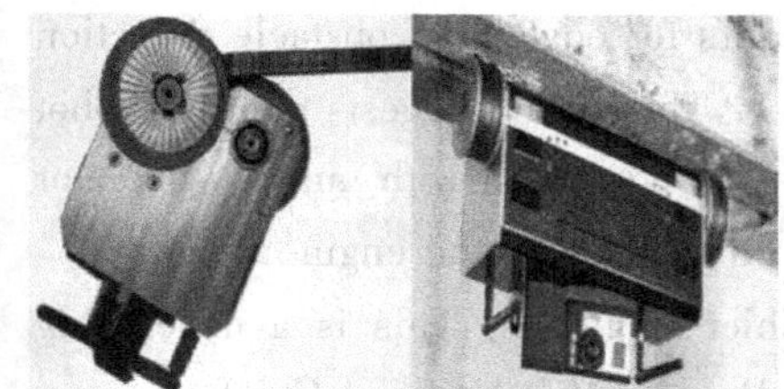

c)Robot Ship Inspectors

Fig. 6 Latest robotic technologies for autonomous ship (Kumar., 2021)

Fire Fighter Robots: Naval Research Laboratory with Virginia Tech and other U. S universities developed Shipboard Autonomous Fire Fighting Robot (SAFFiR), as shown in Fig. 6a). This autonomous robot that can detect and extinguish fire. Once the robot detects a fire, it can turn the necessary valves, pick up and drag the fire hose to the fire's location and open the hose valve for water used to extinguish the fire. The robot is equipped with gas sensors, IR, and UV cameras, which enables the robot to see through smoke and detect the source of heat. The robot is equipped with vision systems that can withstand up to 500℃, and a multi-modal sensor for navigation and obstacle avoidance. Moreover, the robot can still stand upright when the ship is pitching and rolling. The trial tests of this robot have been successful (White., 2015).

Hull Cleaning Robots: The ship's speed is decreased by 10% due to bio-fouling on the ship, leading to higher fuel consumption. Although paintings are added to prevent bio-fouling, some of these paints are not eco-friendly thus, negatively impacting the marine ecosystem. Therefore, SeaRobotics with U. S Navy developed HullBUG (Hull Bio-inspired Underwater Grooming). As shown in Fig. 6b), HullBUG is an autonomous vehicle equipped with four wheels and can attach itself to the underside of the ship by creating a vortex between the ship's hull and itself using a negative pressure device. The robot crawls on the hull and uses a fluorometer to detect fouling films, then uses rotary brushes or water jets to clean the fouling films. The robot is equipped to provide obstacle avoidance, path cleaning, and navigational capabilities (Lovelace and Darling., 2015).

Robot Ship Inspectors: To comply with the safety standards and ensure the ship's seaworthiness, the hull and tanks need to be inspected. This hectic work is normally carried out by surveyors. Students from Zürcher Hochschule der Künste and ETH Zürich developed a Ship Inspecting Robot (SIR). As shown in Fig. 6c), SIR can detect cracks on ship hulls, tanks, and parts not easily accessible on a large cargo ship. The robot is equipped with 4 magnetic, overlapping wheels that aid in navigating through the I-beam and other confined spaces of the ballast tank. Moreover, the robot can be remotely controlled through a wireless transmitter and it is equipped with cameras for real-time activity monitoring. It also has four infrared sensors for edges and obstacle detection (Kumar., 2021). This study suggests that this robot can additionally be equipped with an oil detector sensor to detect oil spillage in the engine room.

Artificial Chief Engineer: This is a developing project by Rolls Royce. The Artificial Chief engineer is a secure control system onboard a naval vessel. It is designed to make intelligent decisions on how efficiently the ship engines should be operated based on the condition of these systems. These systems include the main engine, propulsion system, electrical system, fuel system, etc. It uses the algorithm to optimize the ship for low fuel consumption, minimum noise, and optimal speed. It will reduce the operator's workload in the control center since it performs most of the operator's tasks (Rolls-Royce., 2019). This study proposed the application of this system in autonomous ships and not just limited to naval vessels.

3 Conclusions

The high percentage of maritime incidents caused by human error led to the introduction of autonomous shipping. Various researches have been carried out concerning autonomous ships such as Suomenlinna II and Falco (ferries which have been autonomously operated by ABB and Rolls Royce, respectively). Moreover, the MUNIN led to the development of a technical operation concept for unmanned merchant ships and assessed its economic, technical, and legal feasibility. However, only a few research projects focused on the engine room requirements for autonomous shipping. Therefore, this study discussed various technologies necessary for the engine room of an autonomous ship.

The redundancy systems that can serve as a backup system were discussed, especially for the main engine and propulsion system. The Azipod means of propulsion was suggested due to its flexibility of redundancy. Also, effective Control and Monitoring System was elaborated upon for real-time monitoring of the engine parameters. For real-time communication, means of data transfer are necessary. Although 5G is currently being applied in different industries, due to the limitation of coverage on high-sea, this study proposed the collaboration with Starlink's project, which aims to provide internet globally via satellite for its application in autonomous shipping. Furthermore, different existing and future robotic projects that can be applied to autonomous ships to perform tasks such as countermeasures in case of hazards onboard were also highlighted.

There is a lot of debate surrounding the concept of whether autonomous shipping is among the best means to keep the ocean free of accidents. Along with continuing technological developments and progress in this field, this study concludes that it's a viable concept that requires further rigorous research and analysis in all maritime departments to successfully achieve effective yet safe autonomous shipping.

References

[1] ABB. Azipod® XO2100 and XO2300, ABB Oy, Marine and Cranes [R]. Product information, 2012.

[2] Atlason, et al. MUNIN D6.8: Constant engine

efficiency concept[R]. Technical Report,2014.

[3] Fentzahn, et al. MUNIN D6.3: Information cluster concept incl[R]. data set definition,2015.

[4] Hoem Å S, et al. "Addressing the accidental risks of maritime transportation: could autonomous shipping technology improve the statistics?"[J]. TransNav: International Journal on Marine Navigation and Safety of Sea Transportation, 2019:13(3), 487-494.

[5] Höyhtyä M, et al. Integrated 5G satellite-terrestrial systems: Use cases for road safety and autonomous ships[C].//"Proceedings of the 23rd Ka and Broadband Communications Conference. Trieste, Italy, October 16-19,2017.

[6] IMO. Outcome Of the Regulatory Scoping Exercise for The Use of Maritime Autonomous Surface Ships (Mass)[D]. London,2012.

[7] Jianming G, et al. (2010). The design of monitoring system for unmanned marine engine room based on Fameview[C].//International Conference on Optoelectronics and Image Processing. IEEE, Haiko, Hainan China, November 11-12, 2010.

[8] Kavallieratos G, et al. Cyber-attacks against the autonomous ship [M]. Computer Security. Springer, 2018.

[9] Lovelace B, D Darling. HullBUG Technology Development for Underwater Hull Cleaning [R]. Searobotics Corp Stuart FL 2015.

[10] Michael Schmidt M S. MUNIN's Autonomous Engine Room, in MUNIN Final Event. 2015.

[11] Petersen S, et al. (2020). Potential benefits of 5G communication for autonomous ships [C].//IOP Conference Series: Materials Science and Engineering, 2020, 929 (1):012009.

[12] Rødseth, et al. MUNIN D6.7: Maintenance indicators and maintenance management principles for autonomous engine room[R]. Technical Report,2014.

[13] Rolls-Royce F. SVAN-Safer Vessel with Autonomous Navigation [R]. Final Report,2018.

[14] Schmidt M, et al. Munin 8.7 final report autonomous engine room [R]. Technical report,2015.

[15] Specialty, A G C a. Safety and shipping Review 2018 in an annual review of trends and developments in shipping losses and safety[R]. Munich, Germany,2018.

[16] Starlink. Falcon 9, Capabilities and Services Manual[R].2021.

[17] White T. Navy Unveils Firefighting Robot Prototype [J]. Tech Directions, 2015, 74 (8):22.

[18] Zhong M, et al. 5G and IoT: Towards a new era of communications and measurements[J]. IEEE Instrumentation & Measurement Magazine,2019, 22(6), 18-26.

生态疏浚技术的应用现状及发展趋势

熊 庭[*1,3] 郭 昊[2] 范世东[2,3] 钱献国[4] 陈修涵[5]

(1.武汉理工大学交通与物流工程学院;2.武汉理工大学船海与能源动力工程学院;

3.国家水运安全工程技术研究中心;4.中国疏浚协会;5.代尔夫特理工大学海洋与疏浚工程系)

摘 要 随着人们环保理念的增强,传统的工程疏浚已经无法满足生态环境保护的要求,因此生态疏浚的概念应运而生。本文系统地分析了现阶段疏浚的概念、特点以及其对生态系统的影响,在此基础上结合生态疏浚的目的及含义,充分论证并提出生态疏浚方案的制定过程及方法,并结合现有的疏浚先

1.基金项目:国家自然科学基金项目(52071240);工业互联网平台试验体系建设项目(No.TC19083WB)。

进设备及技术,指出目前生态疏浚在推广应用中所存在的难点及未来发展趋势,并给出相应建议,即:加强生态疏浚关键技术研究、强化生态疏浚概念、注重生态疏浚物的资源化利用、建立生态疏浚评估体系以及进一步开发疏浚作业系统。

关键词　生态疏浚　环境修复　资源化利用　作业系统

0　引言

疏浚工程是港口和航道建设、水利设施建设和航道维护等工程的重要组成部分,对保障水利安全、促进经济发展做出了很大贡献。但传统的疏浚工程往往以达到工程目的为主,忽视了疏浚给生态环境带来的负面影响,其中包括水生生态系统的变化、河床地貌的破坏、疏浚弃土造成的环境污染、水生生物数量的减少以及水域附近陆生生态系统的破坏等一系列生态问题[1]。随着生态环境压力日益增大,人们环保意识的增强及"生态优先、绿色发展"的基本战略的贯彻落实,"人与自然和谐共生"的新发展理念和发展模式正在成为疏浚行业的广泛共识,生态疏浚的概念也应运而生。

为了改善污染水域的生态环境,减轻疏浚对生态系统的破坏,目前已经有大量的环保疏浚工程得到了实施[2-5]。环保疏浚是以去除底泥中污染物和改善水环境指标为目标,采取人工、机械的措施适当去除水体中的污染底泥以降低底泥中污染物的含量,并对疏浚后的污染底泥进行安全处置的技术[6-7]。与传统的工程疏浚相比,其融入了生态环保理念,可谓是疏浚走向"生态化"的一次重大进步。然而现阶段的环保疏浚主要是在水体生态系统已经被破坏后,为了对其进行修复所进行的一种补救手段,且其关注点往往仅局限于降低某一污染物的浓度指标[8-10],忽视了疏浚过程对生态环境的影响及生态保护问题,显得过于片面。而生态疏浚的真正含义则是一种生态友好型的疏浚技术,能够在达到疏浚的工程目的同时避免疏浚对生态环境的破坏,甚至为疏浚区的生态环境起到良好的改进作用,是疏浚工程、生态修复工程等的有机结合,更偏向于一种生态环保技术而非补救手段。

现行的《疏浚与吹填工程设计规范》(JTS 181—5—2012)和《疏浚与吹填工程施工规范》(JTS 207—2012)仅从工程角度出发,缺乏对生态及环保角度的考虑,显然已经无法起到指导生态疏浚工程实施的作用。近些年已有很多学者致力于疏浚对生态环境影响机理等方面的研究工作,比如 Norpadzlihatun Manap 等[11]分析研究了内河航道疏浚对水环境沉积物影响的主要因素,为预测疏浚对环境的影响以及采取相应的缓解措施提供了参考;左甲鹏[12]分析了内河航道疏浚对生态系统的影响机理,并结合西江虎跳门航段以及上海苏州河疏浚工程实例探讨了实现航道生态疏浚的途径;de Jongea[13]利用生态网络分析探讨了疏浚和有机废物对 EMS 河口食物网功能和生物量结构的影响;WAMSI 分别针对疏浚对滤食者群落的影响[14]、疏浚对水生生物的关键生态过程的影响[15]以及疏浚对泥沙产生和释放的影响[16]等方面进行了研究;朱梦姝[17]论述了将生态疏浚应用于内河航道疏浚工程的必要性,并建立了"绿色度"与风险评价指标体系。但目前国内外关于生态疏浚尚无明确的定义,缺乏科学、系统的技术标准和规范,因此,本文将针对生态疏浚的关注点、生态疏浚方案的制定依据进行分析,指出生态疏浚目前所面临的瓶颈及挑战,并探讨其解决方案及未来发展趋势,为生态疏浚的推广及应用提供理论支持。

1　传统疏浚的定义及特点

本质上说,疏浚向来都是与生态环境密切相关的。工业化以来,疏浚的作用逐渐多见之于交通、航运行业以及围海造陆等领域。上世纪后叶,疏浚方法被用于整治河湖水体污染底泥的工程,从而孕育了环保疏浚。随着近年来疏浚行业的服务范围、功能与规模不断拓展,人们的环保意识逐渐增强,使得行业内外对疏浚与环境关系的认识不断深化,一方面意识到"传统"疏浚的指导方针与技术方法存在着影响生态环境的局限性;另一方面,在思考可持续发展和生态文明建设对疏浚产业总体要求的过程中,认为疏浚应深入发掘其生态属性,协调疏浚产业及技术方法与生态环境的关系,更好地发挥对生态环境治理、修复、重建应有的功能和作用。因此,不少专家、工程技术人员从不同角度进行了学术研究和工程探索,提出了不少具有一定意义的概念或称谓,如:工程疏浚、清淤疏浚、底泥疏浚、环保疏浚、生态疏浚等。

上述概念或称谓，有的曾在国际疏浚业中的一些重要文献中做出过定义，有的是行业长期以来的通识，有的已入我国交通运输部规范，有些则是近年来研究探索过程中的新提法。由表1可以看出，与传统的工程疏浚不同，环保疏浚将工程目的与生态保护、环境整治和资源利用等环保理念相结合，最终实现工程及环保的双重目的，是疏浚迈向生态化的重要一步。

疏浚的定义及特点 表1

项 目	工程疏浚	环保疏浚
定义	为扩大湖泊库容、开挖土方的物理工程	为了达到环保目的而开展的疏浚工程，将水域内淤积的污染底泥进行适当清除，以达到环境治理的目标的修复技术
工程目标	为某种工程的需要，如增加水体容积，维持航行深度	清除水体中的污染底泥，改善水质和生态环境，为生态系统的恢复创造条件
生态要求	基本无要求或要求较低	尽可能降低疏浚过程中的二次污染及对环境的破坏
疏浚设备	普通疏浚设备	以高精度、高浓度、低扰动为原则的专用设备或普通设备改造
疏浚深度	以达到工程目的为准	按底泥中污染物的含量及分布、污染底泥量和生态恢复要求确定有效疏浚深度
疏浚精度	500mm左右	≤10cm，严格控制超挖或漏挖
疏浚物处理	水中抛卸或送泥上岸，一般不做特殊处理	根据泥、水污染性质，以减量化、无害化和资源化为原则进行特殊处理

2 传统疏浚对生态的影响

2.1 对水质的影响

水环境系统的底质中往往附着了大量的污染物，如氮磷营养盐、重金属以及难以降解的有机污染物。当底质被疏浚施工改变时，附着在其中的污染物将会被扰动、扩散，导致水体中污染物浓度含量急剧上升，造成二次污染，直接或间接影响水中栖息生物。此外，通过生物富集等过程，水环境的破坏会进一步影响到周围陆地生态系统。

朱红伟等[18]通过水槽实验研究了感潮河段疏浚时机械作用对污染底泥释放污染物的影响，并与底泥污染物静态释放过程进行了对比分析，结果表明疏浚时的机械扰动会造成底泥中大量污染物的释放，造成水体的瞬时爆发性污染。

在通济桥水库环保疏浚工程中，由于疏浚对底泥的扰动导致水体TP浓度明显上升，且在完工半年后仍保持疏浚前的1.87倍以上[19]。同时，周可为等[20]通过调查发现，南京南湖在底泥疏浚后水体中的TP、TN和COD含量总体呈上升趋势，出现藻类的大量繁殖，总量在一年内由3.7×10^6/L增加到1.5×10^7/L，造成水体长期处于严重的富营养化状态。

2.2 对生物的影响

疏浚工程往往会彻底改变疏浚水域的生态环境，从而影响水生生物群落。对于底栖生物而言，疏浚所带来的影响是最显著的，施工会直接破坏底栖生物原有的生存环境，短期直接影响表现为生物种类及生物量的减小[21]，而长期影响取决于疏浚区生态系统的恢复能力，包括疏浚区及相邻区域的生物群落类型与结构组成、疏浚区的水文条件和沉降状况、疏浚的实施时间以及疏浚的强度和深度、种群的生命周期、捕食策略、幼体的繁殖和种群的迁入情况等[22]。刘国锋[23]调查分析了竺山湖疏浚工程对大型底栖动物群落结构的影响，结果表明，疏浚区生物多样性相比于未疏浚区明显降低，但生物量增加，并且疏浚后的新生底泥仍处于营养盐较高的状态，从而使得底栖动物群落组成以生活于污染较重的物种为主。

同时，疏浚引起的悬浮物可能会附着在水生生物的体表上，干扰其正常生物功能。对于浮游生物来说，悬浮物浓度的增加与附着会导致其透光率降低，光合作用减弱，从而导致其数量减少，进一步影响以其为食物的水生动物的生存；对于鱼类来说，悬浮物会阻塞其鳃组织，造成呼吸困难，甚至导致死亡，实验表明，鱼类在悬浮颗粒含量为80000mg/L的水体中,最多可存活1天;在6000mg/L的水体中,最多可存活1周;在300mg/L的水体中,且短时扰动可致悬浮颗粒物质达2300mg/L的水体中,鱼类仅可存活3~4周;一般认为,悬浮颗粒物质含量在200mg/L以内的水体中鱼类不会直接死亡[24]。水玉跃等人[25]利用走航观测法对舟山虾峙门口外航道疏浚工程中所造成的影响进行了统计,发现疏浚活动所造成的水体悬浮物最大增量约为50~60mg/L,最远扩散范围为4km左右,施工破坏的底质面积为5.48km²,对鱼类及底栖生物造成的影响需2~3年才能恢复。余日清等人[26]采用二维水质扩散模型预测分析了航道疏浚对珠江口海洋底栖生物和渔业资源的影响,结果表明疏浚造成的悬浮物浓度增加对其造成了严重影响,其中经济底栖生物资源损失量为1397.7t,海上倾废造成邻近海区渔业损失产量为1336.4t。

3 生态疏浚的内涵及特点

3.1 生态疏浚的定义

欧美发达国家在促进疏浚行业的发展上始终是先行者,虽然至今未见其有关类似生态疏浚系统论述,但他们早在十多年前就开始意识到疏浚对生态环境的影响和作用,也充实了"补救性疏浚"或"修复性疏浚"的细分业务领域,并在疏浚整治污染河流、疏浚土分级处置与资源化利用、疏浚施工的环保技术及工艺、环保疏浚船舶及机具等方面取得积极进展。近年来,欧美疏浚行业及不少学者倡导"还河流以空间""拟自然化""与自然共建"等新理念,在流域生态恢复、生态建设围海造陆、改善生物栖息地、协同自然方式修复海岸沙滩等工程方面,不断地进行开创新探索。IADC组织、中部疏浚协会等编撰了"建设可持续基础设施的疏浚工程"等专著,研究论述了疏浚服务可持续发展的一系列重大问题,为引领疏浚产业趋向"生态化"做出了有益努力和重大贡献。

国内疏浚行业在提升疏浚的生态建设功能方面也取得不少具有建设性的进展。长江口航道综合治理工程在实现航道水深加深的任务过程中,大量研究了水域环境的自然规律,采取加坝改善流速以防减淤积等技术措施,利用疏浚土上滩造陆,以补偿该水域环境因机场、航道等基础设施建设而被占据的自然滩涂面积,以保证其生态循环需求,同时该工程还重视保护九段沙湿地,为湿地生物群落提供栖息地,维系区域总体生态平衡。此外,港珠澳大桥建设中的疏浚工程同样十分重视对生态环境的保护,在隧道基槽开挖上研究实施了高精度清淤技术,实施了保护白海豚的施工方案,并且桥隧转换人工岛的形态布局最大限度地考虑了水域自然因素,一定程度上反映了疏浚在绿色生产方式上的进步[27]。

不仅如此,为引领、推进疏浚产业转型升级,中国疏浚协会于第22届世界疏浚大会上正式提出"创建生态疏浚技术体系"的命题和任务。我国学者和专家围绕河湖生态治理工程,在多年前已有"河湖生态疏浚工程"的提法,国内也发布了"河湖生态疏浚工程施工技术规范"。但目前仍未有机构或学者给出"生态疏浚"的具体定义。

根据生态疏浚的目的、特点及涵义,本文作者认为:生态疏浚是一种以遵循自然生态规律为宗旨,以建设或维护涉水基础设施为目的,以平衡生态保护和社会发展为原则的高质量、高效率、低损耗的多学科协同创新的工程技术。

3.2 生态疏浚的内涵

(1)生态疏浚更为重视对客观规律的认识和遵循,产业运行与发展的可持续性要求以及融会新技术革命的动能来构建协同创新的技术体系。

(2)生态疏浚致力于为构建"人与自然和谐共生"的现代化而发挥特定作用,其服务活动均应是以恢复、建设、保护生态为前提与目标而实施的"基建性疏浚""维护性疏浚"和"修复性疏浚"等工程活动,是有益于促进生态、社会和经济统筹一致的可持续发展的行业体系。

(3)生态疏浚一定意义上应可理解为工程疏浚的全面"生态化"。这里的意义至少包含如下层次:

①疏浚本应是人类社会发展不可或缺的产业,必须要通过自我变革,更好地适应可持续发展需求的供给能力,成为适应现代化建设需求的生态产业,从而在建设交通强国、水利强国、疏浚强国的进程中发挥积极作用;

②生态疏浚的服务对象和产品主要是"生态型"的涉水基础水生态设施,包括港口、航道、流域、湿地与栖息地、水库生态恢复等;

③生态疏浚的产业链,包括技术工艺、装备、规范等,均须全方位创新、改进、提升,从而能够为

服务生态建设提供保障。策划、规划、设计到施工、监测、运维等的全流程以及科研、生产、培训、装备、材料、政策等全链条,都要基于"生态法则""生态优先"等方针进行调整,优化疏浚产业的生态系统。

(4)从生态学出发,疏浚自身就是一个生态系统,并和与之关联的生态系统与环境相互影响。但以往疏浚业界受社会、市场发展和工科视野的局限,并未对自身生态学属性和规律给予系统关注。面向由工业文明进阶到生态文明的未来,疏浚业势必要认识自身生态学地位作用,并顺应人与自然复合生态系统的总要求,从而促进自我有序演替。说到底,这是疏浚得以持续生存和发展的根本保证。

4 生态疏浚技术的应用

4.1 生态疏浚方案的制定

科学合理地制定疏浚方案能够有效减轻或避免疏浚活动对生态环境带来的不利影响。我国近年来开展了大量环保疏浚工程及底泥疏浚工程,如太湖[28]、石塘湖[29]、东引运河[30]、无锡杨刘河[31]、南京玄武湖[32]、武汉东湖[33]等。这些疏浚工程大多数起到了改善水域生态环境的作用,但也有一些没有取得预期效果,甚至恶化了水体生态环境。如太湖东部的胥口湾草型湖区[34],在进行了底泥疏浚后,原先良好的水生植物群落被破坏,造成湖区整体水质下降,各主要生物类群的恢复相对缓慢。其原因主要是疏浚方案制定不当导致原有生态系统受破坏,引起不良生态反应。

因此在进行生态疏浚前,要对拟疏浚区域进行详细的勘察,包括确定水域底泥的类型、地貌、理化性质以及生物群落的特征、原有的生态平衡状态等,再针对不同的条件特征定制不同的疏浚方案。同时,在疏浚前应对污染底泥进行生态风险评价[35],根据污染底泥的毒性和危害采取相应的处置措施以避免对环境造成二次污染[36]。此外,还应将生态疏浚与其他生态工程有机结合起来,以实现疏浚效益、生态效益及经济效益的统一,方案制定的流程图如图1所示。

4.1.1 疏浚方式的选择

在进行生态疏浚之前,需对疏浚区域地貌、土质情况等进行详细的勘察,并根据疏浚区域的土质等情况选择合理的疏浚方式,避免施工现场细颗粒的扩散和溢流物的沉降,防止二次污染,最大程度地减轻对生态系统的影响。

疏浚方式可大致分为干法疏浚与带水疏浚两大类。干法疏浚即将拟疏浚区域中的水全部排干,再利用挖机等机具疏挖,或利用高压水枪冲刷泵送。由于干法疏浚将水下施工变成了陆上施工,不仅消除了二次扩散对水体的影响,而且能够更加直观的进行作业,曾成功地运用于我国南京玄武湖的疏浚工程中[37]。但是,干法疏浚仍存在易超挖欠挖、残留率高等缺点,导致其难以胜任生态友好型的疏浚工程。

带水疏浚也就是常见的水下疏浚,即利用挖泥船搭载不同的疏浚器械进行疏浚。水下疏浚方式的选择本质上是疏浚工具的选择,常见的有抓斗式、泵吸式、耙吸式和绞吸式等疏浚方式。如表2所示,不同的疏浚方法有各自的特点,结合国内外学者的研究及工程案例来看,较为符合生态环保理念的疏浚工程大多选择了泵吸式与绞吸式[4,38-39]。

不同疏浚方式特点 表2

方　式	工作原理	优　点	缺　点
绞吸式	利用绞刀头的旋转及移动对沙土进行切削,并将切削而成的固液混合物利用泥泵吸入输送管道	土质适应范围广,精度高,排距远,效率高	扰动大,泥水混合物含固量低,成本较高
泵吸式	利用气力泵,将泥浆泵送至排泥管排出	扰动小,扩散少,疏浚深度大,精度高,疏浚物含固量高,尤其适用于水库清淤	浅水区效率低,适应性较差,单船排距短,成本高

续上表

方　式	工作原理	优　点	缺　点
耙吸式	利用耙头耙齿及高压冲水系统破土,并将泥水混合物通过泥泵吸入泥仓	机动性强,对航行干扰小,适用于航道施工	不适用于较硬底质,泥水混合物含固量低
抓斗式	将抓斗沉入水下,利用抓斗的闭合与提升将疏浚物从水底取出	可疏挖较硬岩土,疏浚物含固量高,适应性强	扰动大、易泄漏扩散,容易造成二次污染,薄层疏浚时效率较低

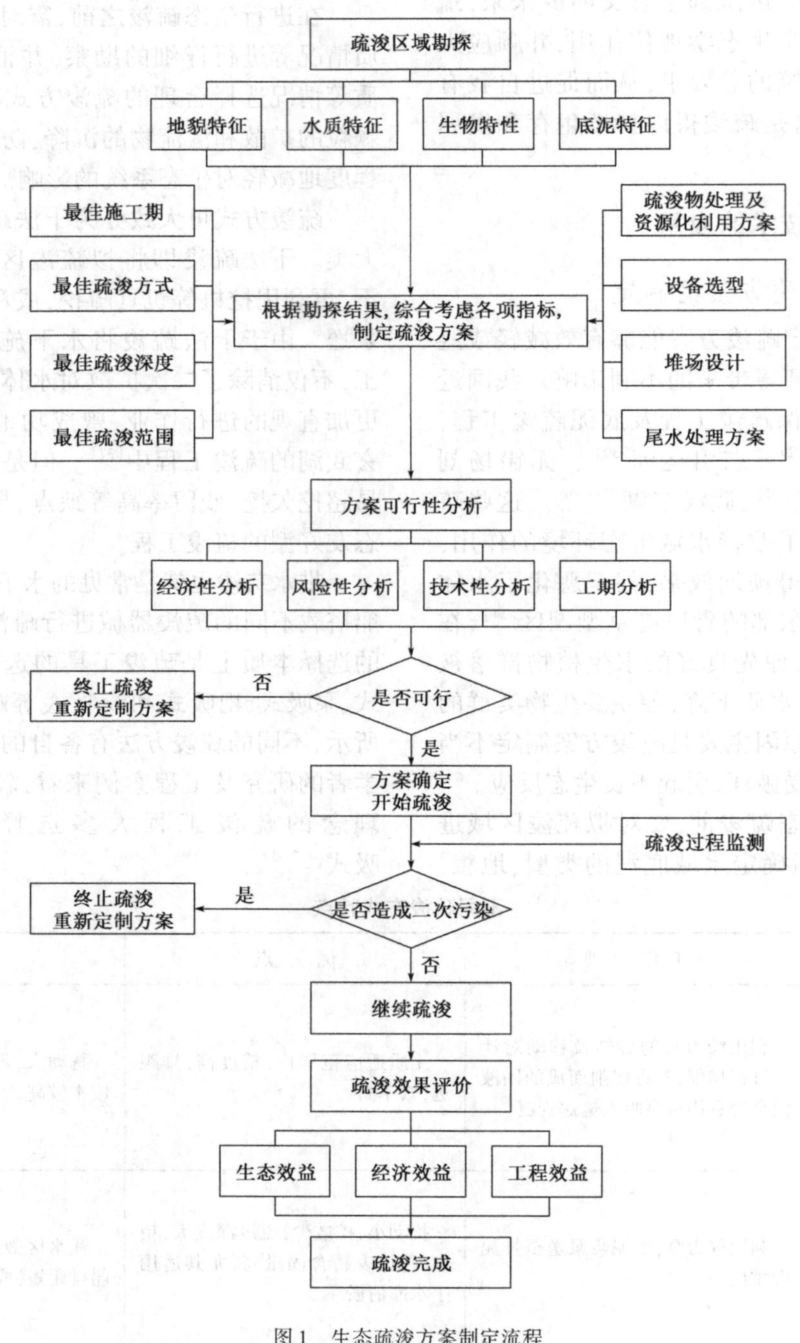

图1　生态疏浚方案制定流程

4.1.2 疏浚时令的选择

为避免航道疏浚对水栖生物造成不利影响，应禁止在生物活动频繁时期进行施工。因此，在项目前期应针对目标疏浚区域中代表性生物的生活习性及特点进行充分考察，综合考虑其摄食期、迁移期、繁殖期等特性，从而确定合适的疏浚时节，必要时可进行分期施工，以最大限度地降低疏浚对生物的不利影响[16,40]。

南通至太仓长江河段航道维护疏浚工程中为保护江刀鱼、河豚、中华鳄顺利繁殖和产卵，将疏浚施工大部分时期安排在夏秋季，避开了产卵繁殖期，尽可能将疏浚施工对动物繁殖产卵的影响降低到最小[41]。练祁河等4条航道疏浚选择将施工期避开了动物的繁殖期，并结合分段施工等一系列措施，降低疏浚对施工区域内的水生生态的负面影响[42-45]。

4.1.3 疏浚深度的确定

疏浚深度是生态疏浚工程中需要确定的关键参数，既要保证能够满足工程疏浚的需求，又要达到保护生态环境的要求。

目前，国内外学者普遍认为在疏浚工程实施前，应当对拟疏浚区域进行多参数的综合分析与评估，包括水文特征、底泥分布状况、营养盐含量和垂直分布特性、释放系数、沉水植物种属类型、生物学特性等特征，并结合疏浚区域现状地貌等条件来确定生态疏浚深度[6]。近年来应用于环保疏浚、底泥疏浚等疏浚工程中的深度确定方法如表3所示。

疏浚深度确定方法 表3

名称	实施方法	优点	缺点	参考文献
沉积学法	根据取样器中底泥的颜色、气味、流塑状态等特点对其进行分层，通常可分为污染层（A层，黑色或深黑色，上部呈稀浆状，下部呈流塑状，有臭味）；过渡层（B层，灰黑色，软塑-塑状）；正常层（C层，当地土质正常颜色，质地较密实，无异味）	方法简单，实施方便	依靠人的主观判断，误差较大	[42-43]
拐点法	根据底泥中污染物垂直分布特征曲线拐点确定适宜的疏浚深度	简单直观，易掌握	需要采集分析大量数据以确定拐点	[42,44]
背景值法	以极少或未受人类活动影响的深层底泥中目标污染物含量作为背景值，将底泥中污染物含量高于背景值的即判定为受到污染，进而确定环保疏浚深度	科学性强	背景值不易获取，以此确定的疏浚深度往往会出现正误差	[42]
生态风险指数法	根据风险评估方法和生态危害程度等级，确定出污染层位置，其与泥水界面的距离即为疏浚深度	以常规化学分析代替了生物危害实验	仅适用于重金属污染水域	[36,45]

4.1.4 疏浚物的后处理及再利用

疏浚物成分复杂，特性不一，简单的抛弃处理不仅造成泥土资源的浪费，还会对生态环境造成二次污染，因此在生态疏浚后应针对疏浚物的理化性质，科学地采取相应的处置措施，降低其对生态影响，并尽可能实现弃土资源再利用。

对不同的疏浚土类应针对性的提出处理及资源化利用方案。张俊锋[46]根据川江航道的不同疏浚土类提出了可能的再利用方法，即表层砂卵石疏浚土上岸作为建筑材料，底层砂卵石及块石疏浚土构建生态涵养区，实现了航道整治与生态环境的和谐发展，获得良好的投资效益和生态效果。周成成等[47]提出在新洲—九江河段航道疏浚工程中利用疏浚弃土抬高洲滩滩面，并引入亲水植被，达到了良好的固滩效果。

除了进行疏浚物性质分析之外，还应实施理化性质分析，以确定疏浚弃土污染水平。根据疏浚的理化性质可将其分为未污染、污染较低及污染较高三种水平。对于未污染或污染水平较低的疏浚物可直接抛填或再利用，由于疏浚底泥通常含有较高的营养盐成分,因此可将其用于农田果园养料及动物栖息地的扩建等。对于含大量有害污染物的疏浚物,则需要采取特殊的处理手段,以避免造成生态破坏。目前常用方法有堆存封闭法[48]以及采用物理、化学或生物方法消除有害物,对其进行回收利用[49-50];比如将污染底泥用作土壤和生产水泥的原材料[51]以及利用疏浚底泥制砖[52],但其费用成本较高。

应当注意的是,对于污染疏浚物的堆放,应采用密封围隔处理以防止其反流入水体中,同时还要进行基底处理和防渗工作,防止尾水污染地下水。

4.1.5　疏浚过程监测

在生态疏浚过程中,对于生态系统较为敏感脆弱的水域,应加强对其进行实时监测,包括疏挖时对水体生态环境指标的监测、运输过程中对泄露的监测以及堆场的监测,以及时发现工程中影响生态环境的问题并及时修正原有措施,实时合理地调整施工参数。为此,需要在生态疏浚过程中,对环境监测工作建立长期有效的动态监测制度,科学、规范、高效地实施各种环境影响监测,密切跟踪生态环境的变化,以便及时了解施工期间的环境变化状况,加强施工期间的环境监测管理的力度,为管理提供科学依据。

4.1.6　与生态修复工程的结合

虽然合理的生态疏浚方案可以很大限度减小疏浚活动对生态环境的负面影响,但还无法避免对原有的生态平衡造成微量的影响。因此,不仅需要最大限度降低疏浚活动带来的影响,还应关注疏浚后的生态修复工作;如对生态系统的受损情况进行分析,针对受损物种适量投放幼体,协助区域恢复种群数量及丰富性,调整群落结构[49]。

常见的生态修复技术包括岸坡生境修复技术、河道缓冲带构建技术以及河道水质净化等技术,其特点及应用案例如表4所示[53]。应当注意的是,在实施生态挡墙技术时还应注重水生生态系统和陆地生态系统之间的联系,选择透水结构作为墙体,研发具有较好的仿生态自然性的生态挡墙,以保护完整的生态系统功能[54]。

生态修复方法　　表4

类型		实施方法	效果
生态护坡修复技术		采用自然属性较强的材料作为主体结构,并结合适宜植物的生长的生态混凝土、植草砌块、生态石笼、土工合成材料等作为生态型结构,从而实现抵抗水流冲刷及生态修复的双重作用	通过植物根系等的作用,进行固土、防止水土流失,吸附水体中的污染物,同时也可提升景观效果
河道缓冲带构建技术		综合考虑净污效果、水质保护要求,以及经济、社会等其他各方面要求,合理确定缓冲带的宽度、植物配置及搭配	通过一定宽度的混合植被带实现截留雨水、减少地表径流、防止地表水流侵蚀、增加水分渗透、净化水质、改善生物栖息地、提高景观多样性
河道水质净化技术	原位水质净化技术	根据水体中的污染特点,向水体中引入适宜的微生物、植物等,通过其生物功能起到净化水体的作用,常见的方法有生物膜技术、生态浮床技术、沉水植物修复技术、投加微生物菌剂等	减少污染水体中污染物含量,净化水体
	异位水质净化技术	利用势能或机械动能将污染河水引入修建在河道周边的净化系统中,将净化后的污水重新排入水体,常用的净化系统包括人工湿地系统、生态砾石床系统及其组合系统	

4.1.7 生态疏浚的评价标准

目前针对生态疏浚并没有详细的评价标准，但国外一些工程案例已经提出了评价方法，如荷兰马克米尔湖水生态整治工程（图2），利用了如图3所示的Rijswick等[55]提出的水资源可持续治理方法对项目制定及实施过程中的优缺点进行了评价分析。该项目的主要目的是通过湖泊疏浚整治工程恢复生态系统解决由湖水水体浑浊而造成的水环境生态受损，从而恢复区域生物多样性。该项目的特点在于针对湖泊污染的主要因子——泥沙悬浮物，并未采取传统的疏浚方式，而是通过精确定位挖掘若干蓄泥坑，利用湖水自然流动规律蓄积悬浮颗粒，在减少粗放主观的人工干预的同时，尽可能协调自然、促进自然的自适应、自调节能力，恢复湖泊的生态环境。这样，不仅减少传统疏浚对资源的消耗和排放，还体现了一湖一策、因地制宜的思想。同时，此人工湿地为水域生物群落新建了栖息地，有益于改善生物链环境，促使野鸭、天鹅落地，也为过境候鸟提供必要环境条件，还成为当地新的旅游休闲科普的新的目的地。在生态恢复、经济效益方面取得了良好收益的同时，也有益于社会和居民的生活，完美地显现了疏浚的存在价值——适应并能支持可持续发展。

图2 荷兰马克米尔湖水生态整治工程

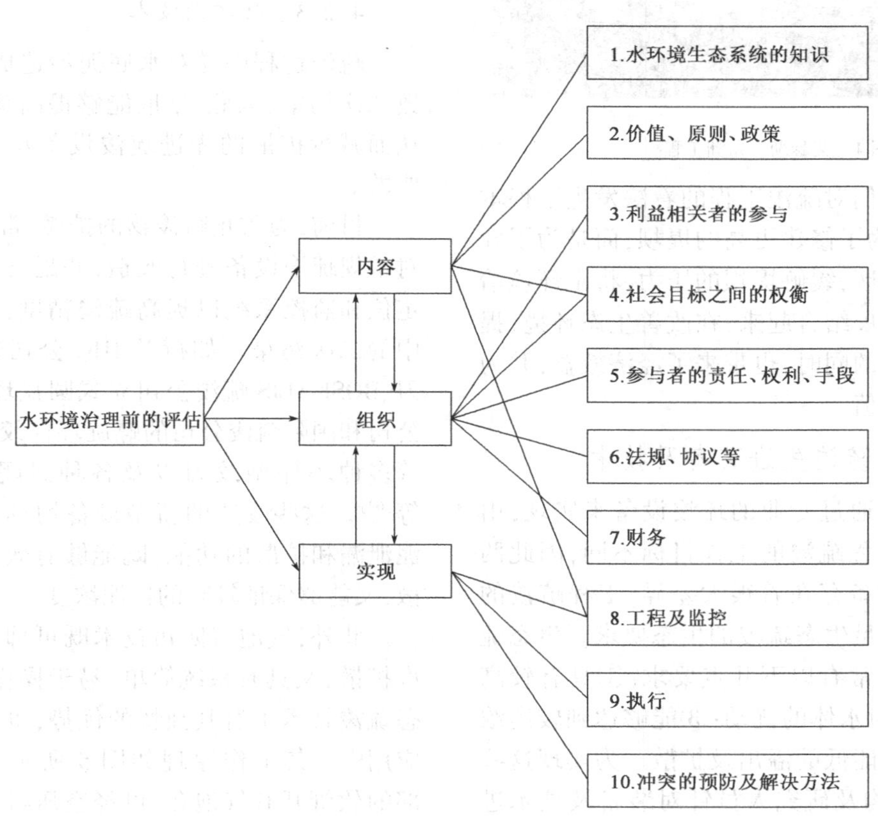

图3 Rijswick等提出的水资源治理方法

值得借鉴的还有荷兰坎彭的艾瑟湖三角洲治理项目(图3),该项目以“还河流以空间”理念为指导原则,将水安全和空间质量结合,以控制坎彭-兹沃勒地区的洪水风险为目的,修建了20km堤坝和350km^{2}新三角洲自然景观(图4),包括桥梁、观景船、建筑群和生态鱼类通道等大量水环境基础设施。这些基础设施首先是功能性的,各设施相互联系,相互贯通,共同改善河流的生态环境,保障水环境安全。对景观的体验也做出了贡献,这些设施均使用环保型材料建造,与自然景观融为一体而不会造成干扰。该区域已经成为一个有吸引力的生态自然景区,使荷兰获得了一块独特的新土地。

图4　艾瑟湖三角洲工程

该项目使我们对疏浚工程的看法发生了根本性的变化:不是为了修建更高的堤坝,而是为了开发河流周围的地区,缓解堤坝的压力,将水环境治理与该地区的发展结合起来,在改善生态环境、提高水环境安全性的同时,也带来了经济效益,并为子孙后代创造价值。

4.2　生态疏浚先进装备及技术

生态疏浚要通过专业的疏浚设备来实现,由于生态疏浚和工程疏浚的工程目标不同,因此两者采用的疏浚设备存在着很大差异,工程疏浚的装备往往无法满足生态疏浚的生态要求。生态疏浚对疏浚装备通常有以下几点要求:①具有较高的精度;②减小对水体的扰动;③能够达到较高浓度的吸入和尽可能低的溢出及扩散。为实现这些要求,目前各机构及研究人员针对装备及技术进行了研究,取得了很好的效果,涌现出大量先进技术及装备。

4.2.1　生态疏浚专用装备

疏浚设备是实现环保疏浚的重要载体,随着人们生态保护意识的提高,生态疏浚专用设备的研发不断得到重视。如日本研制出的螺旋式挖泥装置和密闭旋转斗轮挖泥设备[56-57],前者挖泥时把挖泥部分埋没在泥中进行挖泥,后者挖泥时在沉没水底保持密闭的半圆筒形罩内均匀缓慢地转动斗轮挖掘泥土,二者在挖泥时由于阻断了水侵入土中,故可高浓度挖泥并且发生污浊及扩散极少,有效地避免了二次污染的发生。

4.2.2　高精度疏浚技术

高精度疏浚是生态疏浚的核心要素之一,是精确控制疏浚深度,达到疏浚要求并尽量减少超挖量,将疏浚对生态系统的破坏降到最低的前提保障。高精度疏浚所需要达到的精度通常在10cm以内[50],为达到该要求,可采用DGPS、GPS等精确定位技术实现疏浚区域的精准定位[58,59],并可在挖具上搭载摄像系统,配合疏浚检测系统以提高疏浚精度。

4.2.3　防扩散技术

疏浚过程中易对水底泥沙造成扰动,从而导致二次污染,因此,采取能够提高疏浚吸入浓度,从而减少扩散的先进疏浚设备及工艺是十分必要的。

目前,为防止疏浚物的扩撒,常采取的方法是对常规疏浚设备进行改造,并配备先进的高精度定位和监控系统以提高疏浚精度,减少疏浚过程中的二次污染。如荷兰IHC公司带罩式环保绞刀、BOSKALIS疏浚公司立式圆盘环保绞刀、HAM公司和国际疏浚公司的螺旋环保绞刀和刮扫吸头等多种环保型绞刀以及各种封闭式铲斗、抓斗等[60]。这些改造的新型设备均具有防止污染底泥泄漏和扩散的功能,既能够有效防止污染的扩散,又能够保证较高的挖泥浓度。

此外,气泡帘防污技术既可抑制悬浮物的二次扩散,又具有系统简单、易于操作等优点,在生态疏浚技术中有其独特的优势,也得到了广泛的应用[61],其工作原理如图5所示。位于底泥上部的软管开有气泡孔,可经空压机产生自下向上的连续压缩空气,带动水流从气泡出口处至水面形成气泡帘,在密封疏浚区形成回流,从而将疏浚悬浮物限制在疏浚核心区域内。同时,气泡帘还具有降噪功能,可减轻疏浚施工噪音对水生生物的影响[62-63]。

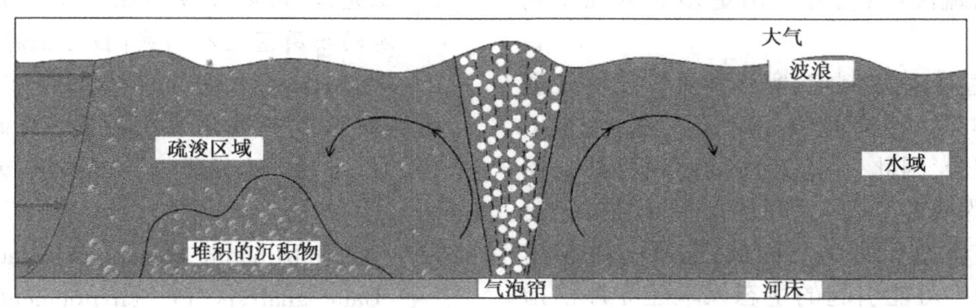

图5 气泡帘工作原理

除此之外,中交上航局为了防止疏浚运输过程的二次扩散,为耙吸挖泥船研发了环保溢流阀,在溢流过程中可通过持续调整阀体开合角度,使溢流混合物进入水体后能够迅速沉淀,有效降低了溢流混合物中泥沙在水体中的悬浮时间,达到降低悬浮扩散污染的目的[64]。

4.2.4 疏浚作业系统

由于生态疏浚的复杂性,在作业过程中需要操作人员根据设备运行状态进行实时调整,但这对操作人员的疏浚知识及经验有着较高的要求,往往难以达到理想效果。随着计算机技术的发展,一些提高疏浚效率的自动化控制和疏浚工艺技术已运用在疏浚船舶中,例如疏浚轨迹定位系统、产量监控系统、吃水装载系统、辅助疏浚决策系统等[65]。这些疏浚作业系统的应用可以帮助操作人员进行监测与决策,最大限度地达到生态疏浚的目的。

5 生态疏浚技术的应用难点及展望

5.1 生态疏浚的难点

(1)缺乏疏浚参数制定标准。在进行生态疏浚前,应针对拟疏浚区域的实际工况科学合理的制定疏浚区的位置、有效疏浚深度及疏浚时令等重要参数;并根据疏浚区底质的物理、化学及生物特性选用合适疏浚工艺、疏浚设备及相应的二次污染防治技术,如避免扩散及细颗粒物再悬浮、底泥及余水处置等。

(2)缺乏生态评判标准。目前,生态疏浚工程大多仅考虑施工对生态系统中某一参数的影响,而很少考虑到生态系统的整体指标,未建立必要的生态评价体系,无法定量分析生态疏浚工程对生态环境的影响程度。

(3)疏浚物资源化利用不足。疏浚物资源化利用是生态疏浚的重要环节。由于观念和费用等原因,对疏浚物的无害化处理及资源化利用仍然没引起足够的重视,大多数生态疏浚工程很少采取必要的处理措施,往往容易造成二次污染以及资源的浪费。

(4)生态疏浚认识偏差。目前,疏浚行业内对生态疏浚的认识不够充分,仍存在大量以工程疏浚来代替生态疏浚的现象。即使现有的一些环保疏浚也大多将环保疏浚工程与其他生态治理工程割裂开来,难以发挥生态环境保护的功效。

(5)疏浚系统仍需提升。对于精度要求更高的生态疏浚,其疏浚船舶需要更高精度的疏浚控制系统。目前,我国的疏浚监控系统与国外先进的疏浚监控系统仍存在着软件控制精度不足、自动化水平不高、系统集成度较低等差距[66]。

5.2 发展建议

(1)加强生态疏浚关键技术研究。生态疏浚实施过程中对疏浚的精度和疏浚设备的要求严格,与普通的工程疏浚有相当大的差别。应加强精确疏浚、高浓度疏浚等关键技术研究,开发具有自主知识产权的生态疏浚关键设备及技术,支撑生态疏浚的发展。

(2)强化生态疏浚概念。生态疏浚是集工程、环境、生态等为一体的绿色疏浚技术,涉及众多的学科领域,我国疏浚产业应重视生态疏浚的概念与内涵,在制定生态疏浚方案时应注重生态理念的设计,强调疏浚工程与生态工程之间的有机结合。

(3)注重生态疏浚物的资源化利用。根据不同理化性质的疏浚产物,开发出更多的资源化利用途径。

(4)建立生态疏浚制定、实施和资源化后处理全过程评估体系。生态疏浚是疏浚工程、生态工程等的有机结合,因此,生态疏浚的评判标准也要是多方位的,既要针对其工程目的进行评估,又要针对其生态方面进行评估。因此,需要针对整个生态疏浚过程中可能引起的生态风险建立评估指标体系,为生态疏浚的方案的制定、疏浚底泥处置及疏浚效果的后评估提供指导。

(5)进一步开发疏浚作业系统。生态疏浚的实现必须加强疏浚技术与机器学习、人工智能等新兴技术的结合,使疏浚更加智能化、自动化,研发出绿色智能的疏浚装备及作业系统,构建我国疏浚行业的可持续发展生态,建设绿色智能化疏浚体系,实现疏浚技术向生态化、智能化方向发展。

参考文献

[1] Igwe P U, Ugovwarhe O E P, Ejiofor C C, et al. A Review of Environmental Implications of Dredging Activities[J]. International Journal of Advanced Engineering, Management and Science, 2017, 3: 1143-1149.

[2] 王琦,李中华.太湖梅梁湖生态疏浚工程实施效果研究[J].中国港湾建设,2012,(06):21-23.

[3] 王鸿涌.太湖无锡水域生态清淤及淤泥处理技术探讨[J].中国工程科学,2010,12(06):108-112.

[4] 刘增辉,倪福生,徐立群,等.水库清淤技术研究综述[J].人民黄河,2020,42(02):5-10.

[5] 陈荷生.太湖底泥的生态疏浚工程[J].水利水电科技进展,2004,(06):34-37+54-72.

[6] 姜霞,王书航,张晴波,等.污染底泥环保疏浚工程的理念·应用条件·关键问题[J].环境科学研究,2017,30(10):1497-1504.

[7] 胡伟.基于生态保护及后续生态修复的新型环保疏浚关键问题研究[J].安徽农业科学,2012,40(27):13536-13537+13580.

[8] 王小雨.底泥疏浚和引水工程对小型浅水城市富营养化湖泊的生态效应[D].长春:东北师范大学,2008.

[9] 王先云.清淤疏浚和生态修复后湖泊后生浮游动物群落结构研究[D].上海:上海海洋大学,2011.

[10] 乔菲菲.考虑水生生物量损失的疏浚船舶选择方法研究[D].大连:大连理工大学,2016.

[11] Norpadzlihatun Manap, Nikolaos Voulvoulis. Data analysis for environmental impact of dredging[J]. Journal of Cleaner Production. 2016, (137):394-404.

[12] 左甲鹏,陈一梅,周剑雄.基于生态保护的内河航道生态疏浚探讨[J].中国水运(下半月),2014,14(3):176-178.

[13] Victor N, De Jonge, Ulrike Schueckel. Exploring effects of dredging and organic waste on the functioning and the quantitative biomass structure of the Ems estuary food web by applying Input Method balancing in Ecological Network Analysis[J]. Ocean & coastal management, 2019, 174 (5): 38-55.

[14] Schoenberg C. Effects of dredging on filter feeder communities, with a focus on sponges[M]. 2016.

[15] Negri A, Ricardo G, Jones R. Effects of dredging-related pressures on critical ecological processes for corals/Synthesis Report[R]. 2019.

[16] Mills D, Kemps H. Generation and release of sediments by hydraulic dredging: a review[M]. 2017.

[17] 朱梦姝.内河航道疏浚工程“绿色度”与风险评价研究[D].成都:西南石油大学,2018.

[18] 朱红伟,尚晓,赵天彪.感潮河段污染底泥疏浚扰动对水质影响研究[J].人民长江,2013,44(21):108-111,116.

[19] 朱伟,冯甘雨,刘毅璠,等.深水型水库环保疏浚对水质的影响及敏感参数研究——以通济桥水库为例[J].湖泊科学,2019,31(4):930-940.

[20] 周可为,钱玮燕,王磊,等.南京南湖底泥疏

浚后水质演化规律调查[J]. 环境监测管理与技术,2012,24(2):37-39,67.

[21] Andrew Kenny, H. Rees. The effects of marine gravel extraction on the macrobenthos: Results 2 years post-dredging [J]. Marine Pollution Bulletin-MAR POLLUT BULL, 1996, 32: 615-622.

[22] Jan van Dalfsen, Karel Essink, Holger Madsen, et al. Differential response of macrozoobenthos to marine sand extraction in the North Sea and Western Mediterranean [J]. ICES Journal of Marine Science-ICES Journal of Marine Science, 2000, 57: 1439-1445.

[23] 刘国锋,张志勇,刘海琴,等. 底泥疏浚对竺山湖底栖生物群落结构变化及水质影响[J]. 环境科学,2010,31(11):2645-2651.

[24] 王超,张伶. 航道疏浚对珠江口附近海洋生态环境影响及预防措施[J]. 海洋环境科学,2001,20(4):58-60,66.

[25] 水玉跃,丁天明. 舟山虾峙门口外航道疏浚对海洋生态环境的影响及防治措施[J]. 浙江海洋学院学报:自然科学版,2012,31(3):249-255.

[26] 余日清,李适宇. 珠江口航道疏浚对海洋生态影响及渔业资源损失的定量分析[J]. 中山大学学报(自然科学版),1998(S2):184-189.

[27] 陶艳萍,盛昭瀚. 重大工程环境责任的全景式决策——以港珠澳大桥中华白海豚保护为例[J]. 环境保护,2020,48(23):56-61.

[28] Hu X, Wu S, Zhu M, et al. Study on the changes of nitrogen and phosphorus release with time from sediment in Taihu Lake after ecological dredging [J]. IOP Conference Series: Earth and Environmental Science, 2017, 69:012058.

[29] Zhongya Fan, Wencai Wang, Chunyan Tang, et al. Targeting Remediation Dredging by Ecological Risk Assessment of Heavy Metals in Lake Sediment: A Case Study of Shitang Lake, China [J]. Sustainability, 2019, 11 (24): 7251.

[30] 黄显东,邝臣坤,胡利强. 东引运河、寒溪水流域河道生态清淤及淤泥处理技术探讨[J]. 广东化工,2013,40(10):110-111.

[31] 倪守高,葛春康,顾晓慧. 河湖生态清淤及淤泥固化技术研究进展[C]. //2015 中国(国际)水务高峰论坛——2015 河湖疏浚与生态环保技术交流研讨会. 2015:172-179.

[32] 高扬,罗荣彪,刘成. 疏浚及生态修复技术在玄武湖的工程应用[J]. 江苏水利,2020,(11):48-51.

[33] 肖灿明,蒋倩. 城市河湖水系淤泥疏浚及生态治理施工技术研究[J]. 四川水利,2020,41(1):93-98.

[34] 毛志刚,谷孝鸿,陆小明,等. 太湖东部不同类型湖区底泥疏浚的生态效应[J]. 湖泊科学,2014,26(3):385-392.

[35] Chapman P, Ho K, Munns Jr W, et al. Issues in sediment toxicity and ecological risk assessment [J]. Marine Pollution Bulletin, 2002, 44: 271-278.

[36] 范成新,钟继承,张路,等. 湖泊底泥环保疏浚决策研究进展与展望[J]. 湖泊科学,2020,32(5):1254-1277.

[37] 施永富. 南京玄武湖清淤工程设计方案的革新[J]. 中国西部科技,2005(06):67-68.

[38] 曾建军. 不同类型挖泥船疏浚悬浮物影响的对比分析[J]. 海峡科学,2017(07):56-57.

[39] 王炯琦. 航道疏浚对水体水质影响的模拟研究[D]. 重庆:重庆交通大学,2014.

[40] Jr W, Berry W J, Dewitt T H. Toxicity testing, risk assessment, and options for dredged material management [J]. Marine Pollution Bulletin, 2002, 44 (4): 294-302.

[41] 徐海潮,程飞,曹晓建,等. 南通至太仓长江河段航道维护生态环保疏浚探讨[J]. 港工技术,2017,54(1):83-88.

[42] 张鑫,张彬,齐彦博. 河湖污染底泥环保疏浚设计深度研究[J]. 水运工程,2020(1):6-10,51.

[43] 梅晓庆,王帅.关于山美水库环保疏浚范围和厚度确定方法的探讨[J].珠江水运,2019(17):50-53.

[44] 姜霞,王雯雯,王书航,等.竺山湾重金属污染底泥环保疏浚深度的推算[J].环境科学,2012,33(04):1189-1197.

[45] Ding T, Tian Y J, Liu J B, et al. Calculation of the environmental dredging depth for removal of river sediments contaminated by heavy metals [J]. Environmental Earth Sciences, 2015.

[46] 张俊锋.川江航道治理疏浚土有益利用实践与探索[J].水运工程,2020(4):74-78.

[47] 周成成,李明.兼顾生态固滩与疏浚弃土生态化利用的生态航道建设技术[J].水运工程,2020(8):141-145.

[48] 何文学,李茶青.底泥疏浚与水环境修复[J].中国环境管理干部学院学报,2006,(01):70-73.

[49] 谢培进,丁志勇.内河航道疏浚治理施工中的生态影响及其对策分析[J].中国水运(下半月),2020,20(01):128-129.

[50] Sabat L, Vogt C, Holliday B. Promoting dredged material as a resource[J]. 2002, 43: 47-52.

[51] Jones K, Feng H, Stern E, et al. Dredged material decontamination demonstration for the port of New York/New Jersey[J]. Journal of hazardous materials, 2001, 85: 127-43.

[52] Kay H, Volker K. Brick production with dredged harbor sediments[J]. Waste Manage, 2002, 2: 521-530.

[53] 战玉柱,陈春霄.河流水生态修复技术研究综述[J].污染防治技术,2018(31):53-57.

[54] 夏军.基于疏浚淤泥利用的生态护坡基材研究[D].武汉:湖北工业大学,2019.

[55] Rijswick M V, Edelenbos J, Hellegers P, et al. Ten building blocks for sustainable water governance: an integrated method to assess the governance of water[J]. Water International, 2014, 39(5): 725-742.

[56] Sebetich M, Ferriero N. Lake restoration by sediment dredging [J]. SIL Proceedings, 1922-2010, 1995, 26: 776-781.

[57] 李彦晨,王云超,庞文杰,等.浅谈环保清淤刀具研究现状及发展趋势[C].//福建省海洋学会2014年学术年会暨福建省科协第十四届学术年会分会场,2014:746-750.

[58] 邹绍云.基于专家系统的挖泥船作业辅助分析与优化决策研究[D].武汉:武汉理工大学,2012.

[59] 许国华,王庆丰.GPS串口通讯定位技术在挖泥船中的应用[J].机床与液压,2005,(10):157-159.

[60] 李进军.污染底泥环保疏浚技术[J].中国港湾建设,2005,(06):46-47+65.

[61] 李智.疏浚工程中气泡式防污帘防污特性研究[D].武汉:武汉理工大学,2019.

[62] Greene C. Characteristics of oil industry dredge and drilling sounds in the Beaufort Sea[J]. Journal of The Acoustical Society of America, 1987, 82.

[63] Würsig B, Greene C, Jefferson T. Development of an Air Bubble Curtain to Reduce Underwater Noise of Percussive Piling [J]. Marine environmental research, 2000, 49: 79-93.

[64] 冯沛洪,胡京招,李忠,等.新建6500m~3耙吸挖泥船疏浚系统技术研究[J].中国港湾建设,2019,39(01):67-70+74.

[65] 田俊峰,俞孟蕻,钱献国.智能疏浚新时代与我国疏浚行业的可持续发展[J].中国港湾建设,2019,39(01):1-5.

[66] 倪璘罡.耙吸式挖泥船疏浚监控系统的设计研究与实施[D].上海:上海交通大学,2015.

近岸海域海上交通事故分布研究

杨　洋[1]　邵哲平*[1,2]　梅　强[1,2,3]　潘家财[1,2]　胡　雨[4]　林盛泓[1,2]　袁启睿[1]
(1. 集美大学航海学院;2. 船舶辅助导航技术国家地方联合工程研究中心;
3. 上海海事大学商船学院;4. 中科(厦门)数据智能研究院)

摘　要　海运对经济社会发展具有重要影响,同时也直接关系民生保障和国家建设。随着我国开启全面建设社会主义现代化国家新征程,海运事业迎来了新的发展机遇。该行业虽然有着全面快速发展的势头,但是也面临着海上交通安全风险挑战增多、监管难度增大等新形势新任务。针对海上交通事故缺乏空间分布特征研究的问题,本文提出了利用核密度分析方法,剖析事故的聚焦态势,甄别事故多发的区域,挖掘出事故多发的区域中事故严重程度更高的区域,揭示了事故空间分布特征。在此基础上构建了基于核密度的事故预测模型,对可能发生事故的类型进行分类预测。以厦门港区域数据为例进行了验算,结果表明,本文提出的研究方法和预测模型可行,对确定海上交通事故空间分布特征具有良好的作用,可以为海事管理部门提供提细化的管理支撑。

关键词　水上运输　事故预测　GIS　海上交通事故

0　引言

随着经济全球化的不断深入,世界航运业进入高峰期。海上船舶往来频繁,区域内船舶密度增加,发生事故的可能性大大提高。为了减少船舶事故,提高航行海域安全性,进一步探究事故发生的深层次原因,本文提出一种基于地理信息系统(Geographic Information System, GIS)的研究方法,将船舶事故与空间特征结合在一起,得到事故的空间分布特征。根据事故的空间特征,采用机器学习的方法,建立核密度预测模型,预测区域内发生不同类型事故的概率。

海上交通事故相对于其他领域的事故来说,事故发生的空间更为广泛,大洋发生事故的概率比港内航道更为低。在其他交通领域,探索事故是否存在地理上的相关性,是安全领域关注的热点之一。例如赵飞等通过 GIS 探讨利奇马台风舆情数据在我国各区域的聚集情况和聚集类型[1]。谭立云等利用 GIS 分析了 2019 年我国 31 个行政区交通事故总量的空间特点[2]。阿金耶米等 GIS 分析检验各州交通事故死亡率和事故率的空间依赖性[3]。徐梦清等利用 GIS 中的空间统计方法,明晰了左转事故的平均距离,探索了事故的空间自相关性,鉴别事故的显著性聚类区域以及密度分布特征[4]。

对于海上交通风险的原有方法基本依赖于综合评判或者模型构建[5-7],而此类方法缺点也在于数据过分依赖于主观评判,缺乏数据客观性,并且未对事故的空间分布特征进行深入研究。目前,研究海上交通事故的分布特征在海运领域还不太成熟且无完整的体系支撑,需要借鉴其他领域交通事故的研究方法。利用 GIS 工具进行分析的优点:①可视化特征对于事故的分布情况更为具体和直观,能够快速把握该区域内的交通事故;②GIS 工具箱功能齐全,可以满足多种空间分析需求,多种角度挖掘交通事故之间的联系。综上所述,使用 GIS 方法,将空间分布用于港湾内的事故,得到港湾内事故的空间分布特征是可行的。

1　研究框架与相关技术

将海上交通事故数据通过 GIS 技术在地图上进行可视化展示,确定事故的地理空间位置,分析其空间分布特征。利用核密度分析可以得到海上交通事故密度分布,得到事故空间分布特征以及区域风险值、聚类特性等,根据得到的核密度值,引进核密度模型,进行区域的事故类型预测,如图 1 所示。

1. 基金项目:国家自然科学基金项目(71804059);福建省自然科学基金项目(2021J01821);福建省教育厅面上项目(JAT200265);船舶辅助导航技术国家地方联合工程研究中心开放基金(JMCBZD202002)。

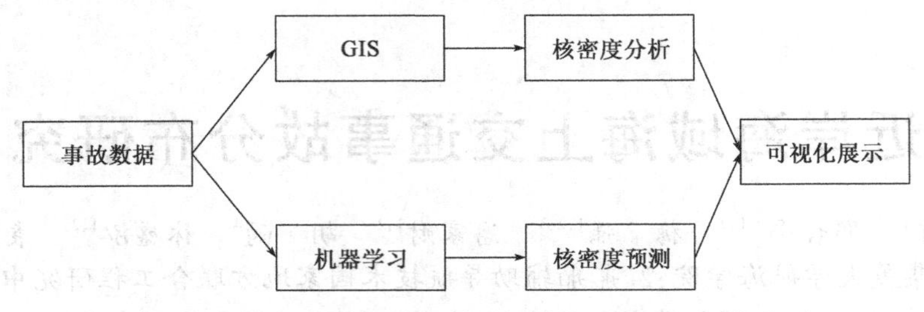

图1　研究流程图

1.1　核密度分析

事故发生聚集情况可通过核密度分析事故的密度分布进行分析，可以判断事故点与周围数据的聚焦态势，能够反映出该领域事故的分布态势。以计算事故核密度[8]为例，其计算原理是假设求 x 区域的事故密度函数值，则 x 区域的事故点邻域为 $[x-h,x+h]$，当 h 趋向于0的时候，则把该邻域的密度函数值当作 x 区域的密度函数值，即式(1)：

$$\hat{f}(x)=\frac{1}{2h}\lim_{h\to 0}\frac{N_{xi}\in[x-h,x+h]}{N}\tag{1}$$

式中：$N_{xi}\in[x-h,x+h]$——该邻域中的事故样本点数量；

N——事故的总数量。

对该邻域内的密度值取平均便得到 x 区域的密度函数值 $\hat{f}(x)$。即式(2)

$$\hat{f}(x)=\frac{1}{2hN}\sum_{i=x-h}^{x+h}xi=\frac{1}{hN}\sum_i\frac{|x-x_i|}{2h}<1,h\to 0\tag{2}$$

为了达到偏差和方差的平衡，h 的取值不宜过大或者过小。而保持概率密度函数的平滑，选用 k_x 近邻估计法，记为 $K(x)=1/2\ (x<1)$，得到式(3)：

$$\hat{f}(x)=\frac{1}{hN}\sum_i K\left(\frac{|x-x_i|}{h}\right)\tag{3}$$

式中：K——核函数；

h——带宽；

N——参与数据分析的事故总数；

$x-x_i$——事故估计点到事故样本点的距离。

由于需要满足概率密度的积分为1，得到式(4)

$$\int\hat{f}(x)=\frac{1}{hN}\sum_i\int k\left(\frac{|x-x_i|}{h}\right)\mathrm{d}x=\frac{1}{N}\sum_i\int K(t)\,\mathrm{d}t=\int K(t)\,\mathrm{d}t\tag{4}$$

1.2　建立核密度事故预测模型

在核密度分析的基础上，本文将各类事故的核密度分布由栅格转化为点，得出各类事故点的核密度值，转入Softmax函数处理，将所有事故核密度值映射到[0,1]区间，即相当于各类事故的概率值。Softmax函数的定义

$$S_i=\frac{e^{V_i}}{\sum_i^c e^{V_i}}\tag{5}$$

式中：V_i——各类事故的核密度值；

i——事故类别索引；

c——事故类别个数。

2　实例分析

2.1　研究区域选择

本文以厦门港交通事故为例进行研究分析。厦门港是中国福建省厦门市和漳州市港口，也是我国沿海主要港口之一，更是国家综合运输体系的重要枢纽、集装箱干线港、邮轮始发港和海峡两岸交流的重要口岸。

2.2　港口研究数据

选取厦门港2008年1月—2020年1月港口交通事故作为研究对象，数据来源于厦门海事局，每条记录包括事故发生的经纬度、时间、事故类型、事故等级等信息。本研究中，事故大多数发生在傍晚及能见度不良时刻，事故类型大多是碰撞事故，如图2所示。

如图2b)所示，事故的发生数量，大体上呈逐年递减趋势，侧面反映出港口安全程度逐步上升。其中2014年事故数最多，2020年最少。图2c)是厦门港月事故分布图，其中4月和9月是事故高发月，1月、7月、11月相对较少。3月、4月是厦门的春雨季，雨水增多，天气阴晴冷暖变化频繁，风向多变，风力较小，易出现雾；9月是厦门的台风季，是受热带风暴或台风影响最集中的季节，大风

容易影响船舶航行。图2d)是厦门港小时事故分布图,事故发生时刻最多的是在上午11时、晚上9时、凌晨12时,而凌晨1时、中午12时、晚上8时是事故发生较少的时刻。将人体疲劳的时刻(通常在上午11点或凌晨12时)与驾驶员值班时刻表相对应,可见此时的驾驶员容易分散注意力,从而造成事故。

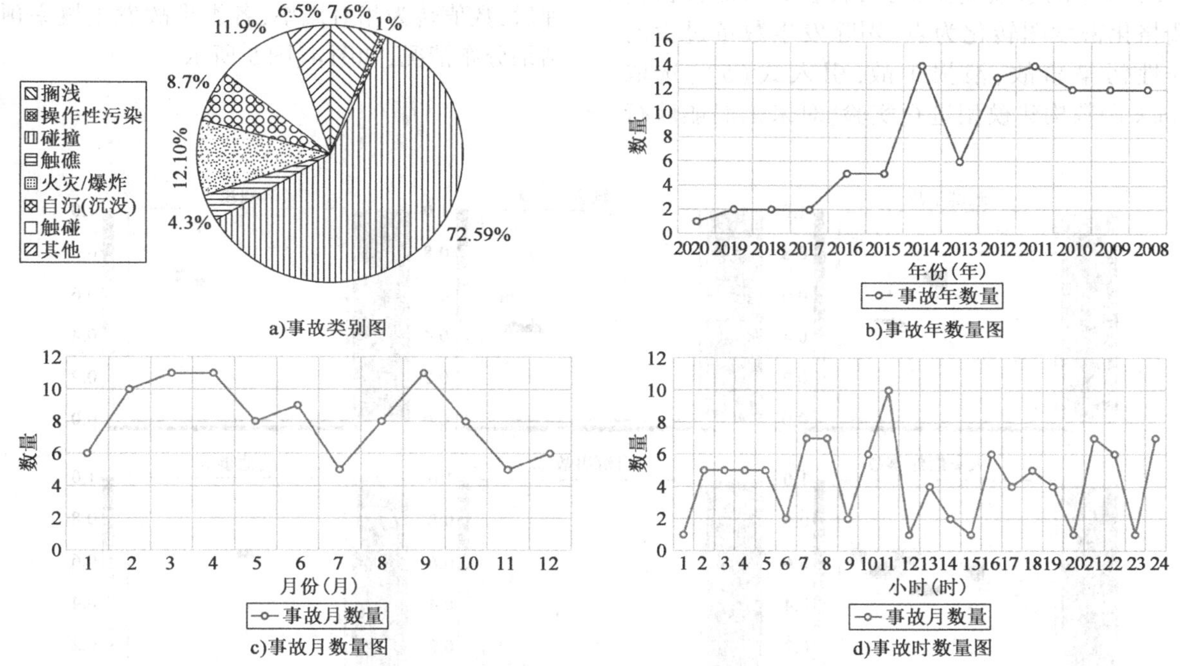

图2 厦门港事故类别和事故年、月、时数量

2.3 核密度分析

衡量航道交通安全的一个指标是单位航道内发生交通事故的数量。采用核密度分析用于计算事故点在其周围邻域中的密度,可以分析厦门港事故分布的疏密状态,从而间接描述事故发生情况的聚集程度。核密度分析能够突出事故发生频率较高的航区段,而无须考虑其与事故之间的聚集关系。

核密度计算结果如图3所示,基于厦门港海上交通事故的空间分布格局数据,颜色由浅到深,颜色越深证明聚集度越高事故密度越小。该事故集在空间上集聚分布有所差异,均形成多个集聚中心(风险值最高),其主要集聚中心为厦门湾西海海域附近的主航道水域和夏金航道,以及四个码头,次要聚集中心为同安湾、大金门岛附近、北东水道、虎屿岛附近。对于主要集聚中心聚集度高的情况,结合图3可知,聚集中心大多为碰撞事故。

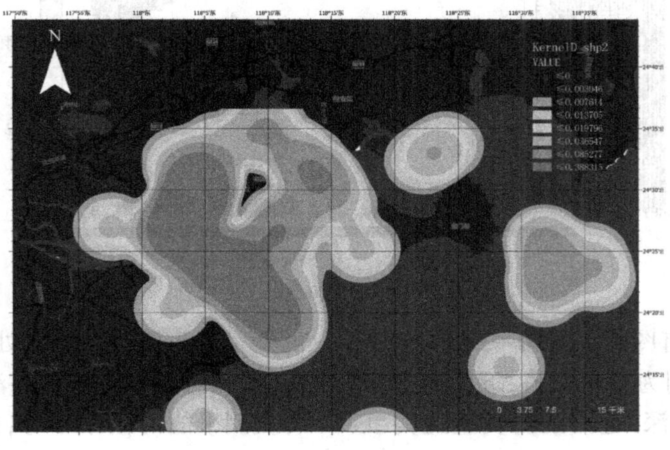

图3 核密度分析

2.4　核密度事故预测模型

在较长时间周期上使用核密度分析预测[9-15]，是其他同类方法中最优的方法。本文选取从 2018 年—2020 年的事故类型数据，将各类事故核密度的栅格化密度图转化为点，剔除发生数量过少的操作性污染事故、浪损事故，引入式(5)，选取 Softmax 函数构建模型进行实验，对未来船舶航行至该区域发生事故类型进行预测。事故的类别指标选定为触礁事故、触碰事故、搁浅事故、火灾爆炸事故、自沉事故、其他事故、碰撞事故，通过计算输出层包含 7 类事故发生概率值，经过 Softmax 处理后，数值转为相对概率，各类事故发生概率预测结果分布情况，如图 4、图 5 所示。

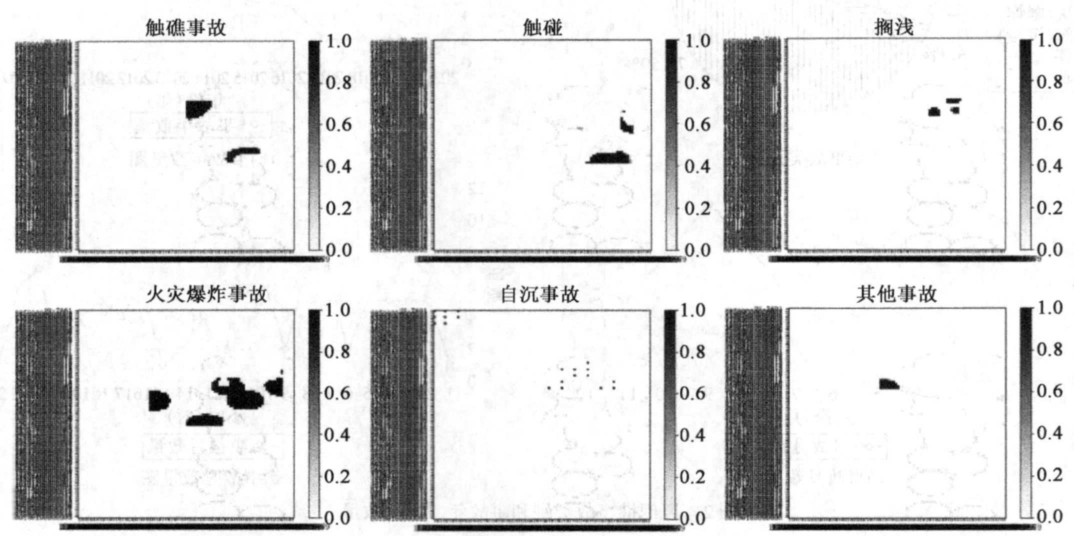

图 4　触礁、触碰、搁浅、火灾爆炸、自沉、其他事故概率

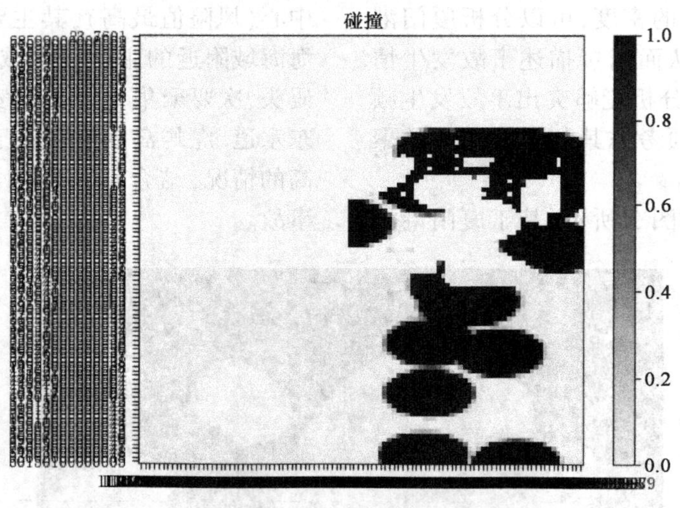

图 5　碰撞概率

在图 4、图 5 中，所有图片范围均一致，左侧代表事故发生概率值，右侧为核密度值，下侧为坐标点。概率值颜色由浅到深，越深说明发生此类事故概率越大。黄色空白区域代表此处发生该事故的概率为 0，蓝色代表该处发生此类事故的概率为 1。浅绿色环线中颜色深浅不一，代表此处发生 7 种类型事故的概率不等，越深概率越大。由图可知，总体来看，未来船舶在厦门港发生的事故中，

碰撞事故概率最大;在各自事故的图中,深蓝色区域代表,船舶在该处发生该事故的概率均为1。预测图结果中的事故高概率区域与事故核密度分析图、空间自相关分析保持一致,证明了预测结果的可靠性,因此海事部门应该在事故发生特定区域进行巡航,做出警示,减少船舶事故发生。

3 结语

本文主要运用核密度分析方法对海上交通事故进行分析,以此得到事故频度与严重程度的空间分布特征以及区域风险值、聚类特性。再根据核密度分析结果进行核密度预测,得到区域预测结果。以厦门港为例,得到以下结论:

(1)厦门港事故种类主要以碰撞为主,事故分布呈现聚集性。其中,事故主要聚集区域除航道外,主要分布区域还包括翔安刘五店港区、大金门岛附近水域、北东水道、虎屿岛附近。

(2)从预测角度看,整个厦门港区按照事故类型划分,在各自事故的图中,深蓝色区域代表船舶在该处发生该事故的概率均为1。预测图结果中的事故高概率区域与事故核密度分析图、空间自相关分析保持一致,证明了预测结果的可靠性。

(3)当前工作还存在大量的不足,下一步会从时空分析角度研究船舶事故空间分布特征。

4 针对厦门港海上交通事故提出建议

(1)交管部门要加强监督管理,确保船舶做好航行计划,并充分认识评估水域交通复杂性,必要时做出警示。尤其在船舶进出厦门港前必须检查、测试机器、设备工作情况,及时报告异常情况,备车航行,做好应急准备工作。

(2)厦门VTS中心指挥要加强对异常船舶的监测,在特定区域进行巡航,要求船舶按照规定进行船舶动态报告,确保甚高频在规定的频道上有效值守,利用甚高频电话和其他一切有效手段,与船舶进行充分沟通,组织协调避让行动。

参考文献

[1] 赵飞,廖永丰.突发自然灾害事件网络舆情传播特征及影响因素研究[J].地球信息科学学报,2021,23(06):992-1001.

[2] 谭立云.我国2019年31个行政区交通事故总量空间分析[J].科学技术创新,2021,{4}(15):176-177.

[3] 因吉巴·希奥玛·阿金耶米,龚华燕.尼日利亚交通事故、死亡率和事故率的探索性空间分析[J].国际社会科学杂志(中文版),2020,37(04):96-113+7+11.

[4] 徐梦清.交叉口左转碰撞事故空间分布特征和影响因素研究[D].成都:西南交通大学,2020.

[5] 沈贤达,张洁,郭辰,等.基于风险分析的海上风机基础安全性评价研究[J].水利学报,2015,46(S1):326-330.

[6] 郑义彬,杨慧慧,倪荣.基于系统动力学方法的江汉运河通航风险管理策略模拟及其效果分析[J].水运管理,2021,43(01):13-16+27.

[7] 张骞予,杨家其.基于ARERAC评价模型的水上交通安全风险源评估[J].水运管理,2020,42(07):35-40.

[8] 柳林,刘文娟,廖薇薇,等.2018.基于随机森林和时空核密度方法的不同周期犯罪热点预测对比[J].地理科学进展,37(6):761-771.

[9] 董利飞,陈飞宇,王苗,等.建筑施工安全事故死亡人数预测与影响因素分析[J/OL].安全与环境学报:1-8[2021-08-26].

[10] 吕璞,柏强,陈琳.融合深度反残差与注意力机制的山区高速公路事故严重程度预测模型[J].中国公路学报,2021,34(06):205-213.

[11] 欧春霞.事故预测模型及应用研究[J].中国安全科学学报,1997(05):10-14.

[12] 虞盈,兰培真.基于灰色马尔科夫模型的福建辖区船舶交通事故预测[J].中国航海,2017,40(03):69-72.

[13] 汪强.基于组合模型的海上交通事故预测研究[J].钦州学院学报,2019,34(05):10-14.

[14] 徐东星,尹勇,张秀凤,等.基于改进三参数灰色模型的海上交通事故预测[J].中国航海,2020,43(01):12-17.

[15] 王清斌,王文亮,赵睿.基于改进XGBoost算法的船舶事故风险与类型预测[J/OL].安全与环境学报:1-9[2021-11-16].

三峡—葛洲坝河段危险品船舶航行风险评估

朱丽娟　刘敬贤　刘　钊　刘　奕*

(武汉理工大学航运学院)

摘　要　针对三峡—葛洲坝河段危险品船舶在两坝间航行所面临的复杂通航环境风险识别和评估问题,提出了基于预权重AHP(Analytic Hierarchy Process)和D-S证据理论的风险评估模型。首先建立危险品船舶两坝间航行风险层次模型,并利用预权重AHP法对指标权重进行赋值;然后通过专家评判打分获取指标层各影响因素信任度概率分布,以此作为D-S证据推理的证据源;最后通过修正后的Dempster合成法则从指标层、准则层、目标层依次进行证据融合,并采用效用函数将评价结果进行量化。计算结果表明,危险品船舶两坝间航行风险量化值为0.4085,属于一般风险水平,其风险等级与真实航行状态基本吻合。

关键词　危险品船舶　两坝间航行　风险评估模型　预权重AHP　D-S证据理论

0　引言

随着国民经济的快速发展,通过三峡船闸的危险品船舶运量快速增加[1]。三峡—葛洲坝两坝间航道环境复杂,危险品船舶若在两坝间发生事故,会影响船闸的正常通航甚至有可能影响船闸安全。因此,开展两坝间风险因素识别和风险评估研究十分重要。

近十年来,危险品船舶运输安全受到了行业和研究学者的广泛关注。有学者对长江危险品船舶运输的市场准入问题[2]、运输过程监控[3]、消防监督检查[4-5]以及管理机制[6]等方面进行了探讨和研究。彭宏恺对载运危险货物船舶通过三峡船闸的安全进行了探讨[7],兰毓峰等分析了影响危险品船舶过闸安全的主要因素,并提出了相关建议[8],阮荣斌等人进行了三峡船闸四级运行模式下"一危一待"实验研究,提出了四级运行模式下一级易燃易爆危险品船舶在一闸室待闸的建议[9]。

目前危险品船舶运输安全风险的研究,主要体现在采用定性方法进行风险源项识别、定性和定量方法结合进行风险评估以及采用数值模拟量化事故后果三个方面。曹宝等采用德尔菲评价方法对三峡库区的潜在水环境风险源进行了分级评价,获得了潜在风险源的空间分布[10];郝勇等利用冰山模型构建了长江危险品船舶船员素质评价指标体系[11];谢天生等通过典型事故模拟计算,找出三峡船闸易燃易爆危险品船的危险特征和安全隐患[12]。

但是对危险品船舶通航安全进行系统研究的方法和理论相对较少,且大部分学者只关注到了危险品船舶通过三峡船闸的安全问题,其实两坝间危险品船舶的航行安全问题也十分重要。为了科学地识别和评估危险品船舶两坝间航行的风险,本文基于预权重AHP和D-S证据推理相结合的模型,从船舶、人员、环境、货物、管理5个方面提炼评价指标,对两坝间危险品船舶航行的安全状态进行评价,以期为危险品船舶过闸的管理提供理论和技术支持。

1　基于预权重AHP和D-S证据理论的风险评估模型

基于预权重AHP和D-S证据理论的两坝间危险品船舶航行风险评估模型的构建主要包括构建评估指标体系、预权重AHP法确定指标权重、确定指标基本概率分布、D-S理论合成算法合成评估结果等4个步骤。

1.1　构建评估指标体系

三峡—葛洲坝两坝间河段属于长江干线上游航段,全长约38km。两坝间航道环境复杂,并且危险品船所载运货物具有易挥发、易

1. 纵向项目:载运危险货物船舶通过三峡-葛洲坝枢纽船闸风险防控关键技术研究(SXHXGZ-2020-2)。

产生静电、易燃易爆等危险特性。通过实地调研、专家咨询及问卷调查等方式,结合水域特征及危险品船货物特殊性,从人员、船舶、环境、管理、货物5个方面构建了危险品船舶两坝间航行3级风险评估指标体系。具体层次模型如图1所示。

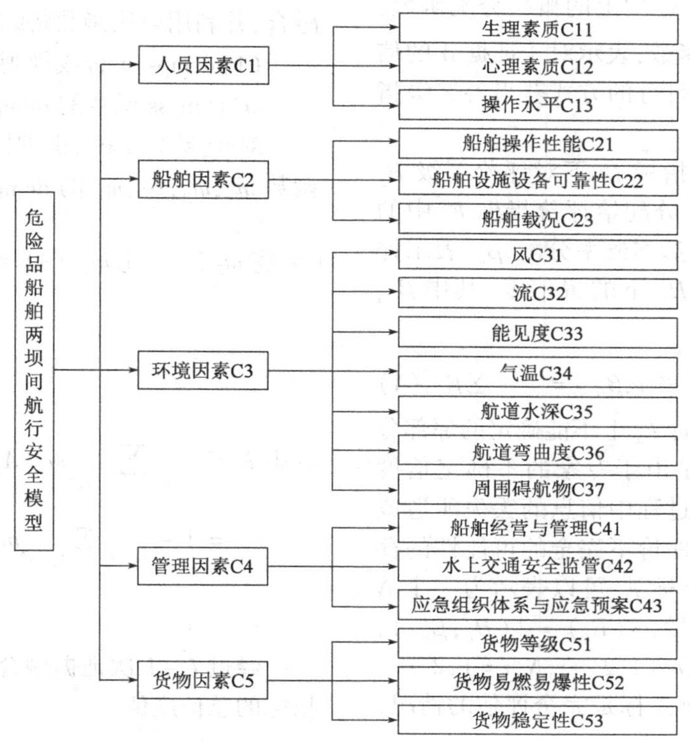

图1 三峡—葛洲坝河段危险品船舶两坝间航行风险层次模型

1.2 预权重 AHP 法确定指标权重

预权重 AHP 法是将专家预测的指标权重与通过 AHP 法计算出的指标权重进行比较,若两者的排序是一致的,则指标最终权重是预权重与 AHP 权重的平均值。

1.2.1 预权重计算

邀请 s 位专家给出指标的预权重,第 i 位专家给出的第 r 层第 j 个评价指标的权重排序向量为:$u_i^r = (u_{i1}^r, u_{i2}^r, \cdots, u_{ij}^r), i = 1,2,\cdots,s$。则第 r 层指标 j 的权重为

$$u_j^{0r} = \frac{\sum_{i=1}^{i=s} u_{ij}}{s} \tag{1}$$

然后对所有指标进行最大最小归一化,获取第 r 层指标 j 预权重

$$u_j^{1r} = \frac{u_j^0 - u_{j\min}^0}{u_{j\max}^0 - u_{j\min}^0} \tag{2}$$

1.2.2 AHP 法计算权重

层次分析法通常把与决策有关的因素分解成目标、准则、方案等3个层次,将每个层次进行两两比较构造判断矩阵,然后计算权向量并做一致性检验,最后计算组合权向量并做组合一致性检验,通常一致性检验结果 $CR < 0.1$ 时说明构造的判断矩阵符合要求。本文构造判断矩阵后利用 yaahp 软件计算出第 r 层第 j 个指标的 AHP 权重为 u_j^{2r}。

1.2.3 指标最终权重

对比预权重与 AHP 权重的排序,若两者排序一致,则第 r 层第 j 个指标的权重为:

$$u_j^r = \frac{u_j^{1r} + u_j^{2r}}{2} \tag{3}$$

1.3 确定指标基本概率分布

D-S 证据理论最早由 Dempster[13] 提出,后由他的学生 Shafer 进一步发展起来的一种不精确推理理论。预权重 AHP 法分配指标权重,结合 D-S 证据理论后,将不确定性评判分配给识别框架,能够很好地解决层次分析法中存在的主观因素问题。

在 D-S 理论中,研究对象 T 可能的评价集合

用 Θ 表示,令 $\Theta = \{H_1, H_2, \cdots, H_n\}$,则称 Θ 为研究对象 T 的识别框架,由 Θ 的所有子集构成的幂集为 2^Θ。设函数 $m: 2^\Theta \to [0,1]$ 且满足 $m(\varnothing) = 0$, $\sum_{A \in \Theta} m(A) = 1$,则称 m 是 2^Θ 上的概率分配函数,$m(A)$ 为 A 的基本概率函数,表示对于证据 A 的信任程度。本文通过专家打分的方式获得各二级指标的初始信任度。

设 $m_{n,i}$ 表示在评价指标 E_i 下对评价等级 H_n 的概率分配,$m_{H,i}$ 表示未分配给评价指标 E_i 中的任何评价等级的那部分基本概率分配,$\beta_{n,i}$ 表示评价指标 E_i 在评价等级 H_n 下的置信度,其中 $\beta_{n,i}$ 满足:

$$0 \leqslant \beta_{n,i} \leqslant 1, \sum_{n=1}^{L} \beta_{n,i} \leqslant 1, \beta_{H,i} = 1 - \sum_{n=1}^{L} \beta_{n,i} \tag{4}$$

式中:$\beta_{H,i}$——在评价指标 E_i 上不能确定的那部分信度,这是由于专家的不确定信度以及评估过程中信息的丢失所造成的。由于评价不完全的可能性的存在,评价指标 E_i 可以表示为一个 $N+1$ 维向量,$S(E_i) = \{(H_n, \beta_{n,i}), (H, \beta_{H,i}), n = 1,2,\cdots,N, i = 1,2,\cdots, L\}$,当评价指标是完全评估的情况,$\beta_{H,i} = 0$。

每个评价指标 E_i 的权重为 $W_i (i = 1,2,\cdots, L)$,满足条件 $0 \leqslant W_i \leqslant 1$ 和 $\sum_{i=1}^{L} W_i = 1$,则计算公式为:

$$m_{n,i} = W_i \times \beta_{n,i}, n = 1,2,\cdots,N \tag{5}$$

$$m_{H,i} = 1 - \sum_{n=1}^{N} m_{n,i} \tag{6}$$

在 D-S 证据理论中,通常决策者对指标的评价结果有 $\alpha(0 < \alpha < 1)$ 的概率相信,α 称为对评价指标结果的折扣率,通常取 $\alpha = 0.9$[11],为了将折扣率与指标之间的相对权重结合起来,其主要方法是把关键指标的评价结果作为一个参考标准,权重最大的指标为关键指标,假定关键指标 $E_{i,k}$ $(i = 1,2,\cdots,L)$ 对于状态 $H_k (k = 1,2,\cdots,N)$ 的概率为 $G_{i,k}$,则

$$m_{i,k} = \alpha \times G_{i,k} (i = 1,2,\cdots,L) \tag{7}$$

式中:$m_{i,k}$——对关键指标的支持程度。

根据以上公式就可以对任一级指标求出概率分配函数矩阵 M。即

$$M(E_i) = \begin{pmatrix} m_{11} & \cdots & m_{1H} \\ \cdots & \cdots & \cdots \\ m_{L1} & \cdots & \mathrm{m}_{LH} \end{pmatrix}$$

1.4　D-S 理论合成算法进行评估结果合成

在获取指标基本概率分布后,利用 dempster 合成算法从指标层到准则层再到目标层进行证据融合,并利用效用函数将结果定量化。

(1)dempster 合成规则进行证据融合

m 个 mass 函数的 dempster 合成规则

对于 $\forall A \subseteq \Theta$,识别框架 Θ 上的有限个 mass 函数 $m_1, m_2, \cdots, m_n$ 的 dempster 合成规则为

$$(m_1 \oplus m_2 \oplus \cdots \oplus m_n)(A) = \frac{1}{K} \sum_{A_1 \cap A_2 \cap \cdots A_n = A} m_1(A_1) m_2(A_2) \cdots m_n(A_n) \tag{8}$$

$$\text{其中 } K = \sum_{A_1 \cap A_2 \cap \cdots A_n \neq \varnothing} m_1(A_1) m_2(A_2) \cdots m_n(A_n) = 1 - \sum_{A_1 \cap A_2 \cap \cdots A_n = \varnothing} m_1(A_1) m_2(A_2) \cdots m_n(A_n) \tag{9}$$

经过 $L-1$ 次证据融合后,可以得到 L 个评价指标的总信度值

$$\beta_{H,i} = \sum_{i=1}^{L} W_i (1 - \sum_{n=1}^{N} \beta_{n,i}) \tag{10}$$

$$\beta_{n,i} = \frac{1 - \beta_{H,i}}{1 - m_{H,i}} \tag{11}$$

通过式(8)~式(11),可以得出多个证据经过融合后的评估结果

$S(E) = \{(H_n, \beta_{n,i}), n = 1,2,\cdots,N, (H, \beta_{H,i})\}$

(2)将证据融合结果定量化

设 $u(H_n)$ 表示评级指标 E_i 被评价为等级 H_n 的价值函数,其中 $u(H_1) = 1$, $u(H_5) = 0$, $u(H_n)$ $(n = 1, \cdots, H-1)$ 为 $[0,1]$ 之间的数值;$U(E)$ 表示综合评价结果 $S(E)$ 在识别框架 Θ 下的综合评价值,则在属性被完全评价的情况下 $\beta_{H,i} = 0$,有:

$$U(E) = \sum_{n=1}^{N} \beta_{n,i} \times u(H_n) \tag{12}$$

而在评价指标 E_i 是不完全评价的情况下 $\beta_{H,i} \neq 0$。

$$U_{\max}(E) = \sum_{n=1}^{N} \beta_{n,i} \times u(H_n) + \beta_{H,i} \times u(H_N) \tag{13}$$

$$U_{\min}(E) = \sum_{n=1}^{N} \beta_{n,i} \times u(H_n) + \beta_{H,i} \times u(H_1) \tag{14}$$

$$U_{avg} = \frac{U_{\max}(E) + U_{\min}(E)}{2} \tag{15}$$

最后,根据量化后的计算值,就能实现风险水平评估。

2 实例验证

根据构建的指标体系,设计专家调查问卷。分别发放权重调查问卷和指标基本概率分布调查问卷各 30 份,有效回收各 30 份。其中本次评价问卷的评价级 $\Theta=\{H_1,H_2,H_3,H_4,H_5\}$,分别对应评价值 $V=\{$高风险,较高风险,一般风险,较低风险,低风险$\}$,而每个价值函数为 $u(H_1)=1, u(H_2)=0.75, u(H_3)=0.5, u(H_4)=0.25, u(H_5)=0$,并定义该风险评估集为 $V=\{$(0 ~0.25,较低风险),(0.25 ~0.5,一般风险),(0.5 ~0.75,较高风险),(0.75 ~1,高风险)$\}$[14]。

2.1 计算指标权重

根据回收的 30 份有效权重问卷,运用预权重 AHP 法计算的权重结果如表 1 所示。

风险因素及权重表 表 1

一级风险因素及权重排序权重 W_i				二级风险因素及权重排序权重 W_i			
风险因素	AHP 权重/排序	预权重/排序	权重 W_i	风险因素	AHP 权重/排序	预权重/排序	权重 W_i
C1	0.3020/2	0.3327/2	0.3174	C11	0.2000/2	0.1000/2	0.1500
				C12	0.2000/2	0.1000/2	0.1500
				C13	0.6000/1	0.8000/1	0.700
C2	0.1171/4	0.1254/4	0.1213	C21	0.5954/1	0.6042/1	0.5998
				C22	0.2726/2	0.2518/2	0.2641
				C23	0.1283/3	0.144/3	0.1362
C3	0.3481/1	0.3051/1	0.3491	C31	0.0975/5	0.0958/5	0.0967
				C32	0.1217/3	0.1224/3	0.1221
				C33	0.2519/2	0.2513/2	0.2516
				C34	0.0508/7	0.0321/7	0.0415
				C35	0.294/1	0.3012/1	0.2976
				C36	0.1193/4	0.1120/4	0.1157
				C37	0.0648/6	0.0852/6	0.0750
C4	0.0669/5	0.0386/5	0.0528	C41	0.5278/1	0.6032/1	0.5655
				C42	0.3325/2	0.2015/2	0.2670
				C43	0.1396/3	0.1953/3	0.1675
C5	0.1660/3	0.1532/3	0.1596	C51	0.25/2	0.2/2	0.2250
				C52	0.5/1	0.6/1	0.5500
				C53	0.25/2	0.2/2	0.2250

2.2 指标基本概率分布计算结果

根据回收的 30 份有效问卷,获取了风险因素的初始评价值,并结合式(4)~式(7)计算各个二级指标的基本概率分配,以 C1 为例,根据计算获取的各二级指标权重向量 C1 = (C11,C12,C13) = (0.15,0.15,0.7),得知 C13 为关键因素,则对 C13 按照折扣率 $\alpha=0.9$ 计算,对 C11、C12 折扣率分别为 α(C11/C13),α(C12/C13),因此可得到 C1 的 mass 矩阵,同理可得到 C2,C3,C4,C5 的 mass 矩阵。计算出二级指标因素的概率分布如表 2 所示。

指标层基本概率分布　表 2

准则层	权重	指标层	权重	风险等级及信任度					不确定度
				高	较高	一般	低	较低	θ
C1	0.3174	C11	0.1500	0.0000	0.0000	0.0579	0.0771	0.0579	0.8071
		C12	0.1500	0.0000	0.0000	0.0579	0.0771	0.0771	0.7879
		C13	0.700	0.1800	0.3600	0.1800	0.1800	0.0000	0.1000
C2	0.1213	C21	0.5998	0.3600	0.1800	0.3600	0.0000	0.0000	0.1000
		C22	0.2641	0.0396	0.0793	0.1189	0.1189	0.0396	0.6037
		C23	0.1362	0.0000	0.0204	0.0613	0.1022	0.0204	0.7956
C3	0.3491	C31	0.0967	0.0000	0.0000	0.0585	0.2047	0.0292	0.7076
		C32	0.1221	0.0000	0.0000	0.0739	0.2216	0.0739	0.6307
		C33	0.2516	0.0000	0.0000	0.2283	0.4565	0.0761	0.2391
		C34	0.0415	0.0000	0.0000	0.0126	0.0879	0.0251	0.8745
		C35	0.2976	0.0000	0.0900	0.4500	0.1800	0.1800	0.1000
		C36	0.1157	0.0000	0.0350	0.1400	0.1050	0.0700	0.6501
		C37	0.0750	0.0000	0.0000	0.1134	0.0907	0.0227	0.7732
C4	0.0528	C41	0.5655	0.0000	0.0000	0.1800	0.5400	0.1800	0.1000
		C42	0.2670	0.0000	0.0000	0.0425	0.2550	0.1275	0.5751
		C43	0.1675	0.0000	0.0000	0.0000	0.1866	0.0800	0.7334
C5	0.1596	C51	0.2250	0.0368	0.0736	0.1841	0.0368	0.0368	0.6318
		C52	0.5500	0.1800	0.1800	0.4500	0.0900	0.0000	0.1000
		C53	0.2250	0.0368	0.0368	0.2209	0.0736	0.0000	0.6318

2.3　评估结果与验证

分别对每个风险因素及其子因素按照式(8)～式(11)进行证据融合,可得出一级风险因素的证据融合结果如表 3 所示。

一级风险因素证据融合结果　表 3

风险因素	H1	H2	H3	H4	H5	H
船舶因素 S(E1)	0.1612	0.3224	0.1989	0.2121	0.0158	0.0896
人员因素 S(E2)	0.3116	0.1796	0.3936	0.0280	0.0074	0.0799
环境因素 S(E3)	0.0000	0.0235	0.4072	0.4514	0.0945	0.0234
管理因素 S(E4)	0.0000	0.0000	0.1224	0.6461	0.1705	0.0610
货物因素 S(E5)	0.1393	0.1506	0.5599	0.0812	0.0038	0.0652

将这 5 个一级风险因素的证据融合结果再次进行证据融合,可得到风险评估的证据推理结果:

$$S(E) = \{(H_1,0.0033),(H_2,0.0077),(H_3,0.7978),(H_4,0.1892),(H_5,0.0020),(H_6,0.0000)\}$$

结合效用函数,根据式(12)可以得出危险品船舶两坝间航行安全风险的最大综合效用值为:

$$U(e) = 0.0033 \times 1 + 0.0077 \times 0.75 + 0.7978 \times 0.5 + 0.0020 \times 0.25 = 0.4085$$

基于评估集,可以看出危险品船舶两坝间航行的整体风险为一般水平。为了进一步论证本文所提出研究方法的可靠性,采用“基于 AHP-模糊综合评价法”进行风险评估,对比评估结果,该方法是一种较为成熟且常用的风险评估方法[15]。以本文的指标体系作为模糊综合评价因素,基本概率分布作为模糊综合评价的评价矩阵,以本文的评估集作为评价向量,将权重和指标基本概率带入模型。

在模糊综合评价法中,风险 = 权重 × 评价矩阵 × 评价向量。计算结果如下:

$$B=\begin{bmatrix}0.0640\\0.0640\\0.1812\\0.0697\\0.0323\\0.0150\\0.0339\\0.0424\\0.0877\\0.0177\\0.1024\\0.0415\\0.0225\\0.0353\\0.0222\\0.0093\\0.0415\\0.0830\\0.0415\end{bmatrix}\begin{bmatrix}0.00&0.00&0.30&0.40&0.30\\0.00&0.00&0.20&0.40&0.40\\0.20&0.40&0.20&0.20&0.00\\0.40&0.20&0.40&0.00&0.00\\0.10&0.20&0.30&0.30&0.10\\0.00&0.10&0.30&0.50&0.10\\0.00&0.00&0.20&0.70&0.10\\0.00&0.00&0.20&0.60&0.20\\0.00&0.00&0.30&0.60&0.10\\0.00&0.00&0.10&0.70&0.20\\0.00&0.10&0.50&0.20&0.20\\0.00&0.10&0.40&0.30&0.20\\0.00&0.00&0.50&0.40&0.10\\0.00&0.00&0.20&0.60&0.20\\0.00&0.00&0.10&0.60&0.30\\0.00&0.00&0.00&0.70&0.30\\0.10&0.20&0.50&0.10&0.10\\0.20&0.20&0.50&0.10&0.00\\0.10&0.10&0.60&0.20&0.00\end{bmatrix}\begin{bmatrix}1\\0.75\\0.5\\0.25\\0\end{bmatrix}=0.4408$$

基于评估集可知,0.4408 属于一般风险水平,与本文提出方法的评估结果 0.4085 仅仅相差0.0323,结果十分接近,证明了本文所提出研究方法的可靠性。同时,虽然危险品船舶货物的特殊性增加了航行风险,但在相关管理部门的监管下,目前两坝间危险品船舶航行只发生过险情但并未发生过大的事故,风险等级与真实航行状态基本吻合。

3 结语

本文根据三峡—葛洲坝两坝间水域特征,提出了基于预权重 AHP 和 D-S 证据理论的风险评估模型,对两坝间危险品船舶航行安全进行了风险评价,计算结果与采用“AHP-模糊综合评价方法”的计算结果进行对比,论证了本文所提出方法的可靠性。计算结果表明,危险品船舶两坝间航行风险量化值为 0.4085,属于一般风险水平,其风险等级与真实航行状态基本吻合。本文的创新性及应用价值如下:

(1)从船舶、人员、环境、管理和货物 5 个方面建立了相应的层次模型,该模型充分考虑了危险货物的特殊性以及危险品船舶航行的实际情况,具有针对性。

(2)提出了基于预权重 AHP 法和 DS 证据推理的安全评价模型,将证据推理运用到危险品船舶两坝间航行安全评价中,实现了不确定条件下危险品船舶两坝间航行安全的有效评价。

(3)该模型既有对整体风险的评估,也有对下级风险的评估,能为管理者认清风险并针对性地采取应对措施提供依据。

参考文献

[1] 周建武,张义军. 三峡船闸危险品船舶通航管理措施探讨[J]. 交通企业管理,2012,27(10):27-29.

[2] 肖克平. 长江危险品运输市场准入问题和对策[J]. 水运科学研究,2010,23(02):5-9.

[3] 郭俊良,陈岚,刘强. 运用信息化技术监控危险品船舶运输[J]. 水上消防,2009(06):15-17.

[4] 郑璇. 浅谈危险品运输船舶消防管理[J]. 水上消防,2011(05):21-23.

[5] 梁志平. 浅谈长江危险货物运输船舶消防监督检查[J]. 水上消防,2010(02):28-31.

[6] 彭建斌. 构建长江危险品运输船舶安全管理长效机制[J]. 中国水运(下半月),2019,19(04):30-31.

[7] 彭宏恺,黄菊.船舶载运危险货物安全通过三峡船闸的思考[A].中国航海学会内河海事专业委员会.2008 年度海事管理学术交流会优秀论文集[C].中国航海学会内河海事专业委员会:中国航海学会,2008:6.

[8] 兰毓峰,蔡述忠.三峡船闸化危品运输船舶过闸安全分析[J].中国水运,2014(07):20-21.

[9] 阮茉斌,罗飞.三峡船闸四级运行模式下"一危一待"试验探究[J].中国水运,2019(09):58-59.

[10] 曹宝,王秀波,薛婕,等.三峡库区潜在水环境风险源识别与分级评价方法研究[J].环境工程,2016,34(02):138-142.

[11] 郝勇,时间,吴昊旻.基于冰山模型的长江危险品船船员素质评价指标体系构建[J].安全与环境学报,2020,20(04):1376-1383.

[12] Xie T, Han C, Wang G, et al. Safety Risk of Flammable and Explosive Dangerous Goods through the Ship Lock [A]. Hubei Zhongke Institute of Geology and Environment Technology. [C]//Proceedings of 2020 International Conference on Green Energy, Environment and Sustainable Development (GEESD 2020).

[13] Dempster A P. Upper and Lower Probabilities Induced by a Multivalued Mapping[J]. Annals of Mathematical Statistics, 1967, 38 (2): 325-339.

[14] 张妮,王应明.基于证据推理的供应链整体协调风险的识别与评估[J].科技管理研究,2012,32(09):214-217+22.

[15] 畅笑.基于层次—模糊综合评价的高校火灾风险评估[D].太原:中北大学,2017.

贝叶斯网络在北极通航环境安全评价中的应用

曲峰德* 王康顺 王焕新

(大连海事大学航海学院)

摘 要 为了对北极通航环境的安全性进行研究,从人的因素、船舶因素和环境因素三方面进行分析,选取评价指标,建立基于贝叶斯网络的评价指标体系。以北极东北航道为例,通过 GeNIe Modeler 软件计算,求取北极东北航道通航环境的安全程度。计算结果表明:目前北极东北航道处于可通航但较危险的状态,影响北极东北航道通航环境的最主要因素是温度,其次是海冰密集程度和海冰厚度,只有在特定的时间段内完成航次才能保证船舶航行安全。该结果验证了贝叶斯网络模型的有效性和准确性,可为北极航道航行的船舶提供参考依据。

关键词 安全评价 北极航道 贝叶斯网络 通航环境

0 引言

北极海冰是北极水域航行的最大障碍。随着全球气候的不断变暖,北极海冰正加速融化,北极航道的开通也因此成为现实。根据当前观测的趋势,预计 20 年后,北极大陆架海域将周期性出现无冰带,季节性的冰封水域范围将南移,到本世纪中叶,将出现全年无冰带[1]。北极航道的开通对我国航运业有着极其深远的战略意义,是我国"一带一路"战略三大主要海上通道之一。与传统的新加坡马六甲海峡—苏伊士运河航线相比,行程缩短了大约 2800n mile,航时缩短了 9 天[2]。研究结果表明很多船型在每年的某个时间段内,航行于北极航道具有经济优势和可行性,例如集装箱船舶[3]、LNG 船舶[4-5]和散货船[6-7]等。我国中远海运集团自 2013 年"永盛"轮完成北极航道首航任务以来,已经完成了近 50 个航次的北极航道航行任务。目前,投入的营运航次数量保持在 8~10 个班次/年。

随着全球温度的不断攀升,北极航道通航窗口[8](不受海冰密集度及厚度的影响,船舶可以在北极水域安全通航的起止时间以及航行期限)也

1. 基金项目:国家自然科学基金资助项目(51809027);中央高校基本科研业务费专项资金资助项目(3132021146、3132021148)。

将变长,航行于北极航道的船舶将会越来越多,因而船舶航行的安全性愈加重要。国内外众多专家学者对北极水域的通航安全进行研究,如利用PSR模型评价[9]、灰色模糊综合评价法[10]、盲数理论[11]、解释结构模型[12]、云模型[13]等数学方法,系统地分析北极航道的通航条件,总结影响通航环境的主要因素,求取北极航道通航安全评价结果,这些研究为北极通航环境评价奠定了理论基础。

前人已经为北极航道通航做了丰富的理论研究基础,但仍存在可改进的地方。一方面,使用的数据比较陈旧。以温度为例,据世界气象组织《2020年全球气候状况声明》称,2020年是有记录以来温度最高的三个年份之一,过去的5年(2016—2020年)和10年(2011—2020年)的温度平均数也是历史上最高的。受温度影响,南北极出现冰川消融、海平面上升的现象日益严重。此外,随着北极航道的逐步完善,破冰船数量、港口设施、主导航设施等都在逐步完善中,大大提高北极航道航行的安全性。因而,评价指标数据更新后,得出的结论可能会有所不同。另一方面,在建立模型的过程中,由于研究的着重点不同,选取的体系指标各不相同,同时受模型维度大小的限制,各个评价体系的维度大小也各异,这些因素都会使得运算结论有所不同。

本文主要对北极航道通航环境安全进行评价,提出一种新的通航安全评价方法,即基于贝叶斯网络(Bayesian Networks,BN)的安全评价方法。该方法在水上交通安全及港口安全等领域早有应用。Wan等[14]将发生于内河桥区水域的各类事故联系起来,从通航环境、人、船舶等方面进行分析,划分船舶的安全等级和预警指标,构建贝叶斯网络。研究结果表明,该模型对船舶在桥区的航行风险有较准确的评价结果,可用于提醒船舶和驾驶员在不同情况下的桥区航行风险。为了保护近海设施并提高水上运输的安全性,Yu等[15]提出了一种新的基于贝叶斯网络模型的方法评估船舶与近海设施间的碰撞风险。为了验证模型的有效性,以利物浦Burbo Bank海上风电场水域的过往船舶与风车之间碰撞风险为例。研究结果为复杂水域和不确定航行环境下的船舶与近岸设施碰撞风险提供了经验证据。田五六[16]等提出了一种基于贝叶斯网络的桥区水域风险评估模型。运用贝叶斯网络对桥区水域风险因素进行建模。并以东海大桥为例,研究该水域的风险状态,计算出船舶碰撞大桥的可能性。结果表明,船舶撞桥事故主要是由人员的疏忽、操作失误和恶劣的天气环境等因素引起。Ung[17]提出了人为失误致使油轮碰撞的风险评估。使用故障树分析法(FTA)评估油轮的碰撞概率,并在此结构下,提出基于认知可靠性与失误分析方法(CREAM)的改进模糊贝叶斯网络评估人为失误。计算结果表明,缺乏驾驶台资源管理沟通、缺乏船舶之间沟通、疲劳和违反碰撞规则几个因素发生的概率较高,而且一旦情形险恶,将有很大的可能性导致油轮发生碰撞。

1 贝叶斯网络模型介绍

贝叶斯网络是一种概率网络,是基于概率推理的数学模型和图形化网络。贝叶斯网络是描述随机变量之间依赖关系的图形模式,用于解决不确定性问题,已被广泛应用于故障诊断、信息融合、可靠性分析、人工智能、医学等重多领域验。贝叶斯网络由两部分组成,其中贝叶斯网络结构图是一个有向无环图,由代表变量的节点及连接这些节点的有向弧构成(图1),变量A,B为父节点,变量C为子节点。有向弧$L1$,$L2$表示节点之间的关系;另一部分是表示节点和节点之间关系的条件概率表[18]。如果一个贝叶斯网络各个节点的条件概率值已知,则可以计算所有给定的联合概率,同时该网络便可以进行正向和反向的推理。

贝叶斯公式是贝叶斯网络的基础,根据贝叶斯网络的分割定理和条件独立性假设,贝叶斯网络的联合概率$P(X_1,X_2,\cdots,X_n)$可以表示为各节点边缘概率的乘积:

$$P(X_1,X_2,\cdots X_n) = \prod_{i=1}^{n} P[X_i \mid \mathrm{Parent}(X_n)] \tag{1}$$

式中: X_i——第i个贝叶斯网络节点;

$\mathrm{Parent}(X_n)$——第n个父节点。

贝叶斯网络的推理实际上是进行数学模型的概率推理,具体而言,给定建立的贝叶斯网络结构模型,根据已知条件,即各个节点发生的概率,利用贝叶斯网络的计算方法,计算出各个子节点发生的概率。

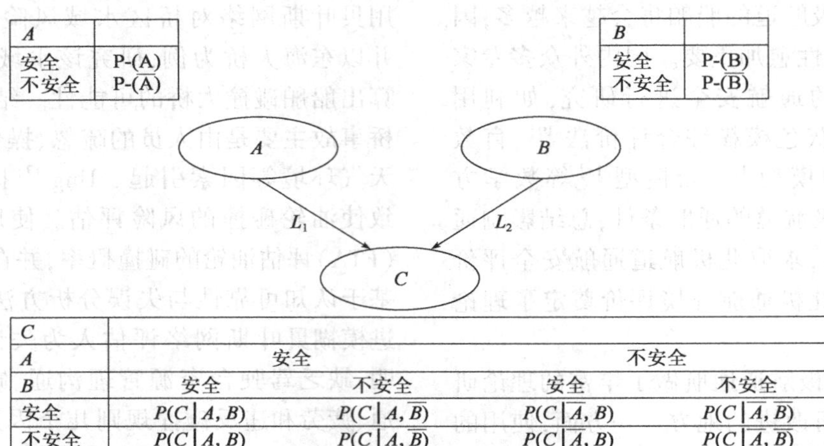

图 1　贝叶斯网络组成图

假设事件 $X_1, X_2, \cdots, X_n$ 是一个互不相容的完备事件组,且 $P(X_i)>0$,A 是任意事件,则贝叶斯公式可表示为:

$$P(X_i|A)=\frac{P(X_i)P(A|X_i)}{\sum_{j=1}^{n}P(X_j)P(A|X_j)} \tag{2}$$

式中:$P(X_i)$——先验概率;

$P(X_i|A)$——后验概率。

通过公式可知,后验概率值由先验概率值推算得出。同样地,当已知后验概率值后,先验概率值也可以通过贝叶斯公式反向推导出。

2　贝叶斯网络建模过程

北极航道航行的船舶安全评价系统是由人-船舶-环境 3 个子系统组成的综合评价系统。在分析评价过程中,由专家给出各节点的概率,利用贝叶斯网络计算法则完成从父节点到子节点的推算,最终求取整个系统模型的评价结果,具体的建模步骤如下:

(1)确定贝叶斯网络模型的节点。国内外许多专家学者对北极航道通航安全进行了探讨和研究,并得出了通航的安全评价结果。本文在前人研究的基础上,结合实际情况,在考虑贝叶斯网络模型的维度大小及运算时间的基础之上,剔除对船舶安全航行影响不大的因素,确定贝叶斯网络模型的节点变量。

(2)给定各节点的值域。已确定节点的取值范围均为[0,1],0 表示绝对危险,1 表示绝对安全,(0,1)之间的数值表示父节点对子节点的影响程度,即船舶在北极航道航行安全的概率。

(3)构建贝叶斯网络安全评估体系。由于北极航道位于高纬度地区,自然条件恶劣,能够获取的资源或者数据有限。因而,本文将根据专家意见,手动建立贝叶斯网络模型。

(4)完成所有节点的条件概率表。建立贝叶斯网络结构后,各个节点之间的关系需要通过条件概率表描述,这是贝叶斯网络推理的基础,也是贝叶斯网络推理过程中最繁琐的步骤。本模型将通过专家赋值法确定各个父节点的概率,共邀请 7 位专家,包括有北极航行经验的船长以及研究北极航运的专家,再根据贝叶斯公式,计算出每个子节点的条件概率。

(5)计算基于贝叶斯网络的安全评价。完成上述过程后,便可对北极航道航行的船舶进行安全评价。由于贝叶斯网络具有的双向推理能力,即给定父节点的条件概率,可以推导出顶端节点的概率;同理,当已知顶端节点的概率时,也可以反向推断出其他节点的概率。因此,倘若知道船舶在北极航道航行是危险的,可以从子节点到父节点进行推断,通过这种逆向推理,得到影响船舶在北极航道安全航行的最主要因素。

3　基于贝叶斯网络的北极航道通航环境安全评价

本文以北极东北航道为例,北极东北航道是指西起欧洲西北部的挪威北角附近,经欧亚大陆和西伯利亚的北部沿岸,穿过白令海峡到达太平洋的航线集合[19]。通过对相关文献的综合分析,针对贝叶斯网络模型的特点,考虑到贝叶斯网络模型的维度大小以及所有指标具有可比性和一致性,建立如图 2 所示的指标体系。

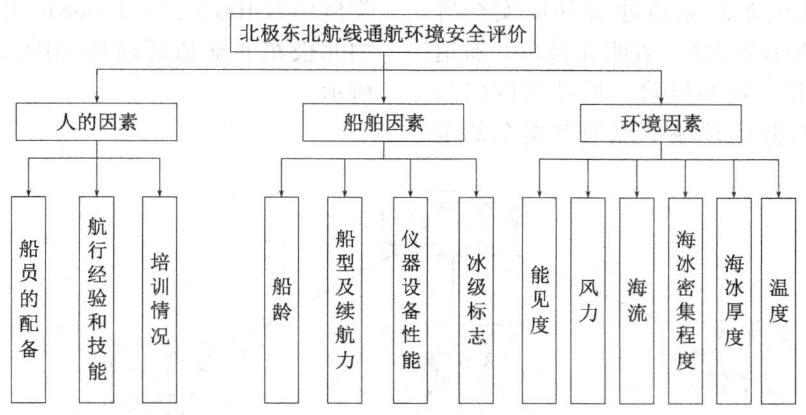

图 2　北极东北航道通航安全评价指标体系

本文采用 GeNIe Modeler 软件对北极东北航道通航环境安全进行评价。GeNIe Modeler 由匹兹堡大学决策系统实验室创建和开发的，是一种用于构建图形决策理论模型的开发环境。该软件具有人性化的用户界面，可以构建任何大小和复杂性的模型，且能够显著地降低建模所需时间；同时使用 GeNIe Modeler 开发的模型能够很好地兼容到其他计算平台上。目前，该软件已广泛应用于政府、军队及商业中。

根据图 2 确定的指标体系，将各个节点绘制于 GeNIe Modeler 软件中。通过发放问卷调查的形式确定各个指标节点的概率，该问卷主要发放给从事北极航道研究的专家学者、从事北极航线货物运输的船员等，并去除其中差异较大的数据。通过贝叶斯公式，求取各个节点的条件概率，并输入所有节点的条件概率表，如表 1 所示为顶端节点通航安全的条件概率表。当各个节点的条件概率表全部输入完毕后，通过 GeNIe Modeler 软件对模型网络进行计算和更新，得出北极东北航道通航环境安全评价的结果，如图 3 所示。

通航安全节点的条件概率表　　表 1

环境因素	安　全				危　险			
船舶因素	安全		危险		安全		危险	
人的因素	安全	危险	安全	危险	安全	危险	安全	危险
安全	1	0.9	0.8	0.7	0.3	0.2	0.1	0
危险	0	0.1	0.2	0.3	0.7	0.8	0.9	1

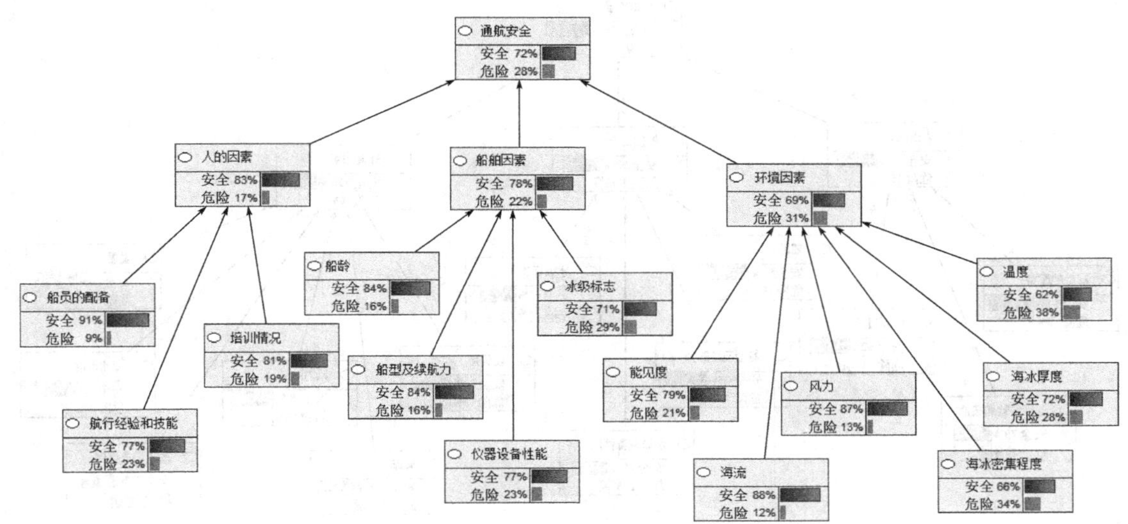

图 3　北极东北航道通航环境安全评价结果

由图3可得北极东北航道通航环境安全等级,即安全节点的概率为72%,表明北极东北航道目前可以通航,但有一定的风险。贝叶斯网络具有双向推理的能力,假定顶端节点通航安全的危险概率为100%,通过GeNIe Modeler软件计算影响北极东北航道通航环境的最主要因素,如图4所示。

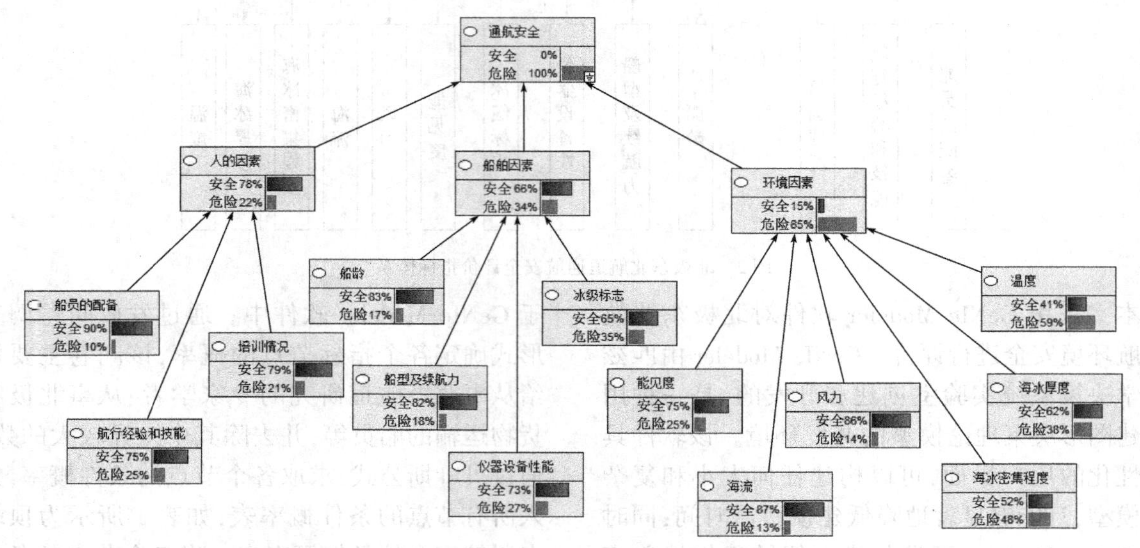

图4　北极东北航道通航危险的致因推理

由图4可知,一级指标中人的因素和船舶因素变化不大,分别从17%和22%增长至22%和34%,变化最显著的是环境因素,发生概率由31%增长至85%。由此可见,影响北极航道通航安全最主要的因素是环境因素;二级指标中绝大部分指标因素增幅在5%以内,只有温度、海冰厚度和海冰密集程度变化最为明显,分别从38%、28%、34%增至59%、38%、48%。由此可推,影响北极航道通航安全最主要的环境因素是温度,其次是海冰密集程度和海冰厚度。

假使顶端节点通航安全的安全概率为100%,即船舶在北极东北航道航行完全安全,通过更新GeNIe Modeler软件可以求得出各个一级、二级指标各个节点应该提高的水平,如图5所示。

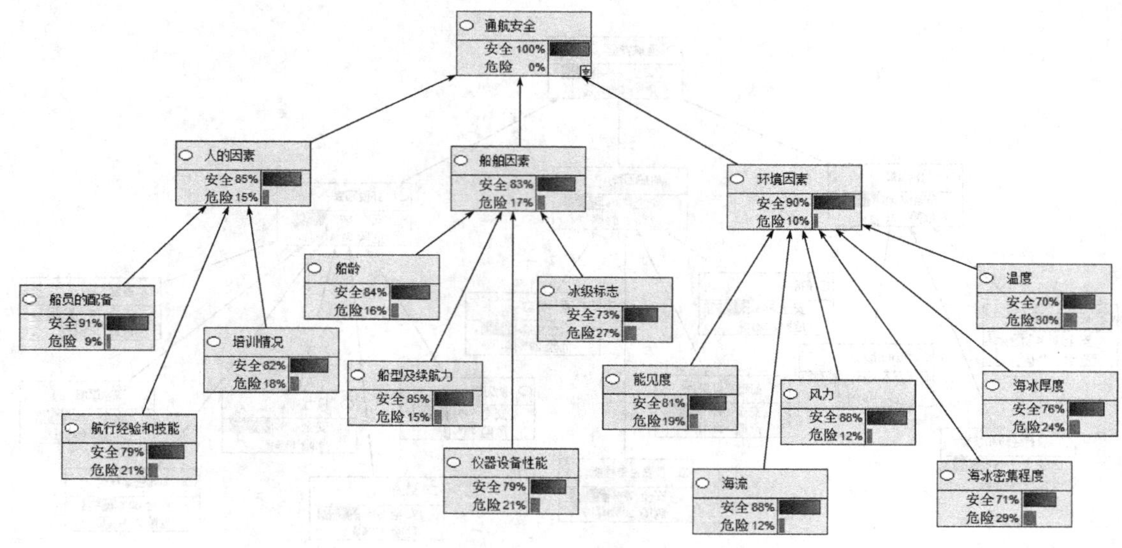

图5　北极东北航道航行绝对安全的后验概率推理

由图5可得,假使船舶在北极东北航道航行完全安全,一级指标中各个因素的安全性必须提高,其中最为显著的是环境因素,由69%增长至90%,其他两个一级指标变化不大,都在5%以内;所有二级指标中的各个因素的安全性也同样需要提高,绝大部分因素的增长幅度在1%~2%,变化最多的仍然是温度、海冰厚度和海冰密集程度三个因素,分别需要增长8%、4%和5%。

通过以上分析,环境因素是制约北极东北航道安全通航的最主要因素。由于北极航道位于高纬度海域,温度低是该海域最主要的特征,同时也是影响其他因素的主要原因,例如海冰密集程度、海冰厚度等[20]。因而要保证船舶在北极东北航道完全通航,温度因素越高越好,因而目前北极东北航道只适合夏季通航。与前人研究相比,虽然结论基本不变,但通过建模计算发现通航安全程度明显提高,而且随着全球温度的不断上升,北极海冰将不断融合,船舶在北极航道通航的安全性会越来越高,同时通航时间也将会变长。

4 结语

本文对北极航道通航环境的安全性进行评价,在现有研究的成果基础上,建立基于贝叶斯网络的北极航道通航环境安全评价模型,以北极东北航道为例,通过专家赋值法,获取每个指标的条件概率,利用GeNIe Modeler软件求得评价结果。同时根据贝叶斯网络具有双向推理的能力,推算出影响北极东北航道通航环境的最主要因素是温度,其次是冰密集程度、海冰厚度。所得安全评价结果与客观实际基本一致,验证了基于贝叶斯网络的北极航道通航环境安全评价模型的准确性和有效性。

课题在研究过程中还存在一些不足,需要在以后的工作中进一步研究:①考虑到贝叶斯网络模型的维度大小和运算时间,本研究中确定的节点因素为最主要因素,剔除了影响小的其他因素,在以后的研究中,应该增加模型的纵向和横向维度,即增加模型的级数和父节点的数量,评价结果将更加准确;②节点的概率是由专家赋值确定的,专家数量少,主观性较强,为了减小主观性的影响,以后研究需要获取更多专家的意见,扩大赋值样本的数量,此外,专家对每个节点的理解不同,赋值会有些差异,需要使用某些数学方法,剔除差异较大的赋值样本数据,通过以上工作,各节点的概率将更加准确,评价结果将更符合实际情况。

参考文献

[1] Onarheim I H, Eldevik T, Smedsrud L H. Seasonal and Regional Manifestation of Arctic Sea Ice Loss [J]. JOURNAL OF CLIMATE. 2018, 31, 4917-4932.

[2] NSR. NSR 2010-Historic sea route opens through the Arctic to China [EB/OL]. (2010). http://Arcticbulk. com/page/242/NSR_2010.

[3] Cariou P, Cheaitou A, Faury O. et al. The feasibility of Arctic container shipping: the economic and environmental impacts of ice thickness [J/OL]. Maritime Economics & Logistics.

[4] Haeffelé N J. The Feasibility and the Economic Viability of Shipping LNG via the Northern Sea Route [D]. Bergen: NORWEGIAN SCHOOL OF ECONOMICS, 2013.

[5] 于涛,丁一,林国龙.基于熵权法的东北航道LNG船舶经济效益评价[J].大连海事大学学报.2017,43(03):50-57.

[6] 何晶磊,张海文.Supramax型散货船北极航道的运营经济性模糊综合评判[J].船舶工程.2017,39 (S1):290-292. DOI:10. 13788/j. cnki. cbgc. 2017. S1. 290

[7] Pierre C., Olivier F. Relevance of the Northern Sea Route (NSR) for bulk shipping [J]. Transportation Research Part A Policy & Practice, 2015, 78:337-346.

[8] 马龙,王加跃,刘星河,等.北极东北航道通航窗口研究[J].海洋预报,2018,35(1),52-58.

[9] 杨成林.北极东北航道通航条件战略分析[D].济南:山东师范大学,2016.

[10] 李振福,闫力,徐梦俏,等.北极航线通航环境评价[J].计算机工程与应用,2013,49(1),249-253.

[11] 李振福,任艳阳,马书孟,等.北极航线通航环境的盲数模型评估[J].集美大学学报(自然科学版),2013,18(3):185-191.

[12] 李振福,李漪,于胜泉.基于解释结构模型的北极航线通航环境影响因素分析[J].世界地理研究,2013,22(2):11-17.

[13] 丁钦.基于云模型的北极航道通航环境评价研究[D].大连:大连海事大学,2014.

[14] Wan Y, Liu C Y, Qiao W J. A Safety Assessment Model of Ship Collision Based on Bayesian Network [C]. 2019 European Navigation Conference (ENC). NEW YORK: IEEE 345 E 47TH ST, 2019.

[15] Yu Q, Liu K Z, Yang Z S, et al. Geometrical risk evaluation of the collisions between ships and offshore installations using rule-based Eayesian reasoning [J]. RELIABILITY ENGINEERING & SYSTEM SAFETY. 2021, 210. DOI 10.1016/j.ress.2021.107474.

[16] 曰五六,何艺宏,王群朋,等.基于动态贝叶斯网络的桥区水域风险评价方法研究[J].广州航海学院学报.2020,28(03):6-11.

[17] Ung S T. Evaluation of human error contribution to oil tanker collision using fault tree analysis and modified fuzzy Bayesian Network based CREAM [J]. Ocean Engineering. 2019, 179:159-172. DOI: 10.1016/j.oceaneng.2019.03.031.

[18] 孟瑞,曾凡明.基于动态贝叶斯的船舶中央冷却水系统状态推理[J].舰船科学技术,2016,38(12):104-109.

[19] Arctic Council. Arctic Marine Shipping Assessment 2009 Report [R]. 2009.

[20] 万辉,徐明强,付姗姗.北极东北航道船舶行为特征分析[J].交通信息与安全期刊,2020,2(38):89-95.

基于桥墩流场因素的船舶过桥安全横距研究

谭志荣[1,2] 邢 刚[*1]

(1.武汉理工大学航运学院;2.内河航运技术湖北省重点实验室)

摘 要 限制性桥梁的通航净宽是一个需要考虑桥墩紊流宽度的水动力学问题,船舶过桥所受压力的变化的研究是保障船舶操控性的关键举措。本文通过经典的湍流模型建立了单桥墩的船舶运动数值模拟方案,运用DES模型以及动网格技术挖掘不同工况的模拟结果。通过结果的对比分析,确定考虑了桥墩流场因素的船舶过桥横向安全距离,并结合南京长江大桥的实际情况进行研究讨论。

关键词 动网格 流场 自定义函数 安全横距

0 引言

2021年10月颁布的《长江干线桥区水域划定技术指南》提出了桥区水域的确定方法,指出对于限制性桥梁中水流条件复杂的河段需要专题论证。现有研究桥墩紊流的方法多采取河床试验或者从船舶操纵的角度进行分析。20世纪90年代,刘明俊和刘先栋[1]较早从船舶流致漂移计算角度分析了桥梁与流向的影响。庄元[2]和甘浪雄[3]分别从模型试验和流场仿真角度论述了桥墩流场内航行的船舶对紊流变化的影响。叶玉康[4]以串列双圆柱桥墩为研究对象,通过FLUENT软件模拟了桥墩绕流流场的变化情况。试验结果表明串列双圆柱墩的墩间距会显著影响桥墩尾涡,并依据紊流宽度确定了串列双圆柱墩的安全距离。谭志荣和王洋[5]从船舶主动航行过桥角度,初步探索了船舶航行过桥墩时反作用与桥墩紊流的机理;陈彬[6]对三峡库区典型弯曲河段的桥梁紊流增宽进行了实证研究。乾东岳[7]以单圆柱型桥墩和内河常见船型为研究对象,仿真结果得出$1.0D$以上的横间间距可认为是船桥间安全间距。不同学者[8-10]的仿真结果得出的安全横距存在差异,$1.0\sim1.5D$是常见的仿真结果。

仿真计算往往忽略了桥区真实流场和船舶操纵性的准确性。近年来,运用重叠网格方法和动网格方法来研究流场边界运动的非定常流动问题,进而揭示运动船舶与桥墩流场之间的相互作用。由于含有动边界的非定常流动多种多样,程序中无法枚举处理,对于一些特定问题,诸如船舶在不同的位置以不同的角速度、线速度穿过大桥,求解船舶的横摇力矩时,需要修改源代码并重新编译;这种解决办法,可扩展性差,使用不便,因此就需要通过用户自定义函数(UDF)来处理这些问题。郭中州[11]通过对翼型强迫俯仰运动的验证,证明了设计和实现的 UDF 模块的有效性和正确性,可以灵活地应用于不同类型的非定常流动问题。张晨曦[12]在船-船的相互作用基础上,研究了水流、岸壁和桥墩这些因素对两船水动力相互作用的影响。刘晓艳和邹早建等[13-14]针对沿平行直线航行的两船会遇问题,应用 FLUENT,通过求解非定常 RANS 方程并结合 RNG k-ε湍流模型,采用动网格技术及 UDF,对两船的三位非定常粘性流场进行了数值模拟,并对船-船相互作用水动力进行了计算。

桥墩紊流与船舶运动的正相关作用有待验证,本文拟通过数值模拟方法,采用动网格和改进的 UDF 中的 Profile 宏,进一步研究船舶主动航行通过桥墩前后的压力变化,通过南京长江大桥实例进行结果的讨论。

1 数学模型的建立

1.1 控制方程

水流流经桥墩时,受到墩柱的影响,会在墩柱后形成紊流,其运动仍然满足质量守恒、动量守恒和能量守恒三大基本方程。考虑到湍流为不可压缩流动,因此可以忽略能量守恒方程,仅考虑不可压缩流体连续性方程(质量守恒)及动量守恒方程。在二维平面上,其基本方程如下所示:

(1)不可压缩流体质量守恒方程:

$$\nabla \cdot u = \frac{\partial u}{\partial x} + \frac{\partial v}{\partial y} = 0 \tag{1}$$

(2)动量守恒方程:

$$\frac{\partial u}{\partial t} + (u \cdot \nabla)u = -\frac{\nabla p}{\rho} + \frac{\mu}{\rho}\nabla^2 u \tag{2}$$

式中:∇、u——梯度算子、速度矢量(其中速度矢量的大小为输入变量,方向默认为水平方向),其中,u 可以分解为两个速度分量 u(x 方向分速度)、v(y 方向分速度);

p——大气压强(一个标准大气压);

ρ——流体密度(998.2kg/m^3);

μ——流体动力黏度系数(1.01×10^{-3}Pa·s)。

1.2 湍流模型

目前,可以应用大涡模拟(LES)、直接数值模拟(DNS)、离散涡模拟(DVS)等湍流模型求解高雷诺数条件下的圆柱绕流问题。

大涡模拟(LES)是通过在空间尺度对紊流进行平均,来对湍流的运动进行较为精确的求解。大涡模拟主要适用于模拟三维流动,由于本文的工况为二维湍流流动,因此本文不选用大涡模拟(LES)作为湍流模型;而对于直接数值模拟法(DNS)而言,其模拟结果的准确度最高,但是由于计算过程中需要调用全部尺度上的水流信息,故而计算耗时相较于大涡模拟及 DES 模型显著增加,因此,在考虑当前计算机计算能力的前提下,难以在相对较短的时间内获得结果因此同样不予考虑。而 DES 模型相较于其他两种模型,其计算量较小且模拟精度较高,可用于求解二维湍流模型,并且相比于 k-ω 模型,它考虑了剪切应力的传播,模拟结果更加真实可靠,因此本文拟采用 DES 模型。

2 数值模拟

2.1 数值模拟方案

本文基于动网格技术和 UDF 中的 Profile 宏来模拟船舶模型的运动情况,构建了二维尺度下的不同船-桥墩横向间距的船舶过桥墩模型,通过对比不同横向距离船-桥墩之间的相互作用规律,研究船舶过桥墩时的横向安全距离。

2.2 物理模型及边界条件

将模型的范围设定为 $25D \times 100D$(D 为桥墩直径)。当整个物理模型尺寸较小,船舶与桥墩纵向距离较近时,即使船舶处于静止状态,船艏前紊流仍旧会对桥墩周围流场造成影响,因此,船舶与桥墩之间的纵向距离取为 $10D$。桥墩距两侧进出口距离分别为 $50D$,以便更好模拟出船舶与墩后流场的相互作用。进口设置为速度进口,出口设置为压力出口,两侧壁面设置为对称边界,桥墩以及船体设置为无滑移壁面。桥墩直径按照南京长江大桥取为 5.6m,水流速取为 3m/s,进行相应的缩尺后,得到具体的物理模型数据见表 1。

边界条件及物理数据　表1

名　称	速度进口(m/s)	压力出口(Pa)	桥墩直径(m)	船舶尺寸(m×m)
标准数据	0.3	0	0.1	1×0.2

2.3　网格划分

由于船-桥会遇模型在模拟船舶运动时涉及沿水流方向的纵向位移、在横流作用下的横向漂移运动以及围绕桥墩的转动,故可以通过动网格模拟船舶的运动。为了减少实验过程中网格的畸变率,需要对运动区域的网格进行重构。

在划分网格时(图1),对动网格及静网格区域,均采用三角形自适应网格,在船舶及桥墩外围添加边界层网格,让边界层网格跟随船舶模型运动,以满足动网格技术的要求。整个模型划分网格数为100756个,最大网格长度为0.028m,最小网格长度为0.0013m。

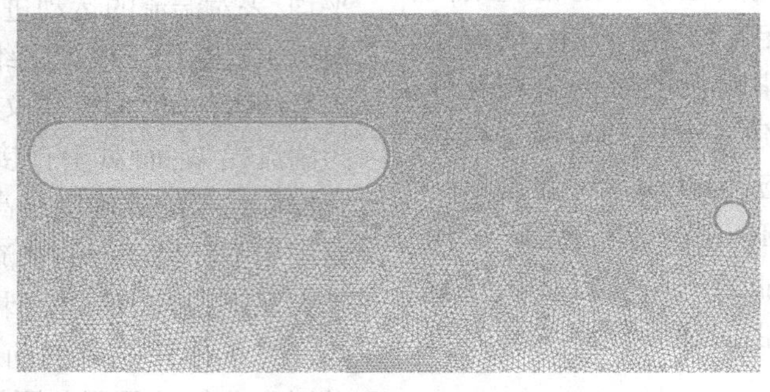

图1　网格划分图

3　桥墩流场与船舶的相互作用

3.1　桥墩与船舶的相互作用规律分析

通过研究船-桥横向距离为1D时,船舶经过桥墩时的水流流场的变化情况,来研究船-桥之间相互作用的规律(图2)。

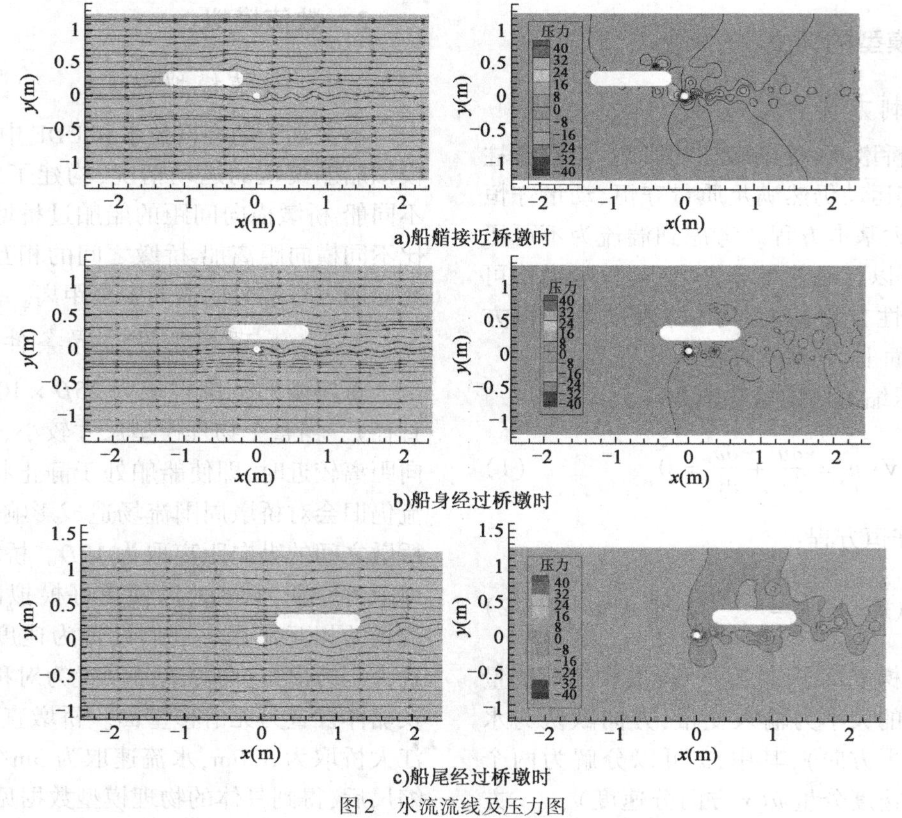

a)船艏接近桥墩时

b)船身经过桥墩时

c)船尾经过桥墩时

图2　水流流线及压力图

从图2可知,不同于当船艏靠近桥墩时,出现远离右侧桥墩的情况,当船身经过桥墩时,船舶与桥墩的共同挤压形成了一条狭窄通道,该通道内水流速度加快,在船与桥墩之间形成了负压区;由于船舶左右侧水流流速的差异,致使船舶左右侧产生了较大的压力差,船身向桥墩靠近,船舶的操控受到了极大影响。

当船舶驶离桥墩时,上游来流流速增加造成桥墩左后方形成大片负压区,致使船尾处受到较大压力差,船尾逐步朝桥墩倾斜。

3.2 船舶与桥墩的横向间距对流场的影响

船舶近距离驶过墩柱时,船桥横向间距的变化会显著影响墩柱周围的水流流场,同时水流流态的变化又会影响到船舶的操纵性能。因此,本文通过研究在不同横向间距下,船舶驶过墩柱时流场的变化情况来量化分析船桥横向间距对墩柱流场的影响情况(图3)。

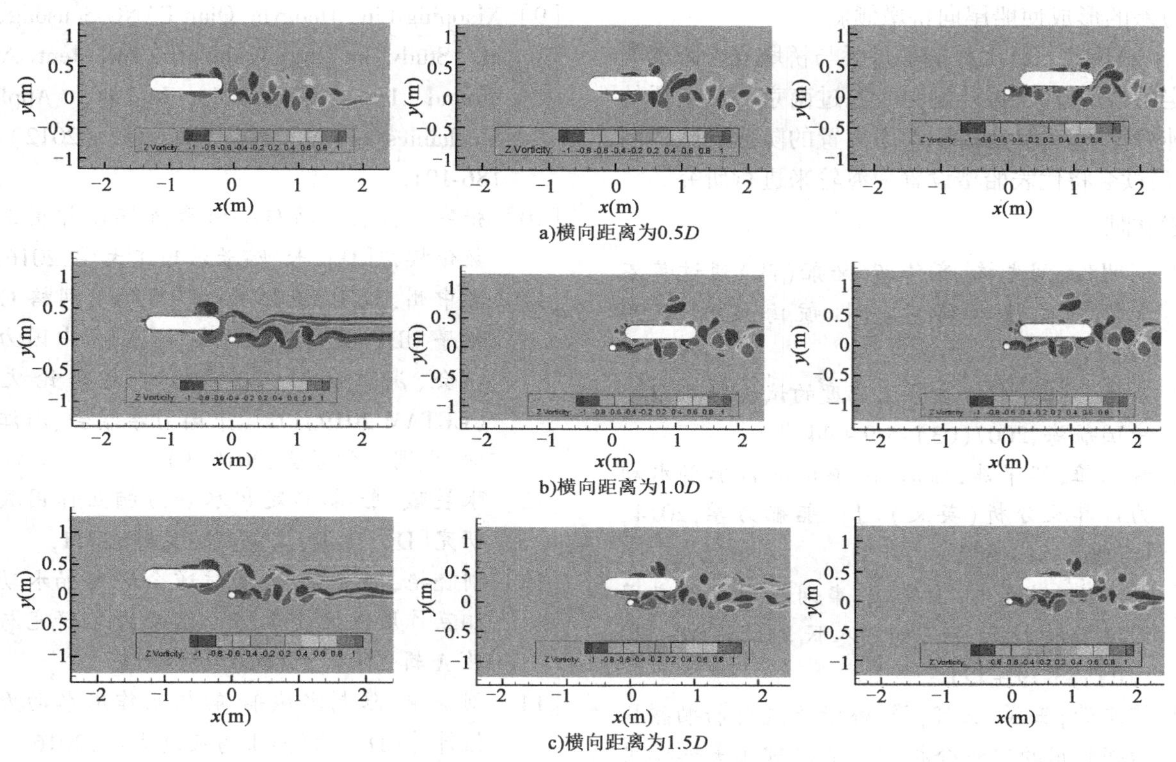

图3 不同横向距离的桥墩紊流图

当船舶与桥墩横向距离为0.5D时,船舶与桥墩间形成的通道过窄,致使通道内水流速度加快,船舶右侧尾涡提前脱落。当船舶以1.0D的横向距离驶过桥墩时,尾涡结构与0.5D的横向距离的工况结果差异较小,脱落涡仍保持对称分布。当船舶与桥墩之间的横向距离为1.5D时,船舶对于桥墩产生的尾涡基本无影响,对比分析可得,可将1.5D取作船舶过桥的横向安全距离。

4 实例论证

《南京长江大桥水上交通安全管理规定》第四条第三节中明确指出:通过大桥的一切船舶,其最高点至桥梁下缘的间距应不小于1.2m,与两边桥墩至少应保持40m间距。南京长江大桥洪水期最大径向流速达3.12m/s,与研究工况相近。南京长江大桥的桥墩形式为双墩,整个研究主要与船舶和桥墩的横向距离相关,桥墩的形式对流场影响不大,所以可选择南京长江大桥来作为论证对象。南京长江大桥的桥墩宽度为5.6m,研究得出的横向安全间距为8.4m,《规定》中的要求完全满足距离要求,但留有的裕量较大,分析可能是两个主要原因:①通过南京长江大桥的万吨海轮居多;②考虑了给桥墩设置防撞设施。

5 结语

本文通过动网格技术和UDF对船舶以不同横向距离通过桥墩时水流流场的变化情况进行了仿真模拟,根据仿真结果分析了不同横向距离时,船

舶对桥墩紊流的影响,确定了船舶驶过桥墩的横向安全距离,并根据南京长江大桥的实际情况进行了论证。主要结论如下:

(1)船身经过桥墩时,由于船舶与桥墩的挤压形成了一个狭窄通道,该通道内的水流流速增大,船舶与桥墩之间形成负压区,压力差是影响船舶操控性能的主要因素;在船尾驶离桥墩时,由于船舶对水流的阻滞作用减弱,水流剧烈涌入桥墩尾流区域,造成桥墩下游区域流速增大,同理,水流压力差的形成使船尾向桥墩倾斜。

(2)南京长江大桥船舶过桥与桥墩安全距离的规定的裕量较大,可能是由于通过南京长江大桥的万吨海轮居多,且还需要考虑设置的防撞设施等因素,后续会将代表船型设置为海轮来进行研究。

参考文献

[1] 刘明俊,刘先栋,齐传新.船舶(队)通过黄石大桥引航技术研究[J].航海技术,1999(01):2-5.

[2] 庄元,刘祖源.桥墩紊流宽度的试验研究[J].中国航海,2007(03):5-9+44.

[3] 甘浪雄,邹早建,徐海祥.桥区航行船舶水动力计算及分析(英文)[J].船舶力学,2014,18(06):613-622.

[4] 叶三康,刘晓平,李安斌.串列双圆柱桥墩周围流场特性研究[J].人民珠江,2019,40(10):73-79+121.

[5] 谭志荣,王洋,王辉,等.桥墩紊流对船舶艏摇力矩作用的定量分析[J].武汉理工大学学报(交通科学与工程版):2022,46(02):371-376.

[6] 谭志荣,陈彬,李青云,等.弯曲航道串列桥墩紊流宽度研究及应用[J].武汉理工大学学报(交通科学与工程版):2022,46(01):166-170.

[7] 乾东岳.桥墩周围水流结构与船舶的相互作用机理研究[D].长沙:长沙理工大学,2013.

[8] 伍海华,邹早建.船舶大漂角斜航运动水动力数值预报[J].水动力学研究与进展(A 辑),2019,34(03):339-345.

[9] Xiaoping Liu, Dongyue Qian FANG Sensong, et al. Study on the Width of Turbulent Area around Pier With Ship Impact, Applied Mechanics and Materials Vol. 137 (2012) pp 186-191.

[10] 张宇.船舶运动与桥墩紊流耦合作用三维数值模拟[D].长沙:长沙理工大学,2016.

[11] 郭中州,戴刚,陈伟芳.非结构动网格 CFD 程序 UDF 模块设计与实现[A].中国力学学会、浙江大学.中国力学大会论文集(CCTAM 2019)[C].中国力学学会、浙江大学:中国力学学会,2019:10.

[12] 张晨曦.船-船非定常水动力相互作用数值研究[D].上海:上海交通大学,2011.

[13] 刘晓艳,邹早建.浅窄航道会遇船舶水动力相互作用数值计算[J].水动力学研究与进展 A 辑,2016,31(02):151-160.

[14] 刘晓艳.限制水域船-船相互作用水动力数值计算[D].上海:上海交通大学,2016.

Research on Ship Track Clustering Algorithm Based on AIS Data

HU Xinyuan[1,2,3]　XIE Lei*[1,3]　GUO Tao[1,2,3]　YANG Yang[1,2,3]　OU Changkui[1,2,3]

(1. Intelligent Transportation System Research Center, Wuhan University of Technology;

2. School of Transportation and Logistics Engineering, Wuhan University of Technology;

3. National Engineering Research Center for Water Transport Safety, Wuhan University of Technology)

Abstract　An improved QuickBundles ship trajectory clustering algorithm is proposed. This algorithm improves the sampling method of the original algorithm, and proposes a sampling method that considers the ship's

1. The paper is financially supported by National Key Technologies Research & Development Program(2019YFB1600600, 2019YFB1600604).

heading, which solves the problem of insufficient consideration of the original algorithm in the local characteristics of the ship. Taking the AIS data of the Nanjing section of the Yangtze River Channel as the research basis, using the MDF distance similarity measurement method and the improved QuickBundles algorithm, this paper researches the ship trajectory clustering.

Keywords Water Transport Trajectory Clustering QuickBundles Algorithm Ship Trajectory

0 Introduction

In the context of the globalization of the world economy, economic development has accelerated further, making the transportation industry extremdy busy, especially the shipping industry, which is facing tremendous changes and challenges. The transportation volume of bulk cargo has greatly expanded, which has increased the number and types of ships, resulting in more and more congested ports and channels [1]. Extracting the real and useful navigation trajectory from the massive and complex ship transportation is no longer human-powered. In the field of waterway traffic research, it is urgent to find a method to better realize the effective extraction and analysis of ship navigation conditions. AIS (automatic identification system) records a large amount of ship motion information and provides real-time data of ship navigation, which contains a large number of ship trajectory characteristics [2]. By analyzing and processing the ship's AIS data, it is possible to dig out the effective operating characteristics of the ship and extract the main trajectory of the ship during its navigation [3].

The Maritime Safety Administration of the Ministry of Transport of the People's Republic of China issued the *Regulations on the Management of the Equipment of the Electronic Chart System and Automatic Identification System for Domestic Navigation Vessels* in 2010, which made the AIS system widely popularized [4]. Researchers can collect a large amount of AIS data from the base station, through which the AIS data can accurately extract the time and space trajectory of the ship in the process of traveling. At present, domestic and foreign scholars' research on ship trajectory clustering mainly focuses on traditional clustering algorithms. Yuling Jiang and others[5] proposed an improved DBSCAN clustering algorithm, which uses a discrete Frechet distance as a trajectory similarity measure, and performs DBSCAN algorithm clustering on the ship AIS data in Tianjin Port, which improves the accuracy of clustering to a certain extent. Rate; Hai Zhou and others[6] improved the time efficiency of the algorithm by reducing the number of regional queries, and fully reduced the time complexity through an improved DBSCAN algorithm; Xiang Li[7] proposed a new similarity measurement method and improved adaptive density clustering of kernel density estimation to obtain different ship trajectory clusters. Despite the improvements of these traditional clustering algorithms have achieved good algorithm recognition accuracy, due to the limitations of the algorithm itself, when faced with large number of ship trajectory samples, it usually shows very low execution efficiency [8].

The QuickBundles algorithm is a simple, fast and efficient clustering algorithm. It was proposed by Garyfllidis [9] and others in 2012. Because of its unique advantages in algorithm execution efficiency and clustering accuracy, it is widely used in the clustering of nerve tract systems in the medical field [10]. We noticed that nerve bundles and ship trajectories have a high degree of similarity in morphology. We can consider using the QuickBundles algorithm in the ship field, but the algorithm itself has certain defects and cannot fully sample some local feature data of ship trajectories. Therefore, the sampling method needs to be improved on the basis of the original algorithm to meet the requirements of ship trajectory clustering.

The ship clustering method proposed in this paper to improve the QuickBundles algorithm uses the ship trajectory obtained from AIS data as the cluster sample, and uses the MDF (Minimum average

Direct-Flip) distance as the distance measurement method between the samples to calculate the classification trajectory and the cluster centroid. The rule of ship trajectory obtained by this method can effectively improve the efficiency and accuracy of algorithm execution in the process of ship clustering.

1 Ais Data Processing Method

1.1 AIS data acquisition

The object of this paper is the ship AIS data of the Nanjing section in October. The selected data, latitude and longitude range is longitude: 118.33861 ~ 118.87111, latitude: 31.64638 ~ 32.23861. The Nanjing section is a route on the lower reaches of the Yangtze River. It has a huge number of ships, narrow inland waterways, and a small number of AIS base stations. The acquired AIS data contains a large amount of offset data. Without processing, the extracted ship trajectory is very messy. It can be seen from the figure that the drift and missing of data points are very serious, and the data needs to be preprocessed to extract valid and usable ship trajectories. Therefore, the original AIS data must be preprocessed before the ship clustering to obtain effective ship trajectory data.

Fig. 1 shows the framework diagram of the technical method of ship trajectory clustering. The clustering algorithm used in this article mainly involves three key issues:

(1) The problem of setting the time interval and distance change threshold of AIS data preprocessing.

(2) The choice of the method of measuring the similarity of ship trajectory.

(3) Design of sampling method for ship trajectory.

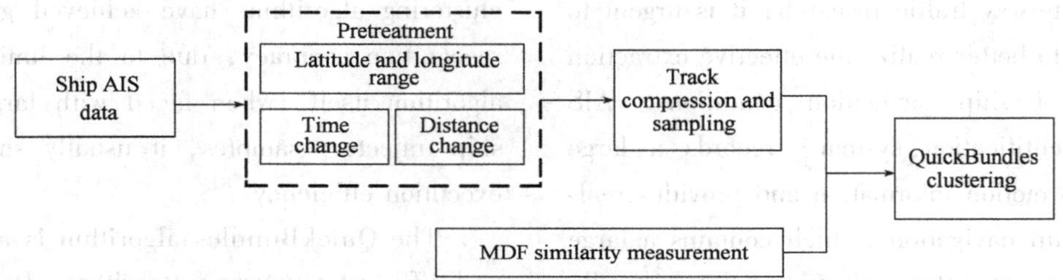

Fig. 1 Technical route of ship trajectory clustering

1.2 AIS data preprocessing

The purpose of data preprocessing is to clean, remove, and interpolate some invalid data to eliminate data errors or missing due to factors such as equipment and environment, reduce the complexity of ship trajectory, and dig out more valuable ship trajectory information. Among them, invalid trajectory data can be roughly divided into five categories: empty key value trajectory data, repeated trajectory data, drift trajectory data, sparse trajectory data and too short trajectory data[11]. In order to eliminate these invalid trajectory data, the preprocessing of ship trajectory in this paper mainly adopts the method of setting corresponding thresholds for ship time and distance changes.

1.2.1 Handling of time intervals

According to MIO regulations, the transmission time frequency of AIS data between the base station and the ship should be 2 ~ 30s when the ship is sailing. Therefore, this article sets the AIS data processing threshold based on time interval to 600s. When the time interval between adjacent trajectory points of the ship is greater than the set time threshold, the trajectory is divided, and the divided trajectory point data is divided into ship trajectory. The specific trajectory division method is shown in Tab. 1.

Method of dividing ship trajectory in time interval Tab. 1

Treatment type	Trajectory characteristics	Approach
Time interval 1	The time interval between the current track point and the two previous track points is greater than the time threshold	Eliminate track points
Time interval 2	The current track point, the time interval from the previous track point (or the next track point) is greater than the time threshold, but the time interval from the next track point (or the previous track point) is less than the time threshold	Split estimation points
Time interval 3	The number of track points after segmentation is less than 30	Eliminate track points

1.2.2 Handling of distance changes

There are two issues to consider when dealing with distance changes: One is that the trajectory distance threshold cannot be set too large, too large will cause the complexity of the trajectory to increase. Second, the trajectory distance threshold cannot be set too small, which will make the trajectory close to a straight line and lose the significance of establishing a model to fit it [11]. Therefore, this paper sets the distance between adjacent track points to be less than the threshold 10m, and when it is greater than the threshold 800m, the track points are retained. When the distance between the adjacent estimated points is greater than the set threshold 800m, the track points are removed or the track points are segmented. As shown in Tab. 2.

Method for dividing ship trajectory with varying distance Tab. 2

Treatment type	Trajectory characteristics	Approach
Distance interval 1	The distance between the current track point and the two previous track points is greater than the distance threshold of 10 and less than the threshold of 800	Keep current track point
Distance interval 2	The distance between the current estimated point and the two trajectory points before and after is less than the distance threshold 10	Eliminate the current estimated point
Distance interval 3	The distance between the current track point and the two previous track points is greater than the distance threshold 800	Eliminate the current track point

The visualized results of division and filtering of AIS data elapsed time and distance . The invalid trajectory data in the trajectory of the ship has been well processed, and the visualized trajectory of the ship also well displays in the entire channel, and there is no trajectory drift phenomenon. The data preprocessing method based on time interval and distance transformation has obtained the expected effect.

1.3 Similarity measure based on MDF distance

The MDF distance is a simple symmetric distance function, which requires that the number of trajectory points of the two trajectories must be the same [12-13]. Therefore, the trajectory must be compressed and discretized first, so that the numbers of trajectory points in all trajectories are the same. Suppose there are two point sets $m = \{m_1, m_2, \cdots, m_k\}$, $l - \{l_1, l_2, \cdots, l_k\}$. The set symmetric to these two point sets is: $m^f = \{m_k, \cdots, m_2, m_1\}$, $l^f = \{l_k, \cdots, l_2, l_1\}$. The MDF distance between m and l is defined as:

$$d_{\text{direct}}(m,l) = d(m,l) = \frac{1}{k}\sum_{i=1}^{k}|m_i, l_i| \tag{1}$$

$$d_{\text{flipped}}(m,l) = d(m,l^f) = \mathrm{d}(m_f, l)$$

$$MDF(m,l) = \min(d_{direct}(m,l)), d_{flipped}(m_f,l)$$

Among them, $|x-y|$ represents the Euclidean distance between x and y; $d_{direct}(m,l)$ represents the average value of the Euclidean distance of the corresponding points between the two point sets m and l; $d_{fipped}(m,l)$ represents the average Euclidean distance between a symmetric point set and another point set.

It can be seen from the formula that the result is non-negative. In actual use, the MDF distance can be regarded as the spatial matrix between the trajectories. When the two trajectories are the same and zero, the result is zero. A significant advantage of the MDF distance is that its algorithm complexity is $O(m+n)$, which is much lower than the algorithmoic complexity of other distances. However, in the QuickBundles distance algorithm, the method to make the number of track points the same is a simple linear interpolation. This obviously cannot meet the requirements of complex ship trajectory clustering.

2 Ship Trajectory Sampling

2.1 Ship trajectory compression

This article has two main purposes for ship trajectory compression: one is to extract the characteristic trajectory points of the ship's trajectory to reduce the number of trajectory points in preparation for the trajectory interpolation in the next section; the other is to reduce the number of trajectory points to reduce the number of trajectory points. The computational complexity of the algorithm improves the calculation speed of distance similarity.

The heading can indicate the movement direction of the propagation trajectory and the movement trend of the ship. Fig. 2 is the heading angle difference (Angle Diffe rence, AD), it represents the difference between the direction angles of two adjacent track points, which can intuitively illustrate the track changes between the current track point and the adjacent track point. The specific implementation process is: set an angle threshold $T=5$, calculate the heading angle difference between the current track point and the previous track point, if the heading angle difference is greater than the threshold $T=5$, then keep the current track point, otherwise delete the current track point Track points, and finally output the compressed ship track.

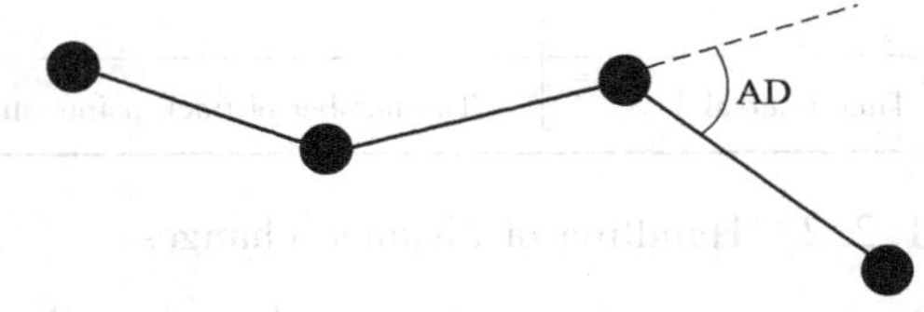

Fig. 2 Heading angle interpolation

2.2 Ship trajectory interpolation

Based on the QuickBundles clustering algorithm, the number of sample trajectory points between ship trajectories must be the same. In this section, the basis of the compressed trajectory obtained in the previous section, the distance between the trajectory points is interpolated in sections, and the number of trajectory points is unified. The specific implementation process is: set the number of trajectory points to be inserted N = 50, then calculate the distance between adjacent trajectory points in the compressed trajectory, and allocate the number of trajectory points in each segment according to the ratio between the distances until the trajectory. The number of points reaches the end of the number N. Fig. 3 shows the ship trajectory changes before and after sampling.

Compared with the original trajectory of the three randomly extracted sampling trajectories, the improved sampling method in the figure not only retains the key points and details of the ship trajectory, but also the processed ship trajectory shape and movement trend are almost the same as the original trajectory. The number of trajectory points is also significantly reduced after compression processing, and it is ensured that the number of ship trajectory points is the same.

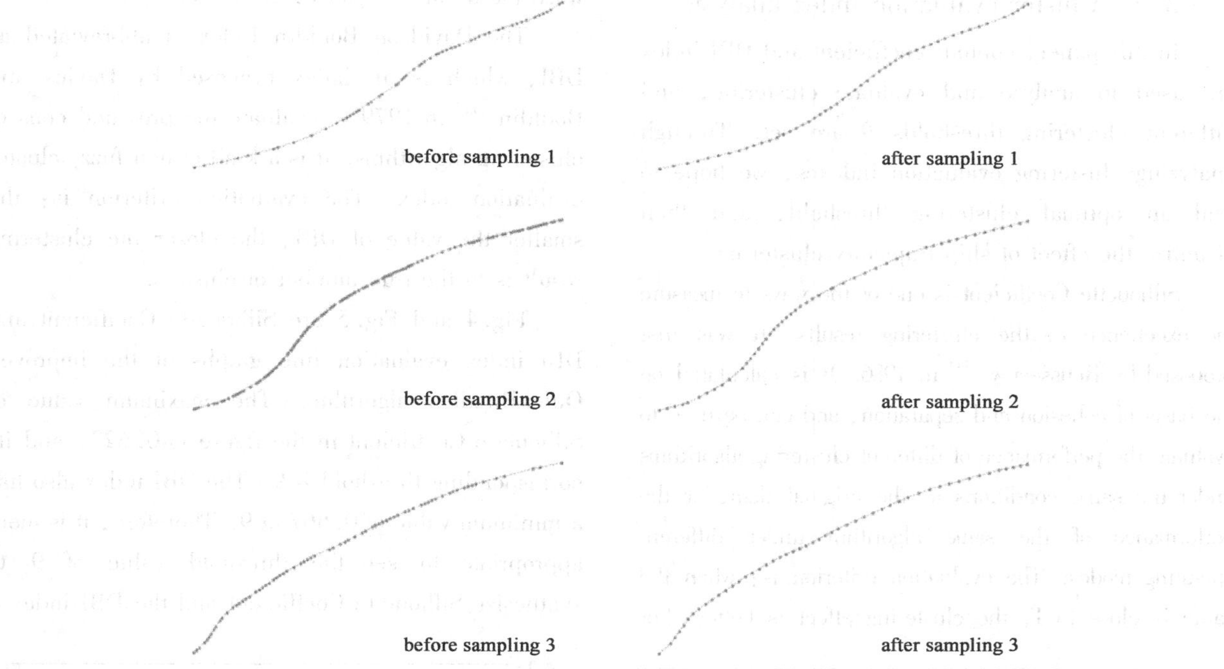

Fig. 3 Ship trajectory changes before and after sampling

3 Ship Trajectory Clustering

3.1 Improved QuickBundles algorithm theory

The QuickBundles algorithm is different from the traditional clustering algorithm in that it cannot redistribute and update the cluster elements, and the clusters cannot be merged. Therefore, it is necessary to set cluster nodes and cluster centroids. The QuickBundles algorithm needs to pass the corresponding cluster node c to store the information of each cluster. Assuming that the trajectory data set is $T_i, i=1,2,\cdots N$, the cluster node is represented as $c=(I,h,n)$, where the data type of I is a list format, and the trajectory in the cluster is stored Index of subscript i; the data type of n is an integer, which represents the number of trajectories in this type of cluster; the definition of h is shown in the formula(2). The data type is the same as T_i. When the new trajectory is classified into the cluster, h will be updated and the sum of all trajectories will be recalculated.

$$h = \sum_{i=1}^{n} T_i \tag{2}$$

For the cluster node $c=(I,h,n)$, the centroid v of the cluster node is represented by the formula (3), which is equivalent to the average value of the cluster node with the trajectory as the minimum calculation unit:

$$v = \frac{h}{n} \tag{3}$$

The flow of the QuickBundles algorithm is: at the beginning of the algorithm, assuming the current cluster algorithm is M (at this time $M=0$), a trajectory T_1 is randomly selected as the first cluster, and at this time in the node of the first cluster $c_1=([1],T_1,1), M=1$. For all remaining trajectories $T_i, i=2,\cdots,M$, calculate the MDF distance between the trajectory T_i and the centroid v_e of all clusters, where $e=1,2,\cdots,M$. Assuming that the minimum value me of the MDF distance calculated from the trajectory T_i and the centroids of all clusters is smaller than the threshold θ, then the minimum MDF distance calculated from the trajectory T_i and the centroids of all clusters is smaller than the threshold θ, then the trajectory T_i is added to the class in cluster e, and update the cluster node $c_e=(I,h,n)$ of cluster e to $c_e=[(I,i),h+T,n+1]$; otherwise, create a new cluster $c_{M+1}=([i]=,T_i,I)$, and update M to $M+1$. Loop this algorithm flow until the end.

3.2 Cluster evaluation index analysis

In this paper, contour coefficient and DBI index are used to analyze and evaluate clustering, and different clustering thresholds θ are set. Through analyzing clustering evaluation indexes, we hope to find an optimal clustering threshold, and then visualize the effect of ship trajectory clustering.

Silhouette Coefficient is one of the ways to measure the excellence of the clustering results. It was first proposed by Rousseeuw [14] in 1986. It is calculated on the basis of cohesion and separation, and can be used to evaluate the performance of different clustering algorithms under the same conditions as the original data, or the performance of the same algorithm under different operating modes. The evaluation criterion is: when the value is close to 1, the clustering effect is better, but when the result is negative, the worse.

The Davidson Bouldin Index is abbreviated as DBI, which is an index proposed by Davies and Bouldin [15] in 1979 to evaluate the pros and cons of clustering algorithms. It is a kind of non-fuzzy cluster evaluation index. The evaluation criterion is: the smaller the value of DBI, the closer the clustering result is to the true number of clusters.

Fig. 4 and Fig. 5 are Silhouette Coefficient and DBI index evaluation line graphs of the improved QuickBundles algorithm. The maximum value of Silhouette Coefficient in the figure is 0.623, and its corresponding threshold is 9. The DBI index also has a minimum value of 0.667 at 9. Therefore, it is more appropriate to set the threshold value of 9 to synthesize Silhouette Coefficient and the DBI index.

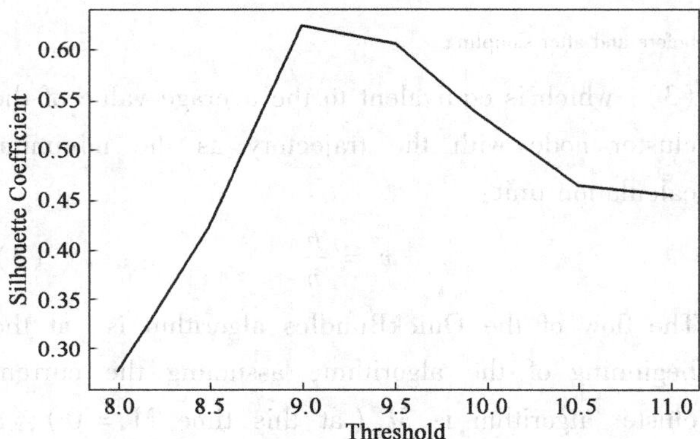

Fig. 4 Improve Silhouette Coefficient line graph of Quickbundles clustering

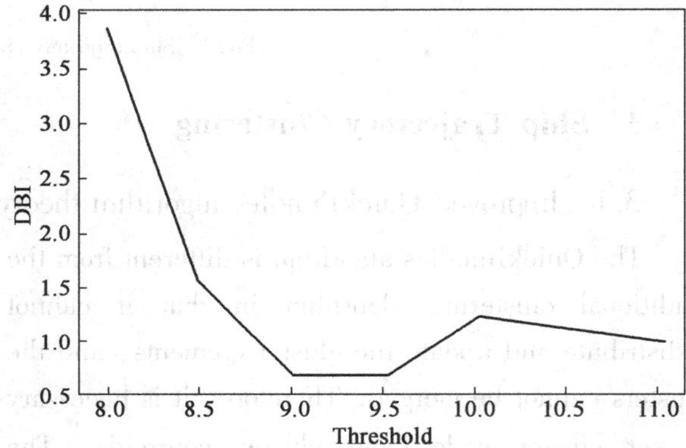

Fig. 5 Improved DBI index line chart of Quickbundles clustering

3.3 Clustering result

After the comprehensive analysis and comparison of Silhouette Coefficient and DBI two evaluation indicators, 9 is set as the clustering threshold of the improved QuickBundles clustering algorithm and visualized analysis is performed. Observing the clustering results, which can be seen that the clustering algorithm divides the trajectories of ships in the Nanjing section into five categories. According to the information provided by the experts, the Nanjing section of the waterway, there are many bridges, and the navigation environment is complex. The classification of ship trajectories into five categories is basically in line with the corresponding results. The first and second categories are the classification results of ships going up and down, and the third, fourth and fifth categories are the classification results of ships entering and leaving the Nanjing section of the wharf.

3.4 Comparative analysis with the original QuickBundles clustering algorithm

In order to further verify the ship trajectory clustering ability of the improved QuickBundles algorithm, this paper compares the improved QuickBundles with the original QuickBundles clustering. Silhouette Coefficient, DBI index and algorithm execution efficiency are compared for these two algorithms respectively. The clustering threshold of the algorithm is still set to 9, and the comparison result obtained is shown in Fig. 6. The improved algorithm in Figures a) and b) is better than the original clustering algorithm in both the Silhouette Coefficient and the DBI index. Figure c) shows the execution efficiency of the algorithm. The execution time of the improved algorithm is 572ms, and the execution time of the original algorithm is only 325ms, which is 274ms slower than the original algorithm. However, the execution time of the two algorithms is less than 0.1s. The difference in execution efficiency is very small and can be ignored. Through comparative analysis, it is proved that the improved QuickBundles algorithm has a certain improvement in the clustering effect compared with the original algorithm. Only the algorithm execution efficiency is slightly slower than the original clustering algorithm, indicating that the improved algorithm can be better used Clustering of ship trajectory data.

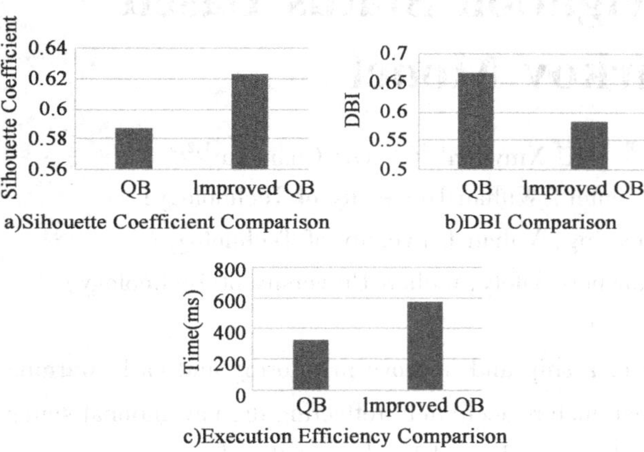

Fig. 6 Comparison of clustering effects of two types of algorithms

4 Conclusions

This paper takes the ship AIS data in Nanjing section as the research object, and proposes a ship trajectory clustering algorithm based on MDF distance and improved QuickBundles algorithm to get the typical trajectory of the ship. In the sample sampling, the compressed interpolation method is used to replace the simple interpolation process of the original algorithm to obtain an equal number of trajectory points. This not only meets the requirements of MDF distance measurement, but also improves the complexity of the algorithm and the clustering effect to a certain extent. It shows that the QuickBundles clustering algorithm has practical application value in ship trajectory clustering. The following extended research on the algorithm can be carried out in the future:

(1) The ship clustering results obtained in this paper can be used as a data study for the subsequent anomaly detection and classification of ship trajectories in the Nanjing section.

(2) This article only compares the evaluation indicators of the algorithms, and the accuracy of the algorithms can be added to the follow-up research to strengthen the credibility of the test results.

References

[1] Wei Z. The vessels trajectory clustering and its applications based on AIS[D]. Dalian: Dalian Maritime University, 2015.

[2] Mou J, Chen P, He Y, et al. Fast self-tuning spectral clustering algorithm for AIS ship trajectory[J]. Journal of Harbin Engineering University, 2018, 039(003):428-432.

[3] Xiao X, Shao Z, Pan J, et al. Ship Trajectory Clustering Model Based on AIS Data and its Application[J]. Navigation of China, 2015 (2):5.

[4] Wei W, Qiu H, et al. Density clustering algorithm mining track maps of ship[C]// Proceedings of the Ninth China Institute of Communications, 2012.

[5] Jiang Y, Xiong Z, Tang J. Ship Trajectory Clustering Algorithm Based on DBSCAN[J]. Navigation of China, 2019, 42(3):5.

[6] Zhou Hai , Chen Yaojie , Chen Li. Analysis and Application of Ship Trajectory Clustering [J]. Computer Simulation, 2020, 37(10):7.

[7] Li Xiang , Liu Y. Fast similarity measurement method and improved adaptive density clustering of vessel trajectories[J]. Journal of Wuhan University of Technology (Transportation Science & Engineering),1-11.

[8] Yuan G , Sun P , Zhao J , et al. A review of moving object trajectory clustering algorithms [J]. Artificial Intelligence Review, 2017.

[9] Eleftherios G, Matthew B, Morgado C M, et al. QuickBundles, a Method for Tractography Simplification[J]. Frontiers in Neuroscience, 2012, 6(6):175.

[10] Cauteruccio F, Stamile C, Terracina G, et a.. Improving QuickBundles to Extract Anatomically Coherent White Matter Fiber-Bundles [C]// ICIAR 2016. Springer, Cham, 2016.

[11] Ling M. Study on Vessel Trajectory Prediction Model Based on AID Data[D]. Lanzhou: Lanzhou University, 2020.

[12] Garyfallidis E, Brett M, NimmoSmith I. Fast dimensionality reduction for brain tractography clustering[C]// 16th Annual Meeting of the Organization for Human Brain Mapping, Minneapolis.

[13] Visser E, Nijhuis E, Buitelaar J K, et al. Partition-based mass clustering of tractography streamlines[J]. Neuroimage, 2011, 54(1): 303-312.

[14] Rousseeuw P J. Silhouettes: A graphical aid to the interpretation and validation of cluster analysis[J]. Journal of Computational and Applied Mathematics, 1987.

[15] Davies D L, Bouldin D W. A Cluster Separation Measure[J]. IEEE Transactions on Pattern Analysis and Machine Intelligence, 1979, PAMI-1(2):224-227.

Recognition of Ship Navigation Status Based on Hidden Markov Model

YANG Yang[1,2,3] XIE Lei[*1,3] GUO Tao[1,2,3] HU Xinyuan[1,2,3] OU Changkui[1,2,3]

(1. Intelligent Transportation System Research Center, Wuhan University of Technology;
2. School of Transportation and Logistics Engineering, Wuhan University of Technology;
3. National Engineering Research Center for Water Transport Safety, Wuhan University of Technology)

Abstract In order to identify the navigational status of a ship and improve monitoring and early warning capacity of the ship, this paper selects four characteristic parameters accurately reflecting the navigational status of the ship from AIS data: longitude, latitude, speed over the ground, and heading of the ship, pre-processes the original AIS data to obtain the initial probability distribution matrix, occurrence matrix, and transition probability matrix. The navigational status of the ship identification model based on Hidden Markov model is established and it is trained using Baum-Welch algorithm to obtain the optimal parameter of the likelihood model. The optimized HMM model effectively recognized the navigational status of the ship.

Keywords Waterway Transportation AIS Hidden Markov Model Baum-Welch Algorithm Navigational Status of Ship Identification

0 Introduction

During the operation of the Yangtze River Channel, the channel and channel facilities are facing various disasters and other risks. The system, scientifically identifying and evaluating these risks, and putting forward prevention and control measures in a targeted manner, can promote the Yangtze River Safe operation of waterways[1]. Ensuring the safe operation of waterway transportation, curbing the occurrence of heavy and very large water traffic accidents, and minimizing the loss of people's lives

1. The paper is financially supported by National Key Technologies Research & Development Program(2019YFB1600600, 2019YFB1600604).

and property are important duties and primary responsibilities of governments at all levels, industry authorities and shipping companies. Therefore, carrying out research on the identification of water traffic safety risk status has very important practical significance and value for the development of traffic safety.

Many scholars have carried out fruitful research on the identification of ship navigation status. Yanfen Geng[2] based on the data of the northern part of the Beijing-Hangzhou Canal from 2019 to 2020, comprehensively analysis the single-factor time and space characteristics of traffic flow in time and space scales, and then used traffic flow and waterway infrastructure as the first-level indicators, combining multiple factors comprehensively judge the traffic status of each flight segment. Xiuqin Bai[3] established a knowledge acquisition method model based on tribological condition monitoring examples and decision trees, and applied it to the knowledge acquisition of tribological state identification of marine diesel engines, and used the acquired knowledge to perform state recognition on the test set to obtain good tribology. The state identification results provide method and means support for mining tribological state identification knowledge from monitoring examples. In order to accurately and quickly identify the encounter situation of ships in the converging waters, Jie Ma[4] proposed a joint support vector machine-Bayesian filtering (SVM-BF) identification and encounter situation model and algorithm, and selected ships in the converging waters of the South Passage of the Yangtze River Estuary Automatic identification system (AIS) data, encounter process analysis and feature extraction, SVM-BF model training and algorithm verification. The results show that the algorithm can effectively identify crossover, encounter and chase situations in a timely manner, and only use SVM Compared with the identification model, SVM-BF can effectively reduce the probability of mis-judgment. Jiaming Chen[5] constructed a hidden Markov model (HMM) with three different on-duty states including the driver's stationary, walking, and in-situ operation activities by extracting the speed characteristics corresponding to different on-duty actions in CSI, and using HMM to characterize human actions sequence. In this way, the classification of the driver's on-duty actions status can be provided for intelligent shipping supervision and ship navigation safety. Yifei Yang[6] studied the fault pattern recognition method based on the Hidden Markov Model, using the model to convert the weakly changing signal characteristics into the larger changing log-likelihood probability to realize the effective recognition of the failure mode. Jianjun Wu[7] used Hidden Markov Model (HMM) to quantitatively evaluate the safety risks of ship operations. Firstly, determine the factors influencing the transportation risk of the liquefied cargo ship, construct the evaluation structure model, and use HMM to describe the correlation characteristics of the variables; then use the questionnaire survey data and the Baum-Welch algorithm to determine the model parameters, according to the specific voyage information, combined with the forward direction. Algorithms and risk measurement standards describe risk transients and risk situations; finally, a multi-scenario simulation voyage is established to verify the effectiveness of the risk assessment model. Although the above methods have significant effects on ship status identification, there are too many factors affecting ship sailing status, which also leads to the existence of shortcomings such as too high data dimension, too long training time and low recognition rate in the model.

This paper selects the four important factors of longitude (LON), latitude (LAT), speed over ground (SOG) and the ship heading (COG) in the AIS data of ship as the characteristic parameters of the model. After data pre-processing, the observation sequence and initial parameters are obtained, and the Baum-Welch algorithm is used. The optimal parameters of the HMM are obtained in the second iteration to improve the identification accuracy of the HMM model, which provide theoretical guidance and basis for ship navigation safety.

1 Establishment of the identification model of ship navigation risk status based on HMM

1.1 AIS data of ship pre-processing

Before mining the valuable information in AIS data, it is necessary to ensure the accuracy of the AIS data. Due to the large amount of redundant AIS data, the noise data needs to be pre-processed. The AIS data pre-processing process is to filter out abnormal data. First, remove the unfeasible speed and heading and unfeasible position information from the data set. If there is no pre-processing, AIS data containing a large amount of erroneous data and redundant data will greatly increase the processing overhead and may cause abnormal processing results. At the same time, the AIS message timestamp will also have duplicate values, resulting in two records at the same time. Similarey with the GPS drift of land vehicles, this situation may also occur when ships are sailing, that is, they move too far per unit time and deviate seriously from the position of the sailing route.

1.1.1 Data collection

The experimental data in this article were collected from the AIS data in the Nanjing section. Due to the large amount of data, this article selects the AIS data in October 2019.

Tab. 1 is the data sample downloaded. Since there are many feature columns of the original data, only some data columns related to the identification of the navigational status of the ship are shown in the table.

AIS data sample collected Tab. 1

MMSI	Base Time	Lon	Lat	Cog	Sog
911498880	2019/10/14 22:43	118.553	31.90262	25.8	4.4
911498880	2019/10/14 22:46	118.5546	31.90531	28.1	4.4
911498880	2019/10/14 22:49	118.5571	31.90904	28.7	4.4
911498880	2019/10/14 22:51	118.5583	31.91056	32.5	4.3
911498880	2019/10/14 22:53	118.5598	31.91257	37.7	4.3
911498880	2019/10/14 22:57	118.5638	31.91674	40.2	4.4
911498880	2019/10/14 23:01	118.568	31.92021	41.4	4.5
911498880	2019/10/14 23:02	118.5684	31.92059	46.3	4.4
911498880	2019/10/14 23:03	118.5701	31.92186	52.7	4.5
911498880	2019/10/14 23:04	118.5711	31.92262	50.4	4
911498880	2019/10/14 23:05	118.5718	31.92301	56.8	4.4
911498880	2019/10/14 23:06	118.5736	31.92399	53.6	4.7
911498880	2019/10/14 23:07	118.5747	31.92467	60.5	4.6
911498880	2019/10/14 23:08	118.5754	31.92503	57.4	4.4
911498880	2019/10/14 23:08	118.576	31.92539	58.8	4.4

1.1.2 Data cleaning

The purpose of data cleaning is to delete illegal data and noise data to eliminate the impact on the subsequent trajectory model. Irrelevant data include ship arrival time and ship construction time, etc.; noise data includes illegal value data, repeated data, and null data, etc.

(1) Null key value trajectory data

As some of the information collected by the AIS equipment comes from ship sensors or manually filled in, there may be null values. For example, if the ship type information is missing, it is impossible to distinguish whether the data come from offshore buoys or non-motorized ships. The data on these two types of equipment are noise data that need to be eliminated for the ship trajectory prediction model.

(2) Repeated trajectory data

There are two sources of repeated trajectory

data. The first is due to the characteristics of AIS itself. The AIS communication protocol is a maritime communication protocol that works in the VHF band. The basic communication protocol adopted by it is self-organizing time division multiple access. The capacity of the AIS communication network itself is limited, and since 2004, the number of AIS equipment has grown exponentially, especially in waters such as inland waterways of ports, which has made AIS channel congestion more and more serious[8]. The way AIS equipment sends messages has no confirmation mechanism. It is an unreliable way of sending messages. In addition, the occurrence of channel congestion will cause some AIS messages to experience "packet loss", and some AIS messages will be lost. Repeat receiving.

(3) Drift trajectory data

Drift trajectory refers to the large position amplitude deviation or steering angle deviation of two points with a short time interval. Drifting trajectory points will have a misleading effect on the subsequent trajectory model steps, so it should be eliminated or interpolated by linear fitting. Fig. 1a) is a schematic diagram of the position drift trajectory.

(4) Sparse trajectory data

Some ships may not be able to continuously collect trajectory data due to the loss of AIS message packet loss. This kind of data becomes sparse trajectory data. Sparse trajectory data cannot be interpolated due to the lack of a large amount of information, so sparse trajectories are generally directly discarded. Fig. 1b) is a schematic diagram of the sparse trajectory.

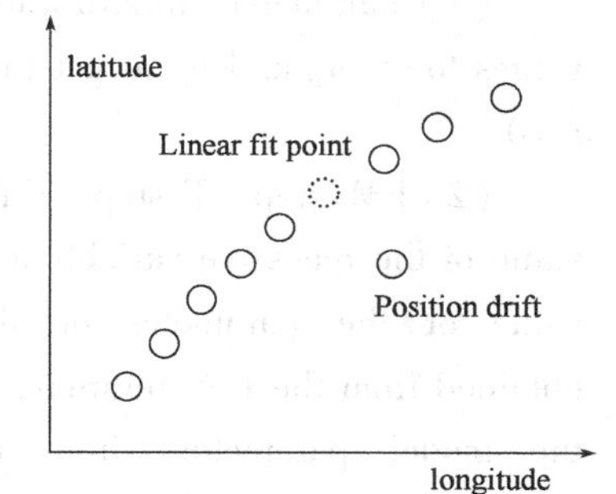

a)schematic diagram of the position drift trajectory

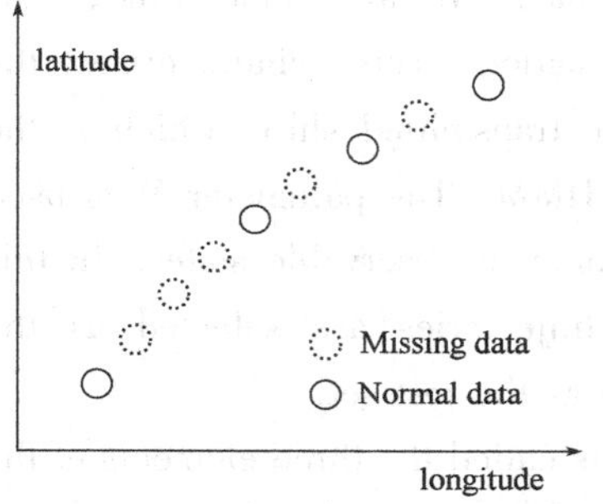

b)schematic diagram of the sparse trajectory

Fig. 1 Schematic diagram of position drift trajectory and sparse trajectory

(5) Too short trajectory data

In addition to the AIS packet loss factor caused by channel congestion, some ships will deliberately turn off the AIS equipment when they enter the prohibited fishing area to fish or when they perceive pirates in nearby waters, which will result in too short trajectory data. In different studies, the thresholds for the length of the divided trajectories are not the same.

According to the experimental requirements, process the AIS data to obtain the trajectory sequence required for the experiment. The steps are as follows:

Step 1 Sort all AIS data with ground speed SOG greater than 0 according to the MMSI number.

Step 2 Sort the AIS data with the same MMSI number in increasing order of time to obtain the Track of each ship.

Step 3 Calculate the time difference Δt between two adjacent AIS data in the ship trajectory track. According to the performance standard of AIS data, the time difference between two adjacent AIS data will not exceed 6 min[9]. Therefore, if the time difference Δt between two adjacent AIS data is greater than 360s, use this as the end point to divide the ship track into two sub-tracks.

Step 4 Calculate the rate of change of speed over the ground Δv and the rate of change of heading angle Δc between the two trajectory points.

1.2 Model building

This article mainly uses the two characteristic parameter groups of the AIS data, the speed over the ground and the change of the course, to characterize the safe state, critical dangerous state and dangerous state of the ship. the hidden Markov model can be defined as a five-tuple $\lambda = (N, M, \pi, A, B)$. The meaning of each parameter is explained below.

The running state of a ship cannot be directly observed, which is the hidden state in HMM. The parameter N is used to represent the number of hidden states. In this paper, there have three hidden states, so N = 3. Among them, use the rate of change of the ship's speed over the ground Δv and the rate of change of the heading angle Δc between the two trajectory points of the ship as the hidden state boundary value. Although the risk of ship status cannot be obtained directly by observation, the latitude and longitude data, ground speed, and heading angle in the AIS data can be directly obtained in real time; At the same time, this observational information can characterize the traveling state of the transmitted ship, which is the observation state in HMM. The parameter M is used to represent the number of observable states. In this paper, 1500 ship trajectories are selected as the training set and 200 as the test set.

$\lambda = (\pi, A, B)$ is called the three elements of the hidden Markov model, π and A determines the sequence of state, and B determines the observational sequence. The state transition probability matrix A represents the probability matrix formed by the mutual transition between the three hidden states of safety, critical state and danger; The observed probability matrix B represents the probability matrix formed by the mutual transfer between the two characteristic parameter values of the ship's ground speed change rate and the heading change rate; The probability vector matrix π of the initial state is the initial probability matrix formed by the three hidden states of the traveling process of the ship.

2 The state identification algorithm and steps of HMM ship navigation risk

2.1 Baum-Welch algorithm

The Baum-Welch algorithm first estimates the parameters of the HMM, and then evaluates the value of these parameters through the given data, reduces the errors they cause, and revises these parameters; Therefore, for a given set of observation sequences, an algorithm is used to estimate the most suitable the HMM, that is, to determine the most suitable $\lambda = (\pi, A, B)$ triplet for the known sequence description.

The algorithm essentially uses the principle of EM (Maximum Expectation Algorithm), that is, through a maximum likelihood logarithmic value (this value reflects the closeness of the trained model to the actual model, the larger the value, the closer it is, also known as the Learning curve[10]) method, Continue to iterate the training parameters until the HMM model converges, and finally get the optimal parameters. The specific parameter learning process is as follows:

(1) Parameter initialization. Randomly assign values to π_i, a_{ij} and b_{jk} to get the model λ_0, and set $i = 0$.

(2) EM step. E-step: Calculate the expected value of the recessive variable according to the initial value of the parameter or the parameter value obtained from the last iteration; M-step: Re-estimate the model parameters from the expected value obtained in step E to obtain λ_1.

The initial probability matrix expression is

$$\begin{cases} \pi_i = P\{q_1 = S_i\} \\ \sum_{i=1}^{N} \pi_i = 1, 0 \leqslant \pi_i \leqslant 1 \end{cases} \tag{1}$$

The expression of the transition probability matrix is

$$\begin{cases} a_{ij} = P\{q_{t+1} = S_j \mid q_t = S_i\}, 1 \leqslant i \leqslant N, 1 \leqslant j \leqslant N \\ \sum_{j=1}^{N} a_{ij} = 1, 0 \leqslant a_{ij} \leqslant 1 \end{cases} \tag{2}$$

Where: a_{ij} is the probability of transition between hidden states.

The expression of the observed probability matrix is

$$\begin{cases} b_{jk} = P\{v_k \mid q_t = S_i\}, 1 \leqslant j \leqslant N, 1 \leqslant k \leqslant M \\ \sum_{j=1}^{N} b_{jk} = 1, 0 \leqslant b_{jk} \leqslant 1 \end{cases} \tag{3}$$

Where: b_{jk} is the probability that the hidden state is S_i and the observed value is v_k.

In the above formula: S and q are the sequence of observations and the sequence of states, respectively.

(3) Circular design. If λ_1 has converged, the algorithm ends; otherwise, repeat the EM step to continue iterating until convergence.

(4) Save the model parameters.

2.2 Identification steps

This article uses a Hidden Markov Model (GMM-HMM) based on Gaussian Mixture Distribution. Due to the large amount of AIS data, the safe state and critical state are selected to build the model based on objective reasons. First, classify and code the three hidden states and two characteristic parameters respectively, see Tab. 2 and Tab. 3; Then input all feature parameter groups as observation sequences into the model for machine learning and parameter optimization; Finally, the established HMM model is used to identify ten groups of representative characteristic parameter values. The identification principle is shown in Fig. 2. Each recognition state corresponds to its HMM recognizer, and will produce the logarithmic value of the likelihood $\text{Log}_i[P(O|\lambda_i)]$ $(i=1,2,3)$, That is, each state will have a dedicated HMM. When the characteristic parameter data of a certain set of states is input, the log likelihood value corresponding to this state will be the largest.

Speed abnormality is to compare the speed difference Δv with the empirical threshold ω_v. If the speed difference Δv is greater than the empirical threshold ω_v, it indicates that the speed may be abnormal. In the same way, the heading abnormality is to compare the heading difference Δc with the empirical threshold ω_c. If the heading change rate Δc is greater than the empirical threshold ω_c, it indicates that the heading may be abnormal[11].

Classification and coding of navigational status

Tab. 2

Code value	Hidden state	Code value	Hidden state
0	Safe state	2	Dangerous state
1	Critical state		

Classification and coding of feature parameters

Tab. 3

Code value	Rate of change of ground speed	Rate of change of ship course
0	(0,5]	(0,10]
1	(5,10]	(10,20]
2	(10,20]	(20,35]

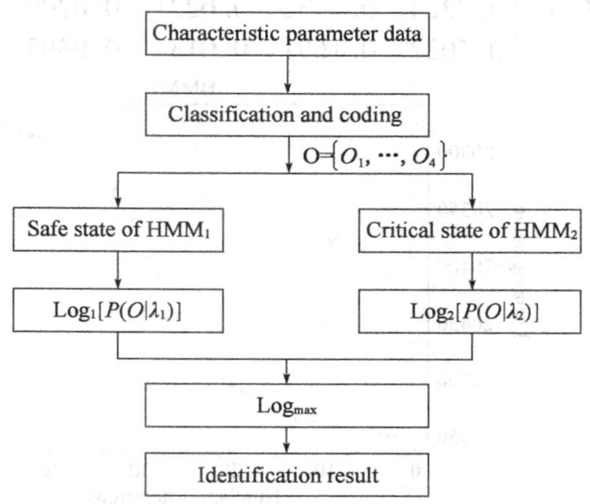

Fig. 2 HMM state identification process diagram

3 Analysis of HMM-based ship navigation risk status identification model

3.1 Parameter output

The Baum-Welch algorithm is programmed through Visual Studio Code software, and the pre-processed data including safety and critical states are input into the hidden Markov identification model for parameter iteration training.

And through the change graph of the likelihood curve, it can be obtained that the safe state HMM_1 and the dangerous state HMM_2 have both reached convergence after 50 iterations, As shown in Fig. 3. At this time, the optimized output parameters of the two models are $\pi_i, A_i, B_i (i=1,2)$, as follows:

$$\lambda_1 = (\pi_1, A_1, B_1)$$

$$\pi_1 = (0.8305 \quad 0.0001 \quad 0.1695)$$

$$A_1 = \begin{pmatrix} 0.6973 & 0.0466 & 0.2561 \\ 0.0609 & 0.6431 & 0.2959 \\ 0.1401 & 0.1329 & 0.7270 \end{pmatrix}$$

$$B_1 = \begin{pmatrix} 0.7453 & 0.2449 & 0.0010 & 0.0006 & 0.0010 & 0.0003 & 0.0040 & 0.0000 & 0.0026 & 0.0004 \\ 0.5554 & 0.0196 & 0.0584 & 0.0572 & 0.0577 & 0.0525 & 0.0420 & 0.0488 & 0.0621 & 0.0463 \\ 0.8527 & 0.0346 & 0.0128 & 0.0146 & 0.0121 & 0.0143 & 0.0174 & 0.0153 & 0.0098 & 0.0164 \end{pmatrix}$$

$$\lambda_2 = (\pi_2, A_2, B_2)$$

$$\pi_2 = (0.3678 \quad 0.3466 \quad 0.2856)$$

$$A_2 = \begin{pmatrix} 0.0373 & 0.8945 & 0.0681 \\ 0.4349 & 0.1639 & 0.4012 \\ 0.8933 & 0.0866 & 0.0202 \end{pmatrix}$$

$$B_2 = \begin{pmatrix} 0.7372 & 0.1372 & 0.0158 & 0.0078 & 0.0238 & 0.0108 & 0.0283 & 0.0079 & 0.0156 & 0.0155 \\ 0.7224 & 0.1432 & 0.0221 & 0.0200 & 0.0181 & 0.0209 & 0.0099 & 0.0176 & 0.0108 & 0.0150 \\ 0.7022 & 0.1691 & 0.0138 & 0.0397 & 0.0103 & 0.0090 & 0.0004 & 0.0196 & 0.0194 & 0.0166 \end{pmatrix}$$

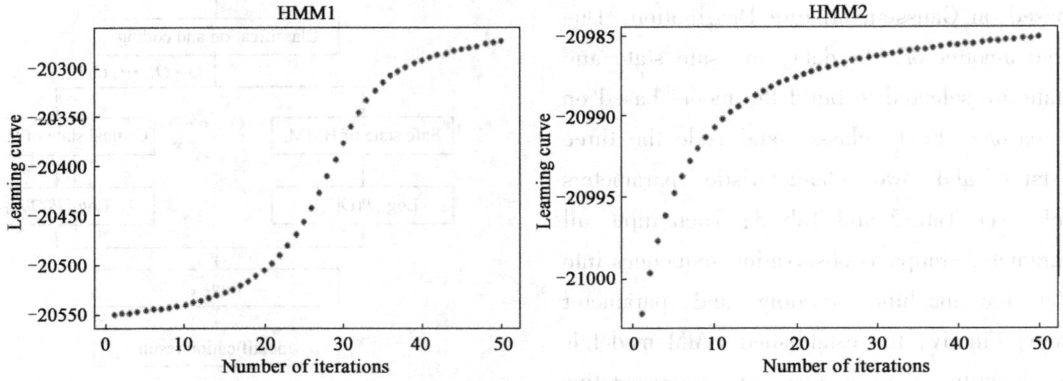

HMM1 | HMM2

Learning curve; Number of iterations

Fig. 3　HMM learning curve with iterations

3.2　Identification result

The identification results of the ship's navigation status are shown in Tab. 4. This paper selects 5 groups of characteristic parameter samples under safe and critical conditions, and give the HMM output a of the ship sailing state corresponding to these 10 sets of sample data $\text{Log}_i[P(O|\lambda_i)]$. The larger the log likelihood (negative value) shown in Tab. 4, the higher the matching degree between a certain characteristic parameter sample and the HMM, which is the identification state corresponding to the model. The correct one is marked in dark in the table. The identification result proves the validity of this identification model.

Identification results of ship's navigational status　　Tab. 4

Feature samples	Safe state of HMM_1	Critical state of HMM_2
Safety sample1	-6.2660	-6.6800
Safety sample2	-6.3530	-6.7700
Safety sample3	-5.9010	-6.2010
Safety sample4	-5.3080	-6.4400
Safety sample5	-5.1570	-6.3960
Critical sample1	-5.9590	-4.8810
Critical sample2	-6.0600	-5.1170
Critical sample3	-6.2130	-5.5090
Critical sample4	-6.3580	-5.3720
Critical sample5	-6.5070	-6.0290

4　Conclusions

Navigational status of ship identification is one of the core elements of active monitoring and early warning technology. In this paper, four characteristic parameters of longitude, latitude, rate of change of ground speed, and rate of change of ship heading are obtained through AIS data pre-processing. The model of ship navigation status identification model, this optimization of the HMM model is realized by the Baum-Welch algorithm. The identification results show that the optimized model can effectively identify the navigational status of the ship.

References

[1] Zeng W, Cheng J. Research on the identification, assessment and management and control of safety risks in the operation of the Yangtze River Channel [J]. Science and Technology for Waterway, 2020, 655(5): 33-37.

[2] Geng Y, Guo H, Liu H, etc. Traffic status evaluation of the Beijing-Hangzhou Canal in northern Jiangsu section based on spatial-temporal correlation [J]. Journal of Southeast University (Natural Science Edition). 2021, 51(5): 859-865.

[3] Bai X, Yuan C, Wang Z. Knowledge acquisition of tribological system condition identification based on monitoring examples [J]. Lubrication Engineering, 2010, 35(11): 14-17, 38.

[4] Ma J, Li W, Zhang C, et al. Ship Encounter Situation Recognition by Processing AIS Data from Traffic Intersection Waters[J]. Navigation of China, 2021, 44(1): 68-74.

[5] Chen J, Liu K, Chen M, et al. Recognition method of ship's officer duty behavior based on channel state information[J]. Journal of Dalian Maritime University, 2020, 46(3): 68-75.

[6] Yang Y, Feng J. Fault Pattern Recognition and State Prediction Research of Ship Power Equipment Based on HMM-SVR [J]. Ship Engineering, 2018, 40(3): 68-72, 97.

[7] Wu J, Liu Y, Hu S, et al. Hidden Markov model for risk estimation of ship carrying liquefiable cargoes [J]. China Safety Science Journal, 2017, 27(11): 73-78.

[8] Bryan K, Pallotta G, Vespe M. Vessel Pattern Knowledge Discovery from Ais Data: A Framework for Anomaly Detection and Route Prediction[J]. Entropy, 2013, 15(6).

[9] Sang L, Wall A, Mao Z, et al. A Novel Method for Restoring the Trajectory of the Inland Waterway Ship by Using Ais Data[J]. Ocean Engineering, 2015, 110(PA).

[10] Zhang Z, Yuan C, Hu J, et al. HMM training method based on GEP and Baum-Welch algorithms [J]. Computer Engineering and Design, 2010, 31(9): 2027-2029, 2069.

[11] Du Z, Tan Y, Qiu L. On the Rapid Detection of Abnormal Ship Trajectories by Kalman Filter Geomatics[J]. World, 2021, 28(4): 112-118.

Offshore Rader Signal Prediction Model of Wind Farm Based on BP Neural Network

OU Changkui[1,2,3] XIE Lei*[1,3] GUO Tao[1,2,3] YANG Yang[1,2,3] HU Xinyuan[1,2,3]

(1. Intelligent Transportation System Research Center, Wuhan University of Technology;

2. School of Transportation and Logistics Engineering, Wuhan University of Technology;

3. National Engineering Research Center for Water Transport Safety, Wuhan University of Technology)

Abstract In order to adapt to the application of more and more wind turbines in wind farms and better simulate the field intensity distribution of wind farm radar signal, this paper deeply studies the measured wind farm radar signal and puts forward a neural network model. This paper uses K-means algorithm to cluster the

1. The paper is financially supported by National Key Technologies Research & Development Program(2019YFB1600600,2019YFB1600604).

measured points according to the distance of the radar station and the intensity of the received radar signal, and two clusters of test points with obvious shielding of the radar signal and without obvious shielding are obtained. the BP neural network algorithm was used to fit the test points with obvious radar signal occlusion, and the fitting degree of the neural network model was verified by two error detection standards of mean square error and mean absolute percentage error. The model has a high degree of fitting. Finally, a model that can simulate the field strength of radar signals in the wind farm area is obtained in this paper. The model can be used to optimize the accuracy of maritime monitoring in the wind farm area.

Keywords Waterborne Traffic Radar Signal Attenuation Clustering Algorithm BP Neural Network Fan

0 Introduction

With the rapid development of the global economy, people's demand for energy is increasing day by day. Seeking renewable energy has become the most important task in the 21st century. As one of the most technologically mature power generation methods with the most large-scale development conditions and commercial development prospects in the field of new energy, wind power energy has become an important part of China's energy strategy[1]. China has nearly 20,000 kilometers of continental coastline, can actually use the ocean area of several million square kilometers, the offshore wind energy resources are extremely rich. In recent years, China has completed the East China Sea bridge wind farm and put into use, to a certain extent to ease the pressure of China's energy.

However, once the offshore wind farm is built, the huge fans will become a huge obstacle on the sea and bring some safety problems of waterway transportation. Among them, the influence of wind farms on the supervision radar of the VTS system (Vessel Traffic Management System) in the surrounding waters and the shipborne radar of ships at sea is particularly complex, and it is urgent to study its performance characteristics [2]. As an important equipment to acquire maritime information, radar system is becoming more and more perfect, and more and more radar systems are put into use. However, radar may appear blind area when detecting the offshore wind farm area, in which the radar cannot track the detected target accurately. Blind area is generated mainly because wind farms in the distribution of the fan is relatively focused, which reflections radar electromagnetic wave. The reflected electromagnetic wave reaches the receiver in the form of direct wave and reflection wave, so that the signal received by the radar antenna is the signal after the vector superposition of the two. Compared with the direct wave signal, there are changes in amplitude and phase, which leads to the existence of radar measurement errors, and in serious cases, the tracking target will be lost. And wind farms around the ship maritime situation is more complicated, and shade more severe radar signal, so the radar signal in the offshore wind farm field intensity distribution characteristics of environment, will be for radar wind farms surrounding waters regulatory and security to provide effective technical support, it has the vital significance to the safety of navigation of the ship. In recent years, the attenuation square method of electromagnetic field simulation adopted by scholars at home and abroad simplifies the research method of radar signal attenuation, and the simulation results of this method are very similar to the actual situation. The main idea of this method is to use professional electromagnetic field simulation software to model the physical structure of the wind generator in the actual environment, and use the model to simulate, and finally get the quantitative results of radar signal under the interference of wind farm, which provides data support for further research on the influence of wind farm on radar performance. In terms of radar field intensity measurement, Lu analyzed radar signals of various bands, and introduced the principle and method of measuring radar wave field intensity with spectrum analyzer and field intensity meter [7]. Greving et al. embedded the method of numerical scattering analysis into the system to simulate the influence of navigation radar in the system. The focus of this paper is to determine the distance and size of the influence through the RCS value of simulated radar reflection cross section and numerical scattering analysis of wind turbine WT [8]. Liu and Zhang used radar performance parameters and radar diffraction theory to conduct theoretical analysis on echo characteristics and study the influence degree of wind power projects on Marine radar [6]. Sun and Wu quantitatively analyzed the degree of influence of wind farms on the distribution characteristics of radar antenna radiation field and scattering field of Marine targets through electromagnetic simulation model [5]. Wen and Liu proposed a method to evaluate the influence of an offshore windmill array on hf ground-wave radar target detection, which provided a theoretical basis for the establishment of coastal HF ground-wave radar [4]. Liu and Wang proposed a calculation method of radar electromagnetic scattering field intensity under the action of wind farm in view of the influence of offshore wind farm on the detection performance of navigation radar [3].

However, most of the existing studies have not achieved the ideal effect of radar attenuation model for complex wind farms, let alone achieved a special state of agreement with the actual measured data. In this paper, based on the in-depth study of radar signal field strength in the wind farm area, the clustering algorithm is used to cluster the test points, and then set different labels for different clusters. These data are simulated by BP neural network and a neural network model is obtained. This model can roughly simulate the radar signal field strength in the wind farm area, provide reference for maritime radar to detect ship traffic, and enhance the safety control of ships in the wind farm area.

1 Data testing and preprocessing

In the wind farm, the huge wind opportunity blocks the propagation of radar signal and causes the attenuation of radar signal. This paper will focus on the shielding characteristics of wind turbine to radar signal. Therefore, this study needs a large number of measured data of maritime radar. Based on CGN Shengsi 56# offshore wind farm site selection research project, the relevant radar signals of 56# wind farm can be tested to obtain the relevant data required in this paper.

1.1 Test path selection

Shengsi 56# wind farm has a large number of fans, which are scattered and close the Xiaoyangshan radar station, so it is very suitable to study the shielding of its radar signal.

Because the propagation of radar signals causes losses in free space, it is also affected by atmospheric environmental factors and multipath factors. In order to build a more reasonable model, the test environment must be unified. All the test data in this article were tested in an environment with a radar altitude of 190m, a spectrum analyzer height of 10m, a wavelength of 0.03191489m, no precipitation, breeze, and a temperature of 31 degrees Celsius.

Use the spectrum analyzer on the ship to test the field strength of the received radar signal, and record the time, longitude and latitude position at this time, so as to obtain the position information of the test point and the field strength of the radar signal. In this way, we just need to analyse the unidirectional transmission of radar signal, which makes the calculation and analysis process more concise.

In order to fully study the blocking effect of fans at different positions on the radar signal, when measuring the radar signal, it is necessary to measure the back of each fan as much as possible.

In order to make the model more scientific, we need a set of control data. The radar signal in this group of control data shall simulate the field strength in free space as much as possible, and shall not be blocked by the fan, but other influencing factors shall be the same as far as possible. Using this batch of data, we can not only study the radar signal field strength of the test points in the wind farm that are not shielded by the wind turbine, but also study the shielding effect of the wind turbine on the radar signal as the control data.

In order to verify the universality of the model, this experiment also needs a set of validation data. In order tc ensure the authenticity of the verification data, when selecting the trajectory, it is necessary to ensure that the trajectory points have a certain randomness, do not coincide with the test data as far as possible, and include all special points as far as possible. The purpose of verifying the data set is to verify the fitting degree of the model, so there is no need for a particularly large data set.

1.2 Radar signal visualization processing

Sort out the data recorded by the spectrum analyzer, normalize the radar signal field strength, and display it according to different colours.

Papers should use 11-point Times New Roman font. The styles available are bold, italic and underlined. It is recommended that texts in figures should not smaller than 10-point font size. The radar signal in this group of control data shall simulate the field strength in free space as much as possible, and shall not be blocked by the fan, but other influencing factors shall be the same as far as possible.

It can be seen that the radar signal field strength inside the wind farm is not uniform or simple change, which shows that the shielding effect of the wind turbine on the radar signal is very complex. The track point behind the fan is darker, which indicates that the closer to the back of the fan, the weaker the radar signal. In order to further analyze the shielding of the fan to the radar, this paper tries to select the lowest row of track points and display the radar signal with a broken line diagram. The effect is shown in Fig. 1.

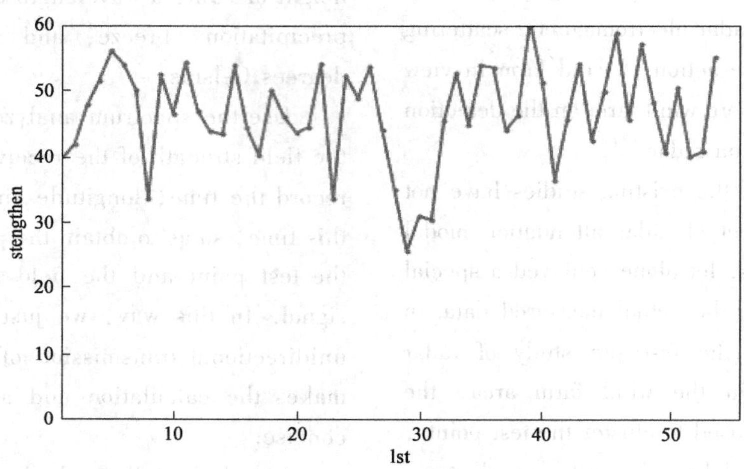

Fig. 1 Radar signal diagram

The distance between the track points in the bottom row and the radar station changes uniformly, while Fig. 1 shows that the received radar signal has large disturbance and regular changes. This also proves that the blocking effect of the fan on the radar signal is large, and cannot be ignored.

2 Construction of neural network model

2.1 Research on radar signal based on K-means clustering algorithm

As can be seen in Fig. 3 and Fig. 4, the radar signal received by the test point behind the fan is obviously blocked. In order to further study the variation characteristics of this shielding and distance, the distance between the test point and the radar station and the strength of the radar signal in the measured data are taken as two elements, and the K-means algorithm is used for clustering. In the measured data, due to the fan, the radar signal received at the test point behind the fan has obvioustg sheltered. Therefore, we guess that the best effect is to gather the test points into two categories, one is the test point behind the fan, and the other is the test point without obvious shielding of radar signal.

K-means algorithm needs to specify the value of K, but in this paper, we specify K as an integer from 2 to 10, and use the contour coefficient method to evaluate the clustering effect.

Contour coefficient is the evaluation index of clustering. Good clustering is sparse inside and dense outside. The samples within the same cluster are dense enough, and the samples between different clusters should be distant enough[9]. The calculation rule of contour coefficient is: for a specific sample in the sample space, calculate the average distance a between it and other samples in the cluster, and the average distance b between the sample and all samples in the nearest cluster. The contour coefficient of the sample is $(b-a)/\max(a,b)$. Take the arithmetic average of the contour coefficients of all samples in the whole sample space as the performance index of clustering. The contour coefficients corresponding to different K values are calculated respectively, and the results are shown in Fig. 2.

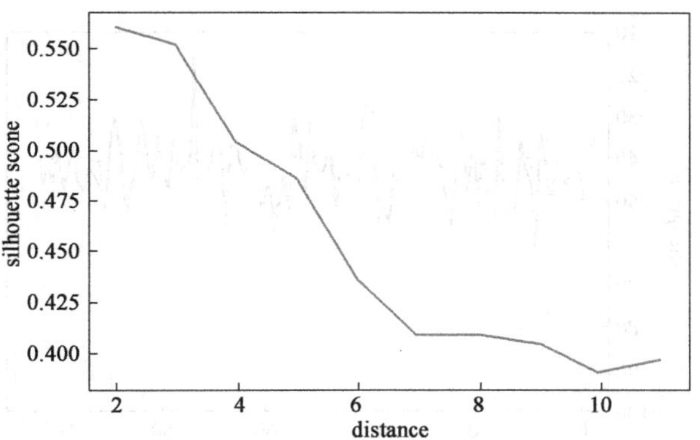

Fig. 2 Contour Coefficient Comparison Diagram

As can be seen from Fig. 2, when the number of clusters K is 2, the obtained contour coefficient is the largest. The larger the contour coefficient, the better the clustering effect. Therefore, when K is set to 2, the clustering effect is the best, which also confirms the conjecture that the effect of clustering test points into two categories is the best. This also proves from another direction that the shielding of the fan to the maritime radar signal is serious and cannot be ignored.

2.2 Radar signal model based on BP neural network

The two clusters obtained by clustering are displayed in the chart with scatter diagram, as shown in Fig. 3. It can be found that the data are scattered and have no special rules, so it is difficult to fit with the general regression model. Therefore, we use BP neural network with strong learning ability to fit the data.

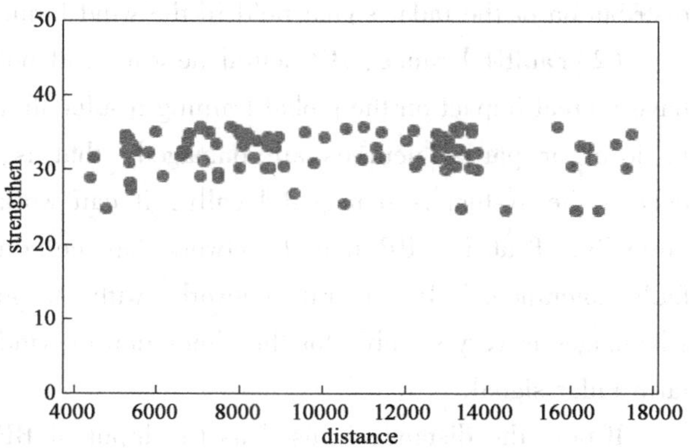

Fig. 3 Scatter Diagram with Fan Shielding

Artificial neural network, also known as linker model, is produced on the basis of the research of modern neurology, biology, psychology and other disciplines. It reflects the basic process of biological nervous system dealing with external things. It is a computing system developed on the basis of simulating the neural organization of human brain. It is a network system composed of a large number of processing units through extensive interconnection. It has the basic characteristics of biological nervous system and reflects some of human brain functions to a certain extent. It is a kind of simulation of biological system. It has the advantages of large-scale parallel, distributed processing, self-organization and self-learning. It is widely used in many fields such as speech analysis, image recognition, digital watermarking, computer vision and so on.

Multilayer feedforward BP network is the most widely used form of neural network. It not only has the general advantages of neural network, but also has some advantages that neural network does not have.

(1) Nonlinear mapping ability: BP neural network essentially realizes a mapping function from input to output. The mathematical theory proves that the three-layer neural network can approach any nonlinear continuous function with arbitrary accuracy. This makes it especially suitable for solving problems with complex internal mechanism, that is, BP neural network has strong nonlinear mapping ability. It is also more suitable for fitting the complex intensity distribution of the radar signal field in the wind farm.

(2) Fault tolerance: BP neural network will not have a great impact on the global training results after its local or partial neurons are damaged, that is, even if the system is damaged locally, it can work normally. That is, BP neural network has certain fault tolerance. BP neural network with these advantages is very suitable for the simulation of wind farm radar signal.

If only the distance is used as the input of BP neural network, the same distance may correspond to different radar signal field strength, which will affect the learning effect of BP neural network. Then, we must select an input point to strengthen the corresponding relationship between the data point and the radar signal field strength.

According to the clustering results obtained in the previous step, we set a label of 1 for the test points with obvious signal occlusion, and set a label of 0 for the test points without obvious signal occlusion. In this way, the distance and the label can be used to accurately determine the characteristics of each test point, and then the data can be brought into BP neural network for learning. The network structure of BP neural network is set as shown in Fig. 4.

In the process of neural network construction, due to the limited test conditions, the neural network learning process cannot provide particularly huge data. In order to obtain a more stable and reliable model, we use the k-fold cross validation method to improve the learning ability of the model. There are 1046 training data in this model. In this model, this paper adopts 10% cross validation in order to improve learning ability.

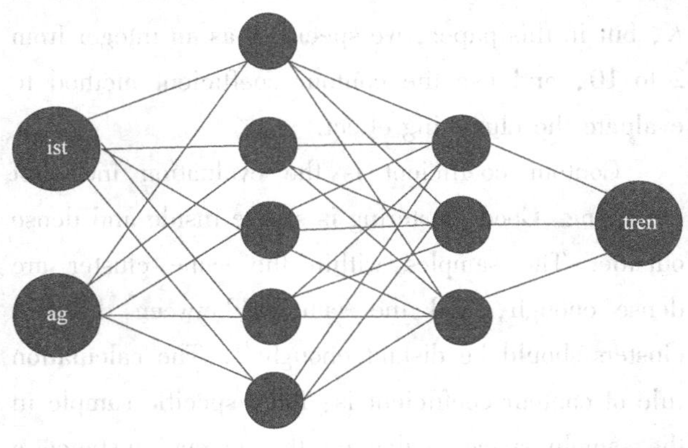

Fig. 4 Neural Network Structure Diagram

2.3 Evaluation of BP Neural Network Model

In order to test the accuracy of BP neural network, 100 test points are randomly selected from the measured data of two clusters and displayed in the chart. Input the distance between these points and radar stations and cluster labels into the model to obtain a set of prediction data, as shown in Fig. 5.

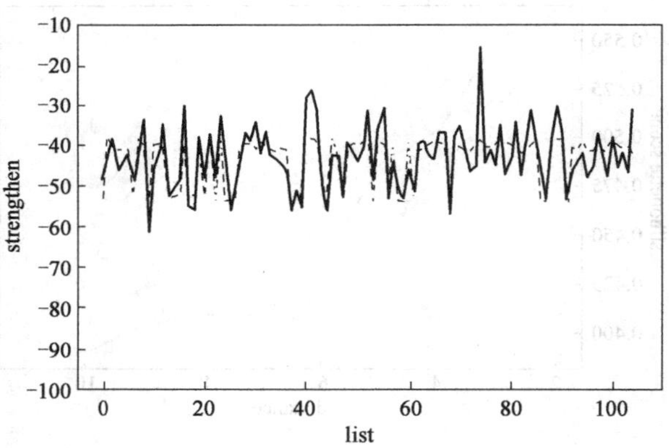

Fig. 5 Real and Predicted Data

In Fig. 5, the abscissa list represents the test point, the ordinate represents the radar field strength, and the solidline cnrves and dasted curves represent the real field strength and the predicted field strength respectively. Fig. 5 shows that that The prediction result of BP neural network model can accord with the change trend of real value to a certain extent. In order to test the accuracy of the model more accurately, MSE (mean square error) and

MAPE (mean absolute percentage error) are introduced in this experiment, and their formulas are as follows:

$$MSE = \frac{1}{n}\Sigma_{i=1}^{n}(\bar{y}_i - y_i)^2 \quad (1)$$

$$MAPE = \frac{1}{n}\Sigma_{i=1}^{n}\left|\frac{\bar{y}_i - y_i}{y_i}\right| \quad (2)$$

The measured data and predicted data are substituted into the formula to obtain MSE = 2.711 and MAPE = 0.062. From these two indexes, it can be seen that the BP neural network model obtained in this study has good fitting effect and can be used to predict the field strength of radar signal to a certain extent.

3 Conclusions

Based on the wind farm project and the strength signal measuredin radar field, a BP neural network model is proposed to simulate the radar signal field strength in the wind farm. In the process of model building, two clusters are obtained by using the clustering algorithm. One is the cluster of test points where the radar signal is obviously blocked by the fan, and the other is the cluster of test points where the object is obviously blocked, which proves that the fan has a strong shielding effect on the radar. The measured data are sent to BP neural network for learning, and a model with high fitting degree is obtained. Using this model, we only need to know the distance between the monitoring point and the radar station and whether it is blocked or not, so as to predict the maritime radar signal field strength of the test point, so as to improve the monitoring efficiency of the maritime radar on the passing ships and strengthen the maritime control in relevant areas. In the next step, this paper will calculate the area of the wind farm where the radar signal is obviously blocked by the wind turbine from the perspective of mathematical geometry and radar ship principle, so as to achieve a more accurate prediction of the field strength of all locations inside the wind farm.

References

[1] Sustainable A, Zealand N, Outlook E, et al. Global Wind Energy Council [J]. Chrono Press, 2013.

[2] Zhang Y, Zeng H, Cha H, et al. Status and Development Trend of Foreign Marine Radars [J]. Telecommunication Engineering, 2013 (12):1649-1653.

[3] Liu K, Wang W, Xu X, et al. Reseach on Calculation of Electromaagnrtic Wave Scattering Field Strength of Navigation Radar under the Action of Offshore Wind Farm [J]. Journal of Wuhan University of Technology (Transportation Science & Engineering), 2020, 44(02).

[4] Wen B, Liu C, et al. Analysis of offshore wind farm's shadowing effect for high frequency ground wave radar [J]. Huazhong Univ. of Sci. & Tech. (Natural Science Edition), 2020, 48 (02).

[5] Sun F, Wu B. Analysis on the Influence of Detection Power of Shore-based Radar on the Other Side of Offshore Wind Farm [J]. Journal of Telemetry, Tracking and Command, 2018, 39(06).

[6] Liu K, Zhang J, Yan X, et al. Study of the Effect of Offshore Wind Farm on Marine Radar [J]. Journal of Wuhan University of Technology (Transportation Science & Engineering), 2010, 34(03).

[7] Xiang T. Field Strength Measurement and Field Strength Meter [J]. Radio Engineering, 2002, 32(6):59-60.

[8] Greving G. Numerical Simulations of Environmental Distortions by Scattering of Objects for the Radar-SSR and Flat Roofs, RCS and Windturbines[C]// Radar Conference, 2006. EuRAD 2006. 3rd European. IEEE, 2006:241-244.

[9] Jiang Y, Zhang Z, Qiu P, et al. Solutions to General Clustering Algorithmic Issues [A]. Journal of Circuits and System, 2004:80-92.

北极水域船舶载运易流态货物航行风险评估

张　森[1]　吴建军[2]　金永兴*[2]

(1. 上海海事大学商船学院;2. 上海海事大学)

摘　要　在全球气候变暖的背景下,北极航路以其航程短、通航密度低、能耗低、无海盗风险等商业和环保优势逐渐成为业界关注的焦点。本文以北极通航窗口期的通航环境为基础,以船舶载运凝固点介于北极最低温度与最高温度之间的易流态货物为研究对象,利用熵权法和加权隶属度法对北极西北航路中间航线船舶载运易流态货的航行风险进行了分析。分析结果显示,现阶段北极水域船舶载运易流态货物航行存在一定的可行性,但航行风险总体偏高。

关键词　熵权法　加权隶属度　易流态货物　北极水域　航行风险

0　引言

随着世界经济和全球化的发展,世界各国对易流态货物的需求逐年增加,全球易流态货物的贸易量也逐年增长。易流态货物通常为大宗散货,运输距离较长。为了降低运输成本,提高运输效益,业界一直在探索更加经济安全的远距离运输方案。近年来,受全球气候变暖的影响,极地水域的通航窗口期逐年增加,沿岸国家的航海保障也逐渐完善,北极水域的航行条件日渐成熟。凭借航程短、通航密度低、能耗低、无海盗风险等商业和环保优势,往返于世界主要港口的北极航路逐渐成为业界关注的焦点。

易流态货物特殊的货物属性,决定了船舶载运易流态货物航行的风险明显高于载运其他货物航行的风险。为了深入了解船舶载运易流态货物的航行风险,学界从不同的角度和层次开展了多项研究。目前学界关于易流态货物航行风险的研究主要是易流态货物的管理风险[1-4]、易流态货物流态机理[5-7]航行风险[8]的研究,关于极地水域通航安全的研究也主要是航行经验的总结[9-10]和常规船舶航行安全的分析[9-13],对于船舶载运易流态货物在北极水域航行的可行性和航行风险的研究相对较少。为了解现阶段船舶载运易流态货物在北极水域航行是否具备可行性以及航行风险,有必要结合北极水域的通航环境对此进行分析。

1　问题描述

关于易流态货物的定义,目前学界存在两种观点:一种是易流态性是货物的一种自有属性,货物运输途中,因货物具有较强的散落性导致存在易流态性;另一种是因货物中含有水分,运输途中因船体摇晃和震荡,导致液态水分析出产生自由液面效应[14]。强散落性的易流态货物经合理平舱之后,在极地水域的航行风险与载运常规货物船舶的航行风险无明显差别。若第二种观点的易流态货物析出的液体凝固点低于航行期间北极水域的最低温度,船舶载运此类货物的在极地水域的航行风险与载运固体货物的船舶也无明显差别。

因此,本文以固液混合物的凝固点介于北极最低温度与最高温度之间易流态货物为研究对象,研究北极水域通航窗口期船舶载运此类易流态货物的航行风险。

2　北极水域航路选择

2013 年至 2020 年期间,中国先后有 20 艘船舶执行了 42 个北极航次。根据相关文献对航行经验的总结[15],本次研究将东起白令海峡,西至挪威海的东北航路中间航线作为目标航线。

1. 基金项目:国家重点研发计划项目(2021YFC2801005)。

3 北极水域船舶载运易流态货物航行风险的主要因素

根据2013年至2020年中国商船北极航行经验,北极东北航道的通航窗口期通常为7月到10月。东北航道地理位置特殊,地形复杂,通航环境不确定性明显。影响船舶航行安全的重要环境风险因素主要包括风、能见度、海冰密集度和冰情预报准确性等因素,结合易流态货物的特殊性,本文将风、雾、海冰、人员状态、船舶状态、货物状态等作为易流态货物北极航行的主要风险因素。

4 北极水域船舶载运易流态货物航行风险评估模型

4.1 船舶航行特征空间

船舶在特定时间和水域的航行可以定义为一个航行状态(A),其中影响航行安全的风险因素为状态特征 X,其对应的数值为 x_i,可以将 n 个状态特征的航行状态的特征向量定义为:

$$A = \{x_1, x_2, x_3, \cdots, x_n\}$$

式中:A——某一阶段的航行状态;

x_i——风险因素特征值。

船舶的某一段航行路线可以分解为 m 个航行状态,则由 m 个航行状态的特征向量组成的特征空间可以定义为:

$$A_{mn} = \begin{bmatrix} x_{11} & \cdots & x_{1m} \\ \cdots & \cdots & \cdots \\ x_{n1} & \cdots & x_{mn} \end{bmatrix}$$

式中:A_{mn}——拥有 m 个风险因素、n 个航行阶段的特征向量;

x_{mn}——第 m 个航向状态中第 n 风险因素的特征值。

4.2 航行风险隶属度

航行风险隶属度即某个航行状态风险等级的大小,可采用加权平均法求取航行状态的风险隶属度[16]。

$$R_A = R_\omega R_p$$

即

$$R_A = \begin{bmatrix} A_i & \cdots & A_m \\ \sum_1^n \omega_i \varepsilon_{i1} & \cdots & \sum_1^n \omega_i \varepsilon_{im} \end{bmatrix}$$

式中:R_A——风险隶属度向量;

R_ω——隶属度向量;

R_p——标准化指标向量。

4.3 熵权法求权重

熵权法是一种客观赋权法,基本原理是根据变异性的大小来确定客观权重[17],若某个指标的熵越小,则该值变异程度越大,提供的有效信息越多,在整体的评价中贡献越大,其权重也越大。反之则权重越小。

熵权法求权重,首先需要将数据标准化,得到各指标的信息熵,进而求取个指标得权重,即:

$$x'_{ij} = \frac{x_{ij} - \min(x_{ij})}{\max(x_{ij}) - \min(x_{ij})}$$

$$p_{ij} = \frac{x_{ij}}{\sum_{i=1}^n x_{ij}}$$

$$E_j = -\ln(n)^{-1} \cdot \sum_{i=1}^n p_{ij}\ln(p_{ij})$$

$$\omega_i = \frac{1 - E_j}{m - \sum E_j}$$

式中:$i = 1, 2, \cdots, n$;

$j = 1, 2, \cdots, m$;

x'_{ij}——经标准化后的指标值;

p_{ij}——各指标在各个航行状态下的比值;

E_j——指标的信息熵;

ω_i——指标权重。

将权重代入加权平均隶属度计算公式,即可得到对应航行状态风险评估结果R_{Ai},即:

$$R_{Ai} = \sum_{j=1}^n \omega_j p_{ij}$$

式中:R_{Ai}——某一航行状态的风险隶属度。

5 北极水域船舶载运易流态货物航行风险评估

为了充分了解中间航线沿线各区域的风险情况,根据各区段的特点,将中间航线分解为11个航段,自东向西,依次编号为L1至L11,如表1所示。

北极东北航路中间航线分段节点表　　表1

编号	L11	L10	L9	L8	L7	L6	L5	L4	L3	L2	L1
节点	挪威海	巴伦支海	新地岛东	维利基茨基海峡西	维利基茨基海峡东	新西伯利亚群岛西	新西伯利亚群岛东	东西伯利亚海	弗兰格尔岛东	楚科奇海	白令海

以东北航道航行通航环境为基础，结合专家打分法对各风险因素对航行风险的影响程度进行评估。其中，风、雾、海冰打分值越高，说明对航行风险的影响越大，人员状态、船舶状态和导助航服务打分值越低，则说明对航行安全的影响越大。为充分收集各风险因素对载运易流态货物船舶在极地水域的航行风险，本次研究采用问卷调查法收集专家打分结果，将各因素收集到的打分结果，将去除最高值和最小值后的平均值作为各因素的打分结果，如图1所示。

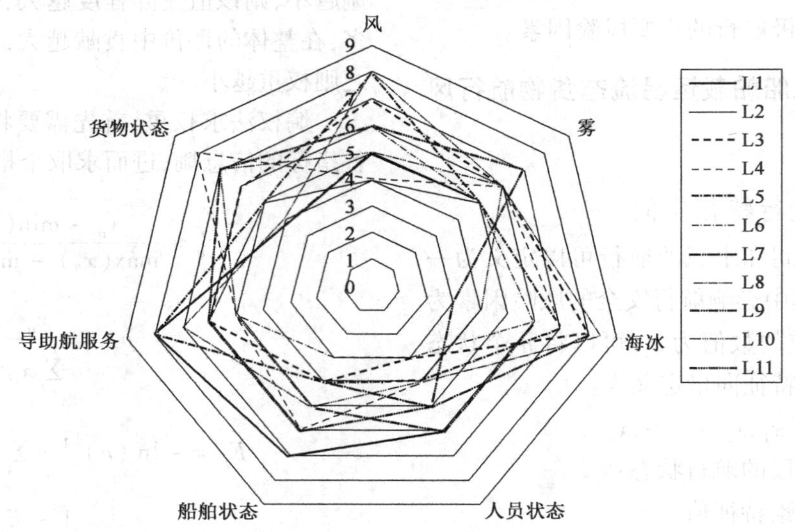

图1　中间航线各风险要素评估结果

将数据代入评估模型，得到各风险因素风险隶属度和权重如下：

$$R_{\mathrm{p}} = \begin{bmatrix} 0.05 & 0.00 & 0.08 & 0.19 & 0.18 & 0.21 & 0.00 \\ 0.00 & 0.00 & 0.06 & 0.13 & 0.14 & 0.07 & 0.05 \\ 0.10 & 0.00 & 0.08 & 0.19 & 0.09 & 0.14 & 0.09 \\ 0.00 & 0.14 & 0.11 & 0.06 & 0.14 & 0.00 & 0.18 \\ 0.05 & 0.14 & 0.14 & 0.13 & 0.05 & 0.17 & 0.14 \\ 0.10 & 0.00 & 0.08 & 0.00 & 0.00 & 0.00 & 0.14 \\ 0.20 & 0.00 & 0.11 & 0.06 & 0.05 & 0.21 & 0.05 \\ 0.20 & 0.14 & 0.15 & 0.06 & 0.09 & 0.00 & 0.14 \\ 0.05 & 0.14 & 0.03 & 0.06 & 0.09 & 0.00 & 0.14 \\ 0.10 & 0.29 & 0.00 & 0.13 & 0.14 & 0.07 & 0.14 \end{bmatrix}$$

$$R_{\omega} = [0.20 \quad 0.17 \quad 0.21 \quad 0.20 \quad 0.21 \quad 0.19 \quad 0.20]$$

各区段航行风险隶属度为：

$$R_{\mathrm{A}} = [5.84 \quad 5.01 \quad 5.62 \quad 5.41 \quad 5.60 \quad 4.59 \quad 5.61 \quad 6.32 \quad 5.60 \quad 4.76 \quad 5.33]^{T}$$

6　北极水域船舶载运易流态货物航行安全分析

北极水域船舶载运易流态货物航行风险结果如图2所示，整体而言，风险度相对偏高，多数水域在5.5左右，其中，维利基茨基海峡至新地岛航段风险最高，隶属度为6.32，拉普捷夫海最低，隶属度为4.59。

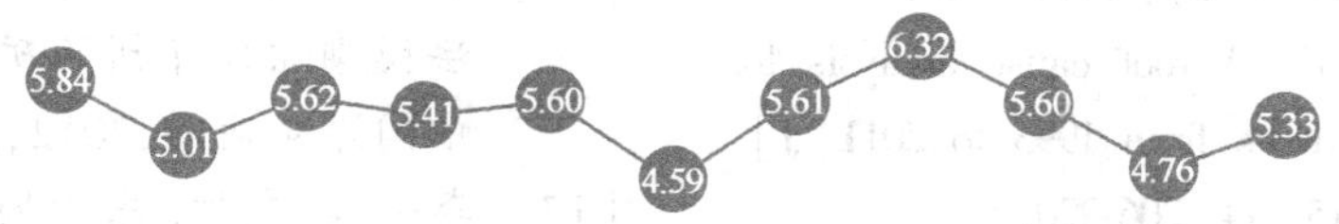

图2 北极水域船舶载运易流态货物航行安全度

新地岛周围海域水文气象条件比较复杂,海冰容易在此形成密集区,受下降风影响容易产生地方性大风[18]。白令海峡、德朗海峡和维利基茨基海峡受狭管效应影响,受风的影响较大。白令海峡水域,夏季易产生偏北大风,且频次较高。一方面,受大风影响,船体摇晃会加剧易流态货物液体析出,产生自由液面效应导致危险发生;白令海峡自南向北航行,温度降低会导致液体结冰,非正平状态下结冰会导致船体倾斜。此外,白令海峡北部水域存在少量浮冰,浓雾天气下必然会对船舶航行安全造成影响[19]。东西伯利亚海,影响航行安全的最主要气象水文条件是海冰,其次是海雾造成的低能见度天气。喀拉海、拉普捷夫海和东西伯利亚海易产生持续时间较长的平流雾,对航行安全的影响较大[20]。

7 结语

文章以北极通航窗口期的通航环境为基础,利用熵权法和加权隶属度法对船舶载运易流态货物沿北极西北航路中间航线的航行风险进行了分析,分析结果表明船舶载运易流态货物沿此航线航行的风险总体偏高。

不难预见,在全球气候变暖的大背景下,北极和南极附近的极地水域将迎来通航密集期。极地周边水域的通航窗口期将会越来越长,极地周边水域的无冰区将会越来越大。不管是载运易流态货物的船舶还是载运常规货物的船舶,对船舶在极地水域航行安全影响最大的仍然是气象和环境因素。众所周知,气象和环境的变化是一个非常复杂的因素交互体系,无冰区范围的增加和时间的延长,将会导致极地水域未来的气候和环境充满更多未知的变化,随之而来气候风险也将越来越难以预测,极地水域的通航安全未来将具备更大的不确定性。如何准确评估或者预测易流态货物在极地水域的通航风险以及易流态货物在低温条件下的特性变化,也将是未来不可或缺的研究课题。

参考文献

[1] 交通运输部. 交通运输部关于公布水路运输易流态化固体散装货物安全管理规定的通知[Z]. 中华人民共和国国务院公报,2012(13):60-63.

[2] 江明光. 易流态化固体散货水路安全运输管理规定浅析[J]. 广州航海学院学报,2017,25(04):33-35.

[3] 傅继斌. 易流态化固体散装货物危险因素分析及对策研究[J]. 浙江海洋大学学报(人文科学版),2018,35(05):15-19.

[4] 贺翀. 船载易流态化货物运输风险管理研究[D]. 大连:大连海事大学,2020.

[5] 程秋达. 易流态化货物流态机理研究[D]. 大连:大连海事大学,2015.

[6] 沈斌,马军. 船舶载运易流态化固体散装货物的危险因素及对策[J]. 中国远洋航务,2016(10):62-64.

[7] 张建伟. 易流态货物舱内晃荡对舱段运动及稳性影响的数值研究[D]. 大连:大连海事大学,2016.

[8] 吴鹏,夏海波,吴建军,等. 基于模糊 Petri 网的易流态化货物海上运输风险评估[J]. 上海海事大学学报,2019,40(03):63-68.

[9] 胡甚平,轩少永,刘宇,等. 北极冰区船舶安全航行过程风险动态仿真[J]. 极地研究,2019,31(01):84-93.

[10] POLYAK L, ALLEY R, ANDREWS J. History of sea ice in the Arctic[J]. Quaternary Science

Reviews, 2010, 29(15-16): 1757-1778.

[11] KUM S, SAHIN B. A root cause analysis for Arctic Marine accidents from 1993 to 2011[J]. Safety Science, 2015, 74: 206-220.

[12] FU S, ZHANG D, MONTEWKA J, et al. Towards a probabilistic model for predicting ship besetting in ice in Arctic waters[J]. Reli ability Engineering & System Safety, 2016, 155: 124-136.

[13] 孙悦. 北极航线船舶跟驰航行安全研究[D]. 大连:大连海事大学,2020.

[14] 刘义. IMSBC规则A组货物的物性特征参数研究[D]大连:. 大连海事大学,2018.

[15] 陆海鸣. 201820年北极航行回顾及展望[J]. 世界海运,2021,44(11):24-27.

[16] 李武俊,安润莲,房云峰,等. 基于偏标加权法模糊综合评判的矿井涌水水源分析[J]. 中国煤炭地质,2012,24(04):35-37.

[17] 李芳,李东坪. 基于熵权法的组合评价模型[J]. 信息技术与信息化,2021(09):148-150.

[18] 吴建华,王政,陈宇里,等."永盛"轮穿越北极东北航道航行数据分析[J]. 航海技术,2018(01):19-22.

[19] 叶行专,倪宝玉."天佑"轮2018年首航北极冰区体会[J]. 航海技术,2019(05):4-7.

[20] 中华人民共和国海事局. 北极航行指南(西北航道)[M]. 北京:人民交通出版社股份有限公司,2015:79-81.

北极应急救援研究现状分析及展望

刘　荣[1,2]　吴　达[1,2,4]　韩吉如[1,2]　张　笛*[2,3,4]

(1. 武汉理工大学智能交通系统研究中心;2. 武汉理工大学国家水运安全工程技术研究中心;
3. 武汉理工大学交通与物流工程学院;4. 广东省内河港航产业研究有限公司)

摘　要　随着全球气候变暖,北极海冰面积逐年减少,北极航线的商业价值日益凸显。但船舶通航密度的增加同时也导致了船舶事故数量的上升。由于北极偏远的地理位置和恶劣的自然环境条件,救援的时效性往往会受到较大限制,分析北极地区应急救援研究现状对减小事故发生后的财产损失和人员伤亡具有重大现实意义。本研究从中国知网(CNKI)和Web of Science数据库收集了相关主题文献,基于文献,从法律制度与规范、港口与救援基地建设、应急救援装备技术、应急响应策略、多边协同合作5个方面对北极应急救援研究现状进行了分析,研究发现目前北极地区整体救援力量较为薄弱,相关国家缺少区域性合作。最后,在此基础上对北极地区应急救援的未来发展趋势进行了展望。

关键词　水运交通安全与风险评估　研究现状分析　未来展望　北极应急救援

0　引言

近些年来,随着全球气候变暖,北极地区的海冰面积逐年减小,北极通航船舶数量也随之增加。据北极理事会海事环境保护组织(PAME)提供的数据显示,在《极地规则》规定的北极地理范围内,2013—2019年的6年间,进入该地区航行的船舶数量由1298艘增加到了1628艘,增幅达到了25%。通航密度的增加同时也导致了船舶事故率的上升,根据安联公司(Allianze Global Corporate & Special)2020年发布的《安全与航运评述》数据显示,2010—2019年间北极地区一共发生了512起船舶事故,平均每年发生近51起,事故造成了重大的人员伤亡与财产损失,可见北极航行现阶段的安全问题不容忽视。

北极地区地处高纬度,常年伴随低温、大风等恶劣天气,自然条件恶劣,在船舶事故发生后救援时效性往往会受到较大的限制。1989年6月19日,马克西姆·高尔基号邮轮与斯瓦尔巴特群岛西南方向的一块浮冰相撞,在一场大规模的救援

1. 基金项目:湖北省自然科学基金重点类项目(2019CFA039)、韶关市引进创新创业团队项目(201208176230693)。

行动下，共有 953 名船员和乘客获救，这只是北极水域严重船舶事故案例之一。可以看出应急救援作为事故损失阶段的重要干预环节，能够有效减少人员伤亡以及财产损失，防止事态进一步扩大。

北极应急救援在近些年来得到了一定的发展。2011 年北极理事会签署了《北极搜救协定》，该协定就各成员国承担的北极搜救区域和责任进行了划分；2013 年北极理事会签署了《北极海洋石油污染预防与应对合作协议》；2016—2018 年间，北极地区进行了 3 次大型的应急搜救演习(SARexI-III)；2018 年 3 月，芬兰与北极理事会的应急预防、准备和响应工作组(PAME)进行了桌面演习，目标是提高在溢油事故中救援人员和保护环境的能力；2021 年 4 月，EPPR 工作组与北极海岸警卫队论坛举行了一次联合在线应急演习；2021 年 9 月俄罗斯在整个北极地区举行了一系列的救援演习活动。本文接下来将基于文献，从法律制度与规范、港口与救援基地建设、应急救援装备与技术、应急响应策略以及多边协同合作等 5 个方面对北极应急救援研究现状展开分析，并对北极应急救援的未来发展进行展望。

1 数据来源及研究方法

1.1 数据来源

本研究基于中国知网(CNKI)及 Web of Science(WOS)数据库，对 2011—2021 年间发表的有关北极应急救援的文献进行了检索，检索式设置如下：

中国知网(CNKI)：主题 =(“北极”or“极地”) and(“应急”)and(“救援”or“救助”)

WOS：主题 =(“arctic” or “polar”) and (“emergency”)and(“rescue”)

通过以上检索设置，并经过人工筛选后共得到中文文献 9 篇，英文文献 18 篇。

1.2 研究方法

本研究采用归纳总结与比较分析两种研究方法。根据文献研究内容归纳为 5 个主题，分别为法律制度与规范、港口与救援基地建设、应急救援装备技术、应急响应策略以及多边协同合作，并在相同的研究问题上比较分析不同学者的研究方法与成果。通过归纳与对比两种方法的综合运用，充分把握目前北极应急救援的研究现状。

2 研究现状分析

2.1 法律制度与规范

北极应急救援的法律制度经历了近半个世纪的演化，初期并没有形成系统的法律体系，而是依附于北极沿岸国的国内法。直到 2011 年 5 月 12 日，北极理事会在丹麦格陵兰岛努克举行了第七届北极理事会外长会议，会议签署了《北极搜救协定》[1]，该协定就各成员国承担的北极搜救区域和责任进行了约定。在该协定出台之前，关于北极水域的搜救责任问题由各沿岸国国内法决定，但是不同国家的利益存在一定冲突，《北极搜救协定》的出台结束了北极搜救法律制度的碎片化管理时代[2]。2013 年北极理事会还主要针对北极地区的石油应急污染事件签署了《北极海洋石油污染预防与应对合作协议》[3]。表 1 展示了北极应急相关法律的发展历史。

北极应急相关法律文件 表 1

年份(年)	国家/组织	文　件	备　注
1970	加拿大	《北极水域污染防治法》	法规
1990	俄罗斯	《北海航线航行规定》	法规
2002	国际海事组织	《北极冰区船舶操作指南》	通告
2005	加拿大	《北极船舶防污染法规》&《北极航行安全法》	法规
2009	国际海事组织	《极地水域船舶操作指南》	通告
2010	加拿大	《加拿大北部船舶交通服务区域条例》	法规
2011	北极理事会	《北极海空搜救合作协定》	法规
2013	北极理事会	《北极海洋石油污染预防与应对合作协定》	法规
2014	国际海事组织	《国际极地水域航行船舶规则》	法规

2.2 港口与救援基地建设

港口与救援基地作为应急救援的后勤保障单位,在救援过程中起到关键枢纽作用,其中现阶段研究主要集中在港口与救援基地的选址问题上,相关研究如表2所示。

Shan等[4]针对北极救援基地分布不够合理以及现存选址模型对北极海上救援基地选址问题适用度不够的问题,提出了一种新的集合双覆盖中值模型,并给出了模型求解算法,用于解决北极救援基地的选址问题。该模型覆盖北极所有海域,使得各个待救援点到救援基地的总距离成本和救援基地的建设成本达到最低。VanderBerg[5]提供了一种定量复合乘数方法,为北极地区185个潜在港口位置创建了影响值(PIV),这为港口的选址提供了参考资料,研究结果表明,良好的港口选址有助于提高应急救援的效率。

北极港口及救援基地选址相关研究 表2

文献作者(发表年份)	应用场景	方法/模型	目的
VanderBerg(2018)	北极地区—港口选址	定量复合乘数法	提高北极地区应急救援效率
Shan等(2019)	北极地区—救援基地选址	集合双覆盖中值模型	解决现存北极救援基地分布不合理问题

从北极地区广阔的地理范围来看,目前救援基地的数量无法满足日益增长的北极应急救援需求。为了建设完善的应急救援体系,对北极救援基地选址进行优化,同时加快北极地区救援基地建设是当前的重要任务。

2.3 应急救援装备与技术

随着科技的不断创新发展,许多高科技装备与技术开始应用于海上交通应急救援领域,其中包括救援机器人、无人机与货运飞艇、远程医疗技术、水下信息支援保障技术,这些成果对于推动北极应急救援发展起到了重要作用。

在远程医疗救助方面:吕传禄等[6]分析了极地搜救面临的挑战和搜救各阶段面临的医学保障问题,并在此基础上探讨了极地搜救相关的医学保障研究需求;Ashenafi等[7]对极地远程医疗技术的发展进行了系统性的回顾,研究结果表明与北极应急救援有关的远程医疗服务没有得到充分的使用。

在无人机与货运飞艇应用方面:张贺等[8]通过文献回顾的形式对无人机在极地区域实施救援的可行性以及面临的制约因素等方面进行了综合分析;Prentice等[9]讨论了货运飞艇在北极地区应急救援响应中的应用前景,研究结果表明,利用货运飞艇可以及时为北极地区提供大规模的救援物资运输服务,且成本比其他运输方式低。

在机器人救助应用方面:郭伟超[10]对“极地”救援机器人的设计方案进行了探究,包括外部结构、驱动装置以及备用箱等方面,研究结果表明“极地”救援机器人具有广阔的发展前景,研制“极地”救援机器人有重要的现实意义,如果研发成功,必将在“极地”救援工作中发挥积极作用,产生良好的社会影响和经济效益。

在水下信息支援保障技术方面:黄高明等[11]提出了一套北极水下信息支援保障体系,该体系由水下数据库支撑体系、水下情报搜集体系、水下侦察预警体系、水下导航定位体系和水下信息交换体系5个部分构成,在北极应急救援过程中提供详细的水下安全信息,为救援提供安全保障。

除上述研究之外,对北极应急救援装备与技术的研究还包括破冰船救助[12],高纬度卫星通信与导航技术[13]。

2.4 应急响应策略

应急响应策略是在有限的信息、资源、时间条件下对于突发事件的处置方案,以最大限度地减少事件造成的损失。如表3所示,现阶段北极地区应急响应策略研究主要围绕救援资源调配以及人员疏散应急决策模型的构建。

北极应急响应策略相关研究 表3

文献作者(发表年份)	理论/方法	模型/系统	作用
范厚明等(2016)	复杂网络理论	北极海上救助响应强度网络	为北极海上救助相关决策提供参考
Andreassen等(2018)	案例分析法	北极应急响应协调模型	协调北极突发事件下各部门组织的协同合作关系以及响应策略的制定

续上表

文献作者(发表年份)	理论/方法	模型/系统	作　用
Kruke 等(2021)	案例分析法	北极地区特殊挑战应急预案	提高北极海域发生重大海上事故时调整应对能力
Camur 等(2021)	网络优化原理	北极阿拉斯加地区大规模救援事件应急响应优化模型	最小化突发事件对疏散人员的影响和平均疏散时间
Alexander 等(2021)	人工神经网络	北极突发事故智能决策支持系统	预测北极地区的事故发展趋势并快速制定响应决策,优化区域救援力量的分配
Grabowski 等(2021)	信息共享理论	北极溢油事故响应资源动态调度模型	解决北极石油泄漏事故中救援资源分配问题
Thomas 等(2021)	专家评估法	北极事故场景下生命安全后果模型	为北极地区人员安全撤离提供指导方案

范厚明等[14]在分析北极海上救助现状和应急响应网络特征的基础上,引入复杂网络理论,构建加权复杂网络,并对其拓扑性质进行研究,得到各国的北极海上救助响应强度及网络的关键节点。Andreassen 等[15]通过分析挪威海上应急行动案例,构建了北极应急响应协调模型,用于应对北极突发事故背景下各组织间协调合作面临的挑战。Kruke 等[16]研究了参与北极 SARexII 演习的船员和乘客群体在船舶事故后可能有助于生存的应急响应策略。Camur 等[17]提出了一个模型,用于优化在北极阿拉斯加大规模救援事件的应急响应,该模型包含大规模海上疏散事件的动态决策,目标是最小化事故对疏散人员的影响和平均疏散时间。Alexander 等[18]提出了一套智能决策支持系统,该系统能预测北极地区的事故发展趋势并快速制定响应决策,从而优化区域救援力量分配。Grabowski 等[19]针对北极石油泄漏事件的救援资源分配问题,对北极溢油事故响应的动态资源调度模型进行了数据分析。Thomas 等[20]基于专家评估方法为北极船舶撤离提供了一个基于事故场景的生命安全后果模型,研究结果表明,反应时间和疏散时间对事故后果严重程度的影响最大。

2.5　多边协同合作

《北极搜救协定》的出台为北极理事会的 8 个成员国在应急搜救中的合作提供了法律制度的基础,但是某些国家并没有按法律履行其相应的搜救责任[21]。北极地区地理范围广阔、自然环境条件恶劣、加上沿海基础设施建设的匮乏[22],应急救援工作急需不同国家以及组织之间的协同合作。

目前关于协同合作的主要研究有:肖洋[23]分析了目前北极搜救合作的现状,探讨了目前合作面临的障碍,最后针对如何缩小救援能力差距提出了相应对策;范厚明等[24]在综合分析北极海上救助现状与特征的基础上,提出参与北极海上救助的观点,并分析了中国参与北极海上救助的必要性和已具备的条件;Kristoffer 等[25]运用政权理论的概念框架对北极搜救合作进行了研究,研究结果表明由于北极资源和基础设施有限,国际合作尤为重要;Roud 等[26]对挪威北冰洋地区应急响应管理展开了研究,结论表明,组织间的沟通和信息共享是正向影响集体救援效率的先决条件和中介变量。Mileski 等[27]的研究结果表明,在北极应急救援中,有关利益方之间的合作有利于制定适当的预防措施和应急计划,合作不仅能提高救援效率,还能提高救援的反应速度;Liu 等[28]分析了北极海上救援的现状,运用复杂网络理论描述了北极海上救援应急响应网络化系统的特点,并建立了加权复杂网络模型,进行了实证研究。结果表明,保障北极地区船舶的航行安全,需要有关国家的联系合作。

目前北极地区在应急救援的合作主要集中在北极理事会的主要成员国之间,随着北极航线的常态化运营,越来越多的组织和国家将会加入到北极的应急救援体系中来。

3　研究趋势分析与展望

本研究基于历史文献对北极应急救援研究现状进行了分析,在此基础上,进一步从法律制度与规范、应急救援装备与技术、应急响应策略以及多边协同合作等方面对北极应急救援的未来研究趋势进行展望,并提出北极应急救援未来综合发展框架,如图1所示。

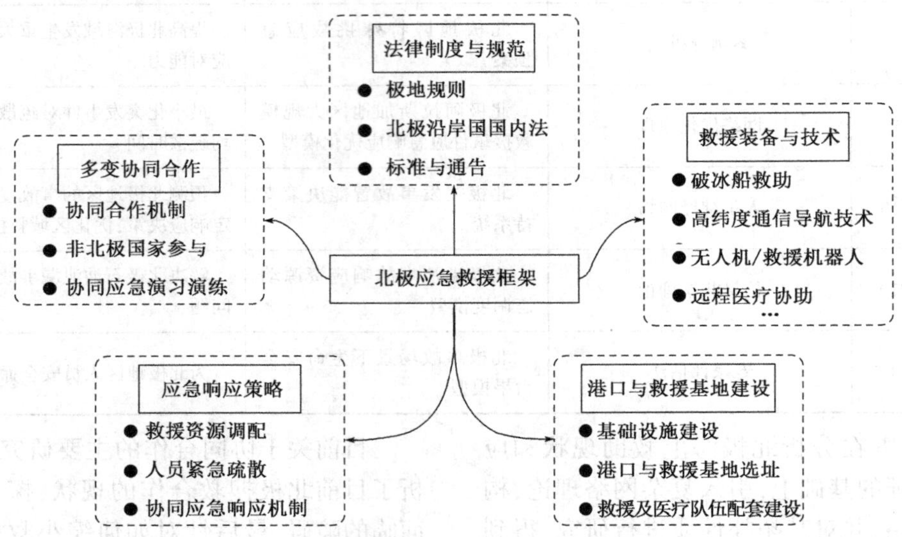

图1　北极应急救援框架

在法律制度与规范方面,北极地区由于其政治敏感性,各北极理事会成员国更多关注的是争夺在该地区的利益和资源,而应急搜救工作需要的是经济投入与信息共享,两者存在一定矛盾。为了解决此类矛盾,北极理事会在未来应出台相应强制法律措施,要求各国秉持国际人道主义精神,对负责区域内突发事故采取快速高效的救援行动,同时处理搜救法与不同国家政府令之间的潜在矛盾也是未来需要解决的主要问题。

在港口与救援基地建设方面,目前的北极地区整体的基础设施条件较为落后。港口与救援基地建设作为应急体系的重要组成部分,起到了后勤保障的重要作用。目前的研究主要集中在港口以及救援基地的选址问题。在确定良好选址的情况下,未来研究的问题应集中在建设港口以及救援基地等基础设施,组建专业的应急救援以及医疗队伍,最大限度保证救援行动的时效性。

在应急救援装备与技术方面,研究成果正呈现出智能化、无人化的发展趋势,无人机、救援机器人等高科技产品现已被证实可以在北极等极端环境条件实现高效的救援行动,智能化救援装备技术具有较高的机动性和较广的覆盖面,能够保证救援的时效性。无人化装备技术相较于传统的救援方式,在很大程度上减小了救援人员在北极复杂环境下的救援风险。

在应急响应策略方面,目前的研究主要围绕救援资源调配和人员疏散问题构建应急响应模型,对突发事件进行应急响应决策,而针对事故发生后船舶自救保全的应急措施的有关研究较少。由于北极救援时效性的限制,船舶在请求外界救援的同时也需考虑自救行动,其中包括对船舶危险程度以及周围通航环境的充分评估以及应急措施的制定与实施等,未来有关北极地区应急响应决策的研究应结合外界和船舶内部双层面展开。

在多边协同合作方面,现有的多项研究已证明国际协同合作机制有利于提高救援的效率以及反应速度,为提高不同国家之间的合作默契,应急演习演练是最佳的方式。通过不同类型的突发事故演习,可以制定对应的应急计划。考虑目前国际严峻的疫情形式,可以借鉴“北极卫士2021”演习的桌面在线推演的形式,这样不仅可以让所有相关国家参加,而且能够有效降低演习的风险。

4　结语

近年来,北极航运呈快速发展势头,但是突发船舶事故数量的增加也引发了各界对于北极船舶航行安全的思考。应急救援作为事故损失阶段的重要环节,能够有效减少财产损失以及人员伤亡。目前,俄罗斯的“北极2035”战略体系已经明确要发展北极综合应急救援中心,扩大基础设施建设,组织演习和培训。为了解北极地区目前应急救援现状,文章从法律制度与规范、港口与救援基地建设、应急救援装备技术、应急响应策略、多边协同合作等5个方面对北极应急救援研究现状进行了分析,并对其未来发展进行了相关展望。可以看出,北极地区目前针对突发事件的整体救援力量较为薄弱,救援行动缺乏区域性的协同合作。为进一步构建北极地区应急救援体系,未来行业各界与政府部门应致力于完善北极地区应急救援法律制度,加快港口与救援基地建设,升级救援装备技术,同时还须重视船员以及救援人员的应急培训,不同国家与组织间应定期举行跨区域应急演习演练活动,从而有效减少北极突发事故带来的生命财产损失。

参考文献

[1] 韩立新,王大鹏. 中国在北极的国际海洋法律下的权利分析[J]. 中国海商法研究,2012,23(03):96-102.

[2] Kao S M, Pearre N S, Firestone J. Adoption of the Arctic Search and Rescue Agreement: A Shift of the Arctic Regime toward a Hard Law Basis? [J]. Marine Policy, 2012, 36 (3): 832-838.

[3] Prevention P E, Response (EPPR). Appendix IV: Operational Guidelines 2017, Agreement on Cooperation on Marine Oil Pollution Preparedness & Response in the Arctic [Z]. 2017.

[4] Shan Y, Zhang R. Study on the Allocation of a Rescue Base in the Arctic [J]. Symmetry, 2019, 11 (9): 1073.

[5] VanderBerg J D. Optimal Arctic Port Locations: a Quantitative Composite Multiplier Analysis of Potential Sites[J]. Polar Geography, 2018, 41 (1): 55-74.

[6] 吕传禄,甘辉亮,李旭霞,等. 极地搜救医学问题的分析与思考[J]. 海军医学杂志,2021,42(01):123-124+128.

[7] Woldaregay Ashenafi Zebene, Walderhaug Ståle, Hartvigsen Gunnar. Telemedicine Services for the Arctic: A Systematic Review. [J]. JMIR medical informatics, 2017, 5 (2): e6323.

[8] 张贺,李雪华,武岳,等. 从加拿大北极医疗救援现状探讨极地无人机搜救的可行性及制约因素[J]. 中华灾害救援医学,2021,9(11):1321-1323+1327.

[9] Prentice B E, Lau Y Y, Ng A K Y. Transport Airships for Scheduled Supply and Emergency Response in the Arctic [J]. Sustainability, 2021, 13 (9): 5301.

[10] 郭伟超. "极地"救援机器人设计方案探究[J]. 科技创新导报,2011(07):251-252.

[11] 黄高明,陈晓琳,赵伊娜. 北极水下信息支援保障体系的构建思考[J]. 海军工程大学学报(综合版),2016,13(04):69-73.

[12] 高歌. 北部海区专业救助船冰区救助研究[J]. 中国水运,2017(5):21-22.

[13] Freitag L, Ball K, Partan J, et al. Long Range Acoustic Communications and Navigation in the Arctic [C]//OCEANS 2015-MTS/IEEE Washington. IEEE, 2015: 1-5.

[14] 范厚明,赵琪琦,刘益迎. 北极海上救助应急响应复杂网络[J]. 中国航海, 2016, 39(02):76-81+105.

[15] Andreassen N, Borch O J, Ikonen E S. Managerial Roles and Structuring Mechanisms within Arctic Maritime Emergency Response [C]. Northern Research Forum, 2018.

[16] Kruke B I, Auestad A C. Emergency Preparedness and Rescue in Arctic waters[J]. Safety Science, 2021, 136: 105163.

[17] Mustafa C C, Thomas C S, Clare D, et al. Optimizing the Response for Arctic Mass Rescue Events [J]. Transportation Research Part E: Logistics and Transportation Review, 2021, 152: 102368.

[18] Matveev A, Bogdanova E. Functional Model of an Intelligent Decision Support System for Responding to Transport Emergencies in the Arctic Zone [J]. Transportation Research Procedia, 2021, 57:363-369.

[19] Martha Grabowski, Christopher Rizzo, Travis Graig. Data Challenges in Dynamic, Large-scale Resource Allocation in Remote Regions [J]. Safety Science, 2016, 87:76-86.

[20] Browne T, Veitch B, Taylor R, et al. Consequence modelling for Arctic ship evacuations using

expert knowledge[J]. Marine Policy, 2021, 130: 104582.

[21] Ford J, Clark D. Preparing for the Impacts of Climate Change Along Canada's Arctic Coast: The Importance of Search and Rescue[J]. Marine Policy,2019,108:103662.

[22] Hill E, LaNore M, Véronneau S. Northern Sea Route: an Overview of Transportation Risks, Safety, and Security[J]. Journal of Transportation Security, 2015, 8 (3): 69-78.

[23] 肖洋.北极海空搜救合作:成就、问题与前景[J].中国海洋大学学报(社会科学版),2014(03):8-13.

[24] 范厚明,赵琪琦,刘益迎.中国参与北极事务之海上救助的必要性及路径研究[J].中国海洋大学学报(社会科学版),2015(05):13-17.

[25] Sydnes A K, Sydnes M, Antonsen Y. International Cooperation on Search and Rescue in the Arctic[J]. Arctic Review, 2017, 8.

[26] Roud E. Collective Improvisation in Emergency Response[J]. Safety Science, 2021, 135: 105104.

[27] Mileski J, Gharehgozli A, Ghoram L, et. al. Cooperation in Developing a Disaster Prevention and Response Plan for Arctic Shipping[J]. Marine Policy, 2018, 92: 131-137.

[28] Liu Y, Fan H, Zhao Q. Complex Network Theory Model of Arctic Marine Rescue and Emergency Response[J]. International Journal of Simulation: Systems, Science and Technology, 2016.

极地航行船员行为影响因素分析

杨婴君[1] 贾哲[1] 席永涛[*1] 付姗姗[2]

(1.上海海事大学商船学院;2.上海海事大学交通运输学院)

摘 要 随着北极航线的开发和利用,极地航行安全问题受到了越来越多的关注。船员在极地航行面临海冰环境、经验缺失、设备可靠性降低等方面问题,易诱发船员不安全行为。针对极地航行中人因可靠性问题,本文采用人为因素分析及分类系统(Human Factors Analysis and Classification System, HFACS)和行为影响因子(Performance Influencing Factors, PIF),结合船舶极地航行的实际情景特征,构建了极地船员行为影响因子分析模型 HFACS-Polar Navigation Analysis (HFACS-PHA)。该模型共由组织的完善程度、不安全监督和不安全行为的前提条件3方面的16个因素组成,能够系统化与结构化地表示极地船员航行过程的行为影响因子,有助于提高极地船员人因可靠性。

关键词 极地航行 人因可靠性分析 HFACS 行为影响因子

0 引言

随着极地航道的开发与利用,极地航行越来越频繁,然而在环境极度恶劣且脆弱的极地地区,航行安全一直受到人们的关注。人是海上运输系统的主体,人因失误会直接或者间接导致事故的发生,是威胁极地航行安全的主要原因。因此,在对极地航行进行安全分析时,应该充分考虑人为因素的影响,找出船员产生人因失误的影响因子,提高极地航行的安全性[1]。

近年来,国内外学者在极地安全问题和极地航行人因可靠性分析方面有着诸多研究。付姗姗等[2]提出了层次分析模型,以识别出影响北极航行船舶安全的重要因素。张爱琳[3]通过改进HFACS模型,构建了船舶引航员人因失误定性分析模型和应急行为可靠性指标体系,为水上交通系统中人因失误分析提供理论依据。Zhang等[4]通过建立冰区船舶与破冰船碰撞事故的人与组织因素模型,识别和分类碰撞风险因素。马晓雪等[5]在韧性理论视角下,分析北极航行风险,构建北极航行风险的韧性认知体系,建立北极航行风险级联效应分析模型。于景田等[6]基于HFACS模型建立了HFACS-PA模型,用定量的方法得出了人为失误对内河引航事故的影响程度。席永涛等[7]构建行为形成因子模型,系统化分析海运人因可靠性分析中的行为形成因子。Bushra等[8]提出了一种基于面向对象的贝叶斯网络模型,根据天气和冰况以及航行和操作系统的状态预测船舶冰撞概率。

鉴于此,本文采用人为因素分析与分类系统(Human Factors Analysis and Classification System, HFACS)和行为影响因子(Performance Influencing Factor, PIF),结合船舶极地航行的实际情景特征,构建了极地船员行为影响因子分析模型(HFACS-Polar Navigation Analysis, HFACS-PHA),并对极地航行中船员人因可靠性分析中的行为影响因子进行分析。

1 HFACS模型

人为因素分析及分类系统(HFACS)是包含4个因素的层级模型,该模型导致事故发生的因素为不安全行为、不安全行为的前提条件、不安全监管和组织影响4个层级,其中"不安全行为"层级是直接导致事故发生的人为因素,其他层级是潜在人为因素。该模型为人因失误的分析提供了广泛框架[9]。

2 人因可靠性分析方法

现有的人因可靠性分析方法(Human Reliability Analysis, HRA)包括人因失误概率预测技术(Technique for Human Error Rate Prediction, THERP)、人因失误评估和减少方法(Human Error Assessment and Reduction Technique, HEART)、成功似然指数方法(Success Likelihood Index Method, SLIM)、认知可靠性和误差分析方法(Cognitive Reliability and Error Analysis Method, CREAM)以及人因失误分析技术(A Technique for Human Event Analysis, ATHEANA)等,这些方法包含不同的术语用以描述导致人因失误的因素。例如:行为影响因子(Performance Influencing Factors, PIF)、行为形成因子(Performance Shaping Factors, PSF)、失误诱发条件(Error Producing Conditions, EPC)、通用性能条件(Common Performance Condition, CPC)、迫使失误环境(Error Forcing Context, EFC)等。本文选用PIF来表示极地船员操作时的情景环境,构建极地船员的行为影响因子模型。表1对以上5种HRA方法中涵盖的行为影响因子进行了汇总。

HRA方法的行为影响因子 表1

HRA方法	行为影响因子
THERP	情景特征、工作和任务特性、任务和设备特性、心理压力源、组织因素
HEART	缺乏必要的时间对失误进行检测和纠正、对太易获得的信息或特征抑制或无视、操作者模型设计与设计者想象的不匹配、对非故意行为没有纠正手段、大量非冗余信息同时出现等
SLIM	应激水平、训练水平、任务时间、作业特性、程序质量
CREAM	组织的完善程度、工作条件、MMI与运行支持的完善程度、程序/计划的可用性、同时出现的目标数量、可用时间、值班区间、培训和经验的充分性、班组成员的合作质量
ATHEANA	环境条件、程序、培训、交流通讯、监督、人员配置、人机界面、组织因素、压力

3 HFACS-PHA

3.1 HFACS-PHA模型的建立

HFACS-PHA模型旨在分析极地船员的行为影响因子,即事故发生的潜在人为因素,HFACS框架中的"不安全行为"层级是导致事故发生的直接因素,故应删除"不安全行为"层级。根据每个层级中人为因素的内涵,用现有HRA方法中的PIF表示HFACS框架,并在现有层级基础上增加极地航行特有的因素,以此构建HFACS-PHA模型,如图1所示。

3.1.1 组织的完善程度

组织的完善程度对极地航行过程中船员的状态产生一定的影响。组织的完善程度包括极地组织过程的完善程度、极地资源管理的完善程度和极地组织氛围的完善程度,如表2所示。

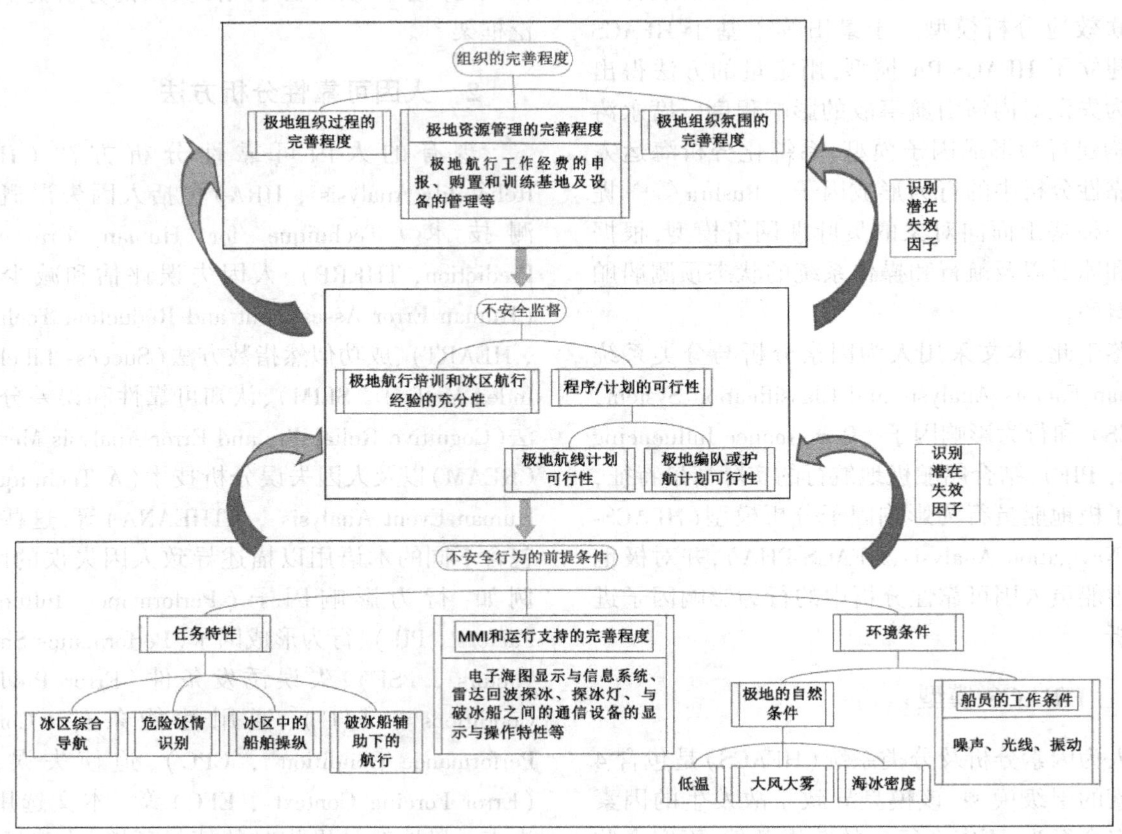

图1　HFACS-PHA模型

组织的完善程度　　表2

因　　素	备　　注
极地组织过程的完善程度	极地组织过程指的是极地船员的调度与操作等
极地资源管理的完善程度	极地资源管理指的是极地航行工作经费的申报、负责建立、购置和管理极地航行训练基地及其设施设备等
极地组织氛围的完善程度	极地组织氛围指的是关于极地的文化宣传和相关政策的制定

如表2所示，完善的组织过程不仅提高船员的工作效率，而且使得极地航行有了组织保障和安全保障，减少事故的发生；完善的资源管理促进极地航行的顺利开展，为船员的培训提供资源保障，使船员在开航前接受充分的培训，减少航行过程中的人因失误；完善的极地组织氛围可以使船员在航行过程中提高自身积极性，并督促自己按规定完成相关操作，减少由于疏忽、懈怠等心理造成的人因失误。

3.1.2　不安全监督

事故发生致因中的不安全监督属于管理层面，它是导致极地船员发生人因失误的隐性因素。不安全监督的行为影响因子包括极地航行培训和冰区航行经验的充分性、程序/计划的可用性。

如表3所示，极地航行与正常海域航行不同，由于极地航道的地理位置和环境的特殊性，它对船员的操作技术有更高的要求。自极地航道开发以来，虽然各国都成功组织过极地航行科考工作，但船员的极地航行经验十分匮乏，船员在航行过程中可能会出现操作不当或遇到设备异常时处理不当的情况，导致事故的发生[10]。

不安全监督 表3

因　素	备　注
极地航行培训和冰区航行经验的充分性	极地航行培训和冰区航行经验是指经过冰况不同的冰区时，船长、大副和值班驾驶员等船员需要参加相应的培训，并具备冰区航行的经验
程序/计划的可用性	极地航行的程序和计划主要指极地航线的计划和极地编队航行或护航计划

极地航行存在特殊性及不确定性，极地航行的程序和计划的可用性对航行安全尤为重要，开航前制定极地航线计划和极地编队或护航计划，有助于提高极地航行人因可靠性。

(1)制定极地航线计划。极地航行的航线计划需要考虑船舶的操作限制、风、浪、冰情等环境因素以及航行任务等，并且启航前需要规划航行路线。不合理的航线计划会增加极地航行过程中人因失误的发生概率。

(2)制定极地编队或护航计划。极地航行过程中，需要确定编队的航行顺序，同时需要根据实际情况调整编队的航行方向以及航行速度。当极地船舶经过海冰密集区且没有足够的破冰能力时，需要护航船舶进行破冰作业，编队航行时，破冰船引领被护航船舶前进，如何控制被护航船舶的跟驰速度以及与破冰船舶的安全距离，需要进行合理的计划与决策。不合理的编队和护航计划易造成船员的人因失误，导致碰撞等事故。

3.1.3　不安全行为的前提条件

不安全行为的前提条件包括任务特性、MMI与运行支持的完善程度和环境条件。

如表4所示，不安全行为的前提条件会直接导致极地船员不安全行为的发生，从而造成人因失误。

不安全行为的前提条件 表4

因　素	备　注
任务特性	任务特性指的是冰区综合导航、危险冰情识别、冰区中的船舶操纵和在破冰船辅助下的航行
MMI与运行支持的完善程度	MMI与运行支持的完善程度指电子海图显示与信息系统、操舵设备、探冰灯、雷达回波探冰、与破冰船之间的通信设备的显示与操作特性的完善程度
环境条件	环境条件包括极地的自然环境和船员的工作环境

(1)任务特性有以下四个方面：

①冰区综合导航。冰区综合导航是船员在航行过程中需要完成的一项任务，船员需要会使用驾驶室内的各种设备，如探冰灯、冰图等，使船舶在规划航线方向上顺利航行。该任务的失败会导致冰中迷路的情况，船舶长时间滞留冰区易造成船体损坏，出现人因失误。

②危险冰情识别。极地航行过程中对冰情的识别是船员需要完成的一项重要任务，船员对冰情的识别或分析不当会导致船舶找不到航路而受困，威胁船员及船舶安全。

③冰区中的船舶操纵。与传统海域航行不同，极地船员需要掌握冰区航行时的船舶操纵，包括对船舶进出冰区时速度和角度的控制以及穿越冰区时航向和速度的控制。极地冰区船舶的操纵不当会出现人因失误，发生船冰碰撞事故，造成船体损坏。

④破冰船辅助下的航行。如果船舶在海冰较重的区域航行，则应由破冰船协助，并且船员应检查船舶的速度，与破冰船保持安全距离，掌握与破冰船间通信设备的使用，避免与破冰船发生碰撞等事故。

(2)MMI与运行支持的完善程度之所以是不安全行为前提条件之一，是因为在极地航行过程中，船舶的设备运行状态与船员的行为和状态产生互馈作用，例如，破冰过程中，船舶的设备工况会影响船员的决策行为，驾驶台设备的显示特性或操作特性异常会使驾驶员高估或低估甚至预判破冰态势。

(3)环境条件包括自然环境和工作环境。影响极地航行的主要因素是极地的环境条件，极地的气候存在低温、大风大雾和海冰密度等显著特征。除此之外，船员工作环境也是容易造成人因失误的因素，因此这些环境因素都应是船员的行为影响因子。

①极地的自然环境。受寒带气候的影响，极地的所有海域气温都在0℃以下。低温不仅会增加海冰密度，加大船员操纵难度，还会对船员的生理状态和心理状态造成影响，从而产生人因失误。极地受到低压的影响，经常会出现强风，极地还会出现大雾；强风影响船员操作的稳定性，大雾会影响极地航道的能见度，对船员的操作产生持续影响，此时若船员操纵不当，极易产生人因失误。海冰是极地环境的主要特征，当船舶处于稀冰和疏冰状态时，航行存在危险，处于密冰、集冰状态时，需要破冰船协助航行，容易产生人因失误。

②船员的工作环境。工作环境指的是极地船员执行任务所在的场地，工作环境会对船员的行为绩效产生一定的影响。船员的工作环境包括船员执行任务时所听到的噪声、看到的光线和感受到的振动等。例如，极地船舶在冰区航行时与海冰撞击产生的噪声以及振动感会造成船员的注意力分散或使船员产生烦躁的情绪，从而造成人因失误。

3.2　研究结果

船舶极地航行事故的主要原因是人的不安全行为，极地航行船舶船员不安全行为产生的影响因素较一般水域不同。本文通过建立HFACS-PHA模型识别极地船员行为的影响因素。模型包括3个方面，即组织的完善程度、不安全监督、不安全行为的前提条件。这3个方面共包含16个要素，即各方面包含的8个要素及这8个要素包含的8个子要素。其中，第1方面“组织的完善程度”中的要素包括极地组织过程的完善程度、极地资源管理的完善程度、极地组织氛围的完善程度；第2方面“不安全监督”的要素包括极地航行培训和冰区航行经验的充分性、程序/计划的可行性；第3方面“不安全行为的前提条件”的要素包括任务特性、MMI和运行支持的完善程度和环境条件。要素“程序/计划的可行性”的子要素包括极地航行计划可行性和极地编队或护航计划可行性。要素“任务特性”的包括的子要素为冰区综合导航、危险冰情识别、冰区中的船舶操纵、破冰船辅助下的航行。要素“环境条件”的子要素包括极地的自然条件和船员的工作条件。

4　结语

本文在HFACS模型的基础上，用现有的几个人因可靠性分析方法的PIF描述极地船员的人因失误影响因子，构建了极地船员人因可靠性分析中的行为影响因子分析模型HFACS-PHA。该模型建立在HFACS的基础上，针对极地航行的特点进行了优化，通过分析极地船员的行为影响因子，使得船员的PIF更加系统化与层次化，促进了极地航行的人因可靠性分析发展。

参考文献

[1] Shyu W, Ding J. Key factors influencing the building of Arctic shipping routes [J]. The Journal of Navigation, 2016, 69(6): 1261-1277.

[2] 付姗姗，张笛，张明阳，等. 北极水域船舶航行环境风险影响因素识别[J]. 哈尔滨工程大学学报，2017，38(11)：1682-1688.

[3] 张爱琳. 船舶引航员人因可靠性分析[D]. 厦门：集美大学，2021.

[4] Zhang M, Zhang D, Goerlandt F, et al. Use of HFACS and fault tree model for collision risk factors analysis of icebreaker assistance in ice-covered waters [J]. Safety Science, 2019, 111: 128-143.

[5] 马晓雪，何佩龙，乔卫亮，等. 韧性视域下北极航行风险级联效应分析[J]. 极地研究，2022：1-20.

[6] 于景田，赵俊超. 引航事故人为失误致因分析研究[J]. 中国水运，2019，(01)：59-61.

[7] 席永涛，胡甚平. 海运人因可靠性分析中行为形成因子模型[J]. 中国航海，2012，35(01)：66-70.

[8] Khan B, Khan F, Veitch B, et al. An operational risk analysis tool to analyze marine transportation in Arctic waters [J]. Reliability Engineering & System Safety, 2018, 169: 485-502.

[9] Zarei E, Yazdi M, Abbassi R, et al. A hybrid model for human factor analysis in process accidents: FBN-HFACS [J]. Journal of loss prevention in the process industries, 2019, 57: 142-155.

[10] IMO. Polar Code-International Code for Ships

Operating in Polar Waters [M]. London: Micropress Printers Ltd. ,2016.

基于船舶领域的文莱摩拉港通航能力评价

朱清华[1] 席永涛[1] 胡甚平*[1] 韩 冰[2]
(1. 上海海事大学商船学院;2. 上海船舶运输科学研究所)

摘 要 为解决文莱摩拉港船舶压港,提高航道利用率,亟须准确地评估该港的航道通航能力。基于船舶自动识别系统(AIS)数据,以经典航道通航能力模型为基础,引入船舶领域实证方法,进而构建一种考虑船舶领域的航道通航能力计算模型。以文莱摩拉港为例,对所提出的航道通过能力模型进行实证分析。计算结果表明,5 万 t 以上的船舶通航能力为 3.4893 艘/h;3 万 ~5 万 t 的船舶通航能力为 3.4891 艘/h;1 万 ~3 万 t 的船舶通航能力为 23.4784 艘/h;0.5 万 t 以下的船舶通航能力为 46.2482 艘/h;经过船舶换算系数和泊位通过能力换算后,该港航道内的船舶通航能力为 25.6095 艘/h。本文所建立的基于船舶领域的航道通航能力计算模型能够有效地评价文莱港的实际航道通航能力。

关键词 水路运输 改进船舶领域的实证方法 通航能力 AIS 数据 文莱摩拉港

0 引言

摩拉港是文莱仅有的深水港口且在国际贸易中扮演着重要运输通道的角色。文莱 90% 的货物(油气除外)进出口均依靠摩拉港。该港港口区位具有很强的优势,然而长期落后的运营管理技术使得本来坐拥的有利地位没能得到体现,加上日益增长的物流成本,摩拉港的发展受到严重限制。近期摩拉进行港口码头改造,未来摩拉港进出港口船舶尺度和数量将大幅增加。在确保安全的前提下,如何计算出满足港口环境条件的港口航道船舶通航能力和泊位通航能力。对于提高航道利用率,减少船舶压港有十分重要的现实意义。

在航道通过能力研究方面,张江南[1]分析了乘潮港口航道的通过能力;刘宗杨等[2]采用元胞自动机对双向分段航道的通过能力进行建模与仿真;王展等[3]通过分析单向航道船舶交通流的特征,发现船舶减速对单向航道通航能力有着重要的影响;刘敬贤等[4]结合船舶种类聚类并且针对单双向通航方式并存的混合通航航道,有效地计算出航道的通过能力。随着船舶领域的不断发展,大量学者发现引入船舶领域能够有效地评估航道通航能力:早期,日本学者[5]通过建立椭圆形船舶领域模型来评价日本开阔水域的航道通过能力;随后司文静等[6]采用排队论和船舶领域分析沿海双向航道的通过能力。在特殊船舶航道通航能力计算方面,为对游览船和货船交替通行等复杂水域下的航道通过能力进行评价,翁金贤等[7]结合内河船舶领域,构建出基于游览船运营特征的航道通过能力模型;针对液化天然气船通航的特殊性,廖诗管等[8]提出了一种船舶领域的实证方法,构建出 LNG 船通航模式下的航道通过能力模型。这些研究都为摩拉港航道通航能力研究提供了良好的借鉴。本文将结合船舶领域,对传统航道通航能力进行改进,用以计算文莱港复杂水域类各类船舶的航道通航能力。

围绕港口泊位改造升级项目,以安全生产为基础,分析摩拉港航道通过能力,为未来的政府决策提供参考依据。结合实际数据,通过 AIS 数据筛选、分析,结合航道通航能力计算方法,在 MATLAB 环境下进行计算,分析该港航道通航能力。

1 航道通过能力计算模型

1.1 设计通过能力计算方法

航道通过能力是指在理想的影响因素条件下,航道单位时间内允许通过的最大船舶艘次;如果考虑大能见度、航道宽度、船舶类型组成、连续

1. 基金项目:复杂水上交通系统安全性演化与涌现机理研究(19KJB580017)。

船舶之间所需的最小间隔等因素,就需要拟定一个航道的设计通过能力,显然,设计基本通过能力要高于设计通过能力。基本通过能力[9]为

$$C_b = W\rho_{max}\bar{v} \tag{1}$$

式中:C_b——基本通过能力;

W——航道宽度;

ρ_{max}——单位航道宽度上船舶交通流密度理论最大值;

$\bar{v}$——船舶平均船速。

这种针对纵向航道通过能力进行评价的方法显然并不适用于各类船舶以不同航速航行的摩拉港水域。在该水域,各类型的船舶频繁交叉通行。因此,在考虑到航道宽度和不同船舶种类及其船舶领域的因素下,文莱摩拉港航道的设计通过能力 C_{tra} 为

$$C_{tra} = W \cdot N \frac{\sum_{i=1}^{n} \frac{1}{\frac{D_i}{2} + L_i}}{n} \cdot V_{ship} \tag{2}$$

式中:N——航道允许并排航行的船舶数量;

D_i——船舶 i 领域纵向长度;

L_i——船舶 i 本身长度;

n——过境船舶数量。

在摩拉港,船舶的最大通行能力主要受船舶发船频次和码头数量等因素影响。因此,码头的设计通过能力 C_{tou} 为

$$C_{tou} = \sum_{j=1}^{m} F_j \tag{3}$$

式中:F_j——码头 j 单位小时的发船艘次;

m——码头数量。

综上,考虑文莱摩拉港水域的航道通过能力 C_b 为

$$C_b = W \cdot N \frac{\sum_{i=1}^{n} \frac{1}{\frac{D_i}{2} + L_i}}{n} \cdot V_{ship} + \sum_{j=1}^{m} F_j \tag{4}$$

本文提出的文莱摩拉港水域的航道通过能力评价方法在传统方法的基础上,综合考虑各类型船舶,使之适用于船舶种类复杂的航道的通航能力评价。

$$C_t = C_b \cdot p \cdot u \tag{5}$$

式中:C_t——航道总通过能力;

C_b——某类船型通过能力;

p——船舶占比;

u——船舶换算系数[7]。

1.2　船舶领域

船舶域的边界决定了其应用效果。在繁忙的水域中,两艘船之间的间距通常很小。特别是在狭窄的水道中,机动性受限的船舶在遭遇战中总是被超越的船舶。此时,被超越的船只在船头、船尾和侧面面临来自其他船只的碰撞风险。因此,可以从两个方面确定船舶域边界:水平安全距离和纵向安全距离(图1)。船舶域的边界可以用两个具有相同短轴和不同长轴的半椭圆来描述:L 为船舶长度,B 为船舶宽度,a 为纵向安全距离(通常取5L),b 为横向安全距离(通常取12L)[10],短轴的偏移值为 Δb(通常取1.5倍的船长)。

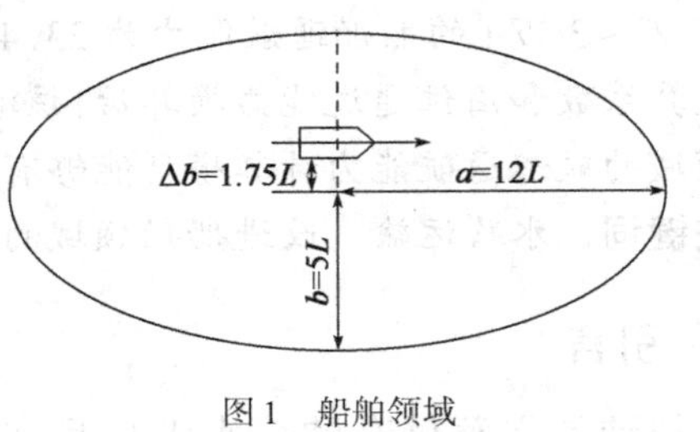

图1　船舶领域

2　数据收集与分析

2.1　文莱摩拉港航道条件

基于AIS数据,文莱摩拉港水域的通航区域,船舶速度高于10kn的航道通过年流量如图2所示。根据电子海图信息,可知该区域船舶进港3.7nm,历时45min近泊作业(2B),航道航行速度在6kn以下,旋回圈与航道重叠;安全隐患,近泊深14.1m,人工航槽2.8+0.9nm,前段航道宽0.18km,航道后段宽0.2km,转向点处航道宽0.25km,水深13.0m。

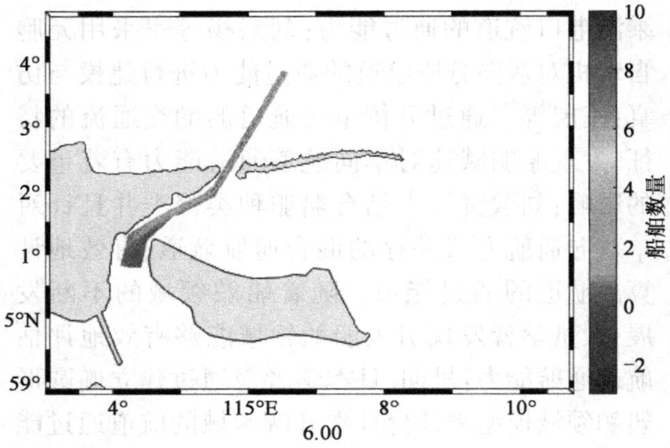

图2　基于AIS数据的船舶速度高于10kn的航道通过年流量

本文收集到该码头2019全年船舶进出港AIS数据，记为U_1。通过数据清洗与筛选，得到2019年1月到2019年12月，共有1440艘/次船舶进出港，记为U_2。

2.2 相关计算参数设定

结合文莱摩拉港的实际情况合理假设$w=0.18$km。根据文莱摩拉港水域中航道允许并排航行的船舶数量的规定、船舶领域尺度、船舶长度分类及换算系数，取$D_i=12L_i$。当船舶长度大于160m，$N=1$；否则，$N=2$。根据U_2统计结果，船舶分类、船舶平均速度及换算系数如表1所示，船舶种类占比如图3所示。

船舶设定参数　　表1

船舶种类	船长(m)	船舶数量(艘)	船舶换算系数	平均船速(km/h)
5万t以上	200m以上	11	0.0309	16.7353
3万~5万t	160~200	306	0.8596	13.2938
1万~3万t	80~160	356	1	13.1565
5000~1万t	40~80	686	1.2970	15.1610
5000t以下	40以下	81	0.2275	15.0218

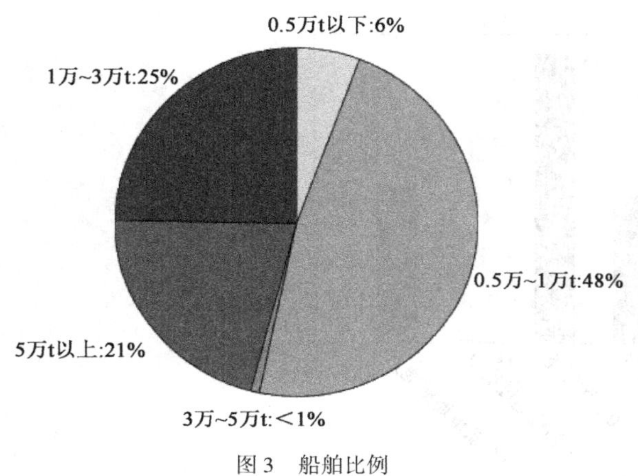

图3　船舶比例

3　文莱港通过能力分析

对现有的AIS数据通过对速度航道中船舶筛选。航道通过能力通常分为基本通过能力和设计通过能力。其中，基本通过能力是在理想情况下单位时间内通过航道横断面的最大过船量或过货量，而设计通过能力则是考虑某些限制因素的船舶或货物的通过能力。

3.1 各种类船舶通航能力

将相关计算参数代入式(2)，计算出文莱摩拉港每个种类船舶的航道通航能力，然后通过船舶换算系数和船舶占比，计算出整个文莱摩拉港的航道通航能力。

计算结果显示：第一季度，5万t以上的船舶航道通航能力为2.5581艘/h，3万~5万t的船舶航道通航能力为2.8575艘/h，1万~3万t的船舶航道通航能力为10.7102艘/h，0.5万~1万t的船舶航道通航能力为24.4140艘/h，0.5万t以下的船舶航道通航能力为46.6917艘/h；第二季度，5万t以上的船舶航道通航能力为2.7020艘/h，3万~5万t的船舶航道通航能力为3.8379艘/h，1万~3万t的船舶航道通航能力为10.7946艘/h，0.5万~1万t的船舶航道通航能力为23.7232艘/h，0.5万t以下的船舶航道通航能力为45.9883艘/h(图4)；第三季度，5万t以上的船舶航道通航能力为3.1316艘/h，3万~5万t的船舶航道通航能力为3.8397艘/h，1万~3万t的船舶航道通航能力为10.9272艘/h，0.5万~1万t的船舶航道通航能力为23.7522艘/h，0.5万t以下的船舶航道通航能力为47.0738艘/h；第四季度，5万t以上的船舶航道通航能力为3.1316艘/h，3万~5万t的船舶航道通航能力为4.0746艘/h，1万~3万t的船舶航道通航能力为10.8193艘/h，0.5万~1万t的船舶航道通航能力为23.9465艘/h，0.5万t以下的船舶航道通航能力为47.0738艘/h。每个季度船舶航道通航能力略有波动，但总体趋势不变，如图4所示。

3.2 航道内船舶通航能力

将各类船舶航道通航能力和船舶占比以及换算系数代入式(5)，计算出文莱摩拉港码头通过能力为0.1616艘/h，航道通航能力为25.6095艘/h(图5)，其中全年，5万t以上的船舶航道通航能力为2.8808艘/h，3万~5万t的船舶航道通航能力为3.6525艘/h，1万~3万t的船舶航道通航能力为10.8193艘/h，0.5万~1万t的船舶航道通航能力为23.9465艘/h，0.5万t以下的船舶航道通航能力为46.7096艘/h。

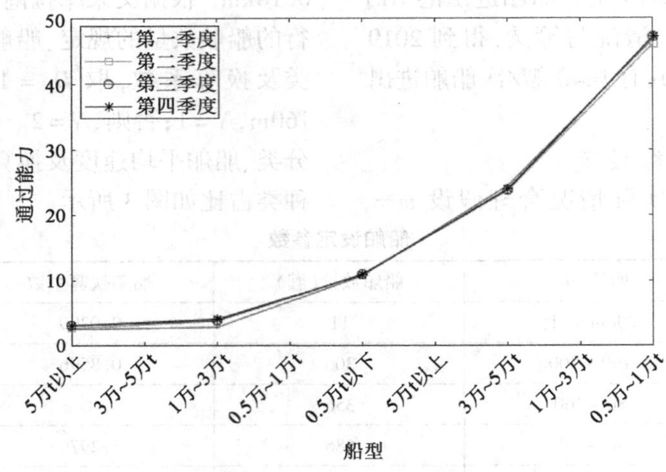

图4　各类船型航道通航能力

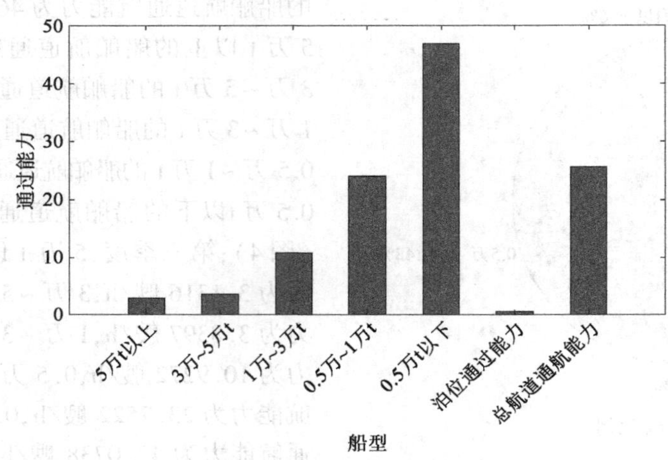

图5　全年航道总通过能力

4　结语

本文基于实际交通流数据,提出一种精细化船舶外型轮廓的船舶领域建模方法,用于定量界定船舶领域尺度,减少误差带来的影响,有助于准确地计算航道通过能力。通过考虑各类船舶尺度,构建不同通航模式下的航道通过能力模型,然后用船舶换算系数计算出港口航道总通航能力,能够有效地评价码头所在航道的通过能力。本文所提出的方法适用于同性质码头所在航道通过能力计算,为海事管理部门保障特殊用途船舶的通航安全和水域航道通行效率提供决策依据。

参考文献

[1] 张江南. 复杂环境条件下的航道通过能力研究[J]. 水运工程, 2021(9):131-135.

[2] 刘宗杨, 周春辉, 赵俊男, 等. 基于元胞自动机的航道通过能力建模与仿真[J]. 系统仿真学报, 2021, 33(10):2478-2487.

[3] 王展, 刘克中, 杨星, 等. 面向单向航道通航能力的船舶减速概率[J]. 中国航海, 2018, 41(4):5.

[4] 刘敬贤, 刘聪, 赵振, 等. 基于船种聚类的航道通过能力量化方法[J]. 交通信息与安全, 2017, 35(6):8.

[5] Fujii Y, Tanaka K. Traffic capacity [J]. Journal of Navigation, 1971, 24(4): 543-552.

[6] 司文静, 江福才, 刘钊, 等. 考虑多因素的沿海双向航道通过能力计算模型构建[J]. 船海工程, 2021, 50(4):6.

[7] 翁金贤, 廖诗管, 付珊珊, 等. 考虑游览船运营特征的航道通过能力评价方法[J]. 交通运输系统工程与信息, 2020, 20(5): 199-204.

[8] 廖诗管,翁金贤,胡甚平. 液化天然气船通航模式下的航道通过能力评价方法[J]. 交通运输系统工程与信息,2022.

[9] 初秀民,李祎承,余玉欢. 长江中下游航道通过能力计算方法[J]. 交通运输系统工程与信息,2014,14(2):213-219.

[10] 朱凯歌,史国友,汪琪,等. 基于船舶领域的碰撞危险度评估模型[J]. 上海海事大学学报,2020,41(2):6.

载运危险品船舶通过三峡船闸闸室风险评估

罗 文[1] 袁 智[*1] 刘敬贤[1] 刘 钊[2] 朱丽娟[1]

(1. 武汉理工大学;2. 国家水运安全工程技术研究中心)

摘 要 针对载运危险货物船舶通过三峡船闸的安全性问题,在三峡闸室环境、载运危险货物船舶特征和船舶过闸流程分析的基础上,从"人-船-环境-管理-货物-监测"六个方面,构建三峡船闸闸室风险评估指标体系,融合层次分析法(Analytic Hierarchy Process, AHP)与模糊综合评价法,对载运危险品船舶通过三峡船闸闸室进行风险评估。研究结果表明,危险货物等级、驾引人员操作水平及失误、驾引人员心理素质良好程度对闸室内风险影响较大,针对危险货物管控与运量控制需要有关部门制定相应规定。

关键词 通航安全 模糊综合评价 危险品船舶 三峡船闸 层次分析

0 引言

随着内河交通运输和产业化发展,长江航运逐渐成为化学危险品运输的主要选择方式。三峡河段具有政治敏感度高、安全风险度高、民生关联度高、社会关注度高的"四高"特征。危险品货物单船载运量与总体运载量已超过三峡闸室设计量,一旦在闸室内发生事故,将对船舶、船闸、长江沿线等造成严重的危害。开展载运危险货物船舶闸室内风险评估研究,提出安全风险防控对策,对保障三峡船闸运行安全具有十分重要的意义。本文研究目的是根据三峡船闸特点以及载运危险品船舶过闸通航现状,对载运危险品船舶在三峡闸室内通航风险进行辨识,针对风险点提出相关建议,为提升载运危险品船舶通过三峡枢纽船闸安全风险防控管理水平提供支撑。

国内外学者针对闸室内通航安全开展了相关研究,Xue 等从事故的类别和严重程度、事故涉及的船舶类型、时空分布特征、船舶事故损失等方面进行统计和对比分析,总结出事故预防和监督指南。Lin 等基于时空维度,研究了 5 个港口的事故资料,获得船舶搁浅风险影响因素。在第 62 届海安会上,英国海事局首先提出了综合安全评估,得到了国际海事组织的认可,综合安全评估作为一种指导思想,在安全规则的制定、船舶设计及船舶营运管理中加以应用。李若皙等以层次分析法建立风险评价指标体系,确定各制约因素的权重值,利用模糊集理论建立各指标因素的隶属度矩阵和模糊综合评价矩阵,在此基础上建立船舶风险控制方案效果的层次分析-模糊综合评价模型。尹凤阳等基于贝叶斯网络,在船闸系统复杂性与过闸不确定性的条件下,预测了船舶过闸风险程度,并确定了人为因素的重要性。

综上所述,目前载运危险货物船舶安全风险评估方法可划分为直观评价和定量评价。直观评价法是在信息不完整或需要实时评价的情况下使用,主要依靠专业人员运用本身的经验和知识判断,将主观判断与客观技能结合,将定性指标转换

1. 基金项目:国家重点研发计划(2018YFC1407404),国家自然科学基金(52171351),载运危险货物船舶通过三峡—葛洲坝枢纽船闸风险防控关键技术研究(CX-202005-CH2)。

成定量的数据值进行安全风险评价。常用的直观评价法有德尔菲法、危险性预先分析法、专家系统预测法、趋势影响分析法、前景分析法等。定量评价在历史数据的基础上,建立数学模型近似评价对象。常用的定量评价方法有灰色理论评价法、贝叶斯理论评价法、回归分析法、神经网络评价法等。这些方法对于构建船舶风险控制评价模型时,需要依赖专家意见的情况,如何更加科学合理地处理专家意见,还没有得到完善的解决。在构建综合评价模型的时候,考虑到了方案效果量化中边界不清、不易量化的特点。本文综合使用层次分析法和模糊综合评价方法,建立层次分析-模糊综合评价模型,对载运危险品船舶通过三峡闸室全过程风险展开研究。

1　载运危险品船舶通过三峡船闸闸室风险分析

1.1　三峡闸室分析

三峡船闸位于坛子岭左侧,是长江三峡水利枢纽船舶过坝的主要设施,为双线五级船闸。两线船闸平行布置,中心线相距 94m。三峡船闸每线主体段总长 1621m,闸室平面有效尺寸为 280m × 34m × 5m(长 × 宽 × 最小槛上水深)。长江三峡水利枢纽工程为一等工程,三峡船闸级别为 Ⅰ 级;闸首、闸室、输水主廊道等主要建筑物为 1 级建筑物;充泄水箱涵、导航墙、靠船墩为 2 级建筑物;隔流堤及其附属建筑物为 3 级建筑物。三峡水利枢纽平面布置如图 1 所示。

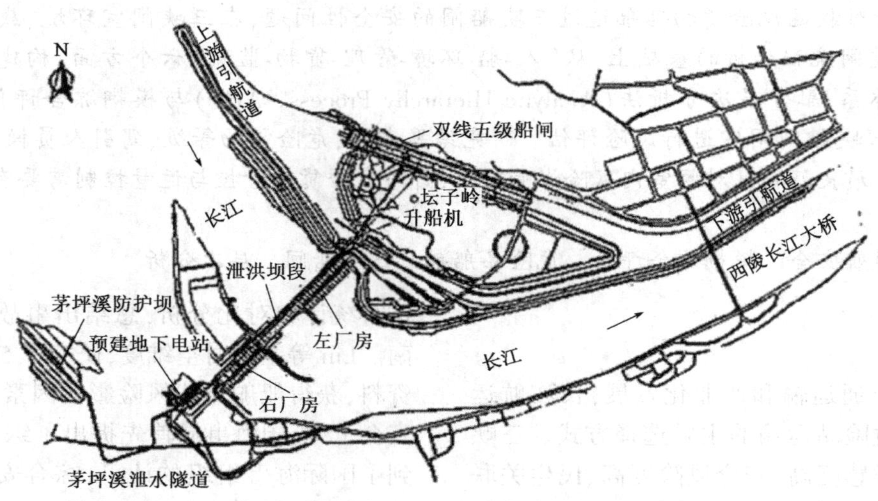

图 1　三峡水利枢纽平面布置图

1.2　过闸危险货物分析

经统计,2015—2020 年通过三峡船闸危险货物种类共有 108 种,其中上行过闸货种 81 种,下行货种 73 种。主要货种由油类和散装危险化学品构成,其中包装危险货物共有 38 种,总运量约为 32.3 万 t,占 2015—2019 年过闸危险货物总运量的 0.76%。其中主要过闸包装危险货物为高锰酸钾(51048)、正磷酸(81501)、未加抗氧化剂的鱼粉(42526)、硝酸锶(51059)、水合肼[含肼≤64%](82020)、其他二级危险品(1004)和甲酸(81101)等 6 种。

1.2.1　过闸危险货物情况

2003 年三峡船闸危险货物通过量约为 60 万 t。2010 年,三峡船闸危险货物通过量为 583 万 t,2017 年为 918.2 万 t,年均增长 6.7%。2010 年过闸危险品船舶为 4801 艘次,2017 年为 5949 艘次,年均增长 3.11%。2018 年、2019 年、2020 年三峡船闸危险货物通过量分别为 866.4 万 t、915.5 万 t、979 万 t。由运量可见,自三峡船闸通航以来,危险货物运输保持了高速增涨的态势,近年来保持平稳。

1.2.2　过闸危险货物流向特征

过闸危险货物运输需求主要来源于重庆市。重庆市能源供应主要特点为“富气贫油”。该特点体现在危险货物过闸运输上:上行危险货物运输主要为油品,输入重庆地区;下行危险货物运输主要为化工品,其中天然气初级制成品甲醇占比较大。

1.3 载运危险品船舶过闸风险要素分析

结合三峡闸室特征和货物特征，针对人员、船舶、环境和管理四个方面分析事故风险要素。

1.3.1 人员方面

主要因素风险是人员操作不当，例如船员系缆失误或误操作闸门，可能使船舶与闸壁或闸门发生触碰；次要风险因素是人员过闸之前自查不到位，如未发现消防报警系统、火星熄灭器、舱面水位系统状态不正常。

1.3.2 船舶方面

主要风险因素是监测设备失效导致得风险，包含船舶货物监测设备，例如船舶消防报警系统、火星熄灭器、舱面水位系统失效；次要风险因素是动力及操纵设备失效，例如动力系统或操纵设备失效导致与船闸设施或周围船舶发生碰撞产生的风险。

1.3.3 环境方面

由于闸室空间半封闭的特点，风、浪、流等自然环境因素对危险货物船舶过闸的影响比较小，相比较而言闸室环境产生的影响较大，所以风险因素主要有以下三点：

(1)气温影响较大，夏季高温时段过闸，船闸内处于半封闭状态，气体不易扩散，极易导致气温偏高于大气温度。气温是导致危化品爆炸的一个重要因素，根据规定，当气温超过28℃时，必须采取降温措施。通过三峡一级闸室通常为早上，过闸时长4h，当通过五级闸室时，一般为中午高温时段。

(2)船闸闸室空间有限，船舶过闸时若操作不当，船舶容易与闸墙设备设施以及邻近船舶发生碰擦，同时，船舶在闸室内操纵性降低，稍有不慎，操作失误，容易发生触碰事故，甚至导致危化品泄漏；同时由于闸室内空间相对密闭，空气不易散发，容易形成火灾爆炸的空气条件。

(3)系船柱卡阻或输水失控导致船舶缆绳断裂，导致船舶碰撞船闸周围设施或船舶。

1.3.4 管理方面

船舶通过闸室安全管理应做到统筹规划、合理安排船舶通过闸室。危化品船舶通过闸室的管理风险主要体现在以下几个方面：

(1)生活区分别在首部与尾部的易燃易爆危险品的船舶并排过闸，船舶火星熄灭器失效引发并排船舶火灾爆炸的风险。

(2)易燃易爆危险品船过闸期间，未实施封闭管理，未提前控制闸区可能产生火星的施工作业，如闸面有人吸烟、使用手机，船舶未关闭雷达。

(3)危险品船舶过闸期间，闸上陪护不到位。

(4)货物安全状态监管不到位。应及时监测到货舱发生的变化，一旦发生危险状况，及时制止事态的扩大。

2 载运危险品船舶通过三峡船闸闸室风险评估

2.1 评价指标体系

根据载运危险品船舶过闸风险要素分析，结合三峡闸室特征与三峡船闸危险品货物通过现状，建立评价指标体系如图2所示。

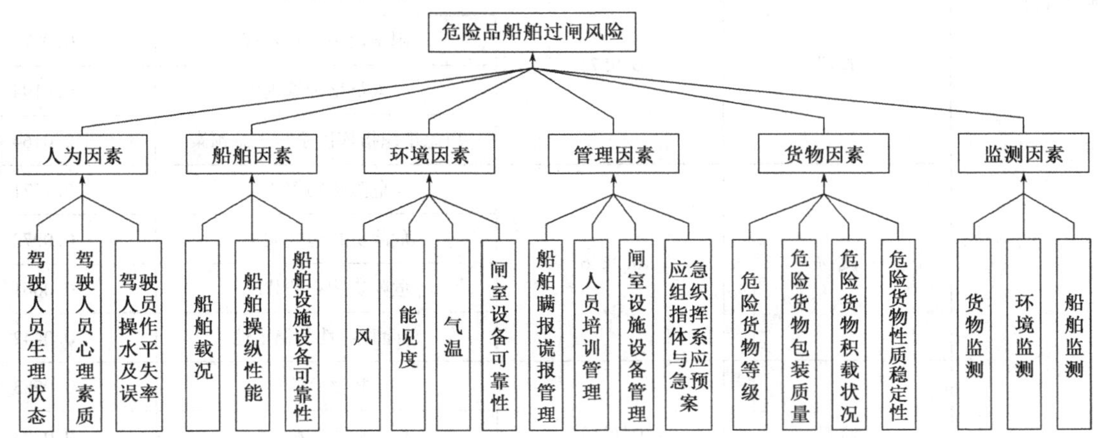

图2 三峡闸室评价指标体系

2.2　评价指标权重计算

运用层次分析法结合三峡闸室评价指标体系进行权重计算,再结合进行定性分析与定量分析,最后将得出的每个指标的相对重要度进行综合排序,排序结果作为三峡闸室安全评价和整改建议的依据。具体的计算步骤如下:

(1)建立层次结构。将危险品船舶过闸风险作为目标层 A,将"人-船-环境-管理-货物-监测"六个方面作为准则层 B,将指标体系中三级指标作为方案层 C。

(2)建立比较判断矩阵。基于构建的层次结构模型,通过对载运危险货物船舶过闸航行安全领域专家进行专家咨询与调查,本次向各级主管部门管理人员、行业专家和航运企业代表分别发放权重调查问卷 50 份、隶属度调查问卷 50 份,回收有效权重调查问卷 46 份和隶属度调查问卷 49 份。

(3)进行总的一致性检验。统一计算所有元素对于顶层(总目标)排序权重的相对重要性,如式 (1)所示。

$$CR = \frac{\sum_{j=1}^{m} w_j CI_j}{\sum_{j=1}^{m} w_j RI_j} \tag{1}$$

经计算,$CR \leqslant 0.1$ 时,通过一致性检验。

(4)指标权重计算结果。

确定 A-Bi,Bi-Ci 的层级判断矩阵。经计算判断矩阵一致性检验结果满足要求。

根据以上判断矩阵,可以得到基于 AHP 法的各指标排序权重计算结果如表 1 所示。

各指标权重 AHP 计算结果　　表 1

决策层	准则层权重	权重	方案层权重	权重
危险品船舶通过三峡闸室风险	人	0.255	驾驶员的生理状态	0.0757
			驾驶员的心理素质	0.0417
			驾驶员的操作水平及失误率	0.1376
	船	0.1534	船舶载况	0.0384
			船舶操纵性能	0.0767
			船舶设施设备可靠性	0.0384
	环境	0.0383	风	0.0065
			能见度	0.0046
			气温	0.0100
			闸室设施设备可靠性	0.0173
	管理	0.0572	船舶瞒报谎报管理	0.0136
			闸室设施设备管理	0.0078
			人员培训管理	0.0194
			应急组织指挥体系与应急预案	0.0164
	货物	0.3646	危险货物等级	0.1571
			危险货物包装质量	0.0972
			危险货物积载状况	0.0661
			危险货物性质稳定性	0.0442
	监测	0.1315	货物监测	0.0583
			环境监测	0.0223
			船舶监测	0.0510

2.3 模糊综合评价

模糊综合评价方法是基于模糊集合论而建立的，模糊综合评价着眼于所要考虑的各个相关因素，运用模糊变换原理和最大隶属度原则对各个因素做出综合评价。具体评价方法与步骤如下：

(1)建立评价指标体系。根据上述评价指标体系，确定评价因素集由21个风险因素构成，再将每一个评价指标的结果划分为5个等级，则可构建风险评价集为：{低危险，较低危险，一般危险，较高危险，高危险}。

(2)确定评价指标隶属度。结合三峡船闸的实际通航条件，针对各风险指标因素隶属度情况进行调研，统计专家调查有效问卷，经过归一化处理得到各指标风险等级的隶属度值。

(3)进行单因素评判，进而建立模糊关系矩阵，整理各指标风险评价向量可得模糊关系矩阵如式(2)所示。

$$A=\begin{bmatrix}0.5&0.4&0.1&0&0\\0.6&0.2&0.1&0.1&0\\0.5&0.3&0.2&0&0\\0.6&0.4&0.2&0&0\\0.5&0.2&0.2&0.1&0\\0.5&0.3&0.1&0.1&0\\0.4&0.2&0.2&0.2&0\\0.5&0.2&0.2&0&0\\0.4&0.3&02&0.2&0\\0.6&0.2&0.2&0&0\\0.5&0.3&0.2&0&0\\0.6&0.2&0.3&0&0\\0.7&0.2&0.1&0&0\\0.6&0.3&0.1&0&0\\0.5&0.2&0.2&0.1&0\\0.6&0.4&0&0&0\\0.7&0.1&0.1&0.1&0\\0.8&0.1&0.1&0&0\\0.5&0.4&0.1&0&0\\0.6&0.2&0.2&0&0\\0.7&0.2&0.1&0&0\end{bmatrix} \tag{2}$$

(4)评价结果。通过公式可计算出当前危险品船舶通过闸室风险评价结果 $B=A\times R\times C$，计算结果如式(3)所示。

$$B=\begin{bmatrix}0.5&0.4&0.1&0&0\\0.6&0.2&0.1&0.1&0\\0.5&0.3&0.2&0&0\\0.6&0.2&0.2&0&0\\0.5&0.2&0.2&0.1&0\\0.5&0.3&0.1&0.1&0\\0.4&0.2&0.2&0.2&0\\0.5&0.3&0.2&0&0\\0.4&0.2&0.2&0.2&0\\0.6&0.2&0.2&0&0\\0.5&0.3&0.2&0&0\\0.6&0.1&0.3&0&0\\0.7&0.2&0.1&0&0\\0.6&0.3&0.1&0&0\\0.5&0.2&0.2&0.1&0\\0.6&0.4&0&0&0\\0.7&0.1&0.1&0.1&0\\0.8&0.1&0.1&0&0\\0.5&0.4&0.1&0&0\\0.6&0.2&0.2&0&0\\0.7&0.2&0.1&0&0\end{bmatrix}\begin{bmatrix}1\\2\\3\\4\\5\end{bmatrix}=1.6603 \tag{3}$$

为了清楚地描述危险品船舶锚泊风险评价结果，本专题构建风险评价等级的分数向量 $C=(1,2,3,4,5)$，在此基础上进行区间划分，具体评价结果对照表如表2所示。

风险评价结果对照表　　表2

区间	等级	表　述
(0,1]	低风险	能够充分保证危险品船舶安全
(1,2]	较低风险	可提出一定安全措施，保障安全
(2,3]	一般风险	需提出风险缓解措施，确保安全
(3,4]	较高风险	过闸安全风险较大，需要采取防控措施
(4,5]	高风险	过闸安全受到威胁，必须提出强制措施

基于上述计算结果，在当前三峡船闸的过闸环境和管理措施下，载运危险品船舶通过闸室风险整体评价值 $B=1.6603$，处于较低风险水平。

载运危险货物船舶过闸期间管理规范，在船舶严格安检、过闸全程动态监控、消防车上闸随船维护等多种防护措施下载运危险货物船舶过闸风险处于较低水平符合实际情况。根据计算结果，货物因素是影响危险品船舶通过闸室安全最大因素，其次是人为因素，而船舶、监测、管理和环境因素影响相对较小。载运危险货物船舶在过闸期间，船闸处于半封闭状态，船舶受风、流、水位等环境条件影响较小。危险货物易产生积聚，要注重闸室内船员行为规范管理，避免产生明火的严重违规行为,同时实时监测货物以及船舶在闸室内的状态,从危险货物积聚源头预防风险。在三级指标中,驾驶员的操作水平和货物的风险等级对风险影响较大,应加强过闸期间船舶操纵管理,明确货物等级,避免货物瞒报谎报行为。

3　结语

本文结合三峡危险品运输现状,基于层次分析法与模糊综合评价法,建立了一个适应三峡危险品过闸风险的定量评估模型。评估模型相比传统的项目实施评估模型,指标权重确定的准确性得到一定程度的提高,指标隶属度的确定方法更科学可用,可实现对三峡危险品过闸风险的全面、准确和客观的量化评估,评估模型可为相关主管部门加强危险品过闸风险评估提供科学支撑。

参考文献

[1] 贯进. 长江三峡船闸实施危险品过闸禁限的必要性和对策[J]. 综合运输,2020,42(11):121-126.

[2] 焦芳芳,石国政. LNG 燃料动力船通过三峡船闸的安全性评估及相关建议[J]. 水运管理,2020,42(10):1-3.

[3] 朱姣. 复杂交汇水域船舶碰撞风险评价及防控方法研究[D]. 武汉:武汉理工大学,2017.

[4] Aydin M, Akyuz E, Arslan O. Validation of risk analysis for ship collision in narrow waters by using fuzzy Bayesian networks approach [J]. Ocean Engineering. 2021,3(231).

[5] 张伟. 三峡船闸重大危险源的辨识与评价研究[D]. 武汉:武汉理工大学,2007.

[6] Xue J, Papadimitriou E, Reniers G, et al. A comprehensive statistical investigation framework for characteristics and causes analysis of ship accidents: A case study in the fluctuating backwater area of Three Gorges Reservoir region [J]. Ocean Engineering. 2021(229).

[7] Lin S. Physical risk analysis of ship groudings [D]. Massachusetts Institute of Technology Master's degree thesis, 1998.

[8] 范中洲,郭婷婷,郑力铭. 基于改进集对分析法的船舶碰撞风险评价[J]. 安全与环境学报,2021,21(02).

[9] 李若皙,唐文勇,李晓冬. 船舶风险控制方案的层次分析-模糊综合评价[J]. 中国航海,2019,42(01):68-72.

[10] 尹凤阳. 基于贝叶斯网络的船舶过闸风险评价研究[D]. 武汉:武汉理工大学,2011.

[11] 李家熹. 多级船闸船舶过闸安全初探[J]. 水运工程,2003(04):46-49.

[12] 谭志荣,黄立文. 三峡船闸操纵及安全研究[C]. 中国航海学会内河船舶驾驶专业委员会. 中国航海学会内河船舶驾驶专业委员会学术年会论文集. 北京:中国航海学会内河船舶驾驶专业委员会,2004:2.

[13] 汪恒. 基于熵权模糊综合评价的泉州湾水域船舶航行环境风险评估[J]. 物流工程与管理,2020,42(05):163-165.

[14] 马丽丽,吴超仲,陈刚,等. 模糊综合评判模型在三峡库区通航环境安全评价中的应用[J]. 船海工程,2009,38(02):141-144.

[15] 李若哲. 综合安全评估方法在船舶碰撞事故中的应用[D]. 上海:上海交通大学,2018.

基于 D-S 证据理论的船员多维度职业能力测评方法研究

刘　清[1,2]　段　博[1]　杨　柳*[1]　何　萌[1]

(1. 武汉理工大学交通与物流工程学院;2. 国家水运安全工程技术研究中心)

摘　要　针对船舶驾驶人员工作特点,优化船员适任测评方法,是保障水上通航安全的重要内容。在现有船员身体素质、理论考试和实操考试适任考核方式的基础上,通过分析影响船员职业能力的多维

1. 基金项目:国家重点研发计划资助(2021YFC3001500),国家自然科学基金(51979214),国家自然科学基金(72001163)。

因素,构建了融合心理素质、综合感知能力的船员适任测评指标体系;根据指标体系提出测评方法。结合调研获取的船员测评数据,利用 D-S 证据理论对船员的测评数据进行船员的职业能力综合评价研究。测评方法得出的结果符合现有船员适任测评结果,并且能从不同维度反应船员的综合能力,定量地给出船员综合职业能力评价值。研究提出的船员多维度职业能力测评方法对调整优化船员考试内容、识别船员适任能力、促进船员综合素质的提升具有一定的意义。

关键词 水运交通安全与风险评估 职业能力测评 D-S 证据理论 内河船员 感知能力 心理

0 引言

依据《中华人民共和国船员条例》,船员应具有较完整的知识、技能、能力和工作态度,能够胜任岗位本职。TCW78/95 公约规定了海船船员适任的最低标准。船公司在实际任用船员时,不仅要求船员具备熟练的实操技术,还要求其具备较强的应变能力、管理能力及良好的服从协作意识。交通运输部在《中国船员发展规划(2016—2020)》中对船员岗位职责、履职能力、培训和考试提出新的要求。对现有测评方法进行优化,能够更好反应船员生理素质、心理素质、综合感知能力、知识技能和管理沟通能力五个维度的素质水平,更加全面反映船员综合职业能力。

从“5·8”沉船事故、安徽省安庆市“1·24”特大船舶相撞事故、“川运 21”轮与“长江 02023”船队碰撞事故中的人为差错可以看出,船员的适任能力对于船舶通航安全极为重要,是航运业高质量发展和船舶通航安全的基石。在适岗特征辨识方面,现有研究一般以普通船员为对象,从安全意识[1-2]、身体素质[3]、业务能力[4-6]等诸多方面探究了适岗性的影响因素,在船员职业准入方面,国际海事组织颁布了海员培训、发证和值班标准国际公约(STCW 公约),各国海事主管部门据此制定了符合各国实际情况的船员适任考试和发证规则,对船员职业准入标准进行规范。船员适任考试和发证规则更多强调知识、技能[7]等外显指标。在职业能力评价方面,已有研究通过层次分析法[8]、因子分析,模糊综合评价等对专业素质、工作态度、资历经验等方面进行评价。

国内外学者对船员职业能力测评,大多从知识、技能、身体素质、人格特征[9-12]等方面入手,缺少对于船员综合感知能力、船员心理等方面的研究,且大多停留在定性分析的层面,无法全面反映船员的综合职业能力。本研究通过分析船员职业能力影响因素,建立融合船员身心素质、综合感知能力的多维度指标体系,采用不同测评手段获取测评指标数据,通过 D-S 证据理论对于调研测评数据进行计算分析,定量地对船员综合素质进行评价。

1 长江干线内河船员职业能力测评指标体系

1.1 长江干线内河船员职业能力影响因素分析

船员的业务素质、实操技能和健康标准在 STCW 公约马尼拉修正案和各国海船船员的适任标准中都有明确规定。例如《内河船舶船员适任培训和考试大纲》(2019 版)、《中华人民共和国内河船舶船员适任考试和发证规则》(交通运输部令 2020 年第 12 号)对船员理论知识和实际操作做出规定,《中国船员发展报告》中也明确指出“持续提升船员职业技能和综合素质”。大连海事大学在开展航海类学生教学课程中添加《海员心理健康教育》,文献[13-15]也提出心理素质对船员职业能力的影响。在综合感知方面,文献[16-17]提出感知能力对于驾驶安全很重要。在沟通交流方面,文献[18]提出沟通交流能力对于船员能力素质和船舶通航安全的重要性。综上所述,船员身心素质、综合感知和沟通交流等因素对于船员职业能力有较大影响。因此,本文从身心素质、综合感知能力、知识技能、管理沟通能力四个方面进行船员职业能力影响因素分析。

1.1.1 船员职业能力的身心影响因素

良好的身体素质以及一定的运动能力是船员完成日常工作任务的基础。船员需要适应发展着的环境,具有完善的个性特征,且其认知,情绪反应,意志行为处于积极状态,并能保持正常的调控能力。

1.1.2 船员职业能力的综合感知能力影响因素

感知能力是指船员在驾驶船舶时,借助感觉器官发现和捕捉航行相关信息的能力,船员对于航行中设备仪器运行状况的敏锐程度,以及经过大脑的分析判断所做出的反应能力或应变处理能力。

在船舶航行过程中,需要船员用视觉、听觉、触觉来感知周围环境,来获取有效信息,对于船舶速度、船舶方向、船舶距离有一个清晰的认知,从而降低船舶航行事故的风险。具备这种能力,能够在一些特殊情况下(例如设备失灵、或者遭遇险情),能够靠自身过硬的本领,来使得船舶能够继续航行。从而提高船舶安全航行的能力。

1.1.3　船员职业能力的知识技能影响因素

船员工作要求船员基础扎实、知识面宽、实践能力强;具有创新精神和独立获取知识的能力;船员能够不断更新知识储备,提高自身操作能力。船员只有在熟练掌握专业知识的基础上灵活运用,才能切实履行船员职责。只有具备深厚的专业知识基础和良好的实践操作能力,才能有效应对各种工作场景,提高自身的工作效率。在面临突发事件时,能够从容不迫,正确应对,从而保证船舶安全航行。

1.1.4　船员职业能力的管理沟通能力影响因素

管理沟通能力是船员处理事务、安排工作、应对各种事件所具备的能力,也是船舶进行有效运作的基础。管理执行能力主要是高级船员的计划、组织、领导和控制能力。能够达到维护全船的安全及有效的运作的目的。沟通交流能力是指船员在工作中理解他人和表达自己意图的能力。船员要理解管理人员的意图,服从管理,出现问题及时沟通反馈。

1.2　长江干线内河船员职业能力测评指标体系

结合上文长江干线内河船员职业能力影响因素分析,构建长江干线内河船员职业能力测评指标体系,如图1所示。

指标体系中职业安全意识、理论知识和实际操作为现有适任考核要求的内容,指标后标注"＊"的指标为本研究所提出的新增指标。从船员适任的实际出发,针对船员工作特点,注重心理素质、综合感知能力和管理沟通能力的测评,使测评内容更加丰富,结构更加合理。

1.3　长江干线内河船员职业能力测评指标参数获取

本研究测评在原有适任考核中理论考试和实操考核的基础上,新增心理素质、综合感知能力和管理沟通能力的测评内容,针对新增测评内容提出综合感知实验测试和面试方法。根据当前职业能力测评常用指标参数获取方法,将船员职业能力测评参数获取方法分为体质检测、纸笔测验、面试评价、实际操作以及场景测试等,如图2所示。

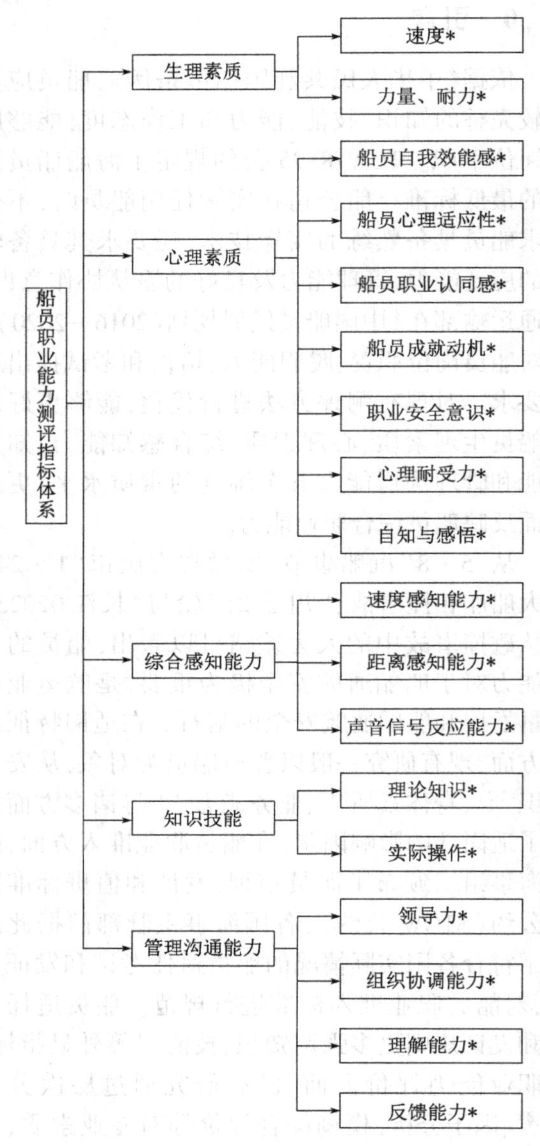

图1　长江干线内河船员职业能力测评指标体系

传统测评采用体质检测、实操考试、理论考试对船员进行测评,新增心理素质测评问卷、专家面试及综合感知能力实验对船员进行测评,能够筛选出心理素质不过关、综合感知能力不足、管理沟通能力欠缺的船员。针对船员素质薄弱环节加以培训,能够有效提升船员素质,降低船舶航行中的潜在风险。

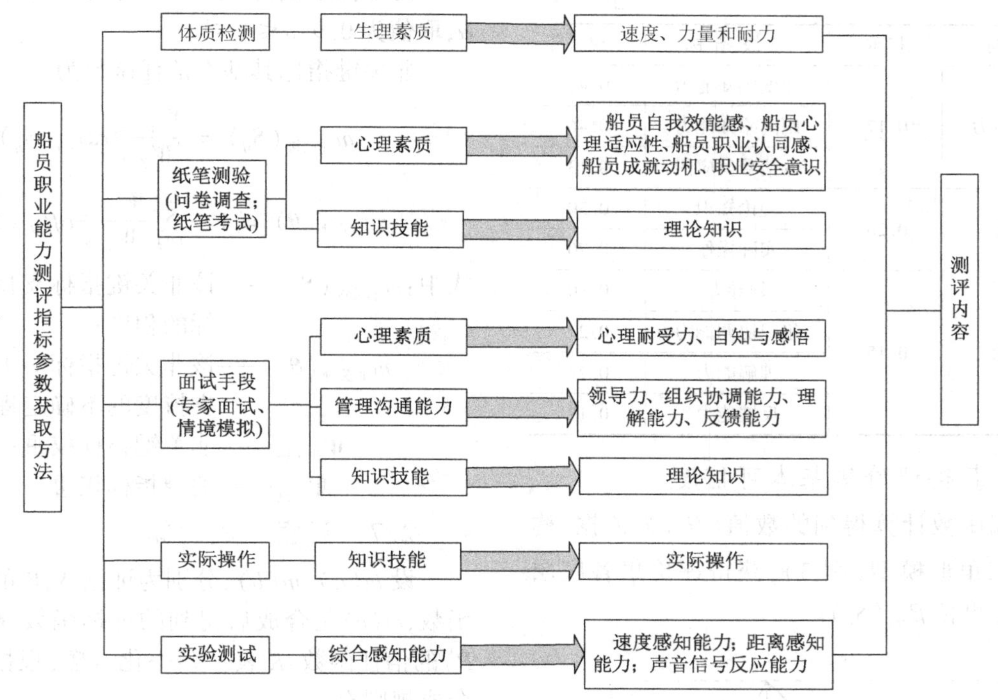

图2 船员职业能力测评指标参数获取

2 证据理论组合评价模型

证据理论用信任结构表示评价分布,代替了单一的数字评分,能够反映评价中的不确定性信息和未知信息;其次它是信任程度而非分值的累积合成方法,具有较强的理论基础。在内河船员职业能力评价中,确定评价目标后用多种评价方法对目标进行评价,把每种方法的评价结果作为支持目标的一条证据,用证据理论对众多证据进行合成即得最终的评价结果。

2.1 隶属函数的确定

由于测评指标的数据基本满足正弦变化规律,生理素质、心理素质、综合感知、知识技能、管理沟通5个指标的隶属函数皆为$H(x)$,其中x表示测评分数。

$$H(x) = \frac{1}{2} + \frac{1}{2}\sin\frac{\pi}{100}(x-50), 0 \leqslant x \leqslant 100$$

2.2 建立因素集

根据船员职业能力测评的影响因素,分层次建立长江干线内河船员职业能力指标对船员综合素质的因素集,如图1所示。

2.3 建立评价值集

各层评价指标。参考国内外常用评价等级划分方法,建立评价$M=[M_1,M_2,M_3,M_4,M_5]$=[很差,较差,一般,良好,优秀]。对评价集量化处理得评价集值集:

$$\begin{aligned} F(M_j) &= \{F(M_1),F(M_2),F(M_3),F(M_4),F(M_5)\} \\ &= \{-2,-1,0,1,2\} \end{aligned}$$

2.4 确定各级指标权重

收集到8位专家关于船员职业能力测评指标权重的意见,利用层次分析法确定指标权重,测评权重如表1所示。

测评指标权重 表1

一级指标	权重	二级指标	权重
生理素质	0.19	速度	0.22
		力量、耐力	0.78
心理素质	0.24	船员自我效能感	0.05
		船员心理适应性	0.13
		船员职业认同感	0.11
		船员成就动机	0.09
		职业安全意识	0.28
		心理耐受力	0.22
		自知与感悟	0.12

续上表

一级指标	权重	二级指标	权重
综合感知能力	0.17	速度感知能力	0.41
		距离感知能力	0.46
		声音信号反应能力	0.13
知识技能	0.26	理论知识	0.30
		实际操作	0.70
管理沟通能力	0.15	领导力	0.30
		组织协调能力	0.27
		理解能力	0.24
		反馈能力	0.18

2.5　获得评价集基本可信度

以隶属函数计算得到的数值(H_i)为依据,构建可信度三角形模型(图3),获得评价集各底层因素的可信度值$\beta_{Mn}(S_{ij})$。

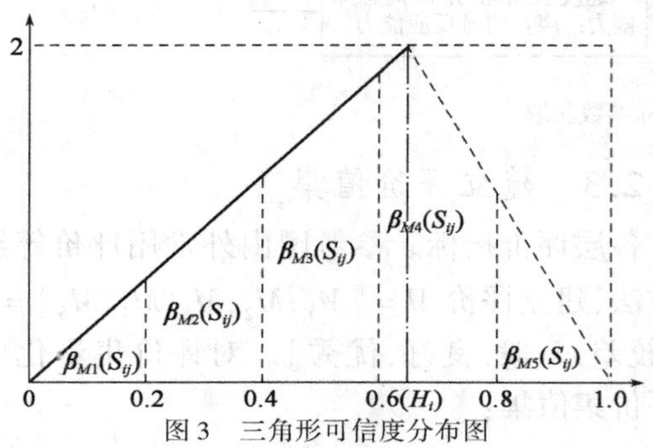

图3　三角形可信度分布图

可信度三角形计算步骤为:

(1)根据隶属函数计算得到的H_i可信度三角形,面积为定值1。

(2)将三角形底边均分5份,以H_i为底面的高,从左到右各区间面积分别表示各底层因素对应各评价区间的基本可信度值,如图3中$\beta_{Mn}(S_{ij})$所示。

2.6　构建基本信任函数

根据基本可信度$\beta_{Mn}(S_{ij})$和指标的相对权重数据,计算各级指标函数$m(S_{ij})$,设指标中权重最大的为关键指标,其他为非关键指标,构建基本信任函数:

$$m_{关键}(S_{ij}) = \alpha\beta_{Mn}(S_{ij})$$

$$m_{关键}(\theta) = 1 - \sum_{i=1}^{n}\alpha\beta_{Mn}(S_{ij})$$

式中:$m_{关键}(S_{ij})$——该关键指标支持上一级指标的程度;

$m_{关键}(\theta)$——该关键指标对上一级指标支持度的不确定程度。

为降低或消除误差影响,引入误差消除因子α,取值为0.9,$0\leqslant\alpha\leqslant1$。

非关键指标其基本信任函数为:

$$m_{非关键}(S_{ij}) = \frac{W_{非关键}}{W_{关键}}\alpha\beta_{Mn}(S_{ij})$$

$$m_{非关键}(\theta) = 1 - \sum_{i=1}^{n}\frac{W_{非关键}}{W_{关键}}\alpha\beta_{Mn}(S_{ij})$$

式中:$m_{非关键}(S_{ij})$——该非关键指标支持上一级指标的程度;

$m_{非关键}(\theta)$——该非关键指标对上一级指标支持度的不确定程度;

$W_{非关键}$——非关键指标权重;

$W_{关键}$——关键指标权重。

2.7　证据合成运算

设$m(a)$,$m(b)$,分别为证据A,B的基本信任函数,$m(c)$是合成后得到的证据函数,$C(C=A\cap B)$的信任函数,K表示归一化常数,根据Dempster合成规则有:

$$m(C) = \left\{\frac{0, C=\phi}{K\sum_{C=A\cap B}m(A)m(B), C\neq\phi}\right\}$$

$$K = \left[1 - \sum_{A\cap B=\phi}m(A)m(B)\right]^{-1}$$

采用上述方法逐级合成,最后得到顶层指标的基本可信度分配。二级指标的证据合成结果为船员职业能力测评指标一级指标上的综合概率分配函数,综合评价结果可以表示为$\gamma=\sum_{j=1}^{n}m_jF(M_j)$。由于船员综合素质评价中理论考试和实操考试的重要性,采取一票否决权,最终的评价结果为:

$$\gamma = \frac{F(M_1), G_{41}=0 \cup G_{42}=0}{\sum_{j=1}^{n}m_jF(M_j), G_{41}=1 \cap G_{42}=1}$$

式中:G_{41}——理论成绩;

G_{42}——实操成绩。

若理论考试成绩合格,则$G_{41}=1$;反之,理论考试成绩不合格,则$G_{41}=0$。若实操考试成绩合格,则$G_{42}=1$;反之,实操考试不合格,则$G_{42}=0$。

3　方法验证

为验证船员职业能力测评方法的可行性和有效性,通过到某船员培训学校调研,获取船员测评指标的相应成绩,利用D-S证据理论模型,得到船员综合职业能力评价。调研船员人数为59人,其中驾驶部船员有30人,轮机部船员有29人。

3.1 船员职业能力的综合评价

根据调研获取的数据,59 名船员原始成绩如图 4 所示。

序号	1	2	3	4	5	6	7	8	9	10	11	12	13	14	15	16	17	18	19	20	21	22	23	24	25	26	27	28	29	30
速度	10	10	72	10	10	10	60	66	30	70	72	70	78	60	50	72	66	74	66	10	30	62	30	74	68	50	10	70	76	76
力量、耐力	30	71	10	60	100	100	98	100	100	59	73	74	61	100	100	100	72	100	97	91	47	98	96	100	69	100	64	60	100	100
船员自我效能感	78	75	70	43	88	68	78	93	70	75	75	78	75	78	73	78	83	65	75	83	75	65	75	83	58	75	83	75	70	70
船员心理适应性	78	60	66	56	84	66	88	84	80	84	84	62	84	92	72	50	80	78	84	82	84	60	84	84	48	84	88	84	62	62
船员职业认同感	75	51	63	57	64	51	85	88	66	69	69	53	69	61	66	68	70	64	69	85	69	53	85	79	36	69	78	69	52	52
船员成就动机	64	60	62	68	74	64	88	92	64	66	66	42	66	76	62	80	62	72	66	86	66	58	82	64	64	66	88	66	76	76
职业安全意识	80	98	55	95	92	96	66	96	50	95	95	95	80	92	95	100	91	95	94	96	70	95	93	96	95	55	60	60	60	60
心理耐受力	60	94	60	88	88	95	60	93	60	91	96	94	80	85	86	95	85	85	88	96	60	92	93	90	91	50	60	40	33	33
自知与感悟	60	98	31	98	98	98	55	99	50	96	98	98	90	91	95	98	95	95	95	98	55	96	95	97	95	60	50	40	52	52
速度感知	52	60	80	60	40	10	50	40	50	90	90	30	10	100	80	80	60	100	30	40	80	30	60	100	60	90	80	50	40	40
距离感知	50	90	60	60	80	10	80	10	40	50	50	80	80	50	60	80	80	50	100	80	0	10	10	60	80	60	60	50	80	80
声音感知	70	100	97	80	75	93	97	93	93	96	96	75	39	85	100	96	70	66	75	88	93	88	70	70	70	59	97	93	93	93
理论知识	91	95	96	89	93	93	93	90	92	84	84	77	89	92	88	78	90	92	81	90	77	79	87	97	91	85	73	80	0	0
实际操作	0	100	0	100	100	100	0	100	0	100	100	100	100	100	100	100	100	100	100	100	0	100	100	100	100	0	0	0	0	0
领导力	50	93	40	94	90	90	60	94	60	94	97	96	83	85	84	96	85	86	93	92	40	96	97	94	96	30	40	30	30	30
组织协调	40	97	30	95	94	94	65	94	65	97	96	97	88	90	94	93	80	85	95	94	60	96	89	94	94	40	60	45	35	35
理解能力	60	93	55	95	91	91	70	95	68	93	98	96	80	84	95	98	80	82	90	93	45	93	90	91	95	65	55	50	40	40
反馈能力	60	91	65	96	90	90	60	92	55	94	97	97	86	84	99	98	83	83	91	91	60	91	89	92	98	68	60	66	60	60

序号	31	32	33	34	35	36	37	38	39	40	41	42	43	44	45	46	47	48	49	50	51	52	53	54	55	56	57	58	59
速度	10	68	10	66	20	90	72	10	10	20	78	40	10	10	66	40	10	10	10	40	10	10	10	30	64	50	30	70	87
力量、耐力	50	100	78	49	33	98	42	50	50	38	82	100	45	50	100	55	20	92	15	52	23	55	40	40	56	65	41	70	94
船员自我效能感	80	60	60	85	70	60	78	88	88	68	83	85	78	75	85	83	93	83	78	78	85	80	75	73	80	58	58	60	85
船员心理适应性	68	66	72	68	56	60	36	88	88	56	70	84	52	84	66	50	100	78	62	88	98	68	50	78	62	60	46	76	100
船员职业认同感	71	48	61	77	70	58	65	93	93	58	70	72	92	69	70	53	96	73	76	54	43	75	52	68	68	55	28	88	96
船员成就动机	74	56	70	74	66	78	58	98	98	66	60	58	92	66	74	62	68	70	94	78	52	80	66	60	54	86	54	84	68
职业安全意识	66	66	96	60	65	90	90	88	92	91	96	91	94	90	68	91	80	90	65	55	88	67	91	55	55	55	91	92	80
心理耐受力	55	55	95	44	43	98	93	90	90	94	91	85	93	91	58	91	84	98	23	42	90	35	90	37	43	37	87	94	84
自知与感悟	60	50	100	20	24	98	100	95	98	95	95	90	90	98	33	95	95	98	36	33	92	28	98	33	37	28	95	98	95
速度感知	88	92	94	98	95	85	97	96	92	94	93	98	90	88	92	96	98	92	88	79	83	85	87	82	88	91	88	87	98
距离感知	93	77	69	80	60	40	10	50	40	50	90	90	30	10	100	80	80	60	100	30	40	80	30	60	100	60	90	80	80
声音感知	54	54	66	70	66	75	93	97	97	93	97	76	88	97	54	70	97	88	36	70	66	90	88	84	46	36	86	84	97
理论知识	68	0	85	83	78	88	77	88	88	88	88	89	91	83	94	78	80	97	0	69	87	0	80	79	73	85	71	78	80
实际操作	0	0	100	0	0	100	100	100	100	100	100	100	100	100	0	100	100	100	100	0	100	0	100	0	0	0	100	100	100
领导力	60	66	96	40	50	93	89	90	91	94	90	90	91	96	33	91	80	99	23	55	90	60	97	55	55	35	93	76	80
组织协调	55	55	86	50	47	94	80	92	90	86	85	85	88	85	45	86	70	94	33	37	88	53	92	47	56	23	94	65	70
理解能力	50	30	90	40	66	90	90	91	91	93	90	90	90	92	52	91	75	95	45	28	85	28	90	58	47	47	90	82	75
反馈能力	45	20	88	50	48	90	81	93	93	91	90	89	90	93	37	92	75	90	37	33	86	34	91	53	52	58	87	63	75

图 4　船员测评原始成绩

如图 5 所示,对各二级指标进行第一次证据推理,得到船员职业能力各一级指标评价值。

图 5 可以反映出该船员不同维度的能力素质,可以看出该船员身体素质和知识技能较差,心理素质、管理沟通和综合感知能力一般。这与该名船员的实际情况相符,该船员实操考试未通过,且年龄较大。

如图 6 所示,对一级指标进行第二次证据合成,得到 59 名船员综合素质的综合评价值。

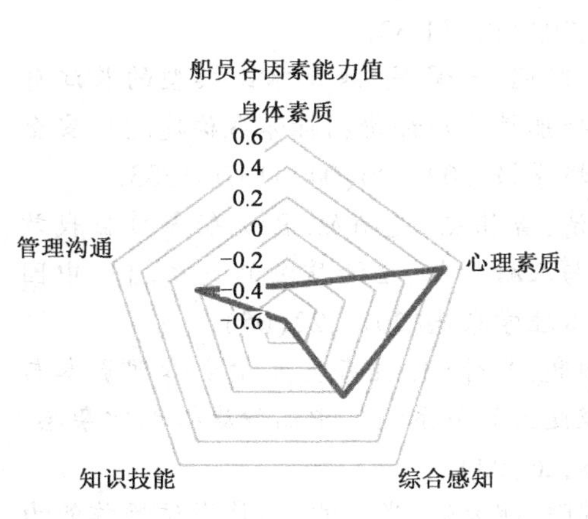

图 5　船员各因素能力值

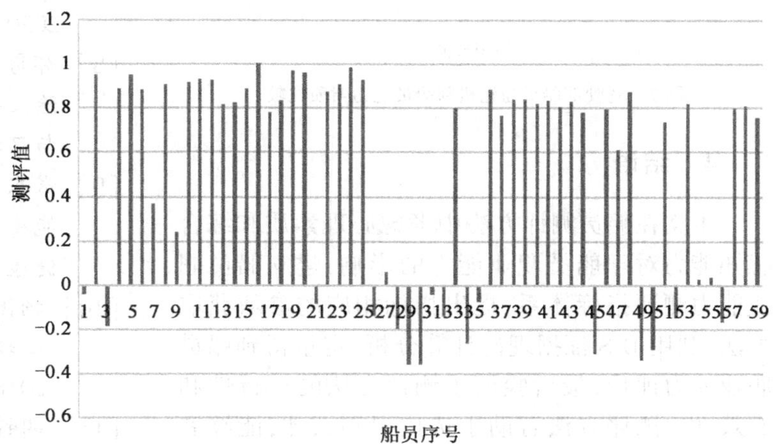

图 6　船员综合评价值

3.2　综合素质评价结果分析

本次调研共获取59位船员的测评数据，对证据推理得到的评价值利用SPSS软件进行正态分布检验。KS检验和SW检验的P值均大于0.05，可以认为数据服从正态分布。

将测评方法所得到的数据与船员理论考试和实操考试的结果进行对比。59位船员中42位船员通过理论考试和实操考试,17位船员未能通过理论考试或实操考试。通过证据推理得到的评价值与实际基本相符,仅有一位船员理论考试未通过,最终评价值为0.03,但是该船员通过了实操考试,且身体素质、心理素质、综合感知、管理沟通能力表现良好,因此综合评价达到“一般”,测评方法能够达到98.3%的准确率。测评方法不仅能定量给出船员综合评价值,而且通过第一次证据推理,能够得到船员各维度的素质水平,从而有针对性地对船员薄弱的能力进行训练,综合提升船员综合职业能力。

如图7所示,驾驶部船员比轮机部船员综合素质和心理素质要好。轮机部船员综合感知能力比驾驶部要好。总体来看,长江干线内河船员职业能力综合素质良好,生理素质、心理素质、综合感知能力有待加强。

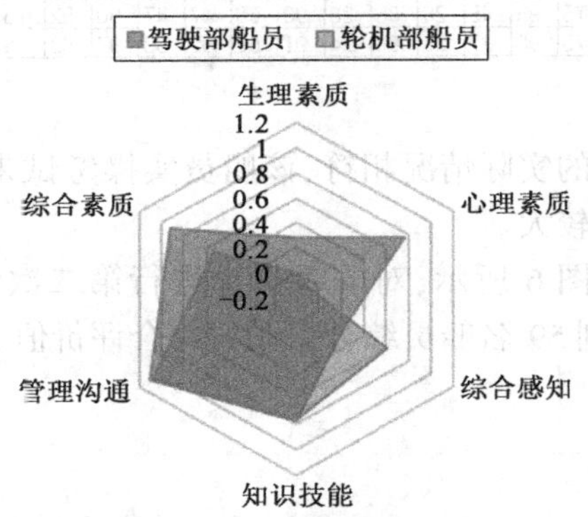

图7　驾驶部船员与轮机部船员能力素质比较

4　结语

本文在船员测评方法中考虑心理素质和综合感知能力对于船员职业能力的影响,建立船员职业能力测评指标体系,提出指标相应的参数获取方法,利用D-S证据理论计算分析,定量得到船员职业能力评价,最后验证了测评方法的可行性和有效性。测评方法有助于选拔识别人才,能够展现船员多维度的职业能力,从而使得船员有针对性地提高能力素质,更好地履行船员工作。后续研究应重视心理素质和综合感知能力对于船员适任的影响,开发综合感知能力的测评工具及船员职业能力测评系统,提升船员职业能力测评的精准性和高效性。

参考文献

[1] Bjørn S, Sigurd W H. Situation awareness as a determinant for unsafe actions and subjective risk assessment on offshore attendant vessels [J]. Safety Science, 2017, 93 : 214-221.

[2] 冯伟,张存有,孙晓磊. 论船员安全意识的培养[J]. 中国水运(下半月),2019,19(09):33-34+55.

[3] 竹志君,李琦艳,朱冕,等. 引航船/艇船员素质状况的调查及提高[A]. 中国引航协会、中国航海学会引航专业委员会. 中国引航论文集2017[C]. 上海:上海浦江教育出版社有限公司,2018:6.

[4] 刘清,郑志鹏. 船员心理素质对其安全行为能力的影响机理[J]. 水运管理,2019,41(11):1-5.

[5] 朱清明. 基于ISM规则的船员适任能力分析与控制[J]. 中国水运(下半月),2018,18(05):47-48.

[6] Shanty A, Supomo H, Nugroho S. Analysis of crew competence factor in the ship collisions (Case study: Collision accident in Indonesian waters)[J]. IOP Conference Series: Earth and Environmental Science, 2020, 557(1).

[7] 邵悦,马楠,邱春霞. 江苏段长江渡船船员安全素质现状分析[J]. 中国水运(下半月),2020,20(11):31-33.

[8] 郝勇,时间,吴昊旻. 基于冰山模型的长江危险品船船员素质评价指标体系构建[J]. 安全与环境学报,2020,20(04):1376-1383.

[9] 张东清,曾伟杰,支峭原. 医院船船员自我效能感与人格特征、生活质量的关系[J]. 中国健康心理学杂志,2014,22(05).

[10] 杨国亮,吴伟炯. 航海类大学生心理资本与心理健康的关系[J]. 中国健康心理学杂志,2018,26(08).

[11] 胡锦晖,胡大斌,肖剑波. 船员岗位操作能力综合评估方法研究[J]. 计算机与数字工程,

2017,45(07):1287-1293.

[12] 赵彦,朱振富.数据挖掘技术在船员适任性评价中的应用[J].舰船科学技术,2020,42(10):46-48.

[13] 杨柏丞,邱国华.船员适任能力影响因素研究[J].世界海运,2015,38(02):34-37.

[14] 徐向荣,王嘉玲,王华容,等.船员自尊与死亡焦虑的关系探索[J].中国健康心理学杂志:1-10.

[15] 邵晓燕,刘翠玉,吴鹏.新时代船员心理健康与工作绩效关系的实证研究[J].中国海事,2018(09):50-54.

[16] 俞雨晨.基于人—机—环的HUD自适应显示视场设计[D].南京:东南大学,2019.

[17] 杨理波,杜志刚,孟爽,等.高速公路隧道长大下坡路段驾驶员视错觉改善研究[J].公路,2019,64(03):169-175.

[18] 邱明团.船长领导力是船舶安全与运营管理的重要保证[J].中国设备工程,2020(22):44-46.

基于贝叶斯网络的客船事故致因研究

刘 清[1,2] 黄安妮[1] 杨 柳*[1]

(1.武汉理工大学交通与物流工程学院;2.国家水运安全工程技术研究中心)

摘 要 近年来,重大客船事故屡见不鲜,逃生困难、救援难度大等特点致使船上人员的生命财产安全受到严重威胁。为探究客船事故致因,选取国内外310份客船事故报告,借助贝叶斯网络方法,识别事故致因,确定事故致因链,构建贝叶斯网络拓扑结构;采用EM算法进行贝叶斯网络参数学习,建立基于贝叶斯网络的客船事故致因分析模型。研究结果表明:碰撞/触损、搁浅/触礁事故发生概率较大,易受人为因素影响;恶劣天气破坏、人员意外伤亡事故发生概率较小,但会造成严重后果,不容轻视。通过诊断推理和敏感性分析得到事故最大可能路径及13项关键因素与20项敏感因素,如教育培训不足、船员不适任、操作不当等既关键又敏感的因素。客船事故致因分析有助于相关部门针对性地实施客船安全监管,提高管理效率,降低事故的发生率。

关键词 水运交通安全与风险评估 事故致因 贝叶斯网络 客船 诊断推理 敏感性分析

0 引言

客船,即专门用于运送12名以上乘客及其携带行李和邮件的船舶,多为定期定线航行。客船一般具有完善的配套设施保障乘客日常需求与船舶安全航行,但其载运对象与航行环境的特殊性使得客船的航行存在较大风险,一旦发生事故,极易造成群死群伤[1]。2014年,韩国“世越”号客船于韩国全罗南道发生沉没事故,造成296人死亡;2015年,我国“东方之星”号客船于长江中游湖北监利水域发生沉没事故,造成442人死亡,给社会带来了严重的负面影响[2]。因此,建立客船事故致因分析模型,识别关键及敏感因素,对预防客船事故发生,保障人们生命财产安全具有重大意义。

水上交通安全事故分析一直是水路交通安全领域的研究重点,常见的分析理论与方法主要包括事故树分析方法[3]、神经网络[4]、贝叶斯网络[5]、关联分析[6]、功能共振分析方法[7]等。蔡玉良等[8]通过构建有序Logit模型与多项Logit模型识别并分析事故致因对不同船舶事故后果的影响程度。付姗姗等[9]基于Tripod-Beta模型从人员、管理、环境等五个方面对船舶火灾事故风险因素及其后果展开研究。孙墨林等[10]基于时间窗口选择与SVR建立了交通事故率预测模型,为船舶交通安全管理提供技术支持。王小洁[11]利用回声状态网络建立了一种高精确度的船舶事故预测模型。其中,贝叶斯网络在理论推理与事故致因不确定性表示方面更具优势,因而被广泛应用于事故致因研究中。唐庆友等[12]基于贝叶斯网络分析宁波舟山港船舶事故致因,并推理得到事故

1.基金项目:国家重点研发计划资助(2021YFC3001500);国家自然科学基金(51979214);国家自然科学基金(72001163)。

致因链条。司东森等[13]提出了一种在小样本数据下分析集装箱船碰撞事故致因的改进BN模型;肖仲明等[14]基于贝叶斯网络研究船舶搁浅事故发生机理,得到了船舶搁浅事故致因链条。综上所述,现有研究多针对某一类事故展开研究,且研究对象多为货船,针对客船的研究较为少见,在致因分析中针对乘客安全管理的研究尚未涉及。

因此,本研究将基于贝叶斯网络对船舶事故致因研究做进一步的拓展:①以客船作为研究对象,收集国内外客船事故调查报告(主要包括海上渡船、游轮、客滚船、高速客船等客船类型),对客船在航行过程中出现的船员问题、船舶与货物管理问题、环境影响及乘客人身安全问题进行探究;②从系统的角度进行事故致因识别,通过整合事故致因链,建立网络拓扑结构,基于EM算法进行网络参数学习,进而构建客船事故致因分析模型;③基于所建模型,进行诊断推理与敏感性分析,获得各事故类型的最大可能路径、关键因素及敏感因素,为降低客船事故风险提供帮助。

1 客船事故致因识别

统计分析客船事故报告中的相关数据,发现客船事故共包括碰撞/触损、搁浅/触礁、火灾/爆炸、沉没/倾覆、恶劣天气破坏、人员意外伤亡6种事故类型。其中,人员意外伤亡事故为本研究针对客船提出的事故类型,即在航行过程中,由于突发的、不能抗拒或不能预见的因素而导致人员(包括船上工作人员和乘客)伤亡的事故。

本研究结合样本事故报告及文献[12],从人为因素、船舶/货物因素、环境因素、管理因素4方面对客船事故致因展开分析;其中,与货船不同的是,客船在航行中还会受到乘客的影响,例如:游客用火用电不当、不遵守规章制度、人员生理/心理素质差等。整理客船事故致因如表1所示。

客船事故致因 表1

因素类别	致因因素
人为因素	助航设备使用不当;船员技能水平差;船员不适任;驾驶经验不足;船员生理/心理素质差;瞭望不当;操作不当;沟通不当;客货安排不当;航线选择不当;航前准备不足;任意更改航线;满足游客观赏需求;船员/游客用火用电不当;不遵守规章制度;人员生理/心理素质差;未穿戴救生设备;人员安全意识不佳
船舶/货物因素	设备故障;设备不全;船舶老化;船体失控;视线阻挡;危险品泄漏;车辆/货物起火;车辆/货物故障或自燃;船体进水;船舶不适航;车辆/货物移位倾斜;固系不良
环境因素	航道条件差;交通流密集;航道弯曲/狭窄;能见度不良;夜航/大雾/雨;恶劣天气
管理因素	设备维系不良;安装不当;教育培训不足;安全管理不到位;安全检查不到位;缺少消防/报警系统;未配备救生设备

2 基于贝叶斯网络的客船事故致因分析模型构建

2.1 贝叶斯网络概述

贝叶斯网络又称为因果概率网络,它包含网络拓扑结构与条件概率表两个部分。网络拓扑结构为一个有向无环图,由节点与以父节点指向子节点的有向边组成。条件概率表反映某节点与其父节点间的条件概率,即表示在事件A发生的条件下,事件B发生的概率,用符号记为[15]:

$$P(B/A)=\frac{P(AB)}{P(A)},P(A)>0 \qquad (1)$$

式中:$P(AB)$——事件A与事件B同时发生的概率;

$P(A)$——事件A发生的概率。

2.2 贝叶斯网络拓扑结构构建

结构学习是利用有向无环图的网络结构表示出各节点间关联关系的过程。本研究借助GeNIe软件进行网络结构学习,首先通过分析各案例的事故经过,得到事故致因链,修正后,综合各事故致因链,完成贝叶斯网络拓扑结构的构建。

(1)以韩国"世越"号客船事故为例,分析事故经过,确定事故主要致因链。

2014年4月16日,韩国"世越"号客船在韩国全罗南道珍岛郡观梅岛西南方向约3km的海上沉没。"世越"号于2012年被船舶公司改装,增加的第五层船体导致船舶重心提高,安全隐患增加。事发当天,"世越"号严重超载;在大角度转向时,船载货物整体向一侧倾斜,使船体失去平衡,最终导致船舶翻沉。因此该事故的主要致因链如图1所示。

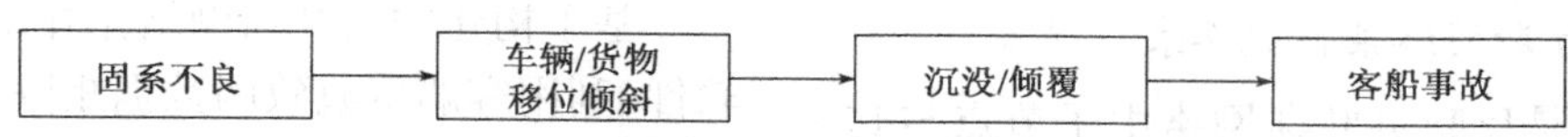

图1 “世越”号客船沉没事故致因链

(2)建立贝叶斯网络拓扑结构。

分析用于模型构建的其余297份样本案例，得到相应的事故致因链，将其整合后形成客船事故致因分析贝叶斯网络拓扑结构如图2所示。

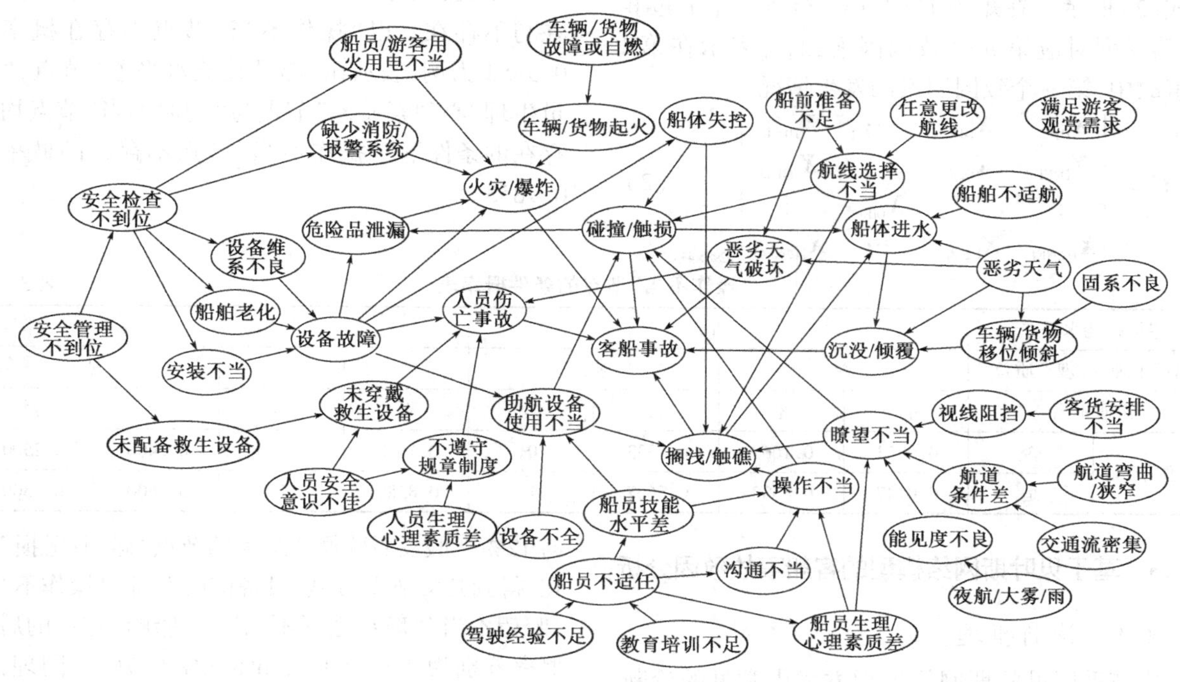

图2 客船事故致因分析贝叶斯网络拓扑结构

2.3 网络参数获取

2.3.1 基础节点参数的确定

贝叶斯网络中的每一个节点都与事故致因相对应，都有着存在与不存在两种状态[16]，即state =0与state =1。当不能确定节点是否存在时，可用值域[0,1]中的数值表示节点状态。在客船事故致因分析贝叶斯网络拓扑结构中，共有16个基础节点，其节点参数即该节点在样本中发生的频率。以“安全管理不到位”节点为例，该节点发生频次为82次，计算得该节点发生的频率为0.2752，即该节点参数为0.2752。基础节点及其节点参数情况如表2所示。

基础节点及其节点参数情况 表2

序　号	节点名称	节点参数	序　号	节点名称	节点参数
1	安全管理不到位	0.2752	9	航道弯曲/狭窄	0.0570
2	人员安全意识不佳	0.0336	10	客货安排不当	0.0101
3	人员生理/心理素质低	0.0235	11	固系不良	0.0134
4	设备不全	0.0470	12	恶劣天气	0.1376
5	驾驶经验不足	0.1879	13	船舶不适航	0.0369
6	教育培训不足	0.4396	14	满足游客观赏需求	0.0134
7	夜航/大雾/雨	0.1510	15	航前准备不足	0.0638
8	交通流密集	0.0302	16	车辆/货物故障或自燃	0.0302

2.3.2　贝叶斯网络条件概率表

条件概率表是反映贝叶斯网络中子节点与其父节点间关联关系的纽带，在未知节点状态时，可确定中间节点概率。统计 298 起样本事故的致因，结合 43 个节点，构建客船事故致因数据矩阵如式(2)所示。在矩阵 $\boldsymbol{C}$ 中，第 i 行表示第 i 起事故；第 n 列对应第 n 个致因因素；$X_{\mathrm{D}i\mathrm{E}n}$ 表示在第 i 起事故中，第 n 个致因因素的发生情况。

$$\boldsymbol{C}=\begin{bmatrix} \boldsymbol{X}_{\mathrm{D1E1}} & \boldsymbol{X}_{\mathrm{D1E2}} & \cdots & \boldsymbol{X}_{\mathrm{D1E43}} \\ \boldsymbol{X}_{\mathrm{D2E1}} & \boldsymbol{X}_{\mathrm{D2E2}} & & \boldsymbol{X}_{\mathrm{D2E43}} \\ \vdots & & X_{\mathrm{D}i\mathrm{E}n} & \vdots \\ \boldsymbol{X}_{\mathrm{D298E1}} & \boldsymbol{X}_{\mathrm{D298E2}} & \cdots & \boldsymbol{X}_{\mathrm{D298E43}} \end{bmatrix}_{(298\times 43)} \tag{2}$$

基于构建的贝叶斯网络拓扑结构，借助 GeNIe 软件，利用客船事故致因数据矩阵与 EM 算法[17]，匹配事故节点与致因因素进行网络参数学习，并结合基础节点参数，得到贝叶斯网络条件概率表如表 3 所示。

在表 3 中，“YES”与“NO”分别表示节点的存在与不存在。以“操作不当”节点不存在概率为 0.9853 为例，表示在“船员技能水平差”节点、“船员生理/心理素质差”节点与“沟通不当”节点均不存在的条件下，“操作不当”节点不存在的概率为 0.9853。

“操作不当”节点的条件概率表　　　　表 3

船员技能水平差		否				是			
船员生理/心理素质差		否		是		否		是	
沟通不当		否	是	否	是	否	是	否	否
操作不当	否	0.9853	0.1667	0.4333	0	0.1613	0	0.2400	0.2500
	是	0.0147	0.8333	0.5667	1	0.8387	1	0.7600	0.7500

3　基于贝叶斯网络模型的客船事故致因分析

3.1　诊断推理

本节采用贝叶斯网络推理方式中常见的诊断推理进行客船事故及各事故类型的致因分析。以客船事故为例，首先假设“客船事故”节点存在，得到其父节点“碰撞/触损”“搁浅/触礁”“火灾/爆炸”“沉没/倾覆”“恶劣天气破坏”与“人员意外伤亡”的后验概率分别为 63%、27%、22%、38%、5%与 12%。假设后验概率最大的节点“碰撞/触损”存在，得到其父节点“助航设备使用不当”“操作不当”“瞭望不当”“航线选择不当”与“船舶失控”的后验概率分别为 27%、59%、56%、6%与 7%。同理，假设其后验概率最大的节点“操作不当”存在后，继续逆推至得到最大后验概率的基础节点，即完成推理。得到客船事故的最大可能路径如图 3 所示。

同理可得各事故类型的最大可能路径，具体如图 4 所示。

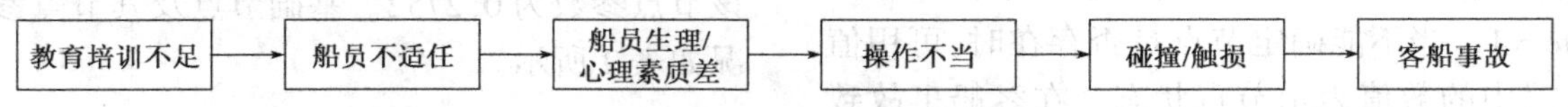

图 3　客船事故的最大可能路径

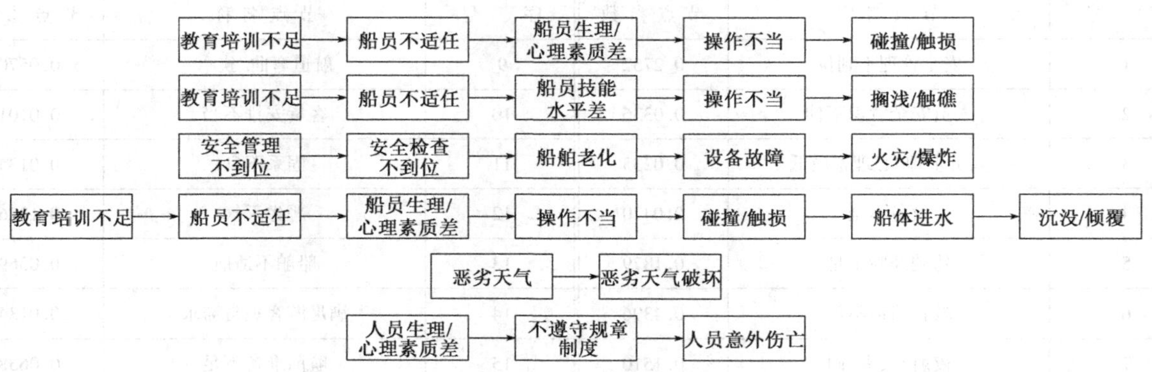

图 4　其他事故类型的最大可能路径

整理得到客船事故的关键因素如表4所示。

客船事故关键因素 表4

序号	关键因素	序号	关键因素
1	教育培训不足	8	设备故障
2	船员不适任	9	船员技能水平差
3	船员生理/心理素质差	10	船体进水
4	操作不当	11	恶劣天气
5	安全管理不到位	12	人员生理/心理素质差
6	安全检查不到位	13	不遵守规章制度
7	船舶老化	—	—

3.2 敏感性分析

在贝叶斯网络中，敏感因素的微小变化会对目标节点产生较大影响。因此，寻找各事故类型的敏感因素至关重要。各事故类型的敏感因素可视化结果如图5所示。其中，节点的颜色反映节点的敏感程度，颜色越深，表示目标节点对该节点越为敏感。

整理得到客船事故的敏感因素如表5所示。

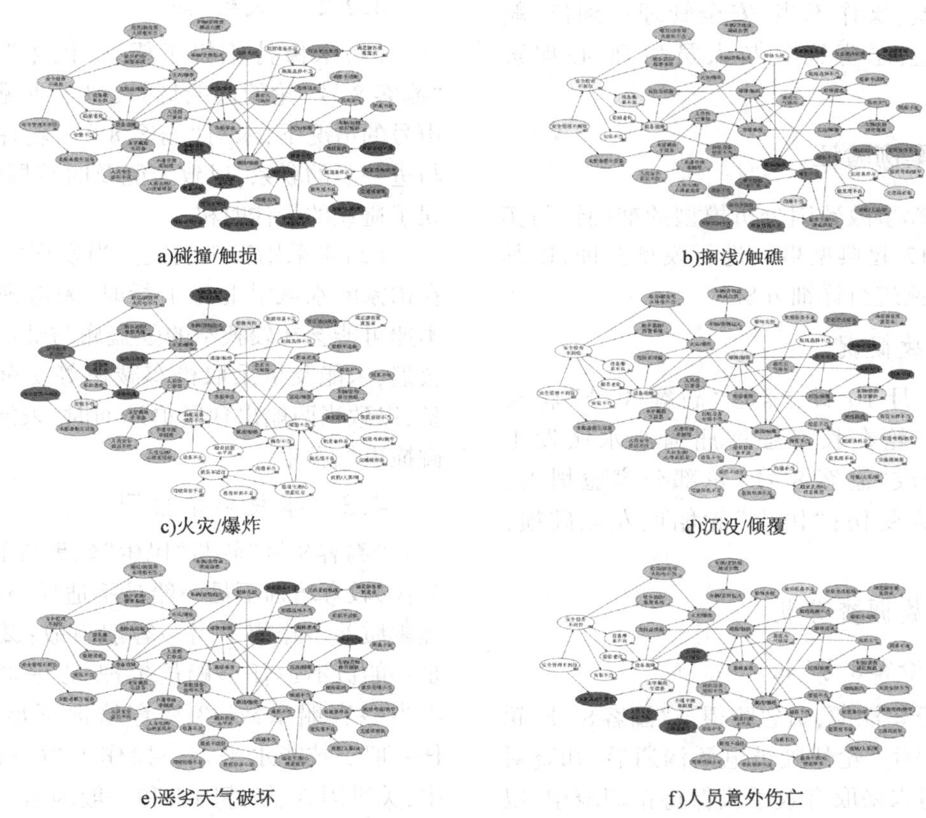

a)碰撞/触损 b)搁浅/触礁 c)火灾/爆炸 d)沉没/倾覆 e)恶劣天气破坏 f)人员意外伤亡

图5 各事故类型敏感因素

客船事故敏感因素 表5

序号	敏感因素	序号	敏感因素
1	教育培训不足	5	瞭望不当
2	船员不适任	6	驾驶经验不足
3	船员生理/心理素质差	7	设备不全
4	操作不当	8	夜航/大雾/雨

续上表

序 号	敏感因素	序 号	敏感因素
9	助航设备使用不当	15	恶劣天气
10	船员技能水平差	16	船舶不适航
11	航前准备不足	17	固系不良
12	满足游客观赏需求	18	未配备救生设备
13	安全管理不到位	19	人员安全意识不佳
14	车辆/货物故障或自燃	20	人员生理/心理素质差

3.3 结果分析

基于诊断推理与敏感性分析可知,客船事故共有13项关键因素、20项敏感因素与18项一般因素。其中8项因素既是关键因素又是敏感因素,分别为:教育培训不足、船员不适任、船员生理/心理素质差、操作不当、安全管理不到位、船员技能水平差、恶劣天气与人员生理/心理素质差。

4 典型案例验证

为验证客船事故致因分析模型的准确性与实用性,本节用12起典型事故进行模型验证,以其中一起事故为例进行详细分析。

4.1 事故概况

2008年3月10日,客船"渝客8号"轮与滚装船"民生"轮在长寿强盗庙河心水域发生碰撞。事故造成"渝客8号"轮部分客舱坍塌,3人死亡,13人受伤;"民生"轮船艏左舷破损,右锚丢失。

4.2 事故调查分析

4.2.1 "渝客8号"轮

(1)安全意识淡薄,疏忽瞭望。"渝客8号"轮驾驶员在与"民生"轮驾驶员电话沟通后,知晓对方航行计划,但未采取有效手段保持正规瞭望,以致发现来船过迟,未能有效避让。

(2)未采用安全航速,驾驶操作不当。"渝客8号"轮发现"民生"轮时,未采用安全航速,且未主动履行让路船责任,导致紧迫局面产生。

(3)判断失误,临危措施不当。"渝客8号"轮驾驶员发现"民生"轮时,仅凭主观判断确定本船船位,且误判了"民生"轮船位;致使在双方逼近的情况下,采取了错误的避让方式,导致碰撞事故发生。

4.2.2 "民生"轮

(1)未保持正规了望。"民生"轮在未看见"渝客8号"轮的会船灯号,也未听见其鸣放会船声号的情况下,未对"渝客8号"轮保持连续瞭望与进一步的联系,以致未能及时掌握他船动态,贻误了避让的最佳时机。

(2)未采用安全航速。当发现"渝客8号"轮在田家滩水域沿北岸上行时,未考虑到上水船与本船可能会在较狭窄的强盗庙与灶门子间的水域会遇,未能及早采取松车减速等安全措施加强戒备,以致当两船出现紧迫局面时,未能有效的避免碰撞事故发生。

4.3 事故类型推测

"渝客8号"轮与"民生"轮事故的主要致因链为:①教育培训不足→船员不适任→船员生理/心理素质差→瞭望不当→客船事故;②教育培训不足→船员不适任→船员生理/心理素质差→操作不当→客船事故;③教育培训不足→船员不适任→船员技能水平差→操作不当→客船事故;其中,关键因素、敏感因素和一般因素的出现率分别为38.46%、30%、5.56%。

根据该事故的主要致因链,基于客船事故致因分析模型,推测"渝客8号"轮与"民生"轮发生各类事故的可能性如图6与表6所示。

"渝客8号"轮与"民生"轮发生各类事故的概率 表6

事故类型	碰撞/触损	火灾/爆炸	搁浅/触礁	沉没/倾覆	恶劣天气破坏	人员意外伤亡
发生概率(%)	72	16	39	37	4	9

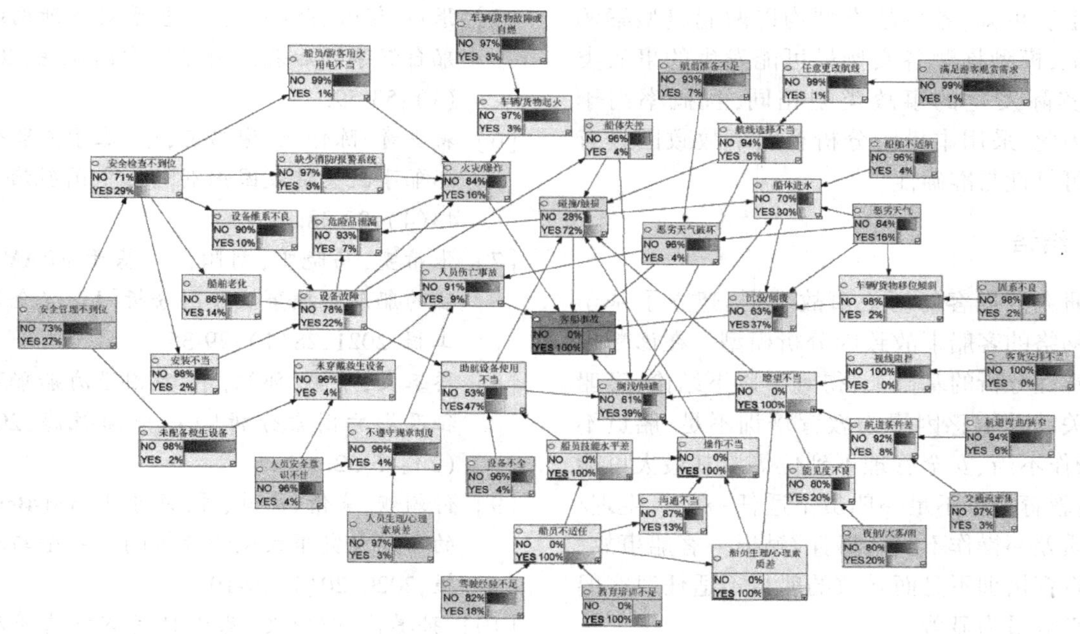

图6　“渝客8号”轮与“民生”轮事故贝叶斯网络

由表6可知,“渝客8号”轮与“民生”轮发生碰撞/触损事故的概率为72%,远大于其他事故类型可能发生的概率。因此,模型推测结果与事故实际发生情况基本相符。

将其余11起事故按照上述相同步骤进行验证,得到客船事故致因分析模型验证表如表7所示。

客船事故致因分析模型验证表　　　　表7

序号	船舶名称	实际事故类型	碰撞/触损事故可能发生概率(%)	火灾/爆炸事故可能发生概率(%)	搁浅/触礁事故可能发生概率(%)	沉没/倾覆事故可能发生概率(%)	恶劣天气破坏事故可能发生概率(%)	人员意外伤亡事故可能发生概率(%)
1	客船“三通718”、货船“长泓08”	碰撞/触损	78	16	31	36	4	9
2	客滚船“中华富强”	火灾/爆炸	44	93	19	27	4	9
3	客渡船“Superflyte”	火灾/爆炸	0	99	18	18	4	9
4	客船“Quiberon”	搁浅/触礁	46	23	71	38	4	10
5	高速客船“深圳春”	搁浅/触礁	45	18	76	39	4	10
6	客渡船“马哈拉杰”	沉没/倾覆	48	15	25	88	23	17
7	游轮“太阳号”	沉没/倾覆	46	16	20	83	26	19
8	高速客船“Ports Mouth Express”	恶劣天气破坏	39	16	61	70	97	51
9	客滚船“Arahura”	恶劣天气破坏	42	15	58	75	95	51
10	客轮“云顶梦”	人员意外伤亡事故	46	54	20	27	3	96
11	游轮“马恩岛”	人员意外伤亡事故	42	15	18	26	3	95

由上表可知,各事故类型均以两起典型案例进行验证,模型推测各案例最可能发生的事故类型均与实际发生的事故类型相同,且概率高于70%。因此,采用本模型分析客船事故致因具有一定的可靠性与准确性。

5 结语

本研究依据客船历史事故数据,建立了基于贝叶斯网络的客船事故致因分析模型。在诊断推理和敏感性分析的基础上,得到了以下结论:客船事故的关键及敏感因素为教育培训不足、船员不适任、操作不当、安全管理不到位等。其最大可能路径为:教育培训不足→船员不适任→船员生理/心理素质差→操作不当→碰撞/触损→客船事故。可见因教育培训不足而导致的船员不适任对客船事故的影响最为显著。

本研究对相关部门加强客船安全管控与事故预防具有一定的指导意义,但在事故致因分析与致因链构建的过程中,尚存在人为主观因素的影响。后续研究可以考虑进一步结合相关深度学习算法,尽可能避免人为主观因素对模型的影响,提高模型的客观准确性。

根据本研究结果提出以下建议:船舶公司应加强教育培训,提高船员的安全责任意识与知识技能水平;建立完善的安全管理体系,避免因管理失误造成船舶安全事故。

参考文献

[1] Eleftheria E, Apostolos P. Statistical analysis of ship accidents and review of safety level[J]. Safety Science, 2016, 85: 282-292.

[2] 尹金岗,任鸿翔,李海江.紧急情况下客船人员疏散过程仿真[J].大连海事大学学报,2021,47(1):18-27.

[3] 何众颖,艾万政,刘虎.基于事故树的港口水域船舶通航风险致因分析[J].浙江海洋学院学报(自然科学版),2018,37(4):350-355.

[4] 张逸飞,付玉慧.基于ARIMA-BP神经网络的船舶交通事故预测[J].上海海事大学学报,2020,41(4):47-52.

[5] 张笛,梁峥,范存龙,等.基于贝叶斯网络的船舶自沉事故后果预测[J].中国航海,2018,41(1):53-59.

[6] 蒋少奇,陈伟炯,谢启苗,等.基于关联分析的船舶事故关键致因识别[J].中国航海,2020,43(4):33-38.

[7] 张靖雯,马晓雪,刘阳,等.基于FRAM-FAHP法的船舶碰撞事故致因分析[J].安全与环境工程,2021,28(1):29-35.

[8] 蔡玉良,于淳,孙旭,等.我国沿海船舶事故特征及影响因素分析[J].中国航海,2021,44(2):45-52.

[9] 付姗姗,宋倩,庄慧,等.基于Tripod-Beta模型的船舶火灾事故风险分析[J].安全与环境学报,2020,20(1):9-19.

[10] 孙墨林,郑中义.基于时间窗口选择和SVR的船舶交通事故率预测[J].中国航海,2019,42(1):47-51.

[11] 王小洁.基于回声状态网络的船舶交通事故预测[J].舰船科学技术,2019(16):16-18.

[12] 唐庆友,柯冉绚,梁达鑫.宁波舟山港船舶交通事故致因分析[J].中国航海,2021,44(2):8-14.

[13] 司东森,张英俊,郎坤.基于改进BN的集装箱船舶碰撞事故致因分析[J].中国安全科学学报,2019,29(10):31-37.

[14] 肖仲明,王新建,章文俊.基于贝叶斯网络模型的船舶搁浅事故分析[J].安全与环境学报,2017,17(2):418-421.

[15] 万伟强.基于贝叶斯网络的渤海湾客滚船风险评估及分级[D].武汉:武汉理工大学,2017.

[16] 薛楠楠,张建荣,张伟,等.基于贝叶斯网络的建筑施工安全事故致因研究[J].土木工程与管理学报,2021,38(4):176-182,194.

[17] 赵铭,金大权,张艳,等.基于EM和GMM的朴素贝叶斯岩性识别[J].计算机系统应用,2019,28(6):38-44.

The Intention-based Multi-ship Collision Avoidance Decision-making and Path Planning Method Considering COLREGs

WANG Tengfei[1,2] WANG Shuoping[3,4] XIAO Youan[3,4] CHEN Yongjun*[1,5]

(1. School of Transportation and Logistics Engineering, Wuhan University of Technology;
2. National Engineering Research Center for Water Transport Safety;
3. School of Information Engineering, Wuhan University of Technology;
4. Key Laboratory of Fiber Optic Sensing Technology and Information Processing, Wuhan University of Technology, Ministry of Education;
5. Airport College, Binzhou University)

Abstract Ship collision avoidance (CA) decision is actually a purposeful action under the guidance of deep hidden intention, which is the CA intention. If all of the encountered ships can fully understand the CA intentions of each other before making decisions, the CA process can be better completed. The paper aims to introduce a real time and deterministic route planning method to trigger evasive actions for multi-ship CA, based on the hidden CA intention of encountering ships. To achieve this goal, a simple and clear definition of CA intention is proposed, and a modified artificial potential field (APF) method is developed. First, the method proposes a formalism to serve as the general form of information circulation of the decision-making process, including the mathematical expression of the whole process of CA and the model of CA intention. On the base of this formalism, the ship encounter region is rebuilt with the APF model. Then, the repulsive field is designed to include the ship risk field (SRF) and the compliance field (CF). SRF is established on the base of ship domain theory to form the collision risk around the moving ship. SRF has the highest priority in the CA decision-making process. Finally, the CF is built based on the COLREGs, which define the general scope of navigation under current scenarios. The simulation results indicate that the method can be used successfully when all ships follow the COLREGs, even for occasional non-compliance with the rules. The experience gained during the development and application will become a valuable resource of R&D of unmanned ships.

Keywords Maritime Safety Collision Avoidance Hidden Intention COLREGs Artificial Potential Field

0 Introduction

The shipping industry has achieved a continuous development over recent decades, due to the developing technology and increasing worldwide commercial activities. The maritime traffic is growing denser especially in the major shipping lanes and active waters such as bays, ports, inland rivers, etc. The busier the waterway, the higher the probability that more than two ships will get into an encounter situation is. These scenarios which are called multi-ship CA scenarios are much more complicated than the conventional ship encounter situations, and the tasks of navigators will be more difficult to handle. It is believed that the subjective decision-making process based on crew's experiences is the major reason of the ship collision accident, according to the consensus that more than 75% of marine accidents are human-related. Thus, it'll be an effective way to enhance intelligent navigation assistance and reduce the workload of crews, which forms the basic idea of automatic ship navigation system.

The international regulations for preventing collisions at sea (COLREGs) are the basic and world-wide binding navigation rules which are adopted by the international maritime organization (IMO). The COLREGs contain various rules for maritime traffic safety, especially for the conflict resolution procedure between encountered ships in open waters. COLREGs are important factors for the development of either CA decision support system for conventional ships or the CA function of maritime autonomous surface ships (MASS). Many CA path planning methods with consideration of COLREGS have been proposed in recent years, such as artificial potential fields (APF), velocity obstacle (VO), the fast marching (FM) algorithms, fuzzy logic, and deep learning methods. However, some "COLREGS compliant" CA path planning methods performs explicit violations of the regulations in specific scenarios, such as changing course frequently and minorly, which is challenging to detect by encountered ships or preforming contravening actions towards Rule 17 of COLREGs (Action by Stand-on Vessel). Furthermore, some methods were proposed based on unpractical assumptions, such as all target ships (TSs) maintain their course and speed or always take COLREGS-compliant CA maneuvers until passing the encountered region. Once TSs make speed and/or course alternative maneuvers, even with a non-protocol action, the original CA measurements based on these algorithms might be no longer useful. Moreover, some algorithms are only designed for a single ship-to-ship encounter scenario, cannot be applied in a multi-ship encounter scenario.

Besides the principle of CA decision-making, another critical problem is the strategy of CA decision. There are two kinds of standard CA decision-making strategies, which are centralized decision-making and distributed decision-making. A centralized CA decision-making algorithm's central idea is to find a collision-free path for all encountered ships from a cooperative perspective. This method assumes that all involved ships' CA maneuvers are predictable and compliant with COLREGS. Theoretically, the CA decision made in this strategy can find the optimal solution that meets all involved ships' interests. However, adopting a centralized decision-making strategy for all encountered ships relies on a higher-level decision-maker role, for instance the VTS center, or the fully understanding between each encountered ships and the same algorithm and parameter system. Secondly, successful centralized decision-making depends largely on good wireless communication or coordination. The opposite of centralized decision-making is the distributed decision-making formulation. In the CA decision-making algorithms which are in applied in distributed strategy, all CA decisions are made by involved ships individually based on the limited observed information of the current encounter scenario and communication between each other. Obviously, such a decision is made by each encountered ship with incomplete information and is affected by many factors, but it is more in line with practical CA scenario. How to extract enough effective content to serve CA decision-making from limited achievable information, and finally realize the distribution decision of each encountered ship is one of the focus of this paper.

On the other way, the APF concept can be regarded as a way to directly relate high level CA path planning goals and moving objects to low level CA maneuvers. The APF modeling processing is also a processing of coding the encountered situation. The algorithm directly links low-level CA maneuvers like the desired position and course angle at current points in space with its spatial goals, which is the goal of intention inference. In this process, the risk of ship collision is an effective indicator for APF modeling. The traditional ship collision study also shows a trend of focusing on more risk-based study with the support of uncertainty modeling methods. The risk is about future events. However, the method of determining the risk is a combination of experience gained in the history and knowledge of the analyzed system. This method would face a challenge when a new thing is introduced into the system, such as the unmanned merchant vessels. Considering the process of introducing unmanned ships, there must be a transitional period in which unmanned and manned vessels coexist, and it might be quite long. During this transitional period, the number of unmanned ships will increase continuously, and the decision-making support system used in the conventional units will become more comprehensive, detailed and intelligent—changing from decision support to collaborative driving mode. From this point, the automatic ship navigation system designed in this paper is not only a navigation assistant to find the collision-free trajectory for the ship, but also a transition state before entirely unmanned. The experience gained during the development and application of the system will become a valuable resource of R&D of unmanned ships.

To bridge this gap between intelligent navigation system for ordinary navigators and autonomous decision system for unmanned ships, or at least to reduce it, an attempt is made by applying an intention-based APF method for ship CA path planning. The remainder of the paper is organized as follows: The basic definition and problem statement are proposed in Section 1. Section 2 delineates the basic concept of the method and general framework of the decision-making procedure. At last, simulations based on the proposed decision-making formulation are carried out by considering several multi-ship encounter scenarios in Section 3. Some conclusions are discussed in Section 4.

1 The collision avoidance decision making intention

The method proposed in this paper is designed to work as a part of an intelligent navigation system which can be regarded as a transition between conventional ships and intelligent unmanned vessels. The input of the algorithm is the state of all involved ships include OS and TSs from the perception system include sensor system and information processing system. The output of the algorithm is the position and heading of next moments; the order will be sent to navigators as decision support or directly to ship control systems. Between the input and output, the task of the algorithm is to find a dynamically feasible, rule and practice obedient, and ship collision risk-free paths according to current ship encounter situations. As this algorithm is designed to provide detailed anti-collision decision support, and the output of the decision-making scheme can also be used as the input of the next level systems, a set of formulation expressions is needed to serve as the general form of information circulation.

1.1 Basic processing of collision avoidance manoeuvre

Ships are very different from other means of transportation in their high inertia, underactuation and difficult-to-control characteristics. The ship needs to make CA maneuvers in advance to ensure that it can sail along the planned CA trajectory. In this case, all emergency CA operations are unreliable and inefficient. Therefore, it is necessary to know the tendency of the encountered ship to the current situation. Moreover, the own ship's (OS's) understanding of the target ship's (TS's) CA intention can help OS make CA decisions in a more economical and maneuverable way, which is illustrated in Fig. 1. However, the CA intention is usually hidden and cannot be directly achieved without broadcasting or communication channels, such as very high frequency (VHF). For the stable navigation state, the communication of CA intention between encountered ships is the most reliable, credible and effective for CA decision-making. The research of intention understanding and the intention-based decision-making in roadway transportation has made some progress. However, few researches in maritime focus on the intention-based decision-making in ship CA manoeuvre. Shah et al. proposed a resolution-adaptive risk-aware path planning method for unmanned surface vehicles (USVs), which has the function of civilian ships' intention inference based on the priori knowledge of TS. The main content of intention inference is confirmation or denial of the priori-knowledge. Wang et al. proposed an iterative observation and inference CA scheme by using evidence discrepancy measurement between observed information and prediction to infer the CA intention. Du et al. proposed a method for give-way ships' intention awareness and understanding. Cho et al. proposed a probabilistic graphical model to represent the relationship between observable state of TS and its CA intention to comply with COLREGs. The above methods have realized the importance of CA intention in the research of ship CA decision-making and have made useful attempts.

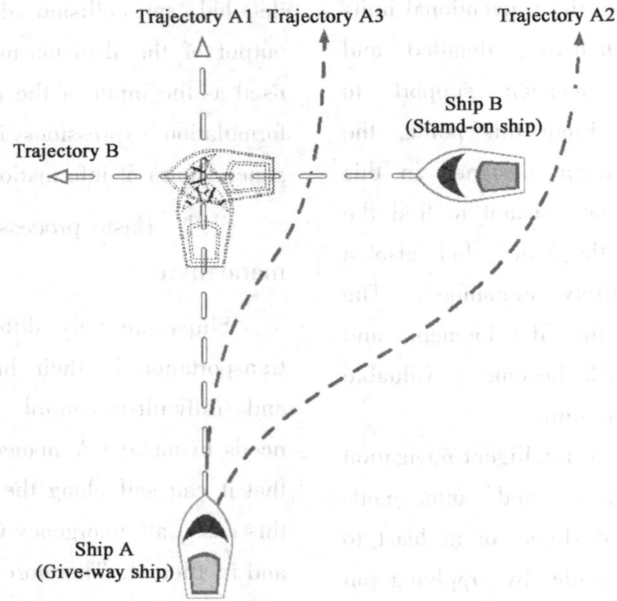

Fig. 1 Collision avoidance path planning trajectories under different conditions

(Trajectory A1 and Trajectory B are the trajectories while both ship maintaining the current speed and heading course and will collide with each other. Trajectory A2 is the planned trajectory to avoid collisions immediately. Trajectory A3 is the planned trajectory based on Ship A's understanding of Ship B's CA intention.)

The CA intention of a ship is its macro strategic to pass through the collision prone situation. As mentioned previous, the COLREGs are the basic regulations that both ships should comply with in a typical two-ship CA scenarios. There are three types of encounter situations addressed by COLREGs, namely crossing, head-on and overtaking. And the own ship can be regarded as either a give-way ship or a stand-on ship when it is involved in a two-ship encounter scenario. Prior research has shown that the instant stand-on/give-way relationship (SGR) of two encountering ships is categorized by the positions and headings of the two ships at the closest point of approach, where the CPA calculation is based on the assumption that the two ships keep the constant speed and course. More generally, if two ships want to pass the encountered region successfully, one ship will pass through the fore side of the other ship. In COLREGs, the ship passing through the fore side of the other one is a stand-on ship. Therefore, 0 and 1 can be used to represent these two collision avoidance intentions. In this paper, the ship who interns to pass the encountered region from the fore side of the other ship is the ship with a CA intention 0 ($\theta = 0$). Conversely, the other ship has a CA intention 1 ($\theta = 1$)

1.2 The path target determination of two ship encounter situation

Fig. 2 illustrates the process of the path target determination and two stage CA process in a two-ship encounter situation. Generally, the ship CA process can be divided into two stages, i. e., the extra trajectory to avoid collision and the stage of returning to the original course after passing the encounter region. According to COLREGs, the give-way ship (Ship A) needs to turn right to clear the region ahead for the stand-on ship (Ship B). While, the stand-on ship should keep its course and speed to pass the encounter region from the fore side of the give-way ship, and keep vigilant in case the give-way ship do not take measures in time. Therefore, the path target of the giving-way ship is set outside the ship domain of the stand-on ship at the closet point of approach (CPA). When the give-way ship passes through the path target, it will enter the second stage and return to original course. The stand-on ship should pass the encounter region at the original speed and heading. During the CA process, the repulsion field (SRF in Section 2.2) around the ships played an insurance role to avoid encountering distances that are too close.

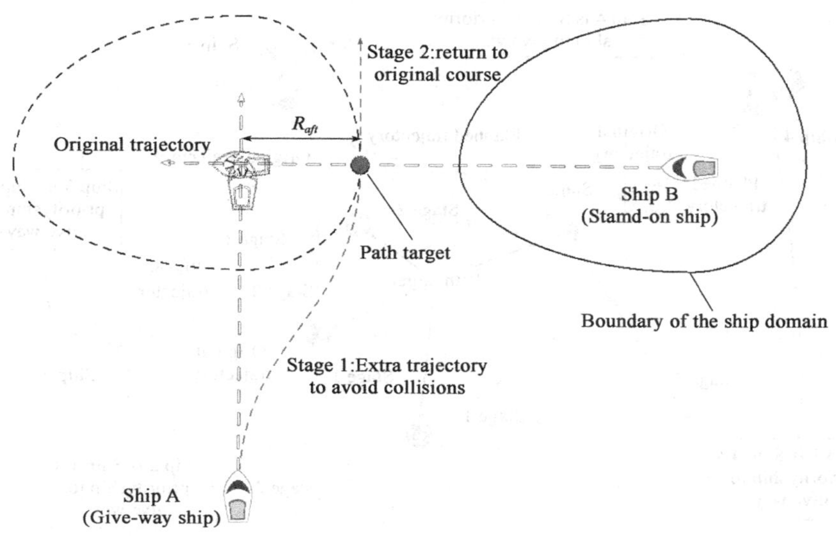

Fig. 2 The path target determination in a two-ship encounter situation

1.3 The path target determination of multi-ship encounter situation

Fig. 3 illustrates the process of the path target determination and two stage CA process in a multi-ship encounter situation. In this case, each involved ship is responsible for clearing the region ahead for the ship on its starboard side. If there is no other ship on its starboard side, the ship can keep its own speed and head forward. In this case, the first ship to the starboard direction of OS is considered to be the priority ship to give way. For instance, Ship 2 is Ship 1's priority ship to give way. In this way, each ship and its priority avoiding ship form a two-ship encounter situation. If there is no more new and urgent collision risk, OS will sail towards the current path target, until it encounters a new priority avoiding ship, or completely leaves the encounter region.

It should be noted that the choice of path target is an independent choice of each involved ship whether in the two-ship encounter situation or multi-ship encounter situation. In the following numerical experiments in Section 3, it can be seen that the different way of determination of path targets will affect the efficiency of the CA process, but it will not affect the safety of OS and the inference of the CA intention of OS by other ships. This is because the CA intention itself is vague and hidden level, not a specific CA maneuver.

2 Intention based real time route planning method

2.1 The APF methodology

The artificial potential field (APF) works on the base of modeling the anti-collision region with a virtual scalar field which is constructed with artificial "hills" and "valleys" representing obstacles and destination, respectively. The vessel moves under the guidance of repulsive and attractive forces generated by the artificial "hills" and "valleys", and arrives destination without collision. The APF method works similarly as gravitational potential energy. As a very popular method, APF is similar in its different forms of different applications. Here, we will only briefly introduce the principle. The total potential field value of any point is the sum of the attractive field and the repulsive field:

$$U(p) = U_{att}(p) + U_{rep}(p) \tag{1}$$

Where $U(p)$ is the total APF energy value at point p on the water surface. In a scalar APF, the attractive field $U_{att}(p)$ generated by destination is negative similar to the "valley", and the repulsive fields $U_{rep}(p) = \Sigma_{i=1}^{N_{obs}} U_{repi}(p)$ generated by obsticals are postive similar to the "hills".

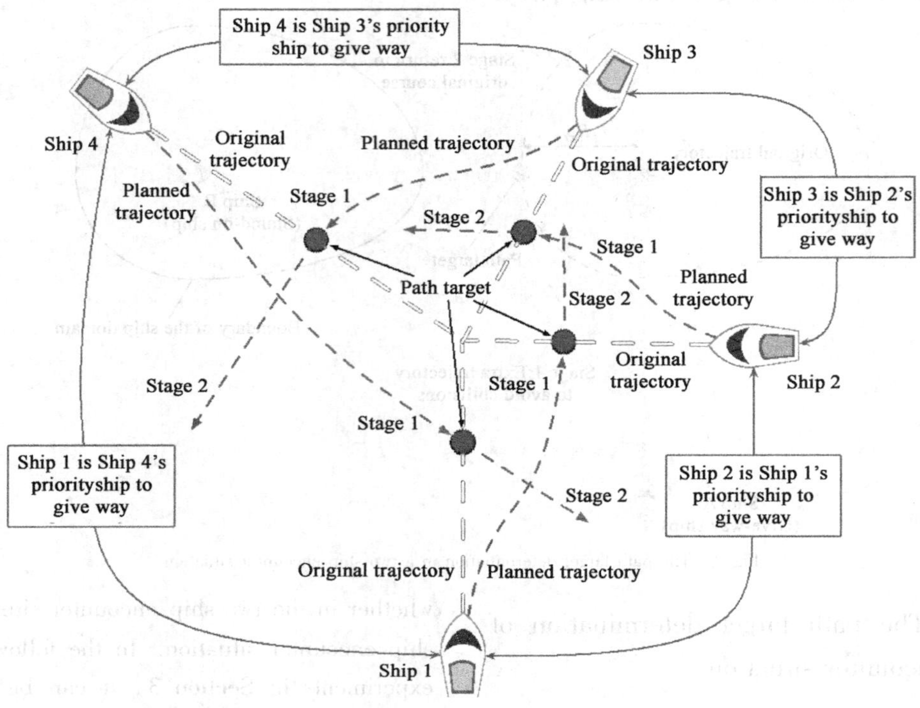

Fig. 3 The path target determination in a multi-ship encounter situation

The derivative of the potential field is the virtual attractive or repulsive force, which is a vector and ultimately determines the state of the ship $s_{e,d}^{os}$ at the next moment. The resultant force at point p is the vector sum of attractive and repulsive force at this point as follows:

$$\vec{F}(p) = \vec{F}_{att}(p) + \vec{F}_{rep}(p) \tag{2}$$

Where $\vec{F}_{att}(p) = -U_{att}(p)$ is generated by attractive field and pulls the ship towards the destination; $\vec{F}_{rep}(p) = -U_{rep}(p)$ is generated by repulsive fields and pushes the ship away from TSs or static obstacles.

2.2 Ship Risk Field (SRF) modeling

In this paper, all involved ships have the same position in the CA scenarios. One ship is also a TS in other ship's perspective. Hence, the path planning method should take the reciprocal avoidance operations performed by other ships into account. Different driving styles and intentions of navigators are also needed to be considered during CA process, for instance, some masters or navigators might be more cautious and COLREGs obedient, while some may not. The most dangerous scenario is that there are COLREGs-breaching behaviors among the involved ships, which will be discussed in section 2.3. For most of the anti-collision encounter situations, the risk-based methods have been studied for decades (Celik et al., 2010) and the achievements have been an important part of maritime safety science. Ship domain theory is one of the most widely-used methods for ship collision risk analysis.

In this part, an attempt is made to combine ship domain theory with APF method to establish a dynamic potential field model based on ship collision risk.

2.2.1 Ship domain theory and collision risk model

Ship domain is defined as an area, it can be used to evaluated and visualize the collision risk with target ships in the current scenario. Different researchers propose various dimensions of the ship domain to fit their approaches, and these dimensions may lead to different vessel spacings. The dimensions usually consist of risk criteria and ship domain model. In this paper, the risk criteria is set as only TS's domain is concerned and OS should keep out of this range, which is also the most widely used risk criteria. The risk criteria can be seen in Fig. 1. The ship domain model used in this paper is the Quaternion Ship Domain (QSD) model, which is first proposed by N. Wang et al. The QSD model is simple in form, and fully considers the risk of ship collision in maritime practice, which makes QSD easy to combine with the APF method.

The QSD consists of four smooth arc connections (i. e., starboard, port, fore, and aft, which can be seen in Fig. 3), and all parameters are determined by ship's speed, length, and maneuverability. QSD is identified with a quaternion shape consisting of four elements, and each of the elements is a quarter of ellipses. This closed curve region can be described as:

$$\begin{aligned} \mathrm{QSD}_k &= \{(x,y) \mid f_k(x,y,Q) \leqslant 1, Q \\ &= \{R_{\mathrm{fore}}, R_{\mathrm{aft}}, R_{\mathrm{starb}}, R_{\mathrm{port}}\}, k = 1,2\cdots\} \end{aligned}$$

Where $f_k(x, y, Q)$ is the boundary defining function of the domain and Q is the quaternion. k is the parameter that determines the boundary type of QSD: when $k=1$, the boundaries of QSD are straight lines, and when $k=2$, the boundaries are curve of ellipse. The boundary function $f_k(x, y, Q)$ can be described by follows:

$$f_k(x,y,Q) = \left[\frac{2x}{(1+sgnx)R_{\mathrm{fore}} - (1-sgnx)R_{\mathrm{aft}}}\right]^k + \left[\frac{2y}{(1+sgny)R_{\mathrm{starb}} - (1-sgny)R_{\mathrm{port}}}\right]^k \tag{3}$$

Where the sign function $sgnx$ is:

$$sgnx = \begin{cases} 1, x \geqslant 0 \\ -1, x < 0 \end{cases}$$

Estimation formulae for parameters of collision risk blocking area are referred to determine the longitudinal and lateral radii of QSD.

2.2.2 SRF based on ship domain

After the QSD is established, the SRF can be built based on it. The conventional ship domains always divide the region into the dangerous zone and safe zone, which is the shipping domain and the area outside, respectively. Moreover, the region can also be distinguished into more nested zones, which can be used to described the collision risk in more details, such as safe, less safe, hazard, dangerous, etc. Furthermore, when block changed risk is transmitted into continuous, the ship domain model evolves into the APF model.

The SRF consists of longitudinal and lateral collision risk (CR) field, and both of the membership functions are given by the Gaussian functions. The SRF, CRx, and CRy are defined as follows:

$$SRF_k(x,y) = CRx_k(x) \cdot CRy_k(y)$$

Where:

$$CRx_k(x) = \exp\left[-\frac{2x}{(1+sgnx)\sigma_{fore} - (1-sgnx)\sigma_{\mathrm{aft}}}\right]^k \tag{4}$$

$$CRy_k(y) = \exp\left[-\frac{2y}{(1+sgny)\sigma_{\mathrm{starb}} - (1-sgny)\sigma_{\mathrm{port}}}\right]^k \tag{5}$$

$$\sigma_i = \frac{R_i}{\left(\ln\frac{1}{r_0}\right)^{1/k}}, i \in \{fore, aft, starb, port\}$$

The risk criteria, ship domain and SRF can be seen in Fig. 4.

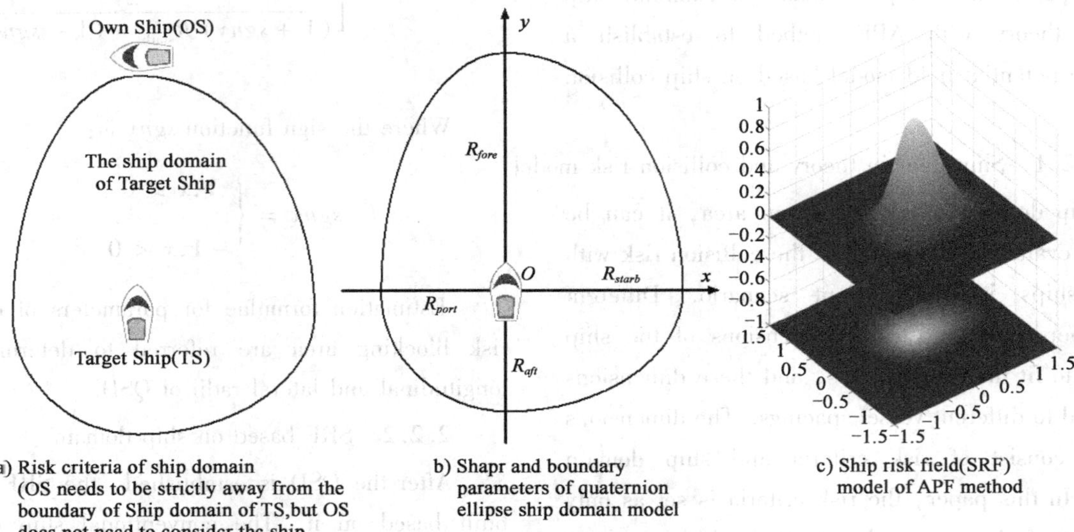

Fig. 4 Risk criteria, ship domain and SRF

2.3 Compliance field (CF) modeling

Unlike SRF, Compliance field (CF) is not built by collision risk, but on the potential energy generated by compliance with COLREGs rules and regulations. Since the ship must follow the COLREGs and set its course, in the image, it is similar to the ship being subjected to another kind of virtual force. To model this behavior, CF is established as another kind of repulsive field. In this paper, a distributed CA path planning method under multi-ship encounter situations is established under the COLREGs rules and regulations. However, the rules and regulations of COLRGEs are only general principles of ship's behaviors under encounter situations. There is no detailed action guidance on conventional CA, nor specific measures for the multi-ship encounter situations. Therefore, we need to analyze the basic ideas of COLREGs and combine with the reality of multi-ship encounters to get the basic modeling idea of CF.

2.3.1 The CA logic and formulation of CA intention based on COLREGs

The CA logic (CAL) of a ship is its macro strategic to pass through the collision-prone situation. As mentioned, the COLREGs are the basic regulations that both ships should comply with in a conventional two-ship CA scenarios. There are three types of encounter situations addressed by COLREGs, namely crossing, head-on and overtaking. And the own ship can be regarded as either a give-way ship or a stand-on ship when it is involved in a two-ship encounter scenario, Wang et al. gave a detailed analysis of stand-on or give-way ship judgment method according to the closest point of approach (CPA). According to COLREGs, the give-way ship always has a greater responsibility than the stand-on ship to avoid collisions. The CA measures that the give-way ship can take include right turn and deceleration, while the stand-on ship can take the opposite measure. The practice of COLREGs in multi-ship encounter situation is discussed by Zhang et al., and the main difference of stand-on or give-way ships is whether one ship cross another before or after it. Both of the involved ships should cooperate to make sure that stand-on ship cross the region before give-way ship.

In the multi-ship encountering scenario, the stand-on/give-way relation between two ships can be applied in a pairwise manner. Thus, a mutual relation matrix is formulated to represent the pairwise relationship between any involved two ships. The CAL of one ship is just the strategy or guidance of CA action. In this paper, CAL is defined as a kind of simple and effective model to analyse the attitude of a ship towards the current encounter situation. Even though there are several feasible trajectories under a particular encounter scenario, the CAL can only be 0 (give-way) or 1 (stand-on). So, it is much easier and more reasonable to infer the target ships' CAL rather than their decisions. After inferring target ships' CAL, own ship's CAL can be made accordingly as follows:

$$CAL_{osi} = \begin{cases} 0, \text{if OS is give-way ship to } TS_i \\ 1, \text{if OS is stand-on ship to } TS_i \end{cases} \quad (6)$$

For instance, if the target ships' CAL is 1, own ship's CAL should be 0 to avoid conflict. And the decision of OS is made on the base of OS's CAL. After all, it is the collision avoidance decision that determines a ship's status next time. In the method proposed in this paper, CAL is the description of OS's CA intention at the level of repulsion field. The repulsion field around TS represents OS's understanding of the give-way/stand-on relationship with TS and the understanding of the COLREGs.

2.3.2 CF based on COLREGs

The CF around a TS is designed to be a sector centered on the ship, which divides the circle around the ship into two sectors—the fore side and the aft side. According to COLREGs and the real practice of navigators, the region around the ship can be divided into different regions according to the angle with ships course. The fore side is set from 355° (−5°) to 112.5°; when a TS is shown at this part of OS in a multi-ship encounter situation, TS should cross this region after OS, which is the so-called stand-on. However, the stand-on here consists of traditional encounter types of head on and stand-on. The give-way encounter situation also consists with traditional encounter types of give way and take over, as OS should cross this region after TS in both of these encounter types. The membership functions of CF are given by the Gaussian functions.

$$\mathrm{CF} = P\exp\left(-\frac{D^2}{\xi}\right) \quad (7)$$

Where P and ξ are parameters determine the shape and value of CF; D is the virtual radius, which can be defined as:

$$D = 5 \times (1 + \mathrm{CAL}) \| p_d - p(t) \| \quad (8)$$

When CF is defined, the region can be rebuilt with APF (Fig. 5), and then the CA path can be determined by APF method.

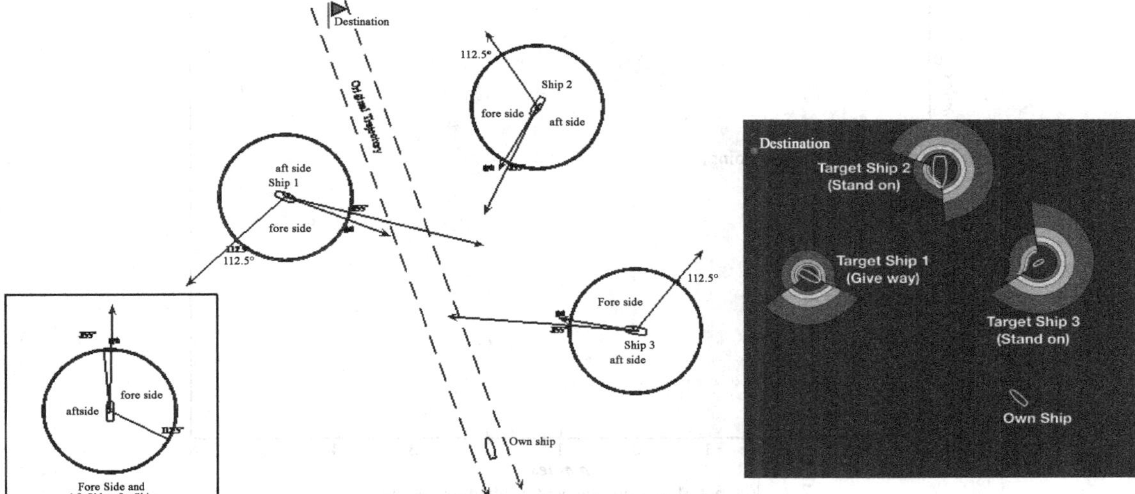

Fig. 5 Basic CF and the APF for Four Ships

3 Simulations and experimental results

3.1 Encounter situation setup

In this section, simulations based on MATLAB software platform are carried out to test the effectiveness of the path planning algorithm. At first, the test multi-ship encounter scenario including four ships is designed. Since ship maneuverability is not the main content of this study, it is assumed that all involved ships have the same maneuverability. The initial status includes positions, speeds and course angles of the involved ships, which is listed in Tab. 1. All the initial state set of ships keeps the same from simulation scenario 1 ~ simulation scenario 3. Fig. 6 illustrates the initial status of the scenario 1 ~ 3. With the above settings, if the ships do not take proper CA measures, they will collide at point A after 1000s. All of the simulation results are presented by time-dependent motion sequences. The algorithm has been coded and simulated in Matlab.

Initial multi-ship encounter situation Tab. 1

Ship	Ship 1	Ship 2	Ship 3	Ship 4
Initial position(nm)	[0, -5.00] (Scenario1 ~3); [0, -6.25] (Scenario4)	[3.83, 3.21] (Scenario1 ~3); [0, -4.51] (Scenario4)	[3.85, -2.22] (Scenario1 ~3); [4.81, -2.78] (Scenario4)	[-2.55, 2.55] (Scenario1 ~3); [-3.19, 3.1918] (Scenario4)
Initial speed(kn)	18	18(Scenario1 ~3); 13(Scenario4)	16	13
Initial course (deg)	0	230(Scenario1 ~3); 0(Scenario4)	300	135
Decision cycle set(s)	3	4	5	5
Detection range set(nm)	5	5	5	5
Shortest initial DCPA(m)	0	0	0	0
Shortest initial TCPA(s)	1250	1250	1250	1250

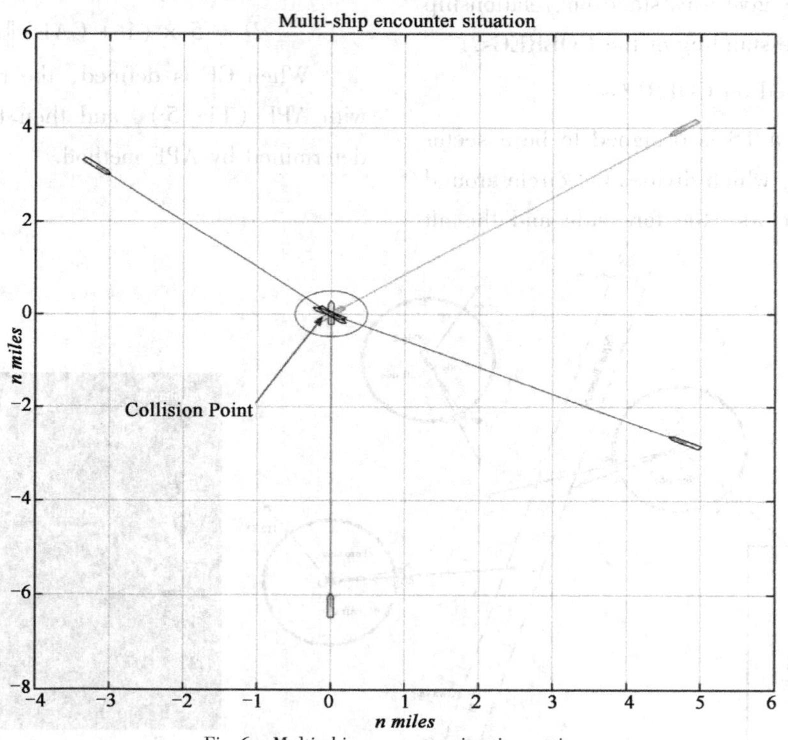

Fig. 6 Multi-ship encounter situation setting

Firstly, it is useful to try to analyse the encounter situation according to COLREGs. From Ship1's perspective, Ship2 and Ship3 are the stand-on ships, and Ship1 should give way to them. While Ship1 is the stand-on ship towards Ship4. If Ship1 complies with COLREGs, it should pass the encounter region from the fore of Ship4, and from the aft of Ship2 and Ship3. As the crossing angle between Ship1 and Ship2 is large whereas the angle between Ship1 and Ship3 is small, the decision made by Ship1 should be different when avoiding the collision from Ship2 or Ship3. In the following subsections, this scenario setting will be used to verify the algorithm's performance when it is applied to ships with different compliance of the COLREGs. The effectiveness of the inference of TS's CAL will also be verified under the same scenario setting.

3.2 Case 1: Collision avoidance experiment of 4 ships under normal navigation

Every ship in Case 1 complies with COLREGs and takes the initiative. Therefore, during the collision avoidance process, each ship should take the initiative to avoid the target ship on the starboard side and pass through the encounter area behind the target ship. In the algorithm of this chapter, it passes through the path points that conform to COLREGs. The position of each ship at several typical time points in Case 1 and the historical trajectory from the beginning of the scene are shown in Fig. 7. According to Fig. 7, each participating ship will eventually correctly infer the CAL of the target ship and successfully avoid a collision. It can be seen that Ship1 and Ship3 pass by the area behind Ship2, Ship2 passes by the area behind Ship4, and Ship4 passes by behind Ship 1. All collision avoidance behaviors are consistent with COLREGs.

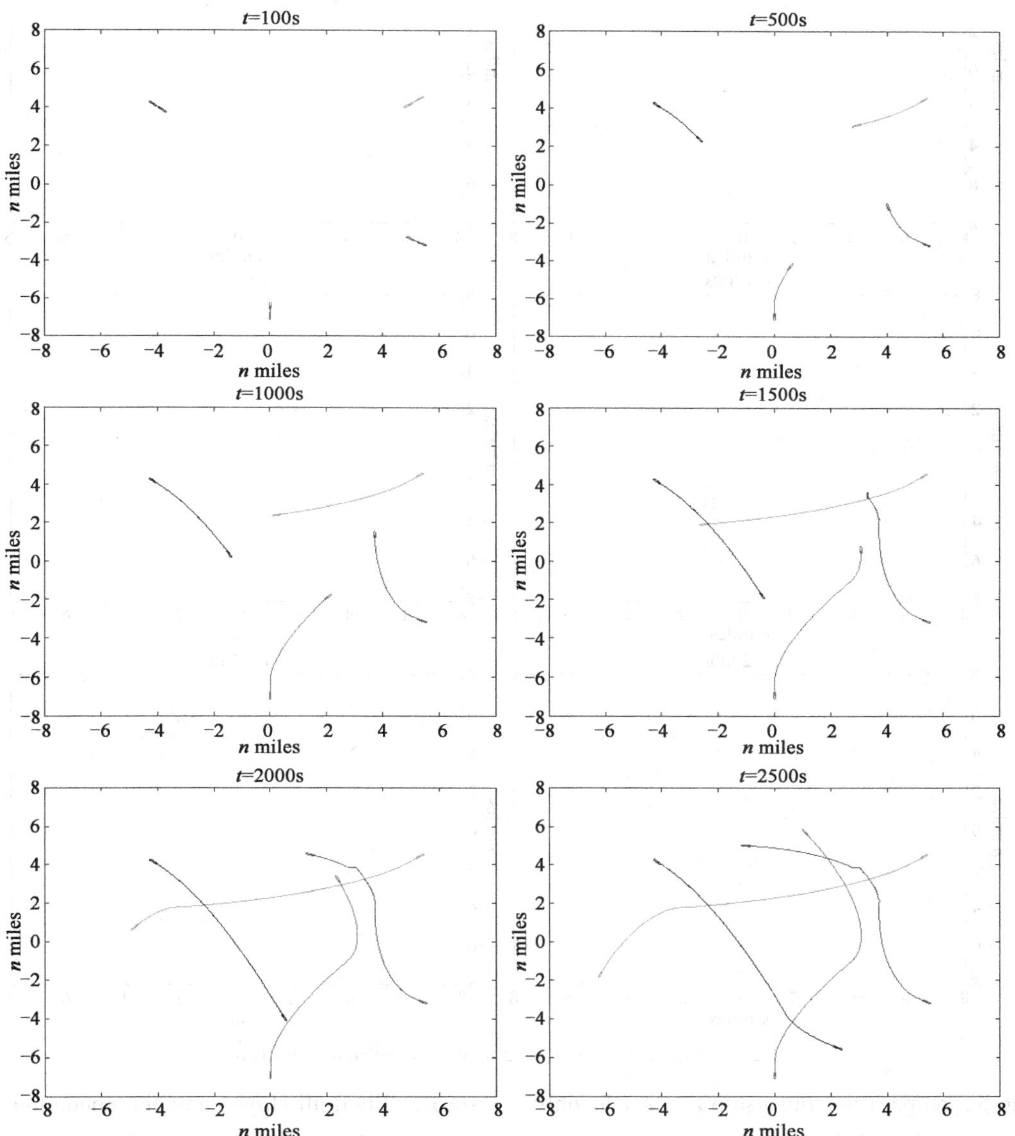

Fig. 7 Collision avoidance trajectory of 4 ships meeting COLRGEs in Case 1

3.3 Case 2: A collision avoidance experiment in which a ship did not comply with the collision avoidance rules

During the voyage, due to system error or the judgment error of the collision avoidance algorithm itself, the smart ship may violate the COLREGs regulations or make inappropriate decisions. In Case 2, a simulation experiment will be conducted on this situation, in which Ship1 will act contrary to the COLREGs regulations to test the countermeasures of other ships. In this case, other ships must detect this situation in time and respond accordingly, otherwise a collision is likely. According to COLREGs requirements, ships must first communicate with each other and make reasonable decisions through communication. But in the absence of communication, each ship needs to infer the CAL of the target ship and judge the abnormal condition of the target ship. The results of ship decision-making and maneuvering are shown in Fig. 8.

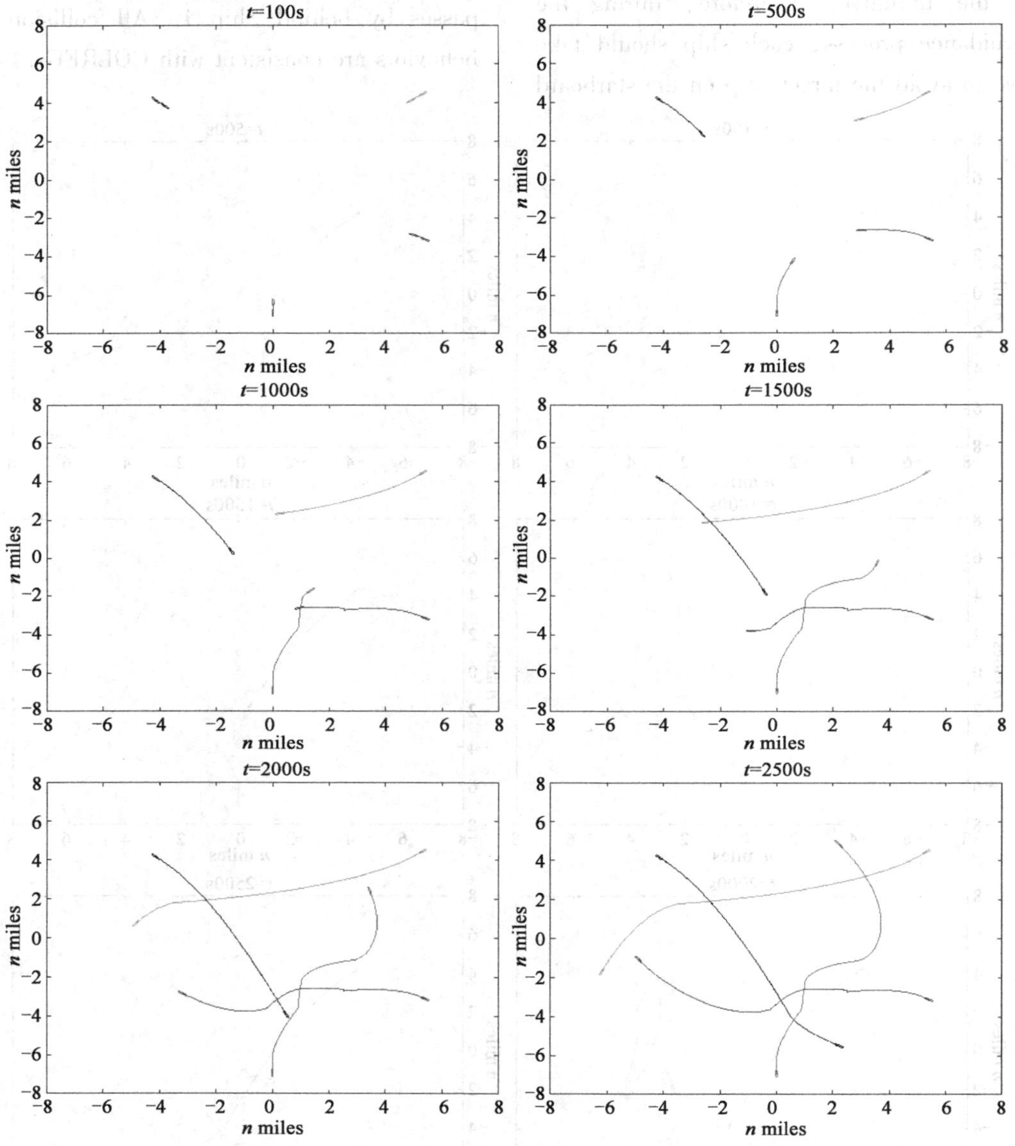

Fig. 8 Ship trajectory in Case 2 of Ship3 violation of COLREGs

In Fig. 8, Ship3 (the blue ship) is set to only make decisions without inferring the behavior of other ships. When all ships enter the encounter area, their initial decision is based entirely on the current state of other ships. In this step, all ships made the same situation as in Case 1, except that the obstacle ship (Ship3) had the opposite behavior. By comparison with Fig. 11, it can be seen that Ship1 is the ship most affected by navigation. However, after the decision was made again, Ship1 judged that the abnormal navigation of Ship3 did not have a greater impact on the ship's decision. In order not to interfere with the navigation of Ship2 and Ship4, Ship1 continued to move towards the waypoints that conform to COLREGs. This also avoids changes in the sailing status of the Ship2 and Ship 4.

In fact, Ship3's decision made it to leave the central area where collisions might occur from the beginning, which is an effective decision. Therefore, even if the decision is not made in accordance with the collision avoidance rules, the impact on the entire collision avoidance scene is not significant. When there is an out of control ship in the scene, the collision avoidance method needs to be more flexible to deal with this situation.

3.4 Case 3: Collision avoidance experiment in which a ship is out of control

For multi-ship encounter scenarios, an out-of-control ship is often more dangerous than a decision-making or manipulation error. In this scenario, the obstacle ship Ship1 is set to keep its initial speed and heading angle to move forward without considering other ships. Fig. 9 shows the collision avoidance trajectory of the ship in this scenario, and Fig. 10 shows the trajectory of the ship when each ship is used as an out-of-control ship. It can be seen that in scenario 3, this situation is a much more complicated encounter scenario than scenarios 1 and 2, but in the navigation of a smart ship, the path planning of each ship allows all ships to leave the encounter scenario safely, and did not go through multiple collision avoidance decisions. This is because in the initial collision avoidance path planning, the planned path of the smart ship is a smooth curve that takes up the least space.

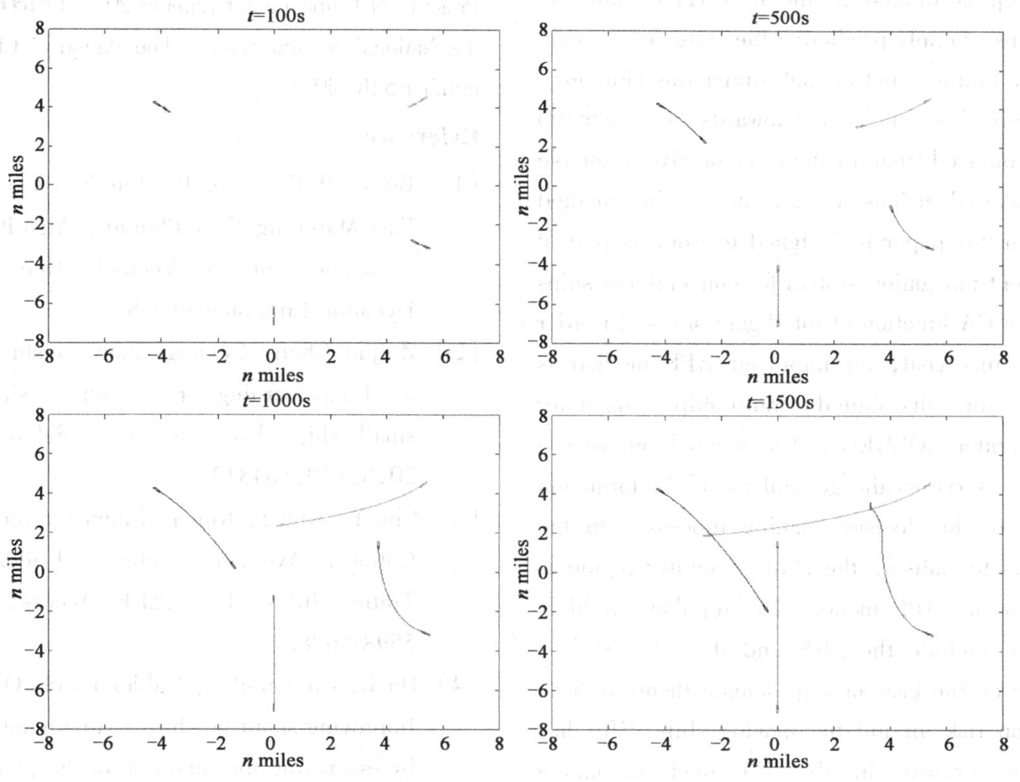

Fig. 10

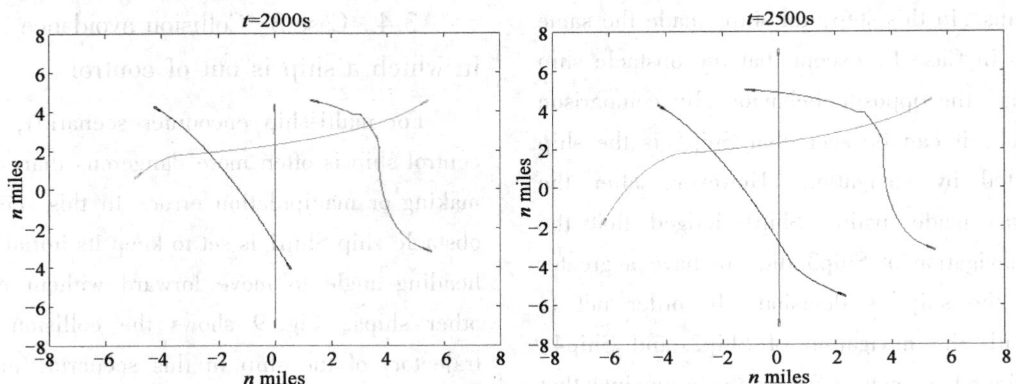

Fig. 10 The ship trajectory of Case 3 of the out-of-control ship

4 Conclusions

A distributed CA decision support formulation based on the CA intention of encountered ships is proposed in this paper. Every involved ship makes decisions from its own perspective and only considers keeping itself safe during the decision-making process. Moreover, the communication about each other's CA intention between involved ships is used to make the CA decision. The information available to each ship is limited to the observable status of nearby ships. Simply predicting the status of the ship in the near future is not enough under this situation. The objective's intensions towards the scenario should be inferred from a macro perspective to enable OS to make decisions in advance. The method proposed in this paper is designed to work as part of an intelligent navigation system for conventional ships as well as a CA function of intelligent ships. In order to achieve this goal, an improved APF method is developed for distributed multi-ship encounter situations under COLREGs. The method proposes a formalism to serve as the general form of information circulation of the decision-making process. On the base of this formalism, the ship encounter region is rebuilt with the APF model. The repulsive field is designed to include the SRF and the CF. SRF is established on the base of ship domain theory to form the collision risk around the moving ship. SRF has the highest priority in the CA decision-making process. Then, the CF is built based on the COLREGs, which define the general scope of navigation under current scenarios. The simulation results indicate that the method can be used successfully when all ships follow the COLREGs, even for occasional non-compliance with the rules. The experience gained during the development and application of this method will become a valuable resource of R&D of unmanned ships.

5 Acknowledgements

This research was funded by the National Key R&D Program of China (grant number 2021YFB1600400), and the National Natural Science Foundation of China (grant number 52101403).

References

[1] Bucknall R, Song R, Liu Y. A Two-layered Fast Marching Path Planning Algorithm for an Unmanned Surface Vechicle Operating in a Dynamic Environment 1-8.

[2] Zhijun Chen, Depeng Chen, Yishi Zhang, et al. Deep learning for autonomous ship-oriented small ship detection [J]. Safety Science, 2020,130:104812.

[3] Cho Y, Kim J, Kim J. Intent Inference of Ship Collision Avoidance Behavior Under Maritime Traffic Rules [J]. IEEE Access, 2021, 9: 5598-5608.

[4] Du L, Goerlandt F, Valdez Banda O. A, et al. Improving stand-on ship's situational awareness by estimating the intention of the give-way ship [J]. Ocean Engineering,2020, 201: 107110.

[5] Du L, Valdez Banda O. A, Goerlandt F, et al.

A COLREG-compliant ship collision alert system for stand-on vessels [J]. Ocean Engineering, 2020, 218: 107866.

[6] Huang Y, Van Gelder P. H. A. J. M, Wen Y. Velocity obstacle algorithms for collision prevention at sea [J]. Ocean Engineering, 2018, 151: 308-321.

[7] Lazarowska A. A new deterministic approach in a decision support system for ship's trajectory planning [J]. Expert Systems with Applications, 2017, 71: 469-478.

[8] Lazarowska A. Ship's Trajectory Planning for Collision Avoidance at Sea Based on Ant Colony Optimisation [J]. J. Navigation, 2015, 68: 291-307.

[9] Liu S, Zheng K, Zhao L, et al. A driving intention prediction method based on hidden Markov model for autonomous driving [J]. Computer Communications, 2020, 157: 143-149.

[10] Liu Y, Liu W, Song R, et al. Predictive navigation of unmanned surface vehicles in a dynamic maritime environment when using the fast marching method [J]. International Journal of Adaptive Control and Signal Processing, 2017, 31(4), 464-488.

[11] Montewka J, Goerlandt F, Kujala P. On a systematic perspective on risk for formal safety assessment (FSA) [J]. Reliability Engineering & System Safety 2014, 127: 77-85.

[12] Perera L. P, Carvalho J. P, Soares C. G. Intelligent Ocean Navigation and Fuzzy-Bayesian Decision/Action Formulation [J]. IEEE Journal of Oceanic Engineering 2012, 37: 204-219.

[13] Perera L. P, Guedes Soares C. Collision risk detection and quantification in ship navigation with integrated bridge systems [J]. Ocean Engineering 2015, 109: 344-354.

[14] Shah B. C, Švec P, Bertaska I. R, et al. Resolution-adaptive risk-aware trajectory planning for surface vehicles operating in congested civilian traffic [J]. Autonomous Robots 2015, 40: 1139-1163.

[15] Shaobo W, Yingjun Z, Lianbo L. A collision avoidance decision-making system for autonomous ship based on modified velocity obstacle method [J]. Ocean Engineering 2020, 215: 107910.

[16] Sycara K, Glinton R, Yu B, et al. An integrated approach to high-level information fusion. Information Fusion 26.

[17] Szlapczynski R. Evolutionary Planning of Safe Ship Tracks in Restricted Visibility [J]. Journal of Navigation, 2015, 68: 39-51.

[18] Tam CheeKuang, Bucknall R. Cooperative path planning algorithm for marine surface vessels [J]. Ocean Engineering, 2013, 57: 25-33.

[19] Tam Cheekuang, Bucknall R. Path-planning algorithm for ships in close-range encounters [J]. J Mar Sci Technol, 2010, 15: 395-407.

[20] Tengfei W, Xinping Y, Yang W, et al. Ship Domain Model for Multi-ship Collision Avoidance Decision-making with COLREGs Based on Artificial Potential Field [J]. TransNav the International Journal on Marine Navigation and Safety od Sea Transportation, 2017, 11(1): 85-92.

[21] Theunissen E. Navigation of unmanned vessels-history, enablers, challenges and potential solutions. Presented at the International Naval Engineering Conference and Exhibition.

[22] Wang T, Wu Q, A. Diaconeasa M, et al. On the Use of the Hybrid Causal Logic Methodology in Ship Collision Risk Assessment [J]. Journal of Marine Science and Engineering, 8(7) 485.

[23] Wang T, Wu Q, Zhang J, et al. Autonomous decision-making scheme for multi-ship collision avoidance with iterative observation and inference [J]. Ocean Engineering, 2020, 197: 106873.

[24] Wang Y, Zhang J, Chen X, et al. A spatial-temporal forensic analysis for inland-water ship collisions using AIS data [J]. Safety Science, 2013, 57: 187-202.

[25] Wu X, Roy U, Hamidi M, et al. Estimate travel time of ships in narrow channel based on AIS data[J]. Ocean Engineering,2020,202:106790.

[26] Xie L, Xue S, Zhang J, et al. A path planning approach based on multi-direction A * algorithm for ships navigating within wind farm waters[J]. Ocean Engineering 2019, 184: 311-322.

[27] Xue Y, Clelland D, Lee B. S, et al. Automatic simulation of ship navigation[J]. Ocean Engineering,2011,38:2290-2305.

[28] Yan X, Wang S, Ma F, et al. A novel path planning approach for smart cargo ships based on anisotropic fast marching[J]. Expert Systems with Applications,2020,159: 113558.

[29] Yang Z. L, Wang J, Li K. X. Maritime safety analysis in retrospect[J]. Maritime Policy & Management 2013,40: 261-277.

[30] Yi D, Su J, Liu C, et al. Trajectory Clustering Aided Personalized Driver Intention Prediction for Intelligent Vehicles[J]. IEEE Transactions on Industrial Informatics, 2019, 15: 3693-3702.

[31] Zhang M, Zhang D, Yao H, et al. A probabilistic model of human error assessment for autonomous cargo ships focusing on human-autonomy collaboration [J]. Safety Science,2020,130:104838.

[32] Zhao L, Roh M. I. COLREGs-compliant multiship collision avoidance based on deep reinforcement learning [J]. Ocean Engineering,2019,191:106436.

Analyzing Private Container Terminal Efficiency in RCEP Using Data Envelopment Analysis (DEA)

Narthsirinth Netirith* Mingjun Ji

(Department of Logistics Engineering and Management, College of Transportation Engineering, Dalian Maritime University)

Abstract Private Container Terminals are very important in maritime transport and businesses to drive maritime competition among countries. The purpose of this study is to evaluate the efficiency of private container terminals and improve the performance of the terminals. Thirteen private container terminals in RCEP were selected, which insert input factors; the number of berth areas, berth length, number of gantries crane, and quay crane. The output factor is container throughput. This research was calculated using DEA (Data Envelopment Analysis) method, which uses DEAP software to analyze the data. The findings of this study suggest more efficient ways to build the terminals. The results show that 10 of those private container terminals were efficient, while 3 were inefficient. Therefore, inefficient terminals are required to increase the input variable and to utilize facilities in the terminal to improve efficiency.

Keywords Data Envelopment Analysis　RCEP　Private Container Terminal　Efficiency Measurement

0 Introduction

Maritime transport supports more than 90% of international trade to transfer the freight from origin to destination. Ports and terminals are major infrastructures in maritime transport for loading and unloading cargo between ports and vessels (Netirith, 2020). Ports are also the main gate to connect with the other modes of transport and hinterland. However, the efficiency of ports depends on the volume of imports and exports, the demand of trade flow, and port operation. Therefore, the success of container terminals must ensure good facilitation services, sound operation, and high productivity, which can improve efficiency in the maritime transport and logistics chain (B. Demirel et. al., 2008).

The Regional Comprehensive Economic Partnership (RCEP) isa new integration for trade and future development within 15 countries: Australia, Brunei Darussalam, Cambodia, China, Japan, Indonesia, the Lao People's Democratic Republic, Malaysia, Myanmar, New Zealand, the Philippines, Singapore, the Republic of Korea, Thailand, and Vietnam. The RCEP also significantly influences the world of transport and the economy due to the huge area, high population (3.4 billion people), and strong economic input (total GDP of 26 trillion USD). The main purpose of RCEP is to encourage free trade agreements, decrease custom clearance, ensure good operations in the transportation and supply chain, facilitate goods, services, investment, technology, and associated infrastructure connectivity (UNTAD, 2020). An important issue in RCEP relates to maritime transport, which has a high performance of liner shipping connectivity index of about 53.35. The logistics performance index (LPI) is about 3.2025, including, the highest performance of container ports located in RCEP areas such as China, Japan, Korea, and Singapore (Chang, Huang, Shang, & Chiang, 2020). This aspect has led to the development of port and maritime transport in RCEP.

Private container terminals are important due to their impact on maritime transport and maritime business. The private section, allowed to be specialized entities, is well organized to improve the operation and service by reducing cost and improving the number of service levels. The private terminals disconnect assets and functions for government and national transport policy (YEO, 2015). Furthermore, the private terminal can invest in the facility and management system to support the government section to increase the productivity of ports, national fright transport, and logistics strategy to enhance the competitiveness of national port, maritime market, port operation, and services (B. Demirel et. al., 2008). It is therefore very necessary to consider a efficiency of the private terminal. Tongzon and Heng (2005) claimed that private terminals improved the performance of port operations in the port industry. This is the main reason this study focuses on the efficiency of private container terminals.

The purpose of this paper applies DEA (Data Envelopment Analysis) to analyse the efficiency of a private container terminal in RCEP members by inserting the multiple-input and measuring with the output. This method is very significant to determine the performance level and simulate a multiple variables which can be present in a variety of measurements. Also, it can identify the problem and suggest a way of development. However, the inefficiency results that have been provided by DEA method can be explained by assuming the overcome and shortage between the input and output by reaching efficient points (Rabar, 2017).

This article contributes to the evaluation of the main private container terminals and recommends ways to improve the efficiency of use of the facilities. As a result, DEA is able to develop and operate a private port to stimulate maritime activities and port competition in the RCEP area.

1 Literature review

Most of the research on DEA has been carried out in many related studies and applies to various areas; measuring port and terminal, financial section, and a shipping company, to measure any relationship related to efficiency. However, the studies have been concerned with measuring the efficiency between port and terminal such as research by Lirn & Guo(2011) studied the efficiency of major ports in ASEAN and V.I.S.T.A. The results found that the ports of Singapore and South Africa were efficient. However, the main inefficient reason came from negligence by the operators. S. So et. al., (2007) had studied the efficiency of ports in Northeast Asia by using DEA and super efficiency models. The results showed that ports in China and Taiwan were efficient, the authors suggest a way to improve the port by increasing the operational capacity and technology. Demirel et. al., (2008) analyze the efficiency of private and public container terminals in Turkey by using DEA and TOBIT regression analysis. After studies, the outcome found that the efficiency of private terminals is higher than public terminals. Then, the terminal should improve operation to make the port more efficient. Another major study by Almawsheki and Shah (2015) was to increase the efficiency of a container terminal in the Middle Eastern region by using the DEA approach. The results found that Porto of Jebel Ali and Salalah were the most efficient. Then the improving way should be to increase the information for management and develop a resource for utilization in operation. In a follow-up study by Kutin et. al. (2017) to access 50 inland ports and seaports in ASEAN countries the efficiency frontier and super efficiency constant were applied by DEA model with R and Win4deap2 software. The results stated that ASEAN seaports have good performance than inland ports. Dong G. et. al (2019) studied the efficiency of 10 major container ports along with Maritime Silk Road (MSR) involving the ports located near MSR areas; Singapore, Shanghai, Hong Kong, Dubai, etc; by using DEA model. This research was measuring environmental performance and operational efficiency. The results presented those 10 container ports were efficient and 7 were inefficient. The outcome suggests that each port should generate policies to reduce gas emissions to improve the environment. Barros (2003) studied 10 Portuguese ports and applied with the DEA approach to authorities the productivity and technology. The results found that the container terminals were more efficient than multi-cargo terminals. Wanke (2013) used the two-stage network DEA model to measure the infrastructures and shipment efficiency at a container terminal in the Middle East area. The outcome showed that only 25.9% achieved efficiency and the remaining showed inefficiency. Similar to the study of Li, Luan, and Pain (2013) considered the efficiency of a coastal container terminal in China by applying with DEA method. The outcome shows that most of the coastal container terminals were inefficient because of the huge regional difference and the excess of input effect with efficiency value. Also, the work of Périco and Silva (2020) has analyzed the efficiency of the 24 largest Brazilian ports. The results found that the most Brazilian ports showed low productivity which affected trade and competitiveness. Thus, the author suggested that the port should drive more productivity and operative for sustainable growth. Gonzúlez and Trujillo (2008) carried out the 10 largest container ports in Spain. The results of technical efficiency found that the port or terminal should have significant technological improvements to increase the port efficiency.

In conclusion, the reviews in the previous section show that most of the papers utilize the DEA models to measure the efficiency of ports or terminals in various areas. Thus, this study specified in deep detail of top private container terminal in RCEP which measures and improves efficiency. The sample size of this study focuses only on top private container terminals in each nation placed in RCEP area. Then the results of DEA can give consistent results for the improving port or terminal (Périco & Silva, 2020). This study will become important in the future for driving the maritime business and maritime market to be highly competitive and more efficient.

2 Methodology

The methodology of this research applies to DEA (data envelopment analysis). This method can evaluate the efficiency of various inputs and outputs. Then the results provide the efficiency unit called the "decision management unit" (DMU). The outcomes of this method not only show the efficiency but also provide the direction to develop efficient performance. DEA can generate into 2 types: 1) DEA-CCR model (Charnes Cooper and Rhodes), and 2) DEA-BCC Model Banker Charnes and Cooper. The efficient organization by CCR model and BCC model can generate the value by inserting the input and output then the output can return a scale known as CRS (Constant Return to Scale) and VRS (Variables Return to Scale) (Netirith, 2020).

The mathematical equation of the DEA model can be explained as follows: the number of "*DMU*", where each "*DMU*" insert the "*m*" the number of input ($i = 1, \cdots, m$), and "*s*" the number of output ($r = 1, \cdots, s$) for the calculation to measure the performance of "DMU_j" for the efficient outcome.

$$Maxh_j = \frac{\sum_{r=1}^{s} u_r y_{rj}}{\sum_{i=1}^{m} v_i x_{ij}} \quad (1)$$

Subject to

$$\frac{\sum_{r=1}^{s} u_r y_{rj}}{\sum_{i=1}^{m} v_i x_{ij}} \leqslant 1 (j = 1,2,\cdots\cdots,n) \quad (2)$$

$$Where, v_i \geqslant 0 (i = 1, 2, 3, \cdots, m) \quad (3)$$

$$u_r \geqslant 0 (r = 1, 2, 3, \cdots, s) \quad (4)$$

The equations (1) described h_j are related to the efficiency of DMU, where x_{ij} and y_{rj} are the quantities of input and output. Also "*n*" is the number of DMU, "*s*" and "*m*" are the number of input and output, u_r and v_i are the weights given to the input and output. Though, the numbers are numerous for each DMU_j ($j = 1, \cdots, n$) by inserting the input of x_{ij}, then determine the output y_{rj} ($r = 1, \cdots, s$) to measure the efficiency by DMU_j.

The second model, DEA CCR (Charnes, Cooper, and Rhodes), gives the results called "CRS" (Constant Return to Scale). The efficient results of the CCR model gained by inserting the input and output data of each DMU on the equation show how *h* associates with the efficiency of *DMU*, where "*n*" is the number of DMU, while "*r*" and "*i*" are the amount of input and output. Then, u_r and y_r are the weights of output and input factors.

$$Max\ h_0 = \sum_{r=1}^{s} u_r y_{r0} \quad (5)$$

Subject to

$$\sum_{i=1}^{m} v_i x_{i0} = 1 \quad (6)$$

$$\sum_{r=1}^{s} u_r y_{rj} - \sum_{i=1}^{m} v_i x_{ij} \leqslant 0, j = 1,2,\cdots,n \quad (7)$$

$$u_r, v_i \geqslant \in, \forall, r \quad (8)$$

On the other hand, DEA-BCC Model Banker Charnes and Cooper gives results for the efficiency scale called VRS (Variables Return to Scale). According to the equation, u_0 is a return scale of "DMU", where; u_0 is equal to 0 which implies that the infrastructure is underperforming. Therefore, when the value u_0 is more than 0, the DMU should decrease return to scale (DRS). In contrast, when u_0 is less than 0, DMU can increase the return to scale (IRS). (Netirith, 2020) (YEO, 2015)

$$Max\ h_0 = \sum_{r=1}^{s} u_r y_{r0} + u_0 \quad (9)$$

Subject to

$$\sum_{i=1}^{m} v_i x_{i0} = 1 \quad (10)$$

$$\sum_{r=1}^{s} u_r y_{rj} - \sum_{i=1}^{m} v_i x_{ij} + u_0 \leqslant 0 \quad j = 1,2,\cdots,n \quad (11)$$

$$u_r, xv_i \geqslant \in, \forall r, i \quad (12)$$

In addition, when the CCR model and BCC model are equal to 1, it can indicate that DMU (the object) is efficient. In contrast, when CRS and VRS results are less than 1, it can indicate inefficiency. Furthermore, the value of X can reveal the percentage for improving the input to drive the output for efficiency. The result of VRS can generate the scale of efficiency which indicates the efficiency of DMU and shows the improvement to decrease or increase output for providing the direction to achieve the efficiency (Netirith, 2020).

2.1 Scale efficiency

Scale efficiency refers to the result of DMU to provide the increase or decrease of input and output factors. Also, the technical efficiency score has been provided between 0-1. However, the VRS (Variables Return to Scale) results are nearly zero, which indicated this module is far from efficient. In contrast, if the score is close to 1, it implies that this module is nearly efficient (Netirith, 2020).

2.2 Data collection

This research collects the data on the top private container terminal in RCEP areas except (Private containers in Lao and Cambodia are not available). The input factors used to evaluate port performance, port operation, and port efficiency include the number of berths, berth length, number of gantries cranes, terminal area, number of cranes, and number of quay cranes. However, the output data is measured by inserting the volume of container throughput (TEU), which is described in Tab. 1. All the factors most frequently used in various research have been described by (Lin and Lih, 2005), (Kutin, Nguyen, and Vallee, 2017), (Dong G. et. al, 2019), (Tongzon and Heng, 2005), (Lirn and Guo, 2011), (Netirith, 2020). On the other hand, the terminal area can indicate the efficiency of terminal operations and determine the total amount of cargo transferred through the private terminal, including; the number of cranes and number of berths that indicate the productivity of loading and unloading of cargo in that terminal, (Netirith, 2020). Lastly, all the data was collected for the official website of the private terminal, annual report, research paper, and other sources. The DEA method was then used through the DEAP program developed by Tim Coelli (Coelli, 1996) to analyze the performance of the private terminal and determine the direction of performance improvement to achieve terminal performance goals.

Private Container Terminal data

Tab. 1

Countries	Private container terminal		Number of berths (m)	Berth length	Gantries crane	Area (HA)	Quay cranes	Container throughput (TEU)
Australia	Victoria International container terminal	VICT	2	644	5	35.4	20	1,800,000
Brunei	Muara Container Terminal	MCT	1	250	2	9.2	2	220,000
China	Shanghai Mingdong Container Terminal	SMCT	4	1,100	4	40.3	2	2,200,000
Indonesia	Jakarta International Container Terminal	JICT	9	2,350	74	54.74	16	5,400,000
Japan	Oi container terminal	OCT	7	2,354	20	94.57	4	970,000
New Zealand	Tauranga Container Terminal	TCT	14	350	9	90	53	1,000,000
Malaysia	Pelepas Container Services APM Terminal	APM	14	14,720	180	180	58	12,500,000
Myanmar	Myanmar International Terminal Thilawa	MITT	5	1,000	7	75	2	380,675
Philippine	Manila International Container Terminal	MICT	6	1,520	8	94.8	3	2,750,000
South Korea	HMM PSA New-Port Terminal	HPNT	29	1,550	38	136	12	10,620,000
Singapore	Pasir Panjang Terminal	PPT	38	13,447	29	424	147	22,300,000
Thailand	Hutchison Laem Chabang International Terminal Limited	THLCH	5	3,650	86	161.2	33	7,600,000
Vietnam	Cat Lai Terminal	CLI	8	224	20	16.94	20	3,500,000

3 Results

The resulting input factors that measure the efficiency of RCEP's best private container terminals using the DEA method were considered as the number of berths, berth length, number of gantries, terminal area, number of cranes, and number of quay cranes. Also, the output data is the container throughputs (TEU). The results are shown in Tab. 2.

Additionally, CRS and VRS terminal efficiencies of 1 mean full efficiency (Zheng & Park, 2016). The results show that RCEP's top 10 private terminals are efficient; Victoria International Container Terminal (VICT) in Australia, Shanghai Mingdong Container Terminal (SMCT) in China, Oi Container Terminal (OCT) in Japan, Gillai Terminal (CLT) in Vietnam; Tauranga Container Terminal (TCT), Pelepas Container Services APM Terminal in Malaysia, Manila International Container Terminal (MICT) in the Philippines, HMM PSA Newport Terminal (HPNT) in South Korea, Pasir Panjang Terminal (PPT) in Singapore and Jakarta International Container Terminals. The terminals are also effective for the following reasons: (1) It will operate on the equipment despite having a limited terminal area. (2) The terminal has a high volume area with less number of terminal areas and facilities.

(3)It has a proper number of facilities and terminal areas. In contrast, The efficiency score of CRS and VRS less than 1. It implied that the performance and operation of input data are not operated well for output rate (Zheng and Park, 2016) (Netirith, 2020). Then, the terminal needs to improve the facility to increase the performance of the terminal for better efficiency. In Tab. 3, the results indicate that 3 terminals were inefficient; Muara Container Terminal (MCT) in Brunei, Myanmar International Terminal Thilawa (MITT) in Myanmar, Hutchison Laem Chabang International Terminal Limited (THLCH). These terminals do not operate well and have excess on the facility input compared to outputs.

Efficient Results of Private Container Terminal in RCEP Tab. 2

Countries	Private container terminal		CRS	VRS	Scale Efficiency	Reason	Remark
Australia	Victoria International containerterminal	VICT	1	1	1		Efficient
Brunei	Muara Container Terminal	MCT	0.497	1	0.4797	IRS	Inefficient
China	Shanghai Mingdong Container Terminal	SMCT	1	1	1		Efficient
Indonesia	Jakarta International Container Terminal	JICT	1	1	1		Efficient
Japan	Oi container terminal	OCT	1	1	1		Efficient
New Zealand	Tauranga Container Terminal	TCT	1	1	1		Efficient
Malaysia	Pelepas Container Services APM Terminal	APM	1	1	1		Efficient
Myanmar	Myanmar International Terminal Thilawa	MITT	0.29	1	0.29	IRS	Inefficient
Philippine	Manila International ContainerTerminal	MICT	1	1	1		Efficient
South Korea	HMM PSA New-Port Terminal	HPNT	1	1	1		Efficient
Singapore	Pasir Panjang Terminal	PPT	1	1	1		Efficient
Thailand	Hutchison Laem Chabang International Terminal Limited	THLCH	0.863	0.948	0.091	IRS	Inefficient
Vietnam	Cat Lai Terminal	CLI	1	1	1		Efficient

To enhance the inefficient terminals such as Muara Container Terminal (MCT) in Brunei, Myanmar International Terminal Thilawa (MITT) in Myanmar, Hutchison Laem Chabang International Terminal Limited (THLCH), it is necessary to improve the factors for suitable income and outcome. This is because the terminals have several facilities but the outcome is less than useful. Table 3 shows the score for increase or decrease of the percentage of input suitable with the output to make a terminal more efficient. The results found that Myanmar International Terminal Thilawa (MITT) is less efficient in RCEP due to the operation rate. Therefore, this terminal needs to improve the input to 82%: berth length (82%), number of berths (86.25), area (86.87), gantries crane (87.14%), and quay crane (82%). The terminal process can be improved by extending the facility and investing in the terminal equipment instead of the existing one. In addition, the terminal can expand the number of berths by more than 80 % compared to the previous. In addition, it can support the terminal operation by increasing the number of containers throughput, port operation, and terminal efficiency. Muara Container Terminal (MCT) is required to increase all the input to around 60%; berth length (66.54%), number of berths (61.9%), area (65.8%), gantries crane (61.9%), and quay crane (61.9%), to make the terminal more efficient. Lastly, Hutchison Laem Chabang International Terminal Limited (THLCH) is one of the terminals that require minimal improvement. It is only needed to increase the operation rate to around 16.3%; berth length (16.3%), number of berth (16.3%), area (76.4%), gantries crane (47%), and quay crane (53.27%); to make the terminal efficient. The processes required to improve the terminal include: (1) Each terminal should expand the terminal area to support the amount of cargo through the terminal; (2) Terminals can invest in more facilities like gantries crane and quay crane leading to a more efficient terminal.

The value of technical efficiency to improving the inefficient private container terminal Tab. 3

Terminal	CRS						VRS					
	Operation	Berth length	Number of berth	Area	Gantries crane	Quay crane	Berth length	Number of berth	Area	Gantries crane	Quay crane	Berth length
MCT	61.9	66.54	61.9	65.8	61.9	61.9	—	—	—	—	—	—
MITT	82	82	86.35	86.87	87.14	82	—	—	—	—	—	—
THLCH	16.3	16.3	16.3	76.4	47	53.27	8.2	8.2	8.2	69.4	47.34	49.17

4 Conclusions

This article focuses on measuring the efficiency of large private container terminals in RCEP countries. Among them, private container terminals are the main focus for developing countries' maritime business and maritime transport. The aim of this study was then to use DEA methodology to evaluate private container terminals in RCEP areas identified by large container terminals using DEAP software. 10 RCEP private container terminals were found to be highly efficient, while 3 private container terminals were found to be inefficient. In addition, the document provides points for reducing and increasing input and output factors to improve terminal performance and make it more efficient. In addition to this, inefficient container terminals are also a result of underutilized facilities between input and output factors. This research makes it possible to reduce the contribution of the terminal and increase the functioning of the terminal. Additionally, inefficient private terminals must run more facilities, increase productivity for good operations, and add more customers to increase container yields. It can make suggestions in the planning of terminal operation to save time and money, especially to ensure that the terminal runs more efficiently.

Future research can be extended to other models such as AHP, Super-efficient DEA, stochastic Frontier analysis (SFA), and fuzzy DEA, and can predict performance globally for future research applications.

References

[1] Almawsheki E S, SHAH M Z. Technical Efficiency Analysis of Container Terminals in the Middle Eastern Region[J]. The Asian Journal of Shipping and Logistics,2015,31(4): 477-486.

[2] Barros, C. P., 2003. The measurement of efficiency of Portuguese seaport authorities with DEA [J]. International Jornal of transport Economics,2003,30(3):335-354.

[3] Chang S M, Huang Y Y, Shang K C, et al. Impacts of regional integration and maritime transport on trade: with special reference to RCE[J]. Maritime transport on trade, 2020,5(2): 143-158.

[4] Coelli T. A Guide to DEAP Version 2.1: A Data Envelopment Analysis (Computer) Program[S]. Armidale, NSW: University of New England,1996.

[5] Demirel B, Cullinane K, Harala H. Container Terminal Eficiency and Private Sector Participation [J]. In B. Demirel, The Blackwell Companion to Maritime Economics, 2008:571-598.

[6] Dong G, Zhu J, Wang H, et al. Evaluating the Environmental Performance and Operational Efficiency of Container Ports: An Application to the Maritime Silk Road [J]. Environment Research and Public health, 2019, 16 (12): 237-250.

[7] González M M, Trujillo L. Reforms and infrastructure efficiency in Spain's container ports [J]. Transport Research Part A,2008, 42: 243-257.

[8] Kutin N, Nguyen T, Vallee T. Relative efficeiencies of ASEAN container port based on Data Envelopment Analysis[J]. The ASEAN Journal of shipping and logistics, 2017,33(2): 67-77.

[9] Lin L C, Tseng L A. Application of DEA and SFA on the Measurement of Operating Efficiencies for 27 International Container Ports[J]. the Eastern Asia Society for Transportation Studies, 2005:592-607.

[10] Lirn C T, Guo J. Analyzing ports efficiency in the ASEAN and the V. I. S. T. A. by Data Envelopment Analysis (DEA) Technique[J]. Journal of the Eastern Asia Society for Transportation Studies, 2011,8:2129-2144.

[11] Netirith N. Analyzing Private Terminal Efficiency in AEC Using Data Envelopment Analysis (DEA)[J]. TNI Journal of Business Administration and Languages,2020,8(1): 1-16.

[12] So S, Kim J, Cho G, Kim D K. Efficiency Analysis and Ranking of Major Container Ports in Northeast Asia: An Application of Data Envelopment Analysis[J]. International Review of Business Research Papers, 2007,3(2): 486-503.

[13] Tongzon J, Heng W. Port privatization, efficiency and competitiveness: Some empirical evidence from container ports (terminals)[J]. Transportation Research Part A: Policy and Practice, 2005, 39(5): 405-424.

[14] Wanke P F. Physical infrastructure and shipment consolidation efficiency drivers in Brazilian ports: A two-stage network-DEA approach[J]. Transport Policy, 2013,29: 145-153.

[15] Yeo H. Participation of Private Investors in Container Terminal Operation: Influence of Global Terminal Operators[J]. The Asian Journal of shipping and logistics, 2015, 31(3): 363-383.

[16] Zheng X B, Park N K. The study on the efficiency of container terminal in Korea and China[J]. The Asian journal of shipping and logistics,2016,32(4): 213-220.

港口疫情传播与应急防控 OODA 模型研究

马建文*[1,2,3]　刘　甜[4]

(1. 山东交通学院国际商学院;2. 上海海事大学商船学院;
3. 山东交通学院航运安全与管理大数据发展创新实验室;4. 山东交通学院航运学院)

摘　要　新冠疫情对港口运行效率影响极大,如何提升港口疫情应急防控能力至关重要。为此根据港口运营过程,剖析了疫情在港口传播的过程,明晰了港口疫情传播关系图谱;进而借助 OODA 理论,构建了港口疫情应急防控 OODA 模型。通过模型运行循环过程的分析,总结了所建模型在港口疫情防控中的优势,以提高港口疫情应急防控能力和效率。

关键词　COVID-19 传播过程　防控　OODA 模型　港口

0　引言

港口是带动区域经济发展的核心力量,是联系内陆腹地和国际贸易流通的重要公共场所和关键节点;同时港口还具有人员集聚度高、流动性强等显著特点,这也使之成为各类突发公共事件的汇聚点。从 2019 年新冠疫情发生至今,世界多个重要港口爆发疫情,导致船舶堵港、滞港问题频发,同时造成临近腹地疫情扩散,对船员换班、全球供应链的畅通等造成严重影响。从我国深圳盐

1. 基金项目:2021 年山东省重点研发计划(软科学项目):基于数据驱动的港口疫情风险研判及长效应对机制研究(2021RKY07129)。

田港、浙江宁波港的疫情防控措施及影响结果来看,港口疫情防控应急响应难度大,涉及对象多,因此快速高效的应对手段与管控能力对防控风险尤为重要。

新冠疫情对港口运营影响日益严重,有效的港口疫情防控措施研究需求紧迫。胡勤友[1-2]等以水路运输为切入点,利用船舶时空轨迹数据,评估了新冠疫情的水上输出风险,挖掘出了疫情传播的海上路径;李涵[3]等从供应链角度出发,构建了邮轮港口公共卫生事件模型,为邮轮港口应对突发公共卫生事件提供新思路;黄晨[4]等结合水路运输方式特点,构建了面向疫情常态化防控的水路运输应急管理体系;杜健[5]等通过列举船舶在过往疫情中的传播作用,阐述港口建立长效应对机制的必要性;Rastegary M[6]从疫情对港口脆弱性影响分析,提出港口应对疫情的建议;其他学者[7-12]重点对疫情对港口运营、航运发展的影响进行了分析。

从现有研究来看,国内外研究主要集中在疫情对港航产业的影响分析,对港口疫情防控针对性措施研究相对较少。本文根据港口运营过程,分析港口疫情传播过程和机理,借助OODA环理论,结合港口运营特点,构建了港口疫情防控模型,为港口疫情应急防控提供理论参考。

1 港口疫情传播过程和关系图谱

港口是人流、物流的主要通道和集聚地,连接内陆的关键节点。海关、边防、港口检查人员、引航员、港口工人等港口相关人员、船上船员和货车司机等在船舶靠港及货物装卸期间存在互相传染的风险。在当前新冠疫情呈现"人传人、物传人"并存特征下,港口不仅是外防疫情输入的重要关口,同时也是内防疫情扩散、阻断疫情传播的关键点。

1.1 疫情在港口传播过程

由于港口作业环境复杂,疫情在整个水路运输系统的传播除具有流行病学传播特点外,再加上自身的特点,造成了港口疫情传播的复杂性。根据港口运营实际过程,将疫情在港口传播过程总结为水上疫情输入、港区集聚传播和腹地传播扩散三个阶段,如图1所示。

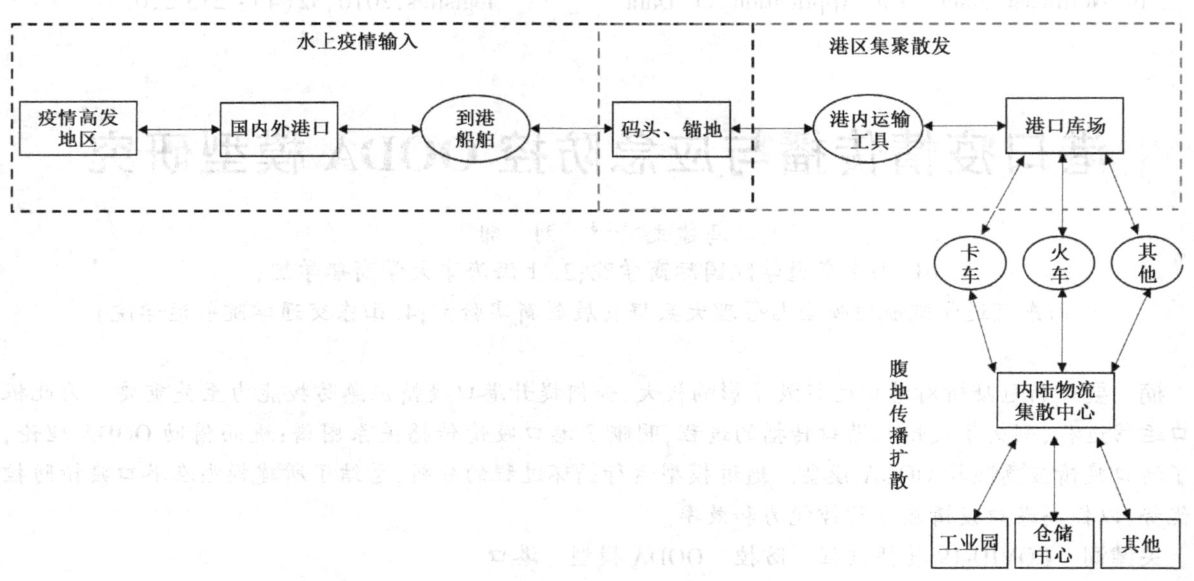

图1 疫情港口输入扩散传播链

1.1.1 水上疫情输入阶段

港口疫情的输入源头主要是来自中高风险疫情地区的国内外船舶。船舶来往于世界各个港口,具有流动性强、船上生活空间狭小、船上人员密集等特点,易于成为病原传播载体,在多次大规模疫情发展中都扮演了扩散病原的角色[5]。尤其是冷链运输船舶更是疫情输入的重点风险源。

该阶段疫情输入的潜在风险点主要包括4个环节:

(1)引航员引航环节。外籍船舶进入港口前,需要引航员登船引航进入码头，引航员在船时间长、与外籍船员接触频繁，感染风险大，处于港口疫情传播链最前端。

(2)船舶代理、其他作业人员登轮环节。船舶靠泊后，船舶代理随即登船，船舶代理是船舶与港口联系的中间人，与船员、港内人员接触密切，同其他登轮作业人员都属于疫情输入的高风险人群。

(3)船舶货物装卸作业环节。该作业环节码头工人与货物、船员等频繁直接接触，尤其是冷链货物装卸输入风险较大，且涉及人员复杂、管理难度大，是疫情防控溯源和流调的重点环节。

(4)船舶检查检疫环节。船舶停靠码头或锚地后，海事局、海关、检疫局、边防等部门登船对船舶、船员、货物进行检查，检查时间长、与船员及货物直接接触多，也是疫情输入港口的重要环节。

1.1.2 港区集聚散发阶段

疫情通过上述一个或多个环节输入港区后，由于部分船舶会在港内多个码头作业，同时港区部门多、库场作业周期长、人员聚集密度大且活动轨迹复杂、港内运输车辆接触频繁，引发港口疫情交叉感染、局部集聚、多点散发的可能性极大，港内疫情传播链将迅速外延，是港口疫情传播阻断的关键阶段。

1.1.3 腹地传播扩散阶段

疫情在港口爆发后，若没能及时阻断，感染的港口工人、理货人员等人群将疫情传播至其他船舶、腹地外运人员及其他密切接触群体；同时货物携带的病毒也将继续通过运输工具传播扩散至腹地物流集散中心、工业园区、市场等腹地人员密集区域。由于货物周转速度快，人员活动范围大，最终将导致疫情迅速蔓延，造成较难控制局面。

1.2 疫情在港口传播关系图谱

为进一步明确疫情在港口扩散机理和传播特点，通过疫情在港口传播过程分析，可得疫情在港口传播关系图谱，如图2所示。

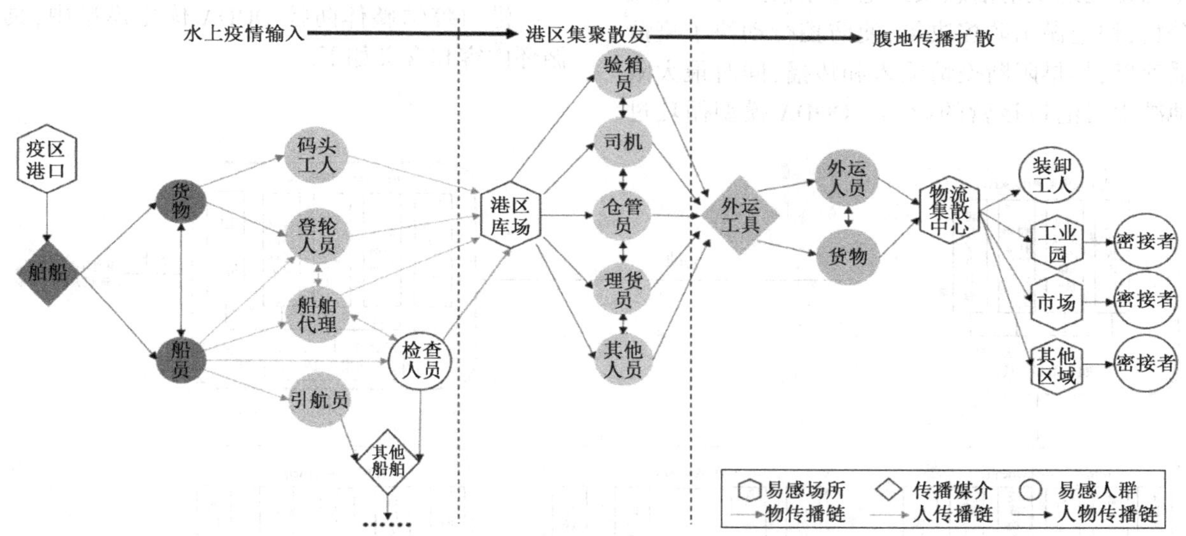

图2 港口疫情传播扩散关系图谱

由图2可知，整个港口疫情传播链中，靠港船舶、港区库场及运输至腹地的运输工具是疫情传播的关键区域或媒介。疫情在港口输入的源头是来自疫区的感染船舶，其中船员、货物及船舶环境都将是传染源。疫情输入的关键节点是引航员、船舶代理、码头工人及其他登轮作业人员，为港口疫情输入高风险群体；港区库场内，验箱员、理货员、仓管员、港内运输驾驶员等港内工作人员通过与高风险群体或货物感染源的接触，成为港口疫情集聚散发群体；货物由港内库场运输至腹地过程中，负责货物运输的人员及货物感染源将成为港口疫情传播链延长群体。

2 港口疫情防控OODA模型

OODA模型是在动态和复杂的环境中运行，通过观察(Observation)—判断(Orientation)—决策(Decision)—行动(Action) 4个环节，不断地循环和更新执行的理论模型，由美国空军上校John Byod在1987年提出并成功应用在军事领域[13]。近年来，OODA模型已被广泛应用于应急响应、指挥决策等非军事领域[14-18]。OODA模型建立的根本思想是通过前期观察、判断,精准做出决策并快速执行,以达到比对手更快的行动速度。OODA模型的基本循环过程如图3所示。

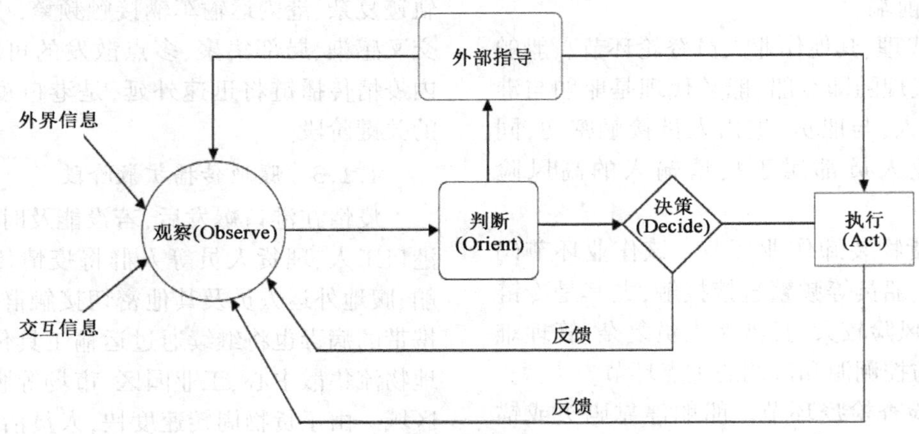

图3 John Byod OODA模型循环过程

2.1 港口疫情防控OODA优化模型

通过以上港口疫情输入传播过程链和传播扩散关系图谱分析,可知港口疫情应急防控的要求和重点是通过疫情信息及到港船舶信息的收集监测分析,快速做出防控决策,使防控行动快于疫情传播速度,尽早阻断疫情输入和传播,同时最大限度地减少对港口运营的影响。OODA模型循环过程和根本思想符合港口疫情应急防控的要求,因此,结合港口运营的特点和需求,增加信息公布环节,从港口疫情整体上构建了应急防控OODA模型,如图4所示。

港口疫情整体防控OODA优化模型中,具体循环内容和含义如下。

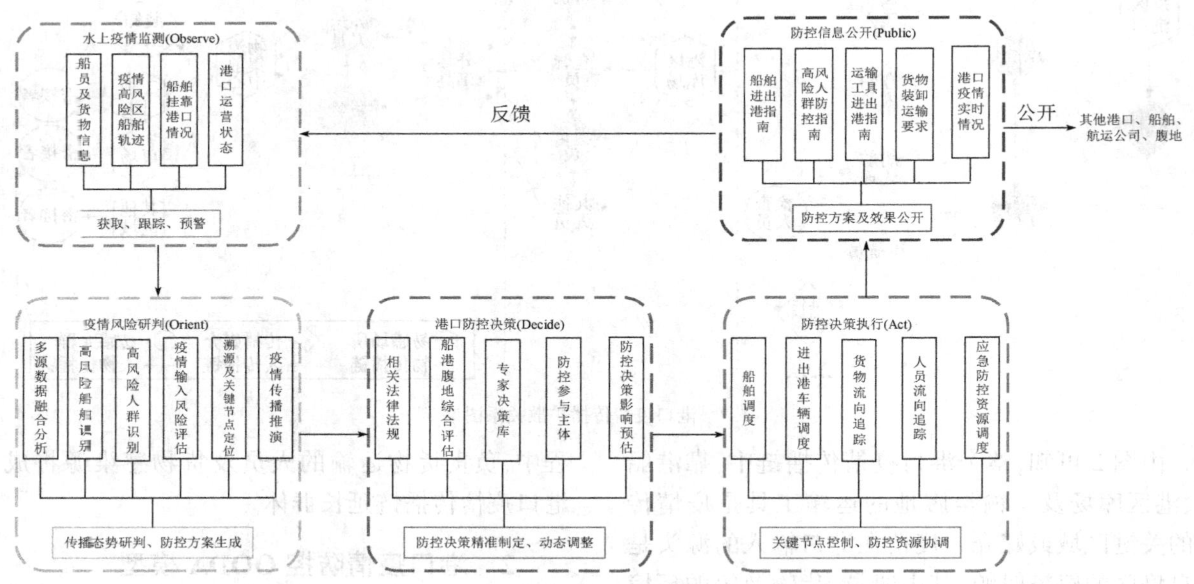

图4 港口疫情整体防控OODA模型

2.1.1 水上疫情监测(Observe)

水上疫情信息的及时获取、实时跟踪、精确预警是港口疫情防控的首要环节,为后续OODA模型其他环节的运行提供数据支持。在该环节要充分利用国外疫情实时情况和船舶AIS数据信息[1-2]预判船舶疫情感染风险,实时跟踪冷链运输船舶及挂靠高风险港口船舶的轨迹数据,及时获取在航船员疫情感染信息,密切关注本港口高风险人群的防疫情况;同时掌握船舶起始港、途经港等所在区域及船员所在国家的疫情整体防控情况、医疗卫生条件等相关信息。通过水上疫情监测环节对水上疫情风险信息进行快速获取、预警，形成完整的水上疫情风险监测数据源，并输送到OODA模型下一环节。

2.1.2 疫情风险研判(Orient)

John Byod将该环节定为OODA模型最为关键的环节[13]。港口疫情的风险研判环节主要是把水上疫情监测环节的疫情实时数据、船舶数据、货物数据、港口数据、人员数据等数据进行筛选、比对、融合等处理分析，将水上疫情多源数据转化为港口疫情风险信息的过程。进而根据港口风险信息，精准快速溯源、挖掘港口疫情传播关键点、研判疫情传播过程及可能性并形成初始风险预案，是港口疫情风险防控的基础。

2.1.3 港口防控决策(Decide)

该环节为制定港口疫情行动方案和应急机制的过程。在系统研判疫情输入特征、高风险人群、传播路径、关键点等因素的基础上，综合考虑国际贸易、口岸检查、港口管理等国际法规和港口涉外性特征，科学评估风险发生后果的严重程度和波及范围，精准确定疫情的风险类型、风险等级及疫情应急、港口运营等多重事件的优先次序，全面部署港口疫情防控应急方案。

2.1.4 防控决策执行(Act)

决策执行是OODA模型的实践环节。根据港口疫情防控应急决策方案，综合衡量疫情防控方案执行过程中的直接影响及其给经济、社会、贸易等可能引发的间接影响，协同多方参与主体(港口、卫生检疫、海关、海事局、航运公司、医疗等)，合理配置疫情应急资源，稳定港口生产运营，及时对防控决策做出调整和优化，高效、精准实时港口疫情防控决策。

2.1.5 防控信息公开(Public)

疫情信息及防控效果的反馈与公开是疫情应急的后控环节。反馈是根据港口疫情的演变发展，对防控决策出现的决策问题、信息变化等进行迅速反馈，充实疫情风险监测数据源，及时纠正偏差，系统复查OODA执行漏洞，是启动下一轮OODA模型循环的重要过渡部分。公开是考虑港口的涉外性、辐射性、牵动性运营特点，将港口疫情防控效果、限制措施、应急预案、联动机制、港口拥堵信息、船员换班方案、进出港道路信息及船舶、货物、高风险人员的轨迹等向其他港口、船舶及航运公司、腹地相关行业、部门及时公开，不仅可消除疫情造成的社会恐慌，同时可有效减少港口应急资源浪费，提高船舶周转速度，加快港口运营恢复。

2.2 港口疫情防控OODA模型优势分析

港口疫情的输入与防控具有一定的时间性和周期性，动态复杂的港口运营环境系统致使港口疫情防控涉及对象多、疫情传播源头流动性大、传播速度快等应急难点，同时由于港口在经济发展、国际贸易中的重要地位，精准研判、高效应急、及时公开反馈的疫情应急措施是港口疫情防控、高效运转的关键。

图4从整体角度，呈现了港口疫情的防控OODA模型循环过程，该模型能够使港口疫情防控根据港口运营状态、疫情应急态势的变化，精准规划调整并快速进入新一轮OODA循环，从而使得疫情防控的效果大大提高，可很好地适应港口疫情防控的需求。具体优势为：

(1)技术融入能力强。OODA模型循环的效率取决于监测信息的获取、研判，当前船舶AIS数据、港口运营数据、卡车轨迹数据、疫情实时数据等大数据资源可高效采集处理、建模分析，为水上疫情监测和研判提供充足数据支撑，可进一步压缩OODA循环周期，提高疫情防控决策能力，凸显了大数据等信息技术在疫情防控中的驱动作用。

(2)动态适应性强。OODA模型融入疫情发展生命周期和传播全过程，并发挥牵引和主动作用，可根据港口疫情不同传播阶段不同爆发区域及不同传播链的特点及研判需要，动态实时调整疫情防控措施，防控层次更加清晰，有效避免了“一刀切”和僵化机制形成，充分体现了适应性与动态调节性相结合的模型运行机制特点。

(3)时效周期性强。OODA循环作为一种军事战略决策模型，时效性要求非常高。当前高效的信息流通速度可加快OODA模型的时效性，同时可高效推动新一轮的OODA循环过程对整体应急防控机制进行反馈，使得港口疫情防控局面迅速稳定到正常状态，有效降低了疫情应急资源的消耗，提高港口运营效率。

3 结语

新冠肺炎疫情爆发显著冲击了全球供应链,高效的、适应性强的港口疫情防控机制是港口疫情防控的关键和重点。本文借助OODA理论,构建了适应于港口疫情防控的OODA模型,该模型在疫情防控中优势明显,可实现港口疫情防控预案不断丰富和更新,逐步提升港口应对公共卫生事件的应对能力。下一步将完善所构建的OODA模型的实践应用,并对其时效性进行分析,以更好应用到疫情防控领域。

参考文献

[1] 胡勤友,戚玉玲,张蓓,等.基于船舶时空轨迹数据的水上输出风险评估[J].交通信息与安全,2020,38(02):143-148.

[2] Zheng Hailin, Hu Qinyou, Yang Chun, et al. mission Path Tracking of Maritime COVID-19 Pandemic via Ship Sailing Pattern Mining[J]. Sustainability, 2021, 13(3).

[3] 李涵,赵一飞,罗逸仁.供应链视角下邮轮港口公共卫生事件模型分析[J].大连海事大学学报,2021,47(01):83-91.

[4] 黄晨,王征平,王智谋.疫情常态防控下水路运输安全应急管理体系研究[J].交通信息与安全,2020,38(02):162-171+178.

[5] 杜健,家军,张强.港口国监督领域建立应对疫情长效机制的思考与建议[J].中国海事,2020(07):54-57.

[6] Rastegary M. Impacts of COVID-19 on ports and maritime transport systems (in Persian) [C] //The Impacts of COVID-19 on ports and maritime transport systems (in Persian). 2020.

[7] 张永锋,龚建伟,殷明.新冠肺炎疫情对中国港航业的影响及其对策[J].交通运输工程学报,2020,20(03):159-167.

[8] 刘文君,何新华,胡文发.重大突发疫情对港口运营能力的影响研究[J].交通信息与安全,2020,38(02):102-111+119.

[9] Varov D. Redicting the impacts of epidemic outbreaks onglobal supply chains: a simulation-based analysis on thecoronavirus outbreak (COVID-19/SARS-CoV-2) case [J]. Transportation Research Part E: Logistics and TransportationReview, 2020, 136: 1-14.

[10] Gray R S. Agriculture, transportation, and the COVID-19crisis [J]. Canadian Journal of Agricultural Economics, 2020.

[11] Dong N, Kim M. Implication of COVID-19 Outbreak on Ship Survey and Certification [J]. Marine Policy, 2021, 131 (No. 1):104615.

[12] Millefiori Leonardo M, Braca Paolo, Zissis Dimitris, et al. COVID-19 impact on global maritime mobility [J]. Scientific reports, 2021, 11 (1).

[13] Boyd J R. A Discourse on Winning and Losing, Maxwell Air Force Base [M]. AL, USA: Air University Library Document No. M-U43947 (Brieifng slides), 1987.

[14] 刘铭江,陈奕裕,李步印,等.基于OODA环的新型冠状病毒疫情防控指控系统建模[C]//第八届中国指挥控制大会论文集.2020:567-573.

[15] 王旭,黄炎焱.基于OODA环的城市内涝灾害应急联动体系建模[J].南京理工大学学报,2018,42(02):234-242.

[16] Simohammed Antar, Smail Rachid. A decision loop for situation risk assessment under uncertainty: A case study of a gas facility[J]. Petroleum, 2021, 7 (3): 343-348.

[17] Tanui David J. Application of Boyd's OODA loop to emergency response [J]. Journal of emergency management (Weston, Mass), 2021, 19 (5): 461-468.

[18] Boyan Mednikarov, Siyana Lutzkanova. Applicability of the ooda loop theory for analysis of human error processes in the maritime safety [J]. Pedagogika Pedagogy, 2021, 93 (7): 241-250.

Rationality and Good Quality Evaluation of the Yangtze River Shipping Freight Index Calculation Model

Shiyu ZHANG Ziyou WANG *
(School of Transportation and Logistics Engineering, Wuhan University of Technology)

Abstract The Yangtze River freight index has been in operation for many years, but there has been little research on its evaluation. The primary purpose of this paper is evaluating the Yangtze River Shipping Freight Index calculation model and further improve the information service of Yangtze River shipping Freight Index. The approaches adopted explore the co-integration relationship between the freight rate index and the freight rate to evaluate the rationality, while the good quality of the calculation model is evaluated from the statistical significance and mathematical form. The results show that the calculation model of the Yangtze River shipping rate index is reasonable and the index can reflect the fluctuation of the shipping rate, and that it has good quality both on statistical significance and mathematical form. The research is conducive to the operation and development of the Yangtze River Shipping Index, which is beneficial to the higher-quality development of the shipping industry.

Keywords Shipping Yangtze River Freight Index Laspeyres' Chain Index Co-integration Test Mathematical Evaluation Criteria Fisher's Three Tests

0 Introduction

Since its inception in the second half of the 18th century, the index has been widely used in various industries around the world as a barometer of socio-economic development and an important tool for analysing and predicting socio-economic developments. The Yangtze River Shipping Price Index can objectively reflect the average price increase and decrease situation and the fluctuation range in the Yangtze River shipping market. It has been using the chain-type formula since 2017 and has been published since January 2018, with 47 issues published so far (as of January 2022). It is essential to assess the reasonableness and robustness of the computational models.

At present, the researches of scholars in China and abroad on freight rate index mainly focuse on three aspects. The first aspect is risk measure and index forecast. Among them, Yi Weng[1] (2007) used POT method to measure the risk of the Panama ship type freight index in the Baltic Sea and the accuracy of risk measurement is improved. Zhenghong Li[2] (2004), Na Liu[3] (2006), Liangcai Dong[4] (2010), Zhongzhen Yang[5] (2011) and Kemal Akyol[6] (2019) respectively used ARMA model, RBF neural network, mold and neural network, support vector machine and machine learning algorithms to predict freight index, and obtained good results. The second aspect is volatility study and multi-fractal analysis of freight index. Among them, Hualong Yang[7] (2011) set up a generalized autoregressive conditional heteroscedasticity model to reflect the sensitivity and persistence of the Baltic dry index fluctuation. Xia Tang[8] (2020) found that the fluctuation of China's export container freight index showed the regular pattern of clustering, periodicity, persistence and gradualness with the help of the Symbolic dynamic method. Fang Wei[9] (2007) investigated the features of the long memory of international dry bulk shipping market using fractal theory of Baltic dry bulk freight index time series.

Huayi Han[10] (2014) and Tinging Liu[11] (2016) carried on the multifractal elimination trend fluctuation analysis to the international tanker freight index, the Baltic Sea crude oil and the refined oil tanker freight index respectively, providing a new theoretical research idea for the study of freight index forecasting and risk management. The third aspect is the compiling method study and comparative analysis of the different freight index. Xuying Li[12] (2005) compared China Container Freight Index (CCFI) and Baltic Dry Index (BDI) and obtained the similarities and differences between the two and the existing relationship. Yaorong Cheng[13] (2018) proposed the compilation method of cross water inland dry bulk cargo freight rate index based on correlation coefficient. An example was used to calculate and verify the effectiveness of the model and compilation method. Husheng Liu[14] (2019) summarized the experience in the compilation and use of China's shipping freight index, and put forward suggestions for the further improvement of the index system. Wenxue Cai[15] (2021) proposed a new compilation method of shipping index based on blockchain and verified its effectiveness by using game model.

By combining the previous literature, it can be found that significant progress has been made in this field. However, most of the existing studies focus on the nature, prediction and application of the index itself, and do not involve the evaluation of the calculation model of the freight rate index. And there is little research on the freight rate index of the Yangtze River shipping. On the basis of the existing research, this paper evaluates the rationality and good quality of the shipping freight index calculation model of the Yangtze River Shipping.

This paper is divided into five sections as follows. Section one shows introduction. Section two summarizes the Yangtze River shipping freight index. Section three shows the rationality of the Yangtze River Shipping Freight Index Calculation Model. The fourth section reveals how to evaluate the good quality of the Yangtze River Shipping Freight Index Calculation Model. The conclusion is given in the last section.

1 Overview of the Yangtze River Shipping Freight Index

It is believed that the Yangtze River Shipping Price Index reflects the fluctuation of the main freight types and routes along the Yangtze River, which acts as a barometer of the relationship between supply and demand. The Yangtze River freight index includes the dry bulk freight index and the container freight index. While the dry bulk freight index consists of the dry bulk composite freight index and the sub-freight index (coal, metallic ore, mineral construction materials, non-metallic ore, the container freight index contains the container composite freight index and sub-regional freight index (upper reaches, middle reaches and lower reaches).

The Yangtze River Shipping Price Index has been operated since 2007, and the freight rates of various categories of the relevant routes along the Yangtze River were calculated by a Laspeyres' formula and submitted by the compiling unit every month, with a base of 1000. The freight index was officially published in January 2008, so far (as of January 2022) has been running smoothly for 14 years, a total of 179 issues of the Freight Index. Two major adjustments were made in the course of the period. One is that the sample units of Freight Survey were optimized by the index editorial board in accordance with the requirements of the Regulations on the Administration of Domestic Water Transport to strengthen market monitoring in 2012. The other is that the calculation formula was improved by using the chain Laspeyres' formula and the sample units of the tariff survey was further refined by the index compilation committee, subject to changes in the shipping market and guidance and suggestions from the National Bureau of Statistics of the People's Republic of China on index calculation methods in 2017. Following the implementation of the new scheme, the freight index was published in January 2018, which used the December 2016 freight index as the base period index. The December 2016

Yangtze dry bulk freight index was 667.53, and the container freight index was 981.46. Since then, the basic Laspeyres' formula was replaced by the chain Laspeyres' formula in 2018.

The Laspeyres freight index is a fixed-base index in which the base-period freight volume is used as same metric factor. The base-fixing index has a fixed base period, that is, a base period is selected as the common comparative standard period of the reporting period. As shown in Eq. (1).

$$L_t = \frac{\sum P_t Q_0}{\sum P_0 Q_0} \times 1000 \tag{1}$$

In the equation, L_t represents the current index. P_t represents the freight rate of a particular specification of the current survey. P_0 represents the freight rate of a particular specification of the base survey, and Q_0 represents the freight volume of a particular specification of the current survey.

The chain Laspeyres' formula is chain base index, in which the current freight index is calculated by first calculating the ratio between the rate of the reporting period and the last period, then calculating the product sum of the ratio and the weight of the last period's transport value, and finally multiplying the freight index of the last period. The method of calculation is shown in Eq. (2).

$$L_t = L_{t-1} \sum \left(\frac{P_t}{P_{t-1}} W_{t-1} \right) \tag{2}$$

In the equation, $W(t-1)$ represents the proportion of the transportation value of a certain specification in the transportation value of all investigated categories in the last period, the calculation method of which is shown in Eq. (3), where Q_0 is the base period transportation volume.

$$W_{t-1} = \frac{P_{t-1} Q_0}{\sum P_{t-1} Q_0} \tag{3}$$

Because the weight value is the fixed base period and does not change immediately with the release period, the calculation method of the Yangtze River shipping freight index is also called fixed base option weight chain Laspeyres' formula.

2 Rationality evaluation of the Yangtze River Shipping Freight Index Calculation Mode

In macroeconomic econometrics, the co-integration method proposed by Granger in 1987 is mainly used to analyse whether non-stationary economic variables have a stable equilibrium relationship, and to test whether non-stationary variables have co-integration, that is, to analyse whether the variables have a common randomness trend. The rationality of the calculation model of freight rate index is verified by analysing the long-term stable equilibrium relationship between freight rate index and freight rate through co-integration test.

For the co-integration test of the Yangtze River Shipping Dry Bulk Freight Index, the comprehensive dry bulk freight index ($y1$), coal freight index ($y2$) and the Zhangjiagang-Wanxian coal route freight rate (x) are selected. First, unit root test (ADF test) was performed on the relevant variables, and the results were shown in Tab. 1.

Unit root test results of variables related to dry-bulk freight index Tab. 1

variable	ADF value	the critical value			P value	conclusion
		1% level	5% level	10% level		
$y1$	0.007164	-2.692358	-1.960171	-1.607051	0.6726	non-stationary
d($y1$)	-3.022925	-2.699769	-1.961409	-1.606610	0.0047	stationary
$y2$	0.237820	-2.692358	-1.960171	-1.607051	0.7444	non-stationary
d($y2$)	-3.401034	-2.699769	-1.961409	-1.606610	0.0019	stationary
x	0.243109	-2.728252	-1.966270	-1.605026	0.7430	non-stationary
d(x)	-2.833483	-2.728252	-1.966270	-1.605026	0.0079	stationary

As is shown in Tab. 1, ADF value of comprehensive dry bulk freight index, coal freight index and Zhangjiagang-Wanxian coal route freight rate are all greater than the critical value of the line, which is not a smooth series. Difference of the first order is carried out for each sequence. After the first order difference ADF values of sequences are all less than the critical value in 1% significance level, while the P value is less than 0.05, which is a smooth sequence. Therefore, the sequences $y1$, $y2$ and x are all first-order integrated sequences, and they can be tested for co-integration. The co-integration regression equations of d($y1$) vs d(x) and d($y2$) vs d(x) were made respectively, and the results were shown in Tab. 2 and Tab. 3.

As can be seen from Tab. 2, the coefficients of the equations are not significant, and there is almost no co-integration relationship between d($y1$) and d(x).

Co-integration regression results of d($y1$) vs d(x) Tab. 2

variable	coefficient	t-statistic	P value
c	1.276703	0.147313	0.8846
dx	1.491471	1.116942	0.2796

Co-integration regression results of d($y2$) vs d(x) Tab. 3

variable	coefficient	t-statistic	P value
c	532.7055	5.448561	0.0000
dx	3.790393	2.598038	0.0182

As can be seen from Tab. 3, all the equation coefficients P values are less than 0.05. Residuals are extracted and further ADF test is conducted on the residuals. The results are shown in Tab. 4.

results of Residual ADF test Tab. 4

variable	ADF value	the critical value			P value	conclusion
		1% level	5% level	10% level		
residual	-4.158351	-2.699769	-1.961409	-1.606610	0.0003	stationary

It can be seen from Tab. 4 that the residuals are stable, which indicates that d($y2$) and d(x) have a co-integration relationship.

The co-integration test of the Yangtze River shipping dry bulk freight price index shows that there is almost no co-integration relationship between the dry bulk freight comprehensive freight index and the freight rate of Zhangjiagang-Wanxian coal route, and there is a long-term equilibrium relationship between the coal freight index and the freight rate of Zhangjiagang-Wanxian coal route. That is, the freight index of the sub-cargo category can reflect the fluctuation of the freight rate of the sub-cargo category, and the comprehensive freight index cannot reflect the freight relationship of a single cargo category, but rather reflects the tariff change of each cargo category.

In the same way, the Yangtze River shipping container freight index is tested for co-integration. Select the container comprehensive freight index, downstream container freight index and Nanjing-Shanghai route container freight rate for ADF inspection, the results show that each sequence is a first-order single-whole sequence, which can carry out co-integration test. The results of co-integration test show that there is almost no co-integration relationship between the container comprehensive freight index and the Nanjing-Shanghai route container tariff, the downstream container freight index and the Nanjing-Shanghai route container freight rate have a co-integration relationship. That is, the sub-regional freight index can reflect the fluctuation of freight rates in the region, and the comprehensive freight rate index cannot reflect the change of freight rates on a certain route, but reflects the overall change of freight rates within the whole research area.

Co-integration test results prove that the Yangtze River Shipping Freight Index fixed-chain option weight-chain pull calculation model is reasonable, and the freight index can truly reflect the price fluctuations of the Yangtze River shipping market.

3 Good quality evaluation of the Yangtze River Shipping Freight Index calculation mode

3.1 The evaluation method

The statistical significance evaluation of the index is to test whether it meets the five mathematical evaluation criteria of the statistical index: average, comprehensiveness, unbiasedness, consistency and validity.

The mathematical form of index evaluation is made by testing whether a series of near-public assumptions hold true. In his classic book The Making of Index Numbers in 1922, I. Fisher, an American economist and statistician, put forward eight theories of "persistence, fairness, proportionality, certainty, progressive or joint, time interchangeability, cyclicality or chain, factor interchangeability", among which the three tests of "time interchangeability, circularity and factor interchangeability" were highly respected and commonly found in various economic statistics. However, many scholars in the domestic statistical circles (Guoxiang Xu [16], Dong Ren [17] and so on) have a great doubt about their scientific nature, believing that a good index stems from those satisfying these three inspections alternatively rather than simultaneously, on the contrary, some indices, such as the Fisher Ideal index, while meeting all three tests, lack practical significance. Although Fisher's three tests are controversial as the criteria for evaluating the merits of the index, through the time interchangeability test, circularity test and factor interchangeability test of the chain Laspeyres' formula, it can reflect the inherent mechanism of freight rates in the Yangtze River shipping market and it is used to analyse the adaptability of the current Yangtze River freight index to the Yangtze River shipping market.

In summary, this paper evaluates the good quality of the calculation model of Yangtze River shipping freight index from the two aspects of statistical significance and mathematical form. The specific method is to analyse and demonstrate the five mathematical evaluation criteria which are evenness, comprehensiveness, unbiasedness, consistency, and validity as well as three tests, which are time interchangeability, cyclicality and factor interchangeability of the index calculation model.

3.2 Evaluation of statistical significance

3.2.1 The average and comprehensiveness

Average means the total index must represent every individual index, which acts as an indicator to reflect the general direction and total magnitude of individual changes in the whole. Comprehensiveness means its calculation process must have a certain practical economic significance, the index can eventually be deformed into the ratio of two combined quantities of independent significance.

As can be seen from Eq. (2), $\sum\left(\frac{P_t}{P_{t-1}}W_{t-1}\right)$ is a discrete mathematical expectation of random variables $\frac{P_t}{P_{t-1}}$ at the W_{t-1} probability distribution, on the basis of fully considering the impact of tariff changes, the Yangtze River Shipping Freight Index has a weighted average of freight rates for each route. Therefore, the value range of the total freight index calculated by the fixed-based option weight-chain Laspeyres' freight formula is within the range of individual index changes, which conforms to the average and comprehensive requirements.

3.2.2 The unbiasedness

Unbiasedness means that the total index should accurately reflect the total change direction and total change range of all individual quantities, and there should be no systematic deviation.

Assuming that the sample route is fixed and there is no missing or replaced, when the sample capacity n increases infinitely, the calculated tariff index will gradually increase to the true value of the shipping market freight index. Therefore, the fixed-base option weight-chain Laspeyres' Freight Index is a gradual and unbiased estimate of the true value of the overall freight index of the Yangtze River shipping market, which meets the requirements of unbiasedness.

3.2.3 The consistency

The consistency of the index means that the difference between the value of the index as an estimate and the true value should decrease with the increase of the sample size, which means the larger the sample size, the better the calculated index can represent the true level.

According to the connotation of consistency, the index is verified to meet consistency requirements by excluding all sample routes corresponding to dry bulk sample companies and observing the changes in the standard deviation and coefficient of variation of the sample index as the sample size decreases. The data of February 2019 are used for consistency verification calculations, and the results are shown in Tab. 5.

Dry bulk freight price index consistency test calculation Tab. 5

Culling order	Cumulative culling samples	Remaining sample company volume	Remaining sample route volume	Index	The degree of index volatility	Standard deviation	Coefficient of variation
0	Full sample	12	106	809.1	0	120.19	0.1401
1	Company A	11	105	809.1	−0.002%	120.77	0.1408
2	Company B	10	104	809	−0.016%	121.35	0.1414
3	Company C	9	103	809	−0.001%	121.85	0.1419
4	Company D	8	101	813.2	0.523%	121.95	0.1416
5	Company E	7	99	813.5	0.044%	122.83	0.1425
6	Company F	6	95	814.5	0.120%	125.16	0.1450
7	Company G	5	89	811.9	−0.320%	127.63	0.1481
8	Company H	4	81	808	−0.487%	133.58	0.1547
9	Company I	3	64	812.7	0.580%	141.52	0.1595
10	Company J	2	63	810.4	−0.282%	142.61	0.1607
11	Company K	1	59	854.2	5.411%	139.35	0.1549

Tab. 5 shows that the overall standard deviation and coefficient of variation of the freight index decreases as the sample size increases. It shows that the index calculation value under the large sample can better reflect the actual real freight index value. Therefore, the calculation method of The Yangtze River Shipping Freight Index conforms to the consistency requirement.

During the inspection, it was found that the sample route of sample company K had greater influence on the dry bulk freight price index, resulting in a total index volatility of more than 5%, and it is suggested that for samples with high volatility impact, data verification should be carried out before the index calculation is added.

3.2.4 The validity

By using different index calculation formula, the sample of the same representative product is calculated, and different index values are obtained, resulting in different standard deviation, the smaller the standard deviation, the higher the validity of the index value. The degree of dispersion can be measured by standard deviation and coefficient of variation.

According to the meaning of index validity, by using the four index calculation methods of Pie, fixed basis Laspeyres' formula, fixed base option weight chain Laspeyres' formula and previous option weight chain Laspeyres' formula, the freight index is measured by container as an example, and the standard deviation and coefficient of variation under different index calculation methods are analysed, so as to compare and analyse the effectiveness of different freight index calculation methods. Among them, the four representative route data above Zhangzhou-Shanghai, Chongqing-Shanghai, Wuhan-Shanghai and Nanjing-Shanghai were selected for verification.

The four index calculation methods are as shown in Tab. 6 respectively.

Four exponential calculation methods table Tab. 6

Calculation method	Calculation formula
Pie	$L_t = \frac{\sum P_t Q_0}{\sum P_t Q_t} \times 1000$
Fixed basis Laspeyres' formula	$L_t = \frac{\sum P_t Q_0}{\sum P_0 Q_0} \times 1000$
Fixed Option Weight Chain Laspeyres' formula	$L_t = L_{t-1} \sum \left(\frac{P_t}{P_{t-1}} W_{t-1} \right)$
Previous Option Weight Chain Laspeyres' formula	$L_t = L_{t-1} \sum \left(\frac{P_t}{P_{t-1}} W_{t-1}^* \right)$

In Previous Option Weight Chain Laspeyres' formula, W_{t-1}^* represents the transport value of a specification in the previous period as a percentage of the transport value of all survey categories. It is calculated by Eq. (4), in which Q_{t-1} is the previous volume.

$$W^* = \frac{P_{t-1} Q_{t-1}}{\sum P_{t-1} Q_{t-1}} \tag{4}$$

Set the base period index value to 1000, calculate the four tariff indices of the two release periods and their standard deviation, coefficient of variation, the results are shown in Tab. 7.

the effectiveness evaluation table of the four index calculation methods Tab. 7

Item		Pie	Fixed basis Laspeyres' formula	Fixed Option Weight Chain Laspeyres' formula	Previous Option Weight Chain Laspeyres' formula
Issue 1	Value of index	1001.69	1002.33	1002.33	1002.33
	standard deviation	0.00927	0.01091	0.01091	0.01091
	Coefficient of variation	0.00926	0.0108	0.0108	0.0108
Issue 2	Value of index	996.54	1000.58	1000.58	998.07
	Standard deviation	0.02591	0.02139	0.01803	0.02584
	Coefficient of variation	0.02582	0.01741	0.01324	0.02026
Average of the standard deviation		0.01754	0.01416	0.012075	0.01558
Average of the coefficient of variation		0.01758	0.01414	0.012073	0.01562

Tab. 7 shows that in the same group of representative sample routes, the standard deviation and coefficient of variation of index in fixed base option weight chain Laspeyres' formula is the smallest, followed by the previous option weight chain Laspeyres' formula, fixed basis Laspeyres' formula. Pie calculation model indicats that using fixed base option weight chain Laspeyres' formula to calculate the Yangtze River shipping tariff index is the most effective. And the use of the Laspeyres' formula calculation model of the index, can more reflect the current Yangtze River shipping market tariff fluctuations. The calculation model of The Yangtze River Shipping Freight Index meets the requirements of validity.

Therefore, the calculation model of Yangtze River shipping freight index has five characteristics: average, comprehensiveness, unbiasedness, consistency, and validity, and has the statistical sense of excellence.

3.3 Evaluation of mathematical form

3.3.1 Fisher's three main principles of testing

(1) Time interchange test.

Time interchange test is also known as base period swap test. The index of the price comparison between the reporting period and the index of the price comparison between the base period and the reporting period are the inverse of the two, and the product is equal to 1. As shown in Eq. (5).

$$P_{1/0} \times P_{0/1} = 1 \tag{5}$$

(2) Cycle test (Chain inspection).

The cycle test refers to the equalization of the same chain base index and the fixed-base index, as shown in Eq. (6).

$$P_{1/0} \times P_{2/1} \times \cdots\cdots \times P_{t/t-1} = P_{t/0} \tag{6}$$

(3) Factor interchange test.

The factor interchange testing requires that the product of the goods price index and the converted quantity index equal to the value index of goods. Factor swap test needs to ensure that the period in which the factor interchanges and the factor belongs remains unchanged. As Eq. (7) shows.

$$V_{1/0} = \frac{V_1}{V_0} = \frac{P_1 Q_1}{P_1 Q_0} = P_{1/0} \times Q_{1/0} \tag{7}$$

Eq. (7) indicates that the individual value index cf each sample in dynamic analysis can be broken down into its own individual price and the product of the individual quantity index.

3.3.2 The Yangtze River Shipping Freight Index three test demonstration

In carrying out the three major tests, the calculat:on method of the Yangtze River shipping freight i:ndex was tested and analysed directly, and it was found that it could not pass the three tests, which conformed to the established fact that the Laspeyres' formula could not pass the three tests. However, the calculation method of The Yangtze River Shipping Freight Index has the special connotation of the chain base index, so it carries on three tests and analysis to the deformed form of the month-on-month.

In order to facilitate the derivation and demonstration, the calculation method of the Yangtze River shipping freight index is mathematically transformed into a form of chain base index, as shown in Eq. (8).

$$K_{t/t-1} = \frac{L_t}{K_{t-1}} = \frac{\sum P_t Q_0}{\sum P_{t-1} Q_0} \tag{8}$$

(1) Time interchange test.

The time interchange test method of chain base index K is: set the adjacent two-period index operation, then the $K_{t/t-1}$ is the chain base index of the reporting period and the previous period, and the $K_{t-1/t}$ is the chain base index of the previous period and the reporting period, as shown in Eqs. (9)、(10).

$$K_{t/t-1} = \frac{\sum P_t Q_0}{\sum P_{t-1} Q_0} \tag{9}$$

$$K_{t-1/t} = \frac{\sum P_{t-1} Q_0}{\sum P_t Q_0} \tag{10}$$

The product of K_{t-t-1} and $K_{t-1/t}$ are shown in Eq. (11).

$$K_{t/t-1} \times K_{t-1/t} = 1 \tag{11}$$

Eq. (9) shows that $K_{t/t-1}$ and $K_{t-1/t}$ are inverse, the product is equal to 1, so the Yangtze River shipping freight index calculation method of chain base index deformation formula through the time interchange test.

(2) Cycle test.

The cycle test method of chain base index K is: set the base period and adjacent three-phase index operation, $K_{1/0}$ is the index of comparison between the first period and the base period, while $K_{2/1}$ is the index comparison between the second period and the first period, $K_{3/2}$ is the index of comparison between the third period and the second period, and $K_{3/0}$ is the index of comparison between the third period and the base period, as shown in the Eq. (12).

$$\begin{cases} K_{1/0} = \dfrac{\sum P_1 \times Q_0}{\sum P_0 \times Q_0} \\ K_{2/1} = \dfrac{\sum P_2 \times Q_0}{\sum P_1 \times Q_0} \\ K_{3/2} = \dfrac{\sum P_3 \times Q_0}{\sum P_2 \times Q_0} \\ K_{3/0} = \dfrac{\sum P_3 \times Q_0}{\sum P_0 \times Q_0} \end{cases} \tag{12}$$

The relationship between the product of $K_{1/0}$, $K_{2/1}$, $K_{3/2}$ and $K_{3/0}$ is shown in Eq. (13).

$$K_{1/0} \times K_{2/1} \times K_{3/2} = K_{3/0} \tag{13}$$

Equation (13) shows that the product of the same chain base index for several phases is equal to the corresponding fixed-base index, so the chain base index deformation formula of the Yangtze River shipping freight index calculation method passes the circular test.

(3) Factor interchange test.

The freight rates chain base index of Fixed Option Weight Chain Laspeyres' is shown in Eq. (7). Similarly, its volume chain base index K_q is as shown in Eq. (14).

$$K_q = \frac{L_t}{L_{t-1}} = \frac{\sum P_0 Q_t}{\sum P_0 Q_{t-1}} \tag{14}$$

The product of freight rates chain base index K_p and freight volume chain base index K_q is shown in

Eq. (15).

$$K_p \times K_q = \frac{\sum P_t Q_0}{\sum P_{t-1} Q_0} \times \frac{\sum P_0 Q_t}{\sum P_0 Q_{t-1}} \tag{15}$$

The value chain base index K_v is shown in Eq. (16).

$$K_v = \frac{\sum P_t Q_t}{\sum P_{t-1} Q_{t-1}} \tag{16}$$

It is known from Eqs. (14) ~ (16) that $K_p \times K_q \neq K_v$, therefore, the chain base index deformation formula of the Yangtze River shipping rate index calculation method cannot pass the factor interchange test

(4) Three test results comparison of the four calculation methods.

Similarly, the three tests apply to the three calculation methods of Pie, Fixed basis Laspeyre and previous Option Weight Chain Laspeyres' formula, and results are compared, as shown in Tab. 8.

Three test results comparison of the four calculation methods Tab. 8

Calculation method	Time interchange test	Cycle test	Factor interchange test
Pie	×	×	×
Fixed basis Laspeyres' formula	×	×	×
Fixed Option Weight Chain Laspeyres' formula(chain base form)	√	√	×
Previous Option Weight Chain Laspeyres' formula (chain base form)	×	×	×

As is shown in Tab. 8, although the calculation method of Yangtze River shipping rate index cannot pass the factor interchange test, it can pass the time interchange test and the cycle test, while the other calculation methods cannot pass the three tests.

3.3.3 The three fischer test results of Yangtze River Shipping Rate Index

The above three tests show that Yangtze River shipping freight index calculation method (Fixed Option Weight Chain Laspeyres' formula) is a member of the Laspeyres' formula. In the Yangtze River shipping market, the change of freight rate in each period is not independent, the change of former freight rate has certain influence to changes in the rate during the reporting period, and that is to say, there is a carryover effect. It can pass through the interchangeability of time and the cycle test, but not by factor compatibility test.

However, the freight rate index prepared by Fixed Option Weight Chain Laspeyres is in line with the actual situation of freight rate fluctuation in the shipping market of the Yangtze River and has practical reference significance, and the dispersion degree of freight rate index obtained by its calculation method is the lowest, which is especially applicable in the period of large structure change and relative price change. Therefore, the method based on chain Laspeyres' formula for the calculation of the shipping rate index of the Yangtze River has good mathematical performance.

4 Conclusions

It is proved that the Yangtze River shipping dry bulk freight index of the sub-cargo category can reflect the fluctuation of the freight rate of the sub-cargo category, and the comprehensive freight index cannot reflect the freight relationship of a single cargo category, but rather reflects the tariff change of each cargo category. And the container freight index of the sub-region can reflect the fluctuation of freight rates in the region, and the comprehensive freight rate index cannot reflect the change of freight rates on a certain route, but reflects the overall change of freight rates within the whole research area. Therefore, the calculation model of the Yangtze River Shipping Freight Index is reasonable. It shows that the Yangtze River shipping freight index has statistical significance by testing the average, comprehensiveness, unbiasedness, consistency and validity of it. Although the chain base index exponential deformation formula of the Yangtze River shipping freight index calculation model cannot pass the factor interchange test, it can pass the time interchange test and the cycle test, which is in line with the Yangtze River shipping market tariff changes are not mutually independent of the actual situation. So the calculation model of the Yangtze River Shipping Freight Index has good quality on mathematical form.

To sum up, the Yangtze River Shipping Freight Index calculation model has rationality and good quality. This paper evaluates the rationality of the model by exploring the co-integration relationship between the freight rate index and the freight rate and comprehensively evaluates its good quality from two aspects of statistical significance and mathematical form. The evaluation conclusions can provide a basis for further improving the compilation and operation of the Yangtze River Shipping Index and improving the rationality, comprehensiveness and accuracy of the Yangtze River Shipping Freight Index. The evaluation method can provide a theoretical reference for the compilation and evaluation of other shipping indices.

In view of some problems found in the evaluation, the following suggestions are put forward for the optimization of the Yangtze River shipping index. (1) Adjust the sample structure regularly, carry out the initialization of sample collection regularly, and give full play to the advantages of Laspeyres' chain index calculation method. (2) In view of the low release frequency of the Yangtze River shipping freight index and the lack of coordination with other major similar indexes, it is suggested to increase the release frequency and coordinate the release date with other major similar indexes.

References

[1] Yi W, Xuying L. Application of POT method in the measurement of the risk in Baltic Panamax Index[C]. The 13th Annual Academic Conference of China Institute of field statistics, Beihai, Guangxi, China, August 5-8,2007.

[2] Zhenghong L. ARMA forecasting model of Baltic freight index[J]. Journal of the Shanghai Maritime University,2004,25(4), 69-72.

[3] Na L, Zijian G. Research on CCFI Forecasting based on RBF Neural Networks[C]. Proceedings of the 6th International Conference of Transportation Professionals, Dalian, Liaoning, China, 2006.

[4] Liangcai D, Youfang H. Shipping freight index forecasting based on fuzzy neural network[J]. Journal of the Shanghai Maritime University, 2010,4:31-34.

[5] Zhongzhen Y, Lianjie J. Forecasting Baltic Panamax Index with Support Vector Machine [J]. Journal of Transportation Systems Engineering and Information Technology, 2011, 3:50-57.

[6] Kemal A. Forecasting of Dry Freight Index Data by Using Machine Learning Algorithms. International [J]. Journal of Intelligent Systems and Applications (IJISA),2019,11(8): 35-43.

[7] Hualong Y, Jinxia L. Study of Volatility of Baltic Dry Bulk Freight Index Based on GARCH Model[J]. Navigation of China,2011, 3: 84-88, 102.

[8] Xia T, Haibo K. Fluctuation Patterns of China Export Containerized Freight Index Based on Complex Network Theory [J]. Journal of Transportation Systems Engineering and Information Technology,2020,20(2): 26-32.

[9] Wei F. Analysis on Long Memory of the Volatilities of International Dry Bulk Freight Index Using Fractal Theory [C]. The 3rd IEEE International Conference on wireless communication, network technology and mobile computing, Shanghai, China, 2007.

[10] Huayi H, Bin Q. Multifractal Analysis of the Baltic International Tanker Routes Based on MF-DFA Method [J]. Journal of Chongqing Jiaotong University (Natural Science), 2014, 33(5): 128-133.

[11] Tingting L, Guolong L. Multifractal characteristics of Baltic exchange dirty tanker index and clean tanker index [J]. Journal of the Shanghai Maritime University,2016,37(1):70-74.

[12] Xuying L. An Empirical Analysis on the China Container Freight Index and Baltic Dry Index [C]. The 12th Annual Academic Conference of China Institute of field statistics, Yantai, Shangdong, China, 2005.

[13] Yaorong C, Jinwen L. Study on the Compilation Method of Dry and Freight Price Index for Inter-provincial Water Transport——Taking dry bulk shipping in Xiangjiang and Yangtze Rivers as an example[J]. Price: Theory & Practice, 2018,(6):74-77.

[14] Husheng L, Hao Y. Research on China Shipping Freight Index System [J]. Price: Theory & Practice, 2019,(5):68-71.

[15] Wenxue C, Fenfen L. Research on the Method for Compiling Shipping Index Based on Blockchain [J]. Science and Technology Management Research, 2021,41(5):151-157.

[16] Guoxiang X. Statistics[M]. Shanghai: Shanghai People's Press,2007.

[17] Dong R. Innovative research on statistical index theory [D]. Chengdu: Southwest University of Finance and Economics Press,2017.

能耗"双控"下内河散货航线经济研究

刘　阔　涂　敏*

(武汉理工大学交通与物流工程学院)

摘　要　为探究能耗"双控"政策给内河散货航线经济效益带来的影响,用熵权法、效用函数综合评价法等方法,创新性地构建了航运双控压力系数(Shipping Energy Consumption Dual-Control Pressure Index,简称 SDCPI),并建立了考虑"双控"影响的航线船型经济测算模型。依托西江货运组织项目,以西江航运干线某散货班轮航线为例,对不同船型的运营进行经济和"双控"压力分析。结果表明:在该时期内该航线电船经济效益优于其他船型,运价和货源的稳定对航线经济效益的影响敏感度相对较高;通过对 SDCPI 的观测发现,能耗"双控"政策给航运带来的压力主要来源于"双控"对企业限产导致货运需求降低,进而影响航运的货运需求;"双控"给该航线带来了明显的经济压力,并且该压力呈现逐步放缓的态势。得到以下结论:可以考虑在能源结构转型升级完成较好的地区进行重点航运开发,同时注重清洁能源船舶的运营也可以缓解能耗"双控"对内河散货航线的经济压力;对于西江航线应考虑加大对电船运营的投入比例,并保障运价和货源的稳定。

关键词　航运经济学与运营　航运双控压力指数　成本效益分析　内河散货航线　能耗"双控"　西江货运

0　引言

能耗"双控"指对能源消费总量和能源消费强度进行控制。自国内新冠疫情得到控制后,进行了有序的复工复产,制造业的兴盛引发了多次用电和能源消费的浪潮。为实现能耗"双控"的目标,2021 年 8 月国家发改委印发《各地区 2021 年上半年能耗"双控"目标完成情况晴雨表》,用以观测各地区能耗"双控"指标完成情况。随后地区相继出台了对当地产业的生产和能耗的强力限制政策。至此,各产业进入了能耗"双控"的高压期。2021 年 12 月,中央经济工作会议对能耗"双控"政策做出调整,强调新增可再生能源和原料用能不纳入能源消费总量控制。至此,各产业因能耗"双控"带来的压力得到缓和,能耗"双控"政策还将持续下去。

对于航运业,尤其内河散货班轮运输,承担了大量的高耗能产业的生产原料和产品运输,突然加大了能源和生产的限制力度,导致出现了能源紧张、产能受限、运力过剩的局面。能耗"双控"政策不仅在生产货运上具有影响,在运力供给充足的情况下,也会造成货运需求减少,运价走低。同样的,钢铁作为高耗能产业被"双控"政策限制产量后,钢铁需求依旧旺盛,作为造船主要成本的钢材价格随之攀升。燃料费用为航次成本中的最重要成分,能源价格在能耗"双控"政策限制能源产量且需求旺盛的情况下,也出现了暴涨。因此,在能耗"双控"政策背景下,出现了如何对航线进行经营和配船的模式进行调整、如何让让航运企业保持盈利减少损失等问题。

对于碳排放控制下的航线经营及相关问题,国内外学者展开了研究。薛颖霞等[1-2]提出了集装箱班轮航线配船的成本最小化与碳排放量最小化的双目标规划模型。苗红云[3]等从运输网络的视角,运输成本最低为目标,建立了内河散货运输航线网络优化模型。Patrizi等[4-5]对沿海低碳航运的利润和碳排放进行了计算,探讨了航速和航线原则,确定了利润和碳排放的最佳折中方案。Son[6]考虑在国际海事组织的多个标准的情况下选择最适合单船实施的集装箱运输措施。李美红等[7-9]针对低碳经济下水路运输经济发展优势进行探讨,得到在水路运输发展过程中,应以低碳经济为基础,优化现代交通运输体系,进而为现代社会低碳经济发展构建良好环境的结论。在低碳背景下船型选择方面,徐春华等[10-12]对于低碳政策下船型的选择和发展做出了分析,得到应加强政府主导、布局技术攻关、增强合作开放等结论。

对于低碳背景下水运经济的发展问题,现有的研究着重探讨宏观发展问题,而缺少对航线和船型实例的测算。国外学者对经济方面缺少对收益问题的考虑,国内学者对低碳政策变化趋势缺少动态分析。为此,本研究综合地分析了能耗"双控"政策对内河散货航线带来的压力,其中包括货源供需问题、造船价格、能源价格以及运输供需问题带来的运价影响。创新性地构建了航运双控压力指数(SDCPI),用以观测不同时期能耗"双控"政策变化给航运的压力状况。创新性地构建了考虑能耗"双控"影响的内河散货航线经济测算模型,通过经济分析,对比不同船型在内河散货运输航线上受到能耗"双控"带来的经济影响。依托西江货运组织项目,以西江航运干线某散货班轮航线为例进行测算,最后分析内河散货航运在"双控"背景下的运营经济状况以及"双控"政策带来压力的发展趋势,并提出相关建议。

1　航运"双控"压力影响分析及指数构建

1.1　生产货运压力

自2021年中起,各地政府受到能耗"双控"政策完成指标的压力,采取了对当地企业限电限产的举措。企业供电和产能受限,生产的产品减少,原料消耗量降低,因而货运需求减少。计算生产货运压力系数μ时,采用增长率计算的原理,用该流域地区原有的当年预测货运量Q_i减去因"双控"政策带来的产品和消耗品的减少量,即用该货种水路运输所占比例c_i、f_j与"双控"政策的限定减少比例a_i、d_j作为约束,并与货种产量b_i、e_j相乘。与原预测货运量Q_i做比,得到因生产受能耗"双控"政策限制的程度,即生产货运需求压力系数,如式(1)所示。

$$\mu = \frac{Q_i - \left(\sum_{i=1}^{m} a_i \cdot b_i \cdot c_i + \sum_{j=1}^{n} d_j \cdot e_j \cdot f_j\right)}{Q_i} \tag{1}$$

1.2　船舶能耗压力

"双控"政策给能耗高污染大的化工、煤炭和化石燃料的生产带来压力。在"双控"的背景下,煤炭企业新建产能意愿薄弱。化石能源价格从2021年下半年,涨幅较高,尤其动力煤价格暴涨,电力供应短缺。用动力煤指数、LNG指数、燃料油指数在"双控"政策压力较大的时期的上涨,来反映"双控"政策对航运能源消费的限制。各类燃料的价格指数也会一定程度受到其他市场因素的影响,在此,只选取能耗"双控"政策的高压期进行经济测算,即该时期内"双控"政策对价格指数的影响必须起主导作用。根据船舶能源消耗类型的不同,将船舶能耗压力系数β划分为动力煤压力系数β_e、LNG压力系数β_g和燃料油压力系数β_o,用E、e表示"双控"高压末期和初期的动力煤指数,同理G、g表示LNG,O、o表示燃料油。每种船舶只受到一种能源消耗压力系数的约束。计算公式采用改进的年平均增长率计算公式的原理,n为计期数,将年平均增长率公式加1,能够直接与原能源价格相乘,从而可以直观地反映出计期内的涨幅,符合航运双控压力指数拟合模型的计算标准。

$$\beta \in \{\beta_e, \beta_g, \beta_o\} \tag{2}$$

$$\beta_e = \begin{cases} \sqrt[n]{\dfrac{E}{e}}, E > e \\ 1, E \leqslant e \end{cases} \tag{3}$$

$$\beta_g = \begin{cases} \sqrt[n]{\dfrac{G}{g}}, G > l \\ 1, G \leqslant g \end{cases} \tag{4}$$

$$\beta_o = \begin{cases} \sqrt[n]{\dfrac{O}{o}}, O > o \\ 1, O \leqslant o \end{cases} \tag{5}$$

1.3 造船成本压力

2021年上半年大宗商品价格快速上涨，船用材料市场价格创出近十年新高。能耗“双控”成为钢铁行业“压减产量”的重要抓手。散货船建造成本至少有50%以上来自钢板成本。受“双控”政策为上下游企业带来的综合压力影响，采取钢材价格指数的上涨来反映造船成本受“双控”压力的影响。同样计算“双控”政策的高压期的钢材指数，用以反映是为“双控”政策主导影响的钢材指数。并采取一个钢材造船成本经验比例δ'进行约束。计算公式中同样采用改进的年平均增长率计算公式的原理，SHCNSI、shcnsi为“双控”高压末期和初期的钢材价格指数，计算得到造船成本压力系数δ。可以直观地反映出计期内的涨幅，符合航运双控压力指数拟合模型的计算标准。

$$\delta = \begin{cases} \delta' \cdot \left(\sqrt[n]{\dfrac{\text{SHCNSI}}{\text{shcnsi}}} - 1\right) + 1, \text{SHCNSI} > \text{shcnsi} \\ 1, \text{SHCNSI} \leqslant \text{shcnsi} \end{cases} \tag{6}$$

1.4 运价波动压力

2021年上半年投入的运力超过市场需求，随着各地能耗“双控”政策的实施，运输市场明显走弱。船舶运力供大于求，船东报价偏弱，整体航线运价下跌。用运价指数的下跌程度反映运价受到“双控”政策压力的影响。同样，计算运价波动压力系数θ以反映“双控”政策对运价上涨的主导。计算公式采用改进的年平均增长率计算公式的原理，PRII、prii分别为“双控”高压末期和初期的运价指数。可以直观地反映出计期内的涨幅，符合航运双控压力指数拟合模型的计算标准。

$$\theta = \begin{cases} \sqrt[n]{\dfrac{\text{PRII}}{\text{prii}}}, \text{PRII} > \text{prii} \\ 1, \text{PRII} \leqslant \text{prii} \end{cases} \tag{7}$$

1.5 航运双控压力指数构造及评价

德国经济学家拉斯贝尔（Laspeyre）与德国学者帕煦（Paasche）分别提出拉式指数与帕式指数，两者统称为综合指数。其特点是先综合，后对比，这样得出结果的总指数即为所要研究对象的综合变动程度。这种指数的编制思想需要各指标的无量纲化或单位统一。在上海证券综合指数中即采用了这种思想，将所有挂牌上市的股票设为计算范围，以发行量为权数综合，拟合成上证总指数来反映上证市场的总体走势。

SDCPI的构造也满足拉式指数与帕式指数的构造条件，并且可以有效反映SDCPI的应用价值。SDCPI的构建参数如表1所示。在航运双控压力系数体系中，各系数皆为相同单位的数量做比后得到的无量纲化值，且可以通过各个系数浮动对航线经济产生的变化，计算各个系数在总指数中的权重。因此SDCPI适宜采用效用函数综合评价法对各个系数进行合成。通过单因素敏感性分析，计算各个系数浮动给航线单船年收益带来的变化。利用熵权法，计算各个指标的权重ω_i，确定SDCPI的最终值。

SDCPI构建参数 表1

参数	含　义	参数	含　义
μ	生产货运压力系数	f_j	该原料货种在该地区水运比例
Q_i	该地区计期内水运预测货运量	β	船舶能耗压力系数
a_i	某产品货种在该地区计期内“双控”政策限定减少产量为原产量的比例	n	船舶能耗压力系数计期数
b_i	该产品货种在该地区计期内原产量	β_e	动力煤压力系数
c_i	该产品货种在该地区水运比例	E	“双控”政策高压期末期动力煤指数
d_j	某原料货种在该地区计期内“双控”政策限定减少消耗量为原消耗量的比例	e	“双控”政策高压期初期动力煤指数
e_j	该原料货种在该地区计期内原消耗量	β_g	LNG压力系数

续上表

参数	含　义	参数	含　义
G	“双控”政策高压期末期 LNG 指数	SHCNSI	“双控”政策高压期末期钢材价格指数
g	“双控”政策高压期初期 LNG 指数	shcnsi	“双控”政策高压期初期钢材价格指数
β_o	燃料油压力系数	θ	运价波动压力系数
O	“双控”政策高压期末期燃料油指数	PRII	“双控”政策高压期末期运价指数
o	“双控”政策高压期初期燃料油指数	prii	“双控”政策高压期初期运价指数
δ	造船成本压力系数	ω_i	各项系数权重
δ'	钢材造船成本经验比例		

计算公式中,部分指数取倒数,使各个系数的无量纲值范围统一为0到1的区间。在SDCPI中,需要实现单项评价与总评价值物理意义完全统一,因此令k取1,即构造算术平均合成模型。为方便观测,再用1减各个系数的加权求和乘100,得到SDCPI,使得每个单位的SDCPI值表征“双控”压力系数整体增强的百分比。SDCPI越大“双控”压力越大,反之越小。

$$\mathrm{SDCPI}(k) = [1 - (\omega_1 \cdot \mu^k + \omega_2 \cdot \beta^{-k} + \omega_3 \cdot \delta^{-k} + \omega_4 \cdot \theta^{-k})^{\frac{1}{k}}] \cdot 100 \tag{8}$$

SDCPI中的各系数成分都为航运经济效益的关键指标,根据业内经验通常浮动不大且相对稳定。因此为SDCPI设置0、5、10三个等级阈值,图1为SDCPI取值范围及具体含义。

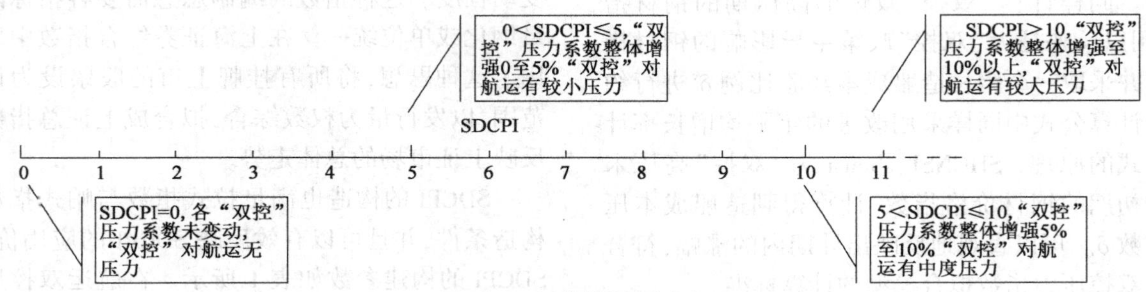

图1　SDCPI指数范围及含义

2　考虑“双控”影响的航线经济测算模型

从航线开发经济效益的角度出发,构建一套以单船按月计期的经济项目,包括资本成本K、经营成本C、航次成本V和单船月总收益P的测算模型。其中引入了各个航运双控系数来反映能耗“双控”政策给各项成本和收入带来的影响。最后测算单船月净收益PRO、必要运费率RFR和整个时期的净现值NPV。表2为航线经济测算模型参数。

航线经济测算模型参数　　表2

参数	含　义	参数	含　义
K	单船资本成本	C_e	企业管理费
A	单船造价	C_f	船舶管理费
DER	折旧比例	CRE_i	某类船员数量
FIR	融资率	WAG_i	某类船员工资
LIF	单船寿命	V	单船航次成本
LER	贷款利率	V_a	燃料费
SLR	残值比例	V_b	装卸费
C	单船经营成本	V_c	港口使用费
C_a	船员工资	V_d	润料费
C_b	维修费	L	航距
C_c	保险费	v_1	顺水平均航速
C_d	物料及备件费	v_2	逆水平均航速

续上表

参数	含义	参数	含义
t_1	往返航次在港停时	W	船舶设计载重量
t_2	往返航次过闸时间	LOR	船舶装载率
POW_m	主机功率	LUR	装卸费率
POW_a	辅机机组功率	P	单船月总收益
POW_s	停泊机组功率	pri	运价
q	燃料消耗率	NPV	船舶净现值
u	燃料价格	RFR	必要运费率
N	单船月航次数	PRO	单船月净收益
T	月营运时间		

2.1 成本结构模型

2.1.1 资本成本

在资本成本中,考虑了造船成本,将造船成本压力系数 δ 与单船造价 A 相乘。式中考虑单船造价 A、折旧比例 DER、残值比例 SLR、融资率 FIR、贷款利率 LER、单船寿命 LIF 等方面的资本成本计费项目。"双控"政策的动态需要精确到按月计期,但资本成本通常按年计算,因此将年资本成本均分至各月计算,相应的费用计算规则也转化为按月计期。

$$\begin{cases} K = \delta \cdot A \cdot \mathrm{DER} + \dfrac{\delta \cdot A \cdot \mathrm{FIR} \cdot \mathrm{LER}}{\mathrm{LIF}} \\ \mathrm{DER} = \dfrac{(1 - \mathrm{SLR})}{\mathrm{LIF}} \end{cases} \tag{9}$$

2.1.2 经营成本

在经营成本中,考虑船员工资 C_a、维修费 C_b、保险费 C_c、物料及备件费 C_d、企业管理费 C_e、船舶管理费 C_f 等计费项目。其中船员工资 C_a 由某类船员数量 CRE_i 和某类船员工资 WAG_i 计算而来。

$$\begin{cases} C = C_a + C_b + C_c + C_d + C_e + C_f \\ C_a = \sum_{i=1}^{n} \mathrm{CRE}_i \cdot \mathrm{WAG}_i \end{cases} \tag{10}$$

2.1.3 航次成本

在航次成本中,考虑燃料费 V_a、装卸费 V_b、港口费 V_c、润料费 V_d 等航次成本计费项目。其中,受到船舶能耗压力的影响,引入和船舶能耗压力系数 β,应用于燃料费 V_a 计算部分,令船舶能耗压力系数 β 与航次成本中的燃料费 V_a 相乘,通过燃料费用的上涨反映能耗"双控"政策给船舶能耗带来的压力。装卸费用与货运量相关,引入生产货运压力系数 μ,应用于装卸费计算部分。

其中燃料费 V_a 通常为航次成本中的主要部分,考虑到船舶实际状况,在测算中包含航距 L、顺水平均航速 v_1、逆水平均航速 v_2、燃料消耗率 q、主机功率 POW_m、辅机机组功率 POW_a、停泊机组功率 POW_s、燃料价格 u 和单船月航次数 N 等航次计算参数。装卸费 V_b 需考虑装卸费率 LUR、船舶装载率 LOR 和船舶载重吨 W 等装卸计费参数。单船月航次数 N 还应考虑月营运时间 T。

$$\begin{cases} V = V_a + V_b + V_c + V_d \\ V_a = \beta \cdot q \cdot \left[\left(\dfrac{L}{v_1} + \dfrac{L}{v_2} \right) \cdot (\mathrm{pow_m} + \mathrm{pow_a}) + (t_1 + t_2) \cdot \mathrm{pow_s} \right] \cdot N \cdot u \\ V_b = 4 \cdot W \cdot \mathrm{LOR} \cdot \mu \cdot \mathrm{LUR} \\ N = \dfrac{T}{\dfrac{L}{v_1} + \dfrac{L}{v_2} + t_1 + t_2} \end{cases} \tag{11}$$

2.2 收入结构模型

在收入项目中,考虑运价波动和货运量带来的影响,引入运价波动压力系数 θ 和生产货运压力系数 μ,应用于单船月净收益的计算。将生产货运压力系数 μ 与船舶装载率 LOR 相乘,通过船舶装载率的降低反映航线沿线地区各个货种在生产上的减少程度给货运需求带来的影响。将运价 pri 与运价波动压力系数 θ 相乘,通过运价降低反映运价受到"双控"带来的影响。

$$P = \theta \cdot \mathrm{pri} \cdot \mu \cdot W \cdot \mathrm{LOR} \cdot N \cdot 2 \tag{12}$$

3 实例分析

3.1 西江航运干线流域地区"双控"压力及航运状况

西江航运干线为珠江水系的主通道,其货运

量占珠江干线运输的70%。依托西江货运组织项目,本研究选取西江航运干线上某条散货班轮航线 X,该航线承担了广西地区一定规模的水泥、金属矿石、煤炭、沙石等散货运输。航线为从A地出发到达B地,再从B地返回A地的模式。

2021年8月发改委办公厅印发的能耗“双控”晴雨表中,广西得到的警示程度位居第三,能耗强度降低进度目标和能源消费总量控制目标预警等级都为红色。广西地区于8月30日出台限电限产政策。随后进入广西地区航运业的能耗“双控”高压期。收集2021年7月至11月广西发改委公布的政策、长洲船闸数据和各价格标杆指数动态变化数据,并应用考虑“双控”影响的航线经济测算模型对航线 X 进行经济分析,同时分析该时期内航线 X 的航运双控压力状况及SDCPI指数发展。

3.2　西江航运干线经济分析

3.2.1　经济效益分析

通过模型及数据,对于西江航运干线 X 散货班轮航线,分别计算三种船型于2021年7月前无“双控”高压和7月至11月有“双控”高压运行的情况下,各月的成本及收益情况。“双控”对航线经济压力在各月的动态情况及趋势通过单船月净收益PRO和必要运费率RFR展示。如图2、图3所示。

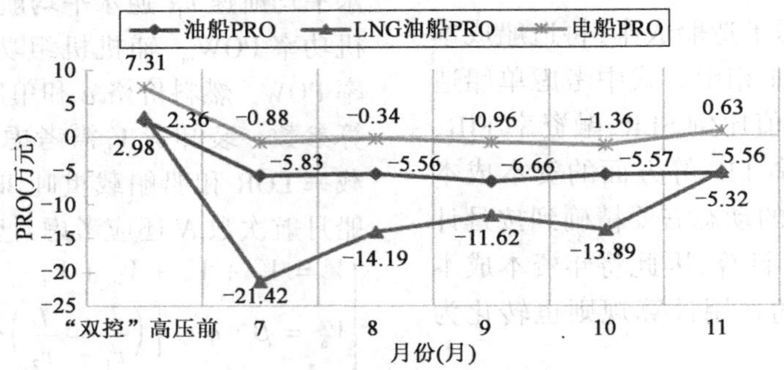

图2　单船月净收益PRO动态

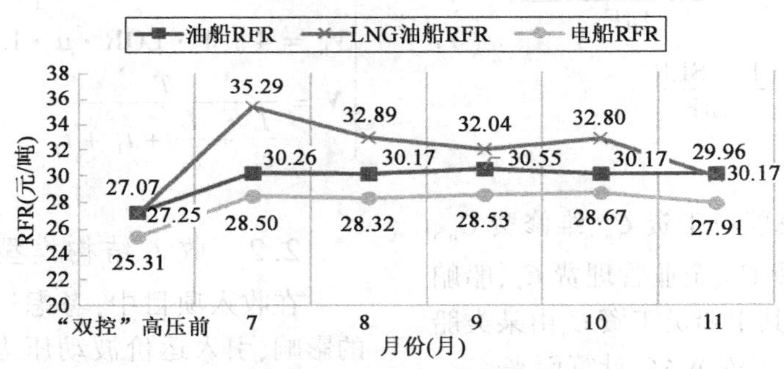

图3　必要运费率RFR动态

按年基准折现率8%折算出月基准折现率为0.64%,得到“双控”高压前后各船型的船舶净现值NPV变化,如图4所示。

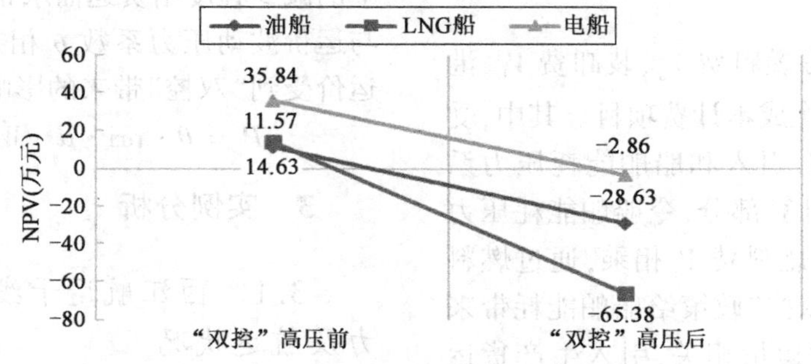

图4　船舶净现值NPV动态

从以上结果可以初步看出：①电船的整体经济效益更优；②“双控”对 LNG 船的经济效益影响相对较大；③三种船型在“双控”高压前都处于盈利状态，“双控”高压会使航线变盈为亏。

3.2.2 敏感性分析

分别对三种船型做五个航运双控系数的单因素敏感性分析，设置涨跌幅分别为 +30%、+20%、+10%、0、-10%、-20%、-30%。通过“双控”高压前的 NPV 变化来反映各航运双控系数对整体经济效益的敏感程度。

油船敏感性分析如图 5 所示。

LNG 船敏感性分析如图 6 所示。

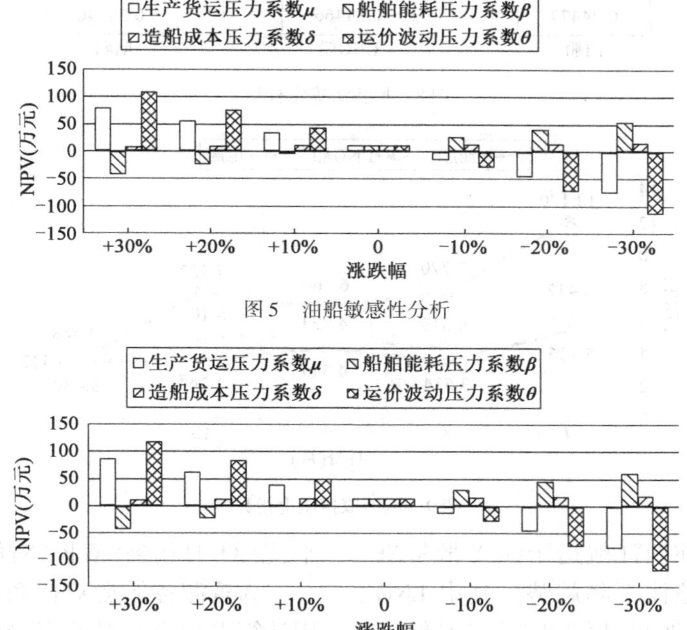

图 5 油船敏感性分析

图 6 LNG 船敏感性分析

电船敏感性分析如图 7 所示。

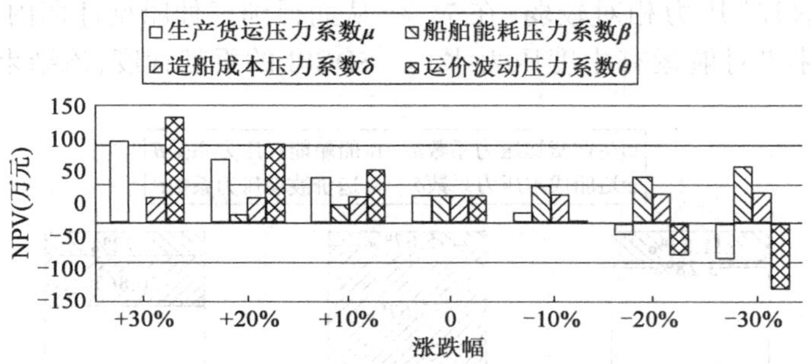

图 7 电船敏感性分析

从敏感性分析的结果可以看出，运价波动和生产货运对整体的经济效益影响敏感度较高。航线敏感性分析的结果将用于计算 SDCPI 各项系数的权重。

3.3 西江航运干线双控压力指数分析

3.3.1 熵权法权重计算

通过对航运双控压力系数做单因素敏感性分析，构造三种船型的各系数浮动带来的 NPV 变化矩阵作为原始数据。将各航运双控压力系数作为指标，通过熵权法计算各指标权重。对数据首先进行标准化，求各指标信息熵，最后确定权重如图 8 所示。

3.3.2 航运双控压力指数计算及分析

根据熵权法所确定的航运双控压力系数权重，计算 SDCPI，得到 X 航线三种船型各个月份的 SDCPI 动态变化，如图 9 所示。

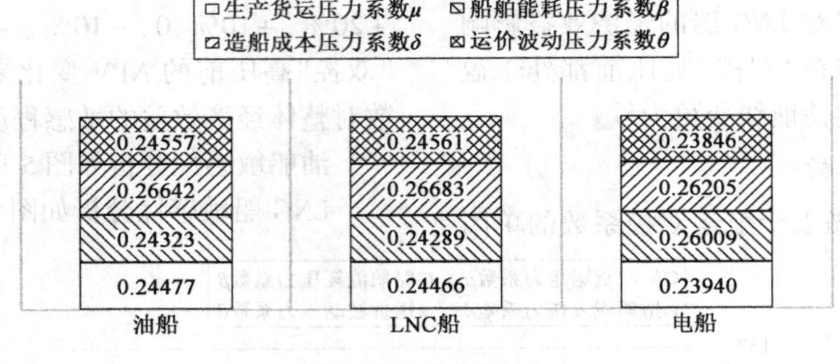

图8　熵权法确定权重

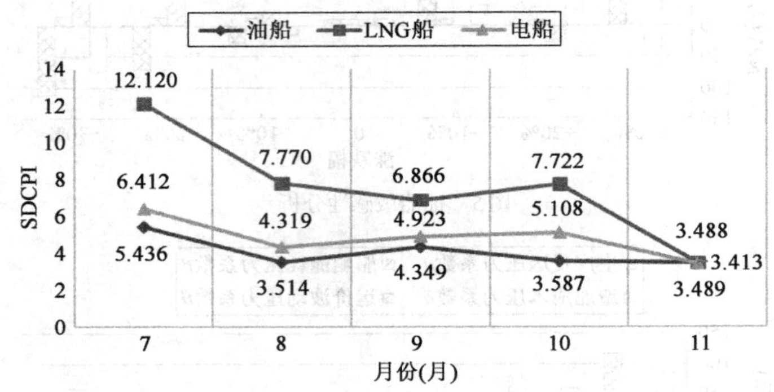

图9　航运双控压力指数

据此可以观测到：在西江航运干线 X 散货班轮航线上，SDCPI 呈现整体下降趋势。其中 LNG 船受到“双控”压力较为明显，属于“双控”对航运有较大压力，随后在8月至10月属于“双控”对航运有中度压力，至11月达到“双控”对航运有较小压力。油船和电船的“双控”压力相对较弱，在7月至10月基本处于“双控”对航运有中度压力水平，至11月达到“双控”对航运有较小压力。

为观测各航运双控系数对 SDCPI 的贡献度，用计算平均绝对误差值(MAE)的方法，令各个月份各系数的值作为观测值，1作为期望值，计算各船型各系数的 MAE 值。再与各系数的权重相乘，从而得到三种船型计期内各航运双控压力系数对 SDCPI 的贡献程度，该结果百分化如图10所示。

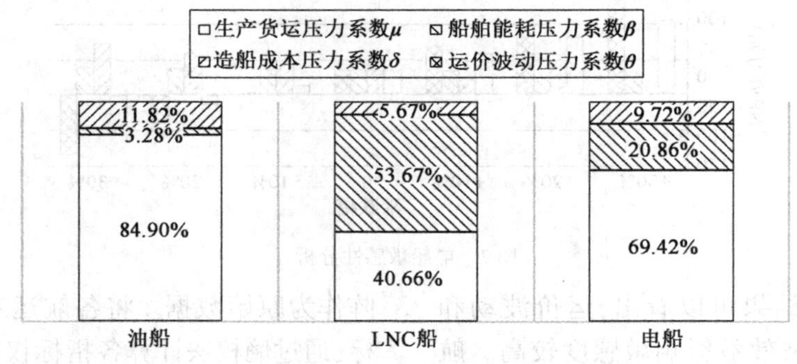

图10　各航运双控压力系数贡献占比

据此可以观测到：西江航运干线 X 散货班轮航线的三种船型，其受到能耗“双控”政策带来的压力主要源自于生产货运方面，为 SDCPI 贡献的主要因素。在 LNG 船中，船舶能耗方面也占据相当的影响比例。另外，造船成本方面对 SDCPI 影响总体较小，运价波动方面对 SDCPI 无影响。

3.4　西江航运干线社会效益分析

(1) X 航线开发助推能耗“双控”政策发展及“双碳”目标实现。从西江航运干线 X 散货班轮航线的 SDCPI 发展趋势可以看出能耗“双控”政策的压力在逐步放缓。这种向好发展的现象得力于全社会的能源结构转型升级，以及对能耗强度和总量的科学控制。X 航线更好的吸纳了中央经济工作会议对能耗“双控”政策做出新增可再生能源和原料用能不纳入能源消费总量控制的决议，缓解生产资料的运输需求短缺压力，从而也有效的助推了对新能源船型开发的经济价值，从而助力“双碳”目标的实现。

（2）X 航线开发助推《加快珠江—西江经济带发展规划》进程。西江腹地为多种工业品生产基地，所需工业品原料种类多、规模大，所生产工业产品时间成本低，适宜水路运输。X 航线的开发可以提供充足的运力满足当地工业生产，有效推进发展规划中的把经济带打造成西南中南开放发展战略支撑带、东西部合作发展示范区、流域生态文明建设试验区以及海上丝绸之路桥头堡的总体目标。

4 结语

本研究分析了能耗“双控”政策对内河散货航线在经济方面的影响，构建了航运双控压力指数（SDCPI），并构建了考虑“双控”影响的航线经济测算模型，用以对航线不同时期不同船型的经济效益分析和 SDCPI 的计算。依托西江货运组织项目，对西江航运干线 X 散货班轮航线进行了实例分析。

结果表明：西江航运干线 X 散货班轮航线的电船经济效益较好，运价和货运量对经济效益影响的敏感性较高；SDCPI 在计期内整体处于能耗“双控”政策对航运有中度压力水平，其中货运量受限是带来压力的主要影响因素；SDCPI 整体呈现放缓趋势；SDCPI 对 LNG 船的影响相对较大。

针对数据分析结果，提出以下建议：

（1）在整体内河散货航运方面：

①考虑在能源结构转型升级完成度较高的地区，做内河散货航运的重点开发。部分地区由于在一定时期内专注于经济发展，而能源结构转型升级战略部署不充分，导致难以在计划时间内完成能耗“双控”政策的指标，会出现集中式的限电限产。这会致使高耗能产业对原料和产品的运输需求迅速降低。

②注重新型清洁能源船舶运营的发展。国家大力推进船舶能源清洁技术的发展，各地区也在积极推广船舶岸电等技术的应用，推动岸电建设运营主体积极实施岸电使用服务费优惠，实现船舶使用岸电综合成本低于燃油发电成本。应保持对新能源船发展的信心。

（2）在西江航运干线班轮散货航线方面：

①推荐对电船的开发，注重 LNG 船和油船运营的转型升级。电船的经济效益优于其他两种船型，且电船的 SDCPI 指数相对不高。电船也是未来的发展趋势。LNG 船的 SDCPI 指数整体最高，需要注意政策动态变化带来的影响。

②保证货源和运价的稳定对西江航运干线 X 散货班轮航线有重要的意义。运价和货源的对经济效益影响的敏感性相对较高。

本研究可以在对内河散货航线经济效益分析的基础上，通过 SDCPI 指数观测能耗“双控”政策给航运带来的经济影响。能耗“双控”政策是动态的，各个时期各个地区都有不同的规定，其变化可以细致到每个月份都有不同。考虑“双控”影响的航线经济测算模型和 SDCPI 指数的优点在于针对能耗“双控”政策对航运带来的主要影响，可以实时跟进政策及其他外部环境的变化更新航运受到“双控”影响的压力情况和发展趋势，对内河航运散货航线开发在经济方面具有参考价值。

在本研究的基础上，还可以继续考虑能耗“双控”政策对内河散货航运的其他的更为具体完善的影响因素，对 SDCPI 指数的结构进行补充。乃至在整个“双碳”背景下内河散货航运会受到如何的经济影响，也具有进一步研究的价值。

参考文献

[1] 薛颖霞，邵俊岗. 低碳经济背景下班轮航线配船[J]. 中国航海，2014，37(04)：115-119.

[2] 马向阳，卢柄宜，孙卓. 排放限制政策下的中国至东南亚航线散货船调度[J]. 中国航海，2020，43(04)：135-140.

[3] 苗红云，杨家其. 考虑低碳成本的内河散货运输航线网络优化模型[J]. 武汉理工大学学报（交通科学与工程版），2017，41（05）：839-843.

[4] Serra P，Fancello G. Towards the IMO's GHG Goals：A Critical Overview of the Perspectives and Challenges of the Main Options for Decarbonizing International Shipping [J].

Sustainability, 2020, 12(8): 3220-3220.

[5] Zhao Y. Bi-Objective Optimization of Vessel Speed and Route for Sustainable Coastal Shipping under the Regulations of Emission Control Areas[J]. Sustainability, 2019, 11(22): 6281.

[6] Nguyen S. Development of an MCDM Framework to Facilitate Low Carbon Shipping Technology Application[J]. The Asian Journal of Shipping and Logistics, 2018, 34(4): 317-327.

[7] 李美红. 低碳经济下水路运输经济发展优势探讨[J]. 中国储运,2021(06):78-79.

[8] 付春. 低碳经济下水路运输经济发展优势探讨[J]. 经济管理文摘,2020(19):175-176.

[9] 袁志斌. 探究低碳经济下水路运输经济发展优势[J]. 珠江水运,2019(01):102-103.

[10] 徐春华. 内河LNG燃料动力船舶改造技术的思考[J]. 中国战略新兴产业,2018(28):65.

[11] Sand P,郭晓毅. 三大主力船型运输市场前瞻[J]. 中国远洋海运,2021(10):56-58.

[12] 刘辉望. 环保大升级我国需加快零碳船型研发[J]. 广东造船,2021,40(05):11-12.

“双循环”格局下内河港口与腹地城市经济协整研究

詹　斌　盛　涛*　胡茂峰　袁　野

(武汉理工大学交通与物流工程学院)

摘　要　在“双循环”新发展格局下,为充分发挥内河港口与腹地城市经济的互促优势,本文基于武汉港2005—2018年时间序列数据,利用计量经济学方法对内河港口发展与腹地城市经济之间的协整关系进行实证研究。选取生产性泊位、货物吞吐量、外贸货物吞吐量、集装箱吞吐量以及港航建设投资5个指标用以表征港口发展水平,选取地区生产总值、第三产业增加值、固定资产投资、社会消费品零售总额、进出口总额及城镇常住居民年人均可支配收入6个指标用以表征腹地城市经济发展水平。运用主成分分析法得到可解释原各指标的综合数据序列,借助EViews 10软件进行协整检验和Granger因果检验,并建立相应的误差修正模型。结果表明:港口发展与腹地城市经济发展存在长期稳定的均衡关系,其长期弹性系数为1.008,短期弹性系数为0.732;在不同滞后阶数下,港口发展和腹地城市经济发展仅存在单向的Granger因果关系,两者间显著的相互促进作用不能同期表现,具有一定的时滞性。

关键词　经济发展　主成分分析　协整检验　Granger因果检验　误差修正模型　时滞性

0　引言

在国际环境复杂多变的背景下,中国提出“加快形成以国内大循环为主体、国内国际双循环相互促进的新发展格局”。近年来,作为对外贸易的窗口,沿海港口在管理技术、基础设施、作业效率以及港城融合等方面都得到了飞速发展,而内河港口发展虽然取得了一定进步,但总体而言发展较为缓慢。在“双循环”新发展格局下,庞大的内需市场将得到充分释放,内河港口将迎来新的发展机遇。

港口作为对外贸易与货物运输的重要枢纽,是腹地城市经济的重要支撑,不仅影响腹地城市的产业结构和经济结构,而且推动腹地城市外向型经济的发展;而腹地城市经济是港口发展的基础与供求依托,为港口在连接内外运输通道方面提供广阔的发展空间。因此,面对新的发展格局,为充分发挥内河港口与腹地城市经济的互促优势,对内河港口与腹地城市经济协整关系进行研究具有新的重要意义。

目前,国内外学者对于港口与腹地经济的关系已有较多研究,Salvador等[1]基于投入产出分析方法从区域和国家两个层面对港口经济影响进行研究,研究表明港口对区域经济具有重要意义,且其影响主要局限于港口直接腹地。Tan 等[2]引入 VAR 模型,采用方差分解和映射分析了港口经济与腹地经济的互动发展关系,并提出了反倾销政策下促进港口经济高质量发展的建议。孟飞荣等[3]以环北部湾港口群为例,研究港口与其所在城市腹地经济耦合协调度的时空发展变化及其影响因素,并针对研究结论提出了相应建议。孟成斐[4]针对港口整合情况,以厦门港为例对港口与城市经济协同发展进行研究,分析表明港口整合后与不同腹地城市的适应期不同,且随着时间推移,港口与不同城市经济的协同度差距逐渐缩小。刘琳等[5]利用空间面板模型实证检验中国沿海港口对腹地城市经济的影响,研究发现港口对腹地城市经济具有显著的正向空间溢出效应,且对于不同区域,港口的空间溢出效应不同。鲁渤等[6]结合面板数据模型分析港口综合竞争力与其腹地发展的协同机制,研究表明港口综合竞争力存在惯性,港口与其腹地区域间存在相互促进,相互影响的关系。李电生等[7]采用随机前沿分析方法研究港口建设对区域经济技术效率的影响,研究表明港口建设投资对区域经济技术效率提升具有显著的正向作用,且不同时段、不同地区其影响存在明显差别。还有很多学者[8-12]以不同港口为例对港口物流和腹地经济的关系进行了研究。

综上所述,现有研究多以沿海港口为研究对象,对内河港口与腹地经济关系的研究相对较少,且多以 GDP 或单个指标衡量腹地经济。鉴于此,本文在"双循环"新发展格局的背景下,从系统角度选取相应指标表征港口发展与腹地城市经济,采用计量经济学方法对内河港口与腹地城市经济进行协整分析,以便更好发挥内河港口与腹地城市经济的互促优势,并为有关政策及战略的制定提供依据。

1 指标选取和数据预处理

1.1 指标选取

为更好地反映港口和腹地城市经济发展水平,本文从港口设施、港口规模及港口投资三个方面来分析与度量港口发展水平,其中港口设施体现了港口的存储作业能力,港口规模一定程度反映港口物流生产经营活动的总体规模,而港口投资反映港口长期发展的可能性,故本文选取生产性泊位、货物吞吐量、外贸货物吞吐量、集装箱吞吐量以及港航建设投资作为反映港口发展水平的 5 个具体指标。对于腹地城市经济发展水平,本文从经济规模、经济结构及经济环境三个方面分析与度量;经济规模总体表现城市的经济发展状况,经济结构可反映城市经济活力,而经济环境通常分为内部及外部环境,良好的经济环境是城市经济健康发展的重要因素。本文选取地区生产总值、第三产业增加值、固定资产投资、社会消费品零售总额、进出口总额以及城镇常住居民年人均可支配收入作为反映腹地城市经济发展水平的 6 个具体指标。综上所述,本文选取的用以研究港口和腹地城市经济发展水平的指标见表 1。

港口和腹地城市经济发展水平指标选取 表 1

特征地	指　　标	单位
港口	生产性泊位数	个
	货物吞吐量	万 t
	外贸货物吞吐量	万 t
	集装箱吞吐量	万 TEU
	港航建设投资	亿元
腹地城市	地区生产总值	亿元
	规模以上工业增加值	亿元
	固定资产投资	亿元
	社会消费品零售总额	亿元
	进出口总额	亿元
	城镇常住居民年人均可支配收入	元

1.2 主成分分析

本文以武汉港和武汉市为研究对象,分别收集其 2005—2018 年相应指标的时间序列数据,数据主要来源于国家统计局、《武汉市统计年鉴》《中国港口年鉴》及其他数据发布网站,对部分存在缺失及口径差异数据,在一定范围内做预测处理。

为了消除不同指标数据在量纲及数量级上的差异,需要对收集的指标数据进行标准化处理,经 Z-score 标准化处理后的数据如表 2 和表 3 所示。

标准化数据——武汉港　　表2

年份(年)	生产性泊位数(个)	货物吞吐量(万t)	外贸货物吞吐量(万t)	集装箱吞吐量(万TEU)	港航建设投资(亿元)
2005	1.581	-1.280	-1.280	-1.338	-1.236
2006	1.563	-1.228	-1.160	-1.155	-0.822
2007	1.600	-1.094	-0.884	-1.052	-0.941
2008	-0.517	-0.922	-0.702	-0.836	-0.798
2009	-0.296	-0.955	-0.619	-0.599	-0.727
2010	-0.222	-0.391	-0.564	-0.376	-0.552
2011	-0.185	0.181	-0.404	-0.222	-0.401
2012	-0.185	0.197	-0.161	-0.080	0.085
2013	-0.020	0.235	0.119	0.147	0.116
2014	0.091	0.482	0.484	0.539	0.347
2015	0.091	0.649	0.896	0.686	0.029
2016	-0.774	0.948	0.810	0.869	1.397
2017	-0.774	1.507	1.468	1.447	1.914
2018	-1.952	1.671	1.997	1.971	1.588

标准化数据——武汉市　　表3

年份(年)	地区生产总值(亿元)	第三产业增加值(亿元)	固定资产投资(亿元)	社会消费品零售总额(亿元)	进出口总额(亿元)	城镇常住居民年人均可支配收入(元)
2005	-1.308	-1.237	-1.398	-1.26	-1.561	-1.333
2006	-1.207	-1.162	-1.296	-1.173	-1.293	-1.207
2007	-1.079	-1.032	-1.143	-1.054	-1.052	-1.039
2008	-0.86	-0.847	-0.949	-0.88	-0.608	-0.841
2009	-0.738	-0.722	-0.667	-0.714	-1.015	-0.701
2010	-0.51	-0.481	-0.385	-0.5	-0.124	-0.498
2011	-0.221	-0.263	-0.197	-0.257	0.391	-0.252
2012	0.079	-0.028	0.095	-0.027	-0.008	0.027
2013	0.331	0.189	0.459	0.209	0.12	0.259
2014	0.577	0.461	0.835	0.556	0.668	0.548
2015	0.779	0.742	1.106	0.834	0.918	0.814
2016	1.022	1.066	0.869	1.102	0.56	1.091
2017	1.384	1.442	1.161	1.411	1.29	1.399
2018	1.75	1.871	1.511	1.752	1.714	1.731

基于标准化后的数据,利用SPSS 23软件进行主成分分析,分别提取主成分。分析表明,用以表征港口发展水平的5个指标两两间存在较强的相关性,提取的一个主成分的方差累计贡献率为90.99%,即其可解释原5个指标90.99%的信息,因此,用提取的主成分替代原始的5个指标是合理可行的。同理,用以表征腹地城市经济发展水平的6个指标间的相关度均超过0.95,提取的一个主成分的方差累计贡献率为98.36%,即其可解释原6个指标98.36%的信息,故可用提取的主成分替代原始的6个指标。

经计算可得,描述港口和腹地城市经济发展水平的综合变量P、E的数据序列如表4所示。

标准化综合变量数据　　表4

年份(年)	P	E	年份(年)	P	E
2005	-1.40	-1.36	2012	0.04	0.02
2006	-1.23	-1.23	2013	0.14	0.26
2007	-1.15	-1.08	2014	0.38	0.61
2008	-0.60	-0.84	2015	0.47	0.87
2009	-0.57	-0.76	2016	1.01	0.96
2010	-0.36	-0.42	2017	1.51	1.36
2011	-0.15	-0.14	2018	1.92	1.74

2　内河港口与腹地城市经济协整分析

本文采用的数据均为时间序列数据，为消除其可能存在的异方差，对表4中的标准化综合变量数据取自然对数。为确保数据取对数有意义，采用式(1)、式(2)将数据序列P、E转换为正值[13]，即

$$P' = P - \min(P) + 0.01 \quad (1)$$

$$E' = E - \min(E) + 0.01 \quad (2)$$

对转换后的P'和E'分别取对数，记为$\ln P'$和$\ln E'$。

2.1　平稳性检验

为了避免出现数据的非平稳性而导致的伪回归现象，需对变量进行平稳性检验。本文采用ADF单位根检验法，其检验的原假设和备选假设分别为：H_0表示$\lambda=0$；H_1表示$\lambda<0$。三种检验模型如下：

$$\Delta y_t = \lambda y_{t-1} + \sum_{i=1}^{n}\eta_i \Delta y_{t-i} + u_t \quad (3)$$

$$\Delta y_t = \alpha + \lambda y_{t-1} + \sum_{i=1}^{n}\eta_i \Delta y_{t-i} + u_t \quad (4)$$

$$\Delta y_t = \alpha + \beta t + \lambda y_{t-1} + \sum_{i=1}^{n}\eta_i \Delta y_{t-i} + u_t \quad (5)$$

式中：α——常数项；

βt——线性趋势项。

利用EViews 10软件进行包含截距项和趋势项的ADF单位根检验，其滞后阶数基于SIC准则由软件自主选择，检验结果如表5所示。

ADF单位根检验结果　　表5

变量	t 统计量	临界值			P值	结论
		1%	5%	10%		
$\ln P'$	0.162	-4.200	-3.175	-2.729	0.9550	非平稳
$d\ln P'$	-8.263	-4.992	-3.875	-3.388	0.0002	平稳
$\ln E'$	-3.514	-4.992	-3.875	-3.388	0.0840	非平稳
$d\ln E'$	-11.816	-4.992	-3.875	-3.388	0.0000	平稳

由表5可知，$\ln P'$和$\ln E'$的t统计量分别为0.162和-3.514，均大于显著性水平为5%对应的临界值，且原假设的伴随概率(P值)也均大于显著性水平，故不能拒绝原假设，因此$\ln P'$和$\ln E'$都存在单位根，即非平稳序列。对于一阶差分后的$d\ln P'$序列，其t统计量-8.263小于显著性水平1%对应的临界值-4.992，原假设的伴随概率为0.0002小于显著性水平，故拒绝原假设，即$d\ln P'$不存在单位根，为平稳序列。同理可得$d\ln E'$也为平稳序列。

2.2　协整检验

通过2.1平稳性检验可知，$\ln P'$为非平稳序列，而其一阶差分$d\ln P'$为平稳序列，则$\ln P'$为一阶单整序列，同理$\ln E'$也为一阶单整序列。因此$\ln P'$和$\ln E'$为同阶单整序列，可通过协整检验分析变量间是否存在长期稳定的均衡关系。

本文采用E-G检验，其步骤如下。

(1)建立被解释变量序列与解释变量序列之间的回归方程

$$Y_t = \beta_0 + \beta_1 X_{1t} + \beta_2 X_{2t} + \cdots + \beta_k X_{kt} \quad (6)$$

式中：$\beta_0, \beta_1, \cdots, \beta_k$——最小二乘估计量。

(2)对回归残差序列进行平稳性检验。

通过EViews 10软件对$\ln P'$和$\ln E'$进行OLS回归，所得回归方程为

$$\ln E' = 1.008\ln P' - 0.063 \quad (7)$$

$$t = (31.729)(-1.338)$$

$$R^2 = 0.988 \qquad D.W. = 1.718$$

利用ADF检验对回归残差进行平稳性检验，残差序列平稳性检验结果如表6所示。

残差序列平稳性检验结果　　表6

变量	t 统计量	临界值			P值	结论
		1%	5%	10%		
ε	-2.737	-2.755	-1.971	-1.604	0.0104	平稳

由表5知P值为0.0104，t统计量为-2.737，小于显著性水平为5%对应的临界值-1.971，在5%显著性水平下，残差序列是平稳的，因此$\ln P'$和$\ln E'$存在协整关系，即存在长期稳定的均衡关系。根据协整回归模型式(7)，两者的长期弹性系数为1.008。

为使协整回归模型更为精确，建立短期动态模型揭示变量序列间的短期波动关系。将协整回归得到的残差序列作为误差修正项ECM，估计误

差修正模型:

$$\Delta\ln E'_t = c + \alpha_1 \Delta\ln P'_t + \varphi ECM_{t-1} + \upsilon_t \quad (8)$$

经 EViews 10 软件估计的各参数值及相关统计量见表7。

误差修正模型参数估计值 表7

变量	系数	标准差	t统计量	P值
c	-0.0260	0.0569	-0.0463	0.9640
$D(\ln P')$	0.8957	0.0612	14.6444	0.0000
ECM(-1)	-0.7322	0.2763	-2.6505	0.0243

常数项 c 的 t 统计量为 -0.0463,P 值为 0.9640,不显著,故删去。重新估计误差修正模型可得:

$$\Delta\ln E'_t = 0.8957\Delta\ln P'_t - 0.7322ECM_{t-1} \quad (9)$$

$$t = (18.6623)(-3.0715)$$

$$R^2 = 0.9562 \qquad D.W. = 1.7615$$

误差修正模型的结果显示其总体线性拟合优度较高,$R^2 = 0.9562$。变量的符号与长期均衡关系的符号一致,且误差修正项系数为负,符合反向修正机制,即腹地城市经济的短期波动偏离长期均衡关系时,将以 0.7322 的比例被调整。

2.3 格兰杰(Granger)因果检验

Granger 因果关系是一种从预测角度定义的统计关系,反映变量间的依赖性。由于 $\ln P'$ 和 $\ln E'$ 为非平稳序列,故用其一阶差分后的平稳序列进行不同滞后阶数的 Granger 因果检验,检验结果如表8所示。

Granger 因果检验结果 表8

滞后阶数	原假设	F统计量	P值	结论
1	$d\ln P' \nRightarrow d\ln E'$	4.90216	0.0541	不拒绝
	$d\ln E' \nRightarrow d\ln P'$	7.48389	0.023	拒绝
2	$d\ln P' \nRightarrow d\ln E'$	5.41044	0.0454	拒绝
	$d\ln E' \nRightarrow d\ln P'$	2.10623	0.2028	不拒绝
3	$d\ln P' \nRightarrow d\ln E'$	3.64245	0.1583	不拒绝
	$d\ln E' \nRightarrow d\ln P'$	0.48415	0.7167	不拒绝

注:$d\ln P' \nRightarrow d\ln E'$ 表示 $d\ln P'$ 不是 $d\ln E'$ 的 Granger 原因;拒绝与否标注是在5%显著性水平下,当 P 值小于5%时,拒绝原假设,反之,不能拒绝原假设。

结果表明:在滞后阶数为1和2时,$d\ln P'$ 和 $d\ln E'$ 间都存在单向的 Granger 因果关系,当滞后阶数为1时,腹地城市经济发展是港口发展的 Granger 原因,即腹地城市经济发展对港口发展具有显著的促进作用,而港口发展对腹地城市经济发展的促进作用并不显著;当滞后阶数2时,港口发展是腹地城市经济发展的 Granger 原因,即港口发展对腹地城市经济发展具有显著的促进作用,而腹地城市经济发展对港口发展的促进作用并不显著。在滞后阶数为3时,港口发展与腹地城市经济发展之间不存在 Granger 因果关系,即两者之间没有表现出显著的相互促进作用。

通过 Granger 因果检验可以得出:港口发展与腹地城市经济之间存在双向 Granger 因果关系,即两者之间存在显著的相互促进作用,但表现出一定的时滞性。不难理解,港口基础设施是港口发展的核心限制因素,而基础设施建设具有投资资金大、建设周期长等特点,故当腹地经济发展对港口发展表现出显著促进作用时,港口发展对腹地城市经济发展的促进作用并未能同期表现出来,而是需要经过一段时间,即表现出一定的时滞性。

3 结语

本文基于武汉港2005—2018年时间序列数据对内河港口与腹地城市经济之间的协整关系进行实证研究。从系统角度分别选取多个指标表征港口发展水平和腹地城市经济发展水平,通过主成分分析法、协整检验、Granger 因果检验以及建立误差修正模型得到的主要结论如下:

主成分分析法提取的主成分具有很强的解释性,其中表征港口发展水平的5个指标提取的一个主成分可解释原指标90.99%的信息,表征城市经济发展水平的6个指标提取的一个主成分可解释原6个指标98.36%的信息。

港口发展与腹地城市经济之间存在协整关系,即存在长期稳定的均衡关系,两者的长期弹性系数为1.008,当短期波动偏离长期均衡关系时,将以0.7322的比例被调整。

港口发展与腹地城市经济之间存在双向 Granger 因果关系,但两者显著的相互促进作用不能同期表现出来,具有一定的时滞性。因此,有关政策及战略的制定应遵循"适度超前"原则。

参考文献

[1] Salvador S, Soares D. Assessment of port economic impacts on regional economy with a case study on the Port of Lisbon[J]. Maritime Policy & Management, 2018, 45(5): 684-698.

[2] Tan K, Liu A. Countermeasures and Key Technologies of Port Economic Development under Anti-

dumping Policy [J]. Journal of Coastal Research, 2020, 103(spl):11-14.

[3] 孟飞荣,高秀丽.港口与直接腹地经济耦合协调度及其影响因素研究——以环北部湾港口群为例[J].地理与地理信息科学,2017,33(06):94-100+127.

[4] 孟成斐.港口整合下厦门港与城市经济协同实证分析[D].大连:大连海事大学,2019.

[5] 刘琳,尹凤.港口对腹地城市经济增长的空间溢出效应研究[J].交通运输系统工程与信息,2020,20(03):144-149.

[6] 鲁渤,邢戬,王乾,等.港口竞争力与腹地经济协同机制面板数据分析[J].系统工程理论与实践,2019,39(04):1079-1090.

[7] 李电生,董培根,王伟.港口建设对区域经济技术效率的影响研究[J].交通运输系统工程与信息,2017,17(04):27-32.

[8] 郭子雪,康慧聪,赵婉,等.京津冀港口物流与区域经济发展的互动关系研究——基于格兰杰因果检验和灰色关联度的分析[J].数学的实践与认识,2020,50(05):32-39.

[9] 荆韬.唐山港口物流与城市经济的协调发展研究[D].大连:大连海事大学,2019.

[10] 潘永明,陈鹏举,郑建彤.基于线性回归模型下港口物流与地区经济发展关系研究——以唐山港为例[J].物流工程与管理,2020,42(10):8-11.

[11] 王军,邓玉.港口物流与直接腹地经济耦合协调性研究——以天津、营口等九海港型国家级物流枢纽为例[J].工业技术经济,2020,39(11):62-68.

[12] 田方媛.港口物流产业集群与腹地经济联动关系研究[D].武汉:武汉理工大学,2018.

[13] 芮夕捷,宋宇萌.基于Granger因果性的陕西公路交通资源配置效率研究[J].中国公路学报,2017,30(09):133-141.

How will CO_2 Reduction Measures Make Maximum Annual Income of a Container Ship under Carbon Peaking and Carbon Neutrality Goals

Daozheng Huang* Yan Wang

(College of Transport and Communications, Shanghai Maritime University)

Abstract Greenhouse gas (GHG) has caused a series of terrible ecological, environmented problems on a global scale, which has aroused great attention from all countries. The shipping industry has great potential in decarbonisation. Not only national authorities, but also international shipping companies attach great importance to decarbonising and CO_2 emission reduction measures, such as Waste Heat Recovery System (WHRS), Drag Reduction Coatings (DRC), and Slow Steaming (SS). At the present stage, numbers of emission reduction measures or the corresponding policies have been introduced, which can provide options for international shipping companies to make preparations in advance. This paper mainly studies the optimal measures for shipping companies under carbon peaking and carbon neutrality goals, referring to IMO's carbon reduction requirements. Furthermore, a model is built to determine which combinations of emission reduction measures can help the international shipping companies obtain the maximum annual profit, and additional analyses under a Maritime Emissions Trading Scheme (METS) are also taken into account. The results could contribute to the shipping companies via providing several useful suggestions that are conducive to economic development and efficient operation.

Keywords Maritime Emissions Trading Scheme CO_2 Reduction Measures Maximum Annual Income Carbon Peaking and Carbon Neutrality Goals

0 Introduction

Global environmental issues that caused by Greenhouse gas (GHG) have been the top priority. Emissions from the shipping industry account for a majority of air pollution in ports and sea areas around the world (Huang, et al. 2021). International Maritime Organization (IMO) as well as authorities in different countries have formulated the relating policies and measures with the purpose of reducing GHG emissions and realizing the decarbonisation.

Reducing CO_2 emissions can get great potential benefits (IMO, 2009). Total shipping CO_2 emissions of 2008 were 1135 Mt (IMO, 2014). Currently, the emissions of shipping are projected to increase at most 130% by 2050 on the benchmark of 2008 without restricting CO_2 emissions (IMO, 2020). It is a challenge to accomplish the goal that the CO_2 emissions of the international shipping industry ought to be reduced by at least 40% by 2030 and 50% by 2050 on the benchmark of 2008 levels (IMO, 2018a). Therefore, to mitigate CO_2 emissions, IMO has set up a "cap" for CO_2 emissions and proposed numerous GHG reduction measures for the shipping industry. Chinese President Xi Jinping declared that Chinese would realize the goals of carbon peaking before 2030 and carbon neutrality before 2060 at the General Debate of the 75th Session of The United Nations General Assembly on September 22, 2020. However, there are no specific requirements of CO_2 emission reductions for the shipping sector in China.

CO_2 emission reduction measures can be grouped into three major categories: technology, operation and market measures (Psaraftis, 2012). IMO introduced the Energy Efficiency Design Index (EEDI) and the Ship Energy Efficiency Management Plan (SEEMP), which respectively represent technical and operational measures (IMO, 2011; IMO, 2018a; IMO, 2018b). In addition to technical and operational measures mentioned above, market-based measures (MBMS) equally play a critical part in CO_2 emissions reduction. Gu et al. (2019) demonstrated Maritime Emission Trading Scheme (METS), one of market-based measures, might be utilized to control CO_2 emissions from international shipping. However, MBMS has not been carried out by IMO to reduce CO_2 emissions (Sheng et al., 2018). This paper will compare these measures in terms of energy saving and CO_2 reductions to select the most profitable combination for shipping companies under METS.

Containerization transportation accounts for a great proportion of international shipping (Huang et al., 2015) and it emits amounts of CO_2 at sea (Corbett et al., 2009). Haites (2018) proposed two forms of the Emission Trading Scheme (ETS) and both forms introduced a "cap" or "limit" about emissions. Hence, the study attaches great importance to international container ships and makes assumptions that a "cap" for CO_2 emissions ought to be 60% of 2008 by 2030 and 50% of 2008 by 2060 according to IMO's carbon reduction requirements for shipping industry mentioned in reference (IMO, 2018a).

The rest of this paper is structured as follows. Section 2 reviews existing literature. Section 3 specifically introduces METS, Waste Heat Recovery System (WHRS) and Drag Reduction Coatings (DRC) and DRC. Then, a model is established in Section 4 to analyze which combinations of CO_2 emission reduction measures can make the maximum annual income for a container ship under carbon peaking and carbon neutrality goals. A case of a 8000-TEU container ship is implemented in Section 5. Discussions and sensitivity analyses are conducted in Section 6. Conclusions are given in the last section.

1 Literature review

The studies on CO_2 emission reduction measures in the shipping industry can be summarized into three parts to review: technical measures, operational measures, and maket-based measures.

1.1 Technical measures

According to the Second IMO GHG Study, EEDI can improve the design efficiency of new ships by using technical measures, including hull and superstructure, low-carbon fuels and renewable energy (IMO, 2009). Optimizing superstructure and reducing wind resistance can save energy by 0.5% ~ 1% (Hao, et al. 2012). Balcombe et al. (2019) highlighted that liquefied natural gas (LNG) was undoubtedly deemed to be the most feasible measure to reduce CO_2 emissions in the short term, providing 20% ~ 30% CO_2 reductions. However, there still exits technical difficulties in implementing renewable energies (solar energy, wind energy, etc.), which are the key to achieve zero carbon emissions from shipping in the long term.

1.2 Operational measures

Operational measures include voyage planning and fleet management as well as speed optimization (IMO, 2012). Optimum voyage planning or fleet management can improve efficiency of shipping, saving 1% ~ 10% or 5% ~ 50% CO_2 reductions, respectively (IMO, 2009; IMO, 2012). However, the existing researches mostly analyzed Slow Steaming (SS) because of the uncertainty and variability of voyage planning along with the complexity of fleet management. Balcombe et al. (2019) suggested that SS might make fuel consumption and CO_2 emission reduction about 20% ~ 30%. Furthermore, Cariou (2011) estimated that SS has positive carbon mitigation potential, which could make a 55% reduction of fuel consumption when the ship sailed at 30% slower speed.

1.3 Market-based measures

The market-based measures can be split into carbon taxes and ETS. The European Union Emissions Trading System (EU ETS) is not only the oldest, but also the second largest ETS in force, and the maritime sector will be incorporated into 'the EU ETS' scope from 2023 onwards declared by the European Commission (International Carbon Action Partnership, 2021). Gu (2019) found that the employ of regional METS might increase CO_2 emissions when the bunker price and the charter rate were both low but the allowance cost was high. Additionally, carbon taxes usually have political characteristics and it has some difficulties to ensure a uniform standard and be implemented worldwide due to its limitations and uncertainty (Huang, 2013).

The researchers tended to introduce CO_2 emission reduction measures seperately while rarely combining three kinds of measures together to mitigate CO_2 emissions. What's worse, the lack of more straightforward and perspicuous results of the effect of energy saving and carbon reduction as well as a comparison between them is usually seen in the previous paper. Furthermore, only few literature focused on the revenue of shipping companies. In addition, the studies of cost analyses of specific mitigation measures (WHRS or DRC) are few in existing literature.

2 Emission reduction measures

Several specific CO_2 emission reduction measures with great carbon mitigation potentials are discussed in this Section. Tab. 1 summarizes the energy saving and CO_2 emission reduction capacity of multiple mitigation measures including WHRS, DRC in the context of global METS.

Energy saving and CO_2 emission reduction potentials
(Hao, et al. 2012) Tab. 1

Measures	Energy saving	CO_2 emission reduction
Drag reduction coatings	40% ~ 50%	0% ~ 30%
Waste heat recovery system	20% ~ 40%	80% ~ 100%
Structure optimization and application of new materials	20% ~ 40%	0% ~ 10%
Low wind resistance superstructure	0% ~ 10%	0% ~ 5%
Application of main engine power reduction	30% ~ 60%	0% ~ 10%

2.1 Maritime Emissions Trading Scheme

METS is treated as one of major emission reduction measures. The key elements about METS are listed in Tab. 2. Zhu et al. (2018) noted that METS may give the operators stimulation to deploy ships with the ability of making high energy saving.

Allowance quotas can also be allocated in a variety of ways in the context of METS. Kageson (2007) noted that shipping section's initial allocation of allowances can be divided into grandfathering, auctioning or their combination and it has been proved that grandfathering could not be employed alone in ETS because its market transparency was poor. Cio (2010) proposed that the European Commission (EC) pointed out they would gradually transform grandfathering into an auction. Furthermore, if auctioning is been utilized alone, it will make a heavy financial burden for shipping companies. Therefore, the combination is employed to analyze the issues.

The influence of uncertainty factors will make some trouble in determining the price and how to allocate quotas, resulting in METS's implementation difficulties Lagourardou et al. (2020) assumed that it was a challenge for METS to decide how many allocations ought to be free. Kageson (2007) regarded a ship as a liable entity. Furthermore, there exist three possibilities about the hybrid approach used in this research. For example, when CO_2 emissions within the boundary of free quotas, operators have no need to pay the CO_2 cost, and they can get extra benefits by selling their redundant quotas. However, if CO_2 emissions exceed free quotas but within the boundary of the "cap" of CO_2 emissions, operators only need to auction quotas under METS in order to make them reasonable. Unfortunately, operators need to purchase quotas in the market or pay penalty when CO_2 emissions exceed the "cap" of CO_2 emissions. In addition, the paper will conduct the below analysis on auction rate referred to Huang (2013), and a "cap" for CO_2 emissions is set in the Introduction part.

The key elements about METS

(Huang et al., 2015) Tab. 2

Entity	GHG	Cap		Free quotas	Auction quotas
		Carbon peaking	Carbon neutrality		
Ship	CO_2	60% of 2008 CO_2 emission	50% of 2008 CO_2 emission	0	100%
				20%	80%
				40%	60%
				60%	40%
				80%	20%

2.2 Waste Heat Recovery System

Using waste heat of main engine is a key method to save energy (Ma et al., 2010). The main engine generates heat during operation and the ship can only use part of it, resulting that the remaining heat cannot be absorbed by the ship, which increases fuel consumption and operating costs (Dou and Yang, 2018). It is feasible to generate considerable electrical energy via installing the WHRS, amounting to 11% of the power of the main engine, which can reduce the requirement of ship's fuel directly (MAN, 2014; Wei et al., 2013).

2.3 Drag reduction coatings

Ships will encounter resistance from air and water when sailing at sea, adding extra fuel consumption so that operators need to pay for the corresponding fuel cost (Huang, et al. 2013). It has aroused significant attention to carry out hull resistance reduction and it's worth noting that the application of DRC is an effective measure to deal with the above situation, without considering it's contaminative to the marine environment.

3 Modeling

A model is established to analyze annual income of container ships and involves several parameters, which are assumed to be constant in this research, such as the bunker prices, the freight rate, the auction the purchase price of CO_2 and the actual sailing speed of the container ship. Tab. 3 lists all the parameters mentioned in this research that are used for calculating the annual net income of container ships is shown as follows.

Eq. (5), Eq. (8) and Eq. (10) referred to Corbett et al. (2009). Eq. (6), Eq. (7) and several parameters are adapted from Huang (2015), equally, Eq. (6) and Eq. (7) take the annual depreciation cost of WHRS or DRC subtracts the annual cost of bunker saving of the main engine via utilizing WHRS or DRC, to estimate C_W or C_D.

Variables and parameters in this model Tab. 3

Nomenclature	Explanation
TR	A container ship's total annual revenue(US$)
TC	A container ship's total annual cost(US$)
N	A container ship's annual income(US$)
r_{ij}	Freight rate of per TEU from i port to j port(US$·TEU^{-1})
r_{ji}	Freight rate of per TEU from j port to i port(US$·TEU^{-1})
T_{ij}	Number of container from i port to j port(TEU)
T_{ji}	Number of container from j port to i port(TEU)
C_W	Total annual cost of WHRS(US$)
C_D	Total annual cost of DRC(US$)
C_C	Total annual cost of CO_2 emission of a container ship(US$)
C_{dt}	Daily comprehensive cost of a container ship(US$·day^{-1})
C_F	Total cost of bunker consumption of a container ship(US$)
n	Binary variable; When WHRS is utilized, it equals to 1, otherwise 0.
m	Binary variable; When DCR is utilized, it equals to 1, otherwise 0.
pw	Total cost of WHRS(US$)
yw	Depreciation period for WHRS(year)
pm	Bunker price of main engine(US$·ton^{-1})
d_{ij}	Distance from i port to j port(n mile)
d_{ji}	Distance from j port to i port(n mile)
d	Total distance of the route(n mile)
y	Annual operating days of a container ship(day)
V_P	Optimal speed of a container ship(kn)
V	Operational speed of a container ship(kn)
V_0	Design speed of a container ship(kn)
pd	Total cost of DRC(US$)
yd	Depreciation period for DRC(year)
β	Ratio of bunker saving of WHRS for main engine
α	Ratio of bunker saving of DRC for main engine
MF	Maximum daily fuel consumption of the main engine(ton·day^{-1})
R	Number of a container ship's annual round trip
pc	Auction price of CO_2 quotas(US$ ton^{-1})
pr	Purchase price of CO_2 quotas(US$ ton^{-1})
$CO_2(A)$	Annual actual CO_2 emissions of a container ship(ton)
$CO_2(F)$	Free CO_2 quotas of a container ship(ton)
$CO_2(C)$	Total cap of CO_2 emissions of a container ship(ton)
AF_S	Daily bunker consumption of auxiliary engine when sailing at sea(ton·day^{-1})
pa	Bunker price of auxiliary engine(US$·ton^{-1})
AF_P	Daily bunker consumption of auxiliary engine when staying at port(ton·day^{-1})
D	Time that a container ship stays at ports for a round trip(day)

$$MAXN = TR - TC \tag{1}$$

$$TR = (r_{ij} \cdot T_{ij} + r_{ji} \cdot T_{ji}) \cdot R \tag{2}$$

$$TC = n \cdot C_w + m \cdot C_D + C_C + C_{dt} \cdot y + C_F \tag{3}$$

$$R = y/\left(\frac{d}{24 \cdot V} + D\right) \tag{4}$$

$$OS = V_P = \left[\frac{(C_{dt} + pa \cdot AF_s) \cdot V_0^3}{2 \cdot pm \cdot MF}\right]^{1/3} \tag{5}$$

$$C_W = \frac{pw}{yw} - \left[\beta \cdot MF \cdot \left(\frac{V}{V_0}\right)^3 \cdot pm \cdot \frac{d}{24 \cdot V} \cdot R\right] \tag{6}$$

$$C_D = \frac{pd}{yd} - \left[\alpha \cdot MF \cdot \left(\frac{V}{V_0}\right)^3 \cdot pm \cdot \frac{d}{24 \cdot V} \cdot R\right] \tag{7}$$

$$C_F = \left\{\left[MF \cdot \left(\frac{V}{V_0}\right)^3 \cdot pm + AF_s \cdot pa\right] \cdot \frac{d}{24 \cdot V} + AF_P \cdot D \cdot pa\right\} \cdot R \tag{8}$$

$$C_C = \begin{cases} pc \cdot [CO_{2(A)} - CO_{2(F)}] \\ pr \cdot [CO_{2(A)} - CO_{2(C)}] + pc \cdot [CO_{2(C)} - CO_{2(F)}] \end{cases} \tag{9}$$

$$CO_2(A) = 0.8645 \cdot \frac{44}{12} \cdot \left\{\left[(1 - n\beta - m\alpha) \cdot MF \cdot \left(\frac{V}{V_0}\right)^3 + AF_S\right] \cdot \frac{d}{24 \cdot V} + AF_P \cdot D\right\} \cdot R \tag{10}$$

$$n = 0 \text{ or } 1;\ m = 0 \text{ or } 1 \text{ (Huang, 2015)}$$

Vp in Eq. (5) means the optimal speed of a container ship and this paper assumes it equals to the original speed (OS) of a container ship (Huang, et al. 2015; Corbett et al., 2009).

When $CO_2(A) < CO_2(F)$, $C_C = 0$, indicating that there exists no cost for CO_2 emission.

When $CO_2(F) < CO_2(A) < CO_2(C)$, $C_C = pc \cdot [CO_{2(A)} - CO_{2(F)}]$. In this case, shipowner of the container ship needs to pay for the cost of CO_2 emission, mainly including the cost of auctioning quota of allowance.

When $CO_2(A) > CO_2(C)$, $C_C = pr \cdot [CO_{2(A)} - CO_{2(C)}] + pc \cdot [CO_{2(C)} - CO_{2(F)}]$, meaning the shipowner needs to pay for the cost of CO_2 emission including the cost of auctioning quotas of allowance and purchasing quotas of allowance in the market.

0.8645 is the carbon content proportion of fuel and 44/12 represents the factor of carbon converted into CO_2 (Corbett et al., 2009).

4 Case study

An 8000-TEU container ship travelling on the Asia-North Europe route is utilized as a case study. The route can be divided into two directions: Westbound and Eastbound. Their related data are summarized in Tab. 4 ~ Tab. 7. As mentioned above, it is assumed that bunker prices remain constant during the study, therefore, it takes the peak bunker price in Rotterdam on December 15 as example, which are considered as 413.5 US$ · ton^{-1} (IFO 380 for main engine) and 623.5 US$ · ton^{-1} (MDO for auxiliary engine). This paper assumes the average loading factor in Westbound is 0.85 while 0.425 in Eastbound, referring to the throughput on Eastbound and Westbound. The basic data about the route and the case container ship are summarized in Tab. 6 and Tab. 7.

Throughput on major east-west routes of Asia-North Europe in 2021 (k TEU) Tab. 4

Month	Jan	Feb	Mar	Apr	May	Jun	Jul	Aug	Sept	Average
Eastbound	431	429	518	465	487	458	469	434	430	458
Westbound	973	771	906	927	946	973	963	926	922	923

Source: Shipping Insight, Drewry Maritime Research

Container freight rate benchmarks of east-west routes of Asia-North Europe in 2020 (US$ per 40ft container)

Tab. 5

Month	Jun	Jul	Aug	Sept	Oct	Average
Eastbound	1783	1808	1770	1747	1727	1767
Westbound	2064	2078	2072	2404	2547	2233

Source: Sea & Air Shipper Insight, Drewry Container Freight Rate Insight (www. Drewry. co. uk/cfri)

Basic data of Asia-North Europe route (Huang, 2015) Tab. 6

Data	Distance(n mile)	Freight rate(US$per TEU)	Average loading factor
Eastbound	11017	884	0.425
Westbound	11449	1117	0.85

Basic data of the container ship(Huang, 2015) Tab. 7

Type of main engine	MF (ton · day^{-1})	V_0 (kn)	AF_S (ton · day^{-1})	AF_P (ton · day^{-1})	C_{dt} (US$ · day^{-1})	y(day)	D(day)
MAN 12K98ME/MC	281.6	24.5	2	1	114667	350	11

Comparison between installing a WHRS and utilizing the DRC under METS is carried out to analyze maximum annual income and the relevant data about them are described in Tab. 8.

Basic data of WHRS and DRC

(Huang, et al. 2015; Yang and Li, 2009; Liang et al, 2017)

Tab. 8

Pw(*yw*/ US$ · year^{-1})	*pd*(*yd*/ US$ · year^{-1})	β	α
500000	590000	6%	3%

It is assumed that the auction price and the purchase price respectively are 25 US$ · ton^{-1} and 30 US$ · ton^{-1}, because the current allowance price is US$28.28 (International Carbon Action Partnership, 2021). Furthermore, the original speed of the container ship can be calculated as 19.416 kn by Eq. (5) and assuming that its corresponding CO_2 emissions are 128632.792 tons at 19.416 kn without WHRS and DRC in 2008. Therefore, the total "cap" of CO_2 emissions and CO_2 free quotas of a container ship under METS in 2030 and 2060 are respectively calculated in Tab. 9 and Tab. 10.

Since the original speed (OS) is assumed to be equivalent to the optimal speed of a container ship and this paper tends to reduce 5%, 10% and 15% of OS as research data (Huang, 2013). Tab. 11 and Tab. 12 determine the annual income of the container ship under carbon peaking and carbon neutrality goals, respectively.

Quotas allocation of CO_2 cap for this container ship under different scenarios in 2030 Tab. 9

Total cap of CO_2 emission of this container ship is 77179.675 tons					
Percentage of auction/%	20	40	60	80	100
Auction quotas/ton	15435.935	30871.87	46307.805	61743.74	77179.675
Free quotas/ton	61743.74	46307.805	30871.87	15435.935	0

Quotas allocation of CO_2 cap for this container ship under different scenarios in 2060 Tab. 10

Total cap of CO_2 emission of this container ship is 64316.396 tons					
Percentage of auction/%	20	40	60	80	100
Auction quotas/ton	12863.279	25726.558	38589.838	51453.117	64316.396
Free quotas/ton	51453.117	38589.838	25726.558	12863.279	0

Annual income of the container ship with different combinations of CO_2 emission reduction measures

Tab. 11

Annual income of the container ship(US$1m)								
CO_2 emission reduction measures				Percentage of auction(%)				
Combination	WHRS	DRC	SS	20	40	60	80	100
1	NO	NO	OS	3.689	3.303	2.917	2.531	2.145
2	NO	NO	95% OS	3.846	3.460	3.074	2.688	2.302
3	NO	NO	90% OS	3.711	3.325	2.939	2.553	2.167
4	NO	NO	85% OS	3.291	2.906	2.520	2.134	1.748
5	YES	NO	OS	4.408	4.022	3.636	3.250	2.864
6	YES	NO	95% OS	4.401	4.015	3.629	3.243	2.857
7	YES	NO	90% OS	4.116	3.730	3.345	2.959	2.573
8	YES	NO	85% OS	3.561	3.176	2.790	2.404	2.018
9	NO	YES	OS	3.708	3.322	2.936	2.550	2.165
10	NO	YES	95% OS	3.783	3.397	3.011	2.626	2.240
11	NO	YES	90% OS	3.574	3.188	2.802	2.416	2.030
12	NO	YES	85% OS	3.086	2.701	2.315	1.929	1.543
13	YES	YES	OS	4.427	4.041	3.655	3.269	2.883
14	YES	YES	95% OS	4.338	3.952	3.566	3.180	2.795
15	YES	YES	90% OS	3.979	3.593	3.207	2.821	2.436
16	YES	YES	85% OS	3.345	2.959	2.573	2.187	1.801

Annual income of the container ship with different combinations of CO_2 emission reduction measures

Tab. 12

Annual income of the container ship(US$1m)								
CO_2 emission reduction measures				Percentage of auction(%)				
Combination	WHRS	DRC	SS	20	40	60	80	100
1	NO	NO	OS	3.367	3.045	2.724	2.402	2.081
2	NO	NO	95% OS	3.524	3.203	2.881	2.559	2.238
3	NO	NO	90% OS	3.389	3.068	2.746	2.425	2.103
4	NO	NO	85% OS	2.970	2.648	2.327	2.005	1.684
5	YES	NO	OS	4.086	3.764	3.443	3.121	2.800
6	YES	NO	95% OS	4.079	3.758	3.436	3.114	2.793
7	YES	NO	90% OS	3.795	3.473	3.152	2.830	2.508
8	YES	NO	85% OS	3.240	2.918	2.597	2.275	1.954
9	NO	YES	OS	3.387	3.065	2.743	2.422	2.100
10	NO	YES	95% OS	3.462	3.140	2.819	2.497	2.175
11	NO	YES	90% OS	3.252	2.931	2.609	2.287	1.966
12	NO	YES	85% OS	2.765	2.443	2.122	1.800	1.479
13	YES	YES	OS	4.105	3.784	3.462	3.141	2.819
14	YES	YES	95% OS	4.017	3.695	3.373	3.052	2.730
15	YES	YES	90% OS	3.658	3.336	3.014	2.693	2.371
16	YES	YES	85% OS	3.035	2.713	2.392	2.070	1.749

5 Discussions and Sensitivity Analysis

According to Tab. 11 and Tab. 12, it is apparent to know that the installation of WHRS and the use of DRC (Combination 13) is the best combination for the container ship with maximum annual income. Moreover, the combinations of installing the WHRS solely (combination 5) follow closely. It can be found that these two combinations are all with initial speed, i. e., without slowing down via comparing each of the two combinations in the two tables. Therefore, the effect of combination 13 is easily proved to be better than applying them alone and installing WHRS has a higher annual income, compared to the employment of DRC.

Based on Tab. 11 and Tab. 12, the results show that distinctly, the higher the proportion of CO_2 auction quotas, the lower the annual net income in the same combination. In addition, the proportion of CO_2 auction quotas has no influence on the selection of the combination of mitigation measures. Therefore, from the perspective of the container ship companies, these results could help them determine which combination of CO_2 emission reduction measures to choose and control CO_2 emissions in the case of reducing their annual income.

In the model used in this research, the variables are assumed to be constant in Section 4, which can cause a certain impact on the container ships' annual income. The freight rate and the average loading influence the total annual revenue of a container ship. Hence, this paper attempts to perform sensitivity analyses to bunker price and the auction and the purchase price of carbon on the basis of their original price under METS, estimating the influence on container ship. The reason why this part chooses 20% as the example of the percentage of auction is that annual income decreases as the percentage of auction increases mentioned in the last section. The Tab. 13 and Tab. 14 show the results of sensitivity analysis.

Sensitivity analysis of bunker price Tab. 13

Top 2 annual income of a container ship (US $ 1m)

	Carbon peaking			Carbon neutrality		
Adjustment	Combination	20%	Income difference	Combination	20%	Income difference
Rise 10%	13	63.846	0.013	13	63.552	0.013
	5	63.833		5	63.538	
Rise 20%	13	60.984	0.008	13	60.712	0.008
	5	60.976		5	60.703	
Rise 30%	13	58.388	0.004	13	58.135	0.004
	5	58.384		5	58.131	
Drop 10%	13	70.610	0.027	13	70.256	0.027
	5	70.583		5	70.229	
Drop 20%	13	74.684	0.038	13	74.290	0.038
	5	74.647		5	74.252	
Drop 30%	13	79.395	0.051	13	78.949	0.051
	5	79.344		5	78.898	

Sensitivity analysis of auction and purchase price of carbon Tab. 14

The maximum annual income of a containership(US $ 1m)				
	Carbon peaking		Carbon neutrality	
Adjustment	Combination	20%	Combination	20%
Rise 10%	13	66.872	13	66.518
Rise 20%	13	66.713	13	66.327
Drop 10%	13	67.189	13	66.900
Drop 20%	5	67.352	5	67.094

The analysis of the adjustment of bunker prices is conducted, choosing the combinations which make the container ship to gain the top two annual incomes. It is clear that the combinations of 13 and 6 are the top 2 measures when the bunker prices increases. The container ship companies are inclined to use the combination 13 or 6 when the percentage of bunker prices rises, while the combination 13 remains the best mitigation measures in the case of lower bunker prices. According to Tab. 14, combination 6 is the best measures. When the auction and purchase prices of carbon rise and combination 5 is more profitable than 13 when the auction and purchase prices of carbon drop to a certain extent.

6 Conclusions

The paper sets up the goal of emission reduction and a "cap" of CO_2 emission for the shipping industry in the context of the carbon peaking and carbon neutrality goals. Moreover, the study attaches great importance to the annual income of the container ships under METS with WHRS, DRC and SS. The combination of WHRS and DRC is the best measure which can make the maximum annual income for the container ship through case study. Furthermore, whether the bunker prices or the auction and purchase prices of carbon change, installing WHRS can reduce CO_2 emission and reap maximum profit through the sensitivity analyses.

However, it has several shortcomings that need to be further studied. The research of DRC is just an organosilicon antifouling paint that refers to Yang and Li (2009) and is not involved a traditional antifouling coatings, which will pollute the marine environment. Furthermore, the paper only considers the 8000-TEU container ship and the Asia-North Europe route. In addition, the CO_2 reduction measures included in this paper and the cost calculation of WHRS or DRC are not comprehensive. Therefore, it needs to conduct further study on various types of containerships, different routes and other CO_2 reduction measures.

References

[1] IMO. Fourth IMO GHG Study, MEPC75/7/15 [R]. London, England, IMO,2020.

[2] IMO. Second IMO GHG study, MEPC 59/INF. 10[R]. London, England: IMO,2009.

[3] IMO. Third IMO GHG Study [R]. London, England: IMO,2014.

[4] IMO. Initial IMO Strategy on Reduction of GHG Emissions from Ships, MEPC72/17 [R]. London, England: IMO,2018.

[5] IMO. Adoption of the initial IMO Strategy on Reduction of GHG Emissions from Ships and Existing IMO Activity Related to Reducing GHG Emissions in the Shipping Sector [EB. OL]. https://unfccc. int/sites/default/files/resource/250_IMO% 20submission_Talanoa% 20Dialogue_April% 202018. pdf, (consulted 2) November 2021.

[6] IMO. Amendments to the annex of the protocol of 1997 to amend the international convention for the prevention of pollution from ships, 1973, as modified by the protocol of 1978 relating thereto, MEPC62 [R]. London, England: IMO,2011.

[7] IMO. 2012 Guidelines for the Development of a

Ship Energy Efficiency Management Plan (SEEMP), MEPC63[R]. London, England, IMO,2012.

[8] Huang D, Hua Y, Loughney S, et al. Lifespan cost analysis of alternatives to global sulphur emission limit with uncertainties [C]. Proceedings of the Institution of Mechanical Engineers Part M Journal of Engineering for the Maritime Environment, 2021, 235 (4): 921-930.

[9] Sheng Y, Shi X, Su B. Re-analyzing the economic impact of a global bunker emissions charge [J]. Energy Economics, 2018, 74: 107-119.

[10] Serra P, Fancello G. Towards the IMO's GHG Goals: A Critical Overview of the Perspectives and Challenges of the Main Options for Decarbonizing International Shipping [J]. Sustainability,2020,12:3220.

[11] Gu Y, Wallace Sw, Wang X. Can an Emission Trading Scheme really reduce CO_2 emissions in the short term? [J]. Evidence from a maritime fleet composition and deployment model. Transportation Research Part D, 2019, 74: 318-338.

[12] Huang Z, Shi X, Wu J, et al. Optimal annual net income of a containership using CO_2 reduction measures under a marine emissions trading scheme [J]. Transportation Letters, 2015,7(1):24-34.

[13] Corbett J J, Wang H, Winebrake J J. The effectiveness and costs of speed reductions on emissions from international shipping [J]. Transportation Research Part D, 2009, 14: 593-598.

[14] Wang K, Fu X, Luo M. Modeling the impacts of alternative emission trading schemes on international shipping [J]. Transportation Research Part A, 2015,77: 35-49.

[15] Balcombe P, Brierley J, Lewis C, et al. How to decarbonise international shipping: Options for fuels, technologies and policies [J]. Energy Conversion and Management, 2019, 182: 72-88.

[16] Hao J, Qiang Z, Shi J, et al. Research on response measures for ship emission reduction and energy saving [J]. Ship Science And Technology, 2012,34(9): 3-10.

[17] Cariou P. Is slow steaming a sustainable means of reducing CO_2 emissions from container shipping? [J]. Transportation Research Part D,2011,16(3): 260-264.

[18] European Commission. (2019). Communication from the Commission to the European Parliament, the European Council, the Council, the European Economic and Social Committee and the Committee of the Regions: The European Green Deal. Web-4: (Accessed on 30 November, 2021)

[19] International Carbon Action Partnership. EU Emissions Trading System (EU ETS) [EB/OL]. https://icapcarbonaction. com/en/?option = com_etsmap&task = export&format = pdf&layout = list&systems% 5B% 5D = 43, Consulted 4 pecember,2021.

[20] Huang Z, Shi X, Wu J, et al. How Will the Marine Emissions Trading Scheme Influence the Profit and CO_2 Emissions of a Containership [J]. Lect. Notes Comput. Sci., 2013:45-57.

[21] Haites E. Carbon taxes and greenhouse gas emissions trading systems: what have we learned? [J]. Climate Policy,2018, 18(8): 955-966.

[22] Lagouvardou S, Psaraftis H N, Zis T. A Literature Survey on Market-Based Measures for the Decarbonization of Shipping [J]. Sustainability, 2020,12:3953.

[23] Kageson P. Linking CO_2 emissions from international shipping to the EU ETS. Germany [R]. Federal Environment Agency,2007.

[24] Cong R G, Wei Y M. Experimental comparison of impact of auction format on carbon allowance market [J]. Renewable & Sustainable Energy Reviews,2012,16(6): 4148-4156.

[25] Clò S. Grandfathering, auctioning and Carbon Leakage: Assessing the inconsistencies of the new ETS Directive[J]. Energy Policy,2010,

38(5): 2420-2430.

[26] Cramton P, Kerr S. Tradeable Carbon Permit Auctions: How and Why to Auction Not Grandfather[J]. Energy Policy, 2002, 30: 333-345.

[27] Tai H H, Lin D Y. Comparing the unit emissions of daily frequency and slow steaming strategies on trunk route deployment in international container shipping[J]. Transportation Research Part D, 2013,21: 26-31.

[28] Wang S, Meng Q. Sailing speed optimization for container ships in a liner shipping network [J]. Transportation Research Part E, 2012, 48(3):701-714.

[29] Maloni M, Paul J A, Gligor D M. Slow steaming impacts on ocean carriers and shippers [J]. Maritime Economics & Logistics, 2013, 15 (2):151-171.

[30] MAN. Waste Heat Recovery System (WHRS) for Reduction of Fuel Consumption [J/OL]. Emissions and EEDI; MAN Diesel& Turbo: Augsburg, Germany. https://mandieselturbo.com/docs/librariesprovider6/technical-papers/waste-heat-recovery-system. pdf, consulted 17 December 2021.

[31] Shu G, Liang Y, Wei H, et al. A review of waste heat recovery on two-stroke IC engine aboard ships [J]. Renewable & Sustainable Energy Reviews,2013,19:385-401.

[32] Adamkiewicz A, Wietrzyk B. Marine turbine application in waste heat recovery systems[J]. Journal of Polish CIMAC, Web-3: (Accessed on 16 December, 2021).

[33] Liang A, Guan C, Zhou K, et al. Simulation and Analysis of Marine Diesel Engine Waste Heat Recovery System [J]. Navigation of China,2017,40(1):26-31.

[34] Yang W, Li J. The Application of the Silicone Painting in Ship[J]. Total Corrosion Control, 23(7),2009:63-64+56.

[35] Olaniyi E O, Prause G. Investment Analysis of Waste Heat Recovery System Installations on Ships' Engines [J]. Journal of Marine Science and Engineering, 2020, 8(811): 1-21.

[36] Lampe J, Rude E, Papadopoulos Y, et al. Model-based assessment of energy-efficiency, dependability, and cost-effectiveness of waste heat recovery systems onboard ship[J]. Ocean Engineering,2018,157:234-250.

[37] Joung T H, Kang S G, Lee J K, et al. The IMO initial strategy for reducing Greenhouse Gas (GHG) emissions, and its follow-up actions towards 2050[J]. Journal of International Maritime Safety, Environmental Affairs, and Shipping, 2020,4(1):1-7.

[38] Zhu M, Yuen K F, Ge J W, et al. Impact of maritime emissions trading system on fleet deployment and mitigation of CO_2 emission [J]. Transportation Research Part D, 2018, 62:474-488.

[39] Baldi F, Gabrielii C. A feasibility analysis of waste heat recovery systems for marine applications [J]. Energy,2015,80: 654-665.

[40] Psaraftis H N. Market-based measures for greenhouse gas emissions from ships: a review [J]. Wmu Journal of Maritime Affairs, 2012, 11(2): 211-232.

[41] Rehmatulla N, Calleya J, Smith T. The implementation of technical energy efficiency and CO_2 emission reduction measures in shipping [J]. Ocean Engineering,2017,139:184-197.

[42] Shi Y. Reducing greenhouse gas emissions from international shipping: Is it time to consider market-based measures? [J]. Marine Policy,2016,64: 123-134.

[43] Dou Z, Yang C. Utilization Technology of Waste Heat from Diesel Engine of Ships[J]. Energy Conservation & Environmental Protection in Transportation,2018,14(65):19-22.

[44] Ma J, Jin C, Zhu Y, et al. Methods and measures about utilization of waste gas of super lager ships[J]. Journal of North China Electric Power University,2010,37(1):14-19.

[45] Jin C, Ma J, Liu T. Heat balance analysis for the waste heat recovery system of large marine

engine[J]. Ship Engineering,2009,31:39-44.
[46] He W, Jin Z, Huang Y, et al. The Inland Container Transportation Problem with Separation Mode Considering Carbon Dioxide Emissions [J]. Sustainability,2021,13:1573.

LNG 全球贸易网络及关键港口节点研究

梅 强[1,2] 戚玉玲[1] 胡勤友[*1] 杨 春[1] 王 鹏[1,3] 袁启睿[2]
(1. 上海海事大学商船学院;2. 集美大学航海学院;3. 中国科学院计算技术研究所)

摘 要 天然气在推动全球能源转型与清洁能源消费方面发挥着越来越重要的作用,而海运 LNG 承担着重要的天然气贸易任务。基于此,本文采用 2018—2020 年的 LNG(液化天然气船)专业运输船的 AIS 数据,基于复杂网络理论构建起有向的全球 LNG 贸易网络,利用 K-Means + + 聚类算法识别出进出口枢纽港口。通过研究发现,随着时间的推移,全球 LNG 贸易网络的规模不断扩大,LNG 关键节点分布逐渐集中到亚太地区,枢纽港口在贸易网络中的运输能力以及亚太地区港口节点的重要性逐渐增强。

关键词 LNG 网络 关键港口节点 清洁能源 复杂网络

0 引言

天然气作为一种气体混合物,同石油、煤炭等能源相比较,具有洁净性、高热值性、安全使用性等性能优势。目前,全球天然气的储备量十分丰富,数据显示,仅 2017 年其最新储备量估计数就已经达到 6950 万亿立方英尺[1];世界能源已经由化石能源渐渐向新能源转化,并且呈现出非常明显的增长趋势[2]。

天然气的运输方主要分为液化天然气运输方式、管道运输方式、压缩天然气运输方式、吸附储运方式、天然气合成油运输方式及天然气水合物储运方式等[3]。目前的运输方式主要为管道运输方式及液化天然气海运方式[4]。从成本核算来看,当陆上管道的运输距离超过 3800km 和海底管道的运输距离超过 1400km 时,管道天然气输送的成本将高于采用液化天然气专用运输船的天然气液化、储存、装卸和再气化等多种费用结合形成的综合运输成本,因此,LNG 的海上运输承担起全球主要的 LNG 贸易业务[5]。

LNG 的研究集中在经济与能源层面,研究宏观经济不确定性在天然气定价中的作用[6],评估管制措施对天然气价格指数的影响[7],分析油价、供求关系、供给风险、贸易方式和运输方式五个因素[8]及可再生能源组合标准对采购的影响作用[9]。

为精细地从港口角度聚焦贸易态势的变化,学者利用全球船舶轨迹数据,从时变的角度由面及点地分析整个贸易网络格局的演化[10],对包括 LNG 贸易在内的运输网络的演化进行分析[11-12]。本文聚焦 2018—2020 年 LNG 网络中的枢纽港变化,其中对全球液化天然气贸易网络特性的分析将有助于天然气供给国和需求国选择适合本国的合作伙伴,为 LNG 相关的港口规划、路线规划提供一定的指导。

本文的主要研究步骤如下:

STEP 1 对 AIS 数据进行处理,得到建模所需数据并构建起有向的全球 LNG 贸易网络,三年的数据量共处理出 472 个节点和 3310 条连边。

STEP 2 计算出全球 LNG 贸易网络的度中心性、接近中心性,依据复杂网络理论对全球 LNG 贸易网络的相关指标进行分析,进而研究贸易网络的拓扑特点。

STEP 3 计算出 LNG 贸易网络中所有节点的

1. 基金项目:国家重点研发计划项目(2018YFC1407400);国家自然科学基金项目(71804059);上海市科学技术委员会重大项目(18DZ1206300);福建省自然科学基金项目(2021J01821);福建省教育厅面上项目(JAT200265)。

度中心性及接近中心性,利用K-Means++聚类算法对计算结果进行聚类,结合复杂网络节点重要性判别方法对聚类结果进行判定,进而识别出贸易网络中的出口枢纽港及进口枢纽港并对进出口枢纽港进行深入分析。

1　研究数据与研究方法

1.1　网络空间数据集构建

本文通过解析AIS数据将初始建模数据存储至MySQL数据库中,根据港口空间区域与AIS数据的计算结果,处理出源港(出口港)、目标港(进口港)及两港间的年度总货运量等网络建设所需数据,其中源港、目标港、两港间的年度总货运量一一对应。

本文构建的全球LNG贸易网络是有向的网络。在有向网络中,节点分为输入节点和输出节点,分别对应LNG进口港和LNG出口港。因此,本文将贸易网络中的所有节点分为输入节点和输出节点两类,然后计算每个输入节点和输出节点的度中心性和接近中心性,再结合K-Means++聚类算法,识别出整个贸易网络中的LNG出口枢纽港和LNG进口枢纽港。网络空间数据集模型构建如图1所示。

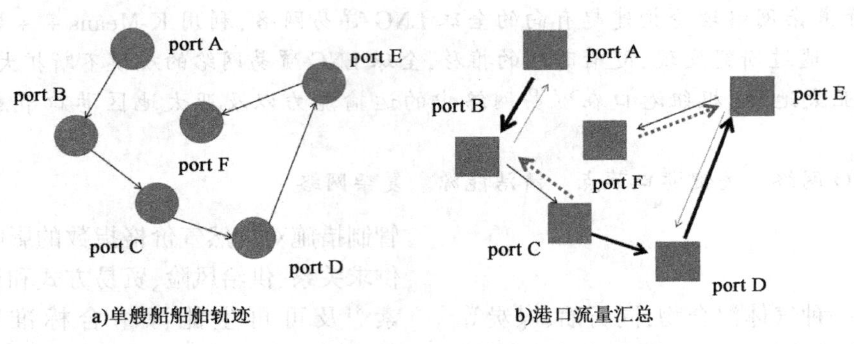

图1　网络空间数据集模型构建

对于网络$G=(V,E,W)$来说,$V=\{v_1,v_2,v_3,\cdots,v_n\}$表示$G$中所有节点的集合,即港口的集合,$n$是网络中节点的个数,代表LNG贸易网络中的港口总数。$E=\{e_{ij}\}$表示G中连接节点与节点的连边的集合,代表港口i和港口j之间的航线,若港口与港口之间有贸易往来,即存在航线,则$e_{ij}=1$,否则$e_{ij}=0$[13]。由于本研究根据船舶航线构建起有向的贸易网络,故$e_{ij}\neq e_{ji}$。$W=\{w_{ij}\}$表示连边的权重,本研究采用港口i和港口j之间的航次数作为连边的权重。

1.2　研究方法

(1)节点度方法。

节点的度是指与该节点相连的边的个数,能够反映该节点在网络中的重要程度。一般情况下,节点的度值是一个离散型随机变量。网络中所有节点的度的平均值是该网络的平均度,可表示为:

$$\bar{k}=\frac{1}{N}\sum_{i=1}^{N}k_i \tag{1}$$

其中,N是网络中的节点总数,k_i表示网络中第i个节点的度值,$i=1,2,3\cdots N$,$\bar{k}$表示网络的平均度值[13]。

本研究将网络中所有节点的度值从小到大排列,统计度值为k的节点数目占网络所有节点数目的比例$P(k)$。$P(k)$称为该网络的度分布,即在网络中随机选取一个节点,该节点度值为k的概率,可表示为:

$$P(k)=N_k/N \tag{2}$$

其中,N_k是节点度值为k的数目[12]。而度中心性用该节点连接度的总数来衡量,节点度越大就意味着这个节点的度中心性越高,在网络中就越重要。

(2)接近中心性。

接近中心性是指通过计算节点与网络中其他所有节点间的距离的平均值来消除特殊值的干扰,利用信息在网络中的平均传播时长来确定节点的重要性。如果从一个节点很容易到达其他节点,则这个节点在网络中的位置很重要。一个节

点与网络中其他可以连通的节点间的平均距离越小,该节点的接近中心性就越大,可表示为:

$$CC_i = \frac{N}{\sum_{j=1}^{N} d_{ij}} \tag{3}$$

其中,CC_i是指节点 i 的接近中心性,d_{ij}是节点 i 与节点 j 之间最短路径的长度[13]。

(3)关键港口节点聚类方法。

K-Means + + 聚类算法作为 K-Means 聚类算法的优化结果,解决了 K-Means 聚类算法对初值和孤立点数据敏感的缺点,且在处理大数据集方面有很高的效率。

K-Means + + 聚类算法的基本过程如下:

Step 1　随机选取第一个聚类中心。

Step 2　计算每个样本与当前已有聚类中心的最短距离,即未选中的点集与最近一个聚类中心的距离。

$$y = \mathrm{argmax}_{i=0}^{n}\left(\min_{j=1}^{m}\|x_i - c_j\|^2\right) \tag{4}$$

其中,x_i为候选数据集点,c_j为已选定中心点,m 表示中心点数量,n 表示候选点数量,y 表示候选的中心点。

Step 3　通过概率筛选候选点放入中心集合,重复计算每个样本与当前已有聚类中心的最短距离直至选出 K 个聚类中心。

Step 4　选出初始点并继续使用标准的 K-Means 聚类算法[14]。

2　实验结果

2.1　LNG 航运路线分析

对基于 AIS 数据的 LNG 轨迹还原图进行分析,可以看出全球的 LNG 贸易具有明显的“洲际”特性,即“亚洲—欧洲—北美—亚洲”和“亚洲—大洋洲”。

从航线的分布上看,东亚地区是主要的 LNG 贸易航线的汇聚区域。日韩两国受限于国内油气资源贫乏,作为老牌的 LNG 消费国对外依存度较高。而中国为了实现“减碳”的环保目标对 LNG 的需求将持续增大,随着天津、深圳等地新的 LNG 接收站陆续建成投产,对 LNG 的需求量也将进一步提升。分析可知,LNG 的运输路线主要集中在东亚地区,包括:①由澳大利亚穿印尼水域经过南海至东亚国家的航线;②由中东地区过霍尔木兹海峡,穿新加坡海峡和南海进入东亚国家的航线;③由美国东海岸及墨西哥湾穿巴拿马运河进入东亚国家的航线;④由北欧等地区经俄罗斯穿北极和白令海峡到达东亚国家的航线。

2.2　全球 LNG 网络规模变化

本研究分析结果显示:

2018 年,全球发货总航次数为 4668 次,总发货量为 29748.82 万 t;参与运输的 LNG 运输船共 481 艘,平均每航次发货量为 6.37 万 t。

2019 年,全球发货总航次数为 5440 次,较上一年同比增长 16.5%,总发货量为 35434.99 万 t;参与运输的 LNG 运输船共 557 艘,平均每航次发货量为 6.51 万 t,年增长率分别为 15.8%、2.2%。

2020 年,新冠肺炎疫情席卷全球,但全球的 LNG 贸易量并未受到影响,仍然保持增长态势;该年度发货总航次数为 5854 次,较上一年度增长 7.6%,总发货量为 38353.05 万 t;参与运输的 LNG 运输船共 559 艘,平均每航次发货量为 6.55 万 t,较上一年度分别增长 0.4%、0.6%。

2.3　进出口枢纽港分析

本文主要选取节点的度中心性和接近中心性作为聚类计算的指标,利用 K-Means + + 进行节点聚类。

表 1 显示了 2018—2020 年贸易网络中所有输入节点的聚类结果,节点的度中心性最大值和接近中心性最大值决定节结点在网络中的位置。

(1)第 3 类节点为 2018 年 LNG 贸易网络的进口枢纽港,主要包括美国的 Port Arthur 港、韩国的 Incheon 港以及国内的永安港。

(2)2019 年第 6 类节点为进口枢纽港,主要包括美国的 Port Arthur 港、韩国的 Incheon 港、Pyeong Taek 港以及国内的永安港。

(3)2020 年第 3 类节点为进口枢纽港,主要包括日本的 Kawasaki 港,国内的深圳港、天津港及永安港。

2018—2020年全球LNG贸易枢纽港特征 表1

年份	港口性质	港口名称	航线数	航线数占比	货量(万t)	货量占比
2018年	进口	Incheon	162	3.47%	1178.29	3.96%
	进口	Port Arthur	201	4.31%	1334.53	4.49%
	进口	永安	163	3.49%	1038.77	3.49%
	出口	Bonny	276	5.91%	1807.11	6.07%
	出口	Gladstone	313	6.71%	2151.68	7.23%
	出口	Ras Laffan	979	20.97%	7311.14	24.58%
2019年	进口	Incheon	180	3.31%	1254.82	3.54%
	进口	Port Arthur	76	1.40%	515.51	1.45%
	进口	Pyeong Taek	157	2.89%	1065.95	3.01%
	进口	永安	150	2.76%	1017.65	2.87%
	出口	Bintulu	455	8.36%	2358.42	6.66%
	出口	Bonny	303	5.57%	1974.69	5.57%
	出口	Ras Laffan	982	18.05%	7484.10	21.12%
	出口	Point Fortin	210	3.86%	1352.58	3.82%
2020年	进口	Kawasaki	276	4.71%	1850.64	4.83%
	进口	深圳	172	2.94%	1047.81	2.73%
	进口	天津	176	3.01%	1227.52	3.20%
	进口	永安	157	2.68%	1106.91	2.89%
	出口	Ras Laffan	980	16.74%	7491.58	19.53%
	出口	Bintulu	432	7.38%	2215.67	5.78%
	出口	Gladstone	326	5.57%	2263.19	5.90%

从分析结果来看,进口枢纽港多集中于中国、日本、韩国。日本和韩国是世界老牌的天然气消费国,由于国内油气资源贫乏,LNG对外依存度一直较大,而中国随着基础设施的完善,对LNG的需求量也在进一步提升。

2018—2020年贸易网络中所有输出节点的度中心性、接近中心性聚类结果表明:

(1)2018年第3类节点为LNG贸易网络的出口枢纽港,包括尼日利亚的Bonny港、澳大利亚的Gladstone港和卡塔尔的Ras Laffan港。

(2)2019年第5类节点为LNG贸易网络的出口枢纽港,主要包括马来西亚的Bintulu港、特立尼达和多巴哥的 Point Fortin 港、尼日利亚的 Bonny 港、卡塔尔的 Ras Laffan 港。

(3)2020 年第 6 类节点为 LNG 贸易网络的出口枢纽港,主要包括卡塔尔的 Ras Laffan 港、马来西亚的 Bintulu 港和澳大利亚的 Gladstone 港。

由表 1 可知,出口枢纽港多位于世界主要的天然气生产国。卡塔尔和澳大利亚凭借本国丰富的天然气储量三年来均位于全球 LNG 出口国前列,且同为中国、日本、韩国三国 LNG 进口来源国。Ras Laffan 港、Point Fortin 港、Gladstone 港、Bintulu 港和 Bonny 港均具有自己的服务区。Ras Laffan 港和 Point Fortin 港服务范围较广,美洲、欧洲、非洲、亚洲均有涉及;Gladstone 港出口的 LNG 主要输往中国、韩国、日本及印度;Bintulu 港出口的 LNG 主要输往东亚、东南亚等国,Bonny 港主要将尼日利亚的 LNG 输往欧洲及亚洲等地的沿海国家。

3 结语

本文主要通过节点重要性判别指标结合 K-Means + +聚类算法识别出 LNG 贸易网络的枢纽港口,并对枢纽港口的特性进行了分析。首先,计算出 LNG 贸易网络中所有节点的度中心性和接近中心性。其次,对所有节点的度中心性和接近中心性通过 K-Means + +聚类算法进行聚类。再次,对聚类结果应用节点重要性判别方法进行判定。最后,识别出各年份网络中的出口枢纽港和进口枢纽港,并从枢纽港口的地理分布、航线和货运量承担能力等方面对枢纽港口所具有的特点进行系统分析。该成果可为 LNG 港口发展建设、LNG 贸易伙伴选取与安全供应提供参考。

参考文献

[1] 施放. 全球原油和天然气储量与产量盘点[J]. 石油知识,2018(1):6-8.

[2] 武凤阳,邹戈阳,张沥月,等. 2020 年中国天然气产业特点分析[J]. 油气与新能源,2021,33(2):59-66.

[3] 万方敏,解东来. 天然气运输方式的适用范围与经济性比较[J]. 油气储运,2015,34(7):709-713.

[4] 张宏,丁昊,张力钧,等. 全球天然气贸易格局及中国天然气进口路径研究[J]. 地域研究与开发,2020,39(6):1-5.

[5] 高振宇,高鹏,刘倩. 中国 LNG 产业现状分析及发展建议[J]. 天然气技术与经济,2019,13(6):14-19.

[6] Shi X P, Shen Y F. Macroeconomic uncertainty and natural gas prices: Revisiting the Asian Premium [J]. Energy Economics, 2021, 94:105081.

[7] Jiang H, Xue M M, Dong K, et al. How will natural gas market reforms affect carbon marginal abatement costs? Evidence from China [J]. Economic Systems Research, 2021.

[8] Liu G, Dong X, Kong Z, et al. The role of China in the East Asian natural gas premium [J]. Energy Strategy Reviews, 2021, 33:100610.

[9] Avraam C, Bistline J E T, Brown M, et al. North American natural gas market and infrastructure developments under different mechanisms of renewable policy coordination [J]. Energy Policy, 2021, 148:111855.

[10] Peng P, Cheng S, Chen J, et al. A fine-grained perspective on the robustness of global cargo ship transportation networks [J]. Journal of Geographical Sciences, 2018, 28(7): 881-889.

[11] 彭澎,程诗奋,陈闪闪,等. 全球液化石油气运输网络贸易社区特征及其演化分析[J]. 自然资源学报,2020,35(11):2687-2695.

[12] Peng P, Lu F, Cheng S F, et al. Mapping the global liquefied natural gas trade network: A perspective of maritime transportation [J]. Journal of Cleaner Production. 2021, 283:124640.

[13] 陈闪闪,彭澎,陆锋,等. 海洋主航道对全球集装箱运输网络的影响分析[J]. 地理研究,2019,38(9):2273-2287.

[14] 卞永明,高飞,李梦如,等. 结合 KMeans + +聚类和颜色几何特征的火焰检测方法[J]. 中国工程机械学报,2020,18(1):1-6.

Fishing Transport System in Lake Victoria Tanzania: Status, Challenges and Strategies

Lawrent Gordon Mairusya*　Zeng Hong
(College of Marine Engineering, Dalian Maritime University)

Abstract　The fishing transport system has been a major link between the various regions around Lake Victoria by strengthening economic activity and income growth for the individual and the nation as a whole. Increased fishing activities have led to increased fatalities for fishermen due to bad weather conditions and poor fishing gears. This has led to a decline in day-to-day fish production, illegal, unreported, and unregulated fishing (IUU), and fishermen quitting fishing out of fear for their safety. This article uses a qualitative approach methodology to analyse the status, challenges and strategies of the fishing transport system in Lake Victoria regions, Tanzania. The result shows that despite the importance of the fishing transport system in the Lake Victoria regions, the system still facing a number of challenges that hinder its development such as high fishing costs, poor fishing vessels, poor communication, and network system, poor education and technology, climatic condition impacts and poor infrastructure, all these affects fisheries system in Lake Victoria regions. Moreover, this paper suggests various strategic measures to mitigate if not eliminating the mentioned challenges. The results may help the government or other stakeholders in decision-making.

Keywords　Fishing Vessels　Fishing Gears　Fishing Transport　Landing Site

0　Introduction

Tanzania is one of the three east African countries which shares the world's second largest, world's largest tropical and Africa largest freshwater lake by surface area, known as Lake Victoria[1]. The lake is located within the following coordinates 0°20′N to 3°00′S and 31°39′E to 34°53′E at an altitude of 1134 m[2]. The total area of Lake Victoria is 68,800 square kilometres, Tanzania shares 35,088 square kilometres of the total area equals to 51%, while Uganda (43%), and Kenya (6%)[3]. Lake Victoria is located in the northern part of Tanzania and its shores are boundaries by five administrative regions known as Mwanza, Mara, Kagera, Geita, and Simiyu. There are various socio-economic activities carried out by residents living along Lake Victoria, these are fishing, transportation, business, subsistence farming, trade, timber cultivation, animal husbandry, scientific research activities, irrigation activities, fresh water extraction for consumption, tourism[4-6]. Of all the activities mentioned above fishing has become a major activity in Lake Victoria, people earn their livelihood through fishing and it stimulates the performance of most other activities mentioned above. The fishing activities include Nile perch (Lates niloticus L.), Nile tilapia/Tilapi zillii (Oreochromis niloticus L.), Sardines, and cyprinid (Rastrineobola argentea)[2,7].

According to International Maritime Organization (IMO), fishing is one of the most dangerous works in the world. Fishing transport relies heavily on fishing vessels which requires professional personnel to operate them and run the fishing activities. Proper design, modification, communication systems, and safety are essential to prevent accidents and loss of lives[8]. In Lake Victoria apart from being a huge source of government revenue and employment to the people, fishing activities have been run locally without professionals, technology, and a modern fishing transport system. This research paper described and analysed in detail the current situation, challenges, and last but not various ways to improve the fishing transport system in Lake Victoria regions, lastly, this paper analysed the inland transport system of the fishing products from ashore to the processing industry then to the market where Dar es salaam region was considered. The Paper used a qualitative research methodology where by face-to-face interviews were used as a tool for data collection which was carried out by different representatives from fishmongers, fishermen, government (Ministry of livestock and fisheries officers, Beach Management Unit officers (BMU), Marine Service Company Limited (MSCL), Tanzania Shipping Agency Corporation Officers (TASAC), processing industry officers, market area-businessman and some normal citizen who are living around Lake Victoria. The collected data from TASAC website, Ministry of livestock and fisheries, Interviews, Bank of Tanzania, BMU'S report were used. The research was conducted in five regions which are Kagera, Mwanza, Geita, Mara and Simiyu specifically in six districts namely Bukoba, Ukerewe, Sengerema, Chato, Musoma and Busega respectively.

1 Literature Review

Fishing at the international level has been a major source of food, income, health, nutrition, and employment. Fisheries have become the most profitable sector in human life where at present it is estimated that more than 200 countries in the world have been importing and exporting fish and fish products around the world. In short, fish products have become one of the most exported and imported products in the world[9-10]. As fisheries become a major activity globally, different developed countries and research scholars put their efforts on suggesting and applying fishing policies and rules especially in the fishing transport system to control and monitor the entire fishing chain from catching areas to the markets. The Netherlands government and some other European unions comply with the common fisheries policies which aims at fishing management sustainability[24], this allows different policy and rules to be imposed like EU fisheries regulations, landing and unloading fish, buying fish, selling fish, transporting the fish and registration of fishing vessels. Whereby, the requirements and rules for fishing vessels were introduced such as a vessel monitoring system (VMS) for fishing vessel which is longer than 12 meters, an automatic identification system (AIS) for a fishing vessel longer than 15 meters, fishing vessels small than 12 meters E-lite logbook is used to record the fishing trips, for vessels from 12 meters electronic logbook is used to keep fishing data, IMO number for those who wish to fish in non-Dutch/European union, boat license, fishing license, inspection and certification of fishing vessels[11-12]. In order for the small-scale fisheries to become fully involved in sustainable fishing management for the long term EU commission for fisheries in 2018 proposed the regulation amendments on EU rules governing, controling and monitoring data of small-scale fisheries[13]. P. A. Wibawa, R. W. Birmingham, M. D. Woodward discussed the design of sustainable fishing vessels, and future challenges for the Indonesia fisheries. Fishing vessels are a major key for production in the fisheries sector which is a bridge to maintain and improve the proper and sustainable fishing activities in Indonesia[26], although poor infrastructure, low level of knowledge and educational training for the fishers, lack of best regulations and rules, expensive tools for design and construct fishing vessels results in complexity to accomplish the development of fishing activities in Indonesia the solution suggested by both writers of using a traditional fishing vessel as an initial starting point to design fishing vessels can help to mitigate all mentioned difficulties[14].

Moreover, FAO described small scale fishing as an important source of food, nutrition, employment, sustainable livelihood and poverty reduction in rural areas, especially in less developed countries which involves woman in the process of fishing[15]. Currently, FAO has strengthened the vision on the small-scale fishing so as sustainable development to recognize the contribution of small-scale fisheries, to value, enhance, realize the significance of small-scale fisheries in national economic, food security and workers are not discriminating from decision making and policy making[16]. Rime El Guermaï in his dissertation concentrated on the sustainable small scale fishing vessel of Morocco, he disclosed that the fishing industry has a great role in Moroccan economic growth which take 58% of the country's total food exports[17]. In his research qualitative methods were used in conjunction with an interview and observation as a tool for data collection whereby iconic model and software Rhinoceros were used to organize the information obtained[18]. Meanwhile, despite Morocco being the first country in Africa for fishing production[17] but the sector has been plagued by a number of challenges such as poor fishing vessels made of timber by carpenters who inherit the design, construction from old ones[19], minimal education for fishermen, conflicts between small-scale and large-scale fishermen[22], construction cost, maintenance cost, environment impacts and operation system[20]. In order to address the challenges of fishing vessels for small-scale fishers in Morocco, he developed a fishing vessel design which based on current fishing vessels used by small-scale fishers. According to the design, the vessel will use a system of electric engines, solar power instead of outboard engines this will lead to the option of diesel generator, battery and outboard engine onboard also polyester and fiberglass are suggested to be used as boat hull construction materials[19]. This design will meet the requirements of sustainable development goals in fisheries, although, the engineering solution may not be very friendly to fishermen and have little response in changing the old system into this new system which is essential for the development of fishing vessels in Morocco[21]. Patrick Machia Mipawa in his dissertation on the effect of maritime transport investment to the socio-economic growth in Tanzania: a case of the Lake Victoria zone both qualitative and quantitative research methodology was used, also purposive sampling as a non-probability sampling technique was used to choose a specific group of people to help on the study while both primary and secondary data was collected by using questionnaire and published document like articles, dissertation, reports, statistics[27]. The maritime transportation sector in Lake Victoria includes different activities such as passenger transportation, goods and service transportation, agriculture activities, tourism, fishing, industrial activities, research, and trade[23]. Apparently, the increase in the population of the people around Lake Victoria led to the increase in socio-economic activities[25] with the high demand for sustainable maritime transportation in terms of fishing vesselss, passenger vessels, cargo vessels which all rely on supportive infrastructure, technology, innovation, sufficient human resources, education and collaborative policy, rules and laws[27]. Research outcomes evident that the inefficiency of infrastructure (like ports, ITC), inadequate human resource, insufficient investment should be immediately addressed with all parties that is government and private sector to meet the demand of socio-economic growth of the communities around Lake Victoria due to the failure of some investment strategies implemented[27]. Onyango P. O, Haule. T. D and Mwanahamisi. S discussed the Potential strategies to address fishers' problems in Lake Victoria, Tanzania. Participatory Research Appraisal methodology[29] was used while Problem Web was used to present problems identified during the research. Their findings discovered that fishing is the major activity around Lake Victoria conducted by the riparian with poor education on fishing activities, decreased number of catches, poor gears[30], frequently unpredictable weather changes, insufficient fishing vessels, price fluctuation[31], theft, pressure from employers, lack of cooperation, increase taxation and increased agents/middleman. Their conclusion was to formulate an independent authority that will be under the umbrella of the government and to create awareness to the fishermen to organize legal organizations from the level of the district to the region[29].

2 The Current Status of Fishing Transport System in Lake Victoria

2.1 The Fishing Activities in Lake Victoria

The type of fishing that takes place in Lake Victoria is small-scale fishing by using specified sized fishing nets announced by the government authority[3], fishing hooks, small fishing canoes where fishermen catch fish and sell it to fishmongers who transport fish to sell them in large factories as agents (by special agreement between them and large factories), small factories where fish can be processed by fishmongers and sell them in various domestic and foreigner markets or fishmongers can direct sell the fish to other fishmongers who are available at the small factories. Normally, fishing time is carried out 24hours a day that is, some fishers are going to fish early in the morning and others during the night but for sardines is always night depending on the moon appearing. Also, there are few fishers, especially the rich ones who went fishing for 3 to 5 days while camping on water with a lot of fishing canoes and deliver the products at the large boat stationed at landing sites, especially on the island. Moreover, most fishers are employees of canoe owners whose job is to catch fish and deliver it to a large canoe which in turn will carry fish to the canoe owner or factory. The canoe owner is responsible for providing food, fishing gears and allowance to the fishermen. The total number of fishermen in Lake Victoria regions is 109,397[3], it is well indicated in the Tab. 1 below which shows the number of fishers in each Lake Victoria regions. Nile perch, Sardines (Dagaa) and Tilapia are the most valued commercial species frequently fished in Lake Victoria regions[3] as shown in Tab. 2.

Number of fishers in Lake Victoria regions. Tab. 1

Item/Region	Geita	Kagera	Mara	Mwanza	Simiyu	Totals
Total number of Fishers	8,269	23,469	25,135	48,138	4,386	109,397

Source: Ministry of Livestock and Fisheries 2020.

Weight(MT) of fish by region and species for Lake Victoria, 2020 Tab. 2

Region/species	Nile perch	Sardines (Dagaa)	Tilapia
Kagera	20,137.84	21,423.27	208.5243
Mwanza	50,456.96	48,144.79	4691.183
Geita	3,822.92	1,671.59	8,987.88
Mara	12,983.32	52,358.22	1668.935
Simiyu	5,635.34	520.66658	406.3257
Total	93,036.37	124,118.54	15,962.85

Source: Ministry of Livestock and Fisheries, 2020.

2.2 Fishing Transport in Lake Victoria Regions

2.2.1 Fishing Vessels

Currently, fishing canoes are only used for fishing in Lake Victoria. These fishing canoes are made by using woods and nails. The canoes are made by canoes builders who are not professional on ship building and designing but they inherit the knowledge from their elder who passed away or are too old to continue working on the canoes. These canoes are divided into two parts, the outboard engine canoes and the canoes without engines. There are no inboard engines. The outboard engine canoes are made with a flat shape at the stern side to attach the outboard engine(Fig. 1).

Fig. 1 Canoes anchored, left canoe with two engines while the right canoe shows stern flat shape

Source: Mwanza region, research work 2021.

They are categorized into two parts by ton-weight such as:

(1) 500 kilogram-3 tons with up to 22feet long this can be sailing by using two engines each with 15hp in a single canoe or single engine with 40hp for a single canoe.

(2) 3.5 tons-50 tons with the length between 40-45feet, which can be sailing by using two engines each with 40hp or 60hp engine for single canoe.

The two categories above apply to the canoes without engine during manufacturing. For 500kg-3tons without an engine can be sailing by using hand paddles or using wind where a piece of clothes raising at the middle of the canoe (Fig. 2). The total number of fishing vessels in Lake Victoria regions is 31,773 while the total number of outboard engines is 11,083[3], consider the Tab. 3 below:

The status of fishing effort in Lake Victoria in 2020 Tab. 3

Item/Region	Geita	Kagera	Mara	Mwanza	Simiyu	Totals
Total number of Fishing vessels	2,755	7,247	7,251	13,560	960	31,773
Number of Outboard engines	201	3,259	1,646	5,612	365	11,083

Source: Ministry of Livestock and Fisheries, 2020.

Fig. 2 Canoes without outboard engine, sailing by using wind/hand paddle.
Source: Mara region, Musoma district. Research work 2021.

2.2.2 Fish Carry Vessels

These are sometimes called fish collector or storage vessels. These vessels are designed by canoe builder as explain above (3.5tons-50tons) which uses outboard engines. It contains the bins for ice and fish storage(Fig. 3). Normally, these ships are stationed in a specified island where fishers with their small canoe take ice and leave the big canoe, when they finish fishing, they take the fish back to the big canoe. The big canoe transports the fish to the small or big industry or to the canoe owner or to the ferry market.

2.2.3 Inland Fish Transportation

(1) Transportation of Fish from Ashore to the Processing Area (Factories)

Some of the industries are located far from ashore so comes a need for road transport to carry your fish to the factory. Registered car by Ministry of Livestock and Fisheries for transporting fish only is used to carry the fish from ashore to the factory, these cars are non-refrigerated.

(2) Transportation of Processed Fish from Factories to the Market

Non-refrigerated cars are registered for transporting fish only are used to carry the products from the factory to the market. These cars have the capacity of more than 16 tons, whereby the car collect the fish from the different factory until it is full. These cars are privately owned by individuals who are requested by the industries for collecting and delivering fish. There is no contract between the fish owner and the factory management nor the car owner about the security of the product during the voyage to the market. For example, the big market is in Dar es Salaam city which is 1,126.8 kilometres away from Mwanza city[37] (Fig. 4), it took 2-3 days for the car to reach Dar es Salaam city while the car is non-refrigerated. Furthermore, from the point where fish is unloaded, it is transported again by using registered car or unregistered motor vehicles like motorcycles, a three-legged motorcycle which takes more or less than 6 hours depends on the traffic jams to reach the final market this could be a supermarket, butcher, hotel, restaurant.

Fig. 3 Fish carry canoe anchored with a bin at the middle for storing fish and ice
Source: Geita region. Research work 2021.

Fig. 4 A butcher man receiving processed frozen fish from Mwanza
Source: Dar es Salaam, Ilala district, Gongolamboto. Research work 2021

2.3 The Weather Condition in Lake Victoria Regions

Climate change in Lake Victoria has been affecting the fishing transport system regularly and even leading to deaths for the fishermen. Heavy rains, thunderstorms, and winds have been the order of the day in Lake Victoria regions and have led to poor fish production considering the quality of the fishing vessels is poor[34]. In recent years, climate change has led to increased water levels in Lake Victoria and affected the entire fishing transport system. Landing sites have been occupied by water; fishers stop fishing because the water comes into the vessels[32]. It is common whether the condition to change from time to time[33].

2.4 Education and Technology

Many fishermen are illiterate, having not gone beyond primary schools' education. This leads to a lower understanding of various issues related to fishing especially their safety, weather condition, environment protection and proper fishing method. Fishing to them is a gift in nature that they inherit from their elders. Also, there is no fishing technology used to catch fish. Fishermen throw their fish nets everywhere with the assumptions that there is fish on the area. There is no Institution which provides education on fishing, operational and maintenance of fishing vessels with a capacity to meet the demand of the fishers around the Lake Victoria regions rather than Marine Police College at Mwanza region and Dar es Salaam Maritime Institute from Dar es Salaam which provides some seminars and workshop to fishers especially on safety matter during fishing.

2.5 Fish Landing Sites

These are those areas where fishers land the fishing catch for selling or collecting to a large boat or bin for preparing departure to the market or factory. There are no ports for fishing activities. Currently the total number of fish landing sites is 641 in Lake Victoria regions[3] (Fig. 5). Consider the Tab. 4 below.

Fig. 5 Landing site under construction

Source: Kagera region. Research work 2021.

Number of Landing sites around Lake Victoria. Tab. 4

Item/Region	Geita	Kagera	Mara	Mwanza	Simiyu	Totals
Total number of landing sites	73	167	168	223	10	641

Source: Ministry of Livestock and Fisheries 2020.

2.6 Fishing Communication

Currently there is no another source of providing weather information rather than Tanzania Meteorological Agency (TMA) which is always using television, radio, magazine, social media and other platforms to publicize the forecast weather condition in Tanzania. It is difficulty for fishers to receive the news from TMA especially in some islands where there is no signal at all. Fishermen always use their common sense to predict whether the Lake is ok for fishing or not which depends on the fisher's experience level. Moreover, there is no proper communication system installed in the vessels in Lake Victoria, a system that will be friendly to vessels and fishermen in making communication between one vessel and another.

3 Challenges Facing Fishing Transport System in Lake Victoria

3.1 Poor Fishing Vessels

Fishing vessels are not well designed and fabricated to meet the desired conditions on Lake Victoria, they are not enclosed type, no inboard engines to help fishers during rainfall, storms, hot temperature and wind (Fig. 6). It is not possible to fish in other areas like the one called by fishermen black water due to its heavy wind although it is an area with a lot of fish.

Fig. 6 Fishermen using hand paddle to sail a canoe

Source: Simiyu region, Busega district. Research work 2021.

3.2 High Fishing Cost

It takes a fisherman about 6-14 million Tanzanian shillings to build a canoe alone. The larger the boat the higher the price. At the same time, the best and safest engine costs 4.6 to 5 million shillings, like YAMAHA. In addition, operating costs have been increasing daily as the price of oil, maintenance and fishing nets such as Gill nets which are recommended by the government costs 50,000/= to 60,000/= Tanzanian shillings per net, where, for a fisherman to benefit from a small fishing canoe of 10-12 meter it needs 100 nets. Also, registration costs from the government example, vessel registration issued by TASAC, fishing and vessel license issued by Ministry of livestock and fisheries, tax license issued by Tanzania Revenue Authority (TRA), business license issued by the district council. All of these costs have been a major burden on fishermen and thus have affected the fishing system in Lake Victoria and led to the continued illegal unreported and unregulated fishing.

3.3 Poor Education and Technology

Fishing transport requires adequate education in its operation, maintenance, design, and fabrication of vessels. In Lake Victoria, fishermen have studied basic education that is primary, they have not studied fisheries. This has endangered their own lives and often lead to death, as they have been fishing for assumptions and experiences which has resulted to a decrease number of fish caught. Furthermore, there has been little awareness of the country's borders on Lake Victoria where several times Tanzanian, Kenyan and Uganda fishermen have been caught fishing with each other without permits. Moreover, poor education led to environment of destruction around Lake Victoria such as deforestation of natural trees (for buildings, canoe manufacturing, making charcoal for domestic uses like cooking which left a lot of islands without a single tree), farming, digging sand and rocks which are the pillars to prevent water from reaching the settlements. Proper handling and use of person of safety survival equipment such as life jacket, rescue buoy, and other staffs like a fire extinguisher, stove for cooking, petrol gallon. Many fishermen have that equipment onboard only because of inspection or legislation from the government but they don't know how to use them, risk of putting stove and petrol together.

3.4 Climate Change

Due to the lack of adequate education for fishermen, poor fishing transport, and poor communication system, Lake Victoria has become commonplace to capsizing the fishing vessels and some fishermen dead where many victims testify against strong winds, thunderstorms and waves hitting their vessels[36]. This is due to the fact that the weather condition of Lake Victoria has been changing from time to time this will depend on where it will find you. Due to climate change as a result of global warming it was hoped by various researchers that there would be heavy rainfall over Lake Victorias[33], in recent years we have witnessed an increase in water depth of 13.2meters high (the highest level since 1964) which resulted in the disappearance of some fish Landing sites and beaches where economic activities totally affected[35]. Due to the type of canoes used to catch fish, the increase in water has reduced the number of fish caught per day as fishermen have been unable to travel to remote areas for fear of their safety, fish are not found in common areas as in the past, this results to the decrease of the number of the fishers, fishers decide to seek another job like farming(Fig.7).

Fig.7 Fishermen Landing at the landing site for auction after being fishing all night

Source: Mwanza region, Ukerewe district, Lyamwenge Island, Research work 2021.

3.5 Security and Safety of Fishermen and their Fishing Gears

The protection and security of fishermen and their livelihood during fishing has been a major threat to the fishermen's frustration as the government especially the marine police have no sufficient vessels for the daily operation around Lake Victoria. Also, the BMUs are not financially supported and have no means for conducting daily patrol. Jealousy and conflicts among fishermen or canoe owner have led to the theft or loss of fishing nets as soon as you finish trapping the nets in the water. Furthermore, there have been pirates with speed boats or canoes with large outboard engines who steal the engines, fish, and oil from fishermen, and disappear from nowhere.

3.6 Lack of Rescue Transport Vessels

Many accidents have occurred and continue to occur in Lake Victoria caused by overcrowding of ships and ferries, poor fishing vessels, overloading of vessels, bad weather, poor education on weather conditions, and operation of fishing activities. In the event of an accident, there is no rescue boat or ship with a modern tool for rescue, this has led to unnecessary deaths of the people in Lake Victoria.

3.7 Poor Communication and Network System in Lake Victoria

There is no fishing communication on board canoes which can help fishermen to communicate one after another. Also, the normal network system in Lake Victoria is poor that you cannot make a call, receive or send messages through your phone unless you find an area with a network. The flow of information is poor like the weather forecast from TMA that's why fishers do not care about it in many times. This has been a major source of the accident in Lake Victoria regions as fishers and residents try to use their own weather prediction which are informal way as a result, they are facing strong winds and waves during fishing or travelling.

3.8 Poor Fishing gears

3.8.1 Fish and Ice Storage Equipments

The design of these bins affects the capacity of the canoe which results in accident when facing strong wind and waves. It is designed by unprofessional personnel by using woods, nails, and galvanized iron especially aluminum they cannot last long due to fracture and rust. It is difficult to store fish and ice for long due to the high temperature in Lake Victoria.

3.8.2 Sardines Drying Equipments

When the sardines are caught most of them are dried in the sun for two to three days this depends on the presence of the sun. Many fishermen dry sardines on the mosquito net, grasses, rocks, or sand, which leads to the product being sandy in the market and falling prices (Fig. 8). There is no specialist personnel in processing the sardines.

Fig.8 Woman collecting sardines from the sand, ready to be parked for transportation to the market

Source: Mwanza region, Ukerewe district. Research work 2021.

4 Strategies to Improve Fishing Transport in Lake Victoria Regions

In this study, various factors have been identified that have been positive strategies to improve the fishing transport system, which will lead to improved employment, and socio-economic well-being of the people around Lake Victoria. The quality of these strategies will depend on the blessings and cooperation of the government of the united republic of Tanzania, Ministry of Livestock and Fisheries, Ministry of Construction, Transport and Communications, Tanzania Shipping Agency Corporation, Tanzania Meteorological Agency, Marine Service Company Limited and their stakeholders.

4.1 Establishing New Fishing Transport in Lake Victoria Regions

In order to improve sustainable, environmentally friendly, cost-effective, and fast-paced transport, the government in collaboration with other stakeholders should develop new fishing transport in Lake Victoria regions. The design, building, and manufacturing should be originated from the current canoes by involving fishermen so that from their experience they can say what type of canoe would be appropriate for their use. Furthermore, the design should take into account the lake's climate condition in terms of waves, rain, wind, storage of fish, environmental pollution, communication system, maintenance, and easy operation system. Apart from that, refrigerated transport vehicles are needed to ensure the safety of fish from the landing sites to the factory and then to the market.

4.2 Enhancing Communication System in Lake Victoria Regions

Poor communication infrastructure in Lake Victoria has been a major obstacle for fishermen to receive and provide various information. This was evident during our study when our phones were completely offline and this was complained of by fishermen in all the places we visited. It is also more important to have an integrated communication system in fishing vessels to facilitate access to different information at the same time than now fishermen use their phones which are often unavailable. The government can use its institutions, private organizations or involve foreign experts in designing and setting up a simple communication system in Lake Victoria, the findings has shown that the internet-free online system and the existence of a common communication system in a canoe can be used with a special application that does not require smart phones only to register the fishermen and login when they are fishing. The system will show where the fisherman is, how many are they, what kind of fish they catch, and what kind of a canoe they have, the system will provide fishermen information every time to have accurate information.

4.3 Improve Fishing Taxation and Investment Policy

From the study it has been found that fishing costs have increased significantly due to higher taxes levied by the government where some have led to double taxation for example Vessel registration is issued by TASAC but you cannot start fishing on Lake Victoria until you get a vessel and fishing license issued by Ministry of Livestock and Fisheries. Taxes like this have been a major catalyst for corruption and illegal, unregulated and unreported fishing. The government needs to reduce import taxes on various fishing equipment such as life jackets, bins, canoe engines, fishing nets, and other related equipment to increase the ability of fishermen to buy and ultimately the government to generate more revenue. The government can persuade investors by having friendly investment policies to build various industries that will produce fishing equipment in the Lake Victoria regions, this will reduce fishing costs, increase government revenue, and increase employment opportunities for citizens.

4.4 Introducing Modern Fishing Ships and Rescue Boats

In order to get into modern fishing, it is important to have large scale fisheries that will bring the leaven of commercial competition to Lake Victoria regions so it is important that investors are allowed to set up new and modern fishing vessels, this fishing vessels will be given specific areas to fish to avoid conflict with artisan fishers, especially in those areas where canoes do not reach. In the findings, it is clear that in Lake Victoria there is no such kind of Fishing vessels that can be caught and process fish at the same time. Also, it has been suggested that the need of rescue boats should be given high priority which can be stationed at various locations around Lake Victoria region depending on the population of fishers on that area. It will be a standby fast boat that receive timely information from fishermen about their position, working, and weather condition.

4.5 Strengthening and Improving the Education and Technology Systems

Since many fishermen have no formal and fishing education, the government should invest more in the construction of various universities, colleges and laboratory infrastructure that will provide fishermen with different education levels on how to fish, conserve the environment, build modern canoes, proper use of fishing equipment, operation of motorized canoes, installation, maintenance of canoes and engines, management, maritime security, country boarders, processing and storing of fishery products, climate change recognition and communication system in fisheries. In the findings, fishers are flexible and willing to be educated through seminars, short course and practical training although they have been some seminars from Police Marine College from Mwanza and Dar es Salaam Maritime Institute from Dar es Salaam on personal survival and firefighting but the demand has been high which requires investment to have universities and colleges in Lake Victoria regions. The government can encourage local investors to partner with foreign investors with affordable loans to invest in education, science, and technology in the fishing transport system.

4.6 Develop a Research Organization

In Tanzania, there has been a ministry of livestock and fisheries which have been conducting various studies through Fisheries Frame Survey and Catch Assessment Survey which gathers data and information like fishing efforts, total catch, and others for future planning and decision making. As well as Tanzania Meteorological Authority (TMA) which forecast the weather condition in Tanzania and publicity in the media also, there is Lake Victoria Basin Water Board (LVBWB) which deals with protection of environment and safe water for industrial and domestic uses around Lake Victoria regions. Despite all this, there is no body or agency reporting daily 24 hours weather condition of Lake Victoria to the fishermen and other stakeholder who using Lake Victoria. Investment is needed in order to establish a multi-disciplinary body/agency that will collaborate with on other institute like TMA to provide daily research information and data on the weather condition of Lake Victoria, areas with sufficient fish for fishing to the fishermen. This will help the government to have exact data and information on 24 hours weather trends of Lake Victoria also it will reduce the deaths for fishermen, and residents and increase their fish catch per day.

5 Conclusions

The fishing transport system in Lake Victoria regions is a backbone of the well-being of natives and the nation as a whole in socio-economic matters by providing employment, revenue, social services, nutrition, and food security. Despite its importance, it has been plagued by many barriers that lead to poor production, environmental protection, and fishermen's security through poor fishing facilities, poor communication, and network, climate change impacts, high fishing cost, and poor education and technology. This article has highlighted the importance of making significant improvements in the entire key area of the fishing transport system of Lake Victoria, especially in collaboration with fishermen and the community to design and build a canoe that will meet the needs of fisherman safety, environmental protection and increase production by using fiber or iron materials, where in the findings fiber is most recommended. Furthermore, the canoe will incorporate a communication and network system to provide fishermen with information and data on their location, emergency issues or other related activity during fishing. It is hoped that the government agencies like TASAC, Ministry of livestock and fisheries through its stakeholders, researchers, companies, colleges, and universities will use the advice provided in this article as a reference to make improvements in the fishing transport system in Lake Victoria regions.

6 Acknowledgements

My sincere thanks go to my academic professor, Professor Zeng Hong for his advice, support, and help which he gave it to me tirelessly. For me, he has been a solid pillar in strengthening my studies and my future goals. I would like to acknowledge the significant contribution, advice and assistance to the completion of this article from my family friend brother Dr. Msabaha Juma Mwendapole, PhD student at Dalian Maritime University (DMU). Also, I express my special thanks to Engr. Alpha Nestory from Advanced Engineering Solution Limited, Engr. Shija A Shija from Ministry of fisheries and livestock, Kagera region, Mr. Shadrack Vincent Haule from Marine Police College, Mwanza region, Mr. and Mrs. Sylvester Mashauri from Mwanza region, Mr. Mkapa BMU officer at Mwanza region, Ukerewe district for their contribution and support during the research and writing of this article.

Lastly, I would like to express my sincere thanks to my mom, my brother Albert Mairusya Mairusya and my young brother Joseph Silvanus Audi for their help, advice, encouragement and comfort even when I have no hope of continuing the study of this article.

References

[1] Kevin O Obiero, Richard O Abila, Murithi J Njiru, et al. The Challenges of Management: Recent Experiences in Implementing Fisheries Co-Management in Lake Victoria[J]. Kenya, Lake & reservoirs: science, policy and management for sustainable use, 2015,(20):. 139-154.

[2] M Njiru, Charles Ngugi, John Gichuki. An overview of the current status of Lake Victoria fishery: Opportunities, challenges and management strategies[J]. Lakes & Reservoirs Research & Management, 2008,13(1):1-12.

[3] United Republic of Tanzania, Ministry of Livestock and Fisheries. The annual fisheries statistics report (January-December) [R]. 2020.

[4] Lake Victoria Fisheries Organization (LVFO), Jinja. (2008a). Fisheries management plan for Lake Victoria 2009-214[EB/OL]. http://www. lvfo. org/index. php/documents/lvfo-documents.

[5] Richard Abila. A Socio-economic Analysis of the Fishery Cooperatives of Lake Victoria (Kenya) [R]. International Fund for Agricultural Development (IFAD),2002.

[6] Cowx Iced. Review of the exploitation pressures on the fisheries resources of Lake Victoria[R]. Lake Victoria Environmental Management Project National Secretariat, Entebbe, Uganda, 2005:125.

[7] Mkumbo O C, Nsinda P Ezekiel, C N Cowx, et al. Towards exploitation of Nile perch consequential to regulated fisheries in Lake Victoria[J]. Aquat Ecosyst, Health Manage, 2007,10(4): 449-457.

[8] National Research Council [NRC] USA. (1985).

[9] UNCTAD. Activities, challenges and opportunities for the implementation of SDG 14 [C]. UN Conference to Support Implementation of Sustainable Development Goal 14,2020.

[10] Martín Aranda, Raúl Prellezo, Marina Santurtún, et al. EU fisheries policy-latest developments and future challenges [EB/OL]. PECH Committee European Union, http://www. europarl. europa. eu/thinktank/en/document. html? reference = IPOL_STU(2019)629202.

[11] European Union (EU). The Common fisheries policy (CFP), The EU's fisheries control system, Managing fisheries[R]. Eeuropa. eu. 202,1.

[12] The Netherlands, Ministry of Agriculture, Nature and Food quality, Ministry of Economic Affairs and Climate, The Netherland Enterprise Agency (RVO). Fishing vessels registration[S]. Business. gov. nl. ,2021.

[13] European Commission, Brussels. Regulation of the European parliament and the council as regards fisheries control[EB/OL]. SEC 267, SWD 279, SWD 280, https://eur-lex. europe. eu/legal-content/EN/TXT, europa. eu. ,2018.

[14] P A Wibawa, R W Birmingham, M D Woodward. The design of sustainable fishing vessels, future challenge for the Indonesia fisheries [C]. International Marine Design Conference, Volume 3,2015.

[15] FAO. Small-scale and artisanal fisheries: progress on implementing the ssf guidelines since the thirty third session of cofi in 2018 [R]. 2020.

[16] Food and Agriculture Organization (FAO), Fisheries and Aquaculture Department, Rome. The State of World Fisheries and Aquaculture[R]. 2014.

[17] Web-1: http://www. onp. ma/home, Accessed November 16, 2019.

[18] Birmingham R, Cleland G, Driver R, et al.

Understanding Engineering Design Context, Theory and Practice (Chapters 4, 5 and 7) [M]. Newcastle upon, Tyne: Prentice Hall, 1997.

[19] El Guermai R. (2019). Logbook Appendices [EE/OL]. Videos, Morocco. Available at: http://www.guermai-informatique.

[20] Birmingham R, Sampson R. Safety and Sustainability in the Fishing Industry: A Design Conflict? [C]. // Proceeding International Conference on Small Craft Safety, The Royal Institution of Naval Architects (RINA), London, UK, 2001.

[21] Rime El Guermaï. Sustainable small-scale fishing vessel of Morocco [D]. Newcastle: School of Engineering, Newcastle University, 2020.

[22] Anskaityte Indre. Coastal Communities in Morocco Strive to Preserve Sustainable Small-Scale Fishing[EB/OL]. Slow Fish, May 11, 2019. https://slowfish. slowfood. it/en/coastal-communities-in-morocco-strive-to-preserve-sustainable-small-scale-fish.

[23] Onyango P O. Socio-economic characteristics of the Lake Victoria Fisheries, In Lake Victoria Fisheries Resources [R]. Springer, Cham, 2017: 161-184.

[24] Nita S C, Hrebenciuc A. The Importance of Maritime Transport for Economic Growth in the European Union: A Panel Data Analysis[J]. Sustainability, 2021, 13(14): 7961.

[25] National Bureau of Statistics (NBS), Tanzania. GROSS DOMESTIC PRODUCT 2017[R]. Ministry of Finance and Planning, 2018.

[26] Amin C, Mulyati H, Anggraini E, et al. Impact of maritime logistics on archipelagic economic development in eastern Indonesia [J]. The Asian Journal of Shipping and Logistics, 2021, 37(2): 157-164.

[27] Patrick Machia Mipawa. The Effect of Maritime Transport Investment to the Socio- Economic Growth in Tanzania: A Case of the Lake Victoria Zone [D]. The Open University of Tanzania, 2021.

[28] IIRR. Participatory methods in community-based coastal resource management. 3 vols. International Institute of Rural Reconstruction [J]. Silang, Cavite, Philippines, 1998, 2: 290.

[29] Onyango P O, Haule T D, Mwanahamisi S. The Potential strategies to address fishers' problems in Lake Victoria, Tanzania [J]. Fisheries Research, 2005.

[30] SEDAWOG. Marketing Study [R]. Lake Victoria Fisheries Research Project LVFRP Technical Document No. 2 LVFRP/TECH/99/02. Jinja. Socio-economic Data Working Group 1999: 130.

[31] Greboval D. Management of the new Fisheries of Lake Victoria: Major socio-economic issues [R]. UNDP/FAO Regional Project for Inland Fisheries Planning (IFIP) RAF/87/099/TD/04/89 (En) Rome. Food and Agricultural Organization, 1989.

[32] Web-2 http://www.tasac.go.tz/, 2020.

[33] Wim Thiery, Edouard L Davin, Sonia I Seneviratne, et al. Hazardous thunderstorm intensification over Lake Victoria [J]. Nature communications, 2016.

[34] Jonas Van de Walle, Wim Thiery, Roman Broglic, et al. Future intensification of precipitation and wind gust associated thunderstorms over Lake Victoria [J]. ELSEVIER, Weather and Climate Extremes, 2021, 34: 100391.

[35] UN News. Beneficiaries of Lake Victoria in Tanzania complain of rising water levels [R]. 2021.

[36] Kiwanuka-Tondo J, Semazzi F, Pettiway K, et al. Climate risk communication of navigation safety and climate conditions over Lake Victoria basin: Exploring perceptions and knowledge of indigenous communities [J]. Cogent Soc. Sci, 2019, 5 (1): 1588485.

[37] Finney D L, Marsham J H, Rowell D P, et al. Effects of explicit convection on future projections of mesoscale circulations, rainfall, and rainfall extremes over eastern Africa[J]. J Clim, 2020, 33 (7): 2701-2718.

[38] Ministry of construction, communication and transportation Tanzania. Tanzania road distances in kilometers[R]. 2021.

Hierarchical Hub Location-allocation Optimization in Rail-sea Container Transportation Network: A Meta-heuristic Approach

Peixiu Han Zhongbo Liu* Zhuo Sun
(Department of Logistics Engineering and Management,
College of Transportation Engineering, Dalian Maritime University)

Abstract Rail-sea transportation mode is nowadays an outstanding choice for container transportation in international trade. In the intermodal transportation network, selecting proper port and railway hub locations is essential to obtain great profits for both shippers and shipping companies related. This paper establishes a tailored hierarchical hub location-allocation model for the whole rail-sea transportation network. A meta-heuristic approach called Parallel Genetic Algorithm-Particle Swarm Optimization (PGA-PSO) has been designed for large-scale problems. To verify the efficiency of the model and designed algorithm, real-world cases have been designed and conducted with CPLEX and PGA-PSO. It is verified that the proposed model can effectively reduce the total transportation cost and the meta-heuristic approach introduced operates significant performances.

Keywords Rail-sea Container Transportation Hierarchical Hub Location-allocation PGA-PSO CPLEX

0 Introduction

Intermodal transportation mode has been taken into hot consideration in recent years due to the increase in international trade (Yan et al., 2020). Rail-sea transportation is a kind of multimodal transportation, which makes up for the shortcomings of the single railway and maritime transportation, and at the same time integrates the advantages of them. Railway transportation has the advantages of large volume and relatively fast time, but its unit transportation is expensive. Maritime transportation also has the advantage of large volume. However, the freight price of maritime transportation is relatively low. Its disadvantage is that the transportation time is quite long and the risk is relatively high. The effective combination of them in a suitable way can not only produce certain economies of scale but also save certain transportation time. Adopting rail-sea mode can maximize the economic benefits of the entire transportation network for multimodal transport operators as well as shippers. Besides, rail-sea transportation can ensure a certain degree of cargo quality and reduce service time. As is known that sea-rail transportation is a huge and complex comprehensive transportation network. Therefore, how to reasonably make optimal hub locations in the network and allocate demand to the corresponding arcs is the top priority for optimizing the entire transportation network.

The concept of mode choice was first introduced to the hub location literature by O'Kelly and Lao

1. This study is funded by the National Natural Science Foundation of China (No. 51779022; 2171247; 52071057).

(1991). In this study, two hubs were considered at fixed locations and the allocation decisions were analysed for air and ground transportation. More recently, there were some studies considering hub location in intermodal networks. An uncapacitated hub location problem with a non-linear concave cost function accounting for the economies of scale to increase the share of rail in intermodal transportation was used later (Racunica I. and Wynter L., 2005). Limbourg and Jourquin (2009) determined the locations of rail-road transfer terminals using the single allocation p-hub median model. Also, Ishfaq and Sox (2011) used uncapacitated hub location model with the inclusion of a service time constraint to solve the location of hubs within a rail-road intermodal network. A mathematical formulation was proposed to design an intermodal hub network for multi-type container transportation when there were multiple stakeholders such as the network planner, carriers, hub operators, and intermodal operators (Meng Q and Wang X, 2011). A consideration of time definite deliveries was taken in the hierarchical hub location problem. A hub location problem was approached from a network design perspective. In addition to the location and allocation decisions, a decision on how the hub networks with different possible transportation modes was also designed (Khodemani-Yazdi M. et al., 2019). Such hub location-allocation problem (HLP) has been proved to be a NP hard problem. However, the hub location in this paper seems more complex since two types of hubs need to be considered at the same time, that is, both the port hub and railway hub.

For large scales, the exact algorithm may not have the optimal solutions in a reasonable time. Thus, a heuristic method of PGA-PSO was designed for the problem here. Genetic Algorithm (GA) was first proposed by Goldberg, which was also called Simple GA (Mahdi B., 2018). Eberhart and Kennedy proposed Particle Swarm Optimization (PSO) in 1995 based on modelling and simulation of bird group behaviour (Eberhart R and Kennedy J, 2002). PSO is comprised of the global and local versions. The local version of PSO has a faster convergence speed, but it is easy to fall into a local optimum. The global version of PSO is not easy to fall into the local optimum, but the convergence speed is slower. Since they have their own strengths and weaknesses, it is better to combine them to achieve complementary advantages. Therefore, PGA-PSO with fast convergence and the ability of jumping out of local optimum was introduced to solve the problem.

1 Mathematical model

1.1 Problem Descriptions and Assumptions

In the sea-rail integrated transportation network, for the maritime network, there are usually direct routes between ports, and one ship usually carries the goods required by multiple ports on this route. Taking the round-trip situation into account, the maritime network structure studied in this paper is a closed loop. For the land transportation network, the goods provided by various supply points will be concentrated in a certain road or railway station through road or rail transportation. Therefore, some road or railway stations with suitable locations and capacities should also act as hubs. Goods coming from all inland directions also flow to all inland directions, so the network structure is star-shaped. In summary, in the integrated sea-rail transport network, both port hubs (central hubs) and railway hubs (general hubs) need to be located in suitable positions to improve the quality of the entire transportation network and generate certain economies of scale to reduce the overall cost. The sea-rail transportation network involved here was given in Fig. 1.

In order to make the model more convenient to establish, some assumptions need to be explained here:

- The supply and demand node to general hub and general hub to central hub all obey the single allocation principle, that is, a supply and demand point can only be served by one general hub, and a general hub can only be served by one central hub.

- A region with cargo supply and demand requirements can build railway hubs and port hubs.
- The container handling capacity of the hub can always meet the demand, that is, the handling capacity is infinite.
- The capacity of the ships and railway vehicles can always meet the volume of goods to be transported, that is, there is no limit on vehicle capacity.

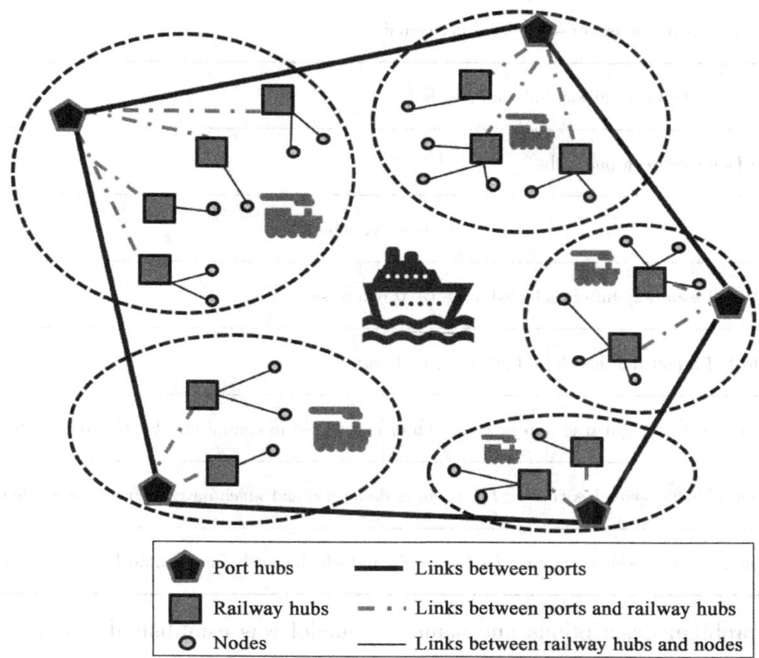

Fig. 1 Rail-sea Container Tansportation Ntwork with Complete Model

- The transhipment cost inside the hub is calculated as the unit transportation cost, and it is only positively related to transportation distance and has nothing to do with other factors such as detours caused by weather.
- All supply and demand nodes, general hubs and candidate locations of central hubs are known in advance.
- The Arctic route part of the transportation network already has the conditions for navigation.

1.2 Mathematical Model

In order to understand the model more clearly, some notations are given as Tab. 1.

Notation Explanation Tab. 1

Set	
I	The set of all demand nodes, $i = \{1, 2, \cdots, I\}$
G	Candidate railway hubs, $j = \{1, 2, \cdots, G\}$
C	Candidate port hubs, $k = \{1, 2, \cdots, C\}$
Parameters	
f_j	Fixed cost of establishing a railway hub
h_k	Fixed cost of establishing a port hub

continue

Parameters	
w_{in}	Flow amount transported from $i \in I$ to $n \in I$
d_{in}	Unit transportation cost from $i \in I$ to $n \in I$ per container
α_G	Discount factor between railway hub and port hub
α_C	Discount factor between port hubs
Decision Variables	
X_j	Equals to 1 if a railway hub is selected at $j \in G$, 0 otherwise
Z_k	Equals to 1 if a port hub is selected at $k \in C$,0 otherwise
Y_{ijk}	is 1 if node $i \in I$ is assigned to hub $j \in G$ and hub j is assigned to central hub $k \in C$ and is 0 otherwise
P_{ijk}	The amount of traffic which has node $i \in I$ as origin or destination and which travels between general hub $j \in G$ and central hub $k \in C$
Q_{ijk}	The amount of traffic which has node $i \in I$ as origin and which travels from central hub $k \in C$ to central hub $l \in C/\{k\}$

According to the problem descriptions and some necessary assumptions, a mixed integer nonlinear model was established below.

$$\min_{X,Y,Z,P,Q} \sum_{j \in G} f_j X_j + \sum_{k \in C} h_k Z_k + \sum_{i \in I} \sum_{n \in I} (w_{in} + w_{ni}) \sum_{j \in G} d_{ij} \sum_{k \in C} Y_{ijk}$$

$$+ \sum_{i \in I} \sum_{j \in G} \sum_{k \in C} a_G d_{jk} P_{ijk} + \sum_{i \in I} \sum_{k \in C} \sum_{l \in C \setminus \{k\}} a_C d_{kl} Q_{ikl} \tag{1}$$

$$\sum_{j \in G} \sum_{k \in C} Y_{ijk} = 1 \ \forall i \in I \tag{2}$$

$$Y_{ijk} \leqslant X_j \ \forall i \in I, j \in G, k \in C \tag{3}$$

$$Y_{jjk} \leqslant Z_k \ \forall j \in G, k \in C \tag{4}$$

$$\sum_{j \in G} X_j = a \tag{5}$$

$$\sum_{k \in C} Z_k = a_0 \tag{6}$$

$$\sum_{k \in C \setminus \{l\}} Q_{ilk} - \sum_{k \in C \setminus \{l\}} Q_{ikl} = \sum_{n \in I} w_{in} \sum_{j \in G} (Y_{ijl} - Y_{njl}) \ \forall i \in I, l \in C \tag{7}$$

$$p_{ijk} \geqslant \sum_{n \in I} (w_{in} + w_{ni})(Y_{ijk} - Y_{njk}) \ \forall i \in I, j \in G, k \in C \tag{8}$$

$$Y_{jkj} = 0 \ \forall j \in G, k \in C \tag{9}$$

$$X_j \in \{0,1\} \forall j \in G \tag{10}$$

$$Z_k \in \{0,1\} \forall k \in C \tag{11}$$

$$Y_{ijk} \in \{0,1\} \forall i \in I, j \in G, k \in C \tag{12}$$

$$P_{ijk} > 0 \forall i \in I, j \in G, k \in C \tag{13}$$

$$Q_{ikl} \geqslant 0 \forall i \in I, k \in C, l \in C / \{k\} \tag{14}$$

The objective function (1) in the model above aims at minimizing total cost comprising fixed construction cost of railway hubs and port hubs and transportation cost, where the transportation cost is the cost of traffic from the origin demand node to a general hub and from the general hub to destination, cost between general and central hubs, and transportation costs between central hubs. Constraint (2) represents a single allocation classified by this study, with each demand node assigned to only one hub and a general hub assigned to only one central hub; Constraint (3) establishes the precondition of distribution, that is, only a hub established can have the demand nodes allocated to the hub; Constraint (4) is similar to (3) in that a central hub cannot provide a general hub for its services until it has been established ; Constraints (5) and (6) set the number of general and central hubs to be established; The constraint (7) is the flow conservation equation, which indicates that the flow in and out of the hub node should be consistent; Constraint (8) calculates the value of flow from node $i \in I$ or node $i \in I$ as destination through general hub j and central hub k; Constraint (9) indicates that the container flow transported from railway hub j cannot finally spillback to j. Constraints (10) to (12) indicate that X_j, Z_k and Y_{ijk} are binary variables; Constraints (13) and (14) mean that the decision variables P_{ijk} and Q_{ikl} are variables no less than 0.

2 Meta-Heuristic Approach

2.1 Classical PSO

In order to improve the convergence performance of the basic particle swarm algorithm, Eberhart once introduced the concept of inertia weight (Eberhart R. and Kennedy J., 1995). This improved particle swarm algorithm is gradually regarded as a standard particle swarm algorithm.

Different problems have different requirements for global and local optimal ability of the algorithm. The inertia weight is added in the traditional position update formula as follows:

$$v_{k+1}^{id} = wv_k^{id} + c_1 r_1 (p_{id} - x_k^{id}) + c_2 r_2 (p_{gd} - x_k^{id}) \tag{15}$$

$$x_{id}^{k+1} = x_{id}^{k} + v_{id}^{k+1} \tag{16}$$

where k denotes iteration number $i = 1, 2, \cdots, M$, M represents total particle amounts in a population $d = 1, 2, \cdots, D$, D denotes D-dimension position vector; The two random parameters r_1 and r_2 are used to maintain diversity of the population which ranges from 0 to 1. c_1 and c_2 are learning factors, also called acceleration factors, which control the ability of particles to learn from individual and group optimal.

Usually, the inertia weight is not a fixed value, but it is a function that decreases linearly with time. The functional form of inertia weight is shown below:

$$w = w_{\max} - \frac{w_{\max} - w_{\min}}{k_{\max}} \cdot k \tag{17}$$

where $w_{\max}$ is the initial weight, $w_{\min}$ is the final weight, $k_{\max}$ is the maximum iteration number and is the current iteration number.

The introduction of inertia weight makes PSO tend to exploit at the beginning, and then gradually turn to exploration, thereby improving the search performance of the algorithm.

2.2 Parallel PSO

The local PSO obtains a faster convergence speed, but it is easy to fall into the local optimum. While the global PSO may overcome the shortcomings, the convergence speed is slower. Thus, it is better to combine their advantages. Based on the above ideas, this research adopts a parallel strategy, which can not only make the algorithm a faster convergence rate, but also make it not easy to fall into the local optimum. The specific operation is as follows: Firstly, initialize the formation of two subgroups A and B. Subgroup B uses the global version of PSO, which ensures convergence speed. Meanwhile, subgroup A uses a local version of PSO, which ensures the algorithm's ability to prevent "premature maturity" so that it can improve local search capabilities.

When using a partial version of PSO, it involves the problem of neighborhood selection, that is, the problem of topological structure. The neighborhood can be static or dynamic. In static calculation, it can be determined according to the particles' labels and index. In dynamic situations, it can be determined according to the topological distance between particles. Obviously, the computational complexity of the dynamic neighborhood will be relatively large. Kennedy analyzed the influence of a large number of static neighborhood structures on the performance of the algorithm and also concluded that the star, ring, and Von Neumann topologies are the most applicable (Kennedy J. and Eberhart R., 1995).

In this paper, population B adopts a circular topological neighborhood structure, that is, the No. i particle and l nearest particles form a neighborhood (generally $l=2$), and the optimal solutions among them are regarded as the optimal neighborhood. When $l=2$, objects contained in the neighborhood are $i-1$, $i+1$. And if there is only $i=1$, then $i-1=m$, $i+1=1$. In addition, the global version of PSO can be regarded as a special form of local version. The neighborhood topology adopted is a star shape, that is, each individual is a neighbor to the other.

2.3 Genetic Operators

The hub location-allocation optimization problem is a discrete combinatorial optimization problem. When solved by PSO, each particle is a string of numbers, which represents a plan for location-allocation. But the aforementioned standard PSO is given for continuous optimization problems, and its speed update formula is not suitable for such combinatorial optimization problems. Note that in (15), the first term can be considered to be an exploration along the current velocity direction of the particle, which coincides with the meaning of GA mutation operator. Therefore, this term can be replaced by mutation operation of the particle itself. In addition, the second and third terms respectively represent that the particles learn from their own optimal, group optimal or neighborhood optimal, that is, to exchange information with them, which is consistent with the meaning of crossover operation. Therefore, it can be used to achieve learning process by using the crossover operation between the particle and its own optimal, group optimal, or neighborhood optimal. So far, the introduction of genetic operations of crossover and mutation operators can transform the standard PSO into a GA-PSO which is suitable for combinatorial optimization problems. It should be noted that in GA-PSO, the position update formula (16) is no longer applicable.

2.4 Parallel GA-PSO

After adopting the idea of parallelism and introducing genetic operators, the PGA-PSO proposed in this paper is shown in Fig. 2 and Fig. 3.

The detailed steps of PGA-PSO are as belows:

Step 1 Generate the initial population and evenly divide it into two subgroups: A and B. Conduct the following evolution calculations. Let subgroup A operate local strategy and B runs global strategy

correspondingly. Set parameters, the maximum iteration number k_{max}, current iteration number $k=0$, particle amount of each group is $M/2$.

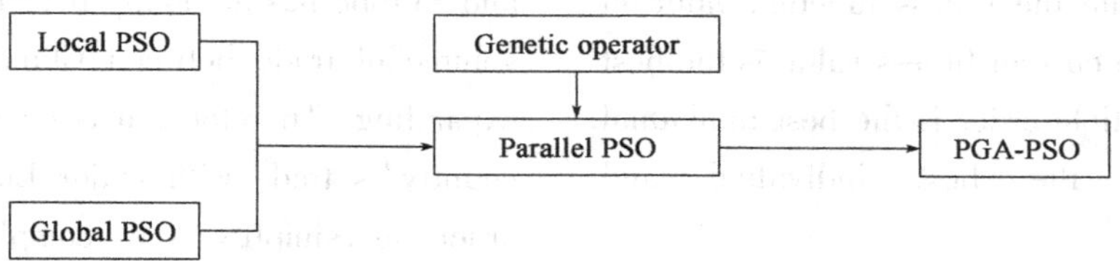

Fig. 2 Improvement Process of PGA-PSO

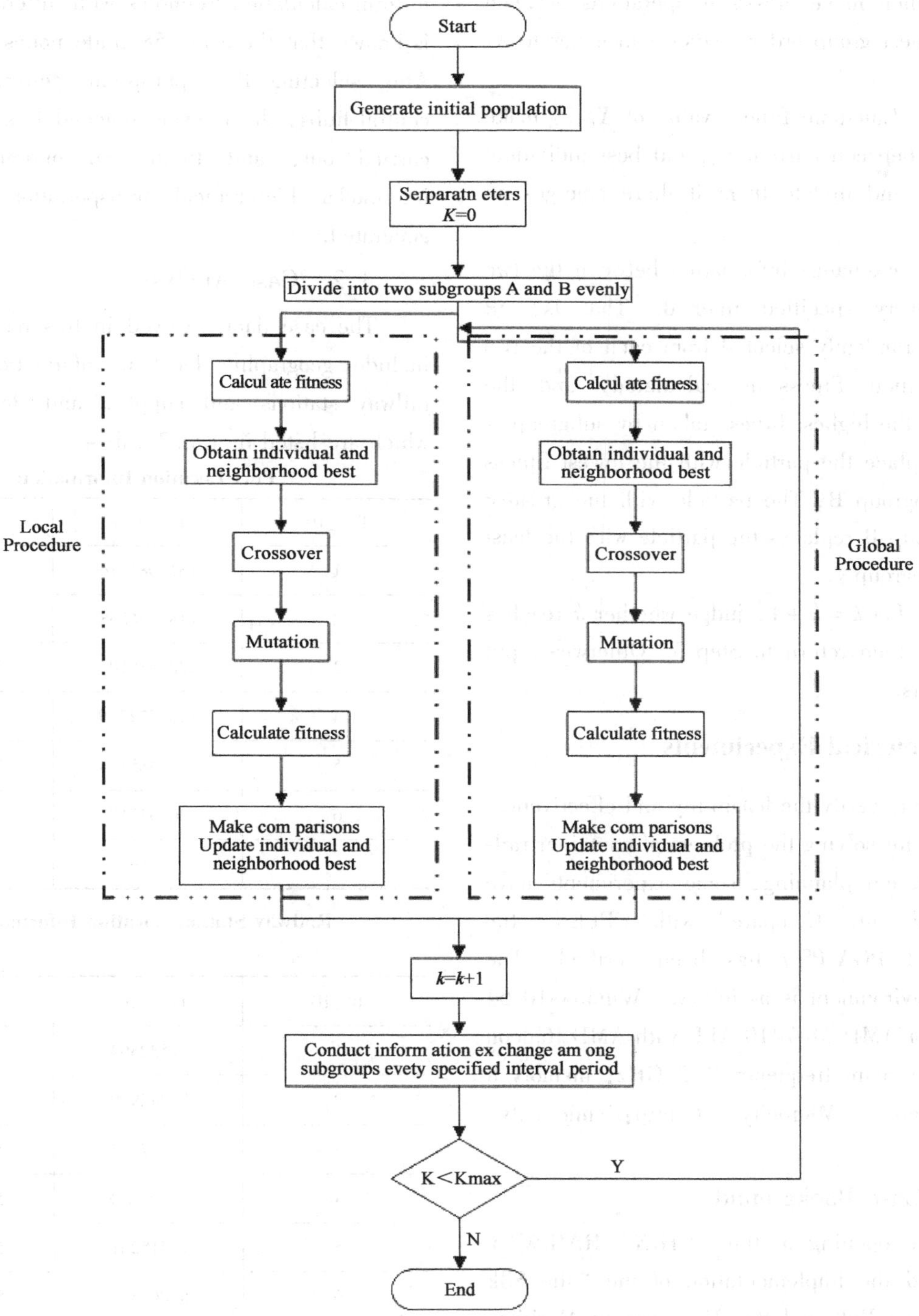

Start
Generate initial population
Serparatn eters
K=0
Divide into two subgroups A and B evenly
Local Procedure
Calcul ate fitness
Obtain individual and neighborhood best
Crossover
Mutation
Calculate fitness
Make com parisons Update individual and neighborhood best
Global Procedure
Calcul ate fitness
Obtain individual and neighborhood best
Crossover
Mutation
Calculate fitness
Make com parisons Update individual and neighborhood best
k=k+1
Conduct inform ation ex change am ong subgroups evety specified interval period
K<Kmax
Y
N
End

Fig. 3 The Flowchart of PGA-PSO

Step 2 Calculate the fitness function value of each particle. Set the current fitness value is the best one f_{best}, and the particle order is the best individual order x_{fbest}. Find the best individual and neighborhood value.

Step 3 Conduct crossover operations between current particle and x_{fbest}, which may generate $X_k(1)$; And then make crossover operations between $X_k(1)$ and best group order, which can generate $X_k(2)$.

Step 4 Calculate fitness value of X_{k+1}, make comparisons between current f_{best} and best individual fitness value and update them if there emerges an optimal one.

Step 5 Exchange information between the two subgroups every specified interval. That is, all particles are randomly selected from each of the two subgroups, their fitness is calculated, and the particle with the highest fitness taken by subgroup A is used to replace the particle with the lowest fitness taken by subgroup B; The particle with the greatest fitness in group B replaces the particle with the least fitness of subgroup A.

Step 6 Let $k = k + 1$, judge whether k reaches k_{max}. If not, then return to Step 3. Otherwise, put out the results.

3 Numerical Experiments

In order to verify the feasibility and effectiveness of PGA-PSO for solving the problem of container rail-sea transportation planning, some experiments have been carried out. Compared with CPLEX, the superiority of PGA-PSO has been verified. The simulation environment is as follows: Windows10 64 bit; processor AMD A8-7410 APU with AMD Radeon R5 Graphics; main frequency 2.2 GHz; memory 8 GB; software: Microcity (http://microcity.github.io/).

3.1 Case Background

With the opening of the "CHINA RAILWAY Express" and the implementation of the "the Silk Road Economic Belt and the 21st-Century Maritime Silk Road" policy, international trade between China and Europe has gradually become the norm, and the volume of trade between China and Europe is also expanding. Therefore, it is necessary to research our country's trade with major European countries. In order to simplify the complexity of calculation examples, we mainly select the information data of China and major European countries along the route to form calculation examples with different scales. It is known that there are 58 trade nodes in between. After selecting the appropriate general hubs and central hubs, the relevant demand link allocation is carried out, and finally an optimized rail-sea intermodal hierarchical transportation network is generated.

3.2 Case Analysis

The case data involved in this research mainly include geographic location information of ports, railway stations and supply, and demand points which are listed in Tab. 2-Tab. 4.

Port Location Information Tab. 2

Port_ID	Longitude	Latitude
1	131.081016	43.580236
2	118.036268	39.231987
3	120.935101	37.782570
4	120.572746	36.333154
5	119.485684	33.796675
6	120.935101	32.347259
……	……	……

Railway Station Location Information

Tab. 3

RS_ID	Longitude	Latitude
1	3.532364	51.552027
2	8.242969	54.088506
3	9.692384	53.363798
4	10.054738	57.349693
5	7.518261	58.074401
6	6.068843	59.886172
……	……	……

Other Nodes Location Information Tab. 4

DE_ID	Longitude	Latitude
1	112.963310	27.999009
2	111.151539	29.810780
3	108.972414	34.883737
4	113.325664	35.246092
5	117.673913	39.594341
6	126.370412	45.029653
……	……	……

As mentioned above, there are 58 main trade nodes from China to Europe.

The selected central hubs are 5-Qingdao Port, 20-Oslo Port, 23-Hamburg Port, and 27-Immingham Port (UK). General hubs are: 3-Tianjin (China), 6-Lianyungang (China), 13-Zhengzhou (China), 19-Stavanger (Norway), 30-Reims (France), 32-Munich (Germany), 38-Szczecin (Poland).

3.3 Verification of PGA-PSO

Based on the above real data, ten calculation examples with different scales from small to large are established. The information of the calculation examples is shown in Tab. 5. In this section, we carried out the following work: Firstly, run the ten calculation examples in a certain scenario under 15 times and take the mean result listed in Tab. 6. Secondly, the convergence of PGA-PSO is shown in Fig. 4 of case No. 5.

Ten Instances under Different Scales Tab. 5

No.	#Nodes	#Candidate Railway Hubs	# Candidate Port Hubs
1	8	4	2
2	12	6	2
3	15	7	3
4	25	9	4
5	45	10	5
6	65	10	6
7	85	12	6
8	110	16	8
9	150	16	10
10	180	25	12

The Experimental results of CPLEX and PGA-PSO Tab. 6

No.	CPLEX		PGA-PSO		
	Total cost	Time/s	Total cost	Time/s	Gap(%)
1	27535.2	3.46	27535.2	2.37	0.00%
2	37327.4	8.56	37319.5	4.40	0.02%
3	41722.5	58.32	42011.7	5.14	0.69%
4	51317.4	368.72	52002.6	7.56	1.34%
5	65391.5	2688.24	65724.3	8.29	0.51%

续上表

No.	CPLEX		PGA-PSO		
	Total cost	Time/s	Total cost	Time/s	Gap(%)
6	78423.7	7198.50	79842.1	11.93	1.81%
7	N. A.	N. A.	105991.2	25.67	N. A.
8	N. A.	N. A.	143962.6	32.74	N. A.
9	N. A.	N. A.	182774.5	65.45	N. A.
10	N. A.	N. A.	245964.1	96.72	N. A.

notes: 1. The unit of total cost is kUSD.

2. GAP(%) = (Total cost of CPLEX-Total cost of PGA-PSO)/ Total cost of PGA-PSO × 100%

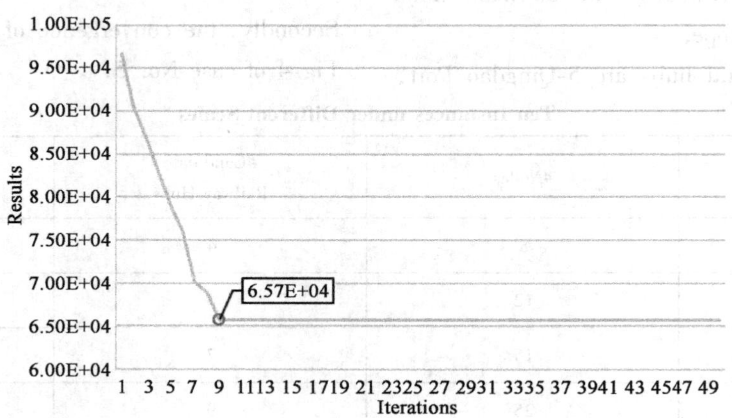

Fig. 4 Convergence of PGA-PSO in No. 5 Instance

It can be seen from Table 6 that when the case scale is small, the results obtained from CPLEX and PGA-PSO are almost close. However, when the case scale expands to 100 nodes, CPLEX cannot obtain the optimal solutions within a reasonable time since the complexity of the model explodes. Compared with CPLEX, the performance of PGA-PSO is relatively excellent. It takes less time than CPLEX which can be observed in Fig. 5.

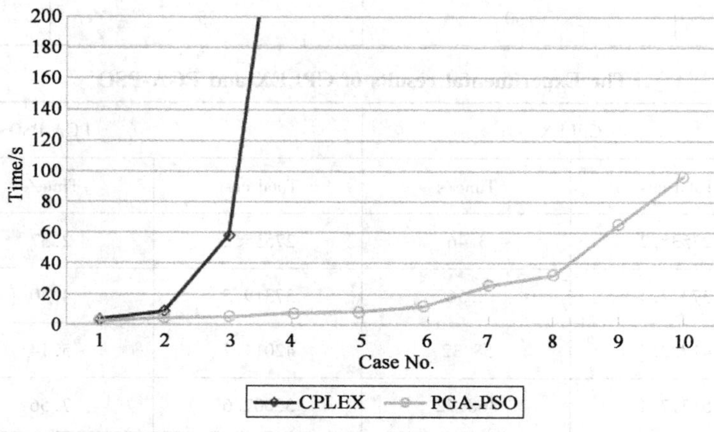

Fig. 5 Sovling Time of CPLEX and PGA-PSO

4 Conclusions

In this paper, according to the characteristics of the rail-sea container transportation network between China and Europe, a mixed integer model aiming at minimizing total fixed construction and transportation costs was established. The solutions to the real-world cases were obtained by CPLEX. However, it is necessary to introduce a heuristic method when the case scale is expanded. A PGA-PSO method was proposed to solve the larger cases. The performance of PGA-PSO compared with CPLEX was great both in results and running time. This study provided a certain direction for related shipping companies to choose central and general hubs in China-Europe trade. Moreover, the research also made a profound planning for sea-rail intermodal transportation system from a strategic perspective.

References

[1] Baicheng Yan, Xiaoning Zhu, Der-Horng Lee, et al. Transshipment operations optimization of sea-rail intermodal container in seaport rail terminals [J]. Computers & Industrial Engineering, 2020, 141.

[2] M E O'Kelly, Yong Lao. Mode choice in a hub-and-spoke network: A zero-one linear programming approach [J]. Geographical Analysis, 1991, 23: 283-397.

[3] Racunica I, Wynter L. Optimal location of intermodal freight hubs [J]. Transportation Research Part B: Methodological, 2005, 39: 453-477.

[4] Limbourg S, Jourquin B. Optimal rail-road container terminal locations on the European network [J]. Transportation Research Part E: Logistics and Transportation Review, 2009, 45: 551-563.

[5] Ishfaq R, Sox C R. Hub location-allocation in intermodal logistic networks [J]. European Journal of Operational Research, 2001, 210: 213-230.

[6] Meng Q, Wang X. Intermodal hub-and-spoke network design: Incorporating multiple stakeholders and multi-type containers [J]. Transportation Research Part B: Methodological, 45, 724-742.

[7] Khodemani-Yazdi M, Tavakkoli-Moghaddam R, Bashiri M, et al. Solving a new bi-objective hierarchical hub location problem with an mmc queuing framework [J]. Engineering Applications of Artificial Intelligence, 2019, 78: 53-70.

[8] Mahdi B, Mohammad R, Tavakkoli-Moghaddam R, et al. Mathematical modeling for a p-mobile hub location problem in a dynamic environment by a genetic algorithm [J]. Applied Mathematical Modelling, 2018, 54: 151-169.

[9] Eberhart R, Kennedy J. A new optimizer using particle swarm theory [C]// MHS 1995. Proceedings of the sixth international symposium on micro machine and human science. IEEE, 1995: 39-43.

[10] Kennedy J, Eberhart R. Particle swarm optimization[C]// Proceedings of ICNN'95-international conference on neural networks. IEEE, 1995, 4: 1942-1948.

面向集装箱生成量测算的贸易结构聚类分析

辜 勇[1] 杨泽昭[*1] 袁源乙[2]

(1. 武汉理工大学交通与物流工程学院;2. 重庆长安汽车股份有限公司)

摘 要 集装箱多式联运是“21 世纪海上丝绸之路”物流系统中高效的运输组织方式。在多式联运网络配流模型中,集装箱生成量的确定尤为重要,而获取沿线所有国家的集装箱生成量有所困难。针对该问题,本文将根据海上丝绸之路沿线各国贸易商品结构,运用模拟退火算法改进的模糊C均值聚类方法对沿线国家进行分类,并依据分类结果类比得出集装箱生成量模型的参数,进而确定所需国家的集装箱生成量。经20次运算结果显示,模糊C均值算法8次得到最优聚类结果,最优目标函数值为0.204019,本文提出的改进模糊C均值聚类算法15次得到最优聚类结果,目标函数值为0.006190。基于贸易结构的国家分类模型,解决了海上丝绸之路沿线国家集装箱生成量数据收集不全的问题,为后续网络配流模型提供数据支持。

关键词 集装箱生成量 贸易结构聚类 改进模糊C均值 模拟退火算法

0 引言

在2015年中国发布的《推动共建丝绸之路经济带和21世纪海上丝绸之路的远景与行动》中明确提出要构建全方位、多层次、复合型的互联互通网络,这对海上丝绸之路物流网络提出了更高的要求,而多式联运网络配流模型对推进海上丝绸之路的建设至关重要。其中,港口腹地的集装箱供应量和需求量,即集装箱生成量,是多式联运配流模型不可或缺的基础数据。

在集装箱生成量的使用方面,多数学者都是直接利用现有数据或者预测数据。封学军、范永娇、许博等[1]直接将现有集装箱生成量数据运用于构建港口群集疏运系统交通配流模型;在缺失集装箱生成量数据时,陆梦秋、李恩康、陆玉麒等[2]将GDP作为自变量,建立了多元线性回归方程对历年全国国际集装箱生成量进行拟合,测算出全国不同省域的国际集装箱生成量。另外,有些学者运用多因素动态分析法来测算集装箱的生成量。靳廉洁、任静、张晓晴等[3]在深入分析长三角港口腹地的外贸集装箱箱源分布现状与总体装箱货运输格局后,运用多因素动态系数法估算了未来该区域的外贸集装箱生成量。彭广益、陈汨梨、朱逸凡等[4]根据西非各国不同的外贸情况,对外贸总额、适箱货比例以及适箱货重量系数等多因素变量进行标定,建立集装箱生成量模型。经过对此方面文献研究,由于该模型的参数更易于获取,此模型得到广泛的应用,因此本文将基于此进行进一步研究。虞楠、郭紫莹[5]在该模型的参数确定方面,采用非线性回归预测的方法进行测算,进而确定集装箱生成量。

考虑到集装箱生成量与贸易结构的相关性,本文将通过基于贸易结构的国家分类的方法进行集装箱生成量的确定。在国家分类的研究方面,吴超、李益斌[6]将对华友好度作为研究对象,运用谱系聚类法进行对话舆情的国家分类;关添渊[7]将国家的经济发展水平、要素禀赋作为研究对象,运用Q型层次聚类进行国家分类,分析各国的贸易潜力;王学通、肖佳怡、宋向南等[8]基于经济距离、文化距离、制度距离建立国家分类三维模型,并根据分类结果制定不同的建筑企业国际品牌形成策略。在贸易结构方面,朱东会[9]研究了中国进出口贸易结构与经济增长的关系,并提出相应的建议和对策;吴鹏、夏楚瑜、何冲冲[10]利用贸易结构,研究其与产业结构的关联性。

现有研究中,大多数学者都利用已知的集装箱生成量或预测的方法进行多式联运配流模型的建模,没有考虑数据缺失的处理方法;在国家分类和贸易结构方面,大部分文献将此方面的研究结果运用于国家经济、产业方面的分析,较少运用于多式联运方面相关研究。而本文提出的基于贸易结构的国家分类方法,利用改进的模糊C均值算法,可以计算文献[4]中集装箱生成量模型的参数,从而确定所需国家的集装箱生成量,解决国家集装箱生成量缺失或不全的问题;并且改进的模糊C均值算法,利用模拟退火算法的全局寻优能力改进模糊C均值算法易陷入局部最优的问题,比传统的聚类算法有更好的性能。

1 国家贸易商品结构聚类分析

1.1 模糊C均值聚类

模糊C均值聚类(Fuzzy C-Means,FCM)算法引入模糊理论[11],先对目标函数进行优化,再根据每个对象,即各个国家的贸易结构,属于某类的程度大小将其归入某一类,实现对数据样本的分类。

FCM算法聚类的最优结果是使得目标函数式(1)取最小值时所得到的分类。

$$F(U,V)^{(0)} = \sum_{k=1}^{n}\sum_{i=1}^{c} u_{ik}^{m}(d_{ik})^2 \tag{1}$$

式中:V——聚类中心的集合;

d_{ik}——第k个特征点x_k(即各国家的贸易结构)

到第 i 个聚类中心 v_i 的欧氏距离，$d_{ik}=\|x_k-v_i\|^2$；

u_{ik}——第 k 个样本隶属于第 i 类的隶属度值；

m——模糊指数，$1<m<\infty$。

对于每个国家的贸易结构 x_k，它与各个聚类的隶属度的和为 1，即：

$$\sum_{i=1}^{c}\mu_{ik}=1 \tag{2}$$

利用拉格朗日乘数法等一系列推导得到式(3)和式(4)：

$$u_{ik}=\left[\sum_{j=1}^{c}\left(\frac{d_{ik}}{d_{jk}}\right)^{\frac{2}{m-1}}\right]^{-1} \tag{3}$$

$$v_i=\frac{\sum_{k=1}^{n}x_k(u_{ik})^m}{\sum_{k=1}^{n}(u_{ik})^m} \tag{4}$$

FCM 算法在对样本数据采取聚类分析的过程中，首先需要随机初始化聚类中心或者隶属度矩阵，再通过式(3)和式(4)进行迭代直到满足算法终止条件。

1.2 模拟退火算法

模拟退火（Simulated Annealing，SA）算法[12]早在 20 世纪 60 年代已被 N. Metropolis 等人提出。

算法步骤如下：

(1)初始化控制参数，主要参数有样本集大小，起始温度 T_0，终止温度 T_{end}，降温速度 ε，最大的迭代次数 NC_{max}^{SA} 等；

(2)从所有解集合中随机生成初始解 x_0，令 $x_i=x_0$，计算初始目标函数值 $f(x_i)$；

(3)在所有解集合中随机扰动产生新解 x_j，计算前后两次运算产生的解所对应的目标函数差值 $\Delta f=f(x_j)-f(x_i)$，判断此时解能否被接受，如果 $\Delta f<0$ 接受新解 x_j 跳到步骤(5)，否则进行步骤(4)；

(4)按照 Metropolis 准则计算 x_j 的接受概率 p，如果 p 是[0,1]范围内的随机数，则以这种小概率的条件来接受新解 x_j，其目的是以这种小概率的接受部分恶化解而跳出局部最优解，否则维持原解 x_i；

通常情况下 Metropolis 准则表达式为：

$$p=\begin{cases}1 & f(x_j)\leqslant f(x_i)\\ \exp\left(-\frac{Vf}{T}\right) & f(x_j)>f(x_i)\end{cases} \tag{5}$$

从 Metropolis 准则可以看出，在温度为 T 时，当 $\Delta f<0$ 时，p 和 T 正相关，也就是说温度越高，目标函数 $f(x_i)$ 出现的降温概率也就越大，温度越低出现降温的可能性也就越小。

(5)判断运行次数是否达到 NC_{max}^{SA}，如果没有返回步骤(3)否则进行步骤(6)；

(6)如果满足算法设置的终止条件，进行步骤(7)，终止条件通常设定为连续若干个新解都没有被接受，否则根据式(6)计算出的降温函数形成新的温度 T_i 返回步骤(2)；

$$T_{nc}=\alpha T_0 \quad (nc=1,2,3,\cdots,NC_{max}) \tag{6}$$

式中：α——退火因子，$\alpha\in(0,1)$。为了保证较大的搜索空间，α 一般取接近于 1 的值，如 0.95、0.9。

(7)算法结束。

1.3 基于模拟退火算法的模糊聚类算法

FCM 算法的初始聚类中心是从样本中随机选取的，聚类结果对初始条件依赖度高，求解过程容易陷入局部最优。本文利用模拟退火算法的全局寻优能力改进 FCM 算法，并应用于国家间贸易货物结构分类。将 FCM 算法的国家贸易结构聚类结果作为初始解，目标函数值作为初始温度，按一定规则更新聚类中心，更新隶属度，更新温度不断迭代，直到算法终止，输出近似最优解。

1)模拟退火算法部分规则设计

(1)退火规则。

在 SA-FCM 混合算法中 SA 算法的退火函数如式(7)所示，经多次参数调试，最佳退火系数如式(8)所示。

$$T_{i+1}=\varepsilon T_c^k \tag{7}$$

$$\varepsilon=\begin{cases}0.9, & \frac{|\Delta L_{ij}||\Delta T_{mj}|}{T_m L_i}\leqslant 0.1\\ 0.6, & 0.1\leqslant\frac{|\Delta L_{ij}||\Delta T_{ij}|}{T_m L_i}\leqslant 2\\ 0.3, & \frac{|\Delta L_{ij}||\Delta T_{ij}|}{T_m L_i}\geqslant 2\end{cases} \tag{8}$$

式中：L_i、ΔL_{ij}——第 i 次迭代前最优目标函数值和此次迭代与最优目标函数值的差值；

ΔT_{mj}——此次迭代的温度与系统设置的最小温度之间的差值。

退火降温过程中，在温度比较高目标函数间的差值比较大时，降温会更快一些，劣质解加入更新解集的概率会更小一些，这样能够在很大程度上缩短算法的运行时间；在温度比较低目标函数之间的差值比较小的时候,降温会更慢一些,劣质解加入更新解集的概率会更大一些,即使如此,算法仍然有陷入局部最优的风险,为此,引进回火机制,对模拟退火部分进行改进。

(2)回火规则。

本文设置的温度范围为$[T_{\min},T_{\max}]$,当$T_i \leqslant T_{\min}$时,此时将温度T_i提高到$T_{\max}$,算法温度以$T_{\max}$进行第$i+1$次迭代,这个即为模拟算法的回火过程,本文设置回火的最大次数$N_{\max}^{h}$,当回火次数达到$N_{\max}^{h}$时算法则不进行回火运行。

$$T_c^i = \begin{cases} T_{\max}, & T_i \leqslant T_{\min} \\ 0, & T_i > T_{\min} \end{cases} \tag{9}$$

2)SA-FCM 混合算法求解步骤

SA-FCM 算法流程图如图 1 所示。

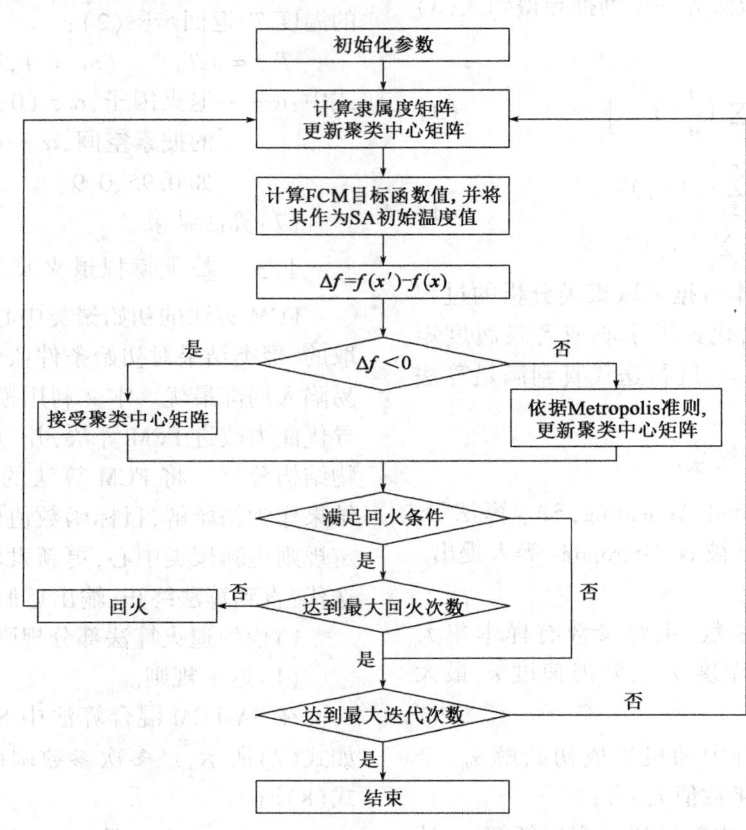

图 1　SA-FCM 算法流程图

2　算例分析

2.1　数据资料收集与处理

本文研究的样本国家选取海上丝绸之路沿线 12 个国家,分别是中国、泰国、新加坡等。从联合国 Comtrade 数据库获取 12 个国家间的贸易金额以及各货类的出口金额,计算各货类出口金额占各国出口总金额的占比,得到 2019 年海上丝绸之路沿线部分国家间的出口贸易商品结构,见表 1。

2019 年海上丝绸之路沿线 12 国的出口贸易商品结构(%)　　表 1

货类	国家											
	中国	泰国	新加坡	印度尼西亚	马来西亚	斯里兰卡	印度	巴基斯坦	肯尼亚	沙特阿拉伯	埃及	意大利
活动物;动物产品	0.43	1.50	0.17	1.89	0.83	3.04	4.23	8.50	1.22	0.17	1.41	0.40
植物产品	1.48	6.63	0.14	1.87	0.49	15.51	4.92	20.52	69.45	0.06	11.05	1.06

续上表

货类	国家											
	中国	泰国	新加坡	印度尼西亚	马来西亚	斯里兰卡	印度	巴基斯坦	肯尼亚	沙特阿拉伯	埃及	意大利
动植物油、脂	0.04	0.29	0.05	12.78	4.49	0.75	0.67	0.01	0.14	0.02	0.50	0.23
食品、饮料、烟草	1.08	5.68	1.89	2.85	2.60	5.47	1.29	4.51	1.48	0.07	4.46	2.75
矿产品	3.32	5.45	15.09	32.85	16.22	1.74	18.66	6.67	14.76	63.52	38.64	2.11
化工产品	7.64	7.10	8.96	7.63	5.61	3.28	13.98	1.41	4.81	17.16	10.52	11.05
塑料、橡胶	4.42	15.90	6.14	2.88	6.64	5.92	3.38	1.24	0.16	16.00	5.16	3.67
皮革制品;箱包	1.23	0.84	0.22	0.17	0.11	0.16	0.70	3.02	2.61	0.09	0.57	5.30
木及制品	0.41	1.86	0.02	1.35	0.76	0.68	0.12	0.02	0.02	0.00	0.08	0.39
纤维素浆;纸张	1.19	0.85	0.78	4.81	0.75	2.28	0.70	0.28	0.76	0.21	1.37	1.09
纺织品及原料	8.35	2.12	0.45	2.72	0.83	31.12	6.71	40.35	2.21	0.13	7.81	10.06
鞋靴等轻工产品	1.62	0.13	0.13	1.14	0.11	0.21	0.65	0.71	0.01	0.00	0.05	2.31
陶瓷;玻璃	2.60	0.56	0.12	0.29	0.94	6.66	1.01	0.23	0.02	0.07	2.44	1.54
贵金属及制品	3.31	6.52	6.06	5.62	0.81	0.00	15.24	0.03	0.45	0.62	0.44	3.15
贱金属及制品	9.02	3.60	2.47	10.20	6.67	2.76	8.23	8.15	1.06	1.52	10.31	5.85
机电产品	41.42	28.77	50.23	6.56	46.39	6.86	9.42	1.63	0.72	0.28	2.66	36.22
运输设备	3.95	8.51	2.30	3.42	1.77	11.03	8.70	1.04	0.08	0.05	0.20	4.56
光学、医疗设备	2.90	2.97	4.41	0.46	3.27	0.66	1.02	0.99	0.01	0.00	0.06	4.55
武器、弹药	0.00	0.01	0.00	0.00	0.00	0.00	0.00	0.18	0.00	0.00	0.00	0.04
家具、玩具杂项品	5.56	0.64	0.31	0.50	0.70	1.87	0.29	0.52	0.02	0.01	2.29	3.59
艺术品	0.02	0.07	0.06	0.00	0.00	0.00	0.04	0.00	0.00	0.00	0.00	0.08

2.2 适箱货物分类

国际贸易涉及的货物种类繁多,不是所有的外贸商品活动都会产生集装箱运输需求,在计算集装箱生成量之前,需要对商品是否适合集装箱运输进行识别。

根据海关总署《商品名称和编码协调制度(HS)》分类,进出口商品包括 21 大类 98 章。将 21 大类按照适合装箱运输的程度划分成 4 类,HS 编码适箱商品分类见表 2。

适箱商品分类 表2

商品分类	商品分类	最适合装箱	适合装箱	临界装箱	不适合装箱
第一类	活动物;动物产品			✓	
第二类	植物产品			✓	
第三类	动植物油、脂				✓
第四类	食品、饮料、烟草	✓			

续上表

商品分类	商 品 分 类	最适合装箱	适合装箱	临界装箱	不适合装箱
第五类	矿产品				✓
第六类	化工产品		✓		
第七类	塑料、橡胶	✓			
第八类	皮革制品;箱包		✓		
第九类	木及制品			✓	
第十类	纤维素浆;纸张		✓		
第十一类	纺织品及原料	✓			
第十二类	鞋靴、伞等轻工产品	✓			
第十三类	陶瓷;玻璃	✓			
第十四类	贵金属及制品	✓			
第十五类	贱金属及制品			✓	
第十六类	机电产品	✓			
第十七类	运输设备				✓
第十八类	光学、钟表、医疗设备	✓			
第十九类	武器、弹药				✓
第二十类	家具、玩具、杂项品	✓			
第二十一类	艺术品	✓			

本文根据各类商品适合装集装箱运输的程度,把最适合装箱的商品和适合装箱的商品一并归到适合集装箱运输类,把临界装箱货和不适合装箱货一并归到不适合集装箱运输类。

2.3　算例求解——算例聚类处理

集装箱生成量模型参数与各个国家之间的货物贸易结构密切相关,通过分析国家间贸易商品结构,运用聚类分析法,对国家进行分类。分别对FCM算法与用模拟退火改进的FCM算法进行20次聚类运算,对结果进行比较分析。当采用FCM算法时,因为该算法受到初始聚类中心选择的较大影响,有8次得到最优聚类结果,12次陷入局部最优,而采用模拟退火改进的FCM算法,使算法较好地跳脱出局部最优并且运算结果更加稳定,其中有15次得到最优聚类结果。

2.3.1　基于模糊目标函数C-means聚类

基于模糊目标函数C-means聚类法的基本参数设置如下:聚类类别数 $c=4$,初始模糊指数 $b=2$,最大迭代次数取为100,目标函数的终止容限 $\varepsilon=1e-4$。利用MATLAB2018A进行编程计算,基于模糊目标函数C-means聚类法的目标函数值 $J_b=0.204019$。这跟初始聚类中心的选取有关,体现了模糊C-means聚类法的不足之处,若参数的初始化选取得不合适,可能对结果的准确度造成影响。

2.3.2　模拟退火算法改进C-means聚类

设置模糊C-means聚类参数如下:聚类类别数 $c=4$,初始模糊指数 $b=2$,最大迭代次数为100,目标函数的终止容限 $\varepsilon=1e-4$。设置模拟退火算法参数如下:初始温度 $T_0=2000$,终止温度 $T_{end}=20$,回火温度下限 $T_{min}=500$,回火温度上限 $T_{min}=1000$,最大回火次数 $H_{max}=1000$。

SA-FCM聚类所得到的各类别模糊聚类中心和各个国家对应类别的隶属度如表3和表4所示。

SA-FCM各类别模糊聚类中心　表3

货　类	类别1	类别2	类别3	类别4
活动物;动物产品	0.009221	0.025228	0.023103	0.023065
植物产品	0.042916	0.153403	0.118473	0.127010
动植物油、脂	0.009670	0.017111	0.021377	0.020882

续上表

货 类	类别 1	类别 2	类别 3	类别 4
食品、饮料、烟草	0.026152	0.030082	0.028281	0.028703
矿产品	0.093790	0.210343	0.219267	0.225001
化工产品	0.082652	0.079621	0.086898	0.085886
塑料、橡胶	0.063601	0.054017	0.056799	0.056497
皮革制品;箱包	0.018205	0.011712	0.010460	0.010549
木及制品	0.005751	0.003929	0.004478	0.004309
纤维素浆;纸张	0.010245	0.013280	0.014138	0.014113
纺织品及原料	0.066171	0.119207	0.097218	0.099773
鞋靴、伞等轻工产品	0.010062	0.004535	0.005118	0.004871
陶瓷;玻璃	0.013920	0.015062	0.013486	0.013705
贵金属及制品	0.035880	0.030053	0.039948	0.036397
贱金属及制品	0.058604	0.058589	0.061950	0.061650
机电产品	0.355059	0.115985	0.136907	0.128406
运输设备	0.040942	0.035531	0.038201	0.036068
光学、钟表、医疗设备	0.032238	0.011168	0.012761	0.011973
武器、弹药	0.000145	0.000249	0.000184	0.000192
家具、玩具、杂项品	0.024324	0.010714	0.010706	0.010729
艺术品	0.000407	0.000135	0.000172	0.000156

各国对应类别隶属度 表 4

国 别	类别 1	类别 2	类别 3	类别 4	最大隶属度	所属类别
中国	0.384800	0.201581	0.208565	0.205053	0.384800	1
泰国	0.314110	0.223777	0.233433	0.228680	0.314110	1
新加坡	0.336005	0.216397	0.225427	0.222172	0.336005	1
印度尼西亚	0.199745	0.256204	0.272019	0.272032	0.272032	4
马来西亚	0.341439	0.214121	0.223935	0.220505	0.341439	1
斯里兰卡	0.224788	0.266228	0.254332	0.254652	0.266228	2
印度	0.200109	0.255712	0.274768	0.269412	0.274768	3
巴基斯坦	0.220742	0.267858	0.254909	0.256491	0.267858	2
肯尼亚	0.228458	0.261934	0.253817	0.255792	0.261934	2
沙特阿拉伯	0.222198	0.255807	0.260364	0.261632	0.261632	4
埃及	0.185576	0.268002	0.270287	0.276136	0.276136	4
意大利	0.376766	0.204259	0.211426	0.207549	0.376766	1

采用模拟退火算法优化模糊 C-means 聚类法运算后得到的最优目标函数值由未优化前的 $J_b = 0.204019$ 变成 $J_b = 0.006190$，从多次运行的结果来看，优化后的结果表现得更加稳定。主要原因是基本的模糊 C-means 聚类法存在易陷于局部最优的问题，而改进的 SA-FCM 算法可以有效克服这一点，搜寻到全局最优解。FCM 与 SA-FCM 算法 20 次运算全局最优次数以及目标函数值对比如表 5 所示。

FCM 与 SA-FCM 算法性能对比 表 5

算法	FCM	SA-FCM
全局最优解次数(次)	8	15
目标函数值	0.204019	0.006190

本文通过聚类方法将海丝路沿线 12 个样本

国家分成了四类,其国家分类模型聚类结果如下:

第一类,包括中国、泰国、新加坡、马来西亚、意大利,这些国家的主要出口货物为机电产品类,运输设备类等,其中机电产品类,橡胶类等为主的适箱货占比78.57%。第一类国家的外贸商品结构与长三角港口腹地区域类似,类比可得第一类国家的适箱货重量系数约为4t/万美元。考虑到第一类国家集装箱运输发展水平以及出口商品结构以机电产品为主,箱化率与长江沿线区域的适箱货箱化率80%接近,这里第一类国家的出口箱化率取值为80%。第一类国家是以机电产品、轻工产品出口为主,与西非进口商品结构相似,则第一类国家的外贸出口集装箱平均载重取值与西非相近取10t/TEU。

第二类,包括斯里兰卡、巴基斯坦、肯尼亚等国,这些国家主要出口货物为纺织品及原料类,植物产品类等,其中纺织品及原料类,食品等为主的适箱货占比52.63%,适箱货重量系数为6t/万美元,箱化率为60%,平均载重为9t/TEU。

第三类,印度。该国主要出口货物为矿产品类、贵金属及制品类,化工产品类等,其中贵金属及制品类等为主的适箱货占比54.45%,适箱货重量系数为5t/万美元,箱化率为70%,平均载重为9.5t/TEU。

第四类,包括印度尼西亚、沙特阿拉伯、埃及等国,这些国家主要出口货物为矿产品,贱金属及制品,化工产品,其中化工产品,塑料、橡胶类等为主的适箱货占比35.31%,适箱货重量系数为4.5t/万美元,箱化率为70%,平均载重为9t/TEU。

各国集装箱生成量模型参数设置如表6所示。

各国集装箱生成量模型参数　　表6

类别	适箱货比例	适箱货重量系数	适箱货箱化率	平均载重量
第一类	78.57%	4t/万美元	80%	10t/TEU
第二类	52.63%	6t/万美元	60%	9t/TEU
第三类	54.45%	5t/万美元	70%	9.5t/TEU
第四类	35.31%	4.5t/万美元	70%	9 t/TEU

根据文献[4]中的集装箱生成量模型,如式(10)所示。

$$Q = V \cdot \frac{a \cdot n \cdot b}{w} \tag{10}$$

式中:Q——集装箱生成量(TEU);

V——周期内对应商品出口外贸金额(万美元);

a——外贸出口适箱货比例(%);

n——外贸出口适箱货重量系数(t/万美元);

b——外贸出口集装箱箱化率(%);

w——外贸出口集装箱平均载重量(t/TEU)。

利用本文所确定的参数,测算各国集装箱生成量,可以为后续多式联运配流模型提供数据支持。

3　结语

本文围绕多式联运问题中集装箱生成量的获取困难问题进行研究,基于各国贸易结构建立国家分类模型,并根据分类结果类比确定各类国家的集装箱生成量参数,便于计算各国的集装箱生成量。该模型解决了集装箱网络配流问题中,集装箱生成量数据收集困难或收集不完整的问题。

本文建立的国家分类模型考虑的特征较为单一,未来会在模型的特征选取方面进行更深的研究,提高模型的准确性与科学性。

参考文献

[1] 封学军,范永娇,许博,等.基于增量分配的港口群集装箱集疏运系统仿真[J/OL].重庆交通大学学报(自然科学版),2021.

[2] 陆梦秋,李恩康,陆玉麒,等.我国省域国际集装箱生成量的测算与空间格局[J].经济地理,2019(2).

[3] 靳廉洁,任静,张晓晴,等.长江沿线地区外贸集装箱港口运输需求预测[J].水运管理,2017(8).

[4] 彭广益,陈汨梨,朱逸凡,等.基于改进生成系数法的西非外贸集装箱生成量测算[J].华东交通大学学报,2019(03).

[5] 虞楠,郭紫莹.新形势下我国港口铁水联运发展对策探讨[J].铁道运输与经济,2021(10).

[6] 吴超,李益斌."一带一路"对周边国家涉华舆情的影响研究——基于聚类分析法[J].情报杂志,2019(10).

[7] 关添渊.中国与"一带一路"沿线国家货物贸易潜力研究[D].北京:北京交通大学,2019.

[8] 王学通,肖佳怡,宋向南,等.基于"一带一路"沿线国家分类的建筑企业国际品牌形成策略研究[J].工程管理学报,2021(1).

[9] 朱东会. Analysis of the Impact of China's Import and Export trade on Economic Growth Based on R[J]. 金融,2021(04).

[10] 吴鹏,夏楚瑜,何冲冲. 区域产业结构贸易结构的关联匹配研究——基于灰色关联算法[J]. 系统科学与数学,2020(11).

[11] 朱峥瑜,宋燕. 一种基于多重信息的不完全数据的模糊C均值聚类算法[J]. 小型微型计算机系统,2021(12).

[12] 何保委,刘胜道,周国华等. 基于多目标模拟退火法的垂向检测线圈改进[J]. 华中科技大学学报(自然科学版),2021(12).

疫情时期我国沿海港口运营效率评价分析

郑 倩 涂 敏*

(武汉理工大学交通与物流工程学院)

摘 要 在新冠肺炎疫情常态化的背景之下,港口必须拥有顺应国家发展需求和平稳运行的能力,这是航运市场健康发展的必要条件。为明晰我国沿海港口在疫情时期的表现,本文以2020年我国五大港口群的20个沿海港口为研究对象,从投入产出的角度设计港口运营效率评价指标体系,使用三阶段超效率SBM模型测算港口运营效率。结果显示疫情期间我国沿海港口的整体效率表现良好,剔除疫情等环境因素和随机扰动的影响后,部分港口效率有一定程度的下降,同时沿海港口各区域内运营效率表现不均衡,港口及港口群的科学规划与布局将是未来的工作重点。

关键词 港口运营优化与管理 港口运营效率 三阶段超效率SBM模型 沿海港口 新冠疫情

0 引言

港口在国家外贸交易、物流服务、商业发展等方面发挥着至关重要的作用。2020年新冠肺炎疫情突袭,对全球贸易的顺利进行造成严重冲击,加剧港口的拥堵程度,对沿海港口的生产运营造成持续性干扰。虽然我国沿海港口货物吞吐量在疫情期间实现预期增长,但受国外疫情持续以及国外生产停滞等方面的影响,我国海运进出口贸易格局失衡,进而影响港口的运行。环渤海港口群、长三角港口群、东南沿海港口群、珠三角港口群和西南沿海港口群共同组成我国沿海港口群,其囊括的港口是我国海上运输的主力军,其吞吐量水平和发展情况代表我国海上门户的能力。因此评估我国沿海港口群及港口在疫情时期的生产运营情况,对于后疫情时期更好地进行港口战略规划与布局具有重要意义。

现有港口运营效率的测算方法主要有两种:一是基于参数的随机前沿分析(Stochastic Frontier Analysis, SFA),二是基于非参数的数据包络分析(Data Envelopment Analysis, DEA)。DEA较SFA更方便处理多产出指标的情况,本文选择DEA方法进行港口运营效率的计算。最初是Roll和Hayuth[1]将DEA模型引入到港口效率测算中,至此之后,传统的CCR和BCC模型[2-3]、SBM模型[4-5]、超效率模型[6-7]、多阶段DEA模型[8-10]等一系列数据包络模型均被广泛应用于港口效率的测算。

目前国内的研究鲜有将三阶段超效率SBM模型应用在港口效率的测度上,且三阶段超效率SBM模型较其他效率评价模型具有能进行多产出指标分析、考虑投入产出指标的松弛性、能对决策单元达到有效的情况下进一步排序以及考虑环境因素和随机扰动影响等优势,能够更加准确地测算港口运营效率。同时,在疫情防控进入常态化的大背景下,疫情期间的港口效率尚待明晰,其区域性效率表现有待探查。本文在前人研究的基础上,运用三阶段超效率SBM模型计算疫情时期港口的运营效率,以探究疫情时期我国沿海港口运行情况。

1 研究方法和指标选取

1.1 研究方法

为测算疫情时期我国沿海港口运营效率,同

时考虑环境因素和随机扰动的影响,本文借鉴刘浩等[11]的方法将超效率SBM模型和SFA模型相结合,构建三阶段超效率SBM模型,具体如下。

(1)第一阶段:超效率SBM模型测度港口效率。2001年Tone[12]提出带有松弛度的DEA模型(Slack-based Measure DEA, SBM-DEA)以解决传统的DEA模型没有考虑投入产出松弛性的问题。基于投入导向的SBM模型如式(1)所示。

$$\min\rho = 1 - \frac{1}{m}\sum_{i=1}^{m}\frac{s_i^-}{x_{ik}}$$

$$s.t.\begin{cases} x_k = X\lambda + s^- \\ y_k \leqslant Y\lambda \\ \lambda \geqslant 0, s^- \geqslant 0 \end{cases} \tag{1}$$

式中:m——投入变量的类别数量;

x_{ik}——k港口第i个投入变量;

x_k、y_k——k港口的投入和产出向量;

X、Y——港口的投入和产出矩阵;

s^-——投入变量的冗余值;

λ——权重向量,$\lambda>0$;

ρ——港口运营的效率值,$0\leqslant\rho\leqslant1$。

但当出现多个决策单元有效率的情况时,传统DEA模型无法进一步判断港口效率值的排名,Tone[13]进一步提出基于投入导向的超效率SBM模型,如式(2)所示。

$$\min\theta = 1 + \frac{1}{m}\sum_{i=1}^{m}\frac{s_i^-}{x_{ik}}$$

$$s.t.\begin{cases} x_{ik} \geqslant \sum\limits_{j=1,\neq k}^{n} x_{ij}\lambda_j - s_i^- \\ y_{rk} \leqslant \sum\limits_{j=1,\neq k}^{n} y_{rj}\lambda_j \\ \lambda, s^- \geqslant 0 \end{cases} \tag{2}$$

式中:θ——超效率值,θ取值可大于1;

y_{rj}——j港口第r个产出变量,$j\neq k$;

n——决策单元个数;

其余参数同式(1)含义相同。

(2)第二阶段:SFA回归。为了考虑外部环境和随机扰动的影响,Fried[14]等提出了将DEA和SFA相结合的三阶段DEA模型。SFA回归函数如式(3)和式(4)所示。

$$S_{al} = f(Z_l; b_a) + v_{al} + \mu_{al} \tag{3}$$

$$\gamma = \frac{\sigma_{\mu a}^2}{\sigma_{va}^2 + \sigma_{\mu a}^2} \tag{4}$$

式中:S_{al}——第l个港口的第α项投入的松弛值;

Z_l——环境变量;

b_a——系数;

v_{al}——随机误差项;

u_{al}——管理无效率项;

$v_{al}+u_{al}$——混合误差项。

$0\leqslant\gamma\leqslant1$,$\gamma$越接近于1说明管理无效率对于港口效率低的影响越大,反之随机扰动的影响越大。投入变量调按照式(5)进行调整。

$$X'_{al} = X_{al} + \{\max[f(Z_l;\hat{b}_a)] - f(Z_l;\hat{b}_a)\} + [\max(v_{al}) - v_{al}] \tag{5}$$

式中:X_{al}——原始投入值;

X'_{al}——调整后投入值。

(3)第三阶段:投入变量调整后的港口效率测度。将调整后的投入值和原始产出值再次带入到超效率SBM模型中计算,得到调整后的港口效率值。

1.2 研究对象与指标选取

1.2.1 研究对象

本文以五大港口群的20个主要港口为研究对象,具体如表1所示。

我国沿海主要港口 表1

区域划分	主要港口
环渤海港口群	大连港、营口港、天津港、烟台港、青岛港、日照港、威海港
长三角港口群	上海港、宁波舟山港、连云港港、温州港、台州港
东南沿海港口群	厦门港、福州港
珠三角港口群	广州港、深圳港、汕头港
西南沿海港口群	湛江港、北部湾港、海口港

1.2.2 指标选取

本文从投入产出的角度构建港口运营效率评价指标体系,投入指标通常分为设施投入、设备投入、资金投入、航运投入等,产出指标通常分为生产性指标、发展性指标、经营性指标和价值性指标等。本文主要进行港口生产运营效率的测算,着重考虑生产性投入和产出。同时港口经营能力的影响因素不仅包括港口内部因素,还包括市场、人口、经济、政策等外部环境,因此外部环境因素也应纳入到港口运营效率评价体系当中。考虑到样本数据的可得性和完整性,构建港口效率评价指标体系如表2所示,样本数据的描述性统计如表3所示。

港口运营效率评价指标体系 表2

一级指标	二级指标	数据来源
投入指标	生产性泊位数量(个)	《中国统计年鉴》
	生产性码头长度(m)	《中国统计年鉴》
	集装箱航线数量(条)	各港口官方网站、企业年报及相关新闻报道等
	员工数量(人)	各港口官方网站、企业年报及相关新闻报道等
产出指标	货物吞吐量(万 t)	交通运输部官网
	外贸货物吞吐量(万 t)	交通运输部官网
	集装箱吞吐量(万 TEU)	交通运输部官网
环境指标	疫情确诊人数(人)	国家卫生健康委员会官方网站
	地区生产总值(亿元)	各省(区、市)统计年鉴
	对外贸易进出口总额(亿元)	各省(区、市)统计年鉴
	人口密度(万人/km^2)	各省(区、市)统计年鉴

样本数据的描述性统计 表3

指标	最小值	最大值	均值	标准差
生产性泊位数(个)	34.00	608.00	199.40	157.35
生产性码头长度(m)	5013.00	96543.00	31802.20	22045.82
集装箱航线数(条)	10.00	260.00	101.55	77.77
员工数量(人)	1062.00	17790.00	7288.75	5048.95
货物吞吐量(万 t)	3351.00	117240.00	34094.25	27543.63
外贸货物吞吐量(万 t)	365.00	53679.00	16392.55	15482.52
集装箱吞吐量(万 TEU)	50.00	4350.00	1067.60	1212.83
疫情确诊人数(人)	1.00	1516.00	234.10	377.84
地区生产总值(亿元)	1325.50	38700.58	9715.71	9977.79
对外贸易进出口总额(亿元)	368.30	34828.47	6268.31	9551.63
人口密度(万人/km^2)	288.85	8828.07	1703.54	2086.22

2 港口运营效率测算

2.2.1 第1阶段:基于超效率 SBM 模型的港口运营效率计算

借助 DEA-SOLVER Pro5.0 软件,运用投入导向的超效率 SBM-DEA 模型对 2020 年各沿海港口运营效率进行评价,评价结果如表 4 所示。其中 drs 为规模报酬递减,irs 为规模报酬递增。

2020 年我国沿海港口运营效率评价结果 表4

序号	港口	综合技术效率	排名	纯技术效率	排名	规模效率	排名	规模报酬
1	大连港	0.3819	15	0.4295	19	0.8892	7	irs
2	营口港	0.6002	10	0.7498	14	0.8005	9	irs
3	天津港	1.0186	5	1.0320	7	0.9870	3	irs
4	烟台港	0.4577	11	0.5044	18	0.9075	5	irs
5	威海港	0.2963	18	1.1825	5	0.2506	18	irs
6	青岛港	1.3867	2	2.1239	1	0.6529	15	drs
7	日照港	1.7759	1	1.8160	2	0.9779	4	irs
8	上海港	1.2091	3	1.0000	10	1.2091	1	drs
9	连云港港	0.6819	7	1.0257	8	0.6648	14	irs

续上表

序号	港口	综合技术效率	排名	纯技术效率	排名	规模效率	排名	规模报酬
10	宁波舟山港	0.6750	8	1.0000	10	0.6750	13	drs
11	台州港	0.2513	20	1.3084	4	0.1921	20	irs
12	温州港	0.2899	19	0.8010	13	0.3619	17	irs
13	福州港	0.3332	17	0.4184	20	0.7964	10	irs
14	厦门港	0.6214	9	0.8041	12	0.7728	11	irs
15	汕头港	0.3632	16	1.6830	3	0.2158	19	irs
16	深圳港	1.0238	4	1.1347	6	0.9023	6	drs
17	广州港	1.0067	6	1.0198	9	0.9872	2	drs
18	湛江港	0.4190	13	0.5957	16	0.7034	12	irs
19	北部湾港	0.4522	12	0.5283	17	0.8560	8	irs
20	海口港	0.3911	14	0.6939	15	0.5637	16	irs
平均值		0.6818	—	0.9925	—	0.7183	—	—

2.2.2　第2阶段:SFA回归

在第一阶段的基础上,利用Frontier 4.1软件,以各投入指标的松弛变量为因变量,以环境变量作为自变量进行SFA回归,回归结果如表5所示。

投入松弛变量SFA参数分析　　表5

指　标	泊位数量松弛系数	码头长度松弛系数	航线数量松弛系数	员工数量松弛系数
常数项	14.902254***	7495.049300***	16.459188***	-893.803090***
确诊人数	0.049786	-23.137219**	0.008203	-5.205349***
GDP	-0.005526***	0.287252	-0.003156**	0.298409***
对外贸易进出口额	0.003228	0.685472	0.004773***	-0.192718***
人口密度	0.001653	-3.088148**	-0.009610**	0.095354*
$\sigma_{va}^2+\sigma_{\mu a}^2$	18161.392***	137298640.00***	2431.022***	13163610.00***
γ	1.000000***	0.793118***	1.000000***	1.000000***

注:*、**、***分别表示在10%、5%和1%的统计水平下显著。

从表5的结果中可以看出,大部分的系数能够通过显著性检验,说明环境变量对于港口投入的松弛值存在影响。为了使港口效率评价结果更为准确,剔除环境因素和随机误差是十分必要的。

2.2.3　第3阶段:调整投入后的运营效率计算

结合第二阶段的回归结果对投入值进行调整,将所有港口的投入水平调整至相同的外部环境和随机扰动条件下,运用超效率SBM模型再次进行计算,得到调整后的港口效率如表6所示。

调整后的我国沿海港口运营效率评价结果　　表6

序号	港口	综合技术效率	排名	纯技术效率	排名	规模效率	排名	规模报酬
1	大连港	0.4386	13	0.5566	20	0.7880	9	irs
2	营口港	0.5590	10	0.8770	11	0.6374	12	irs
3	天津港	0.8536	5	1.0174	7	0.8390	7	irs
4	烟台港	0.5353	11	0.6157	18	0.8694	5	irs
5	威海港	0.1645	19	1.1464	4	0.1435	19	irs
6	青岛港	1.5382	1	1.9227	1	0.8000	8	drs
7	日照港	1.5353	2	1.5887	2	0.9664	3	irs
8	上海港	1.2651	3	1.0000	9	1.2651	1	drs

续上表

序号	港口	综合技术效率	排名	纯技术效率	排名	规模效率	排名	规模报酬
9	连云港港	0.5969	8	1.0160	8	0.5875	15	irs
10	宁波舟山港	0.8398	6	1.0000	9	0.8398	6	drs
11	台州港	0.1491	20	1.0416	6	0.1431	20	irs
12	温州港	0.1714	18	0.6841	16	0.2505	17	irs
13	福州港	0.3575	15	0.5646	19	0.6332	13	irs
14	厦门港	0.5665	9	0.7551	12	0.7502	10	irs
15	汕头港	0.1927	17	1.2802	3	0.1505	18	irs
16	深圳港	1.0228	4	1.1061	5	0.9247	4	drs
17	广州港	0.6975	7	0.7051	15	0.9892	2	drs
18	湛江港	0.4354	14	0.7281	14	0.5980	14	irs
19	北部湾港	0.4704	12	0.6395	17	0.7356	11	irs
20	海口港	0.2876	16	0.7516	13	0.3827	16	irs
平均值		0.6339	—	0.9498	—	0.6647	—	—

为了进一步确定第二阶段的必要性，对调整前和调整后的港口综合技术效率、纯技术效率和规模效率分别进行 Wilcoxon 符号秩检验，结果显示纯技术效率未通过显著性检验，综合技术效率渐进显著性（双侧检验）为 0.009，规模效率渐进显著性（双侧检验）为 0.025，通过了 5% 的显著性检验，这说明第二阶段的调整是有意义的。

3　港口运营效率结果分析

3.1　第一阶段港口效率分析

根据表 4，从整体来看，2020 年我国沿海港口的效率表现不错，但还未达到 DEA 有效。纯技术效率大于规模效率，因此港口综合技术效率无效多是由规模效率不足导致的。

从区域来看，环渤海港口群、长三角港口群、东南沿海港口群、珠三角港口群和西南沿海港口群的平均综合技术效率分别为 0.8453、0.6214、0.4773、0.7979、0.4208，平均纯技术效率分别为 1.1197、1.0270、0.6112、1.2792、0.6059，平均规模效率分别为 0.7808、0.6206、0.7846、0.7018、0.7077。其中环渤海港口群、长三角港口群和珠三角港口群的综合技术效率和纯技术效率较高，东南沿海港口群和西南沿海港口群较低；而从规模效率来看，各港口群差别不大，东南沿海港口群规模效率最高，长三角港口群规模效率最低。

从单个港口来看，日照港、青岛港、上海港、深圳港、天津港和广州港的综合技术效率达到了 DEA 有效，其余港口均为 DEA 无效。并且大部分港口的纯技术效率达到有效，上海港的规模效率达到了有效，其余港口均为 DEA 无效。青岛港、上海港、宁波舟山港、深圳港、广州港的规模报酬是递减，说明增加投入会减少产出，可适当缩小投入规模，其余港口为规模报酬递增，可适当扩大规模。

3.2　第二阶段 SFA 回归分析

根据表 5，回归系数为正时，说明环境变量的增加不利于降低投入变量的冗余；回归系数为负时，说明环境变量的增加有利于降低投入变量的冗余。各投入松弛值的 γ 值更接近于 1，说明管理无效率是港口运行效率低的主要原因。其中疫情确诊人数与码头长度和员工数量的松弛值呈显著负相关，说明疫情的发生有利于港口效率的提升，结果似乎与常规认知有所不同。笔者认为其主要原因是尽管 2020 年第一季度港口业绩受疫情影响不容乐观，但在企业有效复工复产后，大部分港口企业实现了业务量增长由负转正，在国家政策的大力扶持下，港口企业也逐渐适应疫情带来的生产和经营变化，推进港口企业的管理、运行更加有序。

3.3　第三阶段港口效率分析

根据表 6，总体来看，剔除环境因素和随机扰动的影响之后，2020 年我国沿海港口运营效率均值略有下降，未达到 DEA 有效。

从区域来看，环渤海港口群、长三角港口群、东南沿海港口群、珠三角港口群和西南沿海港口群港口综合技术效率均值分别为0.8035、0.6045、0.4620、0.5377、0.3978,纯技术效率均值分别为1.1035、0.9483、0.6599、1.0305、0.7064,规模效率均值分别为0.7205、0.6172、0.6917、0.6881、0.5721,调整之后仍然是环渤海港口群、长三角港口群和珠三角港口群的港口更有优势。除东南沿海港口群和西南沿海港口群的纯技术效率有小幅上升,其余港口群的各效率较第一阶段均有下降,说明各港口群的外部环境较好,在第一阶段拉高了区域内港口平均效率。

从港口来看,综合技术效率达到DEA有效的港口有青岛港、日照港、上海港、深圳港。天津港和广州港退出综合技术效率前沿面。与第一阶段相比,综合技术效率上升幅度超过0.1的港口有宁波舟山港和青岛港,说明其所处的外部环境和随机扰动拉低了港口效率;下降幅度超过0.1的港口有广州港、日照港、汕头港、天津港、威海港、温州港、海口港和台州港,说明其外部环境较好,使第一阶段的效率虚高。调整后仍有多个港口达到纯技术效率。规模效率只有上海港达到了DEA有效,同第一阶段相同。其中宁波舟山港、青岛港、上海港、深圳港和广州港的规模效率较第一阶段有所上升,究其原因,规模效率的高低体现了港口是否在最优投入下进行生产,由于这些港口所在地发展水平较高,拉高了港口生产的最佳投入规模。规模报酬情况同第一阶段相同。

3.4　综合分析

综上,2020年我国沿海港口生产经营总体表现不错,规模效率不足以及港口企业管理无效率是港口效率未达到DEA有效的主要原因。经过第二阶段的调整之后,港口效率有所下降,说明尽管受疫情冲击,我国沿海区域仍为港口运行提供了良好的外部条件。同时各港口群之间的效率水平并不均衡,经济发达地区的港口效率普遍高于其他地区,港口群的均衡发展应当被关注。

4　结语

本文采用三阶段超效率SBM模型进行港口运营效率的测算,明晰了新冠肺炎疫情时期我国港口的运行情况,研究结果对于后疫情时代港口及港口群的发展规划具有参考价值。同时本文以2020年全年的角度来考虑疫情期间的港口运营情况,结果显示疫情并未拉低港口运营效率,由于疫情的爆发集中于2020年第一季度,后三季度高效的生产摊销了第一季度的低效率生产,后续可结合疫情发展的生命周期分阶段对港口效率进行研究,以探明疫情在不同阶段对港口效率的影响。同时港口内部的运营机制也是影响运营效率的一个重要方面,未来可对各港口的实际运营机制进行研究,以进一步探究港口的运营效率。

在疫情防控常态化以及国家大力推进运输结构调整的背景下,对于沿海港口的运营保持乐观,新时期各沿海港口应完善港口疫情防控体系,继续加快港口智能化、自动化和绿色化的发展。各港口群分别以青岛港和天津港、上海港和宁波舟山港、厦门港和福州港、广州港和深圳港以及北部湾港为主,其他港口为辅,结合“一带一路”、京津冀一体化建设、长三角经济圈建设、粤港澳大湾区建设、西部陆海大通道等发展战略,推进港口群一体化进程和区域内协调发展,加快各港口及港口群的科学规划与布局,发挥沿海港口的枢纽作用,推进我国沿海港口现代化、集约化发展。

参考文献

[1] Roll Y, Hayuth Y. Port Performance Comparison Applying Data Envelopment Analysis (DEA)[J]. Maritime Policy & Management, 1993, 31(1):83-94.

[2] Beuren M M, Andriotti R, Vieira G, et al. On Measuring the Efficiency of Brazilian Ports and Their Management Models [J]. Maritime Economics & Logistics, 2018, 20(1):149-168.

[3] Cao H. Efficiency Evaluation of Main Ports in Jiangsu Province Based on DEA Model[J]. IOP Conference Series: Earth and Environmental Science,2021,831(1):12-48.

[4] Na J H, Choi A Y, Ji J, et al. Environmental Efficiency Analysis of Chinese Container Ports with CO_2 Emissions: An Inseparable Input-output SBM Model[J]. Journal of Transport Geography, 2017,65(1):13-24.

[5] 刘文君,何新华,胡文发.重大突发疫情对港口运营能力的影响研究[J].交通信息与安全,2020,38(2):102-111+119.

[6] Ye S, Qi X, Xu Y. Analyzing the Relative Efficiency of China's Yangtze River Port System[J]. Maritime Economics & Logistics, 2020, 22(4):640-660.

[7] Liu J, Wang X, Guo J. Port Efficiency and Its Influencing Factors in the Context of Pilot Free Trade Zones[J]. Transport Policy, 2021, 105:67-79.

[8] Huang X, Wang Y, Dai X, et al. Evaluation of Port Efficiency in Shanghai Port and Busan Port Based on Three-stage DEA Model with Environmental Concerns[J]. Transport, 2019, 35(5):1-8.

[9] Park J, Lee B K, Low J M W. A Two-stage Parallel Network DEA Model for Analyzing the Operational Capability of Container Terminals[J]. Maritime Policy & Management, 2020:1-22.

[10] 杜浩,周昱彤,匡海波,等.基于三阶段超效率DEA的港口运行效率研究[J].技术经济,2021,40(07):22-35.

[11] 刘浩,何寿奎,王娅.基于三阶段DEA和超效率SBM模型的农村环境治理效率研究[J].生态经济,2019,35(8):194-199.

[12] Tone K. A Slacks-based Measure of Efficiency in Data Envelopment Analysis[J]. European Journal of Operational Research, 2001, 130(3):498-509.

[13] Tone K. A Slacks-based Measure of Super-efficiency in Data Envelopment Analysis[J]. European Journal of Operational Research, 2002, 143(1):32-41.

[14] Freid H, Lovell O, et al. Accounting for Environmental Effects and Statistical Noise in Data Envelopment Analysis[J]. Journal of Productivity Analysis, 2002, 17(1/2):157-174.

基于比例控制图的港口配煤过程控制研究

张 莹[1,2] 陈仕圆[1] 曹小华[*1]

(1.武汉理工大学 交通与物流工程学院;2.港口物流技术与装备教育部工程研究中心)

摘 要 根据配煤系统存在的煤炭配比值稳定性差的问题,提出一种基于正态变换的变样本容量累积和比例控制图模型,将该模型结合可编程逻辑控制器的自动配煤系统,实现对煤炭配比的有效控制。文章采用马尔科夫链推导了所提出方法的平均运行长度和平均样本容量等性能指标。研究结果表明变样本容量累积和比例控制图的性能明显优于累积和比例控制图,对煤炭配比过程比例变化具有很好的监测能力。

关键词 累积和比例控制图 变样本容量 港口配煤 在线监控

0 引言

长期以来,随着世界经济的快速发展,煤炭作为工业生产中不可或缺的资源得到各行各业的普遍应用,而其生产、应用过程中的各个环节亦受到人们的广泛关注[1]。在港口的生产过程中,港口作业效率和质量一直是港口竞争力的重要指标。廖诗管等[2]为准确估计港口的装卸效率值,提出一种计算集装箱港口装卸效率值的方法,为港口提升管理水平提供理论参考。近年来,为了提高竞争力,煤炭港口都在实现结构转型,不断扩增业务。配煤是将不同品质、不同类别的单种煤按不同比例混合,充分发挥单种煤的煤质优点,提供可满足客户需求的优质煤。目前,煤炭配比不准确、精度不够是港口配煤作业急须解决的问题之一。因此,本文提出利用变样本容量累积和比例控制图来监控港口配煤过程,保证产品质量。

在港口配煤作业过程中监控各种煤种的配比稳定是港口煤炭生产过程中重要的一环,各种煤炭的配比是一种关键质量特性。控制图作为统计过程控制(Statistical Process Control, SPC)的重要工具之一,被广泛应用于监控过程中关键质量特性的波动。在实际生产过程中,港口配煤作业需要确保煤炭的配比精度,来满足各类客户需求,降低成本,稳定煤质,减少污染物的排放,获得较好的经济、社会和环境效益。近年来,不少学者研究了监控两个正态变量之间比例的控制图设计问题,例如,Celano 等[3]首先讨论了单个样本容量情况下休哈特(Shewhart)比例控制图的统计特性,即Shewhart-RZ 控制图,之后 Celano 和 Castagliola 等[4]将这项研究扩展到样本容量 $n>1$ 的情形,研究表明该控制图对于监控比例特性偏移具有一定的优异性。Tran 等[5]提出了累积和(Cumulative Sum, CUSUM)型比例控制图对二元正态变量间比例关系进行监控,记作 CUSUM-RZ 控制图,并将所提出的控制图与 Shewhart-RZ 控制图的性能作比较,研究结果表明其监控比例偏移的效率更优于 Shewhart-RZ 控制图。以上研究皆表明了比例控制图对于监控比例特征值具有一定的有效性、及时性和准确性。目前,对于比例控制图的研究大多数是基于休哈特型控制图和变抽样区间策略在比例控制图中的研究,变样本容量策略(Variable Sampling Size, VSS)在比例控制图中的应用较少。

目前,对于比例控制图的研究大多数基于理论方法的层面,鲜有具体的生产场景与理论融合,特别是在交通运输系统工程领域,较少有控制图应用。在港口配煤作业中,不同煤质的煤种按照某种比例均匀混合形成混合煤,进而提高煤炭的燃烧效率。如果将每种煤炭的流速建模为随机变量,那么就可以对过程进行稳定的在线控制[6]。基于以上研究,本文设计了一种基于正态变换的变样本容量累积和比例控制图模型,推导了所提方法的平均运行长度等性能指标,并通过实例分析了该模型对比例偏移监控的有效性和及时性。

1　基于比例控制图的配煤作业流程

为了保证配煤精度,满足客户需求,本文将变样本容量累积和比例控制图模型结合基于可编程逻辑控制器(Programmable Logic Controller, PLC)的自动配煤系统,实现对港口配煤过程质量控制。假设在货场的取料线有两台斗轮取料机,在货场取料线上的取料机之间相互独立工作,每台取料机连接一台皮带秤,用来检测传送带上煤炭的瞬时流量。皮带秤检测的若干数据反馈中央控制系统,系统内的比例控制图模型对配煤作业过程瞬时流量数据进行实时在线监控。控制图根据瞬时流量数据发出警报信号,两个斗轮取料机根据信号调节取料频率,或是终止取料过程。最终实现取料机取料频率能够满足不同煤质的配比要求(图1)。

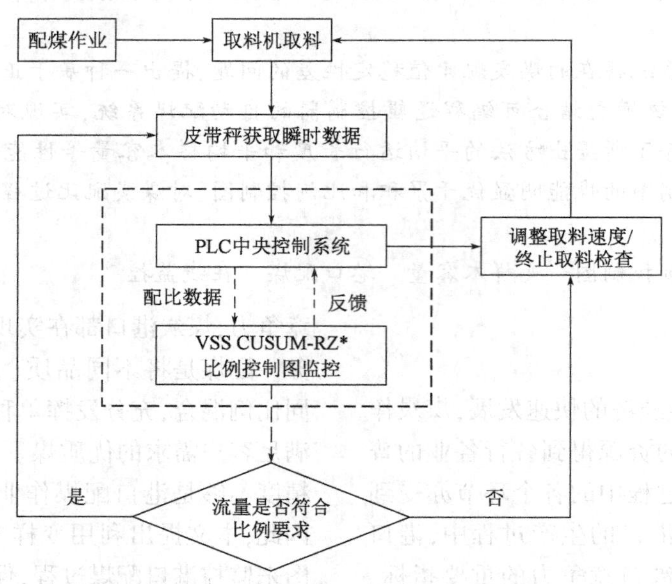

图1　基于比例控制图的配煤质量控制过程

假定有两种煤种进行配煤,用随机向量(X, Y)代替要监测的两个互不独立的质量特征参数,即两种煤种的瞬时流量[6]。皮带机连续地输送煤,在时刻 $i=1,2,\cdots$,分别获取皮带秤测量的不同煤种的瞬时流量，得到样本容量为 n 的样本。若皮带机运行时间足够长，则可将较多数量的样本分布视为正态分布。则在 $i=1,2,\cdots$ 时刻，对于每一个样本 $(X_{i,j},Y_{i,j})$，$j=1,2,\cdots,n$ 服从二维正态分布。

2 VSS CUSUM-RZ* 控制图模型的建立

2.1 比例 Z 的分布

假设 W 为二元正态随机向量，$W=(X,Y)^T\sim N(\mu_W,\Sigma_W)$，其均值为：

$$\mu_W = \begin{pmatrix}\mu_X\\ \mu_Y\end{pmatrix} \tag{1}$$

协方差矩阵为：

$$\Sigma_W = \begin{pmatrix}\sigma_X^2 & \rho\sigma_X\sigma_Y\\ \rho\sigma_X\sigma_Y & \sigma_Y^2\end{pmatrix} \tag{2}$$

其中，ρ 为变量 X、Y 的相关系数。X、Y 的变异系数为 $\gamma_X=\dfrac{\sigma_X}{\mu_X}$、$\gamma_Y=\dfrac{\sigma_Y}{\mu_Y}$，设变量 X 和 Y 的标准差之比为 $\omega=\dfrac{\sigma_X}{\sigma_Y}$。记变量 X 和 Y 之比为 Z，$Z=\dfrac{X}{Y}$，根据文献[4]，变量 Z 的累积分布函数、概率密度函数及逆分布函数分别表示为：

$$F_Z(z|\gamma_X,\gamma_Y,\omega,\rho) = \Phi\left(\frac{A}{B}\right) \tag{3}$$

$$f_Z(z|\gamma_X,\gamma_Y,\omega,\rho) = \left[\frac{1}{B\gamma_Y} - \frac{(z-\rho\omega)A\,|}{B^3}\right]\times\phi\left(\frac{A}{B}\right) \tag{4}$$

$$F_Z^{-1}(p|\gamma_X,\gamma_Y,\omega,\rho) = \begin{cases}\dfrac{-C_2-\sqrt{C_2^2-4C_1C_3}}{2C_1}, & p\in(0,0.5]\\[2ex] \dfrac{-C_2+\sqrt{C_2^2-4C_1C_3}}{2C_1}, & p\in[0.5,1)\end{cases} \tag{5}$$

其中，$\Phi(\cdot)$ 和 $\phi(\cdot)$ 分别为标准正态分布的分布函数和概率密度函数；A,B,C_1,C_2,C_3 是关于 $z,\gamma_X,\gamma_Y,\omega$ 的函数，表达式如下：

$$A = \frac{z}{\gamma_Y} - \frac{\omega}{\gamma_X} \tag{6}$$

$$B = \sqrt{\omega^2 - 2\rho\omega z + z^2} \tag{7}$$

$$C_1 = \frac{1}{\gamma_Y^2} - [\Phi^{-1}(p)]^2 \tag{8}$$

$$C_2 = 2\omega\left\{\rho[\Phi^{-1}(p)]^2 - \frac{1}{\gamma_X\gamma_Y}\right\} \tag{9}$$

$$C_3 = \omega^2\left\{\frac{1}{\gamma_X^2} - [\Phi^{-1}(p)]^2\right\} \tag{10}$$

其中，$\Phi^{-1}(\cdot)$ 表示标准正态分布的逆分布函数。

2.2 VSS CUSUM-RZ* 控制图设计

VSS CUSUM-RZ* 控制图的设计取两种样本容量的情形，即小样本容量和大样本容量。构造 Z_i：

$$Z_i = \frac{\mu_{X,i}}{\mu_{Y,i}} = \frac{\overline{X}_i}{\overline{Y}_i} = \frac{\sum_{j=1}^{n_i}X_{i,j}}{\sum_{j=1}^{n_i}Y_{i,j}},\ i=1,2,\cdots\cdots$$

对 Z_i 进行如下变换：

$$Z_i^* = \Phi^{-1}\{F_Z[Z_i|n(i),\gamma_X,\gamma_Y,\omega_0,\rho_0]\}$$

其中，$Z_i^*\sim N(0,1)$，$\Phi^{-1}(\cdot)$ 为标准正态分布的逆函数，$F_Z(\cdot)$ 为统计量 Z_i 的分布函数。

监控过程中产生向上的比例偏移情形，记作上单边 VSS CUSUM-RZ 控制图，其统计量为：

$$S_i^+ = \max[0,S_{i-1}^+ + (Z_i^*-0) - K^+] \tag{11}$$

统计量初始值为 $S_0^+=0$，z_0 为标准比例特征值。控制限设为 UCL，警戒限为 UWL。

监控过程中产生向下的比例偏移情形，记作下单边 VSS CUSUM-RZ 控制图，其统计量为：

$$S_i^- = \max[0,S_{i-1}^- - (Z_i^*-0) - K^-] \tag{12}$$

统计量初始值为 $S_0^-=0$，z_0 为标准比例特征值，控制限设为 LCL，警戒限为 LWL。

以上单边 VSS CUSUM-RZ* 控制图为例，变样本容量控制图的运行规则如下：

(1) 当统计量 S_i^+ 处于警戒线内时，下一次抽样的样本容量为小样本；

(2) 当 S_i^+ 处于警戒线与控制线之间时，下一次抽样的样本容量为大样本；

(3) 当 S_i^+ 超出控制线时，控制图发出失控警报，需要对生产过程中的异常波动进行检查。

2.3 性能指标

采用马尔可夫链法推导控制图的性能指标。图 2 给出了上单边 VSS CUSUM-RZ* 控制图的区间划分，将 0 到控制限之间划分为 p 个子区间，$H_0=0$ 为控制图的初始状态。

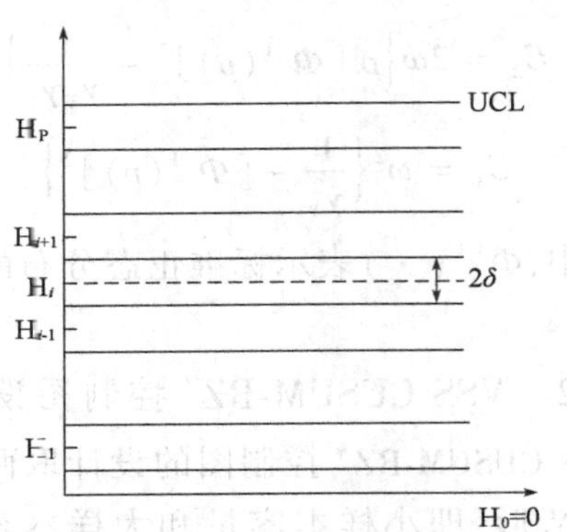

图 2　二单边 VSS CUSUM-RZ* 控制图的区间划分

VSS CUSUM-RZ* 控制图的统计量在控制图区间的变化过程可以看成具有 $p+2$ 个状态的马尔可夫链一步转移问题,马尔可夫链的一步转移概率矩阵为:

$$P=\begin{pmatrix} Q & r \\ 0^{\mathrm{T}} & 1 \end{pmatrix}=\begin{pmatrix} Q_{0,0} & Q_{0,1} & \cdots & Q_{0,p} & r_0 \\ Q_{1,0} & Q_{1,1} & \cdots & Q_{1,p} & r_1 \\ \vdots & \vdots & & \vdots & \vdots \\ Q_{p,0} & Q_{p,1} & \cdots & Q_{p,p} & r_p \\ 0 & 0 & \cdots & 0 & 1 \end{pmatrix} \tag{13}$$

式中:Q——$(p+1,p+1)$ 维转移概率矩阵 $0=(0,0,\cdots,0)^{\mathrm{T}}$;

$r=(1-Q1)^{\mathrm{T}}$——$p+1$ 维的向量。

VSS CUSUM-RZ* 控制图的 ARL 和 SDRL 计算公式如下:

$$\mathrm{ARL}=q^{\mathrm{T}}(I-Q)^{-1}h \tag{14}$$

$$\mathrm{SDRL}=\sqrt{2q^{\mathrm{T}}(I-Q)^{-2}Qh-\mathrm{ARL}^2+\mathrm{ARL}} \tag{15}$$

其中,$h=(1,1,\cdots,1)^{\mathrm{T}}$,初始概率向量 q 设置为等于 $q=(1,0,0,\cdots,0)^{\mathrm{T}}$,即初始状态对应于"重启状态"。将转移矩阵 P 转换成没有吸收态的 P^*:

$$P^*=\begin{pmatrix} Q & r \\ q^{\mathrm{T}} & 0 \end{pmatrix} \tag{16}$$

R 可由矩阵 P^* 先转置,再将对角线元素减 1,并将第一行的元素替换为 1 得到,得到如下矩阵:

$$P^*=\begin{pmatrix} 1 & 1 & \cdots & 1 & 1 \\ Q_{0,1} & Q_{1,1}-1 & \cdots & Q_{p,1} & 0 \\ \vdots & \vdots & & \vdots & \vdots \\ Q_{0,p} & Q_{1,p} & \cdots & Q_{p,p}-1 & 0 \\ 1-Q_{0,0}-\cdots-Q_{0,p} & 1-Q_{1,0}-\cdots-Q_{1,p} & \cdots & 1-Q_{p,0}-\cdots-Q_{p,p} & -1 \end{pmatrix} \tag{17}$$

平均样本容量(Average Sample Size, ASS)的表达式如下:

$$\mathrm{ASS}=(n_0\cdots n_i,n_{i+1}\cdots n_{p+1})\pi \tag{18}$$

π 表示为:

$$\pi=R^{-1}\begin{pmatrix} q \\ 0 \end{pmatrix} \tag{19}$$

在求解最优性能指标时,保证控制图在受控状态时平均样本容量和平均运行长度的值,使得过程处于失控状态时的平均运行长度最小。利用 Matlab 软件求解由等式约束构成的非线性方程组,得到最优性能指标。

3　实例分析

本节使用变样本容量累积和比例控制图对配煤过程进行监控,通过检测配煤过程不同煤炭的瞬时流量配比来实现过程的质量控制。现有两类不同煤质的煤炭(分别为神混 1,平混六)需要混配成燃烧性能更好更优质的煤,假设要监测的两类煤炭的瞬时目标混合比例为 1∶1($z_0=1$),两皮带机的流速为 8.5kg/s。共采集 15 组样本数据,两类煤炭的流量数据如表 1 和表 2 所示。数据较多的原因,本文只给出受控过程样本的第 1 组流量数据,失控样本数据的第 15 组流量数据。前 10 次设备正常运转,煤炭比例没有发生异常,在第 10 次抽样之后,异常因素发生导致两种煤炭的比例由 $z_0=1$ 偏移至 $Z_1=1.1$。根据上述情况,分别使用 CUSUM-RZ 控制图[5] 和 VSS CUSUM-RZ* 控制图对该过程进行监控。在使用两类比例控制图分别对两类煤炭的比例进行监控前,通过多次抽样确定过程参数。将以上参数带入第二节推导的公式中,得到 VSS CUSUM-RZ* 控制图的控制限、警戒限和大样本容量、小样本容量。根据文献[5]计算得到 CUSUM-RZ 控制图的控制限。

表1 神混1瞬时流量数据

序号	瞬时流量(kg/s)							
1	5.45	7.40	11.10	8.36	9.19	10.93	8.03	9.68
	9.28	9.79	6.52	9.77	9.46	7.22	7.70	6.38
	7.43	9.16	9.54	11.67	8.66	9.87	7.17	9.04
	8.31	8.19	7.45	11.02	7.52	9.12	10.23	
…	…	…	…	…	…	…	…	…
15	12.02	8.59	11.36	9.19	9.00	7.71	9.24	12.02
	11.14	11.95	7.50	10.86	10.40	9.79	9.62	11.14
	7.94	9.48	10.89	9.75	9.65	12.31	10.32	7.94
	8.70	10.26	7.26	10.75	8.11	10.96	9.39	8.70

表2 平混六瞬时流量数据

序号	瞬时流量(kg/s)							
1	8.49	8.87	8.54	7.73	11.18	9.43	8.71	7.40
	8.70	8.79	7.21	8.19	9.71	8.83	9.37	8.46
	7.25	8.88	8.24	6.31	8.20	10.52	7.93	9.35
	10.07	7.83	7.82	8.71	11.13	7.75	9.12	
…	…	…	…	…	…	…	…	…
15	8.51	6.78	9.27	7.34	8.75	10.88	7.44	9.59
	8.15	6.74	12.43	6.20	11.35	4.89	7.58	5.98
	9.70	8.42	10.11	10.83	5.72	7.66	9.72	10.88
	8.57	10.40	7.04	6.25	9.04	8.04	9.19	

根据公式计算 CUSUM-RZ 图和 VSS CUSUM-RZ*图的统计量，绘制 CUSUM-RZ 控制图如图3所示，VSS CUSUM-RZ*控制图如图4所示。从图3看出，15个样本全部在控制限以内，CUSUM-RZ 控制图并没能及时识别出过程的异常情况。从图4中可以看出，前10个样本点全部落在控制图的控制线以内，表明过程比例在可接受的范围内，控制图没有误报。在第10个样本点以后发生了比例偏移，VSS CUSUM-RZ*控制图在第11～15个样本点超出控制线，及时识别出了过程的异常情况。由此可以看出 VSS CUSUM-RZ*控制图对于配煤作业流量数据有优良的监控效果。

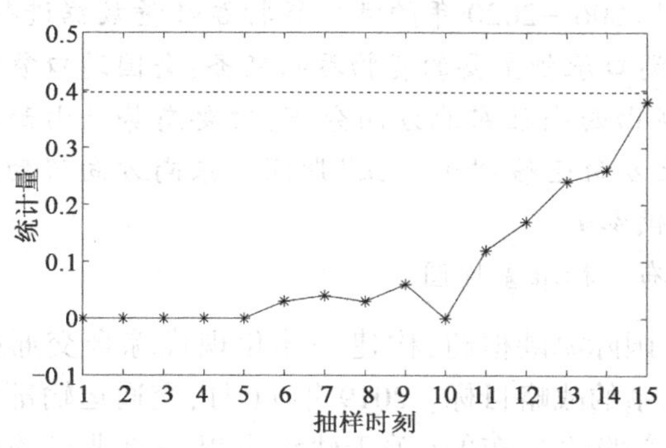

图3 CUSUM-RZ 控制图

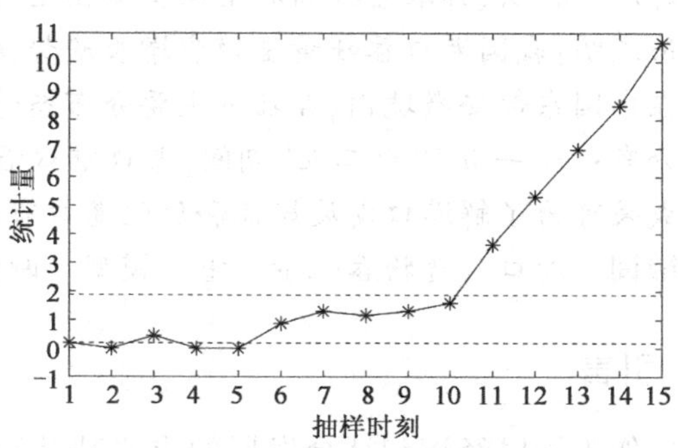

图4 VSS CUSUM-RZ*控制图

4 结语

基于控制图理论，本文设计了基于正态变换的变样本容量累积和比例控制图模型，通过将该模型结合计算机控制技术等实现煤炭配比的稳定性，从而提高配煤产品质量。针对 VSS CUSUM-

RZ*控制图模型,文章通过马尔可夫链推导了VSS CUSUM-RZ*控制图的平均运行长度和平均样本容量等性能指标,通过约束该控制图受控状态下的性能求得最优决策变量和最优统计性能。研究结果表明,提出的VSS CUSUM-RZ*控制图比CUSUM-RZ控制图检测能力更强,对二元正态变量间的比例变化具有很好的检测能力。将该模型应用在港口配煤作业的数据监控中,基于VSS CUSUM-RZ*控制图模型的监测方法能及时发现港口配煤过程中的异常情况。

参考文献

[1] 赵湘前,崔加彬. 港口自动化配煤系统的应用前景分析[J]. 中国新技术新产品,2015,09:5.

[2] 廖诗管,杨冬,白茜文,等. 基于船舶大数据的港口装卸效率值计算方法[J]. 交通运输系统工程与信息,2021,21(2):217-223.

[3] Celano G, Castagliola P, Faraz A, et al. Statistical performance of a control chart for individual observations monitoring the ratio of two normal variables[J]. Quality and Reliability Engineering International, 2014, 30(8): 1361-1377.

[4] Celano G, Castagliola P. Design of a phase II control chart for monitoring the ratio of two normal variables[J]. Quality and Reliability Engineering International, 2016, 32(1): 291-308.

[5] Tran K P, Castagliola P, Celano G. Monitoring the ratio of population means of a bivariate normal distribution using CUSUM type control charts[J]. Statistical Papers, 2018, 59(1): 387-413.

[6] 张莹,张弓. 基于控制图的港口配煤比例监控研究[J/OL]. 工业工程与管理:1-10[2022-01-23]. http://kns.cnki.net/kcms/detail/31.1738.T.20200827.1423.002.html.

中国港口货物吞吐量时空演变特征分析

余诚强[1,2,3] 蒋仲廉*[1] 应江龙[1,2] 初 晓[1,2] 孙 辉[1,2]

(1.武汉理工大学国家水运安全工程技术研究中心;

2.武汉理工大学交通与物流工程学院;3.闽江学院地理与海洋学院)

摘 要 港口是现代综合交通运输体系的重要组成部分,在国民经济发展中发挥了重要的作用。本文采用时序分析法、标准差椭圆和空间重心模型对中国2006—2020年的港口货物吞吐量数据进行分析。研究结果表明:我国港口吞吐量呈稳步增长趋势,沿海港口承担主要的货物吞吐任务;全国港口货物吞吐量重心在中国东部安徽境内,吞吐量主要分布态势呈现由西南往东北方向分布,次要态势呈由西北往东南方向分布;"十一五""十二五"期间,港口重心沿西北方向迁移,"十三五"期间向东南方向移动。本文的研究成果可为了解港口发展规律和优化港口布局提供参考。

关键词 港口 货物吞吐量 重心模型 时空分布 标准差椭圆

0 引言

港口作为国民经济和社会发展的重要基础设施,在推进海洋战略和航运经济全球化中扮演重要角色。2019年9月,国务院印发的《交通强国建设纲要》中提出了要建设打造具有全球竞争力的国际海港枢纽,构建一体化现代综合交通枢纽体系的战略目标。2019年11月,交通运输部等九部门联合发布的《关于建设世界一流港口的指导意见》中进一步明确了现代化港口的建设重要任务。探索港口发展规律,构建陆海统筹、江河海联动的港口布局已成为水路交通运输领域的研究热点。

1.基金项目:国家自然科学基金项目(52071250),国家重点研发计划课题(2021YFB2600200)。

孙世达等[1]运用指数分析与齐夫定律,分析了我国港口吞吐量规模的区域差异和分布。孙建平等[2]以1994—2014年时间段中国五大港口群作为研究对象,运用全局时空自相关指数和局部时空自相关指数,对五大港口群的港口业与经济增长的时空关联特性进行研究。张新放等[3]通过空间自相关和时空关联维数等方法,研究了21世纪海上丝绸之路沿线港口时空格局的演变特征和发展规律。葛浩然等[4]运用区位熵和多样性指数等方法,分析了长三角主要港口2010—2018年货运职能和多样性的时空特征。于少强等[5]基于熵值突变级数法,构建港口发展综合评价指标体系,探索了环渤海港口群发展的时空差异及影响因素。本文基于2005—2020年各省港口货物吞吐量统计数据,利用时序分析法、标准差椭圆和重心模型,分析了近15年中国港口吞吐能力的时空演变特征,为进一步把握我国港口的发展规律和优化港口布局提供参考。

1 数据与方法

1.1 数据来源

为了研究数据统计口径的一致性、准确性、完整性和可获取性,本文港口相关数据来自2005—2020年《中国港口年鉴》[6]中的统计数据。为了便于比较和分析,本文统计数据未包含香港、澳门和台湾地区的相关数据。

1.2 研究方法

1.2.1 重心模型

重心模型是利用物理学中重心的概念,分析研究区域内各方向因子属性能够维持平衡的区域重心点。

假设在j年份,某区域包含n个子区域,m_{ij}为第i个子区域对应的某类属性量化值,$(x_{ij},\ y_{ij})$为第i个子区域对应的地理坐标值,则j年份该区域某类属性的空间重心$(\overline{X_j},\overline{Y_j})$的数学表达式为:

$$\overline{X_j}=\frac{\sum_{i=1}^{n}m_{ij}x_{ij}}{\sum_{i=1}^{n}m_{ij}},\ \overline{Y_j}=\frac{\sum_{i=1}^{n}m_{ij}y_{ij}}{\sum_{i=1}^{n}m_{ij}} \tag{1}$$

式中:x_{ij}, y_{ij}——j年第i个省市的省市政府所在地的地理经纬坐标;

m_{ij}——i省市在j年对应的港口货物吞吐量。

为了进一步分析第i个省市在j年份与k年份(假设$j>k$)港口货物吞吐量的变化值,对整体区域空间重心经纬度的影响度($\Delta\overline{X_{ijk}}$, $\Delta\overline{Y_{ijk}}$),本文采用以下数学模型来处理:

$$\Delta\overline{X_{ijk}}=\overline{X_j}-\frac{\sum_{i=1}^{n}m_{ij}x_{ij}-(m_{ij}-m_{ik})x_{ij}}{\sum_{i=1}^{n}m_{ij}-(m_{ij}-m_{ik})},$$

$$\Delta\overline{Y_{ijk}}=\overline{Y_j}-\frac{\sum_{i=1}^{n}m_{ij}y_{ij}-(m_{ij}-m_{ik})y_{ij}}{\sum_{i=1}^{n}m_{ij}-(m_{ij}-m_{ik})} \tag{2}$$

假设在j年份,某i个省市港口吞吐量依然保持k年份时的港口吞吐量,先求得该情况下整个区域港口货物吞吐量的重心坐标值,再计算$(\overline{X_j},\overline{Y_j})$与该重心坐标值的差值,用以表征第$i$个省市的$j$年份与$t$年份港口货物吞吐量变化值对整个区域空间重心经纬度变迁的影响度。

1.2.2 标准椭圆差

标准差椭圆是在地理信息系统中常用于要素的空间分布特征分析。椭圆长半轴表示要素分布主要态势方向,短半轴代表要素分布次要态势方向。长半轴与短半轴之间的比值越大,则要素分布的主要方向性越明显;反之则越不明显。转角表示椭圆长轴与正北方向夹角。其相关主要参数计算如下:

$$\tan\theta=\frac{(\sum_{i=1}^{n}m_i^2x_i'^2-\sum_{i=1}^{n}m_i^2y_i'^2)+\sqrt{(\sum_{i=1}^{n}m_i^2x_i'^2-\sum_{i=1}^{n}m_i^2y_i'^2)^2+4(\sum_{i=1}^{n}m_i^2x_i'y_i'^2)^2}}{2\sum_{i=1}^{n}m_i^2x_i'y_i'} \tag{3}$$

式中:x_i'和y_i'——各点距离区域重心的相对坐标;

θ——转角。椭圆的长、短半轴计算表达式如下:

$$\delta_x=\sqrt{\frac{\sum_{i=1}^{n}(m_ix_i'\cos\theta-m_iy_i'\sin\theta)^2}{\sum_{i=1}^{n}m_i^2}},$$

$$\delta_y = \sqrt{\frac{\sum_{i=1}^{n}(m_i x'_i \sin\theta + m_i y'_i \cos\theta)^2}{\sum_{i=1}^{n} m_i^2}} \tag{4}$$

2　港口吞吐能力时空特征分析

2.1　时间分布分析

2.1.1　全国

从时间维度上,全国港口货物吞吐量的整体发展情况如图1所示,2006—2020年期间整体呈现稳步发展的良好态势。“十一五”(2006—2010年)、“十二五”(2011—2015年)和“十三五”(2016—2020年)期间,全国港口货物吞吐量得到快速的发展,年平均增长率分别为12.97%、7.38%和2.68%,增速逐渐趋于平缓。

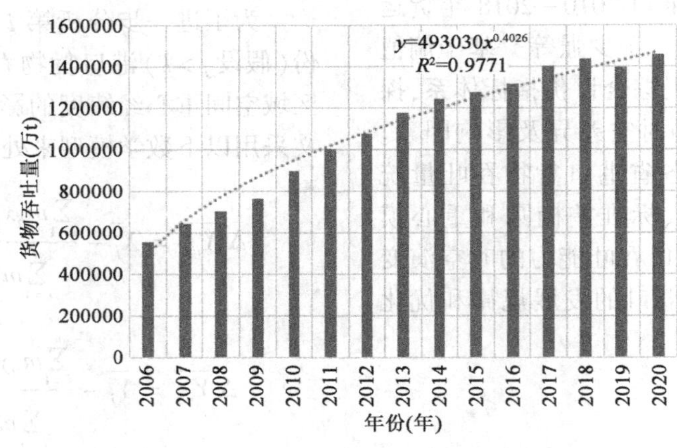

图1　2006—2020年全国港口货物吞吐量

利用最小二乘法对港口货物吞吐量整体发展趋势进行回归分析,得到其回归方程为:$y = 493030x^{0.4026}$,$R^2 = 0.9771$,回归拟合度高。式中,y为计算年的全国港口货物吞吐量(万t);x为计算年份减去2005的值。利用回归方程可预测“十四五”期间我国港口货物吞吐量的年平均增长率约为2.3%左右,在2025年全国港口吞吐量将达到164亿t左右。

2.1.2　沿海与内河

全国港口所在水域地理位置分为沿海港口和内河港口,沿海港口2006—2020年的货物吞吐量变化情况如图2和表1所示,沿海和内河港口货物吞吐量都呈现良好的上升趋势。从表1可得“十一五”“十二五”“十三五”期间沿海港口货物吞吐量增速比内河年平均增速高1%左右,发展更加迅猛,这导致沿海与内河之间的差距逐年加大。特别是在“十一五”期间,沿海港口的货物吞吐量平均增长率达到13.41%。

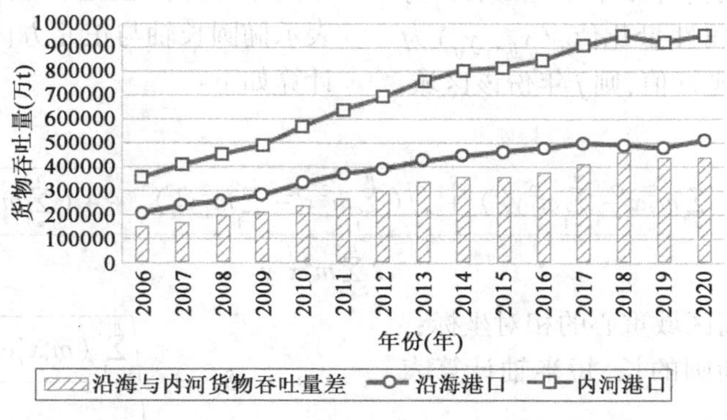

图2　2006—2020年沿海与内河港口货物吞吐量

不同港口货物吞吐量年平均增长率　表1

区域	2006—2010年	2011—2015年	2016—2020年
全国	12.97%	7.38%	2.68%
沿海	13.41%	7.62%	3.08%
内河	12.25%	6.96%	1.95%

2.1.3　省份情况

全国港口货物吞吐量排名前十的省份2006—2020年在全国港口货物吞吐量占比为86.6%~90%之间，江苏省位居第一、广东位居第二、浙江山东紧随其后。前十省份的港口货物吞吐量呈现逐年递增的趋势（图3），其中广东、山东两省在2019年出现波动，辽宁从2019年开始有下滑倾向。前十的省份每五年的年平均增长率情况如图4所示，排名前三的为河北、山东和江苏，2006—2020年期间发展速度较为迅速，后劲强。

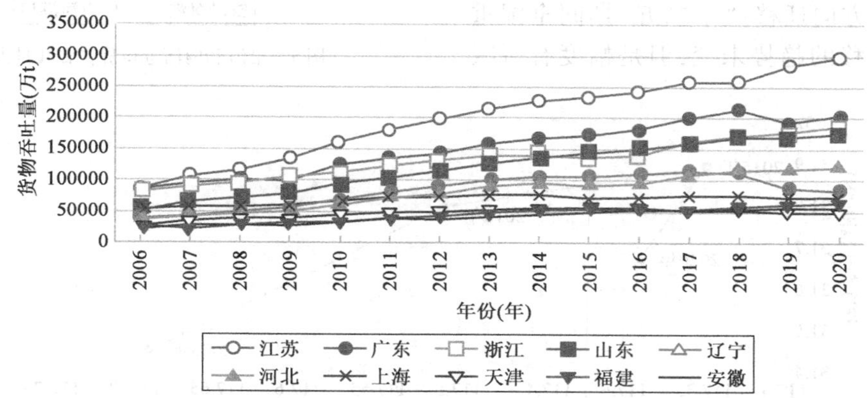

图3　排名前十的港口货物吞吐量省市2006—2020年变化情况

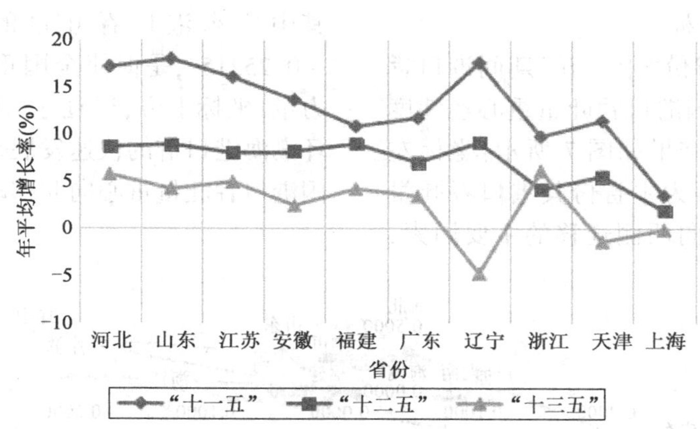

图4　不同时期前十省市港口货物吞吐量年平均增长率

2.2　空间分布分析

分别计算2006—2010年、2011—2015年和2016—2020年期间的港口货物吞吐总量可知，"十一五""十二五"和"十三五"期间全国的港口货物吞吐量在分布态势的椭圆重心经度在117.3633°E~117.5375°E之间，维度在31.6624°N~31.9079°N之间，位于安徽境内，整体重心向我国东部倾斜明显；转角为24.71°~25.53°，空间上主要趋势呈现由西南向东北向分布，与我国海岸线分布走向基本吻合；次趋势呈由东南向西北方向分布，走势与长江流域方向接近，长短轴比值为2.05~2.18。"十一五""十二五"和"十三五"期间，全国的港口货物吞吐量分布态势基本类似。

港口吞吐量分布呈现江苏、山东、浙江、广东等省会为领衔的沿海省份向内陆递减的趋势，沿海港口货物吞吐量占全国的64%（图5），约为内河港口货物吞吐总量的1.8倍。

2.3　空间迁移分析

2.3.1　迁移分布分析

为了更加便捷地了解我国港口货物吞吐量在空间上的重心迁移变化情况，本文选取“十五”“十一五”“十二五”和“十三五”末年作为特征年，即2005年、2010年、2015年和2020年，通过计算各特征年的全国港口吞吐量重心，绘制其重心迁移情况如图6所示。在“十一五”期间全国港口吞吐量重心向西北方向迁移；“十二五”期间全国重心沿西北方向迁移的趋势未变，但是幅度有所减低；“十三五”期间全国港口吞吐量重心呈现向东南方向迁移的趋势。

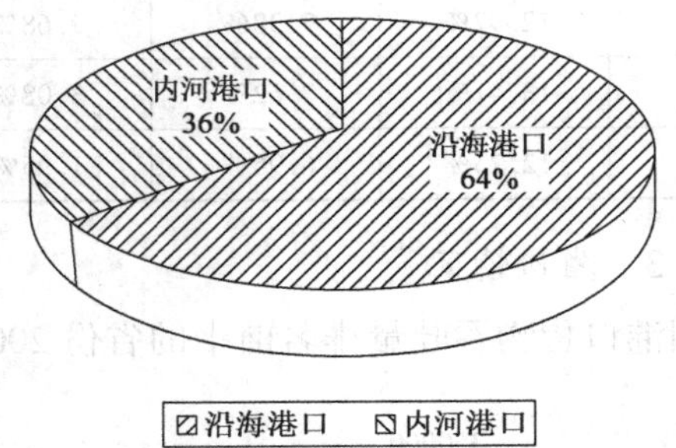

图5　沿海和内河港口货物吞吐量占比图

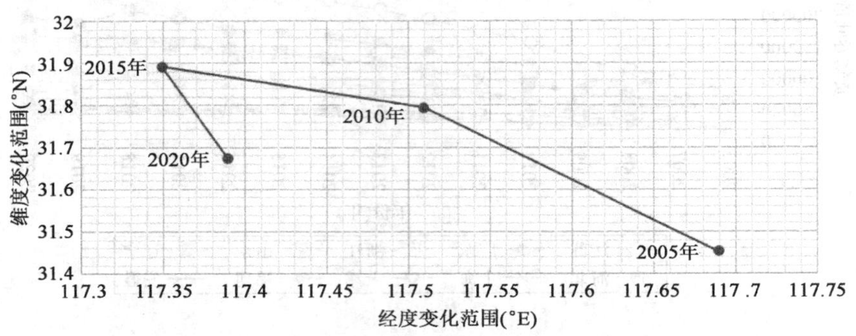

图6　2005—2020年全国港口吞吐量重心变迁图

2.3.2　因素影响分析

通过式(2)计算各省份“十一五”期间港口货物吞吐量的变化值对全国港口吞吐量重心经纬度迁移综合影响度。计算结果如图7所示：坐标左侧，以广东、广西、湖南等为主省份其港口吞吐量的发展是促使全国重心向西侧迁移的主要因素，其中广东港口吞吐量的增长值的影响度达-0.25215°，是促使全国重心西迁的最为重要的力量；坐标上方，以辽宁、山东、河北、天津构成的环渤海港口群的快速发展是促使“十一五”期间全国港口吞吐量重心向北移动的主要因素。

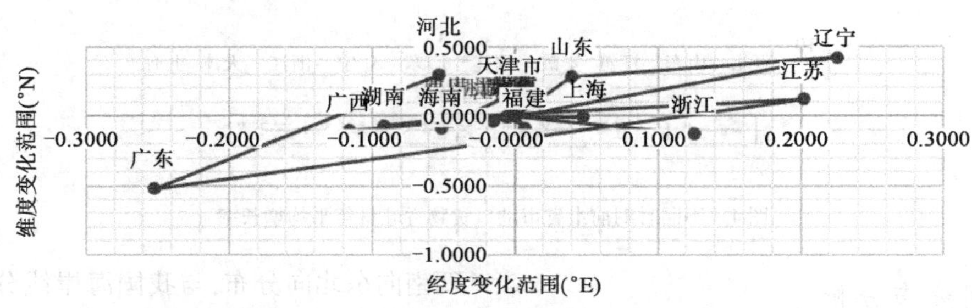

图7　“十一五”期各省份港口货物吞吐量变化值综合影响度

同理，由图8可知，“十二五”期间，各省份港口吞吐量变化值对全国港口吞吐量重心迁移的影响度与“十一五”期间的相类似，但影响幅度有一定程度的减弱(如广东)，减少到-0.15639°。“十三五”期间，如图9所示，由于广东、四川、辽宁地区的港口吞吐规模呈现平缓发展，导致全国港口吞吐量重心向西侧和北侧的迁移力减弱，同时江苏、浙江“十三五”期间依然保持了稳定的快速增长，江苏年平均增长率为4.92%、浙江年平均增长率为6.07%，促使全国港口货物吞吐量重心向东南方向迁移。

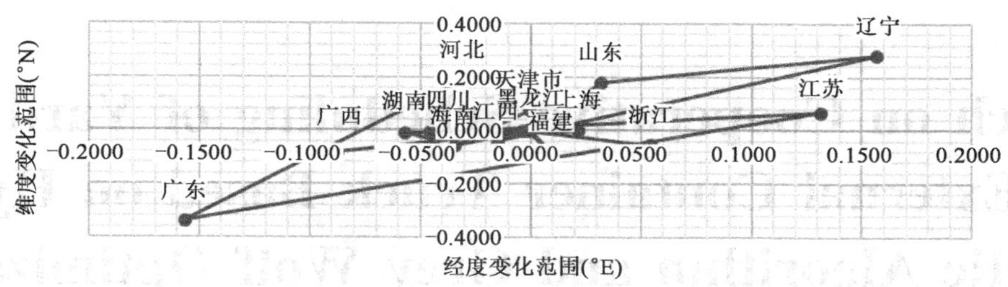

图 8 "十二五"期间各省份港口货物吞吐量变化值综合影响度

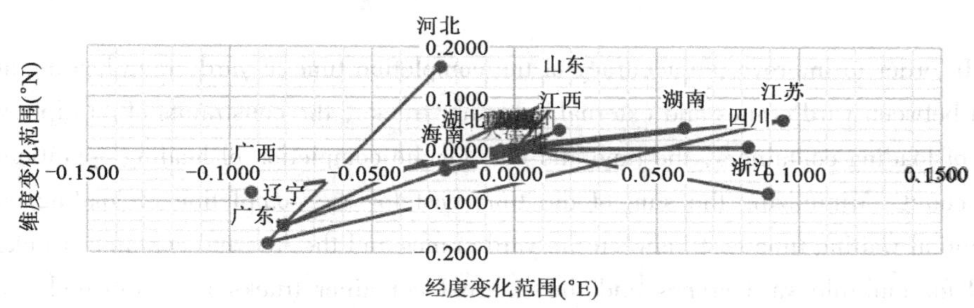

图 9 "十三五"期各省份港口货物吞吐量变化值综合影响度

3 结语

港口在世界经济全球化的今天扮演着越来越重要的角色,90%以上的国际贸易是通过港口完成的。合理的沿海和内河港口发展布局,对于贯彻"交通强国"和"海洋强国"等国家战略具有重要意义。本文通过对全国港口货物吞吐量的时空演变分析,得到主要研究结论如下:

(1)2006—2020年期间,我国港口货物吞吐量总体呈稳步增长趋势,但增速趋于减缓;沿海和内河港口之间的差距逐年加大;江苏、广东、浙江和山东四省领衔发展,江苏省港口增速稳健、后劲强。

(2)我国港口货物吞吐量的空间重心位于东部安徽境内,主要分布态势为由西南往东北轴线分布,与沿海港口走势相符,沿海港口吞吐量占比64%;次要分布态势为由西南往东北轴,与长江流域相符。全国港口货物吞吐量重心在"十一五""十二五"期间向西北方向迁移,在"十三五"期间向东南方向迁移。

通过对"十一五""十二五"和"十三五"的港口货物吞吐量的时空演变分析,本文揭示了我国港口发展规律和空间布局特性,对优化港口发展布局和陆海统筹发展都具有重要的参考意义。

参考文献

[1] 孙世达,姜巍,高卫东. 中国港口时空格局演变及影响因素分析[J]. 世界地理研究,2016,25(02):62-71.

[2] 孙建平,李振福,李勇,等. 中国港口业与区域经济增长的时空关联模式演变[J]. 经济地理,2018,38(03):120-128.

[3] 张新放,吕靖. 21世纪海上丝绸之路港口体系时空格局演变[J]. 经济地理,2019,39(11):33-40.

[4] 葛浩然,傅海威,朱占峰,等. 长三角港口货运职能多样性时空格局[J]. 中国航海,2020,43(03):112-117.

[5] 于少强,宋夏薇,陈康. 环渤海港口群发展的时空演化及影响因素分析[J]. 大连海事大学学报,2021,47(03):39-48.

[6] 中国港口年鉴编辑部. 中国港口年鉴[M]. 上海:中国港口杂志社,2005-2020.

Research on Cooperative Scheduling of Yard Crane and External Container Truck Based on Hybrid Genetic Algorithm and Grey Wolf Optimization

Meng Yu*　Yuting Wang　Yanyang Lv　Yong Zhou
(School of Transportation and Logistics Engineering, Wuhan University of Technology)

Abstract In order to improve the accuracy of the completion time of yard crane loading and the accuracy of the connection between yard cranes and external container trucks, the constraints of multiple yard cranes, the dynamic process of loading containers, the time and cost for the completion of loading operations of yard cranes are taken into account. Minimizing the sum of the time cost for the completion of loading operation of gard cranes and the mutual waiting time cost between the yard cranes and the external container trucks, a coordinated scheduling model for multiple yard cranes and the external container trucks is established. A hybrid genetic algorithm and a grey wolf optimization are designed to improve the stability and optimization ability of the algorithm. Using the hybrid genetic algorithm and the grey wolf optimization to solve the calculation example, the effectiveness and superiority of the hybrid genetic and the grey wolf optimization are verified.

Keywords Yard crane dynamic loading operation　Multi-yard crane scheduling　External container truck　Hybrid Genetic Algorithm and Grey Wolf Optimization

0　Introduction

Economic globalization has accelerated the development of international trade. As an important node of water and land combined transportation, container terminals are difficult to expand in a short time. Therefore, scientific operation and scheduling of terminal resources is an important means to improve the efficiency of container terminals. The yard crane is the main operation resource on the land side of the container terminal. The problem that needs to be solved in the import container yard is to research the coordinated scheduling of it and the external container trucks to improve the efficiency of container pick-up by external container trucks on the yard.

Chu et al. [1] introduced a time window, considered the work time balance between yard cranes, and used simulated annealing algorithm to optimize the mutual waiting time of yard cranes and container trucks. Yang et al. [2] proposed a new mode of external container truck reservation, which considered the dynamic allocation of yard crane resources, and designed a double-layer genetic algorithm to optimize the yard crane resource allocation. Ma et al. [3] established a two-level planning model for the coordinated optimization of truck reservation and yard crane scheduling, and designed a parallel genetic algorithm to solve the model. Yu et al. [4] considered the operational connection and carbon emissions between the yard crane and the external container trucks, and used the hybrid non-inferior sorting genetic algorithm to solve the scheduling optimization model of the yard crane. Zhou et al. [5] proposed a rolling window strategy in order to reduce the influence of uncertain interference

1. Funding: This research was funded by the NationaNational Key Research and Development Program of China (NO. 2019YFB1600400 and NO. 2020YFB1712400) and the National Natural Science Foundation of China (NO. 71672137).

factors on the operation of yard cranes and external container trucks, and used a genetic algorithm to solve the mixed integer model. From the perspective of active strategy, Liu[6] established a stochastic programming model considering the fluctuation of the arrival time of external container trucks and the different loading and unloading capacity of yard cranes, and established a stochastic programming model and designed a specific genetic algorithm to obtain the optimal solution with good adaptability to the uncertain environment. Liang[7] divided the whole system into two subsystems on the basis of the coordinated scheduling of quay cranes, yard crane and trucks, and constructed two models to solve the comprehensive optimization problem of the system.

The above studies ignore that the container handling time varies with the specific location of the container. Zheng et al.[8] studied the bottleneck problem of container dumping in yard crane operation efficiency, established a yard crane scheduling model for the real-time pre-dump container, and designed a hybrid harmonic simulated annealing algorithm. Wang et al.[9] proposed a pre-turning container method based on virtual stacks, and designed a heuristic rule-directed search algorithm based on target guidance. Zheng et al.[10] considered real-time container turnover during the operation of the yard crane, built a linear programming model with the goal of minimizing the total travel time of the yard crane operation, and designed a branch pricing algorithm to solve it. Yang et al.[11] aimed at the lack of static information of the traditional external container truck reservation mechanism, established a dynamic reservation feedback mechanism based on the arrival time sequence of container trucks at the port, and established the external container truck import container extraction process and the problem of overturning in the yard. The optimization model of time sequence is designed, and a genetic algorithm is designed to obtain the minimum average turnaround time of the external container truck. Fan et al.[12] established a two-layer mixed integer programming model considering the uncertainty of the arrival of trucks on site. The upper model allocates container positions for the exit containers, and the lower model optimizes the yard crane pre-turning container and the yard crane scheduling scheme according to the results of the upper model. The target value is optimized through continuous feedback between the upper and lower models. Chu et al.[13] studied the optimization problem of yard crane scheduling for dynamic container operation time, but only considered the yard crane operation rules, did not study the operation connection between the yard bridge and other equipment. Azab et al.[14] considered the problem that the target container is not on the top of the stack on the basis of truck reservation, and constructed two models to reduce the number of non-target containers to be moved.

The time when the external container truck enters the container terminal yard will directly affect the start time of the yard crane. Therefore, this paper studies the coordinated scheduling of the yard crane and the external container truck on the basis of considering the dynamic pick-up, and designs the hybrid genetic algorithm and the grey wolf optimization. the genetic algorithm, the hybrid genetic algorithm and the grey wolf optimization are used to solve the model, and the results of the three algorithms are compared to verify that the hybrid genetic algorithm and the grey wolf optimization are more effective for the model.

1 Mathematical Model

1.1 Problem Description

The advance reservation system for external container trucks at the terminal can limit the arrival time and the quantity of external container trucks, improve the loading and unloading efficiency of cranes in the yard, and avoid long waiting for external container trucks at the terminal. The external container trucks enter the yard according to the reserved time period, and the yard cranes carry out the pick-up operation according to the order of the external container trucks. The collaborative operation process of the yard cranes and the external container trucks is shown in Fig. 1.

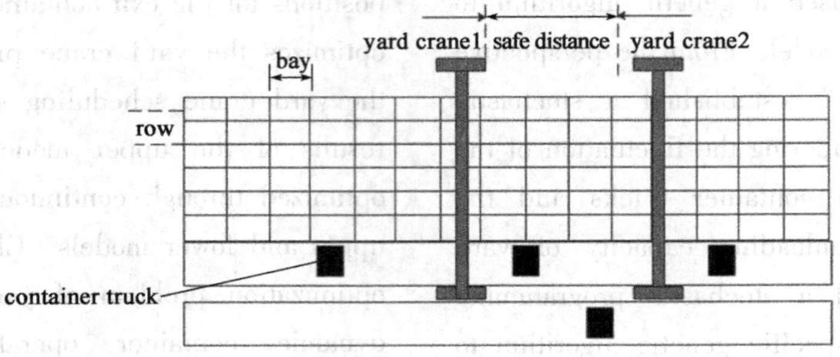

Fig. 1 Schematic diagram of the cooperative operation between the yard crane and the truck

In the container yard, the working space of the yard crane is divided into several container blocks, the container block contains multiple bays, and the bays contain several layers. Therefore, the location of the container in the yard can be represented by the container block number, the bay number, and the floor height. Since the container picking sequence is not exactly the same as the stacking sequence, the yard crane needs to perform the container-turning operation. Therefore, considering the dynamic container-loading process of the yard crane, after extracting the target container, the hindering container is put back into the original stack. The container storage location and the yard crane operating environment are shown in Fig. 2.

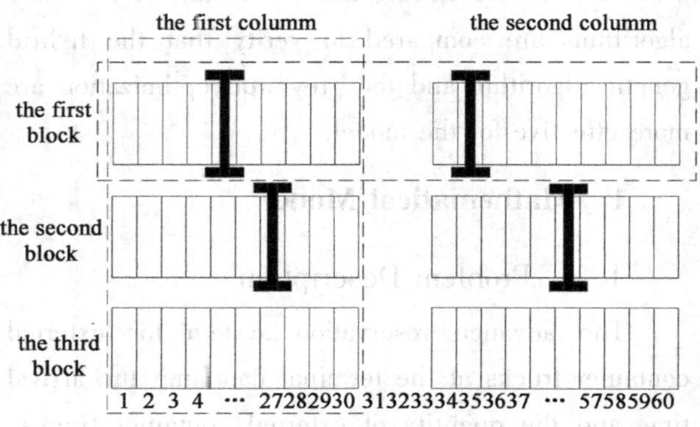

Fig. 2 Block layout

The three adjacent containers are container 1, 2, and 3. Each container contains 60 bays. There is a 3 bays wide channel between the first 30 bays and the last 30 bays. The crane can perform transferring operations through this channel and the channels at both ends of the container block, and the external container trucks enter the yard operation channel according to the pick-up plan. The row, the bay and the layer where the task container i is located can be represented by three-dimensional coordinate (a_i, b_i, c_i). As shown in Fig. 3, there are 3 target containers. In the same stack, they are located on the second, third, and the fifth layer.

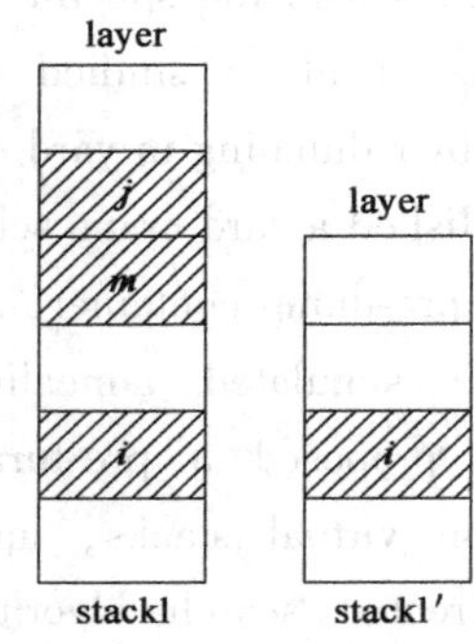

Fig. 3 Real-time update rules for target containers locations

The time required for the yard crane to move a container for a single time is unit time u. To move the target container j, it is necessary to move the non-target container on the first floor, then take the target container j, and finally move the previously moved non-target container back to its original position. The operation time of container j is $3u$, which can be expressed by Equation $p_j = u \cdot (2h_j - 1)$, h_j is the layer where the container j is located.

1.2 Model Building

The mathematical model of coordinated scheduling between multiple yard cranes and external container trucks is based on the following assumptions: ①The containers on the yard are all 20-foot containers (TEU); ② There is influence of different energy consumption and different driving experience of yard crane drivers; ③ Adjacent yard cranes need to maintain a safe distance and cannot cross each other; ④The initial position of the yard crane is given, and the yard crane will leave it after all operations are completed; ⑤The total task volume of the yard crane, the task location, and the arrival time of external container trucks are all known.

The parameter symbols and the decision variable symbols of the collaborative scheduling model of multi-yard cranes and the external container trucks are defined in Tab. 1 and Tab. 2.

Parameter symbols for the coordinated scheduling model of multi-yard cranes and external container trucks Tab. 1

Parameters	Meaning
K_c	A collection of tasks operated by a yard crane c, $K_c = \{1,2,\cdots,n_{K_c}\}$
Δn_{k_c}	The difference between the maximum yard crane task volume and the minimum yard crane task volume
C	Yard cranes collection, $C = \{1,2,\cdots,n_c\}$
N	The set of total job tasks in the planning period, $N = \{1,2,\cdots,n\}$
T	Plan time period, $T = \{1,2,\cdots,n_T\}$
a	Penalty for yard cranes waiting for container trucks
b	Penalty for container trucks waiting for yard cranes
xq	The container block where the container task is located, $xq = XQ$
B	The bay where the container task is located, $B \in BW$
LB	A bay length
V	The horizontal movement speed of the yard crane (unit: m/min)
D_x	Horizontal distance between two horizontally adjacent container intervals
D_y	The vertical distance between two vertically adjacent container intervals
WX	block width
B_{safe}	Safe distances to be maintained between yard cranes
t_r	The time it takes for the yard crane to complete a 90° turn (unit: minutes)
w	Yard crane moving cost per unit time
W_1	The cost of moving the yard crane to complete all tasks
W_2	The mutual waiting time cost of the yard crane and the truck required for the yard crane to complete all tasks
i,j	Container task $i,j \in N$
ET_i	The earliest moment when a container truck carrying mission i is expected to be serviced
LT_i	The latest time when a container truck carrying mission i is expected to be serviced
t_{ci}^{F}	Completion time for the yard crane c to complete the task i
t_{ci}^{S}	Container truck arrival time of yard crane c's job tasks j
t_{ci}^{R}	Arrival time of yard crane c in job task$i$
t_{ci}^{B}	The time when yard crane c starts work task$i$
t_{cij}^{M}	The moving time for the yard crane c to complete a task i and move to the next task j
$R(t_i^{w})$	When working on the container i, the cost of waiting time between the yard crane and the truck
$R(t_{ic}^{w})$	Mutual waiting time cost of yard cranes and trucks
f_i	Number of tasks above task i
h_i	The initial number of layers for task i
u	The handling time of a single moving container by a yard crane, u = 60s
ϕ_{ci}	The operation time of the yard crane to complete a container task

Multi-yard cranes and external container trucks coordinated scheduling model decision variable symbols Tab. 2

Decision variables	Meaning
$\varphi_{i,t}$	Equaling to 1 if task i start work at time period$t$, 0 otherwise
β_{ij}	i,j on the same stack, i above j
A_i^j	Whether the yard crane needs to turn 90° from the i task to the j task position, if necessary, its value is 1, otherwise it is 0
U_{ijxqt}	Determine whether tasks i,j are processed at the same time in block 1, if so, it is 1, otherwise it is 0
x_{ijc}	Equaling to 1 if yard crane c operates container tasks i,j and the operation sequence is $i \to j$, otherwise 0
ω_{ic}	Equaling to 1 if yard crane $c$operates container task i, otherwise 0

Based on the above parameter definitions and assumptions, a mathematical model for the coordinated scheduling of multi-yard cranes and external container trucks considering the dynamic process of carrying containers is established as follows.

Objective function:

$$\min Z = (W_1 + W_2) \cdot e^{\delta(\Delta n_{k_c})} \qquad (1)$$

The objective function formula (1) indicates that the sum of the operation time cost of the yard crane and the mutual waiting time cost of the yard crane and the external container truck is the smallest considering the uniform operation task of the yard crane. The exponential function $e^{\delta(\Delta n_{k_c})}$ is introduced to consider the balance of yard crane tasks, where Δn_{K_c} represents the difference between the maximum and minimum yard crane tasks. Among them, the operation cost W_1 of the yard crane and the mutual waiting cost W_2 of the yard crane and the external container truck are expressed by equation (2) and equation (3):

$$W_1 = w \cdot \sum_{c=1}^{n_c} \sum_{i \in K_G} \sum_{j \in K_c, j \neq i} t_{ij}^{M} x_{ijc} \qquad (2)$$

$$W_2 = \sum_{c=1}^{n_c} \sum_{i \in K_c} R(t_{ic}^{W}) \omega_{ic} \qquad (3)$$

t_{ij}^{M} in equation (2) represents the moving time for the yard crane to move from the previous task i to the next task j according to the shortest path, and t_{ij}^{M} needs to be determined in the following five situations:

(1) The bay position of the j_{th} operation of the yard crane and the position i of the previous operation are located in different container blocks, in the same column (the column with bay position number less than 30);

$$A_{ij} \times 2tr + \left(\begin{array}{l} D_y \cdot |xq_i - xq_j| + LB + WX \cdot |xq_i - xq_j| + \\ \min\{(B_i + B_j - 1), 2u - (B_i + B_j - 1)\} \cdot LB \end{array} \right) \Big/ V,$$

$$xq_i \neq xq_j, B_i = B_j < 30 \qquad (4)$$

(2) The bay position of the j_{th} operation of the yard crane is located in a different container block from the last operation task i, in the same column (the column with bay position number greater than 30);

$$A_{ij} \times 2tr + \left(\begin{array}{l} D_y \cdot |xq_i - xq_j| + LB + WX \cdot |xq_i - xq_j| + \\ \min \left\{ \begin{array}{l} (|30 - B_i| + |30 - B_j| - 1), \\ 2u - (|30 - B_i| + |30 - B_j| - 1) \end{array} \right\} \cdot LB \end{array} \right) \Big/ V, \qquad (5)$$

$$xq_i \neq xq_j, B_i = B_j > 30$$

(3) The bay position of the j_{th} operation of the yard crane and the last operation task $i$are located in different container blocks and different columns;

$$A_{ij} \times 2tr + \left(\begin{array}{l} D_y \cdot |xq_i - xq_j| + D_x + WX \cdot \\ |xq_i - xq_j| + |B_i - B_j| \cdot LB \end{array} \right) \Big/ V,$$

$$xq_i \neq xq_j, B_i \neq B_j \qquad (6)$$

(4) The bay position of the j_{th} operation of the yard crane is located in the same container block and the same column as the last operation task$i$;

$$(|B_i - B_j| \cdot LB)/V, xq_i \neq xq_j, B_i \neq B_j \quad (7)$$

(5) The bay position of the j_{th} operation of the yard crane is located in the same container block and the different columns as the last operation task$i$;

$$(|B_i - B_j| \cdot LB + D_x)/V, xq_i \neq xq_j, B_i \neq B_j \quad (8)$$

In formula (3), when the container i is operated, the mutual waiting time cost $R(t_i^w)$ of the yard crane and the external container truck is expressed as the following equation(9).

$$R(t_i^w) = \begin{cases} a(ET_i - t_i^R), t_i^R < ET_i \\ 0, ET_i \leqslant t_i^R \leqslant LT_i \\ b(t_i^R - LT_i), t_i^R > LT_i \end{cases} \quad (9)$$

Equation (9) represents the penalty a of the yard crane waiting for the container truck when the yard crane arrives at the task container earlier than the arrival time of the external container truck; when the arrival time of the yard crane exceeds the waiting time range of the external container truck, the external container truck will be fined a truck waiting for yard crane penalty b.

Restrictions:

$$\sum_{c=1}^{n_c} n_{K_c} = n \quad (10)$$

$$\sum_{c \in C} \omega_{ict} = n_{K_c}, i \in K_c, t \in T \quad (11)$$

$$\sum_{i \in K_c} \omega_{ict} \leqslant 1, c \in C, t \in T \quad (12)$$

$$\sum_{c \in C} \omega_{ict} \leqslant 1, i \in K_c, t \in T \quad (13)$$

$$\sum_{i \in K_c, i \neq j} \sum_{j \in K_c} U_{ijxqt} \leqslant 1, xq \in XQ, t \in T \quad (14)$$

$$t_{ci}^R = t_{c(i-1)}^F + t_{(i-1)i}^M, i \in K_c, c \in C \quad (15)$$

$$t_{ci}^B = \max(t_{ci}^R, t_{ci}^S) \quad (16)$$

$$t_{ci}^F = \varphi_{ci} + t_{ci}^B, i \in N_c, c \in C \quad (17)$$

$$B_c(t) - B_{c'}(t) > B_{safe} \quad (18)$$

$$\sum_{j \in K_c, j \neq i} x_{ijc} \leqslant 1, i \in K_c, c \in C \quad (19)$$

$$\sum_{j \in K_c, j \neq i} x_{jic} \leqslant 1, i \in K_c, c \in C \quad (20)$$

$$\sum_{j \in K_c, j \neq i} x_{ijc} + \sum_{j \in K_c, j \neq i} x_{jic} \geqslant 1, i \in K_c, c \in C \quad (21)$$

$$f_i = \sum_{i \in K_c, i \neq j} x_{ijc} \cdot \beta_{ij}, j \in K_c, c \in C \quad (22)$$

Constraints (10) indicates that the total number of tasks for all yard cranes is n; formula (11) indicates that the total number of tasks operated by the yard crane c is n_{k_c}; formula (12) ensures that any container task can only be assigned to a unique yard Crane operation; formula (13) ensures that any yard crane can only operate one container task at the same time; formula (14) ensures that at most 2 yard cranes work at the same time in each container block; equation (15) represents each task of the yard crane respectively the relationship between the completion time of the yard crane and the time when the yard crane arrives at the operation task; equation (16) indicates that the time when the yard crane starts to work on the container takes the larger value of the arrival time of the yard crane and the arrival time of the external container truck; equation (17) represents the relationship between the completion time of the yard crane and the start time of the yard crane; formula (18) ensures a safe working distance between the yard cranes; formula (19) and formula (20) indicate that any yard crane performs There is at most one preceding job and one immediate succeeding job during operation; formula (21) indicates that any yard crane has, at least, one preceding job or immediate succeeding job; equation (22) represents the calculation of the number of target containers above the task method.

2 Design of Hybrid Genetic Algorithm and Grey Wolf Optimization

In the initial population generation stage, the real number coding method of the genetic algorithm is used, which can be used to reduce the influence of the randomness of the initial population generation of the grey wolf optimization on the solution results of the algorithm; then, based on the grey wolf population pyramid hierarchy and the wolf group cooperative hunting mechanism, the optimal three wolf indivicuals are selected, and high-quality individuals are used to lead other grey wolves in the population to update their positions in the iterative process. Finally, the fitness of all individuals in the population can reach the vicinity of the optimal solution, which can improve the convergence speed in the algorithm solution process; and retain the optimal solution, the second optimal solution and the third optimal solution in the population in each algorithm iteration process. The solution is used to update the population, which can reduce the possibility of the algorithm solving process falling into the local optimal solution prematurely; in the new population generated by the algorithm iteration, the genetic algorithm selection operator is introduced, and the excellent individuals in the parent population are directly retained without being destroyed. In this way, the sclution efficiency is improved; the crossover operator can make individual high-quality genes spread and exchange in the population, so as to maintain the diversity of the population in the process of solving the genetic algorithm; the mutation operation can change the chromosomal genes and prevent the premature phenomenon.

2.1　Chromosome Coding

The advance reservation system for external container trucks at the terminal can limit the arrival time and quantity of external container trucks, improve the loading and unloading efficiency of cranes in the yard, and avoid lo

Container coding rules: Divide container tasks into multiple task groups according to the arrival time of container trucks to reduce the randomness of algorithm solution. The coding rules for yard cranes: 4 yard cranes operate in the yard at the same time, and the containers of each task group are randomly assigned to the 4 yard cranes. A schematic diagram of chromosome coding is shown in Fig. 4.

number	1	2	3	4	5	6	7	8	9	10	11	12	13	14
task number	5	13	8	6	2	10	7	1	14	4	3	9	11	12
yard crame number	4	1	2	4	4	4	3	4	2	3	1	3	2	3

Fig. 4　Chromosome coding diagram

2.2　Initial Population Generation

On the basis of the above chromosome coding, the genetic algorithm tool container that comes with Matlab is used to generate and set the initial population. Because when multiple yard cranes are dispatching operations, the initial population needs to judge whether they meet the safety distance of yard cranes and the restriction that at most two yard cranes can operate simultaneously in the same container block at the same time when multiple yard cranes are operating, that is, the constraint formula (14) and (18). In order to achieve the above effect, algorithm judgment is set for each yard crane operation task. The judging process is as follows:

Step 1: For the operation task i of the yard crane c and its predecessor operation task $i-1$, determine whether the two are in the same container block;

Step 2: If $xq(c_i) = xq(c_{i-1})$ indicates that the two tasks are in the same container block, it is necessary to continue to judge whether the safety distance is met, and if so, go to the next Step 3; otherwise, reassign the operation al task i' of the yard crane c, and return to Step 1;

Step 3: Judge whether the yard cranes cross each other during the operation of the same yard crane in the same container block before and after the operation task, c' represents any other stack except the yard crane c in the multi-yard crane Yard crane, $B(c')$ represents the bay position of the yard crane c', if $B(i-1) < B(c') < B(i)$, it means that the yard crane c' is working between the tasks $i-1$ and i of the yard crane c. At this time, in order to ensure that the yard cranes do not cross each other and The shortest working distance, another yard crane c' goes to work task i; otherwise, the yard crane c goes to work task i according to the shortest working distance;

Step 4: Continue to the next yard crane operation task $i+1$, max (i) represents the operation task amount of the yard crane c, if $i+1 <= \max(i)$, continue the above steps, otherwise end the program.

2.3 Fitness Value Calculation

The optimization goal of the algorithm is to minimize the operating time cost of yard cranes and the mutual waiting time cost of yard cranes and container trucks, so the hybrid algorithm retains individuals with large fitness values in the iterative process. The fitness value of the algorithm is the inverse of the objective function to be solved, and its formula is shown in the following equation.

$$\text{Fitness} = \frac{1}{z} \tag{23}$$

In the model, the dynamic container pick-up operation is considered in the calculation of the fitness function. After the yard crane completes each container pick-up task, the number of containers and the position of the stack must be updated.

2.4 Population Selection

The hybrid genetic algorithm and grey wolf optimization use the grey wolf social rank and hunting mechanism to obtain the population optimal solution, the population suboptimal solution and the population third optimal solution, and update the population according to the information of three high-quality grey wolf individuals, so that the population as a whole reaches the area near the optimal solution. Then the selection operator of the genetic algorithm is used to directly retain the dominant individuals to improve the solution efficiency of the algorithm.

2.5 Population Update Evolution

The crossover and mutation operators of the genetic algorithm can increase the diversity of the population in the process of population evolution. According to the multi-yard crane coding method, the crossover process of the population is shown as in Fig. 5 to Fig. 7, and the variation is shown in Fig. 8 (the first line of chromosome is the container task number, and the second line of chromosome is the number of the yard crane).

parent1	18	20	21	14	19	24	15	23	17	22	25
	1	2	2	4	4	1	2	2	3	3	4
	intersection					intersection					
parent2	25	14	15	19	21	17	18	20	23	24	22
	2	1	4	1	4	4	4	1	2	2	4

Fig. 5 Pick two intersections at random

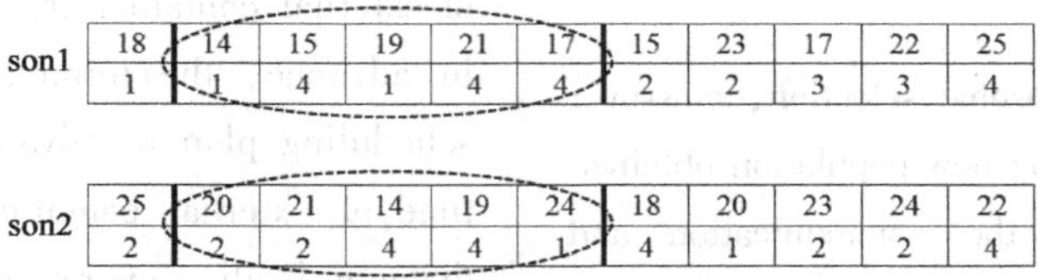

son1	18	14	15	19	21	17	15	23	17	22	25
	1	1	4	1	4	4	2	2	3	3	4
son2	25	20	21	14	19	24	18	20	23	24	22
	2	2	2	4	4	1	4	1	2	2	4

Fig. 6 Swap fragments within two intersections of parent

son1	18	14	15	19	21	17	20	23	24	22	25
	1	1	4	1	4	4	2	2	3	3	4
son2	25	20	21	14	19	24	18	15	23	17	22
	2	2	2	4	4	1	4	1	2	2	4

Fig. 7 The unexchanged part is restored to legality according to the mapping relationship

before mutation	18	14	15	19	21	17	20	23	24	22	25
	1	1	4	1	4	4	2	2	3	3	4
		mutation point					**mutation point**				
after mutation	18	14	15	19	21	17	20	23	24	22	25
	1	2	4	1	4	4	1	2	3	3	4

Fig. 8 Illustration of mutation operation

2.6 Termination Condition

By repeating the above operations continuously, the algorithm iteration process is terminated when any of the following conditions are met:

(1) The number of algorithm iterations reaches the preset maximum value;

(2) The optimal fitness value converged by the algorithm remains unchanged for 100 consecutive generations.

Step 1: Use the real number coding method to code the order in which the yard cranes work on the containers;

Step 2: On the basis of chromosome coding, the initial population is generated in the way of initializing the population by the genetic algorithm;

Step 3: Calculate the fitness of each chromosome according to the objective function of the problem to be solved;

Step 4: Retain the optimal solution individual, the second optimal solution individual, and the third optimal solution individual in the population according to the hierarchical structure of the grey wolf optimization in the algorithm iteration process, and then update and iterate according to the grey wolf optimization model formula to obtain a new population;

Step 5: Perform chromosome selection, crossover and mutation operations on the new population obtained after iteration to increase the communication and propagation of high-quality individual genes of the population in the population and enhance the diversity of the population;

Step 6: Determine whether the algorithm satisfies the maximum number of searches or whether the optimal solution has been searched. If so, stop the algorithm search process and output the optimal solution obtained, otherwise, execute the algorithm flow from steps 2 to 5 above.

3 Case Analysis

There are 30 container bays on both sides of each yard container block, and there are yard crane transfer boards in the middle aisle and both side aisles of each row of container blocks. Transfer operation, in which the time for each transfer of the yard crane is 4 minutes; each bay has 6 stacks, and each stack can stack 6 layers of containers; the moving speed of the yard crane is 120 m/s, and for the yard crane, the moving cost is 80 yuan/meter; the bay length is 7 meters; because the port pays more attention to the maintenance of the interests of the inland customers of the port, the penalty for the external container truck waiting for the yard crane is greater than the penalty for the yard crane waiting for the external container truck, 50 yuan/minute and 20 yuan/minute respectively. It can be seen from the above parameter values in the actual production of the terminal that if the yard crane does not have a reasonable plan in the process of carrying the container, it will cause a lot of unnecessary moving time cost to move back and forth between different container blocks and bay positions. Since the arrival of external container trucks can already be reserved in advance, the terminal can make a yard crane scheduling plan in advance according to the arrival time of external container trucks. Considering the dynamic loading operation process in the model, the completion time of the loading operation of the yard crane can be accurately calculated, and the mutual waiting time cost of the yard crane and the external container truck can be reduced.

3.1 Termination Condition

Under the same algorithm parameter settings, the hybrid genetic algorithm and the grey wolf optimization proposed in this paper, the standard genetic algorithm and the grey wolf optimization are used to solve the loading process of the yard crane, so as to verify the validity of the established model and the algorithm used.

(1) In each group of data experiments, in order to ensure the same experimental operating conditions, the algorithm parameters used in the terminal instance data experiment and the randomly generated data calculation example experiment are consistent. The range is [0.9 ~ 0.97], and the range of mutation probability is [0.1 ~ 0.001]; the values of the grey wolf optimization according to the standard grey wolf optimization are shown in Tab. 3.

Algorithm experiment running parameters Tab. 3

Algorithm	Parameter	Value Range
GA	Population size	100
	Maximum genetic algebra	500
	Crossover probability	0.9
	Mutation probability	0.1
	Generation gap	0.9
GWO	Convergence factor a	Linearly decreasing from 2 to 0
	Position adjustment factor A	[-a, a]
	Position adjustment coefficient C	[0,2] random value

(2) Evaluation index of example data.

UT: the average value of the optimal solution obtained by solving each case scenario multiple times.

LT: Similar to the optimal solution, a poor solution will also appear in each solution process. LT represents the average value of the poor solutions obtained by solving each experimental scenario multiple times.

AVG: Perform multiple solutions for each example scenario, and average all solution results

SD: the standard deviation of the solution obtained by the algorithm

D: The average number of iterations of the algorithm

3.2 Numerical Experiment of Multi-yard Crane Dispatching Yard Instance

Using the case data of a terminal, the multi-yard crane scheduling problem of 4 yard cranes operating 40 container tasks simultaneously in 3 container blocks is studied. Among them, each container block contains 60 bays, each bay includes 6 stacks, and each stack has 6 layers. Considering the mutual interference between yard cranes during the operation of multiple yard cranes, the traveling speed of the yard cranes is 100 m/min, and the containers are numbered according to (container block, bay position, stack position, storey height). The initial working position of crane 1 is (1,1,8,3), the initial working position of yard crane 2 is (2,1,2,4), and the initial working position of yard crane 3 is (3,4,9,1), the initial working position of the yard crane 4 is (4,1,24,7).

In order to reduce the randomness of task assignment in the algorithm solving process, the container tasks are divided into 3 groups according to the arrival time of the external container truck. The relevant information about the container tasks is shown in Tab. 4. 25 is the second group of tasks, and numbers 26-40 are the third group of tasks. The layer number of the task container is numbered from high to low, that is, if the task container is at the top of the stack, the layer number of the task container is 1.

Actual example data of multi-yard crane Tab. 4

number	block	(bay, stack, layer)	Time of arrival of external container trucks/min	Yard crane operation time/min (fixed suitcase operation)
1	3	(2,5,3)	2.2	3
2	1	(1,1,6)	4	2
3	1	(3,6,5)	8	5

continue

number	block	(bay, stack, layer)	Time of arrival of external container trucks/min	Yard crane operation time/min (fixed suitcase operation)
4	2	(30,5,6)	10	3
5	1	(5,2,2)	13.3	8
6	3	(17,4,3)	15.5	2
7	3	(10,2,1)	17.7	8
8	3	(23,2,5)	19.6	4
9	3	(11,3,2)	21.9	5
10	3	(28,1,3)	25	7
11	1	(39,5,3)	28.4	5
12	2	(16,4,2)	32	2
13	3	(25,1,3)	35.3	4
14	3	(21,5,1)	38	6
15	1	(59,2,3)	41	5
16	3	(23,1,6)	44	7
17	1	(55,5,1)	47	7
18	3	(26,2,3)	50	4
19	2	(21,6,2)	53	4
20	3	(27,2,4)	55.8	5
21	3	(22,3,1)	60	3
22	2	(24,5,3)	67.7	6
23	3	(1,3,1)	70.3	6
24	2	(45,4,2)	73	7
25	1	(57,4,2)	75.9	8
26	1	(9,6,3)	83.2	6
27	2	(43,1,4)	86	3
28	2	(47,6,4)	88.4	5
29	2	(17,3,2)	92	8
30	2	(41,4,4)	95.7	8
31	2	(7,1,3)	98	4
32	2	(9,4,5)	100	7
33	2	(4,6,2)	102.7	7
34	3	(18,2,1)	104.5	5
35	2	(48,3,4)	106.7	4
36	1	(37,6,3)	109	6
37	3	(20,5,1)	112	4
38	1	(40,5,2)	114	5
39	3	(50,1,2)	116.8	7
40	2	(15,3,5)	118	6

In order to verify the effectiveness of the hybrid genetic algorithm and the grey wolf optimization, the solution results of the hybrid genetic algorithm and the grey wolf optimization, and the genetic algorithm are compared(Fig. 9).

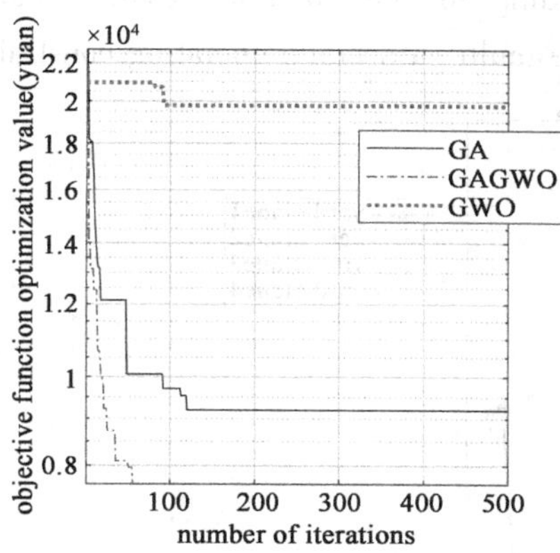

Fig. 9 Evolutionary curves of three algorithms for solving multi-yard crane scheduling problems

In order to ensure that the algorithm runs in a consistent environment, the algorithm-related parameters shown in Table 3 are still used, and 20 consecutive experiments are carried out for each algorithm. In Figure 10, above is the optimal optimization curve of the 20 solving results of the three algorithms. Among them, the results of the optimal first-order solution obtained by the hybrid genetic algorithm and the grey wolf optimization are: after 58 iterations, the final cost of the four yard cranes operating the container task is 7,836 yuan; after 113 iterations of the genetic algorithm, the cost of the operation process is 9,928 yuan ; After 97 iterations of the grey wolf optimization, the cost of the operation process is 19,737 yuan. The above three algorithms were solved 20 times, and the results were evaluated and analyzed according to the evaluation index, and the following Tab. 5 was obtained.

Optimal solution analysis of three algorithms running 20 times to solve the multi-yard crane scheduling problem Tab. 5

Example results	GA	GWO	GAGWO
UT optimal solution/yuan	9928	19737	7836
LT worst solution/yuan	10089	19052	8035
AGV average solution/yuan	9977	18807	7991
SD standard deviation	19.5	27.4	11.36
D average number of iterations	105	88	79

It can be seen from Table 5 that the optimal solution of the objective function (the sum of the operation time cost of the yard crane and the waiting time cost of the yard crane and the external container truck) is the optimal solution of the hybrid genetic algorithm and the grey wolf optimization compared with the genetic algorithm and the grey wolf optimization. Respectively decreased by 21.07%, 60.3%. Compared with the single-yard crane scheduling example, when solving the multi-yard crane scheduling example, the results of the grey wolf optimization are far from the genetic algorithm and the hybrid algorithm, that is, with the expansion of the experimental scale, the grey wolf optimization is more stable. It is obviously reduced, and it also shows that the hybrid algorithm has solution stability. And for the hybrid genetic algorithm and the grey wolf optimization, it can be concluded that the hybrid algorithm has higher solution stability from the minimum standard deviation, and the overall solution result of the hybrid algorithm is optimal from the minimum average value.

Taking the optimal first-time scheduling scheme from the 20 solving results of the hybrid genetic algorithm and the grey wolf optimization, the operation sequence of multiple yard cranes is shown in Tab. 6, and the operation sequence path of each yard crane is shown in Fig. 10.

The optimal operation sequence of multi-yard crane scheduling obtained by gAGWO algorithm

Tab. 6

The number of crane yare	Container operation sequence	Yard crane operation container quantity
crane yare1	2-5-3-11-17-15-25-33-26-29-40	11
crane yare2	4-8-12-19-22-32-31-36-38	9
crane yare3	1-6-14-16-21-23-37-34-39	9
crane yare4	7-9-10-13-18-20-24-27-30-28-35	11

In summary, the hybrid genetic algorithm and the grey wolf optimization can effectively reduce the time cost of the cooperative operation of the yard crane and the external container truck when solving the coordinated scheduling model of the multi-yard crane and the external container truck, and the operation sequence of the multi-yard crane corresponding to the solution results. Paths also satisfy the multi-yard crane operating constraints.

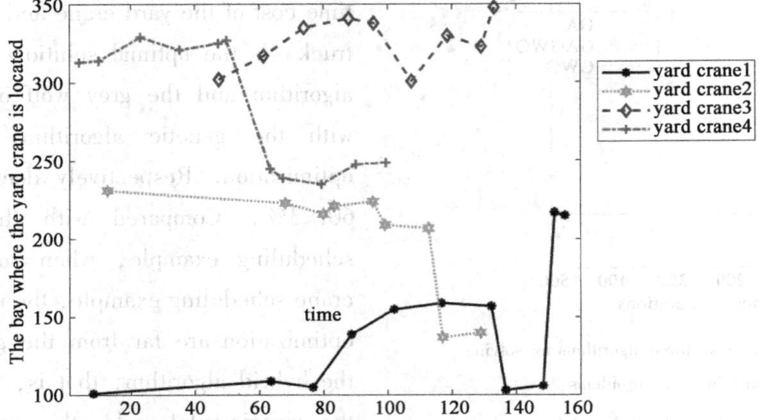

Fig. 10 Examples of cross-container intersections of multi-yard crane operation path diagrams

4 Conclusions

The yard is the central part of the terminal operation process, and the yard crane is the important operation equipment on the yard. In order to improve the overall operation efficiency of the yard, it is necessary to continuously explore the scheduling mode and operation strategy of the yard crane. Aiming at the problem that the time of loading the container is not fixed due to the container turning operation during the loading operation of the yard crane, a research on the coordinated scheduling of the yard crane and the external container truck is proposed considering the dynamic loading operation. Establish a collaborative scheduling model of multiple yard cranes and external container trucks, and compare and highlight the role of multiple yard cranes operating constraints.

The objective function of the model is to minimize the sum of the time cost of yard cranes picking up containers and the mutual waiting time cost of yard bridges and external container trucks. Depending on the terminal's preference for inland customers, different penalties are imposed for the time the yard crane waits for an external container truck and the time an external container truck waits for the yard crane. Considering the dynamic loading operation of the yard crane can improve the calculation accuracy of the completion time of the yard crane, thereby reducing the mutual waiting time between the yard crane and the external container truck. The arrival time of external container trucks is considered in the model, and the container tasks are grouped according to the arrival time of external container trucks in the implementation of the algorithm, which can reduce the randomness of the algorithm to solve the task assignment and optimize the operation sequence of yard cranes. Combined with the characteristics of yard crane scheduling, the hybrid genetic algorithm the and grey wolf optimization is designed to solve the model, and the population diversity and local optimization ability of the hybrid algorithm can be improved. Numerical experiments are carried out on multiple yard crane scheduling, and the experimental results verify the applicability and effectiveness of the model established in this paper and the algorithm used. The cooperative operation of yard cranes and external container trucks considers the influence of the completion time of yard crane operations on the waiting time of external container trucks. Future research can also incorporate the uncertainty of the arrival time of external container trucks into the dynamic operation model of yard cranes.

References

[1] Chu, et al. Scheduling optimization model and

algorithm implementation of multiple container blocks with multiple yard cranes[J]. Journal of Shanghai Maritime University, 2017, 38(01): 37-42.

[2] Yang, et al. Collaborative optimization of yard crane deployment and truck appointment based on two-way transmission of information[J]. Journal of Dalian Maritime University, 2017, 43(04): 29-38.

[3] Ma, et al. Integrated Optimization of Truck Appointment for Export Containers and Crane Deployment in a Container Terminal [J]. Journal of Transportation Systems Engineering and Information Technology, 2018, 18 (03): 202-209.

[4] Yu, et al. Multi-objective Optimization of Shipyard Gantry Crane Overall Scheduling Considering Low Carbon[J]. Logistics Technology, 2020, 39(06): 41-47.

[5] Zhou, et al. Delivery truck strategy under uncertain interference constraints[J]. Journal of Computer Applications, 2020, 40(03): 891-896.

[6] Liu, et al. Optimization Approach for Yard Crane Scheduling Problem with Uncertain Parameters in Container Terminals[J]. Journal of Advanced Transportation, 2021: 1-15.

[7] Liang, et al. Genetic mechanism-based coupling algorithm for solving coordinated scheduling problems of yard systems in container terminals [J]. Computers & Industrial Engineering, 2015, 89: 34-42.

[8] Zheng, et al. Scheduling optimization of multi-yard cranes in export container yard considering real-time pre-empty containers [J]. Chinese Journal of Management Science, 2018, 26 (09): 85-96.

[9] Wang, et al. Target-guided algorithms for the container pre-marshalling problem[J]. Omega, 2015, 53: 67-77.

[10] Zheng, et al. Optimization of Multiple Crane Yards Scheduling in Pre-rehandling Export Block [J]. Operations Research and Management Science, 2020, 29(12): 13-22.

[11] Yang, et al. Scheduling optimization of external container trucks based on reservation feedback mechanism [J]. Systems Engineering, 2019, 37(06): 74-81.

[12] Fan, et al. Yard Crane Scheduling and Storage Space Allocation Considering Container Storage, Retrieval, and Pre-marshalling [J]. Operations Research and Management Science, 2021, 30 (06): 26-34.

[13] Chu F, et al. Scheduling multiple yard cranes in two adjacent container blocks with position-dependent processing times[J]. Computers & Industrial Engineering, 2019, 136: 355-365.

[14] Azab A, Morita H. The block relocation problem with appointment scheduling [J]. European Journal of Operational Research, 2021: 1-15.

USV Architecture and Platform Design for Its Key Technologies Verification and Validation

MAN ZHU*[1] LIZHENG WANG[2] XIN XIONG*[2] JUNLAN YANG[2] YUANQIAO WEN[1] CHUNHUI ZHOU[2]
(1. Intelligent Transportation Systems Research Center; 2. School of Navigation, Wuhan University of Technology)

Abstract With rapid development of the smart vessel industry, the construction of platforms is crucial to test its key technologies with high reliability and relatively cost. This paper establishes an Unmanned Surface

1. This work is supported by the National Science Foundation of China (NSFC) through Grant No. 52001237, U2141234, and Sanya Science and Education Innovation Park of Wuhan University of Technology through Grant No. 2021KF0030.

Vehicle (USV) experimental platform for key technology verification and validation with attempts especially from two aspects, i. e. the design of an electrical and electronic architecture, and the construction of logic architecture mainly integrating guidance, navigation, and control functional modes (GNC). These subsystems work in interaction with each other, to the point where imperfections in one subsystem may degrade the performance of the whole system. In order to test the validity of the construction platform, the Dyna-H path planning method was used to test the path planning technique as the test content. The test results demonstrate that the constructed USV experimental platform has the necessary functions, and the proposed algorithm is an effective strategy, which can be combined with the requirements to plan a more practical path.

Keywords Unmanned surface vehicle (USV) Electrical and electronic architecture Guidance Navigation Control functional modes (GNC) Verification and validation platform Path planning test

0 Introduction

In recent years, with the continuous development of robotics, more and more autonomous robots have appeared in people's lives. USVs are gaining more attention as one of the important components. With the help of convenient navigation equipment, inertial navigation equipment and strong wireless communication technology support (Zolich et al., 2019), it provides unprecedented opportunities for the development and application of USV. USVs are currently generating huge research and application value in military, civil and research fields, and often serving as an important test platform for intelligent technology on transport vessels. Autonomy is a core capability for future intelligent systems, especially in vessel intelligence systems. For individual USVs, current research focuses on advanced guidance, navigation and control (GNC) capabilities and automatic obstacle avoidance. The path planning capability of an USV is an important manifestation of its intelligence and even autonomy, and plays a key role in ensuring its safe and economical navigation (Yu et al., 2021). This type of problem can be abstracted as follows: under the known USV position, surrounding dynamic and static obstacles and other information, find a global optimized path from the starting position to the target position for multiple constraints such as obstructions, manoeuvrability and real-time, and be able to adapt to dynamic information to update the local path in real time until finally reaching the target position safely.

Over the past few decades, many companies, militaries, institutions and universities have researched different types of USVs. The United States, as the first country to use USV in military applications, has a definite advantage in its stockpile of USV technology, with the most representative ones being the Ghost Guardian, Spartan Scout (Zhou et al., 2015), Auto Cat, Darco and Piranha (Brizzolara & Brizzolara, 2016). Sail Drone (Mordy et al., 2017) is a sail-powered USV that uses native ocean energy as direct power to achieve ultra-long endurance and perform medium and large scale physical ocean observation missions. Israel has also taken a strong interest in USVs, developing such vessels as the Protector and Silver Matlin, as well as the Sting Gray and Starfish, to augment its naval forces. The French company ECA has developed the Inspector MK (Peng et al., 2017) series of USVs to carry out shallow water surveys and inspections. Other European countries are also actively promoting research and development of USV. In 2012, eight organisations, including Fraunhofer CML, launched MUNIN, a research project to investigate the economic and technical feasibility of USVs. In 2017, three European shipping companies, Kombos (Norway), Automated Marine (UK) and Bourbon (France), joined forces to build the Hronn which is the world's first unmanned marine engineering support vessel. The Yara Birkeland (Fossen, 2018), an all-electric autonomous container vessel designed by Norway and Kongsberg Maritimes, is expected to operate fully autonomously by 2022. Domestic research into USV has also made rapid progress in recent years. The 34th Chinese Antarctic research expedition used the M80 subsea exploration USV designed and manufactured by Zhuhai Yunzhou Intelligent Technology Co., Ltd. to conduct a full-coverage bathymetric topographic survey around Nanyan island in the Ross sea, providing a basis for selecting the anchorage for the Xuelong during the new station. The Jinghai series of USVs developed by Shanghai University are equipped with BeiDou navigation system, which can realize functions such as autonomous positioning, autonomous tracking, remote setting of track lines and autonomous collision avoidance of obstacles. The Blue Letter USV developed by Dalian Maritime University has conducted in-depth research on the modelling, motion control and trajectory tracking of USV. In addition, research institutes such as the First Institute of Oceanography of the State Oceanic Administration, Harbin Engineering University, Wuhan University of Technology (Wen, Tao, Zhu, Zhou, & Xiao, 2020) and Shanghai Jiao Tong University, as well as many enterprises such as Hailanxin, Wuhan Laureate Green Bay and China Vessel building Industry Corporation have also conducted a series of explorations and researches in the areas of USV equipment development, on-board control system design, visual perception system design, autonomous obstacle avoidance methods, trajectory planning algorithms and motion control algorithms. A series of explorations and researches have been carried out. The development of USV is still immature, with existing USVs having poor autonomy, insufficient range, limited payload and output power, and still requiring remote operation, with the level of intelligence at a rudimentary stage, mainly based on simulation experiments (Chen et al., 2021). Most experimental platform simulations differ significantly from reality, so building an entire software system based on the ROS framework enables the simulation code to be applied directly to reality, significantly reducing the time required for research. A series of real-world trials of USVs are required before the numerical simulations in the laboratory can be taken to engineering applications, so it is important to have an USV for research purposes to carry out research on USV-related technologies.

In order to promote the testing and verification of the key technologies of USVs and their application on the ground, it is particularly important to build a good performance testing platform for USVs. In this paper, a variety of task-oriented functions, based on the principle of modularity, path planning, path tracking control, collision avoidance and remote control are integrated into the ROS experimental platform, and an electronic and electrical system is designed in hardware to meet the requirements, and finally the inav-s1 unmanned boat for water quality monitoring is built. In order to make USV better adaptable, this paper proposed a hybrid path planning method based on the combination of Q-learning and the heuristic algorithms based on the improved Dyna-H architecture. In the design of reward and punishment functions, the characteristics of USV maneuvering motion and the distribution of water environment were fully considered, and the constraints of target distance, DCPA, TCPA, steering frequency and steering angle were comprehensively considered. The results of the real vessel experiments conducted under soft wind meteorological conditions in the experimental pool of Wuhan University of Technology show that the USV system is smoothly controlled and can be operated remotely using the ground station platform.

1 USV Architecture and Platform

1.1 USV Logic Architecture Design

This paper designs an USV called iNavi-S1 for experimental and scientific research tasks, mainly for exploring and researching technologies related to the autonomous navigation of USV. By dividing the different functions of the USV, the logical architecture of the USV is designed by analysing the information composition of the subsystems and the logical relationships between the subsystems from a logical perspective. As shown in Fig. 1, for the different physical modules, the USV is specifically divided into: environment perception system, propulsion system, power system, external device, control system, communication system and ground workstation system. The environmental perception system is connected to the control system via serial port such as RS232 or network port and is responsible for collecting information about the external environment and the attitude information of the USV. The propulsion system includes two jet pumps and two steering gears. The control system is mainly responsible for generating control commands, and then sending them to STM32. STM32 then sends the corresponding PWM to the steering gear and propulsion motor, so that the USV gradually reaches the specified path.

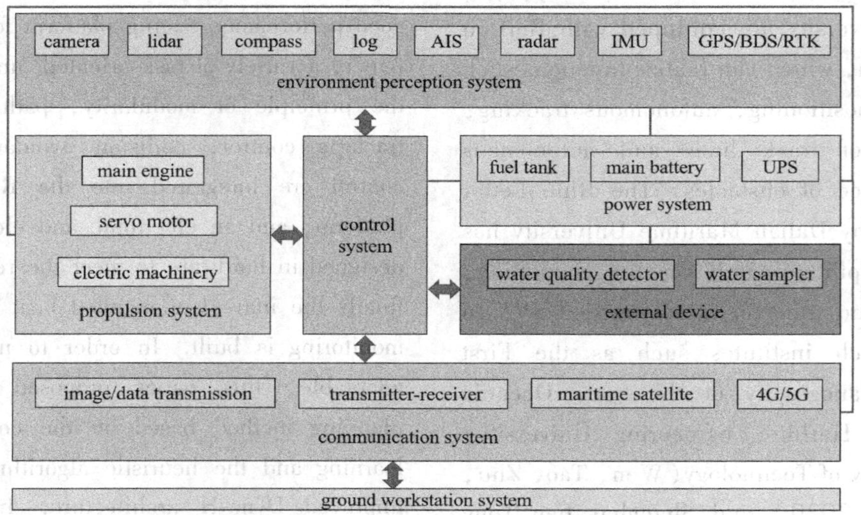

Fig. 1　iNavi-S1 USV logic architecture

1.2　Electrical/Electronic Architecture Design

The electrical and electronics of the vessel used in this paper are shown in Fig. 2, which consists of two main parts: the shore side and the vessel's side. In the vessel-side part of Fig. 3, peripherals and cameras, which have a large amount of data, are first connected to the switch through the RJ45 serial port, and the switch is then connected to the industrial personal computer (IPC) through the RJ45 serial port. Devices such as Lidar, inertial guidance and RTK, are directly connected to the IPC through the serial port. STM32 is connected to the IPC through the CAN bus. The motor, ESC and remote-control receiver are connected to the STM32 through the RS232 serial port. The battery power monitoring module is connected to the IPC through the RS485 serial port. The main marine battery is connected in parallel with the backup battery and then in series with the dual power supply automatic converter, and then in series with the voltage management module to supply power to the whole vessel. The main and secondary marine thruster batteries are connected in parallel to provide power directly to the thruster system, while the control system power supply is connected to the power supply DC-DC module to supply other equipment throughout the ship. 4/5G module and the data transmission module constitute the communication module, which is connected to the IPC at the vessel end and to the ground station at the shore end to realise the communication function.

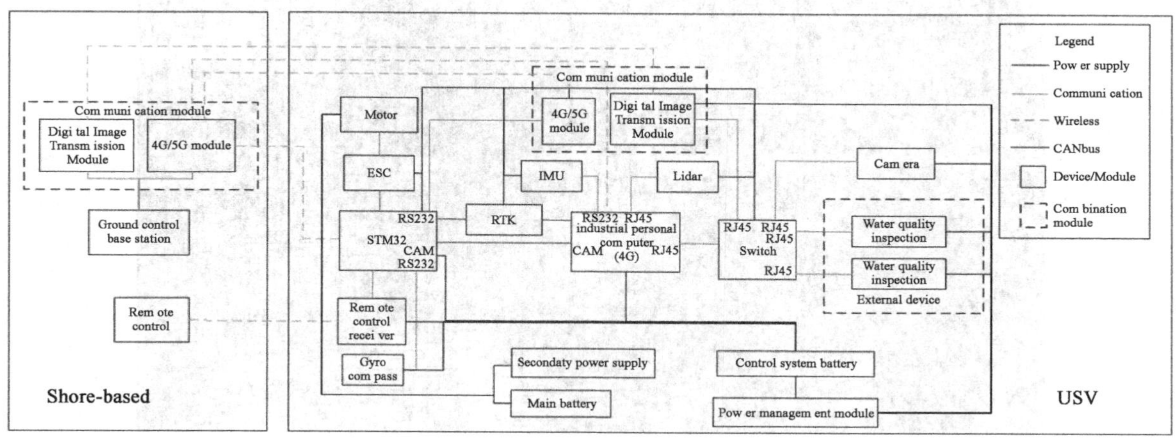

Fig. 2 Electrical/Electronic Architecture

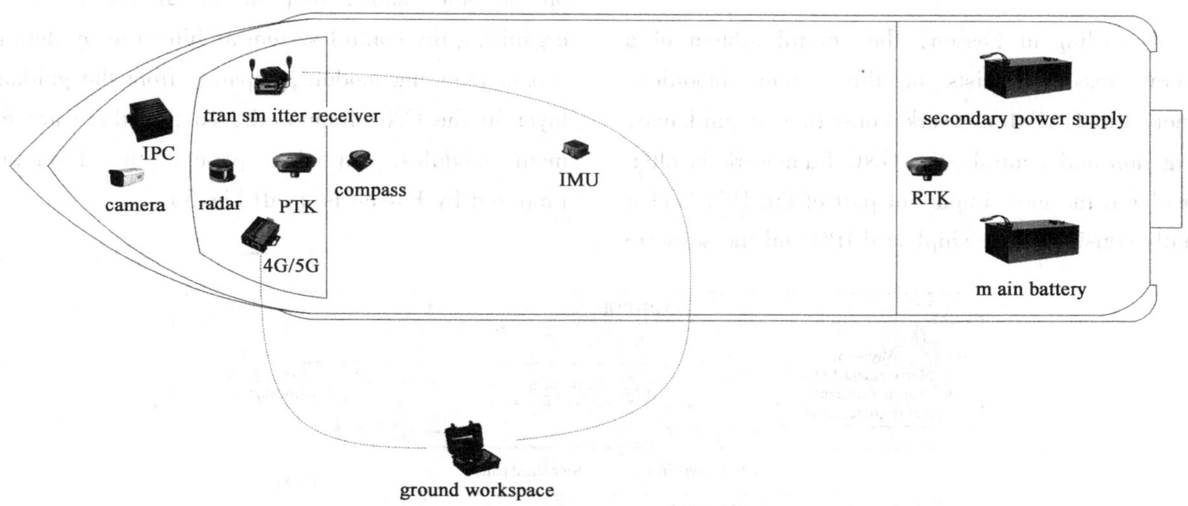

Fig. 3 Major hardware equipment connection diagram

1.3 USV Platform

As shown in the Fig. 4, the iNavi-S1 is a purely electric polyurethane elastomer USV for research trials, designed with an overall length of 1.8m, a width of 0.7m and a draft of 0.15-0.2m. The overall design of the USV is biased towards modularity which can be rapidly developed and debugged according to the needs of the mission and the design of the corresponding mission modules in accordance with the plug-and-play principle. The industrial computer of the USV has reserved various interfaces, which can be equipped with an online water quality monitoring system, draw the distribution map of water quality parameters in the water area online, and can also be equipped with a water quality sampling system to achieve fixed-point and quantitative automatic sampling in the target water area, which has a great reality significance. The modular design not only enhances the expandability of the system, but also improves the development efficiency and reduces the development cost.

Fig. 4 iNavi-S1

2 Key Technologies

According to Fossen, the control system of a general vessel consists of three main modules, namely the GNC framework consisting of guidance, navigation and control. the GNC framework is often considered the most important part of the USV and it usually consists of the shipboard IPC and the software that together manage the entire USV system. Lekkas, on the other hand, proposes an alternative way of organising the control system architecture by defining a path planning module, separate from the guidance layer in the GNC framework, so that there are four main modules. In this paper, the framework proposed by Fossen is used(Fig. 5).

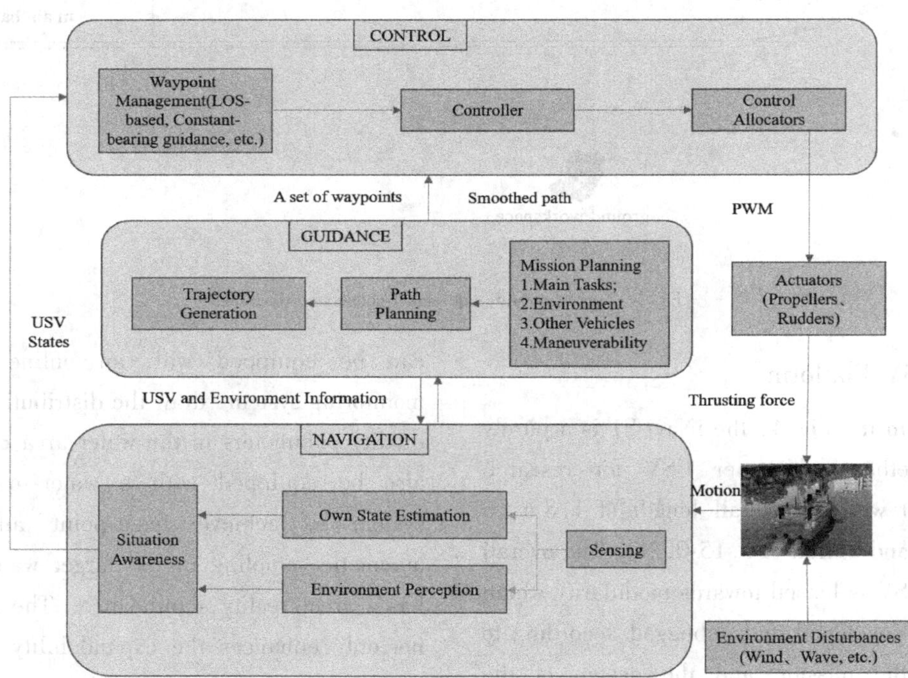

Fig. 5 The proposed GNC architecture of iNavi-S1

The guidance module: this module is used to generate a path that the USV will follow to complete its mission, navigating from the current position to the specified position. It is then responsible for continuously generating the ideal path (feasible, safe, optimal and smooth are the general criteria) based on the information provided by the navigation module, the assigned task, the performance of the USV and the surrounding environmental conditions and sending it to the control system. In the case of applying path smoothing techniques to the resulting set of steering points, the output sent to the control module is a smoothed path to be followed.

The navigation module: this module is primarily responsible for estimating the state of the vessel, for example, determining the state parameters such as position, speed and attitude of the USV. Secondly, it consists of sensing information about the surrounding environment, the data obtained can be fused and provide the USV with the necessary information for situational awareness and provide the necessary input to the guidance module. The navigation module of the vessel consists of two parts: external environment sensing and its own state sensing. The external environment sensing equipment includes cameras and Lidar, while its own state sensing equipment includes IMU and RTK, and the environmental sensing technology of fusing radar and machine vision information is used to enhance the detection of obstacles.

The control module: this module determines the control force required for the vessel to follow the path set by the navigation system based on the current state of the vessel. Its main responsibilities are to minimise errors by setting the correct control commands for the actuators (e. g. propeller speed and rudder angle) in order to achieve trajectory tracking. This vessel uses an USV path tracking controller based on a model-free adaptive control algorithm with improved LOS guidance algorithms.

3 Functional Test and Results

In order to test the performance of the built USV platform on key functions, simulations and real vessel experiments were carried out using path planning as an example.

3.1 Path Planning Methods

The Dyna framework is an extension of reinforcement learning, which combines policy learning and model learning. The Dyna framework combined with the Q-learning algorithm forms the Dyna-Q algorithm. For the Dyna-Q algorithm, its direct reinforcement learning is single -step Q-learning and its model learning is constructed from a Q-table of recorded experiences. The planning approach uses randomly generated pairs of state actions that have emerged, and the model uses the pairs as input and produces the next predicted state and reward as output, simulating the experience as single -step Q-learning. Dyna-H is based on Dyna-Q and introduces heuristic functions to speed up the search in the early stages.

The Dyna-H framework is a method proposed by Matilde Santos (Santos, Martin H, Lopez, & Botella, 2012) in 2012. In this paper, the USV is assumed to be a mass point and its behaviour is discretized in the process of USV path planning using the Dyna-H framework. There are eight actions for path search, namely E, S, W, N, NE, SE, SW and NW, where the first four actions have a distance of 1 and the last four actions have a distance of 1.41.

In the Dyna-H framework direct reinforcement learning is still single-step Q-Learning, where the Q-learning algorithm designs a Q-value through a Markov Decision Process (MDP) and then converges it by incremental updates. To preserve the Q-value in each state, a Q-table is introduced to preserve the value of acting in that state, denoted by $Q(s,a)$. An MDP is composed of (S,A,r,P_{sa}), where S is the state space; A is the action space, $a_t \in A$ is the action performed at time t; r is the reward function and P_{sa} is the state transition function. The objective of Q-Learning is to solve for an optimal strategy that maximises the cumulative long-term discounted return given the unknown transfer function and expected return π^*:

$$\pi^* = \underset{a \in A}{\operatorname{argmax}} Q(s,a) \tag{1}$$

Q-Learning does not need to estimate the model

of the environment, directly using the time difference prediction method shown in equation (2) to iteratively solve the action value function, is TD learning, the strategy selection mechanism directly determines the convergence of the algorithm, commonly used strategy selection mechanism are Boltzmann distribution, e-greedy such as methods[10].

$$Q_{t+1}(s_t,a_t) \leftarrow (1-\lambda_t)Q_t(s_t,a_t) + \lambda_t\{r_t + \lambda \max_{a_t \in A} Q_t(s_{t+1},a_t)\} \quad (2)$$

The design of the reward function determines the convergence speed and convergence space of the improved hybrid intelligence algorithm, while the reward function has the role of guiding the search direction of the USV. In addition, the reward function can also evaluate the effectiveness of the manoeuvre and the safety of obstacle avoidance. The relative motion relationship between the USV and the obstacle needs to be calculated when designing the reward function. In addition, factors such as international rules for collision avoidance at sea, safety of navigation of the USV, shortest feasible path, number of turns and steering angle are also considered.

The primary purpose of drones' path planning is to reach the set target position. Therefore, the reward function rewards the drones for approaching the target position, otherwise they receive a penalty. The distance reward function is R_1 defined as follows.

$$R_t = \lambda \cdot R_d = \lambda \cdot \sqrt{(x_N - x_G)^2 + (y_N - y_G)^2} \quad (3)$$

where, λ, R_d, x_N, x_G, y_N and y_G represent the weighting factor, the distance between the current position and the target position, the horizontal coordinate of the current position, the horizontal coordinate of the target point position, the vertical coordinate of the current position and the vertical coordinate of the target position, respectively.

In practical navigation, USVs need to make certain choices regarding safe distances and times. In the marine domain the safe distance is known as the distance to closest point of approach (DCPA) and is calculated by the following formula.

$$\text{DCPA} = R_T \sin(\varphi_R - \varphi_T) \quad (4)$$

where R_T, φ_R and φ_T represent the distance between the current position and the obstacle, the direction of the obstacle, and the direction of the obstacle relative to the vessel, respectively.

The safe time is known as the time to closest point of approach (TCPA) and is calculated as follows.

$$\text{TCPA} = R_T \cos(\varphi_R - \varphi_T)/V_R \quad (5)$$

where V_R indicates the relative speed between the USV and the obstacle.

The reward function makes appropriate trade-offs between time constraints and safety distances depending on the needs of the task. The safety reward function R_2 is: $R_2 = \beta \cdot \text{DCPA} + \mu \cdot \text{TCPA}$, where β and μ represent the weighting factors.

According to international rules for collision avoidance at sea, USVs are expected to avoid excessive navigation angles during obstacle avoidance and to minimise the number of turns. The navigational safety reward function therefore penalises navigational steering angles that are too large and steering too many times, which would otherwise be encouraged. The navigational safety reward function R_3 is given by

$$R_3 = \eta \cdot \text{times} + \vartheta \cdot \text{angle} \quad (6)$$

where η and ϑ represent the weighting factors, times are the number of turns and angle are the steering angles.

In summary, the USV path planning reward function considers the above three factors and is calculated as $R = R_1 + R_2 + R_3$.

3.2 Simulation Experiment

To verify the effectiveness of the algorithm, simulation experiments were first carried out on a computer. As shown in Figure 6, the colour of each 1 × 1 pixel block represents a state of the environment, with black pixel blocks representing obstacles and white pixel blocks being navigable areas. As shown in the figure, S and G represent the starting point and target point of the USV respectively.

To verify the effectiveness of the improved hybrid intelligence algorithm, a simulation study was conducted using the hybrid intelligence algorithm in different map environments, respectively. In the simulations, the relevant parameters are set to $\alpha = 0.1$, $\gamma = 0.95$, $\varepsilon = 0.1$, λ, β, μ, η and ϑ are all 1. Each map environment is run independently, all examples are taken from an obstacle density of 0.3, and the number of planning steps psteps = 35.

Fig. 6 and Table 1 show the optimal path and corresponding steps in different episodes. When training is less than 100 times, the optimal path appears in the 78 episodes corresponding steps are 63, distance is 75.669. When training is less than 1000 times, the optimal path appears in the 388 episodes corresponding steps are 62, distance is 74.598; When training is less than 10,000 times, the optimal path appears in the 10,000th episode corresponding steps are 36, distance is 48.012.

Fig.7 shows the optimal paths and their corresponding steps for different episodes. From the simulation results, we can easily find that the hybrid intelligence algorithm can plan a path, and the path will be shorter as the number of training times increases, and the number of steps will be less. Fig. 8 shows the convergence curves for different training times. Within 10 episodes, the hybrid intelligence algorithm rapidly changes from divergence to convergence, from 10 to 4000 episodes, it gradually converges but with significant fluctuations, and from 4000 to 10000, it continues to converge slowly and without significant fluctuations (Tab. 1).

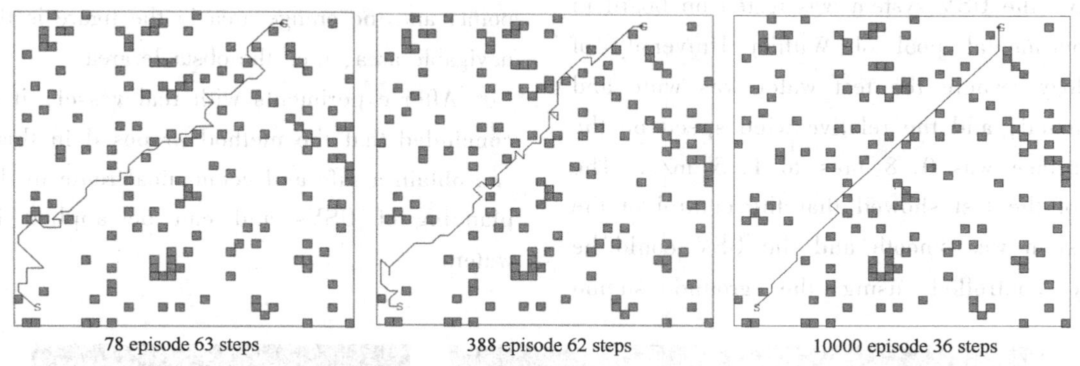

Fig. 6 Optimal paths and steps for different episodes

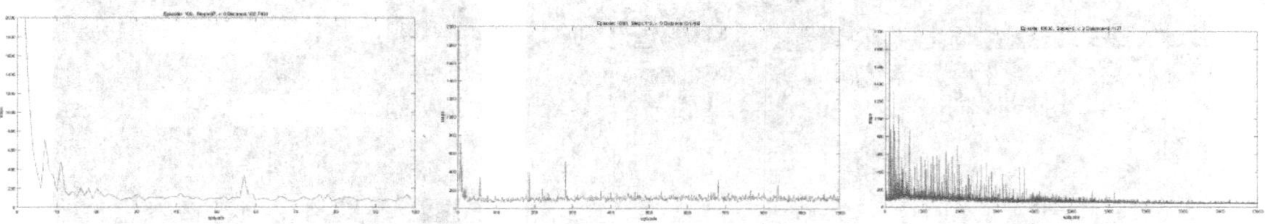

Fig. 7 Convergence curves for different training times

Fig. 8 Experimental area

Optimal path and corresponding steps in different episodes Tab. 1

Number of Training Sessions	Episodes	Steps	Distances
100	78	63	75.669
1000	388	62	74.598
10000	10000	36	48.012

3.3 Field Experiments

Firstly, a data transmission test was carried out to test the reliability of the data transmission and the working performance of the communication module of the entire USV system. The results of the data transmission test showed that all units of the USV system could work normally and stably. Secondly, the USV system was tested on board in the experimental pool of Wuhan University of Technology, where the test water was wide and unobstructed, and the relative wind speed on the water surface was 0.8 m/s to 1.5 m/s. The results of the test showed that the control of the USV system was smooth and the USV could be remotely controlled using the ground station platform.

The location of the live-vessel experiment is shown in Fig. 8, and the environment during the live-vessel experiment is shown in Fig. 9 where the trajectory of the real vessel experiment, with a length of 85.981m is also shown. The green dot is the start point and the red dot is the end point. The USV travels in the direction from the start point to the end point, and the orange area in the figure is the non-navigable area, i. e. the obstacle area.

After experiments with real vessel, it can be concluded that the method proposed in this paper can obtain a safe and economical route in the path planning of USVs and can be applied in real waters.

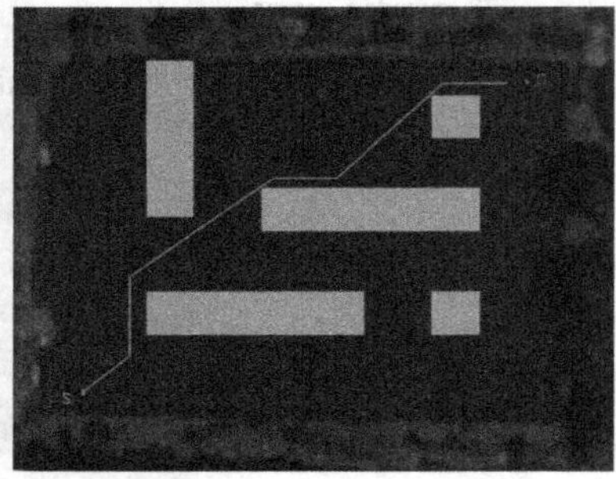

Fig. 9 Experimental field and optimal path for the iNavi-S1

4 Conclusions

In this paper, USV is studied in two main areas: the construction of the logical, electrical, electronic, physical and GNC architecture of the USV experimental platform and the design of the USV path planning algorithm. This research contributes to the development of a variety of USVs suitable for navigation, and the paper presents the design of the USV's hardware composition, electrical and electronic and logical architecture. The design of the electrical and electronic architecture is a new attempt to rationalize the layout of the vessel's facilities and equipment and to facilitate fault diagnosis and system maintenance in the context of the increasingly intelligent development of vessels. The system enables the integrated development of modules and the testing and verification of algorithms, greatly accelerating the progress of experiments. This paper integrates the learning process with path planning based on the Dyna framework combined with heuristic algorithms and USV specific constraints, considering constraints such as USV path planning purpose, DCPA, TCPA, number of turns and steering angle. Using the USV platform for algorithm testing, the hybrid intelligence algorithm for planning the USV path is an effective strategy that can be combined with the requirements to plan a path that better meets the actual needs. To improve the safety and reliability of the paths, further consideration should be given to the kinematics and dynamics of the USV to improve the adaptability of the method and to plan safe and feasible paths that can adapt to the dynamic environment of real-time changes.

References

[1] Brizzolara S, Brizzolara R A. Autonomous Sea Surface Vehicles[M]. Cham: Springer International Publishing,2016: 323-340.

[2] Chen H, Wen Y, Zhu M, et al. From Automation System to Autonomous System: An Architecture Perspective[J]. Journal of Marine Science and Engineering,2021, 9 (6): 645.

[3] Fossen S. Visualization of Ships in a Mixed-Reality Environment and Automated Situational Awareness using Live AIS Data[D]. Trondheim: Norges Teknisk-naturvitenskapelige Universitet, 2018.

[4] Lekkas A M. Guidance and Path-Planning Systems for Autonomous Vehicles[D]. Trondheim: Norges teknisk-naturvitenskapelige universitet,2014.

[5] Mordy C W, Cokelet E D, De Robertis A, et al. Advances in Ecosystem Research Saildrone Surveys of Oceanography, Fish, and Marine Mammals in the Bering Sea[J]. Oceanography, 2017, 30 (2): 113-115.

[6] Peng Y, Yang Y, Cui J, et al. Development of the USV JingHai-I and sea trials in the Southern Yellow Sea [J]. Ocean Engineering, 2017, 131: 186-196.

[7] Santos M, Martín H J A, López V, et al. Dyna-H: A heuristic planning reinforcement learning algorithm applied to role-playing game strategy decision systems [J]. Knowledge-Based Systems,2012, 32: 28-36.

[8] Wen Y, Tao W, Zhu M, et al. Characteristic model-based path following controller design for the unmanned surface vessel [J]. Applied Ocean Research,2020, 101: 102293.

[9] Woolsey C A. Review of Marine Control Systems: Guidance, Navigation, and Control of Ships, Rigs and Underwater Vehicles [J]. Journal of Guidance, Control, and Dynamics,2005, 28 (3): 574-575.

[10] Yu K, Liang X, Li M, et al. USV path planning method with velocity variation and global optimisation based on AIS service platform[J]. Ocean Engineering,2021, 236: 109560.

[11] Zhou X, Ling L, Ma J, et al. The design and application of an unmanned surface vehicle powered by solar and wind energy[C].//2015 6th International Conference on Power Electronics Systems and Applications (PESA). Hong Kong: IEEE, 2015: 1-10.

[12] Zolich A, Palma D, Kansanen K, et al. Survey on Communication and Networks for Autonomous Marine Systems [J]. Journal of Intelligent & Robotic Systems,2019, 95 (3): 789-813.

the integrated development of modules and the testing and verification of algorithms, greatly accelerating the progress of experiments. This paper integrates the learning process with path planning based on the Dyna framework, combined with heuristic algorithms and USV specific constraints, considering constraints such as USV path planning purpose, DCPA, TCPA, number of turns and steering angle. Using the USV platform for algorithm testing, the hybrid intelligence algorithm for planning the USV path is an effective strategy that can be combined with the requirements to plan a path that better meets the actual needs. To improve the safety and reliability of the paths, further consideration should be given to the kinematics and dynamics of the USV to improve the adaptability of the method and to plan safe and feasible paths that can adapt to the dynamic environment of real-time changes.

References

[1] Brizzolara S, Brizzolara R A. Autonomous Sea Surface Vehicles[M]. Cham: Springer International Publishing, 2016: 323-340.

[2] Chen H, Wen Y, Zhu M, et al. From Automation System to Autonomous System: An Architecture Perspective[J]. Journal of Marine Science and Engineering, 2021, 9(6): 645.

[3] Fossen S. Visualization of Ships in a Mixed-Reality Environment and Automated Situational Awareness using Live AIS Data[D]. Trondheim: Norges Teknisk-naturvitenskapelige Universitet, 2018.

[4] Lekkas A M. Guidance and Path-Planning Systems for Autonomous Vehicles[D]. Trondheim: Norges teknisk-naturvitenskapelige universitet, 2014.

[5] Mordy C W, Cokelet E D, De Robertis A, et al. Advances in Ecosystem Research: Saildrone Surveys of Oceanography, Fish, and Marine Mammals in the Bering Sea[J]. Oceanography, 2017, 30(2): 113-115.

[6] Peng Y, Yang Y, Cui J, et al. Development of the USV JingHai-I and sea trials in the Southern Yellow Sea[J]. Ocean Engineering, 2017, 131: 186-196.

[7] Santos M, Martín H J A, López V, et al. Dyna-H: A heuristic planning reinforcement learning algorithm applied to role-playing game strategy decision systems[J]. Knowledge-Based Systems, 2012, 32: 28-36.

[8] Wen Y, Tao W, Zhu M, et al. Characteristic model-based path following controller design for the unmanned surface vessel[J]. Applied Ocean Research, 2020, 101: 102293.

[9] Woolsey C A. Review of Marine Control Systems: Guidance, Navigation, and Control of Ships, Rigs and Underwater Vehicles[J]. Journal of Guidance, Control, and Dynamics, 2005, 28(3): 574-575.

[10] Yu K, Liang X, Li M, et al. USV path planning method with velocity variation and global optimisation based on AIS service platform[J]. Ocean Engineering, 2021, 236: 109560.

[11] Zhou X, Ling L, Ma L, et al. The design and application of an unmanned surface vehicle powered by solar and wind energy[C]. 2015 6th International Conference on Power Electronics Systems and Applications (PESA). Hong Kong: IEEE, 2015: 1-46.

[12] Zolich A, Palma D, Kansanen K, et al. Survey on Communication and Networks for Autonomous Marine Systems[J]. Journal of Intelligent & Robotic Systems, 2019, 95(3): 789-813.